Okko Behrends
Zur römischen Verfassung

Okko Behrends

Zur römischen Verfassung

Ausgewählte Schriften

Herausgegeben von
Martin Avenarius und
Cosima Möller

WALLSTEIN VERLAG

Inhalt

Vorwort der Herausgeber

Die vorgelegte Aufsatzsammlung von Beiträgen von Okko Behrends zur römischen Verfassung ist äußerlich veranlasst durch den 75. Geburtstag des Gelehrten und inhaltlich dadurch, dass die weite Streuung der Abhandlungen, die ein vielfarbiges, tiefenscharfes und innovatives Bild der römischen Verfassungsgeschichte und ihrer Interpretation bieten, eine Zusammenstellung als Desiderat erscheinen lässt. Die zum Teil monographischen Aufsätze stammen aus den Jahren 1980-2008 und spannen den Bogen von der archaischen Zeit mit ihrer Prägung durch die augurale Religion und den Dualismus von König und Volksversammlung, über die republikanische Zeit und die in ihr entwickelten Lehren zur Interpretation und Konzeption rechtlicher Vorgaben und politischer Wirklichkeit sowie über den Prinzipat des Augustus und seine konzeptionelle Verankerung in einer Neuinterpretation der spezifisch römischen Traditionen bis hin zu Justinian und seinem christlich überformten Traditionalismus. Die Themen betreffen die Grundlagen eines Staatswesens, nämlich das Verständnis der Gesetze und der Magistratur, die Frage der Gewaltenteilung und die Rolle der Juristen. Die philosophischen Einflüsse reflektiert Behrends in ihren Auswirkungen auf die Juristen insbesondere der ausgehenden Republik, aber auch an der Quelle, nämlich bei Platon und Cicero. Die Wissenschaftsgeschichte ist in diesem Zusammenhang unverzichtbar, da auch heute noch alle Annäherungen an die römische Verfassung oder ein römisches Staatsrecht in Auseinandersetzung mit den Schriften von Theodor Mommsen stattfinden.

Die Beiträge beginnen mit einer eingehenden juristischen Betrachtung des Epochenjahres 133 v. Chr., das als Beginn der etwa hundert Jahre andauernden revolutionären Phase der römischen Geschichte gilt und von Behrends als Krisenjahr für die römische Rechtsordnung ausgeleuchtet wird. Der Autor beschreibt drei geistige Lager, die durch ihren Widerstreit die zuvor bewahrte Homogenität und Einheitlichkeit der Juristen und auch insgesamt der gesellschaftlichen Kräfte beendet, aber nicht durch eine neue Gemeinsamkeit ersetzt haben. Mit dieser Untersuchung wird zugleich ein Grundthema von Behrends' Forschungen intoniert: die Einflüsse griechischer Philosophie auf die römischen Juristen und damit die Frage, inwieweit philosophisch-konzeptionelle Grundüberzeugungen vorhanden und wirksam waren. Der Analyse des Krisenjahres 133 v. Chr. ist eine weitere Klärung zu entnehmen, nämlich der Hinweis, dass bei aller zu Recht betonten Vorherrschaft des Privatrechts im römischen Recht das Verfassungsrecht nicht missachtet wurde. Vielmehr ist zum einen die Rolle eines selbständigen Privatrechts gegenüber staatlichen Machtstrukturen eine verfassungsrechtliche Aussage von hoher Bedeutung. Und zum anderen sind die Reflexionen über die Grundfragen des Rechts seit etwa 200 v. Chr. bei den römischen Juristen nicht durch eine Grenzziehung zwischen dem Privatrecht und dem öffentlichen Recht gekennzeichnet, sondern unter griechischem Einfluss in allgemeiner Weise formuliert und verschieden beantwortet worden. Es öffnet sich also ein geistiger Kosmos, der in der Konzentration auf das Jahr 133 v. Chr. Intensität und Dramatik gewinnt. Behrends zeichnet ein Panorama von grundsätzlichen Auffassungen des Rechts in der Gesellschaft, nämlich von der liberal-stoischen Rechtslehre, die der Unterstützung des römischen Eigennutzes diente, vom Wandel in der stoischen Philosophie von diesem Polisindividualismus zur sozialen Naturrechtslehre des Antipater von Tarsos, die eine Ethisierung des Rechts bewirkte, und von einer durch Karneades prominent vertretenen strikten Trennung von Recht und Moral. Dieser Hintergrund wird für das Amtsverständnis des Tribunen Tiberius Gracchus ebenso nutzbar gemacht wie für die Grundlage der Aktionen seiner Gegner. Zugleich werfen die Ergebnisse ein helles Licht auf das Verständnis des auch im öffentlichen Recht wichtigen Instituts des Auftrags.

Fußnote 30 dieses Aufsatzes öffnet bereits die Tür zu dem besonderen Interesse an »dem Erzvater der römischen Rechtswissenschaft« Sextus Aelius Paetus Catus, dem Konsul von 195. Er steht im Mittelpunkt eines Rezensionsaufsatzes, der als zweiter Beitrag in die Sammlung aufgenommen wurde. Der Titel ist hier in jeder Weise Programm, da der Zusammenhang von Staatsrecht und Philosophie in der ausgehenden Republik unter dem für Sextus Aelius überlieferten Motto untersucht wird, dass ein Philosophieren zwar stattfinden solle, aber nur in Maßen – *philosophari se velle, sed paucis*. Neben einer engagierten Erneuerung der Darstellung philosophischer Einflüsse aus Griechenland auf die römischen Juristen bestreitet der Autor die von Guarino in dem besprochenen Buch zugrunde gelegte Notwendigkeit, ein kohärentes Verhalten von Publius Mucius, dem Juristen und einem der drei *fundatores iuris civilis* wie auch Konsul des Jahres 133 v. Chr., zu fordern. Behrends macht es demgegenüber wahrscheinlich, dass die grundsätzliche Unterstützung der Reformanliegen des Tiberius Gracchus bei Publius Mucius weiter gereicht habe, als es die begrenzte politische Unterstützung in der Staatskrise vermuten lasse. Hier folgt der Leser einer immer wieder pointiert vorgetragenen Kritik an dem rezensierten Buch von Guarino und kann auch 30 Jahre nach Erscheinen des Aufsatzes die Bemerkung nachvollziehen, dass gelegentlich ein »geradezu Catonischer Unwille« (S. 463 des Erstabdrucks) festgestellt werden muss, »wenn griechische Einflüsse auf Römer und römische Juristen offengelegt werden« (aaO).

Bereits in diesen beiden Aufsätzen spielt Cicero als Quelle für philosophische Einflüsse und fachjuristische Argumentationen eine herausragende Rolle. Dies gilt insbesondere bei der Frage, welches die beste Verfassung ist. Das von Cicero in Rom als verwirklicht angesehene Ideal der gemischten Verfassung ist die Grundlage für den folgenden Aufsatz zu dem Zusammenhang des römischen Gesetzesbegriffs mit dem Prinzip der Gewaltenteilung. Behrends begründet die Verwendung von Montesquieus Konzept der Gewaltenteilung mit seiner analytischen Funktion, die es erlaube, den Zugang zu allen historischen Besonderheiten offen zu halten. Diese Methode ist bewusst gewählt, um sich von dem durch Mommsen geprägten, wirkungsmächtigen apriorisch-systematischen Konzept zu lösen. Sie führt zu einem neuen Bild von der Grundstruktur der römischen *lex publica*, das durch eine historisch-deskriptive Vorgehensweise mit Hilfe kritischer

Auswertung der antiken Quellen gestützt wird. Mommsens These einer ursprünglichen *lex data*, die vom Magistrat kraft seiner Kompetenz erlassen wurde, wird als unhistorisch widerlegt, da zur Regelung der innerrömischen Verhältnisse in der Republik die *lex publica* als *lex rogata* gedient habe. Deren Entwicklungsgeschichte zeichnet Behrends eindrucksvoll nach. Das archaische römische Gesetz tritt als Ergebnis eines magistratischen *agere cum populo* vor Augen, für das die *provocatio ad populum* als ein frühes Anwendungsfeld wahrscheinlich gemacht wird. Das als Wehrgemeinde zusammentretende Volk ist nach Behrends als echtes Gegengewicht zum augural-charismatischen Handeln des Königs oder, in republikanischer Zeit, der Konsuln zu sehen. Behrends führt aus, die charismatische *ius*-Instanz sei bei einem Strafausspruch oder bei einem Gesetz durch ein kompromisshaft gestaltetes Verfahren in ein Zusammenwirken mit dem Wehrverband des *populus* eingebunden worden. Darin zeige sich eine »Fähigkeit zu produktiver Formgebung« (S. 113) und im Hinblick auf die Durchsetzung vom Volk gewollter Inhalte »ein antiker Musterfall für die Säkularisierung von Recht« (S. 113). Dies entwickelt Behrends für die frühen Gesetzgebungsakte der Kuriatkomitien, die *adrogatio* und das Testament, die eher privatrechtsgestaltenden Charakter haben. Bereits hier erkennt er das Grundprinzip des späteren römischen Gesetzesbegriffs, nämlich die Bindung der bei der Gesetzgebung handelnden Jurisdiktionsinstanz. Die Entwicklungsbedingungen normativer Gesetze, also den entscheidenden Schritt zu allgemeinen Regelungen, erklärt Behrends aus dem Vorhandensein der als *leges regiae* in Bezug genommenen Normen, aus der juristischen Kompetenz der Pontifizes und aus der günstigen verfassungspolitischen Ausgangslage durch das Vordringen des timokratischen Prinzips. Die Zwölftafeln werden als in diesem timokratischen Sinne bürgerliche Kodifikation und als *lex rogata* in ihren die allgemeine Gesetzeslehre betreffenden Aspekten gewürdigt. Behrends geht auch auf die Einordnung der Plebiszite in diese Gesetzgebungslehre ein und entwirft abschließend eine Perspektive für die stoisch beeinflusste staatsrechtliche Theorie des 2. Jhs. v. Chr. einschließlich ihrer Auswirkungen auf die spätere Legitimation der Prinzipatsverfassung.

In der zeitlichen Reihenfolge des Entstehens der Aufsätze schließt sich nun die Besprechung einer Fallentscheidung des Servius Sulpicius Rufus an, in der das Gewaltmonopol der Magistratur in der klar unterscheidenden Weise der Jurisprudenz vorgeführt wird, die, der Philosophie der skeptischen Akademie folgend, ein Notstandshandeln von der Pflicht zum Schadensersatz befreite, wenn es durch die öffentliche Gewalt aufgrund öffentlichen Interesses zur Schädigung privater Vermögensinteressen geführt hatte. Die segensreiche Differenziertheit dieser Position, die auf der Unterscheidung von *ius publicum* und *ius privatum* ruht, macht Behrends beim Vergleich mit den anderen in der Fallentscheidung mitgeteilten Stellungnahmen von Aquilius Gallus, Celsus und Ulpian deutlich, die den Privaten, der bei Brandgefahr zum Schutz eigener Interessen eingreift, gegenüber dem Beeinträchtigten nicht zum Schadensersatz verpflichten, weil er nicht rechtswidrig gehandelt habe.

Die Thematik der allgemeinen Gesetzeslehre wird im nächsten Beitrag unter dem Aspekt der vertraglichen Struktur des Gesetzesbegriffs erneut aufgenommen.

Der archaisch-religiöse Gesetzesbegriff, für den die Verständigung zwischen der Magistratur und der Wehrgemeinde in Gestalt von Volksversammlungen grundlegend ist, wird in einer gegenüber dem Beitrag aus dem Jahr 1987 weiter differenzierten Weise dargestellt und damit das Fundament gelegt für das Verständnis der Deutungsformen, die dem Gesetzesbegriff in der wissenschaftlichen Phase des römischen Rechts zuteil geworden sind, also in der stoisch-naturrechtlichen Phase des 2. Jhs. v. Chr. und in der skeptisch-zivilisationsrechtlich geprägten, durch Servius Sulpicius begründeten klassischen Lehre des 1. Jhs. v. Chr. Behrends beleuchtet die Konsequenzen für das Verhältnis von Gesetz und Rechtsordnung und für die Gesetzesauslegung. Der auch in den verschiedenen Richtungen der Rechtswissenschaft festgehaltene Vertragsgedanke erweist sich als unterschiedlichen Interpretationen zugänglich. Eine Vertragsgrundlage für das Gesetz der Prinzipatszeit gibt es in einer der Interpretationshoheit des Prinzeps letztlich anheim gegebenen Weise, die allerdings von einer grundsätzlichen Achtung der Rechtsordnung getragen ist. Sie entfaltet sich nach zwei Richtungen, zum einen in dem *foedus*, dem Vertrag, den Augustus als Friedensbringer zur Grundlage der von ihm eingesetzten Rechtsordnung erklärt, und zum anderen in der Ermächtigung durch das Volk, die das Handeln des Augustus legitimiert. Folgt man der Darstellung des Entwicklungsganges, wird für die wissenschaftliche Phase in der ausgehenden Republik der Wandel von der auguralen Grundlegung zu einem Gesetzesverständnis deutlich, dem zufolge sich im Gesetz der Rechtskonsens wiederholt, der zur Bildung des Gemeinwesens geführt hat. Diese Grundaussage wird aber mit signifikanten Unterschieden interpretiert. In der vorklassischen Jurisprudenz ist das Gesetz, das als *lex rogata* in verfassungsrechtlich formaler Weise zustande kommt, eine auf das Recht hinweisende Norm. Das so geschaffene *ius scriptum* ist Ausdruck des Rechts, das als *ius non scriptum* zugleich dem Gesetz in diesem engeren Sinne zugrundeliegt, wie es aus ihm im Wege der Interpretation gewonnen wird. Diese Interpretation geht von einer objektivierten, vernünftigen *voluntas legis* aus. Die vertragliche Deutung der *rogatio* des Magistrats und des in der Antwort liegenden *iussum* der Volksversammlung wird auf den Rechtsgeltungswillen des Volkes konzentriert. Mit deutlich anderer Akzentuierung des republikanischen Charakters des Gesetzesbegriffs entfaltet Behrends aus den Quellen den Begriff der klassischen *lex publica*. Die *lex* hat in dieser neuen, von Servius Sulpicius begründeten Interpretation den naturrechtlichen Charakter abgestreift und ist als allgemeines Gesetz, als *generale iussum*, beschrieben. Die *rogatio* ist das Gesetz der äußeren Form nach. Besonders erhellend ist der Hinweis auf die unterschiedliche Etymologie, die dem Begriff *lex* beigegeben wird. Bei den Vorklassikern ist *lex* von der Wahl des Richtigen abgeleitet, bei den Klassikern vom Lesen des geschriebenen Textes. Charakteristisch für die klassische Lehre ist eine enge, realitätsgebundene Gesetzesauslegung. Diese kann in besonderen Fällen durch magistratisches Handeln erweitert werden, nämlich dann, wenn Sinn und Zweck des Gesetzes anderenfalls verletzt, die *naturalis aequitas* missachtet wäre. Den vertraglichen Charakter des klassischen Gesetzesbegriffs erläutert Behrends im Zusammenhang mit der privatrechtlichen Vertragslehre und unter differenzierter Beschreibung der *pacta conventa* und der *stipulatio*. Abschließend nutzt Behrends den Vertragsbegriff, um das Gesetzesverständnis des Prinzipats zu verdeutlichen. Anknüpfend an ein spezifisch interpretiertes Naturrecht kommt dem Herrscher kraft Ermächtigung durch das Volk die Rolle zu, die Rechtsordnung zu interpretieren. Die Bürger sind »... keine wirklichen Vertragspartner, sondern Adressaten einer Vertragsidee, die ihrer imperialen Herkunft nach Unterwerfung verlangt« (S. 87).

Es schließt sich ein Beitrag an, der durch die hundertste Wiederkehr des Todestages von Theodor Mommsen veranlasst war und damit eine eingehendere Auseinandersetzung mit dessen wissenschaftlichem Erbe hervorgerufen hat, die durch zahlreiche Bemerkungen bereits vorbereitet war. Behrends unternimmt es, »Mommsens Glauben« zu analysieren. Damit ist die Grundlage von Mommsens römischem Staatsrecht kritischer Betrachtung unterworfen, die Behrends als großartige Leistung würdigt, aber auch in ihren problematischen Konsequenzen, nämlich ihrer forschungshindernden Wirkung beschreibt. Gerade im Zusammenhang der hier vorgelegten Aufsatzsammlung wird die grundlegende Leistung Mommsens einerseits und manche problematische Festlegung andererseits besonders offensichtlich. So sind die großen Leitideen von Mommsens Staatsrecht, die Magistratur und das *imperium*, als orientierende Strukturen eines Rekonstruktionsversuchs oder als heuristisches Werkzeug gut geeignet. Als Grundlage eines abgeschlossenen Systems, das aufgrund übernatürlicher Legitimation als göttlich inspiriert betrachtet wird, als ein System, dessen eigene Wahrheit nicht mehr an der Wirklichkeit gemessen werden muss, ist es zur Wahrnehmung verschiedener Entwicklungsstufen des römischen Staatsrechts oder zur Erforschung unterschiedlicher theoretischer Konzepte ungeeignet und wirkt geradezu blockierend. Die für die Wissenschaftsgeschichte zentrale Analyse der geistigen Grundlagen und Prämissen von Mommsens Denken gelingt Behrends durch einen Vergleich mit ebendiesen Grundbedingungen bei Savigny. Dieser hatte bei der Begründung der historischen Rechtsschule und mit der Volksgeistlehre eine Systematik als vorgegebene Wahrheit anerkannt und vom Zentrum der willensfähigen Person des Allgemeinen Teils des Privatrechts aus die Begrifflichkeit für das Privatrecht entfaltet. Mommsen erklärte ausdrücklich diese Vorgehensweise zum Vorbild für den Bau eines Systems des römischen Staatsrechts. Behrends stellt als Gemeinsamkeit der beiden Gelehrten den Glauben an die Begriffe heraus, die als lebendigem Geist entstammend gedacht werden. Den Unterschied sieht er darin, dass bei Savigny das zur gemeinsamen Tat inspirierte Volk Träger der freiheitlichen Rechtsordnung ist – und zieht eine interessante Parallele zu dem amerikanischen Präsidenten Lincoln -, während bei Mommsen dieses Volk erst durch das Auftreten eines Herrschers geistig konstituiert wird. (S. 360 f.) Der Geniekult Mommsens, der vor allem Caesar gegolten hat, sich aber im Staatsrecht auch an Romulus oder Sulla exemplifizieren lässt, hat in dieser Vorstellung seine Grundlage. Der Beitrag enthält weitere Klärungen zu Mommsens Leitlinien der Forschung, zum Beispiel zu dem Zusammenwirken einer großen und akribischen Sammelleidenschaft für historische Quellen aller Art, die dann aber in einen für überzeitlich erklärten Bau, ein System eingefügt werden. Von größter Bedeutung sind die Ausführungen auch für die weitere Entwicklung in der Wissenschaftsgeschichte. Der berechtigten Kritik an dem geglaubten System Mommsens im Bereich des römischen Staatsrechts folgte vielfach eine vollständige Abkehr von juristisch-strukturellen Analysen. Diese Abkehr hat nach Behrends im römischen Privatrecht zur Annahme einer Geschichtslosigkeit der Rechtsfiguren geführt und zu einer Konzentration auf Einzelfallentscheidungen. (S. 376 f.) So waren Höhe- und Endpunkt einer Forschung erreicht, die zugleich in eine Sackgasse führte. In Auseinandersetzung mit dieser Bestandsaufnahme hebt Behrends in seiner Schlussbetrachtung die »grundsätzliche Richtigkeit eines Systemdenkens, das das Recht als Ordnung menschlichen Zusammenlebens begreift« (S. 388) hervor. Behrends hat sich zum Ziel gesetzt, die verschiedenen Systeme, ihre Entwicklung und ihre theoretisch-konzeptionellen Hintergründe auf den verschiedenen Stufen des römischen Rechts zu beleuchten.

Dieses Erkenntnisinteresse ist leitend für den Beitrag, der dem staatlichen Gesetz in biblischer und römischer Tradition gewidmet ist. Die weitere Überschrift markiert eine Spannung zwischen unterschiedlichen Grundpositionen. Als Charakteristikum des biblischen Gesetzesbegriffs ermittelt und analysiert Behrends den Gehorsam fordernden Befehl, der zugleich eine sinn- und gemeinschaftsstiftende Wirkung hat. In einer ganz anderen Tradition sieht er das staatliche Gesetz im römischen Recht, das eine bestehende Rechtsordnung bereits voraussetzt und im Rahmen dieser Rechtsordnung eine klärende, ändernde oder erneuernde Funktion hat. Die Analyse dient insbesondere dazu, die Rolle Justinians im Hinblick auf seine Kodifikation und deren Nachwirkungen zu klären. Einen überzeugenden Ausgangspunkt findet Behrends, indem er die theologische und juristische Bildung von Kaiser Justinian für sein Verständnis des römischen Rechts und für die Aufgabe von dessen Kodifikation in Rechnung stellt. Es wird deutlich, dass Justinian sich als Herrscher und Ordner einer Rechtsordnung sieht, die am Anfang der römischen Geschichte von göttlichem Geist geschaffen worden und ihm anvertraut ist. Die Anrufung der Trinität als Inspirationsquelle seiner Kodifikation ist Ausdruck von Justinians Anspruch und folgt, wie Behrends zeigen kann, einer auf das Recht angewendeten Anthropologie der *imago Trinitatis*. Aus *memoria*, *intellegentia* und *voluntas* (*providentia*) sei das Bewusstsein der inspirierten Person zusammengesetzt, deren Kodifikationstat eine geistige Tat sei, die eine zukunftsoffene Ordnung aktualisiere. Das römische Recht wird als lebendige Einheit und geschichtlicher Gegenstand zugrunde gelegt. Justinian stellt sich in eine Tradition mit der Kodifikation der XII-Tafeln und mit Augustus und damit auch in eine Tradition mit der Republik, die in der Wahrnehmung des Herrschers in ihrer Bedeutung allein auf die Rechtsordnung konzentriert ist und mit der Vorstellung eines auf die Gewährleistung des Rechts bedachten Alleinherrschers in Einklang gebracht werden kann. Justinian stellt den Ediktsredaktor Julian in besonderer Weise als Vorbild heraus, mit dem ihn die kodifikatorische Aufgabe, aber auch ganz grundsätzliche Positionen verbinden. Behrends zeichnet den Weg nach, der zu Justinians spezifischem Bild des römischen Rechts in Gestalt des *ius humanum* geführt hat. Dort sieht er Spuren des Personalismus in der Prägung der Philosophie des späten Cicero. Er führt aus, dieser habe der personalen Philosophie der skeptischen Akademie stets die Führung gegeben, aber in einer Verbindung mit Elementen der stoischen Philosophie die Grundlage des Prinzipats geschaffen, in dem der Prinzeps und seine Wiederherstellung der Rechtsordnung das Zentrum bilden. Durch Justinian kommt es erneut, wie bereits seit Konstantin, zu einer Überformung dieses Rechts mit christlichen Motiven. Doch bleibt ein säkularer und zukunftsoffener Humanismus, der im *ius gentium* und damit in der Offenheit gegenüber allen Menschen verankert ist, erhalten. Behrends exemplifiziert dies anhand von eigenen, gegenüber christlichen Vorgaben selbstständigen Rechtsstandpunkten Justinians, insbesondere mit Blick auf das Eigentum und die Ehe. Besonders erkennbar wird der begrenzte Einfluss christlicher Lehren daran, dass Justinian an der Scheidbarkeit der Ehe festhält. Justinian geht also von einer Trennung von Welt und Kirche aus, die damit erklärt wird, dass zwei verschiedene geschichtliche Erfahrungen mit dem Wirken des gleichen Gottes vorliegen, deren eine die Religion, die andere das Recht erzeugt. Die geistige Eigenständigkeit der von Justinian kodifizierten, religiös legitimierten, aber gleichwohl entschieden weltlichen Rechtsordnung verdeutlicht Behrends auch als Schlüssel zum Verständnis der Selbstständigkeit der weltlichen Juristen im Mittelalter gegenüber der Kirche und dem kanonischen Recht. Einem Accursius-Zitat zufolge war es keinesfalls erforderlich, dass ein Jurist auch Theologie studieren musste. Die weltliche Prägung des römischen Rechts führt in der Neuzeit dazu, dass es für das römische Recht des Mittelalters nicht zu einem Säkularisierungsschock kommt, als die religiöse Legitimation ihre Kraft verliert. In diesem Zusammenhang rückt Behrends das spezifische Gesetzesverständnis der römischen Juristen und auch Justinians noch einmal ins Bewusstsein. Das Gesetz steht nicht im Zentrum der Rechtsordnung, sondern ein immer schon vorhandenes, aber dennoch gestaltungsfähiges und gestaltungsbedürftiges Recht. Dies betrachtet Behrends als wesentliche Botschaft des römischen Rechts, die verstanden worden sei, obwohl man die geistigen Gehalte desselben nicht in der Differenziertheit ihrer philosophischen Grundlagen erfasst hatte. In einem Ausblick auf die jüngere Rechtsgeschichte wird gerade diese Botschaft mit dem Radikalisierungspotential kontrastiert, das eine staatlich definierte Vernunft in Zusammenhang mit einer gesetzten Rechtsordnung enthält. Eine geistesverwandte Anknüpfung an das römische Recht findet Behrends bei Savigny und seiner Historischen Rechtsschule, welche die Gesetzgebung nicht als »Gründungstat«, sondern als notwendige Arbeit in immer schon bestehenden Rechtsverhältnissen angesehen habe. Die geistige Grundlage in einem personalen Prinzip, das den Menschen als eigenverantwortliche Person achtet und damit Ausdruck der *humanitas* ist, stellt er als mit einer christlichen Glaubenshaltung vereinbar heraus, doch zugleich behalte dieser personale Kern des römischen Rechts die Führung. Diese Beobachtung gilt auch für Jhering und seine Evolutionstheorie. Es ist ein überzeugender Ausblick auf die Gegenwart, wenn Behrends die entscheidende Prägung durch die Tradition des römischen Rechts in einem skeptischen Humanismus sieht, die den Menschen als Person in den Mittelpunkt der Rechtsordnung stellt.

Der Beitrag »Princeps legibus solutus« bietet die in Fußnote 222 des hier an dritter Stelle abgedruckten Aufsatzes über den Gesetzesbegriff und das Prinzip der Gewaltenteilung angekündigte Abhandlung. Behrends erweist die *lex regia* oder *lex de imperio* gegen die Lehre von Mommsen als augusteisch und interpretiert sie zugleich als Ausdruck der Wiederherstellung der Republik wie auch der außerordentlichen Machtstellung des Prinzeps. Diese Mandatsübertragung erläutert Behrends im Lichte der vorklassischen Interpretation des Auftrags, der als ein »In-die-Hand-Nehmen des objektiven Interesses des Mandanten« verstanden wurde. Dieses Mandat stellt Behrends als Grundlage der Interpretationshoheit des Prinzeps heraus, die als Basis der Rechtssetzung des Prinzeps in Gestalt von *constitutiones*, Festlegungen oder Erläuterungen, diente. Das Mandatsverständnis ist dabei – man wird an den ersten Beitrag in dieser Sammlung erinnert – mit dem Amt des Volkstribunen und der von Augustus beanspruchten *tribunicia potestas* verknüpft. Dieser »außerordentliche monarchische Schwerpunkt außerhalb der Republik« bildet eine Seite des »doppelten Rollenspiels« des Augustus. Auf der anderen Seite erklärt Augustus, als Bürger unter Bürgern in den Formen der Republik leben zu wollen. Diese Einordnung in die Republik hindert wiederum nicht, dass Augustus *legibus solutus* ist, also, wie Behrends verdeutlicht, auf Grund einer Generalklausel von der Geltung der Gesetze, die in den Formen der Republik zustande kommen, befreit ist. Dahinter steht, wie Behrends zeigt, ein allgemeiner Gedanke, der für die Gesetze, die vor der Wiederherstellung der Republik zustande gekommen sind, aus der Verfassungsinterpretation gewonnen wird. Derjenige, der die Republik kraft seiner *auctoritas* wiederhergestellt hat, unterliegt selbst nicht ihren Gesetzen. Die Rolle dieser *auctoritas* beschreibt Behrends gerade auch in ihrer Konsequenz für die Juristen, die zwar durch das *ius respondendi ex auctoritate principis* in die neue Verfassung eingebunden werden, denen aber von Augustus die Freiheit der Rechtsfortbildung in professioneller Weise auch für die Zukunft überlassen wird. Hinweise auf die Zusammenhänge mit der Souveränitätslehre Bodins münden in ein fiktives Zwiegespräch zwischen Bodin und Augustus, wobei der Prinzeps sich Behrends zufolge über den Titel eines »chef de la République« eher amüsiert und die Grundlagen seiner Souveränität erläutert hätte. Als Besonderheit wäre herausgestellt worden, dass das Gesetz nicht als souveräner Befehl definiert worden sei, sondern als Interpretationsleistung im Rahmen einer schon bestehenden, auch vom Prinzeps geachteten Rechtsordnung.

Die für die Überlieferung des römischen Rechts zentrale republikanische Prägung und das eng damit verknüpfte Gesetzesverständnis werden im letzten Beitrag von Behrends anhand einer Analyse der Doppelwerke von Platon und Cicero zu eben diesen Themen dargestellt. Der neuzeitliche, mit potentiell revolutionärer Kraft ausgestattete Gesetzesbegriff ist dem Recht übergeordnet. In ihm sieht Behrends, wie im sechsten Beitrag dargelegt, den säkularisierten biblischen Gesetzesbegriff. Ganz anders verhielt es sich in der römischen Republik mit ihrem

Verständnis von einer immer schon vorhandenen Rechtsordnung, in welcher dem Gesetz die Rolle zukam, Einzelfragen zu klären und das Recht auf der Grundlage seiner Prinzipien dem Wandel der Verhältnisse anzupassen. Behrends beginnt mit der Analyse von Ciceros Schriften *de re publica* und *de legibus*. Cicero habe, so Behrends, die Verfassung Roms als das Ergebnis des Zusammenwirkens vieler Menschen und Generationen angesehen, nicht als das eines Gesetzgebers. Die Gerechtigkeit als Fundament jeder Rechtsordnung wird, wie Behrends weiter zeigen kann, auch von den beiden großen Rechtstheorien der republikanischen Zeit als eine jeden Menschen ergreifende Vernunfteinsicht betrachtet, wonach universale und individuelle Gerechtigkeit in grundsätzlicher Übereinstimmung miteinander stehen. Diese Übereinstimmung, aber auch die Unterschiede zwischen der stoischen Philosophie in ihren verschiedenen Ausprägungen einerseits und der skeptischen Akademie andererseits stellt Behrends dar und erläutert die eigenständige, aufgrund seiner politischen Erfahrungen immer wieder geprüfte und nachjustierte Sichtweise Ciceros. Es wird erkennbar, dass Cicero die theoretische Grundlegung des Prinzipats zu verdanken ist. Ein *princeps civitatis* mit außerordentlichen Machtbefugnissen bot nach seiner Ansicht immer noch die beste Chance, so viel wie irgend möglich von der Republik zu erhalten. Der Kontrast zu Platons Werken Politeia und Nomoi ist mit dieser Analyse vorbereitet und wird schon darin deutlich, dass Platon die Fähigkeit zur Gerechtigkeit und die Verwirklichung der Gerechtigkeit allein bei den Herrschenden ansiedelt. Platons Lehren ordnet Behrends in die staatsphilosophische Diskussion der Zeit im Vergleich mit Protagoras und Demokrit ein. So tritt schließlich die besondere Prägung hervor, die Cicero der Verteidigung des Ideals der Republik, die von freien Bürgern getragen wird, gegeben hat und bezeugt eine skeptische Grundhaltung, die Cicero mit einer Offenheit für mögliche kreative Quellen des menschlichen Denkens kombiniert.

Die in diesem Band versammelten Schriften bilden auch unter dem gewählten Oberthema nur eine Auswahl aus dem Werk von Okko Behrends. Auf weitere Beiträge wird in den Fußnoten verwiesen, sie werden aber auch durch die Bibliographie im Anhang erschlossen. Die Seitenzahlen im Vorwort beziehen sich auf den Erstabdruck. In dieser Sammlung ist die Zählung in dem Text in Klammern integriert. Der Druck der vorliegenden Sammlung wurde durch den Stifterverband für die Deutsche Wissenschaft finanziell unterstützt. Die Erfassung der Texte, ihre Korrektur und das Anfertigen der Register geschahen mit Unterstützung unserer Lehrstuhlmitarbeiter, in Köln Neil Burtoft, Georg von Daniels, Tatjana Hammer, Leonie Herstell, Lara Itschert, Marcel Leines, Dr. Salvatore Marino, Dorothee Moos und Philipp Rohdenburg, sowie in Berlin Clarissa von Bormann, Sebastian Frühinsfeld, Lennart Griese, Dr. Jens-Olaf Lindermann, Dorothee Schlandt und Justus Schweizer. Ihnen allen gilt ein herzlicher Dank.

Berlin und Köln, im August 2013
Die Herausgeber

I. Tiberius Gracchus und die Juristen seiner Zeit – die römische Jurisprudenz gegenüber der Staatskrise des Jahres 133 v. Chr.*

I. Prolog

1. Das Jahr 133 v. Chr.

[25] Das Tribunatsjahr des Tib. Sempronius Gracchus[1] ist ein Epochenjahr. Das gilt nicht nur für die allgemeine römische Geschichte, für die mit ihm Rom in seine erst mit dem augusteischen Prinzipat endende revolutionäre Phase tritt,[2] sondern auch in einem besonderen Sinn für die Geschichte des römischen Rechts. Gerade auch für die römische Rechtsordnung ist das Jahr 133 das vielleicht einschneidendste Krisenjahr ihrer Geschichte, fast ein antikes 1789.

Freilich liegt es nicht ganz so einfach, daß dieses Jahr allgemeine, für das Recht konstitutive Ideen schlicht verabschiedet und dafür neue be- [26] grüßt und in Geltung gesetzt hätte. So einfach verhält es sich auch hier nicht. Aber in den zwölf Monaten, in der Aufeinanderfolge der Ereignisse, die uns durch die Quellen, insbesondere Cicero und Plutarch, doch recht gut dokumentiert sind,[3] wird

* Erstabdruck in: Das Profil des Juristen in der europäischen Tradition, Symposium aus Anlaß des 70. Geburtstages von Franz Wieacker, hrsg. von Klaus Luig und Detlef Liebs, Ebelsbach 1980, S. 25-121.

1 Die Literatur ist nahezu unübersehbar. Zur ersten Information neben dem unentbehrlichen Artikel (Tiberius) Sempronius (Gracchus) 54 von Münzer, Pauly-Wissowa Realenzyklopädie (1923) Sp. 1409-1426 sehr nützlich das Florilegium aus Literatur und Quellen von J. M. Riddle, Tiberius Gracchus, Destroyer or Reformer of the Republic? Problems in European Civilization, Lexington Mass. 1970 mit weiterer Bibliographie S. 97 f. (s. dazu A. Astin, Gnomon 44 [1972] S. 516 f.). Neuestens die Darstellung von Karl Christ, Krise und Untergang der römischen Republik (1979) S. 117-134. Hervorhebenswert von den amerikanischen Arbeiten die sehr unbefangen aktualisierende Darstellung von H. J. Haskell, The New Deal in Old Rome. How Government in the Ancient World Tried to Deal with Modern Problems. 2nd ed. New York 1947. Riddle (S. 93) bemerkt dazu, es möchte wohl überhaupt die Anschauung des unter F. D. Roosevelt in den Vereinigten Staaten propagierten New Deal erklären, warum Tiberius Gracchus in einem Teil der amerikanischen Geschichtsschreibung in einem freundlicheren Licht erscheine als in der englischen oder deutschen.

2 Vgl. Alfred Heuß, Der Untergang der römischen Republik und das Problem der Revolution, Histor. Zeitschr. 182 (1956) S. 26 ff.; Das Revolutionsproblem im Spiegel der antiken Geschichte, Histor. Zeitschr. 216 (1973) und Röm. Geschichte (1971)[3] S. 130-271, dazu Christ (o. A. 1) S. 11 ff.; ferner E. Badian, Tiberius Gracchus and the Beginning of the Roman Revolution, in: Aufstieg und Niedergang der röm. Welt I 1 S. 668-731; vgl. auch u. Anm. 3 und Anm. 33.

3 Neben der insbesondere agrarhistorisch wertvollen Darstellung Appians, de bellis civilibus I, 1-17 (vgl. insofern Niese, Hermes 23 [1888] S. 410 ff.), in dem der φόνος ἔμφυλος der Bürgermord an Tiberius Gracchus, die Zeit der ῥωμάικα ἐμφύλια, der Bürgerkriege Roms eröffnet (I, 2 und 17), sind es vor allem die Hinweise Ciceros, der auf dieses Ereignis aus der

die geistige Situation der damaligen römischen Jurisprudenz auf eigentümliche Weise ins Licht gestellt. In der schärferen Beleuchtung dieses Krisenjahrs wird sichtbar, daß die Homogenität und Einheitlichkeit der von den *iurisconsulti* getragenen Rechtsordnung nicht mehr in der alten Weise besteht, daß sich vielmehr unter den nach wie vor sozial und politisch hochangesehenen Autoritäten des Rechts differenzierte, deutlich voneinander abgesetzte und sogar in tiefem Streit miteinander liegende Positionen herausgebildet haben.

2. Die drei geistigen Lager

An den Ereignissen des Jahres 133 nehmen durch ihren geistigen Einfluß und auch unmittelbar politisch handelnd drei Juristengruppen teil. Es sind dies einmal die Vertreter der überkommenen, eher konservativen oder konservativ-liberalen Jurisprudenz, die in ihren Anschauungen und auch persönlich dem Scipio Aemilianus nahestehen und die mit ihrem profiliertesten Vertreter Q. Aelius Tubero damals deutlich in der Minderheit standen.[4] Zum anderen sind es die Reformjuristen um P. Mucius Scaevola, den damals wohl bedeutendsten Juristen. Ihre Richtung hatte damals eindeutig die Führung in der Rechtswissenschaft übernommen. Zugleich war P. Mucius, ihr Vormann, der Konsul des Jahres 133, und zwar durch die kriegsbedingte dauernde Abwesenheit seines Kollegen der einzige, der für die Stadt Rom zählte. Die dritte [27] Gruppe schließlich wird gebildet von den Gesinnungsgenossen des Scipio Nasica Serapion, deren geistige Führungsgestalt wahrscheinlich L. Furius Philus, der Konsul des Jahres 136, war. Von ihm, dessen juristische Leistungen sonst kaum eine Spur hinterlassen haben, erfahren wir, daß er als Autorität in den Grundfragen des Rechts damals den etablierten Reformjuristen schließlich den Rang ablief.[5] Sein Rechtsdenken steht daher wahrscheinlich hinter den neuen Rechtsideen, deren sich die von dem damaligen Privatmann Nasica Serapion geführte Senatsgruppe am Ende des Jahres bedienen wird, um Tib. Gracchus und seine Anhänger ohne Zustimmung und sogar gegen den Willen des Konsuls P. Mucius in einer blutigen Notstandshandlung zu vernichten.

Etwas vom Ende und Neubeginn steckt allerdings doch in diesem komplexen Befund. Das Denken der literarischen Juristen älterer Prägung um Scipio, der

Zeit seiner Großvätergeneration immer wieder mit unmittelbarer Anteil- und Parteinahme zurückkommt (vgl. insbesondere de re publica I 19, 31, Laelius 11 37, allgemein dazu Béranger, Les jugements de Ciceron sur les Gracques, in: Aufstieg und Niedergang der röm. Welt I 1 S. 732-763) und die Tiberius-Biographie Plutarchs, die Einblicke in die inneren Zusammenhänge der Vorgänge erlauben. Die ungewöhnlich reiche, zeitgenössische Tradition, die Cicero und den kaiserzeitlichen Autoren noch vorgelegen hat, betont eindrucksvoll E. v. Stern, Tiberius u. C. Gracchus, Hermes 1921, 229-301 (330 ff.). Vgl. auch Münzer (o. Anm. 1) Sp. 1409.

4 Die Haltung dieser Juristen bezeugt Cicero, Laelius 11 37. Vgl. die Interpretation dieser Stelle u. S. 77.

5 Cicero rep. I 13, 20 *tum MANILIUS: … audiamus Philum, quem video maioribus iam de rebus quam me aut quam P. Mucium consuli.* Dazu näher S. 113 ff.

maiores, wie Cicero sie etwas pauschal gerne nennt,[6] wirkt in der Jurisprudenz nicht mehr weiter. In der Wissenschaft behauptet sich zunächst noch die Reformjurisprudenz um P. Mucius Scaevola in eindeutiger Führung, wie sich vor allem im Werk seines Sohnes, des Q. Mucius Scaevola p. m., dokumentiert, in dem aus den Leistungen jener Gesinnungsjuristen mit wissenschaftlicher disziplinierender Durchdringung und großer literarischer Folgewirkung die Summe gezogen worden ist. Nach knapp zwei Generationen unterliegt diese Richtung dann aber doch den Rechtsvorstellungen, die gegen Ende des Jahres 133 wohl zum ersten Male zur Legitimation öffentlichen Handelns verwendet worden sind und von da an unaufhaltsam an Boden gewinnen sollten.[7]

[28] Der Einfluß griechischer Theorie auf die Handelnden des Jahres 133, der im folgenden mit besonderem Blick auf die römische Jurisprudenz untersucht werden soll, ist in historischen und geistesgeschichtlichen Arbeiten mit gutem Grund immer wieder zum Thema erhoben worden.[8] Im ganzen überwiegt aber

6 Cicero de off. III 17, 69 *itaque maiores aliud ius gentium, aliud ius civile esse voluerunt … quod autem gentium idem civile esse debet.* Für die *maiores* ist, wie die wichtige Stelle ausspricht (vgl. zu ihr auch noch näher S. 41 ff.), kennzeichnend der Glaube an eine teilweise Positivierungsfähigkeit des hier als *ius gentium* bezeichneten Naturrechts. Die *maiores* um Scipio, denen Cicero im Ergebnis zustimmt, und ihre Lehrer waren freilich in der Zulassung positivierten Naturrechts weit zurückhaltender als die Jurisprudenz um und nach Mucius, die auch noch zu den *maiores* zu rechnen wären. Cicero, obschon für diesen Gegensatz unter den *maiores* die wichtigste Quelle, hat seine Gründe, ihn nicht zu betonen oder sogar eher ein wenig zuzudecken. Vgl. dazu im folgenden insbesondere S. 118 ff., auch 70 f. und 75 ff. mit Anm. 124 u. 126.

7 Zur vermutlichen Bedeutung der karneadischen Rechtstheorie für die Notstandshandlung des Scipio Nasica u. S. 113 ff., zu ihrer Bedeutung für die klassische Jurisprudenz insbesondere seit Servius Sulpicius meine Untersuchungen, Römische Privatrechtsordnung und Grundrechtstheorie, in: Dilcher/Horn, Sozialwissenschaften im Studium des Rechts, Band 4 (Rechtsgeschichte), 1978 S. 13-42 und Institutionelles und prinzipielles Denken im römischen Privatrecht, Savigny Zeitschr. f. Rechtsgeschichte, Rom. Abt. 95 (1978) S. 187-231.

8 Aus neuerer Zeit lesenswert James B. Becker, The Influence of Roman Stoicism upon the Gracchian Economic Land Reforms, La Parola del Passato 19 (1964) S. 125-134, wo im Anschluß an eine Bemerkung von Ronald Syme, The Roman Revolution S. 57 mit Recht der aristokratische Konservatismus des Panaitios und des von ihm beeinflußten Scipionenkreises betont wird aaO., S. 132), die Selbständigkeit der über Blossius auf Tiberius (und nicht nur auf ihn) wirkenden stoischen Einflüsse aber wie gewöhnlich unterschätzt wird (129, 133). Kritisch gegen Becker Badian (o. Anm. 2) S. 679 Anm. 28. Demgegenüber mehr programmatisch der kurze Beitrag von Truesdell S. Brown, Classical Journal 42 (1947) S. 471-474, aber mit berechtigter Betonung der Gestalt des Blossius (473). Im übrigen ist bekanntlich immer wieder die Ansicht vertreten worden, daß Tiberius Gracchus in seinem politischen Handeln sich einer Theorie der Volkssouveränität bedient habe, die griechischen Ursprungs sei. Vgl. etwa M. Gelzer, Jahrb. f. d. Klass. Altertum 45 (1920) S. 18; E. v. Stern, Hermes 56 (1921) S. 266; ausführlicher W. Enßlin, Die Demokratie und Rom, Philologus 82, 1927, S. 313 ff. In der *ratio tribunatus* der Tiberius Gracchus beratenden Jurisprudenz findet diese Ansicht ihre Bestätigung (u. S. 81 ff.), wenn auch gegenüber der Verwendung der ganz und gar neuzeitlichen Kategorie der Souveränität Zurückhaltung zu üben ist. Weitere Literatur u. Anm. 9.

heute, vor allem bei den Historikern, die Tendenz, den Anteil, den philosophisch-ideologische Positionen an den Ereignissen hatten, für gering zu veranschlagen oder zu leugnen.[9] Die wichtigste Quelle dieser Frage, die innere Geschichte der römischen Jurisprudenz, die in Rom immer und gerade auch im Jahre 133 die eigent-[29] liche Legitimationsform politischen Handelns war, ist dabei jedoch noch unausgeschöpft geblieben.

3. Der römische Jurist und das Staatsrecht

Bevor wir uns im folgenden näher mit den Ereignissen, den Juristen und den auf sie wirkenden Ideen beschäftigen, ist vorweg kurz auf das Verhältnis des römischen Juristen zum Verfassungs- und Staatsrecht einzugehen. Es ließe sich der Einwand erheben, daß die Ereignisse des Jahres 133 wesentlich solche des Verfassungsrechts waren und von ihnen Schlüsse auf die Lage der römischen Rechtswissenschaft im allgemeinen, die im wesentlichen Privatrechtswissenschaft war, nicht gezogen werden können.

Gewiß ist der römische Jurist wesentlich Privatrechtler. Das ist auch keine bloße Blickverkürzung unter dem Einfluß der Privatrechtsgeschichte der Neuzeit und insbesondere der Pandektistik des 19. Jhs., vielmehr in eigener altrömischer Tradition begründet. Der Pontifex, das Vorbild des späteren weltlichen Responderjuristen, diente als Rechtskundiger wesentlich dem Privatrecht, so wie ja auch die große frühe Leistung, die wir mit Wahrscheinlichkeit dem technischen Wissen des Pontifikalkollegiums zuschreiben können, das Zwölftafelgesetzbuch, seinen Schwerpunkt im Privatrecht hatte.[10] Daher war das öffentliche Recht der alten Zeit auch in der Obhut anderer Priester, nämlich der Auguren; ihr Kollegium

9 Entschieden gegen den Einfluß griechischer Verfassungstheorie auf Tiberius Gracchus und Rom überhaupt neuestens vor allem Jochen Bleicken, Staatliche Ordnung und Freiheit in der römischen Republik, Frankf. Althist. Studien H. 6 S. 17 Anm. 3. Derartiges anzunehmen sei schon methodisch falsch; da direkte Verbindungen zwischen der griechischen Philosophie und politischen Programmen in Rom nicht belegt seien, könnten sie allenfalls dann postuliert werden, wenn die römische Politik nicht mehr aus sich selbst erklärt werden könne. Vgl. auch ders., Lex Publica (1975) S. 320 Anm. 154: die Verfassungswirklichkeit der Römer biete für solche Erklärungen keine Ansätze. Ein die freie historische Beweiswürdigung einschränkender Grundsatz strenger Subsidiarität philosophisch-ideologischer Erklärungsversuche gegenüber eigenrömischen kann aber nicht anerkannt werden (bedenklich insofern auch H.-J. Gehrke, Chiron 8 [1978] S. 150) und wäre angesichts der allgemeinen Bedeutung des Hellenismus für das Rom des 2. Jahrhunderts auch als Faustregel bedenklich. M. E. bewirkt der spätrepublikanische Positivismus, der selbst eine durchaus reflektierte, griechische Rechtstheorie voraussetzt, einen falschen Schein strenger Autarkie des römischen Rechtsdenkens. Der Versuch von Alfred Heuß, die Argumentation des Tiberius Gracchus bei der Absetzung des Octavius in eigenrömischen Begriffen zu erklären, kann denn auch nicht als gelungen angesehen werden. Vgl. u. S. 86 ff.

10 Vgl. etwa den Artikel Tabulae duodecim von Dieter Medicus im Kleinen Pauly V, 1975, S. 482 f.; zur Bedeutung der Pontifikaljurisprudenz für diese bedeutende Gesetzgebung zuletzt mein Zwölftafelprozeß, 1974, S. 3 ff., 108, 144 f.

wachte darüber, was bei Beamtenwahl und Gesetzgebung zu beachten war.[11] Und selbst das Recht der Außenbeziehungen Roms, das Völkervertrags- und Kriegsrecht, besaß in früherer Zeit sein eigenes, rechtskundiges Priesterkollegium, das der Fetialen.[12] Die Gleichung von *iurisconsultus* und Privatrechtsjurist hat also durchaus ihren Grund. [30]

Dennoch bedarf dieses Bild[13] gerade für die Zeit der beiden letzten Jahrhunderte der Republik erheblicher Abstriche. Schon die Leistung der Pontifikaljuristen der Zwölftafelepoche, ein gegenüber der Jurisdiktionsinstanz formal gewährleistetes Privatrecht zu etablieren und auszubilden, hatte natürlich unmittelbare Verfassungsbedeutung, mögen jene Priester das auch ohne übergreifende Rechtstheorie einfach als selbstverständlichen Beitrag zur Rechtsordnung ihrer *civitas* getan haben. Und die Verfassungsbedeutung der öffentlichen Tätigkeit der seit dem 3. Jh. auftretenden weltlichen *iurisconsulti* des Privatrechts wiegt nicht geringer. Aber etwa seit dem Beginn des 2. Jhs. kommt etwas Entscheidendes hinzu.

4. Die Grundfragen des Rechts

Etwa seit dieser Zeit – über ältere Vorbereitungsstufen erlauben die Quellen kein Urteil[14] – beginnen die *iurisconsulti* unter griechischem [31] Einfluß über die all-

11 Vgl. Mommsen, Röm. Staatsr. I³, S. 76 ff.; Ernst Meyer, Römischer Staat und Staatsgedanke (1964)³, S. 123 ff.

12 Latte, Röm. Religionsgeschichte, S. 121 ff.; Schulz, Geschichte der römischen Rechtswissenschaft, S. 21 f., 32, 40.

13 Vgl. vor allem F. Schulz, Geschichte der röm. Rechtswissenschaft, S. 54: »Die iuris consulti beschäftigen sich grundsätzlich nicht mit dem ius publicum«, ferner die Bemerkung S. 164, die Klassiker hätten sich als Schüler der republikanischen *iuris consulti* vom *ius publicum* ostentativ ferngehalten. Diese kategorischen Urteile bedürften einer eingehenderen Auseinandersetzung als hier möglich. Vgl. neuestens Alfred Heuß, Zur Thematik republikanischer Staatsrechtslehre, Festschr. Franz Wieacker (1978), S. 71-89 und M. Kaser, Der Privatrechtsakt in der römischen Rechtsquellenlehre, ebenda S. 90-114, mit ausführlicher Erörterung der Kategorie des *ius publicum* S. 106 ff.

14 Man müßte wissen, warum der erste plebejische Pontifex Sempronius (a. 300 v. Chr.) den griechischen Zunamen σοφός erhielt, oder etwa den geistigen Haushalt eines Tib. Coruncanius, des Konsuls von 280, kennen. Zu beiden Kunkel, Herkunft und soziale Stellung der römischen Juristen, 1952, S. 8 f. und jetzt F. d'Ippolito, I giuristi e la città (1978), S. 8 ff., 29 ff. Die bei Appius Claudius Caecus, dem Zeitgenossen des Sempronius, vorhandenen Spuren pythagoreischer Spruchweisheit ergeben auch nichts Greifbares, zumal da Appius trotz seiner doch wohl authentischen Schrift *de usurpationibus* (dazu eine Vermutung SZ 92, 1975, 313) kein zünftiger Jurist war. Eine engagierte Würdigung des Appius Claudius aus der Sicht des Rechtshistorikers jetzt bei Endre Ferenczy, From the Patrician State to the Patricio-plebeian State, Budapest 1976. Grundsätzlich ist selbst für jene frühe Zeit vor dem 1. Punischen Krieg ein erstes Beginnen allgemeineren Nachdenkens unter griechischem Einfluß nicht auszuschließen. Vgl. die entsprechende Mutmaßung Beckers (o. Anm. 8) Anm. 125: »The Greek political philosophy prevalent in the Roman Republic between the death of Aristotle in 322 B. C. (!) and the time of Cicero's activity in 50 B. C. is both obscure and important«. Es ist jedenfalls auffällig, daß die Ausdrücke *sophus* und *sophia* im 3. Jh. als

gemeinen Grundlagen des Rechts nachzudenken.[14a] Die Juristen wurden sich dessen inne, daß die Grundfragen in allen Rechtsgebieten die gleichen sind und für sie daher die von den alten Priesterschaften gezogenen Grenzen keine Geltung haben.

Die Frage etwa, ob die in einer Rechtszuständigkeit eingeschlossene Macht dem Mächtigen das volle Recht gibt, sie ohne Schranken auszuüben, oder ob vielmehr Rücksichten auf die Beherrschten Einschränkungen und Pflichten begründen, läßt sich in grundsätzlich gleicher Weise für private und öffentliche Rechte stellen. Und bei den öffentlichen Herrschaftsrechten ist es auch wieder gleichgültig, ob sie sich als Staatsmacht gegen die eigenen Bürger oder als völkerrechtliche Rechtsmacht gegen fremde Personen und Gemeinden richten. *Eadem est ratio iuris in utroque* – die prinzipielle Rechtsfrage ist in beiden Bereichen, dem privaten und dem öffentlichen, die gleiche. Es sind dies Worte, die Cicero [32] in seiner als Dialog gestalteten Staatsschrift de re publica II 15, 24 jenen oben schon

Lehnworte aus Großgriechenland ganz unbefangen in der lateinischen Sprache zugelassen wurden (vgl. Seneca, epist. mor. 89). Erst die nationalrömische Reaktion des 2. Jhs., für die vor allem Cato Censor steht, hat gegenüber Graecismen empfindlich gemacht und dafür gesorgt, daß in der Folgezeit die Rezeption griechischer Theorie in der Regel zu Lehnübersetzungen und zur Ausbildung einer entsprechenden lateinischen Terminologie führte.

14a Greifbar ist der Beginn der juristischen Reflexion mit dem Bekenntnis des Aelius Paetus Catus: *philosophari se velle, sed paucis* (dazu bereits Revue historique 55 [1977] S. 7 ff.). In dieser Formel drückt sich die Rezeptionsbereitschaft gegenüber brauchbaren Philosophemen (vgl. u. bei Anm. 40 ff.) ebenso aus wie die Ablehnung eines tendenziell gleichberechtigten Mitphilosophierens, wie es bei den späteren ausdrücklich als *stoici* bezeichneten Juristen (Aelius Tubero, Rutilius Rufus) der Fall war. Die Haltung des Aelius Paetus ist in gewisser Weise die des modernen Juristen, der seit Savigny der zeitgenössischen Philosophie immer wieder ihm nützlich scheinende Philosopheme entlehnt, aber gewöhnlich nicht mitphilosophiert hat. Daß nun in der Vätergeneration des engagierten Stoikers Laelius, der selber Schüler des Aelius war (vgl. u. S. 37 f. mit Anm. 28-31), bereits Interesse und Achtung vor der Philosophie herrschte, sagt uns Cicero in einer wichtigen Stelle ausdrücklich. Tusc. disp. IV 3, 5: *sapientiae studium vetus id quidem in nostris, sed tamen ante Laelii aetatem et Scipionis non reperio quos appellare possim nominatim. quibus adulescentibus Stoicum Diogenem et Academicum Carneadem video ad senatum ab Atheniensibus missos esse legatos, qui cum rei publicae nullam umquam partem attigissent essetque eorum alter Cyrenaeus alter Babylonius, numquam profecto scholis essent excitati neque ad illud munus electi, nisi in quibusdam principibus temporibus illis fuissent studia doctrinae. qui cum cetera litteris mandarent, alii ius civile* (z. B. Paetus), *alii orationes suas* (z. B. Porcius Cato), *alii monumenta maiorum* (z. B. Fabius Pictor), *hanc amplissimam omnium artium, bene vivendi disciplinam, vita magis quam litteris persecuti sunt.* Die Staatsmänner, auf welche die Athener die Philosophengesandtschaft des Jahres 156/5 berechnet hatten, waren also wohl philosophisch interessiert, hatten aber, wie Cicero im folgenden noch weiter betont, nie daran gedacht, sich über philosophische Fragen literarisch zu äußern, sondern sich darauf beschränkt, ihr Nützliches für ihre Lebenspraxis zu entlehnen. – Interessant ist übrigens, daß Cicero hier den Peripatetiker Kritolaos, der damals ja mit von der Partie war, ausläßt. Denn das entspricht dem in dieser Arbeit nachzuweisenden Befund, daß für den römischen Staat und seine Rechtsordnung im wesentlichen nur die einander befehdenden Schulen der Stoa und der skeptischen Akademie bedeutsam geworden sind. Vgl. u. S. 41 ff., 51 ff., 113 ff.

erwähnten L. Furius Philus sprechen läßt, und zwar bei der Darlegung der für dessen illusionslose Position typischen Auffassung, daß zwischen mitmenschlicher Moral und Recht streng zu unterscheiden sei und nicht die mitmenschliche Gerechtigkeit, wohl aber das positive Recht dem einzelnen Menschen wie den einzelnen Staaten die eigennützige Interessenverfolgung in seinem Rahmen freigebe.

Diese skeptische Ansicht des positiven Rechts ist grundsätzlicher, allgemeiner Natur und kann auch nur in der gleichen, grundsätzlichen Weise bestritten werden. Und so sind denn auch in den eingangs kurz vorgestellten drei Gruppen die Stellungnahmen jeweils grundverschieden ausgefallen, und zwar auch jeweils aufgrund gegensätzlicher oder doch zumindest klar voneinander abweichender Positionen griechischer Philosophie, deren Einfluß damals die römische Welt des politischen Denkens und Handelns in mannigfacher Weise berührte.

Die Juristen um Scipio Aemilianus faßten die machtverleihenden Rechte auf als formale Befugnisse, die aber doch dem natürlichen, beschränkenden Prinzip des *neminem laede* unterlagen; sie standen mit dieser antithetischen, die individuell attribuierten Herrschaftsrechte im Interesse der menschlichen Gemeinschaft zurückhaltend korrigierenden Ansicht unter dem Einfluß der klassischen Stoa des Polisindividualismus.[15]

Wenn demgegenüber die Reformjuristen um P. Mucius die Herrschaftsrechte um der Rechtsgemeinschaft willen auch aktiven Rücksichten und Pflichten unterwarfen, dann war das die Folge einer sozialliberalen Wendung, welche die stoische Philosophie damals unter Antipater von Tarsos gerade vorübergehend genommen hatte.[16]

Und wenn schließlich diejenigen, die wie Scipio Nasica und Furius Philus dachten, die Herrschaftsrechte streng als formal definierte Machtzuständigkeiten deuteten, die, soweit ihre formalen Voraussetzungen erfüllt sind, nur das freie Belieben des Berechtigten und dessen eigene Interessenwahl kennen und natürlichen Begrenzungen und [33] Rücksichten nicht unterliegen, so war das die Folge der beginnenden Rezeption der illusionslosen Rechtstheorie des Karneades.[17]

Damit ist nun auch der geistige Kreis der Auseinandersetzungen dieser Zeit, wie er im folgenden nachzuweisen oder doch wahrscheinlich zu machen ist, ungefähr umrissen. In dem äußeren Ablauf der Ereignisse des Jahres kommt nun auch, wenn wir es nur ein wenig um seine unmittelbare Vorgeschichte erweitern, wie in einem guten Szenario jede der drei Gruppen mit einer für sie kennzeichnenden politischen Handlung zum Zuge.

15 Vgl. u. S. 41 ff. Die Wortprägung Polisindividualismus soll durch das vorangestellte Polis sowohl die trotz allem Liberalismus durchgehaltene Gemeinwohlbezogenheit dieser Auffassung als auch die Geschichtlichkeit dieser Theorie ausdrücken, die das Modell der konkurrierenden Stadtstaaten auf die hellenistische Staatenwelt überträgt.

16 Dazu alsbald S. 51 ff. Der unmittelbar aktualisierende Ausdruck sozialliberal ist bewußt gewählt und drückt, wie deutlich werden wird, natürlich keine Übereinstimmung mit heutigen Verhältnissen und Bestrebungen aus, wohl aber eine wirkliche Analogie.

17 Vgl. u. S. 113 ff.

II. C. Laelius und Scipio Aemilianus

5. Die Vorgeschichte des Krisenjahres: Versäumnisse der Siedlungspolitik und der Gesetzesantrag des Laelius

Den Anfang machte die Gruppe um Scipio Aemilianus mit der *rogatio Laelia agraria* des Jahres 145,[18] einem auf eine großzügige Siedlungspolitik abzielenden Gesetzesantrag des Laelius, des bekannten Freundes und Gefährten des Scipio. Diese schließlich fallengelassene Gesetzesinitiative schlägt gleich das Thema an, in dessen Zeichen das Jahr 133 steht und sich das Schicksal des Tiberius Gracchus vollziehen wird, das der tiefgreifenden Krise, in welche damals die Struktur der Vermögensverteilung insbesondere in dem ökonomisch grundlegenden agrarischen Bereich geraten war, und zwar mit schon absehbaren, höchst bedenklichen Folgen für die römische Demographie und die von ihr abhängende Militärverfassung.

Während Rom in der kurzen Zeit von knapp zwei Generationen (zwischen 218, dem Beginn des 2. Punischen Krieges, und 168, dem Sieg gegen Perseus von Makedonien bei Pydna, liegen nur 51 Jahre) zur konkurrenzlos führenden Weltmacht der damals von ihm überschaubaren Kulturwelt aufgestiegen war, hatten sich zur gleichen Zeit die bevölkerungspolitischen Verhältnisse immer nur verschlechtert. Anstatt [34] daß die eroberten Gebiete, die den *ager publicus* vermehrten, wie es der guten Tradition der römischen Republik entsprochen hätte, durch Anlage von Kolonial- oder Tribussiedlungen zur Kräftigung des bäuerlichen Mittelstandes herangezogen worden wären, begünstigten sie tatsächlich nur weiter die schon längst vorherrschende Tendenz zu einer von Sklaven abhängigen Plantagen- und extensiven Weidewirtschaft. Die Gebiete blieben im öffentlichen Eigentum und wurden entweder ordnungsmäßig censorisch verpachtet oder, und das doch wohl in einem recht großen Umfang, der ungeregelten Okkupation überlassen. Beide Male waren die Wohlhabenden in der Vorhand, da der Censor bei seiner Lokation auf die Kreditwürdigkeit des Pächters achtete und auch bei der freien Aneignung von ungenütztem daliegendem öffentlichem Gelände ohne Investitionsmittel nicht auszukommen war.

Jedem Einsichtigen war klar, daß sich mit der Ausbildung der Latifundien- und Sklavenwirtschaften auf Kosten der selbständigen Mittelbetriebe bevölkerungs- und verfassungspolitisch schlimme Entwicklungen vollzogen und daß nur eine aktive Siedlungspolitik durch unentgeltliche Zuweisung von großen Teilen des *ager publicus* zu Siedlungszwecken hier helfen konnte. Anders war die beginnende Proletarisierung des römischen Volkes nicht mehr abzuwenden. In der Marianischen Heeresreform und der von ihr ausgehenden Militarisierung der

18 Rotondi, Leges publicae populi Romani, 1912, Neudruck 1962 S. 294. Die Datierung, die das Gesetz in die Prätur des Laelius legt, ist nicht sicher. Münzer, Pauly Wissowa Realenzykl. (1924) s. v. Laelius 3 Sp. 406 denkt eher an das Konsulat des Laelius von 140.

Landversorgungsfrage erhielten die Versäumnisse ihre im Grunde schon damals voraussehbare Quittung. In dem erforderlichen großen Stil verlangte freilich eine solche Siedlungspolitik Nichterneuerung alter Pachtvergabungen und Einziehung tatsächlich okkupierter Gebiete, eine rechtlich ebenso einfache wie politisch brisante Voraussetzung.

Seit dem großen Siedlungsgesetz des Volkstribunen C. Flaminius vom Jahre 228, das weite Teile von Picenum und der Gallia Cisalpina durch Einzelhofzuweisungen aufsiedelte und gegen den heftigen Widerstand interessierter Senatskreise durchgebracht werden mußte,[19] war hier denn auch kaum noch etwas geschehen. Gegenüber dem wertvollen ager Campanus hatte man sich im Jahre 210 auf eine vom Senat unterstützte Regulierung der vom Censor ausgehenden Verpachtungen beschränkt.[20] Eigentliche Siedlungsunternehmungen gab es kaum noch. Im Jahre 197 wurden immerhin noch fünf Küstenkolonien mit je 300 Siedlern vom Volkstribunen C. Atinius durchgesetzt,[21] nämlich Volturnum, [35] Liternum, Puteoli, Salernum in Campanien und Buxentum in Lucanien. Im Jahre 194 war D. Junius Brutus als Triumvir an der Deduktion von Sipontum, im gleichen Jahr Q. Aelius Tubero an der Gründung zweier latinischer Kolonien beteiligt.[22] Schließlich wurde im Jahre 173 vom Stadtprätor A. Atilius aufgrund eines Senatsbeschlusses die Viritanassignation (Einzelhofzuweisungen ohne befestigte Kolonialstädte mit offenen Siedlungszentren) weiterer Teile des *ager Gallicus* oder *ager Ligustinus* (Ligurien) durchgeführt.[23] Seitdem aber – und bis zur Initiative des Laelius zählen wir 28, bis zum Tribunat des Tiberius Gracchus sogar volle 40 Jahre – war nichts mehr geschehen.

Das Gesetzgebungsprogramm des Laelius war juristisch gut vorbereitet. Nach dem Bericht des Plutarch[24] knüpfte schon er wie später Tib. Gracchus an das alte licinisch-sextische Gesetz von 367 an, das für die Nutzung des *ager publicus* durch den einzelnen Bürger eine feste Obergrenze bestimmt hatte. Jeder darüberhinausgehende Besitz am *ager publicus* war ungesetzlich und stand damit den Siedlungen zur Verfügung. Die Historizität dieser Gesetzbestimmungen, die meines Erachtens einst von Soltau mit guten Gründen verteidigt worden ist, kann hier dahinstehen, da jedenfalls die Juristen des 2. Jahrhunderts sie unstreitig für echt hielten.[25] An der formalen Rechtlichkeit der von Laelius beabsichtigten Gesetzgebung bestand denn auch unter den Zeitgenossen keinerlei Zweifel.

19 Mommsen, Röm. Geschichte I[14], S. 818; Rotondi (o. Anm. 18), S. 247.

20 Rotondi, S. 258.

21 Rotondi, S. 266.

22 Rotondi, S. 270.

23 Rotondi, S. 281.

24 Plutarch, Tib. Gracchus 8, 3.

25 Cato Censor behandelt das Gesetz in seiner berühmten Rede zur Verteidigung der seit alters verbündeten, aber im Krieg gegen Perseus zeitweise eine unabhängige Politik des Mächtegleichgewichts planenden Rhodier von 167 v. Chr. als gültig: Alle anwesenden Senatoren würden es freilich gerne übertreten, ohne daß dieser Wunsch schon allein unter

Indes berichtet Plutarch, unsere einzige Quelle, von der Initiative des Laelius dann weiter (Tib. Gracchus 8,4):

[36] »Aber einflußreiche Männer widersetzten sich seinen Maßnahmen und so habe er, da er die drohenden Unruhen fürchtete, Abstand von seinem Plan genommen und dafür den Namen »Der Kluge« (φρόνιμος) oder »Der Weise« (σοφός) bekommen. Denn bekanntlich habe das lateinische Wort »*sapiens*« beide Bedeutungen.«

6. Die *sapientia* oder die Vernunftgrundsätze des öffentlichen politischen Handelns

Plutarch faßte also die Verleihung des Beinamens »*sapiens*« als eine etwas zweideutige Ehrung auf. Die Vokabel läßt ihm zufolge offen – und darin mag der skeptische Moralist der frühen Kaiserzeit wohl schon seinen Quellen folgen –, ob Laelius mit seiner Zurückhaltung wirkliche staatsmännische Einsicht in die Notwendigkeiten der Verhältnisse bewiesen oder ob er nur klug berechnend den Pressionen seiner Standesgenossen nachgegeben habe. So wahr es nun aber ist, daß das neue Cognomen des Laelius aus der Sicht des Plutarch als ein zwischen Einsicht und Berechnung schillerndes Wort erscheinen mußte, so sprechen doch viele Gründe dafür, daß der Name von denjenigen, die ihn verliehen haben, nicht ironisch, sondern ganz ernsthaft gemeint war.

In der politischen Diskussion jedenfalls der letzten anderthalb Jahrhunderte der Republik sind *sapiens* und *sapientia* die zentralen Leitworte zur Beurteilung der Rationalität öffentlichen Handelns und damit vor allem auch der Frage, ob die Maximen des öffentlichen Handelns den geltenden Rechtsgrundsätzen genügen.[26] Aber ob nun ein konkretes Handeln im Einzelfall der *sapientia* entspricht und damit rechtliche Gesinnung beweist oder nicht, kann je nach dem eingenommenen Standpunkt durchaus zweifelhaft sein. Es hängt vor allem wieder davon ab, in welchem Umfang das Recht, an das man glaubt, den Eigennutz

Strafe stünde; daher dürfe man auch die Rhodier nicht strafen, die auch nichts getan, sondern nur etwas gewollt hätten. Vgl. das Zitat bei Gellius 6, 3, 37: *Atqui nos omnia plura habere volumus, et id nobis impune est.* W. Soltau, Hermes 30 (1895), S. 624-629, hat gegen Niese, Hermes 23 (1888), S. 410, der trotz dieses Zeugnisses die Regulierung der Okkupation in die Zeit Catos legen wollte, mit Recht zweierlei betont. Die Gemeinde habe im 4. Jahrhundert leistungsfähige Leute als Okkupanten gewollt, Geschlechter mit Clienten und Sklaven. Ferner sei zwar damals das Maß von 500 Jugera, obschon nach der Eroberung Vejis, sicher hoch gegriffen gewesen; aber zur Zeit der Gracchen sei es dann doch wiederum auch so wenig gewesen, daß man einem *pater familias* mit zwei Söhnen gleich das doppelte Maß gestattete und zu gesetzlichem Eigentum zuwies.

26 Die im folgenden erörterten Quellen entstammen der außerjuristischen Tradition, so sehr in ihr auch von Juristen und ihren Ansichten die Rede ist. Aber es findet sich auch noch angedeutet, daß selbst in der fachjuristischen Diskussion der Republik *sapiens* das umstrittene Problem rechtlicher Vernunft oder Moral bezeichnete. Vgl. u. Anm. 241.

anerkennt. Je nachdem kann die Anerkennung oder Bevorzugung von Individualinteressen zu Lasten der Gemeinschaftsinteressen als *sapientia* erscheinen oder nicht.

[37] Es scheint nun, daß sich gerade in dieser kritischen Frage des richtigen Verhältnisses von Gemeinwohl und Eigennutz in dem Epochenjahr, das wir hier mitsamt seiner Vorgeschichte betrachten, starke Bewegungen abgespielt haben. Erst sie dürften die *sapientia* des Laelius in das Zwielicht gezogen haben, in der sie uns zunächst begegnete.

Im Jahre 145 möchte sich dagegen die Entscheidung des Laelius zugunsten der *possessores* und ihrer bisweilen alten Besitzstände am *ager publicus* und gegen die erkannten bevölkerungs-und wehrpolitischen Interessen des Gemeinwesens in Übereinstimmung mit den Rechtsgrundsätzen gehalten haben, die für ihn und seine Standes- und Gesinnungsgenossen verbindlich waren.

7. Laelius *sapiens* im Kreis der liberalen Philhellenen

Lebensumwelt und geistigen Hintergrund des Laelius kennen wir recht gut. Etwas vor 190 geboren als Sohn jenes Laelius, der, von der Küste Campaniens stammend, als enger Freund des Scipio Africanus zu römischem Bürgerrecht gelangt war, gehörte er schon durch seine Herkunft in den Kreis des damals führenden Philhellenismus.[27] Seine eigene Freundschaft mit dem deutlich jüngeren, 185 geborenen Scipio Aemilianus, dem Adoptivenkel des Scipio Africanus und leiblichen Sohne des Aemilius Paulus, des Siegers von Pydna, machte ihn zum geistigen Führer der zweiten und dritten Generation dieser einflußreichen gräkophilen Familien und damit zugleich zum Zeugen und zum Beispiel der wachsenden Schwäche und schließlichen Preisgabe der von ihnen gehegten Ideale.

Wie nach den Standards jener Führungsschichten fast selbstverständlich, kannte sich Laelius, was ihm Cicero sogar durch M. Manilius, den berühmten Juristen und Konsul von 149, bescheinigen läßt, im Recht aus[28] und verdankte diese Kenntnisse keinem geringeren als dem Sex. [38] Aelius Paetus Catus, Konsul

27 Vgl. den Artikel von Fr. Münzer (o. Anm. 18).

28 Cic. rep. I 13, 20 *tum MANILIUS: pergisne eam Laeli artem inludere, in qua primum excellis ipse, deinde sine qua scire nemo potest quid sit suum quid alienum?* – Wirst du fortfahren, diese Kunst zu verspotten, in der Du doch selbst hervorragst und ohne die niemand zwischen Mein und Dein unterscheiden könnte? – Laelius hatte nach Art eines gut bewanderten Laien den Manilius scherzhaft gefragt, ob er das Problem der zwei Sonnen, das Philius sich gerade auseinanderzusetzen anschickte, nicht kurzerhand durch ein Besitzinterdikt lösen wolle, das beide Sonnen in den Besitz des Himmels setzt. Dieses kleine Intermezzo hat im übrigen vielleicht auch noch darin einen absichtsvollen Witz, daß die Jurisprudenz des Manilius den solidarischen Mitbesitz wohl anerkannte, nicht aber die Jurisprudenz, der Cicero nahestand. Dazu und zur rechtstheoretischen Bedeutung der Frage einstweilen Röm. Privatrechtsordnung und Grundrechtstheorie (o. Anm. 7), S. 27 f. mit Anm. 42, 45.

von 195, dem Erzvater der römischen Rechtswissenschaft.[29] Von diesem bedeutenden Juristen, der über sein Verhältnis zur griechischen Theorie gerne zu zitieren pflegte, er wolle schon philosophieren, aber mit Maßen, und der allem Anschein nach in der Tat schon gelernt hatte, ihm nützliche Gedanken der stoischen Philosophie zu entlehnen,[30] mag Laelius auch schon etwas über den Wert erfahren haben, den Philosophie für eine Vergewisserung über praktisch wichtige Grundfragen des Rechts haben kann. Jedenfalls stimmte er, als im Jahre 155 die dreiköpfige athenische Philosophengesandtschaft in Rom auftrat, mit der weit überwiegenden Mehrheit seiner Standesgenossen nicht dem nüchternen Peripatetiker Kritolaos oder dem glanzvollen Akademiker Karneades zu, sondern dem Stoiker und Chrysippschüler Diogenes von Seleukeia, auch der Babylonier genannt. Und in den folgenden Jahren stand er dann in engerer Beziehung zu Panaitios, der dem Diogenes in der Leitung der Stoa gefolgt war, und verbreitete dessen Lehren in der römischen Gesellschaft.[31] Auffällig war daran für die Kreise, aus denen er kam, wohl das recht weitgehende Engagement, nicht aber die Wahl als solche, die vielmehr, wie wir sehen werden, der zwar erhobenen und gebildeten, aber zugleich nüchternen und durchaus nicht schwärmerischen Einstellung jener Philhellenen genau entsprach.

Ihren Stil zeichnet aus, daß sich in hochgestimmten Handlungen zugleich abgewogene, verantwortliche und die Interessen Roms berechnende Entscheidungen finden. Flamininus, der Befreier Griechenlands und Kollege des Sex. Aelius Catus im Konsulat von 195, hat seine vielbewunderte Tat, alle Griechenstädte für frei zu erklären, durchaus aus den Interessen Roms abgeleitet und natürlich auch mit dem Senat abgestimmt. Das Vorschieben der Grenzen auf Kosten der vernichteten Nachbarstaaten schaffe nur neue Grenzen und neue Feinde. Mit diesem [39] Argument hatte er den Griechen die Zerstörung Makedoniens verweigert,[32] und es trägt genauso gegenüber der griechischen Poliswelt. Und über die Patronatsrechte des Freilassenden und die Dankes- und Gefolgschaftspflichten des Freigelassenen brauchte sich ein Flamininus nicht erst von seinem Konsulkollegen Aelius belehren zu lassen. Im Grunde handelt es sich hier um ein Stück auch propagandistisch gut vertretener Interessenpolitik eines Roms, das sich noch als ein Staat unter anderen Staaten der Mittelmeerwelt sah und seinen mächtigen Einfluß in dieser Vielfalt zur Geltung zu bringen verstand. Daß Rom

29 Cic. rep. I 18, 30 *nullum enim illum* (sc. Sext. Aelium) *audiebam* (Laelius) *et libenter;* vgl. auch Cic. fin. II 8, 24 *qui Diogenem Stoicum adulescens, post autem Panaetium audierat.*

30 Vgl. Cic. rep. I 18, 30 und dazu näher meine Exegese in Les »veteres« et la nouvelle jurisprudence à la fin de la République, Revue historique de droit français et étranger 55 (1977), S. 7-33, insbes. S. 17 f. Vgl. auch unten S. 41 ff. Eine wertvolle Würdigung und Einordnung allgemeiner Art gibt F. d' Ippolito, Sextus Aelius ›Catus‹, Labeo 17 (1971), S. 271-283, jetzt in: ders., I giuristi e la città (1978), S. 53 ff.

31 Vgl. Münzer (o. Anm. 18), Sp. 405.

32 Hans Erich Stier, Roms Aufstieg zur Weltmacht und die griechische Welt, 1957, S. 42 f., 138 f., 193. Vgl. dort auch die eindrucksvolle Würdigung der gültigen Gehalte der durch ihr Scheitern nicht widerlegten Freiheitspolitik der römischen Philhellenen (S. 146 ff., 157 ff.).

dann noch in der Generation des Laelius den Weg eines die völlige Vernichtung des Gegners nicht scheuenden Imperialismus einschlug, wurde von den Männern dieser Führungsschicht – man denke an das Urteil des Polybios[33] oder an die Stimmung des Scipio Aemilianus vor dem brennenden Karthago[34] – zugleich als Preisgabe ihrer Ideale und Gefahr für die wohlverstandenen Interessen Roms angesehen.[35] Mommsen hat die geistige Haltung dieser Kreise in seiner Charakteristik des Africanus auf eine Formel gebracht (Röm. Geschichte I 633):

> »Mit gerade genug Schwärmerei, um die Herzen zu erwärmen, und genug Berechnung, um das Verständige überall entscheiden und das Gemeine nicht aus dem Ansatz wegzulassen.«

[40] Das Urteil der Zeitgenossen lautete nicht unähnlich. Terenz, der gewissermaßen die Generationen verbindet – seine Stücke wurden bei den Leichenspielen des L. Aemilius Paulus aufgeführt, und er war, selbst schon ein Mann, mit den Jünglingen Laelius und Scipio so eng befreundet, daß der Verdacht aufkam, Laelius sei der wahre Verfasser seiner Komödien – erwies in einem seiner Stücke dem großen Aelius Paetus Catus eine literarische Reverenz, indem er ihn *»egregie cordatus«* nannte. Federico d' Ippolito hat jüngst das, was dieses Charakterlob der »vortrefflichen Beherztheit« meint, wohl treffend mit »grande umanità« wiedergegeben,[36] und tatsächlich steckt darin wohl das terenzische Ideal des *homo sum, humani nil a me alienum puto,* das der freimütigen Menschlichkeit und realistischen Mitmenschlichkeit.[37]

33 Polyb. 36, 9, 5 ff.-11 wo die Stimmen, die sagten, daß Rom mit der Zerschlagung des Königreichs Makedonien und der Zerstörung Karthagos den Beginn einer neuen Politik rücksichtsloser Philarchia markiert habe, mit offenbarem Verständnis mitgeteilt werden. Diesem Denken entstammt die von Gelzer (u. Anm. 35), S. 51 f. für Polybios wahrscheinlich gemachte Epochengliederung, wonach die große hundertjährige Staats- und Reichskrise Roms mit der Zerstörung Karthagos einsetzt, und nicht erst mit dem Jahre 133.

34 Darüber Polybios 38, 21 f. als unmittelbarer Zeuge. Freilich enthält das berühmte Zitat Homer, Il. VI 448 f. schon nicht mehr den Gedanken der Notwendigkeit gleichberechtigter Gegner.

35 Der Jurist und Staatsmann Scipio Nasica Corculum widersetzt sich der Forderung Catos, Karthago zu zerstören, weil Rom eines achtungswürdigen Gegners und Rivalen bedürfe. Vgl. Gelzer, Nasicas Widerspruch gegen die Zerstörung Karthagos, Kleine Schriften II, S. 39-72. Und die Einsicht, daß absolute Herrschaft der Römer nicht nur für die anderen, sondern auch für sie selbst bedenkliche Folgen haben könnte, war selbst Cato nicht fremd; in seiner Rhodierrede erklärt er jedenfalls, daß neben den Rhodiern viele andere den Sieg Roms über Persien nicht gewollt hätten, und zwar nicht *nostrae contumeliae causa,* sondern aus der offenbar für berechtigt angesehenen Furcht, *ne si nemo esset homo, quem vereremur, quidquid luberet, faceremus* (Gell. 6, 3, 16).

36 O. Anm. 30, S. 277.

37 Vgl. A. Otto, Die Sprichwörter und sprichwörtlichen Redensarten der Römer, 1890 (Nachdr. 1964) S. 165/166 mit Hinweis auf Cic. de off. 1 9, 28 f. und Seneca, ep. mor. 95, 53, wo beide Male jenes Wort des Sklaven Chremes, er sei ein Mensch und nehme darum Anteil am Schicksal seiner Mitmenschen (daher, so die Komödienpointe, gehe der Vorwurf

Noch wertvoller ist in diesem Zusammenhang eine durchaus verwandte Sentenz des etwas älteren Ennius, der durch sein enges Vertrauensverhältnis zum älteren Africanus in den gleichen Lebenskreis gehörte. Sie besagt, daß (Cic. de off. III 15, 62):

nequiquam sapere sapientem, qui ipse sibi prodesse non quiret

und lautet in der metrischen Urform der Medea (Cic. ad fam. VII 6, 2 a. 54):

qui ipse sibi sapiens prodesse non quit nequiquam sapit.

Wer sich als vernünftiger Mensch nicht auf seinen Nutzen versteht, ist also in Wahrheit gar nicht vernünftig. Das Wort spricht sich unbefangen und kraftvoll für eine Wertschätzung des Eigennutzes aus: Es ist ein Gebot der Vernunft auf ihn bedacht zu sein; wer das verkennt, ist unvernünftig.

Cicero empfindet in der zitierten Stelle seiner Schrift über die Pflichten den robusten Satz denn auch schon als etwas problematisch, nimmt ihn aber dann doch dafür in Anspruch, um ein Verhalten des Q. Mucius, des Sohnes unseres Konsuls von 133, das für das Kaufen das Prinzip des *iustum pretium* anempfahl, als unvernünftig zu bekämpfen. Der [41] Sache nach strebt Cicero damit zu der liberalen Rechtsgesinnung des älteren und jüngeren Scipionenkreises zurück, wenn auch, wie wir sehen werden, mit anderer rechtstheoretischer Begründung.[38]

Aber hatte nun diese Gruppe von Juristen und Staatsmännern, diese durch familiäre Beziehungen und enge politische und geistige Gemeinsamkeiten miteinander verbundenen Scipionen, Aelier, Aemilier und Flaminine, zu deren Kreis dann auch unser Laelius rechnet, eine reflektierte Position, besaßen sie oder jedenfalls die Juristen unter ihnen wirklich so etwas wie eine Rechtstheorie? Man kann diese Frage bejahen, wenn man sich klar macht, daß es keines philosophischen Studiums bedarf, ja nicht einmal eines wirklichen philosophischen Interesses, um sich für die wichtigsten praktischen Fragen eine Grundanschauung zu bilden, die in dem Sinne philosophisch ist, daß sie einer anerkannten Philosophie entlehnt ist. Das *philosophari velle, sed paucis* des Aelius reicht dafür aus, ebenso das sich in dem Cognomen seines Gefährten Acilius *sapiens* vielleicht spiegelnde Interesse an einer vernunftgegründeten Rechtsansicht. Das spätere Engagement des Laelius und anderer Juristen ging jedenfalls weit über das Erforderliche hinaus.[38a] Man darf daher dem sogleich zu betrachtenden Zeugnis Ciceros und anderen Indizien trauen, daß unter diesen liberalen Philhellenen die klassische Form der stoischen Naturrechtstheorie Anerkennung gefunden hatte und zu der Philosophie geworden war, zu der man bei Bedarf griff.

der Neugier fehl), auf die stoische *societas vitae* der Menschen bezogen wird. Da der Witz der Stelle auch im Mißverhältnis steckt, der zwischen dem nichtigen Anlaß und der schönen Sentenz besteht, mag dieser Sinn dem Wort wohl von Anfang an mitgegeben worden sein. Jedenfalls kennzeichnet es treffend den liberalen Stoizismus des Scipionenkreises.

38 Vgl. zu dieser Kritik Ciceros und zur Herkunft der in dem kritisierten Verhalten des Mucius bestätigten Rechtsgesinnung noch u. S. 51 ff. und S. 57 ff.

38a Vgl. dazu o. Anm. 14a.

8. Der stoische Polisindividualismus: Eigennutz als Vernunftgebot und das Prinzip des *neminem laede*

Cicero teilt uns an einer wichtigen Stelle seiner Schrift de officiis (III 17, 69) über die *maiores,* nämlich die älteren Juristen des 2. Jhs., folgendes mit. Sie hätten im Zusammenhang mit dem Gegensatz, der auf der einen Seite die menschliche Gesellschaft sieht, welche die Menschen aller Stämme vereinigt, und auf der anderen Seite die jeweils nur die Bürger verbindenden bürgerlichen Gesellschaften, zwischen *ius gentium,* dem Recht der menschlichen Stämme, und *ius civile,* dem jeweiligen bürgerlichen Recht, unterschieden. Und sie hätten weiter die Ansicht vertreten, daß jenes Recht der menschlichen Gesellschaft in der römischen Civitas [42] überall dort unmittelbar gelte, wo nicht schon das römische bürgerliche Recht eine Regelung getroffen habe.

Diese Spekulation, die aus der römischen Jurisprudenz später ganz verschwunden ist,[39] verleugnet, wie gleich noch näher deutlich werden wird, ihren stoischen Ursprung nicht. Die Stoa deutete bekanntlich die von ihr vorgefundene Welt der Einzelstaaten als das Ergebnis eines notwendigen geschichtlichen Vorgangs, dessen Prinzip die menschliche Freiheit ist, die sich für Individualismus, Eigennutz und Interessenvereinzelung entschieden hatte. Dieser Vorgang hat den ursprünglichen Naturzustand der Menschen, in dem ihnen alle Güter der Welt gemeinschaftlich waren und alle von dem gleichen Gesellschaftszweck gegenseitiger Bedürfnisbefriedigung beherrscht waren, beendet. Diese Menschheits-Polis des Goldenen Zeitalters war jetzt nur noch eine himmlische, eine des verlorenen Paradieses.[40] In der neuen

39 In den klassischen Quellen bezeichnet *ius gentium* das positive Recht, soweit es den Vernunftgeboten des zivilisierten Zusammenlebens entspricht und darum allen Völkern gemeinsam sei. Dieses Recht ist insofern gerade nicht mehr als Naturrecht stilisiert, sondern als Zivilisationsrecht. Vgl. Ulpian 1 inst D 1, 1, 1 §§ 3, 4; Gaius I 1. Zur Herkunft dieses Begriffs des *ius gentium* aus der karneadischen Rechtstheorie einstweilen meine oben in Anm. 7 genannten Arbeiten.

40 Diese Ansicht ist gemeinstoisch und findet sich in der Sammlung v. Arnims unter den allgemeinen im Zweifel schon für Chrysipp vorauszusetzenden Lehren. Das hier wesentliche Fragment lautet in Übersetzung (StVF III p. 80/1): »Es behaupten nun auch die Stoiker, daß eine Polis im eigentlichen Sinne nur die himmlische sei. Die auf der Erde seien folglich keine Poleis mehr; sie würden nur so genannt, ohne es zu sein. Denn ernsthaft nach ihrem praktischen Wert betrachtet sei die Polis auf der einen Seite das Volk als eine Art städtisch-bürgerlicher Verband, auf der anderen Seite eine vom Gesetz verwaltete Menge von Menschen«. Die historischen Staaten sind also entweder Bürgerverbände, *civitates,* die vom *ius civile* im eigentlichen Sinne beherrscht werden, oder bloße Menschenansammlungen, da die hinzukommenden Menschen, die in den Stadtstaaten lebenden Fremden, nicht zum Bürgerverband gehören; immerhin leben aber auch sie unter dem Gesetz, nämlich unter dem Bürger und Fremde verbindenden Naturrecht des *ius gentium,* das freilich das *ius civile* nur ergänzt, nicht aber verdrängt. Die beiden Aspekte, unter denen hier die lebendige Rechtsordnung einer konkreten *civitas* betrachtet wird, entspricht genau der im Text erwähnten Rechtstheorie der *maiores* in Cic. de off. III 17, 69 mit ihrer eigentümlichen, in Einzelstaaten auseinandergebrochenen, aber durch die Mitmenschlichkeit noch gerade zusammenhaltenden *societas humana.* Daher sagt Cic. off. III 11, 47 *Usu vero*

Zeit galten die Herrschaftssphären ausgrenzenden Regeln des Individualismus, und zwar sowohl auf der Ebene der Einzelstaaten untereinander als auch unter ihren je-
[43] weiligen Mitgliedern. Dort galten die eigennützigen Herrschaftsbereiche der *civitates*, dort die Eigentumsbereiche der einzelnen Bürger. Eigennützige Interessenverfolgung war zugleich Bürgerpflicht, und zwar über den Gedanken, daß der Reichtum einer *civitas* sich aus der Summe der Vermögen ihrer Bürger bilde.[41] Da diese Rechtstheorie zugleich auch die Polis als eine ökonomische Einrichtung, als eine auf Mehrung ihres Wohlstands bedachte Volkswirtschaft auffaßte,[42] folgte aus

urbis prohibere peregrinos sane inhumanum est. Aber Bürgerrecht verschafft dieses *ius humanum* dem Fremden nicht (Cic. l. c. *esse pro cive, qui civis non sit, rectum est non licere, quam legem tulerunt sapientissimi consules Crassus et Scaevola),* und gerade darum meinten die Stoiker, daß es die wirkliche Kosmopolis mittlerweile auf der Erde nicht mehr gebe. Jene von Cicero erwähnte *lex Licinia–Mucia* aus dem Jahre 95 war übrigens eine der wesentlichen vorbereitenden Ursachen des Bundesgenossenkrieges.

41 Die klassische Belegstelle für die Doktrin des liberalen Stoizismus ist Cic. de off. III 15, 63 *Hecatonem quidem Rhodium, discipulum Panaetii, video in iis libris, quos de officio scripsit* Q. *Tuberoni, dicere, sapientis esse nihil contra mores, leges, instituta facientem habere rationem rei familiaris. neque enim solum nobis divites esse volumus, sed liberis, propinquis, amicis maximeque rei publicae. singulorum enim facultates et copiae divitiae sunt civitatis.* – »Ich sehe jedenfalls den Rhodier Hecaton, den Schüler des Panaetius, in den Q. Tubero gewidmeten Büchern über die Pflichten sagen, daß es dem Weisen anstehe, seinem Vermögen Rechnung zu tragen, wenn er dabei nicht gegen die Gewohnheitsrechte, Gesetze und Rechtseinrichtungen verstieße. Wir wollen doch nicht allein um unseretwillen reich sein, sondern um der Kinder, der Verwandten, der Freunde und vor allem um des Gemeinwesens willen. Denn die wohlausgestatteten Vermögen der einzelnen bilden den Reichtum des Gemeinwesens«. – Diese Eigennutz und Gemeinnützigkeit in sehr liberaler Weise harmonisierende Theorie (vgl. zu der äußerst robusten Durchführung u. S. 47 ff.) war freilich damals nicht mehr unbestritten. Das dies andeutende ›*quidem*‹ bezieht sich in dem unmittelbaren Kontext bei Cicero auf die ihr allerdings widersprechende *iustum-pretium*-Gesinnung des Q. Mucius, die wir bereits erwähnten (o. S. 40). Ausführlich dazu noch u. S. 63 f.

42 Diese Auffassung findet sich in dem wichtigen, hier nur auszugsweise vorführbaren Fragment v. Arnim, StVF III Nr. 323 p. 87/8 Z. 13-16. Zu deutsch: »Die Polis aber ist ein geordneter und begrenzter Wohnsitz, die Politeia eine zusammenhängende Wirtschaft. Deswegen vor allem ist klar, daß das Ökonomische und das Politische das gleiche sind, auch wenn die Menge und Größe des ihnen zugrundeliegenden Gegenstands unterschiedlich ist«. – Der abstrakte Begriff Politeia, in dem das Politische und das Ökonomische zusammenfallen, steht hier – man vergleiche das oben Anm. 40 besprochene Fragment – natürlich für den rechtlich konstituierten Bürgerverband, der anschauliche Ausdruck Polis dagegen für die auf dem Stadtgebiet wohnende, Fremde umfassende Menschenmenge. Diese Bürgerverbände werden von dieser Doktrin auch dadurch sehr deutlich als reine Interessenvereine aufgefaßt, als die Entstehung ihrer Vielfalt unter Abwehr pragmatischerer Erklärungen ausdrücklich auf den Gesinnungsverfall der Menschen zurückgeführt wird; Habsucht und Treulosigkeit hätten es zuwegegebracht, daß mit dem Naturrecht allein kein Auskommen mehr gewesen sei und fortan daneben auch für Recht erklärt wurde, was der jeweiligen Gruppe als nutzbringend erschien (Zeile 5-18). Diese Überlieferung vergißt auch nicht zu erwähnen, daß dieses neue positive Recht auch zwischen den Individuen der jeweiligen Gruppe den bürgerlichen Eigennutz freisetzte (Zeile 4/5).

ihr ein allgemeines Modell einer sehr freien Konkurrenzwirtschaft, zwischen den einzelnen Hauswirtschaften sowohl wie zwischen den einzelnen Volkswirtschaften.

Von dem ursprünglichen Zustand einer Gütergemeinschaft und einer Menschheitsgesellschaft mit dem Zweck wechselseitiger Bedürfnisbefrie- [44] digung war wenig geblieben. Die aufrechterhaltene Voraussetzung, daß jedes rechtliche Handeln gemeinnützig sein müsse, wurde jetzt in den mittelbaren Segnungen verwirklicht gefunden, die von großen bürgerlichen Vermögen ausgehen können.[43] Immerhin wurde jedoch ein wesentliches Prinzip der unmittelbar fortwirkenden *societas hominum* entnommen, nämlich das Verbot des *sui commodi causa nocere alteri,* das Verbot der Verletzung fremder Rechte.[44] Für die Art und Weise nun, wie sich diese Grundnorm des *neminem laede* mit dem System der individuellen Rechte und Freiheiten vereinige, hat Chrysipp ein sehr anschauliches Gleichnis gefunden. Wie ein Wettläufer im Stadion sich nach allen Kräften mühen und anstrengen solle zu siegen, aber doch keineswegs dem Mitstreiter ein Bein stellen oder einen Stoß versetzen dürfe, so sei es auch im Leben nicht unrecht, das, was man brauche, für sich zu erstreben, unrecht aber, es einem anderen zu entreißen.[45]

Das in diesem Gleichnis enthaltene Rechtsprinzip, daß vorsätzliche Rechtsverletzungen rechtswidrig sind, mußte für eine Jurisprudenz, die bisher nach ihrer Tradition auf strenge, ja ritualistische Gesetzesanwendung beschränkt war,[46] zunächst einen recht ergiebigen Ansatz zu einer freieren Rechtsfortbildung bieten. Und es finden sich in der römischen Jurisprudenz des beginnenden 2. Jhs. tatsächlich Entscheidungen, die als Anwendungen dieses freien Prinzips in Betracht kommen. Aus dem Verkehrsrecht ließen sich hier die Spuren einer freien *dolus*-Haftung nennen, einmal in einer kaufrechtlichen Entscheidung des Aelius Catus, [45] der einen in Annahmeverzug befindlichen Käufer zum Schadensersatz

43 Vgl. o. Anm. 41.

44 Diesen Grundsatz behandelt Cicero, der insofern dem seit Panaitios wieder erneuerten liberalen Stoizismus folgt (vgl. näher dazu u. S. 54 f.), als unzweifelhaftes Naturrecht. Cic. de off. III 5, 21: Dem anderen etwas entreißen *(detrahere alteri)* sei gegen die Natur (*contra naturam),* zerstöre Gesellschaft und Gemeinschaft der Menschen (22: *societas hominum et communitas).* Jedoch sei das Verbot, den anderen um seines Vorteils willen zu schädigen (23: *sui commodi causa nocere alteri)* nicht nur durch die Natur *(natura, id est iure gentium),* sondern in den positiven einzelnen Rechtsordnungen vielfach festgesetzt. Der juristische Wert der Vorstellung liegt daher in der Möglichkeit, Lücken, die in den positiven Rechtsordnungen im Hinblick auf die Verwirklichung dieses Prinzips auftreten, durch in *ius civile* transformiertes *ius gentium* (vgl. o. S. 41 ff.) zu erfüllen. Zu entsprechenden Nutzanwendungen in der frühen römischen Jurisprudenz des beginnenden 2. Jahrhunderts sogleich im Text.

45 Cicero, de off. III 10, 42. Panaitios genügt dieses leichtfüßige Bild des Chrysipp nicht mehr. In seiner Schrift über die Pflichten ist ihm der einzelne im Lebenskampf ein Schwerathlet, ein *›pancratiastes‹*. Diese von Cicero interessanterweise nicht aufgenommene Verhärtung des Paradigmas ist für die Gesinnung des Panaitios aufschlußreich. Vgl. u. S. 55 Anm. 71.

46 Zum rituellen Legalismus der sich im Laufe des 3. Jahrhunderts langsam öffnenden Pontifikaljurisprudenz mein Zwölftafelprozeß, S. 49 ff., 56, 134, 136.

verpflichtet,[47] zum anderen in der alten prozessualen Spruchformel der Treuhand, die etwa auch in diese Zeit gehört.[48] Spezifischeren Aufschluß gewährt noch das Rechtsinstitut der *in integrum restitutio,* der Wiedereinsetzung in den vorigen Stand, die durch Plautus, Rudens 1380ff. (aufgeführt wohl zwischen 200 und 190) und Terenz, Phormio 466ff. (aufgeführt 161) für diese Juristengeneration bezeugt ist. Kraft seiner Regeln machte der Gerichtsmagistrat Rechtsfolgen des *ius civile* ungeschehen, wenn der Berechtigte bei dem Rechtserwerb den Belasteten entweder dolos geschädigt oder seine Minderjährigkeit ausgenutzt hatte.[49]

47 Celsus 8 dig D 19, 1, 38, 1 *Si per emptorem steterit, quo minus ei mancipium traderetur, pro cibariis per arbitrium indemnitatem posse servari Sextus Aelius, Drusus dixerunt.* Die Nichtabnahme der Kaufsache, die man abnehmen könnte, darf in dieser Zeit noch als typischer Fall eines *dolus* gelten. Daß die damals gut dreieinhalb Jahrhunderte alte Ansicht des Aelius für Celsus noch bemerkenswert war, dürfte im übrigen seinen guten Grund haben. Die klassische institutionelle Richtung, die für die Prokulianer erst von Celsus gemildert wurde, konnte einen Schadensersatzanspruch aufgrund *mora creditoris* nur einredeweise geltend machen *(exceptio doli;* vgl. Kaser, Röm. Privatr. 1², S. 518 mit Anm. 44), da sie an die institutionellen Leistungsgrenzen der *obligatio* und *actio ex vendito,* die als solche nur der Verfolgung des Kaufpreises dienten, gebunden war. Diese Doktrin galt aber weder für das von Aelius vorgeschlagene *arbitrium* noch für das offen interpretierte *iudicium bonae fidei* der Sabinianer, in dem das Recht der *veteres* schon früher wieder aufgelebt war. Vgl. dazu meine Ausführungen, Institutionelles und prinzipielles Denken im römischen Privatrecht, SZ 95 (1977), S. 187ff., insbes. 198ff.

48 Mit den Worten *UTI NE PROPTER TE TUAMVE FIDEM CAPTUS FRAUDATUSVE SIEM* verlangte hier der Kläger ein auf Schadensersatz gerichtetes *arbitrium.* Vgl. dazu noch u. S. 57f.

49 Plautus, Rudens 1380ff. *cedo quicum habeam iudicem/ ni dolo malo instipulatus sis sive etiamdum siem/quinque et viginti annos natus.* Die Verse bezeugen, daß eine Stipulation gerichtlich undurchsetzbar war (zum Verfahren bereits Geschworenenverf., S. 86f. u. Nouv. Rev. Hist. 55, (1977), S. 20 Anm. 46), wenn der Gläubiger die Stipulationsforderung durch *dolus* erworben hatte oder der Schuldner ein Minderjähriger gewesen war. Die schematische, als solche »unphilosophische« Festlegung der schutzbedürftigen Minderjährigkeit auf das Alter unter 25 Jahren geht mit Wahrscheinlichkeit auf die *lex (P)Laetoria* zurück, die um 200 v. Chr. gegen denjenigen, der einen Minderjährigen übervorteilt hatte, eine populare Strafklage androhte. Diesem Gesetz, das im übrigen auf seine Weise bestätigt, welch lebhafte Bewegung sich damals auf dem Gebiet der Verkehrsmoral abspielte, ist auch die tatbestandlich engere *exceptio legis (P)Laetoria* nachgestaltet, die anders als die *in integrum restitutio* zusätzlich zur Minderjährigkeit noch eine Übervorteilung verlangt. Vgl. Kaser, Röm. Privatr. I², S. 276/7. Was nach den Maßstäben jener Zeit den Tatbestand des *dolus* erfüllte, ist unklar. Manches spricht dafür, daß damals *vis* und *metus* noch unter ihn begriffen wurden. Der bekannte *dolus*-Begriff des Aquilius Gallus und Servius Sulpicius *(aliud simulatum aliud actum)* ist ja jedenfalls eine junge Kunstschöpfung. – Zu Terenz, Phormio 446f., wo der Terminus *i. i. r.* zum ersten Mal auftaucht, wegweisend H. Kornhardt, Thesaurismata, FS Ida Kapp (1954), S. 66-78. In der wertvollen Untersuchung ist aber die Plautusstelle übersehen und auch nicht gehörig veranschlagt, daß die Rechtsfrage im Phormio eine ganz besondere war, nämlich die Restitution von einem rechtskräftigen Urteil betraf. Der Angriff auf das Urteil ist es, der in dem Stück als einem *sapiens* nicht anstehend, als Tyrannenwillkür (403ff.; K. S. 71f.) und als schändliches, die Rechtsordnung verachtendes Un-

Es war Pflicht des Magistrats, einen Sieg des formalen Rechts, [46] dessen Formen an sich gegenüber solchen Pflichtverletzungen unempfindlich waren, zu verhindern.[50] Schon der sprachlich ungewöhnliche, ja kühn gebildete Name des Rechtsinstituts deutet darauf hin, daß es sich um eine einmalige Neuschöpfung handelt.[51] Und die dahinter stehende Spekulation, die ja besagt, daß ein strenges Rechtsverhältnis des *ius civile* kraft Amtspflicht unter Berufung auf elementare Gerechtigkeitsgebote des Zusammenlebens aus einem konkreten Lebensverhältnis so wieder beseitigt werden kann, daß dieses seinen unberührten früheren Zustand zurückgewinnt, kann in der damaligen Zeit von keiner anderen Philosophie stammen als derjenigen der Stoa.[52] Sie enthält die für die Stoa typische Antithese von individualistischem *ius civile* und gemeinschaftspflichtigem *ius gentium,* ergänzt durch die Vorstellung eines *officium ius dicentis,* das die Macht hat, in einem schweren Konfliktfall das *ius gentium* als das von Anfang an stärkere Recht erscheinen zu lassen. Diese Vorstellung einer namens des *ius gentium* vorgenommenen magistratischen Rechtsgestaltung ist übrigens in den klassischen Restitutionsedikten, die von einem Amtsrecht des *imperium* ausgehen, das wohl über das *factum,* nicht aber über das *ius* gebietet, und überhaupt, worauf hier nicht weiter einzugehen ist, dem neuen, sich erstmals am Ende des Jahres 133 ankündigenden realistischen Rechtsgeist verpflichtet ist, nicht übernommen worden.

[47] Man wird nun die Tragweite des prinzipiellen Verbots, den Mitbewerber im Konkurrenzkampf arglistig oder unter Ausnutzung seiner Unerfahrenheit zu schädigen, nicht gering achten. Dennoch lag nicht dort der Schwerpunkt dieser Rechtsauffassung, sondern vielmehr in der prinzipiellen Rechtfertigung des Eigennutzes.

Mit dieser Deutung der historischen Poliswelt hatte die stoische Philosophie eine Formel gefunden, die so gut wie jede rücksichtslose Interessenverfolgung, wenn sie sich nur unmittelbarer Rechtsverletzungen enthielt, rechtfertigen konnte und sie darüberhinaus noch mit dem guten Gewissen ausstattete, daß das eigen-

terfangen (446 ff.; K. S. 65 f.) denunziert wird, ohne daß dabei zu erkennen wäre, daß Terenz wirklich mit dem Antragsteller sympathisiert. Erst recht ist von einer Unterstützung einer gleichzeitigen rechtspolitischen Initiative eines bestimmten Juristen und Prätors wieder entgegen H. Kornhardt, S. 74 ff. nichts zu erkennen, so zutreffend es bleibt, daß Terenz die grundsätzliche Bedeutung, welche die *in integrum restitutio* für die Frage des Verhältnisses von Recht und Gerechtigkeit hat, in lebhaftester Weise erfaßt hat. Nur sollte man wieder nicht (so K. S. 67) die ausgefeilte klassische Tatbestandlichkeit der späteren Restitutionsedikte aus seinen Andeutungen herauslesen.

50 Das bezeugt uns Terenz, Phormio 273 ff.: *si quis forte malitia fretus sua / insidias nostrae fecit adulescentiae / ac vicit, nostra culpa east an iudicum?* Denn die rhetorische Frage besagt natürlich, daß nicht der Jüngling, sondern die Gerichtsbarkeit schuld ist, wenn geschäftliche Gerissenheit gegenüber seiner Unerfahrenheit obsiegt. Zum römischen Kontext der Verse H. Kornhardt (o. Anm. 46), S. 68 f.

51 So H. Kornhardt (o. Anm. 46), S. 69, 70 f. mit näherer Analyse des Ausdrucks und berechtigter Veranschlagung philosophischer Hilfestellung (73).

52 So bereits Nouv. Rev. Hist. 55 (1977), S. 20.

nützige Gewinnstreben mittelbar für die Polisgemeinschaft geschehen und darum in dem Sinne zweckmäßig und interessengerecht sei, den jene Philosophie forderte, um einer Handlung die Eigenschaft des Vernunftgemäßen und damit auch des Ehrenhaften und wahrhaft Nützlichen zu verleihen.

Für die Bestimmung dessen, was Eigentum und Herrschaft durften, war diese Theorie in dem immer rauher werdenden Klima des jungen *imperium* nicht gut. Die siegreiche Republik zumal konnte das Gebot des *neminem laede,* soweit sie es für sich als *ius gentium* anerkannte, leicht überspielen, indem sie ihr Vorgehen als Strafaktion oder einfach als Herrschaftsausübung rechtfertigte.[52a] Daß die Römer sich nun tatsächlich damals von diesen Lehren Rechtfertigungen holten, ist kaum zu verkennen.

Wenn Hecaton von Rhodos, der Schüler des Panaitios und Vertreter der klassischen liberalen Linie der Stoa, den Römern vortrug, es sei pflichtmäßig, bei allzu hohem Getreidepreis die Sklavenfamilie hungern zu lassen, und auch pflichtgemäß, im Falle der Seegefahr nicht das wertvolle Pferd, sondern den billigen Sklaven über Bord zu werfen,[53] so [48] verfuhr Cato Censor, der auch sonst von diesem Geist durchaus angeweht war, ganz ähnlich, wenn er seine kranken und altgedienten Sklaven veräußern ließ, um ihnen nicht das Gnadenbrot geben zu müssen, und dies zwar eben in der Überzeugung, pflichtgemäß zu handeln, und daher mit penetrant gutem Gewissen. Mit Fug und Recht tadelt Plutarch hier das Fehlen jeder Mitmenschlichkeit.[54] Es ist derselbe Cato Censor, der als strenger stoischer Moralist posiert, wenn er das von ihm nicht etwa wirklich verschmähte Zinsennehmen kurzerhand als Nächstenmord bezeichnet.[55] Daß Cato

52a Eine Anschauung vermittelt die von Polybius mitgeteilte Rechtfertigung der Zerstörung Karthagos (Polyb. 36, 9, 12-17), die sehr wohl die der Römer gewesen sein könnte. Sie beruht auf der stillschweigenden Voraussetzung, daß es irgendwelche Verantwortlichkeit durch in Anspruch genommenes Vertrauen nicht gäbe. Karthago habe sich Rom freiwillig unterworfen. Daher habe es auch der angeordneten Selbstvernichtung als Handels- und Hafenstadt durch Verlegung ins Inland nachkommen müssen und sei folglich wegen hartnäckigen Ungehorsams zu Recht zerstört worden. Dem zeitgenössischen Vorwurf, daß Rom seine Vernichtungsabsicht in einer einem zivilisierten Staat nicht anstehenden Weise arglistig verschwiegen habe (ibid. §10), konnte der dort argumentierende Positivist (vgl. ibid. §15f.) leicht mit dem Hinweis entgegnen, daß es allgemeine Aufklärungspflichten nicht gebe. Vgl. dazu die Kontroverse u. S. 52.

53 Vgl. Cic. de off. III 23, 89 Vermögensinteresse und Mitmenschlichkeit gebieten hier Verschiedenes *(hic alio res familiaris, alio ducit humanitas),* aber im Konflikt läßt der Philosoph den Eigennutz die Pflicht bestimmen (*ad extremum utilitate, ut putat, officium* (!) *dirigit, magis quam humanitate).* Man muß sich freilich dabei immer der doktrinellen Gemeinnutzformel erinnern (o. Anm. 41).

54 Plutarch, Marcus Cato 5, 1; daß Cato die Veräußerung arbeitsunfähiger Sklaven für pflichtmäßig hält, betont Plutarch 4, 4.

55 Zitiert bei Cicero, de off. II 25, 89. Immerhin sagt das mit Cato ein bedeutender Jurist, dem in der Geschichte der römischen Rechtswissenschaft ein herausgehobener Platz zukommt (Pomponius lb sg enchiridii D 1, 2, 2, 38) und der als Jurisconsultus sicherlich niemals eine zinsbare Stipulation allein wegen der Zinsen für ungültig erklärt haben wird; das unter

die naturrechtlich und letztlich auch theologisch begründeten Lehren der Stoa richtig verstanden hat, zeigt seine wieder von Plutarch referierte und mißbilligte Äußerung, der Mann sei bewunderungswürdig und den Göttern gleich, der am Ende seiner Tage durch sein Hauptbuch beweisen könne, daß er mehr hinzugewirtschaftet als ererbt habe.[56] Auch sein bewußt und mit gutem Gewissen gegen die konkurrierende Handelsstadt gerichtetes Ceterum censeo – man erinnere sich der frischen karthagischen Feigen, die Cato im Senat vorwies – zeigt den gleichen Charakter, und der Erfolg der Aufforderung – die Karthago vorgeworfene Vertragsverletzung rechtfertigte die von M. Manilius eingeleitete und von Scipio Aemilianus vollendete Vernichtung der Stadt sicher nicht – beweist, wie verbreitet dieses Denken in der römischen Führungsschicht war. Man möchte daher den bei Plutarch angeführten Stimmen auch gerne glauben, daß die von Cato betriebene rasche Verabschiedung der Philosophengesandtschaft von 155 auf einer persönlichen Gegnerschaft gegen Karneades beruhte,[57] waren doch dessen desillusionierende Ausführungen gerade [49] gegen das gute Gewissen des römischen Eigennutzes gerichtet, das die damaligen Stoiker zu liefern imstande waren.

Sie hatten den in ihrem Naturrecht des Ursprungszustandes begründeten Gedanken, daß man dem anderen Menschen, mit dem man zu tun hat, Rücksicht und sogar aktive Hilfe schuldet, aus der historischen Zeit gründlich ausgetrieben und dem Vermögensindividualismus geopfert. Auch die schnödeste Ausnützung der Schwächen des anderen Teils war zulässig, solange kein fremdes Individualrecht vorsätzlich verletzt wurde. Der Käufer mußte daher, wie wir gesehen haben, die Folgen seiner Unkenntnis genauso tragen wie der Sklave die Folgen seiner ausgelieferten Rechtslage. Von einer irgendwie gearteten zwischenmenschlichen Sozialpflichtigkeit war in dieser liberalen stoischen Rechtslehre nichts mehr enthalten, weder im privaten Rechtsverkehr noch im Verhältnis der Rechtsinhaber zu den Gesamtinteressen.

Sieht man dieses Denken, in dem Laelius und seine Zeitgenossen aufgewachsen waren und in dem sie durch nähere Befragung der philosophischen Autoritä-

stoischem Einfluß entstandene Kontrollinstrument der *in integrum restitutio* ging auch zu keiner Zeit so weit (vgl. u. S. 87). Es wird sich in diesem Ausdruck daher wohl zugleich der bäuerliche *homo novus* und Frondeur der herrschenden Oligarchie äußern, der die sozialen Folgen ländlicher Überschuldung aus eigener Anschauung kannte. Verwandt dann die ihm zugeschriebene Parteinahme für die von amtsadliger Patronage bedrückte bäuerliche Plebs in einer Rede als Konsul des Jahres 195 (Liv. 34, 4, 9): *quid legem Cinciam de donis et muneribus, nisi quia vectigalis iam et stipendiaria plebs esse senatui coeperat?* Über Catos eigenen Zinswucher berichtet Plutarch, Cato 21, 6f.

56 Plutarch, Cato 21, 8.

57 Plutarch, Cato 23, 1. Vgl. auch Dietmar Kienast, Cato der Zensor, 1954, S. 101ff. Die vom Zensor dem Sohn erteilte Empfehlung, die griechische Literatur zur Kenntnis zu nehmen, aber nicht auswendig zu lernen *(inspicere,* nicht *perdicere)* erinnert an die Haltung des Aelius (o. Anm. 14a). Es geht immer darum, die Selbständigkeit zu bewahren. Vgl. auch aaO., S. 112 (Cato als Erzieher des Scipio Aemilianus).

ten nur bestärkt werden konnten, dann wird man den Ehrentitel des Laelius *sapiens* ernst nehmen.

In dem Konflikt zwischen den Besitztiteln der *possessores* am *ager publicus* und den Ansprüchen einer vernünftigen Sozialpolitik mußte diese *sapientia* zugunsten der *possessores* entscheiden. Sie hatten verstanden, ihr Interesse zu fördern, und hatten damit nach dem Harmoniesatz (Cic. de off. III 15, 63 nach Hecaton von Rhodos): *singulorum enim facultates et copia divitiae sunt civitatis* sich als gute Bürger verhalten. Wie konnte man allein von ihnen verlangen, daß sie den für sich genommen sicher wünschbaren Zielen der Siedlungspolitik Opfer brachten? Ähnlich war ja im Jahre 179 ein Censor mit dem von ihm geplanten Bau eines Aquädukts am Widerstand des M. Licinius Crassus gescheitert, *qui per fundum suum duci non est passus* (Liv. 40, 51, 7), ein Vorgang, der später und vor allem im Prinzipat so nicht mehr möglich gewesen wäre.

Auch der angesichts dieses Vergleichs naheliegende Einwand, daß die Rechtstitel der *possessores* rein prekäre seien und das Gemeinwesen infolge fehlender Ersitzbarkeit des *ager publicus* jederzeit sein Eigenrecht geltend machen könne, zumal dort, wo die Grenze des gesetzlich [50] zulässigen Okkupationsbesitzes überschritten sei, konnte diese Haltung wohl nicht grundsätzlich erschüttern.

Die Eigentumstheorie der Stoa, auch gerade der klassisch liberalen Richtung, baute zu einem Teil auf dem Begriff der rechtmäßigen Nutzung auf. Das so begründete *suum,* das Eigen, entstand durch rechtmäßigen *usus* und verdrängte, solange es durch Vertrag oder andere Rechtsbeziehungen gerechtfertigt war, die Eigentümer aus dem Nutzungsrecht. Hecaton veranschaulicht bei Cicero, de off. III 23, 89 diese Doktrin an dem anschaulichen, ja drastischen Beispiel, daß der Schiffseigentümer seine Passagiere weder über Bord werfen noch ihnen nach einem Schiffsbruch die ergriffene Planke entwinden dürfe; denn bis zur Ankunft am Bestimmungsort gehöre das Schiff nicht dem Eigentümer, sondern den Passagieren *(non domini est, sed navigantium).* Diese Lehre scheint auch tatsächlich, wie sich aus Spuren bei Q. Mucius Scaevola und Nachwirkungen bei den Sabinianern der Kaiserzeit ablesen läßt, von den Juristen des 2. Jhs. aufgenommen worden zu sein; der entsprechende Nachweis muß aber einem anderen Zusammenhang vorbehalten bleiben.

Es konnte nicht schwer sein, wenn man wollte, in dem Okkupationsbesitz der *possessores,* der nicht selten Generationen alt gewesen sein wird, in der Regel Investitionen gefordert hatte und auch durchaus bisweilen durch Kauf gewechselt haben wird, ein *suum,* ein Eigen, in diesem Sinne zu erkennen.[57a] Wo es an ge-

57a Ausführlich betont diesen Gesichtspunkt die Überlieferung bei Appian, bell. civ. I, 10: Mitgifte seien an dem Land bestellt oder in ihm angelegt worden; manches sei verpfändet; sogar Ahnengräber fänden sich auf ihm. Praktisch war damit dieser Boden gleichen Rechts wie später der Provinzialboden, an dem ein Privateigentum nicht möglich war, auf den aber über den Gedanken des Nutzbesitzes *(possessio vel ususfructus)* die Eigentumsregeln analog angewendet wurden (vgl. Gaius II 7).

regelter Lokation fehlte, ließ sich meist langfristige Duldung der Okkupation durch den Censor ins Feld führen.

Jedenfalls respektierte Laelius schließlich dieses Besitzrecht und ließ von seinem Plan ab. Freilich konnten die Vernunftprämissen, die ihn und seine Gruppe nach unserer Annahme dabei leiteten, nicht mehr jeden überzeugen. »Politisch gesehen«, so urteilt Alfred Heuß, Propyläenweltgeschichte IV S. 186, »war dieser Ausgang eine glatte politische Niederlage Scipios .... Der große Mann hatte nicht nur versagt, sondern auch indirekt die weitere Initiative weniger berühmten Politikern überlassen«.

III. Tib. Gracchus und P. Mucius

9. Die neue Lehre des Antipater von Tarsos

[51] Die Theorie des Polisindividualismus mochte für die Vielfalt der Staatenwelt der hellenistischen Epoche wohl eine brauchbare Soziallehre gewesen sein. Wo die Macht des einzelnen Staates meist durch die anderen ausbalanciert wurde, konnte die in ihm enthaltene Freisetzung des agonalen Prinzips, so kostspielig das im Einzelnen war,[58] noch angehen. Gegenüber der jungen zur Alleinherrschaft gelangten Republik war diese Theorie aber einfach lebensgefährlich. Das nahezu ungehemmte Konkurrenzprinzip konnte angesichts der unentrinnbaren Übermacht Roms für seine Gegenüber nur als tief bedrohlich empfunden werden. Es war noch wenig, wenn die Republik den eroberten Gebieten jenseits der Alpen Weinbau und Ölbaumpflanzungen verbot, um die eigenen Erzeugerpreise zu heben.[59] Ein schlimmes Vorzeichen aber war die Zerstörung Korinths im Jahre 146, nach dem kaum verhüllten Urteil Ciceros nichts anderes als die wohlberechnete Beseitigung einer Handelskonkurrenz.[60] Nicht anders lag es ja im Grunde bei der Zerstörung Karthagos, mochten hier auch die beiden schweren voraufgegangenen Kriege Rom noch erlauben, den Schein der Gefährlichkeit der Stadt zu behaupten. Die Gesinnung, daß man durfte, was man konnte, mußte schließlich auch jedes Vertrauen in die Zusagen und Selbstbindung der Republik zerstören;[61] auch die hingebungsvollste Verehrung, welche mancher abhängige Gemeindestaat der *fides Romana* in eigens eingerichteten Kultstätten widmete, konnte diesem Mangel nicht abhelfen.[62]

58 Vgl. dazu eindrucksvoll M. Rostovtzeff, Gesellschafts- und Wirtschaftsgeschichte der hellenistischen Welt, I Tübingen 1955, S. 111 ff., 144 ff.

59 Cicero, de rep. III 9, 16.

60 Cicero, de off. III 11, 46 (vgl. auch I 11, 35).

61 Dazu aus späterer Zeit Cic. de off. III 22, 87. Gemeinden, die gegen Zahlung vom Senat Steuerfreiheit erlangt hatten, wurden ohne weiteres wieder steuerpflichtig gemacht. Der kritische Kommentar: *Piratarum enim melior fides quam senatus. – At aucta vectigalia, utile igitur.* Vgl. o. Anm. 35.

62 Wissowa, Religion und Kultus der Römer (1912, Nachdr. 1971), S. 134; Latte, Röm. Religionsgeschichte (1960), S. 237, 273.

Ob hier nun der reine Zufall waltet oder doch immerhin der Ursachenzusammenhang besteht, der zwischen großen geistigen Entwürfen und den Nöten und Bedürfnissen eines Zeitalters vorhanden sein kann, jedenfalls änderte sich in den beiden letzten Jahrzehnten vor dem Tribunat des Tib. Gracchus die stoische Philosophie.

[52] Antipater von Tarsos, Nachfolger des Diogenes von Seleukeia, jenes Mannes, der noch kurz vor seinem Tode im Jahre 156/5 an der Philosophengesandtschaft teilgenommen hatte, und Vorgänger des noch zu seinen Lebzeiten (vor 129/8) die Schulvorstandschaft der Stoa antretenden Panaitios, modifizierte die stoische Naturrechtslehre in einem wesentlichen und folgenreichen Punkt.

Er setzte die solidarischen Pflichtengebote, die nach der klassischen Auffassung zwar im Gesellschaftszustand der *aurea aetas* gegolten hatten, aber von den individualistischen und formalen Herrschaftsrechten des historischen Zeitalters bis auf das Laesionsverbot verdrängt worden waren, zu einem wesentlichen Teil wieder in ihr Recht. Die formalen Herrschaftsrechte, in denen sich der Egoismus der Polis und der mit ihm in Harmonie gebrachte Egoismus der Bürger ausdrückte, wurden zwar nicht aufgehoben, aber jetzt in einem mitmenschlichen Pflichtenzusammenhang gesehen, der seine ursprüngliche Geltung nie verloren habe. Diese Pflichten forderten Rücksicht gegenüber dem jeweiligen mitmenschlichen Gegenüber und sogar aktives Handeln in seinem Interesse. Kraft ihrer Gebote sollte der Verkäufer den Käufer über die Mängel der von ihm zum Verkauf gestellten Sache aufklären, damit dieser nicht sein Geld vertue.[63] Und kraft dieser Pflichten war auch der Inhaber von Herrschaftsrecht gehalten, die Interessen der ihm Anvertrauten zu fördern, und zwar nicht nur durch Sicherung und Gewährleistung der Einzelrechte der Polisbürger, sondern auch gemäß der ursprünglichen Idee der Herrschaft durch tätige Förderung ihrer Wohlfahrt.[64]

Diese Lehre des Antipater von Tarsos trat mit dem vollen Anspruch einer Naturrechtslehre auf, einer Lehre, die auf einer vertieften, neuen Einsicht in das kraft Natur in der damaligen Zeit geltende Recht beruhte. Dem klassischen liberalen Naturrecht der Stoa wird ein soziales entgegengestellt. In einer Debatte zwischen Diogenes und Antipater, an der Cicero de officiis III 12, 50 ff. uns teilhaben läßt, wird das sehr schön deutlich.

[53] Muß ein Getreidehändler, der als ein vernünftiger und guter Mensch gedacht wird, der Bevölkerung einer hungernden Stadt, in deren Hafen er gerade mit vollem Schiff angekommen ist, sagen, daß in Kürze noch eine ganze Reihe weiterer Getreideschiffe eintreffen werden, oder darf er als *sapiens* und *bonus* die günstige Nachfragesituation voll ausnutzen? Antipater fordert entschieden Auf-

63 Cic. de off. III 23, 91 *Qui vinum fugiens vendat sciens, debeatne dicere. Non necesse putat Diogenes. Antipater viri boni existimat.* Vgl. auch ibid. III 12, 51 und den folgenden Text.

64 Herrschaft ist der stoischen Theorie immer fürsorgliche Tätigkeit im Interesse der Beherrschten (Cic. de off. I 25, 85: *ut enim tutela, sic procuratio rei publicae ad eorum utilitatem, qui commissi sunt … gerenda est;* vgl. auch den *tutor et procurator rei publicae* Cic. rep. II, 29, 51), aber sie ist darin um so freier, um so weniger sie von der Theorie auf die Sicherung der formalen Individualrechte beschränkt wird. Vgl. dazu noch u. S. 72 mit Anm. 114 und S. 81 ff.

klärung; man müsse den Menschen helfen, der menschlichen Gesellschaft dienen; das Gesetz, unter dem man geboren sei, und die Prinzipien der Natur, denen man Gehorsam und Nachfolge schulde, besagten, daß Gemeinnutz und Eigennutz übereinstimmten, und duldeten daher nicht, anderen zu verschweigen, was ihnen vorteilhaft sei. Die Pflicht sei zwingend, es sei denn, man habe vergessen, daß die Natur zwischen den Menschen eine Gesellschaft gestiftet habe. Diogenes ist anderer Ansicht: Er erinnere sich dieser Gesellschaft wohl. Aber sei die denn so beschaffen, daß niemand etwas wirklich zu eigen habe? Wenn es sich so verhalte, wie Antipater sage, dann könne man ja nicht mehr verkaufen, sondern nur noch verschenken. Im übrigen sei schließlich zwischen Verheimlichen und Schweigen noch ein Unterschied. Man verheimliche dem Nächsten doch auch nichts, wenn man ihm nicht hier und jetzt sage, wie die Natur der Götter oder wie das höchste Gut beschaffen sei, was ihm doch nützlicher sei als Kenntnisse über die künftige Entwicklung des Getreidepreises.

Die Diskussion betrifft ersichtlich die Zulässigkeit der Mitnahme von Marktchancen. Heute würde man keine der beiden radikalen Positionen billigen, sondern danach fragen, ob die Ausnutzung der Unkenntnis des Käufers gegen die guten Sitten im Rechtsverkehr verstößt (§§ 826, 138 BGB), was in jenem Falle heute mit Wahrscheinlichkeit allgemein bejaht werden würde. An die Stelle des Zwangs, einen Streit zwischen sozialen und radikalliberalen Naturrechten zu entscheiden, ist, auch mit Hilfe des klassischen römischen Rechts, die Aufgabe getreten, eine richtige Bestimmung der im Marktverkehr geltenden Sitten zu treffen. So weit war man damals noch nicht.

Die Tragweite der Wendung des Antipater von Tarsos zu einem sozialen Naturrecht liegt nun darin, daß sie kein auf Athen beschränktes, philosophie-geschichtliches Ereignis blieb, sondern alsbald nach Rom drang und dort, wie im folgenden zu zeigen, vor allem auch auf die Jurisprudenz wirkte. Über diesen Weg hat die Lehre des Antipater eine außerordentliche Folgewirkung gehabt, die in Teilbereichen bis auf den heutigen Tag anhält.

Der eher bescheidene Platz, den Antipater in der Geschichte des Naturrechts einnimmt, entspricht dem nicht ganz, obwohl seine Lehre nicht [54] ohne Würdigung geblieben ist. V. Arnim[65] schrieb über seine Auseinandersetzung mit Diogenes:

> »Die tiefere Ursache der Abweichung liegt darin, daß D. dem individuellen Nutzen mehr Einfluß auf unsere Handlungsweise einräumt, Antipatros die Pflicht gegen den Nebenmenschen und die menschliche Gemeinschaft stärker betont«.

Und in einer Antipater gewidmeten Dissertation ist dieses rechtsethische Engagement des Antipater herausgestellt, aber ohne doch, was auch von anderen Untersuchungen zu sagen ist, der rechtshistorischen Wirkung dieses Philosophen nach-

65 Pauly-Wissowa, Realenzyklopädie (1903) s. v. Diogenes 45, Sp. 776. Weniger ergiebig ist in diesem Punkt der ältere Artikel v. Arnims zum Stichwort Antipater 26, RE (1893), Sp. 2515 f.

zugehen.[66] Das gilt schließlich auch für die repräsentative und einflußreiche Gesamtdarstellung von Max Pohlenz, in der Antipaters Altruismus und Nähe zu sozialreformerischen Bewegungen zwar anklingen, aber für Rom, seine Jurisprudenz und seine in einen einzigen Scipionenkreis zusammengefaßte Führungsschicht nur des Einflusses des Panaitios gedacht wird.[67] Es bedarf hier der Differenzierung. Der persönlich liebenswürdige Panaitios, der übrigens auch der Lieblingsschüler des Antipater war, hat sich aus den durch seinen Lehrer Antipater tief kontrovers gewordenen Fragen, wie weit der menschliche Eigennutz gehen dürfe, öffentlich herausgehalten, was auch gerügt wurde.[68] Seine Schrift über die Pflichten brach genau dort ab, wo es nun darum gegangen wäre, die richtigen Grenzen zwischen wahrem und nur scheinbarem Eigennutz zu bestimmen.[69] Wie [55] Panaitios schließlich selbst dachte, läßt sich aber doch recht zuverlässig erschließen. Cicero, der es unternahm, diese Fragment gebliebene Schrift im Geiste des Panaitios zu ergänzen, tat dies nämlich, gestützt auf die in diesem Punkt vollständige Schrift des Poseidonios und ein Exposé des Stoikers Athenodorus, durchaus auf der Linie des Diogenes v. Seleukeia und führte ferner auch entsprechende Lehren des Hecaton von Rhodos, des bedeutendsten Panaitiosschülers an, die mit denen des Diogenes wieder ganz übereinstimmen.[70] Es zeigt sich daran mit aller Deutlichkeit, daß die Stoa nach Antipater, und zwar allem Anschein nach schon unter dem öffentlich eher zurückhaltenden Panaitios,[71]

66 Vgl. Hermann Cohn, Antipater von Tarsos, Ein Beitrag zur Geschichte der Stoa, Diss. Gießen 1905, insbes. S. 17, 74, 77 ff. Was in dieser Arbeit und auch sonst oft nicht klar genug betont wird, ist der stoische Unterschied zwischen Ethik und Physik. Jene lehrt den Wert der Handlungen bestimmen (vgl. zu Antipater insofern Cohn, S. 77), diese die Natur, und mit ihr auch das geltende Recht, begreifen. Antipater spricht daher, wenn er die Gemeinnützigkeit als Gerechtigkeitsforderung aufstellt (Cohn, S. 74), als Physiker, so paradox das heute klingen mag. Vgl. einstweilen Diog. Laert. VII 137, auch VII 53.

67 M. Pohlenz, Die Stoa, Geschichte einer Bewegung, 2. Aufl. 1959, S. 190, 261.

68 Den Tadel sprach aus Antipater Tyrius, der Lehrer des Cato Uticensis, der späteren stoischen Idealgestalt der Römer (Cic. de off. II 24, 86; vgl. Überweg-Prächter, Die Philosophie des Altertums I, 1926, 12. Aufl., S. 490). Aber daß damals in der Stoa längst wieder der klassische Polisindividualismus herrschte, bezeugt recht anschaulich der Zinswucher des edlen Stoikers Brutus. Dazu Mommsen, Jur. Schriften III, S. 215 ff. – Zur Vorliebe des Antipater von Tarsos für seinen nicht ganz getreuen Schüler Panaitios, Pohlenz (o. Anm. 67), S. 181.

69 Cic. de off. II 25, 88. Das Werk blieb unvollendet, obwohl Panaitios, wie Cicero noch anfügt (III 2, 8), das Erscheinen der ersten Bücher noch dreißig Jahre überlebte.

70 Cicero, de off. III 7, 33 *Eiusmodi igitur credo res Panaetium persecuturum fuisse, nisi aliqui casus aut occupatio eius consilium peremisset.* Zu den Quellen Ciceros Cic. ad Att. 16, 11, 4; de off. III 12, 50 ff.; 15, 63; 23, 89 ff. Man darf allerdings nicht vergessen, daß Cicero, der hier eine stoische Schrift im Geist seines Verfassers vollendet, dennoch seiner eigenen theoretischen Position als Anhänger der skeptischen Akademie ausdrücklich (de off. III 4, 20) treu bleibt. Er vertritt die Lehren des liberalen Stoizismus als eine konsensfähigere Form der eigenen karneadisch-philonischen Ansicht, die freilich in einem wichtigen Punkte durchschlägt, nämlich in der von Cicero immer wieder vorgenommenen Unterscheidung zwischen Rechts- und Verkehrsmoral. Sie ist karneadisch und nicht stoisch. Vgl. dazu noch u. S. 63 und S. 118 f.

71 Um sich davon endgültig zu überzeugen, braucht man nur das bereits erwähnte (o.

zur klassischen Theorie des Polisindividualismus zurückgekehrt war. Antipaters Lehre war in der stoischen Naturrechtslehre nur eine Episode, wenn auch eine merkwürdig folgenreiche.

Immerhin war sie, solange Antipater Schulhaupt war, die offizielle Schulmeinung. Darin liegt wohl auch der Hauptgrund, daß der sofort einsetzende Kampf gegen diese Lehre nicht wirksam von den älteren Stimmen der Stoa selbst instrumentiert werden konnte, sondern, wie wir sehen werden, auf die Lehre der karneadischen Akademie zurückgriff, die dann, vielleicht weil die stoische Naturrechtslehre seit Antipater in den Augen der Zeit ein für alle mal ihre liberale Verläßlichkeit eingebüßt hatte, zur neuen radikal liberalen Rechtstheorie wurde.

10. Die Lehre des Antipater in Rom

[56] Der heutige Historiker kann nicht erwarten, über die einzelnen Wege, auf denen Antipater das politische Denken Roms und seine Jurisprudenz beeinflußt hat, in allen Fällen genauen Aufschluß zu erhalten. Er müßte sich, wenn es nicht anders läge, sogar, um die der Sache nach augenscheinlichen Einflüsse zu erklären, mit der Feststellung begnügen, daß Athen damals eben die Universitätsstadt Roms geworden war und zahllose Römer das in Athen Gelernte nach Rom zurückbrachten.

Indes wird uns eine wichtige Vermittlungsfigur in den Quellen ausdrücklich genannt. Es ist kein geringerer als Blossius von Cumae, der bekannte Freund und Ratgeber des Volkstribunen Tiberius Gracchus.[71a]

Anm. 45) Fragment aus dem 2. Buch seiner Schrift über die Pflichten (Gell. 13.28 = Modestus van Straaten, Panaetii Rhodii Fragmenta, Leiden 1962, Nr. 116) zu lesen: Das Leben setze den tätigen Menschen, der sich und den seinen nützen wolle, täglichen Gefahren aus, denen gegenüber er sich wie ein Allkämpfer (er gleicht dem modernen Freistilringer oder Catcher) einstellen müsse: ständig die Deckung hoch und stets bereit, Schläge zu parieren oder auszuteilen. Von der vertrauensvollen *societas vitae* seines Lehrers Antipater ist hier nichts mehr geblieben. Die hier nur im Auszug wiedergegebene Schilderung des Panaitios erinnert in seinem harten Realismus ein wenig an das berühmte Bild des Faustkämpfers im Museo Nazionale in Rom.

71a Die bisherige Literatur zu Blossius beschäftigt sich im wesentlichen mit seinem Einfluß auf Tiberius, der als solcher, aber nicht in bestimmten Einzelheiten feststeht (vgl. Stern, o. Anm. 3, S. 265). Im folgenden ist seine historische Rolle allgemeiner aufgefaßt. Sie liegt darin, daß er einer bestimmten römischen Führungsgruppe, zu der auch Tiberius zählte, die Gedanken des Antipater von Tarsos vermittelte und damit eine bedeutsame Verbindung zwischen der neuen stoischen Philosophie in Athen und der Reformjurisprudenz in Rom herstellt, wenn sie auch sicher nicht die einzige war. Aus der neueren Literatur insbesondere D. R. Dudley, Blossius of Cumae, Journal of Roman Studies 31 (1941), S. 94-99, wo Blossius mehr als demokratischer, romfeindlicher Munizipale interpretiert wird. Ein sicheres Urteil darüber ist nicht möglich. Offen ist auch, ob Tiberius' berühmte Rede über die von der Natur versorgten Tiere Italiens und die von Haus und Hof vertriebenen Menschen (Plut. Tib. 9, 5) nun von Blossius inspiriert ist (so Taeger, Tib. Gracchus, 1928, S. 17) oder von Diophanes von Mytilene (dafür anscheinend Gelzer, Ges. Schr. II, S. 79), der als Rhetor natürlich auch stoisch beeinflußte Gedankengänge kannte.

Blossius war, wie Plutarch etwas sibyllinisch sagt, »in der Stadt« zum Freund des Antipaters geworden, wahrscheinlich in Athen, da von einem Aufenthalt des eher zurückgezogen wirkenden Antipater in Rom nichts verlautet.[72] Blossius selbst war freilich nun in Rom im Jahre 133 nicht nur Gefährte des Tribunen, sondern zugleich Gastfreund im Hause des Konsuls P. Mucius.[73] Diesem ihn schirmenden Gastrecht wird es Blossius wahrscheinlich auch zu verdanken haben, daß er die Katastrophe des Tiberius, obwohl bis zuletzt in Rom verblieben,[74] unbeschadet [57] überstanden hat. Den Konsul und den Tribun von 133 vereinte damit eine gemeinsame Nähebeziehung zu einem engagierten Schüler des Antipater. Das weitgehende Einverständnis, das zwischen ihnen in den damals bewegenden Grundfragen bestand – trotz mancher Tendenzen, Tiberius zu isolieren, ist es in den Quellen deutlich genug festgehalten –, findet hierin, wie noch zu zeigen ist, seine wesentliche Grundlage. Zugleich wird allgemein zu einem guten Teil nachvollziehbar, wie die Lehren des Antipater auf die damalige Jurisprudenz so stark wirken konnten, war doch das Haus des P. Mucius, in dem Blossius Gastrecht genoß, ein geistiges Zentrum der damaligen Juristenwelt, in dem sich die jüngeren wie Rutilius einfanden, um zu lernen, die älteren wie Brutus und Manilius, um zu disputieren.[75]

Diese Wirkungen selbst sind nun teils allgemeinerer Art, teils auch in individuellen Rechtsmeinungen zu erkennen. Sie stimmen überein in der nachdrücklichen Ethisierung des damaligen Privatrechts, in der Formulierung ganz neuer Pflichtenstandards. Zunächst sei auf das vielleicht aussagekräftigste Beweisstück eingegangen.

a) Die »Goldenen Worte« der neuen Formel des Treuhandprozesses

Die Klagformel der *fiducia,* mit welcher der durch Treuabrede beim Erwerb gebundene Eigentümer zur Verantwortung gezogen wurde, erfährt im 2. Jahrhundert eine tiefgreifende Veränderung. Sie schließt, was für die Datierung wichtig ist, ein den Übergang vom alten Spruchformeltyp der Legisaktionen, in dem die klagende Partei ihren Anspruch oder ihre Anschuldigung dem Gegner in das Gesicht sagte, zum Schriftformeltyp, in dem der Gerichtsmagistrat dem Geschworenen einen enger oder weiter umschriebenen Urteilsauftrag erteilte.

72 Plutarch, Tib. 8, 5. Ebenso Cohn (o. Anm. 66), S. 7 Anm. 3 mit weiterer Literatur und Dudley (o. Anm. 71a), S. 94 Anm. 5.

73 Cic. Lael. 11, 37.

74 Nach dem Tode des Tiberius wurde gegen Blossius im Rahmen der außerordentlichen Quästionen noch in Rom ein Ermittlungsverfahren begonnen, aber er konnte entkommen. Vgl. zuletzt Ungern-Sternberg, Untersuchungen zum spätrepublikanischen Notstandsrecht, 1970, S. 38 ff. Der andere wichtige Berater des Tiberius, der Rhetor Diophanes von Mytilene, wurde demgegenüber im Jahre 132 getötet. Vgl. Münzer, Pauly-Wissowa Realenzyklopädie s. v. Diophanes 4, Sp. 1048/9.

75 Vgl. Cic. de off. II 13, 47 und u. S. 70.

Die ältere Formel entspricht nicht nur ihrem formalen Typ nach, sondern auch inhaltlich dem Rechtszustand, wie wir ihn für die Tripertita des Sex. Aelius Paetus voraussetzen dürfen. Sie enthält nämlich den gleichen Grundsatz, der auch in der wegen Arglist gewährten Wiedereinsetzung in den vorigen Stand steckt, daß nämlich dolose Schädigungen eines Gegenübers auch dann ausgeglichen werden müssen, wenn der in Anspruch genommene Schädiger auf eine formelle Rechtszuständigkeit verweisen kann.

[58] *UTI NE PROPTER TE TUAMVE FIDEM CAPTUS FRAUDATUSVE SIEM* sagte hier der Kläger, der einen unter Treubindung manzipierten Gegenstand nicht oder nicht gehörig zurückerhalten hatte. Zu deutsch und zugleich in freier Paraphrase ergänzt heißt das: »Damit ich nicht Deinet – und Deiner Treue wegen betrogen und geschädigt bin, erbitte ich gegen Dich vom Prätor einen *arbiter,* der über meine angemessene Restitution entscheiden und Dich, falls Du nicht restituierst, auf Geld verurteilen soll«. Das Verfahren diente strukturell der Bewährung der Treue, die ja positiv angesprochen wurde und der zugleich durch die Restitutionsmöglichkeit verfahrensrechtlich eine Bewährungschance eingeräumt wurde. Ihr Tatbestand war aktives schädigendes *capere* oder *fraudare,* welche Worte vielleicht als häufende Synonyme, vielleicht als zeitlich unterscheidbare Ausdrücke *(capere* beim Manzipationsakt, *fraudare* zur Zeit der Eigentümerstellung) zu verstehen sind, die aber jedenfalls eine vorsätzliche Begehungsweise bezeichnen.[76] Der Eigentümer kraft fiduziarischer Manzipation mußte vorsätzlich gegen seine Treupflicht verstoßen haben. Wenn nun auch offen bleiben muß, ob die Formel just zu den neuen Formularen gehörte, die Sex. Aelius dem alten Legisaktionenbestand hinzugefügt hat,[77] so ist am Vorkommen der Formel in seinem Werk der Tripertita wohl kaum zu zweifeln. Ihr systematischer Ort wäre wohl im Anschluß an den Zwölftafeltext und die Zwölftafelinterpretation der Manzipationssätze (VI 1, 2) zu suchen.

In der neuen Schriftformel der *fiducia* zeigt sich demgegenüber ein Durchbruch zu einer ganz neuen Rechtsgesinnung: *UT INTER BONOS BENE AGIER OPORTET ET SINE FRAUDATIONE.* In deutscher Übersetzung und wieder freier Ergänzung heißt das: »Wie unter Guten gut gehandelt wird und ohne Schädigung,[78] so sollst

76 Siehe Kaser, Röm. Privatrecht I^2 § 109 I mit Anm. 19 u. 30: Noch in den klassischen Quellen haftet der Fiduziar (wieder) grundsätzlich nur für *dolus;* Haftung für *culpa* erscheint als Ausnahme.

77 Vgl. Pomponius lb sg enchiridii D 1, 2, 2, 7. Kaser (o. Anm. 76) § 109 III vermutet Entstehung dieser gesetzesfreien Spruchformelklage im 3. Jh. und sieht ihre Grundlage einleuchtend in der formlos verpflichtenden *fides* des treuhänderischen Eigentümers.

78 *Fraudatio* = eine *fraus* zufügen ist in dieser Formel ursprünglich wahrscheinlich objektiv als Schädigung gemeint, da die Restitutionspflicht an einen unter Verletzung des *bene agi* eingetretenen Schaden anknüpfte. *Fraus* im Sinne eines objektiven Übels *(poena, noxa)* begegnet denn auch gerade in der *veteres*-Jurisprudenz und der spätrepublikanischen Gesetzessprache (vgl. Krüger-Kaser, SZ 63, 1943, S. 137), während die später ganz überwiegende Bedeutung ›absichtliche Schädigung‹ insbesondere durch Betrug (Kaser, Röm. Privatr. § 146 IV) mit der im ganzen erfolgreichen Tendenz zusammenhängt, die verkehrsrechtliche Haftung wieder einzuschränken (vgl. für die *fiducia* o. Anm. 76).

Du, Geschworener, [59] den Beklagten, wenn er den Kläger nicht in entsprechender Weise restituiert, auf einen Ausgleich in Geld verurteilen«. Die Struktur des Verfahrens als Mittel der Bewährung eines positiv formulierten Maßstabs ist die gleiche geblieben, aber der Maßstab selbst ist ein ganz anderer geworden.

Ein offeneres normatives Prinzip als das *inter bonos bene agi oportere* läßt sich für eine richterliche Aufgabenbestimmung kaum finden. Es ist keine präzise Judikationsanweisung und klar definierte Bestimmung des *officium iudicis,* wie es später die Schriftformeln der klassischen Zeit nach ihrem Idealtyp sein wollten, sondern eine im Grunde unausschöpfbare Maxime gesellschaftlichen Wohlverhaltens. Der Begriff *formula* selbst, der später ein präzis analysiertes Mittel richterlicher Aufgaben- und Kompetenzbeschreibung bezeichnet, hat hier im Grunde noch den Sinn von Prinzip und Verhaltensstandard, eine Bedeutung des Wortes, die im Umkreis des stoisch beeinflußten Denkens der Römer tatsächlich bezeugt ist.[79] Die *actio fiduciae* hat von den uns ihrem Wortlaut nach bekannten, später sogenannten *bonae fidei iudicia* die lebhafteste rechtsethische Emphase und hat sicher dazu beigetragen, das *officium iudicis* insgesamt in dieser von Q. Mucius, dem Sohn des Konsuls, zusammengestellten Prozeßgruppe durch unmittelbare Verweisung auf die Verhaltenswerte der *societas vitae* zu erweitern;[80] genauso ist sie dann später von den restriktiven Bemühungen um diese *formulae* betroffen worden.

Es ist aufschlußreich, daß Cicero die Formulierung der *actio fiduciae* im Zusammenhang mit der Erörterung der Pflichten in der stoischen *societas vitae* als *verba aurea* bezeichnet, als goldene Worte.[81] Denn diese Farbe gemahnt in einer Schrift über die stoische Pflichtenlehre sicherlich mit Absicht an das Goldene Zeitalter der stoischen Geschichtsspekulation. Die Ethisierung des von Cicero dort erwähnten *ius gentium* der *maiores* beruhte ja gerade auf der Behauptung einer teilweisen [60] Fortdauer der ursprünglichen Naturpflicht zu gegenseitiger Interessenförderung und gegenseitigem Wohltun. Noch der Sabinianer Gaius dürfte übrigens ein wenig in dieser Tradition stehen, wenn er die erweiterte Fassung seines Lehrbuchs mit *res cottidianae sive aurea* überschreibt und damit jedenfalls im Titel zwischen dem alltäglichen, historisch gewordenen Recht und jenem ursprünglichen Gold unterscheidet,[82] wenn auch in seinem Werk entsprechend

79 Vgl. Cic. de off. III 4, 19: *ut sine errore diiudicare possimus, si quando cum illo quod honestum intellegimus, pugnare id videbitur quod appellamus utile, formula quaedam constituenda est; quam si sequemur in comparatione rerum ab officio numquam recedemus. erit autem haec formula Stoicorum rationi disciplinaeque maxime consentanea.* Siehe auch Seneca, de beneficiis V 15, 2 *formula recti.* Das Wort *regula* tritt in diesem Zusammenhang bezeichnenderweise als Synonym auf Cic. de off. III 18, 74: *eadem utilitatis quae honestatis est regula.*

80 Vgl. dazu meine Arbeit, Die Wissenschaftslehre im Zivilrecht des Q. Mucius Scaevola p. m., Nachrichten d. Akad. d. Wiss., Phil.-hist. Kl., Jahrgang 1976, S. 293 ff.

81 Cic. de off. III 17, 70 *illa aurea* (sc. *verba).*

82 Seneca jedenfalls setzt das *ius cotidianum* als das positive über das Vermögen entscheidende Recht (vgl. damit den Ausdruck *cottidianus quaestus* Gaius IV 71) in Gegensatz zum Standpunkt des Weisen, der wisse, daß ihm alles gehöre. Seneca, de beneficiis VII 1, 8 *omnia illius*

dem sich in der Hochklassik auch in seiner Schule weitgehend durchsetzenden Formalismus jenes ursprüngliche Gold des ethisierten *ius gentium* der *maiores* längst in feste institutionelle Regeln ausgeprägt worden war, mit der Folge, daß jene Bereiche bei ihm grundsätzlich nicht mehr unterscheidbar sind.[83]

b) Die Jurisprudenz der *boni viri*

Es muß eine eigentümlich hochgestimmte Jurisprudenz gewesen sein, die geglaubt hat, in bestimmten Lebensbereichen des Verkehrsrechts das *inter bonos bene agi* und damit den *bonus vir* zum Maßstab des Rechts [61] zu erheben. Schon in der Vätergeneration Ciceros rührt sich an der grundsätzlichen Möglichkeit der Justiziabilität des *bonus – vir* – Maßstabs lebhafte Kritik. Es sind wahrhafte Schlüsselanekdoten, die uns davon berichten.

Cicero hörte als Kind von seinem Vater, daß der Konsular C. Fimbria es abgelehnt habe, ein Wahlrichteramt in einer Wettsponsion zu übernehmen, deren durch die Negativbedingung: *ni vir bonus esset* gestelltes Beweisthema die Frage war, ob ein gewisser M. Lutatius Pinthia, ein ehrenwerter und angesehener römischer Ritter, ein *bonus vir* sei. Fimbria hielt diese Sponsion für injustiziabel. Er könne das Urteil nicht gegen Lutatius fällen, weil er ihn dadurch im Laienurteil um seinen guten Leumund brächte; er könne aber auch nicht zu seinen Gunsten entscheiden, da die Eigenschaft *bonus vir* sich aus unzähligen auszeichnenden Pflichterfüllungen *(innumerabilibus officiis et laudibus)* zusammensetzte.[84] Es ist eine Schlüsselanekdote, weil C. Fimbria aus dem gleichen Grunde Bedenken ha-

(sc. sapientis) esse dicimus, cum (wenn er auch) *ad hoc ius cotidianum, si ita res tulerit, capite censebitur. Multum interest, possessio eius animo ac magnitudine aestimetur an censu.* Da das Goldene Zeitalter, wo die Weisen Herrscher waren (Seneca, ep. mor. 90, 5: *illo ergo saeculo, quod aureum perhibent, penes sapientes fuisse regnum Posidonius iudicat),* längst zurückliegt, ist natürlich jener Standpunkt des Weisen genauso unwirklich wie die himmlische Polis der o. Anm. 40 betrachteten Quelle, aber als Werthaltung zugleich wie diese Erinnerung und Abglanz des verlorenen Paradieses. Gaius (oder denn sein Verleger) konnten jedenfalls damit rechnen, daß man den recht gesuchten Schmuck- und Werbetitel des Werkes verstehen würde. Daß der Zusatz *sive aurea* aus dem Schulgebrauch stamme (so Lenel, Palingenesia I 251 Anm. 2), ist wenig wahrscheinlich; die Kompilatoren nehmen den eher lästigen Doppeltitel sehr ernst und setzen ihn in den Inskriptionen der insgesamt 25 Fragmente 21 Mal vollständig (eingerechnet 6 Male, wo die Vervollständigung auf Korrekturnachtrag in der Handschrift der Florentina beruht) und schreiben in den übrigen vier Fällen einmal nur *aurea* (so auch der Index Florentinus als Ausdruck wohl der in Byzanz üblichen Kurzbezeichnung), dreimal *res cottidianae.* Zur Echtheit der Schrift u. Anm. 83.

83 Zu dem Umstand, daß die hochklassischen Sabinianer und gerade auch Gaius sich dem institutionellen Denken öffnen, vgl. meine Schrift ›Institutionelles und prinzipielles Denken‹ etc. (o. Anm. 7), S. 187 ff. In diesem Zusammenhang sind die *res cottidianae sive aurea* Ausdruck einer Verfeinerung dieser Rezeption. Sie werden daher neuerdings mit Recht für eine Art zweiter Auflage der Institutionen gehalten. Vgl. Liebs, Aufstieg und Niedergang I 15 (1976) S. 230 und bereits Mayer-Maly, Der Kleine Pauly II (1967) s. v. Gaius 1, Sp. 661.

84 Cicero, de off. III 19, 77.

ben müßte, in einem *iudicium fiduciae* als Richter zu wirken; denn auch dort würde ja ein Freispruch des Beklagten einschließen, daß er sich als *bonus vir* bewährt habe. Mit seiner Ablehnung des Richteramtes macht daher Fimbria deutlich, daß ihm der Standard des *bonus vir* als sozialer Pflichtenmaßstab zu weit gehe. Und sicherlich wurde gerade darum diese Anekdote damals vor allem in den Kreisen der ritterlichen Unternehmerschaft, der auch Ciceros Vater angehörte, so gerne erzählt. Sie enthält eine lebhafte und unmißverständliche Kritik an der damals wirksam gewordenen, die sozialen Pflichten weit ausfaltenden Jurisprudenz und reiht sich damit im Grunde in einen Chor der Kritik, der im Jahre 133 beginnt und nie mehr verstummen sollte. Gerügt wird von Fimbria die Ineinssetzung von sozialethischer Gerechtigkeit und positivem Recht. Auch für ihn ist, wie Cicero deutlich macht, der *bonus vir* ein hohes Ideal, ein Mann, in dem die *virtus* der *iustitia* sich in vollem Maße findet.[85] Nur gehört er für ihn, wie wir noch näher sehen werden, in das Gebiet der Moral, nicht des Rechts. Die eigentliche Ursache dieser Kritik war die Preisgabe der alten liberalen Interpretation des *bonus vir*, dessen Standard nachzuleben nicht ganz so schwer war: Er durfte ja von Rechts wegen im Interesse seines und der Polis Reichtum im Zweifel den Sklaven statt des wertvollen Pferdes über Bord werfen, bei Teuerung sein Sklavengesinde verhungern lassen [62] und einem Käufer alle Fehler der Kaufsache verschweigen; die Ansprüche dieses Modells hätten für den Verkehr keine Belastung bedeutet und wären auch ohne weiteres justiziabel gewesen.

Bezeichnend ist nun, wie bei Fimbria – er war im Jahre 104 als *homo novus* Konsul neben Marius und nach Cicero, der als junger Redeschüler seine Reden zu lesen hatte, juristisch nicht ungebildet[86] – die Abwehr des sozialethisch angereicherten *bonus-vir*-Modells begründet wird: Durch eine scharfe Trennung von Recht und menschlicher Verkehrsmoral. Sie ist ganz unstoisch – die Stoa kennt nur einen Pflichtenbegriff und handelt in ihrer Ethik von dem Wert, der einer Handlung zukommt[87] – und geht daher hier angesichts der rhetorischen Tradi-

85 Cicero, de off. I 7, 20 *iustitia in qua virtutis splendor est maximus, ex qua viri boni nominantur.*

86 Vgl. zu ihm den Artikel von Münzer, Pauly-Wissowa Realenzykl. (1909) s.v. Flavius 87, Sp. 2598/9. Zu seiner Einordnung Cic. Brutus 34, 129: *nec rudis in iure civili et cum virtute tum etiam ipso orationis genere liber; cuius orationes pueri legebamus.* – Die geistige Opposition, die Fimbria, als Konsul übrigens Kollege des Marius, jener Überlieferung zufolge, gegen die Jurisprudenz der *boni viri* geübt hat, sollte sich bei dem nächsten Träger seines Namens, wahrscheinlich seinem Sohn, in fürchterlicher Weise verschärfen. Als radikaler Marianer und Anhänger des Cinna unternahm er beim Leichenbegängnis des Marius im Jahre 86 einen Mordversuch gegen Q. Mucius, den Sohn des Konsuls von 133 v. Chr., und drohte, als der Versuch mißlang, mit gespenstischem Hohn, er werde den Scaevola anklagen, weil er nicht stillgehalten habe. Siehe Münzer, aaO. s.v. Flavius 88, Sp. 2599.

87 Die Ethik der Stoa ist als Anleitung zu wertvollem Handeln eine Eudämonologie und gipfelt bekanntlich in der Forderung des naturgemäßen Lebens. Vgl. Überweg-Prächter I (1957), S. 424ff. Schönen Ausdruck verleiht dieser Ethik, die fordert, den Dingen ihren richtigen Wert zu geben, das bekannte Gedicht des dem Scipionenkreis zugehörenden Sa-

tion, in die Fimbria gehört, mit rechter Sicherheit auf die Lehre des Karneades zurück.[88] Unmittelbaren Erfolg hatte diese Kritik zunächst aber nicht.

[63] Das zeigt uns eine andere Schlüsselanekdote, in der kein anderer handelt als Q. Mucius Scaevola, der Sohn des Konsuls von 133. Ihn kennen wir als systematischen Vollender jener hochgestimmten Jurisprudenz der *boni viri,* war er es doch, der den Maßstab der *fiducia,* das *inter bonos bene agi* eingebracht hat in den einen großen dynamischen Pflichtenbegriff der *bona fides,* das umfassende Organisationsprinzip der verkehrsrechtlichen *societas vitae* und gleichzeitige Korrekturmittel der Individualrechte.[89]

Jene Anekdote zeigt Mucius bei einem Kauf. Unter grundsätzlicher Ablehnung jeglichen Feilschens und Aushandelns des Preises hatte er vom Grundstückseigentümer dessen Preisforderung erbeten und, als er sie zu niedrig fand, 100.000 HS daraufgelegt. Dazu sagt Cicero de officiis III 15, 62: Niemand werde bestreiten, daß das die Handlung eines *bonus vir* gewesen sei. Die Handlung eines *vir sapiens* sei es aber auch nicht, genausowenig, wie wenn Mucius ein Grundstück billiger als möglich verkauft hätte. Zur Begründung beruft Cicero sich auf die entsprechenden Lehren des Stoikers und Panaitiosschülers Hecaton von Rhodos, der ja in der Tat die Pflichtenlehre seines Vorvorgängers Antipater offen aufgegeben hatte und zum liberalen Polisindividualismus zurückgekehrt war: Wie seine erwähnten, recht robusten Beispiele zeigen, durfte man wieder im Rahmen des

tirikers Lucilius: *Virtus, Albine, est pretium persolvere verum / Queis in versamur, queis vivimu' rebus potesse* etc. zitiert bei Mommsen, Röm. Geschichte II, S. 447 Fußn. (als Beispiel lotteriger Hexameter). Daß in der Ethik ständig auch von den natürlichen Prinzipien die Rede ist, denen nachzuleben wertvoll ist, ändert nichts daran, daß diese Teil der Naturlehre sind (vgl. bereits o. Anm. 66).

88 Der gleichbleibend große Einfluß der skeptischen Akademie auf die römische Rhetorik, der sich insbesondere seit Licinius Crassus, Consul von 95 (vgl. Häpke, Pauly-Wissowa Realenzyklopädie 1926 s.v. Crassus 55, Sp. 267), und dann natürlich vor allem bei Cicero (vgl. nur dessen *partitiones oratoriae: e media illa nostra Academia,* 40, 139) beobachten läßt, ist letzten Endes nur als Folgewirkung des redegewaltigen Karneades, des neuen Meisters des *in utraque parte disserere,* zu verstehen. Wer wie die Lehrer Ciceros, unter ihnen auch Crassus, die damals unter der Leitung des Plotius Gallus entstehende lateinische Rhetorenschule ablehnte (vgl. dazu Ziegler, Realenzykl. 1951 s.v. Plotius 16, Sp. 598) und vielmehr auf die griechischen Quellen zurückgreifen wollte, konnte an Karneades, dem Begründer der neueren Akademie, nicht vorbeigehen. Der Rhetorikunterricht, den dann in Rom Ciceros Lehrer, der Karneades noch sehr nahestehende Philon v. Larissa, mit allergrößtem Erfolg erteilte, zog aus diesem Einfluß der Philosophie auf die Redekunst gerade der führenden Männer Roms nur die Konsequenz (vgl. zu ihm v. Fritz, Realenzykl. [1938] s.v. Philon 40, Sp. 2542). Ganz zutreffend reihen daher die Rhetoren der Kaiserzeit Karneades ein in ihre Genealogie der Sophisten, der philosophisch gebildeten Rhetoren, wenn sie dabei auch mit Recht anerkennen, daß er noch etwas mehr war. Vgl. Philostratus I, 4 = Philostratus and Eunapius, The Lives of the Sophists, hrsg. v. Wright, Loeb Classical Library, 1921, S. 17. – Daß Fimbria den gleichen Bildungseinflüssen ausgesetzt war, wie sein Zeitgenosse Licinius Crassus, ist danach nicht weiter verwunderlich.

89 Vgl. o. Anm. 80.

geltenden Rechts grundsätzlich ohne mitmenschliche Rücksichtspflichten seine eigenen (als solche gemeinnützigen) Interessen verfolgen. Trotz der Anführung dieser Autorität argumentiert Cicero freilich in Wahrheit nicht aus einer stoischen Position. Die von ihm angewendete Unterscheidung zwischen *vir bonus* und *vir sapiens* ist als Entgegensetzung von Verkehrsmoral und rechtmäßigem Eigennutz wieder unstoisch. Vielmehr verdeckt Cicero mit seinem emphatischen Ausruf, daß die Trennung von *bonus* und *sapiens* eine höchst verderbliche Sache sei,[90] daß auch er hier in Wahrheit die auf [64] Karneades zurückgehende Unterscheidung zwischen Moralismus und Legalismus zugrundelegt. Nur so kann er, was kein Stoiker könnte, Mucius moralisch loben und rechtlich mißbilligen.

Uns zeigt die Anekdote, wie rücksichtsvoll und uneigennützig ein *bonus vir* nach der Meinung des Mucius, der ja sicher auch bei jener Handlung seiner öffentlichen Stellung als führender *iurisconsultus* eingedenk war, im Bereich des von der *bona fides* beherrschten Verkehrsrechts zu sein hatte. Es ging immerhin, wie die Kritik sofort erfaßt hat, bis zur Ablehnung des profitlichen Kaufs. Die Rechtsordnung der *societas vitae* verlangte offenbar nach ihm materiale Tauschgerechtigkeit. Es ist ganz die gleiche Position, die wir auch bei Antipater von Tarsos fanden, der die Mitnahme von Marktchancen unter Ausnützung besserer Information über Markt oder Kaufsache grundsätzlich mißbilligte. Nur im Bereich des *ius strictum,* etwa der Darlehensstipulation, scheint dieser nun wahrlich nicht mehr liberalen Rechtstheorie ein mäßiger Gewinn erlaubt (man erinnere sich, daß Mucius gegen Darlehnsforderungen eine Einrede gab, die bei dem Geschäft vorgekommene *bona-fides*-Verletzungen prüfte).[91]

c) Die *fundatores iuris civilis*

Aus den erörterten Zeugnissen ergibt sich schon eine recht deutliche zeitliche Einordnung dieser Jurisprudenz der *boni viri.* Der Einbruch der neuen rechtsethischen Gesinnung fällt offenbar nach Sex. Aelius Paetus Catus und Marcus Porcius Cato Censor und fällt ebenso sicher vor die Lebenszeit des Q. Mucius, des Sohnes des Konsuls von 133.

Damit fällt sie zusammen mit der Zeit der von Pomponius sogenannten *fundatores iuris civilis,* nämlich P. Mucius, Brutus und M'. Manilius.[92] Sie kommen

90 Cic. de off. III 15, 62 *Nemo est, qui hoc viri boni fuisse neget; sapientis negant, ut si minoris quam potuisset vendidisset. Haec igitur est illa pernicies, quod alios bonos, alios sapientes existimant.*

91 Cic. ad Att. 6, 15.

92 Pomponius lb sg enchiridii D 1, 2, 2, 39 *Post hos* (nämlich nach den Catonen, dem Cato Censor und seinen Söhnen) *fuerunt PUBLIUS MUCIUS et BRUTUS et MANILIUS, qui fundaverunt ius civile.* Etwas anderes als ein wissenschaftlicher Neuansatz kann füglich nicht gemeint sein. So auch Bretone, Tecniche e ideologie dei giuristi romani (1971), S. 163 ff.; zurückhaltend dagegen Wieacker, Festschr. v. Lübtow 1970, S. 202 Anm. 124; 183 Anm. 2. Aber der folgende Hinweis des Pomponius auf die Leistung des Q. Mucius, Publii

damit sogleich als Begründer eben der Jurisprudenz [65] der *boni viri* in Betracht. Und genau in deren neuer Gesinnung fände sich dann der Grund, weswegen den dreien gegenüber den älteren literarischen Juristen ein bedeutender Neuansatz zugeschrieben wird. Die Quellen über diese drei Juristen sind freilich spärlich. Aber ein Bedürfnis, den ursprünglichen Urheber einer juristischen Leistung im Bewußtsein zu halten, fehlt der römischen Tradition im Ganzen durchaus. Es könnte daher durchaus zutreffen, daß die drei *fundatores* im Bereich der verkehrsrechtlichen Institute des römischen Rechts, in dem sich der Gedanke mitmenschlicher Pflichtenstellung besonders deutlich ausdrückt, wie beispielsweise im *bona-fides*-Recht der beauftragten oder auftragslosen fremdnützigen Geschäftsführung, des Gesellschaftsrechts und des Rechts des Waren- und Leistungsaustausches, Grundlegendes geleistet haben, ohne daß die Quellen uns dies mitteilten. Anerkanntes Juristenrecht wird rasch anonym. Die systematischen Bemühungen eines Q. Mucius, Publii filius, noch mehr die kritisch differenzierenden eines Servius Sulpicius und seiner Schule mußten ein übriges tun, ihre Leistungen, wo sie vorhanden waren, in den Schatten treten zu lassen.

Ein wenig erfahren wir nun aber doch von ihnen. Zweimal sehen wir sie als Diskussionsrunde. Einmal ging es um die Rückwirkung der zu ihrer Zeit ergangenen lex Atinia, die das Ersitzungsverbot, das die Zwölftafeln für gestohlene Sachen eingeführt hatten, erneuerte, und, wie vermutet werden darf, auch gegenüber dem gutgläubigen Erwerber vom Dieb wieder einschärfte.[93] Damit würde das Gesetz nämlich seinerseits hervorgerufen worden sein von einer gerade jener Zeit wohl zuzutrauenden juristischen Interpretation, die den guten Glauben des Ersitzenden (ähnlich wie bei der heutigen 10-jährigen Mobiliarersitzung des BGB) unter Einschränkung des Zwölftafelsatzes stärker sein ließ als die Furtivität. Die lex Atinia wäre ein Fall gesetzlicher Beseitigung einer verkehrsfreundlichen, aber den Eigentümerinteressen mißliebigen restriktiven Gesetzesinterpretation. Die Juristen erörterten nun, ob auch die Ersitzungsvorgänge vereitelt würden, die Sachen betrafen, die vor Inkrafttreten des Gesetzes gestohlen worden waren; der Gesetzeswortlaut ›*quod subruptum erit*‹ = ›was gestohlen sein wird (›kann nicht gut- [66] gläubig ersessen werden‹)‹ schien mindestens einem der Diskutanten

filius (§ 41 *ius civile primus constituit generatim)* nimmt nicht etwa zurück, was über die *fundatores* gesagt wurde, sondern spricht ganz richtig aus, daß Mucius der Sohn, dem von der Vätergeneration grundlegend bereicherten *ius civile* die erste große, begrifflich durchgearbeitete Gesamtdarstellung gewidmet hat.

93 Anders Mommsen, Röm. Strafr. S. 756 Anm. 1; Kaser, Röm. Privatr. I § 34 II 2, wonach die Zwölftafeln ausdrücklich nur dem Dieb selbst die Ersitzung verschlossen hätten. Das ist aber eigentlich unvereinbar mit Gaius II 49, wo Gaius, selbst ein Zwölftafelkommentator, den Zwölftafeltext gerade (und nur!) gegen den gutgläubigen Dritten für anwendbar erklärt. Diese Stelle, ebenso Julian 44 dig. D 41, 3, 33 pr. mit der alternativen *lex duodecim tabularum vel Atinia,* deutet vielmehr darauf, daß die Zwölftafeln in ihrem Wortlaut nicht enger waren als die lex Atinia.

dafür zu sprechen, daß auch vor dem Gesetz verübte Diebstähle die vom Gesetz gemeinte Furtivität der Sache begründen würden.[94]

Weit aufschlußreicher ist die zweite Diskussion. Ist das Sklavenkind eine Frucht, die dem Nießbraucher zufällt oder nicht? M. Junius Brutus war der Ansicht, daß ein Mensch nicht zu den Früchten eines Menschen rechnen könne, während P. Mucius und Manilius die hergebrachte Ansicht, die das Sklavenkind dem Nießbraucher zusprach, verteidigten.[94a] Was Brutus motivierte, war sicher nicht der praktische Grund, das Kind möglichst von der Mutter aufziehen zu lassen.[95] Denn dieses auch bei kaltem Nützlichkeitsdenken sicher wünschbare Ziel wurde von seiner Lehre stärker gefährdet, da, solange der (als Versorgungsnießbrauch oft langfristige) Nießbrauch dauerte, das Kind erst einmal dem Eigentümer zufiel und damit dem Nießbraucher und der Mutter sofort weggenommen werden konnte. Was das Brutus-Argument: *neque enim in fructu hominis homo esse potest*[96] (ein Mensch kann nicht unter die Früchte des Menschen fallen) wirklich meint, verdeutlicht uns der hier durchaus noch jener Tradition folgende Sabinianer Gaius in seiner erwähnten Schrift »Alltägliches und Gold«: *absurdum enim videbatur hominem in fructu esse, cum omnes fructus rerum natura hominum gratia comparaverit*[97] (es schien ungereimt, daß der Mensch zu den Früchten zähle, da doch die Natur alle Früchte um der Menschen willen geschaffen habe). Brutus, dessen philosophisches Engagement und Lebensgefühl immerhin so weit ging, daß er seine dreibändige Schrift *de iure civili* als Dialog konzipierte,[98] hat daher in Wahrheit offensichtlich in diesem Sonderfall einen Satz des stoischen Naturzustandes ins Feld geführt.

[67] Schlagend ist das Argument auf den ersten Blick kaum. Man kann sich vorstellen, was ihm seine beiden Gesprächspartner in aller Freundschaft erwidert haben werden: Das positive Recht erkenne die Sklaverei an; die Sklaverei werde durch Geburt begründet; und wenn sonst der Eigentümer das Kind erwerbe, so müsse das auch dem Nießbraucher zugutekommen, dessen Recht alle Vorteile der Sache erfasse, die nicht ihre Substanz verletzten.

Brutus dürfte darauf wohl mit einer Differenzierung geantwortet haben. Das Recht des Eigentümers am Sklavenkinde ergebe sich aus dem strengen Individu-

94 Vgl. Gellius 17, 7, 1. Die sprachlich jedenfalls kaum zu rechtfertigende (treffend Gellius 17, 7) Erstreckung auf *furta ante facta* wäre nach unserer Interpretation von dem Wunsch hervorgetrieben, die Folgen der Interpretation nun auch gerechterweise für alle *res furtivae*, auf die man noch stoßen würde, wieder zu beseitigen.

94a Cic. de fin. I 4, 12.

95 Dafür Kaser, SZ 75 (1958), S. 156ff., 199 und neuerdings Horak, SZ 95 (1978), S. 405 Anm. 13, der allerdings zur Erläuterung auf Cic. de off. III 23, 89 hinweist; die dort referierte Lehre des Hecaton (vgl. o. S. 47 mit Anm. 53) betrifft aber mit dem Wertkonflikt zwischen Vermögensinteresse und Mitmenschlichkeit etwas sachlich ganz Verschiedenes.

96 Ulp 17 Sab D 7, 1, 68.

97 Gaius 2 rerum cottidianarum sive aureorum D 22, 1, 28, 1.

98 Vgl. die Fragmente bei Lenel, Palingenesia I, 78.

alrecht und werde nicht angetastet. Das höchst persönliche Fruchtrecht des Nießbrauchers bewahre aber wie in einem Ausschnitt das natürliche Fruchtrecht des Urzustandes. Und dem ursprünglichen Fruchtziehungsrecht, das die Natur einst allen Menschen in Gemeinschaft an der übrigen Schöpfung bestellt habe, könne nun in der Tat kein Mensch unterliegen.

In der späteren formalen und jedem Naturrechtsdenken abholden Jurisprudenz findet sich dann übrigens der Versuch, die Ablehnung eines Fruchtrechts am Sklavenkinde begrifflich zu begründen: Frucht könne nur sein, was sich von der Muttersache der Art nach unterscheide, wie beispielsweise der Apfel vom Baum. Freilich zwang dieses Argument dann dazu, auch das Viehjunge dem Nießbraucher abzusprechen. Und es ist bezeichnend, daß diese Konsequenz von späteren klassischen Juristen unter Berufung auf eine sabinianische Gegenmeinung verhindert wurde.[99] In dieser Tradition war eben bewahrt worden, daß die Ansicht des Brutus von der Stellung des Menschen im Kosmos handelte, der wohl als Sklave dem strengen Eigentumsrecht, nicht aber dem freieren persönlichen Fruchtziehungsrecht unterworfen sein könnte.

Für die Stimmung der Zeit ist bezeichnend, daß sich die Meinung des Brutus alsbald durchsetzte und wohl sicherlich schon im Werk des Q. Mucius P. filius als herrschend vertreten wurde. Es ist eine etwas doktrinäre und lebensfremde, aber engagierte Humanität, die in diesem Satz das Sklavenkind in die *societas humana* aufnimmt, der die Früchte [68] der Welt zu dienen bestimmt sind. Welche Folgen diese Gesinnung sonst noch damals für das Sklavenrecht gehabt hat, muß hier auf sich beruhen. Man möchte aber beispielsweise annehmen, daß diese von Antipater beeinflußte Jurisprudenz einer unbeschränkten Eigentümertheorie nach der Art, wie sie dann wieder Hecaton lehrte – es ist pflichtmäßig, den wertlosen Sklaven statt des wertvollen Pferdes bei Seegefahr über Bord zu werfen[100] –, genauso widersprochen hat, wie es später das stoisch inspirierte Sklavenschutzrecht der Adoptiv-Kaiser getan hat.[101]

M. Junius Brutus war sicherlich wohl der engagierteste unter den drei *fundatores.* Seine Innovationsbereitschaft zeigt sich etwa auch in der berühmten *causa Mancini,* wo er für eine völkerrechtliche Dedition statt der vorherrschenden, ausdrücklich dem P. Mucius zugeschriebenen Ansicht, die sie individualistisch als

99 Siehe Ulpian 17 Sab D 7, 1, 68 pr und § 1 *Fetus tamen pecorum Sabinus et Cassius opinati sunt ad fructuarium pertinere* und die scharfsinnige Interpretation des »*tamen*« bei Kaser, o. Anm. 95, S. 157. Für die den naturrechtsfeindlichen Formalismus fortführenden Prokulianer war es widersprüchlich, das Viehjunge dem Nießbraucher zuzusprechen; nicht so für die auch hier den Ergebnissen der *veteres*-Jurisprudenz folgenden Sabinianer. Auf diese für die Geistesgeschichte der römischen Jurisprudenz exemplarische Rechtsüberlieferung ist in anderem Zusammenhang noch zurückzukommen.

100 Vgl. Cicero, de off. III 23, 89.

101 Vgl. zuletzt etwa dazu meine Römische Privatrechtsordnung und Grundrechtstheorie (o. Anm. 7), S. 39 ff.

Verbund von selbständig wirksamer Preisgabe und selbständiger Aneignung konstruierte, eine verkehrsrechtliche Vertragstheorie verfocht.[102]

Dennoch ist auch für P. Mucius eine Entscheidung erhalten, die eine ganz neue rechtsethische Gesinnung bezeugt: Im Gefolge der Unruhen, die von der Politik des C. Gracchus ausgingen, hatten Dritte die unter der Verwaltung des C. Gracchus stehende Mitgift seiner Ehefrau beschädigt. P. Mucius machte C. Gracchus dafür verantwortlich; was die Dritten angerichtet hätten, ginge auf seine *culpa.* Die Verletzung des zwischenmenschlichen Wohlverhaltens durch revolutionäre Politik wird hier zum Zurechnungsprinzip für Schäden, die weder gewollt noch konkret abwendbar waren; C. Gracchus ist nur deswegen verantwortlich, weil seine rechtlich mißbilligte Politik die Umstände geschaffen hat, unter denen so etwas möglich war.[103] Mit der älteren Unrechtshaftung für *dolus* und *fraus* ist dieses Ergebnis sicher nicht begründbar. Sie ist vielmehr eine sehr weite Auslegung der selbst schon ganz offenen, [69] vielleicht selbst erst dieser Jurisprudenz entstammenden Formel, welche die Pflicht zur Mitgiftherausgabe nach beendeter Ehe bestimmt: *QUOD EIUS MELIUS AEQUIUS ERIT*[104] (was dafür besser und gerechter sein wird – das soll der Richter durch Urteil feststellen). Und es schien offenbar P. Mucius besser und gerechter, auch diese Schadensfolge als verschuldet auszugleichen. Daß diese Entscheidung, die kaum ihresgleichen hat,[105] in der menschlichen Wirkung nicht gracchenfeindlich war, sondern im Interesse der Witwe des C. Gracchus lag und, wie wir erfahren, die *res publica* belastete, die das Vermögen des erschlagenen Gaius eingezogen und nun die Verbindlichkeiten des toten Revolutionärs abzuwickeln hatte, verleiht dem Rechtsfall noch einen besonderen Zug, ändert aber nichts daran, daß P. Mucius die von ihm gegebene Begründung für tragfähig hielt.[106]

102 Vgl. Wieacker, Festschrift v. Lübtow (1970), S. 207, der die Vertragstheorie des Brutus als eine wohlgemeinte, aber wenig glückliche ad-hoc-Konstruktion zugunsten des Mancinus einordnet. Es wäre aber noch zu prüfen, ob nicht Beziehungen zu den bei den sabinianischen Juristen nachweisbaren Vorstellungen einer vertraglichen Tradition bestehen (Julian 13 dig D 41, 1, 36). Dann wäre es eine weitere grundlegende Lehre des *fundator* Brutus, die in veränderter Form noch die heutige Dogmatik bestimmte.

103 Vgl. Javolen 6 post Lab D 24, 3, 66, pr. In dieser Entscheidung steckt in der Tat, wie Wieacker gesehen hat (Festschrift v. Lübtow S. 213), implicite die Doktrin des versari in re illicita.

104 Vgl. Cic. top. 17, 66; de off. III, 15, 61; Kaser, Röm. Privatr. I^2 § 81 I mit Anm. 3.

105 Verwandt aber (so mit Recht Daube, St. Biondi I, 1963, S. 209) Gaius 10 ed prov D 19, 2, 25, 4: es wird dem Verschulden hinzugerechnet (das *culpae adnumerare* bedeutet hier wie sonst in klassischer Sprache die Erweiterung der *culpa* über die ganz vorherrschende subjektive Verschuldenszurechnung hinaus), wenn der Pächter einen Feind hat, der auf dem Pachtgrundstück Bäume fällt. Der Pächter haftet dem Verpächter *ex bona fide* auf Ersatz. Es überrascht nicht, diese Entscheidung gerade bei einem Schriftsteller der sabinianischen Tradition zu finden.

106 Daß der *publicatio bonorum* regelmäßig nur das Aktivvermögen unterlag, da die Gläubiger natürlich nicht mit bestraft werden sollten, und daher die *res publica* eine Schuldenregu-

Für Manilius, den dritten der *fundatores*, ist dagegen die Überlieferung unergiebig. Immerhin stellt ihn Cicero mit P. Mucius zu den Juristen, die durch die Katastrophe des Tib. Gracchus ein wenig ihren Kredit verloren haben.[107] So spärlich nun auch insgesamt die unmittelbaren und mittelbaren Quellenzeugnisse sind, so zeichnet sich doch in ungefäh- [70] ren Umrissen ab, daß wir in den drei *fundatores* eine besonders geprägte Juristengruppe vor uns haben. In der einflußreichen Darstellung von Max Pohlenz figurieren sie, insbesondere auch M. Manilius, einfach unter den Juristen des Scipionenkreises, die sich dem Einfluß der Lehren des Panaitios ergaben.[108] Diese Einordnung bedarf jetzt – und das wird im folgenden noch deutlicher werden – der Differenzierung. Der Mittelpunkt der drei *fundatores* war, um es anschaulich zu sagen, nicht das Haus des Scipio, sondern das des P. Mucius, in dem auch Blossius, der Schüler des Antipater, Gastfreund war. Durch die darin erkennbaren Einflüsse sind die drei Juristen zu Gründern geworden. Ihr rechtsethisches Engagement, dessen ferne Folgewirkung über das Werk des Q. Mucius und die dort vollzogene prinzipielle Erfassung der *bona fides* bis auf den heutigen Tag andauert, kann ohne die voraufgegangene oder fast gleichzeitige Ethisierung der stoischen Rechtstheorie durch Antipater von Tarsos nicht verstanden werden.

Ihretwegen steht die damalige Jurisprudenz mit wenigen Ausnahmen – vor allem Q. Aelius Tubero, der Neffe des Scipio, ist hier zu nennen –[109] hinter den Plänen des Tiberius Gracchus. Es ist ihr auch auf Fragen der Verfassung und des Gemeinwohls ausgreifendes Denken, das dem politischen Programm des Tiberius die Legitimation gab. Daher wurde es auch nach seinem Tod unter Führung des P. Mucius fortgesetzt.

lierung veranlaßte, hat neuerdings Waldstein, Pauly-Wissowa Realenzykl. Suppl. 10 (1965) s. v. Bona damnatorum, Sp. 103 ff. klargestellt. Vgl. auch meinen Zwölftafelprozeß (1974), S. 147. Praktisch mußte daher die Witwe des Gaius ihren Schadensersatzanspruch als Konkursforderung bei der *res publica* anmelden. Insofern mußte ihr das *responsum* des P. Mucius wichtig sein. Anders noch Wieacker, Festschr. Lübtow, S. 212 f. Es mag im übrigen sein, daß die *res publica* die Haftung trotz dieses Gutachtens abgelehnt hat (etwa gestützt auf ein Gegengutachten des Inhalts, daß es sich um einen reinen Zufallsschaden handele, für den der Ehemann nicht hafte und folgeweise auch nicht das eingezogene Vermögen). Die Mitteilung Plutarchs, die Republik habe auch die Mitgift der Witwe Licinia eingezogen (Gaius Gracchus 17, 5), die mit der späteren Freilassung eines Mitgiftsklaven durch Licinia im Widerspruch steht (Wieacker, aaO., S. 212), könnte durchaus eine um des Effekts willen erfolgte Vergröberung eben dieser Ablehnung gewesen sein (Wieacker S. 212 u. Anm. 169). Ein Beispiel solcher Vergröberung bei Plutarch bei E. v. Stern, Hermes 56 (1921), S. 237 Anm. 1.

107 Vgl. o. Anm. 5 u. S. 114.

108 Max Pohlenz, Die Stoa, S. 261.

109 Siehe u. S. 77.

11. Herrschaft und Wohlfahrtsverantwortung

Das in der Formel der *fiducia* für das Treuhandeigentum angeschlagene Motiv wiederholt sich im Bereich der Herrschaft. Ging es in der privaten Treuhand um die Ethisierung der Rechtspflichten eines formalen Eigentümers, gegen den die konkrete Interessenbindung seines Rechts durchgesetzt wurde, so geht es hier um die Frage, in welchem Umfang magistratische Herrschaft an die Bedürfnisse und Interessen der Beherrschten gebunden ist. Formal begründete Herrschaft wurde ebensowenig geleugnet wie formal begründetes Eigentum. An beide wurde aber die Frage herangetragen, ob konkrete Bedürfnisse und Zwecke der Betroffenen die Ausübung des Rechts unter Pflichten und Verantwortlichkeit stellen.

[71] In beiden Bereichen war für das Rechtsdenken der Stoa entscheidend, wie für die historische Epoche die Grenze zwischen individualistischem *ius strictum* und dem solidarischen *ius gentium* des Urzustandes gezogen wurde.

Das ursprüngliche Herrschaftsideal dieser Denktradition ist bekannt. Es ist die keineswegs notwendig monarchische Herrschaft in den Händen der *viri boni,* der *viri sapientes.*[110] Diese Herrschaft war *officium,* vernunftgeleitete Pflicht, nicht tyrannische Verfügungsgewalt. Seneca epist. 90, 5: *Officium erat imperare, non regnum* – Pflichterfüllung war Herrschen im Goldenen Zeitalter, nicht Tyrannenregiment. Gegenüber den Herrschaftsadressaten band den Herrschenden ein *mandatum,* kein imperatives, sondern eben das objektive Rechtsverhältnis des *officium.*[110a] Die Herrschaft der *boni viri* beruhte auf der Übereinstimmung ihres Handelns mit den Vernunftprinzipien der Natur, nicht etwa auf der Konstruktion einer Delegation von (rational gar nicht nachvollziehbarer) ursprünglicher Herrschaftskompetenz des Volkes.[111]

110 Vgl. Seneca, epist. 90, 5 *Illo ergo saeculo, quod aurum perhibent penes sapientes fuisse regnum Posidonius iudicat.* Faßt man Herrschaft auf als Verwirklichung des Vernünftigen (vgl. Cic. de virtute 13), ist die Frage nach der Zahl der Herrschenden nachgeordnet. Cicero, in dessen Staatsschriften viel Stoisches enthalten ist, hat denn auch entgegen dem, was zeitweise gelehrt wurde (vgl. u. Anm. 242), nicht den monarchischen Führer gefordert, sondern die Herrschaft der Vernünftigen. Vgl. dazu Richard Heinze, Ciceros »Staat« als politische Tendenzschrift, Hermes 59 (1924), S. 73 ff. = Das Staatsdenken der Römer, hrsg. v. Klein, 1966, S. 291 ff.

110a Für diese in Rom damals rezipierte Herrschaftstheorie war Ineinssetzung von objektivem *officium* und *mandatum* grundlegend. Das Resultat war eine theoretisch begründete Interessengebundenheit der Herrschaft im Gegensatz zu der später vordringenden Theorie des *imperium,* das als faktische Herrschaft *de iure* von der Interessenverwirklichung unabhängig war (zu ihm u. S. 114 ff.). Hinsichtlich der älteren Mandatstheorie, deren Theoreme in der *ratio tribunatus* der Reformjurisprudenz am eindrucksvollsten hervortreten (vgl. u. S. 81 ff.), muß hier der Hinweis auf die bekannten Belege genügen, in denen Herrschaft in stoischer Tradition als fremdnützige Geschäftsführung aufgefaßt wird. Vgl. o. Anm. 64, 104, 106; s. auch noch den Hinweis auf die mit dem Gegensatz der Herrschaftstheorie zusammenhängende Schulkontroverse u. S. 116 f.

111 Eine Gruppe ist deswegen rational nicht als primärer Herrschaftsträger konstruierbar, weil sie als solche keine eigenen Zielvorstellungen entwickeln und haben, sondern nur jeweils Vorschlägen einzelner respondieren kann.

Nach der klassischen Lehre des Polisindividualismus besteht die vernunftgemäße Herrschaft in der Sicherung der Interessen der Polis und dem sie konstituierenden Privatrecht der Bürger. Sie beschränkt sich daher wesentlich auf innere und äußere Gefahrenabwehr und gewährleistende Rechtsprechung. Gerade in der Sicherung der formalen Individualrechte betätigt die Herrschaft nach der schon mehrfach erwähnten [72] Harmonieformel ihre Gemeinnützigkeit. In offener Pflichterfüllung wirkt sie in diesem Modell, wie wir gesehen haben, nur, wo es das Prinzip des *neminem laede* durchzusetzen gilt.[112] Das negative Gegenbild dieser liberalen Herrschaftsidee ist die Tyrannis, römisch *regnum* oder präziser *dominium,* dessen absolutes Willkürrecht keine gewährleisteten Individualrechte mehr kennt. Der Tyrann gilt daher auch folgerichtig als Feind der Rechtsordnung schlechthin, den zu töten pflichtgemäß und ehrenhaft ist.[113]

In der Wendung, die Antipater von Tarsos der stoischen Naturrechtslehre gab, erfuhr auch der Begriff der Herrschaft eine bedeutsame Erweiterung. Soweit mit der fortdauernden Achtung vor den Individualrechten vereinbar, wird die Herrschaft jetzt auch zur Wohlfahrtsförderung, zur Pflicht, die Bedingungen und Voraussetzungen des menschlichen Zusammenlebens zu fördern, und zwar über die Polisgrenzen hinaus. Diese Auffassung ist Folge der gleichen naturrechtlichen Pflichtentheorie, deren Wirkung wir schon im Privatrecht beobachtet hatten. Die beiden Formen der Herrschaft, die liberale Rechtsgewährleistung und die tätige Förderung der Lebensverhältnisse, werden von der stoischen Terminologie in einer ganz modern anmutenden Weise unterschieden: hier Verwaltung, dort Vorsorge.[114] Auch Cicero spricht in dieser Tradition, wenn er den Leiter *(rector)* und Lenker *(gubernator)* des Gemeinwesens nicht nur als *bonus et sapiens* und als Vormund und Geschäftsführer *(tutor et procurator rei publicae)* bezeichnet,[115] sondern

112 Vgl. o. S. 41 ff., 44 ff.

113 Vgl. Cicero, de off. III, 6, 32 *Nulla est enim societas nobis cum tyrannis et potius summa distractio est, neque est contra naturam spoliare eum, si possis, quem est honestum necare, atque hoc omne genus pestiferum atque impium ex hominum communitate exterminandum est.* – »Es gibt keine Gemeinschaft für uns mit Tyrannen, nur völlige Aufhebung jedes Rechtsbandes. Und es ist nicht wider die Natur den, wo man kann, zu schädigen, den zu töten ehrenvoll ist. Dies ganze verderbliche und ruchlose Geschlecht ist vielmehr aus der menschlichen Gemeinschaft zu vertilgen«. Das ist stoische Lehre. Aber man spürt an der Erregung, daß der Tyrannenmord des Brutus kein Jahr zurücklag, als das geschrieben wurde.

114 Vgl. v. Arnim, StVF III Nr. 331, S. 81: λέγεται γὰρ ἡ μὲν ἀρχὴ νόμιμος ἀνθρώπων διοίκησις καὶ πρόνοια ἀνθρώπων κατὰ νόμον. Ersichtlich ist gemeint der Unterschied zwischen gesetzesvollziehender rechtsgewährleistender Verwaltung und der die Gesetze nur als Schranke beachtenden und lediglich insofern gesetzmäßigen Wohlfahrtsförderung. Zum modernsten, nun allerdings zur Einheitlichkeit tendierenden Prinzip der Gesetzmäßigkeit der Verwaltung Dietrich Jesch, Gesetz und Verwaltung (1968)², insbes. S. 205 u. 227; Christian Starck, Der Gesetzesbegriff des Grundgesetzes, (1970), S. 273 ff.; Klaus Stern, Das Staatsrecht der Bundesrepublik Deutschland Bd. 1, 1977, S. 637 ff.

115 Cic. rep. II 29, 51.

[73] auch als Innehaber einer Geschäftsbesorgung, die im Interesse derer zu führen ist, die dieser Herrschaft anvertraut worden sind.[116]

In diesem Geist trat Tiberius Gracchus wohl am 10. Dezember 134, dem regelrechten Datum, sein Volkstribunenamt an. Über alle theoretische Diskussion hinaus war ihm die Dringlichkeit der Siedlungsgesetzgebung, die Laelius vor 11 Jahren hatte liegen lassen, durch eine Reise durch das wüst daliegende Etrurien vor die Augen getreten. In seiner Entschlossenheit, sich dieser sozialen Aufgabe als Magistrat anzunehmen, mußte Tiberius noch durch die besondere Rolle bestärkt werden, die dem Volkstribunat nach der Deutung des damaligen republikanischen Staatsrechtsdenkens im Spiel der Verfassungskräfte zukam.

Der Volkstribun galt als der *dux populi,* systemwidrig zwar als Einschränkung der alljährlichen Königsgewalt (der *annua regia potestas)* der Konsuln, aber doch heilsam als der verantwortliche Führer des Volkes, der aus eigenem politischen Interesse die unberechenbare Masse der Bedürftigen zügeln und gefährlichen Aufwallungen als Mann ihres Vertrauens entgegenwirken würde, und der selbst notfalls, sollten ihm demagogische Gelüste kommen, durch die Interzession eines seiner neun Kollegen im Zaum gehalten werden könnte. Dominiert in dieser Skizze, in der Cicero doch wohl recht getreu die Überzeugungen des eigentlichen Scipionenkreises wiedergibt,[117] mehr die berechnende Staatsklugheit, so mußte eine Gesinnung, welche ein Amt nicht nur auf die Erhaltung des Bestehenden, sondern auch auf die mögliche Förderung der Verhältnisse verpflichtete, den Volkstribun als Treuhänder der Bedürftigen auffassen und doch in besonderem Maße als zur aktiven Vorsorge ermächtigt und berufen ansehen. Und in der Tat werden wir sehen, daß die *ratio tribunatus,* die Theorie des Volkstribunats, im Zentrum der damaligen grundlegenden Verfassungsdiskussion stand.

[74] Wenn daher die gegebenen Verhältnisse und die Rechtsordnung eine Maßnahme zur Verbesserung der Lage der Plebejer erlaubte, dann mußte sich Tib. Gracchus aufgerufen fühlen. Und in diesem Gefühl der Verpflichtung bestärkte den Volkstribunen eine ganze Partei.

116 Cic. off. I 25, 85 *procuratio … quae … ad utilitatem eorum, qui commissi sunt, gerenda est.*

117 Vgl. Cicero, de legibus III 10, 23 und der re publica II 33, 58. In der zweiten Stelle, in der Scipio selbst spricht, ist kennzeichnend für das materiale Denken dieser Kreise die Abwertung der formalen Widerspruchsfreiheit zugunsten der Verwirklichung wertvoller Prinzipien, hier der angemessenen Berücksichtigung des demokratischen Elements in der gemischten Verfassung Roms (II 33, 57): *in quo* (dem Volkstribunat) *defuit fortasse ratio, sed tamen vincit ipsa rerum publicarum natura saepe rationem.* Es ist diese Option für die prinzipielle, wertverwirklichende Denkweise, die dann später in der Kaiserzeit die sabinianische Rechtsschule auszeichnen wird. Zu diesen Zusammenhängen bereits o. Anm. 7 mit Literatur. Alfred Heuß, Ciceros Theorie vom römischen Staat, Göttingen 1975, S. 224 sieht, insofern mit Recht, in dieser Auffassung des Tribunats einen pragmatischen Kompromiß.

12. Der Kreis um Tib. Gracchus

Tiberius Gracchus führte sein Volkstribunat durchaus nicht als ein adliger Demagoge, der von allen seinen Standesgenossen isoliert war, sondern vielmehr als ein junger Politiker, der für eine recht klar definierte Adelsgruppe stand. Diese Gruppe wurde zusammengehalten teils, und zwar insbesondere bei den Juristen, durch die oben beschriebenen Gesinnungen, teils durch traditionelle, persönliche oder politische Gegnerschaft gegenüber Scipio.

Auch für Tiberius selbst war die alte Zwietracht zwischen Semproniern und Corneliern, die in der Vätergeneration geherrscht hatte, trotz aller durch bewußte Heiratspolitik gestifteten verwandtschaftlichen Beziehungen – Tiberius' Mutter war eine Tochter des Scipio Africanus, seine eigene Schwester mit Scipio Aemilianus verheiratet – wieder aufgebrochen, weil Tiberius sich nicht ganz zu Unrecht im Fall des von ihm vermittelten *foedus Numantinum* von Scipio im Stich gelassen fand, mochte Scipio auch für ihn persönlich eingetreten sein und seine Dedition verhindert haben. Die Auflösung des Friedensvertrags mit der Stadt Numantia durch die Auslieferung des formellen Vertragspartners Mancinus verletzte Tiberius persönlich, weil sie Vertrauen enttäuschte, das die Numantiner in Erinnerung an seinen Vater, den Konsul Tib. Sempronius, auf ihn gesetzt hatten.[118] Daß sich freilich die vielfältigen Nahebeziehungen zwischen Scipio und Tiberius am Ende so gar nicht ausgewirkt haben, erklärt sich aus der Abwesenheit Scipios, der das ganze Jahr über in Spanien Krieg führte, damit beschäftigt, eben jene unglückliche Stadt Numantia zu vernichten. Wäre er in Rom gewesen, so hätte sein mäßigender Einfluß nach dem glaubwürdigen, vielleicht schon in seinen Quellen vorhandenen Urteil des Plutarch[119] das Äußerste verhindert.

Der mächtigste politische Bundesgenosse des Tiberius war sein Schwiegervater App. Claudius Pulcher, Censor des Jahres 137 und zu- [75] gleich seit diesem Jahr *princeps senatus,* Stimmführer des Senats.[120] Er war ein leidenschaftlicher Gegner des Scipio Aemilianus, dem er bei der Wahl zur Censur von 142 unterlegen war. Von der gewaltsamen, rechtsstaatlich nicht gerade unbedenklichen Natur dieses Claudiers zeugt jener Vorgang vom Jahre 143, wo er sich gegen den Willen des Senats den Triumph nahm und sich vor einem Volkstribun, der ihn vom Triumphwagen reißen wollte, dadurch schützte, daß er seine Tochter, eine Vestalin, mit aufsteigen ließ. Für diesen Politiker, dessen *insita superbia* in der Annalistik auf die *gens Claudia* insgesamt abgefärbt haben könnte,[121] bot sich in der Wiederaufnahme des Siedlungsgesetzes eine hervorragende Möglichkeit, dem Gegner eine politische Niederlage beizubringen; schließlich war das weise Abstehen des Laelius von dem Plan einer *lex agraria* auch ein deutliches Zeichen der Handlungsschwäche des Scipio gewesen.

118 Vell. Paterc. II 2, 1, Münzer (o. Anm. 1), Sp. 1411/2.
119 Plutarch Tib. Gracchus 7, 4.
120 Vgl. Münzer, Altröm. Adelsparteien (1920, Nachdr. 1963), S. 258/9.
121 So Münzer, Pauly-Wissowa Realenzyklopädie (1899) s. v. Claudius 295, Sp. 2848.

Ein anderer wichtiger Verbündeter, der in der Überlieferung neben App. Claudius genannt wird, war P. Licinius Crassus Dives Mucianus, der Bruder des P. Mucius, des Konsuls von 133, der als Adoptivsohn der vornehmen, angesehenen und reichen Familie der Licinier über den sozialen Einfluß gleich zweier bedeutender plebejischer Adelsgeschlechter gebot.[122]

Wie entschieden sich diese Männer für die Sache des Tiberius einsetzten, wird daran deutlich, daß App. Claudius von Anfang an neben Tiberius und dessen Bruder Gaius Mitglied der dreiköpfigen Ackerkommission des schließlich durchgebrachten Siedlungsgesetzes war und Crassus Mucianus im Jahre 132 alsbald für den ermordeten Tiberius nachgewählt wurde.

Die Unterstützung, die Tib. Gracchus von P. Mucius empfing, war nicht minder bedeutungsvoll, wenn auch weniger sichtbar. Plutarch zufolge hat P. Mucius wie sein Bruder und App. Claudius an der Redaktion des von Tiberius eingebrachten Ackergesetzes mitgearbeitet,[123] und nach einer von Cicero mitgeteilten Überlieferung waren beide Brüder *auctores legum,* nur Mucianus öffentlich *(palam),* P. Mucius mehr im Schatten *(obscurius).*[124] Über den tatsächlichen Anteil des Mucius sagt [76] diese Zurückhaltung natürlich nichts. Sie wird selbst damit zusammenhängen, daß ein offenes Zusammengehen von Konsul und Tribun wohl ungeschriebenen Gesetzen des politischen Stils widersprochen hätte, da der Tribun den Konsul hergebrachtermaßen kontrollieren, nicht aber in ein Bündnis ziehen sollte. Im übrigen darf man damit rechnen, daß sich bei den Beratungen über die Abfassung der *lex agraria* der überlegene Juristenverstand des P. Mucius geltend gemacht haben wird.

Im ganzen wäre es merkwürdig, wenn nicht das Haus des P. Mucius geradezu ein Zentrum der damaligen Gracchenpartei gewesen wäre, das Haus, in dem C. Blossius, der enge Freund des Tiberius, als Gastfreund lebte, zu dem Mucianus als Bruder freien Zutritt hatte und das auch sonst gastlich und weltoffen war. Der Hausherr selbst muß eine lebhafte und gesellige Natur gewesen sein, deren Fertigkeit im Ball- und Brettspiel so hervortrat, daß seine Gegner daran Stoff zur Kritik fanden.[125] Wir sahen in diesem Haus Brutus und Manilius mit Mucius die damals weltbewegenden Rechtsfragen diskutieren. Hier fand sich auch später der junge P. Rutilius Rufus, um neben dem etwas jüngeren Sohn des Hauses und gemeinsam mit ihm von P. Mucius seine juristische Ausbildung zu empfangen, ferner

122 Siehe Cicero, de re publ. I 19, 31.

123 Plutarch, Tib. 9, 1.

124 Cicero, acad. Pr. II (= Lucullus) 5, 13: *duo vero sapientissimos et clarissimos fratres P. Crassum et P. Scaevolam aiunt Tib. Graccho legum auctores fuisse, alterum quidem ut videmus palam, alterum ut suspicantur obscurius.* Es ist bezeichnend, wie wir sehen werden, daß Cicero diejenigen, die das sagen, als Lügner hinstellt (vgl. den Fortgang: *addunt etiam* C. *Marium; et de hoc quidem nihil mentiuntur),* die sich für ihre revolutionäre Politik Gewährsleute schaffen wollen (vgl. davor: *seditiosi cives … aliquos et antiquis claros viros proferunt quos dicant fuisse populares).* Objektiver die übereinstimmende Überlieferung bei Plutarch Tib. Gracch. 9, 1.

125 Münzer, Pauly-Wissowa Realenzykl. (1933) s. v. Mucius 17, Sp. 427.

gewiß auch der später sogenannte Q. Mucius augur, der als etwas älterer Vetter des Konsulsohnes dem Rutilius etwa gleichaltrig war und mit diesem später in der Bekundung stoischer Gesinnung wetteiferte.[126]

Cicero, auch für diese Zusammenhänge unser wertvollster Informant, mag übrigens, wohl bestimmt von seiner Vision einer Eintracht aller Wohlgesinnten, seiner *concordia bonorum,* offenbar nicht ganz wahrhaben, daß die verehrungswürdigen Mucii, vor allem der Konsul von 133, und mit ihnen andere Juristen in der damaligen politischen Auseinandersetzung auf der (aus seiner Sicht) falschen Seite standen und eben jedenfalls nicht auf der Seite der von Scipio geführten optimatischen Konservativen oder besser Liberalen. Er verschweigt den Umstand nicht [77] geradezu, mildert die Mitteilung aber gerne durch den Stil des *relata refero*[127] oder durch eine gewisse Beiläufigkeit.[128] Ein Musterbeispiel solcher Abmilderung, die schon ein halbes Verschweigen ist, findet sich in den Worten, die er dem Titelhelden seiner Schrift über die Freundschaft in den Mund legt. Zum Mucius Scaevola *augur* gewendet sagt Laelius da:

> »Wir erlebten es, wie Tiberius Gracchus, als er den Staat bedrohte, von Quintus Tubero und gleich gesinnten Freunden im Stich gelassen wurde. Anders handelte jedoch Gaius Blossius aus Cumae, der Gastfreund eurer Familie, Scaevola«.[129]

Es folgt eine schwere Anklage gegen Blossius, der Anführer, ja Verführer des jungen Tribunen gewesen sei und ein Muster des falschen Freundes, der aus Freundschaft auch zum Verbrechen bereit sei. Damit wird Blossius die Rolle des Sündenbocks zudiktiert, die er auch heute noch gerne im Urteil der Nachwelt einnimmt. Daß die Familie der Mucii Scaevolae nicht unbedenklich gehandelt hat, einem solchen Menschen Gastrecht[130] zu gewähren, und daß sie eben nicht wie Aelius Tubero zu denen gehörte, die Tiberius beizeiten verließen, hört nur der Hellhörige aus Ciceros Worten heraus.

Es ist dabei sehr bezeichnend, daß gerade Tubero hier die Rolle des vorbildlichen Juristen spielt, der sich rechtzeitig von Tiberius abgewendet hat. Denn dieser engagierte Stoiker war ein durch Werkwidmung herausgehobener Hörer und Schüler des Hecaton von Rhodos, unter dessen Führung die Stoa in Athen offen – nach dem Scholarchat des in den rechtlichen Grundfragen eher zurück-

126 Münzer, (o. Anm. 125) s. v. Mucius 21, Sp. 430 ff., vgl. insbes. Sp. 432: »Er hat wie seine ganze Familie eine gewisse Sympathie für die Gracchische Bewegung gehabt, obgleich Cic. de or. I 38 das Gegenteil behauptet, und ist deshalb trotz seines Alters und Ansehens von den höheren Ämtern eine Zeitlang ferngehalten worden«.

127 Vgl. o. Anm. 124 (s. auch Anm. 126).

128 Cic., de re publica I 19, 31 (siehe den Text u. S. 81 f.), wo freilich die Einordnung des P. Mucius als Gegner der *boni* recht unzweideutig ausfällt.

129 Cic. Lael. 11 37: *Tiberium quidem Gracchum rem publicam vexantem a Quinto Tuberone aequalibusque amicis derelictum videbamus. At C. Blossius, hospes familiae vestrae, Scaevola …*

130 Der Gastfreund stand den *maiores,* wie Sabinus bei Gell. 5, 13, 5 berichtet, höher als Blutsverwandte und Verschwägerte.

haltenden Antipaterschülers und Nachfolgers Panaitios – zur Theorie des Polisindividualismus zurückgekehrt war.[131]

Dagegen war Blossius eben noch ein Freund und seinerseits durch Werkwidmung geehrter Schüler des Antipater von Tarsos gewesen.

Es ist daher sicherlich falsch, Blossius, den Gastfreund der Mucii und Gefährten des Tiberius, zu einer sinistren Intellektuellengestalt im [78] Halbdunkel zu machen. Vielmehr spiegelt sich auch in der verkürzten, abgemilderten Andeutung bei Cicero der Gegensatz, der die damalige römische Jurisprudenz in zwei geistige Lager gespalten hatte, in das eine der altstoischen, von Panaitios eben erneuerten Richtung, die den optimatischen Liberalismus des Scipionenkreises unterstützte, und das andere (und in ihm stand bei weitem die Mehrheit), das mit P. Mucius der naturrechtlichen Pflichtentheorie des Antipater folgte und daher eine sozialere Politik favorisierte. Übrigens übertrafen sie darin recht besehen die Gegenseite an konservativem Sinn.

Die Siedlungspolitik des Tiberius lief ja keineswegs auf eine Schwächung der Adelsherrschaft hinaus. Die Hebung des römischen Wehrbauernstandes durch Ausgabe von Siedlungseigentum lag in der Tradition der Republik, und mit dem Problem, daß dem hierin erfolgreichen adligen Sozialpolitiker eine starke politische Klientenschaft zuwuchs, war die Nobilität bisher immer fertig geworden. Wirkliche sozialrevolutionäre Absichten, etwa gar Tendenzen in Richtung auf Sklavenbefreiung, lagen Tiberius, wie mit Recht festgestellt worden ist, völlig fern.[132] Aus marxistischer Sicht hat man sogar seine traditionelle Siedlungspolitik für reaktionär erklären können, weil sie dem geschichtlichen Fortschritt hin zu großen rationellen Sklavenbetrieben entgegengewirkt habe.[133]

131 Dazu bereits o. S. 54 f.

132 E. M. Staerman, Die Blütezeit der Sklavenwirtschaft in der römischen Republik, 1969, S. 244 f. bescheinigt ihm im Anschluß an Appian bell. civ. 1 9-11 geradezu sklavenfeindliche Gesinnung. Richtig daran ist, daß bei Appian die militärpolitischen Motive des Tiberius mit Recht betont werden und für einen Militär, als welcher Tiberius tätig war und nach aller Voraussicht nach seinem Tribunat wieder tätig geworden wäre, der dienstunfähige Latifundiensklave der abgewertete, ja verachtete Konkurrent des römischen Legionsbauern war. – Bemerkenswert in seinem fast schon amüsanten Anachronismus ist in diesem Zusammenhang die Argumentation von Ed. Schwartz, Gött. Gelehrt. Anzeigen, 1896, S. 792 ff., der Appians Glaubwürdigkeit bestreitet, da zum »Socialrevolutionär« bekanntlich der »Antimilitarismus« gehöre. Vgl. dagegen E. v. Stern, Hermes 56 (1921), S. 234 ff., Münzer (o. Anm. 1), Sp. 1423 f.

133 Staerman (o. Anm. 132), S. 9: »(Tiberius) Gracchus' Sieg hätte die Restauration der klassischen bäuerlichen Demokratie der Polis bedeutet, der Sieg Caesars dagegen bedeutete die erste Stufe der Errichtung einer politischen Macht, an der die ganze Klasse der Sklavenhalter im Mittelmeergebiet interessiert war«. – Solche holzschnittartigen Geschichtsbilder führen freilich ein wenig in die Irre. Tiberius war nach Herkunft und Gesinnung kein bäuerlicher Demokrat und Caesar hat durchaus in Fortführung der popularen, dem Sklavenproblem entgegenwirkenden Sozialpolitik den Latifundienbesitzern vorgeschrieben, in der Weidewirtschaft, wo der Hirtensklave traditionell dominierte (Staerman,

[79] Jedenfalls ist es daher auch eine Verzeichnung der differenzierten Situation von 133, wenn Tiberius, wie in der einflußreichen Darstellung von Max Pohlenz geschehen, einfach zu einem Revolutionär wird, der mit Blossius von der Idee der Gleichheit aller Menschen erfüllt ist und dem gegenüber Panaitios mit wissenschaftlichen Gründen die Heiligkeit des Privateigentums verteidigen muß.[134] Die zentrale, alles überstrahlende Rolle, die in der dortigen Sicht Panaitios und Scipio zukommt, hat nur einen Scipionenkreis sichtbar werden lassen, und den im Grunde sogar wichtigeren und folgenreicheren Kreis der Mucii und der ihm angehörenden Politiker überblendet.

Der Konsul von 133 P. Mucius blieb denn auch ein stetiger Parteigänger, wenn auch schließlich wohl nicht überall und immer der Person des Tiberius, so doch des von ihm verfolgten Siedlungsprogramms, auch nach der Katastrophe.

Im Jahre 132 ist er neben Metellus Macedonicus, der im nächsten Jahr als Censor seine berühmte, von Augustus wieder hervorgeholte Rede gegen die Ehelosigkeit halten sollte,[135] Anführer der für die Weiterführung der Siedlungspolitik eintretenden Senatsfraktion[136] und muß sich deswegen von Scipio Nasica Serapion, der die revolutionäre Staatsnotwehraktion gegen Tiberius angeführt hatte,[137] als *omnibus* [80] *iniquum* beschimpfen lassen,[138] als jemand, der allen gegenüber un-

S. 89 ff.), ein Drittel Freigeborene zu beschäftigen (Sueton, div. Jul. 42, 2), von der großzügigen Siedlungspolitik zugunsten seiner Veteranen ganz abgesehen.

134 Die Stoa, 1959², S. 261. Es ist im übrigen problematisch, die »altstoische Idee der Gleichheit aller Menschen« ohne weiteres in politisch-programmatischer Bedeutung zu verwenden. Der Urkommunismus des Goldenen Zeitalters ist von der Stoa nicht nach Art moderner Utopien als normatives Modell der historischen Gegenwart gegenübergestellt, sondern vielmehr als Zustand formuliert, der entsprechend dem unerbittlichen Geschichtsdeterminismus dieser Philosophie unwiederbringlich dahin sei. Eine Rückkehr zum Goldenen Zeitalter konnte ein stoischer Philosoph nicht propagieren, er konnte lediglich darüber nachdenken, wieviel von ihm noch bewahrt sei. Im übrigen waren die Wertvorstellungen der Stoa durchaus nicht egalitär, sondern eher elitär (das Brett des Karneades bekommt in der Stoa der sozial Wertvollste, Cic. off. III 23, 90) und gerade darum war ja die Stoa so vorzüglich geeignet, zur Philosophie der römischen Nobilität zu werden. – Daß im übrigen das Privateigentum im Jahre 133 zur Debatte gestanden habe, ist ein abwegiger Gedanke. Anfechtbar auch die Ansicht, daß Panaitios zur Verteidigung des Eigentums auf Aristoteles zurückgegriffen habe. So ausführlich M. Pohlenz, Antikes Führertum. Neue Wege zur Antike, Heft 3 (1934), S. 26 f. Auf die Eigentumstheorie kann hier allerdings nicht im Zusammenhang eingegangen werden.

135 Münzer, Pauly-Wissowa Realenzykl. (1897) s. v. Caecilius 94, S. 121 ff. Die Stilisierung des Metellus zum Vorkämpfer der Nobilität, der als solcher Tiberius angreife, ist jedoch etwas zu einfach geschnitten. Der Meteller kritisiert an Tiberius das Gebaren des Demagogen (Plut. Tib. 14, 2), nicht aber, soweit wir sehen, die sachlichen Pläne, die er später vielmehr aktiv unterstützt. Vgl. Cic. rep I 19, 31 (u. S. 81 f.) und u. bei Anm. 185. Vgl. Münzer selbst (o. Anm. 1), Sp. 1418.

136 Cic. rep. I 19, 31.

137 Siehe unten S. 104 ff.

138 Cic. de oratore II 70, 285; Münzer (o. Anm. 125), Sp. 427.

gerecht und voreingenommen sei, und später, wie Metellus auch, Spottverse des Lucilius, des Freundes des Scipio Aemilianus, erdulden.[139]

Es ist allerdings überliefert, und man kann das nicht abtun, daß P. Mucius noch als Konsul die Ermordung des Tiberius in einer öffentlichen Rede in einer Weise erörtert hat, die als Rechtfertigung der Tat angesehen wurde.[140] Es fällt aber schwer zu glauben, daß er hier viel weitergegangen ist als Scipio Aemilianus und dessen bekannte hypothetische Äußerung, daß Tiberius, wenn er die Königswürde erstrebt hätte, zu Recht getötet worden wäre.[141] Daß ein Tyrann über ein ordentliches Strafverfahren wegen *crimen regni* hinaus als ein Feind des Menschengeschlechts von jedermann erschlagen werden konnte, war für den pflichtentheoretisch denkenden Stoizismus der Umgebung des P. Mucius nicht weniger klar als für den liberalen des Scipionenkreises.[142]

Die wirklichen Taten und Rechtsverletzungen, die Tiberius begangen hat, reichen aber nicht recht aus, ihn zum Tyrannen zu stempeln. Den eigentlichen politischen Aktionen des Tiberius gegenüber hatte Mucius ja auch, ohne daß ihm etwa wesentliches entgangen sein konnte, die Anwendung von Gewalt ausdrücklich abgelehnt. Weder die Absetzung des interzedierenden Kollegen noch die Verfügung über den Staatsschatz noch die erstrebte Wiederwahl waren ihm dafür ausreichend erschienen. Was immer nun P. Mucius damals gesagt haben mag, um politischen Handlungsspielraum zurückzugewinnen oder die Gegensätze nicht unnötig zu verschärfen,[143] jedenfalls ist er, wie ihm die Gegenseite deutlich genug bezeugt, von seiner Linie sachlich nicht abgewichen.

[81] Die grundsätzliche Unterstützung, die der Konsul P. Mucius dem lebenden Tribunen Tib. Gracchus stets gewährt hat – sie schließt Kritik und Mißbilligung im Einzelnen natürlich nicht aus –, war für den Gang, den die Ereignisse

139 Zu P. Mucius als Opfer des Lucilius Münzer (o. Anm. 125), Sp. 427, zu Metellus Münzer (o. Anm. 135), Sp. 2116.

140 Cic. de domo 34, 91: *Scipionis factum statim P. Mucius consul … multis senatus consultis non modo defendit, sed etiam ornavit;* pro Planc. 36, 88: *consules … tam iusti quam P. Mucius, qui arma, quae privatus P. Scipio ceperat, ea Tib. Graccho interempto iure optimo sumpta esse defendit.* Einen zutreffenden Kern müssen diese Worte haben, so sehr man auch glauben darf, daß P. Mucius sich in seiner schwierigen Lage etwas differenzierter ausgedrückt hat als Cicero in diesen beiden Redestellen. Jene Senatsbeschlüsse, deren Wortlaut man gerne kennen würde, mögen daher in der Sache mehr einer Amnestie geähnelt haben als einer öffentlichen Belobigung, die Cicero aus ihnen machen möchte.

141 Vell. Pat. II 4, 4 *si is occupandae rei publicae animum habuisset, iure caesum.* Zur Glaubwürdigkeit der Einschränkung zuletzt Ungern-Sternberg (o. Anm. 74), S. 45 Anm. 9.

142 Vgl. o. Anm. 113 und u. S. 103.

143 Siehe zu der Frage auch Wieacker, Festschrift v. Lübtow, S. 201, der mit Recht eine planmäßige Verstellung des Mucius für unwahrscheinlich hält (Anm. 115) und ihn ebenfalls von Rechtsgründen und dem Gedanken an die Rettung der sich selbst zerfleischenden *res publica* bestimmt sieht. Den trotz allem übrig bleibenden unauflöslichen Rest Opportunismus wird man als Ausdruck einer Haltung ernst nehmen, die sich bei der verantwortlichen Frage, welches politische Verhalten wirklich vernünftig sei, nicht allein auf den Rechtsstandpunkt stellte, sondern Werten des Zusammenlebens Raum gewährte.

nahmen, für ihre innere Dynamik, von kaum zu überschätzender Bedeutung. P. Mucius war der führende Jurist seiner Zeit, der für die überwiegende Mehrheit seiner Altersgenossen und die fast uneingeschränkte Zahl der nachwachsenden Juristen stand. Zugleich war er der einzige Konsul in Rom, da sein Kollege L. Piso – bezeichnend für die schweren Schatten, die damals über den Verhältnissen lagen – mit der Niederwerfung des großen sizilischen Sklavenkrieges beschäftigt war. Daher war die Gegenseite in die Enge getrieben und reagierte schließlich mit dem Gewaltausbruch, und zwar gegen die Stimme des Konsuls und gegen die Autorität des großen Juristen.

13. Die *ratio tribunatus* oder die Rechtsfrage des Jahres 133

Cicero zufolge war der Angelpunkt der die Staatskrise von 133 vor allem prägenden Parteiung eine Verfassungsfrage, nämlich die nach der *ratio tribunatus*, nach der Rolle und Aufgabe, die dem Tribunenamt im Verfassungsgefüge zukam. In der berühmten Eingangsrede seiner Schrift de re publica läßt er dies Laelius aus dem Blickwinkel des Jahres 129 kurz und pointiert darlegen.

Cic. rep. I 19, 31
quid enim mihi ... non quaerit, cur in una re publica duo senatus et duo paene iam populi sint? nam ut videtis mors Tiberii Gracchi et iam ante tota illius ratio tribunatus divisit populum unum in duas partis; obtrectatores autem et invidi Scipionis, initiis factis a P. Crasso et Appio Claudio tenent nihilo minus illis mortuis senatus alteram partem, dissidentem a vobis auctore Metello et P. Mucio, neque hunc qui unus potest, concitatis sociis et nomine Latino, foederibus violatis, triumviris seditiosissimis aliquid cotidie novi molientibus, bonis viris locupletibus perturbatis, his tam periculosis rebus subvenire patiuntur.

[82] Was fragt er (gemeint ist der oben schon erwähnte Aelius Tubero, der das Gespräch zunächst auf das Phänomen der Doppelsonne gebracht hatte) denn nicht, warum es in einem einzigen Gemeinwesen zwei Senate und fast schon zwei Völker gibt? Denn wie ihr seht, hat der Tod des Tiberius Gracchus und schon vorher die ganze von jenem vertretene Tribunatstheorie ein einziges Volk in zwei Teile geteilt. Verleumder nämlich und Neider des Scipio halten, nachdem P. Crassus und Appius Claudius damit den Anfang gemacht hatten, nach deren Tode nichtsdestoweniger den einen Teil des Senats unter ihrem Einfluß, der sich von Euch unter der Führung des Metellus und des P. Mucius abgespalten hat; und sie lassen nicht zu, daß dieser hier, der es als einziger vermöchte, diesen so gefährlich gewordenen Verhältnissen zur Hilfe kommen kann, wo Aufruhr in die Bundesgenossen und den Latinerbund getragen ist, wo Staatsverträge verletzt worden sind, wo die höchst revolutionären drei Männer der gesetzlichen Siedlungskommission täglich etwas neues aussinnen und die guten reichen Leute ganz verwirrt sind.

Diese für die Anfänge der römischen Revolutionszeit zentral wichtige Stelle[144] läßt an Klarheit wenig zu wünschen übrig. So ist zunächst vor allem nicht zweifelhaft, was die anklagend genannte *ratio tribunatus illius* meint und in Frage stellen will. Darf das Amt des Tribunen so aufgefaßt werden, wie Tiberius es getan hat, nämlich als Basis für eine selbständige Politik im Interesse der Plebs, des einfachen Volkes, die sich zwar im Rahmen der Rechtsordnung hält, aber sich nicht zur Abstimmung mit dem Senat und den dort repräsentierten Interessen verpflichtet fühlt? Gibt das Tribunenamt, soweit das besondere Interesse der Plebs reicht, im Rahmen der Verfassung einen selbständigen Amtsauftrag und eine von anderen Verfassungskräften unabhängige Handlungsermächtigung?

Daß Tiberius entschieden dieser Ansicht war, würde man auch ohne diese Quelle wissen. Von hohem Wert ist aber die Information, daß ihm in dieser Ansicht auch führende Juristen der Zeit beitraten, nämlich vor allem die Brüder P. Crassus Mucianus und P. Mucius. Auch sie waren, wie wir hören, Vertreter seiner *ratio tribunatus.*

Diese Haltung der führenden Juristen der gracchischen Zeit ist in der bisherigen Diskussion sicher zu wenig beachtet worden. Dabei ist sie [83] gleich wichtig für das Verständnis des Tiberius wie für die innere Geschichte der römischen Rechtsordnung selbst.

Angesichts der Unterstützung des Tiberius durch maßgebende Juristen seiner Zeit ist es daher auch wohl kein Zufall, daß die ausgesprochen progracchischen Parteischriften staatsrechtlichen Inhalts wie die des M. Junius Congus Gracchanus »de potestatibus« erst verhältnismäßig spät erscheinen.[145] Im Jahre 133, in dem Congus der Gracchaner etwa 10 Jahre alt war, bestand dafür offenbar kein Bedürfnis. Anders stand es mit der Gegenpartei. Die Schrift des erheblich älteren C. Sempronius Tuditanus, des Konsuls von 129, ein mindestens 13 Rollen umfassendes Werk über die Magistrate, ist denn auch mit rechter Sicherheit zuerst erschienen.[146]

Die in den trümmerhaften Fragmenten der Schriften ›commentarii‹ und ›de potestatibus‹ erkennbare Vorliebe des Congus Gracchanus für die Königszeit und nicht zuletzt den Volkskönig Servius Tullius[147] gibt im übrigen vielleicht einen gewissen Eindruck von der Herrschaftsideologie des Tiberius und deutet auf die Gefahren, die er herausforderte, wenn er in Anlehnung an den weisen König der

144 Treffend Münzer, Altrömische Adelsparteien, S. 257.

145 Die Schrift war dem Vater des Atticus gewidmet. Vgl. Wissowa, Pauly-Wissowa, Realenzykl. s. v. Junius 68, Sp. 1031 ff.; Schanz-Hosius, Gesch. der röm. Lit. I (1927), S. 234/5 (mit Unterscheidung zwischen einem Junius Congus und Junius Gracchanus).

146 Vgl. Schanz-Hosius, Gesch. der röm. Lit. I (1927)^4, S. 196 f. Siehe zuletzt A. Heuß, Festschrift Wieacker, S. 72/3.

147 Vgl. die Fragmente bei Seckel-Kübler, Jurisprudentia Antejustinianea I, Leipzig 1907, S. 10 ff. Zur Herkunft der legendären Königszeit mit ihren kanonisierten großen Gründungsgestalten aus der vorliterarischen Epoche Roms Mommsen, Röm. Gesch. I, 465 und Hoffmann, Pauly-Wissowa Realenzykl. (1939) s. v. Tullius 18, Sp. 819.

Philosophie in Rom im Tribunenamt die Idee des Volkskönigs beschwor. Das *crimen regni,* das sträfliche Streben nach Königsherrschaft, ist Tiberius ja in der Tat nach der Version seiner Gegner zum Verhängnis geworden.[148]

Daß nun im Kreis der Intellektuellen um Tiberius Gracchus neben dem Rhetor Diophanes von Mytilene und dem Philosophen Blossius von Cumae die Juristen keineswegs fehlen, ist allenthalben zu spüren, an dem Ackergesetz selber und vor allen Dingen auch an der Rechtfertigung der Absetzung des Octavius, des Volkstribunen der Gegenseite, über die wir eine Quelle haben, die fast den Wert eines Aktenstückes hat. Doch zunächst das Gesetz.

14. Das Ackergesetz des Tiberius

[84] Das Siedlungsgesetz des Tiberius, das als *lex Sempronia agraria* in Kraft treten sollte, verleugnet die Mitwirkung des P. Mucius, von der ausdrücklich gesprochen wird,[149] nicht. Wohl in Anlehnung an den Entwurf des Laelius verwandelte das Gesetz zunächst den nach altem Recht am *ager publicus* zulässigen Okkupationsbesitz in Höhe von 500 *iugera,* die es zuvor noch bis zur Höhe von 1000 *iugera* um 250 *iugera* für jeden Sohn vermehrt hatte, praktisch in gesichertes Eigentum. Für darüberhinausgehenden Okkupationsbesitz machte das Gesetz den Eigentumstitel der *res publica* geltend, aber gegen Entschädigung,[150] die sich freilich wohl nicht auf den Bodenwert, sondern auf die von den *possessores* bewirkten Bodenmeliorationen und anderen Investitionen bezogen haben wird, die aber unter Umständen sehr beträchtlich sein konnten. Rechtlich wurden damit die *possessores* erheblich besser behandelt, als es das Modell einer *vindicatio,* welche die *possessores* auf Wegnahmerechte beschränkt hätte, zugelassen hätte. Hier mag sich der Einfluß des Juristen auswirken, der nicht verkennen konnte, daß trotz des unzweideutigen Eigentumsrechts der *res publica* tatsächlich doch häufig Enteignungen vorgenommen werden mußten, da die Besitzverhältnisse durch Zeitablauf oder rechtsgeschäftlichen Erwerb von Dritten nicht selten den Charakter faktischer Erbpachten oder, da kaum immer Zins an den Censor gezahlt wurde, von faktischen Eigentumsrechten angenommen hatten. Das Gesetz erkannte damit allen *possessores* grundsätzlich eine Art *bona fide possessio* zu,[150a] was jedenfalls gegenüber manchen Einzelfällen vermutlich sehr milde erscheinen mußte. Plutarch bemerkt denn auch, freilich offenbar einer nicht ganz unparteiischen Quelle folgend (Tib. 9, 2): »Und es scheint, daß ein Gesetz gegen Unrecht und Habgier niemals gelinder und freundlicher abgefaßt worden ist«.

148 Vgl. bereits o. Anm. 141; weitere Quellen bei Ungern-Sternberg (o. Anm. 74), S. 17; vgl. noch unten S. 103, 105.

149 Plutarch Tib. 9, 1; Cic. acad. pr. II 5, 13 (o. Anm. 124).

150 Plutarch Tib. 9, 2 umschreibt die Entschädigungsformel, die auf den Rat angesehener Bürger (wie unter anderen des P. Mucius) in das Gesetz aufgenommen worden sei, als τιμὴν προςλαμβάνειν (pretium accipere), was natürlich ausdeutungsfähig bleibt.

150a Vgl. dazu noch o. Anm. 57a.

Tiberius selbst scheint das so empfunden zu haben. Denn auf den ersten Widerstand seines Kollegen Octavius hin, der selbst nicht unbeträchtliche Possessionen am *ager publicus* innehatte, ließ er die Milderungen fallen und formulierte das Gesetz um, und zwar nach dem Muster eines einfachen Eigentumsherausgabeanspruchs. Der Besitz, der [85] die gesetzliche Okkupationsgrenze überschritt, war jetzt entschädigungslos herauszugeben (Plut. Tib. 10,3). Rechtlich war diese Verschärfung, die den Besitzer insofern auf Wegnahmerechte beschränkte, vertretbar. Der Entzug der geplanten, aber nicht geschuldeten Schonung bedurfte keiner Begründung. Es ist freilich ungewiß, ob P. Mucius auch an dieser Novellierung des Gesetzestextes noch als *auctor* beteiligt war. Immerhin darf man mit einer jedenfalls nachträglichen Zustimmung des Juristen rechnen, da das Gesetz ja in der neuen Fassung in Kraft trat und auch im Jahre 132 erst einmal durchgeführt wurde, und dies dann mit seiner offenen politischen Unterstützung.

15. Die Absetzung des Octavius wegen pflichtwidriger Amtsausübung

Die Gegnerschaft des Octavius und der hinter ihm stehenden Partei konnte freilich durch solche Verschärfung nur gefestigt werden. Es fruchtete auch nichts, daß Tiberius den Druck verstärkte und die Entscheidung über das eingebrachte Gesetz gewissermaßen zur Haupt- und Staatsfrage erklärte, indem er als Volkstribun anordnete, daß bis zur Entscheidung über das Gesetz sich alle Magistrate bei Meidung einer öffentlichen Geldstrafe jeder Amtstätigkeit zu enthalten hätten, und zugleich den Saturntempel, wo der Staatsschatz lag, versiegelte, so daß die Quaestoren Zahlungen weder annehmen noch leisten konnten.[151] Auf diese Maßnahmen, die durch ihre Verwandtschaft mit einem *iustitium,* der Sistierung der Rechtspflege im Falle der Kriegsgefahr,[152] den Gedanken an einen Bürgerkrieg unmittelbar heraufbeschworen und auch in ihrer Radikalität als Zeichen einer beginnenden Alleinherrschaft gedeutet werden konnten, reagierte die Gegenseite, die später sogenannten Optimaten, indem sie Trauerkleider anlegten und Drohungen laut werden ließen. Tiberius selbst begann seitdem einen kleinen Dolch bei sich [86] zu tragen.[153] Was der Konsul P. Mucius über diese Maßnahmen des Tiberius dachte, die nichts einbrachten und nur das Klima vergifteten, wissen wir

151 Plutarch, Tib. 10, 6.

152 Vgl. dazu Rudi Thomsen, Erließ Tib. Gracchus ein Iustitium? Classica et Medievalia 6 (1964), S. 60-71. Thomsen nimmt freilich an, es habe sich um ein regelrechtes *iustitium* gehandelt (mit Hinweis auf den Parallelbericht bei Dio Cassius fr. 83 Boissevain), das nicht von dem dazu mit Recht für unzuständig erklärten Volkstribunen Tiberius erlassen sei, sondern von seinem Parteigänger, dem Konsul P. Mucius. Nach dem Bericht des Plutarch handelt es sich aber eindeutig um eine Art nachgeformtes oder Quasi-Iustitium, durchgesetzt mit den weit gehandhabten Mitteln des Interzessionsrechts (Münzer, o. Anm. 1, Sp. 1416), das als solches in die Geschichte der Denaturierung dieses ja im Grunde altreligiösen Instituts gehört. Vgl. dazu mein Ius und Ius civile, Symp. F. Wieacker (1970), S. 47 f. mit Anm. 7.

153 Plutarch, Tib. 10, 5-6.

nicht. Aber so sehr sie seinem auf Verständigung und Ausgleich gerichteten Sinn widersprochen haben mögen, so haben sie jedenfalls nicht dazu geführt, daß er sich von Tiberius abwandte.

Das beweist der weitere Gang der Ereignisse, das spätere Festhalten des P. Mucius an der reformerischen Auffassung des Tribunenamtes[154] und zunächst auch wohl schon die Begründung, mit der Tiberius die gesetzliche Abberufung des Octavius rechtfertigt. In ihr ist die Hand des Juristen unverkennbar. Die Art und Weise, wie hier aus der Sinn- und Zweckbindung des Tribunenamtes, der *ratio tribunatus,* argumentiert, die Sicherheit, mit der Zweck und Form auseinandergehalten, die Souveränität, mit der die Ergebnisse mit Beispielen aus dem *ius civile* und dem *ius pontificium* abgesichert werden, setzt bei einem Laien wie Tiberius ausführliche juristische Vorberatung voraus. Nun muß es natürlich streng genommen offen bleiben, ob der vorauszusetzende juristische Ratgeber just P. Mucius war, da die Tatsache, daß er Anhänger der gracchischen *ratio tribunatus* war, ihn nur in den Kreis der in Betracht Kommenden zieht. Es könnte die unmittelbare Beratung des Tiberius auch von Crassus Mucianus oder einem jüngeren Juristen dieses Kreises ausgegangen sein. Aber entscheidend sind auch nicht konkrete Beratungskanäle, sondern daß die Rechtfertigungsgründe des Tiberius überhaupt in Übereinstimmung mit dem Rechtsdenken der Juristengruppe um P. Mucius stehen.

Kurz gefaßt lautet das Argument des Tiberius so: Octavius habe durch seine den Interessen des Volkes zuwiderlaufende Interzession gegen das Siedlungsgesetz seinen Auftrag verletzt, seine Legitimation verwirkt, und könne daher durch Volksbeschluß abgewählt und abberufen werden. Das ist sicher eine höchst bedenkliche Begründung, schon angesichts des auf Gewaltenteilung und formale Kontrolle gerichteten Zwecks des Kollegialitätsprinzips, der damit robust beiseitegeschoben ist. Aber woher stammen diese Gedanken, welche, wie Appian gut zusammenfassend formuliert, die Frage zu stellen erlauben, ob ein Volkstribun, der den Volksinteressen zuwider handelt, weiter im Amt bleiben kann?[155]

[87] Alfred Heuß, der den Vorgang und die mitgegebene Rechtfertigung in ihrer tiefen rechtlichen Problematik voll erfaßt, sieht darin einen von Tiberius extemporierten, ganz und gar anachronistischen Rückgriff auf die Zeit der Ständekämpfe, als das Tribunenamt noch eine gegen das Patriziat gerichtete Waffe des Plebejats gewesen sei: Weil Octavius aus der Reihe der Volksbeauftragten ausschere, verwirke er das Recht, noch weiter Volkstribun zu sein.[156]

Aber, so wird der Rechtshistoriker fragen, ist das gefährliche, aber den heutigen Rechtsordnungen weithin unentbehrlich gewordene Verwirkungsargument[157]

154 Cic. rep. I 19, 31 (o. S. 81 f.).

155 Appian, bell. civ. 1, 12.

156 Das Zeitalter der Revolution, S. 189, in: Propyläen Weltgeschichte. Eine Universalgeschichte, hrsg. v. Golo Mann und Alfred Heuß. Bd. 4: Rom. Die römische Welt (1963).

157 Vgl. nur Siebert, Verwirkung und Unzulässigkeit der Rechtsausübung (1934), und zu der modernen Weiterentwicklung insbes. Canaris, Die Vertrauenshaftung im deutschen Privatrecht (1970), S. 372 ff.

denn so alt? Ist es nicht vielmehr eine juristische Begründungsfigur, die immer erst dann auftritt, wenn eine Rechtsordnung gelernt hat, offene Zweck- und Wertprinzipien gegenüber formalen Rechtsregeln zur Geltung zu bringen?

Unsere Frage muß daher sein, ob die mit Tib. Gracchus verbundene Jurisprudenz das Verwirkungsargument bereits zu handhaben gelernt hatte oder ob für sie noch uneingeschränkt galt, was A. Heuß sehr gut als »die für römisches Empfinden geradezu fundamentale Priorität jeder formellen Vorschrift vor materiellen Gesichtspunkten« bezeichnet.[158]

Die Antwort ist nicht zweifelhaft. Schon die bereits erwähnte *in integrum restitutio* der frühen hellenistischen Jurisprudenz zur Zeit des Aelius Paetus Catus war ein technisch durchdachtes Mittel, materielle Rücksichten des Minderjährigenschutzes oder der Mißbilligung von Arglist und Gewalt gegenüber einem formal erfolgten Rechtserwerb zur Geltung zu bringen. Und die rechtsethisch sensibler gewordene Jurisprudenz der *fundatores* scheint auf diesem Weg noch ein großes Stück vorangeschritten zu sein. Nach Q. Mucius, dem Sohn des Konsuls von 133, genügte jedenfalls zur Restitution des formell verpflichteten Schuldners und damit zur Vernichtung der entstandenen Gläubigerforderung ein bei dem Rechtsgeschäft vorgekommener Verstoß gegen den Ordnungswert der *bona fides.*[159]

[88] Einen noch anschaulicheren Beleg dafür, daß die römische Jurisprudenz jener Zeit bereits den Gedanken anerkannt hatte, daß Pflichtverletzungen formelle Rechtsverhältnisse außer Kraft setzen können, stellt die vermutlich von ihr stammende Rechtsregel, daß ein Testament, in dem der Erblasser einen Hauserben übergangen hat, in einem Gerichtsverfahren als pflichtwidrig angegriffen und durch Urteil für nichtig erklärt werden kann. Eine solche aufhebbare letztwillige Verfügung hieß *testamentum inofficiosum,* pflichtwidriges Testament, worin sehr deutlich die Vorstellung bewahrt ist, daß das Übergehen der Hauserben einer materiellen Testierpflicht widersprach und, wie noch Cicero in seiner Schrift ›*de officiis*‹ sagt, geradezu ein Unrecht, eine *iniuria,* war.[160] In der späteren Jurisprudenz ist der Gedanke einer Pflicht freilich zurückgedrängt. Das Recht des *testamentum inofficiosum* wird vielmehr dadurch notdürftig mit der klassischen Testierfreiheit in Harmonie gebracht, daß eine solche letztwillige Verfügung *colore insaniae* angegriffen wird, also modern gesprochen dem Testator eine partielle Geschäftsunfähigkeit zugeschrieben wird. Nichtigkeitsanlaß ist danach ein intellektueller Mangel des Testators, nicht mehr eine Pflichtverletzung.[161] Da die Austreibung freier außerpositiver Pflichtenvorstellung aus dem Recht ganz dem Zug der spätrepublikanischen Jurisprudenz entspricht,[162] das Denken in sozialen Pflichtenverhältnissen dagegen gerade den *fundatores* eigen ist, ergibt dieser er-

158 AaO. (o. Anm. 156).
159 Vgl. o. S. 64.
160 Cic. de off. I 14, 44; Kaser, Röm. Privatr. I² § 173 I 1 mit Anm. 5.
161 Kaser, Röm. Privatr. I² § 173 vor Anm. 8.
162 Vgl. die Hinweise o. Anm. 7, 28, 39, 47, 76 und 78, 86, 99, 105, 111a und unten Anm. 163.

kennbare juristische Begründungswechsel zugleich eine recht sichere Datierungsgrundlage für die Entstehungszeit der Inoffiziositätsquerel.[163]

Dieser Modellfall einer Inpflichtnahme einer formellen Rechtsstellung des Privatrechts – die Testierfreiheit ist an sich Teil der aus den Zwölftafeln abgeleiteten Verfügungsfreiheit des Eigentümers, die als [89] solche Bindungen nicht kennt – läßt sich nun unmittelbar auf das Verhältnis von Amtsstellung und Pflichtenbindung übertragen. Denn für die stoische Rechtstheorie, die in jener Zeit unter den Juristen wirkte, bestand zwischen der Herrschaft im Haus und derjenigen im Staat eine tiefe Analogie. Die Familie unter dem *pater familias* war wie schon die Ehe für dieses Denken genauso eine *societas* wie die *civitas* unter ihren Magistraten; das eine wie das andere war eine *societas cum imperio,* eine Genossenschaft unter vernunftgebundener, treuhänderischer Herrschaft.[164] Und wie nun die Pflichtwidrigkeit gegenüber den Erberwartungen der nächsten Familienangehörigen ein Testament vernichtbar machte, so konnten auch Pflichtwidrigkeiten und Versäumnisse des Magistrats gegenüber berechtigten Erwartungen der Bürger für dieses Denken nicht ohne Folgen bleiben. Ein solcher Magistrat hielt sich zwar im Rahmen seiner formellen Zuständigkeit und war auch von dem Schreckbild des Tyrannen, der die Freiheiten und Rechte der Bürger schlechterdings aufhebt, weit entfernt; er verletzte aber den Auftrag, um das Wohl seiner Schutzbefohlenen besorgt zu sein. Und konnte auch folgerichtig das Zurückbleiben hinter den materiellen Anforderungen des Amtes die formelle Zuständigkeit nicht ohne weiteres aufheben, so konnte doch die Pflichtwidrigkeit unter Umständen die formelle Amtsenthebung rechtfertigen.

Für die sich hier zeigende, dem heutigen Juristen ganz vertraute Betrachtungsweise macht es auch keinen Unterschied, ob die Pflichtwidrigkeit die Ausübung der formellen Rechtszuständigkeit betrifft – so der Vorwurf gegen Octavius – oder schon den Erwerb des Rechts – so die Restitutionsfälle. Das *testamentum inofficiosum* ist ein Fall der pflichtwidrigen Ausübung einer formellen Zuständigkeit, bei der nur das Ergebnis angegriffen wird. Ein altes Beispiel privatrechtlicher

163 Die erste ausdrückliche Erwähnung der Aufhebung eines pflichtwidrigen Testaments durch das hierfür regelmäßig zuständige Zentumviralgericht fällt in das Jahr 52 v. Chr. (Val. Max. 7, 7, 2). Dagegen berichtet Val. Max. 7, 7, 4 für die Zeit um 70 v. Chr. (Kaser, o. Anm. 161, § 173 Anm. 9) uns noch von einer auffallend freien Handhabung des materiellen Inoffiziositätsrechts. Der Prätor wies hier einen Vater, der von einem in Adoption gegebenen Sohn übergangen worden war, kurzerhand in den Nachlaß des Sohnes ein und verweigerte den Testamentserben die Klagen. Die Begründung ist die übliche einer Verletzung des *officium pietatis* (vgl. Marcian 4 inst D 5, 2, 2; D 5, 2, 30, pr), auffallend ist aber der Verzicht auf den später institutionell gewordenen Weg über ein Geschworenenverfahren, dessen rechtsgestaltendes Urteil die Testierfähigkeit aufhebt (Paul 2 quaest D 5, 2, 17, 1).

164 Vgl. Cicero, de officiis I 17, 53 *Gradus autem plures sunt societatis hominum* … (d. h. der Menschen, des Stammes, des Stadtstaats und der Verwandten) … *prima societas in ipso coniugio est, proxima in liberis.* Zur Rezeption dieser stoischen Gesellschaftslehre durch die *maiores* o. S. 27 mit Anm. 6 zu Cic. off. III 17, 69.

Amtsverwirkung ist dagegen die *accusatio suspecti tutoris*, die magistratische Amtsenthebung des verdächtigen Vormunds, die auf die Zwölftafeln zurückgeht, aber später und vermutlich dann auch gerade in der Zeit der *fundatores* in ihren Voraussetzungen sensibilisiert worden ist.[165]

[90] Wir können damit folgendes als Zwischenergebnis erst einmal festhalten: Der Jurisprudenz zur Zeit des P. Mucius konnte die Vorstellung, daß eine schwere Amtspflichtverletzung zur Amtsenthebung führen kann, nicht ganz fremd sein. Sie entsprach jedenfalls vertrauten Denkmustern. Nach dieser grundsätzlichen Vorklärung können wir uns jetzt jenem Aktenstück zuwenden und damit jenen Gründen, die tatsächlich zur Rechtfertigung der Absetzung des Octavius von Tiberius vorgetragen worden sind.

16. Die Auszüge aus der Rechtfertigungsrede des Tiberius

In dem im folgenden eingerückten Text, der für die Bedürfnisse der Interpretation ein wenig gegliedert worden ist, teilt uns Plutarch, wie er sagt (Ziff. 1), die Hauptgründe mit, mit denen sich Tiberius gegenüber dem Volk verteidigt. Die dem Griechisch des Plutarch beigefügte lateinische Übersetzung[166] verfolgt nicht etwa das unrealistische Ziel einer Annäherung an die einstig gesprochenen Worte, sondern soll für die Interpretation gegenwärtig halten, daß die Argumente in den Kontext des römischen, weltlichen und priesterlichen Rechtsdenkens gehören.

165 XII tab. VIII 20 a. Auffällig ist, daß das Institut, das im Rahmen des Zwölftafelrechts der Entmündigung des Verschwenders verwandt ist, nach seiner üblichen Bezeichnung aber nach klassischem Recht mindestens eine grobe Pflichtverletzung verlangt. Vgl. Kaser, Röm. Privatr. I^2 § 88 I. Es könnte sich darin ein ähnlicher Begründungswechsel ausdrücken, wie er bei dem *testamentum inofficiosum* zu beobachten war (o. S. 88).

166 Bei ihrer Anfertigung habe ich mich zweier Humanistenübersetzungen bedient, der von Hieronymus Gemusaeus, Plutarchi (etc.) Vitae, Basileae 1549 p. 157 (verso) und von Guilielmus Xylander Augustanus, Plutarchi (etc.) Vitae (etc.) Francoforti ad Moenum 1580 p. 295 (verso). Herrn Professor Dr. phil. Ulrich Schindel habe ich für die freundschaftliche Durchsicht der Übersetzungen sehr zu danken. Zur Authentizität des Gedankengangs der Rede, Gelzer, Ges. Schriften II, S. 77 f.

Plut. Tib. 15, 1-16, 1

(1) Grund der Rede (15,1)

αἰσθανόμενος δὲ τῶν πολιτευμάτων τὸ περὶ τὸν Οκτάβιον οὐ τοῖς δυνατοῖς μόνον, ἀλλὰ καὶ τοῖς πολλοῖς ἐκπαθέστερον (μέγα γάρ τι καὶ καλὸν ἐδόκει τὸ τῶν δημάρχων ἀξίωμα μέχρι τῆς ἡμέρας ἐκείνης διατετηρημένον ἀνῃρῆσθαι καὶ καθυβρί- [91] σθαι), λόγον ἐν τῷ δήμῳ διεξῆλθεν, οὗ μικρὰ παραθέσθαι τῶν ἐπιχειρημάτων οὐκ ἄτοπον ἦν, ὥστε ὑπονοηθῆναι τὴν πιθανότητα καὶ πυκνότητα τοῦ ἀνδρός.

Sentiens autem de omnibus suis actionibus eam maxime, qua Octavium tribunatu amoverat, non solum potentioribus, sed etiam multitudini graviorem et molestiorem videri (videbatur enim eo facto magna illa et pulchra tribunorum [91] potestas, usque eo conservata, tum primum contumeliose circumscripta et sublata), orationem ad populum habuit, cuius quaedam argumenta proponere non ab re erit ut inde intellegi possit eius hominis facultas persuadendi convincendique.

(2) Zweckabhängigkeit des Volkstribunen: Handelt er der Macht und dem Interesse des Volkes zuwider, verwirkt er seinen ehrenamtlichen Auftrag (15,2)

ἔφη γὰρ ἱερὸν τὸν δήμαρχον εἶναι καὶ ἄσυλον, ὅτι τῷ δήμῳ καθωσίωται καὶ τοῦ δήμου προέστηκεν. ἂν οὖν μεταβαλόμενος τὸν δῆμον ἀδικῇ καὶ τὴν ἰσχὺν κολούῃ καὶ παραιρῆται τὴν ψῆφον, αὐτὸς ἑαυτὸν ἀπεστέρηκε τῆς τιμῆς, ἐφ' οἷς ἔλαβεν οὐ ποιῶν.

Tribunum plebis dicebat eo sacrosanctum esse et inviolabilem, quod consecratus sit plebi eique praesit. si igitur se immutando iniuriam plebi faciat, vim eius imminuat, suffragii ius ei auferat, se ipsum suo se honore privavit, cum ea non praestet, cuius gratia tribunes plebis creatus fuerit.

(3) Differenzierung zwischen bloßer schlechter Amtsführung und der zur Amtsverwirkung führenden vorsätzlichen Verletzung des Volksinteresses (15,3)

ἐπεὶ καὶ τὸ Καπετώλιον κατασκάπτοντα καὶ τὸ νεώριον ἐμπιπράντα δήμαρχον ἐᾶν δεήσει. καὶ ταῦτα μὲν ποιῶν δήμαρχός ἐστι πονηρός· ἐὰν δὲ καταλύῃ τὸν δῆμον, οὐ δήμαρχος ἐστι.

Nam tribunum plebis Capitolium evertentem et navalia incendentem necesse erit patio. Et tamen haec faciens malus est tribunus plebis. Quod si potestatem plebis dissolvat, tribunus non est.

(4) Verfassungssystematisches Argument zur Rechtfertigung der Abrogationsbefugnis der Plebs (15,3)

πῶς οὖν οὐ δεινόν, εἰ τὸν μὲν ὕπατον ὁ δήμαρχος ἄξει, τὸν δὲ δήμαρχον οὐκ ἀφαιρήσεται τὴν ἐξουσίαν ὁ δῆμος ὅταν αὐτῇ κατὰ τοῦ δεδωκότος χρῆται; καὶ γὰρ ὕπατον καὶ δήμαρχον ὁμοίως ὁ δῆμος αἱρεῖται.

Nonne perabsurdum est, consulem a tribuno plebis quidem duci posse, sed populum non posse abrogare tribuniciam potestatem ei, qui ea contra populum qui mandavit utatur, cum et tribunos plebis et consules populus creet?

[92] (5) Argumentum a maiore: Selbst der inaugurierte König war absetzbar (15,4)

καὶ μὴν ἥ γε βασιλεία πρὸς τῷ πᾶσαν ἀρχὴν ἔχειν ἐν ἑαυτῇ συλλαβοῦσα καὶ ταῖς μεγίσταις ἱερουργίαις καθωσίωται πρὸς τὸ θεῖον· ἀλλὰ Ταρκύνιον ἐξέβαλεν ἡ πόλις ἀδικοῦντα, καὶ δι< ἑνὸς ἀνδρὸς ὕβριν ἡ πάτριος ἀρχὴ καὶ κτίσασα τὴν Ῥώμην κατελύθη.

Et regia potestas quidem, praeter id quod omnes magistratus in se continet, ad sacra deorum maximis auspiciis inaugurata fuit. Et tamen Tarquinius ob iniustitiam urbe eiectus atque ob unius hominis superbiam imperium regale a patribus traditum, sub cuius auspicio Roma condita erat, dissolutum est.

(6) Weiteres argumentum a maiore: Selbst die Vestalin kann ihr Priesteramt verlieren (15,4)

τί δὲ οὕτως ἅγιον ἐν Ῥώμῃ καὶ σεμνὸν ὡς αἱ περιέπουσαι παρθένοι καὶ φυλάττουσαι τὸ ἄφθιτον πῦρ; ἀλλ' εἴ τις ἂν ἁμάρτῃ αὐτῶν, ζῶσα κατορύσσεται· τὸ γὰρ ἄσυλον οὐ φυλάττουσιν ἀσεβοῦσαι εἰς τοὺς θεούς, ὃ διὰ τοὺς θεοὺς ἔχουσιν.

Quid ita sanctum ac religiosum Romae quam sacerdotium Virginum Vestalium, quae curant et custodiunt ignem aeternum? Et tamen si qua earum deliquerit, viva defoditur. Eae enim sanctitatem suam, quam deorum gratia habent non retinent, cum adversus deos delinquant.

(7) Bekräftigung der Verwirkungsregel: Ein Treuhänder des Volksinteresses begibt sich seines heiligen Auftrags, wenn er vorsätzlich gegen das Volksinteresse handelt (15,5)

οὔκουν οὐδὲ δήμαρχος ἀδικῶν τὸν δῆμον ἔχειν τὴν διὰ τὸν δῆμον ἀσυλίαν δίκαιός ἐστιν· ᾗ γὰρ ἰσχύει δυνάμει, ταύτην ἀναιρεῖ.

Nec ergo iustum est, tribunum plebis, si plebi iniuriam faciat, sacrosanctitatem, quam plebis gratia habet, retinere. nam ipsam vim, qua pollet, sustulit.

(8) Wer mit einfacher Mehrheit gewählt ist, kann jedenfalls einstimmig abgewählt werden (15,5)

καὶ μὴν εἰ δικαίως ἔλαβε τὴν δημαρχίαν, τῶν πλείστων φυλῶν ψηφισαμένων, πῶς οὐχὶ κἂν ἀφαιρεθείη δικαιότερον πασῶν ἀποψηφισαμένων;

Et certe si iuste adeptus sit tribuniciam potestatem maiore parte tribuum suffragante, cur non iustius ei aufertur omnibus tribubus abrogantibus.

[93] (9) Verfügungsrecht des populus Romanus über geweihte Gegenstände; Amt als Gegenstand (15,6)

ἱερὸν δὲ καὶ ἄσυλον οὐδὲν οὕτως ἐστὶν ὡς τὰ τῶν θεῶν ἀναθήματα·χρῆσθαι δὲ τούτοις καὶ κινεῖν καὶ μεταφέρειν ὡς βούλεται τὸν δῆμον οὐδεὶς κεκώλυκεν. ἐξῆν οὖν αὐτῷ καὶ τὴν δημαρχίαν ὡς ἀνάθημα μετενεγκεῖν εἰς ἕτερον.

Nihil est adeo sacrum sanctumque quam res diis consecratae; attamen illas mutari et transferri iussu populi Romani nemo umquam prohibuit. Licet ergo populo et tribunatum ut rem sanctam in alium transferre.

(10) Die tatsächliche persönliche Amtsführung ist nicht heilig, da Rücktritt vom Amt zulässig (15,6)

ὅτι δὲ οὐκ ἄσυλον οὐδὲ ἀναφαίρετον ἡ ἀρχή, δῆλόν ἐστι τῷ πολλάκις ἔχοντας ἀρχήν τινας ἐξόμνυσθαι καὶ παραιτεῖσθαι δι' αὐτῶν.	Et potestatem ipsam nec sacrosanctam esse et tolli posse, ex eo patet, quod saepe iam ei qui ea potestate praediti erant, se iureiurando excusaverint.

(11) (16,1)

XVI. Τοιαῦτα μὲν ἦν τὰ κεφάλαια τῆς τοῦ Τιβερίου δικαιολογίας.	Haec erant capita orationis, qua Tib. Gracchus rationem reddidit.

Im Volke selbst, das soeben noch an dem Absetzungsbeschluß mitgewirkt hatte, war Unruhe spürbar geworden. Der Gedanke ging um, es sei zum ersten Male in der Geschichte Roms am heiligen Tribunenamt ein frecher Frevel verübt worden, der das Amt entwerte (Ziff. 1).

Tiberius beginnt daher seine Rechtfertigung mit einem kräftigen Hinweis darauf, daß dem Tribunen die Unantastbarkeit im Interesse des Volkes verliehen sei. Wer daher plötzlich umschlage und im Widerspruch zu seiner Amtsübernahme dem Volk Unrecht tue, seine Kraft schmälere und ihm kurz das Recht nehme, durch eine Gesetzgebung wie das beabsichtigte Siedlungsgesetz das eigene Interesse zu verfolgen, der beraube sich seiner Ehrenstellung, indem er gerade das nicht tue, um dessentwillen er gewählt worden sei (Ziff. 2). Gemeint ist offenbar die Verletzung des allgemeinen Auftrags der Wohlfahrtsförderung des Volkes.

Daß in der Tat offener Ungehorsam gegenüber der allgemeinen Pflicht der Interessenförderung gemeint ist, wird durch die anschließende Differenzierung veranschaulicht. Ein Volkstribun, der das Kapitol niederreiße oder die Schiffswerften anzünde, sei ein schlechter [94] Volkstribun, aber man müsse ihn ertragen. Wer aber das Volk vernichte – gemeint ist offenbar die *plebs* als verfassungsmäßige Gruppe sozialer Sonderinteressen –, der sei gar kein Tribun (Ziff. 3). Die Unterscheidung ist die juristisch gültige zwischen Schlechterfüllung und Nichterfüllung. Der schlechte Volkstribun verfolgt das Interesse des Volkes, aber verfehlt es. Es ist sicherlich ein Echo dieses Arguments und der zu ihm gehörenden grundsätzlichen Diskussion, wenn Laelius nach der Katastrophe den Blossius fragt, ob er Tiberius auch gehorcht haben würde, wenn dieser ihn geheißen hätte, die Fackel an das Kapitol zu legen, und dieser antwortet, Tiberius hätte das niemals gewollt, um dann in hypothesi anzufügen: wenn Tiberius es freilich gewollt hätte, dann hätte er es getan. Das war nicht, wie Cicero glauben machen will, eine schließlich ruchlose Antwort auf die versucherische Frage des Laelius,[167] sondern nach der historischen Klarstellung, daß Tiberius ein guter Volkstribun war, der so etwas nicht gewollt habe, die theoretisch unzweifelhaft zutreffende Präzisierung, daß

167 Vgl. Cic. Lael. 11 37. Plut. Tib. Gr. 20, 3 läßt, offenbar zu Unrecht (vgl. Ungern-Sternberg, o. Anm. 74, S. 38 f., 40), Scipio Nasica die Frage stellen.

sich das, was im Sinne des Amtsauftrags und des Gemeinwohls gut oder schlecht ist, nicht gegenständlich festmachen lasse, sondern nur in Beziehung auf das Interesse. Daher konnte Blossius als Philosoph nicht wohl ausschließen, daß unter irgendwelchen extremen Umständen auch ein guter Volkstribun wie Tiberius die Einäscherung des Kapitols hätte wollen können. Tiberius selbst scheint freilich das Volk mit dieser gefährlichen, weil allzu leicht der Vergröberung zugänglichen Relativierung von Gut und Böse verschont zu haben. In seiner Rede war vielmehr der brandstiftende Tribun einfach das anschauliche Beispiel für den irregehenden Demagogen, der immer noch glaubt, das Interesse des Volkes zu verfolgen und darum seinen Auftrag nicht verwirkt, aber doch entschieden ein schlechter Tribun ist, der nach Ende des Amtes zur Rechenschaft gezogen werden kann.[168]

Es ist nun kein Zufall, daß die Unterscheidung zwischen Verwirkung begründendem Auftragsungehorsam und Verantwortlichkeit begründendem fehlgehendem Gehorsam im juristischen Auftragsrecht genau wiederkehrt. Nach einer, wie gleich zu zeigen, schon für Q. Mucius bezeugten und von den Sabinianern in seiner Tradition streng festgehaltenen Ansicht verlor der Beauftragte, der sich nicht genau an die ihm vom Auftraggeber in dessen Interesse erteilten Weisungen hielt, jegliches [95] Recht aus dem Auftrag: Wer ein Grundstück für 1000 kaufen sollte und es tatsächlich für 1200 erwarb, hatte aus dem *mandatum* auch dann keinen Anspruch auf Erstattung seiner Aufwendung, wenn er bereit war, die überschießenden 200 dem Auftraggeber zu schenken und sich mit 1000 zu begnügen. Den Prokulianern, die zu dieser vernünftigen und sachgerechten Differenzierung bereit waren, mochten jene Juristen aus offenbar prinzipiellen Gründen nicht zuzustimmen.[169] Offenbar war für sie die Verwirkungsfolge der einmal begangenen interessenwidrigen Handlung nicht mehr aus der Welt zu schaffen. Dahinter steht im übrigen ein durchaus materialer Interessenbegriff, da zum Beispiel, wer günstiger einkauft als im Auftrag gesagt, sich unstreitig auftragsgemäß verhalten hat.[170] Macht dagegen der Beauftragte seine Sache schlecht, kauft er etwa bei einem Auftrag ohne Preislimit sehr teuer oder schädigt er sonst die Interessen des Mandanten bei der Ausführung des Auftrags, behält er seine Rechte auf Aufwendungsersatz durchaus und muß sich nur seinerseits mit etwaigen Schadensersatzansprüchen auseinandersetzen.[171] Einem Schadensersatzanspruch ist nun freilich auch der ausgesetzt, der über dem Limit kauft, da er dem gleichgesetzt wird, der seinen Auftrag überhaupt nicht ausführt,[172] aber zugleich ist für ihn, wie der

168 Zur zivil- und strafrechtlichen Verantwortlichkeit des wieder Privatmann gewordenen Magistrats, Mommsen, Röm. Staatsr. I, 698 ff.

169 Paul 32 ed D 17, 1, 5, 1 *Diligenter igitur fines mandati custodiendi sunt: nam qui excessit, aliud quid facere videtur et, si susceptum non impleverit, tenetur.* Wer über Preis kauft, muß sich sagen lassen (ibid. § 1): *non impleveris mandatum.* Zum Schulgegensatz in dieser Frage Gaius III, 161 und Gaius 2 rer cott D 17, 1, 4.

170 Paul 32 ed D 17, 1, 5, 5 *Melior autem causa mandantis fieri potest.*

171 Vgl. nur Paul 32 ed D 17, 1, 3, 1.

172 S. o. Anm. 169.

Fortfall des Regreßrechts zeigt, der Auftrag beendet. Diese Pflichtverletzung durch Ungehorsam ist daher als bewußte Mißachtung der formulierten Interessen des Mandanten sowohl Ursache des Verlusts der Stellung des Interessentreuhänders kraft Auftrags als auch Haftungsgrund für den Schadensersatz.

In diesen Gedankenbahnen argumentierte auch Tiberius. Octavius wendet sich mit seiner Interzession gegen eine ausdrückliche Gesetzgebungsabsicht des Volkes. Er verhält sich damit wie ein Beauftragter des Privatrechts, der eine spätere rechtmäßige Weisung oder Absichtserklärung des Auftraggebers mißachtet. Gerade so lag es übrigens in der überlieferten Entscheidung des Quintus Mucius. Ein Bürge verwirkte dort sein auf Mandat beruhendes Regreßrecht, weil er die erklärte Absicht des Hauptschuldners, im Prozeß zu bestreiten, daß auch Zinsen geschuldet würden, durch Zahlung der Zinsen durchkreuzte; freilich sei eine [96] solche Handlung nur dann mandatswidrig – und das ist bezeichnend für die objektiv-normative Auffassung der *bona fides* in dieser Jurisprudenz –, wenn der Bürge damit ein berechtigtes Interesse vereitele; eine Aufforderung, die Zinsen wider besseres Wissen abzuleugnen, sei für das *mandatum* und das Regreßrecht unbeachtlich.[173] Octavius verwirkt also nach dieser Kategorie seinen Auftrag als Tribun, weil er sich einem auch nach objektiv-normativen Kriterien rechtmäßigen und interessegemäßen Gesetzesvorhaben des Volks in den Weg stellt. Oder, um es in die Worte zu kleiden, mit denen Celsus jener Mucius-Entscheidung

173 Celsus 7 dig D 17, 1, 48 *Quintus Mucius Scaevola ait, si quis sub usuris creditam pecuniam fideiussisset et reus in iudicio conventus cum recusare vellet sub usuris creditam esse pecuniam et fideiussor solvendo usuras potestatem recusandi eas reo sustulisset, eam pecuniam a reo non petiturum. sed si reus fideiussori denuntiasset, ut recusaret sub usuris debitam esse nec is propter suam existimationem recusare voluisset, quod ita solverit, a reo petiturum.* Die *fideiussio* ist in dieser Stelle justinianische Interpolation, wie das harte *pecuniam fideiubere* (Lenel, Palingenesia I, 138 Anm. 2) und das sicherlich postmucianische Alter des Verbalkontrakts *fideiussio* (vgl. Kaser, Röm. Privatr. I^2 §155 II 3 c) beweisen. Ursprünglich betraf die Entscheidung den *sponsor* (dessen formelle *actio depensi* hätte aber eine hier offenbar nicht vorliegende Zahlung aufgrund gegen ihn gerichteten Urteils erfordert; vgl. meinen Zwölftafelprozeß, S. 140) oder den *fidepromissor,* also in jedem Fall die allgemeine Regreßklage der *actio mandati* (Gaius III, 127). Die Zinszahlung des Bürgen wirkt nun auf das mit dem Hauptschuldner bereits anhängige Verfahren (er ist bereits ein *conventus)* und wird von Mucius sowohl als wirksame Erfüllung – das ist interessanterweise, da die Hauptschuld notwendig eine zinsbare (offenbar freilich unbeurkundete) Stipulation war, die Anwendung des später von den Sabinianern bewahrten Satzes *omnia iudicia absolutoria* (Gaius IV, 114) – als auch *officio iudicis* als endgültiger Beweis des Bestehens der Zinspflicht gewertet. Wichtig ist, daß wegen der Pflichtverletzung des Bürgen diesem der Rückgriff auf die wahre Rechtslage in Form des Beweisantritts, die Zinsschuld habe bestanden, verschlossen wird. Es handelt sich um eine pflichtentheoretische Verwirkungsentscheidung, was Celsus, der die prokulanische Schule solchen materialen Gesichtspunkten öffnete (o. Anm. 47), in seinen zustimmenden Worten auch gut zum Ausdruck bringt: *parum enim fideliter facit fideiussor in superiore casu, quod potestatem eximere reo videtur suo iure uti.* Dabei ist das *ius suum* wohlgemerkt das Recht des beklagten Schuldners, die Zinspflicht in den Grenzen des Anstands zu bestreiten.

zustimmte und die nun wirklich aus der Rede des Gracchus selbst stammen könnten: *parum enim fideliter facit, quod potestatem eximere populo videtur suo iure uti.*

Freilich ist mit diesem Ergebnis die Argumentation noch längst nicht am Ende. Der Volkstribun hat nicht nur einen materiellen Auftrag, sondern auch ein formelles Amt. Das Verwirkungsargument (Ziff. 1, 3, 7) gilt unmittelbar, wie die Parallele im Privatrecht zeigt, nur für den Auftrag, gewissermaßen nur für das Innenverhältnis. Wer sich einem rechtmäßigen Volksinteresse widersetzt, verliert zunächst lediglich die [97] politische Legitimation, das Vertrauen und in diesem Sinne sein Mandat, nicht aber das Amt. Das Amt muß vielmehr, da formell begründet, auch formell entzogen werden.

Daher dienen nun die folgenden Argumente dem Versuch, das Recht des Volkes zu begründen, den Tribunen, der seine Legitimation verwirkt hat, auch abzusetzen. Der erste Grund ist ein nicht ganz einfacher Induktionsschluß aus dem Verfassungssystem.

Es wäre doch höchst absurd, wenn der Volkstribun, der, wenn es ihm gut scheine, einen Konsul ins Gefängnis werfen dürfe – in der Tat entsprach das altem Rechtsbrauch –,[174] selbst, wenn er sich feindlich gegenüber dem Volk betätige, nicht abgesetzt werden könnte, obwohl doch beide, der Konsul wie der Tribun, vom Volk gewählt würden. Der Gedanke ist offenbar folgender: Wenn die Plebs die Macht habe, einen Magistrat über den Konsul zu setzen, den es zudem, wie wir ergänzen können und vielleicht erst Plutarch weggelassen hat, nur zusammen mit den Patriziern gewählt hat, dann beweise das grundsätzlich die Gewalt des Volkes über den Gewählten; sie zeige sich gegenüber dem (allein von der Plebs berufenen) Volkstribunen in dem Abrogationsrecht (Ziff. 4). Die Argumentation greift ersichtlich durch die positiven Rechtsregeln hindurch auf die in ihnen zum Ausdruck kommenden Wertungen. So wenig ein solches Vorgehen einen strengen Positivisten zu überzeugen vermöchte, so sehr entsprach es dem Denken der zeitgenössischen Jurisprudenz, das Herrschaft wie alles Recht als ein lebendiges, vernunft- und wertbegründetes Phänomen deutete, das durch positive Rechtsregeln überformt werden, niemals aber in ihnen aufgehen könne. Auch der moderne Verfassungsjurist, dessen Methode recht verwandt ist, wird der Argumentation des Tiberius einiges abgewinnen können.

Mit den nächsten Erwägungen wendet sich Tiberius vor allem möglichen sakralrechtlichen Bedenken zu. Selbst das einstmals höchste und heiligste Amt, die von den Vorfahren überlieferte Königsherrschaft, unter der die Stadt Rom begründet worden sei, habe nicht verhindern können, daß Tarquinius wegen seiner Unrechtstaten verjagt worden sei; ja, das Amt selbst sei damals aufgehoben worden (Ziff. 5). Wenn Tarquinius seines königlichen Amtes entsetzt werden könne, dann könne der Tribun Octavius erst recht abgesetzt werden, zumal da das Tribu-

174 Der letzte Anwendungsfall hatte im Jahre 138 just den Konsul Scipio Nasica Serapion betroffen (Liv. per 55; Cic. de leg. III 9, 20). Vgl. Mommsen, Röm. Staatsr. I, S. 154 und Anm. 2.

nat als ein heiliges Amt, wie später von Tiberius näher ausgeführt, un-[98] beschadet bestehen bleibt. Das Königsamt ist jedenfalls, wie wir erfahren, nach der Ansicht des Tiberius rechtlich erloschen. Das bestätigt, daß er mit der von ihm verfolgten Politik der *ratio tribunatus,* der vollen Ausschöpfung der Machtmöglichkeiten des Tribunats, keineswegs auf eine formelle Wiedererrichtung des *regnum* abzielte. Die gegenteilige Propaganda konnte, wo sie fair blieb, nur auf die bisher unerhörte Machtfülle verweisen, die seine Interpretation der Verfassung auf das Tribunenamt konzentrierte.

Der folgende Gedanke variiert den vorhergehenden und leitet zur Schlußfolgerung über. Wie Magistrate dem Dienst an den Menschen verpflichtet sind, so die Priester dem Dienst der Götter. Daher verliere auch die vestalische Jungfrau, wenn sie durch Unkeuschheit gegen die Götter frevle, ihr heiliges Amt und werde lebendig begraben (Ziff. 6). Folglich müsse auch der Tribun, der dem Volk Unrecht tue, seine sakrale Unverletzlichkeit einbüßen. Denn er verletzte das Prinzip, aus dem er seine Macht ziehe (Ziff. 7). Gemeint ist offenbar das ihm aufgegebene Volksinteresse. Und wieder ist die Übereinstimmung mit dem Denkstil der damaligen Jurisprudenz, in der verpflichtende Vertrauensverhältnisse als Kräfte aufgefaßt werden,[175] bezeichnend.

Zudem – dies ist nun, abgesehen vom schlichten Rechtsgedanken des *actus contrarius,*[175a] wohl freilich nicht mehr als rechtliches Argument gemeint, sondern mehr eine aus dem tatsächlichen Hergang gezogene, halb spöttische Bekräftigung – sei doch, wer mit Mehrheit rechtmäßig gewählt, noch rechtmäßiger abgewählt, wenn dies einstimmig geschehen sei (Ziff. (8). Der Schlußgedanke arbeitet in subtiler Differenzierung heraus, daß das sakrosankte Amt des Tribunats entgegen den Befürchtungen des Volkes nicht angetastet worden sei. Nichts sei doch so heilig wie ein den Göttern geweihter Gegenstand. Dennoch habe niemand das Volk gehindert, sie bei Bedarf zu verlegen. Gemeint ist offenbar die Verlegung eines Tempels durch Aufeinanderfolge von Exauguration und Inauguration, priesterlich-magistratische Akte, deren Vornahme, wie Tiberius als langjähriges Mitglied des Augurenkollegiums wohl wußte, natürlich [99] gesetzlich angeordnet werden konnte.[176] Und wie nun, so ist zu ergänzen, nach einem solchen Akt der geweihte Tempel von einem anderen Bodenstück getragen werde, so könne das Volk auch dasselbe Tribunenamt wie einen heiligen Gegenstand auf einen anderen übertragen (Ziff. 9). Daß der vorherige Träger das Amt verliere, schade nichts.

175 Vgl. die Worte des Q. Mucius von der *bona fides* als der *summa vis* in den freien Geschäftsbesorgungs-, Austausch- und Leistungsbeziehungen der *societas vitae.* Cic. de off. III 17, 20.

175a Ihn diskutiert mit Recht v. Stern, Hermes 56 (1921), S. 249. Darauf, daß der Grundsatz jener Jurisprudenz bereits bekannt war, deutet Pomponius 4 ad Q. Mucium D 46, 3, 80: *prout quidque contractum est, ita et solvi debet.* Vgl. Liebs, Sympotica F. Wieacker (1970), S. 111 ff., 150/1.

176 Vgl. zur Rechtfertigung des Arguments des Tiberius zunächst Mommsen, Röm. Staatsr. II, S. 60 Anm. 2; ferner Gelzer, Ges. Schriften II, S. 78. Zum Ritus der Exauguration zuletzt Liebs, Sympotica F. Wieacker (1970), S. 117 f.

Denn daß die Amtsführung gerade durch die konkrete Person nicht sakrosankt sei, beweise die häufige Praxis, jemanden auf einen Entschuldigungseid hin aus dem Amt zu entlassen (Ziff. 10).

In dieser scharfsinnigen Schlußsequenz, die souverän und mit theoretisch ganz klarer Vergegenständlichung des Amtsbegriffs eine allgemeine, für das Sakral- und Staatsrecht gleichermaßen gültige Translationstheorie entwickelt, wird die beratende Mitwirkung eines geschulten Juristen, und zwar eines, der sowohl im säkularen wie im pontifikalen Recht bewandert war, noch einmal besonders deutlich.

Will man wissen, woher diese Rechtsberatung dem jungen und begabten Redner Tiberius gekommen sein mag – bei Cicero heißt diese Hintergrundstätigkeit der Juristen später *hastas ministrare,* Waffen in die Hand geben –,[177] braucht man nach allem nicht lange zu suchen. Es ist bekannt, daß P. Mucius wie sein leiblicher Bruder Licinius Crassus damals gleichzeitig dem Pontifikalkollegium angehörten, in dem sie auch bald darauf nacheinander, Crassus übrigens vor Mucius, die Leitung als *pontifices maximi* erhielten.[178] Und vor allem stimmten beide Juristen, wie schon bemerkt, auch mit dem staatsrechtlichen Kerngedanken der Rede des Tiberius überein. Auch für sie war, wie Cicero unter dem Stichwort der *ratio tribunatus* mitteilt,[179] das Amt des Tribunen eine eigenständige, speziell auf die Förderung des Volkswohls verpflichtete Magistratur, und auch sie waren bereit, aus dieser herausgehobenen Stellung und dem besonderen Auftrag neue selbständige Initiativrechte und Kompetenzen in Gesetzgebung und Staatskassenverwaltung herzuleiten. Für den Ursprung der juristischen Gedanken in der Rede Tiberius' deutet daher alles auf P. Mucius und den Juristenkreis seines Hauses. Und diese Unterstützung war im Grunde auch nur ein Teil der fortdauernden Hilfe und Ermutigung, welche die beiden Brüder mit den anderen Häuptern der reformfreundlichen Partei im Senat, um den Preis [100] eines tiefen Hasses der Scipionenpartei, dem jungen Tiberius gewährten.[180]

17. Der Weg in die Katastrophe

Mit der Absetzung des Octavius, die in ihrer Rechtskraft in unseren Quellen übrigens nie angefochten worden ist,[180a] war nun erst einmal für Tiberius die Bahn frei. Er nutzte die Bewegungsfreiheit für weitere wichtige Gesetze, die freilich die Gegenseite nur noch mehr aufreizten.

177 Cic. top. 17, 65.

178 Münzer, Pauly-Wissowa Realenzykl. s. v. Mucius 17, Sp. 425, 427.

179 Cic. de rep. I 19, 31 (o. S. 81 f.).

180 Vgl. Münzer (o. Anm. 1), Sp. 1419; vgl. auch Badian (o. Anm. 2), S. 711.

180a Vgl. aber immerhin Cic. pro Mil, 27, 72: *Conlegae magistratum per seditionem abrogavit* und dazu Münzer (o. Anm. 1), Sp. 1417. Das Urteil der Folgezeit schwankte je nach dem eingenommenen Standpunkt. Vgl. E. v. Stern, Hermes 56 (1921), S. 248 f. Nach Niebuhr, Vortr. üb. röm. Gesch. II (1847) S. 279 u. später Pöhlmann, Zur Gesch. der Gracchenzeit,

Die aus ihm, seinem Bruder Gaius und Appius Claudius bestehende Siedlungskommission wurde kraft Gesetzes mit der gerichtlichen Entscheidungsgewalt darüber betraut, was im Streitfall *ager publicus* sei.[181] Das war für die römischen und bundesgenössischen Grundbesitzer, deren Ländereien nicht selten aus Teilen verschiedenen Bodenrechts zusammengesetzt waren, natürlich eine höchst besorgniserregende Kompetenz, zumal in der Hand einer offenbar an Landbeschaffung interessierten Behörde. Aber die Mitteilung Ciceros, daß die Brüder Mucius und Crassus geistige Urheber der Gesetze des Tiberius gewesen seien, gilt auch für dieses Gesetz.[182] Und so mag es sein, daß der strenge Moralismus dieser Gruppe hier den selbstkritischen Gedanken an die Gefahren eigener Parteilichkeit nicht hat aufkommen lassen. Zudem ist daran zu erinnern, daß die Trennung von Verwaltung und Verwaltungsgerichtsbarkeit eine recht junge Errungenschaft unserer Rechtskultur ist.

Noch schlimmer erschien in den Augen der konservativ-liberalen Senatspartei der durch ein weiteres Plebiszit bewirkte Zugriff auf den [101] pergamenischen Königsschatz, der soeben dem *populus Romanus* erblich zugefallen war. Denn diese Disposition über die Staatskasse – die Mittel sollten den Siedlern zur Verfügung stehen – griff die dem Senat traditionell zustehende Regierungsgewalt an ihrem Lebensnerv an. Im gleichen Zug soll Tiberius darüberhinaus die Absicht erklärt haben, die Entscheidung über das Schicksal der Städte des ehemaligen Königreichs von Pergamon dem Senat zu entziehen und durch ein von ihm einzubringendes Plebiszit zu entscheiden.[183] Daraufhin behauptete ein Senator namens Pompejus, zufällig Nachbar des Tiberius, im Senat, er habe gesehen, wie dieser von einem Pergamener schon den Purpurmantel und das Diadem für seine künftige Würde als König von Rom geschenkt erhalten habe.[184]

Nun war die Heranziehung der Mittel des *aerarium* nicht nur für das Gelingen des Siedlungsprogramms unentbehrlich, sondern auch rechtlich aus dem Blickwinkel der popularen *ratio tribunatus* nur folgerichtig. Die Verlagerung des sozialpolitischen Aktionszentrums auf das Tribunat entsprach dieser staatsrechtlichen Doktrin. Und ob das Gemeindevermögen, über das für die Siedlungszwecke verfügt wurde, *ager publicus* oder *pecunia publica* war, konnte keinen Unterschied machen, zumal da letztlich beides der kriegerischen Expansion des römischen

Sitz.ber. der Bay. Akad. d. Wiss., Phil.-hist. Kl. (1907), S. 467 handelt Tiberius in Übereinstimmung mit dem Geist der römischen Verfassung, nach Mommsen im Widerspruch zu ihm (Röm. Staatsr. I³, 630). Mommsen konstatierte aber dort im Gegensatz zu seinem früheren Urteil in seiner Röm. Geschichte II⁸, 93, daß die Handlungsweise des Tiberius den Buchstaben des Gesetzes beobachtet habe (ebenso Pöhlmann, aaO.), während Niebuhr einen Verstoß gegen den Buchstaben feststellte. Der heutige Rechtshistoriker wird sich wohl dem Urteil der damals maßgeblichen, achtungswürdigen Juristen anschließen müssen.

181 Münzer (o. Anm. 1), Sp. 1415.

182 Er spricht (o. Anm. 124) im Plural: *legum* (!) *auctores.*

183 Plut. Tib. Gracch. 14, 1.

184 Plut. Tib. Gracch. 14, 2.

Volkes verdankt wurde und so auch von daher mit gutem Grund beides zur Kräftigung seiner Substanz eingesetzt werden mochte.[184a] Es besteht daher kein Grund zur Annahme, daß die juristischen Urheber der Gesetzgebungen des Tiberius, P. Mucius und Crassus Mucianus, nicht auch hinter diesem Plebiszit gestanden haben. Anders steht es mit den Gerüchten, daß Tiberius auch auf die Außenpolitik ausgreifen wollte, die vielleicht erklärte Absichten des Tiberius zuspitzend übertreiben – die daran anknüpfenden offenkundig verleumderischen Behauptungen seines Nachbarn Pompejus legen das nahe –, die aber doch einen zutreffenden Kern haben müssen. Zum mindesten zeigen diese Gerüchte, an welchem Punkte die Gegenseite angreifen wollte. Aber man versteht auch, daß Q. Metellus Macedonicus, Gegner des Scipio und nach dem Tode des Tiberius neben P. Mucius Führer der popularen Partei, anscheinend gerade zu diesem Zeitpunkt Tiberius im Senat tadelt, die Strenge seines Vaters, des Censors, vergessen zu haben und sich allnächt- [102] lich vom niedrigen Volk mit aufwendigem Fackelschein nach Hause eskortieren zu lassen und sich damit, das ist gemeint, wie ein aufrührerischer Demagoge aufzuführen.[185]

Die nächste Gesetzgebungswelle erreichte ihr Ziel nicht mehr und brachte die Katastrophe. Zur Vorbereitung der eigenen Wiederwahl, die dem Verfassungsbrauch widersprochen hätte, aber denn auch nicht ganz ohne Vorbild gewesen wäre,[186] hatte Tiberius Gesetze angekündigt, die dem Volk die Herabsetzung des Wehrpflichtalters und die Provokation gegen Gerichtsurteile bringen sollten und ferner zur Schwächung der überwiegend konservativen Senatsmacht und zur Gewinnung neuer Bundesgenossen eine hälftige Beteiligung des später sogenannten Ritterstandes an den bisher dem Senat vorbehaltenen Geschworenenstellen vorsah.[187] Staatsstreich- und Hochverratsabsichten enthielten diese Gesetzgebungspläne nicht. Insbesondere die beiden letzteren lagen aber auch nicht mehr in dem besonderen sozialpolitischen Auftrag des Tribunenamtes, wie ihn die Tiberius überdauernde *ratio tribunatus* meinte, und sind wohl deshalb auch von der sich im Jahre 132 unter P. Mucius und Metellus neu formierenden popularen Partei, die sich der weiteren Förderung des Siedlungsprogramms sofort annahm, nicht wieder aufgegriffen worden. Wenn Tiberius sich mit diesem Programm zur Neuwahl stellte, radikalisierte er die *ratio tribunatus* in einer Weise, die der ihm in diesem Zusammenhang zugeschriebenen Parole: *interempto senatu omnia* (!) *per plebem agi debere*[188] zumindest einen sachlich richtigen Kern verleiht. Man versteht von daher umso besser, daß die Frage der Wiederwahl die Gegensätze zur

184a Das ist auch offenbar der Sinn des von Appian bell. civ. I, 1, 11 mitgeteilten Programmsatzes: τὰ κοινὰ κοινῇ διανέμεσθαι.

185 Plut. Tib. Gracch. 14, 3 (s. o. Anm. 135).

186 Die Überlieferung bei Mommsen, Röm. Staatsr. I, S. 523 läßt ein gewohnheitsrechtliches Iterationsverbot erkennen, das nur die Kraft einer *lex minus quam perfecta* hatte; eine trotzdem vollzogene Wahl wäre gültig gewesen.

187 Vgl. Rotondi, Leges publicae populi Romani, S. 301. Plutarch, Tib. 16, 1.

188 Vgl. Val. Max. III, 17.

Krise treiben mußte. Daß Tiberius' letzte Volksversammlung seiner Wiederwahl galt, ist zwar jüngst von autoritativer Seite bestritten worden, aber letzten Endes doch der Überlieferung glaubwürdig zu entnehmen.[189] Die Lage war umso gewaltträchtiger, als das römische Verfassungsrecht es nicht erlaubte, eine er- [103] folgte Wiederwahl einfach als unwirksam zu behandeln.[190] Die Gegenseite mußte sie entweder hinnehmen oder eben gewaltsam verhindern. Und da für die Anwendung von Gewalt die in der Wiederwahl selbst steckende Rechtsverletzung nicht stark genug war, mußte das Argument der *regni paratio* aufgeboten werden.

Die Haltung des Konsuls P. Mucius am Wahltage zeigt gegenüber Tiberius unverkennbar eine gewisse Distanz. Der Konsul tat vor allem nichts zum Schutz des von den Zurüstungen der Tiberius-Gegner gefährdeten Abstimmungsfriedens, die schon bewaffnete Sklaven und Klienten auf das *forum* geschickt hatten.[191] Er leitete zur gleichen Zeit eine in dem Tempel der *fides publica* einberufene Senatssitzung. Als hier das falsche Zweckgerücht eintraf, Tiberius fordere vom Volk das Diadem und schwinge sich zum Tyrannen auf,[192] und nun im Senat nach Gewaltmaßnahmen gegen Tiberius gerufen wurde, bewahrte er seine Zurückhaltung. Er beschränkte sich auf die freilich klare und würdige Feststellung, daß er keinen römischen Bürger ohne Urteil töten werde, und daß im übrigen verfassungswidrige Beschlüsse, die Tiberius dem Volk ablocken oder abzwingen sollte, ungültig und unbeachtlich seien.[193] Mit diesen verfassungswidrigen Beschlüssen meint Mucius nun sicherlich nicht die bloße Wiederwahl – wenn er sie wirksam für nichtig hätte erklären können und wollen, wäre die Verfassungskrise beseitigt gewesen –, sondern jene Gerüchte über die Tyrannengelüste des Tiberius, die er damit vielleicht nicht eigentlich ernst nahm, aber doch auch nicht – und darin liegt eine deutliche Kritik an den letzten Plänen des Tiberius – ganz von der Hand wies. Genauso war ja auch der Hinweis, daß er keinen Bürger ohne Urteil töten werde, auf ein Kapitalverbrechen, eben das behauptete *crimen regni,* gemünzt. Ein Plebiszit nun, das Tiberius zum König ausgerufen oder mit monarchischer Macht ausgestattet hätte, wäre in der Tat nichtig gewesen: Das Verbot des Königtums war eine uralte, mit religiöser Kraft ausgestattete Grundnorm der Republik; ein widersprechender Volksbeschluß wäre im Sinne einer stehenden

189 Vgl. Lily Ross Taylor, Was Tiberius Gracchus' Last Assembly Electoral or Legislative? Athenaeum 41 (1963), S. 51 ff. mit der Annahme, Tiberius habe ein Gesetz durchzubringen versucht, daß die Wiederwahl für die Zukunft rechtmäßig gemacht hätte. Dagegen O. C. Earl, Athenaeum 43 (1965), S. 95 ff. mit einer Replik von L. R. Taylor, Athenaeum 44 (1966), S. 238 ff. Zuletzt etwa gegen die Hypothese Taylors, Ungern-Sternberg (o. Anm. 74), S. 134 ff.

190 Zutreffend Earl (o. Anm. 189), S. 105. Vgl. o. Anm. 186.

191 Plut., Tib. 18, 2. Daß sich Tiberius seinerseits auf einen Kampf eingestellt habe, behauptet Appian bell. civ. I, 15. Der tatsächliche Hergang der Auseinandersetzung beweist, wie weit es damit her war.

192 Plut., Tib. 19, 2. Andere Gerüchte bei Appian bell. civ. I, 15: Tiberius habe sich ohne Wahl zum Tribunen des folgenden Jahres ernannt und alle übrigen Tribunen abgesetzt.

193 Vgl. Plut., Tib. Gracch. 19, 3; siehe auch Val. Max. 3, 2, 17.

Vorbehaltsklausel in republikanischen Gesetzen *contra ius roga-* [104] *tum* und damit unwirksam gewesen.[193a] Der Gegenseite konnte freilich diese Stellungnahme des Juristen Mucius nicht genügen. Sie wollte die Wiederwahl verhindern und nicht ein Königtum des Tiberius, an das sie selbst wohl kaum wirklich glaubte.

Jedenfalls blieb P. Mucius im übrigen untätig und verhielt sich damit letzten Endes doch mehr als der kritisch gewordene Parteimann des Tiberius, der den Dingen seinen Lauf ließ, denn als der für das Ganze verantwortliche Konsul, der, wenn er die Anwendung staatlicher Gewalt für ungerechtfertigt hielt, die Anwendung privater Gewalt erst recht tatkräftig hätte verhindern müssen. Nur dann hätte der Abend lehren können, ob Tiberius wirklich hatte König werden wollen. So gingen die Ereignisse über den Konsul hinweg. Mit ihnen betritt der letzte Akteur und mit ihm zugleich eine dritte neue Rechtstheorie die Bühne des Krisenjahres 133.

IV. Scipio Nasica und L. Furius Philus

18. Die private Staatsnothilfe

Es war wohl kein Glücksfall der römischen Geschichte, daß infolge der Abwesenheit des in Spanien Krieg führenden Scipio Aemilianus dem Scipio Nasica als dem Haupt des zweiten Hauses der Cornelier die Führung der liberal-konservativen Scipionenpartei zugefallen war. Sohn des hochangesehenen Juristen und Verteidigers Karthagos Scipio Nasica Corculum und Enkel des Scipio Nasica Optimus,[193b] im Jahre 138 zum Konsul gewählt und seit 141 pontifex maximus (nach seinem Tod im Jahre 132 wurde dann mit Crassus Mucianus ein erklärter politischer Widersacher sein Nachfolger), war er ein sehr grobknochiger und anscheinend selbst äußerlich wenig sympathischer Vertreter der reform- [105] feindlichen Senatspartei. Bei seinen ersten Ädilenwahlen war er durchgefallen, weil er sich bei einem Landmann, dessen schwielige Hand er bei der Amtsbewerbung zu drücken hatte, erkundigt hatte, ob er denn auf den Händen zu gehen pflege.[194] Der ihm bis heute anhaftende Name Serapion war ein durchaus injuriös gemeinter Spitzname, den ihm das Volk verliehen hatte, weil er genauso aussehe wie ein

193a Vgl. zu den Grundlagen des *crimen regni* Mommsen, Röm. Strafr., S. 550 ff.; zu der Vorbehaltsklausel und ihrer Funktion, frevelhafte Bestimmungen zu vermeiden, Kaser, Altröm. Ius (1949), S. 32 und meine Bemerkungen, Symp. F. Wieacker, S. 22.

193b Vgl. Münzers Artikel Pauly-Wissowa Realenzykl. (1900) s.v. Cornelius 350, 353 und 354, Sp. 1494 ff. Das Cognomen des Scipio Corculum zeichnet ihn in ganz ähnlicher Weise aus wie die Namen, die Sex. Aelius gegeben wurden (o. S. 40). Er steht denn auch ganz in der Tradition dieser hellenistischen Jurisprudenz. In seinem Eintreten für Karthago hat man insbesondere die stoischen Verantwortungsideale erkannt. Vgl. zuletzt Wieacker, Festschr. Lübtow, S. 196.

194 Vgl. Val. Max. 7, 5, 2.

als Opferknecht bekannter Sklave gleichen Namens.[195] Hochfahrend und von der Unmündigkeit der gemeinen Masse tief überzeugt, verstand er es, sich selbst vor einer aufbegehrenden Volksversammlung Respekt zu verschaffen.[196] Er war schon als einer der ganz großen *possessores* ein erbitterter Gegner des Siedlungsgesetzes, war aber bisher im Laufe des Jahres 133 im Senat nur mit einer eher kleinlichen Obstruktionspolitik hervorgetreten, derzufolge die Senatsmehrheit Tiberius für seine magistratische Siedlungstätigkeit das übliche Zelt verweigerte und die Tagegelder verkürzte.[197]

Vom intellektuellen Haushalt dieses Mannes wissen wir wenig. Wir müssen uns ihn aus seinen Taten, den wenigen ihm zugeschriebenen Worten und anderen Indizien erschließen.[197a] Jedenfalls aber dachte er zunächst einmal ganz anders als der Konsul P. Mucius.

Das zeigen die weiteren Ereignisse jenes Abstimmungstages. Auf die zur Ruhe und Besonnenheit auffordernden Worte des Konsuls, die für das angeblich geplante *crimen regni* auf den Prozeßweg verwiesen und eine zugunsten des Tiberius ergehende *lex regia* in jedem Fall für rechtlich unbeachtlich erklärten, rief Scipio Nasica, der als schlichter Senator [106] ohne jedes magistratische Amt im Senat saß, seiner Gefolgschaft zu: »Da der Konsul, während er dem Verfassungsrecht folgt, in Wahrheit so handelt, daß mit allen Gesetzen die Staatsgewalt selbst zusammenbrechen wird, biete ich mich euerer Entschlossenheit zum Führer an; wer will, daß der Staat erhalten bleibe, folge mir nach«.[198] Sein Aufruf, der offen die rechtsstaatliche Bedenklichkeit des Konsuls verhöhnte, zeigte Wirkung. Zahl-

195 Val. Max. 9, 14, 3.

196 Val. Max. 3, 7, 3. Die während einer Teuerung von einem Tribunen erstrebten öffentlichen Getreideimporte verhinderte er angeblich mit der das Volk tatsächlich einschüchternden Begründung, das Interesse der Republik richtig einzuschätzen, sei seine Sache. Ob er recht hatte oder einseitige Hochpreispolitik zugunsten der römischen Getreidebauern trieb, läßt sich heute nicht mehr entscheiden.

197 Münzer (o. Anm. 1), Sp. 1418.

197a Münzer (o. Anm. 193 b), Sp. 1503 vermutet Hinneigung zur Stoa wegen Cic. Tusc. disp. IV 23, 51: *Mihi ne Scipio quidem ille, pontifex maximus, qui hoc Stoicorum verum esse declaravit, numquam privatum esse sapientem, iratus fuisse Tib. Gracchо tum, cum consulem languentem reliquit, atque ipse privatus, ut si consul esset, qui rem publicam salvam esse vellent, se sequi iussit.* Aber Cicero spricht hier nicht von den Überzeugungen, die Nasica zu seiner Notstandshandlung führten, sondern subsumiert die Handlung unter die stoische Doktrin des Weisen, den alles angeht. Die Worte Nasicas und die mit ihnen übereinstimmende, spätere rechtliche Einordnung seiner Tat deuten denn auch auf eine ganz andere Rechtfertigungstheorie. Als stoischer *sapiens,* der in einer gegebenen Situation das wirklich Vernünftige zu tun hat, macht Nasica im übrigen auch keine überzeugende Figur.

198 Val. Max. 3, 2, 17: *Quoniam, inquit, consul, dum iuris ordinem sequitur, id agit, ut cum omnibus legibus romanum imperium corruat, egomet me privatus voluntati vestrae ducem offero; … qui rem publicam salvam esse volunt, me sequantur.* – Man darf diese durch Parallelüberlieferung mehrfach abgestützte Äußerung Scipios (vgl. die weiteren Quellen bei Münzer, o. Anm. 1, Sp. 1423) angesichts der allgemein guten Überlieferungslage (o. Anm. 3) im ganzen für authentisch nehmen.

reiche Senatoren bewaffneten sich mit Stuhlbeinen und Knütteln und eilten ihm nach auf das Forum, wo sie, unterstützt durch die schon vorsorglich dort postierten bewaffneten Sklaven und Klienten, rasch die Oberhand gewannen. Tiberius wurde erschlagen – seine Amtskollegen Julius Publicus Satureius und Lucius Rufus stritten sich um den Ruhm des Täters –[199] und mit ihm angeblich nicht weniger als 300 seiner Anhänger. Es war eine »ehrlose Schlächterei«,[200] grausamer und maßloser als alles, was die innere, wahrlich nicht stets friedliche Geschichte Roms bisher gesehen hatte.

19. Die Rechtfertigung der Gewalt

Scipio Nasica handelte, so gewaltsam seine Aktion war, aus Rechtsgründen. Sein Vorgehen ist von Kritikern wie von denen, die ihm später gleichtaten, immer als Handeln unter dem Anspruch der Rechtmäßigkeit aufgefaßt worden.[200a] Und er selbst muß von dieser Rechtmäßigkeit durchdrungen gewesen sein. Denn auch für einen Scipio Nasica [107] war es nichts Geringes, sich in einer solchen Frage über die Autorität des Konsuls und ersten Juristen der Zeit einfach hinwegzusetzen.

Es lohnt daher die Mühe, sich in die rechtfertigenden Worte des Scipio Nasica, die wir im wesentlichen für authentisch nehmen,[201] noch einmal genau hineinzudenken und sie, so zweifelhaft auch ihre tatsächliche Begründetheit ist, auf ihre innere Schlüssigkeit zu befragen.

Die Verfassung, das *imperium cum omnibus legibus*, sei durch die *regni paratio* des Tiberius in ihrem rechtlichen Bestande bedroht. Der Konsul irre sich, wenn er meine, hier noch mit dem *iuris ordo*, der rule of law, auskommen zu können. Gegenüber dem unmittelbaren Angriff helfe nur unmittelbare Gegengewalt; sie sei daher auch rechtlich zulässig.

Diesem Argument liegt eine für Rom ganz neue folgenreiche Vorstellung vom Wesen staatlicher Rechtsordnung zugrunde. Sie ist zutiefst dualistisch. Im Kern der Verfassung steht das *imperium,* die wirkliche Staatsgewalt; sie ist aber umgeben und zugleich beschränkt vom *iuris ordo,* vom Inbegriff aller geltenden Nor-

199 Vgl. die Quellen bei Münzer (o. Anm. 1), Sp. 1424.

200 Th. Mommsen, Röm. Geschichte II, 96; vgl. Appian bell. civ. I, 2.

200a Es ist in die römische Rechtsgeschichte eingegangen als das erste Beispiel des optimatischen Notstandsrechts, das dann im späteren die Konsuln zu Notstandsmaßnahmen ermächtigenden SC Ultimum seine äußerliche Rechtsform erhielt. Ungern-Sternberg, Untersuchungen zum spätrepubl. Notstandsrecht (1970), S. 7 ff. hat nun zwar entgegen der ganz herrschenden Lehre (vgl. die Nachweise ebenda, S. 3 Anm. 7) mit Recht herausgestellt, daß im Falle des Nasica von einem regelrechten SC Ultimum nicht die Rede sein kann (zustimmend auch Bleicken, Lex publica, 1975, S. 483 ff., 486 f. Anm. 360): Nasica war Privatmann und der die Sitzung leitende Konsul hatte einen irgendwie gearteten Notstandsbeschluß gerade abgelehnt; aber für die in der Tat des Nasica sich zu Wort meldende Notstandstheorie waren Senatsbeschluß und Konsulhandeln auch notfalls entbehrliche Formalien. Vgl. u. S. 113 ff.

201 Vgl. o. Anm. 198.

men, den *leges* in diesem allgemeinsten Sinne. Sie bilden ein festes Regelsystem, dessen Geltung klar begrenzt ist; sie ordnen das Leben der Bürger und erlauben die friedliche Bewältigung der im Verfassungsleben auftretenden Konflikte, soweit ihr Planungs- und Ordnungsrahmen reicht. Wo die Normwelt in ihrer Funktionsfähigkeit endet, beginnt die klarbegrenzte Staatsgewalt, die nun ihrerseits nicht mehr normförmig, sondern ganz tatsächlich gedacht wird und ihren letzten Geltungsgrund im bürgerlichen Konsens hat, welcher der Sicherheit gewährenden faktischen Herrschaft zustimmt:[202] In dem klassischen Gegensatz von Rechtsprechung *(iurisdictio)* und Staatsgewalt *(imperium)* und deutlicher und spezifischer im Gegensatz von Gesetzes- und Amtsrecht und dem darauf aufbauenden Unterschied zwischen *iudicium legitimum,* dessen Konflikt nach einer Rechtsregel entschieden wird, und dem *iudicium imperio continens,* dessen Entscheidung ausschließlich einem magistratisch bewerteten *factum* folgt, hat diese Doktrin später ihren dauerhaftesten Ausdruck gefunden.[203]

Aus dieser Sicht ist die Haltung des Nasica formal konsequent. Gegenüber einem Angriff auf den Bestand der Verfassung im Ganzen, der [108] auf die Errichtung einer verfassungswidrigen Herrschaft zielt, kann nicht mehr die Rechtsordnung nach ihren Regeln antworten, sondern nur noch die schon unmittelbar bedrohte, legitime Staatsgewalt selbst, die nun im Kampf um ihre Selbstbehauptung auch an keine Rechtsregel mehr gebunden ist. Daher kann auch, wenn der Konsul zögert, selbst der Privatmann unter Berufung auf den allgemeinen Konsens die Verteidigung des *imperium* wahrnehmen und sein Handeln daraus rechtfertigen. Das in Notstandslage tatsächlich derelinquierte *imperium* wird vorübergehend tatsächlich von einem anderen ergriffen und ausgeübt.

Bis auf den extremen, im konkreten Fall jedenfalls fragwürdigen Umstand, daß auch noch der Konsul gewissermaßen aus dem Besitz des *imperium* verdrängt wird, liegt das Ganze durchaus in der Logik des *senatusconsultum ultimum,* durch das der Senat in späteren Notstandslagen den Konsuln das Ergreifen von geeigneten Maßnahmen anheimzustellen pflegte. Die Römer haben daher mit vollem Recht in der Tat des Scipio Nasica eine Anwendung des optimatischen Notstandsrechts gesehen.[203a] Cicero etwa, der gegen die Catilinarier als Konsul und aufgrund eines förmlichen *SC Ultimum* vorgegangen war, beruft sich ausdrücklich auf Scipio Nasica als ein ihn rechtfertigendes Vorbild[204] und nennt Catilina in ganz den gleichen Gedankenbahnen jemanden, vor dem die Gesetze keinen Schutz mehr gewährten.[205] Der letzte Senatsbeschluß selbst ist denn auch mehr deklaratorisch als ermächtigend

202 An eben diesen Konsens appelliert Nasica, wenn er seine Mitsenatoren zur Staatsnotwehr aufruft.

203 Vgl. dazu noch gleich u. S. 116f.

203a Vgl. o. Anm. 200 a.

204 Cic. de off. I 22, 76ff. (vgl. u. Anm. 209 a); pro Planc. 36, 88.

205 Cic. Pis. 2, 5 *a quo legibus (tuti) non poteramus.* Die gleiche scharf geschnittene Alternative zwischen funktionierender Rechtsordnung und Gewalt Cic. Sest. 42, 92: *Vim volumus extingui, ius valeat necesse est, id est iudicia, quibus omme ius continetur; iudicia displicent aut nulla sunt, vis dominetur necesse est.*

zu verstehen. Der Senat faßt als Verfassungsvorgang angesichts der angenommenen Funktionsunfähigkeit der Rechtsordnung seinen vorläufig letzten Beschluß. Dann regiert die Stunde des *imperium:* Grundlage dieses Notstandsrechts ist daher kein Rechtssatz, sondern eine konstruktive, aus einem bestimmten Rechts- und Verfassungsverständnis abgeleitete Argumentation, die mutatis mutandis als solche in jede Rechtsordnung hineingetragen werden kann.[206] Für falsch wird sie jeder erachten, der echte Geltungsgrenzen des Rechts nicht zugibt.

[109] Th. Mommsen, der das Konstruierte und Künstliche der auch seiner Ansicht nach zuerst gegen Tiberius angewendeten optimatischen Notstandstheorie sehr deutlich herausarbeitet, sieht in ihr einen Fall des Kriegsrechts, der auf solche Bürger erstreckt werde, die dem eigenen Staat wie Landesfeinde gegenübertreten. Die Möglichkeit dazu habe, wie Mommsen hier als liberaler Etatist des 19. Jhs. sprechend meint, theoretisch nie bestritten werden können. Aber erst die »republikanischen Conservativen des siebenten Jahrhunderts« (der Stadt) hätten »diese logisch ebenso richtige wie politisch verderbliche Consequenz« gezogen und »die Erklärung des Kriegsrechts gegen die Parteigegner sowohl praktisch gehandhabt wie auch theoretisch construirt«.[207] Diese Herleitung des Notstandsrechts aus dem Kriegsrecht ist jedoch nach römischem Staatsrecht nicht möglich, da das militärische *imperium,* das danach berufen wäre, in dem durch die sakrale Stadtgrenze *pomerium* beschriebenen Amtsgebiet *domi* bis auf die eine Ausnahme des Triumphes nicht bestehen kann.[208] Die *hostis*-Erklärung, die nach Mommsen allen Notstandsmaßnahmen vorauszugehen hätte, ist denn auch nur gegen den gewendet worden, der gegen die Stadt Rom angeblich oder wirklich den Bürgerkrieg vorbereitete und daher *militiae* bekämpft werden mußte.[209]

Für römische und auch für heutige Begriffe handelt es sich in Wahrheit bei der behaupteten Konstellation um einen rein innenpolitischen Konflikt.[209a]

206 Bezeichnend der moderne Versuch trotz bestehender Notstandsgesetze ein außergesetzliches Notstandsrecht in der in der Bundesrepublik Deutschland geltenden Rechtsordnung zu etablieren. Vgl. Böckenförde, Der verdrängte Ausnahmezustand, NJW 78, 1881.

207 Vgl. Mommsen, Röm. Staatsr. I³, S. 689 ff. Vgl. auch ebda III, S. 1242, wo Mommsen etwas anders nuanciert und es als offenbar rechtswidrig bezeichnet, den Begriff des Landesfeindes auf den politischen Gegner zu erstrecken.

208 Mommsen, Röm. Staatsr. I, 66 ff., insbes. S. 132.

209 Zutreffend Brecht, Perduellio (1938), S. 255: »Die Gepflogenheit der Hostis-Erklärung hatte an sich mit dem Senatusconsultum ultimum nichts zu tun .... stets eine Maßnahme die einzig und allein den Kampf mit der blanken Waffe im Auge hatte«. Zur späteren Entwicklung insbesondere Ungern-Sternberg (o. Anm. 74), S. 111 ff., 119 ff.

209a Besonders deutlich Cicero, de off. I 22, 76, wo die Tat des Nasica als Muster der Bürgertugend dem Feldherrnruhm des Scipio, der im gleichen Jahr Numantia zerstörte, gegenübergestellt wird. Die Tötung des Tiberius habe zwar Berührungspunkte mit der *res bellica,* da *vi manuque confecta,* aber sei doch wesentlich die Tat des waffenlosen Bürgers: *id ipsum est gestum consilio urbano sine exercitu.* Sie gehöre, wie die Vernichtung der Catilinarier, zu den *domesticae fortitudines.* Ciceros dort zitiertes poetisches Selbstlob stellt in diesem Sinne das eigene Bürgerverdienst im Falle der Catilinarier sogar über den Feldherrnlorbeer des Pompejus: *Cedant arma togae concedat laurea laudi,* ebd. § 77 f.

Was Tiberius nach der Ansicht seiner Gegner plante oder nach manchem späteren Urteil sogar schon längst verwirklicht hatte, war ein waffenloser Staatsstreich, die Begründung des *regnum* oder *do-* [110] *minium.*[210] Und was er damit nach dieser Logik herausforderte, war die innere Staatsgewalt, das *imperium domi,* und zwar in einer nicht mehr durch Gesetze beschränkten Gestalt, in der des, wie es später anschaulich heißt, *imperium merum.*[211] In der theoretischen Konstruktion war es der Zusammenprall zweier um die Herrschaft ringender tatsächlicher Gewalten, der angreifenden revolutionären und der sich verteidigenden verfassungsmäßigen Gewalt, deren Legitimität im Konsens derer bestand, *qui rem publicam salvam esse voluerunt,* also den Bestand der bisherigen Verfassung erhalten und gewaltsam verteidigt wissen wollten. Es war im übrigen ein reiner Gewaltsaustrag, der eine Rechtsform oder irgendwie beschränkende Rechtsregel nicht kennen konnte. Die physische Vernichtung des Gegners mußte als das natürliche Ziel erscheinen, das allein die Entscheidung bringen konnte. Es ist die Theorie des Kampfes um die Macht nach den Regeln eines illusionslos gesehenen Naturzustandes.

Sie verwandelte einen Verfassungskonflikt in ein reines Problem der Gewalt. Die *ratio tribunatus* der Gracchenpartei war nicht mehr nur eine gewagte und durchaus anfechtbare, aber auch wieder keineswegs ganz unbegründete Interpretation der Verfassung im weiten Rahmen des rechtlichen Zusammenlebens, sondern ein Zugriff auf die Gewalt im Staat, welche die Anwendung nackter Gegengewalt forderte. Im Grunde vermag diese Theorie mit ihrem Verständnis von formeller Normenordnung und realer Verfassungsgewalt jede wertende, die festen Gesetze und Gewohnheiten verlassende Verfassungsinterpretation, die dem Auslegenden neue Machtzuständigkeiten verleiht, als einen Gewaltakt aufzufassen, auf den nicht mehr die Rechtsordnung, sondern nur noch die tatsächliche Gewalt des *imperium* antworten kann.

Von daher versteht man das völlige Fehlen von Maß und Rechtsgesinnung in der Aktion der Optimaten. Die Verfassungsverletzungen, die Tiberius in dem wohl nachvollziehbaren Urteil seiner Gegner beging, indem er zunächst für das sozialreformerische Siedlungsgesetz, [111] dann zur Vorbereitung seiner Wiederwahl auch in allgemeinen Fragen das Senatsregiment beiseitesetzte, mochte manches rechtfertigen, nicht aber die Massenmorde. Man darf nicht vergessen, daß Tiberius, bis er den Plan der Perpetuierung seiner Tribunenstellung faßte und zu

210 Vgl. die Quellen Münzer (o. Anm. 1), Sp. 1419; besonders klar Cic. Lael. 12, 41 Tib. *Gracchus regnum occupare conatus est, vel regnavit is quidem paucos menses* oder seine Frage, warum Nasica kein öffentliches Standbild »*in remunerationem interfecti tyranni*« erhalten habe (de rep. VI, 8, 8). Diese Vereinfachungen sind möglich in dem Maße, in dem Cicero die Mitwirkung der Juristen an der Legitimierung der tribunizischen Herrschaft des Tiberius verschweigt. Dazu o. Anm. 124 und unten S. 118 ff.

211 Vgl. etwa Ulpian 2 de officio quaestoris D 2, 1, 3. Der Weg, auf dem diese Doktrin in die klassische Jurisprudenz gelangt ist, war derjenige der neuen Imperium-Theorie überhaupt. Vgl. dazu u. S. 116 f.

dessen Vorbereitung auf die allgemeine Verfassungspolitik ausgriff, die volle Unterstützung der führenden Juristen seiner Zeit hatte.[212] Seine Radikalisierung der sozialreformerischen *ratio tribunatus* der Juristen in eine allgemeinpolitische war sicherlich ein gefährlicher Schritt hin auf die Etablierung einer plebiszitären und als solche zweifellos revolutionären Tribunenherrschaft. Sie kostete ihn denn auch die Zustimmung des P. Mucius. Sie war aber sicher nicht der Staatsstreichversuch des künftigen *rex,* den die schablonisierende Konstruktion der Gegenseite daraus machte, sondern vielmehr Konsequenz einer im Rahmen der wohl weiterhin gutgläubig ausgelegten Verfassung mit Leidenschaft verfolgten politischen Aufgabe. Es ist wohl bezeichnend, daß es erst einer mißdeutbaren Geste bedurfte – Tiberius soll zum Zeichen, daß er sich bedroht fühle, auf seinen Kopf gewiesen und damit nach der Auslegung seiner Gegner die Krone verlangt haben –, um die blutigen Gewalttaten gegen Tiberius und seine Gegner in Gang zu bringen.[213] Rechtlich neuartig und doktrinär, tatsächlich nur schwach begründet, war die Aktion des Scipio Nasica eine weit schwerere Verletzung der Regeln des rechtlichen Zusammenlebens, als es die Taten waren, die man Tiberius vorwerfen konnte. Bei Sallust findet sich darüber ein wohl wirklich abgewogenes Urteil, und zwar gleich gemünzt auf das Schicksal beider Gracchen: Freilich hätten die beiden Brüder, getrieben von dem Willen, ihre Sache durchzusetzen, nicht maßvoll genug gehandelt. Aber einem verantwortungsvollen Politiker stehe es bisweilen besser an, dem, der unrechtmäßig handelt, zu unterliegen, als ihn in einer die politischen Sitten auf Dauer verderbenden Weise zu besiegen.[214]

Rom wäre vermutlich manches erspart geblieben, wenn die damaligen Optimaten diesen Rat beherzigt hätten. Von einem weiter wirkenden Volkstribunen Tiberius wäre wohl mit Sicherheit weniger Unheil zu erwarten gewesen als von der tiefen Verletzung des Rechtsgedankens [112] durch Scipio Nasica und die Seinen. Mit der radikalen Aufhebung der Rechtsgemeinschaft gegenüber dem politischen Gegner, die konsequent bis zur Verweigerung des Begräbnisses reichte – der *pontifex maximus* Nasica mußte als genauer Kenner des hochreligiösen römischen Grabrechts wissen, was er tat und zum Ausdruck brachte, wenn er den Leichnam des Tiberius dem Bruder nicht zur Bestattung freigab und in den Tiber werfen ließ –,[215] mit der Reduzierung des Politischen auf die Frage nach der

212 Vgl. o. S. 51ff., 74ff.

213 Plutarch, Tib. 19, 2; weitere Quellen, Münzer (o. Anm. 1), Sp. 1422.

214 Sallust sagt es kürzer (Jugurtha 42, 2): *et sane Gracchis cupidine victoriae haud satis moderatus animus fuit. sed bono vinci satius est quam malo more iniuriam vincere.* Für Badian (o. Anm. 2), S. 711 Anm. 124 zeigen diese merkwürdigerweise allerdings in einem gegen Tiberius gerichteten Sinn verstandenen Worte Sallusts »basic lack of moral seriousness«. Andere populare Stimmen bei Münzer (o. Anm. 1), Sp. 1425.

215 Zur Bedeutung des Grabkults zuletzt vor allem Kaser, Zum römischen Grabrecht, Sav. Zeitschr. RG, Rom. Abt. 95 (1978), S. 15ff. und ferner meine Untersuchung, Grabraub und Grabfrevel im römischen Recht, Abhandlungen der Akademie der Wissenschaften in Göttingen, Phil.-hist. Kl. 113 (1978), S. 85-106, insbes. S. 98ff.

Macht und der darin enthaltenen Ablehnung der Vorstellung, daß Wertungskonflikte im Rahmen des Verfassungsrechts ausgetragen werden können, war den römischen Parteikämpfen der nächsten hundert Jahre ein Muster geliefert, das nur zu getreu befolgt wurde. Genau genommen kommt daher die historische Ehre, die römische Revolutionszeit zu inaugurieren, nicht so sehr dem Reformpolitiker Tiberius Gracchus zu als dem »konservativen Revolutionär« Nasica.[216]

Der Erfolg gab Nasica zunächst Recht. Das lag nicht zuletzt an der Kompromißbereitschaft der nunmehr von P. Mucius und Metellus Macedonicus geführten Reformpartei, die, vor der Alternative stehend, sonst Nasica und die anderen Senatoren, die mit ihm gehandelt hatten, als Mörder ansehen und behandeln zu müssen, sich die Version des erlaubten Tyrannenmordes, die P. Mucius in jener Senatssitzung noch abgelehnt hatte, zu eigen machte.[217]

Eine Übereinstimmung im Rechtsdenken war damit freilich keineswegs erreicht. Die damals herrschende Fachjurisprudenz, und insofern bestand zwischen dem konservativ-liberalen Standpunkt eines der Scipionenfraktion zugehörenden Q. Aelius Tubero und der sozialliberalen Position eines P. Mucius kein Unterschied, konnte den Tyrannenmord nicht nach dem Gewaltschema des Scipio Nasica rechtfertigen. In ihrem [113] Denken fehlte sowohl die Vorstellung einer Funktionsgrenze der Rechtsordnung als auch die dazugehörige Differenzierung zwischen Rechtsordnung und tatsächlicher Gewalt. Die Rechtsordnung einer *civitas,* die von ihnen als geistige Organisation des wirklichen Zusammenlebens gedacht wurde, endete für sie erst mit der tatsächlichen Vernichtung der *civitas* selbst, die folgerichtig mit dem Tod eines Menschen verglichen wurde.[218] Und Herrschaft war für sie von Vernunftprinzipien geleitetes *officium* und nicht etwas, was aus Normanwendung *(iurisdictio)* und konsensbegründeter Gewalt *(imperium)* zusammengesetzt war. Sie konnten den Tyrannenmord nur durch den Aufweis der sich in den Taten dokumentierenden zutiefst rechts- und menschenfeindlichen Gesinnung des Täters rechtfertigen,[219] also nur wertend und nicht nach einem konstruktiven Schema. Eine Wertung kann freilich verschieden scharf ausfallen und auch verschieden motiviert sein. Und solche Unterschiede sind etwa zwischen P. Mucius, der über seinen Gastfreund Blossius die schirmende Hand hielt, und Scipio Aemilianus, der in ihm wohl eher nur den Ver-

216 Vgl. etwa Michael Freund, Georges Sorel, Der revolutionäre Konservatismus. 2. Aufl. 1978, und dazu jüngst Nörr, Fs Flume, 1978, S. 156 Anm. 8. Der Ansicht Bleickens, Lex publica (1975), S. 486, daß die Gewalt für die Optimaten Roms kein in der Öffentlichkeit vertretbarer Gegenstand einer politischen Theorie sein konnte, ist nach allem zu widersprechen. Es ist zwar richtig, daß die »Niedermetzelung des Tib. Gracchus und seiner Anhänger« in den Bereich der »reinen (d. h. rechtlosen) Gewalt« gehört, aber eben sie war nach der im Text besprochenen Theorie als solche erlaubte Gewalt.

217 Vgl. o. S. 80 f. mit Anm. 140 u. Anm. 143.

218 Cic. de rep. III 23, 34: *civitas autem cum tollitur, deletur, extinguitur, simile est quodammodo, ut parva magnis conferamus, ac si omnis hic mundus intereat et concidat.*

219 Vgl. o. Anm. 113.

führer seines Schwagers sah, sicher vorhanden gewesen. Dennoch steht Scipio Aemilianus dem Denken eines P. Mucius kraft des gemeinsamen stoischen Bildungshorizonts näher als den Vorstellungen, die sich bei dem zeitweisen Anführer seiner Fraktion Scipio Nasica ausmachen lassen.

Woher stammen sie nun? Die Tatsachen, daß in ihnen jegliche naturrechtlichen oder rechtsethischen Beimengungen fehlen, geben uns einen deutlichen Fingerzeig.

20. Der Staatsrechtsjurist L. Furius Philus und die Rechtstheorie des Karneades

Die gedanklichen Elemente, die sich in den Rechtfertigungsworten des Scipio Nasica finden, stimmen ganz überein mit den Fundamenten der Rechtslehre des Karneades,[219a] des großen Widersachers der stoischen [114] Naturrechtslehren, der im Jahre 155, als Leiter der skeptischen Akademie Mitglied der Philosophengesandtschaft, den Römern seine berühmte Lektion in Sachen Recht und Gerechtigkeit erteilt hatte. Und es fehlt auch nicht der Intellektuelle, der Scipio Nasica als anerkannter Staatsrechtsjurist in diesen Überzeugungen bestärkt haben könnte. Es ist L. Furius Philus, Konsul von 136, der in Ciceros Dialog *de re publica* als advocatus diaboli des karneadischen Positivismus auftritt, dessen Grundsätze er 155 von seinem wortgewaltigen Urheber selbst gehört hatte. Über ihn findet sich in demselben Dialog eine scheinbar beiläufige, aber bedeutungsvolle pointierte Bemerkung. M'. Manilius, neben Iunius Brutus und P. Mucius einer der *fundatores iuris,* deren sozial engagiertes Rechtsdenken durch die Katastrophe des von ihnen weithin unterstützten Tiberius in eine tiefe Krise geraten sein müßte, sagt dort aus der Sicht des Jahres 129: »Laßt uns jetzt den Philus hören, von dem ich sehe, daß er schon in größeren Dingen um Rechtsrat gefragt wird als ich oder P. Mucius«.[220] Vergleicht man das Gewicht des M'. Manilius und des hier ganz unvermittelt genannten P. Mucius mit dem des L. Furius, von dessen literarischer Arbeit nur ein zufälliges Fragment überliefert ist,[221] erinnert man sich ferner der persönlichen Feindschaft zwischen Furius und Metellus Macedonicus, dem anderen Führer der senatorischen Reformpartei, dann können diese resignativen Worte nichts anderes sagen, als daß Furius in der Krisenzeit seit 133 in den Haupt- und Staatsfragen zum Kronjuristen der Optimaten aufgerückt ist.[222]

219a Zur Bedeutung der karneadisch-philonischen Skepsis neuerdings vor allem Weische, Cicero und die neue Akademie, 2. Aufl. 1975. Nicht einschlägig dagegen Dillon, The Middle Platonist 1979, da seine Arbeit der Akademie seit Antiochos von Askalon gilt, die gerade durch eine starke Aufnahme des naturrechtlichen Dogmatismus der Stoa geprägt ist. Vgl. die Besprechung von Witt, Gnomon 51 (1979), S. 382. Siehe auch oben Anm. 88.

220 Cic. de rep. I 13, 20; vgl. den Text o. Anm. 5. Zuerst erkannt hat die Bedeutung dieser Stelle Münzer Pauly-Wissowa Realenzykl. (1933) s. v. Mucius 17, Sp. 427.

221 Siehe Münzer, Pauly-Wissowa Realenzykl. (1910) s. v. Furius 78, Sp. 360.

222 Die *maiores res,* von denen Cic. rep. I 13, 20 die Rede ist, beziehen sich mit dem Komparativ auf Privatrechtsfragen, über die Laelius mit Manilius gescherzt hatte (o. Anm. 28), meinen also selbst wohl Fragen des Staatsrechts oder *ius publicum.*

Die beiden Grundelemente nun der Rechtslehre des Karneades sind die wirkliche persönliche Staatsgewalt *(imperium)* und das regelgebende positive Recht *(iustitia civilis)*, und zwar beide streng gefaßt als Einrichtungen des bürgerlichen Eigennutzes, der *sapientia,* und scharf geschieden von der rechtlich ohnmächtigen Moral, der *iustitia naturalis.*[223] [115] Einer solchen konkreten Staatsgewalt hatten sich einst die Besitzenden des Urzustandes freiwillig unterworfen und sie dabei zugleich zur formellen Sicherung ihrer Rechte und Freiheiten durch eine regelgebende Rechtsordnung beschränkt.[224] Wo eine formulierte Regel fehlt, kennt dieses Rechtsbild nur das vom bürgerlichen Interesse geleitete *imperium.* So verbietet beispielsweise dieses *imperium* nach einer schon erwähnten Illustration die vom ciceronischen Furius selbst stammt, den Bewohnern Südgalliens kurzerhand den Weinbau, um den Weingütern der eigenen Bürger gute Preise und Absatzmöglichkeiten zu sichern; das ist in den scharf kontrastierenden Kategorien des Karneades zwar, da mitmenschlich unmoralisch, ungerecht, aber, da sich das *imperium* hier vollkommen im Konsens mit den Bürgern verhält, durchaus rechtmäßig.[225] Dieses *imperium* ist das tatsächliche Machtzentrum der Verfassung und theoretisch nichts anderes als die persönliche, wirklich ausgeübte Herrschaftsgewalt des jeweiligen Magistrats, der als solcher verpflichtet ist, die formelle Rechtsordnung und die Rechte der Bürger zu respektieren – insoweit ist er grundsätzlich auf Jurisdiktion beschränkt – und im übrigen, wo nötig und möglich, seine Herrschaftsgewalt im Interesse der Bürger einzusetzen.

Es ist leicht zu erkennen, wie eine so definierte Staatsgewalt reagieren muß, wenn im Verfassungsleben jemand auftritt, der durch Interpretation eine von den konsentierten Verfassungsregeln nicht vorgesehene Macht beansprucht, um dann von dieser Basis aus in die gegebenen Besitzverhältnisse der Bürger einzugreifen. Nach diesen Kategorien ist es ein Angriff auf die Rechtsordnung und die Rechte der Bürger, das Eindringen einer fremden tatsächlichen Gewalt, die gewaltsam vom Inhaber der Verfassungsgewalt zurückgewiesen werden muß, der sich dabei des vollen Konsenses der Bürger versichert fühlen darf. Bleibt nun der verfassungsmäßige Innehaber des *imperium* in dieser Situation untätig, dann kann nach dieser Auffassung offenbar auch die Konsequenz gezogen werden, daß der Platz, wo die tatsächliche Gewalt in der Verfassung zu sein hat, vakant ist. Jeder Bürger kann dann in einem solchen Notstand der höchsten Exekutivgewalt in die Lücke treten.

223 Zur Dichotomie zwischen der bürgerlichen und natürlichen Gerechtigkeit Cic. de rep. III 20, 31. Zu der berühmten Anwendung der Unterscheidung auf den Begriff des *imperium* III 12, 20; 18, 28. Karneades stellte die Römer dort bekanntlich vor die Wahl, sich entweder zu ihrem ungerechten und eigennützigen *imperium* zu bekennen oder gerecht zu sein und in ihre Hütten zurückzukehren.

224 Vgl. dazu Römische Privatrechtsordnung und Grundrechtstheorie (o. Anm. 7), S. 17ff.

225 Cic. de rep. III 9, 16: *nos vero iustissimi homines, qui Transalpinas gentis oleam et vitem serere non sinimus, quo pluris sint nostra oliveta nostraeque vineae; quod cum faciamus, prudenter facere dicimur. iuste non dicimur, ut intellegatis discrepare ab aequitate sapientiam.* Zur Anwendung dieses Gegensatzes in einer Juristenstelle u. Anm. 241.

[116] In genau diesen Gedankenbahnen hat Scipio Nasica gehandelt, als er für den Konsul, der die Gewalt durch seine Läßlichkeit aufgegeben hatte *(segniter cessante Mucio consule),*[226] unter Anrufung aller verfassungstreuen Bürger zur Erhaltung von *imperium* und Rechtsordnung die Staatsgewalt gegenüber dem angreifenden Tiberius in seine Hände nahm.[227]

Der im Mittelpunkt dieser Argumentation stehende ganz und gar tatsächliche, als solcher aber konsensbegründete Begriff des *imperium,* ist damals wohl zum ersten Mal zur Legitimation öffentlichen Handelns eingesetzt worden, er muß aber mitsamt der dazugehörigen positivistischen Rechtstheorie schon vorher in maßgeblichen Kreisen zur Anerkennung gekommen sein. Sonst wäre jene so extreme Anwendung dieser Lehre durch Scipio Nasica kaum erklärlich. Gegenüber der Reformjurisprudenz der *boni viri,* deren Grundlage der sozialliberale Stoizismus des Antipater von Tarsos war, gab es aber auch kein näherliegendes und wirksameres Gegenmittel als die Rechtslehre des Karneades, vor dessen Rede- und Argumentationsgewalt Antipater einen solchen Respekt hatte, daß er sich ihr persönlich nie gestellt hat und sich wegen seiner nur schriftlichen Repliken den Namen »Federschreier« einhandelte.[228] Von diesem Ausgangspunkt wäre dann auch die karneadische Rechtstheorie zur Grundlage der klassischen römischen Jurisprudenz geworden, was hier nur noch kurz am Begriff des *imperium* angedeutet werden soll.

Das schon erwähnte *iudicium imperio continens* der klassischen und der sie vorbereitenden republikanischen Jurisprudenz ist mit seiner *formula in factum concepta,* in welcher der Magistrat dem Geschworenen die Entscheidung aufgibt, ein reines Geschöpf des im Konsens mit den Bürgern handelnden *imperium.* Es tritt in die Lücken der formalen Rechtsordnung, ohne aber selbst Teil des bürgerlichen Rechts zu sein. Es lebt allein aus den Kategorien des konkreten Befehls und des konkreten Sachverhalts und kennt daher auch folgerichtig nicht die Vorstellung einer selbständigen Pflicht; sie würde ja die bloße Tatsächlichkeit des *imperium* verlassen und pflichtenbegründende Normen voraussetzen. Die an dieser Position geübte Kritik macht sie besonders deutlich und [117] wirft zugleich Licht auf ihre Herkunft. Die Sabinianer versuchen nämlich aus der Tradition der Reformjurisprudenz der Mucii, auf die ihre Schule eklektisch zurückgreift, auch in das *iudicium imperio continens* die Vorstellung eines selbständigen *officium iudicis* hineinzutragen; die Prokulianer verteidigen aber auch an diesem Punkt die Reinheit der positivistischen naturrechtsfeindlichen Lehre, die ihnen aus der Republik überliefert worden war und deren Entfaltung wir insbesondere seit Aquilius Gallus und Servius Sulpicius beobachten.[229] Daß aber die Rechtstheorie der skep-

226 Auct. de vir. ill. 64, 7. Weitere übereinstimmende Stellen, Münzer (o. Anm. 220), Sp. 426.

227 Indem er dafür sorgte, daß das »legitime« *imperium* nicht zusammenbrach (vgl. o. Anm. 198).

228 Vgl. Cohn (o. Anm. 66), S. 6.

229 Vgl. zunächst die Literatur o. Anm. 7. Hinsichtlich der im Text dargestellten Rechtslage der *iudicia imperio continentia* mit *formula in factum concepta* vgl. einstweilen Gaius IV,

tischen Akademie des Karneades vor diesen beiden Juristen wirksame Rezeptionen erfahren hat, zeigt die Gestalt des Licinius Crassus, Konsul von 95, dessen theoretisches Arsenal, das er in der *causa Curiana* so erfolgreich gegen Q. Mucius, den Sohn des P. Mucius, eingesetzt hat, aus der Akademie entlehnt war.[230]

Ob nun tatsächlich L. Furius Philus seine Karriere als maßgeblicher Rechtsberater der Optimaten damit begonnen hat, daß er auf der Grundlage der karneadischen Rechtstheorie dem Scipio Nasica und seiner Partei eine brauchbare Notstandstheorie auseinandergesetzt hat, muß angesichts der Quellenlage eine Vermutung bleiben; immerhin reichen die Indizien dafür aus, ihn für diese Rolle ernsthaft in Betracht zu ziehen. Freilich gilt das nur dann, wenn wir wirklich dem Umstand, daß Cicero Furius in seinem Dialog de re publica zum Hauptvertreter der Staatslehre des Karneades macht, eine historische Grundlage zubilligen dürfen.

Ich möchte das indes annehmen,[231] trotz der distanzierenden Worte, die Cicero zu Anfang der Darlegungen dem Furius in den Mund legt: Man mute ihm einiges zu, daß er die Sache der Schändlichkeit *(patrocinium improbitatis)* führen solle, aber da man nun einmal nach dem Gold der Gerechtigkeit schürfe, sei er bereit, sich die Hände schmutzig zu machen.[232]

[118] Man muß dazu zunächst bedenken, daß Cicero selbst der Sache nach in den entscheidenden Fragen des Rechts immer die Position des Karneades vertreten hat, aber zugleich als politischer Schriftsteller davon überzeugt war, daß die allzu zynischen Wahrheiten des Karneades mit ihren grellen Distinktionen zwischen Recht und Mitmenschlichkeit jedenfalls äußerlich der Milderung bedürften. Sein Hauptmittel war dabei der Rückgriff auf den liberalen Stoizismus des eigentlichen Scipionenkreises, den er ganz nach Art eines politischen Historikers nicht selbstlos darstellte, sondern mehr zum werbenden Medium seiner eigenen Wertvorstellungen machte. Durch dieses Vorgehen, zu dem er sich durch sein skeptisches Recht zur Auswahl des je Wahrscheinlichsten berechtigt fühlte[233] und durch das er von seinen eigenen Grundüberzeugungen nichts aufzugeben brauchte, gewann seine Schriftstellerei in Übereinstimmung mit seinem Harmoniebild einen *consensus omnium bonorum,* eine große Kraft der Integration, zur jedenfalls äußerlichen Überbrückung der Gegensätze. Der liberale Stoizismus des Scipionenkreises wurde ihm zum vornehmeren und gefälligeren, wenn auch nicht

60 f., wo bezeugt ist, daß die Formalisten auch die amtsrechtlichen Prozesse strengrechtlich behandelten und auch sie folglich zu denen gehörten, bei denen die Sabinianer ihre *officium-iudicis*-Theorie des *omnia-iudicia-absolutoria* durchzusetzen versuchten (Gaius IV, 114). Vgl. dazu Kaser, Röm. Zivilprozeßr. § 42 II 3.

230 Siehe o. Anm. 88 und den dort genannten Artikel von Häpke.

231 Anders Münzer (o. Anm. 221), Sp. 360: »für die historische Persönlichkeit ziemlich belanglos«. Es ist aber stets zu bedenken, daß Cicero den Dialog als einen historisch möglichen konzipiert hat. Es ist angeblich eine *disputatio,* von der der alte Rutilius Rufus noch selbst in Smyrna Cicero und Atticus erzählen konnte (de rep. I 8, 13).

232 Cic. de rep. III 3, 8.

233 Cic. de off. III 4, 20: *Nobis autem nostra Academia magnam licentiam dat, ut, quodcumque maxime probabile occurat, id nostro iure liceat defendere.*

ganz passenden Gewand seines festgehaltenen Skeptizismus. So stimmt er in seiner Schrift *de officiis* stets den Ansichten des Antipater von Tarsos, des Philosophen der Reformjurisprudenz, zu, aber bei Lichte besehen immer nur moraliter; so weit es sich um das Recht handelt, ist er stets auf der Seite der erzliberalen Stoiker Diogenes und Hecaton. Diese friedenstiftende Differenzierung, die in der Darstellung keineswegs besonders hervorgekehrt wird, wäre einem Stoiker unmöglich,[234] und kann von Cicero nur deswegen vorgenommen werden, weil er die karneadische Unterscheidung zwischen Recht und Moral stets beklagt, aber auch stets vertreten hat.[235] In der großen Staatsschrift de re publica, in der Cicero beinahe uns in eigener Person seinen Standpunkt auseinan- [119] dergesetzt hätte, wenn er nicht schließlich doch dem bereits befolgten Rat des Sallust zuwider den Dialog in den Scipionenkreis verlegt hätte,[236] ist der gleiche Bruch schon vom Kirchenvater Laktanz bemerkt worden; ihm fiel nämlich in einem uns nicht überlieferten Fragment auf, daß Cicero, der dort in der Person des Stoikers Laelius sprach, nicht in der Lage war, den von Furius gerade entwickelten Gegensatz zwischen eigennützigem und vernünftigem Recht und uneigennütziger, törichter Gerechtigkeit zu widerlegen: Denn als er Laelius dem Furius antworten und für die Gerechtigkeit eintreten ließ, sei er um diese Differenzierung wie um eine Fallgrube herumgegangen, so daß schließlich Laelius nicht die Gerechtigkeit, das natürliche Recht, das dem Vorwurf der Torheit unterworfen worden war, sondern das bürgerliche Recht verteidigt zu haben schien, das Furius zwar als vernünftig gelten ließ, nicht aber als gerecht.[237] Der historische Laelius hätte dagegen die Differenzierung selbst bestritten und den vom Recht zugelassenen Eigennutz seiner mittelbaren Gemeinnützigkeit wegen auch stets für gerecht und gut erklärt.

Sieht man so, daß in Wahrheit für Cicero das Gold der Gerechtigkeit, auf dessen Suche sich sein Furius mit den karneadischen Lehren beschmutzen wollte, letztlich doch nur die karneadische Moral war, der das Recht als positive Regel gegenübersteht, wird man auch die Verwahrungen, die Cicero seinen Furius aussprechen läßt, nicht als historisch nehmen, sondern als Ausdruck seines eigenen schriftstellerischen Harmoniestrebens. Wer im Kreis um Scipio, den Cicero zu einem beispielhaften Modell einer staatstragenden Gruppe von wohlgesinnten

234 Vgl. einerseits die Beispiele Cic. de off. III 12, 50-53, 57; III 23, 89-92, wo Cicero mit Antipater dagegen ist, seine Schulden mit falschen Münzen, die man selbst von Dritten empfangen hat, zu bezahlen und auch nicht richtig findet, daß man Sachmängel verschweigt, und andererseits de off. III 16, 67, wo er gegen eine Geschworenenentscheidung, die nun tatsächlich einen Verkäufer wegen unterlassener Aufklärung zum Schadensersatz verurteilte, ganz positivistisch einwendet: *huiusmodi reticentiae iure civili comprehendi non possunt.* Der kritisierte Richter Cato, der Vater des Uticensis, hatte dagegen in Übereinstimmung mit der dort von Cicero insgesamt angegriffenen Jurisprudenz der Mucii in dem von der *bona fides* beherrschten Kaufrecht eine Differenzierung zwischen Recht und Moral abgelehnt.

235 Vgl. bereits o. S. 63 f. mit Anm. 90.

236 Vgl. Cic. epist ad Quint. Fratr. III 5, 1.

237 Lact. Inst. 5, 16, 5-13 = Cic. de rep. III 20, 31.

Bürgern verklärt, Aufnahme finden wollte, mußte sich zumindest verbal von den nackten Wahrheiten des Karneades distanzieren. Was man im übrigen von Furius erfährt, von seiner Gewohnheit, über alle Sachen von zwei Seiten zu sprechen,[238] über seine literarische Bildung und Sprachfertigkeit[239] und seine eher außerhalb des Fachbetriebs stehende juristische Schriftstellerei,[240] stimmt mit einer von der skeptischen Akademie mitgeprägten Bildung, wie wir sie später bei Licinius Crassus [120] und dann insbesondere bei Cicero finden, gut überein. Es bleibt daher eine zulässige, wenn auch nicht streng beweisbare Vorstellung, daß es tatsächlich Furius Philus war, der dem Scipio Nasica und seinem Kreis die Rechtsunterweisung gegeben hätte, die sie zu jener Aktion ermächtigte; es wäre jedenfalls die bedeutendste *res maior* gewesen, in der Philus den Juristen der etablierten Jurisprudenz wie P. Mucius und M. Manilius vorgezogen worden wäre.

Am Ende vielleicht noch ein Wort zu Cicero, der unsere bei weitem wichtigste Quelle war und den man wohl geradezu mit Fug und Recht den bedeutendsten Historiker der römischen Revolutionszeit nennen könnte, jener Jahre, die an ideengeschichtlicher Vielfalt und historischer Dauerwirkung, wie anfangs bemerkt, nur in der modernen Geschichte ihresgleichen finden. Ciceros Leistung liegt freilich nicht gerade in der sorgfältigen Analyse und pointierten Hervorhebung der Gegensätze – hier hat er, wie wohl deutlich geworden ist, die Aufgabe eher erschwert –, sondern umgekehrt in dem schließlich vielleicht geglückten Versuch, die heillose Zerrissenheit des Rechts- und Staatsdenkens, die seit 133 in der römischen Verfassung offenbar geworden war und einen geregelten Austrag der Interessenkonflikte weithin unmöglich machte, durch die Bildung einer öffentlichen Meinung, eines allgemeinen offenen Konsenses, zu überwinden, in dem alle jene Strömungen in gewisser Weise ihren Platz fanden. Den Ansprüchen strenger Philosophie und kritischer Geschichtsschreibung genügten die zu diesem Zweck verfaßten Schriften sicherlich nicht, soviel man auch aus ihnen lernen kann. Wohl aber waren sie mit ihren offenen und trotz mancher dezidierter Parteinahme Ciceros doch fortbildungsfähigen Formeln und ihrem verklärenden Bild einer nicht spannungslosen, aber doch wesentlich harmonischen Vergangenheit geeignet, die geistigen Bedingungen eines vernünftigen Zusammenlebens zu fördern. Die Erhaltung der Republik war zwar auf diese Weise nicht mehr zu erreichen. Aber der geistige Raum des Prinzipats ist ganz wesentlich von Ciceros Schriften mitgeprägt worden. Und wenn in ihm der Gegensatz zwischen Karneades und Antipater von Tarsos, zwischen juristischem Formalismus und prinzipiellem, sozial-realem Wertdenken in der abgeschwächten Form der Konkurrenz zweier aus verschiedenen Traditionen schöpfenden Rechtsschulen wiederbe-

238 Cic. rep. III 5, 8: *consuetudo tua contrarias in partis disserendi.*

239 Cic. Brut. 28, 108: *perbene Latine loqui putabatur litteratiusque quam ceteri.*

240 Macrob Sat. III 9, 6 nennt ein *liber vestustissimus* wohl dieses Furius (so auch Münzer, ebda., o. Anm. 221) und zitiert daraus zwei auf Karthago gestellte Devotionsformeln. Die Schriftstellerei des Furius dürfte im ganzen der des Tuditanus (o. S. 83 bei Anm. 145) geähnelt haben.

gegnet, die sich schließlich in einer nicht widerspruchsfreien, aber reichen spätklassischen Rechtswissenschaft verbinden,[241] dann entsprach das [121] durchaus dem offenen, nicht philosophisch-radikalen, sondern bürgerlich-verantwortlichen Denken Ciceros und wäre vielleicht sogar, wie das verfassungstheoretisch so zweideutige Gebilde des Prinzipats[242] selbst, ohne die Wirkung seiner Schriften kaum denkbar gewesen.

241 Die leidenschaftliche Auseinandersetzung über Recht und Gerechtigkeit und vor allem über die richtige Formulierung des Verkehrsrechts, welche die spätrepublikanische Zeit beherrschte (s. z. B. o. Anm. 234), ist in ihr zur Ruhe gekommen, aber doch nicht ohne Spuren zu hinterlassen. Auf ein besonders schönes, durch die Verwendung des Stichwortes *sapienter* herausgehobenes Leitfossil der ehemaligen Debatte sei hier noch hingewiesen. Es stammt aus dem Kommentar des Pomponius zum *ius civile* des Quintus Mucius Scaevola, des Sohnes des Konsuls von 133 v. Chr., und behandelt einen einfachen erbrechtlichen Fall. Ein Sklave war testamentarisch unter der Bedingung freigelassen worden, daß er einem Dritten eine bestimmte Anzahl Tagewerke leiste. Dem Erben wird nun der gute Rat gegeben, den Sklaven daran zu hindern. Dann werde zwar der Sklave mit Ablauf der für die Tagewerke nötigen Zeit nach dem bekannten Grundsatz, daß eine vereitelte Freilassungsbedingung als eingetreten gilt, frei, in jedem Fall könne der Erbe aber die Arbeitskraft des Sklaven soweit nach dem Testament überhaupt noch möglich, für sich nutzen. Pomp 9 Quint Muc D 35, 1, 57: *in proposito sapienter faciet heres, si impedierit eum, quo minus praestet operas: hac enim ratione servus perveniet quidem ad libertatem, sed operis eius extraneus non utetur.* Von Quintus Mucius kann diese Art der *sapientia,* die unter eleganter Ausnutzung der Rechtsregeln, aber gleichzeitig mit illoyaler Sabotage des Erblasserwillens den eigenen Vorteil sucht, nicht kommen. Die hier empfohlene *sapientia* ist vielmehr die positivistische Rechtsklugheit des Karneades, die erst in die römische Jurisprudenz eindringen konnte, nachdem die Grundsatzkritik des Servius Sulpicius, seine *reprehensa capita Quinti Mucii,* ihre Früchte getragen hatte. Auf die Herkunft aus der hochliberalen Jurisprudenz der ausgehenden Republik, die dann in klassischer Zeit vielfach gemäßigt wurde, deutet auch, daß die Wertungen des Fideikommißrechts, die den formlosen Erblasserwillen zu respektieren gebieten (vgl. Gaius II, 198), gar nicht beachtet sind.

242 Mit diesem Hinweis soll nicht die bekannte, aber zu einfach geschnittene These Reitzensteins, Die Idee des Prinzipats bei Cicero und Augustus, Nachr. der Gött. Gesellschaft d. Wissensch. 1917, S. 399 ff., 481 ff., daß die Schrift de re publica für die Verfassungsform des Prinzipats unmittelbar modellgebend gewesen sei, wieder aufgegriffen werden. Dagegen zuletzt mit Recht Bleicken (o. Anm. 214), S. 17. Anm. 2 und bereits o. Anm. 110. Im Ansatz dagegen überzeugend Ulrich Knoche, Die geistige Vorbereitung der augusteischen Epoche durch Cicero, Das neue Bild der Antike II (1941), S. 200-218 = Das Staatsdenken der Römer, hrsg. v. R. Klein, Wege der Forschung 46 (1966), S. 405 ff.

II. Staatsrecht und Philosophie in der ausgehenden Republik – oder zur Bedeutung des Mottos »philosophari se velle, sed paucis«*

[458] (1) War P. Mucius Scaevola, der Konsul des Tribunatsjahrs des Tiberius Gracchus, ein Mann, dessen Denken und Handeln kohärent, also folgerichtig oder doch wenigstens widerspruchsfrei war (vgl. Verf. S. 145/146)? Hat er als Staatsmann, der in einer der schwersten Krisen der römischen Geschichte als einziger Konsul in Rom (sein Kollege bekämpfte in Sizilien einen Sklavenaufstand) die höchste Verantwortung trug, seine juristischen Überzeugungen bewährt oder nicht? Dies ist die Frage, die der Titel des hier zu besprechenden Buches des bekannten Neapolitaner Romanisten aufwirft.

In der Sache geht es aber bei näherer Betrachtung um etwas anderes. Das wahre Thema des Buches beschäftigt sich mit dem Problem, ob P. Mucius ein konservativer Jurist der alten Schule war, dessen (an sich unbestrittene und nur nach Grad und Beschaffenheit zweifelhafte) Unterstützung für Tib. Gracchus folgerichtig nicht weiter ging, als es mit traditionalistischen Überzeugungen vereinbar war (dies ist die gegenüber allen Einzelfragen durchgehaltene These Guarinos), oder ein von griechischer Verfassungstheorie und Naturrechtslehre inspirierter Reformjurist, dessen Unterstützung für die »Reformbewegung« und die »Reformpartei« des Tib. Gracchus (die Ausdrücke sind von Mommsen, Röm. Geschichte II 68 ff., 100) tiefer und weiter ging und der damit einen wesentlichen Teil dazu beigetragen hat, daß die Jurisprudenz der *fundatores,* zu denen er zählte, in Mißkredit geriet und nach dem abschließenden Werk seines Sohnes Q. Mucius einer formalen, alle freien Wertungen und Interpretationen aus dem Rechtssystem verbannenden Jurisprudenz Platz machen mußte. Dies ist meine Auffassung, wie ich sie in dem Artikel »Tiberius Gracchus und die Juristen seiner Zeit« entwickelt habe.[1] Guarino hat diese Arbeit, die ich ihm kurz vor Fertigstellung seines Buches auf seine Anfrage hin übersandte, dankenswerterweise noch berücksichtigt und ihre Ergebnisse, von seinem Standpunkt aus völlig konsequent, abgelehnt.

Die Meinungsverschiedenheit ist unüberbrückbar. Die einzige anrufbare Entscheidungsinstanz sind die Quellen und die für ihre Auswertung geltenden methodischen Gebote, deren Autorität sich natürlich auch einer Arbeit unterwirft,

* Erstabdruck in: Zeitschrift der Savigny-Stiftung für Rechtsgeschichte, Romanistische Abteilung 100 (1983), S. 458-484. Zugleich Besprechung von Antonio Guarino, La coerenza di Publio Mucio, Napoli 1981, S. 197.

1 Tiberius Gracchus und die Juristen seiner Zeit – die römische Jurisprudenz gegenüber der Staatskrise des Jahres 133 v. Chr., in: Das Profil des Juristen in der europäischen Tradition. Symposion aus Anlaß des 70. Geburtstages von Franz Wieacker. Hg. von K. Luig und D. Liebs, 1980, 25-121. Vgl. auch Prinzipat und Sklavenrecht. Zu den geistigen Grundlagen der augusteischen Verfassungsschöpfung. In: Rechtswissenschaft und Rechtsentwicklung (Göttinger Rechtswiss. Studien Bd. 111), 1980, 53-88.

die mit rechtshistorischen Mitteln der letzten Endes moralischen Frage des Charakterbildes des P. Mucius nachgehen will. Man kann allerdings, dies sei vorweg bemerkt, zweifeln, ob gerade dieser gewählte Zugang glücklich war, nicht nur, weil er eine recht beschränkte und der Zuständigkeit des Rechtshistorikers nur bedingt unterliegende Frage aufwirft, sondern auch, weil er P. Mucius in der Art [459] eines Totengerichts einem Anspruch aussetzt, dem er in seiner Sternstunde dann doch nicht genügt hat. Ein Konsul, der es in vollem Besitz der Amtsgewalt zuläßt, daß mit Scipio Nasica ein Mann ohne jede magistratische Zuständigkeit auf rechtlich ganz neuartiger Grundlage einen Staatsnotwehrakt extemporiert und eine Partei physisch vernichtet, deren Wirken er selbst nicht nur unterstützt hatte, sondern auch alsbald fortsetzen wird, und der sich im entscheidenden Augenblick, statt seine Verantwortung für den öffentlichen Frieden wahrzunehmen, auf die Untätigkeit des Juristen zurückzieht, der die Ereignisse später bewerten, nicht aber tätig gestalten will, zeigt Schwäche und Inkonsequenz. Und eine unaufhebbare Inkonsequenz liegt auch darin, Nasicas Tat, als sie noch Plan war, zu mißbilligen und nach ihrer blutigen Vollendung zu rechtfertigen. P. Mucius ist am Ende der Aufgabe, Jurisprudenz und Politik in seinem Handeln in einen überzeugenden Einklang zu bringen, nicht gewachsen gewesen. Grosso hat diese Zwiespältigkeit des P. Mucius kürzlich richtig herausgestellt.[2] Man kann und soll Verständnis haben für die Schwierigkeiten, in denen sich P. Mucius befand, aber es fruchtet nichts, das von Grosso gezeichnete Bild eines zwischen juristischen Prinzipien und politischen Machtfragen lavierenden P. Mucius als unangenehm und unersprießlich (inappagante)[3] abzutun. Am Gebot der Objektivität darf es keine Abstriche geben.

Die Art und Weise nun, in der Guarino sein eigentliches Thema, die Stellung des P. Mucius zur Politik der Gracchen, behandelt, folgt ganz der historischen Methode und stellt sich damit auch der entsprechenden Kritik. Das erste Kapitel, überschrieben ›P. Mucius in seiner Zeit‹, gibt eine kurze Schilderung des Prologs von Ciceros *de re publica*, in dem P. Mucius, ohne an dem berühmten Dialog beteiligt zu sein, zweimal erwähnt wird, und bietet daran anschließend eine pointierte, traditionelle Züge herausarbeitende Charakteristik des P. Mucius. Das zweite Kapitel enthält eine eingehende Erörterung der gracchischen Ereignisse unter ihren wesentlichen rechtlichen Gesichtspunkten (32-79). Den Höhepunkt bildet das dritte Kapitel, das in der Überschrift den Buchtitel selbst wiederholt und insbesondere die Geschehnisse des Jahres 133, an denen P. Mucius selbst beteiligt war, ferner den Prozeßkrieg gegen die Anhänger des Tiberius und die denkwürdige Entscheidung des P. Mucius in Sachen der *dos Liciniae* behandelt. Der Schlußabschnitt trägt den zunächst etwas überraschenden Titel *philosophari se velle, sed paucis*. In ihm steht einerseits das Resümee, die Ehrenrettung des P. Mucius, wie sie dem Verf. notwendig erschien, und danach eine knappe Auseinan-

2 G. Grosso, Publio Mucio Scaevola tra il diritto e la politica, Archivio giuridico 175 (1968), 204 ff. Abwehrend Guarino 16, vgl. auch 147.

3 Guarino 16; vgl. auch 147.

dersetzung und Ablehnung der von mir angenommenen philosophischen Einflüsse auf die Handelnden des Jahre 133, auf Tiberius Gracchus und P. Mucius von Seiten des sozialreformerischen Naturrechts des Antipater von Tarsos, auf Scipio Aemilianus und Aelius Tubero von seiten des klassischen stoischen Naturrechts, wie es vor Antipater Diogenes von Babylon und nach ihm Panaitios vertraten, und schließlich auf Scipio Nasica und Furius Philus von Seiten des Macht- und Regelpositivismus des Karneades.

[460] (2) Zu diesen philosophischen Einflüssen, um mit diesem zentralen Punkt erst einmal in seinen allgemeinen Zusammenhängen zu beginnen, nimmt Guarino sehr dezidiert, aber auch sehr eigenwillig Stellung. Wer die möglichen Einflüsse des Antipater-Schülers Blossius von Cumae, immerhin eines Mannes, der Tiberius mit P. Mucius als fast pythagoreischer Freund des einen und (effektiv geschirmter) Gastfreund der Familie des anderen bedeutungsvoll verbindet, ins Spiel bringt, erzähle Romane (S. 30 f.). Der hausbackenen Erklärung (*spiegazione casalinga*), die ohne die Annahme solcher Einflüsse auskomme, gebühre in Form einer erschwert widerleglichen Vermutung der Vorrang (vgl. S. 148/9).

Ich fürchte, daß Guarino schon mit diesen Feststellungen, die gegen bestimmte Interpretationsmöglichkeiten einen Bann verhängen (vgl. das *bandire* S. 30), das Gebot unvoreingenommener Würdigung der Überlieferungsdaten verletzt hat. Leider zeitigt eine Willkür aber die andere. Die Art und Weise, wie Guarino mit dem zu Recht als zentral empfundenen Ennius-Wort *philosophari se velle, sed paucis* umgeht, das im Prolog von Ciceros *de re publica* als Maxime des ersten großen literarischen Juristen Roms, Sex. Aelius Paetus Catus, zitiert wird, aber keineswegs nur dort vorkommt, überschreitet die Grenze, die zwischen ernsthafter Bemühung und unterhaltsamer Beliebigkeit verläuft, in erheblichem Maße.

Das Wort bedeutet, so die feste Überzeugung Guarinos (S. 153: »per me è indubitabile«), daß es erlaubt sei, über alles zu argumentieren oder zu räsonnieren (»ragionare«), aber es beim Schlußfolgern und beim Vortragen von Hypothesen der Mäßigung bedarf (S. 153). Das ist als allgemeine Maxime zwar höchst beifallswürdig – wie ich als der an der Stelle polemisch Gemeinte[4] gerne bekenne –, zumal da ich weiß, daß Guarino damit nicht der intellektuellen, sich im einmal Gelernten so wohl fühlenden Bequemlichkeit das Wort reden will. Als historischer Übersetzungsversuch ist Guarinos Vorschlag indes herzlicher Unsinn, der den Worten unter keinem Blickwinkel abgewonnen werden kann (man versuche es nur einmal!) und der vor allem dem bedeutenden historischen Gehalt der Maxime in keiner Weise gerecht wird.

4 Vgl. Guarino 153 mit Anm. 323. Die anonyme Formel im Text »vi è chi« wird in der Fußnote etwas irreführend aufgelöst, nämlich mit »J. Behrends, Les ›veteres‹ et la nouvelle jurisprudenze à la fin de la République, RHD 55 (1977), 17 ff.« Ich würde jedoch – bei aller Vorsicht gegenüber Hypothesen – dazu neigen, eine mehr unwillkürliche Attraktion des Vornamensbuchstabens meines Fußnote 311 zitierten Historikerkollegen J. Bleicken anzunehmen, und trotz des richtigen »O. Behrends« (Anm. 2) keinen Irrtum oder Zweifel Guarinos an meiner Identität postulieren.

Der Gerechtigkeit und Versöhnlichkeit halber sei aber sogleich folgendes angemerkt. Guarinos große Verdienste um die Romanistik wurzeln gerade auch darin, daß er Werke zu schreiben versteht, die nicht nur den Fachkollegen belehren und anregen, sondern vermöge eines wirklich geistvollen Stils auch ein größeres Publikum erreichen. Wenn ein solcher Schriftsteller, der mit Recht auch an seine Leser denkt, einmal seinem geistreichen Mutwillen die Zügel schießen läßt, um an die Stelle einer Sacherörterung, die weitläufig werden könnte, einen Scherz zu setzen, wer wollte dafür kein Verständnis haben? Da aber andererseits das scherzhafte Abtun einer Ansicht das Abtun nicht mildert und vielmehr manch [461] einer Guarinos Autorität hier gerade deswegen unbesehen folgen könnte, kann um der Sache willen auf entschiedenen Widerspruch nicht verzichtet werden. Ich nehme aber die Gelegenheit dankbar wahr, meine Auffassung noch einmal ausführlicher zu begründen und darf zu diesem Zweck etwas weiter ausholen. Das vielzitierte Ennius-Wort[5] gehört zu dem Streit um das richtige Lebensideal, wie er in der griechischen Tradition von dem Brüderpaar Zethos und Amphion veranschaulicht wird, in dem Zethos die kriegerische vita activa, Amphion die musisch-gelehrte vita contemplativa repräsentiert.[6] Neoptolemus, den Ennius das *philosophari se velle, sed paucis, omnino haud placere* sagen läßt, nimmt demgegenüber eine vermittelnde Position ein: Er schätzt die Philosophie, soweit sie praktischen Zwecken seines Lebens dienlich ist, also in abgemessener Weise. Als Lebensform, in die man sich verlieren kann, lehnt er sie entschieden ab. Der vollständige Vers lautet denn auch in der Rekonstruktion Vahlens (Ennianae Poesis Reliquae ²1905, S. 191, Scenica, Fab. inc., Nr. 376) *Philosophari est mihi necesse paucis. nam omnino haud placet. Degustandum ex philosophia, non in eam degurgitandum.* In der Kommentarnote (S. 191) fügt Vahlen hinzu, man wisse nicht, zu welchem Drama der philosophierende Neoptolemus (*philosophans iste Neoptolemus*) gehöre, der Sinn seiner Sentenz entspreche aber dem, was in Platons Georgias Callicles dem Sokrates bedeutet habe. Die Philosophie, so läßt Platon an der Stelle (Plat. Georgias 484c) den Callicles sagen, sei etwas Erfreuliches, wenn man sich mit ihr in der Jugend in abgemessener Weise beschäftige, sie sei aber, wenn man über Gebühr in ihr verweile, den Menschen ein Verderben.

Die Philosophie als Teil der lebensnützlichen Ausbildung, das ist in der Tat, was das Neoptolemus-Wort empfiehlt. In der Kaiserzeit degeneriert das Wort zwar ein wenig zur Floskel, mit der sich Intellektuelle elegant davon dispensieren, auf schwierige philosophische Fragen näher einzugehen,[7] bei Cicero, der freilich

5 Vgl. die Nachweise bei Vahlen, Ennianae Poesis Reliquae, 1905², 191.

6 Diese Stilisierung der Charaktere der beiden Zeussöhne geht zurück auf Euripides und dessen Drama Antiope. Vgl. Schmid-Stählin, Geschichte der griech. Literatur III, 1, 1940, 560.

7 Beispiele dafür sind Apuleius' *apologia* 13: *da igitur veniam Platoni philosopho versuum eius de amore, ne ego necesse habeam contra sententiam Neoptolemi Enniani pluribus philosophari.* Vgl. auch Gellius Noct. Att. 5, 15, 9, wo der Vorrang der sittlich nützlichen Philosophie noch anklingt: *Hos aliosque talis arguta e delectabilisque desidiae aculeos cum audiremus vel lectitare-*

selbst schon über die von ihm empfohlenen Grenzen hinausging und sich deswegen immer wieder verteidigen mußte,[8] hat es noch ganz den praktisch positiven Sinn bewahrt. So in der folgenden Stelle, in der Cicero selbst zwar in seiner erzwungenen Muße sich zu einem *omnino placet* bekennt, aber auch überlegt, welchen Nutzen denn der Kriegsmann Neoptolemos aus seinen abgemessenen Lehrstücken der Philosophie habe ziehen können.

> [462] Cicero, Tusc. disp. II 1, 1: Neoptolemus quidem apud Ennium philosophari sibi ait necesse esse, sed paucis: nam omnino haud placere: ego autem, Brute necesse mihi quidem esse arbitror philosophari – nam quid possum, praesertim nihil agens, agere melius? – sed non paucis ut ille. difficile est enim in philosophia pauca esse ei nota, cui non sint aut pleraque aut omnia. nam nec pauca nisi e multis eligi possunt nec, qui pauca perceperit, non idem reliqua eodem studio persequetur. sed tamen in vita occupata atque, ut Neoptolemi tum erat, militari pauca ipsa multum saepe prosunt et ferunt fructus, si non tantos quanti ex universa philosophia percipi possunt, tamen eos quibus aliqua ex parte interdum aut cupiditate aut aegritudine aut metu liberemus, veluti ex disputatione quae mihi nuper habita est in Tusculano, magna videbatur mortis effecta contemptio, quae non minimum valet ad animum metu liberandum.

Freiheit von Todesfurcht, also Tapferkeit, kann mithin die Philosophie den jungen Krieger lehren. Dies ist natürlich – das können wir schon jetzt feststellen – nicht der Nutzen, den der Jurist und Staatsmann Sex. Aelius für sich im Auge hatte. Aber bevor wir darauf eingehen, sei noch gezeigt, wie zentral das Ennius-Wort überhaupt die zurückhaltend interessierte Haltung wiedergibt, welche die römische Führungsschicht des hellenistischen Zeitalters insbesondere nach dem 2. Punischen Krieg gegenüber der griechischen Philosophie an den Tag gelegt hat.

In dem zweiten Buch von Ciceros *de oratore* bringt Catulus den Redner Antonius zunächst zum Eingeständnis, daß er doch von den Bildungsgütern der griechischen Welt gekostet habe, wenn auch heimlich, um seinem Ansehen nicht zu schaden. Gegenüber dieser Zurückhaltung, mit der Antonius die Philosophie wie eine gefährliche Klippe verderblicher Lust (*scopulus libidinis*) behandele, weist Catulus den Redner auf das Beispiel der Staatsmänner zur Zeit der Philosophengesandtschaft vom Jahre 156/5 hin, insbesondere auf Africanus, Laelius und Furius (alle übrigens Teilnehmer des Dialogs *de re publica*), die ihre Neigung für die griechische Philosophie keineswegs verborgen gehalten hätten, und bestimmt

mus neque in his scrupulis aut emolumentum aliquod solidum ad rationem vitae pertinens aut finem ullum quaerendi videremus, Ennianum probabamus qui profecto ita ait: ›philosophandum est paucis: nam omnino haut placet‹ und Gell. 5, 16, 5, wo es um die Theorien des Sehens geht: *Sed hic ea, quae non diutius muginandum eiusdemque illius Enniani Neoptolemi, de quo supra scripsimus, consilio utendum est, qui ›degustandum‹ ex philosophia censet, ›non in eam degurgitandum‹.*

8 Vgl. Philippson, RE 1939 (s. v. M. Tullius Cicero Sp. 1184).

dadurch Antonius zu dem weiteren Eingeständnis, daß er in Wahrheit keineswegs dem Vorbild des Zethus folge, sondern eigentlich dem Neoptolemus zustimme, dies aber, um den Vorurteilen der Geschworenen Rechnung zu tragen und seine Glaubwürdigkeit nicht zu beeinträchtigen, geflissentlich verberge.[9]

> Cic. *de oratore* II 37, 154 (Cat.) ... et certe non tulit ullos haec civitas aut gloria clariores aut auctoritate graviores aut humanitate politiores P. Africano, C. Laelio, L. Furio, qui secum eruditissimos homines ex Graecia palam semper habuerunt. 155. Atque ego hoc ex eis saepe audivi, cum dixerunt pergratum Atheniensis et sibi fecisse et multis principibus civitatis, quod, cum ad senatum legatos de suis maximis rebus mitterent, tris illius aetatis nobilissimos philosophos misissent, Carneades et Critolaum et Diogenem; itaque eos, dum Romae essent, et se et ab aliis frequenter auditos; quos tu cum haberes auctores, Antoni, miror, cur philosophiae sicut Zethus ille Pacuvianus prope bellum indixeris.
> (Ant.) ›Minime‹ inquit Antonius; ›ac sic decrevi philosophari potius, ut Neoptolemus apud Ennium »paucis; nam omnino haud placet«. Sed tamen est haec mea sententia, quam videbar exposuisse: ego ista studia non improbo, moderata [463] modo sint: opinionem istorum studiorum et suspicionem artificii apud eos, qui res iudicent, oratori adversariam esse arbitror, imminuit enim et oratoris auctoritatem et orationis fidem‹.

Diese Vorurteile der Geschworenen entstammen der von Cato Censor in seinem Kampf gegen Scipio Africanus so erfolgreich ausgenutzten und stimulierten römisch-italischen Reaktion auf den Philhellenismus und sind um so interessanter, als sie heute in gewisser Weise noch vielfach fortwirken und, von der modernen Nationalromantik aufgefrischt, wohl die eigentliche Wurzel für den geradezu Catonischen Unwillen sind, der erregt wird, wenn griechische Einflüsse auf Römer und römische Juristen offengelegt werden.

Ein Aemilianus und Laelius, zu deren engstem Verkehr ein Panaitios und Polybios gehörten, und der etwa gleichaltrige P. Mucius, in dessen Familie der Antipater-Schüler Blossius als Gastfreund wohnte, und Furius Philus, dessen näheren philosophischen Umgang Cicero uns nirgends mit Namen nennt,[10] waren von solchen Ressentiments frei. Das gleiche galt für deren Vatergeneration, zu der neben Scipio Africanus maior vor allem auch Sex. Aelius Catus rechnete. Es war auch schließlich, was leicht übersehen werden kann, diese Generation, auf welche die Athener die Philosophengesandtschaft berechnet hatten, und nicht die Aemi-

9 Vgl. *de oratore* II 36, 153: (Cat.) *ne minueres apud tuos civis auctoritatem tuam, subauscultando tamen exipere voces eorum et procul quid narrarent attendere.* (Ant.) *Itaque feci, Catule, et istorum omnium summatim causas et genera ipsa gustavi.* Vgl. damit das *degustandum* des vollständigen Ennius-Wortes, s. o. S. 161.

10 Vgl. aber Cic. de oratore II, 37, 154 im Text. Zur Vermutung, daß er dem Karneades – dessen Ansichten ihn Cicero (nach einer Redevorlage des Karneades, so Philippson [Anm. 8] Sp. 1117) in *de re publica* vortragen läßt – auch tatsächlich nahegestanden hat, s. u. S. 482 ff.

liani, Laelii und Furii, die damals im Jahre 156/55 noch viel zu jung waren. Cicero spricht das in der folgenden Stelle zutreffend aus und macht auch deutlich, daß sich unter denen, die damals beeindruckt und voll Interesse den Philosophen lauschten, auch der erste juristische Schriftsteller Roms, Sext. Aelius Paetus Catus, befand. Und es ist gerade auch dieser Zusammenhang, der es interessant macht, daß Cicero hier nur die beiden für die Rechts- und Staatsphilosophie in der Tat wichtig gewordenen Philosophenschulen der Stoa und der Akademie nennt und den Peripatetiker Kritolaos mit Schweigen übergeht,[11] zumal da andere Schriften Ciceros zeigen, daß ihm der von diesen beiden Philosophien gespeiste große Methodendualismus durchaus bewußt war.[12]

> Cicero, Tusc. disp. IV 3, 5: sapientiae studium vetus id quidem in nostris, sed tamen ante Laeliii aetatem et Scipionis non reperio quos appellare possim nominatim. Quibus adulescentibus Stoicum Diogenem et Academicum Carneadem video ad senatum ab Atheniensibus missos esse legatos; qui cum rei publicae nullam umquam partem attigissent essetque eorum alter Cyrenaeius [464] alter Babylonius, numquam profecto scholis essent excitati neque ad illud munus electi, nisi in quibusdam pricipibus temporibus illis fuissent studia doctrinae. qui cum cetera litteris mandarent, alii ius civile, alii orationes suas alii monumenta maiorum, hanc amplissimam omnium artium, bene vivendi disciplinam, vita magis quam litteris persecutes sunt.*

11 Dazu bereits ›Tib. Gracchus etc.‹ (Anm. 1) 31 m. Anm. 14a am Ende.

12 Vgl. insofern meine Interpretation der Caeciniana Ciceros und des ersten Buches seiner Schrift *de oratore* in meiner soeben erschienenen Arbeit: Die fraus legis. Zum Gegensatz von Wortlaut- und Sinngeltung in der römischen Gesetzesinterpretation, 1982, 39 ff. und 61 ff. In *de oratione* läßt Cicero den Mucius augur den Standpunkt der stoischen *veteres* entwickeln, und zwar in bewußter Anknüpfung an die ihm ja aus eigener Schülerschaft bekannten Interessen des Augur. Vgl. insofern ergänzend Cic. ad Att. IV 17 (16), 4: *erat primi libri sermo non alienus a Scaevolae (sc. auguris) studiis.* Cicero rechtfertigt dort gegenüber Atticus, daß er den alten Augur im übrigen an dem Dialog *de oratore* nicht mehr teilnehmen läßt. Auch eine vorbereitete nähere Interpretation der Topica Ciceros wird zeigen, wie unmittelbar gerade auch der Advokat Cicero an diesem juristischen Methodendualismus interessiert war.

* Das Interesse an der Philosphie ist zwar bei den unsrigen alt; dennoch finde ich vor der Zeit des Laelius und Scipio keinen, den ich namentlich nennen könnte. Als diese noch Jünglinge waren, haben wir, wie ich sehe, die Athener den Stoiker Diogenes und den Akademiker Carneades als Gesandte vor den Senat geschickt. Da diese niemals irgendeinen Bereich der öffentlichen Geschäfte berührt hatten, vielmehr der eine von ihnen aus Kyrene, der andere aus Babylon stammte, hätte man sie gewiß niemals aus ihren Vorlesungen herausgerufen und für diese Aufgabe ausgewählt, wenn nicht bei einigen führenden Männer jener Zeit Interesse an philosphischer Lehre vorhanden gewesen wäre. Während aber eben diese den übrigen Gegenständen bereits literarische Form zu geben begannen, die einem den Bürgerlichen Recht, die anderen ihren Reden, wieder andere der Überlieferung der Vorfahren, haben sie die höchste Wissenschaft von allen, die Lehre richtig zu leben, in ihrem Leben und nicht literarisch verfolgt.

Männer wie Sex. Aelius und Acilius Sapiens, dessen Cognomen eben eine solche anspruchsvolle sittliche Lebenspraxis widerspiegeln dürfte, von der Cicero spricht,[13] und schließlich der nur wenig jüngere Cato Censor, der bekanntlich auf die rasche Verabschiedung der Gesandten drängte, weil ihm die aufgeklärten Kühnheiten des Karneades mißfielen, sie alle können nach ihrem Alter[14] und jedenfalls Sext. Aelius und Cato Censor auch nach ihrer schriftstellerischen Tätigkeit[15] zu den von Cicero gemeinten juristischen *principes civitatis* gehören, denen, da ihre philosophischen Neigungen bekannt waren, die Athener zu imponieren hofften. Daß nun tatsächlich Sex. Aelius, der erste juristische Schriftsteller Roms, gemäß der von ihm so gern zitierten Neoptolemus-Sentenz an praktisch nützlicher Philosophie interessiert war, sagt uns die zentrale, gleich zu erörternde [465] Stelle aus dem Prolog zu Ciceros *de re publica*. In ihr geht es des näheren darum, den allzu sehr den naturkundlichen Spekulationen ergebenen Aelius Tubero durch das Vorbild seines Vorfahrens Sex. Aelius, der nur aus praktischer Verantwortung sich der Philosophie gewidmet habe, zu den Fragen von Staat und Recht zurückzulenken. Zu dieser Stelle, in der Laelius gegenüber Aelius Tubero das Wort führt, gibt es jedoch noch eine vortreffliche Einführung, nämlich einen Abschnitt aus dem dritten Buch von Ciceros *de oratore*, in der Cicero seinen Crassus in sehr launiger Weise und übrigens, ohne Neoptolemus zu bemühen, auseinandersetzen läßt, was es heißt, in abgemessener Weise zu begrenzten Lebenszwekken Lehrstücke aus Disziplinen zu entlehnen, ohne sich als Fachmann in ihnen zu verlieren; zugleich fällt auf Aelius Tubero ein Tadel, weil er gegenüber der Philosophie das richtige Maß nicht gehalten hat. Catulus hatte verwundert gefragt, woher denn Crassus nur die Zeit für seine gründliche wissenschaftliche Bildung hergenommen habe. Crassus wies in seiner Antwort, deren Kern ich der Einfachheit halber gleich in Übersetzung gebe, darauf hin, daß sich hier ein allgemeines Problem stelle, das jeden, der in allgemeiner Lebenspraxis stehe, betreffe, auch

13 Acilius war der erste, dem vom Volk das Cognomen *sapiens* verliehen wurde (Pomp lb sg ench D. 1, 2, 2, 38). Und wenn dies um seiner Jurisprudenz willen geschah (vgl. Cic. Laelius 2, 6), so gewiß nicht wegen abstrakter Gelehrsamkeit, sondern wegen praktischem, in seinem Ethos bewundertem Respondieren, genau wie bei dem einige Generationen älteren Sempronius sophus (Pomp. l. c. § 37). Ob auch aus Cic. de leg. II 23, 59 auf eine literarische Arbeit des Aelius *sapiens* geschlossen werden muß, ist sehr zweifelhaft. Vgl. zuletzt Die fraus legis (Anm. 12) 91 m. Anm. 239.

14 Plutarch, Cato 23, 1. Daß Cato selbst unter den Hörern des Karneades war, ist gut beglaubigt. Vgl. Kienast, Cato der Zensor, 1954 (Nachdr. 1979) 106, dessen Darstellung im übrigen den hellenistischen Cato sehen lehrt (insbesondere 101 ff.-116). Zur Staatstheorie Catos u. Anm. 59. Acilius sapiens war ein Zeitgenosse des 149 gestorbenen Cato Censor, vgl. Klebs, RE 1894 (s. v. Acilius 7 Sp. 252), genauso wie Sext. Aelius Paetus Catus, der drei Jahre früher als Cato Censor Consul war (198 gegenüber 195) und wie Cato sehr alt geworden ist. Vgl. dazu Cic. Cato maior 11, 36 mit Klebs, s. v. Aelius 105 Sp. 527. Sein offenbar etwas älterer Bruder Publius (Consul 201) war dagegen im Jahre 174 der Pest zum Opfer gefallen (Liv. 41, 21, 8; Klebs, s. v. Aelius 101 Sp. 526).

15 Vgl. Pomponius lb sg enchiridii D. 1, 2, 2, 38. Zu Acilius *sapiens* o. Anm. 13.

jemanden, der seine Aufgabe woanders sehe als im öffentlichen Leben des Marktes, der Kurie, der Rechtsstreitigkeiten und überhaupt des Gemeinwesens.[16]

> (Cicero de oratore III 23, 86): (Crassus) Alle Disziplinen werden nämlich von denjenigen, die sie auf einen nützlichen Zweck hin anwenden, anders betrieben als von denjenigen, die sich aus Freude an der Beschäftigung mit ihnen entschließen, im Leben nichts anderes mehr zu tun. Dieser Gladiatorenlehrer ist schon hoch an Jahren und doch übt er täglich; denn anderes kümmert ihn nicht. Dagegen hat Q. Velocius das gleiche nur als junger Mann gelernt, wurde aber, da er dazu begabt war und alles begriff, ein, wie es bei Lucilius heißt, »gar sehr guter Gladiator im Kampfspiel und jedem Neuling eine recht rauhe Erfahrung«. Dennoch aber widmete er mehr Zeit dem Forum, den Freunden und dem Vermögen. Valerius sang jeden Tag; denn er war ein Komödiant. Was sollte er sonst tun? Dagegen singt unser Freund Numerius Furius, wenn es ihm Freude macht; er ist nämlich Hausvorstand und römischer Ritter; als junger Mann hat er das Nötige gelernt. Das gleiche Prinzip gilt für die höchsten Disziplinen. Tag und Nacht können wir einen Mann von höchster Tugend und Einsicht beobachten, wie er sich seinem Philosophen widmet;[17] es ist Q. Tubero; dagegen kannst du es bei seinem Onkel Africanus, während er es in der Tat tut, kaum erkennen. Diese Dinge lernen sich dann leicht, wenn du einerseits auch nur soviel aufgreifst, wie du brauchst, andererseits jemanden hast, der es dich getreulich lehren kann. Wenn du aber das ganze Leben lang nichts anderes tun willst, dann läßt die forschende Beschäftigung selbst jeden Tag etwas entstehen, was du mit müßiggängerischem Behagen ergründen kannst. So kommt es, [466] daß das Betreiben der Sachen selbst ohne Ende ist, das Wissen aber leicht, sobald Erfahrung das Gelernte befestigt, mäßige Mühe aufgewendet wird und Gedächtnis und Interesse anhalten.

Diese vorbildliche Haltung des Mannes, der etwas klar Abgegrenztes gelernt hat, wird nun, wie gesagt, Aelius Tubero, dem allzu spekulativ Interessierten, auch im Prolog von *de re publica* vorgehalten, um von der naturkundlichen Frage der Doppelsonne auf die staatspolitische und staatsrechtliche Frage der Zweiteilung von Volk und Senat zu kommen, die Tiberius Gracchus ausgelöst habe und von P. Mucius im Dialogjahr 129 als einem der Führer der Reformpartei des Senats aufrechterhalten werde. Man muß den Text – ich gebe ihn wieder in Übersetzung – im Zusammenhang lesen, und man wird sehen, daß es um das Problem der

16 Cicero, de oratore III 23, 86.

17 Gemeint ist Panaitios. Vgl. die zahlreichen Nachweise bei Klebs, RE 1894 (s. v. Aelius 155 Sp. 536). Diese Überlieferungen und das im Text Folgende zeigen, daß der Tubero verliehene Beiname *stoicus* einen stark pejorativen Beiklang hat und an die zur Schau gestellten Übertreibungen anknüpft. Eine maßvolle Theorierezeption aus der stoischen Philosophie à la Neoptolemus, wie er für die Jurisprudenz der *veteres* oder *maiores* generell überliefert ist (vgl. Anm. 18), können ihn nicht auslösen.

nützlichen Philosophie geht, der Philosophie, mit deren Hilfe die Verhältnisse des individuellen und staatlichen Lebens verbessert werden können.

Cicero, rep. I 18, 30: (Laelius) ... (nach einer Überlieferungslücke) ... gerade zu seinem (sc. des anwesenden Aelius Tubero) väterlichen Geschlecht gehört jener Mann, den ich meinen Freund nennen darf und der würdig wäre, von ihm nachgeahmt zu werden, »der vortrefflich gesinnte Mann, der verständige Aelius Sextus«. Er war vortrefflich gesinnt und verständig und wurde als solcher von Ennius gerühmt, nicht weil er zu erforschen pflegte, was er niemals finden würde, sondern weil er Gutachten zu geben pflegte, welche die Anfragenden von der Sorge und dem Rechtshandel befreiten. Und er führte gegenüber jedem, der die (astrologischen) Forschungen des (C. Sulpicius) Galus erörterte, stets im Munde jenen Achill aus der Iphigenie (des Ennius): »Die Zeichen der Astrologen am Himmel, was nur der Beobachtung zugänglich: die »Ziege« oder den »Skorpion« oder irgendein anderes Untier, das aufgeht – doch was vor den Füßen liegt, sieht niemand; sie durchforschen die Triften des Himmels«. Und derselbe, dem ich oft und gerne zuhörte, pflegte auch zu sagen, daß jener Zethus des Pacuvius der Bildung allzu feindselig gegenüberstehe. Ihm gefiel besser der Neoptolemus des Ennius, der sagt, er wolle philosophieren, aber in abgemessenen Stücken, denn als Ganzes gefalle es nicht. Wenn also euch die Wissenschaften der Griechen so sehr erfreuen, dann gibt es andere freiere und bedeutendere, mit denen wir etwas zur sittlichen Lebensführung und zum Gemeinwesen selbst beitragen können. Jene anderen Künste da sind jedenfalls, wenn überhaupt, nur das wert, daß sie den Verstand der jungen Leute ein wenig schärfen und gleichsam anreizen, auf daß sie Bedeutenderes leichter erlernen. Darauf Tubero: »Ich stimme dir durchaus zu, Laelius, aber ich frage dich, was du für bedeutender hältst.« (Laelius) »Ich will es, beim Herkules, aussprechen und werde darum vielleicht von dir verachtet, da du Scipio nach diesen himmlischen Gegenständen fragtest, während ich meine, daß es richtiger ist, danach zu fragen, was vor unseren Augen liegt. Was soll denn ein Neffe des L. (Aemilius) Paulus, eines solchen Onkels, und Sproß adligster Familie und eines hochberühmten Gemeinwesens, danach fragen, auf welche Weise zwei Sonnen erschienen sind, und nicht danach fragen, warum es in einem einzigen Gemeinwesen zwei Senate und fast schon zwei Völker gibt? Denn, wie ihr seht, hat der Tod des Tiberius Gracchus und schon vorher dessen ganze Tribunatstheorie das Volk in zwei Teile gespalten. Und Verleumder und Neider des Scipio halten, nachdem P. Crassus und App. Claudius damit den Anfang gemacht hatten, nach deren Tode noch immer den anderen Teil des Senats in ihrer Gewalt, der sich von euch unter der Führung des Metellus und des P. Mucius losgesagt hat, und lassen es nicht zu, daß dieser hier (sc. Scipio), der es allein vermag, den so gefährlich gewordenen Verhältnissen zur Hilfe kommt, in denen unter den Bundesgenossen und im lateinischen Stamm Unruhe herrscht, völkerrechtliche Verträge verletzt sind, höchst aufrührerische Triumvirn (sc. der Ackerkommission) täglich neue Anschläge pla-

> nen, und die wohlgesinnten Besitzenden tief beunruhigt sind. …« [467] Darauf Mucius (sc. *augur*): »Was meinst du also, Laelius, was es für uns zu lernen gilt, damit wir, das, was du verlangst, ausrichten können? (Laelius): Die Künste, die bewirken, daß wir dem Staat von Nutzen sind. … Daher … laßt uns den Scipio fragen, daß er uns erkläre, welches die beste Verfassung der Bürgerschaft ist. … Nachdem sowohl Philus als auch Manilius und Mummius dem in vollem Maße zugestimmt hatten …« (es folgt wieder eine Überlieferungslücke).

Die praktisch verantwortliche Haltung des Sext. Aelius zur Philosophie wird also von Cicero an wahrlich bedeutender Stelle des Prologs eingesetzt. Sein Vorbild, ob es nun seinen Nachfahren Tubero überzeugt oder nur zum Schweigen gebracht hat, führt das Gespräch auf die Staatskrise und die möglichen Hilfen, welche die Staatsphilosophie zu bieten hat. Man höre jetzt noch einmal in vollständigem Text, was Guarino zu meiner, diesem Zusammenhang Rechnung tragenden Interpretation des Aelianischen Mottos »philosophari se velle etc.« zu sagen hat (S. 153): »Für diese so klaren Worte, für Worte, die von Laelius und Sextus Aelius so eindeutig in der unverbindlichsten, harmlosesten Weise, die man sich nur vorstellen kann, gesagt worden sind, für dieses so durchsichtige und unschuldige Zitat, wird von jemandem eine Interpretation angeboten, die dazu dienen soll, die These eines griechischen Einflusses auf die römischen Juristen des zweiten Jahrhunderts vor Christus zu stützen. Sext. Aelius hätte dieser Interpretation zufolge ›*se philosophari velle*‹ ausgerechnet in dem Sinne gesagt, die griechische, philosophische Kultur für unerläßlich zu erklären. Und er hätte die Einschränkung ›*sed paucis*‹ nebst dem Folgenden allein zu dem Zweck zugeführt, die Metaphysik aus seiner Interessensphäre herauszuhalten und seine Aufmerksamkeit auf ein engeres Feld zu begrenzen, auf die Prinzipien der Ethik, der Politik, der Rechts- und Staatsphilosophie.

Es bedürfte zu vieler weiterer Seiten, um diese soeben wiedergegebene Interpretation ausführlich in Zweifel zu ziehen. Ich werde das nicht machen. Für mich ist es unzweifelhaft, daß Ennius, Sex. Aelius, Laelius und selbst Cicero nichts anderes sagen wollten, als daß es erlaubt sei, über alles zu räsonnieren, aber es auch der Mäßigung bedürfe beim Folgern und Vortragen von Hypothesen. Und das sollte als wertvolle Verhaltensmaxime nicht nur für mich gelten, sondern auch – so möchte ich sagen – für diejenigen, die, weit gelehrter als ich, das empfindliche Geschäft des Historikers ausüben.«

Diese Schlußworte seines Buches, denen ich durch meine Übersetzung hoffentlich nicht allzuviel von ihrem eleganten Schwung genommen habe, hätte Guarino nicht schreiben können, wenn er den Kontext des Ennius-Wortes *philosophari se velle* etc. gebührend beachtet hätte. Ich darf daher an der von ihm perhorreszierten Interpretation des *philosophari se velle, sed paucis* ausdrücklich festhalten.

Ich möchte nun an dieser Stelle nicht langwierig wiederholen, was man unter dem *respondere* des philosophisch belehrten Sext. Aelius verstehen kann, das die Anfragen von ihren rechtlichen Sorgen zu befreien vermochte (*et cura et negotio solverent*). Wichtiger ist es nachzutragen, warum Ennius gerade dieser Responsen wegen das *egregie cordatus homo catus Aelius Sextus* in seine vaterländische Annalendichtung aufnahm, und warum überhaupt dieser Dichter eine solche Sympathie für den ihm zeitgenössischen Juristen fassen konnte.

[468] Für jenes Respondieren habe ich an anderer Stelle – dies in aller Kürze – auf die durch Plautus und Terenz für die Zeit des Aelius beglaubigte *in integrum restitutio* hingewiesen, die nicht nur tatsächlich z. B. einen Promittenten von seiner Verpflichtung im Ergebnis zu befreien erlaubte, sondern gleichzeitig mit dem typischen Dualismus zwischen strengrechtlichem *ius civile* und dem naturrechtlichen, dem Magistrat zur Verwirklichung anheimgegebenen *ius gentium* arbeitet, der für die *veteres*-Jurisprudenz bezeugt ist[18] und dadurch, aber zugleich durch selbständige Überlieferung auch für die *Tripertita* des Sext. Aelius erschließbar ist.[19] Auf diese stoische Rechtstheorie, die als festes Lehrstück rasch erlernbar war, dürfte sich denn auch im wesentlichen das Interesse des Sext. Aelius beschränkt haben, und zwar mit Schwergewicht auf dem Privatrecht. Über die Theorie der Gerichtsbarkeit ging ihn zwar auch das Staatsrecht an, insbesondere in der Form, daß die magistratische Gerichtsbarkeit nicht nur zur Gewährleistung des strengrechtlichen *ius civile*, sondern auch zur Ergänzung und Korrektur desselben nach den wertenden Gesichtspunkten des *ius gentium* berufen sei und dieser Aufgabe durch die Gewährung von *bonae fidei arbitria* und Wiedereinsetzung in den vorigen Stand nachzukommen habe.[20] Dagegen wird die von der Stoa gepflegte Theorie der gemischten Verfassung mit ihrem Ideal der wohl abgewogenen Balance zwischen demokratischen, aristokratischen und monarchischen Elementen,[21] die durch die *ratio tribunatus* des Tiberius Gracchus in den Mittelpunkt rücken sollte, ihn sicherlich noch weniger beschäftigt haben.

Nachzutragen bleibt aber nun, warum die praktisch verantwortliche Unterrichtetheit dieser Art bei Aelius von Ennius mit den Worten ›*egregie cordatus*‹ und ›*catus*‹ erfaßt wurde.

18 Vgl. ›Tib. Gracchus etc.‹ (Anm. 1) 41 ff., 45 f. Zur Bedeutung der dualistischen Rechtstheorie der *veteres*, die von Cicero, de off. III 17, *69 maiores aliud ius gentium, aliud ius civile esse voluerunt* vorausgesetzt ist, zuletzt Die Fraus legis (Anm. 12) 84 ff.

19 Dazu in erster Skizze Die Fraus legis (Anm. 12) 90 ff.

20 Das Amtsrecht ist in dieser Tradition als *ius praetorium* oder *ius honorarium* wirkliches *ius*, da es, abgesehen vom Problem des magistratischen Rechtsirrtums, als aus dem *ius gentium* gespeist angesehen wird, während das klassische Amtsrecht ein Reflex des auf faktische Tatbestände bezogenen *imperium* ist. Der Unterschied hat erhebliche dogmatische Folgen. Ein Beispiel des Übergangs vom naturrechtlich-interpretativen Amtsrecht zum faktischbefehlenden stellt die Umformulierung des Freigelassenenedikts im Übergang von Rutilius Rufus auf Servius Sulpicius dar. Vgl. dazu einstweilen meine Untersuchung, Rechtsformen des römischen Handwerks, in: Das Handwerk in vor- und frühgeschichtlicher Zeit, hg. v. Jankuhn u. a., Teil I, 1981, 184 ff.

21 Vgl. v. Arnim, Stoicorum Veterum Fragmenta III, 175 Nr. 700 (Diog. Laert. VII 131): *πολιτείαν δὲ ἀρίστην τὴν μικτὴν ἔκ τε δημοκρατίας καὶ βασιλείας καὶ ἀριστοκρατίας.*

Cordatus entspricht seinem Inhalt nach nicht dem auf entschlossenen Wagemut gehenden deutschen ›beherzt‹, sondern meint das Herz als Sitz des geistigen Bewußtseins. Daher pflegte Ennius von sich zu sagen, daß er drei Herzen habe, weil er griechisch, oskisch und lateinisch zu sprechen verstehe.[22] Nach der lateinischen Bildvorstellung ist der Beherzte also verständig. Das zärtlich [469] bewundernde ›Corculum‹ – ›Herzchen‹, das das Volk dem alten Scipio Nasica beigelegt hat, dem, um ihm das Respondieren zu erleichtern, durch öffentlichen Akt ein Haus an der *via sacra* zugewiesen wurde, kennzeichnet daher einen Mann von Klugheit und umfassender Einsicht.[23]

> Cicero, Tusp. disp. I 9, 18: Quid sit porro ipse animus aut unde magna disensio est. alii cor ipsum animus videtur, ex quo excordes, vecordes concordesque dicuntur et Nasica ille prudens, bis consul, ›Corculum‹ et ›egregie cordatus homo, catus Aelius Sextus‹.

Das *egregie cordatus* hebt damit an Sext. Aelius zugleich genau dasselbe hervor, was Cicero an anderer Stelle seinen Licinius Crassus an ihm rühmen läßt, daß nämlich Sextus Aelius noch nicht dem beklagenswerten Spezialistentum anheimgefallen sei, dessen Überwindung nunmehr vom neuen rednerischen Bildungsideal der skeptischen Akademie erstrebt werde, sondern im Streben nach dem Ruhm der Einsicht alles umfaßt habe, was damals im Gemeinwesen gewußt wurde.[24]

Das Adjektiv *catus* schließlich ist nur die volkstümliche Fassung von *sapiens* und ist wie dieses Wort von dem tiefen Zweifel erfaßt worden, ob denn das wahre zur Erkenntnis gelangte Wissen in der Überwindung des individuellen Interessestandpunkts bestehe, in der Weisheit in unserem Sinne, oder in kluger, den Eigennutz bedenkender Berechnung.[25] Daher kann *catus* den Weisen des stoischen Ideals,[26] den einsichtigen Gesetzgeber[27] und den alles bedenkenden Demiourgen[28] bezeichnen, aber auch den Soldaten, der seinen Feldherrn auf die Abhängig-

22 Gellius XVII 1: *Quintus Ennius tria corda habere esse dicebat, quod loqui Graece et Osc et Latine sciret.*

23 Siehe Georges, Handwörterbuch I, 1913, s. v. Corculum m. zahlr. Nachw. Zu Scipios Auszeichnung Pomponius lb sg enchiridii D. 1, 2, 2 § 37.

24 Cicero, de oratore III 33, 133.

25 Vgl. bereits ›Tib. Gracchus etc.‹ 36 ff. Interessantes Material bietet G. Garbarino, Evoluzione semantica dei termini sapiens e sapientia nei secoli III e II a. C. in: Atti della Academia delle Scienze di Torino Cl. Sc. mor. stor. feil. T. 100, 1965/6, 253-284, der aber in dem Wort nur die Entwicklung zur stärkeren Moralisierung wahrnimmt, nicht die sich in ihm gleichzeitig abspielende Krise der rechtlichen Wertvorstellungen.

26 Vgl. Cicero, de legibus I 16. 45 *Quis igitur prudentem et, ut ita dicam, catum, non ex ipsius habitu, sed ex aliqua re externa iudicet? Est enim virtus perfecta ratio.* Hier ist unzweifelhaft der stoische Idealmensch gemeint, der in seiner Lebensführung die Übereinstimmung mit der vernünftigen Natur erreicht hat.

27 Apul. metam. 33 *apud legiferos Athenienses catos illos et omni scientia magistros.*

28 Sept. Ser. Carm. 23, 2 *cate sator.*

keit seiner Tapferkeit von ungestilltem Beutehunger aufmerksam macht.[29] Eine Sklavin schließlich, die *cata* und *callida* ist, hat bei Plautus noch zugleich ein *sapiens cor*, also einen verständigen Sinn.[30]

Varro hat gegen die Gleichung ›*catus-sapiens*‹ protestiert und wollte, indem er mit etymologischen sprachvergleichenden Argumenten auf die Grundbedeutung [470] der durchdringenden Schärfe hinwies, den Beinamen des Aelius auf Scharfsinn beziehen und von der vieldeutig gewordenen *sapientia* fernhalten.

> Varro, ling. VII 46 Apud Ennium: ›Iam cata signa ferae sonitum dare voce parabant‹. Cata acuta: hoc verbo dicunt Sabini: quare Catus Aelius Sextus, non, ut aiunt, sapiens, sed acutus, et quod est: ›Tunc coepit memorare simul cata dicta‹, accipienda acuta dicta.

Aber zwischen Scharfsinn und Verständigkeit besteht kein Gegensatz oder doch nur in dem von Varro gewiß nicht gemeinten Fall, daß der Scharfsinn zu sinnentleerter Haarspalterei degeneriert. Dennoch ist es interessant, daß Varro, indem er der verbreiteten Meinung (*ut aiunt*) entgegentritt, daß Aelius mit Catus als ein *sapiens* bezeichnet wird, offenbar gleichwohl einen wesentlichen Unterschied zwischen *catus* und *sapiens* empfindet.

Offenbar war die *sapientia* inzwischen ein wenig in Mißkredit geraten, und der Grund dafür liegt nicht fern, wenn man sich erinnert, daß schon bei *Laelius sapiens* darüber gestritten wurde, ob mit diesem Beinamen wahre Einsicht oder berechnender Verstand gerühmt werden.[31] Die Ursache für Varros Bemühen, Aelius vom Ruch der *sapientia* zu befreien, liegt also darin, daß man inzwischen an ihr bedenkliche Tendenzen entdeckt hatte. So hatte das Beispiel etwa des Aelius Tubero gezeigt, daß sie zur müßigen, die Wahrnehmung praktischer Pflichten gefährdenden Spekulation verleiten kann. Und in dem unter dem Einfluß des Antipater von Tarsos stehenden Kreis des P. Mucius hatte das Nachsinnen über die richtige Ordnung der Dinge nicht nur dem Kind der Nießbrauchsklavin einen Platz unter den Menschen verschafft, sondern auch schwärmerischen, notwendige Ordnungen auflösenden Radikalismen den Weg eröffnet.[32] Nicht ohne Grund war daher in der Generation Varros auf breiter Front die nach Vervollkommnung strebende Philosophie der Stoa durch das formale Bildungsideal der Akademie ersetzt, bei den Juristen nach Rutilius Rufus und Q. Mucius durch Aquilius Gallus und Servius Sulpicius,[33] bei den Philologen nach Aelius Stilo

29 Horat. epist. II 2, 39 *post haec ille catus, quantumvis rusticus, ibit, ibit eo quo vis qui zonam perdidit inquit.*

30 Plautus Persa 622: *ita catast et callida, ut sapiens habet cor, quam dicit quod opust!*

31 Plutarch, Tib. Gracchus 8, 4. Vgl. meine Bemerkung ›Tib. Gracchus etc.‹ (Anm. 1) 36 ff.

32 Hierher rechne ich die das System der Interzession zerstörende Theorie der Amtsverwirkung bei pflichtwidriger Ausübung und die den der Gewinnerzielung dienenden Kauf gefährdende Ausuferung der Aufklärungspflichten. Vgl. insofern ›Tib. Gracchus etc.‹ (Anm. 1) einerseits 85-100, andererseits 52 ff.

33 Siehe dazu zuletzt Die fraus legis (Anm. 12) passim, insbesondere 39 ff.

durch Varro,[34] bei den Rednern nach einem Cato durch Licinius Crassus und Cicero.[35]

Sext. Aelius Paetus Catus – und insofern hat Varro durchaus recht – war von solchen Übertreibungen noch durchaus frei. Seine Philosophie beschränkte sich [471] auf das, was er einst zu praktischen Zwecken gelernt hatte, und den von Antipater von Tarsos in der Stoa ausgelösten Schub materialen Naturrechtsdenkens hat er nicht mehr erlebt.

Der Dichter Ennius, der Sext. Aelius das Lob des ›*catus*‹ und ›*bene cordatus*‹ und das Motto, man solle Philosophie lernen und nicht philosophieren, gespendet hat, und zwar als unmittelbarer Zeitgenosse (im Jahre 204, nur 6 Jahre vor dem Konsulat des Sext. Aelius und des T. Quinctius Flaminius hatte ihn M. Porcius Cato nach Rom gebracht), wußte im übrigen, was er sagte, und offenbar hat ihn auch Sext. Aelius richtig verstanden. Das zeigen andere Verse. So betont und fordert Ennius in einem anderen Vers, daß die griechische Sophia kein Gegenstand intuitiver Spekulation, sondern ein Gegenstand des Lernens sein müsse. Ennius, Ann. VII 218/9 (Vahlen 1. c. S. 39): *nec quisquam sophiam, sapientia quae perhibetur, in somnis vidit prius quam sam discere coepit.*– Und ein weiterer Vers spricht aus, daß auch nach Ennius die *sapientia*, die Vernunft des Verständigen, ohne verständigen Eigennutz, wie er im dualistischen Zivilrechtssystem des Sext. Aelius vom strengen Bereich des *ius civile* geschützt wurde, und zwar mit nur maßvollen Korrekturen von seiten des *ius gentium*, nicht zu denken ist. Der Vers, in dem Ennius diese Einsicht faßt – Ennius, Scenica (Medea) Nr. 273 (Vahlen l. c. S. 168): *qui ipse sibi sapiens prodesse non quit nequiquam sapit* –, wird dann Cicero später – und das ist typisch für die Entwicklung, welche die *veteres*-Jurisprudenz seit den *fundatores* nimmt – verwenden, um die den Eigennutz allzu sehr vernachlässigende *iustum-pretium*-Gesinnung des Q. Mucius p. m. zu kritisieren.[36]

Überhaupt kann man zwischen Ennius und Sext. Aelius eine tiefgehende Analogie feststellen. Der Vater der römischen Dichtkunst steht neben dem Vater der römischen Rechtswissenschaft, der der künftigen Entwicklung die *cunabula* bereitet hat, in dem gleichen geistigen Zug des die Zeit nach dem 2. Punischen Kriege tief erfassenden Philhellenismus. Und bei beiden führte er zu selbstbewußten Rezeptionen und Aneignungen griechischer gedanklicher Form, keineswegs aber zu einer Preisgabe eigener römischer Substanz und Identität. Die folgenden schönen Worte, die Otto Skutsch über Ennius fand, wird man eines Tages, wenn in vollem Maße die Leistung aufgearbeitet sein wird, die in den nach

34 Den Stoizismus des Aelius Stilo bezeugt Cic. Brutus 56, 206; vgl. dazu Goetz, RE 1894 (s. v. Aelius 144, Sp. 532). Zu Varros bekannter Option für die Akademie des Antiochos von Askalon Cic. acad. prior. 1, 1 ff.

35 Catos strenges *rem tene, verba sequuntur* ist stoisch geprägt. Vgl. D. L. Clarke, Rhetorik in Greco-Roman Education, 1957, 67 f.; vgl. auch M. L. Clarke, Rhetoric at Rome, 1953, 75, 77. Zu Catos Staatstheorie u. Anm. 59. Zu Licinius Crassus und Cicero vgl. die Nachweise in Die fraus legis (Anm. 12) 62 ff. mit 145.

36 Cic. de officiis III 15, 63.

dem theoretischen Konzept von *ius civile* und *ius gentium* gearbeiteten Zwölftafelinterpretationen der *Tripertita* vorliegt,[37] mutatis mutandis auch von Sext. Aelius Paetus Catus sagen können.

> (Studia Enniana, 1968, S. 3:) »One of the first and most important agents in the process which formed the Janus-faced image of classical civilization, Ennius stands, where Greece and Rome are met. His work and person seem to typify and crystallize in exemplary fashion that Roman attitude which made the Romans for ever the imitators of the Greeks, and yet creators in their own right. Nor was that attitude unconscious; it was deliberate, explicit, and full of confidence and pride.«
> (S. 9:) »Deliberate subjection to the discipline of Greek form and a reworking of the old form with the aid of the knowledge derived from later Greek theory, [472] that is the attitude from which sprang much of what is greatest in Latin literature. It was a conscious attitude in the Father of Roman Poetry.«

Soweit zur Einordnung von Sext. Aelius und seines Ennius entliehenen Mottos: *philosophari se velle, sed paucis.*

(3) Wir können jetzt zu der Frage übergehen, in welchem Umfang praktische Rechtstheorie auch für die Ereignisse des Jahres 133 eine Rolle gespielt hat. Guarinos Position ist auch hier scharf ablehnend.

Das Staatsrecht sei in der Republik überhaupt keine juristische Materie gewesen (S. 26). Daher kann folgerichtig die subtile juristische Argumentation, mit der Tib. Gracchus die Absetzung des Octavius gerechtfertigt hat,[38] nicht den zünftigen Standpunkt des P. Mucius wiedergeben. Daß Mucius im Ergebnis zugestimmt habe, erkläre sich vielmehr aus der traditionellen Überzeugung, daß der Volkstribun eben enger an der Nabelschnur der Sondergemeinde der Plebejer liege als ein Magistrat der Gesamtverfassung (S. 113). Daher erfaßt Guarino die *ratio tribunatus* des Tiberius, die Cicero in de rep. I 19, 31 als Grund der Parteibildung nennt, auch nicht als Tribunatstheorie, als verfassungsrechtlich bedeutsame Interpretation des Amtes, sondern schlicht als tatsächliche Amtsführung (S. 11: *l›intera condotta di lui durante il tribunato*). Die Nachrichten, daß Tiberius die Agrargesetzgebung mit dem Ziel verfolgte, dem Latifundien- und Sklavenwesen zu steuern und die Zahl der landbesitzenden, nach ihrem Zensus dem Legionsdienst zur Verfügung stehenden Bürger zu vermehren, verwirft Guarino als rhetorische Demagogie (S. 54) allein wegen der effektvoll anschaulichen Einkleidung eines Gedankens, der doch nur das große vor und nach Tiberius beherrschende Strukturproblem der römischen Republik zum Ausdruck bringt. Aus der Überlieferung, daß sich von den beiden Brüdern Crassus Mucianus und P. Mucius der letztere als Urheber der Ackergesetze stärker im Verborgenen gehalten habe (Cic. acad. pr. II 5, 13), wird ein Beleg für eine zurückhaltende Unterstüt-

37 Ein Anfang ist gemacht in Die fraus legis (Anm. 12) 90 ff.

38 Vgl. das Referat der Tiberius-Rede bei Plutarch. Tib. 15, 1-16, 1 und meine Interpretation dieses Textes ›Tib. Gracchus etc.‹ (Anm. 1) 90 ff.

zung, so als hieße *obscurius* wirklich soviel wie »*alquanto riservato*« (S. 12, 28 f.). Auf den Gedanken, daß ein Konsul vielleicht aus Respekt vor dem Kräftespiel der Verfassung allen Grund hat, sich der öffentlichen Unterstützung eines mit einem besonderen Mandat argumentierenden Volkstribuns zu enthalten, kann Guarino von seinem Ansatz wohl nicht kommen. Aber er hätte, wenn er eine substantielle Zurückhaltung des P. Mucius gegenüber dem Programm des Tiberius nachweisen will (S. 29), nicht unerörtert lassen dürfen, daß P. Mucius nach dem Tode des Tiberius und seines Bruders diesen in der Rolle eines offenen Anführers der Reformpartei des Senats ablöst und auf die volle Verwirklichung des Ackergesetzes dringt (vgl. Mommsen, Röm. Geschichte II S. 97 ff.), und zwar nach dem Zeugnis desselben Cicero (de rep. I 19, 31), der in der Stelle acad. prior II 5, 13 die auch bei Plutarch, Tib. Gracchus 9, 1 aufgenommene Überlieferung, daß jene beiden Brüder *auctores legum* gewesen seien, als populare Zweckerfindung hinstellen möchte. Aber in solche Zwiespältigkeiten Ciceros, die sich wieder aus seiner schwierigen politischen Situation erklären lassen, dringt Guarino ebenfalls nicht ein, sondern beschränkt sich auf eine allgemeine Warnung vor der [473] Verwertung Ciceros als historischer Quelle (S. 150), eine Warnung, die er selbst aber leider nicht nur durch eindringlichere Kritik einlöst, sondern eher durch einen (man muß es aussprechen) oberflächlicheren Umgang mit den Texten, denen ohnehin durch die radikale Abweisung alles dessen, was über die »spiegazione casalinga« (S. 148/9), die hausbackene Erklärung, hinausgeht, aller lebendiger Zusammenhang genommen ist.

Die Auffassung der *ratio tribunatus*, eines Ausdrucks, der schon wortwörtlich genommen auf etwas Gedankliches weist, als bloße tatsächliche Amtsführung ist das schlimmste und abschreckendste Ergebnis dieses reduzierten Interpretationsstils. Denn damit ist nicht nur der Zusammenhang in Ciceros ja nun wirklich nicht hausbackenen Staatsschrift vernachlässigt, sondern auch die historische Situation, von der der Dialog *de re publica* bei aller Stilisierung und Verklärung einen Eindruck zu geben versucht, in ihrem geistigen Zuschnitt völlig außer acht gelassen. Wer freilich die Gespräche des Scipio Aemilianus mit Polybios und Panaitios über die beste Staatsform am liebsten für einen Roman erklären möchte, wer nicht bereit ist zu bedenken, daß das Gastrecht, das die Familie der Mucii einem Blossius, dem Antipater-Schüler und Freund des Tiberius und späteren Ratgeber des Aristoneikos von Pergamon, gewährte, auch auf einen geistigen Austausch weist, wer überhaupt nicht willens ist, sich in die Folgen hineinzudenken, die ein dynamisch gewordenes materiales Naturrechtsdenken auch für politisches Handeln und die es rechtfertigende Verfassungsauslegung haben kann, mag wohl nicht anders urteilen können. Sehen wir aber gleichwohl noch einmal kurz auf den Dialog selbst und danach – möglichst in noch größerer Kürze – auf die historischen Befunde.

Die *ratio tribunatus* des Tiberius steht bei Cicero an einem ganz entscheidenden Punkt. Sie ist die Ursache der Entzweiung von Volk und Senat. Auf sie geht zurück, daß es im Senat Männer gibt wie Metellus Numidicus und P. Mucius, die Scipio nicht tun lassen, was not ist, und hierin die der *ratio tribunatus* freundliche

Politik der Senatoren P. Crassus Mucianus und Appius Claudius fortsetzen. Eine Lösung dieser Entzweiung ist Laelius zufolge nur möglich, wenn man sich auf die verfassungstragenden Prinzipien besinnt und Scipio Aemilianus die Chance gibt, dann auf dieser Grundlage durch eine Diktatur[39] einen neuen Staatskonsens herzustellen. Freilich läßt die Partei der ratio tribunatus dieses Heilmittel nicht zu: (Cic. rep. I 19, 31) *neque hunc, qui unus potest … his tam periculosis rebus subvenire patiuntur.*

Da Scipio, wie der Dialog natürlich noch nicht wissen kann, bald danach einem Mordanschlag zum Opfer fiel, mußte diese Lösung einer *dictatura rei publicae constituendae causa* freilich auf Dauer eine vergebliche Hoffnung bleiben. Im Somnium Scipionis wird all dies in der Weissagung des Africanus maior unmittelbar ausgesprochen: Der aus Spanien von der Zerstörung Numantias zurückkehrende Scipio trifft auf ein von den Plänen des Tiberius erschüttertes Gemeinwesen und soll es, dem Wunsche aller Wohl- [474] gesinnten folgend, wenn er nur den Händen der Meuchelmörder entkommt, als Diktator neu gründen.[40]

Warum nun die *ratio tribunatus* des Tiberius und die von ihr her legitimierten Pläne das Gemeinwesen erschüttert und entzweit haben, gibt Cicero durch die Worte des Scipio deutlich zu verstehen. Ihre Herrschaft habe die Verfassung, die in einer gesinnungsmäßigen Rechtsgemeinschaft bestehe[41] und sich in der Gewährleistung der Freiheiten und Güter nach einer formalen Regel verwirkliche,[42] zerstört und dadurch an die Stelle der Verfassung die Herrschaft eines Tyrannen gesetzt.[43] Es ist eine Spielart des alten Vorwurfs des *crimen regni,* wie er oft gegen Tiberius erhoben worden ist,[44] aber verfeinert durch eine Verfassungslehre, in deren Zentrum zwar der Grundsatz steht, daß es die gesinnungsmäßige Rechts-

39 Von Diktatur wird im Somnium (Anm. 40) ausdrücklich gesprochen. Das *subvenire* in Cic. rep. I 19, 31 enthält eine unmißverständliche Anspielung darauf.

40 Cic. rep. VI 11, 11: *Cum eris curru in Capitolium invectus, offendes rem publicam, consiliis perturbatam nepotis mei* (sc. Tiberii Gracchi) … 12, 12 … *in te unum atque in tuum nomen se tota convertet civitas, te senatus, te omnes boni, te socii, te Latini intuebuntur, tu eris unus in quo nitatur civitatis salus, ac ne multa: dictator rem publicam constituas oportebit, si impias propinquorum manus effugeris.*

41 Vgl. die Deduktion des Africanus Cic. rep. I 25, 39: Eine *res publica* sei eine *res populi.* Und ein *populus* sei ein *coetus multitudinis iuris consensu et utilitatis communione sociatus.*

42 Cic. rep. I 32, 49: … *quo iure societas civium teneri potest, cum par non sit condicio civium? si enim pecunias aequari non placet, si ingenia omnium paria esse non possunt, iura certe paria debent eorum inter se qui sunt cives in eadem re publica. quid est enim civitas nisi iuris societas civium?*

43 Vgl. rep. III 29, 41, wo Tiberius Gracchus mit Namen genannt wird und den Vorwurf empfängt, gegenüber Bürgern und Nichtbürgern eine Gewaltherrschaft errichten zu wollen *(imperiumque nostrum ad vim a iure traducere).* Dazu im folgenden rep. III 31, 43: *ubi tyrannus est, … nullam esse rem publicam,* und zwar natürlich, weil der Tyrann das die rechtliche Gesinnungsgemeinschaft integrierende Recht aufhebt. Vgl. auch rep. VI 8, 8, wo Laelius vermißt, daß für Scipio Nasica in der Öffentlichkeit Statuen aufgestellt sind: *in interfecti tyranni remunerationem.*

44 Siehe die Überlieferung bei Münzer, RE 1923 (s. v. Sempronius 54 Sp. 1419).

gemeinschaft ist, die das Wesen der Verfassung ausmacht, und daher Verfassung in allen drei Verfassungsformen Monarchie, Aristokratie und Demokratie stattfinden kann,[45] daß aber die vorzüglichste, vor den Entartungen der drei reinen Formen am besten sichernde, die gemischte Verfassung ist, wie sie in Rom verwirklicht worden sei.[46]

Die Herrschaft des Tiberius ist daher auch keine Tyrannis, wie sie die Entartung der Monarchie hervorbringt, sondern – und dies drückt Cicero mit der *ratio tribunatus* und dem Hinweis auf die Spaltung von Senat und Volk zutreffend aus – ein Herrschaftszustand, der nur als Pathologie einer gemischten Verfassung begreifbar ist. Die Zerstörung der Rechtsgemeinschaft, die aus den Plänen des Tiberius nach dieser Ansicht folgt, geht, was die Staatsmacht betrifft, nicht nur von einer Magistratur aus, die das monarchische Prinzip repräsentiert, sondern ebenso von Teilen des Volkes und des Senats. Die durch Plebiszite ver- [475]
wirklichte und von einigen namhaften Senatoren gebilligte und nach seinem Tode fortgesetzte Politik des Tiberius hat, wie es Cicero, das Beispiel der Doppelsonne abwandelnd, formuliert, bewirkt, daß es in einer *res publica* zwei Senate und fast schon zwei Staatsvölker gibt.

Wer will diesen Zusammenhängen gegenüber ernsthaft leugnen, daß Cicero mit dem Ausdruck *tota illius ratio tribunatus*, der trotz aller subintellegierter Kritik doch einen durchaus analytischen Charakter trägt, eine prinzipielle verfassungserhebliche Amtsauffassung meint und keine bloße tatsächliche Amtsführung?

Der historischen Kritik bleibt demgegenüber nur die klare Frage gestellt, ob es glaubwürdig ist, daß in der Verfassungskrise des Jahres 133 tatsächlich mit den Kategorien argumentiert worden ist, die Cicero seinem Dialog *de re publica* zugrunde legt, also mit denen des stoischen Rechts- und Verfassungsdenkens.[47] Guarino möchte alle Instanzen, die Cicero insofern bestätigen, als Romane abfertigen. Mit historischer Kritik hat das aber, mag es auch als solche auftreten, nichts mehr gemein, oder eben nur die Attitüde. Wie kann man den Einfluß eines Panaitios, eines Polybios, eines Laelius sapiens auf Scipio Aemilianus leugnen?[48] Und wenn das nicht möglich ist, wie kann man dann die Überlieferung in Zweifel ziehen, daß sich diese Männer entsprechend ihrem philosophischen, historischen und politischen Interesse auch über die Frage des Staates und des Rechts

45 Cic. rep. I 26, 42.

46 Cic. rep. I 29, 45 (Scipio) *Itaque quartum quoddam genus rei publicae maxime probandum esse sentio, quod est ex his quae prima dixi moderatum et permixtum tribus.*

47 Eine Hauptquelle Ciceros war Panaitios. Vgl. Schanz-Hosius, Geschichte der röm. Literatur I, 1927[4], 495, m. weit. Nachw. 496. Und natürlich ist die Verlagerung der verfassungsmäßigen Verwirklichung des Rechts in die das Recht erfassenden Gesinnungen der Bürger (vgl. Anm. 41, 42) genuin stoisch.

48 Siehe nur etwa die Arbeit von J. Kaerst, Scipio Aemilianus, die Stoa und der Prinzipat, Neue Jahrbücher für Wissenschaft und Jugendbildung 5 (1929) 653-675 = Ideologie und Herrschaft in der Antike hg. v. H. Kloft, 1979, 205-237.

unterhalten haben?[49] Und wie will man dann noch der Konsequenz ausweichen, daß sich dabei dann durch Panaitios der Standpunkt der Stoa, der in Laelius ja geradezu einen Jünger der Stoa gewonnen hat,[50] auch in der Vorstellungswelt des Staatsmannes Scipio[51] mächtig zur Geltung gebracht hat?

Gewiß ist der Dialog *de re publica* kein historisches Protokoll, sondern, auch wenn Cicero dem Leser zur Vertiefung des Eindrucks versichert, er habe von [476] diesem Staatsgespräch durch einen Teilnehmer, den damals noch jungen Rutilius Rufus, unmittelbar Kunde, eine – als solche bewundernswürdige – dichterische Imagination, die mit den historischen Elementen recht frei schaltet. Die Schrift ist auch nicht frei von Tendenz. Wenn es richtig ist, daß Scipio und Laelius, die eine eigene Initiative einer Ackergesetzgebung in Gestalt des Projekts der *lex agraria Laelia* des Jahres 144 auf den Protest der *possessores* hin fallengelassen hatten, dem entsprechenden Programm des Tiberius Gracchus von Anfang an mit starker Reserve gegenüberstehen mußten, so ist es ganz unglaubwürdig, daß ein junger Mann wie Rutilius Rufus, der sich ganz dem Geschlecht der Mucii angeschlossen hatte,[52] anders dachte als sein Mentor P. Mucius, und nicht minder unglaubwürdig ist, daß Q. Mucius augur, dessen Sympathien für die Gracchenpartei bekannt sind,[53] anders dachte als seine nahen Verwandten P. Mucius und Mucianus; schließlich dürfte auch der dritte in der Reihe der *fundatores*, der neben P. Mucius stehende Brutus Man. Manilius, eher den Vorstellungen seiner engen Fachkollegen nahegestanden haben[54] als dem Freundespaar Scipio und

49 Mit Recht sieht die Literatur gerade hier den Schwerpunkt dessen, was man den »Scipionenkreis« zu nennen sich gewöhnt hat. Vgl. schon Cic. rep. I 21, 34 (Laelius zu Scipio) *persaepe te cum Panaetio disserere solitum coram Polybio.* Näher dazu R. M. Brown, A Study of the Scipionic Circle 1934 29 ff., 85 ff. und Straßburger, Der »Scipionenkreis«, Hermes 94 (1966) 60 ff. Im übrigen muß man diesem engeren Kreis unter rechtlichen und politischen Gesichtspunkten zwar die Gruppe um P. Mucius entgegensetzen. Unter dem in seiner Weite von R. M. Brown treffend gekennzeichneten Begriff des Philhellenismus gehören sie wieder zusammen.

50 Vgl. Cic. de fin. II 8, 24; pro Murena 31, 66.

51 Ob die skeptizistischen Töne, die Cicero seinem Scipio leiht (rep. I. 10, 15: Mißbilligung der Erkenntnisgewißheit des Panaitios in naturwissenschaftlichen Dingen und Lob des sich auf Ethik beschränkenden Sokrates; zu der entsprechenden Beschränkung des Erkenntnisinteresses der skeptischen Akademie vgl. Die fraus legis o. A. 12, 63 f. m. Anm. 152), historisch sind, ist fraglich. Jedenfalls aber war Scipio kein Stoiker von den Graden des Laelius.

52 Cic. de off. 2, 13, 47. Im übrigen galt er wie Aelius Tubero und Mucius augur als »praktizierender« Stoiker und fiel damit, unbeschadet aller seiner juristischen Leistungen (ein Beispiel o. Anm. 20, das zugleich sein naturrechtliches Engagement beweist), wie jene (Anm. 17) aus dem Rahmen des *philosophari se velle sed paucis*, das sonst die *maiores* kennzeichnete (o. S. 468 m. Anm. 18).

53 Vgl. Münzer, RE 1933 (s. v. Mucius 21 Sp. 432, mit Hinweis auf Cicero, *de oratore* I 9, 38), wo Cicero ebenfalls Mucius augur entgegen der historischen Wahrheit eine antigracchische Position einnehmen läßt. Vgl. dagegen u. Anm. 55.

54 Zur Einheit der *fundatores* s. Tib. Gracchus etc. (Anm. 1) 64 ff.

Laelius. Wenn Cicero gleichwohl Q. Mucius augur, Man. Manilius und Rutilius Rufus in diesem Dialog zum zustimmenden Gesprächskreis des Scipio rechnet, so handelt er dabei genauso wie in jener bereits berührten Stelle acad. prior. II 15, 13, wo er sogar die dem Reformprogramm günstige Haltung des P. Mucius als Erfindung der popularen Partei hinzustellen wagt. Dem einzigen Juristen, Aelius Tubero, von dem die Abwendung von der gracchischen Partei durch Cicero glaubwürdig versichert wird,[55] ist demgegenüber im Dialog die etwas undankbare Rolle des allzu sehr an philosophischer Spekulation Interessierten zugeteilt worden, der eigentlich lieber über das Phänomen der Doppelsonne disputiert hätte.[56] Cicero hat damit ganz deutlich das Prinzip verfolgt, den Kreis des Scipio auf Kosten des Kreises des P. Mucius zu erweitern, und die historische Kritik kann ihm das auch nachweisen, freilich nur dem gegenüber, der sich solchen Befunden gegenüber nicht von vornherein versperrt.

Folgerichtig läßt Cicero auch die Juristen, die er als Verfechter der *ratio tribunatus* und des Reformprogramms des Tiberius Gracchus gelten läßt, nämlich die [477] Brüder Crassus Mucianus und P. Mucius, in keiner Weise mit dem zu Wort kommen, was sie denn vielleicht zur Rechtfertigung ihrer Stellungnahme vorzubringen hätten. Für denjenigen, der bereit ist, sich anhand der Quellenbefunde in die Zusammenhänge hineinzudenken, ist es freilich nicht schwer, das von Cicero Versäumte nachzuholen. Wer allerdings mit Guarino eine zusammenhängende Verwertung der Überlieferung abweist, daß die Familie der Mucii mit dem Antipater-Schüler Blossius verkehrte, daß Antipater von Tarsos ein sozial weit pflichtenhaltigeres Naturrecht lehrte als die Schulvorsteher der Stoa vor und nach ihm, daß die Treuhandformel zur Zeit des P. Mucius unter dem Maßstab des *bonus vir* von dem älteren Schädigungsverbot auf positive Handlungspflichten umgestellt wurde, daß Herrschaft in stoischer Auffassung eine der Treuhand, personenrechtlichen Gewalten und auftragsrechtlichen Befugnissen analoge und daher pflichtgebundene formale Machtstellung ist, daß Tib. Gracchus in durchaus juristischer Argumentation die gegenüber Octavius erfolgte gesetzliche Entziehung des Tribunenamtes vermittels des aus dem Auftragsrecht bekannten Arguments einer Verwirkung des Mandats bei Ungehorsam gegenüber dem an die Hand gegebenen Interesse[57] rechtfertigte, wer in der Interpretation dieser und

55 Cic. Lael. 11, 37: *Tiberium quidem Gracchum rem publicam vexantem a Quinto Tuberone aequalibusque amicis derelictum videbamus. At C. Blossius, hospes familiae vestrae, Scaevola …* Die Frage, wie die Familie der Mucii, die an ihrem Gastfreund Blossius festhielt, sich stellte, überläßt Cicero dem Leser zur Beantwortung. Vgl. auch Cic. Brut. 31, 1117: *Fuit autem constans civis et fortis et in primis Graccho molestus, quod indicat Gracchi in eum oratio. Sunt etiam in Gracchum Tuberonis.* Siehe dazu Klebs, RE 1894 (s.v. Aelius 155 Sp. 535).

56 Vgl. o. S. 465 ff.

57 Guarino zufolge hat Octavius auf verfassungsrechtlicher Ebene bis zum Beweis des Gegenteils im Interesse der Plebs gegen die *lex agraria* interzendiert (op. cit. 112). Das heißt aber die Rechtsfrage der Amtsverantwortlichkeit mit der Tatfrage des wahren Interesses vermischen. Wenn man sich von dem strengen Standpunkt löst, daß die Betätigung der tribuni-

weiterer[58] Daten nichts sieht als Romanschriftstellerei, wem mit anderen Worten in diesen Fragen nur die gewohnten Gerichte schmackhaft scheinen, darf sich nicht wundern, wenn er nicht glaubt, was er nicht sehen will.

Die Rechtfertigung des P. Mucius dürfte nun folgendermaßen gelautet haben. Sicher sei die Grundlage jeder Verfassung, auch der römischen, die übereinstimmende, die Bürger verbindende Rechtsgesinnung. Hier stimme er Scipio, Laelius, Panaitios und Aelius Tubero durchaus zu. Dies sei auch schon die Überzeugung der Juristen der vorangegangenen Generationen gewesen, etwa des der praktischen Philosophie gegenüber aufgeschlossenen Sext. Aelius Paetus Catus und des Juristen, Historikers und vielseitigen Schriftstellers M. Porcius Cato, die den Versen des zeitgenössischen Dichters Ennius, daß die römische Verfassung auf den Bürgern und ihrer die traditionellen Rechte respektierenden Gesinnung beruhe[59] und mit Tyrannen eine wahrhafte Rechtsgemeinschaft nicht möglich [478] sei,[60] gewiß zugestimmt hätten. Aber für ihn sei doch sehr fraglich, ob es Tib. Gracchus und seine Partei gewesen seien, welche die rechtliche Gesinnungsgemeinschaft aufgekündigt hätten. Er sehe vielmehr am Anfang der krisenhaften Entwicklung den politischen Widerstand der *possessores*, die dem unbestreitbaren Recht der römischen Republik, ihr Eigentum am ager publicus zum gemeinen Besten zu verwenden, die gebührende Achtung versagt hätten. Vor allem die erste Fassung des Gesetzes mit der großzügigen Entschädigungsregelung, welche die herausgabepflichtigen *possessores* durchaus als *boni viri*, als gutgläubige Eigenbesitzer, behandelt habe,[61] hätte als faire Lösung Respekt verdient. Aber auch die ver-

zischen Interessen über ihre Gründe keine Rechenschaft schuldet, ist mit der Postulierung einer Beweislastumkehr nichts gewonnen, da es in Rom ein Verfassungsgericht nicht gibt. Wenn man der Plebs das Recht zur Amtsabrogation gibt, dann bedeutet das zugleich, daß unwiderruflich die Plebs darüber entscheiden kann, ob der Amtsinhaber ihr Interesse gewahrt oder verletzt hat.

58 Ich verweise zu alledem auf meine schon oft zitierte Schrift Tib. Gracchus etc. (Anm. 1).

59 Der von Cicero rep. V 1, 1 zitierte Ennius-Vers *Moribus antiquis res stat Romana virisque* entspricht ganz der Catonischen Lehre, wie sie Cic. rep. II 1, 1 ff. darlegt, und auf deren hellenistische Herkunft Kienast (Anm. 14) 109 ff. mit Recht hingewiesen hat. Die Überzeugung, daß eine gute Verfassung nicht individuelle Helden, sondern tugendhafte Bürger benötigt, auf deren Namen nichts ankommt, ist ebenso stoisch wie die Lehre von der Überlegenheit der Mischverfassung (vgl. Anm. 21), die Kienast für Cato nachweist. Die engen Beziehungen zwischen Cato und Aemilianus, die Kienast ebenfalls überzeugend vor Augen führt (113 ff.), begründen denn auch nicht nur eine mögliche Verbindung zu Polybios, sondern genauso eine solche zu Panaitios.

60 Vgl. Cic. de off. I 8, 26: *nulla sancta societas nec fides regni est,* wo Cicero auf die gerade vergangene diktatorische Führerschaft (*principatus)* Caesars hinweist.

61 Schon in meinem ›Tib. Gracchus etc.‹ (Anm. 1) 84 habe ich die Inanspruchnahme des *ager publicus* durch die *lex agraria* und die von ihr eingesetzte Ackerkommission mit einer Vindikation gegen *possessores* verglichen. Obwohl der Zusammenhang dort ganz klar wird, drängt mir Guarinos Kritik (91 ff. m. Anm. 185) ein ganz anderes Thema auf, nämlich die Frage, welches Recht die *lex agraria* den *possessores* zuerkannte, die in ihrem Besitz bestätigt wurden, um dann meine Einordnung der herausgabepflichtig gemachten Besitzer als *bona*

schärfte, von Entschädigungsregelungen befreite Fassung des Gesetzes habe er sich als Jurist guten Gewissens zu eigen machen und nach dem Tode des Tiberius auch erfolgreich weiter durchsetzen können. Nach seiner Auffassung habe sich Tiberius, indem er das Gesetz gegen alle Widerstände durchgebracht habe, durchaus verfassungsmäßig verhalten. Schließlich sei ja auch sein Gegner Octavius verstummt und habe jedenfalls von seinem Recht, gegen das Einbringen des ihn abberufenden Plebiszites zu interzedieren, keinen Gebrauch mehr gemacht.[62] Was freilich die weitere Entwicklung angehe, so seien auch in ihm Bedenken erwacht, als er die wachsende Bereitschaft des Tiberius bemerkt habe, mit den Mitteln des Tribunenamts und der angestrebten Wiederwahl die Stellung eines demagogischen Alleinherrschers zu usurpieren. Daher habe er [479] auch nachträglich für den Staatsnotwehrakt des Scipio Nasica Verständnis gezeigt, obwohl er sich als verantwortlicher Konsul noch dafür ausgesprochen habe, den Konflikt als Rechtsfrage zu behandeln und zu lösen. Von alledem sei aber die Frage des Siedlungsprogrammes zu trennen, das er nach wie vor für richtig halte und dessen abrupte Beendigung durch Scipio Aemilianus er mißbillige.[63] Als wenig überzeugend empfinde er es schließlich, wenn der Name der *boni viri* allein für die Parteigänger des Scipio beansprucht werde. Wer in diesen schwieriger gewordenen Zeiten die rechte Gesinnung bewiesen habe, sei doch gerade die Frage. Er für seinen Teil und mit ihm die allermeisten seiner älteren und jüngeren juristischen Kollegen seien nach wie vor der Ansicht, daß es die Pflicht eines *bonus vir* gewesen sei, das dem Gemeinwesen nützliche Siedlungsprogramm des Tiberius zu unterstützen. Er vertraue hier auf das Urteil späterer Juristen. Ihrer Fähigkeit und Bereitschaft, die Tatsachen, soweit es in ihren Kräften stehe, sorgfältig zu erheben und abgewogen zu bewerten, stelle er sich bereitwillig.

(4) Es bleibt nun noch kurz ein Passus zu erörtern, auf dessen Bedeutung ich durch Friedrich Münzer aufmerksam gemacht worden bin und in dem ich eine – zugegebenermaßen – schwache Anspielung auf die Tatsache gefunden habe,

fide possessores als »decisamente inappagante« anzugreifen. Gegenüber solcher ins Leere gehenden Polemik Stellung nehmen zu müssen, ist verdrießlich. Zur Abhängigkeit der Entschädigungspflichten gegenüber Verwendungen in der Vindikation, die formell über die *exceptio doli* liefen, von der *bona fide possessio* z.B. Julian bei Ulpian 17 ed D. 6, 1, 36. Im übrigen erscheint mir Guarinos Hypothese, den bestätigten *possessores,* über die ich mich damals gar nicht geäußert habe, sei vom Gesetz ein Ersitzungsbesitz zugewiesen worden, unvereinbar mit dem, was wir von den Formalismen des römischen Bodenrechts *optimo iure* wissen. Daß schließlich die Debatte der drei *fundatores* über intertemporale Probleme der *lex Atinia* (Erstreckung des – gegenüber den Zwölftafeln – erneuerten Ersitzungsverbotes gestohlener Sachen auch auf Ersitzungen, die vor Inkrafttreten des Gesetzes begonnen hatten?) mit jener vermuteten Regelung zu tun haben könnte, liegt recht fern, auch wenn ich mit Guarino glaube, daß die moralisierende Theorie der *veteres,* daß Grundstücke gestohlen werden können, auf die *fundatores* zurückgeht.

62 Auf die Tatsache, daß Octavius gegen die *lex de potestate M. Octavio abroganda* nicht interzediert hat, macht Guarino 10, 8, 114 mit vollem Recht aufmerksam.

63 Vgl. Mommsen, Röm. Geschichte II, 100.

daß hinter der Aktion des Scipio Nasica der durch Furius Philus vermittelte Macht- und Regelpositivismus des Karneades gestanden hat, als dessen Verfechter Furius Philus in dem Dialog *de re publica* bekanntlich fungiert. Der kurze Satz steht in dem Vorspann des Dialogs, in dem es noch um die von Aelius Tubero mitgebrachte Frage nach der Doppelsonne geht. Scipio hatte Philus um seine Ansicht gefragt (rep. I 11, 17), und dieser hatte, nachdem sich unter anderen Laelius und M. Manilius als weitere Gesprächsteilnehmer eingefunden hatten, vorsorglich und offenbar begierig, darüber zu sprechen, betont, es könne trotz der Neuankömmlinge bei diesem Thema bleiben (reg. I 13, 19), damit aber sofort Sticheleien des Laelius provoziert: Die Fragen, wie das eigene Haus und das Gemeinwesen in Ordnung zu halten seien, seien also offenbar alle schon gelöst. Schließlich stimmte Laelius mit Rücksicht auf die Feiertage der *feriae Latinae* doch dem Thema zu und forderte nun Philus, nachdem er dessen leicht verstimmtes Angebot, Laelius selbst möge doch jetzt über die Doppelsonne handeln, abgelehnt hatte, zum Sprechen auf, riskierte dabei aber noch einen letzten anzüglichen Scherz: Es sei denn, daß Manilius für gut halte, ein Interdikt zu formulieren, das beide Sonnen in den friedlichen Besitz des Himmels setze. Damit wäre das Problem gewissermaßen erledigt, und zwar mit dem juristisch gar nicht uninteressanten Mittel des solidarischen Mitbesitzes.[64] Manilius hatte daraufhin heiter entgegnet, Laelius fahre fort, seinen Scherz mit einer Kunst zu treiben, in der er hervorrage (ich habe deswegen Laelius einen gut bewanderten Laien ge-
[480] nannt und keineswegs, wie Guarinos Kritik will, einen Jurisconsultus)[65] und ohne die keiner Mein und Dein unterscheiden könne, und geschlossen: »Aber darüber demnächst (*sed ista mox*). Jetzt laßt uns den Philus hören, der, wie ich sehe, schon über größere Dinge um Rat gefragt wird als ich oder P. Mucius (*nunc audiamus Philum, quem video maioribus iam de rebus quam me aut quam P. Mucium consuli*)«.

Um diesen Schlußsatz, in dem Manilius begütigend fordert, dem doch durchaus angesehenen Philus erst einmal zuzuhören, geht es. Friedrich Münzer bezog ihn in seinem P. Mucius gewidmeten Artikel ganz auf den politischen Hintergrund des Dialogs (Pauly-Wissowa, Realencyclopädie, 1933, s.v. Mucius 16 Sp. 427): »Er (sc. P. Mucius) war jetzt 625 = 129 der Führer der Opposition gegen Scipio Aemilianus im Senat (Cic. rep. I 31). Zur Vergeltung wurde er von dessen Anhängern als Rechtskundiger hinter L. Furius Philus zurückgesetzt.« (Ebd. 20

64 Solidarischer Mitbesitz war nach strenger klassischer Auffassung unmöglich (*contra naturam*): Paul 54 ed D. 41, 2, 3, 5. Es spricht aber vieles dafür, daß die *veteres*, die den Besitz nicht als ausschließende faktische Sachherschaft des Eigenbesitzers auffaßten, sondern von einem System der Nutzungsrechte ausgingen (vgl. nur Quintus Mucius bei Paul 54 ed D. 41, 2, 3, 23 und die Reichweite der *veteres*-Regel *nemo sibi ipse causam possessionis mutare potest*), den solidarischen Mitbesitz anerkannten.

65 Vgl. ›Tib. Gracchus etc.‹ (Anm. 1) 37 ff. m. Anm. 28 und dazu Guarino 157 Anm. 2. Daß von Cicero rep. I 18, 30 behauptete Schülerverhältnis des Laelius gegenüber Sext. Aelius entspricht mutatis mutandis dem des Cicero gegenüber den Mucii.

Äußerung des M. Manilius:) *Philum … video maioribus iam de rebus quam me aut P. Mucium consuli.*

Mir leuchtet diese Interpretation nach wie vor ein. P. Mucius, der hier ganz unvermutet auftaucht, der am Dialog keineswegs teilnimmt, ist nicht irgendein Jurist, sondern steht ganz im Mittelpunkt der Staatskrise, die Anlaß des Staatsgesprächs ist.

Ganz anders interpretiert Guarino. Ich übergehe seinen Hinweis, daß solche urbanen Äußerungen wie die des Manilius nicht überbewertet werden dürfen, als allzu allgemein, obschon es ärgerlich ist, hier noch einmal in der Fußnote die völlig leerlaufende Kritik an meiner Einordnung des Laelius (für mich durchaus kein Jurisconsultus, sondern ein gut bewanderter Laie) aufgetischt zu bekommen. Seine Deutung, *se si legge meglio il passo* (S. 151), lautet (S. 151): »Da jegliche Erörterung der Bedeutung rechtlicher Bildung (sc. durch das *sed ista mox* des Manilius) auf einen späteren Augenblick vertagt worden ist, bezieht sich Manilius in der Szene Ciceros gewiß nicht auf die Zuständigkeit des Philus als Jurisconsultus. Er bezieht sich auf die Tatsache, daß in diesem Augenblick Philus gebeten worden ist, über das Thema der zwei Sonnen zu sprechen, d. h. über ein ›kosmisches‹ Thema, das viel wichtiger ist als jene ganz anderen (juristischen Themen), um deretwegen gewöhnlich Juristen wie er und Mucius befragt zu werden pflegen.« Diese Auslegung geht, im Gegensatz zu der von Friedrich Münzer und mir, über eine Reihe wesentlicher Elemente des Satzes hinweg. Nicht berücksichtigt sind die besondere Bedeutung des P. Mucius (er fungiert für Guarino nur als ein weiterer beliebiger Jurist), der technische Sinn des Ausdrucks *consulere*, der sich auf Philus, Manilius und Mucius gleichermaßen bezieht und daher in der Bedeutung »Rat, und zwar Rechtsrat erfragen« verwendet ist (in bezug auf die Frage der Doppelsonne hatte Cicero vorher durchweg und treffend von *quaerere* gesprochen[66]), und vor allem der Sinn von *maiores res.* Niemals [481] würde es dem Manilius des Cicero einfallen, die naturwissenschaftliche Frage nach der Natur der Doppelsonne in ihrer Bedeutung höher einzuordnen als Rechtsfragen; solche an sich müßigen, naturkundlichen Probleme dienen, wie es Laelius gleich darauf unter Anrufung des Sext. Aelius ausführen wird – und Manilius wird dem alsbald in vollem Maße (*admodum*, rep. I 21, 34) zustimmen – nach traditioneller Ansicht dieser Juristen, wie Cicero sie nicht ohne historisches Recht schildert, nur dazu, den Geist der jungen Leute zu schärfen (rep. I 18, 30): *quo facilius possint maiora discere.* Und diese *maiora* sind Rechtsfragen, und zwar Rechtsfragen der staatlichen Existenz. Laelius, der in seiner erwähnten stichelnden Bemerkung allen Fragen der häuslichen und staatlichen Lebenspraxis einen deutlichen Vorrang vor dem Nachsinnen über das Wesen der Doppelsonne einräumte, stellte daher auf die Nachfrage des Aelius Tubero (rep. I 19, 31): *quae tu esse maiora intellegas?* die von P. Mucius mitverantwortete Staatskrise vor Augen und leitete von dieser be-

66 Cic. rep. I 10, 15 … *ratio quaerenda, … solet quaerere …, quae de natura quaererentur;* 11, 17 *soles … in hoc genere … quaerere … ; conquirere;* 13, 19 *quaesierat ex me.*

drohlichen Gegenwart zur Forderung über, man solle Scipio Fragen stellen, die helfen könnten, nützliche Bürger zu werden, Fragen also nach der besten Staatsverfassung und nach den Gründen der sie bedrängenden Verhältnisse. Philus und Manilius werden als die ersten genannt, die ihm darin in vollem Umfang (*admodum*) zustimmen.[67] Schließlich bezieht sich das *videre* in der Bemerkung des Manilius, *Philum … maioribus iam de rebus quam me aut P. Mucium consuli*, keineswegs unmittelbar auf die konkrete kleine Gesprächssituation selbst, wie Guarino will; vielmehr spricht alles dafür, daß sich *videre* hier wie in der anderen verwandten Stelle (rep. I, 19, 31: *nam ut videtis mors Tiberii Gracchi et iam ante tota illius ratio tribunatus divisit populum in duas partis*) auf die vor Augen stehende politische Situation und die Ereignisse, die sie geprägt haben, richtet.

In beiden Fällen, rep. I 13, 20 und rep. I 19, 31, wird P. Mucius, der Konsul des Jahres 133, bedeutungsvoll genannt. Das ist kein Zufall, sondern in einem Werk vom Rang dieses Ciceronischen Dialogs gewiß Absicht, gerade auch in der Knappheit, mit der dem Leser in der Einleitung der Blick auf die Zeitgeschichte freigegeben wird, um ihn dann in die doch stark verklärte Harmonie des Staatsgesprächs zu entführen. Fragt man daher weiter nach einem vom Blickpunkt des Jahres sichtbaren, herausragenden Ereignis, an dem sich maßgebende Kreise in einer Haupt- und Staatsfrage statt an die führenden Juristen der Zeit, an M. Manilius und P. Mucius, also an die nach ihrer magistratischen Laufbahn angesehensten der drei *fundatores*, vielmehr an den als Juristen eigentlich unmaßgeblichen Furius Philus gewandt haben könnten, dann gibt es kein gewichtigeres Rechtsproblem als die Bewältigung der Staatskrise vom Ende 133 durch die Notstandsaktion des Scipio Nasica. Es gibt nichts, was diesem Fall auch nur entfernt an Bedeutung gleichkäme. Zugleich ist in keinem anderen Fall P. Mucius in seiner Rechtsansicht so deutlich isoliert gewesen wie damals, als er gegenüber Scipio [482] Nasica erklärte, er lehne Gewaltmaßnahmen gegen einen Nicht-Verurteilten ab. Weiter ist die rechtliche Begründung, die Scipio Nasica seinem Vorgehen gibt, unstreitig neuartig und zugleich unzweifelhaft identisch mit der Rechtfertigung des späteren *SC Ultimum*: Gegenüber einem Angriff auf den Bestand des Gemeinwesens, gegenüber dem der *iuris ordo* der formalen Normenwelt der *leges* keine Antwort bereit hält, muß das unmittelbare tatsächliche *imperium* antworten, das, wenn der legitime Inhaber wie damals P. Mucius versagt, auch von einem Privatmann ergriffen werden kann. Und schließlich ist dieses Denken, das das Rechtssystem nicht als sozialen Sinnzusammenhang auffaßt, sondern als deskriptive Ordnungsgebilde aus körperweltlichen Tatsachen und formalen geistigen Strukturen, und damit das *imperium* als menschliche, auf faktische Tatbestände einwirkende Befehlsgewalt und die Gesetze als grammatikalisch festliegende,

67 Cic. rep. I 21, 34. Ferner wird Sp. Mummius mit seiner Zustimmung genannt, nicht aber Aelius Tubero, dessen Schweigen wohl beredt sein soll und eine gewisse Ablehnung der neuen Themenwahl enthält. Zu Mummius, der im übrigen ebenfalls der stoischen Philosophie zugetan war, Münzer, RE 1033 (s.v. Mummius 13 Sp. 525ff.).

nicht auslegungsfähige Formen, dem römischen Rechtsdenken durch die skeptische Akademie des Karneades vermittelt worden. Dies haben meine bisherigen Untersuchungen zu ihrem Teil gezeigt, wenn auch betont werden muß, daß hier noch manche Arbeit zu leisten ist: Insbesondere eine zusammenhängende Darstellung der Entwicklung des römischen Amtsrechts wird den hier zentralen, für die Geschichte der römischen Revolutionszeit eminent wichtigen Vorgang anschaulich vor Augen stellen können, in dem ein *imperium*-Konzept, das als pflichtmäßige Normverwirklichung verstanden wurde, von einem *imperium*-Begriff ersetzt wurde, der als tatsächliche, von politischer Zweckmäßigkeit geleitete Magistratsgewalt gefaßt wurde.[68]

Es bleibt nun freilich, wie ich nur wiederholen kann,[69] eine schwach begründete Vermutung, daß der historische Furius Philus, der in *de re publica* bekanntlich nur in der Rolle des advocatus diaboli die Verteidigung des Karneades übernimmt, in Wahrheit auch tatsächlich ein Anhänger der Rechtstheorie des Karneades gewesen ist. Immerhin: Cicero selbst wäre eine solche Mohrenwäsche des Furius Philus ohne weiteres zuzutrauen. Die Korrektur der historischen Wahrheit ginge nicht weiter als bei der entschiedenen Verkleinerung der Bedeutung des Juristenkreises um P. Mucius und dem noch bedenklicheren Vorgehen, daß der Stoiker Laelius in de re publica am Ende doch, wie schon Laktanz gesehen hat, die Position des positivistischen Utilitarismus des Karneades vertritt.[70] Und das Motiv wäre überall das gleiche: Ciceros Wunsch, in einem harmonischen Scipionenkreis, den es in dieser Form nie gegeben hat, seinen eigenen Vorstellungen, die damals insbesondere unter dem Einfluß des Positivismus und Naturrechtsethik verbindenden Akademikers Antiochos von Askalon standen,[71] einen verklärten Hintergrund zu geben.

Schließlich hatte der historische Philus, der die Philosophengesandtschaft und damit auch den Karneades gehört hatte und zu denen zählte, die mit Philo- [483] sophen offen Umgang pflogen,[72] wohl Ursache, bei dem aufgeklärten Realismus und eleganten Formalismus der Lehren des Karneades Halt zu suchen. In einer bisher von mir übersehenen Stelle läßt Cicero ihn nun in der Tat zugeben, daß er dies auch wirklich getan habe, und zwar in einer Weise, die durch die Rolle eines advocatus diaboli des Karneades nicht mehr gedeckt ist. Philus hatte die Lehre des Karneades auseinandergesetzt, daß der Einzelne, wenn er vernünftig (*sapiens*) und nicht dumm (*stultus*) sei, sich vom Eigennutz und nicht von rücksichtsvoller Mo-

68 Zu einem Paradigma dieses Übergangs o. Anm. 20.

69 ›Tib. Gracchus etc.‹ (Anm. 1) 117.

70 Lact. inst. 5, 16 (Cic. rep. III 20, 30): *videatur idem Laelius … illam civilem defendisse iustitiam, quam Furius sapientiam quidem esse concesserat, sed iniustam.*

71 Vgl. J. Dillon, The Middle Platonist, A Study of Platonism 80 B. C. to A. D. 200, 1977, 79 und meine Ortsbestimmung Ciceros der Staatsschriften in Die fraus legis (Anm. 12) 97 f.

72 Vgl. Cic. de oratore II 37, 154 … *P. Africano, C. Laelio, L. Furio, qui secum eruditissimos homines ex Graecia palam semper habuerunt.* Siehe auch Cic. pro Archia 7, 16.

ral leiten lasse.[73] In dem folgenden Text stellt er fest, daß dieses Prinzip auch für das Handeln der Völker gelte, und nennt dafür – das ist entscheidend – ein Beispiel aus einem Vorgang, an dem er selbst als Konsul beteiligt war, nämlich die gesetzliche Kassierung des Friedensvertrages zwischen Hostilius Mancinus und den Numantinern. Die Art, wie er hier wertet, zeigt, daß er sich die Kategorien des Karneades zu eigen gemacht hat.

> Cic. rep. III 18, 28 (Philus) Quod in singulis, idem est in populis: nulla est tam stulta civitas, quae non iniuste imperare malit quam servire iuste. nec vero longius abibo: consul ego quaesivi, cum vos mihi essetis in consilio, de Numantino foedere. quis ignorabat Q. Pompeium fecisse foedus, eadem in causa esse Mancinum? alter vir optimus etiam suasit rogationem me ex senatus consulto ferente, alter acerrime se defendit. si pudor quaeritur, si probitas, si fides, Mancinus haec attulit, si ratio, consilium, prudentia, Pompeius antistat.

Mancinus, der damals das von ihm geschlossene *foedus* respektierte und deswegen für seine *deditio* eintrat,[74] hatte Philus zufolge alle moralischen Werte auf seiner Seite. Q. Pompeius dagegen, der erste Konsul seines Geschlechts, der, wie man weiß, das entsprechende von ihm getroffene *foedus* schlicht wider besseres Wissen ableugnete, alle Vernunft und Verständigkeit.[75] Diese in ihrem Zynismus ganz karneadische Stellungnahme ist so konkret historisch bezogen – Philus war es bekanntlich auch, der den hier als gut, aber töricht hingestellten Mancinus nackt und gebunden den Numantinern vor die Mauern stellen mußte[76] – und verläßt so deutlich die Distanziertheit des *disputandi gratia*, daß man hier doch wohl eine wahre Notiz über Philus wahrnehmen darf, mit der Cicero jene ihm sonst verliehene Pose des advocatus diaboli durchbricht. Dazu, daß gerade an dieser Stelle bei Gelegenheit des *foedus Mancinum* der historische Philus sichtbar wird, paßt auch gut, daß Philus gerade über das völkerrechtliche Handeln des römischen Volkes ein Buch hinterlassen hat.[77] Schließlich ist [484] es auch biographisch nicht unglaubwürdig, daß der aus bescheidenen Verhältnissen stammende Philus[78] zu dem äußerst selbstbewußten Moralismus der vornehmsten Kreise Roms nicht in der Lage war. Es ist ja kein Zufall, daß auch später die überaus nüchterne Rechts-

73 Cic. rep. III 17, 27.

74 Vgl. Münzer, RE 1913 (s.v. Hostilius 18 Sp. 2508ff., 2510); Rotondi, Leges publicae populi Romani, 1922, 296f. Zu der *causa Mancini* im eigentlichen Sinne, die sich um die Rechtswirksamkeit der *deditio* dreht, zuletzt Guarino 97ff. (100).

75 F. Miltner, RE 1952 (s.v. Pompeius 12 Sp. 2056, 2057). Die gleiche Konfrontation von Mancinus und Pompeius, aber nun mit Wertmaßstäben der stoischen Pflichtenlehre Cicero, de off. III 30, 109.

76 Appian Iber. 83.

77 Siehe Bremer, Jurispr. Antehadr. I, 1896, 29f. und dazu Münzer, RE 1910 (s.v. Furius 77 Sp. 360). Überliefert sind zwei auf Karthago gestellte Devotionsformeln. Die üblichen Inhalte des *ius Fetiale* werden nicht gefehlt haben.

78 Das zeigt Cic. rep. III 10, 17. Vgl. Münzer (Anm. 77) und bereits Apuleius, Apol. 20.

aufassung der skeptischen Akademie ihre Erfolge insbesondere beim zweiten römischen Stand, bei den aufsteigenden Rittern, erzielte.[79] Trotz einer – schwachen – Gegeninstanz[80] ist daher die Annahme, daß Furius Philus, wie später ein Licinius Crassus, ein Aquilius Gallus, ein Servius Sulpicius, sich seine Rechtsauffassung an den Lehren des Karneades gebildet hatte, wohl doch mehr als eine bloße Möglichkeit. Jedenfalls vermag erst diese Hypothese dem Satz des Manilius: *Philum … video maioribus iam de rebus quam me aut P. Mucium consuli* seinen vollen Sinn zu geben.

Gewißheit kann man hier freilich nicht gewinnen. Aber Geschichte und Rechtsgeschichte bewegen sich – und hier weiß ich mich mit Guarino durchaus einig – nicht nur im Bereich apodiktischer Aussagen. Sie können gar nicht umhin, auch hypothetische Aussagen zu bilden und als solche stehen zu lassen, wenn die Quellen mehr nicht erlauben. Es ist nur ihre Pflicht, die Unterschiede der Gewißheit ihrer Aussagen als solche kenntlich zu machen. Den Vorrang einer *spiegazione casalinga* – und diesen Widerspruch zwischen mir und Guarino möchte ich nicht beschwichtigen – kennt dagegen die historische Methode nicht.

79 Aquilius Gallus und Servius Sulpicius, die führenden Vertreter des neuen Juristengeschlechts (vgl. Die fraus legis [Anm. 12] 41 ff.) stammten wie ja auch Cicero selbst aus ritterlichem Geschlecht. Vgl. zu beiden, aber auch zur Schülergeneration des Servius und Ofilius und dem Vater des Labeo Kunkel, Herkunft und soziale Stellung der römischen Juristen, [2]1967, 21 ff.

80 Cicero, pro Murena 31, 66 nennt vor Scipio und Laelius und nach Cato Censor, die alle ausführlicher erwähnt werden, kurz auch Furius Philus und C. Sulpicius Galus als Beispiele für solche, deren urbane Lebensart durch die strenge Tugendlehre der Stoa in keiner Weise verhärtet oder verroht worden sei. Als Beweis für einen spezifischen Stoizismus des Philus reicht diese Überlieferung jedoch kaum aus. Die beiden Männer Sulpicius und Philus verbindet eine gemeinsame Aufgeschlossenheit für hellenistische Gelehrsamkeit, die sich bei Sulpicius vor allem in einem besonderen Interesse für die Astronomie gezeigt hat (vgl. Münzer, RE 1931, s.v. Sulpicius [Galus] 66 Sp. 808 ff.), ohne daß sonst von besonderer Berührung mit stoischer Pflichtenlehre etwas verlautet; und ein besonderes Interesse für Astronomie schreibt Cicero auch dem Philus zu (vgl. rep. 1, 13, 19 ff.).

III. Der römische Gesetzesbegriff und das Prinzip der Gewaltenteilung*

Gliederung

I. Zur Methode der Untersuchung

[34] (1) Ich möchte mit einer Rechtfertigung meines Themas beginnen. Es liegt nahe, dem Versuch, den altrömischen Gesetzesbegriff nach Struktur und Genese mit Hilfe des Prinzips der Gewaltenteilung zu analysieren, einen starken Anachronismus vorzuwerfen. Lebte MONTESQUIEU etwa in der Antike? Und war nicht vielmehr das berühmte Vorbild und Beispiel Montesquieus die englische Verfassung des 18. Jh. und also keineswegs diejenige Roms?

Ein solcher Einwand ginge indes fehl, da er vor allem den Status verkennen würde, den das Prinzip der Gewaltenteilung in der Lehre Montesquieus hat. Es handelt sich nicht um eine dogmatische Figur, deren Vorhandensein für vergangene Zustände so behauptet werden kann, wie dogmatische Figuren vorhanden sein können, nämlich als aktuelle oder potentielle, das Verhalten der Menschen der betrachteten Zeit steuernde Bewußtseinsinhalte, sondern durchaus um ein analytisches und bewertendes Prinzip, das an vergangenen und gegenwärtigen Verfassungsständen beobachtet und »entdeckt« werden kann. Gewaltenteilung [35] im Sinne Montesquieus gibt es überall, wo nach geltenden Regeln der Verfassung staatliches Handeln[1] auf mehreren einander beschränkenden Gewalten

* Erstabdruck in: Zum römischen und neuzeitlichen Gesetzesbegriff. 1. Symposion der Kommission »Die Funktion des Gesetzes in Geschichte und Gegenwart« vom 26. und 27. April 1985. Hrsg. von Okko Behrends und Christoph Link; Göttingen 1987 (Abhandlungen der Akademie der Wissenschaften in Göttingen. Phil.- hist. Kl. 3. F. 157), S. 34-122.

1 Der Begriff Staat ist hier und im folgenden auch auf das römische Gemeinwesen einschließlich seiner Anfänge angewendet. Die darin enthaltene Ablehnung des Versuchs, den Begriff Staat auf den territorialen Machtstaat der Neuzeit zu verengen (vgl. dazu HERBERT

beruht; daß dieser Zustand der betrachteten Zeit auch noch in der Art Montesquieus bewußt war, ist nicht erforderlich. In diesem Sinne hat ja schon Montesquieu selbst sein Prinzip nicht nur auf die englische konstitutionelle Monarchie angewendet und diese über sich selber aufgeklärt,[2] sondern es alsbald auch an den römischen Verfassungsverhältnissen erprobt.[3] Das Prinzip der Gewaltenteilung setzt daher für seine Anwendbarkeit auch nicht voraus, daß die analysierte Verfassung in ihrem Selbstverständnis von einem homogenen Begriff der Staatsgewalt ausgeht, wie dies etwa – der rechtlichen Theorie nach – für die von Gottes Gnaden abgeleitete Monarchie oder für die seit den neuzeitlichen Revolutionen vorherrschende demokratische Staatsgewalt der Fall ist.[4] Mit einer solchen Forderung würde das Gewaltenteilungsprinzip methodischen Voraussetzungen nach Art einer prinzipiell konstruierenden Begriffsjurisprudenz unterworfen und den ihm von seinem Urheber mitgegebenen Charakter eines der historisch-politischen Empirie folgenden Erklärungsprinzips verlieren. Mit Recht hat Montesquieu ja für sich in Anspruch genommen, seine Ergebnisse nicht aus apriorischen Annahmen, sondern aus der Erfahrung mit den beobachteten Verhältnissen gewonnen zu haben: »Je n'ai point tiré mes principes de mes préjugés, mais de la nature des choses«.[5] Von einer Einheitlichkeit in dem Sinne, daß die Staatsgewalt überall dort, wo sie erscheint, als [36] von der gleichen Quelle abgeleitet gilt, kann in den Beispielsfällen Montesquieus nicht die Rede sein. In dem Modell der englischen Verfassung sind die drei Gewalten keineswegs aus einem obersten Rechtsprinzip abgeleitet. Die richterliche Gewalt (puissance de juger), die Montesquieu eingangs auch als vollziehende Gewalt der Verhältnisse des Bürgerlichen Rechts

Krüger, Allgemeine Staatslehre, 2. Aufl. 1966, S. 2ff.), folgt nicht nur der Tradition (man denke nur an Mommsens Römisches Staatsrecht), sondern hat auch sachliche Gründe. Erkennt man jede unabhängige territoriale Rechtsordnung als Staat an, dann erscheinen moderne und antike Staaten bei allen tiefgreifenden Unterschieden, die man an ihnen herausstellen kann, als Ausdruck der gleichen menschlichen Fähigkeit zu rechtlich-politischer Organisation.

2 Montesquieu, De l'Esprit des lois (zitiert nach der Ausgabe von G. Truc, Classiques Garnier, Paris 1961, 2 Bde.) Buch 11 Kapitel 6 »De la constitution d'Angleterre« (I S. 163-174).

3 Vgl. Montesquieu (o. Fn. 2) Buch 11 Kapitel 13 mit dem schönen Eingangswort (I S. 180): »On ne peut jamais quitter les Romains«; siehe ferner die folgenden Kapitel bis Kap. 19.

4 Vgl. für das monarchische Prinzip die klassische Formulierung in Tit. II § 1 der bayerischen Verfassung von 1818: »Der König ist das Oberhaupt des Staats, vereinigt in sich alle Rechte der Staatsgewalt und übt sie unter den von ihm gegebenen, in der gegenwärtigen Verfassungsurkunde festgesetzten Bestimmungen aus.« Siehe demgegenüber Art. 25 der belgischen Verfassung von 1831, die ihrerseits auf die französische Verfassung von 1791 zurückgeht: »Tous les pouvoirs émanent de la nation.« oder Art. 20 Abs. 2 des Grundgesetzes von 1949: »Alle Staatsgewalt geht vom Volke aus.« Vgl. zu beiden Prinzipien Böckenförde (Hrsg.), Moderne deutsche Verfassungsgeschichte (1815-1918), 1972, S. 148.

5 Montesquieu (o. Fn. 2) Préface (I S. 1).

definiert,[6] ist Geschworenen anvertraut und allein dem Gesetz unterworfen; als solche ist sie nicht von einer der beiden anderen Gewalten im Sinne einer juristischen Delegation abgeleitet, was im übrigen auch der historischen Genese der englischen Jury entspricht.[7] Auch die dem Monarchen zugewiesene vollziehende Gewalt im engeren Sinne, der Montesquieu nach ihrem Schwerpunkt die auswärtigen Verhältnisse des Kriegs und Friedens zuweist und mehr nur anhangsweise die der inneren Sicherheit,[8] und die gesetzgebende Gewalt, die Montesquieu in dem vorbildlichen Modell in den Händen einer nach Ortsbezirken gewählten Volksversammlung und einer erblichen Adelskammer sieht,[9] werden von Montesquieu mit gutem Grund nicht zueinander in ein dogmatisch-deduktives Verhältnis gebracht. Der von Montesquieu gewählte historisch-empirische Zugang führt eben in seiner Konsequenz nicht auf systematisch-begriffliche, sondern auf historisch-genetische Fragen. Das zeigt sich am Beispiel des Zweikammersystems der Gesetzgebung noch in besonderer Weise: Montesquieu weist hier zum Beweis seiner Überzeugung, daß die Engländer die Grundidee ihrer politischen Ordnung bei den alten Germanen gefunden hätten, auf eine Stelle in Tacitus' »Germania«, wonach bei den Germanen die öffentlichen Angelegenheiten so behandelt worden wären, daß in kleineren Sachen die Fürsten allein, in größeren Sachen das gesamte Volk nach Vorberatung durch die Fürsten, also den Adel, zu entscheiden gehabt hätten. Seine daran geknüpfte Feststellung: »Ce beau système a été trouvé dans les bois«[10] stellt noch einmal klar, daß für ihn ein Phänomen wie die beschriebene englische Verfassung nicht aus einem einzigen hoch angesiedelten Prinzip abgeleitet ist, sondern unmittelbar aus der historischen Praxis selbst entstanden ist, in letzter Linie sogar in den Wäldern, oder genauer: in den Lichtungen der germanischen Wälder.

Mit diesem empirischen Grundzug steht nicht in Widerspruch, daß Montesquieu dem Gesetz als dem obersten Lebensprinzip der Verfassung eine nach- [37] drückliche demokratische Rechtfertigung gibt und es als Mittel der Selbstbestimmung des Volkes und als Gemeinwillen über die richterliche und vollziehende Gewalt stellt; denn hier reflektiert Montesquieu über die Werte, die das englische Verfassungssystem in seinen Augen verkörpert, nicht über dessen Entstehungs-

6 Montesquieu, a. a. O. Buch 11 Kapitel 6 (I S. 163): »la puissance exécutrice des choses qui dépendent du droit civil.«

7 Nach Heinrich Brunner, Entstehung der Schwurgerichte, 1872 S. 74 f., 89, 142 u. ö.; zustimmend Pollock-Maitland, The History of English Law I ²1889, Nachdr. 1968 S. 138 ff., entstammt die Jury dem vom König aufgebotenen Nachbarnzeugnis, und zwar nach einem fränkischen, von den Normannen mitgebrachten Modell, das seinerseits von der Praxis des spätantiken Fiskus angeregt ist. Die Befähigung der Jury zum Wahrspruch beruht daher, historisch gesehen, nicht auf Delegation einer königlichen Kompetenz, sondern auf Auswahl unter dem Gesichtspunkt tatsächlicher Bekanntschaft mit den Verhältnissen.

8 Vgl. Montesquieu, a. a. O. Buch 11 Kapitel 6 (I S. 164 und S. 174).

9 Montesquieu ebenda (I S. 168).

10 Montesquieu ebenda (I S. 174) mit Hinweis auf Tacitus, Germania, Cap. 11.

bedingungen und schon gar nicht über die es beherrschenden verfassungsdogmatischen Ableitungszusammenhänge.[11]

Mit der gleichen empirischen Grundhaltung wendet Montesquieu sein Erklärungsprinzip der »distribution des trois pouvoirs« auf den römischen Gegenstand der römischen Verfassung an. Auch hier bewährt sich der historisch-empirische Sinn Montesquieus. Abgesehen von der Frühzeit der römischen Überlieferung, wo die Überlieferungskritik seit Niebuhr ganz andere Horizonte erschlossen hat, findet sich gerade zu den Besonderheiten Roms, z. B. der Rolle der Geschworenen, manche treffende Beobachtung.[12]

Als ein Konzept, das Beobachtungen an verschiedensten historischen Verfassungen erlaubt und zu ordnen vermag, hat dann auch später kein geringerer als Max Weber das Prinzip der Gewaltenteilung in seiner Rechtssoziologie angewendet.[13] Anachronistisch ist ein solches Konzept, das mehr dem Erkenntnisinstrumentarium des Historikers als dem analysierten Gegenstand angehört, niemals. Mit gleichem Recht könnte man auch der modernen Siedlungsarchäologie Anachronismus vorwerfen, weil sie Daten über die vergangenen Verhältnisse mit Mitteln erhebt, die in ihrer hochtechnischen Art jenen Zeiten unbekannt waren. Was demgegenüber einem solchen analytischen Konzept stets vorgehalten werden kann, ist, daß bei seiner Anwendung nichts herauskommt, weil der Stoff auf ihn nicht reagiert. Aber ein solches Urteil prüft das Ergebnis, nicht die Methode.

Diese methodischen Vorbemerkungen sind für unseren Zusammenhang um so wichtiger, als die heutige Auffassung des römischen Gesetzes gerade nicht von einem historisch-analytischen Zugang geformt ist, sondern genau umgekehrt von einem entschieden apriorisch-systematischen Konzept, dem einer souveränen, die Verfassung durch Gesetzgebung konstituierenden Staatsgewalt. Ich meine damit die für die Folgezeit maßgebend gewordene Interpretation, die [38] Theodor Mommsen in seinem Staatsrecht dem römischen Gesetzesbegriff gegeben hat. Auf sie wird bald näher einzugehen sein.

Demgegenüber kennt Montesquieu keinen einfachen Begriff der Herrschaft. In dem Eingangskapitel über die Gesetze der Natur, wo er über die Triebe han-

11 Montesquieu ebenda (I S. 166): »Comme, dans un État libre tout homme qui est censé avoir une âme libre doit être gouverné par lui-même, il faudrait que le peuple en corps eût la puissance législative (und zwar in den großen Staaten durch Repräsentanten).« Die Auffassung der Gesetzgebung als Ausdruck der lebendigen Seele des Gemeinwesens, der »volonté générale de l'État«, drückt bei Montesquieu die Richter zu mechanischen Vollstreckern des Gesetzeswillens herab (I S. 166) und in folgerichtiger Bildersprache sogar zu seelenlosen Wesen (I S. 171: »des êtres inanimés). Es scheint aber, daß Montesquieu die richterliche Gewalt (I S. 171: »si terrible parmi les hommes«) in erster Linie von der Seite der Strafgerichtsbarkeit erfaßt hat. Jedenfalls will aber Montesquieu alle Rechtsfortbildung gegenüber dem konkreten Fall bei einem aus der Legislative gebildeten Tribunal konzentrieren (I S. 171).

12 Vgl. Montesquieu, Buch 11 Kapitel 12 Kap. 19, insbes. Kap. 18 (I S. 178-195), insbes. S. 187 ff.).

13 Max Weber, Rechtssoziologie (hrsg. v. J. Winckelmann), Neuwied 1960, S. 97 f., 194.

delt, die den Menschen zur Vergesellschaftung treiben, wendet er sich vielmehr ausdrücklich gegen Hobbes, der von einem primären menschlichen Herrschaftstrieb ausging, und zwar mit der zutreffenden Bemerkung, daß Herrschaft ein höchst zusammengesetztes, also stets näherer Analyse bedürftiges Phänomen ist und daher als anfänglicher Trieb keineswegs einleuchtet.

> De l'Esprits des Lois Livre I Chap. II (des lois de la nature)
>
> Le désir que Hobbes donne d'abord aux hommes de se subjuguer les uns les autres, n'est pas raisonnable. L'idée de l'empire et de la domination est si composée, et dépend de tant d'autres idées, que ce ne serait pas celle qu'il (d. h. der Mensch vor dem Gesellschaftszustand) aurait d'abord.

Während so bei Hobbes der aus einem pessimistisch festgelegten Menschenbild abgeleitete Herrschaftstrieb im Naturzustand erst zum bellum omnium contra omnes und dann im Gesellschaftszustand zum allmächtigen, alle Herrschaft in seiner Hand vereinigenden Leviathan führt,[14] gewinnt Montesquieu durch eine weit offenere Anthropologie einen freien Blick für die Vielfalt der in der Geschichte begegnenden Verfassungen. Vier Naturgesetze, d. h. vier Triebe nennt Montesquieu, die den Menschen zur Vergesellschaftung getrieben hätten, die Furcht, das Bedürfnis, drittens die Sympathie mit dem anderen, an dem man die gleiche Furcht und Bedrängnis erkennt, eine Sympathie, die gegebenenfalls durch den Geschlechtsunterschied noch vertieft wird, und viertens und letztens der Wunsch, in Gesellschaft zu leben, der als solcher nicht originär ist, sondern aus der wohltätigen Erfahrung des gesellschaftlichen Lebens stammt.[15]

(2) Die antike Vorläuferin der Gewaltenteilungslehre, die Lehre von der gemischten Verfassung, die uns historisch näher an unseren Gegenstand heranführt, ist im Vergleich zum Ansatz Montesquieus viel dogmatischer und doktrinärer.[16] Kraft dieser Eigenschaft hat sie die Tendenz, den Gegenstand, den sie erfaßt, nach ihren Prinzipien zu gestalten und damit zu verändern. Nur zum geringeren Teil hat auch sie den Status einer beobachtenden, in diesem Sinne Erfahrungen ordnenden Theorie. So kann man es durchaus gelten lassen, wenn Polybios und mit ihm und nach ihm andere zu dem Ergebnis kommen, daß in Rom die unmittelbar herrschende Magistratur ein monarchisches, der in wesentlichen Sachen maßgebend beschließende Senat ein aristokratisches und das [39] in Gesetzgebung, Wahlen und Strafgerichtsbarkeit entscheidende Volk ein demokratisches Element darstellen.[17] Die Lehre von der gemischten Verfassung ist

14 Vgl. etwa Christoph Link, Herrschaftsordnung und bürgerliche Freiheit 1979, S. 19 ff., 22, 26 ff.

15 Montesquieu, Buch 1 Kapitel 1 (I S. 8 f.).

16 Vgl. Kurt von Fritz, The Theory of the Mixed Constitution in Antiquity. A Critical Analysis of Polybius' Political Ideas, New York 1958 und neuerdings Wilfried Nippel, Mischverfassungstheorie und Verfassungsrealität in Antike und früher Neuzeit, Stuttgart 1980.

17 Polybios Kapitel 6, 11-18; Cicero, de re publica I 26, 41-32, 49; II 32, 56, 57.

auch zu subtileren Beobachtungen fähig, etwa zu der Feststellung, daß die Centuriatscomitien, die Hauptform der römischen Volksversammlung, entschieden aristokratisch-besitzbürgerlich geprägt sind und damit radikal-demokratischen Idealen keineswegs entsprechen.[18] Der bei Montesquieu fehlende, starke dogmatisch-doktrinäre Zug der antiken Lehre ist jedoch, wie bemerkt, geeignet, den beobachteten Gegenstand durch eine herangetragene Interpretation erheblich zu verändern. Ihre berühmte Grundfrage, wo sich die Staatsgewalt im Staatsgefüge aufhält, bei einem Einzelnen, bei einer privilegierten Gruppe oder beim Volk oder im besten Fall in bestimmter Mischung bei allen drei möglichen Trägern der Staatsgewalt, postuliert einen homogenen und zugleich prinzipiell-dynamischen Begriff von Staatsgewalt, der den älteren römischen Verhältnissen völlig fremd ist. Nach dieser Theorie kann sich die Gesetzgebung ebenso wie andere Inhalte der Staatsgewalt sowohl bei einem Einzelnen wie bei einer privilegierten Gruppe oder beim Volk befinden, mag auch das Idealbild der Mischverfassung die Aussage enthalten, daß es sachgerechter Aufgabenteilung entspricht, die Gesetzgebung dem Volk zuzuweisen. Jedenfalls sieht diese Theorie keine Schwierigkeiten, die Gesetzgebung als Teil der Staatsgewalt als Befugnis eines Einzelnen zu interpretieren, sei es im Fall der legendären Könige Roms, sei es im Falle neuer revolutionärer Magistraturen. Für die ältere, aus konkreten und durchaus eigentümlichen Bedingungen erwachsene Gesetzgebungsstruktur Roms war dagegen, wie wir sehen werden, eine solche Vorstellung vollkommen ausgeschlossen. Daher handelte es sich beide Male um verändernde Neuinterpretationen, die in das römische Staatsrecht den dogmatischen Gedanken einer einheitlichen Staatsgewalt hineintrugen, einmal in die römische Frühzeit, die dann als maßgebend empfundene Vergangenheit der revolutionär gewordenen Gegenwart Modelle an die Hand gab, das andere Mal in die gegenwärtige Verfassungspolitik.[19] Die Lehre von der gemischten Verfassung, jedenfalls in ihrer verfassungsrechtlich bei weitem wichtigsten Fassung, in [40] der sie auf stoisches, prinzipiengetragenes Rechtsdenken zurückgeht,[20] bot daher trotz ihres Ideales der Mischung keine Gewähr für die

18 Cicero, de re publica II 22, 39; vgl. damit auch Cicero l. c. I 31, 47.

19 Kernstück der Theorie war, daß die Konsuln eine Staatsgewalt (potestas) hatten, die zeitlich jährig, dem Rechtsprinzip nach aber königlich (Cicero, de re publica II 32, 56: tempore annua, genere ipso ac iure regia) sei. Dadurch wurde es möglich, die Rechtsetzungen der frühen legendären Könige Roms (Cic., l. c. II 14, 26 nach einem verlorenen Stück aus Polybios) mit denen der Dezemvirn (Cic., l. c. II 36, 61) und schließlich des Diktators Sulla unter einen gemeinsamen Nenner zu bringen (zum legem scribere in den beiden letztgenannten Fällen, das auch nach der späteren Theorie der Bestätigung durch ein Volksgesetz bedurfte, u. S. 58 ff.) und damit der rechtlichen Möglichkeit vorzuarbeiten, daß Augustus durch eine lex regia die Befugnis zu gesetzesvertretenden Verordnungen, d. h. materiell zur Gesetzgebung erhielt (vgl. Ulpian 1 inst. D 1, 4, 1, pr). Zu diesen Zusammenhängen näher dann in der u. Fn. 222 genannten Untersuchung. Vgl. auch u. Fn. 56.

20 Die Lehre, daß die gemischte Verfassung die beste sei, wird ausdrücklich auch den Stoikern zugeschrieben (v. Fritz, o. Fn. 16, S. 82 f.). Zweifellos ihretwegen hat der stoische Philosoph Panaitios vor Polybios, der selbst trotz mancher Beeinflussung dem Stoizismus fern

Fortdauer einer vorgefundenen Gewaltentrennung, sondern bot genau umgekehrt durch ihren dynamischen, prinzipiell beweglichen Begriff der Staatsgewalt die geistige Handhabe dafür, bisher unbekannte Konzentrationen der Staatsgewalt herbeizuführen und so z. B. auch die Gesetzgebung vom Volk auf einen Einzelnen oder auch eine Gruppe wie den Senat zu übertragen.[21] Eine bloße Beschreibung der gewaltenteilenden Wirkungen des traditionellen römischen Verfassungsrechts, wie sie der historisch offenen Methode Montesquieus entspricht, hätte diese Wirkungen nicht gehabt.

Dieser Hinweis auf die interpretative Kraft der Lehre von der gemischten Verfassung ist für das Folgende methodisch von grundlegender Bedeutung. Denn die Theorie, welche die Gesetzgebung als einen im Verfassungsgefüge verschieblichen Teilinhalt einer Staatsgewalt auffaßt, die selbst wieder als oberstes homogenes Gestaltungsprinzip des Staates gedeutet wird, beherrscht nicht nur die antike römische Verfassungstheorie, seitdem sie insbesondere seit dem 2. Jh. v. Chr. literarisch zu werden beginnt, sondern über das monumentale römische Staatsrecht Mommsens auch die modernen Vorstellungen.

Die folgende Untersuchung möchte nun die von späteren doktrinären Beimengungen befreite Grundstruktur der römischen lex publica herauszuarbeiten versuchen. Zu diesem Zwecke möchte ich so vorgehen, daß ich zunächst in schematisch vereinfachter Weise und unter weitgehender Vernachlässigung des Sonderfalls der Plebiszite eine Schilderung des äußeren Hergangs der römischen Gesetzgebung und der rechtlich daran beteiligten Kräfte zu geben versuche (II.). Daran schließt sich eine Kritik der Mommsenschen Lehre an, derzufolge die römische lex der vornehmste Ausdruck der ganz magistratisch aufge- [41] faßten Staatsgewalt ist; es wird sich zeigen, daß Mommsen hier unter dem Einfluß teils seiner – doktrinär veränderten – Quellen, teils den staatsrechtlichen Anschauungen der eigenen Zeit folgend, nicht beobachtend, sondern axiomatisch-konstruktiv gearbeitet hat (III.). Der eigene Versuch einer historisch-deskriptiven Interpretation der römischen lex publica beginnt mit einer äußeren Analyse des agere cum

stand (v. Fritz, S. 57 ff.), im Gespräch mit Scipio Africanus minor die römische Verfassung für die beste erklärt (vgl. Cic., de re publica I 21, 34; wohl nach Polybios, wenn man Cic., l. c. II 14, 26 und IV 3, 3 bedenkt). Wichtiger ist noch, daß wir aus der gleichen Zeit mit der ratio tribunatus des Tib. Gracchus eine von den damaligen Juristen unterstützte Anwendung dieser Verfassungstheorie haben. Mit dieser Auffassung versuchte Tib. Gracchus dem demokratischen (popularen) Element in Gestalt der Plebiszite einen größeren Anteil an der Staatsgewalt zu geben. Vgl. Cicero, de re publica I 19, 31 und dazu zuletzt meine Miszelle »Staatsrecht und Philosophie in der ausgehenden Republik – oder zur Bedeutung des Mottos ›philosophari se velle, sed paucis‹« ZRG, Rom. Abt. 100 (1983) S. 458 ff.

21 Auf diese Weise konnte in der Verfassungstheorie des Prinzipats neben der sofort anerkannten materiellen Gesetzgebungsbefugnis des Prinzeps (Gaius I 5) nach Überwindung von Bedenken auch die des Senats anerkannt werden (Gaius I 4). Die Erwähnung von Bedenken überrascht nicht, da anders als beim Prinzeps für den Fall des Senats von einem Ermächtigungsgesetz nichts verlautet, die Argumentation also erheblich freier ausfallen mußte.

populo, der Rechtshandlung des hoheitlichen Magistrats mit der Volksversammlung (IV.) und führt dann über die Betrachtung des Sonderfalls der provocatio ad populum (V.) zu der – noch auf Einzelfallregelungen beschränkten – Grundstufe der lex rogata (VI.); unter den Gesichtspunkten der Entstehung des normativen Gesetzes (VII.) und des Zuständigkeitskreises der ursprünglichen lex publica (VIII.) wird dann die voll ausgebildete Stufe des archaischen römischen Gesetzes betrachtet. Eine Schlußbemerkung (IX.) verbindet mit einer Zusammenfassung einen kurzen Ausblick auf die hellenistische Entwicklung des römischen Gesetzesbegriffes.

II. Der äußere Hergang und die Hauptfaktoren der römischen lex publica

(3) Gesetzgebung in der römischen Republik war dem Grundschema nach ein zwischen Magistrat und Volksversammlung stattfindendes, öffentlich-rechtliches Rechtsgeschäft, ein agere cum populo. Der Magistrat, in der ältesten Republik regelmäßig einer der beiden Konsuln, fragte das versammelte Volk, ob ein durch mindestens dreiwöchige Promulgation bekanntgemachter Text[22] Gesetz werden solle. Das Volk antwortete auf diese Frage entweder verneinend oder bejahend, also ohne Debatte zur Sache und ohne das Recht, Abänderungen zu verlangen, und zwar auch nicht nach Kopfstimmen, sondern in festen Gliederungen, denen je eine Stimme zukam und die nach dem jeweiligen Ge- [42] setzestyp, entweder nach Abteilungen der militärisch geordneten Bürgerschaft oder nach Wohnsitzbezirken gebildet waren.

In der vornehmsten Gesetzesform der Republik, in welcher der Magistrat den timokratisch, d. h. nach Vermögensklassen geordneten centuriatus maximus zusammenrief, waren die Abteilungen Centurien, die nach dem Wert der vom Bürger zu bestreitenden Bewaffnung aufeinander folgten. Es waren im einzelnen

22 Vgl. Mommsen, Röm. Staatsrecht III³ S. 370 f., 393. Änderungen des promulgierten Textes waren ausgeschlossen. Festus, ed. Lindsay S. 251 erklärt das Wort promulgari als provulgari. Das erscheint nicht unglaubwürdig, wenn man eine bewußte Vermeidung eines pejorativ klingenden Wortes ansetzt. Kritisch (Walde-) Hofmann, Latein. Etymologisches Wörterbuch II³ S. 370. Aber in der im folgenden aufzuhellenden Struktur der lex publica findet die sich einstellende Assoziation einer Profanation, d. h. einer Bekanntgabe an den (nach Horazens bekanntem Wort hassenswürdigen) profanum volgus, durchaus seine Entsprechung. Gesetzgebung, d. h. das magistratische agere cum populo, war in der Tat ein Ritual, das zwischen einer die formelle Gesetzesinitiative bei sich führenden religiösen Magistratszuständigkeit und der profanen Gewalt des Volkes stattfand. Auf ein älteres, einem provulgari gegenüber ganz analog gebildetes Wort proquiritare führt Sidonius Apoll. ep. 8, 6, 7 (XII tab. fragm. inc. sed. 11): Per ipsum fere tempus, ut decemviraliter loquar, lex de praescriptione tricennii fuerat ›proquiritata‹. In der Zwölftafelsprache brachte danach eine Promulgation den Gesetzesantrag vor die Quiriten. Das entspricht jedenfalls terminologisch der ältesten Schicht der römischen Gesetzgebung, nämlich derjenigen der auf den Bund der Quiriten zurückweisenden leges curiatae. Vgl. dazu u. Fn. 26.

die Reitercenturien, die Centurien der Classis, der Phalanx, die erst im Lauf der Entwicklung in fünf Classes auseinandertrat, und schließlich wenige weitere Centurien von Handwerkern (Pionieren), Musikern und von aus Proletariern rekrutierten Leichtbewaffneten. Diese Volksversammlung war ursprünglich das Bürgerheer selbst und bewahrte die dazu gehörigen Regeln (Ladung durch Militärsignal und Kriegsfahne, Versammlung nicht im Friedenskreis der Stadt, sondern auf dem Marsfeld) auch noch, als spätere Militärreformen ihr diese Funktion effektiv genommen hatten.[23] Eine weniger angesehene Gesetzgebungsform bediente sich der Abstimmungsform nach Tribus, nach den Personalverbänden der zahlreichen ländlichen (schließlich 31) und vier städtischen Wohnbezirken; diese Tribus, die jeder römische Bürger bei vollständiger Benennung den üblichen tria nomina beifügte, waren in ihrer Eigenschaft als Aushebungsverbände eng mit der bürgerlichen Wehrverfassung verbunden.[24] Insofern erscheinen die Tributkomitien gegenüber den das bewaffnete Heer repräsentierenden Centuriatskomitien als Versammlung nach den friedlichen Aushebungsbezirken. Auch die vom Militärwesen völlig getrennte Sonderversammlung der Plebejer stimmte später tributim ab.[25]

[43] Die im Verhältnis von Centurien und Tribus auftretende funktionelle Verknüpfung von Militäreinheiten mit zugeordneten Aushebungs- und Dienstleistungsverbänden ist zugleich höchst aufschlußreich für das Verständnis der älteren römischen, im Gesetzgebungsverfahren auftretenden Bürgerorganisation, der Curienversammlung. Die Curiatscomitien, die sich neben den beiden jüngeren Formen nur in besonderen rechtlichen und rituellen Zusammenhängen

23 Mommsen, III S. 244 ff., 387 f.; Lily Ross Taylor, Roman Voting Assemblies. From the Hannibalic War to the Dictatorship of Caesar. 1966 S. 85 f.

24 Mommsen, III S. 214, 322 ff.; Ross Taylor (o. Fn. 23) S. 59 ff. Zu der Funktion der tribus als ursprünglich streng territoriale Aushebungsbezirke (erst mit der Zulassung der Nichtansässigen zum Wehrdienst verwandeln sie sich in personale Aushebungsverbände): Mommsen, Röm. Staatsrecht III^3 S. 268 ff. In der zentralen Stelle Livius I 43, 12-13 ist aber entgegen Mommsen (a. a. O. S. 268 Fn. 2) ernst zu nehmen, daß nur die Landtribus mit der Centurienordnung von Hause aus verknüpft sind, während für die vier Stadttribus gilt, daß sie mit der Zahl und Verteilung der Centurien von Anfang an nichts zu tun hatten (neque eae tribus ad centuriarum distributionem numerumque quicquam pertinuere). Die römische Wehrverfassung beruht auf dem ursprünglich rein patrizischen ager Romanus, nicht auf der plebejisch bevölkerten Stadt. Daher ist die Wehrpflicht anfänglich mit dem Besitz von Ackerboden verbunden, den horti heredia der Zwölftafelzeit (Mommsen a. a. O. S. 23 Fn. 3: vgl. Festus, ep., ed. Lindsay S. 91: Hortus apud antiquos omnis villa dicebatur, quod ibi, qui arma capere possint, orirentur), während die städtischen Plebejer als bloße Schutzbürger Abgaben zu zahlen hatten und darum tribuslose aerarii waren (vgl. u. S. Fn. 197). Es ist der Hauptmangel des Mommsenschen Staatsrechts, daß er die römische Verfassungsgeschichte (der römischen Eigendeutung folgend) von der städtischen Monarchie her rekonstruiert, nicht von der agrarisch-patrizischen Bundesbildung. Vgl. dazu noch u. S. 72 ff.

25 Mommsen, III S. 152; Ross-Taylor a. a. O. S. 60 f. Die patrizisch-plebejischen comitia tributa werden sich von den plebejischen concilia plebis nicht nur durch die Versammlungsleitung unterschieden haben, sondern auch durch manchen Formalismus.

behaupten, repräsentieren nämlich mit ihren dreißig Mannschaften oder Männerbünden – curia ist vermutlich von coviria abzuleiten – einerseits die Bürgerschaft des in drei Teile gegliederten römischen Gebiets des ager Romanus, der sich zu friedlichen kultischen und rechtlichen Zwecken im pomerium versammelte, aber andererseits auch den Grundriß der römischen Legion mit ihren dreimal eintausend Fußsoldaten und dreimal einhundert Reitern. Daher war ihr Symbol auch der Liktor – später wurden sie einfach durch dreißig Liktoren symbolisiert –, der mit aufgepflanztem Beil das Kriegsrecht und die militärische Kommandogewalt, ohne Beil mit den zusammengebundenen Ruten lediglich den Zusammenhalt der Verbandsgliederungen darstellte. So hatten die Curien einen doppelten funktionellen Inhalt, indem sie die Rolle sowohl der späteren tribus als auch die der späteren Centurien erfüllten. Im pomerium zusammengetreten sind sie der populus Romanus in seiner wehrfähigen Mannschaft, aber ohne Waffen, extra pomerium auf dem Marsfeld zusammengetreten, bildeten sie einst die römische Legion.

Die einfachere Struktur der Militärverfassung in der Epoche der Curien ist auch leicht erklärlich. Wenn auch die Curiatscomitien mit ihrem Zahlenschema der dreimal zehn Curien nicht auf die älteste uns greifbare Verfassungsschicht Roms, die des Quiritenbundes,[26] zurückgeht, sondern auf die ebenfalls nur als Schema greifbare etruskische Triarchie der Tities, Luceres und Ramnes und die von ihr ausgehende Gebiets- und Heeresreform,[27] so ist bei ihnen das Verhält-

26 Die älteste Verfassungsschicht Roms wird im Modell daran sichtbar, daß die römischen Bürger ihre Freiheits- und Eigentumsrechte als Quiriten, nämlich mit der vindicatio ex iure Quiritium geltend machen müssen. Ihr Ursprung zeigt sich, wenn die rechtliche Hoheitsgewalt zum interrex zurückkehrt, dem Vertreter der patrizischen Senatoren, die durch das Institut der auctoritas patrum als Repräsentanten der einstmaligen Bundesgeschlechter erkennbar werden. Vgl. dazu noch u. S. 74. Daß die Quiriten ursprünglich das patrizische Element der römischen Verfassung darstellen, ist mit Recht auch die Ansicht Guarinos, Le origine quiritarie (1973) insbes. S. 200 f., vgl. ferner Ders., La rivoluzione della plebe (1975), dazu aber meine Besprechung der letztgenannten Arbeit in: ZRG Rom. Abt. 95 (1977) S. 392 ff.

27 Die schematische Organisation ist als solche zweifellos nicht auf natürliche Weise entstanden. Da die Geschlechternamen von einem etruskischen Dichter als etruskisch identifiziert worden sind (Varro, ling. 5, 55), erklärt sich diese Verfassungsschicht am besten als ein Schlußprodukt einer von mehreren etruskischen Geschlechtern getragenen Eroberungsphase. Schon am Ende dieser Entwicklung dürfte dann auch die »Wehrgenossenschaft« der Quiriten gegenüber dem populus Romanus in die zweite Reihe getreten sein, wie dies die bekannte Anredeformel: Populus Romanus Quirites bezeugt. Vgl. dazu v. Lübtow, Das römische Volk. Sein Staat und sein Recht (1955) S. 33, der die Quiriten m. E. zu Recht auf eine voretruskische Wehrgenossenschaft zurückführt. Es hat insofern einen guten Sinn, daß Romulus, der legendäre Gründer Roms, als Stifter der ältesten Tribus-Verfassung und obendrein als Namensgeber der tribus der Ramnes genannt wird (Cic., rep. II 8, 14; Mommsen, III S. 99 Fn. 1). Die hier erkennbare Schichtung zeigt, daß die römische Verfassung ältere Grundlagen hat als die etruskische, von Romulus repräsentierte Stadtherrschaft.

[44] nis zwischen Wohnverband und Militärabteilung doch noch weit weniger kompliziert als in der Timokratie, der sog. Servianischen Verfassung, in der die Centurien aus den Tribus nicht einfach nach dem Ansässigkeits-, sondern im entscheidenden Punkt nach dem Censusprinzip gebildet werden.[28] Jene – weit älteren – Curienverbände entsprechen zwar nicht mehr den ursprünglichen Gentilsiedlungen, deren patres einst den Quirinalbund geschaffen haben,[29] sie folgen aber doch noch unmittelbar einer Dreiteilung des ager Romanus und erfassen die dort lebenden wehrfähigen Bürger, wie es scheint, in einer Kombination eines Volksaufgebots von dreimal tausend milites und einer tonangebenden Reitergefolgschaft von dreimal einhundert equites.[30] Diese Form des Aufgebots ist im Grundriß der römischen Legion auch später sichtbar geblieben.[31] Der militärische Charakter der ältesten Volksversammlung zeigt sich darüber hinaus besonders deutlich in der lex curiata de imperio, dem Kurienbeschluß über das Militärkommando, der aus rituellen Gründen auch in späterer Zeit gefordert, aber nunmehr durch das Zusammentreten von dreißig Liktoren symbolisch gefaßt wurde.[32] Ursprünglich waren diese Curien, die auf dem comitium, also innerhalb des pomerium zusammentraten, der populus Romanus der Triarchie in seiner vom Kriegszweck her bestimmten Organisation. Vom populus der dreißig Curien läßt sich von daher auch auf den ältesten populus Roms, den des Quiritenbundes, und seine Rolle in der Ausbildung der Vorform der Gesetzgebung zurückschließen und sich die Folgerung ziehen, daß auch er zweifellos einst das Heeresaufgebot darstellte.[33] Folgerichtig haben daher selbst die uralten Bezeichnungen für die Willensäußerung des Volkes, iubere und suffragium, einen militärischen Klang. Fand nämlich die Frage des Magistrats, ob der promulgierte Text Gesetz werden solle, bei den Stimmabteilungen eine Mehrheit, dann hieß diese Willensäußerung des Volkes iussum populi, Volks- [45] befehl. Etymologisch führt iubere auf einen Erregungszustand einer militärischen Einheit,[34] ähnlich wie suffragium, das alte

28 Vgl. MOMMSEN, III S. 245 ff.; DE MARTINO, Storia della costituzione romana I (1972) S. 185 ff.

29 Hier zeigt sich der verfassungsgeschichtliche Sinn des Satzes, daß allein die Patrizier gentes haben (gentes habent; Livius 10, 8, 9; DE MARTINO I S. 77 mit Fn. 35): nur sie stammen aus den bündnisbildenden Gentildörfern der präurbanen Zeit. Wie das Wehraufgebot des Quiritenbundes ausgesehen hat, läßt sich nur noch vermuten. Am ehesten wird man, wenn man an den späteren, dem Jahr 477 zugeschriebenen Kriegszug der gens Fabia an die Cremera denkt (vgl. v. LÜBTOW a. a. O. S. 35; DE MARTINO I S. 122), an eine Verbindung der einzelnen Gentilaufgebote denken.

30 Vgl. MOMMSEN, III S. 90 ff., 94 ff. und S. 103 ff. und zur Rolle der Reiter DE MARTINO I S. 74, 122 ff.

31 Vgl. nur MOMMSEN, III S. 107, 254.

32 Siehe dazu DE MARTINO I S. 155 ff., wo auch die neuere Literatur erörtert wird.

33 Vgl. bereits o. Fn. 29.

34 Siehe WALDE-HOFMANN, Lat. Etym. Wörterb. II (1938[3]) S. 724 f. s. v. iubeo ERNOUT-MELLIET, Dictionnaire Étym. de la Langue Latine I (1959) S. 325.

Wort für Abstimmen, das auf Waffenlärm deutet.[35] Wie sich die damit angedeutete Unruhe mit den späteren höchst disziplinierten Abstimmungsformen vereinbart, wird uns noch beschäftigen.[36] Soweit die Seite der Volksversammlung.

(4) Blicken wir nun auf den magistratischen Anteil am Gesetzgebungsakt, so fällt hier als erstes die unmittelbare Verbindung mit den religiösen Grundlagen der römischen Rechtsordnung ins Auge. Der Magistrat mußte, um ein Gesetz gültig mit dem Volk in Kraft setzen zu können, Träger des religiösen Charisma des auspicium sein, d. h. die Fähigkeit haben, interpretierend, also form- und sinngebend, mit den göttlichen Mächten in Beziehung zu treten. Zugleich mußte, damit sich diese Kraft auswirken konnte, der Gesetzgebungstag frei von religiösen Hemmnissen sein. Die Reinheitsanforderungen, denen die dies comitiales, die Gesetzgebungstage, unterlagen, waren dabei noch strenger als diejenigen, die aus gleichen Gründen für die dies fasti, die Gerichtstage, galten, an denen die charismatische Jurisdiktion des Magistrats stattfand.[37] Aus rituellen Reinheitsgründen durften sich am Gesetzgebungstage, sollte die Gesetzgebung gelingen, auch keine bedenklichen Naturerscheinungen zeigen, insbesondere keine Blitze. Da hierin ein bequemes Mittel gefunden wurde, Gesetzesinitiativen zu sabotieren, weil die von zuständiger Seite vorgenommene Feststellung eines fulmen nicht als unwahr angegriffen werden konnte, verfiel man in der späten Republik auf den Gedanken, durch Gesetze zu verbieten, daß an Gesetzgebungstagen der Himmel beobachtet wurde, ein Weg, der übrigens typisch ist für die mittelbare Art und Weise, in der sich römische Aufklärung geltend machte.[38]

Die bei der Gesetzgebung wirkende Fähigkeit des Magistrats, im Zusammenwirken mit dem Volk die Rechtsordnung durch Regeln zu ergänzen, erscheint in der Verfassungstheorie der Republik als Teil der regia annua potestas, der alljährlich durch Wahlen bestimmten Höchstmagistrate, zunächst der bei- [46] den Konsuln.[39] Die historische Quelle dieser Fähigkeit lag bei dem Gentilcharisma der patres des Senats, aus deren Kreis die Höchstmagistrate ursprünglich stammen mußten und die im interregnum auch ohne Volkswahl das zur Gesetzgebung, Jurisdiktion und Auspizieninterpretation befähigende Amtscharisma

35 Walde-Hofmann II S. 625 (zu fragor – Getöse, Lärm); ganz anders, aber nicht überzeugend, Mommsen, III S. 402 (die Einzelstimme sei durch das Wort subfragium als Bruchstück gekennzeichnet).

36 Siehe unten S. 86 ff.

37 Vgl. nur die Wiedergabe des alten Kalenders bei Latte, Römische Religionsgeschichte (1960) S. 433 ff. mit seinen Tagessiglen. F (fastus dies), das die Jurisdiktion erlaubt, liegt schon vor, wenn kein N (nefastus dies) ist. C (comitialis dies) geht über die Qualität des F hinaus, erlaubt die Gesetzgebung, aber grundsätzlich auch die Jurisdiktion. Vgl. Macrob. sat. 1, 16, 14; Mommsen, III S. 372. Erst die lex Clodia von 58, ein Plebiszit, öffnete die einfachen dies fasti der Gesetzgebung (Cicero, pro Sestio 15, 33).

38 Siehe Mommsen, I S. 76 ff., 112 Fn. 1. Überdies mußten vor jeder beschließenden Volksversammlung der Gesamtverfassung am Morgen des betreffenden Tages Auspizien eingeholt werden (vgl. ebenda S. 98 f.).

39 Vgl. o. Fn. 19.

besaßen.[40] Der Ursprung der durch Annuität, Kollegialität und Wahl näher bestimmten regia potestas der republikanischen Magistrate aus dem Kreis der patres läßt diese insofern als die eigentlichen Gründer der römischen Rechtsordnung erscheinen, soweit sie hoheitlich konzipiert sind. Historisch real wird dieser Befund, wenn man in den patres des Senats die Bundesfürsten des Quiritenbundes erkennt, die durch den Zusammenschluß der von ihnen repräsentierten gentes – pater im staatsrechtlichen Sinne sein heißt gentem habere[41] – die Grundlage der römischen Rechtsordnung gelegt haben.

Der hier erkennbare Verfassungsgrundsatz, alle Hoheitsgewalt geht von den patres des Senats aus, wird noch dadurch weiter akzentuiert, daß das, was der einzelne patrizische Höchstmagistrat mit dem Volk rechtswirksam an Gesetzgebung, Wahlen und Gerichtsentscheidungen in Kraft setzte, ursprünglich der Bestätigung durch die Gesamtheit der patres in Form der auctoritas patrum bedurfte. Dieser staatsrechtliche Genehmigungsvorbehalt zugunsten der Gesamtheit der patres wurde im Laufe der älteren Republik praktisch bedeutungslos – gegenüber den durch das Kollegialitätsprinzip beschränkten, aus dem Senat stammenden oder in ihn eintretenden Jahresmagistraten war das die nicht patrizischen Senatoren zurücksetzende Institut aus dem Blickpunkt des Gesamtsenats wohl auch entbehrlich[42] –, es muß aber in dem Anfangsstadium des Quiritenbundes, in dem die Herrschaft wohl in Form einer fürstlichen Wahlmonarchie unter den patres wanderte,[43] das entscheidende Mittel gewesen [47] sein, die Vorherrschaft der Bundesfürsten gegenüber den Gefahren einer Monarchie zu sichern.

40 Vgl. Mommsen, I S. 10, 647 ff. und Fn. 189. Wichtig ist, daß der interrex als nicht gewählter Magistrat auch nicht der lex curiata de imperio bedurfte (Mommsen, I. S. 612 mit Fn. 2). Denn dadurch wird der interrex für die älteste Verfassungsschicht scharf vom Militärwesen getrennt und als Träger der ursprünglichen, spezifisch friedlichen Rechtshoheit erkennbar. Das von Hause aus militärische imperium war ihm fremd. Erst die jüngere Theorie, welche das imperium als homogene, einheitliche Staatsgewalt auffaßte und folgerichtig diese Staatsgewalt auch dem interrex beilegte (vgl. nur Livius I 17, 6), mußte diesen Unterschied verunklaren. Vgl. dazu bereits o. Fn. 19. Näher zu den Voraussetzungen dieser Entwicklung u. S. 104 f.

41 Vgl. o. Fn. 29.

42 Entschärft wurde das Recht durch die Gesetze, die spätestens seit dem ausgehenden 3. Jh. für alle Volksbeschlüsse die Vorwegerteilung der auctoritas patrum verlangten. Vgl. Mommsen, III³ S. 103 ff., 1041 und Rotondi, Leges publicae populi Romanae (1912) S. 227 und 248 f. An die Stelle trat die übliche (wenn auch rechtlich nicht erforderliche) Vorberatung der Gesetze durch den Senat (Mommsen, III³ S. 1043 ff.) und die später vom Senat in Anspruch genommene Befugnis, die Nichtigkeit von Gesetzen wegen vorgekommener Rechtsfehler zu konstatieren (Mommsen, III³ S. 366 f.).

43 Alle Indizien der Einrichtung des interregnum selbst (Mommsen I S. 647 ff.) und seiner Beziehung zur historischen, wenn auch durch rechtliche Konstruktion vereinfachten und legendenüberwucherten römischen Königszeit (Mommsen, I S. 212 ff.) deutet für die Anfänge auf ein zwar nicht erbliches, aber doch lebenslanges und ganz und gar von den Grundsätzen des späteren Auguralrechts beherrschtes Königtum. Vgl. Mommsen, II S. 6 ff. Ein aus dem Kreis der patres ergehender Vorschlag, einer prodere regem, ist durch das

Die Gesetzgebung der römischen Republik erscheint nach allem als eine komplexe Struktur. Auf der Seite der Hoheitsgewalt stehen der Magistrat als Inhaber einer charismatisch geprägten regia potestas annua und die auctoritas patrum; auf der anderen Seite steht das Volk in militärisch geprägten Gliederungen. Ihr Zusammenwirken ergibt das gültige Gesetz. Als politische Willensentscheidung ist das Gesetz Befehl des Volkes, iussum populi. Das Volk entscheidet über die Geltung und Nichtgeltung des Gesetzesvorschlags. Der Magistrat ist nach heutigen Gesichtspunkten auf den Gesetzesantrag, die rogatio, beschränkt, ist aber in dieser Funktion unentbehrlich. Im Ritual erscheint sogar der Magistrat als der eigentlich Handelnde. Von ihm geht das agere cum populo oder – in der Terminologie des uralten Verbandes – das comitiare[44] aus. Wie erklärt sich dieser Befund? Wie erklärt sich vor allem die Entscheidungszuständigkeit des Bürgerverbandes? Könnte es sein, daß der populus Romanus in einem historisch vielleicht noch aufhellbaren Vorgang die ursprünglich königliche Magistratsgewalt beschränkt hat, indem er sich als Militärverband ihr als eine ganz andersartige, aber gleichgewichtige Gewalt entgegenstellte und die Magistratur dazu zwang, die Entscheidungen des Volkes zu erfragen und sich an sie zu binden?

Ich glaube, daß dies in einem bestimmten, noch näher zu erläuternden Sinne tatsächlich der Fall ist. Vor einer näheren Erörterung der Gründe muß ich mich aber zunächst der Lehre zuwenden, die es bisher in der neueren römischen Verfassungsgeschichte erfolgreich ausgeschlossen hat, das Phänomen der römischen lex publica mit Hilfe eines offenen, genetische Differenzierungen erlaubenden Begriffs von Staatsgewalt zu analysieren. Es ist dies die Lehre Theodor Mommsens.

III. Die Theorie Mommsens: Gesetzgebung als Rechtssetzung der Staatsgewalt

(5) THEODOR MOMMSEN hat in seinem monumentalen Römischen Staatsrecht den Begriff der lex publica mit der ihm eigenen systematischen Kraft aus der magistratischen Gewalt abgeleitet, und zwar als deren pouvoir constituant. Ge-
[48] setzgebung repräsentiert für Mommsen die ursprünglich königliche, dann magistratische Rechtssetzungsgewalt schlechthin und damit vor allem eben auch die konstituierende Gewalt, durch die Staatlichkeit im Sinne eines rechtsverbindlich geordneten Verfassungslebens überhaupt erst geschaffen wird. In dem folgerichtig ganz und gar von der Magistratur her konzipierten Staatsrechtssystem Mommsens ist daher der Gesetzesbegriff das zentrale Organisationsprinzip. Nur

Ritual des interregnum wahrscheinlich gemacht und im übrigen mit der zentralen Rolle der Inauguration wohl vereinbar.

44 Vgl. die Sigle C (= comitialis; Macrob. sat. 1, 16, 14: comitiales sunt quibus cum populo agi licet) und die Sigle Q. R. C. F. (Quando rex comitiavit fas), wo das comitiare ursprünglich das königliche agere cum populo bedeutete (MOMMSEN, II S. 4; III S. 306). Vgl. zu diesem uralten comitiare noch u. Fn. 167.

mit Hilfe des Gesetzesbegriffs vermag Mommsen überhaupt von der Magistratur, deren Darstellung die ersten beiden Teile des Staatsrechts gewidmet sind,[45] zum Begriff einer rechtlich geordneten Bürgerschaft zu gelangen, dem der dritte und letzte Teil seines Staatsrechts gilt.[46]

Mommsens Begriff der römischen lex publica ist ganz von dieser systematischen Aufgabe, das magistratische Organisationsrecht zu repräsentieren, geprägt. Die Bürgerschaft ist in Mommsens Deutung der Gesetzgebung nur der qualifizierte Adressat der magistratischen Satzungsgewalt, und zwar in zwei Abstufungen, als bloßer Befehlsempfänger bei der lex data, dem einseitig vom Magistrat gegebenen Gesetz, das Mommsen folgerichtig für die ältere Form des Gesetzes hält, und als Erklärungsempfänger, der immerhin eine Art ratifizierende Zustimmung ausspricht, bei der für jünger gehaltenen lex rogata, dem erfragten Gesetz. Die Wahl zwischen beiden Formen steht Mommsen zufolge dem Magistrat frei.[47] Und wenn die Selbstbindung der magistratischen Staatsgewalt bei der lex rogata nach Mommsen stärker ist und bei ihm zum Begriff des imperium legitimum, der an Gesetze gebundenen Staatsgewalt, führt, so ist diese Bindung doch auf den Normalzustand beschränkt: in Krisenzeiten kann die konstituierende Gewalt jederzeit wieder auf den Plan treten, und zwar mit voller Gestaltungsfreiheit.[48]

Diese Neuinterpretation der lex publica, die als solche ganz der neuzeitlichen Lehre von dem zur einseitigen Selbstbeschränkung fähigen monarchischen [49] Prinzip verpflichtet ist,[49] findet in den vor Mommsen gangbaren, systematisch

45 Es lohnt ein Blick auf die strenge Architektur der Mommsenschen Darstellung. Im 1. Teil des Staatsrechts werden zunächst die allgemeinen Lehren der Magistratur entwickelt, dann im zweiten die einzelnen Magistraturen dargestellt, und zwar in dessen 1. Abteilung diejenigen der Republik, in der 2. Abteilung die des Prinzipats. Der dritte Teil ist unter dem Titel »Bürgerschaft und Senat« der verfaßten Bürgerschaft gewidmet, und zwar die 1. Abteilung der Bürgerschaft im allgemeinen, die 2. Abteilung dem Senat. Das Bindeglied zwischen Teil 1 und 2 einerseits und Teil 3 andererseits ist der Gedanke der konstitutiven, der Bürgerschaft Verfassung gebenden Gewalt der Magistratur.

46 Vgl. o. Fn. 45 am Ende.

47 Mommsen II S. 725: »Die constituirende Gewalt bringt es mit sich, dass jede auf Grund derselben getroffene Verfügung, auch wenn sie nicht ihren Weg durch die Comitien genommen hat, als Gesetz (lex) gelten kann, oder, was dasselbe ist, dass es den Beamten dieser Kategorie ebenso freisteht Gesetze mit den Comitien zu vereinbaren (leges rogare) wie einseitig zu erlassen (leges dare).«

48 Die konstituierende Gewalt des ersten Königs ist unbeschränkt, aber sich selbst beschränkend, indem sie sich an die geschaffene Rechtsordnung bindet (Mommsen II S. 10, vgl. das Zitat u. S. 50). Gleichwohl kann die konstituierende Gewalt jederzeit wieder hervortreten (Mommsen II S. 702; vgl. das Zitat S. 51).

49 Vgl. nur E. R. Huber, Deutsche Verfassungsgeschichte seit 1789 III [2](1978) S. 12: »… im konstitutionellen System (besaß) das ›monarchische Princip‹, das Princip der ›Königsherrschaft‹, den Vorrang. Das nicht nur für seine frühkonstitutionelle Entstehungszeit, sondern für die ganze konstitutionelle Epoche gültige monarchische Princip besagte: Wo auch immer der Fürst sich entschloß, eine Verfassung zu geben oder zu vereinbaren und dabei eine gewählte Volksvertretung an der Ausübung der Staatsgewalt zu beteiligen, blieb doch

viel anspruchsloseren Interpretationen des römischen Gesetzes kein Vorbild. Mommsen betonte das selbst, indem er die einzige Ausnahme nennt. Unter den neueren Forschern habe es nur einen gegeben, der den Begriff der lex verstanden habe, nämlich Joseph Rubino; er habe aber keinen Beifall gefunden.[50]

Eine den Ansprüchen historischer Beweisführung genügende Begründung hat Mommsen seiner neuen Lehre, so erfolgreich sie bis heute geworden ist, nicht gegeben. Mommsen hat den Gesetzesbegriff, der die Rechtsordnung sowohl schafft als auch in Krisenzeiten erhält, vielmehr eingeführt ganz in der Methode der Historischen Rechtsschule Savignys, nämlich als ein zeitloses oberstes Rechtsprinzip, das, aus dem Rechtsgedanken selbst stammend, den historischen Rechtsverhältnissen innewohnt oder innewohnen sollte und das in der für jede Rechtsordnung vorbildlichen Rechtswirklichkeit Roms seine bisher bedeutendste Verwirklichung gefunden hat. Es ist der gleiche, das römische Recht zum Rechtsparadigma schlechthin erhöhende Rechtsglaube, aufgrund dessen Savigny die Grundprinzipien eines zeitlos gültigen Privatrechtssystems im römischen Recht finden konnte.[51] Völlig neu gegenüber Savigny ist freilich Mommsens etatistischer, das monarchische Prinzip in den Mittelpunkt stellender Denkansatz. Savigny denkt nicht machtstaatlich, sondern rechtsanthropologisch; für ihn fallen Rechtsordnung (rule of law) und Staat zusammen.[52] Für Mommsen ist dagegen die Magistratur, d.h. die historisch erscheinende Staatsgewalt, die Quelle allen Rechts. Die Zugehörigkeit zur historischen Rechtsschule bleibt bei Mommsen nur dadurch voll bewahrt, daß er seinen Gesetzesbegriff nicht aus vernunftrechtlichen Argumentationen herleitet, sondern an einem großen, als maßgeblich empfundenen historischen Gegenstand wahrzu- [50] nehmen meint. Man kann seine Denkweise als eine besondere Einkleidungsform des apriorischen Idealismus auffassen. Aber man sollte dabei nicht den Unterschied übersehen: die historistischen Prinzipien wollen mehr sein als bloße Vernunftwahrheiten; sie beanspruchen auf ihre spekulative Weise historische Wirklichkeit und Nachweisbarkeit. Im folgenden soll daher, auch unter Zuhilfenahme längerer Zitate aus Mommsens Staatsrecht,

die Fülle der Staatsgewalt in der Person des Fürsten erhalten.« Vgl. damit Mommsens eigene Worte III S. 106: »das monarchische Prinzip, von welchem die römische Gemeindeordnung ausgeht«.

50 Vgl. Mommsen III S. 308 Fn. 3. Von Rubino übernahm Mommsen insbesondere den Gedanken, die Deutungen, welche die spätere römische Doktrin der Magistratur gegeben hat, seinem System zugrunde zu legen. Vgl. Alfred Heuss, Theodor Mommsen und das 19. Jahrhundert (1956) S. 50.

51 Zu dem maßgebenden Einfluß der Historischen Rechtsschule auf Mommsen aufschlußreich A. Heuss (o. Fn. 50) S. 33 ff. Wertvolle Ergänzungen zur Vermittlerrolle Rubinos zwischen Savigny und Mommsen jetzt ders., Gedanken und Vermutungen zur frühen römischen Regierungsgewalt (1981) S. 51 ff.

52 Vgl. meinen Aufsatz Geschichte, Politik und Jurisprudenz in F. C. v. Savignys System des heutigen römischen Rechts, in: Römisches Recht in der europäischen Tradition. Symposion aus Anlaß des 75. Geburtstages von Franz Wieacker, hrsg. v. Behrends, Diesselhorst, Voss (1985) S. 257 ff. insbes. S. 266.

gezeigt werden, daß Mommsen einerseits mit dem Rechtsgedanken selbst argumentiert, also in diesem Sinne idealistisch-apriorisch vorgeht, aber andererseits – freilich erfolglos – versucht, diese Annahmen historisch konkret nachzuweisen.

Die zentrale Theorie einer kraft Gesetzgebung konstituierenden Gewalt entwickelt Mommsen am Beispiel des ersten Königs Roms und der bis auf Augustus folgenden späteren außerordentlichen Gewalten. Es ist wichtig, dies in Zusammenhang zu sehen, um den überhistorischen Anspruch dieses Systemgedankens voll zu erkennen.

> Mommsen, Röm. Staatsrecht II S. 10 f.
> Die Competenz des Königs oder, bescheidener und genauer gesprochen, das was das Staatsrecht der römischen Republik unter königlicher Amtsgewalt versteht,[53] wird durchaus verschieden gedacht für den ersten König, der den Staat erschafft, und für die späteren Inhaber des Regiments. Jener hat nach römischem Ausdruck das Recht Gesetze zu geben (leges dare), das heisst die constituirende Gewalt,[54] er ordnet die Gemeindeverfassung nach seinem Belieben und sorgfältig wird dabei jede Hindeutung auf Befragung der Gemeinde vermieden, welche eben durch diesen Act erst geschaffen und gestaltet wird.[55]

53 Nach diesem bescheidenen und zutreffenden Eingeständnis, daß das, was er gibt, nicht historische Beschreibung, sondern eigenrömische Theorie ist, gibt Mommsen in der Fußnote nach dem Hinweis, daß eine eigentliche Definition der Königsgewalt in der Überlieferung fehlt, einige folgerichtig eher späte Quellen, die nur in der abstrakten Aussage zusammenstimmen, daß der König die oberste Gewalt habe (Plutarch Tib. Gracchus 15; Festus s. v. ordo sacerdotum, ed. Lindsay S. 198; Pomponius lb sg enchiridii D 1, 2, 2, 14).

54 Hierzu heißt es in der Fußnote: »In dem Abschnitt von den ausserordentlichen constituirenden Gewalten wird gezeigt werden, dass auf diese insofern sehr praktische Theorie beständig bei denselben zurückgegriffen ward; so bei den Decemvirn, bei Sulla, bei den Triumvirn rei publicae constituendae oder vielmehr bei Augustus.« Die sich historischer Kritik aufdrängende Frage, wie denn eine gleiche Theorie für so verschiedene Zeiten, für den legendären Romulus, die von Legenden überwucherten Decemvirn und die am Ende der Republik figuierenden historischen Gestalten praktisch geworden sein soll, beschwichtigt Mommsen in jenem Abschnitt (vgl. die Wiedergabe im Text) mit der »Allgewalt des Rechtsgedankens«. In Wahrheit handelt es sich um späte, historisierende Theorien, die wie u. Fn. 55 gezeigt, noch nicht einmal miteinander in Einklang stehen.

55 Die an dieser Stelle zur Bestätigung gegebenen Quellen sprechen nicht, wie man hätte erwarten dürfen, von leges dare, sondern allgemeiner von iura dare, von rechtsstiftenden Handlungen. Livius 1, 8, 1: (Romulus) … iura dedit; Vergilius, Aeneis I 292: Remo cum fratre Quirinus (= Romulus) iura dabunt: Unzweifelhaft ist die Stiftung der Rechtsordnung durch den ersten König gemeint. Nur fehlt jede Beziehung zum Begriff der lex, und zwar historisch gesehen auch mit vollem Recht. Vgl. u. S. 101. An weiteren in der gleichen Fußnote gegebenen Stellen kritisiert Mommsen, daß sie Romulus nur die Begründung der tatsächlichen Herrschaft beilegen und die Stiftungen der Rechtsordnung erst auf Numa zurückführen. In Wahrheit ist diese Auffassung nicht unrichtiger als die andere. Es handelt sich einfach um eine konkurrierende Theorie, die deutlicher zwischen der Begründung der Staatsgewalt und der Formulierung der sie beschränkenden Rechtsordnung unterscheiden möchte. Vgl. Tac. ann. 3, 26: nobis Romulus ut libitum imperitaverat, dein Numa religio-

Wenn diese Gewalt eine un- [51] umschränkte ist, so ist sie nicht minder eine sich selbst beschränkende: indem Romulus die Rechtsverhältnisse des Königs, des Senats, der Bürgerschaft und der Bürger gegen einander abgrenzt und ordnet, binden fortan diese Satzungen die Gemeinde insoweit, als nicht auf dem durch die Satzungen selbst vorgesehenen Wege eine Abänderung erfolgt; von da an ist also auch die königliche Gewalt durch die staatliche Ordnung gebunden, imperium legitimum.[56]

ders., Röm. Staatsrecht II S. 702
Seltener als die anderen namhaften Staaten des Alterthums hat der römische zu dem Aushülfsmittel greifen müssen, das für den Staat immer ein Unheil ist und häufig ein schlimmeres als das, dem es steuern soll. Zu der Einsetzung von Oberbeamten mit der Befugniss die Verfassung der Gemeinde nicht zu handhaben, sondern umzugestalten. Aber vorgekommen sind constituirende höchste Gewalten allerdings auch in Rom. Wenn es thöricht erscheinen kann sie als staatsrechtlich feststehende Kategorie zu behandeln, so ist es vielleicht das großartigste Zeugniss von der Allgewalt des Rechtsgedankens in Rom, dass, wie weit auch die davon gemachten Anwendungen der Zeit wie der politischen Tendenz nach auseinander liegen und wie sehr jede für sich individuell ist, dennoch ein scharf ausgeprägtes Grundschema alle beherrscht und allen das Mass giebt.

nibus et divino iure populum devinxit; Vergilius Aen. 6, 810: primam qui (sc. Numa) legibus urbem fundabit; Livius 1, 19, 1. Qui (sc. Numa) regno ita potitus urbem novam conditam vi et armis (sc. a Romulo), iure eam legibusque ac moribus de integro condere parat. Es ist nicht richtig, wenn Mommsen aus der letzten Stelle und Liv. 1, 42, 4 (dort ist Numa Schöpfer des ius divinum im Gegensatz gestellt zu Servius als Schöpfer der Bürgerordnung) auf eine ältere Auffassung schließt, die das ius publicum auf Romulus und das ius sacrum auf Numa zurückführt. Vielmehr geht es in den letzten Stellen durchweg um den Gegensatz von faktischer Herrschaft und deren rechtlicher Beschränkung, ganz in Übereinstimmung mit dem faktischen imperium-Begriff der klassischen Jurisprudenz (vgl. nur Gaius IV 105, 106). Daher taucht die Vorstellung, daß der erste König eine gesetzlich völlig unbeschränkte Vollgewalt gehabt und geübt habe, auch bei einem Juristen wie Pomponius auf (lb sg enchiridii D 1, 2, 2 § 1 und 14). Man versteht angesichts dieses verbreiteten Romulus-Bildes als eines bloßen Gewaltherrschers auch die Namenswahl des Augustus besser (Sueton Augustus 7, 2): das augurale Cognomen Augustus betont die rechtlich-religiöse Qualität der Neugründung, ein Cognomen Romulus, das Augustus denn auch ablehnte, hätte das nicht in dieser Eindeutigkeit gekonnt.

56 Diesen wichtigen Terminus weist Mommsen nach bei Sallust, Catilina 6: imperium legitimum, nomen imperii regium habebant. Es ist aber diese Kennzeichnung der römischen Königszeit unverkennbar der hellenistischen Verfassungstheorie verpflichtet. Daher folgt auch alsbald das kennzeichnende Motiv des Umschlagens des Königstums in Tyrannis (l. c.): post, ubi regium imperium, quod initio conservandae libertatis atque augendae rei publicae fuerat, in superbiam dominationemque se convortit, inmutato more annua imperia binosque imperatores sibi fecere: eo modo minume posse putabant per licentiam insolescere animum humanum. Die Republik teilte und befristete danach das königliche imperium, ohne es aber seinem Wesen nach zu ändern. Vgl. dazu o. Fn. 19.

Es ist also in der Tat nichts Geringeres als die »Allgewalt des Rechtsgedankens« selbst, der die konstituierende Gewalt eines Romulus, der Dezemvirn, eines [52] Sulla, eines Caesar und eines Augustus rechtfertigt.[57] Bedenkt man die Grundantriebe der Historischen Rechtsschule, dann ist der allgewaltige, in der Immanenz wirkende Rechtsgedanke am Ende nichts anderes als ein geschichtstheologisches Motiv.[58] Historisch-kritisches Denken ist jedenfalls bei seiner Anwendung ausgeblendet. Es ist schon merkwürdig, ein so evidentes historisches Konstrukt wie Romulus in eine Reihe gestellt zu sehen mit voll beglaubigten spätrepublikanischen Staatsmännern. Insbesondere aber vermißt man die Überlegung, ob nicht eine so späte und so voraussetzungslos auftauchende Magistratur wie die dictatura rei publicae constituendae causa Sullas – sie eröffnete die Reihe der konstituierenden Gewalten der ausgehenden Republik und ist in der Geschichte der römischen, seit 202 nicht mehr angewandten Diktatur ohne jedes Vorbild[59] – nicht selbst ein Geschöpf der damaligen geistig und sozial so aufgewühlten Jahre gewesen ist. Wenn in der römischen Geschichtsschreibung von ihren Anfängen über die ältere und jüngere Annalistik, aus der dann die augusteischen Gesamtdarstellungen wie die des Livius die Summe ziehen, legendären Figuren wie Romulus und den im Sinne pragmatischer Geschichtsschreibung kaum noch faßbaren Dezemvirn Züge beigelegt werden, welche die Möglichkeit und Zulässigkeit einer den Staat wiederherstellenden Ausnahmemagistratur begünstigen, dann ist es zumindest kritiklos, hieraus auf einen durchgehend gültigen Rechtsgedanken des römischen Staatsrechts zu schließen, ohne vorher die Frage untersucht zu haben, ob hier nicht vielmehr die damalige Geschichtsschreibung Gedanken oder empfundene Notwendigkeiten ihrer Zeit in einen Gegenstand hineingetragen hat, der

57 Vgl. o. Fn. 54.

58 Dies ist der gemeinsame Grund, weswegen Mommsen mit Savigny (vgl. o. Fn. 52) die Überzeugung teilte, daß sich an der römischen Geschichte und ihren »politischen Institutionen« (Mommsen, III Vorrede P. XIV) allgemeine Wahrheiten manifestieren. Beide sind der Überzeugung, daß die Geschichte und insbesondere (Mommsen, Röm. Geschichte III Buch 5 Kap. 11, S. 477): »die Beobachtung der älteren Kulturen die organischen Bedingungen der Civilisation überhaupt, die überall gleichen Grundkräfte und die überall verschiedene Zusammensetzung derselben offenbart (!) und ... zum selbständigen Nachschöpfen anleitet und begeistert.« Daß Savigny sich dabei dem Privatrecht, Mommsen dem Staatsrecht zuwandte, entspricht zugleich dem inzwischen in den politischen Verhältnissen Deutschlands eingetretenen Wandel. Mommsen wollte aber seine Gegenwart nicht für einen Caesarismus im Sinne einer bonapartistischen Militärmonarchie begeistern – das hieße – so Mommsen – die Geschichte, die »auch eine Bibel« ist (Röm. Geschichte, a. a. O., S. 478) falsch zitieren –, sondern für das, was sein Caesar, wie er ihn sah, wollte und unter besseren Verhältnissen auch hätte verwirklichen können, nämlich für (S. 476) »die Vertretung der Nation durch ihren höchsten und unumschränkten Vertrauensmann« und (S. 478) »den hoffnungsreiche(n) Traum einer Vereinigung freier Volksentwicklung und absoluter Herrschaft«. Vgl. dazu Wucher, (u. Fn. 60) S. 122 ff. Daß dieses Ideal Mommsens an einem tiefen Widerspruch leidet, bedarf keiner Erläuterung; Montesquieu und die antike Lehre von der gemischten Verfassung haben hier bereits alles Nötige gesagt.

59 Vgl. Mommsen II S. 170, III S. 793 ff.

ihr nur [53] sehr schematisch überliefert war und von ihr in vielen Hinsichten angereichert werden mußte, um politisch interessant zu werden. In der Tat könnte sich an diesem Punkt eine Wahlverwandtschaft zwischen der Annalistik der krisenhaft gewordenen Republik und Theodor Mommsen ergeben. Genauso wie Mommsen, der als Liberaler von 1848 Bürgerfreiheit, aber vor allem auch für Deutschland staatliche Einheit wollte, die Staatsgewalt zu einem Rechtsprinzip schlechthin apotheosierte, und in etwa der gleichen Zeit auch das eigentümlich zwischen Gewalt und Recht schillernde Idol seines Caesar entwarf,[60] so möchte auch die Annalistik in der seit Tib. Gracchus revolutionär zerklüfteten Rechtsordnung die Gedanken einer Magistratur rei publicae constituendae causa in ihren verschiedenen rechtlichen Denkmöglichkeiten immer deutlicher als Auskunftsmittel empfunden und darum auch schon in vergangene Epochen, von denen authentische Überlieferungen fehlten und die sich nach ihren Erfahrungen ausmalen mußten, hineingesehen haben.[61] Diese Überlegung braucht hier aber nicht weiter verfolgt zu werden. Die idealistisch-apriorische Herkunft der für Mommsens Gesetzesbegriff bestimmenden Grundannahme ist für unsere Zwecke schon deutlich genug geworden.

(6) Es bleibt noch ein kurzer kritischer Blick auf die Folgerungen, die Mommsen aus seiner Grundannahme zieht. Sie sind von bestechender Logik, aber man kann nicht sagen, daß sie den Befunden, die sie erfassen wollen, gerecht werden. Dies gilt insbesondere für den entscheidenden Satz, daß die lex data, das einseitig gegebene Gesetz, älter ist als die lex rogata, das erfragte Gesetz. Diese These ist ein Eckstein der Argumentation Mommsens, da die lex data in seiner Theorie die dem Magistrat beigelegte konstituierende Gewalt repräsentiert. Begründet wird sie dadurch, daß Mommsen gänzlich verschiedene Dinge unter den Gesichtspunkt der durch Gesetzgebung konstituierenden Gewalt zieht, nämlich die den Anfang Roms bildenden Gründungsakte, die spätrepublikanischen Ausnahmeordnungen, das spätrepublikanische Amtsrecht und schließlich die spätrepublikanischen Gemeinde- und Provinzialordnungen, der einzige Fall, für den überhaupt der technische Ausdruck lex data überliefert ist.[62]

60 Zu Mommsens spannungsvoller politischer Haltung zwischen 1848 und 1871 und danach Heuss (o. Fn. 50) S. 137 ff., 166 ff., 190 ff., zum Zwielicht über Mommsens Caesarbild eindrucksvoll Albert Wucher, Theodor Mommsen, Geschichtsschreibung und Politik, Göttingen, 2. Aufl. 1968, S. 114 ff. Vgl. auch o. Fn. 58.

61 Die in der Annalistik gegenwärtige, um die Magistratur zentrierte Staatsrechtstheorie hat überhaupt Mommsens Staatsrecht möglich gemacht. Vgl. Heuss (o. Fn. 50) S. 50. Mommsen hat sie dem Stil der historischen Schule folgend zu historischen Aussagen gemacht, indem er sie der Tendenz nach (die vorkommenden Einschränkungen heben sie nicht auf) als »uralte Selbstschilderung« (Mommsen I S. 3) deutete.

62 Vgl. die sehr technisch und allgemein redende (von Mommsen in seinem Staatsrecht nicht herangezogene), von den leges datae der Provinz Sizilien ausgehende Stelle Cicero, Verr. act. sec. II 49, 121: ne ab senatu quidem populoque Romano datas (sc. leges aliquid valuisse apud Siculos Verre proconsule). Quas enim leges sociis amicisque dat is qui habet imperium a populo Romano, auctoritatem legum dandarum ab senatu, eae debent et populi

[54] Die erste Behauptung, welche die lex data zum Urfall des römischen Gesetzes macht, ist die kühnste und weittragendste.

> Mommsen, Röm. Staatsrecht III S. 310
> ... die lex publica (sc. gibt) die Normen ... für jedes durch den Staat geregelte Verhältnis.[63] Diese Regelung, die nicht anders erfolgen kann als durch die Magistratur, ist entweder eine lex data oder eine lex rogata, je nachdem sie mit den durch sie gebundenen Personen nicht vereinbart ist oder vereinbar.[64] In den ersten Kreis fallen die ursprüngliche Gemeindeordnung oder nach römischer Ausdrucksweise die Gesetzgebung des Romulus so wie die nach dem gleichen Muster später erlassenen Ordnungen der constituirenden Gewalten, insonderheit die augustischen vor der Einsetzung des Principats. In denselben Kreis aber gehören auch (sc. das Amtsrecht der Gerichtsmagistrate und anderer sowie die einseitig gegebenen Munizipal- und Provinzialordnungen). In allen diesen Fällen wird der Bürger nicht bloss, ohne gefragt zu werden, gebunden, sondern es kann sogar nach römischer Auffassung wer zu gehorchen hat, überall nicht gefragt werden, ob er gehorchen wolle.

Die lex data erscheint nach diesem Text als Ausdruck eines staatsrechtlichen a priori, des dem Magistrat vom Bürger geschuldeten Gehorsams. Die Nähe zum

Romni et senatus existimari und die inschriftlich überlieferten spätrepublikanischen Beispielsfälle der lex Julia municipalis Z. 159: quei lege ... permissus est ..., utei leges in municipio fundano municipibusve eius municipi daret und lex Julia Genetiva sive Urson. 132 (vgl. Mommsen III S. 311 Fn. 5). Die spätrepublikanische lex data beruht danach sehr deutlich auf einer Delegationstheorie, nämlich auf gesetzlicher Ermächtigung durch Volksgesetz verbunden mit der üblichen Beteiligung des Senats (vgl. dazu o. S. 46). Daher ordnet Cicero die leges datae materiell auch zutreffend als Volksgesetze ein. In der antiken Theorie werden die Verhältnisse daher genau umgekehrt aufgefaßt wie in Mommsens Deutung: die lex data ist nicht die Mutter der lex rogata, sondern ihre Tochter.

63 In der Fußnote hierzu gibt Mommsen Belege dafür, daß in der Republik nach der lex publica die Geltung von Strafen, von Vereinssatzungen, Testamenten und Grabberechtigungen beurteilt würden, jedenfalls – nach Art der Quellen – seit den Zwölftafeln. Die daraus gezogene Schlußfolgerung: »Lex publica ist die Satzung der römischen Gemeinde, wie ius publicum ihr Recht, magistratus publicus ihr Vorsteher, res publica ihr Vermögen«, definiert aber dann die lex publica allzu einseitig als öffentlich-rechtliche gemeindliche Satzung. Die Gewährung von Privatautonomie in Form von Testamenten z. B. kann man nicht als Inhalt einer Gemeindesatzung auffassen. Hier zeigt sich, daß Mommsens etatistischer Blickwinkel Gefahr läuft, den Gesetzbegriff unzutreffend zu verengen. In Wahrheit ist die lex publica Bindung der hoheitlichen Jurisdiktion, und zwar gerade auch im Bereich des Privatrechts. Diese frühen leges publicae haben mit Gemeindesatzungen nichts zu tun. Vgl. u. S. 87 ff.

64 In der Fußnote hierzu wird die Deduktion der Begrifflichkeit ergänzt: »Darauf allein (sc. die fehlende Vereinbarung) kommt es für den Begriff an. Die Gesetze des Romulus sind ebenso leges datae wie das Stadtrecht von Genetiva, weil weder über jene die römische Gemeinde noch über diese die Bürger von Genetiva abgestimmt haben. Die Competenz, auf Grund deren die datio erfolgt, ist gleichgültig.« Die Ungeschichtlichkeit des Ganzen liegt auf der Hand.

Kantischen Staatsrechtsdenken und zu dessen idealistischer Säkularisierung des Satzes Röm. 13 – man erinnere sich der »Allgewalt des Rechtsgedankens« – [55] ist auffällig.[65] Historisch und institutionengeschichtlich beurteilt, leuchtet es jedoch gar nicht ein, daß die ursprünglichen Organisationsakte des römischen Gemeinwesens, einerseits die Festlegung der Gebiets- und Ackergrenzen, andererseits die Formung der ältesten politischen und militärischen Personalverbände, Gesetzgebungsakte gewesen sein sollen. Noch ganz abgesehen davon, daß die lex data als konstituierender Akt ein unhistorisches Konstrukt ist, befriedigt es wenig, daß der populus, der in der lex publica staatsrechtlich handlungsfähig wird, selbst von einer lex publica erzeugt worden sein soll. Wir werden demgegenüber im folgenden positiven Teil dieser Untersuchung sehen, daß die ursprünglichen Organisationsakte in der römischen Tradition nicht als Gesetze, sondern als rituell wirksame Handlungen des ius erscheinen, deren Geltung nicht auf dem Prinzip von Befehl und Gehorsam beruht, sondern auf der Achtung vor Ordnungen, die eine als religiös kompetent angesehene Instanz gesetzt hat. Die lex publica ist daher auch nicht einfach aus dieser ursprünglichen jurisdiktionellen Kompetenz abgeleitet, sondern umgekehrt als Mittel ihrer Beschränkung und Festlegung entstanden.

Mommsens Theorie einer sich über die Jahrhunderte gleichgebliebenen obersten gesetzgebenden Staatsgewalt kennt keinerlei sachliche und zeitliche Differenzierungen. Das zeigt sich in vielfältiger Weise, nicht zuletzt in Mommsens eigener Behauptung, daß es auf die Quelle der Kompetenz zur Gesetzgebung für den Begriff der lex data nicht ankomme.[66] In Wahrheit liegen aber gerade hier die eigentlich aufschlußreichen Fragen.

Die eigentlichen, im technischen Sinne sogenannten leges datae sind magistratische Verordnungen, die auf ausdrücklicher gesetzlicher Ermächtigung beruhen und als solche nur gegenüber von Rom abhängigen Stadtgemeinden und Provinzen vorkommen.[67] Hier ist der Gedanke, daß der populus Romanus einem Magistrat für eine bestimmte Aufgabe eine gesetzesvertretende Verordnungsgewalt verleihen kann, in rechtlich sehr klarer Weise ausgebildet und zugleich mit einer

65 Vgl. Kant, Die Metaphysik der Sitten, §49A, Studienausgabe IV, 5. Aufl. 1975, S. 438: »Ein Gesetz, das so heilig (unverletzlich) ist, daß es praktisch auch nur in Zweifel zu ziehen, mithin seinen Effekt einen Augenblick zu suspendieren, schon ein Verbrechen ist, wird so vorgestellt, als ob es nicht von Menschen, aber doch von irgend einem höchsten tadelfreien Gesetzgeber herkommen müsse, und das ist die Bedeutung des Satzes: ›alle Obrigkeit ist von Gott‹, welcher nicht einen Geschichtsgrund der bürgerlichen Verfassung, sondern eine Idee, als praktisches Vernunftprinzip, aussagt: der jetzt bestehenden gesetzgebenden Gewalt gehorchen zu sollen, ihr Ursprung mag sein, welcher er wolle.« Bei aller Vergleichbarkeit der Konzepte bleibt aber natürlich bedeutsam, daß Mommsen den Gedanken der konstitutiven Gesetzgebungsgewalt, die von vornherein Gehorsam verlangen kann, an einem historischen Gegenstand entwickelt; daher gelangt er auch, anders als Kant (a. a. O. S. 439 ff.) zum Gedanken einer »legitimen Revolution« gegen diese Gewalt, wenn sie einen Notstand erzeugt (Mommsen II S. 741).

66 Vgl. o. Fn. 64.

67 Siehe o. Fn. 62.

durchaus kennzeichnenden Beschränkung versehen. Die Ermächtigung wird nicht in Form einer Befugnis verliehen, die sich gegen den po- [56] pulus Romanus selbst wenden und ihm Regeln vorschreiben könnte, sondern als eine von der Volksversammlung in Form eines formellen Rechts übertragene spezielle Aufgabe, nämlich statt des populus Romanus einer Rom untergeordneten Gemeinde oder Provinz eine rechtliche Ordnung zu geben. Es besteht keinerlei Anlaß, die hier begegnende öffentlich-rechtliche Dogmatik für sehr alt zu halten. Sie wird aus der späten Republik stammen und in ihren Anfängen allenfalls in das ausgehende 3. Jh. v. Chr. zurückreichen.

Was das Amtsrecht betrifft, das Mommsen ebenfalls für die ursprüngliche magistratische Gesetzgebungsbefugnis in Anspruch nimmt, so ist auch dieses erst einmal keineswegs uralt. Es ist zwar in seinen Anfängen nicht gut erforscht, geht aber mit ihnen gewiß nicht sehr weit über den Beginn des 2. Jh. v. Chr. zurück. In seiner klassischen Stilisierung wird es nicht nur der lex publica entgegengestellt – man denke an die amtsrechtlichen Klagen zur Ergänzung der lex Aquilia –, sondern obendrein nach dem Prinzip praetor ius facere non potest nicht einmal als eigentliche Rechtsquelle angesehen. Das imperium, die Staatsgewalt, so wie sie in diesem klassischen Amtsrecht aufgefaßt ist, gebietet – und das ist Frucht einer relativ jungen Theoriebildung – nur über das factum, nicht über das ius.[68] Wenn das Amtsrecht in einer isolierten Stelle bei Cicero einmal lex annua (Jahresgesetz) heißt, dann hat hier lex den theoretischen Sinn von Rechtsnorm; ein solcher Sprachgebrauch kann entgegen Mommsen[69] nicht mit der lex publica in Beziehung gebracht werden. Das ältere Amtsrecht der veteres-Jurisprudenz gab zwar dem Magistrat die Befugnis zur wirklichen Rechtsfortbildung, aber in einem theoretischen Gedankenzusammenhang, der ebensowenig in Analogie zur Gesetzgebung steht wie die moderne richterliche Rechtsfortbildung.[70]

68 Wie die von dieser Jurisdiktion verheißenen und gewährten formulae in factum conceptae sehr anschaulich machen. Vgl. Gaius IV 47. Die zu ihr gehörende Rechtstheorie setzte sich im 1. Jh. v. Chr. durch, Vgl. dazu einstweilen noch meine Fraus legis, Göttingen 1982, S. 37 ff.

69 Mommsen III S. 311 mit Fn. 2 (I S. 208 Fn. 2) zu Cicero, in Verr. act. sec. I 42, 109: qui plurimum tribuunt edicto praetoris, edictum legem annuam dicunt esse. Eine solche Qualifikation als »Jahresnorm« ist, da sie die Zugehörigkeit des Amtsrechts zum ius voraussetzt, nur im Rahmen der veteres-Jurisprudenz möglich. Vgl. u. Fn. 70 u. 68.

70 Im veteres–System wurde z. B. die bonae fidei interpretatio amtsrechtlich eingeordnet, wie neben den entsprechenden traditionellen Ediktinhalten insbesondere die ediktale societas Rutiliana zeigt, die kraft Amtsrecht zwischen Freilasser und Freigelassenem angenommen wurde. Bezeichnenderweise wurde dieses Recht von Servius Sulpicius durch ein rein faktisches Amtsrecht ersetzt. Vgl. dazu meinen Aufsatz Die Rechtsformen des römischen Handwerks in: Das Handwerk in vor- und frühgeschichtlicher Zeit, hrsg. v. Jankuhn I (1981) S. 184 ff., 187 ff. Insgesamt gehört die Geschichte des Amtsrechts mit ihren beiden Formen in die hellenistische Phase der römischen Rechtsgeschichte, und zwar als Folgeerscheinung der einander ablösenden (erst materialen-rechtsbezogenen, dann formell-faktischen, machtpositivistischen) Imperiumstheorien.

Blickt man schließlich auf die Theorie einer von Romulus bis zum Triumvirn Octavian im Prinzip vorhandenen konstituierenden Gewalt, die Mommsens Sy- [57] stem krönt, so wird hier die apriorische, die Quellen dem postulierten Prinzip unterordnende Verfahrensweise besonders deutlich. In der näheren, die auf »Romulus« folgenden größeren Gesetzgebungen betreffenden Durchführung hat Mommsen seine Lehre noch mit der von Aristoteles definierten Theorie der Wahltyrannis verknüpft, womit er ihre begriffliche Seite stärkte, nicht aber ihre historische Geltung für Rom.

> Mommsen, Röm. Staatsrecht II S. 724
> Wenn überhaupt eine über der Verfassung stehende höchste Gewalt logisch und praktisch gerechtfertigt werden kann, so ist dies dann der Fall, wenn der Staat einer nicht bloss einzelnes modificirenden, sondern das gesammte Gemeinwesen neu ordnenden Gesetzgebung bedarf. So haben auch die Römer sie aufgefasst und sie darum theils in praktischer Gestaltung, theils in logischer Entwickelung angelehnt an die analogen Institutionen der Griechen, die Ordnung Athens durch Solon und das Institut der Aesymnetie, das ist der aus freiem Entschluss der Gemeinde und nicht als bleibende Einrichtung eingesetzten unbeschränkten Monarchien.[71] … Aus der römischen Aesymnetie ist ebenso das Zwölftafelgesetz hervorgegangen wie die sullanische Quästionenordnung, Caesars Nothstandsgesetze vom J. 705 (a. 49 v.) nicht minder als die dauernde Ordnung des Gerichtswesens und der Staatsverhältnisse überhaupt vom J. 708 (a. 46 v.) … (725) überblickt man … die Gesammtheit der auf diese Weise ins Leben gerufenen Bestimmungen, so wird man finden, dass darin ungefähr alles enthalten ist, was der römische Staat von constituirenden Acten und von allgemeiner Ordnung des Beamten- und des Rechts- und Gerichtswesens hervorgebracht hat.[72]

Der überraschend große Anwendungskreis, den Mommsen der konstituierenden Gewalt gegeben hat, ist allerdings seiner Theorie zunächst nicht gefährlich, da er sie gegenüber dem Einwand, für jene Gesetze sei aber doch die gewöhnliche Form der lex rogata überliefert, immunisiert hat, und zwar mit Hilfe der ergänzenden These, daß die konstituierende Gewalt nicht nur die Wahl hatte zwischen lex data und lex rogata, sondern auch zumeist die zweite bescheidenere Form der lex rogata gewählt habe.

71 Der in der Fußnote hierzu gemachte Versuch, die Theorie der Aesymnetie (Arist., pol. 3, 14; vgl. 4, 10) auch für Rom nachzuweisen, ist denkbar hypothetisch. Weil Dionys. 5, 73 sie gedankenlos auf die alte dictatura rei gerundae angewandt habe, wird vorausgesetzt, daß sie »von verständigen Theoretikern« seiner Zeit für die sullanisch-caesarische Dictatur aufgestellt worden ist. Der Einfluß der hellenistischen Staatsrechtslehre auf Rom ist in Wirklichkeit weit grundsätzlicher Art; in der tatsächlich aufgenommenen Lehre von der gemischten Verfassung ist die Aesymnetie nur ein vorübergehender Verfassungszustand unter vielen.

72 Ein klares rechtliches Prinzip der von Mommsen postulierten römischen Aesymnetie wird aus den (oben unvollständig wiedergegebenen) Beispielen nicht deutlich. Gemeint ist wohl: jede nach Umfang oder Inhalt wichtige Regelung.

> Mommsen, Röm. Staatsrecht II S. 725
> Die constituirende Gewalt bringt es mit sich, dass jede auf Grund derselben getroffene Verfügung, auch wenn sie nicht ihren Weg durch die Comitien genommen hat, als Gesetz (lex) gelten kann, oder, was dasselbe ist, dass es den Beamten dieser Kategorie ebenso freisteht Gesetze mit den Comitien zu vereinbaren (leges rogare) wie einseitig zu erlassen (leges dare).[73] [58] Nichts desto weniger sind die bleibenden Gesetze, die aus diesen Legislationen hervorgegangen sind, grösstentheils nicht in Form einfacher Verordnungen, sondern auf dem Wege der Volksabstimmung ins Leben gerufen worden. Ausdrücklich wird dies von derjenigen Gemeindeordnung hervorgehoben, die als der erste Ausdruck des grossen politischen Gedankens eines verfassungsbildenden Oberamts für alle Zeiten vorbildlich geblieben ist, von dem Rechtsbuch der Zwölf Tafeln: es war den Centurien vorgelegt und von ihnen förmlich bestätigt.[74]

Gleichwohl – und diese Ansicht steht bis heute als unstreitig fest[75] – ist Mommsen davon überzeugt, daß die Zwölftafelgesetzgebung nach strengem Recht lex

73 In der Fußnote versucht Mommsen für Caesar und Sulla den Beweis zu führen, daß entsprechende konstitutive Akte tatsächlich ohne Beteiligung des Volks vorgekommen und als lex bezeichnet worden sind. Aber die Tac. ann. 6, 16 erwähnte lex dictatoris Caesaris kann durchaus eine regelrechte lex Julia de modo credendi possidendique intra Italiam sein (so Rotondi, Leges publicae p. R. S. 420), während die Anordnungen Caes., bell. civ. 3, 1 (vgl. Sueton, Caes. 42, 2) besser nicht als Gesetzgebung (die mit jener lex u. U. zu identifizieren wäre), sondern als amtsrechtliche Durchführungsmaßnahme zu interpretieren sind. Zu dem Sulla geltenden Beweisantritt, die lex Cornelia bei Cicero, pro Sext. Rosc. 43, 125 sei eine Verordnung (lex data), unten im Text bei Fn. 85-87.

74 In der Fußnote verweist Mommsen zunächst auf Liv. 3, 34: centuriatis comitiis decem tabularum leges perlatae sunt, legt dann entsprechend dem von ihm im Text Gesagten Gewicht auf den Umstand, daß gemäß Dionys. 10, 55 a. E. und 10, 57 die definitive Aufstellung der Gesetze sofort, in jedem Fall vor der das Gesetzgebungsverfahren eröffnenden Promulgation erfolgte, also, um es terminologisch zu kennzeichnen, noch im Zustand bloßer leges scriptae (also weder leges promulgatae noch gar rogatae). Aber die Historizität dieser Notiz bei Dionys darf man mit Fug und Recht bezweifeln. Zum einen gibt es für eine solche vergleichsweise unwichtige Einzelheit keinen verläßlichen Überlieferungsweg. Zum anderen läuft diese Auffassung Gefahr, den Dezemvirn kaum noch die Zeit zu lassen, die für ein Werk vom Rang der 10 Tafeln notwendig war.

75 Vgl. statt aller J. Bleicken, Lex publica, 1975, S. 91, wo die (in Wahrheit entschieden beweisbedürftige) Mommsensche Auffassung der Zwölftafeln als aesymnetische lex data schon für so gewiß gehalten wird, daß über Mommsen hinaus auch die technische (und ganz undoktrinäre) Überlieferung, daß die Zwölftafeln durch die Centuriatskomitien in Kraft gesetzt worden sind, als Erfindung »späterer Historiographen« verworfen wird. Aus dem Institut des Decemvirats verstehe sich von selbst, daß die leges XII tabularum nicht Volksgesetz waren. Aber das ist eine petitio principii. Kein rechtlich relevantes Indiz legt die Annahme nahe, daß in den Jahren 451 und 450, wenn das überhaupt ein möglicher Gedanke ist, jeweils zehn Solone amtierten. Die verfassungsrechtlich zentrale Stellung, welche die Centuriatscomitien damals schon hatten, läßt vielmehr völlig einleuchtend er-

data war. Zwei Argumente führt er dafür an: das erste und, da im [59] Text angeführt, äußerlich hauptsächliche zieht er aus der »Erzählung, dass die ungerechten Decemvirn die beiden letzten Tafeln verfasst, aber erst nach ihrem, durch die Revolution der Massen herbeigeführten Sturz die neu eintretenden Consuln sie den Centurien zur Annahme vorgelegt hätten«.[76] Die Erzählung hatte Mommsen allerdings schon vorher und in diesem Zusammenhang noch einmal als paradigmatisch bezeichnet und in übrigens grundsätzlich sehr einleuchtender Weise als ein von der Annalistik erfundenes politologisches Lehrstück über die Gefahren des über der Verfassung stehenden Oberamtes erkannt.[77] In ihr drücke sich – so Mommsen – scharf aus, daß die Bestätigung eines von einer allmächtigen Magistratur ausgehenden Gesetzes nach formellem Recht nicht für notwendig galt, es aber als unbillig und gefährlich angesehen wurde, das Recht bis zu dieser letzten

scheinen, daß der Auftrag der von ihnen gewählten decemviri sich tatsächlich jeweils auf das leges scribere beschränkte, also auf die Ausarbeitung eines großen, zu promulgierenden und von den Centuriatscomitien zu bestätigenden Gesetzesentwurfs. Es ist auch nicht glaubwürdig, daß die patres aus doktrinären Gründen, nämlich bloß um die decemviri als aesymnetische Wahltyrannis anzuerkennen, auf ihren Genehmigungsvorbehalt, die auctoritas patrum verzichtet haben. Die bei den decemviri allerdings auffallende Verbindung von außerordentlicher Magistratur und leges scribere erklärt sich durch den Gedanken der Selbstbindung der Jurisdiktionsinstanz (vgl. auch im Text): Wie einst der rex und seine Nachfolger die Konsuln durch die niedergeschriebenen leges regiae gebunden waren, so hatten sich auch die decemviri an die von ihnen niedergeschriebenen und damit für Recht erkannten leges decemvirales zu halten, auch bevor sie durch die Rogation zu leges publicae wurden.

76 Vorher hätten danach auch die beiden Nachtragstafeln (vgl. zu den ersten 10 o. Fn. 74) schon als leges datae gegolten. Eine weitere Bestätigung dafür findet Mommsen (II S. 726 Fn. 1) in Liv. 3, 31, 8, wo es über die Frage, wer für die Zwölftafelkommission in Betracht komme, heißt: daturum (!) leges neminem nisi ex patribus aiebant. Das in der Tat handschriftlich gut beglaubigte ›daturum‹ ist jedoch nicht technisch verwendet, da Livius sowohl unmittelbar vorher als auch nachher nicht von Gesetzgebern, sondern korrekt von Gesetzeseinbringern spricht. § 7: communiter legum latores et ex plebe et ex patribus; § 8 de latore tantum discreparet. Jenes dare ist daher nur eine (unter dem Einfluß späterer Theorie stehende) intensivere Form des scribere (leges). Wenn man mit Mommsen das Ende des zweiten Dezemvirats als legendär entstellt erkennt, dann ist m. E. der Schluß unabweisbar, daß in Wirklichkeit die rogatio der Nachtragstafeln tatsächlich von diesen zweiten decemviri ausging, und nicht, wie Diodor 12, 24.26 erzählt, von den folgenden Konsuln. Die weit überwiegende Überlieferung (vgl. Mommsen II S. 726 Fn. 2) bezeichnet denn auch in der Tat die Dezemvirn als Urheber der gesetzlichen Geltung der zwei letzten Tafeln und eine alte, technische, auf den republikanischen Staatsrechtler Tuditanus zurückgehende Notiz spricht sogar ausdrücklich von ihrer rogierenden Tätigkeit (Macrob., Sat. 1, 13, 21): Xviros qui decem tabulis duas addiderunt de intercalando populum rogasse. Das kann ein Spezialgesetz über die Schaltung sein (so Mommsen II S. 726 Fn. 2), aber durchaus auch eine in die Zwölftafeln inkorporierte generelle Regelung über das Verfahren, das bei der Schaltung zu beachten war; so einer anderen Stellungnahme Mommsens folgend Bruns-Gradenwitz Fontes I[7] S. 38 (XII tab. XI 3).

77 Mommsen II S. 726; vgl. auch schon II S. 717.

Konsequenz auszudehnen.[78] Selbst wenn man diese geistreiche Interpretation ohne Abstriche annähme – ihr zufolge erhalten die Konsuln ein Lob, weil sie mit der Rogation der Nachtragstafeln etwas Unnötiges, aber das Oberamt Mäßigendes tun –, so folgt aus ihr nur etwas für die Theorie der Annalistik der späteren Republik. Dieser war natürlich das in der Lehre von der gemischten Verfassung formulierte Problem, daß Magistraturen entarten können, daher an sich heilsame Machtkonzentrationen in der Hand von Ausnahmemagistraturen gefährlicher werden können als der Übelstand, den sie bekämpfen, durchaus gegenwärtig. Ihr mochte es daher naheliegen, in die Exempla, die sie ihrer Epoche vorhielt, auch Warnungen einzuflechten. Der entscheidende Punkt ist aber in alledem nur in versteckter Weise enthalten. Die eigentliche Frage ist nicht, wann die Zwölftafeln rogiert worden [60] sind, sondern ob sie schon vor der Rogation kraft legem scribere als Gesetz galten. Denn nach einer technischen Überlieferung, die letztlich unanfechtbarer juristischer (pontifikaler oder auguraler) Tradition entstammen wird, hat auch die zweite Zehnmännerkommission ihre Arbeitsergebnisse an die Centuriatscomitien gebracht.[79] Da zudem gerade Mommsens kritische Hinweise es gestatten, die annalistische Geschichtserzählung von der keuschen Verginia und dem machtbesessenen Appius Claudius beiseitezuschieben und anzunehmen, daß die zweite Zwölftafelkommission wie die erste nach Ablauf ihres erfolgreichen Amtsjahrs friedlich abgetreten und der üblichen, durch die Zwölftafeln ein Stück mehr befriedeten patrizisch-plebejischen, von Konsuln und Tribunen repräsentierten Doppelverfassung Platz gemacht hat,[80] spitzt sich alles auf Mommsens zweites und eigentlich tragendes Argument zu, daß das den Dezemvirn in ihrer Titulatur legibus scribundis zugeschriebene legem scribere »in dem prägnanten Sinne zu fassen (sei), dass das von einem solchen Magistrat niedergeschriebene und publicirte Gesetz auch ohne Rogation gilt«.[81] Die Annalistik und manche Theoretiker der sullanischen Diktatur »legibus scribendis et rei publicae constituendae«[82] mögen das aus den für sie verbindlichen Gründen geglaubt haben. Wie dasselbe aber 378 Jahre früher in der Epoche der Zwölftafeln angesehen wurde, ist davon gewiß völlig unabhängig.

Für den, der mit der immer noch vorherrschenden Meinung in den Zwölftafeln nur eine Aufzeichnung von Gewohnheitsrecht sieht, stellt sich das Problem, ob die Zwölftafelbestimmungen vor dem Inkrafttreten als rogierte lex publica eine vorausgehende Geltungsphase in Gestalt einer spezifisch magistratischen Verordnung gehabt haben, strenggenommen gar nicht. Für ihn können diese Regeln auch in dem Jahr der Niederschrift erst einmal als Gewohnheitsrecht fort-

78 Mommsen II S. 726.

79 Vgl. die Tuditanus-Notiz Macrob. Sat. 1, 13, 21 (o. Fn. 76).

80 So schon in meiner Schrift Der Zwölftafelprozeß, 1974 S. 207 ff., 212.

81 Mommsen II S. 726 Fn. 1: »vermuthlich«.

82 Vgl. Mommsen II S. 703 mit Fn. 3 nach Appian bell. civ. 1, 99: δικτάτορα ἐπὶ θέσει νόμων ... καὶ καταστάσει πόλεως. Anders als bei den Dezemvirn war die Zweckbestimmung aber wohl nicht titular (Mommsen II S. 703 Fn. 2).

gelten.[83] Blickt man aber auf die zahlreichen und bedeutenden Neuerungen (man denke nur an die festen Bußtaxen oder die den verurteilten oder anerkennenden Schuldner begünstigende Zahlungsfrist von dreißig Tagen), dann stellt sich das Problem in der Form, ob sich der jeweils im Jahre 451 und 450 für die Jurisdiktion zuständige Dezemvir vorkommendenfalls schon an das niedergeschriebene neue oder noch an das alte Recht halten mußte. Sicher entscheiden läßt sich die Frage nicht. Man kann nicht ausschließen, daß bis zur Rogation das alte Recht galt und die bloße lex scripta unverbindlich war. Er- [61] wägt man aber, daß die Normen, die der bis ca. 510 in Rom rechtsprechende König in seiner Jurisdiktion anwandte, in vermutlich alter Tradition leges regiae hießen und, schriftlich aufgezeichnet, auch immer wieder neue Bestandteile aufgenommen haben müssen, dann ist in Betracht zu ziehen, daß die von den Dezemvirn auftragsgemäß schriftlich bekanntgegebenen leges als leges decemvirales für die Jurisdiktion der Dezemvirn sofort verbindlich wurden. Dahinter stünde dann der einfache Gedanke, daß die Jurisdiktion für richtig erkannten Regeln zu folgen habe und dies auch auf den Fall zu erstrecken sei, daß es angebracht erschien, diese Regeln neu zu formulieren. Das Prinzip wäre wie bei den leges regiae das der Selbstbindung der Magistratur durch für richtig erkannte und niedergeschriebene Regeln. Diese Selbstbindung ist freilich ihrer Natur nach prekär. Erst durch die lex publica wird sie zur effektiven Fremdbindung.

Eine Verwandtschaft des historischen Dezemvirats mit der sullanischen Diktatur läßt sich aus diesen rechtlichen Zusammenhängen nicht ableiten. Vor allem fehlt der je ein Jahr währenden Herrschaft von zwei gesetzesaufzeichnenden Zehnmännerkommissionen gerade das, was die sullanische Alleinherrschaft prägte, nämlich der völlig rücksichtslose Versuch, die Verfassung von einem Parteistandpunkt her auf neue Grundlagen zu stellen und den politischen Gegner zu diesem Zweck gleichzeitig durch Proskriptionen physisch zu vernichten. Die Zwölftafeln klammerten die politische Machtfrage gerade aus, da sie das ausschließlich patrizische Vorrecht, zur Bekleidung der höchsten Magistraturen und Priestertümer befähigt zu sein, unberührt bestehen ließ. Zwar stärkten die Zwölftafeln den timokratischen Bürgerkompromiß, der die Verständigung zwischen Patriziern und Plebejern trug und der in den nach Bürgerklassen berufenen Centuriatskomitien sein Symbol hatte: Sie verboten den Magistraten die gesetzliche Einbringung neuer Privilegien, machten die Centuriatskomitien in Kapitalsachen alleinzuständig und schirmten sie darüber hinaus auch noch in ihrer Gesetzgebungszuständigkeit gegenüber dem Einwand, eine Neuerung verletze das ius, ab.[84] Aber die Hauptfrage des Ständekampfes, der Zugang zu den Ämtern auch

83 Daß die Zwölftafeln überwiegend Gewohnheitsrecht geben, entspricht der heute vorwiegenden Meinung (vgl. dagegen u. S. 93 ff.). Es sei bemerkt, daß diese Deutung der Zwölftafeln als Landrecht oder Römerspiegel mit der gleichfalls vorherrschenden Stilisierung des Gesetzes zu einer Art solonischen Aesymnetie wenig harmoniert.

84 Vgl. zu diesen drei berühmten öffentlich-rechtlichen Bestimmungen der Zwölftafeln (XII tab. IX 1; ibid. 2; XII 5) noch u. S. 94 f.

für die Plebejer, überließen sie der späteren Entwicklung. Die Verwandlung der Zehnmännerkommissionen in eine Behörde, die auch die politische Machtfrage stellte, ist demgegenüber, wie gerade Mommsen gezeigt hat, erst ein Ergebnis der annalistischen Erzähl- und Fabulierkunst, die mit der keuschen Verginia auch den machtbesessenen Appius Claudius erfand.

Sulla steht auf einem ganz anderen Blatt. Was er nach seinem zweiten Marsch auf Rom zunächst anordnete und durchsetzte, galt erst einmal einfach kraft einer durch erfolgreichen Bürgerkrieg und Staatsstreich usurpierten Militärherrschaft. Die lex Valeria von 82, die seine Handlungen für die Vergangenheit ratifizierte und Sulla zum dictator legibus scribendis et rei publicae constituendae erhob, war nach Ciceros Urteil die gesetzliche Einrichtung einer Ty- [62] rannis.[85] Die Frage, ob die späteren leges Corneliae Sullas regelrechte leges rogatae waren oder nicht, ist damit noch nicht entschieden. Wenn in der Folgezeit Cicero einmal nicht entscheiden mag, ob eine bestimmte Proskriptionsmaßnahme nach dieser lex Valeria galt oder nach einer lex Cornelia de proscriptione, dann braucht das nicht so verstanden zu werden, als habe Cicero damit die lex Valeria als das die Verordnungsbefugnis verleihende Gesetz und die lex Cornelia als die daraufhin ergangene Verordnung einander entgegengesetzt – das ist Mommsens Ansicht[86] –,

85 Cic. de lege agraria III 2, 5: Omnium legum iniquissimam dissimillimamque legis esse arbitror eam, quam L. Flaccus interrex de Sulla tulit, ut omnia, quaecumque ille fecisset, essent rata. Nam cum ceteris in civitatibus tyrannis institutis leges omnes exstinguantur atque tollantur, hic rei publicae tyrannum lege constituit. Vgl. ROTONDI S. 348f. Die lex Valeria ist hiernach ein reines (im Hinblick auf die Gesetzgebungsbefugnis ausschließlich in die Vergangenheit gerichtetes) Ratifikationsgesetz, was um so glaubwürdiger ist, als Cicero ihr nach seiner Tendenz eigentlich die Einrichtung einer Tyrannis zuschreiben möchte. Damit stimmt überein, daß die Übertragung des Amtes dictatura selbst nicht auf der lex Valeria beruht, sondern auf einer (von Cicero für rechtswidrig erklärten) Ernennung durch den interrex. Vgl. Cicero, ad Att. 9, 17 (15), 2: si Sulla potuit efficere, ab interrege ut dictator diceretur et magister equitum, cur hic (sc. Caesar) non possit? Die Notiz ist von Mommsen in seinem Staatsrecht für die Sullanische Diktatur nicht ausgewertet worden. Vgl. II S. 703f., 147 Fn. 2. Siehe dagegen FRÖHLICH, RE (1900) S. v. Cornelius 392 Sp. 1556, der der lex Valeria nur noch den Inhalt gibt, daß sie sich über die Notwendigkeit einer Diktatur ausgesprochen habe. Das ist als Regelungsstoff eines Gesetzes unglaubwürdig. Vielmehr hat nach Appian, bell. civ. I 98f., der recht ausführlich berichtet, die lex Valeria, die neuartige Diktatur mit ihrer eigentümlichen Zweckbestimmung (o. Fn. 82) erst einmal abstrakt geschaffen, um für die nachfolgende Ernennung Sullas die Voraussetzung zu schaffen. Richtig ROTONDI S. 348f. Wer daher in der lex Valeria die Ermächtigung zum leges dare finden will, muß sie dem abstrakten Amt zuschreiben, was offenbar nicht einleuchtet. Daß andererseits der dictator Sulla, dem die Komitien gefügig waren, jeden Willen durchsetzen und zum Gesetz erheben konnte, versteht sich (vgl. die Quellen bei MOMMSEN II S. 722), beweist aber nichts für die Existenz einseitig gegebener leges Corneliae. Auch Plutarch, Sulla 33, der die wichtigsten Befugnisse der valerischen dictatura aufzählt, weiß von einem solchen Recht zum leges dare, so bedeutsam es gewesen wäre, nichts. Vgl. auch u. Fn. 86, 87 und 89.

86 II S. 725 Fn. 1 zu Cic. pro Sex. Roscio 43, 125 und S. 725 Fn. 3 zu Cic. de lege agraria 3, 2, 5. Mommsen hat ursprünglich zu Unrecht nicht damit gerechnet, daß die Proskriptionen, die

sondern kann weit einfacher so aufgefaßt werden, daß die lex Valeria für die gewaltsamen Anordnungen steht, die Sulla vor der lex Valeria getroffen hatte und die erst durch dieses Ratifikationsgesetz Gesetzeskraft erlangten, die lex Cornelia oder die leges Corneliae für die formell ordnungsmäßig durchgebrachten Gesetze Sullas.[87] Auch sonst ist Mommsen [63] mit dem Nachweis diktatorischer leges datae nicht glücklich gewesen. Sein letzter formeller Beweisantritt findet sich

> Röm. Staatsrecht II S. 724 A. 2
> Wenn Cicero sagt Phil 1, 7, 18: Pompei tertius consulatus in quibus actis constitit? nempe in legibus, so dachte er an die Dictatur legibus scribendis.

An dieser Stelle polemisiert Cicero gegen die Praxis des Antonius, aus den Papieren des ermordeten Caesars immer neue acta Caesaris hervorzuholen und sie zu denen zu stellen, die noch zu Lebzeiten Caesars, ganz ähnlich wie im Fall Sullas, durch Gesetz ratifiziert worden waren.[88] Cicero bekämpft also den Begriff der acta magistratus, der alle formlosen Regelungen und Projekte umfaßte und damit ratifikationsfähig machte, und stellt dem die Rechtsansicht entgegen, daß acta der revolutionären Magistrate, von den Gracchen über Sulla bis hin zu Pompejus, stets nur regelrechte Gesetze gewesen seien und dies auch für Caesar gelten müsse.[89] Das Gesetz, das Cicero in dieser Argumentation meint, ist zweifellos die formelle lex rogata bzw. das formell eingebrachte plebiscitum.

später auf der lex Cornelia de proscriptione (Rotondi S. 349) beruhten, schon vor der im gleichen Jahre 82 ergangenen lex Valeria begonnen hatten (vgl. Fröhlich o. Fn. 85 Sp. 1555; richtig dann Mommsen II S. 736 Fn. 5). Nur kraft seiner älteren unzutreffenden Ansicht konnte aber Mommsen annehmen, daß die Proskriptionen stets auf leges Corneliae de proscriptione beruhten und diese stets leges datae gewesen seien, deren Ermächtigung auf die lex Valeria zurückging.

87 Die lex Cornelia de proscriptione von 82 (Rotondi S. 349) war aller Wahrscheinlichkeit nach genauso eine gewöhnliche lex rogata wie die anderen zahllosen leges Corneliae. Vgl. z. B. zur lex Cornelia de civitate Volaterranis adimenda von 81 (Rotondi S. 352) Cicero, de domo 30, 79: Populus Romanus L. Sulla dictatore ferente comitiis centuriatis municipiis civitatem ademit. Wenn der Diktator Sulla schon bei Ausbürgerungen Wert auf ein Volksgesetz legte, wird er das erst recht bei den Proskriptionen getan haben. Vor allem wird ohne Mommsens Theorie von der konstitutiven Gewalt, die als solche unhistorisch ist, unglaubwürdig, daß die Römer formlose generelle Gewaltbefehle aufgrund eines Gesetzes selbst Gesetze genannt hätten.

88 Zur lex Antonia de actis Caesaris confirmandis vom April 44, das der Form nach ein Ratifikationsgesetz war, wenn auch zu mißbräuchlichen Zwecken, vgl. Rotondi S. 429 f.

89 Cic., Phil. I 7, 18 (17 existimo nihil tam esse in actis Caesaris quam leges Caesaris) Ecquid est quod tam proprie dici possit actum eius qui togatus in re publica cum potestate imperioque versatus sit quam lex? Quaere acta Gracchi: leges Semproniae proferentur; quaere Sullae: Corneliae (1). Quid? Pompei tertius consulatus in quibus actis constitit? Nempe in legibus. De Caesare ipso si quaereres quidnam egisset in urbe et in toga, leges multas responderet se et praeclaras tulisse ... Cicero meint unzweifelhaft jeweils die von den Genannten herbeigeführten Komitialgesetze und Plebiszite. Vgl. Rotondi S. 298 ff., 307 ff., 349 ff., 410 ff., 418 ff.

Damit ergibt sich, daß die aesymnetische lex data, die Mommsen als durchgehendes Institut des römischen Staatsrechts formuliert hat, historisch nirgendwo nachweisbar ist, weder zur Zwölftafelzeit noch in der sullanischen und postsullanischen Zeit. Die von Sulla bis Caesar begegnende Neuheit sind die ratifizierten acta, die nach Ratifikation kraft des Ratifikationsgesetzes gelten, vorher aber keineswegs lex heißen.

Diese terminologische und sachliche Klärung macht auch verständlich, warum die mit dem Prinzipat auftretenden constitutiones principis, die in ihrer Geltung auf eine außerordentliche gesetzliche Ermächtigung zurückzuführen sind, nicht leges heißen, obwohl sie den von Mommsen postulierten Typus der außerordentlichen lex data recht rein repräsentieren,[90] sondern nach der Form [64] ihres Auftretens decreta, edicta, epistula oder mandata oder eben einfach constitutiones genannt und dem Gesetz nicht formell, sondern nur der Geltungskraft nach gleichgesetzt werden.[91]

Es ist also festzuhalten: In der Republik hat es eine innerrömische, die Verhältnisse des römischen Volkes regelnde lex publica, die eine bloße kraft magistratischer Kompetenz erlassene lex data gewesen wäre, nicht gegeben. Die lex publica der römischen Republik war die lex rogata. Ihre Entstehungsgeschichte soll nun im folgenden untersucht werden.

(7) Zuvor aber noch ein Blick auf die Bürgerschaft in Mommsens Interpretation der Gesetzgebung. Mommsen nennt die Bürgerschaft in seinem Staatsrecht immer wieder souverän.[92] Diese Qualifikation, die in der modernen Staatslehre seit Bodin einen klaren Sinn hat (sie bezeichnet den obersten Träger der Befugnis, Gesetze zu geben, und zwar auch unter Abänderung oder Beseitigung bestehenden Rechts), steht in offenem Widerspruch zu der Tatsache, daß Mommsen der Magistratur die konstituierende Gewalt beilegt. Bleicken hat diesen Widerspruch zu beseitigen versucht, indem er Magistratur und Volksversammlung bei Mommsen als unabhängige Partner deutete, die ihre Bedeutung jeweils aus sich selbst herleiten, ich meine aber, ohne Erfolg.[93] Mommsens Konzept der souveränen Volksversammlung ist vielmehr ein durchaus schillernder, zweideutiger Begriff, in

90 Vgl. Gaius I 5; Ulpian 1 inst D 1, 4, 1, pr. Das in beiden Stellen erwähnte Ermächtigungsgesetz ist von Mommsen II S. 876 ff. in seiner zentralen Bedeutung für den Prinzipat zutreffend herausgestellt worden, gleichwohl will er aber das materiell Gesetzgebung darstellende Verordnungsrecht des Prinzeps nur als persönliches »legislatorisches Verfügungsrecht« (II S. 913 ff.) einordnen. In Mommsens Sprache heißt das, daß Augustus die eigentliche konstitutive Gewalt, wie sie Caesar geübt hat, als »übermenschlich«, also als zu groß für sich, verschmäht hat (Mommsen II S. 741 f.). In Wahrheit scheint mir, daß Augustus in dem Zugriff auf ein unmittelbar gesetzesvertretendes Verordnungsrecht kühner war als Caesar. Das möchte ich unter dem Gesichtspunkt der Rechtsgrundlagen des Prinzipats demnächst näher zeigen (vgl. u. Fn. 222).

91 Ulpian 1 inst D 1, 4, 1, 1.

92 Mommsen III S. 300 ff., 313 f.; vgl. Bleicken Lex publica S. 28 ff.

93 Bleicken a. a. O. S. 29 f. Deutlich sei, daß magistratische Gewalt und Volkssouveränität sich als unabhängige Größen aufeinander bezögen.

dem sich, wie in seinem Caesarbild, zeigt, daß in Mommsen selbst der Widerstreit zwischen dem Republikaner der Revolution von Achtundvierzig und dem machtgläubigen, die nationale Einheit ersehnenden Etatisten nicht zum Ausgleich gekommen ist.[94]

[65] Für Mommsen steht fest: Die Magistratur ist als Inbegriff der Staatlichkeit[95] der Bürgerschaft vorgeordnet. Die Bürgerschaft ist ihr Geschöpf,[96] das als solches auch neugeordnet werden kann und vor allem Gehorsam schuldet. Daher bestimmt Mommsen das Gesetz auch nicht als Bindung der Magistratur durch den populus, wie es die folgende historische Analyse der lex rogata ergeben wird, sondern umgekehrt als Bindung des populus durch die Magistratur.

> Mommsen, Röm. Staatsrecht III S. 310
> Die Summe derjenigen Bindungen, welche der einzelne Bürger dem Staate gegenüber überkommen oder übernommen hat, ist die lex publica.

Die »überkommene« Bindung geschieht durch die von Mommsen postulierte lex data, die übernommene Bindung ist die lex rogata. Jedoch wird das in die Übernahme der Bindung verlegte Willensmoment[97] von Mommsen sehr klein gehalten. Die lex rogata ist »die aus der Befragung (rogare) der Bürgerschaft durch den Magistrat, also aus seinem Vorschlag (ferre) hervorgegangene Bindung«.[98] Formell werde – so Mommsen weiter – die betreffende Frage des Magistrats an die Bürgerschaft immer gestellt auf ihr Wollen, velle, schließe »also die Möglichkeit des Nichtwollens, das Recht der Ablehnung, das heißt die freie Entschließung ein«.[99] Es komme aber diese im Bejahungsfalle eintretende Verpflichtung entweder zu einer schon rechtlich bestehenden Verpflichtung der Bürgerschaft bestärkend hinzu – so deutet Mommsen insbesondere die lex curiata de imperio, in der sich die Bürgerschaft zu einem Gehorsam verpflichte, den sie ohnedies schulde

94 Vgl. bereits o. S. 52f. mit Fn. 58 und 60. Nicht ohne Grund legt Mommsen dem römischen populus ausdrücklich für alle Epochen nur eine »ideale Gemeindesouveränität« bei (III S. 300), keine reale, die das Recht zur politischen Aktion einschließt. Diese wird ausschließlich der Magistratur vorbehalten. Interessant ist ein Vergleich mit Savigny System I S. 30f. Dort stellt Savigny, um zu verhindern, daß das Volk seiner Rechtslehre im republikanisch-politischen Sinne aufgefaßt werde, um »mit Umkehrung aller Wahrheit, die Herrschaft den von Rechtswegen Gehorchenden beyzulegen«, dem historischen populus Romanus der Republik, in dessen Versammlung er anders als Mommsen ganz real die »höchste Gewalt« findet, das »ideale Volk«, das »ideale Recht des Volks als Naturganzem« entgegen. Hier wird besonders deutlich (vgl. bereits o. Fn. 58), wie sehr Mommsen das organische, im Medium der Geschichte immer wieder überpositiv argumentierende Rechtsdenken Savignys auf seine Weise fortsetzt.

95 Besonders prägnant Mommsen, Abriß des römischen Staatsrechts (1893) S. 82: »Die Magistratur, die Verkörperung des Staatsbegriffs und die Trägerin der Staatsgewalt.«

96 Mommsen I S. 212: »(der erste) König, der … kraft des Imperium, das er hat, erst die Gemeinde schafft«; II S. 6: »(der erste) König, der die Stadt wie die Bürgerschaft erschafft«.

97 Vgl. Mommsen III S. 312 und den folgenden Text.

98 Mommsen III S. 311.

99 Mommsen III S. 312.

und eben auch schulde, wenn sie das Gesetz ablehne – oder es erfolgt die Übernahme einer neuen Verpflichtung.[100] Dieser zweite Fall, der die gewöhnliche Gesetzgebung umfaßt und in dem in Mommsens Bild der bürgerliche Grundgehorsam gewissermaßen spezifiziert wird, ist am Ende für Mommsen nicht Betätigung eines Rechts der Gemeinde, sondern eine Form, in der die Gemeinde Rechte überhaupt erst erwirbt. Die Übernahme einer solchen neuen Verbindlichkeit ist nach Mommsen

> (Röm. Staatsrecht III S. 313)
> der Ausgangspunkt der souveränen Gewalt der Gemeinde; auf ihr ruht der Satz, daß eine Veränderung der bestehenden Rechtsordnung nicht anders stattfinden kann als nach Befragung und mit Einwilligung der Bürgerschaft.

[66] Die Beteiligung der Bürgerschaft an der lex rogata wird also nicht so verstanden, daß das Gesetz durch eine Beteiligung in Kraft tritt, sondern vielmehr dahin interpretiert, daß fortan die Bürgerschaft bei Änderungen des Gesetzes gefragt werden muß.

Die Parallele zur Theorie der vom Monarchen konzedierten Verfassung, wie sie im 19. Jh. vorherrschte, ist erneut auffällig: Aus dem monarchischen Prinzip abgeleitet, waren sie, einmal erteilt, nicht einseitig rückrufbar oder veränderlich.[101] Diese Parallele macht vielleicht auch verständlich, warum Mommsen alle römische Gesetzgebung großen Stils, nicht nur die Zwölftafeln, sondern auch umfassend reorganisierende Gesetze, wie sie Sulla, Pompejus und Caesar veranlaßt haben, auf das monarchische Prinzip zurückführte, nämlich auf die aesymnetische »unbeschränkte Monarchie auf Zeit«. Vor allem wird nachvollziehbar, wie Mommsen die Stellung der Bürgerschaft, der er doch Souveränität beilegen möchte, so schwach auffassen konnte.

Die Schwäche der Stellung der Bürgerschaft wird besonders deutlich, wenn man bedenkt, daß der Änderungsschutz, den nach Mommsen die lex rogata gewährte und der die Souveränität der Gemeinde begründete, in Wahrheit frei widerruflich gewährt war, da die magistratische Gewalt ja nach Mommsen die Wahl zwischen lex data und lex rogata hatte und es nach dieser Auffassung nur eine Frage des maßvollen politischen Stils war, der Vermeidung gehässiger Konsequenz in der Ausübung bestehender Rechte, wenn die Magistratur sich in der

100 Mommsen III S. 312.

101 Vgl. bereits o. S. 49 mit Fn. 49 und des näheren noch Böckenförde, Moderne deutsche Verfassungsgeschichte (1815-1918) S. 150: »Die Selbstbindung des Monarchen, selbst wenn sie (die Verfassung) der Entstehung nach eine frei gewährte war, wurde mit Erlaß der Verfassung eine endgültige: sie konnte nur ›vereinbarlich‹ geändert werden.« Dies war der Weg, auf dem das »monarchische Prinzip«, die »Gegenlehre gegen das Gewaltenteilungsprinzip« (E. R. Huber, Deutsche Verfassungsgeschichte seit 1789 I² [1975] S. 653) zum Konstitutionalismus gelangte, aber unter einem sehr kennzeichnenden »System der existentiellen Vorbehalte zugunsten der Exekutive« (E. R. Huber III² [1978] S. 17); auch von diesen existentiellen Vorbehalten findet sich in Mommsens Theorie der lex data ein deutlicher Widerschein.

Regel der lex rogata bediente.[102] Der von der lex rogata gewährte Schutz vor einseitigen Änderungen war durchaus prekär. Die Bürgerschaft konnte nach Mommsens Lehre in der Regel darauf vertrauen, daß die rogierten Gesetze fortgalten, falls sie nicht selbst einer Änderung zugestimmt hatte. War aber wieder einmal die Stunde einer konstituierenden Gewalt gekommen, gleich ob in Wahrheit oder kraft einer effektiv durchgesetzten Behauptung einer Partei, kam es von Rechts wegen auf ihre Meinung nicht an. Die Souveränität, die Mommsen der Gemeinde beilegt, ist daher in Wahrheit beschränkt auf eine Art Nomophylakie des Normalzustandes, und zwar ohne daß das Recht, bei Rechtsänderungen gefragt zu werden, irgendwie institutionell abgesichert wäre. Die Gesetzgebungssouveränität im Sinne Bodins, also die Befugnis, neue, altes [67] Recht beseitigende Gesetze zu geben, liegt daher in Mommsens Theorie der römischen Gesetzgebung eindeutig beim Magistrat.

Historisch-kritisch gewürdigt erscheint Mommsens Interpretation des römischen Gesetzesbegriffs in ihren Grundannahmen weniger aus den Quellen als aus seiner eigenen Zeit und ihren Ideen begründet. In dem Maße, in dem diese Grundannahmen wirken, sind Mommsens Ergebnisse ungeschichtlich, da sie insoweit, anstatt verschiedenen Epochen ihr Recht werden zu lassen, zeitlose Kategorien postulieren.

Mit diesem kritischen Ergebnis treffe ich mich in gewisser Weise mit der Grundsatzkritik, die Bleicken in seinem Werk »Lex publica« an Mommsen geübt hat. Bleickens Kritik beschränkt sich jedoch nicht darauf, Mommsen die Verwendung zeitloser unhistorischer Systembegriffe vorzuhalten, sondern ist zugleich allgemeiner und grundsätzlicher. Sie gelangt schließlich zu der radikalen These, daß »jede moderne Darstellung eines römischen Verfassungsrechts« »absurd« sei, weil »die Rechtsordnung« »im republikanischen Rom kein Faktor des staatlichen Seins gewesen« sei, »durch den allein man die Republik hätte beschreiben können«.[103]

Diese Ansicht halte ich für ganz irrig. Ihre Kritik geht von einer modernen oder bis vor einiger Zeit modernen freirechtlichen Position aus, die Recht auf politische Entscheidungssituationen zurückzuführen und die Bedeutung strukturell festliegender Rechtsregeln herunterzuspielen trachtet.[104] Daher ist für Bleicken kenn-

102 Mommsen II S. 725 (zitiert o. S. 57).

103 Bleicken, Lex publica S. 516; dagegen bereits meine Besprechung des Buches in Historische Zeitschrift 225 (1977) S. 404-407.

104 Diese Position hat ihre Wurzeln in dem Voluntarismus der Freirechtsbewegung (vgl. K. Larenz, Methodenlehre der Rechtswissenschaft, 1975[3] S. 64ff.), der die unwiederholbare, schöpferische Entscheidung des Richters und die für sie unmittelbar maßgebenden, intuitiv erfaßbaren Lebensumstände einschließlich des konkreten im Urteilszeitpunkt vorhandenen Staatswillens in den Mittelpunkt stellte (vgl. Gnaeus Flavius = Hermann Kantorowitz, Der Kampf um die Rechtswissenschaft, 1906 S. 41) und der seinen Höhepunkt in dem konkreten Ordnungs- und Gestaltungsdenken Carl Schmitts fand, das Rechtsfindung aus den gestaltenden Willensrealitäten der national-sozialistischen Bewegung forderte und auf diese Weise alle Rechtsformen zu überwinden gestattete. Vgl. Carl

zeichnenderweise das situationsgebundene Gesetz der Regelfall und das normative Gesetz ein nur unter besonderen Umständen wie in der Kri- [68] se der ausgehenden Republik vorkommender Grenzfall.[105] Dem römischen Rechtsdenken der verschiedenen Epochen wird dieser moderne, letzten Endes rechtsnihilistische, weil ausschließlich politisch-voluntaristische Ansatz nicht gerecht. Mommsens allgemeine Begrifflichkeit ist dort zu kritisieren und zu überwinden, wo sie die Berücksichtigung historischer Befunde verhindert und abschneidet. Überall dort aber, wo der Stoff des römischen Staatsrechts auf Mommsens Versuch, ihn systematisch zu erfassen, in dem Sinne positiv reagiert, daß tatsächlich rechtliche Strukturen sichtbar werden, ist pauschal abweisende Kritik voreilig. Mommsens Staatsrecht wird immer, was Materialbeherrschung und gedankliche Stoffdurchdringung angeht, ein Meisterwerk bleiben, und zwar weil es zu einem guten Teil doch seinem Stoff kongenial war. Genau wie die auf das Privatrecht beschränkte Pandektistik trotz bedeutender neuzeitlicher Grundbegriffe, die sie hinzutat, dem klassischen römischen Privatrecht näher war als die ebenfalls freirechtlich gestimmte Kritik der neuesten Zeit wahrhaben wollte,[106] genauso oder richtiger, da Mommsens Zugriff im Detail historisch und nicht applikativ auf die Formulierung geltender Rechtssätze gerichtet, noch entschiedener so, verhält es sich mit dem Mommsenschen Römischen Staatsrecht. Es läßt sich aus diesem Werk noch immer viel lernen, gerade dann, wenn man sich von den anachronistischen Allgemeinbegriffen, die es enthält, in detaillierter Kritik befreit.

IV. Das agere cum populo – eine Rechtshandlung zwischen magistratischem Hoheitsträger und Volksversammlung

(8) Eine historische Analyse des magistratischen agere cum populo, das die lex publica erzeugt, muß sich von dem Axiom freimachen, daß die Gesetzgebung als Äußerungsform gewonnener Staatlichkeit überall auf eine einheitliche Staats-

Schmitt, Über die drei Arten des rechtswissenschaftlichen Denkens (1934). Höchst folgerichtig verwirft Bleicken, a.a. O. S. 181 Fn. 6, daher sogar den Unterschied zwischen dem politischen Gesetz und dem rechtsstaatlich generellen Gesetz, wie ihn C. Schmitt in seiner Verfassungslehre (1928 S. 146 f.) noch herausgearbeitet hatte. Da sich in jedem Gesetz – in Rom wie heute – eine politische Entscheidung niederschlage, sei es ebenso mißverständlich wie nutzlos, den Begriff eines politischen Gesetzes zu bilden und den Gesetzesbegriff in strengerem Sinne auf das generelle Gesetz zu beschränken. Damit verkennt aber Bleicken, daß es in Rom wie heute auch immer wieder eine politische Entscheidung für das rechtsstaatliche, das generelle Gesetz geben kann, und zwar in Antwort auf die Grundfrage, ob das Recht, in dem man leben will, tunlichst von allgemeinen formalen Regeln oder von konkreten, politischen Willenskräften beherrscht sein soll.

105 Vgl. a.a. O. (o. Fn. 103) S. 106 ff., 137 ff., 179 ff.

106 Vgl. insofern meinen o. Fn. 52 zitierten Savigny-Aufsatz und meine Erläuterung zur Neuherausgabe von R. v. Jherings »Über die Entstehung des Rechtsgefühles« Antiqua 29 Neapel 1985.

gewalt zurückgehen muß, und vielmehr unbefangen die tatsächlichen Befunde prüfen, ganz so wie Montesquieu es auf seine Weise getan hat. Da die römische lex rogata von Anfang an zwei Handelnde kennt, den fragenden Magistrat und das befehlende Volk, liegt es nahe, von diesem Gegensatz auszugehen und ihn näher zu betrachten.

Dieser Gegensatz führt denn auch, wie schon im Eingangsabschnitt erkennbar geworden ist, alsbald auf eine grundlegende Unterscheidung, nämlich die Unterscheidung zwischen religiös gebundenem, essentiell friedlichem, hoheitlichem ius, dessen Wahrung dem Magistrat und vordem dem rex anvertraut war, und dem Kriegsbereich, in dem der populus unter militärischem Kommando stand. Beide Befugnisse, Wahrung des ius und militärisches Kommando, sind in [69] der Republik in der Hand des Magistrats vereinigt, aber funktionell scharf unterschieden. Das Militärkommando kann in dem durch das pomerium beschriebenen Friedenskreis der Siedlung nicht geführt werden; es erlischt, wenn der zurückkehrende Feldherr das pomerium überschreitet.[107] Bedroht umgekehrt das Kriegsgeschehen die Siedlung unmittelbar, dann gilt Kriegsrecht auch dort und das ius hört auf; es ist iustitium, wörtlich Stillstand des ius, der Sache nach vorläufige Beendigung des religiös gewährleisteten ius.[108]

Der populus selbst erscheint, wie schon oben näher ausgeführt, bei der Gesetzgebung unzweifelhaft als die Wehrgemeinde. Nicht nur sind die Abstimmungseinheiten ursprünglich rein militärisch bestimmt, auch die Art und Weise der Abstimmung ist später militärisch diszipliniert. Es gibt nur ein Ja oder Nein, keinerlei Diskussion. Die ältesten Ausdrücke für die Willensbekundung des Volks bei Abstimmungen, suffragium und iubere, weisen sogar darüber hinaus auf einen noch weniger organisierten Frühzustand zurück.[109] Suffragium heißt, wie wir uns erinnern, zustimmendes oder ablehnendes Waffengelärm, iubere bedeutet ursprünglich Anstacheln und Aufmuntern zum Kampf. Als Mittelglied, über das man von diesem Ausgangspunkt zur Bedeutung Willensbildung auf Anfrage des Magistrats gelangt, ergibt sich etwa das Entstehen einer gemeinsamen Stimmung des Wehr-

107 Vgl. Gell. 15, 27, 5: ...in ... libro (sc. Laeli Felicis) scriptum est: ... centuriata autem comitia intra pomerium fieri nefas esse, qui exercitum extra urbem imperari oporteat, intra urbem imperari ius non sit. Propterea centuriata in campo Martio haberi solitum. Da es insofern altem religiösem ius widersprach, in der Stadt ein Kriegskommando zu führen, erloschen die in urbe für den Krieg genommenen Auszugsauspizien (MOMMSEN, I S. 127 Fn. 2) und legten die Magistrate vor dem Überschreiten des pomerium das imperium nieder, dies jedoch mit Ausnahme des Triumphs. Vgl. v BLUMENTHAL, RE (1952) s. v. pomerium Sp. 1872. Als die comitia curiata noch das Heer bildeten, galt das gleiche pomerium-Tabu auch für sie, sobald sie sich tatsächlich als Kampfverband formierten. Vgl. dazu u. S. 87.

108 Vgl. MOMMSEN III S. 1064 mit Fn. 3. Der Kern des eindrucksvollen Instituts ist einfach der des Ausnahmezustands, der alle Rechtsgewährleistungen des ius aufhebt.

109 Vgl. bereits o. S. 44.

volks gegenüber einer anstehenden Entscheidung.[110] Diese Stimmungsbildung kommt aber – das ist wesentlich – von der Seite des populus her, der gefragt wird, nicht etwa vom fragenden Magistrat. Der Magistrat, der die Gesetzesfrage stellte, handelte seinerseits auffälligerweise nicht als Militärbefehlshaber. Er befahl nicht, er fragte. Er spielte seine Rolle als Inhaber der religiös gebundenen ius-Kompetenz, der nach den Regeln des ius augurium die Reinheit der Gesetzgebungstage (dies comitiales) beachten mußte, genau so wie für die Jurisdiktion die Reinheit der Rechtsprechungstage [70] (dies fasti). Überdies verlangte der ursprüngliche und älteste Gesetzestyp, daß das agere mit dem nach Curien geordneten populus, das sogenannte comitiare, wirklich auf dem comitium stattfand, auf dem Markt der Stadt und damit innerhalb des befriedeten Kreises des pomerium, in dem, wie bemerkt, das Kriegskommando nicht bestehen konnte.[111] Auch in dem jüngeren Gesetzestyp, bei dem das Volk nicht in Curien, sondern in Centurien oder nach Tribus gegliedert war, und außerhalb des pomerium zusammenkam, fragte der Magistrat nicht als Befehlshaber, sondern als Auspizienträger und Wahrer des ius.[112]

Dieser Grundgegensatz zwischen Frieden und Krieg verschärft sich noch, wenn man erkennt, daß der populus von Hause geradezu der Kriegsverband ist. Populari, eine Handlung des Volkes, heißt als Medium »im eigenen Interesse verwüsten, brandschatzen« und ist von populus abgeleitet, wie unser »verheeren« von »Heer«.[113] Der für den Kriegsfall eingesetzte dictator heißt »magister populi«, also »Heermeister«.[114]

110 Die ältesten Fälle mögen gewesen sein die Entscheidung über die Person des Feldherrn – suffragium heißt mit einem gewissen Vorzug Abstimmung in einer Wahl – oder über die Führung eines bestimmten Kriegszugs. Als materielle Entscheidungen dürfen beide Akte nicht mit den vollziehenden religiös-rechtlichen Riten des Augural- und Fetialenrechts verwechselt werden, der Inauguration des Feldherrn oder der Kriegserklärung durch den pater patratus.

111 Mommsen I, S. 98 Fn. 3 und 4. Auf diesen Auspizien insbesondere beruhte die Rechtmäßigkeit des Gesetzgebungsaktes, wie er in dem auguralrechtlich gefärbten Begriff der comitia iusta oder des iure rogare und iure sciscere (abstimmen) enthalten ist (Mommsen III S. 363). Der jeweilige Magistrat setzt mit den Auspizien die aus dem Kreis der patres des Senats stammende, für die römische Rechtsordnung grundlegende religöse Hoheitsgewalt ein (vgl. Liv. 5, 31, 7 per interregnum renovari auspicia). Die innere Logik dieser Hoheitsgewalt, die letztlich ein ausschließlich augurales Interpretationsrecht ist, zeigt sich besonders deutlich daran, daß der Magistrat niedrigeren Magistraten die Ausübung dieses Rechts verbieten konnte. Gell. 13, 15, 1: In edicto consulum, quo edicunt, quis dies comitiis centuratis futurus sit, scribitur ex vetere forma perpetua: ne quis magistratus minor de caelo servasse velit. Das Verbietungsrecht beruht darauf, daß die patriciorum auspicia (a. a. O. § 4) untergliedert sind. Daher kann die Auspizieninterpretation eines niederen Magistrats vom Konsul – das ist die Sanktion des Verbots – als unwirksam behandelt werden. Vgl. Gell. a. a. O. § 7: Maiora autem dicuntur auspicia habere, quia eorum auspicia magis rata sunt quam aliorum.

112 Vgl. u. S. 72.

113 v. Lübtow, Das römische Volk (1955), S. 35.

114 Der Ausdruck ist in der auguralrechtlichen Tradition bewahrt worden (Cic. rep. 1, 40, 63; Mommsen II S. 143). In späterer Zeit wurde der dictator vom Konsul ernannt und von den

[71] An dieser Stelle bedarf es aber, vor einer weiteren Vertiefung des Befundes, erneut einer kritischen Auseinandersetzung mit Mommsen. Mommsen hat jenen Grundgegensatz zwischen der vom ius repräsentierten Friedensherrschaft über das Leben in der städtischen und ehedem dörflichen Siedlung und dem kriegerischen Kommando über das Wehraufgebot in seiner Bedeutung sehr klar erkannt. Er sagt, nicht zu Unrecht, dieser Gegensatz sei »für das römische Staatsrecht schlechthin maßgebend«.[115] Freilich hat derselbe Mommsen diesem Gegensatz jegliche genetische Aussagekraft für die Rechtsinstitutionen Roms genommen, indem er ihn zu einer positiven Einrichtung der Republik erklärte. Mommsen lehrt, daß der – von ihm postulierte – einheitliche Begriff des imperium, der als umfassende magistratische Gewalt dem Königtum wie dem republikanischen Konsulat zugrunde liege, mit der Begründung der Republik in ein imperium domi und ein imperium militiae auseinandergetreten sei, weil »die principiellen Beschränkungen der Beamtengewalt, welche die neue Gemeindeordnung (d. h. die republikanische Verfassung) einführte«, »nicht unbedingt und überall«, sondern »örtlich begrenzt auf das Amtsgebiet daheim« angeordnet wurden, »während sie auf das Amtsgebiet der Kriegsführung keine oder doch nur eine viel beschränktere Anwendung fanden«.[116]

Von einer erst mit der Republik erfolgten Beschränkung des imperium, das zu der Formulierung eines besonderen imperium domi geführt hätte, weiß aber die Überlieferung nichts. Das einzige, was man dafür anführen könnte, ist die lex Valeria de provocatione des Jahres 509. Sie ist aber mit Sicherheit, wie im Grunde

Kuriatskomitien mit dem imperium iustum bekleidet (Mommsen II S. 146, 152). In der Tatsache, daß die Konsuln die Erben der auguralrechtlichen regia potestas sind und nach Ernennung des dictator durchaus in ihrem Amt bleiben, so überraschend das auf den ersten Blick ist (vgl. Mommsen II S. 155), zeigt sich auch über die späteren Entwicklungen und Interpretation hinweg der ursprüngliche Zustand sehr deutlich. Der magister populi ist der ernannte und vom Volk bestätigte Feldherr der ältesten römischen Verfassungsschicht. Daher steht er auch selbständig gegenüber dem alten Königtum. Mommsen II S. 168: »die Dictatur zeigt in der speciell militärischen Competenz, in dem mit ihr verbundenen Commando des Fussvolks, in der Reiterführerbestellung und anderen Momenten eine Reihe specifischer Besonderheiten, die auf das Königtum weder zurückgeführt werden noch zurückgeführt werden können.« Gleichwohl verknüpft Mommsen die Diktatur insofern doch mit dem Königtum, als er in ihm eine Steigerung des Konsulats, und damit, da das Konsulat ein abgeschwächtes Königtum ist, eine Rückkehr zu dem letzteren sieht (II S. 168). Diese elegante Konstruktion trifft den Geist des hellenistisch geprägten römischen Staatsrechts, nicht aber den des ursprünglichen auguralen. Im übrigen ist der magister populi schon deswegen älter als das Konsulat und also nicht aus ihm abgeleitet, weil ihn mit dem merkwürdigen Verbot, ein Pferd zu besteigen, ein Tabu trifft, das dem Konsulat fremd ist und als überaus unbequeme Beschränkung (überliefert ist das Recht durch die Befreiungspraxis; vgl. Mommsen II S. 159 mit Fn. 3) auf das älteste, deutlich voretruskische, noch ganz aus Fußsoldaten bestehende Wehraufgebot der Quiriten zurückweist.

115 I S. 63.

116 I S. 65.

schon Mommsen gesehen hat, eine Erfindung.[117] Im übrigen ist die Hypothese historisch gänzlich unglaubwürdig. Der Ritus des sulcus primigenius, des Ziehens der heiligen Ackerfurche, das der rituellen Idee nach das vom pomerium umschlossene ursprünglich dörfliche, dann städtische Siedlungsgebiet markierte – an den späteren Ausgängen wird der Pflug gehoben, daher porta (das Tor) von portare (tragen) – ist gewiß keine relativ junge, eher positiv-rechtliche Schöpfung.[118] Das wäre sie, wenn sie erst auf die Republik zu- [72] rückginge. Vielmehr steckt in diesem für die Jurisdiktion und die älteste Gesetzgebung maßgebenden Friedenskreis sehr altes religiöses Rechtsgut, nämlich die Vorstellung von der Hegungsbedürftigkeit der Rechtsordnung oder, was dasselbe ist, von der Notwendigkeit rituell begünstigender Bedingungen, damit die Macht, die für die Wahrung des Rechtsfriedens zuständig ist, ihre Aufgabe erfüllen kann. Die sich hier äußernde religiöse Sorge ist genauso alt wie die Rücksicht auf die dies comitiales und dies fasti, die über das Kalenderwesen in die Zeit weit vor Weihung des großen Jupitertempels gegen Ende der Königszeit zurückweist.[119] Diese Beobachtungen führen – ganz im Gegensatz zu Mommsens genetische Schlußfolgerungen abschneidenden Hypothese – zu einer älteren Schicht der römischen Verfassung, in der sich religiös gebundene Friedensherrschaft und Kriegsherrschaft noch deutlich, und zwar auch nach ihren Trägern geschieden, gegenüberstanden.

Alfred Heuß hat in einer älteren grundsätzlichen Kritik an dem einheitlichen imperium-Begriff Mommsens mit vollem Recht darauf hingewiesen, daß der Be-

117 Vgl. Mommsen, Römische Chronologie ²(1859), S. 88, 199; Rotondi, S. 190. Hanslik, RE (1955), s. v. Valerius Poplicola Sp. 183. Mommsen hat allerdings dem Gesetz nur dadurch den Boden entzogen, daß er die Geschichtlichkeit des Konsulats des Valerius Poplicola aus guten Gründen bestritt; an der positiven Einführung des Provokationsrechts durch Gesetz zu Beginn der Republik hielt er gleichwohl fest. Zuletzt Röm. Strafr. S. 42, 632.

118 Vgl. nur v. Blumenthal RE (1952) s. v. pomerium Sp. 1867 ff.

119 Der überlieferte Kalender, der auf einem luni-solaren Jahr aufbaut, geht in seinem Grundriß auf die Zeit vor 509 zurück. Vgl. Latte, Röm. Religionsgeschichte (1960), S. 2; Wissowa, Religion und Kultus der Römer ²(1912), S. 126. Das Kalenderwesen selbst ist in Rom weit älter und beruhte allem Anschein nach ursprünglich auf wirklicher Mondbeobachtung. Vgl. Alan Samuel, Greek and Roman Chronology. Calendars and Years in Classical Antiquity (1972), S. 168 f.; Agnes K. Michels, The Calendar of the Roman Republic (1967) S. 21 ff. Auf diese Epoche und ihre Nachwirkungen gehen die zahlreichen dies nefasti zurück, für die es im überlieferten, endgültig fixierten Kalender keinerlei Erklärung gibt. Der Unterschied zwischen den dies fasti und den strenger qualifizierten dies comitiales ist alt (vgl. bereits o. Fn. 37) und beruht letzten Endes darauf, daß das fari der Jurisdiktionsworte (daher dies fastus) die charismatisch-priesterliche Rechtshoheit weniger beanspruchte als das comitiare, das agere cum populo. Für das vertagende »alio die«, das die Auguren an Gesetzgebungstagen sprechen konnten (Cic. de leg. I, 12, 31), gibt es in der alten Jurisdiktion keine Parallele. Die Ansicht, daß die Kategorie der dies comitiales eher jung sei und erst in der mittleren Republik aus den dies fasti abgespalten worden ist (zuletzt so Michels a. a. O., S. 106 ff.), verkennt den alten technischen Unterschied zwischen fari und comitiare. Vgl. dagegen auch Drummond, Journal of Roman Studies 61 (1971), S. 283 mit Hinweis auf Macrob. Sat 1, 16, 24.

griff des imperium sich entgegen Mommsen in den Quellen auf den Militärbereich konzentriert.[120] Diesem Nachweis ist für die ältere Zeit uneingeschränkt zuzustimmen. Imperium militiae und imperium schlechthin sind ursprünglich und für lange Zeit identisch. Für diese Epoche galt die grundsätzliche Unvereinbarkeit von imperium mit dem Bereich domi, der durch das pomerium bezeichnet ist.[121]

Dieser rituelle Dualismus wurde erst spät, und zwar unter ganz neuen Gesichtspunkten überwunden. Die dafür verantwortliche Theorie einer einheitlichen Staatsgewalt, welche die ursprüngliche Beziehung des imperium zum Mi-
[73] litärwesen löste und damit auch ein imperium domi denkbar machte, ist in juristisch-technischen Zusammenhängen zuerst nachweisbar für das Amtsrecht. Es geht in seiner ältesten Gestalt auf das ausgehende 3. Jh. zurück und ist als solches eine Frucht griechischer Verfassungstheorie, die damals auch die Theorie der gemischten Verfassung nach Rom brachte: Erst mit dieser Neuformulierung des Staatsrechts wird das iudicium imperio continens, das auf der gerichtlichen Staatsgewalt ruhende Geschworenengericht, denkbar.[122] Mit diesem Neuansatz beginnt auch der langsame Rückgang der religiös-rituellen Beschränkungen und Regeln, denen die ursprüngliche iurisdictio als charismatisch-priesterliche Befähigung von Hause aus unterlag.[123] Dieser Vorgang ist unter dem Gesichtspunkt der Ablösung des Legisaktionenverfahrens durch das Formularverfahren allbekannt. Das magistratische agere cum populo, das comitiare, kannte dagegen keinen vergleichbaren Abbau religiöser Bedingungen, nicht so sehr weil die Auguren, die dieses Recht betreuten, konservativer waren als die für Privat- und Privatprozeßrecht zuständigen Pontifikaljuristen, sondern weil man die politischen Vorteile auguraler Interventionsmöglichkeiten schätzen gelernt hatte. Daher hat sich in der eigentlichen Volksgesetzgebung eine formfreiere Alternative nicht entwickelt.

(9) In der ältesten und erschließbaren Verfassungsschicht Roms, in dem von den patrizischen Gentes getragenen Bund der Quiriten, ist der Träger der religiös gebundenen Rechtswahrungskompetenz, die sich im ius dicere wie im comitiare ausdrückt, greifbar als ein imperium-loser, d. h. jeder militärischen Kommandogewalt barer König. Ein solches religiös-rituelles Königtum ist für Rom mehrfach bezeugt, durch den schon erwähnten archaischen Kalender, der für zwei Daten ein comitiare eines rex bezeugt,[124] durch die berühmte, in das 6. Jh. zurückgehende forum-Inschrift, welche den auf ihr erwähnten rex (freilich in undeutlicher Weise) mit einem Hainkult verbindet,[125] durch latinische Parallelen, etwa den

120 Alfred Heuss, Zur Entwicklung des Imperiums der römischen Oberbeamten, Savigny-Zeitschr. Rom. Abt. 64 (1944), S. 57 ff.

121 Vgl. Mommsen I S. 61 ff. mit näheren Einzelheiten.

122 Siehe Gaius IV 103 ff.; dazu bereits o. S. 56 mit Fn. 68-70.

123 Die jüngere Jurisdiktion kannte eine Beschränkung weder auf ein bestimmtes Gebiet noch auf bestimmte Tage.

124 Vgl. o. Fn. 44 und noch näher u. Fn. 167.

125 Vgl. Robert E. A. Palmer, The King and the Comitium. A Study of Rome's Oldest Public Document, Historia, Einzelschriften Heft 11, Wiesbaden 1969.

eigentümlichen Hainkönig vom Nemi-See,[126] vor allem aber – und dieses Zeugnis ist das eigentlich entscheidende – durch die Institution des interrex. Der interrex war nach der bekannten Regel der Republik [74] ipso iure berufen, wenn die höchste Magistratur der Republik, ursprünglich allein das Konsulat, später auch die Prätur, durch Tod oder Rücktritt nicht mehr besetzt war. Bei ihm war daher die religiöse Hoheitsgewalt originär. Auspicia ad interreges redire hieß dieser Vorgang, die charismatischen Befugnisse zur iurisdictio und zum comitiare, die stets auch das Recht zur Befragung der Himmelszeichen umfaßten, kehrten zu den interreges zurück.[127] Auf das Amt des interrex hatten alle patrizischen Gentes – ursprünglich die bundesbildenden patrizischen Dorfschaften des nachmalig römischen Gebiets – einen gleichen Anspruch (genau wie alle patrizischen Gentes einen Anspruch auf einen Sitz unter den patres des Senats hatten), weswegen das Amt später während eines interregnum in einem ganz formalen Fünftagesrhythmus von einem patrizischen Senator zum anderen wanderte.

Sehr deutlich zeigt sich damit schon an dieser Institution des interregnum die »bundesstaatliche« Struktur des Quiritenbundes. Vertieft und ergänzt wird dieser Eindruck durch das Institut der auctoritas patrum. Ihm zufolge waren die Inhaber der inneren Hoheitsgewalt des Quiritenbundes die patres in ihrer genossenschaftlichen Verbundenheit. In ihren Händen lag die auctoritas, der Genehmigungsvorbehalt für alle rechtswirksamen Rechtssetzungen, die vom rex und später dem Magistrat mit dem Volk herbeigeführt wurden.[128]

Aus den Reihen dieser patres stammte der älteste rex des römischen »Bundesstaates«. Er wurde ursprünglich gewiß nicht jeweils auf bloß fünf Tage, sondern vermutlich, solange keine Unfähigkeitsgründe auftraten, auf Lebenszeit bestellt. Die auctoritas patrum bot ausreichend Schutz davor, daß der rex zu einem wirk-

126 Vgl. Wissowa (Fn. 119), S. 248 und Kurt Latte (a. a. O. Fn. 119), S. 171. Latte deutet den berühmten Zweikampf (wer den rex Nemorensis herausforderte und besiegte, wurde sein Nachfolger), der das Amt folgerichtig nur noch für flüchtige Sklaven attraktiv machte, einleuchtend als Entartungserscheinung, übersieht aber in seiner an J. G. Frazer (The Golden Bough) geübten Kritik, daß das Prinzip, das in diesem Fall entartet ist, doch eben der Gedanke ist, daß Königtum auf einer persönlichen, charismatischen Kraft beruht. Die Entartung liegt darin, daß diese Kraft auf die bloße Kampffähigkeit reduziert ist.

127 Vgl. bereits o. S. 43 mit Fn. 26 und o. S. 70 mit Fn. 111. J. Bleicken hat kürzlich in seiner Untersuchung Zum Begriff der römischen Amtsgewalt auspicium – potestas – imperium (1981), auspicium einfach als einen frühen Begriff für Amtsgewalt zu interpretieren versucht, der als solcher auch den militärischen Bereich umfaßt (vgl. S. 23, 41). Zustimmend und weiterführend A. Heuss, Gedanken und Vermutungen zur frühen römischen Regierungsgewalt (1984), S. 3 ff. Dieser Versuch, der sich am Ende nicht wirklich von Mommsens einheitlichem Begriff der monarchischen Gewalt löst, leidet aber daran, daß der Bereich der hoheitlichen Rechtswahrung durch Jurisdiktion und später durch agere cum populo nicht in Betracht gezogen ist. Dadurch bleibt der fundamentale Unterschied zwischen religiös-charismatischer Friedenshoheit und Kriegskommando undeutlich. Zu A. Heuß noch u. Fn. 129.

128 Siehe zu o. S. 46 mit Fn. 42.

lichen Monarchen wurde.[129] Überdies war der rex des Quiritenbun- [75] des durch seine religiös geprägte Rolle daran gehindert, mächtig zu werden. Denn es besteht Anlaß zu der Annahme, daß die Beschränkungen, die in der Republik den obersten Gemeindepriester, den Flamen Dialis, trafen (unter anderem ein Berührungstabu gegenüber allem Militärischen) und die, wie Latte gesehen hat, ausgesprochen den Zweck hatten, eine charismatische Kraft zu erhalten, ursprünglich dem rex galten und von diesem erst abgestoßen wurden, als sich das Königtum unter etruskischem Einfluß zu einer auch die Militärgewalt beanspruchenden Tyrannis wandelte.[130] In jedem Fall bewahrt das spätere Staatsrecht deutliche Kunde davon, daß die innere Herrschaft des Quiritenbundes eine religiös-charismatische war.

(10) Zu militärischen Aufgaben beriefen dagegen die Quiriten fallweise einen magister populi, den nachmaligen dictator, dessen hohes Alter vor allem durch die Trennung von der in der ausgehenden etruskisch beeinflußten Königszeit so wichtigen Reiterei deutlich wird. Er durfte nach altem Ritual kein Pferd besteigen, was ihn, in Übereinstimmung mit dem Grundzug der römischen Militärordnung, als einen Anführer von Fußsoldaten ausweist.[131] Die Unterscheidung zwischen magister populi und rex ist nicht unähnlich dem Gegensatz zwischen dem erblichen Königsamt und dem auf Wahl beruhenden, zeitlich begrenzbaren Amt des archon polemarchos in der ältesten attischen Ordnung.[132] Die endgültige Bestellung des magister populi geschah durch eine lex de imperio, die der rex von den Curien, den Mannschaften der ältesten Wehrverfassung einholte. Dieses

129 Ganz ähnlich schließt A. HEUSS (o. Fn. 127) S. 49 aus dem auspicia penes patres esse und der auctoritas patrum auf das »Modell einer Regierungsgewalt« zurück, »welche allein den patres gehört« und jeweils von einem von ihnen solidarisch für alle, aber mit Zustimmung aller ausgeübt wird. Germanistisch gesprochen wäre das eine hoheitliche Gesamthand. Heuß trennt aber wie Bleicken (o. Fn. 127) für die Anfänge nicht deutlich genug die im Königtum originär enthaltene Friedenshoheit und das von Fall zu Fall übertragene Kriegskommando (a. a. O., S. 62 ff.) und bekundet eine m. E. unbegründete Aversion gegen die in der Überlieferung enthaltene Vorstellung eines für jene Friedenshoheit konstitutiven patrizischen Gentilcharismas. Vgl. auch u. Fn. 189.

130 Diese Schlußfolgerung drängt sich auf, insbesondere wenn man die Hinweise bedenkt, die den ältesten römischen rex als Hainpriester erscheinen lassen. Vgl. o. S. 73 mit Fn. 125. Eine solche Rolle ist auch für den Flamen Dialis erschlossen. Vgl. LATTE (o. Fn. 119) S. 203. Der Verknüpfung der beiden Nachrichten stand bisher nur die apodiktische, historische Differenzierungen ausschließende Behauptung entgegen (LATTE S. 172): »Der italische König ist Heerkönig, nicht Priester«; vgl. auch LATTE S. 402 f. Besonders deutlich zeigt sich dieser Hinderungsgrund in der für die Erfassung des auguralen Ursprungs des römischen rex so wichtigen Schrift von WOLFGANG KUNKEL, Zum römischen Königtum, Gesamm. Schriften (1974) 1959, S. 345 ff., insbes. S. 364 f.

131 Vgl. Fn. 113. HEUSS (o. Fn. 127) S. 63 wird demgegenüber durch die (nicht plausible) Annahme, daß ursprünglich die Reiterei bei den Römern die erste Waffe war, zu sehr freien Kombinationen geführt.

132 Vgl. GEORG BUSOLT, Griechische Staatskunde II. 3. Aufl. bearb. v. H. SWOBODA 1926 S. 785 und 791.

Ritual ist in der späteren Verfassung dadurch bewahrt geblieben, daß das Auguralrecht diese lex de imperio selbst dort noch verlangte, wo der Magistrat von den späteren Centuriatskomitien gewählt wurde, mochten die Curien zu diesem Zweck am Ende auch nur noch symbolisch zusammentreten, nämlich vertreten durch dreißig Liktoren.[133]

[76] Der interrex, dieses Leitfossil des Bundeskönigs des alten Quiritenbundes, benötigte dieses Gesetz dagegen, wie auch Mommsen feststellt, folgerichtig nicht. Er führte als Inhaber der Hoheitsgewalt im Innern kein Militärkommando, sondern war als nichtgewählter Hoheitsträger vielmehr aus rechtlichen Gründen von dessen Erwerb durch die lex de imperio ausgeschlossen.[134] Die Rolle des rex wie des späteren interrex war folgerichtig darauf beschränkt, den imperium-führenden Magistrat, ursprünglich nur den dictator, später auch den consul und noch später den praetor zu inaugurieren und bei dem populus die lex de imperio einzubringen.

Freilich scheint das für ihn ein heikles, ja gefährliches Geschäft gewesen zu sein. Dem rex war als charismatischem Wächter des Friedens der Bereich des Kriegs nicht nur fremd, sondern potentiell eine Bedrohung seiner Kraft. Bezeichnend dafür ist, daß der Flamen Dialis, der höchste Priester der Republik und als solcher, wie schon bemerkt, wahrscheinlich der Träger der ältesten Beschränkungen des römischen Priesterkönigtums, das bewaffnete Heer nicht einmal sehen durfte.[135] Zwar ist anzunehmen, daß sich die quiritischen Curien auf dem im pomerium gelegenen comitium waffenlos versammelten, auch wenn es schon darum ging, den Kommandoträger zu bestätigen. Davon ist sogar vielleicht noch

133 Cic. de leg. agrar. II 12, 31 illis (sc. comitiis curiatis) ad speciem atque usurpationem vetustatis per XXX lictores auspiciorum causa adumbratis (Mommsen I S. 611 Fn. 5). Die Kuriatskomitien sind also nur noch bildliche Anwendung des alten Rechts, eine Art Schattenspiel, welches das Auguralrecht verlangt. Historisch-genetisch ist die lex das Schlußstück der ältesten Feldherrnwahl (insofern übereinstimmend Heuss, o. Fn. 127, S. 67) und der Unterwerfung unter sein Kommando, das imperium. Zu Unrecht will Bleicken (o. Fn. 127) S. 275 die übertragene Kompetenz als auspicium deuten (der Zusatz de imperio zur lex curiata habe lediglich den Wert einer späten Glosse). Der Kern ist vielmehr die Befehlsgewalt des imperium, die Auszugsauspizien treten hinzu und geben dem Feldherrn die Befugnis zu den im Feldzug erforderlichen Riten.

134 Vgl. Mommsen, Staatsr. I S. 612 Fn. 2 zu Cic. de leg. agrar. II 10, 26: hoc inauditum et plane novum, ut ei (sc. interregi) curiata lege magistratus detur, cui nullis comitiis ante sit datus. Der nichtgewählte Hoheitsträger bekommt also keine lex curiata de imperio. Mommsen kann diesen Befund mit seiner einheitlichen imperium-Theorie dadurch vereinbaren, daß nach seiner Ansicht die lex de imperio nur eine Art Huldigung war, deren Fehlen das imperium nicht beeinträchtigte (I S. 611 Fn. 5). In Wahrheit dürfte aber diese Überlieferung bezeugen, daß auch in Rom wie beim attischen archon polemarchos das Wahlprinzip von den Bedürfnissen des Krieges ausgegangen ist.

135 Latte, Röm. Religionsgeschichte S. 402. Zu diesem Kriegstabu des ältesten römischen Königtums wird man auch stellen dürfen, daß für das uralte Recht der Kriegserklärung ein »gemachter Vater« (pater patratus, Latte S. 121) die Rolle des Königs vertrat.

eine Spur bewahrt. In dem Doppelausdruck populus Romanus Quirites, der auch für die Ladung zu den Centuriatscomitien verwendet wird, kann der zweite Bestandteil später im Munde eines Feldherrn den verächtlichen Sinn »Zivilist« annehmen, während der erste Teil von jeder pejorativen Beimischung frei bleibt; das könnte sich daraus erklären, daß der Ausdruck in der Tradition jener ältesten rituellen Volksversammlung schon früh die friedliche Seite der Gesetzgebung betont hat, während populus Romanus das effektive Kriegsaufgebot bezeichnete.[136] Gleichwohl scheint es aber, daß sogar die [77] bloße kriegerische Stimmung des noch unbewaffneten populus, sei es unmittelbar vor dem Kampf oder unmittelbar danach, für den rex ein bedenklicher, sein Charisma potentiell schwächender Anblick war. Diese Möglichkeit würde es jedenfalls erlauben, ein zur Zeit noch rätselhaftes Paar von zwei im archaischen Fastenkalender bewahrten, uralten Riten zu erklären, das regifugium und das poplifugium. Das regifugium fällt auf den 24. Februar, also in den Vorfrühling, in die Zeit der Vorbereitung der Feldzüge; an diesem Tag flieht, wie überliefert ist, der König nach vollbrachtem Opfer vom comitium. Am poplifugium, dem Ritus vom 5. Juli, dem Beginn der Erntezeit, in der die Bürgersoldaten auf ihre Felder zurückkehren müssen, stiebt das Volk auseinander.[137] Religionsgeschichtlich gedeutet, hat die einfache Symbolik der raschen Entfernung, der Flucht, den Zweck, Ansteckung, contagio, zu verhindern, hier zwischen der zerstörerischen Kraft des Krieges und dem Friedenscharisma des Königs; die Feste stünden damit auf gleicher Ebene wie Reinigungsriten nach Art der Tubilustrien.[138]

Der in all diesen Befunden mehr oder weniger deutlich erkennbare Gegensatz zwischen einer für den inneren Frieden verantwortlichen königlichen und religiös-charismatisch definierten Hoheitsgewalt und dem unter dem Kommando des magister populi stehenden Kriegsvolk ist in der Struktur der lex rogata stets erhalten geblieben. Der Gesetzesbegriff Roms enthält daher – so schon nach dem ersten, weiter klärungsbedürftigen Augenschein – ein Zusammenwirken zwischen zwei grundverschiedenen Gewalten, zwischen einer religiös-priesterlichen Hoheit einerseits und einer militärischen Macht andererseits.

136 Vgl. zur doppelten Anrede des Staatsvolkes, in der sich m. E. die Überlagerung des latinisch-agrarischen Quiritenbundes durch den etruskisch geprägten Stadtstaat Rom widerspiegelt (vgl. o. S. 43 f. mit Fn. 27), Mommsen I S. 5 f., zur pejorativen Verwendung von Quirites vgl. nur Sueton, Caesar 70; Tac. ann. I 42. Vgl. aber auch die archaischen Formulare bei Varro, ling. VI 86 ff., die noch deutlich zu erkennen geben, daß Quirit von seinem Ursprung her den wehrfähigen Vollbürger bezeichnet. Daß er durch die Vindikationsformel des suum … ex iure Quiritium zugleich den römischen Besitzbürger repräsentiert, mag jene pejorative Bedeutungsentwicklung mit begünstigt haben.

137 Vgl. Latte S. 128 f., der keine Erklärung gibt, aber bei beiden Ritualen Beziehungen mit dem Krieg wahrnimmt.

138 Vom 23. März. Es geht um rituelle Wiedertauglichmachung der Kriegshörner für den nächsten Feldzug. Vgl. Latte S. 117, der die Tubilustrien überzeugend mit anderen der Feldzugsvorbereitung dienenden Frühlingsriren verbindet.

(11) Dieser Befund bleibt sichtbar, obwohl sich noch vor Ende der Königszeit in diesem Gegensatz eine wichtige Änderung vollzogen hat. Der militärische Oberbefehl, imperium, und die charismatische Zuständigkeit, welche staatsrechtlich auspicium heißt und als ihren praktisch wichtigsten Inhalt die iurisdictio und das ius agendi cum populo umfaßt,[139] erscheinen schon in dem Augenblick, in dem mit Gründung der Republik die Konsuln als Jahresbeamte in die Machtstellung des vertriebenen etruskischen Stadtherrn sukzedieren, in einer Hand vereinigt. Die Konsuln haben von Anfang an stets imperium und [78] auspicium, d. h. sowohl Kommandogewalt als auch Friedenshoheit. Durch diese Tatsache, daß hier beide Kompetenzen oder beide Funktionen von jeweils einem bekleidet wurden, kam es aber keineswegs zu einer rechtlichen Verschmelzung beider Zuständigkeiten. Es handelt sich vielmehr um eine Art kompetenzrechtlicher Personalunion, die als solche, wie hier nicht näher verfolgt werden soll, spätestens ein Ergebnis der etruskisch-tarquinischen Tyrannis in Rom war. In dieser Personalunion blieben das fari der iurisdictio, das comitiare des agere cum populo und das auspicia impetrare grundsätzlich Befugnisse, die auf den Friedenskreis der urbs beschränkt waren, während umgekehrt der Konsul, der nach einem Feldzug die Stadtgrenze überschritt, das militärische imperium verlor (abgesehen von der rituellen Ausnahme des Triumphs) und es sich für den nächsten Feldzug erneuern lassen mußte.[140]

Eine wesentliche Lockerung brachte jene kompetenzrechtliche Personalunion jedoch allerdings. Vermutlich anknüpfend an die Auspizien, die in Form der sogenannten Auszugsauspizien auch der Feldherr führte,[141] erlaubte das spätere Auguralrecht entgegen dem Wortlaut des comitiare, das zum comitium des forum Romanum gehört, bei den Centuriats- und Tributscomitien auch ein agere cum populo im Felde. Die ursprünglich wirklich als bewaffnetes Heer antretenden Centuriatscomitien versammelten sich sogar regelmäßig auf dem außerhalb des pomerium liegenden Marsfeld.[142] Im Prinzip war damit auch eine Gesetzgebung

139 Vgl. o. Fn. 111.

140 Vgl. Mommsen I S. 99 Fn. 5; 127 Fn. 2. Nach den Vorstellungen des Auguralrechts besteht die Wiederherstellung des imperium iustum in einer Erneuerung der Auspizien (daher z. B. Liv. 8, 30, 2: ad auspicium repetendum Romam proficisceretur). Diese Formel schließt aber die nur der Auspizien wegen erforderlich gebliebene lex curiata de imperio (vgl. o. Fn. 133) ein, zumal da der Verlust des imperium iustum im Falle des Überschreitens des imperium Folge des religiös geprägten Rechtssatzes »intra urbem imperari ius non est« (o. Fn. 107) war. Es ist denn auch überliefert, daß nach alter, erst in der spätesten Republik aufgegebenen Regel bei erneuertem imperium die lex curiata de imperio wiederholt werden mußte. Vgl. Mommsen I S. 100 Fn. 3; 613 mit Fn. 3.

141 Vgl. Mommsen I S. 99 f., der von Kriegsauspizien spricht. Es ist aber zu betonen, daß diese Auspizien nicht etwa nur den Erfolg im Krieg sichern sollten, sondern unmittelbar die rituellen und interpretativen Fähigkeiten des Auguralrechts verliehen, also insbesonders die der Deutung der Vogelzeichen (Mommsen I S. 101 Fn. 1).

142 Mommsen III S. 397.

im weit entfernten Feldlager möglich. Als es jedoch tatsächlich vorkam, wurde es wegen der naheliegenden Möglichkeit, daß der magistratische Feldherr, der im Felde regelmäßig keine interzessionsbefugten Kollegen neben sich hatte, seinen Einfluß mißbrauchen würde, alsbald verboten.[143]

[79] Eine ganz entsprechende Lockerung fand auch im Rahmen der alten, ein rituelles fari fordernden Jurisdiktion statt, in der die später sogenannten Akte der freiwilligen Gerichtsbarkeit, der iurisdictio voluntaria, von dem Erfordernis des pomerium befreit wurden. Freilassungen und Übereignungen durch die iure cessio konnten daher in späterer Zeit auch außerhalb Roms vorgenommen werden. Der Grund für diese Lockerung wird darin zu suchen sein, daß die charismatische Kraft bei einem solchen friedlichen und einverständlichen Verfahren

143 Es handelt sich um die lex Manlia de vicesima manumissionum von 357 v. Chr., die eine fünfprozentige Freilassungsteuer einführte. Vgl. Rotondi S. 222 f.; Mommsen I S. 71 Fn. 1. Die Abstimmung geschah damals tributim, also nach den Aushebungskadern der Soldaten, und zwar, wie es heißt, zum ersten Mal (Liv. 7, 16). Für die Centuriatscomitien vermutet Mommsen III S. 379; I S. 71 Fn. 1 einleuchtend eine ältere Regelung, welche ihnen die Abstimmung im Feld schon früher verboten und sie damit auf den Bereich zwischen pomerium und erstem Meilenstein der Stadt Rom beschränkt hatte. Nicht überzeugend ist jedoch, daß Mommsen auch diese Regelung als Teil der positiven republikanischen Institution auffaßt, welche die magistratischen Befugnisse nach Kriegs- und Friedensgebiet geschieden habe (Mommsen I S. 65 ff.). Vgl. dagegen grundsätzlich o. S. 71. Vielmehr muß der Sonderstellung des Gebietes zwischen pomerium und primum miliarium eine alte Interpretation der charismatischen Jurisdiktions-, Rogations- und Auspikationsbefugnis zugrunde liegen. In diesem Bereich wurde ein privatrechtliches iudicium addicere (Gaius IV, 104 und dazu mein Zwölftafelprozeß S. 61 ff.) und ein strafrechtliches (provokationsfähiges) iudicium dicere (vgl. u. S. 80 ff.) für möglich erklärt, obwohl jenseits des pomerium eindeutig das Gebiet des kriegsrechtlichen imperium erreicht war und bei streitiger Gerichtsbarkeit, die in beiden Fällen vorlag, die Bindung an das pomerium sonst streng durchgehalten wurde. Man gab in diesem Bereich dem Magistrat folgerichtig die Wahl, ob er militärisch oder jurisdiktionell vorgehen wollte. So löst sich die Schwierigkeit auf, die Mommsen I S. 68 ff. diskutiert und, ausgehend von seinem einheitlichen Begriff der Staatsgewalt, mit dem Unterschied eines imperium mit und ohne Auszugsauspizien lösen will; dieses unterliege der Provokation, jenes nicht. Das ist schon deswegen nicht einleuchtend, weil damit der von Mommsen präzis herausgearbeitete »scheinbare Widerspruch« (S. 69) zwischen Jurisdiktion und Kriegsrecht in diesem Zwischengebiet auf eine Irregularität zurückgeführt wird, nämlich auf das Unterlassen der notwendigen Auszugsauspizien. Die Sonderstellung, welche auf diese Weise das Gebiet ›propius urbem Romam passus mille‹ für die streitige Jurisdiktion in Privat- und Strafsachen erlangt hat, ist im übrigen von der alten Fixierung der Centuriatscomitien auf das Marsfeld durchaus zu unterscheiden. Erstens ist das Marsfeld nur ein kleiner Ausschnitt aus dem Gebiet. Zweitens ist Gesetzgebung nach der Logik der römischen Religion anders als das gegenüber dem Volk durchgeführte Provokationsverfahren unstreitig und daher dem Grundsatz nach – genau wie die charismatische iurisdictio voluntaria – kraft der Auszugsauspizien im gesamten Bereich militiae möglich. Daher bedurfte es hier der positiven Einschränkungen, der überlieferten für die Tributkomitien und der anzunehmenden für die Centuriatskomitien.

weniger gefordert wird als bei einem Verfahren, bei dem ein regelrechter Streit, eine lis oder ein iurgium, im alten rituellen Sinne, zu befrieden war.[144]

[80] Unter diesem Gesichtspunkt wird denn auch das allgemeine Prinzip erkennbar, daß als solches auch für die Lockerung der Bedingungen des ius agendi cum populo galt. Denn daß das Ritual der Gesetzgebung eher einem friedlichen Rechtsverfahren als einem streitigen Verfahren glich, dürfte ohne weiteres einleuchten. Magistrat und Volk stritten sich bei der Gesetzgebung nicht, sondern bemühten sich gemeinsam darum, eine Entscheidung darüber herbeizuführen, ob eine objektive Rechtswirkung in Kraft treten solle. Daß auf beiden Seiten das Handeln frei war und damit von beiden Seiten die Rechtswirkung verhindert werden konnte, hat in den Akten der freiwilligen Gerichtsbarkeit seine volle Entsprechung, wo ebenfalls die Beteiligung von Magistrat und Parteien im Prinzip durchaus frei war. Die Parallele wird noch dadurch bestärkt, daß die Gesetzgebung, wie wir noch sehen werden, ihren Ausgangspunkt bei Adrogations- und Testamentsgeschäften genommen hat, also bei Rechtsgeschäften, die später auch als Gegenstand der privaten freiwilligen Gerichtsbarkeit erscheinen. Sind damit die Fälle konkreter und allgemeiner Rechtsgestaltung durch Gesetz dem friedlichen ius agendi cum populo zuzuordnen, so fehlt auch nicht das Gegenstück, das streitige und darum bedenklichere agere cum populo. Es liegt vor in dem alten Strafverfahren der provocatio ad populum, in dem durch Provokation geltend gemachten Recht eines Bürgers, den Urteilsspruch eines Magistrats vor der Volksversammlung überprüfen zu lassen. Dieses Verfahren, das folgerichtig wiederum auf den Friedenskreis der Stadt beschränkt war, gibt für die hier verfolgte Strukturgeschichte der lex rogata die allerwichtigsten Aufschlüsse und soll daher, obwohl es wegen seiner Bedeutung für die Geschichte des Strafprozeßrechts ein bedeutendes eigenes Thema stellt, in Kurzform erörtert werden.

V. Die provocatio ad populum

(12) Die provocatio bedeutete, wie bemerkt, die Appellation eines vom Magistrat Verurteilten an das Volk, auf daß dieses die bereits erfolgte magistratische Verurteilung überprüfe. Das Volk wurde auf diese Weise in seiner auch für die Gesetzgebung maßgebenden Organisationsform zur zweiten Instanz, aber doch so, daß

144 Zu lis und iurgium (Streit und Hader) als den eigentlichen Gegnern der charismatischen Verbandsjurisdiktion Roms bereits meine Untersuchung Ius und ius civile, Symp. F. Wieacker (1970) S. 11ff., 44ff. Es ist daher kein Zufall, daß dem berühmten Unterschied zwischen iurisdictio voluntaria und contentiosa (Marcian 1 inst D 1, 16, 2, pr.) in der Zeit der charismatischen Jurisdiktion ein Gegensatz zwischen Geltungsvoraussetzungen des solennen fari des Magistrats entsprach: die streitige Gerichtsbarkeit bedurfte der urbs oder der römischen Bannmeile (vgl. o. Fn. 143), die freiwillige war überall im imperium Romanum möglich. In der späteren Zeit wird der Gegensatz dann kompetenzrechtlich uminterpretiert: Die streitige Gerichtsbarkeit hat der Magistrat nur in seiner Provinz, die freiwillige überall (so die zitierte Marcianstelle).

ausschließliches Verfahrensthema der Provokationsinstanz der magistratische Spruch war, der, insofern ganz ähnlich der Gesetzesfrage, entweder verworfen oder vom Volk anerkannt wurde.[145] Provokationsverfahren und Gesetzgebung waren daher auch beides Fälle des magistratischen agere [81] cum populo: Nur verteidigte das eine Mal der Magistrat sein bereits vorliegendes Strafurteil, das andere Mal seinen Gesetzesvorschlag. Es entwickelte sich daher auch schon früh eine typische Mischform: Für die Kapitalsachen bestimmten die Zwölftafeln, daß an die Stelle der Abfolge von magistratischer Verurteilung und komitialer Überprüfung ein einheitliches Verfahren trat, in dem der Magistrat einen Strafantrag an die Centuriatscomitien stellt.[146]

Mommsen hat die Provokation, ebenso wie die Beschränkung der Provokation auf den Kreis domi, als eine positive Regelung gedeutet, die erst als Bestandteil der republikanischen Verfassung eingeführt worden sei. So wie »die tiefgreifendste aller Umgestaltungen, die das römische Gemeinwesen je erfahren hat, die Abgrenzung der bis dahin einheitlichen Amtsgewalt«[147]»eine Institution der Republik«[148] sei, ebenso sei »das republikanische Provocationsrecht des Bürgers mit der Königsgewalt principiell unvereinbar«, weil das Entscheidungsrecht des Volkes »als Prüfung des magistratischen Spruchs durch eine höhere Autorität« erscheine.[149] Logische Kraft hätte der letzte Teil der Argumentation nur, wenn Königsgewalt notwendig bedeuten würde, daß sämtliche Gewalt, die im Staatsleben wirksam wird, beim König monopolisiert ist. Diese Prämisse trifft aber nicht ausnahmslos

145 Zum Grundriß des ursprünglichen Verfahrens – auf eine magistratische Strafmaßnahme folgt nach provocatio die kassierende oder bestätigende Entscheidung des populus – Mommsen, Röm. Strafrecht (1899) S. 151 ff. und A. H. M. Jones, The Criminal Courts of the Roman Republic and Principate 1972; zum letzteren auch meine Besprechung, ZRG Rom. Abt. 90 (1973) S. 462 ff.

146 Cicero, de legibus 3, 4, 11 (XII tab. IX 1): de capite civis nisi per maximum comitiatum … ne ferunto. Daß hier eine jüngere Stufe des komitialen Strafverfahrens vorliegt, in der an die Stelle des provokationsfähigen magistratischen iudicium ein unmittelbares Beantragen (ferre) der Strafe getreten ist, hat vor allem C. H. Brecht, Zum römischen Komitialverfahren, ZRG Rom. Abt. 59 (1939) S. 261 ff., 287 ff. herausgearbeitet.

147 Mommsen I S. 160.

148 Mommsen I S. 65.

149 Mommsen III S. 351. Der Magistrat straft bei Mommsen ursprünglich einfach kraft nackter Staatsgewalt, kraft Coercition; erst die Provokation läßt die Judikation entstehen. Vgl. Mommsen, Strafrecht S. 151. Eben dieser Ausgangspunkt ist konstruktiv und übersieht die charismatisch-priesterliche Wurzel des magistratischen iudicium. Im übrigen mögen die tarquinischen Stadtherren Roms, die offenbar in Form der antiken Tyrannis herrschten, das von Mommsen formulierte Problem, daß im Provokationsverfahren der König den Komitien untergeordnet wird, sehr wohl empfunden haben, da bei ihnen von der gleichen kompetenzrechtlichen Personalunion auszugehen ist wie bei ihren Nachfolgern, den Konsuln. Sie konnten aber die Gefährdung ihres politischen Prestiges einfach durch die Einsetzung von Spezialmagistraturen vermeiden. Daß sie es getan haben, zeigen z. B. die duumviri perduellionis, die nach einer Überlieferung ursprünglich sogar die Funktion der quaestores parricidii ausgeübt haben sollen. Vgl. Mommsen, Strafrecht S. 154 f. mit Fn. 4.

zu, wie sich auch am römischen Beispiel zeigt, wo in der ursprünglichen Verfassungsstruktur einem charismatischen Priesterkönigtum für den Kriegsfall eine selbständig geführte Wehrverfassung gegenübersteht und trotz der späteren Vereinigung beider Kompetenzen in einer Hand die Funktionskreise scharf unterscheidbar bleiben.[150] Die einzige historische Anknüpfung, die Mommsen für diese für positiv erklärte Unterscheidung staatlicher Gewalt gelten ließ, ist »jene uralte Sitte, daß der Magi- [82] strat, um als Feldherr aufzutreten, nach Einholung der Auspicien auf dem Capitol in feierlicher Weise das Pomerium überschreitend das Friedenskleid ab- und das Kriegskleid anlegte«.[151] Das bedeutet, daß Mommsen nur das auspicium, das in seinem Kern auf das pomerium beschränkt war,[152] als ein altes priesterliches Element der späteren Magistratsgewalt anerkannte, nicht aber die den Rechtsfrieden wahrenden Akte des ius, die iurisdictio und das ihr zugeordnete agere cum populo, das durch die Bedingungen des uralten Kalenders mit seinen dies fasti und dies comitiales und seiner grundsätzlichen Beschränkung auf das pomerium in Wahrheit als Teil derselben Kraft erkennbar ist. Hier liegt der Hauptmangel der Mommsenschen Rekonstruktion. Auf diese Weise wurde es ihm unmöglich, die historischen Vorstufen des römischen Königtums zu erschließen. Die historischen Befunde wurden in seiner Interpretation von einem einheitlichen Begriff der Staatsgewalt, wie er in der Neuzeit, aber auch schon in der Staatstheorie der späteren Republik galt, zugedeckt.

Durch diese dogmatische Konstruktion der Staatsgewalt hat Mommsen nun auch ein genetisches Verständnis der Einrichtung der provocatio, bis heute fortwirkend, unmöglich gemacht. Schon mit der substantiierten Überlieferung, daß die provocatio der Königszeit angehörte

> (Cicero, de re publica II 31, 54):
> provocationem autem etiam a regibus fuisse declarant pontificii libri, significant nostri etiam augurales,[153]

konnte sich Mommsen nicht auseinandersetzen, sondern nur notdürftig abfinden, indem er sie zur Ausnahme erklärte oder gegenüber einer anderen Überlieferung als provocatio kraft Zulassung deutete.[154] Insbesondere aber ging – und das gilt in verstärktem Maße noch heute[155] – auf diese Weise verloren, was [83] sich

150 Vgl. o. Fn. 107.

151 Mommsen I S. 66.

152 Vgl. o. Fn. 40.

153 Cicero spricht hier als Angehöriger des Augurenkollegiums, und zwar als ein, wie seine Schriftstellerei in Fragen der Religion bezeugt, lebhaft interessierter. Vgl. Matthias Gelzer, Cicero (1969) S. 335.

154 Vgl. einerseits Mommsen, Röm. Strafr. (1899) S. 162 Fn. 1, andererseits Mommsen, Staatsrecht II S. 616 Fn. 1 (zu Liv. 1, 26 und die dort erwähnten duoviri perduellionis).

155 Vgl. insbesondere Jochen Bleicken, Ursprung und Bedeutung der Provocation, ZRG Rom. Abt. 76 (1959) S. 324-377 und zusammenfassend Alfred Heuss, Ciceros Theorie vom römischen Staat (1975) S. 229 ff. mit Fn. 50. Bleickens Herleitung der Provokation aus dem Ständekampf (vgl. Heuss S. 37 »Legalisierung eines früheren plebejischen Kampf-

aus dem Institut der provocatio für die Geschichte des römischen Verfassungsgefüges und der daran beteiligten Gewalten lernen läßt.

Daß das provokationsfähige strafrechtliche iudicium nur im pomerium und seinen späteren Erweiterungen möglich war, beruht genauso wenig auf positiver Regelung wie die gleiche örtliche Beschränkung für das privatrechtliche iudicium, das nach den Zwölftafeln später iudicium legitimum hieß.[156] Das letztere ist vielmehr, wie schon bemerkt, nicht anders als die Bindung der Rechtsprechung an die dies fasti, nämlich eine uralte rituelle Voraussetzung der religiös gebundenen Jurisdiktionsgewalt. Genauso ist die Beschränkung der provocatio auf das Gebiet domi und der Ausschluß der provocatio im Gebiete militiae keine positive Einschränkung des Provokationsrechts, sondern wiederum eine in der Struktur der ältesten Verhältnisse enthaltene Folge. Die militärische Kommandogewalt, das imperium, hatte mit der voraussetzungsvollen Kategorie des ius, dem Rechtsfrieden des Siedlungsverbandes nichts zu tun; es stand ihm vielmehr fremd, ja potentiell bedrohlich gegenüber und konnte als Tatsache des Kriegszustandes

instruments«) kann überhaupt keine königszeitliche Provokation mehr anerkennen. Vgl. a.a. O. S. 345 mit Fn. 49; 366 Fn. 81; Lex Publica S. 147; zustimmend Kunkel RE (1963) s.v. quaestio Sp. 727 f. Eine überzeugende Auseinandersetzung mit der überaus technisch gehaltenen Überlieferung Cicero, de rep. II 31, 53-54 fehlt indes. Warum Cicero dort aus der Annalistik geschöpft haben soll (so Bleicken RE 46 (1959), Nachträge s.v. provocatio Sp. 2447) und nicht, wie er ausdrücklich sagt und die Art seiner Mitteilung bestätigt, aus den Zwölftafeln (u. Fn. 162) und der ihm genauso zugänglichen auguralen und pontifikalen Literatur (siehe oben im Text), vermag ich nicht zu erkennen. Die von Cicero bekundete königszeitliche Herkunft der provocatio ist um so weniger annalistische Erfindung, als die Annalisten, wie Bleicken ganz richtig sagt (Ursprung und Bedeutung S. 345), in ihr eine der Grundrechte republikanischer Freiheit sah und »sich darum ihre Entstehung auch nur am Anfang der Republik vorstellen (konnte), als die Tyrannis des letzten Königs beseitigt wurde und die neue, freiheitliche Ära begann«. Die provocatio a regibus der pontifikalen und auguralen Literatur, deren Beeinflussung durch die Annalistik man ohnehin nur bei sehr guten Gründen annehmen würde und gewiß nicht bei juristisch-technischen Details, erweist sich daher als gerade nicht annalistischer Herkunft, da sie einem fruchtbaren Gedanken annalistischer Erfindung gerade widerspricht. Gänzlich unannehmbar ist auch die Herleitung der provocatio aus dem Ständekampf. Das Zusammenspiel von iudicium und provocatio, das schon die Zwölftafeln in Kapitalsachen zu einem unmittelbaren Anklageverfahren vor dem Volk vereinfachten (daher gibt es als Anwendungsfälle nur den legendären Horatierprozeß und die merkwürdige Wiederaufnahme der Verfahrensform durch Caesar im Prozeß gegen Rabirius; vgl. Bleicken a.a. O., S. 333 ff., der in beiden Fällen die technischen Details wiederum als Erfindung abtut; das Muster des Rabiriusprozesses stammt aber entgegen seinen Worten laut Cicero nicht einfach aus »alten Annalen« S. 338, sondern [Cic. pro Rab. 5, 15]: ex annalium monumentis atque ex regum commentariis, wobei das erste für die pontifikalen annales maximi und das zweite für die leges regiae oder eher noch für augurale Literatur stehen dürfte), war von Anfang an und in seiner gesamten Wirkungsgeschichte ein Bestandteil der Gesamtverfassung, nicht der plebejischen Sonderverfassung. Auf weitere Einzelheiten, insbesondere die Geschichte des Multverfahrens, kann hier nicht eingegangen werden.

156 Vgl. o. Fn. 143 zu Gaius IV 104.

daher auch nicht mit den für das ius entwickelten Formen angegriffen werden. Das ursprüngliche Recht läßt sich in dem Satz zusammenfassen, daß die provocatio des iudicium, nämlich des rituellen Urteilsspruchs des ius, von Rechts wegen bedurfte. Ohne ein solches iudicium war eine provocatio nicht möglich.

Auf diese Weise erklärt sich die Tatsache, daß die spätere Strafverfolgung durch quaestio publica, in der, wie hier nicht näher verfolgt werden kann, die Republik über den Gedanken eines öffentlichen Strafverfolgungsanspruchs we- [84] gen Verletzung des öffentlichen Friedens sich der Formen der privatrechtlichen Strafverfolgung zu bedienen begann, von Hause aus provokationsfrei war und dies als Grundsatz auch nie bestritten wurde.[157]

(13) Cicero überblickte diese Zusammenhänge noch in voller Klarheit. Darum fordert er in einer bisher wenig beachteten Stelle seiner Idealverfassung, daß allen Magistraten das Recht der Auspizien und der Iudicia gegeben werden solle

> (Cicero de legibus III 12, 27):
> Omnibus magistratibus auspicia et iudicia dantur,

und zwar, wie er fortfährt, iudicia, damit die Möglichkeit bestünde, anschließend mit der provocatio vor das Volk zu gehen, auspicia, damit bedenkliche Gesetzesinitiativen durch formelle Feststellung widriger Himmelszeichen verhindert werden könnten.

> Cicero l. c.
> iudicia ut esset populi potestas ad quam provocaretur, auspicia ut multos inutiles comitiatus probabiles impedirentur morae.

Es geht ersichtlich um die Ausstattung der Magistrate mit den Fähigkeiten, die zur besonderen Domäne des Augurenkollegiums gehörten, dem Cicero damals schon längere Zeit angehörte.[158] Daß Cicero dabei mit der Forderung nach den rituellen iudicia praktisch, wenn auch in höchst altmodischer Einkleidung die Volksgerichtsbarkeit wiederbeleben wollte, erklärt sich aus der damaligen Diskussion. Die Quästoren galten mit ihren kleinen Geschworenenhöfen als leicht bestechlich. Auch von anderen wurde deswegen die Volksgerichtsbarkeit empfohlen.[159]

157 Zum Problem Mommsen, Röm. Strafr. S. 171, 174, 476, 482. Die öffentlichen Quästionen beruhen gegenüber dem altertümlichen magistratischen iudicium auf einem ganz anderen Prinzip und stehen mutatis mutandis neben ihm wie im Privatprozeß die formula neben der legis actio. Kunkels eindringender Interpretationsversuch in der RE s. v. quaestio (1963) Sp. 720 ff. ist m. E. überall dort gescheitert, wo mit dem angeblichen urrömischen Rache- und Selbsthilfeprinzip argumentiert wird.

158 Vgl. o. Fn. 153. Mommsen I S. 167 Fn. 1 erörtert die Stelle nur unter dem Gesichtspunkt der magistratischen Zuständigkeit (und noch dazu beschränkt auf provokationsfähige Multen) und übergeht den entscheidenden Punkt, daß erst das iudicium den Weg zum Volk eröffnet, an das provoziert werden kann.

159 Vgl. Sallust ep. ad. Caes. II 7, 11-12; dazu Jones (o. Fn. 145) S. 2 ff. und meine Besprechung (o. Fn. 145) S. 463.

Überdies darf man glauben, daß ein Redner wie Cicero keine Antipathie gegen große Auditorien empfand.

Natürlich war aber für Cicero die in seinem Vorschlag herangezogene Möglichkeit, die Magistrate mit altrituellen, als solchen provokationsfähigen iudicia auszustatten, nur eine in der Tradition vorhandene Konstruktionsmöglichkeit der im übrigen zu seiner Zeit schon längst als einheitlich begriffenen Magistratsgewalt. Für Cicero bot sich damit vielmehr nur eine technische Möglichkeit, um in Strafsachen den Weg zum Volksgericht zu eröffnen. Cicero ging da- [85] her denn auch sonst mit der damals völlig selbstverständlich gewordenen Lehre ganz unbedenklich davon aus, daß Magistraturen mit oder ohne Provokation geschaffen werden könnten, je nachdem ob die Ziele der Magistratur es erforderten und der Vorschlag des wahlleitenden Magistrats und der Wille des Volkes es bestimmten.[160] Genauso sicher ist aber, daß dies nicht der ursprüngliche Rechtszustand war. Daß der dictator als magister populi provokationsfrei kommandierte, war eine Folge der Natur seines Kriegskommandos, nicht eine Folge spezieller Verleihung. Und daß die iudicia des rex und die der seine charismatischen Befugnisse übernehmenden Magistrate der Provokation unterlagen, war, als sich diese Regel einmal durchgesetzt hatte, Bestandteil ihres Hoheitsrechts, das als solches nicht zur Disposition stand, schon gar nicht bei einfachen Wahlakten. Daher ist auch die Überlieferung, daß die beiden aufeinanderfolgenden Kollegien der decemviri legibus scribundis jeweils provokationsfrei gewählt worden seien, obwohl in der ihnen beigelegten potestas consularis einerseits militiae das provokationsfreie Militärkommando, andererseits domi die königlichen Hoheitsbefugnisse enthalten waren, meines Erachtens offenkundig Teil jener Erzählung, die aus den decemviri den Prototyp einer kraft Wahl bestellten, unbeschränkten, den Befugnissen nach tyrannischen Gewalt machen wollte.[161] Dahinter steht eine Theorie, die dann in der sullanischen Diktatur ihre erste praktische Bewährungsprobe erlebte und ohne den Einfluß der griechischen Staatstheorie nicht erklärt werden kann. Die Herrschaft, die Sulla nach dem ersten und zweiten Marsch auf Rom ausübte (in Wahrheit waren es beides Eroberungen der Hauptstadt gewesen), war zunächst nichts anderes als faktisches Kriegsrecht und wurde dann in die neuartige dicta-

160 Vgl. nur Cicero, de rep. II 31, 54: quod proditum memoriae est, Xviros qui leges scripserint sine provocatione creatos. Vgl. dazu im Text. Zum Problem der Kompetenzregelung im Wahlakt selbst auch noch u. Fn. 185.

161 Dies ist überhaupt die eigentliche Pointe der legendären Entstellung der Zwölftafelgesetzgebung (vgl. bereits o. S. 59 mit Fn. 76-78). Sie wird schon dadurch als Erfindung entlarvt, daß die Dezemvirn an die eigenen Gesetze gebunden waren, jedenfalls die Dezemvirn der zweiten Kommission an die bereits in Kraft gesetzten Gesetze der ersten (so die Annalistik selbst bei Liv. 3, 44, 11-12 – XII tab. VI 6 – zum vindicias dicere contra libertatem seitens Appius Claudius im zweiten Jahr) und die allermeisten provokationsfähigen iudicia in den ersten 10 Tafeln geregelt waren (vgl. insbesondere die Fragmente der Tafel 8 und dazu u. Fn. 162). Wahrscheinlich war übrigens auch schon eine vorläufige Bindung an die leges scriptae (nondum rogatae) gegeben. Vgl. o. S. 60.

tura legibus scribendis rei publicae constituendae übergeleitet. Die darin enthaltene Verschmelzung von Kriegskommando und Herrschaft im Inneren, so gangbar sie in Rom insbesondere durch die Theorie der gemischten Verfassung geworden war, hätte die jurisprudentiellen Möglichkeiten der Zwölftafelzeit, gleich ob man hier an die Pontifices denkt oder die noch spezieller zuständigen Auguren, bei weitem überfordert. Bis zum abstrakten, den Unterschied zwischen Krieg und Frieden nivellierenden Gedanken der Staatsgewalt, wie ihn Sulla betätigte und theoretisch begründen konnte, war es von den Zwölftafeln aus gesehen doch [86] noch recht weit. Für jene Zeit waren altrituelles iudicium und Provokatonsfähigkeit identisch. Und wenn die Zwölftafeln diesen Zusammenhang in vielen ihrer Bestimmungen betonen,[162] so besteht kein theoretischer religiöser oder politischer Grund, der damals hätte Veranlassung dafür geben können, die magistratische Kommission, welche in den Zwölftafeln das Recht fortbildend und bessernd niederschreiben sollte, erst einmal von den Grundprinzipien desselben Rechts zu dispensieren. Die Vorstellung, daß eine Neugründung des Staats eine vorherige kriegsrechtliche tabula-rasa-Situation verlangt, ist in ihrer ebenso brutalen wie theoretisierenden Art jener Zeit sicher fremd.

Wie aber kam es zu der institutionellen Verknüpfung von strafrechtlichen iudicia der alten Jurisdiktion und der provocatio ad populum? Gewiß ist die provocatio ihrer Struktur nach keine ganz friedliche Institution. Sie enthält vielmehr offenbar einen Machtkompromiß zwischen der hoheitlichen Königsgewalt und dem organisierten Wehrvolk, dem eine Krise der königlichen Strafjustiz vorausgegangen sein muß. Denn selbstverständlich war der erste Fall, in dem der populus nach einer königlichen Verurteilung den Hilferuf des Verurteilten annahm und die Gültigkeit der Verurteilung in Frage zog, eine Krise der königlichen Strafjustiz, wie immer sich der Vorgang abgespielt haben mag. Die provocatio enthält ja das solidarische Eintreten des populus für einen der ihren, wenn er von einem iudicium betroffen worden war. Frauen konnten nicht provozieren, aus dem einfachen Grund, weil sie dem organisierten Wehraufgebot nicht angehörten und damit auf dessen Solidarität nicht rechnen konnten, genausowenig wie Kinder.[163] Man darf daher davon ausgehen, daß die provocatio ungeordnetere Vorstufen gehabt hat und nicht gleich die institutionell geordnete Form aufwies, die sie später hatte. Am Anfang mag etwa warnendes Waffengelärm (suffragium) und eine drohende aggressive Stimmung (iubere) dem König geraten haben, seinen Spruch zu überprüfen. Später hat sich dann das Verfahren formalisiert. Bei

162 Cicero, de rep. II 31, 54: ab omni iudicio poenaque provocari licere indicant XII tabulae conpluribus legibus. Die Stelle ist in der Zwölftafelpalingenesie unter den fragmenta incertae sedis Ziff. 5 berücksichtigt, ist aber natürlich in Wahrheit eine generalisierende Aussage über zahlreiche Strafnormen der Zwölftafeln (vgl. z. B. XII tab. VIII 9, 10, 20-23).

163 Vgl. Mommsen, Strafrecht S. 475: »Berechtigt zur Provocation ist der römische Mann«. Die Frauen werden später ausnahmsweise bei Multklagen zugelassen. Zum Ausschluß des nondum vesticeps von komitialen Verfahren u. Fn. 172.

der schließlichen Ausbildung der höchst disziplinierten Abstimmungsformen wird dem magister populi eine wichtige Rolle zugefallen sein. Der Strafausspruch des Königs betraf ihn ja unmittelbar, da er ihm im häufigen Fall der Todesstrafe einen Soldaten nahm. Es lag daher nahe, daß er es auf sich nahm, die Voraussetzung für eine Verständigung zu finden und auf ein geregeltes Verfahren hinzuarbeiten.

Das Ergebnis war jedenfalls ein wirklicher Kompromiß. Die Volksversammlung wurde durch die Provokation zur Kassationsinstanz des königlichen Spruchs, die Verfahrensherrschaft aber blieb beim König. Behauptete er sein [87] iudicium vor dem abstimmenden populus, dann war das Urteil kraft seiner Mitwirkung ein Bestandteil des hoheitlichen ius. Unterlag er mit seinem Spruch, war es nicht anders. Kraft seiner Mitwirkung war nun der Freispruch auch für ihn verbindlich. Sachlich war mit dem erreichten Kompromiß ein Entscheidungsrecht des Volkes institutionalisiert, unter voller Wahrung der Rechtshoheit des Königs. Wegen der gewahrten Rechtshoheit des Königs fand dieses nach der lex curiata de imperio vielleicht älteste rechtsregelnde agere cum populo – die gleich zu betrachtenden privatrechtsregelnden comitia curiata können aber ebensogut gleich alt sein – auch auf dem comitium statt, also im Friedenskreis des pomerium. Entsprechend trat das Volk zwar in seinen militärischen Kadern dem rex gegenüber, nicht aber in Waffen, woraus sich vielleicht auch, wie schon bemerkt, die spätere Gleichung: Quirites – Zivilisten erklärt, als die Wehrformation des populus Romanus endgültig auf die Centuriatskomitien übergegangen war. Zeitlich gehört diese Entwicklung in die Epoche des Quirinalbundes,[164] also zur ältesten römischen Verfassungsschicht, und damit vermutlich auch in die Phase noch vor dessen erster durchgreifender Umgestaltung unter etruskischem Einfluß, an deren Ende der ager Romanus in die drei Tribus der Tities, Luceres und Ramnes geteilt und die Curien auf die Normalzahl von dreimal zehn gebracht worden waren.[165] Die in der Tribusreform liegende Straffung der Herrschaft vor allem im Militär- und Abgabewesen forderte nicht, dem populus sein Mitspracherecht in Strafsachen zu nehmen, begünstigte aber nicht gerade die Entstehung eines solchen Rechts; überdies finden sich in der provocatio, die sich ganz in der Logik des altlatinisch-gentilizischen Rechts hält, keine etruskisch beeinflußten Elemente.

Als Grundgedanke der Institution der provocatio ergibt sich, daß die Rechtshoheit des Königs als ausschließliche Quelle der Rechtsgeltung anerkannt blieb – ohne Mitwirkung des Königs konnte sein Spruch weder bestätigt noch umgestoßen werden –, aber doch gezwungen wurde, sich den tatsächlichen Meinungen und Interessen des Volkes, sobald sich eine entsprechende Mehrheit fand, zu unterwerfen.

164 Vgl. o. S. 44 mit Fn. 29 und o. S. 73 ff.
165 Siehe o. S. 43 mit Fn. 27.

VI. Die Grundstufe der lex rogata

(14) Nach dem gleichen Grundsatz verlief die Entwicklung der lex rogata, die ebenfalls bei den alten comitia curiata ihren Ausgang genommen hat. Die ältesten Fälle der Gesetzgebung, die hier überliefert sind, gehören nach moderner Vorstellung mehr in das Gebiet der heute sogenannten freiwilligen Gerichtsbarkeit. Es sind aus dem Gesichtspunkt des objektiven ius Akte hoheitlicher Privatrechtsverwaltung. Im einzelnen handelt es sich um Arrogationen, also Annahmen als Kind, und Testamente.

[88] Der äußere Verfahrensablauf ist, dank des rituellen Fortbestands dieses Rechts noch in klassischer Zeit, recht deutlich überliefert. Die Komitien fanden zweimal im Jahr (bis in anno) statt,[166] und zwar nach offenbar uralter Tradition am 24. März und am 24. Mai, da an diesen Tagen der für die charismatische Jurisdiktion maßgebende Kalender die Sigle verzeichnete QUANDO REX COMITIAVIT, FAS (Wenn der König die Verhandlung mit dem Volk auf dem comitium beendet hat, sind wieder Gerichtssprüche möglich).[167] Die Curien wurden durch feierliches calare einberufen, ursprünglich vom König, später dann vom Pontifikalkollegium,[168] und zwar auf das comitium des forum Romanum, weswegen auch später ein Komitialgesetz dieser Art nur in Rom möglich war.[169] Am Ende des Aktes entschied der populus wie bei einer lex rogata, wie für die Arrogation besonders deutlich überliefert ist.

166 Gaius II 101: comitia (sc. calata) bis in anno testamentis faciendis destinata erant. Gleiches galt gewiß für die Arrogationen.

167 Die kaum abweisbare Verknüpfung der beiden Kalendersiglen mit der Nachricht von zwei festen Gesetzgebungstagen (o. Fn. 166; übersehen bei Latte, Röm. Religionsgeschichte S. 117) geht auf Mommsen zurück (I S. 319), der auch bereits erkannt hat, daß in diesen beiden Fällen das jurisdiktionelle fari vom legislatorischen comitiare nur faktisch verdrängt wird (I S. 372), eben weil ein König, der mit dem Volk verhandelt, nicht gleichzeitig Gericht halten kann. Denn an sich schließt der dies comitialis die Qualität des dies fastus mit ein. Allerdings hat die Kalendersigle ihren vollen Sinn nur in der Königszeit. In der Republik stehen die comitia curiata bzw. calata unter der Leitung des Pontifikalkollegiums (u. Fn. 169), während der rex sacrificulus auf ein vorbereitendes, nicht einmal mehr auf dem comitium stattfindendes Opfer beschränkt ist (vgl. Latte, Röm. Religionsgeschichte S. 117 mit Fn. 3). Die spätere Interpretation, daß nach dem Opfer das fas beginnt (so Varro, Ling. VI 31), ist daher ersichtlich republikanisch, also nicht mehr auf den alten rex, sondern auf den Opferkönig gemünzt.

168 Mommsen II S. 34 Fn. 2; 37. Auffällig ist, daß die Quellen die Zuständigkeit des ganzen Pontifikalkollegiums betonen (Gell. 15, 27, 1: pro conlegio pontificum; Gell. 5, 19, 6: arbitris pontificibus). Vermutlich hat aber auch in diesem Fall das Kollegium einen der ihren mit der Leitung des Verfahrens betraut. Vgl. Pomponius lb sg enchiridii D 1, 2, 2, 6.

169 Gaius I 100: adoptio, quae per populum fit, nusquam nisi Romae fit. Auch hier (o. Fn. 166) ist das gleiche für den Parallelfall, die Komitialtestamente, anzunehmen.

Gaius I 99
Populi auctoritate adoptamus eos, qui sui iuris sunt: quae species adoptionis dicitur adrogatio, quia et is qui adoptat rogatur, id est interrogatur, an velit eum, quem adoptaturus sit, iustum sibi filium esse; et is qui adoptatur rogatur, an id fieri patiatur; et populus rogatur, an id fieri iubeat.

Die technische rogatio, die an die Quiriten, die ursprünglichen Bürgersoldaten der Curien, gerichtete Frage ist uns im Fall der Arrogation auch in einer vollständigen Fassung überliefert.[170]

[89] Das komitiale Testament, als Ritual weniger lebensfähig und bereits zu Gaius' Zeiten außer Gebrauch, war im Prinzip genauso strukturiert: Es enthielt ein privatrechtliches Geschäft, das durch das Zusammenspiel von Rechtsfrage des rex und Befehl des Volkes in Kraft gesetzt wurde.[171] Das bürgerliche Interesse, das zu den beiden Institutionen geführt hat, ist nicht weniger deutlich als im Fall der provocatio. Der einzelne Bürger mußte in dieser Frühjahrszeit, in der das Heer gemustert wurde und es immer wieder auch wirklich zu Feldzügen kam – es ist auffällig, daß das oben erwähnte poplifugium auf den 24. Februar fällt und die beiden festen Komitialtermine jeweils genau erst einen, dann zwei Monate später am 24. März und 24. Mai folgen –, auch daran denken, daß er von einer künftigen militärischen Unternehmung nicht zurückkehren werde. War er kinderlos, drohte sein Stamm auszusterben. Hatte er Kinder, war die Verteilung seines Vermögens unter sie jedenfalls bis zu einem gewissen Grade dem Gutdünken der Jurisdiktionsinstanz überlassen. Die Komitialakte schufen hier Abhilfe. In dem agere cum populo des rex wurde er als die Jurisdiktionsinstanz daran gebunden, daß der ehedem selbständige Bürger Titius nunmehr kraft Arrogation der Sohn des vordem sohneslosen Manlius sei oder daß von den drei Söhnen des Aulus der älteste das Grundvermögen in geschlossener Erbfolge erhalten solle und die beiden übrigen in bestimmter Weise aus dem beweglichen Vermögen abzufinden seien. Der militärische Hintergrund läßt sich in beiden Fällen auch noch durch weitere Argumente beleuchten. Zur Arrogation waren auch auf der Seite des zu Adoptierenden nur diejenigen zugelassen, mit denen eine comitiorum communio bestand. Der zu Arrogierende mußte daher bereits den Status eines vesticeps haben, d.h. mit Erreichung oder Vollendung des 17. Lebensjahres in die für das

170 Gellius Noct. Att. 5, 19, 9: Eius rogationis verba haec sunt: Velitis, iubeatis, uti L. Valerius L. Titio tam iure legeque filius siet, quam si ex eo patre matreque familias eius natus esset, utique ei Vitae necisque in eum potestas siet, uti patri endo filio est. Haec ita, uti dixi, ita vos, Quirites, rogo. Bemerkenswert ist, daß die Frage, die sich der Idee nach an die Curien, in Wahrheit in historischer Zeit nur noch an dreißig Liktoren wandte (vgl. o. Fn. 133), nur die Quiriten, nicht den populus Romanus, erwähnt. Das bestätigt, daß diese Rechtsformen auf die älteste (insbesondere als Privatrechtsmodell verallgemeinerte) Verfassungsschicht Roms, die des Quiritenbundes, zurückgehen.

171 Formell war es damit Gesetz. Vgl. Mommsen II S. 38, der dort Anm. 1 unter Anführung von Quellen auch die Strukturgleichheit von Arrogations- und Testamentsgesetz herausstellt.

Militäraufgebot maßgebenden Bürgerrollen eingeschrieben worden sein.[172] In der Sache entschied damit der populus der Curien ursprünglich über ein familienrechtliches [90] Verhältnis von zwei seiner Angehörigen. Den Verlust eines Bürgersoldaten bedeutete das jedoch nicht, da die familienrechtliche Unterwerfung unter die patria potestas mit dem Status eines vom Bürgercensus erfaßten Bürgersoldaten vereinbar war.[173]

Im Falle des Curientestaments wird die Beziehung zum Militärwesen durch eine spätere Parallele bekräftigt, nämlich durch das testamentum in procinctu. Es ist das Testament vor der classis procincta, vor dem vollgerüstet und in der gegürteten Toga (toga procincta) angetretenen Heer der Centuriatscomitien. Dieses Testament galt mangels entsprechender Förmlichkeiten nicht als ein Fall der lex rogata, sondern als ein Zeugenakt. Dennoch sind die Übereinstimmungen schlagend. Der Testator wollte das Testament vor Beginn der Schlacht, weil er damit rechnen mußte zu fallen. Das Heer unterstützt diesen Wunsch. Der Feldherr vertrat als Inhaber der Auszugsauspizien das ius und verlieh dem Akt damit die Geltung eines privatrechtsregelnden Geschäfts.[174]

Die beiden besprochenen Institute können als die ältesten Fälle der lex rogata gelten. Denn die lex de imperio erscheint demgegenüber, jedenfalls für das moderne Urteil, mehr als Wahl und Unterwerfungsakt denn als rechtsregelndes Gesetz, so sehr sich über die Kategorie des imperium iustum die eigenrömische Grundkategorie des ius auch bei ihr bemerkbar macht. Die Arrogations- und

172 Gellius Noct. Att. 5, 19, 8: adrogari non potest, nisi iam vesticeps. Zu dem Begriff vesticeps Marquardt, Das Privatleben der Römer 2. Aufl. 1885 Nachdruck 1964 S. 123. Vgl. ergänzend Gell. 5, 19, 10: Neque pupillus autem neque mulier, quae in parentis potestate non est, adrogari possunt: quoniam et cum feminis nulla comitiorum communio est. Entscheidend ist die Zugehörigkeit zum Bürgeraufgebot. Die passive Arrogationsfähigkeit der gewaltunterworfenen Frau ist dabei offenbar mittelbarer Art: Sie wird über ihren Gewalthaber arrogiert. Im übrigen scheint dieses Recht, indem es pupillus und vesticeps gleichsetzt, die alte, mit dem Beginn der Wehrfähigkeit zusammenfallende Mündigkeitsgrenze von 17 Jahren bewahrt, und die ganz doktrinär begründete Anknüpfung der Mündigkeit an die biologische Pubertät bzw. an die Erreichung des 14. Lebensjahres, die später im Privatrecht herrscht, noch abgelehnt zu haben. Vgl. dazu meine Bemerkungen, Index 12 (1983-84) S. 195 ff.

173 Vgl. die schon für die Zwölftafeln bezeugte Institution des duicensus, des mitsamt Sohn vom Census erfaßten Vaters. Festus ed. Lindsay 58; Bruns Fontes I^7 S. 39 f. Anm. 1). Der Sohn hat hier keinen selbständigen Census, wie nach emancipatio, sondern einen abgeleiteten, der für die comitiorum communio ausreicht, die patria potestas als privatrechtliche Stellung aber bestehen läßt.

174 Vgl. Gaius I 101, 103; Kaser, Röm. Privatr. I^2 § 27 III S. 106 ff. Die classis procincta ist der exercitus armatus noch der hohen Republik (vgl. Gellius Noct. Att. 10, 15, 4 nach Fabius Pictor), und fällt damit nur im historischen Ursprung mit den Centuriatscomitien zusammen. Auch kannten diese das Testamentsrecht nicht als Abstimmungskörper (hier bestand offenbar neben den Curiatscomitien kein Bedarf), sondern nur als effektives, im Feld stehendes Heer. Wann sich dieses Testamentsrecht ausbildete, vor oder nach der Trennung von Abstimmungs- und Heeresordnung, ist kaum noch entscheidbar.

Testamentsgesetze sind im Unterschied dazu konkret privatrechtsorganisierende Gesetze. Sie regeln einen Bereich, der andernfalls von der Jurisdiktionsinstanz nach traditionalen Regeln geordnet worden wäre, und zwar durch eine rechtstechnische Festlegung dieser Instanz.[175] Insofern stehen wir mit ih- [91] nen vor einer echten Vorform der Privatautonomie. Das, was Rechtsgeltung erlangt, war ein Willensinhalt eines individuellen Bürgers, der vom Volk unterstützt wurde. Formell erreicht wurde die Geltung durch das comitiare des Königs, sein agere cum populo, wodurch – vermöge der rituellen Kraft des rex – der Wille des Volkes zum Bestandteil des vom rex verwalteten ius wurde. Daher lag, obwohl die materielle Initiative wie bei der provocatio von der Seite des Volkes, genauer, von dem solidarisch unterstützten Interesse eines Einzelnen ausging, die Verfahrensherrschaft beim König: Er stellte die Frage, die in Gesetzeskraft erwachsen sollte.

An diesen Fällen zeigt sich damit auch schon ein Grundprinzip des späteren römischen Gesetzesbegriffes überhaupt. Gesetzgebung ist Bindung der bei der Gesetzgebung handelnden Jurisdiktionsinstanz, wobei die materiellen Willensgehalte aus der Sphäre des Volkes und später allgemeiner der Politik kommen, die formelle Bindung aber dadurch erreicht wird, daß die Jurisdiktionsinstanz, der Charismaträger selbst, das Gesetz einbringt und als Frage formuliert. Dies ist der Grund für die notwendige Zweiseitigkeit des agere cum populo. Was das Volk oder seine Wortführer wollen, muß mit der Hilfe der Jurisdiktionsinstanz in Kraft gesetzt werden. Diese Unterscheidung zwischen materiellen Willensinhalten und formalen Geltungsbedingungen läßt sich als rechtliche auch noch dort durchhalten, wo – und dies ist schon seit den Wahlmagistraten der Republik in der Gesetzgebung die Regel – sich der rogierende Magistrat das inhaltliche Ziel der Gesetzgebung zu eigen machte und nicht, wie einst gewiß auch außerhalb der strafrechtlichen provocatio oftmals der rex, mehr oder weniger unter Druck handelte.

175 Diesen elementaren Zusammenhang zwischen normativer Regel und normgemäßer Anwendung der Regel will Bleicken, Lex publica S. 72 ff. gerade auch für die beiden Fälle aufheben, indem er den Sinn von ius auf die zur Anwendung bereitstehenden Regeln beschränkt und deren Neuordnung und Anwendung selbst davon unterscheidet; beides letztere sei jeweils bloße Aktion. Diese Ansicht will zugunsten eines ganz abstrakten, regelhaften ius-Begriffs die Vorstellung einer verwirklichten Rechtsordnung mit ihren konkreten Freiheits-, Status- und Vermögensrechten beseitigen (nur dann wären tatsächlich Kindschaftsbeziehungen und Bodenordnungen kein ius; vgl. a. a. O. S. 72 Anm. 1, S. 73). Dieser Versuch widerspricht nicht nur dem heutigen Rechtsdenken, sondern gerade auch dem religiös geprägten altrömischen, für das ius als Qualitätsbegriff im Ursprung den konkreten Friedenszustand der gesamten Lebensordnung bezeichnet (vgl. Kaser, Röm. Privatr. I[2] § 4 I 2 S. 25, aber auch u. Fn. 235). Daher erklärt sich auch das stets auf konkrete Rechtsverhältnisse bezogene ita ius esto der Zwölftafeln im Recht der Verfügungen unter Lebenden und von Todes wegen (XII tab. VI 1; V 3), von dem uralten ius dicere des Magistrats und Königs, das stets Teilelemente der konkreten Rechtsordnung betraf, ganz zu schweigen. Grundsätzlich gegen Bleickens Konzeption bereits o. S. 67 mit Anm. 104 und Historische Zeitschrift 225 (1977) S. 404 ff.

Vollendet wurde die Bindung der ius-Instanz durch das iussum populi in diesen wie in allen Fällen ursprünglich durch die auctoritas patrum, kraft derer die Verbindlichkeit der lex rogata von allen potentiellen Trägern der ius-Hoheit des Senats bestätigt wurde, d.h. von allen patrizischen Senatoren, die originär zum interregnum befähigt waren und aus deren Mitte auch in der Regel, d.h. außer wenn ein nicht im Senat sitzender Patrizier gewählt worden war, die Magistrate stammten. Mit der Zulassung der Plebejer zu den Magistraturen und der daran geknüpften Ausbildung des senatorischen Amtsadels verlor dieses patrizische Reservatsrecht, so aufschlußreich es für die Frühgeschichte der römischen Verfassung ist, seine Grundlage und wurde zu einer vorweg zu erteilenden Formalie.[176]

VII. Die Entstehung des normativen Gesetzes

[92] (15) Das normative Gesetz, das die für das ius verantwortliche Magistratur an allgemeine, abstrakte Regeln bindet, ist der wichtigste Sonderfall im Bereich des römischen Gesetzesbegriffs. Es ist aber in der Tat nur ein Sonderfall. Denn der Grundgedanke des römischen Gesetzesbegriffs, Bindung des Trägers der Rechtshoheit durch das Volk, reicht genauso weit, wie die ursprünglichen Befugnisse eben dieses Hoheitsträgers. Die noch zu erörternde Reichweite und höchst kennzeichnenden Geltungsgrenzen des römischen Gesetzes zeigen das sehr deutlich. Aber zunächst zum normativen Gesetz, dem eigentlichen Vorläufer des modernen Gesetzesbegriffs.

Die normative lex rogata entwickelt sich aus den bereits erörterten konkreten Festlegungen der Jurisdiktionsinstanz in Straf- und Privatsachen durch eine einfache Erweiterung. Es bedurfte nur des Schritts von der konkreten Festlegung auf einen Freispruch nach provocatio oder auf eine kindschaftsrechtliche oder erbrechtliche Regelung zu der abstrakten Festlegung auf eine allgemeine Norm, um das normative Gesetz zu erreichen. An die Stelle der speziellen Fassung: »Dieser ist freigesprochen bzw. Sohn oder Erbe des Titius« mußte lediglich die generelle Fassung treten: »Für jeden, der eine bestimmte Voraussetzung erfüllt, treten diese oder jene Rechtsfolgen ein«.

Diesen Schritt für die rogierte lex publica zu tun, konnte um so weniger schwerfallen, als sich der Gedanke der Bindung der Jurisdiktionsinstanz durch allgemeine Normen für den Fall traditionaler, »gewohnheitsrechtlicher« Regelbildung der Jurisdiktionspraxis schon längst herausgebildet hatte, nämlich in Gestalt der sogenannten leges regiae. Sie tragen ihren Namen danach, daß sie als Regelbildungen aus der Jurisdiktion des rex stammen. Einige von ihnen, z.B. die Sazertätsstrafe für den Patron, der einen Klienten frevelhaft geschädigt hatte, konnten bezeichnenderweise ohne weiteres in die Zwölftafeln übergehen und damit, wie der Bezeichnungswechsel zutreffend ausdrückt, von einer vom König selbst re-

176 Vgl. o.S. 46 mit Fn. 42.

spektierten und in seiner Geltung beachteten Regel zu einer vom Volk festgelegten Norm werden.[177]

Strukturell sind die leges regiae insofern ganz ersichtlich Vorläufer der leges publicae. Die durchgehende Beziehung der leges regiae auf Rechtsfolgen, auf Strafen, aber auch auf Privatrechtsverhältnisse, unterscheidet die leges regiae von bloßen kategorischen Verhaltensgeboten wie denen des Dekalogs und verbindet sie unmittelbar mit der religiös gebundenen, die Friedensordnung des Rechtsverbandes sichernden Jurisdiktion des rex. So knüpfen eine Anzahl von leges regiae an die Verletzung von Freveltatbeständen, z. B. an die schon erwähnte Verletzung der Patronatspflichten, an den gegen den Vater geführten, ihn aufschreien lassenden Schlag, an das Verkaufen der Ehefrau, an das Überpflügen der Grenze die Straffolge, daß der Täter sacer wird und damit seinen Status als Verbandsmitglied verliert. Sie kennen aber auch sühnbare Frevel, z. B. [93] die fahrlässige Tötung oder die Schändung des Juno-Altars durch die Paelex, das Kebsweib. Daneben finden sich privatrechtliche Rechtsfolgetatbestände, wie die Anordnung der Gütergemeinschaft für die Eheform des ältesten quiritischen Rechtskreises, die confarreatio. Schließlich erscheinen die leges regiae auch schon durchaus als Mittel zweckhafter sozialer Verhaltenssteuerungen, z. B. im Bereich des Kindschaftsrechts in Gestalt des Gebotes, daß von den männlichen alle und von den weiblichen Nachkommen wenigstens das erstgeborene aufgezogen werden müssen und daß ab einer Drillingsgeburt vom Verband Hilfe gewährt wird. Insgesamt enthalten diese Normen, die trotz mancher legendärer Züge ihrer Überlieferung – das gilt insbesondere für die Aufteilung auf die überwiegend unhistorischen sieben Könige Roms – einen glaubwürdigen Komplex des ältesten römischen Rechts darstellen, einen Blick auf das Ganze des von der Jurisdiktionsinstanz zu verantwortenden Zusammenlebens.[178]

An diesen Blick auf das Ganze knüpfen – knapp zwei Menschenalter nach Gründung der Republik – die Zwölftafeln an, und zwar nun gleich in einer Weise, die schlechthin Bewunderung abnötigt. Die Zwölftafeln sind nichts Geringeres als eine wirkliche bürgerliche Kodifikation.[179] Es ist möglich, daß den Zwölftafeln eine lex publica über das Multierungsrecht der Magistrate vorausgegangen ist, die bis zu einem gewissen Grade als normativ bezeichnet werden kann.[180] Dennoch ist das Zwölftafelgesetz eine Schöpfung ohne Vorbild. Als geistige Leistung ist es nur erklärlich, wenn man bedenkt, daß seine intellektuellen Urheber, die Pontifikaljuristen,[181] als Berater der Jurisdiktion gewohnt waren, den Blick auf die rechtlichen Lebensbedingungen des Ganzen zu richten und auf diese

177 Vgl. XII tab. VIII 21 mit Leges regiae I 2.

178 Vgl. in der Reihenfolge der Anführung im Text Leges regiae VI, 6; I, 9; II, 16; II, 2; I, 7; I, 11; IV, 3.

179 Bürgerlich verstanden im Sinne der antiken Timokratie. Vgl. dazu meinen Zwölftafelprozeß 1974 S. 4 ff., 151, 207 ff.

180 Siehe insofern Rotondi, Leges publicae S. 200.

181 Vgl. Zwölftafelprozeß S. 3 f., 49 ff., 145 f., 156 ff. u. ö.

Weise die Rechtsinstitute in einer lebendigen Beziehung miteinander zu sehen. Für eine ausführliche Würdigung der Zwölftafeln ist hier nicht der Ort. Im Rahmen der Geschichte des römischen Gesetzesbegriffs genügen folgende Bemerkungen.

Die allgemeinen Voraussetzungen für die große Ordnungsleistung der Zwölftafeln ergeben sich aus der damaligen günstigen verfassungspolitischen Ausgangslage. Durch das Vordringen des timokratischen Prinzips, das in der Wehrorganisation der Centuriatscomitien sein wirksamstes, den populus organisierendes Zentrum gefunden hatte, war der Gegensatz zwischen Patriziern und Plebejern jedenfalls in dem Maße überbrückt, daß ein bürgerlicher Grundkonsens formulierbar wurde, wenn auch unter Ausklammerung der Frage der politischen Macht. Die Patrizier, die als Vertreter des gentilizisch-quiritischen Rechtskreises in Gestalt eines stadtsässigen, aber durch Grundbesitz [94] mächtigen Adels in der Tradition des Quirinalbundes die obersten Magistraturen und Priestertümer für sich allein beanspruchten, sollten in dieser Stellung unangetastet bleiben. Im übrigen sollten aber die Plebejer, in ihrem Kern die durch städtische Berufe wie Handel und Handwerk geprägten, von der gentilizisch-quiritischen Ordnung ausgeschlossenen Neusiedler des Herrschaftsortes Rom, zur bürgerlichen Rechtsgleichheit des von den Zwölftafeln formulierten ius civile zugelassen werden. In diesem Erfolg der Plebs drückt sich zugleich das Gewicht aus, welches die Plebejer, dadurch daß sie sich in der berühmten secessio plebis gleich nach Gründung der Republik als Sondergemeinde konstituieren konnten, in der Gesamtverfassung errungen hatten. Daher ist es auch keineswegs unerklärlich, daß gleich nach den Zwölftafeln auch das erste, den erreichten Kompromiß sichernde normative Plebiszit der Plebejer erschien.

In ihrem Grundzug sind die Zwölftafeln ganz städtisch-bürgerlich geprägt. Sie ordnen, um nur das wichtigste kurz anzudeuten, die Bedingungen des Kreditrechts, die Verkehrsfähigkeit des Eigentums einschließlich des gesamten Bodeneigentums, das Erbrecht und das in einem städtischen Gemeinwesen so überaus empfindliche Eherecht. Sie bestimmen und begrenzen die Folgen von Delikten und Straftaten und bekämpfen auch, dem timokratischen Gedanken folgend, daß der Bürger sein Vermögen nicht nur für sich selbst hat, übertriebenen Luxus im Bestattungsritual und bei Grabbeigaben.[182] Auch die drei verfassungspolitisch bedeutsamen Normierungen der Zwölftafeln fügen sich dem bürgerlich-timokratischen Grundkonsens ein. Das Verbot, gesetzliche Vorrechte, Privilegien, zu verleihen, stempelt die patrizischen Vorrechte zu Einrichtungen, die noch als Ausnahmen geduldet und auf längere Sicht zum Absterben verurteilt sind.[183] Der Satz, daß Kapitalklagen vor den comitiatus maximus der timokratischen Centurien eingebracht werden müssen, macht sowohl gegenüber den quiritischen Curiatscomitien wie gegenüber dem concilium plebis deutlich, wo sich fortan das

182 Siehe dazu zuletzt meinen Aufsatz ›La mancipatio nelle XII Tavole‹, IVRA 33 (1982, erschienen 1985) S. 46ff.

183 XII tab. VIII 1.

Zentrum der bürgerlichen Solidarität befindet.[184] Auch die letzte hierhin gehörige und vielleicht interessanteste Norm stärkt die timokratischen Comitien. Der Sache nach bestimmt die nicht im Wortlaut überlieferte Vorschrift, daß das jeweils letzte auf rogatio des Magistrats erfolgte iussum populi gültig sei.[185] Darin wird man vor allem die Pointe [95] finden, daß das gewaltige Gesetzgebungswerk der Zwölftafeln sich nicht etwa als endgültig verstanden wissen, sondern von vornherein klarstellen wollte, daß es, wie auch später geschehen, durch künftige Gesetze abgeändert werden könne. Neben diesem Sinn, der sich gegen eine nicht streng juristische, sondern mehr rechtspolitische Argumentation wenden würde, kommt auch noch eine wirklich rechtliche Bedeutung in Betracht, nämlich, daß auf diese Weise die Gesetze der timokratischen Centurien sich gegenüber der auctoritas patrum stärken und ihr jedenfalls das Argument entziehen wollten, die bloße Tatsache einer Neuerung sei schon ein legitimer Grund, die Genehmigung eines Gesetzes zu verweigern.[186] Falsch wäre aber, dieser Norm auch noch den Sinn beizulegen, daß die Centuriatscomitien im gesamten Bereich des ius nun uneingeschränkte Gesetzgebungssouveränität hätten, Das hatten sie nicht. Vielmehr war es noch in der späten Republik selbstverständlich, daß es Bereiche gab – gemeint sind die religiösen –, in denen eine Gesetzgebung nicht ius war.[187]

184 XII tab. VIII 2.

185 XII tab. XII 5 = Liv. 7, 17, 12: in duodecim tabulis legem esse ut, quodcumque postremum populus iussisset, id ius ratumque esset. Überliefert ist die Norm hier und in der Parallelstelle (Liv. 9, 34, 6 u. 7) in einem Zusammenhang, wo es um ihre sehr weitgehende, analoge Anwendung geht, um die Frage nämlich, ob es nach dem Prinzip (Liv. 7, 17, 12: iussum populi et suffragia esse – ein Gesetzesbefehl sind auch die Wahlen) zulässig ist, mit dem originären Volkswillen zu argumentieren und auf diese Weise gesetzlich festgelegte Grundsätze der Wahlqualifikation oder der Amtsdauer mit der erfolgten Wahl stillschweigend (!) für beseitigt zu erachten. Damit hat die annalistische Tradition tatsächlich in ganz anachronistischer Weise in den Satz den Gedanken der Volkssouveränität hineingetragen. Die Geschichtlichkeit des Zwölftafelsatzes selbst wird durch diesen Vortrag natürlich nicht betroffen, sondern umgekehrt bestätigt. Im übrigen dürfte die rechtlich überaus bedenkenlose Argumentation die Möglichkeiten nicht nur der Zwölftafelzeit, sondern auch der beiden annalistischen Ereignisse von 355 und 300 v. Chr. überstiegen haben. Für den zweiten Vorgang anders indes Ippolito, ZRG Rom. Abt. 102 (1985) S. 117ff.

186 Damit soll nicht gesagt sein, daß die Verweigerung der auctoritas patrum Rechtsgründe forderte, sondern nur, daß bei Vorliegen oder Vorschützen von religiös-rechtlichen Gründen die Verweigerung politisch sehr viel schwieriger angreifbar war. Daß schließlich Neuerungen religiös-rechtliche Bedenken hervorrufen konnten, liegt angesichts der Bedenklichkeit, mit der die römische Religion Veränderungen gegenüberstand (man denke an die zahlreichen, eben dieser Bedenklichkeit entsprungenen Versteinerungen, wie z. B. die Curiatscomitien), nicht fern.

187 Mommsen III S. 335: »in den Gesetzen (wird) durch eine ständige Clausel alles das für nicht im Gesetz enthalten erklärt, was dem Recht der Götter etwa zu nahe treten sollte.« Die Klausel lautete in ihrem Anfangsteil (Prob. 3, 14: si quid sacri sancti est, quod non iure est rogatum, oder knapper (Cic. pro Caec. 33, 95): si quid ius non esset rogarier, und stellte damit klar, daß eine Legislation im Bereich dessen, was als sacer oder sanctus anerkannt war, auch nicht ius sein könne. Der Sinn der stehenden (Cic. 1. c. in omnibus legibus)

(16) Der patrizisch-plebejische Gegensatz wird in dem timokratischen Zwölftafelgesetz, das ihn überwinden will, folgerichtig nicht genannt, bis auf eine Ausnahme, dem von der 2. Kommission der decemviri, der nach glaubwürdiger Überlieferung auch Plebejer angehörten,[188] eingeführten Bestimmung, daß zwischen Patriziern und Plebejern kein conubium bestehen solle. Diese Norm wurde nach einhelliger Überlieferung im Jahre 450 in die Gesetzgebung aufgenommen und, wie erörtert, am Ende des Jahres als Teil der 11. und [96] 12. Tafel in Form einer lex publica in Kraft gesetzt. Schon im Jahre 445 wurde eben diese Bestimmung von den Plebejern durch ein Plebiszit, die lex Canueia, wieder aufgehoben. Man hat diesen Vorgang nicht recht einordnen können, bis zu dem Grade, daß neuerdings das Canuleische Plebiszit geradezu zu einer Erfindung erklärt worden ist.[189] Man versteht den Vorgang jedoch ohne weiteres, wenn man seinen ganz episodenhaften Charakter erkennt. Er besteht in einer kurzen, vorübergehenden Krise des sonst so gelungenen bürgerlichen Einigungswerks der Zwölftafeln. Die Konstellation der Krise war denkbar einfach.

Klausel war, durch eine vorsorgliche Selbstbeschränkung der Gesetzesrogation dem Problem des religiös rechtswidrigen, aber formell gültigen Gesetzes von vornherein eine klare Lösung zu eröffnen.

188 Broughton, The Magistrates of the Roman Republic S. 47; vgl. auch Werner, Der Beginn der röm. Republik S. 280 ff.; dazu aber meinen Zwölftafelprozeß S. 211 Anm. 18.

189 Alfred Heuss, Gedanken und Vermutungen zur frühen römischen Regierungsgewalt (1981) S. 18 ff. Abgesehen von dem im Text erörterten Problem der ursprünglichen Geltungsgrenzen der Plebiszite nimmt Heuß vor allem Anstoß an der Theorie eines spezifischen patrizischen Gentilcharismas, von dem in der Annalistik nicht ohne Grund auch bei der lex Canuleia die Rede war. Aber die Lehre, daß allein die Patrizier kraft Geschlechtsrechts, d. h. kraft vollbürtiger Abstammung, zur Wahrnehmung der Hoheitsrechte befähigt waren (und Plebejer und Abkömmlinge aus patrizisch-plebejischen Mischehen folgeweise nicht), ist in Wahrheit der Grundstein der altpatrizischen, in die Anfänge des Quirinalbundes zurückgehenden Verfassung. Man muß hier gegenüber der scharfsinnigen Kritik von Heuß allerdings deutlich unterscheiden zwischen der Begründung der neuen Bundeshoheit und der Befähigung, sie wahrzunehmen. Die bundesbildenden gentes haben, wie im Schema der auctoritas patrum noch greifbar, durch ihre Repräsentanten, die patres des nachmaligen Senats, die ehedem selbständigen Gebiets- und Personalhoheiten vereinigt und die neue, für den Quiritenbund gültige Hoheitsgewalt geschaffen. In dem Sinne kann man sagen, daß die patres die für die neue Hoheitsgewalt repräsentativen Auspizien nicht kraft Geburt, sondern kraft Senatssitz haben (Heuss S. 23). Aber man muß sogleich anfügen, daß diese patres (in der Tradition der Bundesbildung) nicht gekorene, sondern geborene Senatsmitglieder waren, so daß sie dem Senatssitz weniger etwas verdankten als ihn vielmehr schufen. Die Befähigung, diese neue Bundeshoheit wahrzunehmen, wird folgerichtig an die Zugehörigkeit zu den bundesbildenden Geschlechtern geknüpft, wobei ursprünglich gewiß nur einer der patres, später im Sinne einer gemäßigten Drittorganschaft auch andere Geschlechtsangehörige berücksichtigt werden konnten. Daß zur Rechtfertigung dieses Vorrechts gegenüber den Plebejern die höhere religiöse Qualifikation der Gentes ins Feld geführt wurde, ist nur natürlich und in voller Übereinstimmung mit der gentilizischen Herkunft der ältesten römischen Kult- und Rechtsordnung.

Die Reservatehe der Patrizier, die confarreatio, war von dem Zwölftafelwerk unangetastet geblieben. Sie wurde nicht in bürgerliches Recht verwandelt, sondern blieb die alte, den quiritischen Gentes vorbehaltene Eheform der patrizischen Herrschaftsgeschlechter. Nach dem Willen der Zwölftafeln sollte die bürgerliche Ehe, die im ersten Jahr geregelt und verabschiedet worden war, zwar allen offenstehen und selbstverständlich auch zwischen Plebejern und Patriziern möglich sein,[190] aber die Nachkommen einer solchen gemischten Ehe [97] waren den Nachkommen einer rein patrizischen Confarreationsehe nicht ebenbürtig. Das gentem habere, das eine rechtlich intakte Zugehörigkeit zur gentilizischen Ordnung verlangte und die Qualifikation für die patrizischen Ämter darstellte, traf für die ehelichen Abkömmlinge aus den bürgerlichen Mischehen des Zwölftafelrechts nicht zu. Die Zurücksetzung war deutlich, so sehr sie auch aus der unstrittigen Voraussetzung der Zwölftafeln folgte, daß den Patriziern die Herrschaft vorbehalten bleiben sollte. Für ein reizbares Ehrgefühl einer selbstbewußten Gruppe, die jedenfalls die privatrechtliche Gleichheit in den Zwölftafeln ungeschmälert durchgeführt wissen wollte, lag es daher nahe, nach Wegen zu suchen, diese Zurücksetzung auszugleichen. Die Rechtsretorsion mußte sich dafür als das geeignetste Mittel anbieten. Wenn die Patrizier aus ihren Machtinteressen daran festhalten mußten, daß die patrizisch-plebejische Mischehe in ihrem Rechtskreis nicht ebenbürtig war, dann sollte auch im Bürgerlichen Recht der Zwölftafeln, das für die Plebejer nunmehr ihr Recht war, eine gemischte Ehe keine rechtsgültige Verbindung darstellen. Genauso wurde es im zweiten Jahr der Zwölftafelgesetzgebung bestimmt. Das bürgerliche Eherecht der Zwölftafeln wurde damit zum plebejischen Sonderrecht, so wie die alte Confarreatio von Hause aus patrizisches Sonderrecht war. Aber schon fünf Jahre später besann man sich eines besseren, wofür sowohl langfristige Überlegungen (eine ihrem Rechtsstatus nach aufsteigende Gruppe kann durch Mischehen mit der rechtlich höher eingestuften Gruppe nur gewinnen) als auch konkrete Fälle ausschlaggebend gewesen sein könnten. Daß der Rückweg zum ursprünglichen, das bürgerliche conubium zwischen Patriziern und Plebejern enthaltenden Zwölftafelrecht durch ein schlichtes Plebiszit möglich war, ist das technische Siegel auf die Richtigkeit der hier vorgetragenen Interpretation. Die lex Canuleia führte keine neue Norm des ius civile ein – das wäre in jener Zeit weit vor der lex Hortensia (286 v. Chr.) in der Tat unmöglich gewesen –, sondern beseitigte lediglich einen Sonderrechtssatz der

190 Die Zwölftafeln haben als umfassende Regelung der privatrechtlichen Grundverhältnisse der patrizisch-plebejischen Bürgerschaft auch eine Eheform des ius civile angeboten, und zwar als frei scheidbares (XII tab. IV 2) Rechtsverhältnis zur Erzielung gesetzmäßiger (ehelicher) Kinder (vgl. XII tab. IV 4). Nur durch einjährige, ununterbrochene Ehe, die nicht durch eine drei Nächte umfassende Rückkehr der Ehefrau unterbrochen war, näherte sich die freie Ehe der Zwölftafeln der Strenge der patrizisch-quiritischen Ehe an (vgl. XII tab. VI, 4). Daß diese Regelungen zu den ersten zehn Tafeln gehörten, wird neben allgemeinen Gründen vor allem von Gaius 3 ad legem duodecim tabularum D 48, 5, 44 (Lenel, Palingenesia I S. 144) bewiesen.

Plebs, ihre das vorhandene bürgerliche Eherecht zurückdrängende eherechtliche Abschließung gegenüber den Patriziern. Dieser materielle Gesichtspunkt war stärker als die Tatsache, daß das Eheverbot mit den Zwölftafeln in einer lex publica stand, und zwar vermutlich deswegen, weil die Beseitigung des conubium ein auf plebejische Initiative in die Zwölftafeln geratener, das bürgerliche Eherecht einschränkender Fremdkörper war. Zu seiner Entfernung konnte ein Plebiszit, eine Willensentscheidung der Plebejer, für ausreichend gehalten werden, zumal da eine Anerkennung des Plebiszits durch die Gesamtrechtsordnung nicht fehlte, sondern durch die damals noch regelmäßig erforderliche Mitwirkung des patrizisch-plebejischen Senats gewährleistet wurde.[191]

[98] Die lex Canuleia war das erste normative Plebiszit, das als solches bei der Gestaltung des ius mit der lex publica in Konkurrenz trat. Die Voraussetzung der Plebiszite überhaupt liegt in der Konstituierung der Plebs als Sondergemeinde in Form einer städtischen Eidgenossenschaft. Von den konstitutiven Eidesakten, den sogenannten leges sacratae,[192] unterscheiden sich die Plebiszite dadurch, daß sie, obschon Normsetzungen der Plebs, durch die Mitwirkung des Senats als Ausdruck einer anerkannten und von einem Organ der Gesamtordnung überwachten Autonomie erscheinen. Genauso wie wir es auch gleich bei den leges publicae sehen werden, waren die Plebiszite nicht auf normative Regelungen beschränkt. Die ältesten glaubwürdigen Beispiele sind vielmehr Organisationsgesetze, wie z. B. die Erschließung des Aventins für die Erweiterung der plebejischen Stadtsiedlung[193]

191 Vgl. Mommsen III S. 157 f. Die Überlieferung deutet auf eine vorherige Zustimmung des Senats, doch kann ursprünglich auch eine Art Genehmigung analog der auctoritas patrum gegolten haben. Vgl. o. Fn. 42. Mommsen vermutet als Grundlage des Zustimmungserfordernisses ein altes, vordezemvirales Volksgesetz. Einfacher ist es wohl, darin lediglich einen Bestandteil des nach der secessio plebis erzielten Kompromisses zu sehen; ihn in dieser Form zu finden, mußte durch die plebejischen Mitglieder des Senats, die conscripti neben den patres, erleichtert worden sein. Zu ihnen Mommsen III S. 838 ff.

192 Zu diesen sacratae leges, die als Grundgesetze der plebejischen Sonderverfassung galten (Liv. 3, 32, 7), Rotondi S. 192 f., Mommsen II S. 268 f., 272 Fn. 1, der allerdings für ihre Geltung gegenüber den Patriziern allzusehr auf die Kategorien von Rache und Selbsthilfe zurückgreift. Eine (hier nicht mögliche) nähere Analyse müßte schärfer unterscheiden zwischen innerplebejischen Eidesakten (den leges sacratae in monte Sacro; Liv. 2, 33, 3) und dem mit den Patriziern gefundenen Verfassungskompromiß (Liv. 2, 33, 1), bei dem die entscheidende Frage ist, auf welche Weise die sakralrechtliche Geltung des plebejischen Grundgesetzes auf die Patrizier erstreckt würde. Daß den Patriziern gegenüber die »sacrosancta potestas« der Tribune nichts als ein »Euphemismus für die revolutionäre Selbsthülfe« war (Mommsen II S. 287 Fn. 1), ist kaum glaublich.

193 Vgl. Rotondi S. 199 zur lex Icilia de Aventino publicando von 456. Das Plebiszit ist vor allem deswegen glaubwürdig, weil es mit plebejischer Siedlung auf ager publicus noch eine deutlich vordezemvirale Bodenordnung der Stadt voraussetzt. Erst mit den Zwölftafeln wird nämlich in vollem Umfang die Privatrechtsfähigkeit des Bodens von dem patrizisch-quiritischen Land auf die Stadt übertragen. Vgl. dazu meine o. Fn. 182 zitierten Artikel S. 96 ff., 100 ff. Die Überlieferung Dionys. 10, 32, 4, wonach es sich um ein konsularisches Centuriatsgesetz gehandelt habe, gilt als unglaubwürdig. Vgl. aber F. T. Hinrichs, Die Geschichte der gromatischen Institutionen (1974) S. 9 mit Fn. 23.

oder die nach der Überlieferung vorausgegangene Übertragung der Tribunenwahl auf die tribus.[194]

Als Rechtssetzung, die durch ein vom Volkstribun ausgehendes agere cum plebe bewirkt wird, erscheint das Plebiszit als eine der quiritischen Gesetzgebung nachgestaltete Parallelbildung, jedoch ohne deren rituelle Rahmenbedingungen. Der Volkstribun war kein Träger einer charismatischen Jurisdiktionsgewalt, sondern in der Gesetzgebung ein Organ, das die Willensbildung der Plebs herbeiführte. Den entscheidenden Gedanken des römischen Gesetzesbegriffs, daß Gesetze das ius festlegen, haben sich jedoch die Plebiszite am Ende ihrer Entwicklung voll zu eigen gemacht. Ursprünglich Rechtssetzung einer autonomen Sondergemeinde, die nur als solche von der Gesamtordnung re- [99] spektiert werden mußten, erlangten die Plebiszite – nach zweifelhaften Vorstufen – mit der lex Hortensia von 286 unter Abstoßung des Mitwirkungserfordernisses des Senats die volle Gleichstellung mit den leges publicae.[195] Seitdem waren die Plebiszite einfach die verfahrensmäßig bequemste, aber, da weniger disziplinierbar, auch politisch gefährlichste Form der Gesetzgebung. Die lex Aquilia, die als Plebiszit das Deliktrecht der Zwölftafeln novellierte und die zahlreichen anderen Plebiszite, die reformierend oder revolutionierend in die Rechtsverhältnisse eingriffen, haben in ihren Regelungen die gleiche Normqualität wie die leges publicae.

Der rasche Aufstieg der Plebiszite zum Rang eines allgemeinen, wenn auch betont demokratischen (popularen) Gesetzes hängt mit der früh beginnenden Umwandlung der Plebs von einer städtischen Sondergemeinde in den gesamten nicht-patrizischen Volksteil zusammen. Ursprünglich ist die Plebs die im wesentlichen aus Handwerkern und Kaufleuten bestehende Bevölkerung der im Schutze des Quiritenbundes entstandenen und sich unter den folgenden Stadtherrschaften weiter entwickelnden Stadt.[196] Als Stadtbürger im Schutze einer auf die vereinigten Landsiedlungen gestützten Herrschaft stehen die Plebejer mit ihren ursprünglichen Rechtseinrichtungen streng außerhalb jeder Militärorganisation; das gilt vor allem auch für die vier städtischen tribus.[197] Seit 471 wählen diese

194 Vgl. Rotondi S. 197 zur lex Publilia Voleronis von 471.

195 Vgl. Rotondi S. 238 f.

196 Diese spezifisch städtische Urgeschichte der Plebs erklärt vieles, z. B. daß den Plebejern die ländlichen Gentes fehlen und ihnen dafür als Ersatz Collegia eingerichtet wurden, die ältesten bezeichnenderweise für Handwerker und Kaufleute. Vgl. dazu einstweilen meinen Aufsatz Die Rechtsformen des römischen Handwerks, in: Das Handwerk in vor- und frühgeschichtlicher Zeit I (1981) S. 161 ff. Als Stadtbevölkerung konnten die Plebejer auch effektiv mit einer secessio drohen, die ja eine wirkliche Umsiedlung sein sollte. Zutreffend de Martino I S. 261. Daher waren auch die Beamten der Plebs spezifisch städtischer Art. Vgl. meinen Zwölftafelprozeß S. 2 f. mit Fn. 7. Vgl. auch u. Fn. 197.

197 Vgl. bereits o. Fn. 24 zu Liv. 1, 43, 13. Daher ist die Stadt, entsprechend der Censusstrafe des e tribu movere et aerarium facere (aus der Landtribus ausweisen und durch Einschreibung in die Stadttribus zum bloßen Steuerbürger machen, vgl. Mommsen II S. 402, 392), ursprünglich spezifisch Steuerbezirk, das Land Aushebungsbezirk. Der Aufstieg der Plebs beginnt mit ihrer Zulassung zum Wehrdienst und der damit verbundenen Gleichstellung

tribus auch die Volkstribune, allerdings, wie eine sehr einsilbige Überlieferung behauptet, von Anfang an in schematischer Gleichstellung mit den Landtribus.[198] Glaubwürdiger ist auch hier eine allmählichere Entwicklung, die, ausgehend von den vier Stadttribus, die Landtribus nach Maßgabe des wachsenden Gewichts der dort neu auftretenden, weder patrizischen noch den Patriziern rechtlich hörigen Bevölkerung, nämlich teils der zum plebejischen [100] Bürgerrecht aufgestiegenen clientes, teils der Plebejer, die sich in den Landtribus angekauft haben, allmählich bis zur vollen Gleichstellung zu beteiligen beginnt.[199] Auf diese Weise wurden die Plebiszite am Ende zu einer Gesetzesform, die man sehr leicht mit der gesamtstaatlichen Gesetzgebung nach den Aushebungsbezirken, den Tributkomitien, verwechseln kann.

Unterscheidungskriterium ist neben der Tatsache, daß bei den Tributkomitien der rogierende Magistrat ein quiritischer Magistrat, z. B. ein Konsul sein mußte, der Umstand, daß die Tribus für jene Komitien anders als für die Plebiszite Militärkader waren und daher, wie in einem schon erwähnten Beispiel überliefert, sogar im Feldlager als Abstimmungseinheiten fungieren konnten.[200] Die Möglichkeit, auch im Bereich militiae wirksame Festlegungen des ius vornehmen zu können, haben die quiritischen Tributkomitien mit den Centuriatskomitien gemein; es erklärt sich hier wie dort für die ältere Verfassungslehre, wie schon ausgeführt, dadurch, daß der Feldherr neben dem militärischen imperium in Gestalt der Auszugsauspizien auch im Feld ein Stück der charismatischen Jurisdiktionsgewalt mitführte.[201]

von städtischem mit ländlichem Grundbesitz. Da dennoch für das Centurienaufgebot stets nur die Landtribus die organisatorisch-rechnerische Grundlage bildete (vgl. noch einmal o. Fn. 24), ist deren Priorität für die Aushebungsordnung deutlich erkennbar. Unrichtig daher Mommsen III S. 182, der annimmt, daß die Eigentumsordnung der Stadttribus das Vorbild für die Landtribus geworden ist. Vgl. dagegen auch o. Fn. 193.

198 Vgl. Mommsen III S. 152.

199 Vgl. Rotondi S. 197 zur lex Publilia Voleronis. Das Problem des wichtigen und an sich glaubwürdigen Plebiszits ist, daß die Überlieferung ihm die Einführung des historischen Endzustandes zuschreibt, also, ähnlich wie die Überlieferung zur sog. Servianischen Centurienordnung, die gewiß anzusetzende geschichtliche Entwicklung ausblendet. Sie läßt sich kaum noch wiederherstellen. Aber man kann immerhin die Frage stellen, ob nicht die Vermehrung der Tribunenzahl von 2 auf 4, die dieses Gesetz gebracht hat (vgl. Mommsen II S. 274), mit der im wesentlichen unangefochtenen Vorherrschaft der Stadt zusammenhängt, also mit dem Übergewicht der nunmehr zur Tribunenwahl berufenen vier Stadttribus, und die Vergrößerung des Tribunenkollegiums auf zehn mit der Erweiterung des Plebejats auf die nichtpatrizische Landbevölkerung zu erklären ist. Zu den Voraussetzungen dieses Vorgangs in den Möglichkeiten des römischen Census meine Arbeit (o. Fn. 182) S. 97 Fn. 105.

200 Vgl. o. Fn. 143.

201 Siehe o. S. 78 mit Fn. 141.

VIII. Der Zuständigkeitskreis der archaischen lex publica

(17) Die römische Volksgesetzgebung, ihrem Prinzip nach die Festlegung der magistratischen Jurisdiktionsgewalt durch den populus, hatte von ihren Ursprüngen her teil an dem gesamten Zuständigkeitskreis der Macht, die sie beschränkte. Dadurch konnte die römische lex publica schon früh eine umfassende Bedeutung gewinnen. Sie ist aber infolgedessen auch auf eigentümliche Grenzen gestoßen, die erst durch einen neuen Begriff der Staatsgewalt überwunden werden konnten.

Die ursprüngliche Königsgewalt und in ihrer Nachfolge die Jurisdiktionszuständigkeit der Magistratur waren im Bereich des Friedens von Hause aus allzuständig. In der ursprünglichen Verfassung des Quiritenverbandes besaß der König als Exponent der den Verband bildenden Geschlechter und als Inhaber [101] aller religiösen, von rituellen, auguralen und pontifikalen Kenntnissen betreuten Fähigkeiten die umfassende Organisations- und Ordnungszuständigkeit für Verband und Gebiet.

Theodor Mommsen hat diese uralten magistratischen Befugnisse ganz zu Unrecht in der Kategorie der einseitigen Gesetzgebung zu erfassen versucht. In Wahrheit waren alle diese ordnungsstiftenden Akte rituelle Tathandlungen, deren Ergebnisse vermöge der charismatischen Kraft dessen, der sie setzte, nicht nur faktisch vorhanden waren, sondern zugleich mit der Qualität ius, d.h. mit der Eigenschaft religiöser, die pax deum wahrender Unbedenklichkeit und Reinheit, umkleidet waren. Auf diese Weise ist sowohl das komplexe territoriale Grenzsystem Roms entstanden mit seinem durch die heilige Ackerfurche markierten zentralen Ort und seinen ausgeführten individuellen Besitzgrenzen als auch die Gliederung des Volkes in Personenverbände, z.B. in die Curien, die späteren Tribus und den in sich gegliederten Senat. Man braucht nur einen Akt wie das pomerium proferre, die Erweiterung des inneren Siedlungskreises für den Fall der vorausgegangenen Erweiterung des nutzbaren Gebietes, oder den Akt der alten Kriegserklärung durch das Schleudern der Lanze nach abgelaufenem hochförmlichen Ultimatum näher zu betrachten, um zu erkennen, daß hier überall religiös-charismatische Handlungen des alten ius in Frage stehen. Beide genannten Riten wurden übrigens in der späteren Zeit aus religiös antiquarischem Interesse noch aufgeführt, die Verschiebung des pomerium Roms nach der Eroberung Britanniens durch Claudius,[202] die Kriegserklärung mit der hasta zu wiederholten Malen bis zum Beginn der Kaiserzeit vermittels eines in Rom fiktiv zu Feindesland erklärten Stück Landes.[203]

Zu diesen Akten staatlicher Organisation und Aktion kamen Entscheidungen der Konflikte hinzu, die in der Verbandsordnung auftraten, und zwar entweder als Konflikte unter Privaten oder als Konflikte gegenüber (in der Regel religiös formulierten) Werten des allgemeinen Zusammenlebens. Die religiös-rituelle

202 Vgl. Mommsen II S. 738, 1072f.

203 Siehe Latte, Röm. Religionsgeschichte S. 122.

Hoheitsgewalt war auf diese Weise nicht nur Schöpfer, sondern auch Erhalter der Rechtsordnung der Quiriten.

In all diesen Kompetenzen konnte die lex publica nach ihrem Prinzip den Träger der Hoheitsgewalt auf bestimmte Inhalte festlegen. In der ältesten Schicht der Verfassung, in der die lex curiata herrschte, beschränkte sich das Interesse des populus, solche inhaltlichen Festlegungen vorzunehmen, noch auf drei Fälle: auf Mitsprache bei der Bestimmung des Feldherrn, auf die Überprüfung der hoheitlichen Strafjustiz und auf Testamente und Arrogationen. Das übrige wurde zunächst den früh von besonderen Priestertümern verwalteten Erfahrungsgrundsätzen überlassen, wie sie uns fragmentarisch in den leges regiae vorliegen. Mit der Begründung der Republik begann das Interesse auszugreifen, getragen zunächst von den timokratischen Centuriatscomitien und [102] bald ergänzt von den Tributcomitien und den Plebisziten. Ohne hier eine Geschichte der römischen Gesetzgebung versuchen zu können, die bei den älteren Gesetzen ohne eine weitläufige methodische Echtheitsprüfung nicht auskommen könnte,[204] erlaubt die reiche, von Rotondi vorbildlich gesichtete Überlieferung auch ohnedies schon einen ersten Überblick. Neben dem großen normativen Gesetz der Zwölftafeln und den ihrem Regelungsbereich zuzuordnenden, teils sehr bedeutenden privatrechtlichen und privatprozessualen Novellierungen[205] tauchen schon früh eine Fülle weiterer leges publicae auf, Einzelregelungen des magistratischen Multierungsrechts (hier wird der Magistrat in der Ausübung seines strafrechtlichen iudicium beschränkt),[206] Gesetze über Krieg und Frieden (sie verlangen vom Magistrat eine rituell einzuleitende oder zu vollziehende staatliche Aktion),[207] über die Anlage von Siedlungen (hier wird die Hoheitsgewalt verpflichtet, in der traditionellen rituellen Form von Rom abhängige Neusiedlungen anzulegen),[208] Schaffung neuer besonderer Magistraturen in Form einer Spezifizierung der ursprünglich allzuständigen Hoheitsgewalt,[209] Regulierung der Wahlvoraussetzungen und

204 Der Kritik unterliegen vor allem eine Reihe von Gesetzen vom Beginn der Republik (Rotondi S. 189 ff.), nicht weniger aber diejenigen, die nach dem Dezemvirat einer Wiederbegründung der Republik dienten (Rotondi S. 203 ff.).

205 Vgl. z. B. die lex Aquilia, ein Plebiszit, das das Schadensrecht der Zwölftafeln novelliert (Ulpian 18 ad edictum D 9, 2, 1, pr) und die Reformgesetze des Verfahrens- und Vollstreckungsrechts, des Kreditrechts, die leges Poetelia, Silia et Calpurnia und Aebutia. Zu deren Einordnung mein Zwölftafelprozeß S. 158 ff., 103 ff., 109 ff.

206 Vgl. Rotondi S. 200, 211.

207 Das älteste (historisch zweifelhafte) Gesetz dieser Art ist von 505, Rotondi S. 191. Es folgen zahlreiche weitere. Siehe nur Rotondi S. 194, 195, 212, 214, 215 usw.

208 Die ältesten Fälle (Rotondi S. 195, 196) sind hier wieder zweifelhaft, vor allem auch durch ihre Anlehnung an die späten, seit Flaminius (Rotondi S. 247 zum Jahre 228) beginnenden tribunizischen leges agrariae, welche die lex Hortensia des Jahres 286 voraussetzen. Entsprechend den Bodeninteressen gerade der comitia tributa des Gesamtvolks (vgl. Rotondi S. 207) kennt die Überlieferung auch konsularische Koloniegesetze. Vgl. Rotondi S. 194, 228.

209 Vgl. nur Rotondi S. 209 zur lex de censoribus creandis vom Jahre 443.

der Dauer der Magistratur als ein Stück unmittelbarer staatlicher Organisation[210] und Bürgerrechtsverleihungen als Form der Erweiterung des römischen Personenverbandes.[211] Daß in dieser Aufzählung neben allgemeinen und konkreten Festlegungen der künftigen Handlungen der Jurisdiktionsinstanz in Form der Organisationsgesetze auch unmittelbare Gestaltungen des ius stehen, enthält keine Verletzung des Prinzips der römischen lex publica, die ja, wie die lex curiata de arrogatione für den Privatrechtsbereich beweist, von Anfang an solche unmittelbaren Gestaltungen des ius kannte. Entscheidend ist nur zweierlei: daß der Träger der Juris- [103] diktionshoheit als rogator an der Gesetzgebung teilnimmt und die Gesetzgebung einen Inhalt der seiner Hoheit unterliegenden Verbands- und Gebietsorganisation umfaßt.[212]

(18) Daß in dem letzten Punkt, der Bindung an die magistratische Rechtshoheit eine wirkliche institutionelle Begrenzung der altrömischen lex publica lag, erwies sich bei den ersten Versuchen, nun auch das militärische imperium einzuschränken. Da das militärische Kommando seiner Natur nach völlig außerhalb der inneren Logik der Rechtshoheit stand und nicht kraft ritueller iudicia, sondern kraft einfacher empirischer Befehle wirksam wurde, unterlag es in keiner seiner Äußerungen der provocatio, wie sie sich – ohne Gesetz, vielmehr in Parallele zur Entstehung des Gesetzes überhaupt – gegenüber der innerhalb des pomerium geübten Strafgewalt des Königs entwickelt hatte. Als die lex Valeria von 300 v. Chr., nach zutreffender Ansicht das erste authentische Provokationsgesetz, gleichwohl den Versuch unternahm, das imperium zu beschränken und die mit dem Rebstock vollstreckte Prügel- und die mit dem Beil vollstreckte Todesstrafe gegenüber dem Bürger verbot, konnte sie in ihre Sanktion nicht mehr aufnehmen als eine Mißbilligung der gleichwohl vollzogenen Militärstrafe: »improbe factum!« Diese Formel heißt nichts anderes als »verwerflich gehandelt«, und als bloßen Tadel faßt sie auch die bei Livius bewahrte römische Überlieferung auf.[213] Römisch gesprochen, ist es eine Art nota censoria in Gesetzesform. Daß es sich bei diesem Gesetz tatsächlich um den vorläufig noch ohnmächtigen Versuch handelt, das imperium militare gegenüber dem Bürger zu bändigen, zeigen die Straf-

210 Rotondi S. 216 zu den leges Liciniae Sextiae von 367 (Öffnung des Konsulats gegenüber den Plebejern) und S. 211 zu einer lex Aemilia von 434, welche das Amt der Censur befristete.

211 Vgl. z. B. Rotondi S. 229 zur lex de civitate Privernatibus danda von 329.

212 Insofern hatte Mommsen recht, wenn er sagte, daß (III S. 342 Fn. 1) »die comitiale lex nicht auf einer praktischen Utilitätserwägung, sondern einem Princip (ruht)«. Nur ist dieses Prinzip nicht abstrakt und überhistorisch wie das von Mommsen herangezogene monarchische Prinzip, sondern in seinem Formalismus einer historisch beobachtbaren Konstellation entsprungen.

213 Vgl. Livius 10, 8, 3-6. Mommsens Versuch, doch das Strafrecht zuständig zu machen (vgl. Röm. Strafrecht S. 632 f.), bleibt demgegenüber eine bloße Konstruktion, die nach Voraussetzung und Durchführung nicht überzeugt: Der Magistrat sei durch die Mißbilligung, freilich nicht mit voller Konsequenz, dem allgemeinen Strafrecht unterstellt worden. Wie soll aber eine bloße Mißbilligung das bewirken?

arten und die Nachfolgegesetze, die leges Porciae, für die die Beziehung auf das imperium militare feststeht.[214]

Erst diesen, dem Jahre 195 v. Chr. zugeschriebenen drei leges Porciae gelang es, den Magistrat, der im Feld verbotswidrig prügeln oder strafen ließ, einer effektiven Strafsanktion zu unterwerfen,[215] und zwar wahrscheinlich in der Weise, daß sie ein solches Tun, da durch keine gesetzliche Ermächtigung gedeckt, einfach als strafbare Handlungen behandelten, also im Prinzip nicht anders als die spätere lex Cornelia de sicariis et veneficiis, wo sie Handlungen von Magistra- [104] ten bestrafte, und vor allem die lex Julia de vi publica, für die der Straftatbestand der provokationswidrigen Tötung ausdrücklich überliefert ist.[216]

Die Möglichkeit einer solchen gesetzlichen Regelung erklärt sich durch die seit dem Ende des 3. Jh., d. h. in der Epoche der beginnenden veteres-Jurisprudenz der ersten tiefgreifenden Hellenisierung des geistigen Lebens Roms eindringende griechische Theorie der Staatsgewalt, die wir unter dem Gesichtspunkt der Lehre von der gemischten Verfassung schon ausführlich erörtert haben.[217] Diese Lehre überwand den Dualismus des altrömischen Staatsrechts, das zwischen zwei völlig verschiedenen Kompetenzen, der ius-Hoheit im Friedensbereich domi und der Kommandogewalt militiae unterschied, und erarbeitete statt dessen einen beide Bereiche verschmelzenden homogenen Begriff der Staatsgewalt, für den nun zum neuen

214 Vgl. die Nachweise bei Mommsen, Röm. Strafrecht S. 31 Fn. 3.

215 Siehe Rotondi S. 268 f.

216 Diese Interpretation ist mit Mommsens Rechtfertigung der Strafbarkeit gesetzwidrigen magistratischen Handelns (vgl. Strafrecht S. 632 ff., 663) bis zu einem gewissen Grade verwandt, unterscheidet sich aber dann doch darin erheblich, daß Mommsen grundsätzlich die Sanktion für provokationswidrige Militärstrafen im gewöhnlichen, gegen den Privaten gerichteten Strafrecht sieht (so schon in sehr anfechtbarer Argumentation für die lex Valeria von 300; o. Fn. 213). Daher nimmt er die selbständige Strafe, welche die leges Porciae nach dem ausdrücklichen Zeugnis Ciceros (de re publica 2, 31, 57) gebracht haben, nicht ernst (Strafr. S. 32 Fn. 3 von S. 31) und schreibt folgerichtig erst der lex Julia de vi publica die Einführung eines solchen Straftatbestands zu (Strafr. S. 663). Jedoch enthielt auch die lex Cornelia, die anscheinend die Regelung der leges Porciae nicht wiederholt, ausdrücklich auf Amtspflichtsverletzungen bezogene (dem gewöhnlichen Strafrecht fremde) Tatbestande (Marcian 14 inst D 48, 8, 1 pr) und scheint ganz generell – die theoretische Grundlage ist bezeichnend – den Magistrat bestraft zu haben, der ermächtigungslos den Tod eines Menschen herbeiführt (Ulpian 7 de off proc D 48, 8, 4, pr: der Magistrat macht sich strafbar, wenn er Tatbestande der lex Cornelia verwirklicht, quod legibus permissum non sit, also ohne Ermächtigung). Der Ausdruck vis publica hat trotz Ulpian 8 de off proc D 48, 6, 7 keine spezifische Beziehung zur provokations-, später appellationswidrigen Tötung durch einen Magistrat, sondern meint einfach (als allgemeine, als solche vor weiterer Konkretisierung noch nicht subsumtionsfähige Sammelkategorie) die öffentliche, d. h. die schwerere, das öffentliche Sicherheitsinteresse berührende Gewalttat. Im übrigen ist die provocatio in der letztgenannten, zur lex Julia gehörenden Ulpianstelle (wie schon im Falle der leges Porciae) begrifflich nurmehr Kompetenz entziehende Ablehnung einer Strafe im Amtsgebiet militiae, also von der ursprünglichen, rituellen, gegen ein charismatisches iudicium domi gerichteten provocatio scharf zu unterscheiden.

217 Vgl. o. S. 38 ff.

entscheidenden Gesichtspunkt wurde, wie er unter den möglichen Trägern von Staatsgewalt verteilt war. War sie bei einem Einzelnen, bei einer Gruppe, beim Volk monopolisiert, dann lag bei gerechter Herrschaft Monarchie, Aristokratie oder Demokratie, bei ungerechter Herrschaft Tyrannis, Oligarchie oder Ochlokratie vor. War die Staatsgewalt auf monarchische, aristokratische und demokratische Elemente verteilt, dann lag bei gerechter Handhabung der Idealfall der gemischten Verfassung vor, wie ihn dieser Lehre zufolge die römische Ordnung im Prinzip verwirklicht hatte. Da für diese Theorie die verteilten Teilstücke der Staatsgewalt aus [105] homogenen Elementen bestanden, die daher unter den Teilträgern frei verschieblich waren, machte ihr die Annahme, daß die Volksgesetzgebung die vom Feldherrn gehandhabte Staatsgewalt effektiv einschränkte, ihr Kompetenzen entzog und den Feldherrn darüber hinaus insoweit unter Straftatbestände stellte, wie in den leges Porciae und der lex Julia de vi publica geschehen, keine Schwierigkeiten.

Diese neue staatsrechtliche Theorie ist, ohne daß hier auf Einzelheiten eingegangen werden könnte, in Literatur und Verfassungsleben der späteren Republik Rom deutlich zu spüren. In der römischen Fachjurisprudenz rechtfertigte sie z. B. die amtsrechtliche Rechtsfortbildungsbefugnis des ius honorarium,[218] in der Geschichtsschreibung die Theorie einer gesetzlich bestellten völlig unbeschränkten (»provokationsfreien«) Magistratur, wie sie insbesondere in den legendär entstellten Partien der Geschichte des Dezemvirats erscheint,[219] in der politischen Praxis sowohl die extensive Auffassung des Volkstribunats, wie sie zuerst bei Tiberius Gracchus begegnet,[220] als auch (mit erforschungsbedürftigen Besonderheiten) die Militärdiktatur Sullas.[221] Die bedeutendste Dauerwirkung hatte diese Theorie schließlich in der staatsrechtlichen Grundlegung des Prinzipats, insbesondere vermittels der Theorie, daß das Volk durch ein Gesetz dem Prinzeps die ihm nach republikanischem Verfassungsrecht selbst zustehende Gesetzgebungsbefugnis zur Ausübung übertragen und ihm dadurch eine gleichwertige, neben dem Volksgesetz stehende Verordnungsgewalt verschafft habe. Die unbeschränkte Gesetzgebungsbefugnis des Prinzeps: quod principi placuit, legis habet vigorem, ist eine unmittelbare Frucht dieser neuen homogenen Auffassung der verteilten Staatsgewalt, die eben nicht nur analytisch wirkte, sondern auch dogmatische dynamische Möglichkeiten eröffnete: Indem sie in der Hand des die Gesetzgebung beherrschenden Volkes ein Stück Staatsgewalt entdeckt, konnte sie auch die Lehre entwickeln, daß das Volk dieses Stück Staatsgewalt auf den Prinzeps übertragen könne. Ich habe diese Zusammenhänge in einer selbständigen demnächst erscheinenden Untersuchung näher ausgeführt, auf die ich hier verweisen darf.[222]

218 Vgl. o. S. 72 mit Fn. 68-70.

219 Siehe o. S. 61 und S. 85f.

220 Zuletzt dazu in meiner Miszelle Staatsrecht und Philosophie etc. Sav. Zeitschr. Rom. Abt. 100 (1983) S. 458ff., 472ff.

221 Vgl. o. S. 61f.

222 Die Rechtsgrundlage des Prinzipats, voraussichtlich: Nachrichten der Akademie der Wissenschaften, Phil.-Hist. Klasse 1988. Die Hauptstellen des Ermächtigungsgesetzes sind Ulpian 1 inst D 1, 4, 1, pr und Gaius I 5.

Die politische Anwendbarkeit der neuen Theorie, von dem Volkstribunat des Tiberius Gracchus bis zur gesetzlich ausgestalteten tribunicia potestas des Augustus, zeigte bald auch ihre Gefahren. Während nach altem Verfassungsrecht der Unterschied zwischen ius-Hoheit und Militärkommando unverfügbar war, so daß eine Militärdiktatur nach Art Sullas rechtlich ausgeschlossen war, wurde mit der neuen Theorie alles begründbar. Daß die Gesetzgebungszustän- [106] digkeit als der vielleicht vornehmste Ausdruck der Staatsgewalt nach dieser analytischen Betrachtungsweise in der Hand des Volkes war, folgte für sie aus dem positiven Verfassungsrecht der Republik Rom. Nichts hinderte aber die Vorstellung, daß es früher anders war und demnächst wieder für kürzer oder länger anders werden und die Gesetzgebung vom Magistrat geübt werden könnte. Genauso selbstverständlich ließ sich für diese Theorie eine Gesetzgebungszuständigkeit des Senats begründen.[223]

Es fehlte in der geistig bewegten Zeit der späten Republik auch nicht an dem Versuch, den Gefahren jener Lehre theoretisch zu begegnen. Auch das habe ich in der soeben zitierten Untersuchung näher beschrieben, so daß ich mich hier auf eine kurze Bemerkung beschränken kann. Diese Gegentheorie, ein Geschöpf der formal und institutionell argumentierenden »Neuen Jurisprudenz« fixierte die verschiedenen Stücke der Staatsgewalt, indem sie sie bei den verschiedenen Trägern in einer Weise definierte, die eine Übertragung ausschloß. Das Gesetz wurde als generale iussum populi bestimmt und einer streng grammatikalischen Geltungstheorie unterworfen: Ermächtigungsgesetze nach Art der augusteischen lex de imperio waren nach dieser Theorie ausgeschlossen, da sie nicht mehr als generelle Gesetze betrachtet werden konnten.[224] Der Senats- [107] beschluß wurde

223 Siehe o. Fn. 21.

224 Die Definition ist für Ateius Capito überliefert, der sich, noch vor dem Auftreten des Sabinus wirkend, von Labeo allein durch seine konservative Bewahrung des in der späten Republik erreichten Standes der Jurisprudenz abhob (vgl. Pomponius lb sg enchiridii D 1, 2, 2, 47). Gellius Noct. Att. 10, 20, 2: Ateius Capito, publici privatique iuris peritissimus, quid lex esset, hisce verbis definivit: Lex inquit est generale iussum populi aut plebis rogante magistratu. Ganz richtig wird aus dieser Definition dann die Konsequenz gezogen, daß dann eine lex de imperio, wie sie Pompeius erteilt worden war (Rotondi S. 375 f.), keine lex sei. Übereinstimmend Festus (aus Verrius Flaccus oder Gallus Aelius und damit in etwa der Zeit des Ateius Capito) ed. Lindsay S. 326: quod in omnis homines resve populus scivit, lex appellatur. Beide Zeugnisse werden von Mommsen III S. 304 Fn. 2, 312 Fn. 1 abgetan, und zwar insbesondere ohne daß die Erwägung angestellt wird, ob nicht hinter der Forderung nach der Allgemeinheit des Gesetzes eine spätrepublikanische Theoriebildung steht. Daß dies aber in der Tat der Fall ist, zeigt sich daran, daß in technischer Weise in beiden Überlieferungen der Oberbegriff des formellen Gesetzes, das nur durch das ordnungsgemäße Zustandekommen und ohne Rücksicht auf den Inhalt bestimmt ist, vorkommt, und zwar unter dem Ausdruck rogatio, die als genus legis (Festus l. c.) oder noch technischer als principale genus et nomen (Gell. l. c. § 8) gefaßt wird. Bezeichnenderweise kennt Cicero diesen begriffstechnischen Unterschied von allgemeineren und näher bestimmten Klassennamen (vgl. dazu einerseits Cic. Topica 3, 13, andererseits Ulpian 4 ed D 2, 14, 1, 4; 7, 1) auch schon für diesen Fall. Vgl. Cic. pro Caec. 33, 100: quibus lege

als maßgebender richtlinienartiger Rat definiert.[225] Das magistratische imperium schließlich wurde als Befugnis, Befehle zu erteilen und für sie Gehorsam zu erzwingen, aufgefaßt, also auf einen ganz deskriptiven Inhalt reduziert, der nur auf einen individuellen Amtsträger paßt.[226] Diese Lehre hat in der römischen Verfassungslehre, insbesondere in der res publica restituta des Prinzipats, eine deutliche Spur hinterlassen. Dennoch ist die neue Herrschaft des Prinzipats, soweit sie mit ihren Ausnahmeregeln reicht, ein Ausdruck des Scheiterns dieses letzten Versuchs, die Republik mit ihrem tradierten System der Gewaltenteilung zu retten. Der homogene oder, was dasselbe ist, der als einheitliches Prinzip aufgefaßte Begriff der Staatsgewalt erwies sich, da den neuen Machtinteressen nützlicher, als der stärkere.

Dieser neue Begriff der Staatsgewalt überwand nicht nur den rituellen, Kriegs- und Friedensherrschaft unterscheidenden Dualismus des alten Staatsrechts, sondern dynamisierte darüber hinaus auch den Gesetzesbegriff politologisch, indem er dort, wo nach überkommenem Staatsrecht ein Zusammenwirken von Hoheitsträger und dem in der Wehrverfassung organisierten Volk stattfand, einseitig das demokratische Element betonte und so nur noch das iussum populi sah.[227] Auf diese Weise wurde es möglich, daß die lex publica, nach ihrem Ursprung die Festlegung der magistratischen Hoheitsgewalt auf bestimmte Willensinhalte des populus, zu einem Mittel wurde, eine mehr oder weniger deutlich verhüllte, dem-

aut rogatione civitas aut libertas erepta, wo der Ausdruck rogatio offenbar als der allgemeinere und in jedem Fall korrekte angefügt ist. In der Tat ist ja das Gesetz, das Freiheit oder Bürgerschaft entzieht, bei Beachtung dieser technischen Unterscheidung nur ein formelles Gesetz. Nach Begriffstechnik und Tendenz gehört die Theorie des generellen Gesetzes, ohne daß hier ein ausführlicher Beweis geführt werden könnte, deutlich zur »Neuen Jurisprudenz«, deren streng wortlautgebundene Auslegungslehre (dazu meine Fraus legis S. 41 ff.) dem gleichen Ziel diente, nämlich dem einer möglichsten Formalisierung der Geltungsbedingungen der Gesetze.

225 Das entsprach der üblichen Stilisierung der Senatsbeschlüsse als maßgebende Meinungsäußerung (Mommsen III S. 994 f., 1027). Die Theorie mag aber dazu beigetragen haben, daß das alte senatus decretum (Mommsen III S. 994 Fn. 3, 995 Fn. 3) verschwand. Von diesem spätrepublikanischen Rechtszustand, der in seinen Einzelheiten hier nicht erörtert werden kann, war der interpretatorische Sprung zum kaiserzeitlichen (Ulpian 16 ad edictum D 1, 3, 9): Non ambigitur senatum ius facere posse sehr groß (vgl. bereits o. Fn. 21).

226 Daher kann der Prätor, soviel er sonst vermag, die Regeln des ius nur faktisch durch Befehle überwinden, nicht durch abweichende Regelungen. Der Sache nach gilt praetor ius facere non potest (vgl. Wlassak, Kritische Studien zur Theorie der Rechtsquellen, 1884, S. 103 f.). Besonders kennzeichnend ist für die Konsequenz der Auffassung, daß ein Befehl, der noch nicht befolgt ist und daher noch nicht zu einem neuen wiederum amtsrechtsfähigen Sachverhalt geführt hat, erlischt. Gaius IV 105: iudicia imperio continentia tamdiu valent, quamdiu is qui ea praecepit, imperium habebit.

227 Vgl. Julian 84 D 1, 3, 32, 1: … suffragio populus voluntatem suam declaret. Entscheidend ist nach dieser Auffassung das iudicium populi bzw. legis latoris. Zu dieser Ansicht gehört folgerichtig eine materiale Willensauslegung nach Sinn und Zweck. Vgl. meine Fraus legis S. 49 Fn. 109.

agogische Tyrannis zu begründen. Demgegenüber hatte die institutionelle Theorie der »Neuen Jurisprudenz«, wie es scheint, mit vollem Recht nachdrücklich auf der Bedeutung der magistratischen rogatio insistiert und in ihr Ursprung und Quelle aller Gesetzgebung gesehen.[228] Damit [108] war in neuer Form ganz richtig herausgestellt, daß das, was die lex publica zur Rechtsquelle, zum Mittel der Formulierung neuen ius, erhob, nicht empirische, pragmatische oder politische Willensgehalte waren, sondern die Mitwirkung des für das gesamte ius verantwortlichen Magistrats. Und seine Mitwirkung bedeutete ursprünglich auch, daß rechtliche Herrschaft nicht auf bloßer Gewalt beruht – schon gar nicht auf der nackten Militärgewalt –, sondern auf der Anerkennung allgemeiner Ordnungsideen.

IX. Methodische Schlußbemerkung

(19) Jener homogene und zugleich dynamische Begriff der Staatsgewalt, wie er in der Lehre von der gemischten Verfassung vorliegt, hat auch die Grundkategorien erfaßt, mit der die Römer selbst sich die Entstehung und Entwicklung ihres Staatswesens erklärten. Die Auffassung des Königtums als eine die Rechtsordnung konstituierende Magistratur, die Lehre, daß die von Königtum oder Magistratur repräsentierte monarchische Gewalt von der Entartung zur Tyrannis bedroht ist, die Auffassung der Republik als einer Staatsform, in der das Volk einen unmittelbaren Anteil an der Staatsgewalt erringt, um nur das wichtigste zu nennen, sind tief von dieser Doktrin beeinflußt.[229]

Theodor Mommsen hat diese in der römischen Überlieferung enthaltenen späten Interpretationen für sein Staatsrecht nicht als ein zusammenhängendes Ganzes, sondern unter dem Einfluß des zeitgenössischen Etatismus nur selektiv herangezogen. Er hat mit ihrer Hilfe die wesentlichen Stücke seiner Begrifflichkeit als quellenmäßig dokumentieren können, insbesondere den Begriff der das Recht konstituierenden Magistratur und den daraus abgeleiteten Begriff der Ge-

228 Vgl. Gellius Noct. Att. 10, 20, 7 (nach Ateius Capito, vgl. o. Fn. 224): … totius huius rei iurisque …, caput ipsum et origo et quasi fons rogatio est. … (8)… nam nisi populus aut plebs rogetur, nullum plebis aut populi iussum fieri potest. Da die promulgierte rogatio den Text fixierte, überrascht es nicht, daß die formale, nicht Willens-, sondern Wortlautauslegung propagierende Richtung das Schwergewicht auf die rogatio legte. Vgl. meine Fraus legis S. 49.

229 Man betrachte nur unter diesem Gesichtspunkt die großen Grundzüge der römischen Verfassungsgeschichte, wie sie in der Annalistik, bei Cicero und den Juristen erzählt werden. Nur ist zu betonen, daß die Lehre der gemischten Verfassung in ihrer konkreten Durchführung theorieabhängig ist und daher je nach dem philosophischen Standpunkt, durch den sie vermittelt wurde, verschieden wirkt. Ferner wandelt sie sich für die uns vorliegende Geschichte Roms etwa in der Zeit der Wende des 3. Jh. zum 2. Jh. von einer geschichtsdeutenden zu einer geschichtsbeeinflussenden Theorie.

setzgebung. Übrigens war es Mommsen vollkommen klar, daß er sich insofern einer staatsrechtlichen Selbstdeutung der Römer bediente.[230] Die rationalistisch-konstruktive Tendenz der antiken Begrifflichkeit wurde dabei im System Mommsens, in das sie teilweise rezipiert wurde, eher noch verschärft. Wenn schon die antike Theorie mit ihrem homogenen Begriff der Staatsgewalt den antiken Dualismus zwischen religiöser Friedensherrschaft und Kriegskomman- [109] do zerstören mußte, so galt das erst recht für Mommsens Staatsrecht: Wo er die Spuren dieses Dualismus aufarbeitete, erklärte er sie zu positiven Setzungen der Staatsgewalt.[231] Auf diese Weise wurde ein wirkliches historisch-genetisches Verständnis der römischen Rechtsordnung durch rationalistische Konstruktionen verbaut. An dieser Stelle zeigt sich noch einmal die Überlegenheit des Montesquieuschen Denkansatzes, der mit seiner Suche nach Phänomenen der Gewaltenteilung keine vorgefaßte homogene Vorstellung von Staatsgewalt verbindet, sondern es den historischen Befunden, der nature des choses, überläßt zu bestimmen, wie die Teilgewalten beschaffen sind. Von diesem offenen Standpunkt aus macht es keine Schwierigkeit zu akzeptieren, daß die römische Herrschaft anfänglich im Inneren religiös-charismatisch konzipiert war in Form eines rituellen, aus den patres des Senats abgeleiteten Bundeskönigtums, daß ihm im organisierten Wehrverband des Volkes eine selbständige Macht gegenübertrat, die sich durch Festlegung des Königtums auf bestimmte Inhalte in Form von leges rogatae auf dauerhafte Weise am Verfassungsleben zu beteiligen begann.

(20) Man kann nun nicht sagen, daß die auf Mommsen folgende rechtshistorische Forschung viel dazu beigetragen hat, die unhistorischen Konsequenzen der Mommsenschen Konstruktion abzubauen. Im Gegenteil: Die verfehlte Grundkategorie der lex data, also die Vorstellung, daß das römische Gesetz von Hause aus eine einseitige magistratische Verordnung war, ist trotz mancher förderlicher Kritik am Ende fast unangefochten die herrschende geblieben.[232] Es gibt einige,

230 Vgl. Mommsen I S. 10: »(die) Auffassung des Königthums (durch die Römer der Republik) … mehr Construction … als Tradition«. Siehe auch u. Fn. 231.

231 Übrigens wiederum nicht ohne Bewußtsein dessen, daß er es tat. So sagt er im Hinblick auf die von ihm postulierte, den Bereich von Krieg und Frieden von Anfang an umfassende Königsgewalt mit aller Deutlichkeit, es habe sich (I S. 64) »wenigstens nach derjenigen Construction der königlichen Amtsgewalt, welche die Juristen der Republik überkommen oder sich gestaltet hatten, eine qualitative Verschiedenheit der königlichen Befugnisse an die Ueberschreitung des Pomerium nicht geknüpft.«

232 Vgl. etwa Heinrich Siber, Römisches Verfassungsrecht in geschichtlicher Entwicklung (1952) S. 37, 44; Tibiletti, Sulle leges romane, Studi Francisci IV (1956) S. 593ff., 621 (trotz gründlicher und zutreffender terminologischer Kritik an der Kategorie lex data S. 612ff.); ihm folgend Bleicken, Lex Publica (1975) S. 63f.; differenzierend A. Magdelain, La loi à Rome. Histoire d'un concept (1978) S. 63, 74ff.; zuletzt vor allem Wieacker, Ius civile und lex publica in der Frühzeit, Festschrift H. Hübner (1984) S. 366: »In der Sache ist lex in den ältesten Anwendungen einseitiges und imperatives Gebot. … Diese lex – d.h. die (nachmalige) lex publica – ist Festsetzung eines Imperiumsträgers, und zwar vor den Volksversammlungen öffentlich ausgesprochenes Gebot.«

die dem exercitus centuriatus der timokratischen Comitien des 5. Jahrhunderts das volle Bewußtsein seiner Souveränität zutrauen.[233] In das komplexe Gefüge der ursprünglichen lex rogata, in die rituelle Struktur des comitare des rex und die empirische Natur des iussum populi, ist bisher noch nicht eingedrungen worden.[234]

[110] Der Grund für diese Lage ist zum einen gewiß die überragende Autorität des Mommsenschen Werks. Es gibt aber auch eine andere Ursache mehr theoretischer Art. Mommsens Ausgangsbegriff der Magistratur, mit welchem er den Glauben der Historischen Rechtsschule an historisch wirksam gewordene Begriffe auf den Staat anwandte, kann als überwunden gelten. An die Stelle der Magistratur, mit der bei Mommsen Staat und Rechtsordnung beginnen, ist in der neueren Romanistik ein ganz anderer Erklärungsbegriff getreten, derjenige der Selbsthilfetheorie. Dieses Erklärungsmuster ist, auch in der gemäßigten Form, wie sie heute etwa von Kaser und Wieacker vorgetragen wird, ausgesprochen privatrechtlich konzipiert.[235] Das älteste ius bezeichnete danach die rituelle Erlaubtheit des individuellen Zugriffsakts, wobei die Erlaubtheit – so besonders konsequent bei Wieacker – nicht inhaltlich aus einer übergreifenden Ordnung, sondern förmlich aus der Beachtung ritueller Verhaltensmuster abgeleitet wird. Folgerichtig ist die letzte Verankerung dieses ius-Begriffs naturalistischer, genauer

233 Vgl. die Nachweise bei Wieacker (o. Fn. 232) S. 367 Fn. 27.

234 Der innere Widerspruch zwischen einseitiger rogatio und materialer Entscheidung durch den populus ist zwar gesehen (insbesondere von Magdelain, o. Fn. 232, S. 74 ff.; Wieakker S. 367), aber nicht als ursprünglicher Charakterzug der lex rogata und ihrer zusammengesetzte Struktur (der Magistrat repräsentiert mit seiner Frage die formal durch charismatische Jurisdiktion gewährleistete Rechtsordnung, die Volksversammlung die empirisch-politischen Willensgehalte) erkannt worden. Vielmehr sei die empirische Entscheidungszuständigkeit des Volkes erst ein Entwicklungsprodukt; ursprünglich habe das Volk nur ratifiziert, ohne daß an Ablehnung gedacht worden wäre (Magdelain S. 75).

235 Kaser, Röm. Privatr. I² (1971) § 4 I S. 24 ff. Kaser übernimmt zwar meine Interpretation des ius-Begriffs als Qualität eines objektiven, den Verband (die Rechtsordnung) betreffenden Friedenszustand, gibt ihm aber alsbald eine individualistische (selbsthilfetheoretische) Wendung: Wer sich ius-gemäß verhält, wer im richtigen Ritus handelt, gewinnt »machtmäßige Überlegenheit gegenüber einem Gegner und überlegene Kraft«. Wieacker (o. Fn. 232) S. 362 ff. vertritt in der Sache übereinstimmend eine »gemäßigte (d. h. nicht sozialdarwinistische) Selbsthilfetheorie« und bestimmt ius folgerichtig als Aussage über die Rechtmäßigkeit individueller Zugriffsakte unter entschiedener Ablehnung (S. 362: »mit Sicherheit auszuschließen«) der Vorstellung, daß ius ursprünglich »die Übereinstimmung mit einer artikulierten allgemeinen Norm« bezeichnete. Solche Normen gäbe es im ius civile erst seit den Zwölftafeln. Dem kann nicht zugestimmt werden. Man betrachte nur die prädezemvirale, patrizisch-quiritische Rechtsordnung mit ihrer Personenverbands- und Bodenordnung, ihrem strengen Eherecht und dazugehörigem Kindschafts- und Erbrechte; sie sind genauso Ausdruck einer objektiven, einen Normzustand postulierenden Organisation wie die Idee der vindicatio ex iure Quiritium, welche Verbandszugehörigkeit (Freiheit) und Berechtigungen an Personen und Sachen aus dem Recht nicht eines (das wäre möglicherweise Selbsthilfe), sondern aller Quiriten (also des Verbandes) ableitet.

biologisch-anthropologischer Art, indem die Bedeutung konfliktregelnder und -vermeidender Verhaltensmuster anhand der Analogie der genetisch festgelegten Verhaltensstereotype der sozialisationsfähigen Tierarten erläutert wird.[236] Einen historisch benennbaren Anfang in der Zeit kann eine Theorie, die das Recht aus einer postulierten (nicht bewiesenen) Naturanlage des Menschen erklärt, nicht kennen. Vor allem aber ist die Selbsthilfetheo- [111] rie in allen ihren Spielarten an Fragen der Verbands- und Staatsbildung nicht interessiert. Sie ist damit eine entscheidend reduktive Theorie, da sie die in den historischen Befunden enthaltene Aussage, daß sich die römische Rechtsordnung aus einer recht komplex organisierten Verbandsbildung erklärt, nicht, wie methodisch geboten, als Fragen aufgreift, sondern einfach ausblendet. Staat (hier verstanden im Sinne eines Allgemeinbegriffs für jede Art politisch selbständiger Verbandsbildung) und Gesellschaft sind für die Selbsthilfetheorie sekundäre Phänomene. Der römische Staat tritt dem gedanklichen Schema nach bei ihr auf als eine neue Gewalt, die ein bereits präetabliertes selbsthilfetheoretisches Ordnungsgefüge garantiert. Daher ist das Gesetz auch zunächst nur einseitiges magistratisches Gebot und entwickelt sich nur allmählich – mit historisch ganz ungewissem Übergang – zum Volksgesetz, bei dem die Comitien maßgeblich Anteil haben.[237] Inhaltlich erscheint das Gesetz dieser Theorie entweder als bloße kasuistische Einzelentscheidung oder doch jedenfalls nur als äußere Grenze.[238] Die große Leistung des römischen Gesetzes, durch Festlegung der Jurisdiktionsinstanz subjektive Rechte vor allem privater Art zu garantieren,[239] kann diese Theorie nicht wahrnehmen. Folgerichtig ist auch der Versuch, dem ius als dem (selbsthilfetheoretisch interpretierten) Gewohnheitsrecht eine stärkere Kraft zu geben als der lex. Der konstruktive Gedanke (die später gekommene Staatsgewalt ist schwächer als das individuelle ius) ist klar,[240] die für seine Historizität angeführten Beweise aber ohne Kraft. Die

236 Wieacker S. 364.

237 Vgl. Wieacker S. 367: »Wann sich die alte Form des einseitigen Gebots mit diesem neuen Gehalt auflud, mit der Vorstellung also, eine die cives bindende Norm müsse auch von ihnen gutgeheißen sein, wissen wir nicht mit Sicherheit.«

238 Vgl. Kaser, Ausgewählte Schriften I (1976) S. 31: Gesetze seien von den Juristen häufig empfunden worden nur »als eine Schranke, die die Freiheit der Rechtsfindung begrenzt«; S. 145: Gesetze geben »punktförmige Einzelregelungen«; S. 185: auch für die Zwölftafeln gelte die »These vom sporadischen Charakter der römischen Gesetzgebung«. Dagegen mit Recht Magdelain in diesem Band s. Fn. *S. 19. Übrigens rechnet Kaser, insofern anders als Wieacker (o. Fn. 235), zutreffend auch in der Zeit vor den Zwölftafeln mit einer komplexen Rechtsordnung.

239 Hierher stammt der überlieferte Sinn von legis actio, gesetzlich (oder folgeweise zumindest normmäßig) geregelter, materieller Klaganspruch (Gaius IV 11, 27).

240 Vgl. Wieacker S. 370 mit zahlreichen Nachweisen. Wieacker spricht von einer »ursprünglichen Selbstherrlichkeit des ius« gegenüber der lex (S. 372). Bezeichnend ist, daß Wieacker dazu neigt, die postulierte Entwicklung hin zu einer lex rogata (vgl. o. Fn. 237) mit der Ausbildung einer Empfindlichkeit für private und öffentliche »Grundrechte« zusammenfallen zu lassen. Aus dem Rückblick von einer solchen liberalen Verfassungslage eines

stehende Selbstbeschränkung der Gesetze gegenüber dem ius hat mit Respekt vor [112] den postulierten individuellen Selbsthilferechten auch nicht andeutungsweise etwas zu tun, sondern bezieht sich ausschließlich, wie schon Mommsen unter Heranziehung aller Quellen gezeigt hat, auf das sakrale ius, mit dem die Gesetzgebung aus religiösen Gründen nicht in Konflikt geraten will.[241] Der zweite Grund ist nicht besser. Die in den Quellen begegnende Unterscheidung von lex perfecta und lex imperfecta ist völlig falsch aufgefaßt, wenn man sie auf die Urgeschichte des römischen Gesetzes bezieht und daraus schließt, daß sich das Gesetz erst über eine Stufe der Unvollkommenheit dazu entwickelt hat, wirksam in privatrechtliche Verhältnisse einzugreifen; die Theorie der lex imperfecta und der lex minus quam perfecta ist in Wahrheit eine sehr späte technische Doktrin, die etwas darüber aussagt, unter welchen Umständen im System der neuen Jurisprudenz das Amtsrecht dem durch enge Auslegung restringierten Gesetz mit ergänzenden Mitteln zur Hilfe kommen muß.[242] Das Argument ist genauso anachronistisch wie der Hinweis auf die privatrechtliche lex dicta, die, weit entfernt ein altes Synonym für nuncupatio zu sein, sich schon durch die Theorie einer privaten Normsetzung als Geschöpf der ersten wissenschaftlichen Jurisprudenz Roms zu erkennen gibt.[243]

Was der Selbsthilfetheorie bisher ihren Kredit gegeben hat, sind denn auch weniger ihre sehr heterogenen und bei näherem Zusehen ganz unergiebigen Einzelbeweise, sondern die Übereinstimmung ihrer Grundaussagen mit dem tief liberalen Grundzug des römischen Rechts. Aber es ist irrig, diesen in der Tat vorhandenen Grundzug auf ein einziges anfänglich einmal wirksam gewordenes anthropologisches Prinzip zurückzuführen. Dessen Resultate müßte man überall vorfinden. Die römische Rechtsordnung ist aber durchaus kein Fall mit zahlreichen Parallelen, sondern steht als rechtshistorisches Phänomen vielmehr recht

»Gesetzesvorbehaltes« bei Grundrechtseingriffen erscheint dann folgerichtig die ursprüngliche »Selbstherrlichkeit« des ius als radikalliberale, nämlich als effektive Schranke der gesetzlichen Eingriffsmöglichkeiten. Vgl. a. a. O. S. 368. Ich halte diese Konstruktionen für unhistorisch. Die römische Privatrechtsordnung ist vielmehr nach allen geschichtlichen Daten von Anfang an Frucht sozialer Organisation; ihre Strukturen haben mit einem Urzustand individualistischer Selbstherrlichkeit, wenn man ihn überhaupt ansetzen will, keine Verbindung.

241 MOMMSEN III S. 335 mit Fn. 2; vgl. bereits o. S. 95 Fn. 187.

242 Vgl. meine Fraus legis S. 19 ff. mit Fn. 29, insbesondere gegen KASER, Über Verbotsgesetze und verbotswidrige Geschäfte im römischen Recht, Wien 1977.

243 Die Zwölftafeln setzten die privaten Nunkupationen des Manzipationsrechts in Kraft, indem sie sie als ius anerkennen, keineswegs als lex (XII tab. VI 1: ... ITA IUS ESTO). Das gilt bezeichnenderweise sogar für das legare des Testamentsrechts (XII tab. V 3: ... ITA IUS ESTO), das sich in ursprünglicher Bedeutung auf die Herbeiführung einer lex curiata bezog, welche die als legare bezeichnete Verfügung gegenüber dem Magistrat verbindlich machte. Zum rechtstheoretischen Sinn von lex im Privatrecht der veteres, nämlich vertragliche Rechtsregelung entweder nach ius strictum oder nach bona fides, vgl. meinen Aufsatz, Studi Sanfilippo V (1984) S. 39 ff.

einmalig da. An ihrer Ausbildung waren günstige Bedingungen beteiligt, die durchaus besonderer Natur waren, seit der hohen Republik wiederholte rechtswissenschaftliche Bemühungen um ein den Lebensverhältnissen angemessenes Rechtssystem, in der Anfangszeit eine aus religiösen Gründen stammende Besorgtheit um den Rechtsfrieden des Verbandes in all seinen wesentlichen Gliederungen.

(21) Bezogen auf das gegenwärtige Thema, den Gesetzesbegriff, war die eigentliche begünstigende Bedingung die im römischen Rechtsverband schon [113] auf früher religiöser Stufe in reichem Maße vorhandene Fähigkeit zu produktiver Formgebung. Sie ermöglichte es, den Konflikt zwischen charismatischer ius-Instanz und dem Wehrverband des populus, der wahrscheinlich zunächst in der königlichen Strafgerichtsbarkeit aufgebrochen war, sich aber auch in anderen Mitspracheforderungen geltend machte, in der differenzierten Kompromißform der lex rogata zu lösen, in der die Rechtsgeltung von dem unter Beachtung rituell-religiöser Voraussetzungen die rogatio stellenden Magistrat und der auctoritas patrum stammte, der politische Willensgehalt aber vom Volk und seinem in der Abstimmung erteilten iussum.

Der Grundgedanke des Kompromisses der lex rogata war die Möglichkeit, die hoheitlichen Garanten des ius förmlich auf bestimmte Inhalte festzulegen und auf diese Weise formelle Rechtsgeltung mit politischer Gestaltungsfreiheit zu verbinden. Kraft dieses Ursprungs ist die lex publica, was ihre Rechtsgeltung betrifft, auch ein unmittelbarer Abkömmling einer hoheitlichen Ordnungsidee. Denn sie beläßt es dabei, daß der letzte Geltungsgrund des Rechts die Notwendigkeit hoheitlich gewährleisteter Ordnung ist. Während aber die ursprüngliche Magistratur bei der Stiftung und Sicherung solcher Ordnung religiös begründeten Vorstellungen folgte und sie in formell freier Interpretation auf die Verhältnisse anwandte, erlaubte es die lex publica, diesen Rahmen in fortschreitendem Maße mit Inhalten politischer Zweckmäßigkeit auszufüllen. Insofern kann die ältere Geschichte der lex publica auch als ein antiker Musterfall für die Säkularisierung von Recht gelten. Zugleich ist die lex publica ein hervorragendes Beispiel für eine originäre und produktiv verarbeitete Gewaltenteilung, da sie dem in seinen verfassungsmäßigen Organisationen repräsentierten Volk bei voller Fortdauer der magistratischen Herrschaft die Befugnis gab, in konkreter und bald auch in abstrakt-genereller Weise die Rechtsordnung zu gestalten.

In der hellenistischen Phase der römischen Rechtsgeschichte wird die lex publica, die nach ihren Entstehungsbedingungen ganz und gar ein Geschöpf der altrömischen Verhältnisse ist, von griechischem Rechtsdenken erfaßt. Dieser Schlußteil der Geschichte der römischen lex publica stellt ein eigenes Thema dar, das in diesem Zusammenhang nicht mehr ex professo verfolgt werden kann. Hier nur soviel: Die naturrechtliche Theorie, die zuerst mit der veteres-Jurisprudenz auftritt und in der Verfassung des Prinzipats und den Grundlehren der sabinianischen Rechtsschule ihr folgenreiches Nachspiel hat, führte die lex publica in eine Krise. Mit ihrer Formel, daß Gesetzgebung heißt, das Vernünftige zu wählen und in Geltung zu setzen, verlagerte sie die Gesetzesgeltung vom Gesetz in das

Recht.[244] Zugleich eröffnete sie mit ihrer Lehre von einer homogenen einheitlichen Staatsgewalt, die in der gemischten Verfassung [114] nur in der Ausübung geteilt ist, die Möglichkeit, die in der ursprünglichen lex publica enthaltene Gewaltenteilung zu überspielen und über Genehmigungs- oder Ermächtigungsgesetze Gesetzgebungsdiktaturen zu begründen. Der formale Gesetzesbegriff der »Neuen Jurisprudenz« der ausgehenden Republik erscheint demgegenüber bis zu einem gewissen Grade als ein Versuch, mit anderen Mitteln zu den Vorteilen der lex publica zurückzukehren.[245] Die streng grammatikalische Auslegungstheorie holte die Gesetzesgeltung in den Wortlaut zurück. Die Theorie des Gesetzes als generale iussum populi schloß Ermächtigungsgesetze aus. Wirklich durchgesetzt hat sich diese Lehre nicht, trotz bedeutender, durch die prokulianische Rechtsschule vermittelter Fortwirkungen ihrer Auslegungslehre in der Kaiserzeit. Die Kaiserzeit endet in einem Kompromiß. Die mit dem Prinzipat verbundene Theorie der res publica restituta ermöglichte in bestimmten Auslegungsbereichen den Fortbestand des formalen Gesetzesbegriffs. Das neue Machtzentrum, die Ausnahmegewalt des Prinzeps, begünstigt dagegen den materiellen Gesetzesbegriff, der eine Auslegung nach Sinn und Zweck verlangte und für eine gesetzliche oder gesetzesgleiche Regelung nicht mehr verlangt als eine Normierung, die von einem dafür zuständigen Träger der Staatsgewalt ausgeht. Die zweite Phase der römischen Kaiserzeit, der Dominat, erhob dann die Ausnahmegewalt des Prinzeps auch äußerlich zur Regel und beendete damit den republikanisierenden Vorbehalt, daß die Rechtsregelung des Prinzeps nur gesetzesvertretend galten. Der Kaiser wurde zur ausschließlichen Quelle der lex und behielt sich schließlich sogar die rechtsfortbildende Auslegung der Gesetze vor.[246] Damit endet die Geschichte des römischen Gesetzesbegriffs bei einem sehr einfachen, absolutistisch-monarchischen Gedanken. Dessen Überwindung und Differenzierung, wobei auf neuen Entwicklungsstufen Strukturen und Fragen der republikanischen lex publica zurückgewonnen wurden, ist das Thema noch der allerjüngsten Geschichte des Gesetzesbegriffs.

244 Cicero, de legibus II 5, 11: in ipso nomine legis interpretando inesse vim et sententiam iusti et veri legendi (Übers.: In dem Wort lex selbst liege, wenn man es interpretiere, der bewußte Sinn einer Wahl von Gerechtigkeit und Recht.). Zur großen praktischen Bedeutung dieser stoischen Zielformel vgl. meine Fraus legis S. 95 ff.

245 Näher zu diesem Entwicklungsgang meine Fraus legis, insbes. S. 33 ff., 99 ff.

246 CJ 1, 14, 1 (a. 316) Imp. Constantinus A. Septimio Basso p(raefecto) u(rbi). Inter aequitatem iusque interpositam interpretationem nobis solis et oportet et licet inspicere. (Übers.: Der Kaiser Konstantin an A. Septimius Bassus den Stadtpräfekten. Die zwischen Gerechtigkeit und Recht liegende rechtsfortbildende Interpretation müssen und dürfen allein wir ins Auge fassen.).

IV. Das Gewaltmonopol der Magistratur der klassischen Republik in einer Fallentscheidung des Servius Sulpicius Rufus*

[283] (1) In seinem kürzlich erschienenen Kabinettstück Gespräch mit *Gaius, Jurist in Klein-Asien* hat der Jubilar seinen Titelhelden im Dialog mit Mela nicht nur seherisch einen Blick tun lassen auf den Erfolg, den die in Rom zur Blüte gekommene ›Privatrechtswissenschaft‹ einst in Europa haben würde,[1] sondern Gaius zugleich in liebevoller Imagination mit einer an der kleinasiatischen Küste in der Nähe Trojas gelegenen traumhaften Villa mit Meerblick[2] die Segnungen eines effektiv geschirmten Privatrechts in großzügiger Weise zuteil werden lassen. Vielleicht darf ich daher hoffen, mit [284] den folgenden um die Exegese eines Digestenfragments kreisenden Betrachtungen über die öffentlichrechtlichen Bedingungen dieses Privatrechtsfriedens sein Interesse zu finden.

Der oberste Schirmherr und Garant des Rechts, von dem in letzter Linie dieser Zustand der pax Romana abhing, war für Gaius, den klar urteilenden, in den Provinzen wirkenden Zögling der hochklassischen Schule der Sabinianer, der Kaiser als Inhaber eines durch Volksgesetz übertragenen und in umfassender, in

* Erstabdruck in: Viva vox iuris Romani. Essays in honour of Johannes Emil Spruit. Hrsg. von L. de Ligt, J. de Ruiter, E. Slob, J. M. Tevel, M. van de Vrugt und L. C. Winkel, Amsterdam 2002, S. 283-295.

1 *Gesprek met Gaius, jurist in Klein-Azie uit de nagelaten geschriften van Cn. Pompeius Mela*, met pentekeningen verlucht door Claudia M. Gianotten, Antwerpen – Apeldoorn 2000.

2 Da wir in Gaius wieder mit Mommsen einen in Rom ausgebildeten Provinzialjuristen des Ostens sehen (vgl. Detlef Liebs im Vorwort p. VII zu Wolfgang Kunkel, *Die Römischen Juristen, Herkunft und soziale Stellung*, Köln 2001, ein bis auf den etwas griffiger gewordenen Titel unveränderter Nachdruck der 2. Auflage 1967), kann die Vorstellungskraft sich diese Freiheit nehmen. Und warum soll sich Gaius, nachdem er, wie wir hoffen, durch Fleiß, etwa wie ein Sabinus, einigen Wohlstand erworben hatte, nicht als Bürger der Stadt eine Villa erwerben, in der immerhin ein Mommsen seinen Geburtsort vermutete. A. M. Honoré, *Gaius*, Oxford 1962, 85 konnte zwar darauf hinweisen, daß die sich auf drei beschränkende Äußerung des Gaius über Munzipien mit *Ius Italicum*, nämlich Troas, Berytus, Dyrrachium, jeder Aussagekraft entbehrt, weil Troas nur wegen des (von Behagel formulierten) euphonischen Gesetzes der wachsenden Glieder am Anfang stehe. Es heißt aber, diese Beobachtung nicht gegen sich selbst gelten lassen, wenn Honoré jetzt Durazzo als Geburtsort vorschlägt, weil auf ihm in dieser Reihung der stärkste Druck liege. Troja bleibt ein Kandidat. Sie ist schließlich auch die Stadt, die den kleinasiatischen Galatern am nächsten liegt, über die Gaius so gut informiert ist. – Die drei Namen würden allerdings jegliche biographische Aussagekraft verlieren, wenn Gaius sich auf sie beschränkt hätte, weil nur ihre Bürger das nach Lenels Vermutung [*Pal.* I, Sp. 247 Anm. 6] in Frage stehende, für Italien geltende Recht erhalten hätten, bei vier Kindern eine Vormundschaft ablehnen zu dürfen (in Rom selbst waren dafür drei, in den Provinzen sonst fünf erforderlich). Mit einem nach allen Richtungen inhaltsgleichen, verläßlich schematisierten *ius Italicum* ist außerhalb des Bodenrechts kaum zu rechnen.

genereller wie in konkreter Weise zur Rechtssetzung berechtigenden *imperium*.[3] Zwar waren für das Privatrecht des Prinzipats nach wie vor die ordentlichen Magistrate der Republik zuständig. Sie waren es, die dem vom Kaiser nur *extra ordinem* ergänzten *ius ordinarium* in Rom und den Provinzen Effektivität verschafften. Der rechtsgeschichtliche Abriß des Schul- und Zeitgenossen des Gaius, des hauptstädtischen Juristen Pomponius, läßt dies in seiner Darstellung der Magistraturen deutlich erkennen.[4] Gleichwohl lag im Prinzipat verfassungs- und rechtspolitisch die Sicherung des Rechtsfriedens letztlich in der Verantwortung der Kaiser. Die scharf eingreifende *oratio divi Marci*, welche die Selbsthilfe der Gläubiger mit Rechtsverlust belegte, und die ihr für die Selbsthilfe bei dinglichen Rechten folgenden Kaiserkonstitutionen zeigen, daß die Kaiser sich dessen auch bewußt waren.[5]

(2) In der Rechtsordnung der klassischen Republik, für die Servius den ersten, von ihm nicht ohne Grund dem Verteidiger der Republik M. Iunius [285] Brutus gewidmeten Ediktkommentar geschrieben hat,[6] war das anders. Hier war es die Magistratur, welche die höchste Gewalt im Staate inne hatte und im Dienste der nach Privatrecht lebenden Gesellschaft durch Anwendung des formalen Rechts und, wo nötig ergänzend in faktischem Tätigwerden, für den Rechtsfrieden und die tatsächliche Sicherheit zu sorgen hatte.

3 Was er verfügte, war Gesetz. Denn der Kaiser hatte durch Gesetz des Volkes, d. h. des Trägers der Gesetzgebungshoheit, ein zur Rechtssetzung befugendes ›*imperium*‹ erhalten (Gaius I 5; vgl. Ulpian l institutionum D. 1, 4,1 pr.). Daher war es folgerichtig der Kaiser, der den Juristen nunmehr gestattete, das Recht fortzubilden (Gaius I 6). Alle, die *sub imperio populi Romani sunt* (Gaius I 52), lebten damit letztlich unter dem *imperium* des Kaisers. Der Unterschied zwischen den Provinzen des Kaisers und denen des römischen Volkes war mehr rechtstechnischer, boden- und verwaltungsrechtlicher als genuin verfassungsrechtlicher, den Schutz der Freiheitsrechte betreffender Art (Gaius I 6; II 7).

4 Für Pomponius sind es die ordentlichen Magistrate (lb sg enchiridii D. 1, 2, 2 § 13): per quos …effectus rei accipitur (›durch welche das Recht wirksam wird‹). Sie meint er, wenn er *ausruft*: quantum est enim ius in civitate esse, nisi sint, qui iura regere possint? (›Was besagte es, daß in einem Gemeinwesen Recht gilt, wenn es nicht diejenigen gäbe, die das Recht gerichtlich zur Geltung bringen können?‹). Daher berichtet er, von wenigen Ausblikken auf die kaiserlichen *extra ordinem* eingesetzten Beamten abgesehen, nur von den Magistraturen, die sich in der Republik ausgebildet haben (§ 13 - § 34). Der Prinzeps kommt nur unter den Rechtsquellen vor (§ 12); seine Herrschaft ist also als eine spezifisch rechtliche aufgefaßt. In der Tat ist das Prinzipat eine Art oberste Rechtsaufsicht über die Republik, mit der aus der rechtlichen Organisationsgewalt folgenden Möglichkeit, *extra ordinem*, d. h. außerhalb der Ordnung der Republik, sachliche Aufgaben in eigene Verwaltung zu übernehmen.

5 Vgl. einerseits Callistrat l de cognitionibus D. 4, 2, 13 = D. 48, 7, 7, andererseits Inst. 4, 2,1 und 4, 15, 6. Der hier angewendete Verwirkungsgedanke, der eine formale Zuständigkeit durch die mißbilligte Art ihrer Geltendmachung unmittelbar verloren gehen läßt, ist methodisch nicht klassisch, sondern vorklassisch.

6 Vgl. Pomponius lb sg enchiridii D. 1, 2, 2, 44.

Eine vielerörterte[7] Stelle aus dem Ediktkommentar Ulpians, in welcher der severische Jurist den Archegeten aller Ediktkommentatoren Servius anführt, erlaubt daher einen lehrreichen Blick auf die damalige Rolle der Magistratur. In ihr geht es nicht darum, daß der Magistrat des klassischen Rechts das *ius*, das in den Regeln des *ius gentium*, der *leges publicae* und des *mos maiorum* vorliegt und durch *in ius* konzipierte Formeln umgesetzt wird, *naturali aequitate motus* mit *in factum* konzipierten Klagen oder Einreden ergänzt, sondern um tatsächliches Eingreifen bei Brandgefahr.

Ulpianus 71 ad edictum D. 43, 24, 7, 4: Est et alia exceptio,[8] de qua Celsus[9] dubitat, an sit obicienda: ut puta si incendii arcendi causa vicini aedes intercidi et [286] quod vi aut clam mecum agatur aut damni iniuria. Gallus

7 Vgl. nur S. Schipani, *Responsabilita ›ex lege Aquilia‹. Criteri di imputazione e problema della ›culpa‹*, Torino 1969, 153ff. und Reinhard Zimmermann, *The Law of Obligations*, Cape Town etc. 1990, 1003.

8 Die vorher (im § 3) erörterte ›andere‹ Einrede ist die einer Retorsion gegen das *interdictum quod vi aut clam*. Der Beklagte hatte sich gegen den Vorwurf, ein Haus heimlich oder gewaltsam abgerissen zu haben, mit der *exceptio* gewehrt, daß der Kläger das Haus selbst zuvor heimlich oder gewaltsam errichtet habe. Der von Ulpian zitierte Julian findet es *aequissimum*, die Einrede zu geben. Der weitere Text stammt wahrscheinlich nicht von Ulpian, sondern, wie schon Faber erkannt hatte (vgl. *Index Interpolationum*), von den Kompilatoren, die fanden, daß Ulpian hier in der Nachfolge Julians zu weit ging. Es heißt einschränkend: Quod non aliter procedere debet, nisi ex magna et satis necessaria causa: alioquin haec omnia officio iudicis celebrari oportet. (›Das [d.h. die durch Einrede gerechtfertigte Selbsthilfeaktion, die eine Art Besitzkehr darstellt] soll nur aus wichtigem und hinreichend zwingendem Grund so geregelt werden; im übrigen soll das alles unter richterlicher Kontrolle abgewickelt werden.‹). Julian hatte das Prinzip des *vim vi repellere licet* angewendet, das Ulpian auf das sabinianische Schulhaupt Cassius zurückführt (Ulpian 69 ad edictum D. 43, 16, 1, 27 und D. 43, 16, 3, 9). Die Kompilatoren haben dagegen die Tendenz verfolgt, den grundsätzlichen Vorrang des Rechtsweges durchzusetzen, genauso wie sie es Inst. IV 15, 6 gegenüber dem die Ansicht der Schule Julians repräsentierenden Grundtext Gaius IV 154 getan haben, indem sie ohne viel Aufhebens die aus der Klausel *nec vi nec clam nec precario* des *interdictum unde vi* folgende Selbsthilfeermächtigung aufhoben. Das war eine Rückkehr zu Servius. Vgl. dazu Behrends, *Selbstbehauptung und Vergeltung und das Gewaltverbot im geordneten Bürgerlichen Zustand nach klassischem römischen Recht*, Savigny-Zeitschrift, Rom. Abt. 2002.

9 Mommsens in der großen Ausgabe geäußerte vorsichtige Vermutung: ›Gallus?‹ hat weithin Erfolg gehabt, obwohl Lenel, *Palingenesia Iuris Civilis* II, Sp. 160 Nr. 10 anderer Ansicht war. Vgl. Watson, *The Law of Obligations in the Later Roman Republic*, Oxford 1965, 241. Es spricht aber schon sehr gegen Mommsens Vermutung, daß er das gleich folgende *Gallus enim dubitat* als redundantes Glossem streichen muß. Zwar ist niemand gegenüber einem Glossem, das ihn belehrt hat, zur Dankbarkeit verpflichtet. Aber die Ansicht, daß es ein Glossem ist, überzeugt nicht. Es hat nichts Anstößiges, sondern paßt vielmehr zu Ulpians oft recht lockerem Stil, wenn er unter Anführung von Celsus die Frage zunächst einmal abstrakt aufwirft und die konkrete *exceptio* dann erst im Zusammenhang mit den Zweifeln des Gallus und seiner daraus entstandenen Kontroverse mit Servius nennt. – Im übrigen darf der Name des Celsus auch aus einem inhaltlichen Grund nicht geopfert werden. Die

enim dubitat, an excipi oporteret: ›quod incendii defendendi causa factum non sit‹? Servius autem ait, si id magistratus fecisset, dandam esse, privato non esse idem concedendum. si tamen quid vi aut clam factum sit neque ignis usque eo pervenisset, ⟨Celsus ait, eum quocum agatur quod vi aut clam damnandum in id quod interest vel si damni iniuria cum eo actum esset[10] simpli[11] litem aestimandam; si pervenisset absolvi eum oportere. idem ait esse, si damni iniuria actum foret, quoniam nullam iniuriam aut damnum dare videtur aeque perituris aedibus.

Und es gibt noch eine andere [auf möglicherweise erlaubte Eigenmacht oder Selbsthilfe bezogene] Einrede, von der Celsus in Betracht zieht, ob sie erhoben werden kann, nämlich in dem Fall, daß ich zur Abwehr eines Brandes das Haus eines Nachbarn abreiße und daraufhin gegen mich mit dem Interdikt ›Was mit Gewalt oder heimlich‹ oder mit der Klage wegen rechtswidriger [287] Schadenszufügung vorgegangen wird. Aquilius Gallus erwägt, ob nicht [in die jeweilige Formel] die Einrede aufgenommen werden müßte: ›Wenn das nicht

Klagenkonkurrenz zwischen *interdictum quod vi aut clam* und der *actio legis Aquiliae* ist für Servius ausgeschlossen, da in der von ihm durchgesetzten restriktiven Auslegung des nach seinem Wortlaut an sich sehr weiten Interdikts (vgl. Ulpian 71 ad edictum D. 43, 24, 7, 5) tatbestandlich ein *opus factum* auf dem Grundstück verlangt wurde (Ulpian ibid. und D. 43, 24, 1, 4) und die Zerstörung eines Hauses darunter ursprünglich nicht gefaßt wurde (vgl. Ulp. loc. cit. D. 43, 24, 7 §§ 9, 10): Die Bedenken hielten sich am längsten bei der Teilzerstörung, wahrscheinlich weil man sich diese noch weniger als ein *opus* denken konnte, als einen gelegentlich ja als Werk zu betrachtenden Abriß. Daher konnte z. B. ein wirtschaftlich sinnvoller Holzeinschlag schon *apud Servium*, d. h. von Serviusschülern, als ein *opus* betrachtet werden (vgl. Ulp. loc cit. D. 43, 24, 13, 4), für ein deliktisches *arbores succidere* mußte sich dagegen noch Ulpian (loc. cit. D. 43, 24, 19) auf Sabinus berufen. Die ältere weit freiere Ansicht zeigt sich, wenn Trebatius das Interdikt in dem Fall gewährt, daß jemand ohne Veränderung des Grundstücks Mist darüber fährt und von Labeo für diesen Verzicht auf das Erfordemis eines *opus* kritisiert wird. Vgl. Venuleius 2 interdictorum D. 43, 24, 22, 3. Eine solche Entscheidung ist ohne eine das Affektionsinteresse umfassende Restitution, wie sie für die vorklassische Jurisprudenz erschließbar ist (vgl. Ulpian 69 ad edictum D. 43, 17, 3, 11; Paul 2 ad Plautium D. 9, 2, 33 pr.; Ulpian 18 ad edictum D. 9, 2, 21, 2; Papinian 27 quaestionum D. 17, 1, 54 pr.), nicht durchführbar. Eine nähere Begründung und Einordnung dieses Befundes findet sich in meinem in der vorstehenden Anmerkung zitierten Aufsatz.

10 Wir übemehmen mit dem Einschub eine Emendation Mommsens, die wir dem allgemeinen Sinne nach für überzeugend halten, allerdings mit der Ergänzung ›Celsus ait‹, deren Notwendigkeit in der voraufgehenden Anmerkung begründet ist.

11 K. A. Schmidt, *Das Interdiktenverfahren in geschichtlicher Entwicklung*, Leipzig 1853, 255: *simpliciter*. Schmidt hatte richtig erkannt, daß für das Interdiktenverfahren der Hinweis auf das *simplum* sinnlos ist, weil es kein *duplum* kennt. Aber die Konjektur *simpliciter* behebt den Anstoß nicht wirklich, sondern nur scheinbar, indem sie Ulpian zumutet, laienhaft zu sprechen. Mommsen hat daraus zutreffend die Konsequenz gezogen und dem Wort mit der *lex Aquilia* seinen technischen Kontext wiedergegeben. Die *actio legis Aquiliae* duplierte ja tatsächlich gegen den, der sich auf ein streitiges Verfahren einließ (Ulpian 18 ad edictum D. 9, 2, 23, 10).

zur Abwehr eines Brandes geschehen ist‹. Servius[12] bemerkt dagegen, diese Einrede dürfe nur dann gewährt werden, wenn eine solche Maßnahme von einem Magistrat getroffen worden sei, einem Privatmann sei sie nicht zu gewähren. Sei aber ein solcher Abriß gewaltsam oder heimlich vorgenommen worden und das Feuer gar nicht bis zu seinem Hausgrundstück gelangt, dann solle [sagt Celsus, derjenige, gegen den mit dem Interdikt ›Was mit Gewalt oder heimlich‹ vorgegangen worden sei, auf den Sachwert verurteilt oder, wenn gegen ihn wegen rechtswidriger Schadenszufügung geklagt worden sei] der Streitwert auf das Einfache geschätzt werden. Sei dagegen das Feuer bis zu dem Hausgrundstück gelangt, müsse die Klage aus dem Interdiktenverfahren abgewiesen werden; dasselbe liegt vor, sagt Celsus, wenn wegen widerrechtlicher Schadenszufügung geklagt worden sei, weil kein Unrecht oder Schaden zugefügt werde, wenn das Haus ohnehin durch den Brand zerstört worden wäre.

(3) Die Lösung, die Servius dem Fall gibt, arbeitet mit einer grundlegenden systematischen Unterscheidung und soll uns unter diesem Aspekt beschäftigen. Wenn dagegen Labeo,[13] nach Ofilius der dritte in der Reihe der bedeutenden Fortsetzer des Ediktkommentars des Servius, einen grundsätzlich anders liegenden Fall beisteuert und die Frage aufwirft, wie es denn ist, wenn das Feuer erst nach Abriß ausbricht, und zutreffend erkennt, daß ein anderer Fall auch eine andere Antwort erheischt, wird man ihm dafür danken, sich aber darum von der von Servius analysierten Konstellation nicht ablenken lassen. Auf Aquilius' Ansicht, welche die Relevanz der von Servius zugrundegelegten Distinktion leugnet, ist dagegen zurückzukommen.

Die Stellungnahme des Celsus ist typisch hochklassisch. Sie ist geprägt von der – im Vergleich zu Aquilius Gallus und Servius – erst für ihn wieder möglichen Konkurrenz zwischen der *actio legis Aquiliae* und dem [288] *interdictum quod vi aut clam*. Die restriktive Interpretation, die dem *interdictum quod vi aut clam* im Ediktkommentar des Servius gegeben worden war, hatte ein *opus factum* verlangt, das in einer bloßen Zerstörung nicht gefunden werden konnte (vgl. oben Anm. 9): für

12 Vermutlich in seinem Ediktkommentar (oben Anm. 6), in dem er dann auch die Meinungsverschiedenheit mit seinem älteren Freund und Lehrer Aquilius Gallus (unten Anm. 30) überliefert haben dürfte.

13 Der oben wiedergegebene Text fährt fort: quod si nullo incendio id feceris, deinde postea incendium ortum fuerit, non idem erit dicendum, quia non ex post facto, sed ex praesenti statu, damnum factum sit nec ne, aestimari oportere Labeo ait. (›Wenn du das aber, ohne daß es brannte, getan hast, danach aber ein Brand ausgebrochen ist, ist nicht das gleiche zu sagen, weil die Frage, ob ein Schaden zugefügt worden ist, nicht nach dem, was später geschieht, sondern nach dem gegenwärtigen Stand entschieden werden muß.‹) Labeo hat natürlich Recht. Aber sein Abriß hat mit Brandgefahr überhaupt nichts mehr zu tun. Eine Konkurrenz zwischen Magistratur und Privatmann kam, da es nicht brannte, nicht in Betracht. Der Abreißende hat Motive anderer Art. Daß ihn der später ausbrechende Brand nicht entlasten kann, ist daher nichts als selbstverständlich. Denn daß ein Gegenstand die künftige Wirkung einer vollständig unbekannten, in keiner Weise vorhersagbaren Kausalitätsreihe schon gegenwärtig in sich trägt, ist ein abwegiger Gedanke.

rechtswidrige Schädigungen war allein die im Fall eines *causam praestare* vom Prätor durch *in factum* konzipierte Klagen ergänzbare[14] *actio legis Aquiliae* zuständig.

Die von Celsus übernommene, weite, vorklassische Auslegung des *interdictum quod vi aut clam* ist für das Prinzipat ein Rezeptionsvorgang unter vielen. Die Rezeptionsvorgänge dieser Art sind allesamt dadurch geprägt, daß der Klagenschutz des klassischen, auf Servius zurückgehenden Edikts, in dem der Magistrat als Inhaber eines naturalistisch konzipierten *imperium* eine formal definierte Rechtsordnung mit *in factum* konzipierten Klagmitteln ergänzte, um vorklassische, aus naturrechtlicher Interpretation gewonnene Klagmöglichkeiten angereichert wird. Allbekannte Beispiele, in denen die Verschiedenheit der Rechtsquellen sogar zu verschiedenen Formeln geführt hat und in den Kommentaren als Nacheinander von *in factum* konzipierten Klagen des klassischen Edikts und von *in ius* konzipierten Formeln des vorklassischen Naturrechts begegnet, sind die Dubletten der *negotiorum gestio*, des *commodatum*, des *depositum* und des *pignus*.[15] In unserem Fall hat die Wiederkehr der vorklassischen Tradition bewirkt, daß das Interdikt *Quod vi aut clam* nicht mehr nur private grundstücksbezogene Interessensphären vor fremden *opera* schützte, sondern weitergehend in Übereinstimmung mit dem vorklassischen Besitzbegriff in grundsätzlich sehr freiem Maße Nutzungsbeeinträchtigungen einbezog.[16] Möglich geworden war die hier angedeutete Gesamtentwicklung durch die Tatsache, daß das *imperium* des Prätors in der Verfassung des Prinzipats sofort unter den Einfluß des naturrechtlichen *imperium* des Prinzeps geriet und daher selbst als gerichtliche Gewalt aufgefaßt werden konnte, die berufen war, Naturrecht durchzusetzen.[17]

14 Vgl. Gaius III 219; Ulpian 18 ad edictum D. 9, 2, 9, 3; Ulpian loc. cit. D. 9, 2, 7, 6.

15 Vgl. Lenel, *Edictum perpetuum*[3], 101 ff., 252 ff., 288 ff., 254 ff.

16 Vgl. für die unter dem Einfluß des naturrechtlichen Besitzbegriffs stehende Erweiterung oben Anm. 9 und Schahin Seyed-Mahdavi Ruiz, *Die rechtlichen Regelungen der Immissionen im römischen Recht*, Göttingen 2000, 96 ff., wo eine ganz parallele (vor Immissionen schützende) naturrechtliche Auslegung des Besitzinterdikts *uti possidetis* erörtert wird. – Nach klassischer Auslegung war das *interdictum quod vi aut clam* gar kein Besitzinterdikt. Vgl. Paulus 67 ad edictum D. 43, 24, 16 pr. Daher sahen die Serviusschüler (vgl. das Fragment oben Anm. 9) selbst in einer besitzlosen, auf bloßer Gestattung beruhenden Holzeinschlagberechtigung ein schutzwürdiges Grundstücksinteresse. Der Schwerpunkt des Tatbestands lag auf dem *opus factum*. Das von ihm betroffene Interesse entschied über die Aktivlegitimation.

17 Die prätorischen, unmittelbar auf ein Verheißungsedikt zurückgehenden Klagen heißen *actiones directae*, die aus der Auslegung der naturrechtlichen, für das Zusammenleben nützlichen Prinzipien gewonnen Klagen *actiones utiles*. Vgl. (Ps-)Paulus 1 sententiarum D. 3, 5, 46(47), 1 und die Art, in der Servius bei Ulpian 23 ad edictum D. 9, 3, 5, 12 in einer Neuland beschreitenden Entscheidung über die Haftung für in den Straßenraum heruntergefallene Gegenstände, die an Gebäuden befestigt waren (Ladenschilder oder Amphoren), das ergänzte Edikt als positives Recht behandelt. Wenn Papinian 2 definitionum D. 1, 1, 7, 1 dann später die prätorischen Behelfe als *ius praetorium* und *honorarium* unmittelbar aus dem Gemeinwohl (*utilitas publica*) ableitet, spiegelt das die Tatsache, daß die beiden Rechtsquellen, das vorklassische Naturrecht und die prätorischen Regelbildungen, in hochklassischer Zeit unter dem Einfluß des Prinzipats bereits weitgehend homogen geworden waren. Vgl. oben Anm. 3 und 4.

[289] Vorklassisch ist die homogenisierende Bestimmung der Restitutionspflicht und Schadensersatzpflicht nach dem Interesseprinzip.[18] Sie erlaubt es Celsus, den vom Beklagten aufgrund der lex Aquilia geschuldeten Schadensersatz als das gleiche Interesse zu bestimmen, das aufgrund des Interdikts geschuldet wird, und damit von der Duplierung zu befreien (vgl. Anm. 11). Eine solche wäre in diesem Fall in der Tat unangemessen gewesen. Denn bei einer Deliktsklage kann man immerhin demjenigen, dessen Verantwortlichkeit im Prozeß dargetan wird, den Vorwurf machen, daß er als Tatnächster den Haftungstatbestand auch ohne Prozeß hätte anerkennen können. In diesem Fall aber, in dem es um die objektive Frage geht, ob das Haus ohne Abriß den Flammen zum Opfer gefallen wäre, muß der Wunsch des Beklagten, diesen Punkt einer gerichtlichen Überprüfung zu unterwerfen, als berechtigt anerkannt werden.

Teil seiner vorklassisch inspirierten *ars boni et aequi* ist schließlich auch, daß Celsus in dem Satz *quoniam nullam iniuriam aut damnum dare videtur aeque perituris aedibus* (›weil kein Unrecht oder Schaden zugefügt werde, wenn das Haus ohnehin durch den Brand zerstört worden wäre‹) die Rechtswidrigkeit entfallen läßt, weil kein Schaden vorliegt. Für das ursprüngliche klassische Denken, das den Schaden als Tatfrage behandelt und die Rechtswidrigkeit als Rechtsfrage, wäre das unannehmbar.[19] Es ist [290] vielmehr Ausdruck der Tatsache, daß

18 Der faktischen, nicht rechtlich wertenden (vgl. die folgende Anmerkung) Schadensbestimmung des klassischen Rechts, die in der lex Aquilia vom Wert des *corpus*, nicht vom Vermögensinteresse an ihm (Ulpian 18 ad edictum D. 9, 2, 21, 2), beim Besitzinterdikt *uti possidetis* von dem Grundstück, nicht von dem Besitzinteresse an ihm ausging (Ulpian 69 ad edictum D. 43, 17, 3, 11), wäre eine solche notwendig rechtlich argumentierende Homogenisierung nicht möglich, selbst wenn sie, was nicht der Fall war, eine Klagenkonkurrenz im obigen Fall schon zugelassen hätte. Im Interdikt *quod vi aut clam* wurde klassisch das Interesse geschätzt, daß der Interessierte am Unterbleiben des konkreten *opus factum* hatte, kein weitergehendes Restitutionsinteresse. Vgl. Ulpian 71 ad edictum D. 43, 24, 15, 7 und oben Anm. 9 und Anm. 16.

19 Paulus 5 ad Sabinum D. 50, 17, 24 sagt: Quatenus cuius intersit, in facto, non in iure consistit (›Der Umfang des Interesses bestimmt sich nach den Tatsachen, nicht nach dem Recht‹). Die Äußerung ist, wie Lenel in seiner Palingenesie gezeigt hat, auf das Interesse pointiert, das den Bestohlenen zur *actio furti* legitimiert, und damit zugleich eine Parteinahme für das faktische Interesse, das in einer bekannten Kontroverse Servius Sulpicius gegen Mucius ins Feld führt (wie Lenel zu Recht vermutet, in seinen Reprehensa Mucii Capita, dem Werk »Die widerlegten Grundsätze des Mucius«), und zwar um zu begründen, daß notfalls auch der bestohlene Dieb die *actio furti* haben könne, da nicht zu bezweifeln sei, daß er ein – faktisches – Interesse am Behalten der Sache habe; Lenel, *Palingenesia Iuris Civilis* I, Sp. 1267 mit Anm. 2, wo auf Ulpian 29 ad Sabinum D. 47, 2, 10 verwiesen wird: *Cuius interfuit non subripi, is actionem furti habet.* Vgl. Pomponius 38 ad Quintum Mucium D. 47, 2, 77(76), 1, wo Mucius (und Pomponius stimmt ihm als Sabinianer zu) für das Interesse eine rechtliche *honesta causa* verlangt; für Servius reicht dagegen, wie im zitierten Fragment deutlich wird, das faktische *lucrum*. Es ist das gleiche faktische *lucrum*, das nach klassischer Tradition die Menschen zum Abschluß der gegenseitigen Verträge führt (Ulpian lb sg regularum D. 44, 7, 25, 1).

Celsus die Kategorien Rechtswidrigkeit und tatsächlicher Schaden unter dem Einfluß des vorklassischen Interessebegriffs wieder miteinander verschmilzt (vgl. oben Anm. 10). Wir werden darüber hinaus am Ende noch eine Stellungnahme des Celsus kennenlernen, in der er in dieser Richtung noch weiter geht und die Rechtswidrigkeit bei einem Privatmann sogar schon dann entfallen lassen will, wenn der Abriß bloß subjektiv um der Abwendung der Brandgefahr willen erfolgte, also objektiv nicht erforderlich war.

(4) Servius' Stellungnahme ist weit differenzierter. Nach Servius darf der Magistrat zur Abwehr der Brandgefahr das Haus abreißen, nicht der Private. Der Grund ist in der betonten Unterscheidung zwischen Magistrat und Privatmann deutlich ausgesprochen: Offenbar handelt der Magistrat in seinem Aufgabenkreis, nicht der Private. Damit ist auch klar, welche Kategorien Servius hier anwendet. Es ist das auf seine Jurisprudenz zurückgehende,[20] von Ulpian in seinem Institutionenlehrbuch treu bewahrte Begriffspaar *ius publicum – ius privatum*, das dem Magistrat die Wahrnehmung des öffentlichen Interesses, dem Privaten die Wahrnehmung des privaten Interesses zuweist.[21] Der Magistrat, der getan hat, wozu er eingesetzt ist, bekommt zur Abwehr von Schadensersatzklagen des betroffenen Hauseigentümers die Einrede. Der Private, der über den eigenen Rechtskreis hinausgetreten ist, bekommt sie nicht.

An der Entscheidung zugunsten des Magistrats ist rechtstechnisch lehrreich, daß Servius ersichtlich nicht daran zweifelt, daß dem jeweiligen Regeltatbestand nach die Haftung nach der *lex Aquilia* gegeben ist. Der Abriß durch den Magistrat war tatbestandsmäßig eine widerrechtliche Schädigung des Hausgrundstücks. Da aber der Magistrat in öffentlichem Interesse gehandelt hat, bekommt er eine *in factum* konzipierte Einrede. In gleicher Weise dürfte auch in dem allbekannten, von Alfenus oder seinem [291] Lehrer Servius entschiedenen Bettenfall (auf der Straße abgestellte Betten waren als Verkehrshindemis zerschlagen worden) die Haftung der Ädile, so sie rechtmäßig gehandelt hatten, durch eine Einrede ausgeschlossen worden sein.[22] Es lohnt sich, die für die Gewährung solcher Einreden maßgebenden Kategorien etwas näher zu beleuchten.

20 Den Hauptbeweis stellt die Präsenz der Dichotomie in dem Systemabriß Cicero, *Part. orat.* 37, 130.

21 Vgl. Ulpian 1 institutionum D. 1, 1, 1, 2: Huius studii duae sunt positiones, publicum et privatum. publicum ius est quod ad statum rei Romanae spectat, privatum quod ad singulorum utilitatem: sunt enim quaedam publice utilia, quaedam privatim. publicum ius in sacris, in sacerdotibus, in magistratibus consistit. Der Ausdruck *status rei Romanae* ist übrigens gut republikanisch. Vgl. Livius III 9, 1: Sic res Romana in antiquum statum rediit. Zum Ursprung der Interessentheorie vgl. Behrends, *Die Gewohnheit des Rechts und das Gewohnheitsrecht,* in: D. Willoweit (Hrsg.), Die Begründung des Rechts als historisches Problem, München 2000, 48 ff. Darauf, daß im Systemabriß Cicero, *Part. orat.* 37, 130 das *ius divinum* dem *ius humanum* noch entgegengesetzt und daher nicht mit dem *ius publicum* verschmolzen war, kommt es hier nicht an.

22 Vgl. Paulus 3 Alfeni epitomarum D. 18, 6, 13(12).

Die allgemeine Kategorie, unter der über die Erteilung der *in factum* konzipierten Behelfe entschieden wurde, war im Ediktsystem des Servius die *aequitas naturalis*, die ›natürliche Regelgleichheit‹.[23] Sie war in diesem System die natürliche, wertgeleitete Quelle der Regelbildung.[24] Die Werte, die sie unter Privaten durchsetzte, waren z. B. die Treue zum gegebenen Wort (*fides*), das Verbot der Schädigung durch *dolus* oder unmittelbar gesetzte Schadensursachen, d. h. typische Werte, die auf private Interessen bezogen sind.[25] In diesem Fall war dagegen die Konstellation eine besondere. Es standen sich gegenüber das werthaltige private Interesse, im Falle unmittelbarer Verletzungshandlungen einen Ausgleich zu erhalten, und das werthaltige öffentliche Interesse, daß die Magistratur im Bereich der Gefahrenabwehr tätig werden darf. Dem öffentlichen Interesse wird der Vorrang gegeben: Ein Magistrat, dessen Handeln im Bereich der *aequitas naturalis* stattfindet und an ihr zu messen ist,[26] darf zur Abwendung einer Brandgefahr für die Allgemeinheit (hier vertreten durch die nächsten Gefährdeten) das Haus eines Privaten abbrechen. Folglich scheitern die Ersatzklagen des privaten Hauseigentümers an der von Servius empfohlenen Einrede. Sein Haus wurde vom Magistrat in gerechtfertigter Weise dem Gemeinwohl aufgeopfert. Dabei wird der Tatbestand der Einrede ›Wenn das nicht zur Abwehr eines Brandes geschehen ist‹ nicht den Nachweis verlangen, daß das Haus andernfalls vom Brand erfaßt worden wäre. Vielmehr dürfte es genügt haben, daß die Maßnahme aus dem Gesichtspunkt der allgemeinen Gefahrenabwehr als begründet erschien.

(5) Hinsichtlich der Rechtslage des Privaten haben wir den Fall, daß der Abriß zwar wegen des Feuers erfolgte, aber nicht nötig war, weil das Feuer [292] das abgerissene Haus nicht erfaßt hätte, schon erörtert. Hier wird der Beklagte von Celsus dadurch begünstigt, daß er ihn bei der *actio legis Aquiliae* von der Prozeßgefahr befreit.

Für den Fall, daß der Brand das abgerissene Haus gewiß zerstört hätte, stellen dagegen Celsus und wahrscheinlich schon Servius Sulpicius Rufus eine Argumentation zur Verfügung, die darauf hinausläuft, daß der Private zwar keine Abriß-

23 Im Unterschied zu der das *Ius* meinenden ›Bürgerlichen Regelgleichheit‹ der *aequitas civilis*. Den ältesten Beleg für diese grundlegende, auch den Systemabriß Cicero, *Part. Orat.* 37, 130 beherrschende und in dem Gegensatz *institutio-natura* (Cicero, *Topica* 23, 90) wiederkehrende Dichotomie bietet in der juristischen Überlieferung Labeo bei Ulpian 38 ad edictum D. 47, 4, 1, 1.

24 Auf sie bezieht sich Ciceros zur klassisch-servianischen Rechtstheorie gehörende Äußerung (*Part. orat.* 37, 131): sunt aperti quasi fontes quidam aequitatis (›es stehen gleichsam Quellen einer für alle gleichen Regelgleichheit offen‹). Das Bild der Quelle veranschaulicht, daß es sich um die ›natürliche Regelgleichheit‹ handelt. Sie ist gemeint, wenn in den *laudationes edicti* die *naturalis aequitas* angerufen wird. Vgl. die Texte der folgenden Anmerkung.

25 Vgl. Ulpian 4 ad edictum D. 2, 14, 1 pr.; Ulpian 27 ad edictum D. 13, 5, 1 pr.; Paulus 71 ad edictum D. 44, 4, 1, 1; Ulpian 18 ad edictum D. 9, 2, 9, 3.

26 Im Unterschied zu seinem Amt, das Teil der historisch entstandenen institutionellen Verfassungsordnung ist. Vgl. Livius IV, 4, 1-4.

befugnis hat und daher verklagt werden kann, aber nicht Gefahr läuft, verurteilt zu werden, weil kein Schaden gegeben ist. Denn das Haus war durch die Reserveursache des Brandes, die andernfalls eingegriffen hätte, bereits entwertet. Dafür, daß auch Servius diese einfache Kausalitätserwägung[27] schon angewandt hatte, spricht, daß Celsus' häufendem *nullam iniuriam aut damnum*, das auch die Rechtswidrigkeit entfallen läßt, bei Servius noch ein prägnantes *nullum damnum* entsprochen haben dürfte. Wir werden im übrigen, wie angekündigt, noch sehen, welche radikalen, von klassischer Differenziertheit freien Konsequenzen Celsus aus seinem gegenüber Wertungen offenen Rechtswidrigkeitsbegriff gezogen hat.

Im Ergebnis konstituiert die Kausalitätsargumentation für den Privaten einen faktischen Freiraum. Denn die Konsequenz dieser Betrachtungsweise ist, daß der Private das andernfalls abgebrannte Haus ohne Ersatzpflicht abreißen kann, ihm dazu aber kein Recht zugebilligt wird. Das Handeln des Privaten wird nicht gerechtfertigt; er schuldet aber keinen Ersatz für etwas, was ohnehin verbrannt wäre. Die Freistellung von der Ersatzpflicht ist damit nicht rechtlich, sondern faktisch begründet. Spezifisch klassisch ist die Präzision, mit welcher der Schadensersatz als Inhalt des privaten Forderungsrechts im Bereich des Faktischen gehalten wird.[28] Die Vorteile dieser differenzierten Ansicht sind deutlich. Der Gefahrenabwehr durch Private wird in den Fällen der größten Gefahr Raum gewährt. Im übrigen bleibt im Interesse des öffentlichen Friedens der Vorrang der Magistratur bei der Gefahrenabwehr bewahrt, und zwar einem Prinzip folgend, das nicht zufällig in einem Werk der spezifisch honorarrechtlichen Tradition ausgesprochen wird und tatsächlich für die von Servius vom Edikt her konzipierte, klassische Jurisprudenz von fundamentaler Bedeutung war.[29]

> [293] Paulus 13 ad Plautium[30] D. 50, 17, 176 pr.: Non est singulis concedendum, quod per magistratum publice possit fieri, ne occasio sit maioris tumultus faciendi.

27 Dafür, daß die *causa*-Lehre in der Natur (z. B. das *causam praestare* der *lex Aquilia*) und im Recht (z. B. die *iusta causa traditionis*) nach dem Grundsatz (Cicero, *Top.* 16, 63: in natura et in arte [sc. causis] constantia est) als eine (aus der prinzipiellen Beherrschbarkeit bekannter Ursachen) abgeleitete Theorie der menschlichen Verantwortlichkeit und Freiheit auf Servius zurückgeht, vgl. zuletzt Behrends, *Die Person oder die Sache*, Labeo 44 (1998), 49 ff. und ders., Festschrift Andreas Wacke, München 2001, 34 ff. Vgl. im übrigen Robert Röhle, *Zur Frage der sogenannten verdrängenden Ursache im römischen Recht*, SteD 31 (1965), 305 ff.

28 Vgl. dazu oben Anm. 17 und 18.

29 Vgl. ausführlich dazu Behrends, *Selbstbehauptung und Vergeltung und das Gewaltverbot im geordneten Bürgerlichen Zustand nach klassischem römischen Recht* (oben Anm. 8).

30 Paul Krüger, *Quellen*², München 1912, 173: ›Einer gleichen Beliebtheit wie das Ius civile von Sabinus erfreut sich ein Werk von Plautius, welches im Gegensatz zu jenem vorwiegend das Ius honorarium behandelte. ... das Werk (sc. fällt) in die Zeit zwischen Nerva und Atilicinus einerseits, Neratius und Javolenus andererseits, und hatte zweifellos die Edikte vor Hadrians Umgestaltung im Auge. Der Bearbeitung von Paulus liegt die Ordnung des Hadrianischen Edikts zu Grunde‹.

Dem Einzelnen ist nicht zu gestatten, was durch einen Magistrat kraft des ihm übertragenen öffentlichen Amtes geschehen kann, um nicht zu größeren Unruhen Anlaß zu geben.[31]

(6) Aquilius Gallus, der, wie man weiß, als Lehrer des Servius Sulpicius wesentlich dazu beigetragen hat, die geistigen und literarischen Voraussetzungen für den Erfolg des klassischen Rechts zu legen,[32] wollte dagegen den Privaten die gleiche Einrede wie dem Magistrat geben. Er faßte damit den Grundsatz des Vorrangs der Magistratur nicht mit der Strenge auf, wie dies der eigentliche Gründer der klassischen Jurisprudenz Servius getan hat, sondern ließ, wenn kein Magistrat zugegen war, den Privaten zum Schutze seines Hauses mit gleicher Befugnis zur Gefahrenabwehr zu. Aquilius dürfte mit der von ihm gemachten Konzession der vorklassischen Jurisprudenz folgen, die den scharfen Unterschied zwischen öffentlichem und privatem Recht noch nicht kannte und beispielsweise den Prozeßbetrieb in der *quaestio publica* so ausgestaltet hatte, daß er weitgehend in die Hände des privaten Anzeigeerstatters gelegt war.[33] Er hat mit der Gewährung der Einrede die Stellung des privaten Bürgers im Notstand gegenüber Servius erheblich (und für heutige Begriffe schon allzu weitgehend) gestärkt. Noch viel weiter aber gingen Celsus und der ihm folgende Ulpian. Sie schlagen nicht mehr den differenzierenden, den Verletzungstatbestand aufrechterhaltenden Weg über die Einreden ein, sondern rechtfertigen das Handeln des Privaten unmittelbar, und dies sogar im Fall des Irrtums über die Erforderlichkeit.

Ulpianus 9 disputationum D. 9, 2, 49, 1: Quod dicitur damnum iniuria datum Aquilia⟨m⟩ [add. Hal.] persequi, sic erit accipiendum, ut videatur damnum iniuria datum, quod cum damno iniuriam attulerit: ⟨?⟩ nisi magna vi cogente fuerit factum, ut Celsus scribit circa eum, qui incendii arcendi gratia vicinas [294] aedes intercidit: nam hic scribit cessare legis Aquiliae actionem: iusto enim metu ductus, ne ad se ignis perveniret, vicinas aedes intercidit: et sive pervenit ignis sive ante extinctus est, existimat legis Aquiliae actionem cessare.

Wenn gesagt wird, die lex Aquilia verfolge rechtswidrige Schädigungen, ist das so zu verstehen, daß als rechtswidrige Schadenszufügung angesehen wird, was mit dem Schaden auch Unrecht zufügt. ⟨Das wird infolge des Unmittelbarkeitsprinzips der Schadenszufügung, Schuldfähigkeit vorausgesetzt, regelmäßig der Fall sein⟩,[34] es sei denn, die Zufügung des Schadens erfolgte unter dem

31 Der Kontext deutet auf eine generelle Aussage. Vgl. Lenel, *Palingenesia Iuris Civilis* I, Sp. 1167 Anm. 5: ›Haec ad interdicta multa posse referri palam est‹.

32 Insbesondere während der Zeit, die beide vor 82 v. Chr., dem Todesjahr des Q. Mucius, in Cercina, der Stadt auf der gleichnamigen, heute Kerkennah genannten Insel der kleinen Syrte verbracht hatten, vgl. dazu Pomponius lb sg enchiridii D. 1, 2, 2, 43; zuletzt dazu Behrends, Festschrift Wolfgang Sellert, Köln 2000, 17 f.

33 Vgl. Mommsen, *Römisches Strafecht*, Leipzig 1899, 382 ff.

34 Eine Lücke ist evident: Mommsen schlägt in der großen Ausgabe als mögliche (›*fortasse*‹) Ergänzung vor: *fieri autem non potest, ut damnum iniuriam non attulerit.* Die von mir in der

Druck eines übermächtigen Handlungszwanges, wie Celsus hinsichtlich dessen schreibt, der zur Abwehr eines Brandes ein Nachbarhaus abreißt. Denn in diesem Fall würde, wie er schreibt, die Klage aus der lex Aquilia entfallen. Er hat nämlich aus berechtigter Furcht, das Feuer könne auf ihn übergreifen, das Nachbarhaus abgerissen; und gleich, ob das Feuer soweit gelangt ist oder vorher gelöscht wurde, würde, wie Celsus meint, die Klage aus der lex Aquilia entfallen.

Ulpianus 56 ad edictum D. 47,9,3,7: … si defendendi mei causa vicini aedificium orto incendio dissipaverim, …[35] an tamen lege Aquilia agi cum hoc possit? et non puto agendum: nec enim iniuria hoc fecit, qui se tueri voluit, cum alias non posset. et ita Celsus scribit.

Wenn ich nach Ausbruch eines Feuers zu meinem Schutz das Gebäude eines Nachbarn niederreiße, kann dann jedenfalls mit der Klage aus der lex Aquilia gegen ihn [d.h. den ›ego‹ des Sachverhalts] vorgegangen werden? Und ich meine, daß man gegen ihn nicht klagen kann. Denn wer sich schützen wollte, handelte nicht rechtswidrig, wenn er keine andere Möglichkeit hatte. Und so schreibt auch Celsus.

Zu überzeugen vermag der Meister der *ars boni et aequi* hier nicht. Man mag sein Bestreben anerkennen, angesichts der die antiken Städte ständig bedrohenden Brandgefahr die Privatinitiative zu stärken. Aber wenn das [295] Feuer tatsächlich nicht so weit gedrungen ist, lag ein Irrtum vor. Und die Folgen auch eines entschuldbaren Irrtums muß der Irrende tragen, nicht derjenige, der durch den Irrtum geschädigt wird. Schließlich ist auch der Grundsatz, daß derjenige, der ein fremdes Gut zum Schutz eigener Güter aufopfert, dem anderen zum Ersatz verpflichtet sein sollte (heute: bürgerlichrechtliche Aufopferung), der in der älteren Lösung durch die Schadensersatzpflicht jedenfalls einigermaßen verwirklicht war, so sachgerecht,[36] daß es wenig befriedigt, ihn so ganz übergangen zu sehen. Während die Verallgemeinerung dieses Aufopferungsprinzips heute auch das Staats-

deutschen Paraphrase genannten Voraussetzungen (vgl. Gaius III, 219 und Ulpian 18 ad edictum D. 9, 2, 5, 2) waren aber vermutlich zumindest angedeutet. Man kann im übrigen die Lücke durch eine freie Wiedergabe des *nisi* glätten, z.B. durch ein ›also nicht dann‹ in der neuen deutschen oder durch ein ›Dit gaat niet op‹ in der neuen niederländischen Übersetzung, aber darum bleibt sie nicht minder bestehen.

35 In dem nicht wiedergegebenen Text kritisiert Ulpian Labeo dafür, daß er denjenigen, der nach Ausbruch eines Brandes ein Haus abreißt, nach dem Edikt haften lassen will, das bei einer Gemeingefahr wie Brand wegen Raub, Hehlerei und doloser Schädigung auf das Vierfache haften läßt. Vgl. Lenel, *Edictum perpetuum*³, 396 f. In der Tat behandelt Labeo in der Stelle den *dolus* sehr formal nur als Schädigungsvorsatz, nicht dagegen als böse Absicht, was die Haftung natürlich ausschließen würde.

36 Noch sachgerechter wäre, wenn ohne das Eingreifen beide Häuser verbrannt wären, die Annahme einer Gefahrengemeinschaft, kraft derer das gerettete Haus zugunsten des vom Verlust betroffenen Hauseigentümers mit einem anteiligen Ausgleich belastet würde.

wesen ersatzpflichtig macht, wenn es im Interesse des Gemeinwohls ein privates Gut durch Einsatz unmittelbaren staatlichen Zwanges aufopfert, hat Celsus umgekehrt die in der Antike traditionelle Härte der ersatzlosen Aufopferung durch magistratisches Handeln auf den privat Tätigen erstreckt. Das war gegenüber der differenzierten Lösung des Servius Sulpicius Rufus kein Fortschritt.

V. Der Vertragsgedanke im römischen Gesetzesbegriff auf den verschiedenen Stufen seiner Entwicklung*

Der erfragte Wille der Wehrgemeinde,
die Fortbildung der Rechtsordnung durch die Bürgervertretung
und die Ideologie des Gesetzgebungsauftrags

Inhaltsübersicht

* Erstabdruck in: Gesetz und Vertrag I. 11. Symposion der Kommission »Die Funktion des Gesetzes in Geschichte und Gegenwart«, hrsg. von Okko Behrends und Christian Starck, Göttingen 2004, S. 9-90.

Theodor Mommsen, Römisches Staatsrecht, Band I – III, 3. Auflage 1887, wird zitiert Mommsen I, II, III.

I. Einführung in die Fragestellung

[11] (1) Der Vertragsgedanke hat für den römischen Gesetzesbegriff auf den verschiedenen Stufen seiner Entwicklung eine eigentümlich zentrale Bedeutung. Für das Staatsrecht der Republik hat in seiner eher unhistorischen, aber höchst anregenden Weise schon Rudolf von Jhering auf diesen Befund aufmerksam gemacht.[1] Die besondere Stellung, die dem Vertragsprinzip in der römischen Auffassung der Gesetzgebung zukommt, liegt dabei im Vergleich zum Gesetzesbegriff des modernen Gesetzgebungsstaates darin, daß er die rechtliche Struktur des Gesetzgebungsaktes selbst beherrscht und daher die Geltung des Gesetzes rechtfertigt.[2]

Der Grundgedanke des in der Gesetzgebung wahrgenommenen Vertrags war auf allen Entwicklungsstufen der gleiche. Das Gesetz wurde gedeutet als [12]

1 Rudolf von Jhering, Geist des römischen Rechts auf den verschiedenen Stufen seiner Entwicklung I, [4](1878)S. 216: »Wille des Staats ist Wille sämmtlicher Bürger, das *Gesetz ein Vertrag [Hervorhebung von Jhering]*, wodurch sich letztere gegenseitig zu einer gewissen Handlungsweise verpflichten, Recht im objectiven Sinn ist die daraus entstehende Verpflichtung Aller. Nicht der Staat als ein über den Bürger erhaben gedachtes Wesen, sondern die Individuen sind das Subject der gesetzgebenden Gewalt, die ursprüngliche Form des Gesetzes ist nicht die eines an Untergebene gerichteten Gebotes oder Verbotes, sondern die einer zwischen gleichgestellten Personen getroffenen Uebereinkunft – eine Entwicklung des Rechts im objectiven Sinn aus dem Vertrag heraus, die sich auch anderwärts vielfach nachweisen läßt [Hierzu setzt Jhering Fußnote: »In Deutschland z. B. bei der Geschichte der landständischen Verfassung. Das Staatsrecht (im objectiven Sinn) erscheint hier als der Inbegriff der den Ständen vertragsmäßig eingeräumten (subjectiven) Rechte.«]. Der Text Jherings fährt fort: »Das Gesetz also ist nichts als eine auf das ganze Volk angewandte Obligationsform. Darum ist wie bei der Obligirung Einzelner so auch hier Frage und Antwort (Stipulationsform) nöthig, das Volk wird rogirt und ertheilt durch Abstimmung seine Antwort. Im Geist dieses ursprünglichen Verhältnisses nennt daher ein römischer Jurist das Gesetz ganz zutreffend eine *communis reipublicae sponsio*.« – Unhistorisch ist diese brillante Analyse des »Geistes« des römischen Gesetzesbegriffes in zwei Richtungen. Sie unterscheidet nicht, wie notwendig, zwischen den verschiedenen Entwicklungsstufen, dem von der auguralen Religion beherrschten Gesetzesbegriff der frühen Republik, dem naturrechtlichen der vorklassischen und dem skeptisch-zivilisatorischen der klassischen Rechtswissenschaft. Und sie analysiert nicht prägnant genug die an dem Rechtsakt des Gesetzes beteiligten »Vertragsparteien«, die für die Rechtsgeltung verantwortliche Magistratur und das in seinen Versammlungen über die Entstehung und Modifikation entscheidende Volk. Vgl. im übrigen zur Einordnung der *communis sponsio* u. S. 65 ff. Jherings Deutung erfaßt aber den Grundtenor des römischen Gesetzesbegriffs, im Unterschied zu Mommsens Konstruktion eines Primats der *lex data* (unten Anm. 13), der ihn verfehlt.

2 Der historische Gegenstand bringt daher sogar ein wenig das mit dem Thema »Vertrag und Recht« verfolgte nähere Ziel der Kommission aus dem Focus, das primär darauf gerichtet ist, das Vertragsprinzip in Vorbereitung, Ausarbeitung und Anwendung der Gesetze zu untersuchen. In einem fruchtbaren Vorgespräch der um die Referenten des vorliegenden Bandes erweiterten Kommission habe ich daher den Vorschlag gemacht, meine rechtshistorischen Ausführungen als rechtsbegriffliche Vorklärung und damit als eine Art historischen Allgemeinen Teil zu betrachten und damit auch Zustimmung gefunden.

Frucht einer Verständigung zwischen einerseits dem Inhaber oder Ausübungsberechtigten der hoheitlichen Befugnis, in Rechtsprechung und Rechtsfindung das Recht zu gewährleisten, und andererseits den Normadressaten, die das Gesetz als Änderung oder Klärung der ihren Lebensbedürfnissen dienenden Rechtsordnung erfaßt und daher die gesetzliche Rechtsfindung von ihrer Zustimmung abhängig gemacht hatten. Dieser Gesetzesbegriff war vom Normadressaten aus gesehen nicht heteronom, aber auch nicht autonom, sondern eben vertraglich.[3]

In dem Gesetz der republikanischen Verfassungsordnung, der *lex publica,*[4] ist die Vertragsstruktur in der Gesetzgebungsform selbst ausgedrückt. Sie besteht in einer Frage, die der Magistrat an die Volksversammlung richtet; diese entscheidet. Die Zustimmung zur Gesetzesfrage (*rogatio*) bildet den eigentlichen Gesetzesbefehl (*iussum*[5]). Er setzt den Inhalt der Frage in Geltung. Findet sich keine Mehrheit, ist der Gesetzesantrag verworfen.[6] Das auf diese Weise in Kraft tretende Gesetz läßt sich als Hervorbringung der Zusammenarbeit von zwei Vertragspartnern deuten, die einander beide etwas zu bieten haben und daher auch beide gewinnen. Der Hoheitsträger gewinnt, weil er durch die Befragung der Volksversammlung seine Aufgabe, das Recht um des Friedens willen in Einklang mit den Lebensbedürfnissen zu halten, besser erfüllen kann. Das Volk gewinnt, weil es für seine Regelungsinteressen eine hoheitliche Geltungsform erlangt, die es selbst nicht hervorbringen könnte. Auch die für einen Vertrag erforderliche Voraussetzung der Selbständigkeit und Unabhängigkeit der beiden Seiten ist gewahrt. Beide Parteien sind Verfassungsorgane und auf je verschiedene Weise mächtig: Der Hoheitsträger als Inhaber der religiös begründeten Befugnis der Rechtswahrung, die Volksversammlung als Inhaberin der Verteidigungs- und Selbstbehauptungsfähigkeit des Gemeinwesens.

3 Der Begriff der Privatautonomie, der die Vertragsgeltung auf »Autonomie«, also auf private »Selbstgesetzgebung«, zurückführt, widerspricht der Feststellung nicht. Denn dieser Begriff vermag das nur vermöge eines analytischen Kunstgriffes, indem er von dem sozialen Phänomen der vertraglichen Verständigung gerade abstrahiert und die Vertragsgeltung stattdessen auf zwei isolierte, eigenverantwortliche Willenserklärungen zurückführt, die den Vertrag als verbindliche Regelung von Rechten und Pflichten in Kraft setzen. Der Aspekt der Übereinkunft und Verständigung bleibt in dieser Analyse, welche die Vertragsgeltung formal auf die übereinstimmende Entscheidung autonomer Individuen gründet und daher nur individuelle Willensakte sieht, ausgeblendet.

4 Die von den Volksgesetzen zu unterscheidenden (vgl. Anm. 43) Plebiszite waren ebenfalls erfragte Regelungen, wie das unten Anm. 84 angeführte Beispiel der lex Aquilia zeigt.

5 Plural *iussa.* Die Nebenform *iussus, iussus* ist nur im Ablativ (*iussu populi*) gebräuchlich. Die hieraus folgende Bedeutung von *iubere* ist »Recht setzen«. Vgl. Mommsen, III S. 310 Anm. 1 (mit Hinweis auf eine entsprechende Etymologie Benfeys) und Anm. 2 (mit Nachweisen der Wendung *populus legem iubet*).

6 Lapidar pointierend, aber den Kern treffend Mommsen, III S. 304 Anm. 3: »Alles über das Ja und Nein hinausgehende Beschliessen ist nach römischer Ordnung dem Gemeinderath [d.h. dem Senat, O.B.] vorbehalten; die Bürgerschaft [d.h. die Volksversammlung] herrscht, aber regiert nicht.«

[13] Diese archaische, aus gleich zu erläuternden Gründen in einem rituellen Ablauf festgelegte Vertragsstruktur des *rogare* und *iubere* wird in der vorklassischen und klassischen Rechtswissenschaft dadurch vertieft, daß sie mit der jeweiligen in beiden Ausprägungen vertraglich-republikanischen Staatsentstehungslehre in Beziehung gesetzt wird: So wie die Republik als Rechts- und Herrschaftsordnung durch den Zusammentritt der Bürger entsteht, so entscheidet nach Begründung des Gemeinwesens die Bürgerschaft darüber, ob die Rechtsordnung in ihren Regelungen geändert oder ergänzt werden soll oder nicht.

Im Prinzipat schließlich, in dem die Formen der republikanischen Rechtsordnung von einer allumfassenden, aber außerordentlichen Hoheitsgewalt gewährleistet werden, ist die kaiserliche Gesetzgebung formell, um die Außerordentlichkeit auch dieser Zuständigkeit deutlich zu machen, gesetzesvertretend, ohne dadurch aber in ihrer Geltung eingeschränkt zu sein. Sie erfolgt durch einseitige, in der Wahl ihrer Äußerungsform grundsätzlich freie Willensbekundungen. Das vertragliche Element ist jetzt nur noch in den legitimierenden Gedanken bewahrt, daß der Kaiser einerseits nach dem Sieg im Bürgerkrieg als Friedensbringer in Gestalt des Augustus zur Einsetzung einer »vertraglichen«, als gewährtes *foedus* interpretierten Rechtsordnung befugt war, andererseits überall als Ermächtigter des Volkes handelt, wenn er in seiner außerordentlichen Rechtsetzung alles tut, was zur Erhaltung der Rechtsordnung erforderlich ist. Der Kaiser erläßt insofern die gesetzesvertretenden Regelungen in Verwirklichung eines vom Volk erteilten, zur Gesetzgebung ermächtigenden Auftrags. Da der Kaiser den Volkswillen ausdrückte, war es widerspruchsfrei, daß die vom Ermächtigten des Volkes getroffenen Regelungen vom Willen des Ermächtigten her auszulegen waren. In dieser in der augusteischen Zeit breit dokumentierten Ansicht ist der Vertragsgedanke in Form des vom Volk ausgehenden Gesetzgebungsmandats zu einer Ideologie geworden. Das Gesetz erschien als Konkretisierung eines Vertrages, kraft dessen sich das Volk dadurch mit seinem Herrscher und zugleich unter allen seinen Gliedern vertrug, weil es die eigene Macht zur gesetzgebenden Herrschaft über sich selbst durch Auftrag auf eine einzelne Persönlichkeit übertragen hatte und daher nun dessen Willen als dem eines eigenen Beauftragten gehorchen konnte. In der Neuzeit vermochten diese Gedanken nicht zuletzt dadurch große Wirkung zu entfalten, daß sie als eine in der Geschichte schon einmal verwirklichte und schon damals mächtige Energien freisetzende Herrschaftslegitimation Rousseau zu seinem Contrat social inspirierten.

Erst im Dominat,[7] der mit Konstantin in ein christlich legitimiertes Gottesgnadentum übergeht, streift der nunmehr ganz auf den Kaiser konzentrierte Gesetzesbegriff seine vertraglichen Elemente ab und wird Teil des von einer [14] höheren Instanz erteilten Herrschafts- und Ordnungsauftrags. Der Herrscher

7 Die in neuerer Zeit aufgetretene Tendenz, den Gegensatz zwischen Prinzipat und Dominat einzuebnen, entspringt einer Forschungsperspektive, die an solchen spezifisch rechtlichen Unterschieden nicht interessiert ist.

allein verkörpert jetzt das Gesetz.[8] In dieser Tradition steht der neuzeitliche Gesetzesbegriff, wenn er in seiner säkularisierten Fassung das Gesetz auf den in den Formen des jeweiligen Verfassungsrechts erlassenen Gesetzesbefehl zurückführt.[9]

Von dieser Entwicklung aus gesehen erscheinen Vertrag und Gesetz als die zwei großen Archetypen des Rechts, deren Gegenüberstellung die Frage nach dem Grund der Rechtsgeltung selbst stellt: Entstehen Rechtsregeln dadurch, daß Menschen sich hinsichtlich der Ordnungen, die sie anerkennen wollen, vertragen, oder vertragen sich Menschen nur in solchen Ordnungen, die ihnen ein durch die Rechtsidee legitimierter Gesetzgeber gibt?

II. Die vertragliche Struktur der archaischen lex publica – Verständigung zwischen der auguralen, die Rechtsgeltung gewährleistenden Hoheitsgewalt und der an Sachfragen interessierten Wehrgemeinde

§ 1 Die vom Friedensprinzip bestimmte Rechtsidee des auguralen Richterkönigs

Der vorklassische und klassische Gesetzesbegriff sind jeweils Deutungsformen des archaischen, religiös-auguralen Gesetzesbegriffs, der dem Gesetzesbegriff der wissenschaftlich reflektierenden Epochen voraufging. Die Untersuchung muß daher mit einem Blick auf ihn, dessen Struktur den republikanischen Gesetzesbegriff auch in seiner wissenschaftlichen Phase beherrscht, beginnen.[10]

Die augurale Rechtsordnung der frühen römischen Republik bewahrt aus älteren Traditionen den Gedanken, daß Recht das Mittel ist, mit dem eine [15] menschliche Siedlung nicht nur zur Abwehr von Unheil, sondern auch zur »Mehrung ihrer Wohlfahrt« den Frieden mit den nach dem damaligen Glauben alle

8 Der Kaiser versteht sich als das von Gott gesandte, personifizierte Gesetz, als νόμος ἔμψυχος. So ausdrücklich Justinian Novell. 105, 2, 4 (a. 536.) Vgl. dazu Leopold Wenger, Die Quellen des römischen Rechts (1953) S. 531. Die geistige Grundlage liefert Paulus, Röm. 13, 1 *Non est enim potestas nisi a Deo; quae autem sunt, a Deo ordinatae sunt.* 2. *Itaque qui resistit potestati, Dei ordinationi resistit.*

9 In zugespitzter Form vertritt diese Sicht bekanntlich Hans Kelsen, Reine Rechtslehre (1960) 2. Aufl.; siehe das Register unter den Stichworten »Befehl« und »Befehlsakt«. Mit Recht kritisch John Laughland, The Tainted Source.The Undemocratic Origins of the European Idea (1997) S. 193: »It is wrong to understand the state of law as Kelsen did, that is, as a system of commands addressed to the citizens or to the officials of the state. Law is simply not a system of commands from a Chief to his Indians: it is rather a language of civil conduct.« Die Auffassung des Rechts als eine »Sprache bürgerlicher Lebensführung« und die damit verbundene Deutung der Rechtsordnung als eine »intelligent, rule-based association« steht dem klassischen Rechtsverständnis nahe.

10 Das Folgende vertieft unter dem Gesichtspunkt des Vertragsbegriffs Ergebnisse meines Beitrag »Der römische Gesetzesbegriff und das Prinzip der Gewaltenteilung« in: Behrends/Link, Zum römischen und neuzeitlichen Gesetzesbegriff (1987) S. 34-122, der auf das erste Symposion der Akademiekommission »Das Gesetz in Geschichte und Gegenwart« vom April 1985 zurückgeht.

Naturwirkungen beherrschenden Mächten sichert. Der vermittelnde Gedanke war: Der Rechtsfrieden unter den Menschen sichert den segensreichen Frieden mit den Göttern, die *pax et venia deum*. Verantwortlich für den Rechtsfrieden war die Magistratur. Sie war zu diesem Teil Erbin der auguralen *regia potestas* des in die Anfänge der latinischen Besiedlung Latiums zurückweisenden Richterkönigs (*rex*).[11] Daher umfaßte ihre Rechtswahrung durch *ius dicere* nicht nur die Herstellung des Rechtsfriedens im Konflikt, sondern bezog in einst namengebender Weise – *rex* kommt von *regere* »richten« – auch ihre Konstituierung, insbesondere auch die Herstellung und Sicherung der Anlage der Siedlung nach allen ihren klar ausgerichteten, hoheitlichen, religiösen und privaten Grenzen mit ein. Die Bodenordnung mit ihren Grenzfestlegungen für Siedlungsort (*urbs*) und Gebiet (*territorium*) und für die in ihnen klar getrennten Sphären der Götter (Tempel und Haine), des Staatsvolkes (öffentliche Plätze, Gebäude und *ager publicus*) und der privaten Bürger (Stadthaus [*aedes*] und Landgut [*fundus*]) bildete die Lebensgrundlage des von der gleichen auguralen Idee geordneten Personenverbandes und war zugleich der klarste Ausdruck der sie beherrschenden Zielsetzung: Schaffung einer Ordnung des Rechts- und Gottesfriedens, in der sich das menschliche Handeln in voller Zuversicht, günstige Bedingungen geschaffen zu haben, entfalten konnte.[12]

Das Gesetz, die *lex publica*, die der Magistrat, ursprünglich der *rex*, von der Volksversammlung erfragte, war in dieser Ordnung nicht ursprünglich. Es ist vielmehr das Ergebnis eines Ausgleichs, einer Verständigung zwischen zwei selbständigen und ganz heterogenen Verfassungskräften. Auf der einen Seite steht die Magistratur, die ihre Legitimation als Wahrerin der Friedensordnung des Rechts der Tradition des auguralen Königtums verdankt, auf der anderen [16] Seite die – auch schon in der ältesten Versammlungsform der Curien[13] – das Heeres-

11 Die Kontinuität mit diesem Anfang wurde in der republikanischen Verfassung teils dadurch gewahrt, daß der gewählte Nachfolger von seinem Vorgänger durch *creatio* in sein Amt eingesetzt wurde (Mommsen I S. 212), teils in dem für die Grundlagen lehrreichen Ausnahmefall des Interregnum, in welchem es Magistrate, die als Vorgänger in Betracht kamen, nicht mehr gab, durch einen der »Zwischenkönige« aus der Reihe der *patres* des Senats. Ihr Bündnis hatte einst als ein Zusammenschluß von auguralen Siedlungen die römische Verfassung als neue übergreifende Rechtsordnung geschaffen, und es waren vor allem sie, deren Zusammenwirken die tarquinische Tyrannis vertrieben hatte. Daher waren sie alle, wie Mommsen es formuliert hat, Könige »mit ruhender Funktion« (Mommsen, III S. 303 Anm. 3).

12 Vgl. insofern meine beiden Untersuchungen, einerseits »Bodenhoheit und privates Bodeneigentum im Grenzwesen Roms«, in: Behrends/Capogrossi-Colognesi, Die römische Feldmeßkunst (1992) S. 192-284, andererseits »Das Vindikationsmodell als ›grundrechtliches‹ System der ältesten römischen Siedlungsorganisation« in: Behrends/Dießelhorst, Libertas. Grundrechtliche und rechtsstaatliche Gewährungen in Antike und Gegenwart. Symposion aus Anlaß des 80. Geburtstags von Franz Wieacker (1991) S. 1-59.

13 Das zeigen Inhalt und Form der *lex curiata de imperio*, die einst, als die Curien das Aufgebot stellten, die königliche Ernennung des Feldherrn bestätigte und auch später, als die Centurien das Heer bildeten, aus auguralen Gründen das mit der Magistratur verbundende

aufgebot repräsentierende Volksversammlung, die das Gefühl ihrer gleichgewichtigen Bedeutung aus der realistischen Überlegung ziehen konnte, daß die Wahrung der Friedensordnung im Innern ohne die Behauptung gegen den äußeren Feind sinnlos wird. Der *populus,* der in der Gesetzgebung zum »Vertragspartner« der *regia potestas* wird, ist in seiner originären Funktion das Kriegsvolk, das »Heer«; seine primäre Tätigkeit ist, unter dem Kommando des Feldherrn, des *magister populi,* dem Feind durch »*populari* (verheeren)« Schaden zu tun. Seine Rolle als Verfassungsorgan ist sekundär. Sein Widerpart, die *regia potestas,* vertritt mit der Idee des aus religiösen Gründen zu sichernden Friedens das diametral entgegengesetzte Prinzip und tut dies auch noch auf der Stufe der republikanischen Magistratur. Zwar ist in Fortführung der Machtkonzentration des etruskischen Stadtkönigtums mit der republikanischen Magistratur die Kommandokompetenz des *magister populi* von Rechts wegen verbunden, aber doch durch die Fortdauer ritueller Regeln von der dem Frieden gewidmeten Rechtswahrungskompetenz deutlich geschieden.

Der Kompromiß zwischen dem auf Krieg gerichteten Heeresaufgebot und der dem Frieden dienenden Hoheitsgewalt, der in der älteren Königszeit gefunden worden ist, bleibt denn auch in der formalen Struktur des Gesetzgebungsvorgangs der Republik sichtbar. Sein Grundgedanke besteht darin, daß die Verleihung der Rechtsgeltung selbst beim auguralen Hoheitsträger bleibt, [17] daß aber die Entscheidung, ob die Regelung des betreffenden Inhalts Geltung erlangen sollte, von der Heeresversammlung getroffen wird. Die Gesetzgebung erscheint hier ihrer Natur nach als eine religiös überdeterminierte Normsetzung.

Militärkommando weiterhin bestätigen mußte. Seit der grundlegenden Untersuchung von Alfred Heuß, Zur Entwicklung des Imperiums der römischen Oberbeamten, Savigny-Zeitschrift, Rom. Abt. 64 (1944) S. 57 ff., der den spezifisch militärischen Charakter des ursprünglichen *imperium* herausgearbeitet hat, ist es nicht mehr möglich, in diesem Gesetz mit Mommsen den für die römische Verfassung schlechthin grundlegenden Akt zu sehen. Mommsen erblickt in dem Gesetz »Gelöbniscomitien« oder »Treuwortcomitien«, in denen sich die Bürger »zum Gehorsam gegen die Magistrate« verpflichtet hätten (Röm. Staatsrecht III S. 306 ff. (308); I S. 212 ff., 390, 608 ff.), und zwar in Bestätigung einer voraufgegangenen einseitigen Gesetzgebung, welche in Form der *lex data* die Rechtsordnung geschaffen habe, auf eine solche *lex data* gehe »die ursprüngliche Gemeindeordnung oder nach römischer Ausdrucksweise die Gesetzgebung des Romulus« (III S. 311) zurück. Änderungen der von einer solchen monarchischen pouvoir constituant geschaffenen Ordnung hätten nach dieser Deutung, abgesehen von den Krisenzeiten, in denen die verfassungsgebende Gewalt in die Hände der monarchischen Gewalt zurückgekehrt sei und alle Beschränkungen abgestreift habe, als »Übernahme einer neuen Verpflichtung« nur »nach Befragung und mit Einwilligung der Bürgerschaft« stattfinden dürfen, also in Form der *lex rogata* (III S. 312 f.). Herrschaftseinsetzungen, die diese Struktur beachten, erfolgen in Mommsens Augen (II S. 170): »gemäß des alten Grundgesetzes«. Mommsens Interpretation ist ersichtlich dem monarchischen Prinzip seiner Zeit verpflichtet. Tatsächlich vergleicht Mommsen (I S. 611 Anm. 4) die *lex de imperio* sogar mit der ständestaatlichen »Huldigung«. Gegen Mommsens in ihrem Stil durchaus »pandektische« Konstruktion bereits ausführlich in »Der römische Gesetzesbegriff« (oben Anm. 10) S. 47 ff.

Der *rex* und später der Magistrat, d. h. diejenigen, welche die Verhältnisse nach dem *ius*, dem Prinzip der *pax deum*, ordnen und richten, werden durch die *lex publica*, die sie jeweils selbst vom *populus* erfragen, auf die von der *lex* festgelegten Inhalte des *ius* verpflichtet. An einem für eine Volksversammlung religiös geeigneten Tag, einem *dies comitialis*, der auch nicht durch widrige Götterzeichen seine Tauglichkeit verloren haben durfte, fragte der Inhaber der *regia potestas* die ursprünglich auf dem *comitium* nach Curien zusammentretende Volksversammlung, ob es einer bestimmten Regelung zustimmt. Die in Abstimmungsgliederungen erteilte Zustimmung des Volkes setzt als *iussum*, als Befehl, das Gesetz als Teil des *ius*, d. h. als Teil der religiös unbedenklichen und auguralen (d. h. heilvollen) Lebensordnung in Kraft. Diese Wirkung war nicht unkontrolliert, sondern bedurfte noch der Bestätigung durch die *auctoritas patrum*, der »Genehmigung« durch die patrizischen Mitglieder des Senats, die als Vertreter der gentilizischen Siedlungen, deren Zusammenschluß das spätere Rom und sein Gebiet gebildet hatte, die verfassungsrechtliche Quelle der *regia potestas* waren.[14]

Das Neue an dieser Rechtsetzungsform war nicht so sehr der Gedanke einer Festlegung des Hoheitsträgers als solche, sondern vielmehr der Umstand, daß hinter ihr mit dem Wehraufgebot eine selbständige Verfassungsmacht stand. Denn Festlegungen gab es auch schon früher, in der Gestalt der in recht großer Zahl überlieferten *leges regiae*. Bei ihnen handelte es sich aber um »gewohnheitsrechtliche« Normen, deren Bindungswirkung aus dem Prinzip des auguralen Richterkönigtums selbst folgte. Sie spiegeln die noch tief von religiösen Vorstellungen durchdrungene, eng überwachte, nicht nur durch Gerichtsbarkeit kontrollierte, sondern auch intensiv verwaltete Lebensordnung der patrizisch-gentilizischen Siedlungen, aus deren Zusammenschluß die augurale Rechtsordnung Roms entstanden ist.[15]

14 Die *auctoritas patrum*, die grundsätzlich alle magistratisch erfragten Willensäußerungen des Wehraufgebotes in Wahlen, Gesetzgebung und Strafurteilen formell »genehmigen« mußte (vgl. Mommsen, III S. 1037 ff.), bestätigt, daß die Rechtsgeltung in dieser Epoche von der auguralen Hoheitsgewalt ausgeht, nicht vom »Volk«. Die Kontrolle hatte im übrigen, wie die augurale Konnotation des Wortes *auctoritas* und das Gewicht der an der Gesetzgebung selbst beteiligten Kräfte nahelegt, ursprünglich ihren Schwerpunkt in der Prüfung der rituellen, vom Auguralrecht verwalteten Rechtmäßigkeitsbedingungen. Vgl. zur späteren Entwicklung der Rechtmäßigkeitskontrolle durch den Senat Mommsen, III S. 363 ff.; S. 1040 f.

15 Bewahrt sind die Normen (vgl. die Erläuterungen von P. F. Girard, Textes de droit Romani [1903] p. 3 f. und Wieacker, Römische Rechtsgeschichte I [1988] S. 307 ff.) in Bruchstücken, die auf vier von den sieben Königen der römischen Gründungslegende (Romulus [I], Numa Pompilius [II], Tullus Hostilius [III], Servius Tullius [IV]) verteilt sind. Nicht bewahrt sind verständlicherweise, bis auf wenige Ausnahmen (z. B. Leges regiae II, 12 = XII tab. VIII, 24a), alle Regelungen, die in mehr oder weniger fortgebildeter Form in die Zwölftafeln übergegangen sind. Ein anschaulicher Überlieferungsschwerpunkt ist das Familienrecht, in dessen Zentrum die sakral geschützte patrizische Konfarreationsehe (I 2) steht. Frevel gegen die Familienordnung (durch den Ehemann, der seine Frau verstößt oder verkauft [I 4]; durch das Kind, das seinen Vater so schlägt, so daß er aufschreit [IV, 1];

[18] Die *lex publica* hat demgegenüber durch die Beteiligung des Wehraufgebots wesentlich dazu beigetragen, daß sich in der Rechtsetzung pragmatische Interessen geltend zu machen begannen. Das zeigt sich an den Inhalten, auf welche die Volksversammlung nach Curien die königliche Magistratur nach unserer Überlieferung festlegte. Es beginnt mit der Regelung konkreter Fragen, die den *populus* insgesamt oder seine einzelnen Mitglieder unmittelbar berühren, nämlich einerseits mit der Wahl und Einsetzung des Feldherrn, andererseits mit den Testamenten und den Annahmen als Kind (Arrogationen), welche die einzelnen Bürgersoldaten für sich wollten. Die Kriterien, die über die Person des Feldherrn, des angenommenen Sohnes und die angemessene Art des Erbganges entscheiden, sind vor allem durch die Interessen des betroffenen Wehraufgebotes und der individuellen Bürger bestimmt und folgen nicht primär aus dem Ziel, die Bedingungen einer auguralen Lebensordnung zu sichern.

Die drei genannten Beispiele sind aus heutiger Sicht sehr auffällige Inhalte von Gesetzen. Sie werden aber verständlich in einem Rechtsbild, das auf konkrete Friedenswahrung zur Sicherung einer glücklichen Ordnung für menschliches Handeln gerichtet ist und daher auch eine Wahl, eine testamentarische Erbenbestimmung und eine Arrogation als Teil dieser Ordnung begreift.

§ 2 Die Feldherrnwahl durch ein formelles, ursprünglich vom König erfragtes Gesetz

Die Bestätigung des in der ältesten Ordnung vom König ernannten Feldherrn, des *magister populi* oder *dictator*, durch die Curien ist für das Verhältnis von *rex* und *populus*, von Friedenswahrer und Wehraufgebot besonders aufschlußreich. In der ursprünglichen Abfolge ›Ernennung des *magister populi* durch den König‹ und ›Bestätigung des Kommandos durch das Volk‹ wirken Friedenshoheit und Wehraufgebot in höchst kennzeichnender Weise zusammen. Der »Heermeister« ist der Feldherr der ältesten Ordnung. Er wird jeweils spezifisch als Feldherr und für einen bestimmten Feldzug ernannt und verkörpert mit seiner vorübergehenden Amtsstellung den die alte Verfassung beherrschenden Gedanken, daß der Frieden der Normalzustand ist, der Krieg [19] dagegen der vorübergehende Ausnahmefall.[16] Ernannt wurde er durch ein auguralrechtlich betreutes *dictatorem*

durch das Kebsweib, das den Altar der Juno berührt [II 3]) sind mit Sazertäts- und Opferstrafen belegt, deren Durchsetzung die religiöse Rechtsordnung wahrte und die insofern der königlichen Jurisdiktion unterlagen. Normen, die dafür sorgen, daß nach einer [wahrscheinlich religiös gedeuteten] Drillingsgeburt die Familie bis zur Mündigkeit der Kinder »öffentliche« Unterstützung erhielt (III 1) und bei einer hochschwanger, d. h. in der Regel im Geburtsvorgang, verstorbenen Frau zur Verhinderung einer frevelhaften Bestattung eine Entbindung durch Kaiserschnitt vorzunehmen war (II 10), zeigen, dass richterliche Tätigkeit und »Verwaltung« der Lebensverhältnisse noch ungetrennt waren.

16 Mommsen hat diesen Charakterzug dieses Amtes, für das er nur zu Unrecht nach einer positivrechtlichen Einführung suchte (II S. 141 ff.), mit großer Klarheit herausgestellt (II S. 158): »Der König so wie die das Königthum fortsetzenden Consuln sind ausschliesslich und nicht einmal zunächst Feldherren, sondern vor allen Dingen Richter und Ordner der

dicere, das in historischer Zeit regelmäßig vom Konsul als Inhaber der *regia potestas* ausging und in der Republik strenger Auslegung nach auch nur von ihm vorgenommen werden konnte.[17] Anfänglich war diese Ernennung, wie sich mit Zuverlässigkeit zurückerschließen läßt, Sache des in der ursprünglichen Ordnung zur Führung eines Militärkommandos schlechthin unfähigen Königs.[18] Die hohe Altertümlichkeit des Vorgangs wird durch das in die Anfänge der Siedlungszeit zurückreichende, den Feldherrn mit der Ernennung treffende Tabu beleuchtet, kein Pferd besteigen zu dürfen.[19]

Die königliche Ernennung reichte aber schon früh allein nicht aus. Sie bedurfte vielmehr, um die Übernahme des Kommandos auguralrechtlich zulässig zu machen, der Bestätigung durch die *lex curiata de imperio.*[20] Das Wehr- [20] auf-

bürgerlichen Angelegenheiten. Dagegen ist der Dictator zunächst und in gewissem Sinn bloss der Oberbefehlshaber der Gemeinde im Kriege. Hieraus erklärt sich zunächst, weshalb die Consuln regelmässig ernannt werden, der Dictator nur ausserordentlicher Weise: auch in der kriegerischsten Gemeinde ist der Friedenszustand Regel, und bedarf man nur ausnahmsweise des Herzogs.« Mit Recht spricht Mommsen dem Diktator die »Civiljurisdiction« ab (S. 159). Verbleibende Unklarheiten, die aus Mommsens umfassender Imperium-Theorie folgen, werden beseitigt, wenn man die Arbeitsergebnisse von Alfred Heuss über den ursprünglich rein militärischen Charakter des römischen *imperium* heranzieht (vgl. oben Anm. 13).

17 Vgl. Cicero, de rep. I 40, 63: dictator ab eo appellatur quia dicitur (*der Diktator heißt so, weil er ernannt wird*) und dazu Mommsen II S. 144 mit Anm. 1. Cicero, selber Augur, vergißt nicht hinzuzufügen, daß der Diktator in den Auguralbüchern *magister populi* heißt (Mommsen II 143 Anm. 2). Für das Jahr 334 ist ein Auguralgutachten überliefert, das das ursprüngliche rein konsularische Ernennungsrecht (II 146) milderte. Vgl. Mommsen I 217 und Livius 4,31, 4 cum ... religio obstaret, ne non posset nisi ab consule dici dictator, augures consulti eam religionem exemerunt (*Als ein religiöses Bedenken auftrat, daß ein Diktator nur von einem Konsul ernannt werden könne, haben die um Rat befragten Auguren dieses Bedenken beseitigt*). Die Bedenken dürften darauf beruht haben, daß die in diesem Jahr amtierenden Militärtribunen nicht ohne weiteres als Inhaber der den Konsuln zustehenden *regia potestas annua* angesehen werden konnten.

18 Vgl. den folgenden Text und das Fragment Anm. 26.

19 Das Tabu ist überliefert durch die Befreiungspraxis. Vgl. Mommsen, Röm. Staatsrecht II S. 159 Anm. 3. Da das Reitverbot auch den Flamen Dialis traf, dessen Beschränkungen die des ursprünglichen Königtums weiterführten (vgl. unten Anm. 26) und sich bei diesem zu anderen Verboten gesellten, die alte Zustände konservieren (Haarschneiden nur mit dem Bronzemesser; kein gesäuertes Brot essen) (Latte, Röm. Religionsgeschichte S. 402), spiegelt es offenbar Verhältnisse, in denen die ursprünglichen Siedler in Latium das Pferd noch nicht zum Reiten verwendeten. Daß der *magister populi* verpflichtet war, sich sogleich in Gestalt des *magister equitum* einen von ihm abhängigen Befehlshaber für die Reiterei an die Seite zu setzen (aaO S. 159 Anm. 2), erklärt sich vermutlich als ein später aufgekommenes Mittel, an dem Reittabu auch in einer Armee festzuhalten, die eine ergänzende Reiterei kennt.

20 Vgl. Mommsen II 152 Anm. 3. Vorher war es dem Feldherrn untersagt, sich mit militärischen Dingen zu befassen. Cicero, de lege agraria II 12, 30 *si legem curiatam non habet, attingere rem militarem non licet)*. Vgl. auch unten Anm. 25.

gebot mußte durch seine Abstimmung erklären, daß es den ernannten Feldherrn akzeptierte und sich durch eine bestätigende Wahl zu eigen machte. In der Überlieferung ist es Sache des ernannten Feldherrn, dieses Gesetz einzubringen. Das ist aber nicht die ursprüngliche Form, sondern folgt dem Muster des jüngeren Königtums, das durch Übertragung des mit königlichem Juppiterkult verbundenen Kriegstabus auf das Priestertum des Flamen Dialis (vgl. unten Anm. 26) die Voraussetzung dafür geschaffen hat, daß es Königsherrschaft und Militärkommando in seiner Hand vereinigen konnte: Erst dieses Königtum konnte die *lex curiata de imperio* für sich selbst einbringen.[21] In der anfänglichen Ordnung war es dagegen der König, der die Ernennung des *magister populi* vor dem nach Curien zusammengetretenen *populus* in einem formellen Gesetzgebungsakt verteidigte. Nach dem gleichen, ihn beschränkenden Muster mußte der König, wie wir noch sehen werden, auch einen Strafausspruch vor dem Volk rechtfertigen, wenn der Verurteilte ihn durch Provokation dazu aufforderte.

Die ursprüngliche Ordnung war eine nicht spannungsfreie Aufeinanderfolge von Ernennung und Wahl: Der König ernannte den Feldherrn und leitete dann dessen Wahl durch das Wehraufgebot. Bestätigte das Volk die Ernennung durch die Wahl, wurde erreicht, daß das Wehraufgebot von einem Feldherrn geführt war, der nicht nur den Segen der Götter der Auguralreligion, sondern auch den Beifall der Soldaten gefunden hatte. Es handelt sich ersichtlich um das Ergebnis einer Entwicklung, in der, wie in weiteren noch zu betrachtenden Parallelfällen, die Heeresversammlung auf die Inhalte der vom Hoheitsträger zu verantwortenden rechtlichen Lebensordnung Einfluß gewonnen hat.

Das für die Anfänge erzielte Ergebnis läßt sich durch einen Blick auf die religiösen Vorkehrungen vertiefen, welche die für Abstimmungen nötigen Kontaktaufnahmen zwischen *rex* und *populus* begleiteten. Sie beruhen alle auf dem für die augurale Rechtsordnung grundlegenden Kriegstabu. Der Grundgedanke ist einfach: Der Kontakt zwischen König und Kriegsvolk, der bei den Abstimmungen und aus anderen Gründen nötig wird, birgt die Gefahr, die charismatische Kraft des Königs, den Frieden zu wahren, zu schwächen.

Ein auffälliges Mittel, dies zu verhindern, zeigt sich in den auf das älteste Königtum zurückgehenden Riten des Regifugium, der Königsflucht, und des Poplifugium, der Heeresflucht. In diesen an festen Kalendertagen gegen Beginn und Ende der Sommerfeldzüge stattfindenden Akten ist das Fluchtritual [21] ersichtlich dafür eingesetzt, die Repräsentanten von Krieg und Frieden nicht nur als

21 Cicero, de re publica II 13, 25 sagt vom König Numa Pompilius: *ipse de suo imperio curiatam legem tulit* und erwähnt dasselbe von Tullus Hostilius, Ancus Martius, Tarquinius Priscus und Servius Tullius (vgl. Mommsen I S. 609 Anm. 3). Diese Praxis ist jedenfalls für die tarquinische Monarchie, deren Herrschaft die *regia potestas* der Konsuln nachgebildet ist, glaubwürdig. Die von ihr begründete Tradition erklärt, daß jeder republikanische Höchstmagistrat, der ein Kriegskommando führen will (vgl. oben Anm. 13), auch der Dictator (vgl. Livius 9, 38, 15; Mommsen aaO und II S. 152 mit Anm. 3), die *lex curiata de imperio* selbst einbringt.

einander widerstrebende Kräfte zu symbolisieren, sondern dadurch, daß sie – naturgemäß nach einer Begegnung – voneinander fliehen – erst flieht der König vor dem ausziehenden Kriegsvolk, dann das zurückgekehrte Kriegsvolk vor dem König – erneut eine sichere Distanz zwischen ihnen zu markieren.[22] Auf die gleiche Besorgnis deutet die Tatsache, daß die Wehrpflichtigen in alter Tradition die »*togati*« hießen,[23] zugleich aber die Toga ein zum Kampf gänzlich ungeeignetes Gewand war, vielmehr in Rom die Friedenstracht darstellte.[24] Dieses scheinbare Paradox erklärt sich dadurch, daß der *populus*, wenn er einst nach Curien gegliedert im Friedenskreis auf dem *comitium* dem *rex* gegenübertrat, aus den genannten Gründen notwendig das zwar ausgehobene, aber noch unbewaffnete Wehraufgebot war. Für dieses Aufgebot war die *toga* das richtige Kleid. Aus dem gleichen Grund führten die Liktoren, die zu den Curiatscomitien luden und sie später, als diese Versammlung zu einem Ritual geworden war, auch repräsentierten, im Friedenskreis (*domi*) die Faszes ohne Beile und steckten diese Hinrichtungsinstrumente, die das mit dem Commando gegebene Recht über Tod und Leben der Soldaten symbolisierten, nur im Feld (*militiae*) auf, d. h. dem Herrschaftskreis des militärischen *imperium*.[25] Alle diese Vorkehrungen kulminierten in dem Satz, daß

22 Das Regifugium fällt auf den 24. Februar, das Poplifugium auf den 5. Juli. Daß die Riten mit dem Krieg zu tun haben, ist überliefert, auch daß der König nach vollbrachtem Opfer vom Comitium floh, wird betont. Vgl. Kurt Latte, Römische Religionsgeschichte (1960) S. 128 f. Die Zeiten deuten auf Beginn und Ende der Sommerfeldzüge. Eine Bestätigung gibt, daß der Flamen Dialis, der höchste Priester des späteren Roms, auf den sich die Friedenstabus des ursprünglichen Königtums konzentriert hatten, das bewaffnete (!) Heer nicht sehen durfte. Zutreffend Latte, Röm. Religionsgeschichte (1960) S. 402: »jede Berührung mit kriegerischen Dingen ist ihm untersagt.«

23 Vgl. Mommsen, III S. 674 f., 678. Überliefert ist der Terminus durch die lex agraria von 111 v. Chr. (vgl. §§ 21 und 50): quibus ex formula togatorum milites in terra Italia inperare solent (*denen [sc. den Bundesgenossen und den Latinern] sie nach der »Formel der Togaträger« auf italischem Boden Soldatengestellung anbefehlen).* Die Formel, die sich auf die Gestellungspflicht bezieht (vgl. Livius 27, 10, 2: milites paratos ex formula esse [*die Soldaten seien der Formel gemäß gemustert*]; siehe auch Livius 22, 57, 10.) identifiziert ersichtlich Togaträger und Wehrpflichtige. Das wäre ohne die im Text vermutete Tradition kaum verständlich. Vgl. auch noch unten Anm. 27.

24 Vgl. Mommsen, I S. 408 ff.

25 Gellius, Noctes Atticae 15, 27, 2 Curiata per lictorem curiatum calari, id est convocari, centuriata per cornicem. (*Die Curiatcomitien wurden durch den Curienliktor gerufen, das heißt geladen, die Centuriatskomitien durch den Hornbläser).* Cicero, de lege agraria II 12,31 illis (comitiis curitatis) ad speciem atque usurpationem vetustatis per XXX lictore auspiciorum causa adumbratis (*Jene Curiatskomitien wurde zur Darstellung und Verwirklichung alten Herkommens um der Auspizien willen durch dreißig Liktoren angedeutet.*) Die genannten Auspizien sind die des Magistrats, der ohne dies Gesetz nicht als Feldherr tätig werden darf. Die dreißig Liktoren (hier ohne das militärische Beil) sind schon wegen ihrer Anzahl die der dreißig Kurien. Mommsen, I S. 390 Anm. 4, 611 Anm. 5 hält zu Unrecht die Liktoren der Oberbeamten, deren *imperium* bestätigt wurde, für genauso möglich. Die Zahlen (der *magister populi* oder *dictator* hatte 24, die Konsuln 12 Liktoren) sprechen insofern eine

[22] dem *flamen Dialis*, dem als Juppiterpriester der Kult des höchsten Gottes der auguralen Religion oblag, verboten war, das bewaffnete Heer überhaupt nur zu sehen, und zwar, wie die Überlieferung noch weiß, weil er Beschränkungen übernommen hatte, die einst den König selbst getroffen hatten,[26] darunter auch das den vom König ernannten *magister populi* treffende Reitverbot.[27]

deutliche Sprache. Zum Verbot des Beils innerhalb der Stadt Mommsen I S. 66f., 373, Römisches Strafrecht (1899) S. 917. Wenn Mommsen im übrigen das Verbot der Ausübung von Militärgewalt im Friedenskreis auf eine positive Regelung zurückführt, verkennt er die religiös-augurale Herkunft dieses Rechts. Vgl. dagegen bereits meine Ausführungen »Der römische Gesetzesbegriff«, oben. Anm. 10, S. 80ff.

26 Livius, I 20, 1 berichtet von Numa Pompilius, dem zweiten der legendären Könige Roms, dem die Ordnung der Religion zugeschrieben wird: Tum sacerdotibus creandis animum adiecit, quamquam ipse plurima sacra obibat, ea maxime quae nunc ad Dialem flaminem pertinent. Sed quia in civitate bellicosa plures Romuli quam Numae similes reges putabat fore iturosque ipsos ad bella, ne sacra regiae vicis deserentur flaminem Iovi adsiduum sacerdotem creavit insignique eum veste et curuli regia sella adornavit. (*Darauf wendet er seine Aufmerksamkeit der Einrichtung der Priester*ämer zu, obgleich er die meisten Riten selber wahrnahm, vor allem diejenigen, die heute dem Flamen Dialis obliegen. Aber weil er meinte, daß in einem kriegerischen Gemeinwesen in Zukunft mehr Könige dem Romulus als dem Numa gleichen würden und daher persönlich in den Krieg ziehen wollten, schuf er, damit nicht die dem König obliegenden Riten vernachlässigt würden, als den ständigen Juppiterpriester den Flamen Dialis und schmückte ihn mit einem auszeichnenden Gewand und der königlichen Sella Curulis.) Die hier vorliegende Grundinformation, daß im Flamen Dialis ein mit dem Kriegswesen unvereinbares priesterliches Friedenskönigtum fortlebt, ist überzeugend und wird, wie gezeigt, durch zahlreiche Indizien bestätigt. Vgl. auch die folgende Anm.

27 Gellius, Noctes Atticae 10, 15 3 (nach Fabius Pictor): Equo Dialem flaminem vehi religio est ⟨et⟩ ›classem procinctam‹ extra pomerium, id est exercitum armatum, videre (*Für den Flamen Dialis ist es ein Tabu, auf einem Pferd zu reiten und die »gegürtete Schlachtreihe« außerhalb des Friedenskreises, d. h. das bewaffnete Heer, zu sehen.)* Die Notiz blickt selbst schon auf das Heer der Centuriatskomitien, das längst zur Herrschaft gekommen war, das Tabu selbst, das pointiert auf das bewaffnete Heer bezogen ist, hat sich dagegen gewiß an dem aus den Curien gebildeten Heer gebildet. Kurt Latte, Röm. Religionsgeschichte S. 402f. hat dieses und andere Tabus richtig gewürdigt. In der Tat ist durch sie der Flamen Dialis »als Träger geheimnisvoller Kräfte gezeichnet, die einen besonderen Schutz bedürfen und deren Erhaltung für die Gemeinde wichtig ist«. Latte zieht dann aber zu Unrecht aus dem *rex sacrorum*, der zu Beginn der Republik geschaffen wird, um den Göttern für die vertriebenen tarquinischen Könige im Kult einen Ersatz zu schaffen und dem in der Tat nur insoweit sakrale Funktionen oblagen, als er der »Hausvater der Gemeinde« war, den Schluß, daß in Rom »irgendwelche magischen Vorstellungen« mit dem Königsamt nie verknüpft waren. Der die Lebensordnung beherrschende augurale Gedanke eines durch Friedenswahrung zu sichernden Heils bezeugt für die Anfänge ein religiös legitimiertes Königtum. Der *flamen Dialis*, der das bewaffnete Heer nicht sehen darf, und der *rex sacrorum*, dem umgekehrt die Wahl zu den republikanischen, das Militärkommando umfassenden Ämtern durch positive Regel verboten werden mußte (Mommsen, I S. 490), sind jeweils der älteste und der jüngste Fall eines im Priesterwesen um der Götter willen bewahrten Stück Königtums.

In die auf diese Weise sichtbar gewordene Ordnung gehört auch noch, daß Quirinus, der Gott der in den Curien organisierten Quiriten, zwar ein wehrhafter Bundesgott war, aber doch seinem Grundwesen nach dem Frieden diente. Von ihm heißt es, er sei ein Mars, der dem Frieden vorstehe und innerhalb der Stadt verehrt werde. Angesichts dessen war es nur folgerichtig, daß die Wahl des Feldherrn, die seiner Ernennung durch den auguralen, dem Juppiter dienenden König nachfolgte, durch das nach Curien zusammentretende Bun- [23] desaufgebot im Friedenskreis geschah, also in der Tat ganz so, wie wir es für die älteste Ernennung und Wahlform des *magister populi* erschlossen haben.[28]

Die Centuriatskomitien des späteren Wehraufgebots wählten dagegen mit den Konsuln oder Prätoren die magistratischen Inhaber des Feldherrnamts auf dem Marsfeld, d. h. im Zeichen des Kriegsgottes Mars und rechtlich schon im Bereich *militiae.* Denn diese Magistrate waren Erben einer jüngeren militärischen *regia potestas,*[29] welche, indem sie die unmittelbaren Kriegstabus auf das Priestertum des *flamen Dialis* konzentrierte, die friedlich-religiöse Hoheitsgewalt *domi* und die Kommandogewalt *militiae* in Personalunion vereinigt hatte. Da aber die Rücksichten auf das Auguralrecht beide Verfassungsschichten bewahrte und in dem neuen Aufgebot das alte so sehr enthalten war, daß die offizielle Anrede an die jüngere Volksversammlung in dem Doppelausdruck: *populus Romanus Quiri-*

28 Vgl. Servius zu Aen. 6, 859 Quirinus est Mars qui praeest paci et intra civitatem colitur; nam belli Mars extra civitatem templum habuit. (*Quirinus ist der Mars, der dem Frieden vorsteht und innerhalb der Stadt verehrt wird; denn der Mars des Krieges hat seinen für ihn abgegrenzten heiligen Bereich außerhalb der Stadt.*) Zur Charakterisierung des Quirinus als kriegerischem Bundesgott der Quiriten treffend und mit weiteren Quellen Latte, Römische Religionsgeschichte (1960) S. 113. Mommsen, I S. 307 Anm. 1, verbindet mit dieser Überlieferung die Nachricht (Gellius 15, 27), daß die Inauguration des (zu Beginn der Repubik geschaffenen) *rex sacrorum* und der drei großen Flamines (des Juppiter, Mars und Quirinus) teils vor den Curiatskomitien, teils vor den Centuriatskomitien stattfand und erklärt dazu einleuchtend: »die Inauguration vor den Centurien (ist) wohl auf den *flamen Martialis* zu beziehen, welcher sicher auf dem nach derselben Gottheit benannten Feld geweiht worden ist.« Bemerkenswert ist aber auch das Verhältnis zwischen dem *flamen Dialis,* der ein von Friedenstabus umgebener und die augurale Ordnung von ihrem Zentrum her repräsentierender Priester des Juppiters ist, und den beiden anderen *flamines,* die das Prinzip des jeweiligen Wehraufgebotes repräsentieren und dadurch auch deren Handeln, insbesondere dem *comitiare* der Abstimmungen, einen religiösen Rang verleihen.

29 Sie wurden nach der schematisierten Überlieferung von dem legendären, vorletzten, angeblich zwischen Tarquinius Priscus und Tarquinius Superbus regierenden König geschaffen. Da sich die Centuriatskomitien in Waffen versammelten, war ihr Versammlungsort nach streng eingehaltener Regel und in scharfem Gegensatz zu den Curiatkomitien der dem Kriegsgott geweihte (oben Anm. 28) *campus Martius.* Vgl. Mommsen, III S. 387 ff. Diese jüngere timokratische, nach dem Vermögen einstufende Ordnung kannte im übrigen auch eine waffenlose Versammlung, nämlich die nach den *tribus,* den Aushebungsbezirken, die sogenannten *comitia tributa.* Sie konnten wie die *comitia curiata* auch im Friedenskreis des *pomerium* einberufen werden. Vgl. Mommsen aaO S. 381 und Lily Ross Taylor, Roman Voting Assemblies (1966) S. 59 ff.

tes die beiden Schichten zusammen nannte,[30] mußte ein auf dem Marsfeld mit der Magistratswahl übertragenes Kommando, um ausgeübt werden zu können, von den Curien die *lex de imperio* erwirken. Ohne diesen später zum Ritual gewordenen Akt fehlte die Bestätigung durch das alte Bundesaufgebot. Den von den Centuriatskomitien gewählten Magistraten war es daher bis zu dem Zeitpunkt auguralrechtlich verboten, das in [24] ihrer Amtsstellung enthaltene Kommando auszuüben oder, wie Cicero sagt, *rem militarem attingere* (Dinge des Krieges zu berühren).[31]

Die Logik des Ganzen ist deutlich. Obwohl die Curiatskomitien als die ursprüngliche Organisationsform der Quiriten sich im neuen System nicht mehr als *populus* bewaffneten, wollte man, um den Segen des Anfangs nicht zu verlieren, auf die bestätigende Feldherrnwahl der Curien nicht verzichten. Die ursprüngliche Janusköpfigkeit der Curienversammlung, daß sie sich im Inneren waffenlos versammelte, dagegen im Feld das Heer bildete, hat übrigens in der späteren timokratischen Ordnung eine Entsprechung in dem Verhältnis der Tribuskomitien, welche die nach den Siedlungsbezirken ausgehobenen Bürgersoldaten waffenlos zur Abstimmung im Friedenskreis der Stadt versammeln, zu den Centuriatskomitien, welche die gleichen Bürger in Waffen auf dem Marsfeld vereinigen (vgl. Anm. 29). Wenn die Curien später insbesondere die friedlichrechtliche Seite des Bürgerverbandes repräsentieren und insbesondere bei erb- und familienrechtlichen Akten, wie wir gleich kurz sehen werden, fungieren – wegen dieser fortdauernden verbandsrechtlichen Grundbedeutung ist jeder freie römische Bürger ein Quirite (vgl. Inst. I 2, 2 *Romani enim a Quirino Quirites appellantur*) und sein Recht das *ius Quiritium* –, steht das in keiner Weise im Widerspruch zu der aufgezeigten militärischen Bedeutung der *lex curiata de imperio*. Vielmehr ist sogar bei den jetzt noch kurz zu betrachtenden erb- und familienrechtlichen Curiengesetzen die Beziehung zum Kriegswesen unverkennbar.

§ 3 Die formelle Gesetzgebung für die Annahme als Kind und für Testamente

Die Curiengesetzgebungen, durch die Arrogationen, Annahmen eines bereits mündigen Bürgers als Kind, und Testamente in Kraft gesetzt wurden, fanden an zwei festen Kalendertagen, dem 24. März und dem 24. Mai, statt. Die für zwei Tage des Jahres (24. März und 24. Mai) geltenden Kalendersiglen QRCF (*Quando*

30 Vgl. die Nachweise Mommsen I S. 6. Der Ausdruck *populus Romanus* bezeichnet die Versammelten nach den in der jüngeren Königsstadt Rom geschaffenen Centuriatskomitien, der Name Quiriten weist auf die gleichzeitige Zugehörigkeit der Anwesenden zu der älteren Curienversammlung hin.

31 Vgl. die Quelle oben Anm. 20. Der bei Dio Cassius 39, 19 (vgl. Mommsen I 610 f.) bewahrte Satz, daß vor Erwirkung der *lex curiata de imperio* auch die Jurisdiktion unzulässig war, ist eine Schöpfung der Rechtswissenschaft und aus der Logik des zur allgemeinen Staatsgewalt gewordenen *imperium* abgeleitet.

rex comitiavit, fas)[32] bewahren die entsprechende gesetzgebende Handlung des auguralen Königs mit dem *populus*, da sie, wie allgemein anerkannt ist, nicht getrennt werden kann von der Mitteilung (Gaius II 101), daß die *comitia curiata* um der Testamente willen zweimal im Jahr (*bis in anno*) [25] zusammentraten. Diese Gesetzgeung erfolgte jeweils am Tag nach den Tubilustrien, an denen die Hörner, die militärischen Zwecken dienten, rituell gereinigt wurden, und berücksichtigten ersichtlich das Interesse der Bürgersoldaten, für den Fall ihres Todes einen Erben zu haben, entweder kraft Arrogation oder durch Testament.[33] Die Arrogation trägt dabei ihren Namen unmittelbar nach der *rogatio*, nach der an das Volk gerichteten Gesetzesfrage, die in ihrem Fall auch, wenngleich in einer jüngeren Fassung, im Wortlaut überliefert ist.[34] Sie ist zugleich, wie betont wird, Ausdruck der Gemeinschaft der Curiatskomitien, d.h. ursprünglich der durch den Kult des Quirinus verbundenen Quiriten, und daher auch nur möglich, wenn beide, Adoptivvater und Adoptivsohn, waffenfähig sind.[35] Die Rechtsakte sind damit Ausdruck der Solidarität des Aufgebotes, deren stärksten Ausdruck wir noch im

32 Die Kalendersigle scheint aus einer Zeit zu stammen, in welcher der *rex* für diese Gesetzgebung bereits in eine neben der Rechtsprechung stehende Priesterrolle abgedrängt war. Denn solange er beide Aufgaben erfüllte, schloß das *comitiare* des Königs, d.h. sein *agere cum popolo* sein *ius dicere* schon faktisch aus. Für eine Vorschrift gab es keinen Bedarf. Der entstand erst in dem Augenblick, als die Rechtsprechung im Laufe der späteren Königszeit in die Hand eines anderen gewandert war, etwa die der Stadtherrn der Triarchie der Ramnes, Tities und Luceres. Es ist übrigens nicht anzunehmen, daß die beiden regelmäßigen Termine von Anfang an auf Testament und Arrogation beschränkt waren.

33 Kurt Latte, Röm. Religionsgeschichte (1960) S. 118 mit Anm. 2, der die enge Verbindung der lustrierten Hörner mit der Einberufung des Heeres zutreffend betont, meint »es sei vielleicht etwas modern gedacht, daß die Römer, bevor sie in den Krieg zogen, ihr Testament machten«. Aber was ist an dem Gedanken modern? Daß die Besorgnis, im Kampf zu fallen, dazu mahnte, für einen familienrechtlichen oder testamentarischen Erben zu sorgen, folgt vielmehr aus der damaligen Bedeutung der vom Erben fortzuführenden Sacra der einzelnen Familien (vgl. nur Lattes treffende Bemerkungen zur Arrogation aaO S. 400). Daß der 24. Mai typisch am Ende eines Feldzuges gedacht war, ist mir entgegen Latte zweifelhaft; das Datum des *poplifugium*, der 15. Juli, spricht dagegen.

34 Gellius, Noctes Atticae 5, 19, 9 Eius rogationis verba haec sunt: Velitis, iubeatis, uti L. Valerius L. Titio tam iure legeque filius siet quam si ex eo patre matreque familias eius natus esset, utique ei vitae necis in eum potestas siet, ut patri endo filio est: hoc ita, ut dixi, ita vos Quirites, rogo. (*Die Worte der Frage sind die folgenden: Wollt und befehlt ihr, daß L. Valerius in der Weise nach Recht und Gesetz der Sohn des L. Titius ist, wie wenn er von ihm nach Vater und seiner Mutter abstammte, und daß er ihm gegenüber das Recht über Tod und Leben hat, so wie es dem Vater am Sohn zusteht. So wie ich gesagt habe, so frage ich Euch, Quiriten.*) Nach Gaius I 99 gingen der Frage an das Volk zwei Fragen an die Parteien voraus, an den Adoptierenden, ob er den Adoptanden zum rechtmäßigen Sohn haben möchte, an den Adoptanden, ob er sich die Adoption gefallen lassen wolle.

35 Gellius, Noctes Atticae 5, 19, 10 arrogari non potest, nisi iam vesticeps. (*Arrogiert kann nur werden, wer schon die Toga virilis [das friedliche Kriegskleid] trägt.*) Frauen sind ebenso ausgeschlossen wie Unmündige, quoniam et cum feminis nulla comitiorum communio est (*da auch mit Frauen keine Komitialgemeinschaft besteht.*)

Strafrecht kennenlernen werden. Hier sorgt sie für eine Regelung der Familienerbfolge, die der für das Recht verantwortliche König als verbindlich anerkennen muß, da er sie selbst vom Volk erfragt hat.

Die Tatsache, daß für die Abstimmungen schon früh feste Kalendertermine bestimmt worden waren, deutet darauf, daß ihnen nicht notwendig ein Kriegszug folgte. Die Versammlungen machten vielmehr im Verfassungsleben Jahr für Jahr sichtbar, daß das älteste Wehraufgebot der Bürger, wenn es waffenlos auf das Comitium geladen wurde, zu einem Organ geworden war, das im Zusammenwirken mit dem Hoheitsträger an der Gestaltung der Rechtsordnung mitwirkte.

Wenn eine späte Quelle die spezifische Friedlichkeit insbesondere des Kurientestaments betont, ist dies nicht die Aussage einer Selbstverständlichkeit, [26] sondern durch eine spätere Entwicklung veranlaßt. Als die Kurien sich nicht mehr bewaffneten, sondern das Wehraufgebot aus Centurien gebildet wurde, die aus den Tribus ausgehoben wurden und damit die Centuriatskomitien und neben ihnen die Tributkomitien als Organisationform der verfassungsmäßigen Volksversammlungen das Erbe der Kuriatskomitien angetreten hatten, war zusätzlich eine Testamentsform vor dem bewaffneten und auszugsbereiten Heer anerkannt worden.[36] Die Verknüpfung von Erbfolgeregelung und möglichem Tod war hier die gleiche, aber drastischer und dramatischer und zugleich rechtlich ganz anders konzipiert: Das republikanische Soldatentestament ist kein formelles Gesetz mehr. Das kampfbereite Heer ist nicht Verfassungsorgan einer Gesetzgebung, sondern nur noch Publizitätsform eines privatrechtlichen Testaments.[37]

In der späteren Zeit lag die Verantwortung für die Abhaltung der Curiatskomitien bei dem Pontifikalkollegium, ohne daß eine magistratische Beteiligung oder Einzelheiten des Gesetzgebungsablaufs, insbesondere die Person des Fragenden, erkennbar wären. Die Überlieferungslage entspricht der Ritualisierung dieser ursprünglichen Gesetzgebung zu einem priesterlich überwachten Privatrechtsakt, läßt aber zugleich die Kontinuität erkennen, da dem Leiter des Kollegiums, dem in der Regia wohnenden Pontifex maximus, auch die Disziplinargewalt über den Flamen Dialis und den Rex sacrorum, über die beiden von der Entwicklungsgeschichte des Königtums hervorgebrachten Priestertümer, zustand; daß der Fla-

36 Vgl. Gaius II 10. Nach seinen Worten errichteten die Bürger das *testamentum calatis comitiis* im Frieden (*in pace et in otio faciebant*). Das spätere *testamentum in procinctu* wurde dagegen von den abmarschbereiten Bürgersoldaten (*in proelium exituri*) errichtet und setzte ein ausgerüstetes und bewaffnetes Heer (*expeditus et armatus exercitus*) voraus.

37 Die Jurisprudenz, die mit dem *testamentum in procinctu* ein eigenes Soldatentestament anerkannte, konnte sich aller Wahrscheinlichkeit nach bereits auf den Satz der Zwölftafeln (XII tab. V, 3 berufen, der allgemein das *legare* (die förmliche für die Jurisdiktionsinstanz verbindliche Festlegung einer letztwilligen Regelung) mit Rechtsgeltung ausstattete (*ita ius esto*). Diese Vorschrift war ursprünglich auf das Testamentum *calatis comitiis* bezogen, dürfte aber später, insbesondere nachdem die Kuriatskomitien nur noch durch dreißig Liktoren repräsentiert wurden, so gedeutet worden sein, daß die Publizität der Erklärung genügen müßte. Dies ermöglichte dann die für die Entwicklung des Libraltestaments grundlegende Verknüpfung mit dem Manzipationssatz XII tab. VI 1.

men Dialis, in dem die Verbandsordnung der Quiriten auch familienrechtlich ihre sakralrechtliche Spitze hatte, an dem Gesetzgebungsritual beteiligt war, ist nicht unwahrscheinlich.[38]

[27] Halten wir den entscheidenden Punkt, der an jenen drei ersten, noch auf Einzelfallregelungen beschränkten Gesetzgebungstatbeständen der römischen Tradition auffällt, noch einmal fest: Die Form dieser Testaments- und Arrogationsgesetze ist gebildet durch die Abfolge von *rogatio* und *iussum*: Der Hoheitsträger stellt die Frage, ob Fabius das Kommando führen, Titius nunmehr Sohn des Seius sein oder ob das Testament des Titius in Geltung treten soll. Die Frage, die darüber entscheidet, was die Abstimmung in Kraft setzt, hat formal die Initiative. Die Inhalte aber, welche die Frage aufnimmt, stammen aus der Sphäre des *populus*, des Bürgeraufgebots. Darin liegt eine grundsätzliche Beschränkung der auguralen Instanz. Die Struktur bringt zum Ausdruck, daß es Sache der Bürger ist, darüber zu wachen, ob der vorgeschlagene Mann zum Feldherrn taugt oder die konkrete Annahme an Sohnes statt oder das konkrete, für die Gesetzgebung vorbereitete Testament[39] Rechtskraft verdient oder nicht. Der Hoheitsträger ist darauf beschränkt, die formalen Bedingungen dafür zu schaffen, daß die Regelung als für ihn verbindliches *ius* in Kraft tritt. Der hier auftretende Gesetzesbegriff setzt den Hoheitsträger unter Druck, daran mitzuwirken, die eigene Rechtsprechungshoheit auf Inhalte festzulegen, welche die Bürgerschaft für sich in ihrem Interesse und als Teil ihrer eigenen Rechtsordnung will. Es ist der gleiche Gedanke, der später auch das allgemeine Gesetz und die Kodifikation der Zwölftafeln beherrschen wird.

38 Gellius, Noctes Atticae 5, 19 sagt nur, daß die Kuriatskomitien für Arrogationen »arbitris pontificibus« (*in Gegenwart der Pontifizes*) stattfanden, Tacitus, hist. 1, 15 sagt kurz und gut »apud pontifices«. Vgl. Mommsen III S. 38 Anm. 4. Die Ausdrücke dürften dasselbe meinen wie der Terminus »*pro collegio pontificum*«, der für Kuriatcomitien verwendet, in denen die drei Flamines (Dialis, Quirinalis und Martialis) und der Rex sacrorum inauguriert wurden. Siehe auch Joseph Georg Wolf, ›Comitia, quae pro conlegio pontificum habentur‹. Zur Amtsautorität der Pontifices, in: Luig/Liebs Das Profil des Juristen in der europäischen Tradition, Symposion aus Anlaß des 70. Geburtstags von Franz Wieacker (1980) S. 1-24. Zur Stellung des *pontifex maximus* Latte, Röm. Religionsgeschichte (1960) S. 195 ff. 400 f. – Wenn die Inauguration des Flamen Dialis einen Haussohn traf, bildete das den einzigen Fall, in dem ein Austritt aus der väterlichen Gewalt ohne Statusverschlechterung (*capitis demunitio*) stattfand (Gaius III 114). Eine solche Einordnung hätte sich nicht mit der Tatsache vertragen, daß der Juppiterpriester, der aus einer konfarreierten Ehe stammen und in einer solchen leben mußte (Gaius I 112), in Fortführung der uralten Rolle des Friedenskönigs (oben Anm. 26) sakralrechtlich an die Spitze des Verbandes trat, also eine extreme Statusverbesserung erfuhr. Die Beteiligung des Flamen Dialis an den vom Pontifex maximus geleiteten Riten, welche die Konfarreationsehe hervorbrachten, ist überliefert. Vgl. Wissowa, Religion und Kultus der Römer (1912) S. 118.

39 Der Ausdruck *legare* (vgl. XII tab. V 3), der später auf Vermächtnis beschränkt wird, aber urspünglich jede durch Gesetz in Kraft gesetzte letztwillige Verfügung umfaßte, ist ersichtlich von *lex* abgeleitet und läßt die Abstimmung der Volksversammlung wie ein Mittel des Testators erscheinen, seinen Bestimmungen Rechtsgeltung zu verschaffen.

§ 4 Das formelle Gesetz als Strafurteil aufgrund provocatio ad populum

Der Vorgang, in dem der *populus* in Auseinandersetzung mit dem von Haus aus allzuständigen Träger der auguralen Hoheit vom Wehraufgebot zu einem mit der Magistratur zusammenwirkenden Verfassungsorgan wurde, wird am dramatischsten und eindrucksvollsten durch die *provocatio ad populum* bezeugt, welche die augural-religiöse Strafrechtspflege einschränkte. Sie beruht auf dem Gedanken, daß jeder Bürger, der von einem magistratischen, ursprünglich königlichen Strafurteil betroffen wurde, sich mit der Wirkung an das Wehraufgebot wenden konnte, daß der König nunmehr gezwungen war, seinen verurteilenden Spruch gegenüber dem *populus* zu verteidigen. Die Volksversammlung konnte den Spruch bestätigen oder verwerfen und den [28] Verurteilten freisprechen. Sie bildete damit die wohl historisch älteste echte Berufungsinstanz. Der freisprechende Beschluß des Volkes hatte die gleiche, das *ius* festlegende Kraft wie das Einzelfallgesetz und war im Konflikt stärker als der verurteilende Rechtsspruch des Königs. Gegenüber dem durch ein *iudicare* bewirkten *iudicium* der *regia potestas* setzte sich das Urteil der Volksversammlung durch.[40] Es gab für den König oder Magistrat kein Mittel, seine Ansicht durchzusetzen; am Ende entschied die Auffassung des *populus*. Man versteht von daher, daß schon in den Zwölftafeln die Strafverfahren für alle Kapitalsachen dadurch vereinfacht wurden, daß an die Stelle des Zusammenspiels von *iudicium* und *provocatio* ein unmittelbar an das Volk

40 Das Schema, auf das allein es hier ankommt, ist vielfach überliefert. Vgl. etwa Livius I 26, 7 zu dem ganz legendären vom König Tullus Hostilius, einer alten *lex regia* folgend, gegen den Schwestermörder Horatius geführten Verfahren. Das Urteil lautete: Publi Horati, tibi perduellionem iudico (*Publius Horatius, ich verurteile dich wegen einer am Frieden frevelnden Gewalttat.*) und hatte bei wörtlicher Übersetzung den Charakter von charismatischen Wirkworten, die einen Tatbestand rechtlich »zusprechen«. Es war grundsätzlich ein Endurteil, aufgrund dessen der Verurteilte gefesselt und durch Anbinden an einen Baum einer Opferstrafe unterzogen werden konnte. Aber da Horatius provoziert, kommt es zu einem Prozeß vor dem Volk. § 8 Horatius auctore Tullo, clemente legis interprete, ›Provoco‹ inquit. Itaque provocatione certatum ad populum est (*Horatius sagt nach dem Rat des Tullus, eines milden Auslegers der lex: Ich provoziere. Und so wurde aufgrund Provokation vor dem Volk gestritten.*) Das Ergebnis ist Freispruch (§ 12: *absolverunt* sc. die Mitglieder des *populus*). Livius oder seine Quelle erklären dabei die Provokation als Ergebnis einer königlichen, das alte Recht mildernden Interpretation. Das ist als rechtliche Einordnung jedenfalls im Ergebnis zutreffend. Denn tatsächlich muß es ja der *rex* als *ius* akzeptieren, daß seine Urteile vom Volk überprüft werden. Den gleichen Gedanken zuspitzend gibt Cicero im Kommentar zu seiner römischen Idealverfassung den Magistraten die Befugnis zu strafrechtlichen Endurteilen, damit überhaupt eine Zuständigkeit des Volkes entsteht. Cicero, de legibus III 12, 27: omnibus magistratibus auspicia et iudicia dantur, iudicia, ut esset populi potestas, ad quam provocaretur (*alle Magistrate sollen das Recht zu Auspizien und zu formalen Strafurteilen haben, zu Strafurteilen, damit die Macht des Volkes zur Verfügung steht, an die provoziert werden kann.*) Das Volk steht dem Verurteilten zur Verfügung (vgl. die Wendung ›potestatem sui facere‹ – ›*sich zur Verfügung stellen*‹), weil die auguralen *iudicia* der Magistrate im Unterschied zu den Urteilen der Geschworenengerichte der Quästionen der Provokation unterlagen.

gerichteter Strafantrag trat, mit der Wirkung, daß in diesen Fällen der Strafprozeß die äußere Form der Gesetzgebung annahm.[41]

Allen betrachteten Beispielen ist gemeinsam, daß sich die Bürgergemeinde Volk durch die Heeresversammlung (lat. *populus*) gegenüber dem religiös legitimierten und in allzuständiger Weise zur Friedenswahrung berufenen Hoheitsträger das Recht erstritten hat, an der Regelung dessen, was *ius* ist und damit mit einer religiös reinen und potentiell segensvollen Lebensordnung vereinbar ist, teilzunehmen. Die Tatsache, daß der *populus* auf die Frage, die *rogatio*, ob eine Regelung in Kraft treten soll oder nicht, nur mit Ja oder Nein antworten kann, also kein Emendationsrecht hat, geschweige denn das Recht, die Gesetzesfrage selbst zu stellen und das Gesetz im Sinne einer formellen [29] Gesetzesinitiative einzubringen, darf daher nicht zu einer falschen Vorstellung von der Gewichtung der Verfassungsorgane führen. Diese Form erklärt sich teils aus der militärischen Disziplin des als Wehraufgebot handelnden *populus*, vor allem aber aus der Notwendigkeit, das Prinzip zu respektieren, daß die Quelle der Rechtsgeltung die Magistratur sei. Man muß daher die rechtliche und die politische Ebene unterscheiden. Die politische Triebkraft der Entwicklung liegt, wobei dem Senat eine vermittelnde Rolle zukommt, in der immer weiter fortschreitenden inhaltlichen Einflußnahme des *populus* auf die Entscheidungen des Hoheitsträgers. Die Form des *comitiare*, des magistratischen *agere cum populo*, repräsentiert den Gedanken, daß die Rechtsgeltung stets der Rückbindung an ihre Quelle bedarf. Gesetzgebung ist der Form nach ein magistratisches, als solches auf die augurale Ordnung bezogenes Handeln, wie die Jurisdiktion, die durch die Gesetze auf bestimmte Inhalte festgelegt wird. Als ein Handeln, das nicht nur Streit entscheidet, sondern neue Ordnungen schafft, hat Gesetzgebung in der auguralen Ordnung folgerichtig einen höheren Rang. Das zeigt der über die zeitlichen Reinheitsbedingungen des magistratischen Handelns wachende Kalender. An Tagen, welche die Sigle C(*omitialis*) für die Gesetzgebung freigibt, ist auch Rechtsprechung zugelassen; dagegen gestattete die Sigle F(*as*) nur Rechtsprechung, nicht auch Gesetzgebung.[42] Gesetzgebung in Gestalt der *lex publica* ist also magistratisches Handeln mit dem Volk, *agere cum populo*, dessen Erfolg von der Zustimmung des Volkes abhängt. In dieser Verbindung und Notwendigkeit des Zusammenwirkens zeigt sich, wie noch einmal betont sei, der vertragliche Charakter dieser Gesetzgebungsform. Zwei heterogene und selbständige Kräfte, die alte augurale, auf die republikanische Magistratur übergegangene *regia potestas* und das zum Verfassungsorgan gewordene Wehraufgebot, haben in ihr einen Ausgleich gefunden.

41 Diesen von Mommsen, Röm. Strafrecht (1899) S. 151 ff., sogenannten magistratisch-komitialen Strafprozeß unterliegen nach der Zwölftafelvorschrift XII. tab. IX 2 alle Kapitalsachen.

42 Geändert erst durch eine Bestimmung (Cicero, pro Sestio 15,33: UT OMNIBUS FASTIS DIEBUS LEGEM FERRI LICERET) der *lex Clodia de iure et tempore legum rogandarum*, eines Plebiszits von 58 (vgl. Rotondi, Leges publicae populi Romani [1912] S. 397), das auch andere Regeln des Auguralrechts, daß z. B. Himmelszeichen den Tag für eine Gesetzgebung untauglich machen, abschaffte.

§ 5 Das magistratisch erfragte materielle Gesetz am Beispiel der Zwölftafelkodifikation

Von den erörterten Fällen, in denen die Curien stets nur in Einzelfällen über eine Frage der Rechtsordnung entschieden, greift die Idee der Gesetzgebung, insbesondere zu Anfang der Republik, erstaunlich schnell auf generelle Normierungen aus. Die auffällige, sehr dynamische Entwicklung hängt ersichtlich mit dem schon öfter berührten Wandel zusammen, den Königtum und Volksversammlung in der Zwischenzeit erfahren und dessen nähere Entwicklungsstufen hier außer Betracht bleiben müssen. An seinem Ende befand sich der [30] König, der nunmehr als ein von priesterlichen Tabus befreiter Stadtherr regierte (vgl. oben Anm. 26), in dauerndem Besitz der militärischen, im Friedenskreis lediglich ruhenden Kommandogewalt, des *imperium* in diesem ursprünglichen Sinn, und verwaltete zugleich bei grundsätzlicher Fortdauer der damit verbundenen Kriegstabus die rechtlich wichtigsten Elemente der auguralen Königsherrschaft, d. h. neben der Rechtsprechung insbesondere auch das friedliche, gesetzgeberische *agere cum populo.* In dieser Form ging die Königsherrschaft als *regia potestas annua* auf die beiden Konsuln der Republik über. Zugleich war das Volk nunmehr militärisch nach dem timokratischen Prinzip, d. h. dem Census, in Centurien geordnet, und wurde vom König kraft seiner Kommandogewalt als *comitia centuriata* auf dem Marsfeld versammelt. Der Gegensatz zwischen den aus den gentilizischen Siedlungen des *ager Romanus* stammenden Patriziern und den Plebejern, den einseitig stadtzentriert lebenden Neubürgern, der in der timokratischen Centurienordnung einen zukunftsreichen Ausgleich gefunden hatte,[43] brach mit

43 Die Plebs bildet im Rahmen der gentilizisch-patrizischen Verfassungsordnung eine spezifisch städtische Sondergemeinde der Kaufleute, Handwerker, Arbeiter und nicht patrizischen und klientelfreien, auf die Stadt hin orientierten Bauern. Sie hatte eine ihre Autonomie repräsentierende Versammlung, welche die *tribuni plebis* wählte und Plebiszite, von den Tribunen erfragte Regelungen, beschloß. Da aber die Expansion Roms nur das Plebejat vermehrte, konnte im Jahre 286 durch die lex Hortensia den Plebisziten die gleiche Kraft wie den Volksgesetzen beigelegt werden. Anfänglich waren die städtischen Plebejer, bevor sie zum Wehrdienst zugelassen wurden, städtische Steuerbürger (*aerarii*) gewesen. Noch später hieß daher die censorische Degradation, durch die ein Bürger von den Aushebungsbezirken des *ager Romanus*, den *tribus*, in eine der vier jüngeren städtischen Tribus versetzt wurde, *e tribu movere et aerarium facere*, obwohl sich die Wirkung der Strafe seit Erstrekkung von Wehrpflicht und Bürgerrecht auf die (ursprünglich ausschließlich) stadtsässigen Plebejer auf die Verringerung des Stimmgewichts in den volkreicheren Tribus der Stadt beschränkt hatte. An den Zwölftafeln der Jahre 451/0, die einen Ausgleich zwischen Patriziern und Plebejern herzustellen suchten und in den beiden Gesetzgebungsjahren von Zehnmännerkommissionen erarbeitet wurden, die sowohl die patrizischen Konsuln wie die plebejischen Tribune ersetzten, waren die Plebejer der Sache nach intensiv beteiligt. Ein besonders auffälliges Indiz dafür ist, daß ein Plebiszit, die lex Canuleia von 445, das im zweiten Jahr in die Zwölftafeln aufgenommene Eheverbot zwischen Plebejern und Patriziern außer Kraft setzen konnte. Denn das zeigt, daß das Verbot von den Plebejern ausgegangen war, um die Zwölftafelehe in der gleichen Weise zur Reservatehe der Plebejer zu machen wie es die Konfarreationsehe für die Patrizier seit alters war. Daher konnten sie es auch zurücknehmen. In den Centuriatscomitien, welche die Zwölftafeln in Kraft gesetzt hatten, waren die Plebejer nach ihrem geldwerten Vermögen beteiligt.

Beginn der Republik wieder auf, konnte aber dadurch, daß den Plebejern unter eigenen Tribunen ein weitgehendes Recht der Selbstverwaltung gewährt wurde, beschwichtigt werden. Schon zwei Generationen nach Gründung der Republik gelingt dann die große, die Bürgerschaft unter weitgehender Überwindung des patrizisch-plebejischen Gegensatzes einigende Kodifikation der Zwölftafeln. Die Inkraftsetzung der Zwölftafeln erfolgt in der im Vorangegangenen analysierten Struktur. Die Volksversammlung wurde von dem magistratischen Träger der auguralen Rechtsetzungsbefugnis befragt, ob das vorgeschlagene [31] Regelwerk fortan als Recht gelten solle. Das Gesetzgebungswerk hatte in diesem Fall allerdings eine solche umfassende Reichweite und enthielt so viele Neuerungen, daß die Zwölftafelredaktoren das Bedürfnis empfanden, die Befugnis der Volksversammlung, auf Frage des Magistrats durch ein *iussum* über das geltende Recht zu entscheiden, in einer Bestimmung des Gesetzes selbst ausdrücklich klarzustellen. Diese Bestimmung[44] enthält keine paradoxe Selbstermächtigung, sondern klärt das Verhältnis zwischen Magistrat und Volk in einer Weise, die ihren vollen Sinn erlangt, wenn man die vertragliche Struktur der Gesetze zugrundelegt. Dann erkennt man, daß die Vorschrift eine Entwicklung fixiert und ausformuliert, die sich in der beschriebenen Weise vollzogen und in den Zwölftafeln einen Höhepunkt erreicht hatte:[45] Der in auguraler Tradition für das Ius der Lebensverhältnisse zuständige Magistrat und das Wehraufgebot des Volkes, das sich sein Mit-

44 Vgl. Livius VII, 17, 12 In XII tabulis legem esse, ut, quodcumque postremum populus iussisset, id ius ratumque esset (*In den Zwölftafeln gibt es eine Vorschrift, daß das Recht sei und Geltung erlange, was immer das Volk als letztes [auf magistratische Frage hin] befohlen hat.*) Daß diese Bestimmung durch die Stellung als letzte Norm des Gesetzgebungswerks herausgehoben war (XII tab. XII 5), ist eine nicht grundlose, aber ungewisse Annahme der Rekonstruktionen. Gemeint ist mit dem *populus* die Volksversammlung, die Centuriatskomitien, die das Gesetz in Kraft gesetzt hat (vgl. Liv. III 34, 6; siehe auch Liv. III 57, 10; ferner Rotondi, Leges publicae populi Romani [1912] S. 201). Die von Mommsen II S. 702 f. aufgestellte Ansicht, daß die *decemviri legibus scribundis* (!) eine außerordentliche, konstituierende Gewalt dargestellt hätten, die das Gesetzgebungswerk einseitig in Kraft gesetzt hätte, also *decemviri legibus dandis* gewesen wären, ist zu verwerfen. Die Versammlung nach Centurien heißt in dem Gesetz »die größte Versammlung«, *comitiatus maximus*; so in der Vorschrift XII tab. IX 2, welche die Anklage in Kapitalsachen vor diese Versammlung wies. Der Name erklärt sich einfach. Diese Versammlung, die den Waffendienst nach dem Vermögenszensus ordnete und daher Patrizier und Plebejer nach dem timokratischen Prinzip vereinigte, war größer sowohl als die älteren (ursprünglich) rein patrizischen *comitia curiata* und als die stets rein plebejischen *concilia plebis* der Plebiszite. Ob die Tribuscomitien, die friedliche, ohne nähere Ordnung (nach Cicero, de legibus III 19, 44: *fuse)* nach den Aushebungsbezirken abstimmende Nebenform der militärisch gemusterten (Cicero, aaO: *descriptus populus censu, ordinibus, aetatibus*) Centuriatscomitien in der Zwölftafelzeit schon fungierten, ist ungewiß, aber möglich. Die größte Versammlung war diese friedliche Spielart der timokratischen Organisationsform jedenfalls nicht.

45 Versuche, die Vorschrift mit überlieferungskritischen Argumenten den Zwölftafeln abzusprechen, wie sie André Magdelain unternommen hat (Les XII Tables et le concept de Ius; in: Behrends/Link [Hrsg.], Zum römischen und neuzeitlichen Gesetzesbegriff (1987) S. 14 ff.), sind daher zurückzuweisen.

gestaltungsrecht an der von ihm nach außen verteidigten Rechtsordnung Schritt um Schritt erworben hatte, stellten in dem Satz fest, daß das Zusammenspiel von *rogatio* und *iussum* eine gültige Form ist, die das Recht zu gestalten vermag, sowohl in konkreten wie in generellen Fragen.

Die Tatsache, daß Gesetzgebung in Rom aus dem bewußten Zusammenwirken zwischen dem den auguralen Gründungsgedanken repräsentierenden Hoheitsträger und dem durch das Wehraufgebot zur verfassungsrechtlichen Handlungsfähigkeit gelangten Volk bestand, erklärt auch die Art und Weise, in der in dieser Tradition rechtlicher Fortschritt durch Gesetze erreicht wurde. [32] Obwohl den Zwölftafelkodifikatoren ihr großartiges, für das patrizisch-plebejische Gemeinwesen dauerhaft grundlegendes Werk nur dadurch gelang, daß sie viel Neues brachten und die rechtlichen Regelungen von den städtischen Lebensverhältnissen her neu faßten – ich habe das am Beispiel der durchgreifenden Reform des gesamten Kreditrechts näher zeigen können[46] –, waren diese Reformen doch immer, wie die Interpretation im Detail zeigen kann, nur Modifikation, Fortbildung und Ergänzung der bestehenden Rechtsordnung gewesen. Das Kennzeichen dieser Gesetzgebung war nicht der revolutionäre, d. h. im Bruch mit der Tradition vollzogene Eingriff, sondern die weiterbildende und ausdifferenzierende Rechtsentwicklung. Die für das *ius* verantwortliche Magistratur, die die Gesetzesfrage stellte, war der Repräsentant der Kontinuität, der *populus* (und neben ihm und später auch teilweise statt seiner die *plebs*), der über die Frage entschied und dadurch mittelbar auf ihren Inhalt Einfluß nahm, repräsentierte die Triebkraft der Fortentwicklung. Dabei spielte für rechtliche Kontinuität und formale Qualität der Gesetzgebung eine nicht leicht zu überschätzende Rolle, daß als Vermittler zwischen Form und Inhalt, zwischen den Rechtsgeltungsfragen und den sachlichen Interessen der von der Volksversammlung repräsentierten Normadressaten, mit den Pontifizes, einer vergleichsweise jungen, stadtzentrierten Priesterschaft, schon lange vor den Zwölftafeln eine hochdifferenzierte Fachjurisprudenz zur Verfügung stand, die erste, die es überhaupt in der Welt gegeben hat.[47] Es waren

46 Okko Behrends, Der Zwölftafelprozeß. Zur Geschichte des römischen Obligationenrechts (1974).

47 Die Tatsache, daß nicht die Auguren, welche das spezifische Auguralrecht betreuen, sondern die Pontifizes die Vorbilder der römischen *iurisconsulti* geworden sind, erklärt sich aus ihrer Rolle als Berater der römischen Könige der letzten Phase, der militärisch mächtigen Stadtherren Roms. Ihr verdanken sie die Herrschaft über das gesamte Religions- und Rechtswesen, die sie in die Republik mitnahmen. Der vermutete »energische Machtwille einzelner Träger des Amts«, den Latte, Römische Religionsgeschichte S. 196 ansetzt, vermag strukturelle Gründe nicht zu ersetzen. Ihre Autorität über den *rex sacrorum* ist daher auch keineswegs usurpiert, sondern folgt der Logik der Gründung der Republik: Für die Götter steht der *rex sacrorum* an der Spitze der Hierarchie; in der die Macht ordnenden, politischen Verfassung ist er dagegen ein bloßer, aus religiösen Gründen notwendiger Statist für bestimmte Rituale und insofern folgerichtig dem *pontifex maximus* gehorsampflichtig. Im übrigen waren die *pontifices* nicht ursprüngliche »Pfadebahner« der vorgeschichtlichen Wanderungen der Latiner, wie eine hochromantische Spekulation will, sondern entspre-

damit die Pontifizes, die den Vorgang begleitet haben, der die augurale, von agrarisch-patrizischen Lebensverhältnissen bestimmte Ordnung der *leges regiae* (oben Anm. 15) in die städtisch-bestimmte Welt der *lex publica* überführt hat, nicht die Auguren, so sehr es die augurale Rechtsordnung mit ihrem Ziel der Sicherung des konkreten Rechtsfriedens war, die noch dem Rechtsmodell der *lex publica* ihre Prägnanz und Wirklichkeitsorientierung gegeben hat.

§ 6 Das archaische Gesetz und die aufgrund Frage und Antwort geltende Stipulation

[33] Erkennt man als den Grundzug der römischen *lex publica*, eine Regelung innerhalb einer schon bestehenden, als solche immer nur fortgebildeten Ordnung zu sein, läßt sich auch dem schon von Jhering vorgenommenen Formvergleich zwischen Gesetzgebung und Stipulation (oben Anm. 1) etwas mehr abgewinnen als die bloße Feststellung der übereinstimmenden Frage-Antwort-Struktur. Das zu allgemeinen Normierungen vorgedrungene Gesetz regelt im Einvernehmen zwischen rogierendem Magistrat und zustimmender Volksversammlung Rechte und Pflichten der Bürger in genereller Form als Teil der umfassenden Rechtsordnung, in welche sie eingebettet sind. Die Zwölftafeln liefern dafür Veranschaulichungen im reichen Maße. Ein mir naheliegendes Beispiel (vgl. Anm. 46) sind die Rechte und Pflichten von Gläubiger und Schuldner der Darlehensstipulation, die von den Zwölftafeln durch Fortbildung des Ladungs-, Prozeß- und Vollstreckungsrechts, aber auch durch Fixierung der Zinshöhe an die Lebensbedingungen des immer stärker von Handel und Geldverkehr bestimmten, patrizisch-plebejischen Rom angepaßt worden waren. Durch den Stipulationsvertrag tritt eine konkrete Regelung hinzu, die wiederum, wie auf seine Weise das Gesetz auch, in die allgemeine Ordnung eingebettet ist. Die Abfolge von »Versprichst du mir 10.000 HS mit 6%?« und »Ich verspreche es!« setzte zwischen den Parteien – im Grundfall zur Regelung einer Darlehensrückzahlung – einen Vertrag in Geltung, dessen allgemeine Struktur nicht von den Parteien geschaffen, sondern von der Rechtsordnung bereitgestellt ist.[48] Zwischen dem Ius der Vertragsobligation selbst und dem Ius ihrer gesetzlich geregelten Ausübungsbedingungen gibt es keinen

chend ihrem Alter im Ausgangspunkt Betreuer der religiösen Probleme der *pons sublicius*, der wichtigen und lange Zeit einzigen Tiberbrücke Roms. Vgl. Varro Ling 5, 83 und näher dazu meinen Zwölftafelprozeß (oben Anm. 46) S. 4 Anm. 13.

48 Ob der Formabbau der Stipulation in der Zwölftafelzeit schon so weit gediehen war, wie das im Text gegebene Beispiel voraussetzt, in dem von einem Haftungsgeschäft nichts bewahrt ist, kann hier offen bleiben. In jedem Fall bewahrt die Struktur der Stipulation bis zuletzt, daß die in unseren Quellen einfach durch Frage und Antwort erfolgende Regelung der »Schuld« ursprünglich den Sinn hatte, die Bedingungen genau zu definieren, unter denen die in den Vertrag eingegangene, dem Gläubiger Vollstreckungsrechte gebende und die Freiheit des Schuldners beschränkende »Haftung« nicht eintrat, also die Bedingungen des friedlichen Zusammenlebens bewahrt blieben.Vgl. dazu näher die Erläuterungen in meinem Vindikationsmodell (oben Anm. 12) S. 43 ff.

hierarchischen Unterschied. Das *ius* der generellen, für alle Bürger geltenden Gesetzesvorschrift, und das *ius* der konkreten Regelungen, gleich ob sie durch ein formelles Gesetz oder einen privaten Rechtsakt bewirkt worden sind, sind jeweils Ausdruck des gleichen Bemühens, Regelungen zu formulieren, in denen sich das menschliche Zusammenleben in friedlicher und fruchtbarer Form entfalten kann.[49]

§ 7 Das Verfassungsgewicht der Wehrgemeinde

[34] Vergleicht man abschließend den geschilderten Beginn der Gesetzgebung in Rom mit der neuzeitlichen Geschichte, in welcher die Parlamente in vergleichbarer Weise (siehe Jherings Bemerkung oben Anm. 1) einen Kompromiß durchsetzten, dann fällt als Hauptdifferenz auf, wenn man von der in der Neuzeit weit geringeren Bedeutung der Religion absieht, daß im römischen Fall der *populus* das Gewicht, durch das er seine Beteiligung an der Gesetzgebung durchsetzen konnte, unmittelbar der Tatsache verdankte, daß er das sich grundsätzlich auf eigene Kosten ausrüstende Wehraufgebot darstellte, während die Parlamente in einem System, in dem der Großteil der Militärausgaben auf den König fiel, ihre repräsentative Beteiligung an der Gesetzgebung über das Steuerbewilligungsrecht (no taxation without representation) durchgesetzt haben. In Rom bedurfte demgegenüber die Ausschreibung der Bürgersteuer, die bezeichnenderweise in dem System des unmittelbaren Wehrdienstes den Charakter einer grundsätzlich zurückzuzahlenden Zwangsanleihe bewahrt hatte und überdies schon seit 168 v. Chr. praktisch nicht mehr erhoben wurde, nicht des Gesetzes – in markantem Unterschied zur Einführung späterer echter Steuern, die in Republik und Prinzipat jedoch auf Ausnahmefälle beschränkt blieben.[50]

Insgesamt gesehen repräsentierte der *populus* als das sich selbst ausrüstende Wehraufgebot die Bedeutung, welche Volk und Volkswirtschaft für den Bestand des Staates haben, noch unmittelbarer und wirksamer als die Ständeversammlungen des Mittelalters und der Neuzeit. Die frühe Gesetzgebung der Zwölftafeln spiegelt das in eindrucksvoller Weise. So wenig wir wissen, wie damals die Kommunikationswege im einzelnen liefen, so sehr ist deutlich, daß dieses Gesetz die Wünsche der damaligen Bürgerschaften nach einer ihren Lebensinteressen dienenden Rechtsordnung in vielen Bereichen in sehr reiner Form verwirklichte.

49 Das gleiche *ita ius esto* autorisiert den allgemeinen Gesetzesbefehl (XII tab. XII 5) wie die konkreten berechtigenden Verfügungen des Testaments- und Übereignungsrechts (XII tab. V 3 zum Kurientestament und VI 1 zur Manzipation). Auch das aus der Stipulation erworbene Forderungsrecht wird nach Zwölftafelrecht als *ius* vor dem Magistrat geltend gemacht (vgl. Gaius IV 17a).

50 Mommsen, III S. 1123 ff.; siehe auch II S. 131. Wenn Cicero, De imperio Cn. Pompei 7, 17 sagt vectigalia nervos esse rei publicae (*die Steuerabgaben sind das Nervenzentrum des Gemeinwesens),* dann meint er die Abgaben der Provinzen, also der Eroberungsgebiete Roms.

III. Die antike Staatslehre und das republikanische Ideal der gemischten Verfassung in vorklassischer und klassischer Tradition

§ 1 Die vertragliche Staatsentstehungslehre der civilis scientia im Streit: Vollzug historisch notwendiger Prinzipien oder Anerkennung strukturierender Regeln und menschlicher Werte

[35] In der wissenschaftlichen Phase des römischen Rechts, die in eine vorklassische und klassische Periode zerfällt,[51] wurde an dem Grundsatz festgehalten, daß das Gesetz eine Regelung ist, die notwendig innerhalb einer bereits gegründeten, selbst nicht durch Gesetz geschaffenen Rechtsordnung erfolgt. Dennoch kam es in diesem Rahmen zu einer zweiten Schwerpunktbildung des Vertragsgedankens. Das Vertragliche an der Gesetzgebung wurde nicht mehr allein in der gelungenen Verständigung gesehen, die zwischen der magistratischen Hoheitsgewalt, welche die Rechtsgeltung verantwortete, und der organisierten Bürgerschaft, welche über das Inkrafttreten entschied, zustandekam, sondern zusätzlich und mit eigenem Gewicht in der in dem Gesetz bekundeten Übereinstimmung der Bürgerschaft.

Man meinte jetzt, daß sich in dieser Übereinstimmung auf eine gemilderte, durch Repräsentations- und Mehrheitsprinzip in die Verfassungsordnung integrierte Weise – entweder in vorklassisch körperschaftlicher Art[52] oder klas- [36]

51 Zu diesem lang verkannten Grundphänomen der römischen Rechtsgeschichte aus jüngerer Zeit meine Beiträge »Gesetz und Sprache. Das römische Gesetz unter dem Einfluß der hellenistischen Philosophie«, in: Behrends/Sellert (Hrsg.), Nomos und Gesetz (1995) S. 135-249; »Die Gewohnheit des Rechts und das Gewohnheitsrecht« in: Dietmar Willoweit (Hrsg.), Die Begründung des Rechts als historisches Problem (2000) S. 19-135; »Selbstbehauptung und Vergeltung und das Gewaltverbot im geordneten bürgerlichen Zustand nach klassischem römischen Recht«, Savigny-Zeitschrift, Rom. Abt. 102 (2002) S. 44-142; »Der Ort des *ius divinum*« Vom klassisch-republikanischen Rechtssystem des skeptischen Rationalismus zur Rechtsquellenlehre des religiös legitimierten Kaisertums« in: de Wall/Germann (Hrsg.), Bürgerliche Freiheit und christliche Verantwortung, Festschrift Christoph Link (2003) S. 557-585 sowie meine Abhandlung »Dalla media arbitrale alla protezione giudiziaria. Genesi e vicende delle formule die buona fede e delle cd. *formulae in factum conceptae*« in: Cosimo Cascione/Carla Masi Doria (Hrsg.), Diritto e Giustizia nel Processo: Prospettive Storiche, Comparatistiche e Costituzionali (Napoli 2002), S. 197-323.

52 Vgl. insofern Gaius 3 ad edictum provinciale D 3, 4, 1, 1 Quibus autem permissum est corpus habere ..., proprium est ad exemplum rei publicae habere ... actorem ... per quam tamquam in re publica, quod communiter agi fierique oporteat, agatur fiat. (*Den Personenvereinigungen, denen eine körperschaftliche Verfassung gestattet worden ist, ist es erlaubt, nach Art eines Gemeinwesens einen Repräsentanten zu haben, durch den wie in einem Gemeinwesen, das, was gemeinschaftlich rechtlich bewirkt und getan werden muß, rechtlich bewirkt und getan wird.*) Da der Repräsentant durch Mehrheitsbeschluß bestellt wird (vgl. die folgende Anmerkung), sind die (ebenfalls nach dem Muster einer *res publica* geformten) Wahl- und Beschlußorgane vorausgesetzt. Wenn die zum Muster genommene ›res publica‹ im Prinzipat nur noch auf die Stadtgemeinden verweist, da Rom eine Republik nicht mehr ist, sondern die Hauptstadt eines Kaiserreichs; so gilt das natürlich nicht für die vorklassische Jurisprudenz, aus der die körperschaftliche Theorie stammt.

sisch institutionell geordneter Form[53] – der Rechtskonsens wiederholte, der nach den im Rahmen der *civilis scientia* zur Geltung gekommenen und in diesem Kerngedanken übereinstimmenden Überzeugungen einst die Gemeinwesen selbst gebildet hatte. Den Gesichtspunkt, unter dem die Rechtsordnung wahrgenommen wurde, lieferte jetzt nicht mehr die augurale Religion, sondern die – nacheinander in zwei verschiedenen Formen von der römischen Jurisprudenz aufgenommene – griechische »politische Wissenschaft« oder weniger mißverständlich die »Lehre von der Entstehung und Erhaltung der *civitates*«.

Cicero, der bei zwei vorklassischen Juristen, Q. Mucius Scaevola *pontifex* und *augur*, deren Jurisprudenz gelernt hatte, aber seine eigentliche geistige Prägung auch in den Fragen des Rechts an der Seite seines Freundes, des späteren Gründers der klassischen Rechtswissenschaft, Serv. Sulpicius Rufus, als Schüler der philosophischen Rhetorik empfangen hatte, macht in dem ersten der drei Bücher des großen Dialogs De oratore diesen Gegensatz innerhalb der *civilis scientia*, den er wie kaum ein anderer geistig miterlebt hat,[54] am Bei- [37] spiel der Staatsgrün-

53 Institutionell gedacht ist Ulpian 76 ad edictum D 50, 17, 160, 1 Refertur ad universos quod publice fit per maiorem partem. (*Es wird auf die Gesamtheit bezogen, was öffentlich durch die Mehrheit geschieht.)* Der ursprüngliche Kontext (der Verkauf durch eine als gedankliche Einheit gedachte Personengesamtheit, Lenel, Palingenesia II Sp. 860, vorgenommen etwa durch eine als *universitas personarum* anerkannte *societas publica*) nimmt der Äußerung nicht ihren grundsätzlichen Charakter. Die *universitas* wird durch das Mehrheitsprinzip im übrigen nicht willensfähig. Da ihr, die nur im Gedanken existiert, alles menschliche Handeln im Recht verschlossen ist (vgl. die treffenden Bemerkungen Savignys, System II S. 291 Fußn. t), erzeugt die Abstimmung, deren Einzelstimmen das Ergebnis auch nicht psychologisch wollen müssen (treffend insoweit Kelsen, Reine Rechtslehre [1934, 1960[2]] S. 7 Fußnote, zum Abgeordneten, der ohne Kenntnis des Gesetzesinhalts zustimmt) die Rechtsfolge als Tatbestandselement einer Rechtswirkung im Verfassungsleben der *universitas* als solcher. Konsequent ist der durch Mehrheitsbeschluß bestellte *actor* ein Repräsentant der *universitas* (so klärend Ulpian 8 ad edictum D 3, 4, 2), nicht etwa der Mehrheit.

54 Wenn Cicero gleich zu Beginn des Dialogs von sich sagt (De oratore I 1,3) prima aetate incidimus in ipsam perturbationem disciplinae veteris (*unsere jungen Jahre fielen gerade in die Zeit der Infragestellung der alten Lehre*), dann ist hier zunächst einmal *disciplina* durchaus im Kernsinn von »Lehre«, von *civilis scientia* im normativen Sinne, zu verstehen. – Vgl. Isidor, Etym. I 1, 1 Disciplina a discendo nomen accepit: unde et scientia dici potest. Nam scire dictum a discere, quia nemo nostrum scit, nisi qui discit. (*›Lehre‹ heißt nach ›lernen‹; von daher kann man auch von ›Belehrtheit‹ [Wissen] sprechen. Denn Belehrtsein [Wissen] kommt vom Lehren; denn niemand von uns weiß etwas, es sei denn, er hat gelernt.*). Die Qualifikation *›vetus‹* ist von den *›veteres‹*, den vorklassischen Juristen, die schon Cicero, Topica 6, 29 so nennt, kaum zu trennen. Des näheren bezieht sich Cicero zu Anfang des Dialogs rückblickend auf die Zeit, in der er mit Servius das Studium der philosophischen Rhetorik begonnen hatte (Cicero, Brutus 41, 151 in isdem exercitationibus ineunte aetate fuimus (*in unseren Jugendjahren haben wir [Cicero und Servius] den gleichen Studien oblegen*). Tatsächlich hatte Cicero damals im Zusammenhang dieser gemeinsamen Studien nicht nur unter der Anleitung seines Mentors Crassus die philosophische Rhetorik zu studieren begonnen, sondern darüber hinaus den damals in Rom lehrenden »*princeps Academiae Philo*« gehört, sich ihm ganz hingegeben (Cicero, Brutus 89, 306) und in Abwendung von der *disciplina*

dungslehren zum beherrschenden Thema. Der alte Scaevola augur, den er auftreten läßt, hatte in liebenswürdigem, aber energischem Ton die Ansicht des Crassus, des Vertreters der philosophischen Rhetorik, bestritten, daß die Gründung und Erhaltung der Staaten der Kraft des überredenden Wortes verdankt werde. Crassus hatte der Kritik nicht nachgegeben, sie aber freundlich registriert und zugleich durch die rückhaltlose Anerkennung, daß die *civilis scientia*, wie der Augur sie sah, in der Zwölftafelauslegung, dem Zentrum der vorklassischen Jurisprudenz,[55] in vollem Umfang enthalten sei, zu verstehen gegeben, daß er den

vetus der Mucii pontifex und augur die Rechtstheorie gelernt, die Servius dann unter seinem begeisterten Lob gegen Mucius pontifex durchsetzen sollte (vgl. Brutus 41, 152; die Anekdote Pomponius lb sg enchiridii D 1, 2, 2, 43 schildert anschaulich die Verständigungsprobleme zwischen dem alten Pontifex und dem jungen Rhetorikschüler Servius). In dem Dialog De oratore selbst, der vor dem Bruch spielt, ist Cicero aber als Autor, wie schon die Art zeigt, in welcher er den Augur im ersten Buch auftreten läßt, bemüht, die Voraussetzungen für eine gewisse Vermittlung oder Heilung zu schaffen. Das läßt sich gerade auch an dem Stichwort *disciplina* ablesen. Crassus, Ciceros Vorbild in der philosophischen Rhetorik und im Dialog Antagonist des Augur, trägt zwar das später von Servius verwirklichte Reformprogramm des Rechts mit einer Anspielung auf die künftige Tat als etwas Notwendiges vor (I 42, 190), beschreibt dann aber ohne jeden kritischen Unterton, vielmehr mit entschiedenem Lobpreis die bisherige, ganz auf prinzipiengeleiteter Empirie, auf *usus* statt auf *ars* (vgl. Cicero, Brutus 41, 152) beruhende Rechts- und Staatspraxis der vorklassischen Jurisprudenz. Daher fordert Crassus nicht nur (De oratore I 34, 159): perdiscendum ius civile, cognoscendae leges, percipienda omnis antiquitas, senatoria consuetudo, *disciplina rei publicae*, iura sociorum, foedera, pactiones, causa imperi cognoscenda est (*er muß das bürgerliche Recht gründlich studieren, die Gesetze kennen lernen, die gesamte Geschichte erfassen und sich mit der Praxis des Senats,* den das Gemeinwesen beherrschenden Normen, *den Rechten der Bundesgenossen und den Verträgen und Absprachen des Völkerrechts und dem Prinzip der Herrschaft vertraut machen*), sondern gibt im Anschluß an eine hoch anerkennende Würdigung der Produktivität der vorklassischen Zwölftafelauslegung und einer nachdrücklichen Aufforderung zur Vaterlandsliebe, die, allgemein geboten, im Falle Rom noch durch unvergleichliche und in der Welt einzigartige Vorzüge von Tugend, Herrschaft und Würde verstärkt sei, deutlich zu erkennen, daß er hier die *disciplina* noch nicht als Lehre, sondern als normative Praxis auffaßt. Cicero, de oratore I 44, 196): Cuius primum nobis mens, mos, *disciplina* nota esse debet, vel quia est patria parens omnium nostrum, vel quia tanta sapientia fuisse in iure constituendo putanda est quanta fuit in his tantis opibus imperi comparandis (*Dessen [des Vaterlands] Geist, Tradition und* normative Ordnung *muß uns als erstes bekannt sein, entweder weil das Vaterland unser aller Erzeuger ist, oder weil man annehmen muß, daß ebenso so viel Verständigkeit in der Gründung der Rechtsordnung angewendet worden ist wie in dem Erwerb dieser so großen Machtmittel des Reiches.)*

55 Vgl. Cicero, de legibus I 5, 16-17. Erst mit Servius verlagert sich, wie Cicero zu verstehen gibt, das Zentrum der Rechtswissenschaft von den Zwölftafeln auf das Edikt. Weil vorher die Zwölftafeln infolge einer sie anreichernden Interpretation die gesamte *civilis scientia* enthielten, kann Cicero Crassus (de oratore I 44, 195) sagen, daß dieses lapidare, in seiner Zeit schon uralte Gesetz, wenn man auf die Grundgedanken und Prinzipien der Vorschriften sähe (*si quis legum fontis et capita viderit*) an Geltungskraft und Fülle zweckmäßiger Regelungen (*auctoritatis pondere et utilitatis ubertate*) die Bibiliotheken aller Philosophen überträfe.

Standpunkt des Augur zwar nicht teile, aber auch durchaus fähig war, sich auf ihn zu stellen und von ihm aus zu urteilen.

> [38] Cicero, de oratore I 43, 193
> si … quem civilis scientia (sc. delectat), quam Scaevola non putat oratoris esse propriam, sed cuiusdam ex alio genere prudentiae, totam hanc descriptis omnibus civitatis utilitatibus ac partibus XII tabulis contineri videbit ([Crassus spricht] *Wenn jemand die Wissenschaft von der Entstehung und Erhaltung der Gemeinwesen erfreut, von der Scaevola meint, daß sie nicht dem Redner, sondern einer gewissen aus einem anderen Prinzip stammenden Klugheit zu eigen ist, dann wird er sie durch eine Ordnung aller in der Bürgerschaft enthaltenen Vorteile und Rechtsstellungen*[56] *als ganze von den Zwölftafeln umfaßt sehen.*

Die *civilis scientia* des Augur, diese *quaedam ex alio genere prudentia* hatte nicht geleugnet, daß die Staaten durch eine Urversammlung begründet wurden. Sie sieht nur bei der Entstehung und Erhaltung der *civitas* andere Kräfte am Werk.

> Cicero, de oratore I 9, 36
> Quis enim tibi hoc concesserit aut initio genus hominum in montibus ac silvis dissipatum non prudentium consiliis compulsum potius quam disertorum oratione delenitum se oppidis moenibusque saepsisse? aut vero reliquas utilitates aut in constituendis aut in conservandis civitatibus non a sapientibus et fortibus viris, sed a disertis ornateque dicentibus esse constitutas? 37. An vero tibi Romulus ille aut pastores et convenas congregasse aut Sabinorum conuba coniunxisse aut finitimorum vim repressisse eloquentia videtur, non consilio et sapientia singulari. ([Scaevola augur entgegnet Crassus] *Hat am Anfang etwa das in Bergen und Wäldern verstreute Menschengeschlecht statt unter der zwingenden Kraft planvoller Gedanken kluger M*änner, weil durch die Worte Redekundiger mild und sanft gemacht, sich mit Wällen und Mauern umgeben? Und sollen wirklich die weiteren zur Begründung oder zur Erhaltung der *Gemeinwesen gehörenden zweckmäßigen Einrichtungen nicht von klugen und kraftvollen Männern, sondern von Rednern und solchen, die schmuckvoll sprechen können, bewirkt worden sein? 37. Und hat etwa Romulus in deinen Augen die Vereinigung der Hirten und Asylanten oder die Ehegemeinschaft mit den Sabinern oder die Unterdrückung der Gewaltsamkeit der Nachbarvölker durch Beredtsamkeit erreicht, nicht durch Überlegung und einzigartige Klugheit?*)

Der Hintergrund des im Dialog mit großer Urbanität ausgetragenen Streits ist philosophischer oder kulturanthropologischer Art. Die Protagonisten sind die beiden wirkungsmächtigsten Philosophien der hellenistischen Zeit. Die zwischen

56 Der Ausdruck ›*descriptis omnibus civitatis utilitatibus ac partibus*‹ entzieht sich einer wörtlichen Übersetzung. Er deutet an, daß ein Gemeinwesen eine Nutzengemeinschaft ist, in der zugleich feste Rechtsstellungen zugewiesen sind. Der Nutzen ist den Bürgern zugänglich in den offenen Formen des Verkehrsrechts, die Anteile sind strikt zugeordnet. Vgl. zu diesem zuerst im vorklassischen Recht herausgearbeiteten Dualismus Cicero, de officiis III 17, 69f. und unten S. 43f.

ihnen streitige Frage lautet: Was hat den Menschen, als er in die Lebensform der *civitas* übertrat, geführt? War es die überzeugende Rede überlegener Mitmenschen, die ihn erzogen, indem sie die in jedem einzelnen Menschen vorhandenen Möglichkeiten weckten, oder war es die zwingend wirkende Kraft einer in der Geschichte wirkenden objektiven Vernunft?

Der Augur glaubt »seinen Stoikern«, d. h. den Lehrmeistern der vorklassischen Jurisprudenz folgend,[57] an die Kraft der in den Verhältnissen objektiv [39] wirkenden Vernunft. In seinen Augen benannte der Weise, wenn er die Prinzipien der *civitas* formulierte, Kräfte und Wirkungen, deren Zeit gekommen war. Das *aliud genus* dieser *prudentia* war das objektive, den geschichtlichen Verlauf mit Notwendigkeit steuernde Vernunftprinzip eines pantheistischen Naturrechts. In ihm lag der Entwicklungsgedanke, daß die Menschheit zu einem bestimmten Zeitpunkt in die Welt der *civitas* eintreten und die primäre Verteilung der Güter dieser Welt nach dem Prinzip individueller, staatlicher und privater Aneignung ordnen würde. Die Weisen, die das erkannten, waren nichts als Werkzeuge der Notwendigkeit. Es kam darauf an, diese wirkenden Prinzipien geistig zu erfassen und als solche mitzuteilen; der Redekunst kam in diesem Rahmen ein Eigenwert nicht zu.[58]

Ganz anders Crassus. Sein Rhetor, der die Gemeinwesen gründete und erhielt, indem seine Rede die Menschen erzog, war die Chiffre für die Macht des zwischen Menschen gesprochenen, sinnvollen und auf diese Weise die Welt ordnenden Wortes. Diese Macht bezeichnet das höchste Vermögen des Menschen überhaupt. Mit ihrer Hilfe vermag der Mensch, der seinen Mitmenschen vom Richtigen überzeugen kann, Staaten ins Leben zu rufen und in den geschaffenen Staaten Gesetze zu geben.[59] Der Redner, der all dies der Idee nach vermag, ist kein

57 Mucius augur hat sich ausdrücklich zur Philosophie der vorklassischen Jurisprudenz bekannt, als er Crassus scherzhaft mit ihrer scharfen Logik drohte. Vgl. Cicero, de oratore I 10, 43: Stoici vero nostri disputationum suarum atque interrogationum laqueis te inretitum tenerent. ([Der Augur spricht zu Crassus] *Unsere Stoiker vollends werden dich mit den Schlingen ihrer Schlußfolgerungen und Fragen in Fesseln schlagen.*)

58 Daher heißt es in dem Dialog I 18, 83 von dem Stoiker Mnesarchus, er habe die Redner »Facharbeiter mit schneller und geübter Zunge genannt«. Wahre Rede falle mit der Weisheit zusammen und ergebe sich aus ihr selbst. Vom Standpunkt der Rhetorik ist freilich das Ergebnis unfruchtbar: spinosa quaedam et exilis oratio longeque a nostris sensibus abhorrebat (*eine dornige und abstrakte Redeweise und im Widerspruch zu unseren sinnlichen Wahrnehmungen).*

59 Cicero, de oratore I 8, 32 Hoc enim uno praestamus vel maxime feris, quod conloquimur inter nos et quod exprimere dicendo sensa possumus … 33 Ut vero iam ad illa summa veniamus, quae vis alia potuit aut dispersos homines unum in locum congregare aut a fera agrestique vita ad hunc humanum cultum civilemque deducere aut iam constitutis civitatibus leges iudicia iura describere. ([Es spricht Crassus] *In diesem einem übertreffen wir vor allem die Tiere, das wir untereinander reden und Sinnhaftes ausdrücken können. … Und um gleich zu jenem Höchsten überzugehen, welche andere Macht hätte die verstreuten Menschen an einem Ort versammeln und von ihrem wilden und ländlichen Leben zu dieser menschlichen und bürgerlichen Kultur hinüberführen oder, nachdem die Gemeinwesen einmal gegründet waren, für geordnete Gesetze, Gerichte und Rechtsinstitute sorgen können).*

gewöhnlicher Rhetor, sondern einer, der wie Crassus oder Servius und Cicero das dem Menschen angemessene richtige Recht in der Philosophie der skeptischen Akademie gelernt hat, deren Skeptizismus sich keineswegs in der Ablehnung des stoischen pantheistischen Naturrechts erschöpft, sondern eine eigene Rechtstheorie hervorgebracht hatte, die in allen ihren Teilen auf einer zur höchsten Wahrscheinlichkeitsstufe gebrachten Beobachtung der menschlichen Natur und ihrer zivilisatorischen Möglichkeiten beruhte (unten Anm. 63). Auf diese Philosophie bezieht es sich, wenn Crassus vom Redner im gesamten Bereich von Recht und Ethik, d.h. der Lehre von der richtigen Lebensführung, festgegründete Kenntnisse ver- [40] langt.[60] Das Recht, das der Redner auf diese Weise vertreten und durchzusetzen helfen konnte, war kein pantheistisches Naturrecht, sondern spezifisches *ius humanum* (vgl. Cicero, part. orat. 37, 130), von Menschen für Menschen geschaffenes Recht.

Beide Standpunkte waren sich darin einig, daß die Staaten durch den Zusammentritt der Menschen entstanden sind, sie stritten aber über die Kräfte, die dazu führten, daß die Menschen sich zu Staatsverbänden zusammenschlossen. War es Erziehung durch Einsicht in die Wahrheit der zu ihnen gesprochenen Worte oder die Wirkung eines geschichtlichen, sie erfassenden und in ihrem Wesen ändernden Prinzips? Dieser Gegensatz setzte sich, wie wir gleich näher sehen werden, in der Art fort, in der die in den gegründeten Staatswesen dann erfolgende Gesetzgebung aufgefaßt wurde.

60 Vgl. Cicero, De oratore I 15, 68 Von den drei Teilen der Philosophie, Physik, Logik und Ethik, müsse der Redner den »*dritten, das immer* (!) *dem Redner gehört habe*« (tertium, quod semper oratoris fuit) gründlich beherrschen. § 69 Hic locus de vita et moribus totus est oratori perdiscendus (*Diesen Abschnitt über das richtige Leben und die sie beherrschenden Normen müsse der Redner gründlich erlernen.)* Es ist der staatengründende und staatenerhaltende Redner, dessen Existenz der Augur bestritten hatte. Daher führte Cicero an anderer Stelle das Credo des Charmadas, eines Crassus zeitgenössischen Schulhauptes der skeptischen Akademie zwischen Karneades und Philon von Larissa an (I 18, 84: qui rhetores nominarentur et qui dicendi praecepta traderent, nihil plane tenere neque posse quemquam facultatem adsequi dicendi, nisi qui philosophorum inventa didicisset (*Die sogenannten Rhetoren, welche die Lehren der Redekunst weitergäben, würden gar nichts begreifen und auch keine Redefähigkeit erreichen, wenn sie nicht erlernen würden, was die Philosophen herausgefunden hätten.)* Weil Crassus eben dies erreicht habe, nämlich die Lehren der gelehrtesten Vertreter der Philosophie zu erlernen (I 20, 93: *quae a doctissimis hominibus in philosophia dicerentur*), sei dessen Geist und Begabung von Charmadas so sehr bewundert worden (*in quibus Charmades solebat ingenium tuum, Crasse, vehementer admirari*). In der anschließenden, gegen die skeptische Position gerichtete Kritik (sie will nicht anerkennen, daß die Rhetorik sich die philosophischen Lehrstücke aneignen könne und vertritt die Ansicht, sie müsse sie immer von der Philosophie beziehen) wird deutlich, daß es um die *civilis scientia* geht, nämlich um die (I 19, 85) prudentia(m) quae versaretur in percipiendis rationibus constituendarum et regendarum rerum publicarum (*die Klugheitslehre, die es zu tun hat mit der Erfassung der Gedanken, nach denen Gemeinwesen gegründet und geleitet werden*). Das Bekenntnis zu einer gleichen Einordnung der *civilis scientia* findet sich bereits Cicero, de inventione I 5, 6.

Vorbereitend seien aber zuvor noch ein weiterer, für die Lehre von der Gesetzgebung grundlegender Gesichtspunkt behandelt, nämlich die Einordnung der gesetzgebenden Gewalt in der politischen Theorie der gemischten Verfassung.

§ 2 Das Gesetz als demokratisches, die Freiheit der Republik sicherndes Verfassungselement

Die hellenistische Theorie der gemischten Verfassung, deren Kenntnis in Rom für das 2. Jh. v. Chr. bezeugt ist, die aber kaum erst durch Polybios nach Rom gelangt ist, lehrte bekanntlich, daß ein stabiler Zustand der Staatsverfassung, des *status rei publicae*, erreicht ist, wenn die drei reinen Typen Monarchie, Aristokratie und Demokratie, die jeweils von ihren Verfallsformen Ty- [41] rannis, Oligarchie und Ochlokratie bedroht sind, sich derart in einem sich wechselseitig beschränkenden Mischungsverhältnis befinden, daß kein Typus die Oberhand hat.[61] Rom konnte insofern ein fast idealer Zustand bescheinigt werden, als einerseits die *regia potestas* der beiden Konsuln durch alljährliche Volkswahlen vom Volk bestimmt wurde und in ihrer Amtsführung unter der Kontrolle des patrizisch-plebejischen Senats stand, andererseits Volk und Senat nur handeln konnten, wenn die Magistratur die Initiative ergriff. Die Gesetzgebung ordnete sich in dieses System der wechselseitigen Abhängigkeiten erzeugenden Gewaltenmischung durchaus ein. In der Rogation des Magistrats konnte man ein monarchisches, in der Beteiligung des Senats an der Vorbereitung der Gesetzesinitiative ein aristokratisches und in dem schließlichen *iussum* des Volkes ein demokratisches Element finden. Die Analyse konnte aber nicht verkennen, daß in der *lex publica* das demokratische Element ein gewisses Übergewicht hatte: Über Geltung und Nichtgeltung entschied die Volksversammlung, und zwar, da die Gesetzesvorlage nach fester Praxis längere Zeit promulgiert werden mußte, durchaus unterstützt durch die Art und Weise der Meinungsbildung, die unter den damaligen Verhältnissen in den einzelnen Stimmabteilungen möglich waren. Der Magistrat und alle Träger der Gesetzesinitiative, die naturgemäß in der Regel ein Ja hören und ein Nein tunlichst abwenden wollten, mußten daher die Interessen derer, die abstimmten, berücksichtigen. Und vor allem: War das Gesetz verabschiedet, war der Magistrat an die Regelung gebunden. Die von der Volksversammlung gutgeheißene *lex publica* war eine Festlegung des Ius, welche die Magistratur auf die Rechtsanwendung beschränkte. Nicht die Magistratur, sondern die Volksversammlung entschied über das Recht. Die Analyse konstatierte hier im Grunde nur das, was die Entstehungsgeschichte der *lex publica* lehrt, aber sie tat es unter

61 Vgl. Cicero, De re publica I 29 45; I 45, 69. Vgl. etwa Kurt von Fritz, The Theory of the Mixed Constitution in Antiquity. A Criticial Analysis of Polybius' Political Ideas (1958). Das Vorhandenensein der Lehre in Rom ist letztlich auf die stoischen Quellen der vorklassischen Jurisprudenz zurückzuführen. Vgl. v. Arnim, Stoicorum Veterum Fragmenta III S. 175 Ziff. 700 (Diogenes Laertios VII 131).

neuen Gesichtspunkten und im Rahmen der jeweiligen *civilis scientia* auch in grundsätzlich verschiedener Weise.

Für die vorklassische, dynamisch denkende Theorie, deren Lehren Cicero auch in seinen Staatsschriften zugrundelegt, ging es es um die prinzipielle Frage, wer im Kräftespiel letztlich die Befugnis hatte, über das den Civitates notwendige Ius zu entscheiden. Hatte sie ein König, lag die *summa potestas* bei ihm; und solange der König dem Ideal des weisen Gesetzgebers und Richters entsprach, konnte das auch ein vollkommener Rechtszustand sein. Ein verläßlicheres *domicilium libertatis* war aber nur das Gemeinwesen, bei dem die *summa potestas* beim Volk lag und durch gesetzgeberische Abstimmungen und (!) Magistratswahlen betätigt wurde, so daß das gesamte Verfassungsleben als [42] vom Volkswillen beherrscht gedacht werden konnte.[62] In dieser dynamischen Vorstellung ist der alte Vertragsgedanke der *rogatio*, in welcher der *populus* der Magistratur gegenübersteht und sich mit ihr über einen Anteil an der Rechtsetzungsmacht verständigt hat, mit großer Folgewirkung durch den von Ideologie nicht freien Gedanken ersetzt, daß ein freies Volk kraft der von seinem Willen durchdrungenen Verfassung über sich selbst herrscht.

Die klassische Analyse dachte dagegen nicht prinzipiell, sondern beschreibend und differenzierend. Die prinzipielle Kategorie einer *summa potestas* fehlte diesem skeptischen Rechtsbild. In ihm ging es methodengerecht[63] um das Auffinden

62 Cicero, De re publica I 31, 47 talis est quaeque res publica, qualis eius aut natura aut voluntas qui illam regit. Itaque nulla alia in civitate, nisi in qua populi potestas summa est, ullam domicilium libertas habet. ([Scipio antwortet auf die Frage des Laelius, welche von den drei Staatsformen die beste sei] *Solcherart ist ein Gemeinwesen, wie Natur und Wille dessen ist, der es beherrscht. Daher hat die Freiheit in keinem anderen Gemeinwesen eine Heimstatt als in demjenigen, in dem die höchste Gewalt beim Volk liegt.*) Es dürfe sich nur nicht um Staaten handeln, wo alle nur dem Wort nach frei sind (*verbo sunt liberi omnes*), und zwar abstimmen und Amtsstellen übertragen (*ferunt … suffragia, mandant imperia magistratus*), aber mangels Einblick keine wirkliche Wahl haben und gewähren, auch wenn sie nicht wollen (*etiamsi nolint danda*). Das Negative, was diese Verhältnisse bestimmt – diese Menschen haben keinen Anteil an den Ämtern [*expertes imperii*], dem in Rom vom Senat repräsentierten Staatsrat [*consilii publicii*] und den Richterstellen [*iudicii delectorum iudicium*] – weist e contrario auf das hin, was Rom nicht fehlt, zumal da Scipio betont, daß Beteiligung an Staatsaufgaben (wie in Rom später tatsächlich der Fall) nach dem Alter der Familien (Senat) und des Vermögens (Richterstellen) bestimmt werden.

63 Die höchste der skeptischen Akademie mögliche Erkenntnissicherheit ist erreicht, wenn eine Vorstellung (φαντασία) drei Voraussetzungen genügt, wenn sie »wahrscheinlich« (πιθανή), »von keinem Widerspruch erschüttert« (ἀπερίσπαστος) und »rundherum geprüft« (περιωδευμένη) ist. Vgl. Zeller/Nestle, Grundriss der Geschichte der griechischen Philosophie [12](1920) S. 296. Die entsprechende Klärung der Vorstellungen ist Ziel der wissenschaftlichen Disputation. Cicero, Tusc. disput. V, 4, 11 in omni disputatione, quid esset simillimum veri, quaereremus. quem morem cum Carneades acutissime copiosissimeque tenuisset, fecimus et alias saepe et nuper in Tusculano, ut ad eam consuetudinem disputaremus. (*Wir haben in jeder Erörterung das gesucht, was dem Wahren am nächsten kommt. Nachdem Karneades diese Sitte mit großem Scharfsinn und reichem Ertrag angewendet hat,*

überzeugender, sich gegenüber kritischem Zweifel behauptender und in einem differenzierenden Sinn systematischer Antworten auf die Frage, was die am Verfassungsleben in der Rechtsordnung beteiligten Kräfte vermögen. Entsprechend trennscharf sind die in den Grundsätzen des klassischen Rechts vorliegenden Ergebnisse. Der Magistrat sichert die Rechtsord- [43] nung durch seine konkrete Befehlsgewalt. Daraus folgen alle seine Befugnisse mitsamt ihren Grenzen: Recht im Sinne allgemeiner Regeln kann er nicht schaffen. Der Senat ist eine beratende Körperschaft und nimmt durch seinen Rat maßgebenden Einfluß auf das politische Leben innerhalb der Rechtsordnung; aber auch er kann grundsätzlich nicht wie ein Gesetzgeber Recht setzen.[64] Das Gesetz ist dagegen die anerkannte Rechtsform, in der in einem gegründeten Gemeinwesen das Volk in nach dem Mehrheitsprinzip abstimmenden Versammlungen in schriftlicher Form Regelungen trifft und die Regeln der allgemeinen Rechtsordnung ändert und ergänzt.

IV. Der Vertragsgedanke im Begriff der vorklassischen lex publica: Der vom Magistrat erfragte Wille der Volksversammlung

§ 1 Der vorklassische Gegensatz zwischen der Rechtsnorm kraft Naturrecht oder geschichtlichem Entwicklungsstand (lex) und dem positiven, erfragten Gesetz (rogatio)

Die vorklassische Rechtstheorie, die den vorklassischen Gesetzesbegriff prägt und die Cicero uns aus der Kenntnis eigener Schülerschaft bei ihren letzten Vertretern bezeugt, ist beherrscht vom Dualismus zwischen dem Bürgerlichen Recht, das die Rechtsordnungen der Bürgerstaaten schafft (*ius civile*), und dem alle Gemeinwesen und Menschen verbindenden Naturrecht (*ius gentium*). Der Ausdruck *ius*

haben wir auch sonst oft und neulich im Tuskulanum dahin gewirkt, daß die Erörterung nach dieser Sitte stattfand.) Diese Methode beginnt mit der Klärung der körperlichen und geistigen Gegenstände, der *res corporales* und *incorporales*, die im Ganzen und in ihren Teilen einer distinkten Vorstellung fähig sind (vgl. Cicero, Top. 5, 26ff.) und gelangt zu einer praktischen Rechtstheorie, indem sie nicht nur die körperweltliche Natur durch gedankliche Einrichtungen (*instituta*) der Rechtsordnung (*institutio aequitatis*) strukturiert und so auf der Erfahrungsebene Rechtsformen schafft, sondern zusätzlich auf der Ebene der *facta* menschliches Handeln nach den im Menschen angelegten sozioethischen Werten der *aequitas naturalis* zu amtsrechtlichen, *in factum* konzipierten Rechtsfolgetatbestände erhebt (vgl. dazu Cicero, Topica 23, 90, Partitiones oratoriae 37, 129f. und Ulpian 4 ad edictum D 2, 14, 1 pr, 38 ad edictum D 47, 4, 1, 1). Geltungsträger des Systems ist das magistratische Edikt. Näheres in den oben Anm. 51 angeführten Abhandlungen.

64 Das Gegenteil setzt sich erst im Prinzipat (unter vorklassischem, im Senat ein aristokratisches Element anerkennendem) Einfluß durch. Gaius I 4: id (i. e. senatus consultum) legis vicem obtinet, quamvis fuerit quaesitum (*der Senatsbeschluß hat Gesetzeskraft, auch wenn es bestritten war*). In der klassischen Verfassungsinterpretation der Republik war der Senat formell der Berater der die Regierungsgeschäfte verwaltenden Jahresmagistrate, materiell der Inhaber der gesamten politischen Richtlinienkompetenz.

civile erweist sich damit als eine Prägung der *scientia civilis*, da er von vornherein eine universal vergleichende Perspektive hat. Tatsächlich gibt noch Cicero zu erkennen, daß es sich um einen Neologismus handelt, für den beim Leser um Verständnis zu werben ist.[65]

> Cicero, de officiis III 17, 69
> maiores aliud ius gentium, aliud ius civile esse voluerunt, quod civile non idem continuo gentium, quod autem gentium, idem civile esse debet (*Die vorklassischen Juristen wollten zwischen dem Recht aller Völker und dem bürgerlichen Recht unterscheiden [und zwar nach der Regel]: Das bürgerliche Recht soll nicht alsbald Recht aller Völker sein, das Recht aller Völker soll als solches ein Teil des bürgerlichen Rechts sein.*)

[44] Von der *lex publica* ist in dieser Definition überhaupt noch nicht die Rede, und zwar aus gutem Grund nicht. Das Prinzip (*genus*), das nach der vorklassischen, uns durch Mucius augur bekannt gewordenen *civilis scientia* der vorklassischen Juristen die *civitates* schafft, wirkt nicht über eine *lex publica*, sondern über den Rechtskonsens derer, die sich zur Sicherung ihrer Interessen zu einer Staatengemeinschaft versammeln.[66] Genauso wenig wie das *ius gentium*, das alle Individuen der nach *civitates* gegliederten Menschheit als Glieder der Menschheitsgesellschaft zu einer Verkehrsgemeinschaft verbindet, der Gesetzgebung einer *civitas* entspringt, so wenig entstammen nach vorklassischer Lehre die Grundprinzipien des *ius civile* einer *lex publica*.[67] Quelle des *ius civile* der historischen

65 Ciceros Ausdrucksweise (de legibus I 4, 14): hoc civile quod vocant [sc. iurisconsulti] (*das, was die Juristen »bürgerliches Recht« nennen*) und I 5, 17: hoc civile quod dicimus (*das, was wir bürgerliches Recht nennen*) und quae vocantur iura civilia (*das, was man bürgerliche Rechtsregeln nennt*) ist kaum anders zu deuten. Die Tatsache, daß Cicero an der Stelle das positiv geltende *ius civile*, zu dem auch das *ius gentium* gehört, in Gegensatz zu einem »wahren«, überpositiven, letztlich eine philosophische Ethik darstellenden *ius universum* stellt, erklärt, warum Cicero das Technische der Benennung so betont, ändert aber nichts an dem Befund, von dem er den Ausgang nimmt.

66 Vgl. die Erläuterung Cicero, de officiis III 17,70.

67 In dieser Tradition läßt Cicero den Scipio Africanus sagen (rep. I 25 39: Est … res publica res populi, populus autem non omnis hominum coetus quoquo modo congregatus, sed coetus multitudinis iuris consensu et utilitatis communione sociatus (*Es ist die Republik etwas, was dem Volk gehört. Ein Volk ist aber nicht jede auf welche Weise auch immer versammelte Zusammenkunft von Menschen, sondern die Zusammenkunft einer Menge, die durch den Rechtskonsens und die Gemeinschaft des Nutzens vergesellschaftet ist.)* Die beiden Teilmengen der Menschheit entsprechen dem Gegensatz von *ius gentium* und *ius civile*. Für die auf beliebige Weise zusammengesetzte Gruppe gilt das zwischenmenschliche Verkehrsrecht, für die Bürger gilt das ihre Sonderinteressen schützende *ius civile*. Es ist der gleiche Gegensatz, den noch der Spätklassiker Paulus in dem Kommentar zum vorklassisch inspirierten Ius civile des Sabinus bewahrt (Paulus 14 ad Sabinum D 1, 1, 11 pr: Ius pluribus modis dicitur: uno modo, cum id quod semper aequum ac bonum est ius dicitur, ut est ius naturale. altero modo, quod omnibus aut pluribus in quaque civitate utile est, ut est ius civile (*Von Recht spricht man auf mehrfache Weise, auf die eine, wenn man das, was immer gerecht und gut ist, Recht nennt, wie z. B. das Naturrecht* [gemeint ist das vorklassische *ius gentium*]; *auf*

civitates ist nicht die Gesetzgebung, sondern der überall in den Menschen wach werdende Wille, sich auf staatlicher und privater Ebene besondere, sie von anderen Menschen unterscheidende Lebensformen zu geben. Mit diesem Willen, der in dieser Sicht eine Art notwendiges Erwachsenwerden der Menschheit bezeichnet, beginnt nach dieser Lehre die von Wettbewerb und Kampf erfüllte Geschichte der Menschheit. Die zu diesem Zweck gewollten Strukturen sind ebenfalls universal, z. B. die Herrschaft eines Volkes über sein Territorium und des einzelnen Bürgers über sein Bodeneigentum.[68] Sie stehen nach dieser Lehre in Übereinstimmung mit der auch in dieser Wirkung als göttlich begrif- [45] fenen Vernunft, die, als die Zeit dafür reif wurde, die Menschen ergriff und zugleich von ihnen bewußt ergriffen wurde. Ziel des *ius civile* der *civitates* ist nicht die Gleichverteilung der Güter, sondern unter ausdrücklicher Betonung, daß die Fähigkeiten der Bürger verschieden sind und eine Angleichung der Vermögen nicht beabsichtigt ist, die Gewährleistung einer gleichen Norm (*lex*) für alle. Diese Art Gleichheit der *lex* bildet das Band der bürgerlichen Gesellschaft (*civilis societatis vinculum*).[69] Man darf sich nicht dadurch verwirren lassen, daß in der vorklas-

eine andere Weise, wenn man Recht nennt, was allen oder den meisten nützlich ist.) Die pointierte Einschränkung, daß das *ius civile* nicht notwendig allen Menschen im Gemeinwesen nützlich ist, ist auffällig. Sie ist darauf zu beziehen, daß nur insoweit das *ius civile* universal ist, auch die Fremden, die sich im Gemeinwesen aufhalten, an seinen Regelungen teilhaben. An beweglichen Sachen können sie ziviles Eigentum erwerben, nicht aber an Grundstücken. Vgl. Anm. 96.

68 Anschaulich Cicero, de officiis I 7, 20, wo der Satz »privata nulla natura« (*nichts ist von Natur »privat«, d. h. mit Ausschließung der anderen, zugeordnet*) sowohl auf die Entstehung der Territorien, etwa durch Eroberung oder einfache Aneignung, als auch durch das private Bodeneigentum im engeren Sinne erklärt wird: ex quo fit, ut ager … dicatur, Tusculanus Tusculanorum; similisque est privatarum possessionum discriptio (*so kommt es, daß das Territorium von Tusculum das der Tuskulaner genannt wird; und ähnlich ist die Verteilung des privaten Bodenbesitzes*). Die Ähnlichkeit besteht darin, daß im vorklassischen Rechtsbild die Adsignation indiviudellen Bodeneigentums ein zentraler Zweck der mit der Gründung von Gemeinwesen einhergehenden Begründung eines begrenzten Territoriums war.

69 Das Thema war in der vorklassischen *civilis scientia* (vgl. oben S. 35 ff.) sorgfältig durchdacht. Von ihr ausgehend schreibt als ihr Schüler Cicero, de re publica I 32,49 [Scipio spricht]: Für ein einträchtiges Volk (*concordi populo*) müsse alles auf Rechts- und Freiheitsschutz (*ad incolumitatem et libertatem*) gerichtet sein und allen das gleiche nützen (*idem conducat omnibus*). Das sei weder unter der Herrschaft der Patrizier noch gar der Könige der Fall gewesen. quare cum lex sit civilis societatis vinculum, ius autem legis aequale, quo iure societas civium teneri potest, cum par non sit condicio civium? si enim pecunias aequari non placet, si ingenia omnium paria esse non possunt, iura certe paria debent esse eorum inter se qui sunt cives in eadem re publica. quid est enim civitas nisi iuris societas civium? (*Wenn daher das Gesetz [die Rechtsnorm] das Band der bürgerlichen Gesellschaft bildet, das Recht aber das ist, was in der Gesetzesnorm dem Gleichheitsprinzip entspricht, wie kann die Gesellschaft der Bürger durch das Recht bestehen, wenn die Rechtslage der Bürger nicht gleich ist? Denn wenn es abgelehnt wird, die Vermögen anzugleichen, die Begabungen aller gleich nicht sein können, dann müssen jedenfalls die Rechtsregeln für die, die untereinander in der gleichen Bürgerschaft Bürger sind, gleich sein. Was ist denn bürgerliches Gemeinwesen anders als eine bürgerliche Gesellschaft.*).

sischen Terminologie die Vorschriften des *ius civile* die Bezeichnung *lex* führten, um sie als Normen zu kennzeichnen; nichts anderes gilt in vorklassischer Tradition auch für die Normen des *ius gentium.*[70]

Es gibt eine noch unausgeschöpfte Quelle, die zeigt, mit welcher Klarheit die vorklassische Jurisprudenz die universale *lex* von der positiven *lex publica* unterschieden hat. Es handelt sich um ein Fragment aus dem Werk des juristischen Lexikographen Gallus Aelius »de verborum significatione«. Es erläutert diesen Unterschied, und zwar unter Verwendung der gleichen auffälligen Technik der Begriffsunterscheidung, mit der die *maiores* nach der soeben betrachteten Stelle Cicero, de officiis III 17, 69 zwischen *ius civile* und *ius gentium* unterschieden. Beide Male geht es darum, daß eine Kategorie »nicht sofort (*non continuo*)«, sondern nur unter bestimmten Voraussetzungen mit einer anderen zusammenfällt und daher grundsätzlich von ihr geschieden werden muß. Die Übereinstimmungen sind von der Art, daß sie auf eine übereinstimmende, von dieser Denkweise geprägte Quelle zurückgehen müssen.

> [46] Festus ed. Lindsay p. 326
> Itaque Gallus Aelius ait: ›inter legem et rogationem hoc interest: rogatio est genus legis: quae lex, non continuo ea rogatio est; ⟨rogatio, Mo.⟩ non potest non esse lex, si modo iustis comitiis rogata est. (*Daher*[71] *sagt Gallus Aelius: »Zwischen Gesetz und »Befragung« besteht folgender Unterschied, die »Befragung« [d. h. das in staatsrechtlicher Form durchgebrachte Gesetz] ist eine Art des Gesetzes«; ein Gesetz ist [da im weiteren Sinn jede Norm ein Gesetz ist] nicht sofort eine »Befragung«; eine »Befragung« ist aber notwendig ein Gesetz, sobald es in einer rechtmäßigen Volksversammung erfragt worden ist.*)

Die Aussage ist eindeutig. Mommsen hat sie treffend formuliert: »*lex* ist ein viel weiterer Begriff und kann, aber muss nicht aus Befragung des Volkes hervorgehen«.[72] In der Tat: Das verfassungsmäßig zustandegekommene Gesetz ist nicht die einzige Quelle von Rechtsnormen.

70 Daher war die naturrechtliche Treuhand, die *fiducia*, in der übertragenes Eigentum im Interesse des Fiduzianten verwaltet werden mußte, mit einer *legis* (!) *actio* ausgestattet: UTI NE PROPTER TE TUAMVE FIDEM CAPTUS FRAUDATUSVE SIM (*Damit ich nicht Deinet- und Deiner Treue wegen übervorteilt und geschädigt sei.*) Vgl. näher dazu in meinem Beitrag »Fremdbestimmte und eigenverantwortliche Arbeit«, Festschrift Mayer-Maly (2002) S. 36 mit Anm 39 und in der Abhandlung »Della medicazione arbitrale rell.« (oben Anm. 51).

71 Die Verknüpfung, die das itaque – *daher* mit dem vorhergehenden Satz herstellt, bildet ein eigenes Problem. Denn sie ist, wie Mommsen gesehen und energisch ausgesprochen hat, unsinnig. Es gibt aber für sie eine Erklärung, welche den in Bezug genommenen Teil schont. Vgl. die folgende Anmerkung.

72 So treffend Mommsen III S. 304 Anm. 2. Er fährt dann fort: »Aber was der Grammatiker in diesen verständigen Satz des Juristen hineingelesen hat, *rogatio est cum populus consulitur de uno pluribusve hominibus, quod non ad omnes pertineat, et de una pluribusve rebus, de quibus non omnibus sanciatur. nam quod in omnes homines resve populus scivit, lex appellatur* hat keinen Sinn und Verstand.« In der Tat. In dem Kontext, in dem sie jetzt stehen, sind die beiden dem obigen Text voraufgehenden Sätze ganz unverwertbar. Sie werden aber

Vergleicht man die beiden Aussagen, die der *maiores* über das Verhältnis von *ius civile* und *ius gentium*, die des Lexikographen über das Verhältnis von *lex* und *rogatio*, so ergibt sich zunächst, daß sie eine vollkommen parallele Struktur aufweisen. Die letztere stellt fest: Eine *lex* ist »nicht sofort« eine *rogatio*, d. h. *lex* ist nicht bedeutungsgleich mit *lex publica*, sondern allgemeiner. Die erstere hebt hervor: Eine Bestimmung des *ius civile* ist »nicht sofort« *ius gentium*, d. h. nicht mit dem universalen Recht, dem in allen Staaten geltenden Recht identisch. In beiden Fällen wird mit dem »*non continuo*« vor der gedanklichen Übereilung gewarnt, die in der Gleichsetzung des Allgemeinen mit dem Besonderen besteht. Man muß dabei nur bedenken, daß dieser methodische Fehler sowohl vom Besonderen ausgehend durch eine undifferenzierte Verallgemeinung unterlaufen kann – davor warnt das *ius civile non continuo ius gentium* (nicht jede Vorschrift des Bürgerlichen Rechts gilt sofort bei allen Völkern) – wie auch vom Allgemeinen ausgehend durch eine undifferenzierte Gleichsetzung des Allgemeinen mit dem Besonderen geschieht – davor warnt das *lex non continuo rogatio* (nicht jede Rechtsnorm ist ein staatliches Gesetz).

[47] Fragt man nach der Herkunft der Denkweise, so fehlt es nicht an deutlichen, auf die vorklassische Jurisprudenz weisenden Indizien. Zunächst sind beide Beispiele vom Dualismus zwischen universalem, überall gültigen Recht und partikularem, notwendig positiven Recht beherrscht, der die Rechtswissenschaft bestimmt. Vor allem aber findet sich die höchst auffällige Verwendung des Wortes ›*continuo*‹ zur Bezeichnung des logisch-begrifflichen Eingeschlossenseins mehrfach in einer Weise belegt, die eine Herkunft von Denkweise und Ausdruck aus der spezifisch stoischen, auf die Erfassung von Prinzipien gerichteten Begriffs- und Erkenntnistheorie beweist.[73] Dieses Ergebnis findet im übrigen sofort

sinnvoll, wenn man sie aus dieser Verknüpfung löst und annimmt, daß Festus, der bekanntlich keinen Originaltext, sondern eine Kurzfassung eines lexikalischen Werkes des Aurelius Flaccus bietet, bei der Epitomierung seiner Vorlage versehentlich zwei heterogene Definitionsbemühungen, weil sie beide eine Abgrenzung von *lex* und *rogatio* erstreben, in eine Folgebeziehung gestellt hat. Diese Möglichkeit wird dadurch nahegelegt, daß in der spezifisch klassischen Jurisprudenz *lex* das *generale iussum* ist. Von diesem Ausgangspunkt aus ist es konsequent, auf das Einzelfallgesetz mit dem Wort »*rogatio*« einen Ausdruck anzuwenden, der nur die Beachtung der äußeren Rechtsform betont. Der damit gewonnene Kunstausdruck entspricht dem modernen Begriff des Gesetzes im formalen Sinn. Vgl. näher dazu u. S. 57 ff.

73 Kennzeichnend und typisch für die beide Male auch angedeutete stoische Provenienz ist bei den beiden ersten Stellen, daß es um die Homogenität von Prinzipien geht, nicht um die Extension von Klassenbegriffen. Cicero, de finibus II 8, 24 graviter et severe voluptatem secernit a bono. Ex quo illud efficitur, qui bene cenent, omnes libenter cenare, qui libenter, non continuo bene. (*Er [Laelius] unterscheidet nachdrücklich und streng die Lust vom Guten. Daraus folgt, daß alle diejenigen, die gut essen, gerne essen; die gerne essen, aber nicht sofort gut.*) Vorher hatte es von dem ausdrücklich als Hörer der stoischen Philosophen Diogenes von Babylon und Panaitios vorgestellten Laelius sapiens geheißen: nec enim sequitur, ut, cui cor sapiat, ei non sapiat palatus (*es folgt nicht logisch, daß jemand, der ein verständiges Herz hat, keinen »verständigen« Gaumen hat.*). Horaz, Serm. II 3, 159/160: quid, siquis non sit

weitere Bestätigung. Das Wort »*continuus*« bezeichnet als Lehnübersetzung des stoischen ἡνομένος einen körperlichen Gegenstand, der von einem einheitlichen Prinzip zusammengehalten und definiert wird, und zwar als Teil der von der vorklassischen Jurisprudenz aufgenommenen Lehre von den auf verschiedene Weise zusammenhängenden körperlichen Gegenständen.[74] Es kann daher kein Zweifel daran bestehen, daß [48] die beiden durch das »*continuo*« verbundenen Texte auf die vorklassische Jurisprudenz zurückgehen. Wahrscheinlich stammen sie beide aus dem abschließenden Werk De iure civili des Q. Mucius Scaevola pontifex, der als erster, wie überliefert ist, das Bürgerliche Recht »*generatim*« dargestellt hat, d. h. mit besonderen, unter stoischen Vorzeichen stehenden logisch-begrifflichen Ansprüchen.[75]

Dem entspricht auch eine inhaltliche Verwandtschaft der beiden Aussagen. Die *rogatio* ist das Gesetz des positiv-partikularen Rechts, dem die beschränkte Aufgabe zugewiesen ist, unter den konkreten Bedingungen einer Rechtsordnung Recht zu setzen. Sie entspricht damit inhaltlich dem partikularen, nur für die Bürger geltenden *ius civile*. Ihm steht das universale *ius civile* gegenüber, das nicht als natürliches Recht der Menschheit, sondern als überall von der gleichen Ver-

avarus,/continuo sanus? minime, cur Stoice? dicam (*Ist etwa, wer kein Geizhals ist, »sofort« [= darum schon] vernünftig. Gewiß nicht. Warum, mein Stoiker? Ich will es dir sagen.)* Vgl. auch Cicero, de oratore III, 35, 143: in oratore perfecto inest illorum omnis scientia, in philosophorum autem cognitione non continuo inest eloquentia ([Crassus spricht] *Im vollkommenen Redner ist all ihr [sc. der Philosophen] Wissen enthalten, in der Kenntnis der Philosophie ist aber »nicht sofort« die Redekunst enthalten).*

74 Von Arnim, Stoicorum Veterum Fragmenta IV S. 170 gibt diese Übersetzungsgleichung, wenn auch ohne Beispiele. Sie finden sich aber ohne Schwierigkeiten, und zwar als Teil einer Lehre von den Gegenständen, die alsbald auf bedeutende rechtliche, nur aus der vorklassischen Tradition erklärbare Beispiele führt. Seneca, epistulae morales 102, 6 sagt: *quaedam continua esse corpora, ut hominem; quaedam esse composita, ut navem, domum … quaedam ex distantibus, quorum adhuc membra separata sunt, tamquam exercitus, populus, senatus.* Die sabinanische Rechtsschule lehrt das gleiche (Pomponius 30 ad Sabinum D 41, 3, 30 pr) *tria autem genera sunt corporum, unum, quod continetur uno spiritu et Graece ἡνομένον vocatur, ut homo …; alterum, quod ex contingentibus … constat, … ut aedificium navis armarium: tertium, quod ex distantibus constat … veluti populus legio grex* (vgl. auch Paulus 21 ad edictum D 6, 1, 23, 5 *in his corporibus, quae ex distantibus corporibus essent, constat singulas partes retinere suam propriam speciem, ut singuli homines, singulae oves.*) Der Inhalt des Seneca-Briefes wirft zugleich Licht auf die Wertlehre der vorklassischen Jurisprudenz. Es geht dort um die These, daß wirklich gut nur sein könne, was von einem einheitlichen Geist erfüllt sei (102, 7): *nullum bonum putamus esse quod ex distantibus constat; uno enim spiritu unum bonum contineri ac regi debet, unum esse unius boni principale.* Menschengruppen wie ein Heer, das Volk oder der Senat erfüllen diese Voraussetzung nicht, da ihre Mitglieder nur durch Recht und Pflicht zusammenhängen, aber von der Natur getrennt sind. (102, 6): *iure aut officio cohaerent, natura diducti et singuli sunt,* wohl aber der Mensch und die menschliche Seele (*anima*), deren Verhältnis zum Göttlichen Seneca in dem Brief erörtert.

75 Vgl. insofern meine Untersuchungen »Die Wissenschaftslehre im Zivilrecht des Q. Mucius Scaevola pontifex« (1976) und »Gesetz und Sprache« (oben Anm. 51) S. 181 ff. sowie zuletzt weiterführend »Dalla mediazione arbitrale« (oben Anm. 51). S. 220 ff.

nunft geschaffenes Bürgerliches Recht *ius gentium* ist und als solches ein *ius civile* auch für Fremde darstellt. Daher ist das *ius civile*, wie Cicero sagt, nicht »sofort« (*continuo*) *ius gentium* in seinem Sinn, sondern nur unter beschränkenden Bedingungen, daß es die universalen Rechtsverhältnisse des *ius civile* darstellt.[76] Entsprechend ist die *lex* nicht sofort und ohne weiteres *rogatio*, sondern nur unter beschränkenden Bedingungen. Denn es gibt viele *leges* (Normen), die nicht kraft der »Befragung« gelten, sondern als universal gültiges Recht. Die »Befragung« ist auf die Normen beschränkt, die nur durch ein positives staatliches Gesetz in Kraft gesetzt werden können. Beide Definitionsbemühungen sind damit ersichtlich auf das gleiche Rechtsbild bezogen, das universales Recht und positiv gesetztes und daher je verschiedenes Recht unterscheidet.

Wie sehr diese ebenso subtile wie klare Unterscheidung zwischen universaler Norm und positivem Gesetz der Methode der vorklassischen Jurisprudenz zugrunde lag, zeigt sich, wie in den folgenden beiden Abschnitten für beide Normarten kurz gezeigt werden soll, insbesondere am Zentrum ihrer wissenschaftlichen Arbeit, dem Zwölftafelgesetz.

§ 2 Die Möglichkeit eines Grundgesetzes: das geschriebene Gesetz als Bekenntnis zu der durch Interpretation zu erfassenden lex non scripta

[49] Der Form nach waren die Zwölftafeln eine *rogatio*. Insofern war sie eine *lex publica*. Die Auslegung der vorklassischen Jurisprudenz hatte aber in ihren Bestimmungen die Quellprinzipien für die Normen des gesamten, in zwei Teile geteilten *ius civile* gefunden. Was sie insofern fanden, waren eindeutig *leges*, Normen, die kraft ihrer Theorie galten, nicht kraft der Rogation. Es war, wie der von Cicero angeführte Mucius augur betonte, ihre aus einem eigenen Prinzip (*genus*) stammende *prudentia*, die bewirkt hatte, daß die Zwölftafeln alles enthielten, was die *civilis scientia* über die Rechtsordnung der *civitas* zu sagen hatte. Es war ihre Theorie, welche das alte Gesetz so fruchtbar machte, daß sie es im Blick auf die in ihm enthaltenen normerzeugenden Quellgründe und Prinzipien (*si quis legum fontis et capita viderit*) höher stellen konnte als die Bibliotheken aller Philosophen

76 D. h., nach dieser Lehre hat auch das strikte Recht einen universalen Kern, so daß es, insofern es frei von Zusätzen bleibt, in allen Civitates Geltung beansprucht. So ist das Privateigentum universal, nicht aber das eigenrömische, die Feldmeßkunst voraussetzende und auf den *ager Romanus* und die Stadt Rom beschränkte privatrechtliche Bodenstatut *nexum* mit seinen Folgesätzen der ausschließlich ihm vorbehaltenen Usukapions- und Manzipationsfähigkeit (Gaius II 26 ed. Krüger; Agennius Urbicus, Corpus Agrimensorum Romanorum, ed. Thulin 23, 14 f.; XII tab. VI 1). In ähnlicher Weise sehen die Sabinianer, welche die vorklassische Tradition fortsetzen, in dem Litteralvertrag ein universales *ius civile*, wenn er der Sache nach nur als Beweisvertrag fungiert und eine kausale Forderung in eine strikte verwandelt, dagegen als eigenrömisches *ius civile*, wenn er im Rahmen des eigenrömischen Hausbuchsystems in unbarer Weise Guthaben in Form von Schuldposten bewegt (Gaius II 133). Vgl. auch oben Anm. 67.

zusammengenommen.[77] Von jeder einzelnen auf diese Weise gefundenen Norm gilt daher

> Cicero, de legibus II 4, 10
> non tum denique incipit lex esse, quom scripta est (*Sie beginnt nicht erst dann eine Norm zu sein, wenn sie niedergeschrieben worden ist.*)

Das, was die Theorie in dem Gesetz findet, ist also nicht Recht kraft des Gesetzes, sondern war es schon vorher. Die Konsequenzen, die daraus zu ziehen sind, finden sich in der juristischen Tradition, die auf die vorklassische Zwölftafelauslegung zurückgeht, in voller Klarheit gezogen. Die kraft Interpretation gewonnenen Normen gelten nicht als Gesetz, sondern als Recht. Das Gesetz ist *ius scriptum* nur, insoweit es Text ist. Die Auslegung, die von diesem Gesetz ausgeht, ergibt *ius non scriptum,*[78] und dessen Normen bilden in ihrer Gesamtheit das vom Text abgelöste zweigeteilte *ius civile.*

Der große Zwölftafelkommentar des Sext. Aelius Paetus Catus, der um die Wende des 3. zum 2. vorchristlichen Jahrhundert geschrieben worden ist (es ist die Zeit der Dichter Ennius und Plautus), in dem Pomponius in seiner aus sabinianischer, d. h. vorklassisch beeinflußter Sicht geschriebenen Rechtsgeschichte im Bild des Wiegenbetts (*cunabula*) die Grundlagen des späteren Rechts sieht, ist in kennzeichnender Weise von der Dreigliederung »Gesetzes- [50] text«, »Interpretation«, »Klageform« geprägt.[79] Die dazu gehörende Theorie betont, daß die

77 Vgl. noch einmal den Text Cicero, De oratore I 43, 193 (wiedergegeben oben bei Anm. 56).

78 Der dem modernen Recht eher fremde Gegensatz zwischen schriftlichem und nichtschriftlichem Recht wird noch von Ulpian 1 inst D 1, 1, 6, 1 unter Anführung der griechischen Originalfassungen zitiert. Im antiken Recht wird an ihm die Bedeutung der Schriftlichkeit erörtert, und zwar vor dem Hintergrund, daß zwischen schriftlichen und schriftlosen Rechtskulturen, im idealtypischen Beispiel zwischen Athen und Sparta (vgl. Inst. 1, 2, 10), grundsätzliche Gleichwertigkeit besteht.

79 Pomponius lb sg enchiridii D 1, 2, 2, 38 Sextum Aelium etiam Ennius laudavit et exstat illius liber qui inscribitur ›tripertita‹ qui liber veluti cunabula iuris continet, … quoniam lege duodecim tabularum praeposita iungitur interpretatio, deinde subtexitur legis actio. (*Den Sextus Aelius [den Verfasser des Kommentars] zitiert auch Ennius und es ist von ihm eine Schrift erhalten, die »Dreigeteilte« heißt – es enthält gleichsam das Wiegenbett* [= *die Elemente,* Wieacker, Röm. Rechtsgeschichte (1988) S. 537 Anm. 37] *des Rechts –, weil nach Voranschikkung einer Einzelnorm der Zwölftafeln die Interpretation folgt und darauf dann eine normgegründete Klage.*) Der Aufbau des Werkes entspricht nicht zufällig der Voraussetzung (Cicero, de oratore I 44, 195) *si quis legum fontis et capita viderit.* Er behandelt in der Tat die Einzelnormen im Lichte einer Rechtstheorie (vgl. die folgende Anmerkung) als Quellprinzipien und verleiht ihnen dadurch eine Ergiebigkeit, welche die (naturgemäß streiterfüllten und sich gegenseitig in Frage stellenden) Bücher aller Philosophen übertrifft. Das Verhältnis des Gesetzestextes zur Interpretation entspricht dem vorklassischen Verhältnis von rogatio (staatlichem Gesetz) und lex (Rechtsnorm). Und es hat auch seinen guten Grund, daß die *legis actio* der *interpretatio* folgt. Vgl. oben Anm. 70 zur *legis actio fiduciae.* Zu der Gleichung »lex duodecim tabularum = Einzelvorschrift« grundlegend Mommsen, Juristische Schriften II (1905) S. 141 ff.

»*interpretatio*« der Zwölftafeln »schriftlos« gelte und *ius civile* genannt würde, und zwar in allgemeiner, die eigentlichen *partes iuris* (d. h. die Teile *ius civile* und *ius gentium*) unter sich begreifender Weise.[80] Es ist daher nur folgerichtig, daß die Grundlegung in der der Tripertita folgenden Literatur dazu übergeht, das Ergebnis der Interpretation auch äußerlich in den Mittelpunkt zu stellen und die Darstellungen des Rechts in der Regel als Bücher über das bürgerliche Recht (*de iure civili*) zu bezeichnen.[81] Der Zusammenhang mit den [51] Zwölftafeln ist damit nicht unterbrochen. Aber die neue Literaturform macht besonders deutlich, daß die Zwölftafelkodifikation von der vorklassischen Jurisprudenz als das Muster eines auf das Recht hinweisenden Gesetzes aufgefaßt worden ist. Nach der bekannten vorklassischen Etymologie, daß »*lex*« von »*legere*« – »dem Wählen des Richtigen« abgeleitet ist,[82] haben die Zwölftafeln auf das *ius civile* hingewiesen,

80 Pomponius lb sg enchiridii D 1, 2, 2, 5 Nach Erlaß der Zwölftafeln, was geschehen sei, um die Bürgerschaft auf Gesetze zu gründen (§ 4 *civitas fundaretur legibus*), habe sich die Notwendigkeit der *disputatio fori*, der auf den Rechtsstreit bezogenen Facherörterung gezeigt. Denn, wie es in Parenthese heißt, die Auslegung (*interpretatio*) verlange natürlicherweise das Ansehen der Rechtsgelehrten (*prudentium auctoritatem*). Diese Facherörterung und dieses Recht, das schriftlos von den Fachjuristen geschaffen worden sei (*haec disputatio et hoc ius, quod sine scripto venit compositum a prudentibus*) sei mit einem »gemeinsamen Namen« (*communi nomine*) Bürgerliches Recht (*ius civile*) genannt worden. Die letzte Aussage wird erläutert durch den Hinweis, daß dieses *ius civile* keine eigene Benennen führe (*propria appellatione*, nach der überzeugenden Korrektur Haloander statt *propria parte*), da es nicht, wie die anderen Teile des Rechts mit eigenen Namen benannt werde (*non … ut ceterae partes iuris suis nominibus designantur* [das folgende *datis propriis nominibus ceteris partibus* sagt dasselbe noch einmal und ist mit Haloander als Glosse zu streichen]. Damit ist zweifellos gemeint, daß *ius civile* ein »gemeinsamer Name« für die *partes propriae* des vorklassischen und sabinianischen Systems ist, einerseits das *ius gentium* oder *ius naturale* der menschlichen Verkehrsgemeinschaft, zum anderen das *ius civile* im engeren Sinne. Daß die von Pomponius bewahrte Tradition das vorklassische *ius civile* auf die erste Anwendungszeit der Zwölftafeln zurückführt (die Interpretation sei etwa einhundert Jahre Sache der Pontifizes gewesen [§ 6], dann sei es zu einer Öffnung der Wissenschaft gekommen, an deren Ende Sext. Aelius stehe [§ 7]), ist zwar anachronistisch, aber folgerichtig, wenn man bedenkt, daß Juristen, welche die Theorie im 3. Jahrhundert an das Gesetz herantrugen, von ihren Auslegungen behaupten mußten, daß die Dezemvirn sie in ihrer Weisheit schon immer gemeint hatten.

81 Entsprechende Werke sind für das 2. vorchristliche Jahrhundert bezeugt von Cato (Commentarii iuris civilis entweder des Censors oder seines Sohnes Licinianus), für Brutus und Publius Mucius (consul 133) und für den Beginn des 1. Jh. von dessen Sohn Q. Mucius (consul 95). Vgl. zu ihnen Wieacker, Römische Rechtsgeschichte S. 539, 542, 545 ff. In der Kaiserzeit schließen sich an diese Darstellungen insbesondere die Abhandlungen De iure civili von Sabinus und Cassius an.

82 Cicero, de legibus II 5, 11 in ipso nomine legis interpretando inesse vim et sententiam iusti et iuris legendi (*in der auszulegenden Bezeichnung »lex« [Gesetz] steckt als Sinn und Bedeutung, daß das Gerechte und Rechtmäßige gewählt werden muß).* Der Dualismus *iustum* und *ius* verweist auf den vorklassischen Gegensatz *ius gentium – ius civile* auch Cicero, de legibus I 6, 18 a legendo (sc. lex) … nos delectus vim in lege ponimus (*das Wort ›lex‹ kommt von ›legere‹ [wählen] … wir legen die Bedeutung des Wählens in das Wort »lex«.*)

das durch seine Gliederung in das engere *ius civile*, das als neues Universale überall die Besonderheiten will, und das *ius gentium*, das die fortbestehende menschliche Verkehrsgemeinschaft schützt, nach der Überzeugung ihrer Urheber die rechtlichen Bedingungen des menschlichen Lebens in grundsätzlich gültiger Weise formuliert hatte.

Es fällt ins Auge, daß in dieser Sicht das Gesetz für die Stiftung der Rechtsordnung streng genommen nicht nötig ist. Entscheidend ist für die Geltung des *ius civile,* wie schon am Anfang dieses Abschnitts hervorgehoben, der Rechtskonsens der Bürger, die mit dem Willen, daß Recht gelten soll, zum Rechtsverband zusammentreten. Schon dieser Staatsgründungsakt reicht aus, um die Rechtsordnung in konkrete Geltung zu setzen. Das bedeutet aber nicht, daß dem Gesetz, das sich, wie die Auslegung deutlich machen kann, zu der wahren Rechtstheorie bekennt, keine Bedeutung zugemessen wurde. Vielmehr deutet der in der vorklassischen Tradition auftauchende Begriff des *civitatem legibus fundare* (den Staat auf Gesetze gründen; vgl. oben Anm. 80) darauf, daß einem solchen in den verfassungsrechtlichen Formen ergangenen Gesetz eine wichtige stabilisierende Funktion zugeschrieben wurde. Es genügt nicht – dies war offenbar der Gedanke –, daß eine Rechtslehre theoretisch als die wahre erwiesen ist. Es ist bedeutsam, daß sich eine Bürgerschaft in der Weise, in der sie rechtlich handlungsfähig ist, zu ihr bekennt und dadurch in der Mitte ihres von Juristen betreuten Verfassungslebens einen von ihr beschlossenen Text hat, der, wie Livius es formuliert, in der Masse der sich aufhäufenden Tagesgesetze von allen als Quelle des gesamten öffentlichen und privaten Rechts anerkannt wird.[83]

[52] Die *rogatio*, die verfassungsrechtliche Gesetzgebungsform, erfüllt hier eine dienende, aber edle Aufgabe. Sie enthält das von der juristischen Auslegung näher zu konkretisierende Bekenntnis der Bürgerschaft zu den allgemeingültigen Grundlagen des Rechts. Sie schafft damit ein *ius scriptum* grundlegender oder, aktualisierend gesprochen, grundgesetzlicher Art, dessen eigentliche Bedeutung im *ius non scriptum* liegt. Gegenüber den positiven Gesetzen, so wichtig sie in ihrem jeweiligen Regelungsbereich sein mögen, besteht ein deutlicher Abstand.

83 Livius 3,34, 6: *fons omnis publici privatique est iuris*. In der Perspektive des augusteischen Historikers fließen die Traditionen bereits zusammen. Das dominierende Bild seiner Aussage ist vorklassisch, die Dichotomie zwischen »öffentlichem Recht« und »Privatrecht« klassisch; der abwertende Blick auf die Gesetzesmassen, die sich in der Zwischenzeit um die Zwölftafeln aufgehäuft haben (*in hoc immenso alias super aliarum acervatarum legum cumulo*) und die durch die Gegensatzbildung für unfruchtbar erklärt werden, dürfte sich wieder eher durch die vorklassische Differenzierung zwischen *rogatio* und *lex* erklären, die dazu führt, zwischen Gesetzen, die auf grundlegende und dauerhafte Rechtswahrheiten verweisen, und solchen unfruchtbaren Inhalts zu unterscheiden, die auf einen vorübergehenden Entscheidungsbedarf zurückgehen.

§ 3 Die positive lex scripta kraft erfragten Volkswillens

Aber auch die Auslegung des Einzelfallgesetzes legte einen das Vernünftige wollenden Willen der Volksversammlung zugrunde. Nur geht es jetzt darum, der von der Volksversammlung erfragten Detailregelung zu möglichst sinnvoller Geltung zu verhelfen. Ein anschauliches Beispiel stellt eine vorklassische, durch Sabinus bewahrte Auslegung der lex Aquilia. Dieses Gesetz hatte nur in seinem ersten »Kapitel« angeordnet, daß Schadenersatz nach dem Höchstwert zu bestimmen sei, den die beschädigte Sache in einem bestimmten Zeitraum vor ihrer Beschädigung gehabt habe. Diese Bestimmung wurde auf das dritte »Kapitel« erstreckt, das eine entsprechende Regelung nicht enthielt. Das Argument war, daß das Volk, in diesem Fall die für den Populus handelnde Plebs, es für hinreichend gefunden habe, dieses Prinzip im ersten »Kapitel« zu bestimmen. Der Plebs, die auf die Frage des Tribunen Aquilius geantwortet hatte,[84] wurde insofern ein vernünftiger, eine systematische Auslegung rechtfertigender Regelungswille unterstellt. In der Sache ist das nichts anderes als die vom Gesetzgeber abgeleitete Annahme einer objektivierten *voluntas legis*, wie sie in der hochklassischen Zeit dann allgemein gelehrt wird.[85] Entsprechend positive, in der Begrenzung auf die konkrete Regelung vernünftig ausgelegte Normen gab es auch in den Zwölftafeln. Ich nenne etwa die Bestimmung über die zweijährige Ersitzungsfrist für ländliche [53] Grundstücke und ihre Erstreckung auf städtische Grundstücke.[86] Erfragt

84 Vgl. Inst. 4, 3, 15 Sabino recte placuit perinde habendam aestimationem, ac si etiam hac parte ›plurimi‹ verbum adiectum fuisset: nam plebem Romanam, quae Aquilio tribuno rogante hanc legem tulit, contentam fuisse, quod prima parte eo verbo usa est. (*Sabinus* [der Gründer der sabinianischen Rechtsschule] *hat mit Recht die Meinung vertreten, daß die Schadenschätzung [nach dem 3. Kapitel der lex Aquilia] so vorzunehmen sei, wie wenn auch diesem Abschnitt das Wort »Höchstwert [der beschädigten Sache in einem zurückliegenden Zeitraum]« verwendet worden wäre; denn die römische Plebs, die diese Gesetze auf Antrag des Volkstribuns Aquilius erließ, hat es für genügend befunden, dieses Wort im ersten Teil [d. h. im ersten Kapitel] zu verwenden.*)

85 Sprecher dieser Position ist in den Digesten Celsus, der auch in dieser Frage die von ihm geleitete prokulianische Schule vorklassischen Lehren geöffnet hat. Er spricht ausdrücklich von der *voluntas legis* (29 dig D 1, 3, 18; 33 dig D 1, 3, 19) und bekennt sich in berühmt gewordenen Aussagen zum Zugriff auf den Sinn und Zweck des Gesetzes (26 dig D 1, 3, 17), zu einer Auslegung, welche Fehler und Zweideutigkeiten beseitigt (33 dig D 1,3, 19) und grundsätzlich zu einer systematischen Auslegung, die das gesamte Gesetz in den Blick nimmt (9 dig D 1 ›3, 24).

86 Die vorklassische, später wieder selbstverständliche (Gaius II 42) Auslegung der Zwölftafeln (XII tab. VI 3), war, wie Cicero, Topica 4, 23 bezeugt, von der in seiner Zeit zur Herrschaft gekommenen (vgl. unten Anm. 105) klassischen, das Gesetz auf die Wortlautgeltung beschränkenden Interpretation bestritten worden: Quoniam usus auctoritas fundi biennium est, si etiam aedium. At in lege aedes non appellantur et sunt ceterarum rerum omnium quarum annuus est usus. Valeat aequitas, quae paribus in causis paria iura desiderat. (*Da Ersitzungsbesitz und Gewährschaft bei ländlichen Grundstücken zwei Jahre währt, soll das auch für städtische Hausgrundstücke gelten. In der Gesetzesbestimmung werden aber die Häuser nicht genannt, und sie gehören daher zu den anderen Sachen, deren Ersitzungsbesitz*

wird im Gesetz damit grundsätzlich ein auslegungsfähiger Wille, kein bloßer Text. Es ist im Prinzip die gleiche vorklassische Orientierung am Willen, die wir auch für die Stipulation angedeutet finden; auch in ihr wird die Antwort als Willensbekundung gedeutet, nicht als regelnder Text[87]. In diesen Kontext gehört auch, daß den Formen, in denen der *populus* durch das *suffragium* der Abstimmung die *rogatio* bejaht, die Tendenz unterstellt wird, die Vernunft der Willensbildung zu begünstigen.[88]

Die sich hier im Bereich der positiven Gesetze zeigende Ausrichtung der Auslegung an einem vernünftigen Willen ist systematisch zunächst einmal Folge der grundsätzlichen Auffassung, daß ein Gesetz »die Wahl des Richtigen« darstellt (vgl. oben Anm. 82) und daher stets unter dem Prinzip der Optimierung seiner Vernunftgehalte interpretiert werden muß. Bei konkreten Regelungen liegt in dieser prinzipiellen Auslegung aber auch die folgenreiche Möglichkeit, die Kraft des gesetzgeberischen Volkswillens in einer die Rechtsformen überspielende Weise zum alleinigen Maßstab zu erheben. So konnte die für Gesetze entwickelte Willensauslegung auch an die Volksabstimmung bei einem Wahlakt anknüpfen. Daher wurde in der vorklassischen Republik die Ansicht vertreten, daß die Wahl eines gesetzlich nicht wählbaren Kandidaten deswegen [54] gültig sei, weil das wählende Volk in dem Wahlakt implizit seinen Willen bekundet habe, das entgegenstehende Gesetz außer Kraft zu setzen.[89]

einjährig ist. Es gelte die Regelgleichheit, die für gleiche Fälle gleiche Rechtsregeln verlangt.) Der von Cicero angeführte Grundsatz läßt die Frage in topischer Manier offen, da es ja gerade bestritten war, ob *fundus* und *aedes* für das Ersitzungsrecht gleiche Fälle darstellten.

87 Festus ed. Lindsay 440 Spondere Verrius putat dictum, quod sponte sua, id est voluntate (!), promittitur. (*›Spondere‹ – geloben heißt nach Ansicht des Verrius so, weil der Schuldner »spontan«, d. h. aufgrund eines Willensentschlusses verspricht.*) Die Etymologie schöpft ersichtlich aus der vorklassischen Tradition, da die klassische, überall die Textgeltung vertretende Lehre *spondere* als eine Form des *dicere* deutet (vgl. unten Anm. 103 und 105). Die Etymologie ist denn auch so wenig ein persönlicher Einfall des Verrius Flaccus, daß er sie bei der alsbald von ihm gegebenen Erläuterung des Wortes *sponsus* schon wieder vergessen hat. Das vom Schuldner erteilte Versprechen konnte im übrigen in bestimmten Zusammenhängen auch die Form des *iubere* annehmen, entsprechend dem *iubere* des Volkes. Man denke etwa an die Abfolge *iubesne? – iubeo!* der *fideiussio*, die im klassischen Recht als eine verbalvertragliche Bürgschaftsform erscheint.

88 Unter diesem Gesichtspunkt erklärt Cicero, de legibus III 19, 44 den Vorrang der nach Centurien abstimmenden Centuriatskomitien und über die nach Tribus abstimmenden Tributkomitien: descriptus enim populus censu, ordinibus, aetatibus, plus adhibet ad suffragium consilii, quam fuse in tribus convocatus. (*Denn das nach Vermögen, Ständen, Alter geordnete Volk bringt in die Abstimmung mehr Vernunft, als wenn es ohne Ordnung nach Tribus einberufen worden ist.*)

89 Vgl. den Bericht des Livius 7, 17, 10-13 zum Jahr 356. Man habe damals unter Berufung auf die Zwölftafelvorschrift XII tab. XII 5, daß das als Recht gilt, was die Volksversammlung jeweils als letztes angeordnet hat (*quodcumque postremum populus iussisset, id ius ratumque esset*) und von der Prämisse »Auch eine Wahl ist ein Gesetzesbefehl des Volkes« (*iussum populi et suffragia esse*), die Schlußfolgerung gezogen, daß ein der Wahl entgegenstehendes Gesetz (es war die Bestimmung der leges Liciniae Sextiae von 367/6, das einer der Konsuln

Die Kraft des konkreten Rechtsgeltungswillens des Volkes ist schließlich auch die Quelle des konkreten Gewohnheitsrechts, des *mos*, der als Rechtssetzungsform das Gesetz vollständig ersetzen kann und für grundsätzlich gleichwertig erklärt wird. Alle Besonderheiten, welche die Rechtsordnung einer Civitas charakterisieren, können danach ebenso durch die positivrechtliche *rogatio* als auch durch die nicht weniger positive Rechtsquelle des *mos* in Kraft gesetzt werden. Das, was die idealtypische Entgegensetzung von Athen und Sparta symbolisiert (vgl. Anm. 78), hat hier seinen Ursprung. Geltungsgrund des *mos* ist der in der konkreten Rechtspraxis selbst betätigte Rechtsgeltungswille.

Ihren willenstheoretischen Kern (Kern- und Ausgangsbedeutung des lateinischen Wortes *mos* ist Wille) können wir vor allem im Kontrast zur klassischen Lehre des *mos maiorum* fassen, die ihn mit theoretischer Schärfe formalisieren sollte: Ihr zufolge war nicht die Rechtspraxis des lebenden Volkes, sondern die der verstorbenen Vorfahren die Quelle des Gewohnheitsrechts.[90] In vorklassisch-sabinianischer Tradition kann dagegen gesagt werden, daß der Rechtsgeltungswille des Volkes, der sich in der unmittelbaren Praxis äußert, so stark ist, daß er der gesetzlichen Form des *ius scriptum* nicht bedarf.[91] Dieser vorklassische Rechtsgeltungswille ist der eines lebenden Volkes, nicht der seiner Vorfahren. Daher ist es wahrscheinlich kein Zufall, daß in dem Fall, in dem das Gewohnheitsrecht eine *legis actio* des vorklassischen Klagensystems begründete, einfach auf das *mos* verwiesen wird, nicht auf *mos maiorum.*[92]

ein Plebejer sein müsse), durch den Wahlakt selbst, der zwei Patrizier berief, aufgehoben worden sei. Die Argumentation, die das Durchgreifen eines Prinzips (hier des Volkswillens) höher einschätzt als die offenkundig notwendige Unterscheidung zwischen Gesetzgebung und Wahl, ist typisch vorklassich. Die skeptische Kritik wird solche Rechtsgutachten »*confuse*« nennen, weil sie notwendige Unterscheidungen »verfließen« läßt. Vgl. Cicero, Brutus 41, 153. Diese Zusammenhänge deuten auf eine vorklassisch inspirierte annalistische Quelle des Livius hin.

90 Vgl. dazu meinen Beitrag »Die Gewohnheit des Rechts und das Gewohnheitsrecht« (oben Anm. 51) S. 84 ff. In der klassischen Rechtsquellenlehre der *ratio iuris* bei Cicero, Partitiones oratoriae 37, heißt das Gewohnheitsrecht daher technisch »*mos maiorum*«, nicht einfach »*mos*«, wie (vgl. unten Anm. 92) in der vorklassischen Tradition.

91 Vgl. Paulus 7 ad Sabinum D 1,3,36; Julian 84 digestorum D 1,3,32.

92 Vgl. Gaius IV 26: Per pignoris capionem lege agebatur de quibusdam rebus moribus, ⟨de quibusdam rebus⟩ lege. 27. Introducta est moribus rei militaris … 28 Lege autem introducta est pignoris capio velut lege XII tabularum … (*Im Wege der Pfändung wird »gesetzlich« [= normgemäß] geklagt in einigen Fällen nach dem gewohnheitsrechtlichen Rechtswillen, in anderen aufgrund eines staatsrechtlichen Gesetzes. 27. Durch den gewohnheitsrechtlichen Rechtswillen ist sie für militärische Gegenstände eingeführt worden [für Bürgersoldaten, die für ihren Sold eine Anweisung auf Mitbürger erhalten hatten]. 28. Durch Gesetz ist die Pfändungsklage z. B. durch die Zwölftafeln eingeführt worden.)* Deutlich ist hier *lex* in zwei Bedeutungen verwendet, einmal als *mos* des *ius non scriptum*, zum anderen als *rogatio* des *ius scriptum*. Auch Julian, das Haupt der sabinianischen Schule zur Zeit des Gaius, spricht in dem zentralen Fragment Julian 84 digestorum D 1,3,32 von *mores* und nicht wie das klassische System (Cicero, Partitiones oratoriae 37, 130) von *maiorum mos.*

[55] Zusammenfassend kann man sagen, daß die vertragliche Deutung der Aufeinanderfolge von magistratischer *rogatio* und *iussum* des Volkes in vorklassischer Zeit mit Hilfe der Vorstellung eines Rechtsgeltungswillens nicht nur vertieft, sondern zugleich in eine allgemeine, das gesamte *ius civile* erfassende Theorie des Rechtsgeltungswillens eingebettet wurde. Die Betonung des Volkswillens hatte geradezu die Tendenz, das Volk als den alleinigen Gesetzgeber erscheinen und den Magistrat fast verschwinden zu lassen. Der folgende ganz in der vorklassischen Tradition stehende Text des sabinianischen Schulhaupts Julian ist dafür ein gutes Beispiel. Bemüht darum, Gesetze und Gewohnheit als gleichwertige Ausdrucksformen des Rechtsgeltungswillens des Volkes zu erfassen, beschreibt er die Gesetzgebung in einer Weise, daß man sich die rogierende Magistratur selbst ergänzen muß. Ausdrücklich ist von ihr nicht die Rede.

> Julian 84 digestorum D 1,3,32, 1
> nam cum ipsae leges nulla alia ex causa nos teneant, quam quod iudicio populi receptae sunt, merito et ea, quae sine ullo scripto populus probavit, tenebunt omnes: nam quid interest suffragio populus voluntatem suam declaret an rebus ipsis et factis? quare rectissime etiam illud receptum est, ut leges non solum suffragio legis latoris, sed etiam tacito consensu omnium per desuetudinem abrogentur. (*Denn die Gesetze selbst verpflichten uns aus keinem anderen Grund, als daß sie durch ein Urteil des Volkes anerkannt sind. Mit gutem Grund verpflichtet daher auch alle das, was das Volk ohne schriftliche Form gebilligt hat. Denn was macht es aus, ob das Volk seinen Willen durch eine Abstimmung oder durch das in den Verhältnissen selbst erfolgende Handeln erklärt? Daher ist sehr zu Recht auch anerkannt worden, daß Gesetze nicht nur durch die Abstimmung des Gesetzgebers, sondern auch durch Nichtanwendung im stillschweigenden Konsens außer Kraft gesetzt werden können.)*

Der Grund dieser Sichtweise liegt in der systematischen Perspektive des vorklassischen *ius civile*. Entstanden für die konkreten *civitates* durch den »*coetus multitudinis iuris consensu et utilitatis communione sociatus*«, den »Zusammentritt einer durch den Rechtskonsens und die Nutzengemeinschaft vergesellschafteten Menschenmenge«[93] bleibt das Lebensprinzip dieser Rechtsordnung der Rechtswille der Bürger, der sich im Gewohnheitsrecht im tatsächlichen Leben, in der Gesetzgebung in den Antworten auf die Rogationen betätigt.

§ 4 Die beiden Verträge der vorklassischen Republik: Der Staatsgründungsvertrag und der Gesetzesvertrag

Das Verhältnis des staatengründenden Rechtskonsenses zu der *rogatio*, welche die Geltung des gleichen Rechts auf einen geschriebenen Gesetzestext [56] gründet und positive Gesetzgebung ermöglicht, ist das zwischen rechtfertigendem Grün-

93 Cicero, de re publica I 25, 39. Es ist zugleich die Ansicht des insofern die vorklassische Jurisprudenz repräsentierenden Q. Mucius Scaevola augur. Vgl. o. S. 37 ff.

dungsmythos einerseits und historisch greifbarer Verfassungstat und konkreter Gesetzgebung andererseits. So erklärt sich, daß für die Gründung der Rechtsordnung, als die neuen Rechtsgedanken des Zeitalters der Stadtkulturen gewissermaßen noch die Kraft einer die Menschen erfassenden Einsicht hatten, Einstimmigkeit postuliert wird, für das stabilisierende Verfassungsgesetz und die positiven Gesetze dagegen das Mehrheitsprinzip genügt. Handelnder ist immer das Volk, das eine Mal gedacht in einer unmittelbaren Gesinnungseinheit, das andere Mal in der Form, in welcher es unter Verwendung des Mehrheitsprinzips in der Verfassung handeln kann. Das verbindende Element ist der Rechtsgeltungswille.

Man muß daher zwischen zwei Arten von Verträgen unterscheiden. Am Anfang steht der Gründungsvertrag zwischen den künftigen Bürgern durch den Zusammentritt zur Civitas. Er formuliert das Lebensgesetz der Republik, indem er die allgemeine und gleiche Rechtsordnung in Kraft setzt und zu ihrer Gewährleistung eine Herrschaft anerkennt. Dem Verfassungsvertrag folgen die Vereinbarungen zwischen Herrschaftsträger und Volk in Form von *rogatio* und *iussum*, welche die Rechtsordnung stabilisieren, ergänzen und in eigenständiger Weise individualisieren.

Es handelt sich um Unterscheidungen, die in der modernen, vielfältig unter dem Einfluß der Antike stehenden Verfassungsdiskussion in abgewandelter Weise wiederkehren. So ist beispielsweise kürzlich im Rahmen der amerikanischen Verfassungsgeschichte der Unterschied herausgestellt worden zwischen dem von der liberalen Doktrin formulierten voraufgehenden *initial compact*, durch den sich die Bürger untereinander zu einer Rechtsordnung verbinden und den traditionellen Verfassungsverträgen, die im Rahmen einer bestehenden Herrschaft zwischen Herrscher und Beherrschten geschlossen werden.[94] Zu dem die vertragliche Grundlage der Rechtsordnung konstruierenden Ausgangspunkt gehört die Anerkennung einer dem Recht verpflichteten und durch seine Regeln begrenzten Herrschaft. Die Verwandtschaft mit dem antiken Ideal der Republik, die deswegen ein *domicilium libertatis* ist (vgl. [57] oben Anm. 62), weil die Magistrate an Gesetz und Recht gebunden sind und alle Grundlegungen und Änderungen vom Volk erfragen müssen, ist auffällig.

94 Vgl. Gordon S. Wood, The Creation of the American Republic 1776-1787 (1989; erste Aufl. 1969) S. 268 ff. Die Verfassungsdiskussion unterscheide einerseits den traditionellen Vertrag zwischen Herrscher und Volk, z. B. den S. 268: »between an English King and the American subjects«, dessen wechselseitige Leistungen (»considerations«) Gehorsam und Schutz der Rechte gewesen seien, andererseits den Gesellschaftsvertrag unter den Bürgern selbst. Zum letzteren schreibt der Autor (S. 283): »There was, however, another contractual analogy that ran through the Whig mind of the eighteenth century. This was the idea of the social compact, the conception John Locke had developed in his *Second treatise on civil Government,* not a governmental contract between magistrates and people, rulers and ruled, but an agreement among isolated individuals in a state of nature to combine in a society – a social compact which by its very character was anterior to the formation of government.«

V. Der Vertragsgedanke im Begriff der klassischen lex publica: Vom Magistrat erfragtes, von der Volksversammlung in Kraft gesetztes ius scriptum

§ 1 Die Allgemeinheit als Merkmal des klassischen Gesetzes (lex) im Unterschied zur bloßen Form der Befragung des Volkes (rogatio)

Der klassische Gesetzesbegriff ist nicht weniger republikanisch. Die präzisen Analysen und Differenzierungen, die ihn entsprechend der skeptisch deskriptiven Methode kennzeichnen und in die er eingebettet ist, kann man lesen als einen systematischen Versuch, die verfassungspolitischen Gefahren zu bekämpfen, die dem dynamischen Denken der vorklassischen Jurisprudenz innewohnen. Das zeigt sich schon an der Neuinterpretation der Kernbegriffe *lex*, dem wahren Gesetz, und der *rogatio*, dem bloßen formalen Gesetz. Das wahre Gesetz ist jetzt das allgemeine Gesetz, das *generale iussum,* das in allgemeiner Weise eine Modifikation oder Ergänzung der Rechtsordnung erstrebt.

> Gellius, Noctes Atticae 10, 20, 2 (vgl. Lenel, Palingenesia Iuris Civilis I Sp. 106 Ziff. 5)
> Ateius Capito publici privatique iuris peritissimus, quid ›lex‹ esset, hisve verbis definivit: lex, inquit, est generale iussum populi aut plebis rogante magistratu. (*Ateius Capito,*[95] *ein hervorragender Jurist sowohl im öffentlichen wie im Privatrecht, hat den Begriff des Gesetzes mit folgenden Worten definiert: Das Gesetz, sagt er, ist ein allgemeiner Befehl des Volkes oder der Plebejer auf eine Frage des Magistrats.*)

Die Wirkung dieser Definition ist die einer qualifizierenden Einordnung. Ihr zufolge kann weder der Volksbeschluß, durch den Pompeius den außerordentlichen Oberbefehl über die Küsten des Mittelmeers erhielt,[96] noch gar das Ermächtigungsgesetz für den über der republikanischen Verfassung stehenden Augustus aus dem Jahre 23 v. Chr. auf den Ehrennamen »Gesetz« An- [58] spruch erheben. Wenn Cicero darüberhinaus berichtet, daß ein ihm wohl gesonnener Staatsmann seiner Generation unter anderem unter Berufung auf den auf Allgemeinheit festgelegten Gesetzesbegriff öffentlich dargelegt habe, daß das Gesetz, das ihn, Ci-

95 Ateius Capito ist ein augusteischer Jurist, bekannt als ein überaus konservativer, allen Neuerungen abholder Gegner Labeos. Hier gibt er die Definition des Gesetzes in der Gestalt wieder, wie sie ihm die voraufgegangene Juristengeneration hinterlassen hatte.

96 So berichtet Aulus Gellius, ersichtlich denselben juristischen Quellen folgend: Ea definitio, si probe facta est neque de imperio Cn. Pompeji neque de reditu M. Ciceronis neque de caede P. Clodi [quaestio] neque alia id genus populi plebisve iussa, leges vocari possunt. Non sunt enim generalia iussa, quae de universis civibus sed ⟨specialia quae⟩ de singulis concepta; quocirca privilegia potius vocari debent. (*Wenn diese Definition zutreffend ist, dann können weder das, was über den Oberbefehl des Cn. Pompejus, über die Rückkehr Ciceros oder über die Tötung des Clodius beschlossen worden ist, noch andere Beschlüsse des Volkes oder der Plebs dieser Art Gesetze genannt werden. Denn es sind keine allgemeinen Bestimmungen, die für alle Bürger – sondern spezielle Bestimmungen, die für einzelne formuliert worden sind. Daher müßten sie eher »privilegia« (Sondergesetze) genannt werden.*)

cero, verbannt habe, die Wirkung eines Gesetzes gar nicht gehabt habe, so darf man daraus gewiß nicht einfach den Schluß ziehen, daß nach klassischer Lehre jedes nicht allgemeine Gesetz einfach unwirksam gewesen wäre.[97] Vielmehr gilt der Volksbeschluß grundsätzlich – vorbehaltlich weiterer Analysen – dann erst einmal in der einfacheren Form der *rogatio.* Denn wie die folgende ebenfalls klassischer Tradition folgende Stelle mitteilt, die wir schon als Gegenstück[98] der vorklassischen Entgegensetzung von *lex* und *rogatio* kennengelernt haben (vgl. oben Anm. 72), ist ein Beschluß, der nicht für alle Menschen und Sachen, sondern nur für eine Teilgruppe oder Individuen Geltung beansprucht, kein Nichts, sondern zwar keine *lex*, aber doch eine *rogatio.*

> Festus ed. Lindsay 326
> rogatio est, cum populus consulitur de uno pluribusve hominibus, quod non ad omnis pertineat, et de una pluribusve rebus, de quibus non omnibus sanciatur: nam quod in omnis homines resve populus scivit, lex appellatur. *(Eine »Befragung« liegt vor, wenn das Volk über einen oder mehrere Menschen, was nicht alle betrifft, um seine Meinung gefragt wird, oder wegen einer oder wegen mehrerer Sachen, wodurch nicht für alle Sachen etwas bestimmt wird. Denn was das Volk für alle Menschen oder Sachen beschließt, nennt man Gesetz.)*

[59] Die hier mitgeteilte Systematik ist nicht zufällig die gleiche, die Aulus Gellius, wie soeben gesehen, seiner Lektüre des Ateius Capito verdankte. Ihr entstammt auch der folgende Text.

97 Cicero, de legibus III 19, 44 nihil omnino actum esset legibus (*Es sei überhaupt nichts gesetzmäßig in Kraft gesetzt.*) Die nähere Argumentation verband drei Gründe. Sie begann mit dem Hinweis auf das Privilegienverbot der Zwölftafeln (XII tab. VIIII 1), das als Verbot des »in privatos homines leges ferri« (*Gesetze in Bezug auf einzelne Privatleute erlassen*) interpretiert wird. (Danach konnten übrigens ohne Verletzung des Privilegienverbots gesetzliche Zuständigkeiten und Aufgaben nur Magistraten zugewiesen werden. Tatsächlich war das Kennzeichen der Ermächtigungsgesetze für Pompeius und Augustus, daß die Kompetenzen amtlos wurden und nicht mehr an Magistraturen anknüpften). Es folgt der klassische, mit dem Sondergesetz unverträgliche Gesetzesbegriff: cum legis haec vis sit: scitum et iussum in omnis (*das Prinzip des Gesetzes ist: ein Beschluß und Befehl gegenüber allen).* An dritter und letzter Stelle steht der Zwölftafelsatz, daß über das *caput*, die Rechtsstellung eines Bürgers, nur die Centuriatskomitien entscheiden könnten (das Gesetz über Ciceros Exil war als Plebiszit *tributim* abgestimmt worden). Die Frage nach dem *actum est* ist auch für die Gesetze typisch klassisch. Vgl. unten S. 60 mit Anm. 105.

98 Als solches geht es entweder unmittelbar oder mittelbar auf Servius Sulpicius zurück. Festus schöpfte über Verrius Flaccus öfter aus dessen Werk. Die Ausgabe Lindsay registriert S. 572 sechs sichere und einen unsicheren Fall. Für fünf der Lemmata vermutet Lenel, Palingenesia Iuris Civilis I Sp. 334, im übrigen die Herkunft aus einem Zwölftafelkommentar des Servius, der für einen Lexikographen naturgemäß ein attraktives Werk war und in dem eine Definition des Wortes *lex* nicht gefehlt haben wird. Die für Servius typische Technik (vgl. nur Cicero, Brutus 41, 152) der *divisio* kehrt auch in der Einteilung *homo* – *res* wieder, die der von *persona* und *res* entspricht. Dabei kann die Gesamtmenge *homines*, welche die Sklaven einbezieht, ohne Beeinträchtigung der insofern gemeinten Allgemeinheit durch die Gesamtmenge *cives* ersetzt werden.

Gellius, Noctes Atticae 10, 20,7
sed totius huius rei iurisque, sive cum populus sive cum plebs rogatur, sive quod ⟨ad singulos, sive quod[99]⟩ ad universos pertinet, caput ipsum et origo et quasi fons ›rogatio‹ est. Ista enim omnia vocabula, censentur continenturque principali genere et nomine. (8) Nam nisi populus aut plebs rogetur, nullum plebis aut populi iussum fieri potest. (*Aber die eigentliche Hauptsache, der Ursprung und gewissermaßen die Quelle dieses ganzen rechtlichen Sachverhalts ist, gleich ob man eine Versammlung des Volkes oder die der Plebejer befragt, gleich ob es sich auf Einzelne, oder auf eine Gesamtheit bezieht, die »Befragung«. Alle diese Ausdrücke werden nämlich von diesem Oberbegriff und »Namen« geordnet und erfaßt.*[100] *Denn würde die Volksversammlung oder die Versammlung der Plebs nicht gefragt, könnte es zu einem Gesetzesbefehl der Plebs oder des Volkes nicht kommen.*)

Die »Befragung« (*rogatio*) ist also sowohl Oberbegriff als auch Bezeichnung des Gesetzes im nur formalen Sinn, eine Begriffstechnik, die nicht ohne Beispiel ist.[101] Die neue Begrifflichkeit unterscheidet sich von der vorklassischen durch einen entschiedenen Ruck in Richtung Realismus (*lex* ist nicht mehr primär die Naturrechtsnorm, sondern das allgemeine Gesetz; *rogatio* ist nicht mehr das staatlich positive Gesetz, sondern das formelle Gesetz, das Gesetz der äußeren Form nach). Dieser Bewegung entspricht zugleich eine ebenso nachdrückliche Hinwendung zum Text. Das Gesetz (*lex*) wird jetzt nicht mehr von »*legere* (Wählen des Richtigen)«, sondern von »*legere* (Lesen des geschriebenen Textes)« hergeleitet.[102] Die Parallele zum erfragten Stipulationsvertrag ging dabei nicht verloren, da dieser ebenfalls dem Prinzip unterworfen wurde, daß Geltungsträger nunmehr der gemeinsprachliche Text ist.[103]

99 Die in der Teubner-Ausgabe von Hosius vorgeschlagene Berichtigung des leicht erklärlichen Textverlustes ist vom Zusammenhang gefordert.

100 Angewendet ist die klassische (der skeptischen Akademie entstammende) Technik der *divisio*. Cicero, Topica 7, 31 Genus et formam definiunt hoc modo: Genus est notio ad pluris differentias pertinens; forma est notio cuius differentia ad caput generis et quasi fontem referri potest. (*Gattungs- und Artbegriff definiert man auf diese Weise: Der Gattungsbegriff ist eine Vorstellung, die sich auf mehrere Unterschiede bezieht. Der Artbegriff ist eine Vorstellung, dessen Unterscheidungsmerkmal auf den Hauptbegriff und so gewissermaßen auf eine Quelle bezogen werden kann.*) Kennzeichnend ist auch die Betonung des Namens (Cicero, Topica 3, 13): forma enim a genere quoad suum nomen retinet, numquam seiungitur (*Der Unterbegriff wird von dem Oberbegriff, solange er seinen Namen behält, niemals getrennt.*) Vgl. dazu nur Ulpian 4 ad edictum D 2, 14, 1, 4; D 2, 14, 7 pr.

101 So zerfällt nach klassischem Recht das Verschulden gegenüber einer Sache (*culpa*) in Vorsatz (*dolus*) und die Sorgfaltswidrigkeit (*culpa*), das Bürgerliche Recht (*ius civile*) in allgemeines Zivilisationsrecht (*ius gentium*) und eigenrömisches Recht (*ius civile*).

102 Isidor, Etymolog. 2, 10, 6: lex a legendo vocata, quia scriptum est (*Gesetz ist nach dem Lesen benannt, weil es geschrieben ist*). Daß Isidor hier der klassischen Systematik folgt, ergibt sich aus Cicero, Partitiones oratoriae 37, 130. Zu den von Isidor benutzten juristischen Quellen näher »Die Gewohnheit des Rechts« (oben Anm. 51) S. 74ff.

103 Festus ed. Lindsay 462 Spondere antea ponebatur pro dicere, unde et respondet adhuc manet, sed postea usurpari coeptum est d(e promissu ex interrogati)one alterius (*Geloben*

§ 2 Das Gesetz als eine allgemeine, nach seinem gemeinsprachlichen Wortlaut geltende Regelung des geschriebenen Rechts

[60] Es handelt sich um Teile einer sehr grundsätzlichen Wende. Ausgelöst worden ist sie durch die Überzeugung der skeptischen Akademie, daß der Mensch, da zur Erkenntnis einer Wahrheit nicht befähigt, nur durch kontrollierte und »dialektisch«, d. h. durch Begriffsklärung optimierte Sprache in der Welt eine seinen Lebensbedürfnissen entsprechende und objektivierte Ordnung herstellen kann (vgl. nur oben Anm. 59 und 63). Daher muß, wie Servius Sulpicius in einer erhaltenen Entscheidung betont, alle rein sprachliche Mitteilung (im Unterschied zur demonstrativen Mitteilung, die auf etwas zeigt), um vom Recht anerkannt werden zu können, die benennenden Sprachzeichen nach ihrem gemeinsprachlichen Sinn verwenden.[104] Für alles, was sich im Recht der Schriftform bedient und daher der Kategorie *ius scriptum* unterfällt, bedeutet das: Grundsätzlich gilt die objektive Auslegung. Der Programmsatz der neuen Richtung lautete daher für die

[spondere] wurde früher für sprechen verwendet; von daher bleibt noch »antworten« [respondere]. Aber dann hat man begonnen, das Wort für das Versprechen auf die Frage eines anderen zu verwenden.) Daß in der ursprünglichen klassischen Systematik auch die schriftlich dokumentierte Stipulation *ius scriptum* war, bezeugt wieder Cicero, Partitones oratoriae 37, 130. Vgl. demgegenüber das vorklassische, willenstheoretische Gegenbild oben Anm. 87.

104 Celsus 19 digestorum D 33, 10, 7, 2 non … a Servio dissentio non videri quemquam dixisse, cuius non suo nomine usus sit. nam etsi prior atque potentior est quam vox mens dicentis, tamen nemo sine voce dixisse existimatur: nisi forte et eos, qui loqui non possunt, conato ipso et sono quodam καὶ τῇ ἀνάρθρῳ φωνῇ [= voce inarticulata] dicere existimamus. (*Ich stimme Servius durchaus darin zu, daß niemand als jemand angesehen werden kann, der etwas gesagt hat, wenn er nicht den Namen [die übliche Bezeichnung] des Gegenstands verwendet hat; es sei denn, daß wir der Meinung sind, daß auch diejenigen sprächen, die es nur versuchen und gewisse Geräusche von sich geben und mit unartikulierter Stimme sprechen.*) Die Sprache ist hier als ein objektives Instrument angesehen, das, wenn man sprechen will, so verwendet werden muß, wie sie in ihren *nomina* festgelegt worden ist. Das bedeutet nicht, daß es auf die *mens dicentis* nicht ankäme. Zur Konkretisierung kann im Zweifel darauf zurückgegriffen werden; aber die klaren Grenzen der in dialektischer Disputation geklärten *nomina*, welche als Benennung der Gegenstände die Grundlage der skeptischen Erkenntnistheorie bilden (vgl. oben Anm. 63), müssen respektiert werden. Daher sagte Servius zu Beginn der Legatsentscheidung, die als ein Fall des (als solches rein sprachvermittelten) *ius scriptum* das Thema stellte: Servius fatetur sententiam eius qui legaverit aspici oportere, in quam rationem ea solitus sit referre; verum si, de quibus non ambigeretur, qui in alio genere essent, non idcirco existimari oportere … ea quoque contineri: non enim ex opinionibus singulorum, sed ex communi usu nomina exaudiri debere. (*Servius räumt ein, daß man die Meinung dessen, der ein Vermächtnis aussetzt, danach beurteilen* müsse, in welche Kategorie er persönlich den fraglichen Gegenstand einzuordnen pflegte; wenn es sich aber um einen Gegenstand handelt, von dem nicht zweifelhaft ist, daß er unter eine andere Kategorie gehört, könne man nicht deswegen [weil der Testator eine *abweichende, subjektive Einordnung vertritt] annehmen, daß er vom Vermächtnis erfaßt werde; denn die Begriffe müssen nicht nach der Vorstellung der Einzelnen, sondern nach dem allgemeinen Sprachgebrauch verstanden werden.*)

Geltungsweise allen schriftlich dokumentierten Rechts: Quibus quidque verbis actum pronuntiatum sit (*Mit welchen Worten irgendetwas in Kraft gesetzt und verlautbart worden ist*).[105] [61] Zum Begriff des allgemeinen Gesetzes gehört nach klassischer Lehre folgerichtig auch eine Geltungsweise nach dem allgemeinen Sprachgebrauch.

Die vertragliche Deutung des Gesetzes, die sich aus der Abfolge von *rogatio* und *iussum* ergab, wurde durch die Fundierung des Gesetzes in ein prägnant analysiertes und ausgelegtes *ius scriptum* nicht gefährdet, da dem gesamten klassischen Vertragsrecht das gleiche widerfuhr, allerdings unter der Voraussetzung, daß es sich der Schrift als der objektivierenden Dokumentationsform bediente. Aber diese Einschränkung gilt auch für das Gesetz. Denn es besteht kein Zweifel, daß ein Gesetz ebenso wie eine Stipulation seine Rechtsgeltung selbst stets der Abfolge von Frage und Antwort verdankte. Die Kategorie des *ius scriptum* bezeichnet für beide Bereiche nicht den Geltungsgrund, sondern die rechtliche Existenzweise: Komplexe Regelungen können, so wie das menschliche Gedächtnis nun einmal beschaffen ist, ohne Schriftform nicht von Dauer sein, d. h. rechtlich nicht existieren, seien sie Gesetze oder Verträge.[106]

Führend ist in all diesen Analysen der Text. Dies erklärt auch das Auftreten einer spezifisch am Text orientierten – dem vorklassischen Recht in dieser Form überhaupt unbekannten – Derogationslehre. Während das vorklassische Recht den Willen des älteren Gesetzes bedeutsam sein ließ und bei der Auslegung heranzog (er blieb als ein älterer Versuch, »das Richtige zu treffen«, beachtlich),[107] wurde nach der neuen Lehre in dem betreffenden Regelungsbereich an die Stelle des alten Textes ganz oder teilweise neuer Text gesetzt, und zwar kennzeichnenderweise in vier, verschiedene Formen der Textveränderung durchgehenden Spielarten der *rogatio*. Die Art der Erfragung der *lex* entschied darüber, ob das ältere Gesetz ganz oder teilweise außer Kraft gesetzt, ergänzt oder nur in einem Detail geändert wurde.[108]

105 Es bezeugt ihn Cicero, pro Caecina 27, 79 als Slogan des neuen, sich gegen das Naturrechtsdenken der vorklassischen Jurisprudenz wendenden *genus consultorum*. Dazu zuletzt »Selbstbehauptung und Gewaltverbot« (oben Anm. 51) S. 128 ff. und oben Anm. 102.

106 Daher ist für die klassische Theorie das *ius scriptum* eine grundlegende Kategorie, die gleichermaßen für das öffentliche wie für das Privatrecht gilt. Vgl. Ulpian 1 institutionum D 1, 1, 6, 1 und Cicero, Partitiones oratoriae 37, 130 Scriptorum autem privatum aliud est, publicum aliud: publicum lex senatus consultum foedus, privatum tabulae pactum conventum stipulatio. (*Von dem geschriebenen Recht gehört ein Teil zum privaten, ein anderer zum öffentlichen Recht, zum öffentlichen Recht das Gesetz, der Senatsbeschluß und der völkerrechtliche Vertrag, zum Privatrecht das Hausbuch, die »friedliche Übereinkunft« [die sozioethische Grundlage des klassischen Vertragsrechts insbesondere der Konsensualverträge] und die Stipulation.*)

107 Vgl. Gesetz und Sprache (oben Anm. 51) S. 158 ff., 162 f.

108 Vgl. Ps.-Ulpian reg. 1,3 Lex aut rogatur, id est fertur, aut abrogatur, id est prior lex tollitur, aut derogatur, id est pars primae legis tollitur, aut subrogatur, id est adicitur aliquid primae legis, aut obrogatur, id est mutatur aliquid ex prima lege. (*Ein Gesetz wird entweder »rogiert«, d. h. durchgebracht, oder »abrogiert«, d. h. das frühere Gesetz wird aufgehoben, oder es*

[62] Ziel all dieser Bemühungen war, die Reichweite der Textgeltung genau zu bestimmen, und zwar grundsätzlich im Sinne einer Fundierung in einem handgreiflichen, realitätsunmittelbaren Sinn. Das bedeutet Stabilisierung und zugleich Einschränkung der Geltung. Für die Rechtsordnung als ganzes war das aber nicht nachteilig. Zentrum des Rechts war nicht das *ius scriptum* der Gesetze, so bedeutsam sie für ihren Gegenstand sein mochten (z. B. die *lex Aquilia* für das Schadensrecht), sondern einerseits die Rechtsinstitute (*instituta*) der Rechtsordnung (*institutio aequitatis*), die überwiegend aus dem allgemeinen Zivilisationsrecht (*ius gentium*) und ergänzend aus dem eigenrömischen Recht (*ius civile proprium Romanorum*) stammten, andererseits und vor allem das der *naturalis aequitas* folgende Gerichtsimperium des Prätors, das überall, wo menschliche Verhaltensweisen einen Regelungsbedarf erkennen ließen, eingriff. Die Aufgabe des klassischen Gesetzes bestand demgegenüber darin, in Kraft zu setzen, was sonst nicht so gegolten hätte, wobei es durch den *mos maiorum* klassischer Definition, die eine feste Rechtspraxis nicht mehr Lebender verlangt, ergänzt oder ersetzt werden konnte.[109]

§ 3 Der Sinn und Zweck des Gesetzes nach klassischer Lehre

Es wäre freilich ein Fehlschluß, aus dem Prinzip der Textgeltung zu folgern, daß die klassische Gesetzgebungslehre nicht auch einen den erfragten Text begleitenden Sinn und Zweck gekannt hätte. Sie kennt einen solchen aus dem zwischen Magistrat und Volk abgeschlossenen Vertrag hervorgehenden Sinn und Zweck durchaus. Nur ist er, wenn er in dem Gesetzestext keinen hinreichenden Ausdruck gefunden hat, für die formale Rechtsordnung, die klassische *institutio aequitatis* oder *civilis aequitas*, ohne Bedeutung. Bedeutung gewinnt diese Sinndimension nur, wenn der Prätor ihretwegen Anlaß sieht, ergänzend einzugreifen.

Ausgangspunkt für eine solche grundsätzlich restriktiv gehandhabte magistratische Intervention war der Fall einer *lex imperfecta*, eines Gesetzes, das nicht erreicht hatte, was es wollte (*non perfecit, quod voluit*).[110] Es war dann die pflichtmäßige Aufgabe des Magistrats zu entscheiden, ob er in seiner ergänzenden

wird »derogiert«, d. h. ein Teil des ersten Gesetzes wird aufgehoben, oder »subrogiert«, d. h. es wird dem ersten Gesetz etwas hinzugefügt, oder »obrogiert«, d. h. es wird etwas am ersten Gesetz geändert.) Die Ersetzung der Schadensersatzregel der Zwölftafeln durch die *lex Aquilia* war als Erneuerung einer pars eine *derogatio* im spezifisch klassischen Sinn. Vgl. Ulpian 18 ad edictum D 9, 2, 1 pr. Auf die Herkunft dieser Gesetzgebungslehre aus der philosophischen Rhetorik der skeptischen Akademie deutet Cicero, De inventione II 49, 146, wenn er für die Gesetzeskonkurrenz lehrt, man müsse fragen: utra lex de genere omni, utra de parte quadam … scripta videatur (*welches Gesetz für den prüfenden Blick über die ganze Frage oder nur über einen bestimmten Teil abgefaßt sei*).

109 Näher zum klassischen *mos maiorum* und dem im Text gezeichneten klassischen Rechtsbild »Die Gewohnheit des Rechts« (oben Anm. 51) und bereits oben S. 54 f.

110 Daher sagt Gaius II 225: lex non perfecit quod voluit (*das Gesetz hat nicht verwirklicht, was es wollte.)*. Gesagt von der Lex Furia, die, um dem Erben einen Nachlaßteil zu sichern von Ausnahmen abgesehen Legate von mehr als 1000 As verbot. Es konnte aber jemand, der ein Vermögen von 5000 As hatte, durch fünf Legate in Höhe von 1000 das Vermögen erschöpfen.

Rechtsprechung der *sententia legis* Beachtung verschaffen müsse. Den bekanntesten Fall stellt das Verbotsgesetz der *lex Cincia*, das Geschenke über eine Höchstgrenze verbot, aber mit seinen Worten keine Nichtigkeit anordnete.[111] Wer aus einer schenkweise gewährten Stipulation auf Zahlung oder [63] aufgrund einer schenkweisen Grundstücksübereignung auf Verschaffung des Besitzes klagte, konnte sich daher, ohne den Wortlaut des Gesetzes zu verletzen, auf ein gültiges Rechtsgeschäft berufen. Er verletzte aber mit seinen Klagen den Sinn und Zweck des Gesetzes. Die Prägnanz, mit der die Unterscheidung zwischen der Absicht der vom Magistrat erfragten Rechtsregelung und dem, was der gemeinsprachlich verstandene Wortlaut regelt, in den beiden folgenden Texten gemacht ist, gibt sich eindeutig als eine Leistung der spezifisch klassischen, von dem Schüler der skeptischen Rhetorik Servius Sulpicius Rufus begründeten Rechtslehre zu erkennen.[112]

> Paulus lb sg ad legem Cinciam D 1,3, 29
> Contra legem facit, qui id facit quod lex prohibet, in fraudem vero, qui salvis verbis sententiam eius circumvenit. (*Gegen das Gesetz handelt, wer tut, was das Gesetz verbietet, zu seinem Schaden, wer ohne Verletzung seiner Worte seinen Sinn verletzt.*[113])

> Ulpian 4 ad edictum D 1,3,30
> Fraus enim legi fit, ubi quod fieri noluit, fieri autem non vetuit, id fit; et quod distat ῥητὸν ἀπὸ διανοίας, hoc distat fraus ab eo, quod contra legem fit. (*Ein Gesetz wird vorwerfbar verletzt, wo geschieht, was das Gesetz nicht gewollt, aber nicht verboten hat; und so wie das Gesagte sich von der Vorstellung unterscheidet, so unterscheidet sich die Gesetzesverletzung von der vorwerfbaren Gesetzesschädigung.)*

Der Prätor verhindert die Klage durch eine auf die Schenkung selbst gestellte und sie zum Klagabweisungsgrund erhebende, d. h. *in factum* konzipierte Einrede.[114]

111 Vgl. Ps.-Ulpian, reg. 1, 1 si plus donatum sit, non rescindit (sc. lex Cincia) Vgl. dazu Jürgen Pansegrau, Die Fortwirkung der römisch-rechtlichen Dreiteilung der Verbotsgesetze in der Rechtsprechung des Reichsgerichts: Zur Vorgeschichte des § 134 (1989).

112 Vgl. einerseits die entsprechende von Servius Sulpicius Rufus bei der Auslegung des *ius scriptum* einer Vermächtnisanordnung angewendete Sprachlehre, oben Anm. 104, andererseits den bekannten Status »*scriptum – sententia* (*voluntas*)«, der die Auseinandersetzung zwischen Wortlaut- und Sinngeltung der Gesetze für den Redner topisch aufbereitet. Vgl. auctor ad Herennium II 9, 13 und Cicero, de inventione II 40, 116.

113 Das *circumvenire*, das wörtlich »umgehen« heißt und die moderne Terminologie der Gesetzesumgehung geprägt hat, muß hier bei näherer Betrachtung in seinem allgemeineren Sinn von »schädigen« verstanden werden, da der Sinn ja gerade nicht umgangen wird.

114 Paulus 23 ad edictum de brevibus FrVat 310 nennt zwei parallele Einreden, die *exceptio legis Cinciae* und die *in factum* konzipierte Einrede »si non donationis causa mancipavi vel promisi me daturum« (*wenn ich nicht schenkungshalber manzipiert oder eine Leistung versprochen habe*). Zur klassischen Jurisprudenz gehört nur die zweite Einrede, die in der Formel selbst natürlich als Ausnahme von dem Kondemnationsbefehl objektiv stilisiert war (»wenn er etc.«). Die *exceptio legis Cinciae* ist dagegen unverkennbar »*in ius*« konzipiert

Der Prätor schützte damit den Sinn des Gesetzes, allerdings nach ur- [64] sprünglicher klassischer Ordnung in einem sehr eng bestimmten Sinn, nämlich als Magistrat, der berufen war, die gesetzliche Ordnung zu gewährleisten und sich in dieser Rolle durch den Antrag, eine Klage zu gewähren, die dem Sinn und Zweck des Gesetzes zuwiderlief, provoziert sah.

Den restriktiven Geist dieser Praxis bezeugt die Behandlung des Falles, daß ein Verbotsgesetz zwar die gewollte Nichtigkeit nicht erfolgreich angeordnet hatte, aber immerhin für eine Zuwiderhandlung eine gesetzliche Strafe vorsah. Bei einem solchen Verbotsgesetz, das als *lex minus quam perfecta* eingestuft wurde, intervenierte der Magistrat grundsätzlich nicht.[115]

Die magistratische Tätigkeit, die den Sinn und Zweck eines Gesetzes verwirklichte, war nicht auf den Fall des die Nichtigkeit eines Rechtsgeschäfts wollenden, aber nicht aussprechenden Verbotsgesetzes beschränkt. Der Magistrat war vielmehr grundsätzlich gegenüber allen Gesetzen berufen, dem offenkundigen Sinn eines Gesetzes mit seinen Mitteln zur Geltung zu verhelfen. Die Rechtfertigung dafür fand die klassische Lehre in einem Leitwert der *naturalis aequitas*, nämlich einer grundsätzlichen Loyalitätspflicht gegenüber der eigenen Rechtsordnung,

und ist als solche, wie hier kurz angedeutet sei, aus der vorklassischen Tradition zu erklären. Entgegen dem Sinn des klassischen Prinzips (*lex Cincia non rescindit*, vgl. oben Anm. 111) rechtfertigt sie als *exceptio perpetua* eine *condictio* auf Rückgewähr der bewirkten Schenkung. Für diese Klage (vgl. auch Paulus 71 ad edictum D 44, 4, 5, 5) spricht sich Ulpian 26 ad edictum FrVat 266 ausdrücklich aus: *debuit dici* und unterläßt es auch nicht, in diesem Zusammenhang auf eine die Lage erhellende Kontroverse hinzuweisen. Die Sabinianer hätten nur dem Schenker selbst geholfen, die Prokulianer dagegen jedem, der von der formalen Geltung des Schenkungsversprechens betroffen wurde (also auch dem Rechtsnachfolger des Schenkers). Die Sabinianer haben damit vor dem Hintergrund des schenkungsfreundlichen vorklassischen Naturrechts (vgl. insofern meinen Aufsatz »Der ungleiche Tausch zwischen Glaukos und Diomedes« Historische Anthropologie 2 [2002] S. 254-266; 262 ff.) die gesetzliche Bestimmung auf den Freigebigen selbst als den von Weggabe unmittelbar betroffenen restringiert und die *exceptio legis Cinciae* nur ihm gegeben, aber, da sie eine prinzipiengeleitete Sinnauslegung vertraten, ihm auch nach vollzogener Schenkung eine Kondiktion auf die gesetzeswidrige Bereicherung gewährt. Die Prokulianer hatten dagegen den Schutz des objektiven Gesetzessinnes im Auge und gewährten die *in factum* konzipierte Einrede der klassischen Methode jedem Beklagten, also auch den Rechtsnachfolgern des Schenkers. Eine *fraus legis* fand in der Tat auch gegenüber den Erben des Schenkers statt, während er selbst eine Schenkung nicht vorgenommen hatte. Die von mir in der Untersuchung »Fraus legis« (1982) gegebene Erklärung der Einreden-Dublette halte ich nicht aufrecht.

115 Ps.-Ulpian reg. 1, 2 Minus quam perfecta lex est quae vetat aliquid fieri, et si factum sit, non rescindit, sed poenam iniungit ei qui contra legem fecit (*Ein »weniger als wirksames Gesetz« ist gegeben, wenn es verbietet, daß etwas geschieht, und für den Fall, daß es geschieht, keine Unwirksamkeit herbeigeführt ist, sondern dem, der gegen das Gesetz gehandelt hat, eine Strafe auferlegt.*). Als Beispiel wird die schon erwähnte (vgl. oben Anm. 110) lex Furia testamentaria genannt, die den verbotenen Erwerb mit einer vierfachen Herausgabepflicht ahndete. Für eine Nichtigkeit war hier kein Bedarf, da die Sanktion vermögensmäßig eine Herausgabepflicht mit dreifacher Strafe kombiniert.

sei sie ungeschrieben oder geschrieben.[116] Die darin begründete Legitimation zu prätorischer Regelbildung ließe sich an vielen Beispielen veranschaulichen. Hier mögen zwei genügen.

Das Anfangsgebot der Zwölftafeln, einer Privatladung vor Gericht Folge zu leisten (XII tab I 1 *Si in ius vocat, ito*), war eine *lex imperfecta* im technischen [65] Sinn, da es keine unmittelbare rechtliche Sanktion hatte[117] und inbesondere keine Strafe vorsah.[118] Der Gerichtsmagistrat half mit einer *in factum* konzipierten, d. h. auf den Sachverhalt des Ladungsungehorsams gestellten Strafklage.[119] Ein weiteres allbekanntes Beispiel stellt die *lex Aquilia* dar. Sie war insofern eine *lex imperfecta,* als sie erkennbar die Absicht hatte, alle unmittelbar verursachten vorsätzlichen Schädigungen ersatzpflichtig zu machen, mit ihrem Wortlaut aber, wie die klassische Jurisprudenz festgelegt und in reicher Kasuistik veranschaulicht hatte, nur die unmittelbar körperlich bewirkte Schädigung erfaßte. Der Magistrat half daher immer, wenn eine unmittelbar verursachte (durch *causam praestare*, d. h. Ursachensetzung bewirkte) Schädigung vorlag (z. B. Anbohren eines Fasses, so daß der Wein ausläuft, oder: Zerschneiden des Ankertaus, so daß das Schiff zerschellt) und somit die *sententia legis* verletzt war, mit *in factum* konzipierten, also wiederum unmittelbar an das schädigende menschliche Verhalten anknüpfenden Klagen *ad exemplum legis Aquiliae.*[120]

116 Daher sagt Cicero, Partitiones oratoriae 37, 130 am Ende der Skizze des klassischen Rechtssystems zur abschließenden Vorbereitung des Satzes sunt aperti quasi fontes quidem aequitatis (*es gibt gewissermaßen offene Quellen der [natürlichen] Regelgleichheit)*: Atque etiam hoc in primis, ut nostros mores legesque tueamur, quodam modo naturali iure praescriptum est (*Und vor allem auch die Wahrung unserer ungeschriebenen und geschriebenen Gesetze ist uns gewissermaßen von einem Naturrecht vorgeschrieben.*). Das hier gemeinte *ius naturale* ist das sozioethische, das sich nur an den Menschen richtet (vgl. Cicero, de inventione II, 22, 65; II 53, 160) und das im Edikt als *naturalis aequitas* erscheint, nicht das soziobiologische, das den Menschen nach skeptischer Beobachtung mit sozialen Instinkten ausgestattet hat, die es auch im Tierreich gibt (vgl. Ulpian 1 institutionum D 1, 1, 1,3).

117 Die körperliche Zwangsvorführung war oft untunlich und keine Rechtsfolge. Die von dem Latitantenedikt drohenden Vollstreckungsfolgen wegen Prozeßverweigerung standen unter weiteren Voraussetzungen.

118 Die »*deviantes*«, die vom »Weg des Gesetzesgehorsams Abweichenden« der folgenden Stelle sind daher folgerichtig nicht danach zu unterscheiden, ob sie ein Verbot oder ein Gebot mißachten. Vgl. Macrobius, Comment. in somnium Scipionis 2, 17, 13 (ed. Regali II [1990] 124) sed quia inter leges quoque illa imperfecta dicitur in qua nulla deviantibus poena sancitur, ideo ⟨scil. Africanus⟩ in conclusione operis poenam sancit extra haec praecepta viventibus. (*Aber weil man unter den Gesetzen unvollkommen jenes nennt, in dem für diejenigen, die es verletzen, keine Strafe vorgesehen ist, deswegen bestimmt Scipio am Ende des Werkes gegen diejenige, die außerhalb dieser Gebote leben, eine Strafe.*) Die traditionelle Beschränkung der Lehre von der *lex imperfecta* auf die Frage der Nichtigkeit im Sinne des § 134 BGB ist also unrichtig.

119 Vgl. Gaius IV 46 und Lenel, Edictum perpetuum [3](1927) S. 71.

120 Die Kategorie des *ad exemplum* als Prinzip eines für die prätorische Regelbildung maßgebenden Zugriffs auf den Sinn einer bereits bestehenden, aber ergänzungsbedürftigen Regelung ist für Servius Sulpicius bezeugt (Ulpian 23 ad edictum D 9,3, 5, 12; vgl. Paulus

§ 4 Das Gesetz als Gelöbnis der Bürgerschaft

Die Klärung, daß das klassische Gesetzgebungsverfahren nicht nur einen Text in Kraft setzte, der danach befragt wurde, was er nach seinem handgreiflichen Wortlaut in der strukturierten Rechtsordnung erfolgreich bewirkt hat, sondern auch mit den Mitteln der Sprache einen Sinn und Zweck ausdrückt, der eine magistratische, unmittelbar an das menschliche Verhalten anknüpfende, ergänzende Regelbildung auslösen konnte, macht es nun auch mög- [66] lich, die Vertragsstruktur des klassischen Gesetzes mit der klassischen Vertragslehre in Beziehung zu setzen, wie sie, aus der philosophischen Rhetorik der skeptischen Akademie kommend, in den Kommentaren zum Edikt *de pactis conventis* vorliegt.[121] In diesem Vergleich erscheint das klassische Gesetz als das erfragte zusätzliche Rechtsversprechen der Bürgerschaft innerhalb der längst gegründeten Rechtsordnung, die nach dieser Lehre einst durch eine von einem überlegenen Menschen einberufene »friedliche Zusammenkunft« nach allen ihren Strukturen und Werten und unter Anerkennung einer rechtlich geregelten Herrschaft ins Leben gerufen worden war.[122] Für das Gesetz, das durch Frage und Antwort zustandekommt und der Schriftform nur um der Veröffentlichung und der Dokumentation willen bedarf, bewährt sich damit erneut die Parallele zur Stipulation.[123]

Diese klassische Vertragslehre unterscheidet einerseits die benannten »friedlichen Übereinkünfte« (*pacta conventa*), die als solche den numerus clausus der vom System der *institutio aequitatis* anerkannten Konsensualverträge repräsentieren,[124] und die bloße einfache »friedliche Übereinkunft«, die der Prätor *natu-*

10 ad Sabinum D 9, 2, 12). Die Kasuistik zum aquilischen *causam praestare* beginnt in unserer Überlieferung bei dem unmittelbaren Servius-Schüler Ofilius (Ulpian 18 ad edictum D 9, 2, 9, 3); der Weinfall geht auf Labeo zurück, Schiffstaufall auf Labeo oder auf Alfenus; vgl. Ulpian ibid D 9, 2, 27,35 und D 9, 2, 29 §§ 3-5. Die handgreifliche Gesetzesauslegung, die sie hervorgetrieben hat, wird erst durch Julian auch in die sabinianische Rechtsschule aufgenommen (Julian 86 digestorum D 9, 2, 51 pr; vgl. Gaius III 219). Zu ihrer Herkunft aus dem klassischen Paradigma-Wechsel ausführlich »Gesetz und Sprache« (oben Anm. 51) S. 225 ff., 241 ff.

121 Vgl. nur auctor ad Herennium II 13, 20; Cicero, de inventione II 22, 68, II 54, 162; partitiones oratoriae 37, 130; Ulpian 4 ad edictum D 2, 14, 7, 5.

122 Die ausführlichste Skizze dieser Lehre (vgl. zu ihr bereits o. S. 37 ff.) bietet Cicero, de inventione I 1, 2-3, 2. Siehe aber auch Cicero, pro Sestio 42, 9 und de oratore I 8, 33.

123 Vgl. bereits oben Anm. 87 und 103.

124 Vgl. Ulpian D 2, 14, 7 pr u. § 1. Der den Systemaufbau exemplifizierende Ausdruck *pactum conventum societatis* ist durch ein die Schriften des Servius-Schülers Alfen exzerpierendes Fragment überliefert. Vgl. Paulus 3 epitomarum Alfeni digestorum D 17, 2, 71. Im übrigen ist die Vorstellung, daß in jedem Konsensualvertrag ein *pactum conventum* enthalten ist, in der bekannten Lehre von den *pacta adiecta* vorausgesetzt. Sie können, wenn sie in der Übereinkunft selbst enthalten sind, auch die klagbaren Rechte vermehren, also ex parte actoris wirken. Ulpian 4 ad edictum D 2, 14, 7, 5 ea enim pacta insunt quae legem contractui dant, id est quae in ingressu contractus facta sunt (*Diejenigen Vereinbarungen sind in der Übereinkunft enthalten, die dem [benannten] Kontrakt eine zusätzliche Norm hinzufügen, d. h. die beim Eingehen des Kontrakts vereinbart worden sind.*).

rali aequitate motus schützt, weil ein solches *pactum conventum de non petendo* den Frieden innerhalb der um des Rechtsfriedens willen gegründeten Rechtsordnung fördert.[125] Alle diese Vereinbarungen wiederholen als friedliche Übereinkünfte im Kleinen, was die Gründung der Rechtsordnung einst im Großen bewirkt hat.

Die Stipulation ist dagegen ein Vertrag, der in Geltung setzt, was die Frage enthält. Er beruht nicht auf einer Übereinkunft, sondern auf der allgemeinen, im klassischen System als Universale eingeordneten Fähigkeit des Menschen, durch eine Antwort auf eine Frage, die sich durch die Form als eine Rechts- [67] handlung zu erkennen gibt, Rechte und Pflichten zu begründen, die ihre Geltung aus der Form ziehen.[126]

Das Gesetz erscheint daher in der klassischen Lehre als Ausdruck einer besonderen rechtlichen Handlungsfähigkeit. Die allgemeine rechtliche Handlungsfähigkeit des Menschen zeigt sich im Staatsrecht in der Gründung der Staaten, im Privatrecht in den »friedlichen Übereinkünften«. Die Möglichkeit, zusätzliche Regeln zu schaffen, folgt aus der Fähigkeit des Menschen, sich durch Versprechen zu verpflichten. Der verbindende Oberbegriff ist das »*agere*«, das im klassischen System einen technischen, nämlich rechtswirksames Handeln bezeichnenden Sinn hat.[127] Auch das *rogare* des Magistrats, das, wenn die Volksversammlung zustimmt, die Gesetze in Kraft setzt, stellt ein solches auf Rechtswirkungen zielendes rechtliches Handeln dar, nämlich ein *agere cum populo.*[128]

125 Vgl. Ulpian 4 ad edictum D 2, 14, 1, der zur Rechtfertigung des magistratischen Schutzes für die *pacta de non petendo* nicht nur auf die *naturalis aequitas* und die menschliche Treue (*fides humana*), sondern auch auf den Gedanken des Friedens und der Übereinkunft hinweist.

126 Daher gehört die Stipulation zum allgemeinen Zivilisationsrecht des *ius gentium.* So ausdrücklich Gaius III 93. Die Ausnahme für die Wortform *spondesne*? *spondeo* ist die Ausnahme, welche die Regel bestätigt. Entscheidend ist die formgebundene Verständigung in einer in der Rechtsordnung allgemein anerkannten Sprache. Dieses wird deutlich, wenn die klassische Tradition (gegen Sabinus, der nur auf die Verständlichkeit abstellt) bei Verwendung mehrerer Sprachen über die gleichberechtigte Anerkennung der beiden Reichssprachen »Latein« und »Griechisch« nicht hinausgehen will. Vgl. Ulpian 48 ad Sabinum D 45, 1, 1, 6; siehe auch Gaius loc. cit. Auch in der Gesetzgebung ist das römische Reich, wie es scheint, über die Anerkennung des Griechischen grundsätzlich nicht hinausgegangen.

127 Treffend bereits Ludwig Mitteis, Römisches Privatrecht (1908) S. 144: »Actus oder Actio bedeutet ganz allgemein jeden auf Rechtsbegründung oder Rechtserhaltung zielenden Akt«. Die Feststellung gilt auch für das Verbum *agere*, das vor allem durch den Interpretationsbegriff des *id quod actum est*, der wie *actio* (vgl. Paulus 32 ad edictum D 17, 2, 65 pr.) das rechtsgeschäftliche wie das prozessuale *agere* meint und von Pringsheim, Savigny-Zeitschrift, Rom. Abt. 78 (1961) S. 1 ff., 17 ff. als zentraler Begriff der klassischen Handlungslehre des Servius sichtbar gemacht worden ist. Vgl. das *qui inter se agunt* bei Ulpian 4 ad edictum D 2,14,1,3.

128 Auch hierzu bereits treffend Mitteis (Anm. 127) S. 144 Anm. 21 mit Hinweis auf die Worte, mit denen Gellius ein Zitat des Messala, eines staatsrechtlichen Schriftstellers der späten Republik mehr ergänzt als kommentiert (Gellius 13, 16,3): Nam ›cum populo agere‹ est rogare quid populum, quod suffragiis suis aut iubeat aut vetet, ›contionem‹ autem ›habere‹

Als Mittel der Rechtssetzung ist das so eingeordnete klassische Gesetz im spezifischen Sinn ein formales Institut des skeptischen *ius humanum* (vgl. Cicero, Partitiones oratoriae 37, 129 f.). Es verweist nicht auf Naturrecht, sondern ist in seinen Inhalten allein von einer menschlich definierten Rechtsvernunft bestimmt. Auf die voraussetzungsvolle Frage, ob der Gesetzgebung von der klassischen Rechtslehre selbst immanente Grenzen gezogen sind, deren Verletzung ein äußerlich in Kraft getretenes Gesetz unwirksam macht, kann hier nicht eingegangen werden. Es muß hier genügen, auf die inhaltlichen Ansprüche hinzuweisen, die in der klassischen, ihre hellenistischen Wurzeln [68] nicht verleugnenden Tradition galten und die schon unsachgemäße Gesetze auszuschließen bestrebt waren. Sie kulminiert in der spezifisch republikanischen Deutung des Gesetzes als »gemeinsames Gelöbnis der Bürgerschaft«, als »*communis rei publicae sponsio*«.

> Papinian 1 definitionum D 1,3,1
> Lex est commune praeceptum (1), virorum prudentium consultum (2), delictorum quae sponte vel ignorantia [!] contrahuntur coercitio (3), communis rei publicae sponsio (4) (*Das Gesetz ist ein für alle geltendes Gebot, ein von verständigen Männern erarbeiteter Beschluß, eine Sanktion sowohl vorsätzlich wie fahrlässig begangener Straftaten, ein gemeinsames Gelöbnis der Bürgerschaft.*).

Hervorgehoben wird (1) die Allgemeinheit des Gesetzes, (2) die Notwendigkeit einer sorgfältigen Vorbereitung der Gesetzesvorlage – denn die *viri prudentes* können nicht der *populus* sein, der an der Planung des Gesetzes keinen Anteil hat – und (3) unter dem Gesichtspunkt der handlungsleitenden Wirkung des Gesetzes deren Möglichkeit entgegen der klassischen *ratio iuris* auch fahrlässige Delikte zu sanktionieren.[129] Last but not least wird (4) in offensichtlicher Anlehnung an die Stipulation der Gedanke der Selbstbindung und Selbstverpflichtung der Bürgerschaft durch ihre Repräsentation in der Volksversammlung in das Zentrum des Gesetzesbegriffes gestellt. Papinian, der große Vertreter der spätrepublikanischen Tradition zwischen Celsus und Ulpian und in seinem Ethos noch tief ge-

est verba facere ad populum sine ulla rogatione. (*Denn »mit dem Volk rechtlich handeln« heißt, die Volksversammlung etwas fragen, was es durch seine Abstimmung entweder befiehlt oder verbietet, »eine einfache Versammlung halten« bedeutet, zu dem Volk ohne jede Befragung zu sprechen.*) Die Prägnanz der Äußerung deutet darauf, daß Gellius auch hier »stumme Lehrmeister« (*muti magistri*), wie er rechtswissenschaftliche Lehrbücher an anderer Stelle nennt (Gell. 14, 2, 1), konsultiert hat.

129 Die Zugehörigkeit dieses Fragments zur spezifisch klassischen Tradition ergibt sich aus der Betonung, daß das positive Gesetz auch die fahrlässigen Taten ahndet. Denn die klassische Rechtstheorie behandelt die fahrlässigen Taten, bei denen der Erfolg nicht gewollt ist, wie das deutsche Recht die Gefährdungshaftung. Sie verlangte dafür ein Gesetz, da nach den vom *ius gentium* formulierten universalen Grundsätzen des klassischen Rechts grundsätzlich für nicht gewollte Erfolge eine Haftung nicht besteht. Vgl. die entsprechenden Zeugnisse »Selbstbehauptung« (oben Anm. 51) S. 91 f. mit Anm. 103.

prägt von der philosophischen Rhetorik der ausgehenden Republik,[130] spricht hier als Vermittler dieser Tradition.

Wie sehr Papinian und die von ihm repräsentierte Rechtswissenschaft hier tatsächlich in der Tradition der für das klassische Recht grundlegenden philosophischen Rhetorik stehen, zeigt das Demosthenes-Zitat in den Institutionen Marcians, in dem das Gesetz in der Sache übereinstimmend als »Vertrag der Bürgerschaft«, πόλεως δὲ συνθήκη κοινή (4), bestimmt wird und auch der Gesichtspunkt der sorgfältigen Planung (2) und der handlungsleitenden Sanktionsgewalt (3) wiederkehrt.

> Marcian 1 institutionum D 1,3,2
> Nam et Demosthenes orator sic definit: τοῦτό ἐστι νόμος, ᾧ πάντας ἀνθρώπους προσήκει πείθεσθαι διὰ πολλά, καὶ μάλιστα ὅτι πᾶς ἐστι νόμος εὕρημα μὲν καὶ δῶρον θεοῦ, (2) δόγμα δὲ ἀνθρώπων φρονίμων, (3) ἐπανόρθωμα δὲ τῶν ἑκουσίων καὶ ἀκουσίων ἁμαρτημάτων, (4) πόλεως δὲ συνθήκη κοινή, καθ᾽ ἥν ἅπασι προσήκει ζῆν [69] τοῖς ἐν τῇ πόλει. (*Haec lex est, cui omnes homines convenit obtemperare cum propter alia pleraque tum maxime, quod omnis lex inventum est et donum dei, placitum vero sapientium hominum coercitioque peccatorum tam voluntariorum quam non voluntariorum, civitas autem pactum commune, secundum quod convenit vivere quique in ea sunt*). (*Auch der Redner Demosthenes [in seiner Rede* adversus Aristogitonem vol. 1 p. 774 Reisk] *definierte folgendermaßen: Ein Gesetz ist etwas, dem zu gehorchen allen Menschen ansteht aus vielen Gründen, vor allem weil jedes Gesetz eine von Gott gewährte Entdeckung und Gabe ist, (2) eine Beschlußfassung kluger Leute, (3) eine Sanktion vorsätzlicher und fahrlässiger Verfehlungen, ein gemeinschaftlicher Vertrag der Polis, nach dem es allen in der Stadt geziemt zu leben.*)

Nur mit der von ihm zuerst genannten Eigenschaft weicht Demosthenes' Definition von derjenigen Papinians ab. Statt auf die Allgemeinheit des Gesetzes zu verweisen, heißt es, daß jedes Gesetz ein Geschenk der Götter sei. Dieses Element bereitet im Marcian-Fragment ein weiteres Zitat aus einer spezifisch naturrechtlichen Quelle vor, nämlich aus der Schrift über die Gesetze des Philosophen Chrysipp, des zentralen Autors der Stoa. Es ist eine Gesetzesdefinition, die das Gesetz dem Pantheismus der Stoa folgend mit dem in der gesamten Natur wirkenden Gott gleich setzt: Dieses (in seinem Ausgangspunkt nicht juristische, sondern naturphilosophische, den gesamten Kosmos erfassende) Gesetz ist die Königin aller göttlichen und menschlichen Verhältnisse. Es entscheidet über Gut und Böse und ist auch die Quelle allen Rechts. Der Mensch schuldet ihm Gehorsam kraft seines von Natur aus gesellschaftlichen Wesens.[131]

130 Zu seiner Einordnung in die spezifisch klassische Tradition meinen Beitrag »Papinians Verweigerung oder die Moral eines Juristen« in: U. Mölk (Hrsg.), Literatur und Recht (1996) S. 243-291.

131 Vgl. von Arnim, Stoicorum Veterum Fragmenta III S. 76-89, insbesondere die Ziffern 308, 314, 323, 360 und die damit übereinstimmende vorklassische Rechtstheorie o. S. 43 ff.

Papinians Definition ist von solch göttlicher oder metaphysischer Überhöhung frei. Sie steht damit der gemeinsamen Quelle, die im Umkreis der *civilis scientia* (πολιτικὴ τέχνη) der mit Protagoras beginnenden griechischen Aufklärung anzusetzen sein dürfte,[132] näher, und weist damit, wie gesagt, für römische Tradition auf die Zeit zurück, in der die philosophische Rhetorik der skeptischen Akademie in Cicero einen Schüler gefunden hat, dessen kulturelle Bedeutung für die römische und lateinische Kultur die eines Demosthenes für die attische und griechische noch weit übertrifft, und mit Servius Sulpicius Rufus auf einen Juristen, der nach gemeinsamer Lehrzeit mit Cicero und bedeutenden Erfolgen als Redner zur Rechtswissenschaft wechselte und als solcher zum Begründer der klassischen Jurisprudenz wurde.

[70] Die rhetorische Charakterisierung des Gesetzes als »*comunis rei publicae sponsio*« oder πόλεως συνθήκη κοινή ist mehr auf die politische Legitimation und Sinngebung als auf die Wiedergabe der positiv-rechtlichen Verhältnisse gerichtet. Das in den Abstimmungsformen verschieden ausgestaltete Mehrheitsprinzip wird, um den republikanischen Kerngedanken der Selbstbindung mit einem gewissen Pathos herauszustellen, ebenso übergangen wie die Tatsache, daß die Rechtshandlung nicht zwischen den Mitgliedern des Volkes, sondern zwischen Magistrat und Volksversammlung stattfindet. Aus der Pathosformel »gemeinschaftliches Gelöbnis der Bürgerschaft« sollten keine falschen Schlüsse gezogen werden. Die gedankliche Notwendigkeit, im Rahmen der für die römische Republik maßgebend gewordenen Staatslehren sorgfältig zwischen zwei Vertragsbegriffen zu unterscheiden, einem gesamtaktsförmigen der Staatsentstehung und einem des innerstaatlichen Gesetzes zwischen dem Inhaber der Hoheitsgewalt und den von den Versammlungen repräsentierten Bürgern, die ich schon am Ende der Behandlung des vorklassischen Gesetzes betont habe, wird von ihr nicht berührt.

132 Zu der von Protagoras vertretenen, lehrbaren »bürgerlichen Kunst«, die den Menschen das Zusammenleben überhaupt erst ermöglichte und ihnen im Mythos von Zeus durch Hermes übermittelt wurde (vgl. Platon, Protagoras 322 b), würde die Vorstellung eines solchen Gelöbnisses passen, das Platon auch voraussetzt, wenn er Kriton 52 b, 52 d, 54 c die Gesetze selbst auftreten läßt und Sokrates an die Verträge (συνθῆκαι) und Gelöbnisse (ὁμολογίαι) mahnen läßt, durch die er sich ihnen verpflichtet habe. Vgl. auch die Definition des Gesetzes als »Überzeugung der Bürgerschaft« δόγμα πόλεως (Nomoi 644 d; vgl. Minos 314 c), die dann bei Platon idealisierend (Nomoi 645 b) als »die goldene und heilige Führung der Vernunft, die das gemeinsame Gesetz der Polis genannt wird«, erscheint und in Gegensatz gestellt wird zu den starren, »eisernen« Tendenzen der dem Menschen innewohnenden eigennützigen Triebe.

VI. Der Vertragsgedanke im Gesetzesbegriff des Prinzipats: Vollzug eines Mandats des Volkes

§ 1 Die Rechtsfestsetzung kraft Gesetzgebungsauftrags durch das Volk

Mit dem Gesetzesbegriff des Prinzipats, genauer mit der gesetzesvertretenden, *constitutio* genannten[133] Normsetzung des Prinzeps, tritt ein neues Prinzip auf, in dem der Vertragsgedanke nur noch herrschaftslegitimierende, letztlich ideologische Bedeutung hat. Augustus, der die Republik im Jahre 27 nicht nur wiederhergestellt, sondern zugleich unter seine naturrechtlich und – durch Beanspruchung eines höheren, im Augustus-Cognomen proklamierten Menschentums – göttlich legitimierte Schutzgewalt genommen hat,[134] leitet [71] seit dem Jahr 23 v. Chr. diese Rechtssetzungsgewalt von einem Ermächtigungsgesetz ab, das ihm wie später seinen Nachfolgern die Befugnis erteilte, alles zu tun, was ihm zum Heil der göttlichen und menschlichen Dinge erforderlich erschien.[135] In diese Klausel hatte die das Prinzipat legitimierende Auslegung ein Mandat gelegt, kraft dessen ihm das Volk für die Zwecke seiner Ausnahmeherrschaft die ihm eigene Herrschaftsgewalt in Form einer Ermächtigung (d. h. ohne sich der eigenen Gesetzgebungskompetenz zu begeben), übertrug.

133 Die Ausdrücke *constituere, constitutio* stammen aus der vorklassischen Jurisprudenz und bezeichnen dort Regelbildungen kraft naturrechtlicher Auslegung (Paulus 17 ad Plautium D 45, 1, 91 §§ 3 und 4), d. h. kraft einer autoritativ bekräftigten Erkenntnis (vgl. Cicero, Lucullus 8, 23). In dem, was Augustus und seine Nachfolger an außerordentlichem Kaiserrecht schaffen, ist die Verknüpfung ihrer Rechtssetzungsbefugnis mit dem vorklassischen Naturrecht oft noch deutlich zu erkennen. Ein anschauliches Beispiel liefern die Fideikommisse.

134 Vgl. dazu zuletzt meinen Beitrag »Der Ort des Ius divinum« (oben Anm. 51), S. 557-585. Zu Augustus als Schirmherr Roms und Italiens anschaulich und in der verfassungspolitischen Substanz treffend Horaz, Carm. IV 14 Z. 43: o tutela praesens /Italiae dominaeque Romae (*oh gegenwärtiger Schirm Italiens und der Herrin Rom*) und Carm. IV 15 Z. 17 Custode rerum Caesare non furor/Civilis aut vis exiget otium (*Solange Caesar die Dinge unter seiner Obhut hat, wird kein Bürgerwahnsinn und keine Gewalt den Frieden vertreiben.*). Schutz und Obhut gewährt der Imperator Caesar divi filius Augustus militärisch als Oberbefehlshaber aller Soldaten, rechtlich als Inhaber außerordentlicher Kompetenzen und zu einem geringeren Maße durch Übernahme von Ämtern der wiederhergestellten republikanischen Verfassung.

135 Die Klausel lautete (Mommsen, II S. 909 Anm. 2: utique quaecumque ex usu rei publicae maiestate⟨que⟩ divinarum huma⟨na⟩rum publicarum privatarumque rerum esse censebit, ei agere facere ius potestasque sit) (*Und daß ihm Recht und Macht zustehe zu betreiben und zu tun, was immer nach seinem Ermessen zum Nutzen des Gemeinwesens und zur Mehrung der göttlichen und menschlichen, der öffentlichen und privaten Verhältnisse nötig sein wird.*) Die keinen Augenblick bezweifelte (Gaius I 5: *nec umquam dubitatum est*) Erstreckung dieser Klausel auf die gesetzesvertretende Rechtssetzung konnte sich auch auf den Wortlaut berufen, da, vorausgesetzt, daß ein Gesetz eine solche Ermächtigung übertragen kann, eine umfassende rechtliche Handlungsvollmacht für das Gemeinwesen grundsätzlich auch die gesamte Interpretation des Rechts einschließt.

Ulpian 1 institutionum D 1,4,1 pr
Quod principi placuit, legis habet vigorem: utpote cum lege regia, quae de imperio eius lata est, populus ei et in eum omne suum imperium et potestatem conferat. (*Was dem Prinzeps gefällt, hat Gesetzeskraft, da ja durch das königliche Gesetz, daß über seine Herrschaftsgewalt ergangen ist, das Volk ihm und auf ihn alle seine Herrschaftsgewalt und Macht übertragen hat.)*

Die Argumentation ist vorklassisch. Denn nur diese Denkweise kannte eine prinzipiell einheitliche, zwischen den Elementen der gemischten Verfassung verschiebliche höchste und umfassende Gewalt; nur in diesem Denken wird das Verhältnis zwischen Volk und Herrschaftsträger in der Kategorie eines Ermächtigung und Verpflichtung für den Ermächtigenden nicht scheidenden Mandats gedacht.[136]

Der Name der umfassenden Rechtssetzungsbefugnis, die Augustus damit innehatte, und zwar außerhalb und über der institutionellen Ordnung der wiederhergestellten Republik, d. h. innehatte nicht kraft Magistratur, sondern als göttlich legitimierter Mensch (und damit republikanisch gesehen als Privatmann), war die *auctoritas,* ein Begriff, der wie der Herrschername selbst eine augurale Konnotation hatte und wie dieser eines Amtes nicht bedurfte. Die zentrale Bedeutung des Konzepts zeigt sich darin, daß Augustus die gesamte Rechtsfortbildung, die traditionell den führenden hauptstädtischen Juristen zustand, fortan auf diese *auctoritas principis* zurückbezog, indem er den Juristen das *ius respondendi ex auctoritate principis* übertrug.[137] Die Rechtsfort- [72] bildung konsolidierte sich dabei, bezeichnend für den Kompromißcharakter der von Augustus wiederherstellten und unter seine naturrechtliche Ausnahmegewalt genommenen Republik, in der Weise, daß sie bald regelmäßig den Schulhäuptern der beiden sich formierenden Schulen übertragen wurde, einerseits den Vorstehern der Sabinianer, die den Anschluß an die vorklassische Jurisprudenz gesucht hatten und dadurch dem neuen Regime nahestanden, andererseits den Vorstehern der Prokulianer, welche die klassische Tradition fortsetzen.

§ 2 Die Neuinterpretation des pactum conventum

Republikanisch war diese Verfassung, die unter dieses neue Prinzip gestellt war, nicht mehr. Und in den Interpretationen der Juristen macht sich diese neue Lage auch bald bemerkbar. Der in diesem Zusammenhang bemerkenswerteste Vorgang besteht in der interpretatorischen Umdeutung zweier klassisch-republikanischer, das Ediktsystem tragender Grundbegriffe, der »friedlichen Zusammen-

136 Siehe die Nachweise in meinem Beitrag »Tiberius Gracchus und die Juristen seiner Zeit – die römische Jurisprudenz gegenüber der Staatskrise des Jahres 133 v. Chr.« in: Luig/Liebs, Das Profil des Juristen in der europäischen Tradition (1980) S. 25-121.

137 Vgl. dazu näher »Der Ort des Ius divinum«, Festschrift Link (oben Anm. 134) S. 18 und 23.

kunft« (*pactum conventum*) und des zum Schutz der Rechtsordnung anerkannten magistratischen *imperium*.

Der Begriff *pactum conventum* wurde, und zwar im Ansatz schon früh, in den rechtlichen Grundbegriff der »*conventio*« umgedeutet, der ausnahmslos für alle Verträge, vor allem auch für die Stipulationen, galt und der als solcher alle auf Vereinbarungen zurückführbaren Rechtswirkungen, Klagen wie Einreden, als ein rechtliches Quellprinzip »erzeugte«. Zugleich wurde damit der Befehlsgewalt des *imperium*, die nach klassisch-republikanischer Lehre Gewalt nur über menschliches Verhalten hatte, nicht aber über das Recht, nach dem Muster des kaiserlichen *imperium* rechtserzeugende Kraft beigelegt. Alle Vereinbarungen, die nach dem Edikt allein durch das über Verhalten herrschende *imperium* des Prätors geschützt wurden, gewannen damit rechtliche Qualität.[138]

[73] Darin lag eine erhebliche Stärkung der kreativen Bedeutung des rechtsgeschäftlichen Vertragswillens, aber, wie man sofort hinzufügen muß, eines Vertragswillens von Bürgern, deren verfassungsgründende Tat nicht mehr die »Zusammenkunft zum Gemeinwesen« und die Anerkennung magistratischer, rechtlich geordneter Befehlsgewalt über ihr Verhalten war, sondern vielmehr die Verabschiedung eines Ermächtigungsgesetzes. Dieser Zusammenhang wird da-

138 Die Grundaussage findet sich in der im Zeichen der *conventio* erfolgten Gleichstellung der benannten Verträge und der *pacta de non petendo* bei Ulpian 4 ad edictum D 2, 14, 7 pr Iuris gentium conventiones quaedam actiones pariunt, quaedam exceptiones (*Von den Übereinkünften des ius gentium erzeugen die einen [wenn sie »benannt« sind] Klagen, die anderen [wenn sie »unbenannt« bleiben] Einreden*). Nach klassischer Lehre war das *pactum conventum* keineswegs ein Vertrag eines dynamischen *ius gentium*, der als solcher eine Rechtsfolge hervorbringen konnte, sondern sowohl allein wie als Grundtatbestand der Konsensualverträge ein Tatbestand der *naturalis aequitas*, nicht der (die Institute des *ius gentium* bereithaltenden) *civilis aequitas*. Daher bedurfte es, wenn es allein blieb, zu seiner Durchsetzung der über menschliches Verhalten gebietenden Befehlsgewalt des Prätors, der zum Schutz eines *pactum conventum de non petendo* daher eine *in factum* (!) konzipierte Einrede gewährte. Die Erhebung der *conventio* zum Allgemeinbegriff (Ulpian loc. cit. D 2, 14, 1,3) führte weiter dazu, daß auch die im klassischen Edikt nur mit einer *formula in factum concepta*, also nur *naturali aequitate* durch die Befehlsgewalt geschützten Verhältnisse wie Leihe, Hinterlegung und Pfand als benannte Verträge in das *ius gentium* rezipiert wurden (Ulpian l.c. D 2, 14, 7, 4; D 2, 14, 7, 1). Der Anstoß für die Neuinterpretation dürfte schon auf den augusteischen Juristen und großen Neuerer Labeo zurückgehen (vgl. Paul 3 ad edictum D 2, 14, 2 pr). Ulpian beruft sich für sie auf den Ediktkommentator Pedius, und zwar in einer Weise, die deutlich macht, daß in der Erstreckung des Prinzips der *conventio* über die Konsensualkontrakte hinaus die entscheidende Bewegung über das ursprüngliche Geltungsgebiet des *pactum conventum* hinaus lag. Ulpian 4 ad edictum D 2, 14, 1,3 adeo autem conventionis nomen generale est, ut eleganter dicat Pedius nullum esse contractum, nullam obligationem, quae non habeat in se conventionem, sive re sive verbis fiat: nam et stipulatio quae verbis fit, nisi habeat consensum, nulla est (*So sehr ist* »Übereinkunft« *ein Allgemeinbegriff, daß Pedius treffend gesagt hat, daß es keinen Vertrag und keine Obligation gibt, die keine Übereinkunft in sich enthält, gleich ob sie durch Sachhingabe oder durch Worte abgeschlossen wird: denn auch eine Stipulation, die durch Worte abgeschlossen wird, ist nichtig, wenn sie keinen Vertragskonsens enthält.*).

durch besonders deutlich, daß der Begriff der *conventio* unter vereinfachender Verwendung vorklassischer Motive in der Kaiserzeit auch die Gewohnheitsrechtstheorie erfaßte und die gesetzesvertretende Rechtserzeugung das Gewohnheitsrecht auf eine als gegenwärtig wirkend gedachte Übereinstimmung der Bürger zurückführt. Die klassische Regel, die Gewohnheitsrecht aus der für die Gegenwart unverfügbaren Rechtspraxis der *maiores*, der Vorfahren, ableitete, wurde aufgegeben. Die stillschweigende Bürgerübereinkunft (*tacita civium conventio*) wurde sogar höher eingestuft als die Abstimmungen in der Volksversammlung, weil das Volk die Regeln des Gewohnheitsrechts ohne Verwendung der Schriftform billigte (*sine ullo scripto populus probavit*) und so sehr, daß es der Schriftform nicht bedurfte (*in tantum probatum est, ut non fuerit necesse scripto id comprehendere*).[139] Aber während im privaten Vertragsrecht von einer Stärkung der rechtsgeschäftlichen Gestaltungsfreiheit gesprochen werden kann, blieb hier auf der staatsrechtlichen Ebene die angebliche Stärkung der Rechtssetzungsmacht der Bürgerschaft reine Ideologie. Eine Vermehrung des Einflusses der Bürger auf die Rechtssetzung hatte sie nicht zur Folge. Vielmehr hatte diese Lehre letztlich nur die Funktion, durch die Anerkennung des auch ohne Beachtung von Formen wirksamen und in seinen Aussagen von den Juristen gedeuteten Willens der Bürger die Grundlagen des den Prinzeps berufenden Ermächtigungsgesetzes und der ihm zuteilgewordenen Auslegung zu festigen.

Das erfragte Ermächtigungsgesetz diente nicht mehr der Ergänzung der durch republikanischen Zusammentritt entstandenen Rechtsordnung, sondern wurde zum Gründungsakt einer sich demokratisch legitimierenden Monarchie. Die *civium conventio* wie die *conventio* schlechthin sind jetzt rechtserzeugend im Spiegel einer sie selbst als Rechtsverhältnis erzeugenden herrscherlichen Rechtsmacht.

§ 3 Die augusteische Verfassung als foedus datum und Rousseaus »contrat social«

[74] Die vertragliche Legitimation der kaiserlichen Gesetzgebungsgewalt fand neben dem Mandat noch einen anderen vertraglichen Ausdruck, der in augusteischer Zeit auftaucht und um den Begriff des *foedus* kreist. Diese Facette ist deswegen historisch besonders bemerkenswert, weil ihr eine Denkweise zugrundeliegt, die in nicht nur oberflächlicher Weise den Contrat social Rousseaus inspirieren sollte. Rousseau, der Recht, Rechtsgesinnung und Macht der Römer aufrichtig bewundert zu haben scheint,[140] hat diesen Zusammenhang selbst durch das Motto, daß er seinem Buch voranstellt, herausgestellt.

139 Die drei zitierten Quellen sind Hermogenian 1 iuris epitomarum D 1, 3, 35, Julian 84 digestorum D 1, 3, 32, 1 und Paulus 7 ad Sabinum D 1, 3, 36.

140 So bemerkt nach der Analyse einer alten, den Krieg ordnenden, auguralrechtlichen Vorschrift von ihnen (Contrat social I 4 [Fußnote]: Les Romains sont ceux qui ont le moins souvent transgressé leurs lois, et ils sont les seuls qui en aient eu d'aussi belles. Siehe auch den Abschnitt IV 4: »Des comices romains«, in dem Rousseau untersucht, »comme le plus libre et le plus puissant peuple de la terre exerçait son pouvoir suprême«.

Vergil, Aeneis. XI, 321 f.
Foederis aequas / dicamus leges – *wir wollen gerechte Gesetze eines Bundes in Kraft setzen*

Um diesen Zusammenhang zu erkennen, muß man sich zunächst klar machen, daß die Ermächtigung, die das Volk dem Prinzeps erteilte, zu den Gewährungen gehörte, die, wie Cicero es formuliert hat, ein nur noch dem Worte nach freies Volk erteilt und die auch dann erteilt werden müssen, wenn die Bürger es nicht wollen (*etiamsi nolint, danda sint*).[141] Der Imperator Caesar divi filius Augustus war als Sieger eines langen, blutig ausgefochtenen Bürgerkriegs zum Herrn aller Dinge geworden. Kraft seiner persönlichen Imperatorenstellung, die er als Adoptivsohn und Erbe des vergöttlichten Caesars innehatte, war er auch nach 27, der Wiederherstellung der Republik, der Oberkommandierende aller Streitkräfte. Das im Jahre 23 v. Chr. gewährte Mandat war, wenn man auf die Machtverhältnisse sieht und die Dynamik des Vorgangs bedenkt, weniger »an die Hand gegeben« als »ergriffen« und »in die Hand genommen«. Daher konnten die Wiederherstellung der Republik im Jahre 27 und die Inanspruchnahme der Ermächtigungen von 23 v. Chr. als zusammengehörige Taten begriffen werden, die der Welt endlich Frieden brachten, und zwar Frieden in der Form des Rechts und eines erneuerten Goldenen Zeitalters, so wie es Aeneas von Anchises in der Unterwelt prophezeit worden war.

[75] Vergil, Aeneis VI 788
788 Huc geminas nunc flecte acies, hanc aspice gentem / Romanosque tuos. Hic Caesar et omnis Iuli / progenies, magnum caeli ventura sub axem. / Hic vir, hic est, tibi quem promitti saepius audis, / Augustus Caesar, Divi genus, aurea condet / saecula qui rursus Latio regnata per arva / Saturno quondam; super et Garamantes et Indos / proferet imperium. (*Hierhin lenke beide Augen, dieses Volk betrachte und deine Römer. Hier ist Caesar und das ganze Geschlecht des Julus [des aus Troja mitgeflohenen Sohnes des Aeneas], das einst unter dem großen Himmelsgewölbe hervortreten wird. Hier ist der Mann, der dir, wie du schon oftmals gehört, verheißen ist, Caesar Augustus, göttlichen Geschlechts, der erneut das goldene Zeitalter begründen wird, das einst in Latium unter der Herrschaft des Saturn geherrscht hat. Bis zu den Garamanten [nomadischen Bewohnern der Cyrenaica] und Indern wird er das Reich erweitern.*)[142]

141 Vgl. Cicero, de re publica I 31, 47. Die Rede ist von Verfassungen, in denen das Volk nur dem Worte nach frei ist (*civitatibus in quibus verbo sunt liberi omnes*), in Abstimmungen und Wahlen verleiht, was es muß und was es selbst nicht hat, nämlich Anteil an der in der Verfassung verteilten Macht. Sunt enim expertes imperii, consilii publici, iudicii delectorum iudicum *(Denn sie sind ohne Anteil an der Macht, dem öffentlichen Rat und dem Geschworenengericht.*). Soweit die Ermächtigung des Prinzeps und dessen Wirkungen in Frage stehen, ist damit die Lage des *populus* auch im Prinzipat richtig beschrieben.

142 Anchises Verheißungen kulminieren in den berühmten Worten über Roms Sendung VI 847: Excudent alii spirantia mollius aera / (credo equidem), vivos ducent de marmore

In diesen Zusammenhang gehört das Motto des Contrat social. Denn es kennzeichnet die in die mythische Geschichte Roms gehörende rechtsgründende königliche Tat, die einst in dem – von Augustus erneuerten – Goldenen Zeitalter das zur Gründung Roms berufenene Volk geschaffen hat. Um es aber vollends zu verstehen, bedarf es eines etwas näheren Blickes auf das Wort *foedus*. Es bezeichnete ursprünglich den nach alten religiösen Ritualen des Fetialenrechts abgeschlossenen völkerrechtlichen Friedensvertrag zwischen Gleichen, meinte aber, seitdem Rom zur Herrin der gesamten Mittelmeerwelt aufgestiegen war, im Völkerrecht in der Regel formlose Verträge, die heute in der Wissenschaft sogenannten *foedera iniqua*, welche die Hegemonialmacht Rom mit den Grenzvölkern schloß, um sie auf diese Weise als *socii*, als Bundesgenossen in die Friedensordnung ihres Herrschaftssystem einzugliedern.[143] So erklärt sich das *leges [foederis] dicere* des Vergilzitats, dessen Einsei- [76] tigkeit im Völkerrecht ein Zeichen der

voltus, / orabunt causas melius caelique meatus / describent radio et surgentia sidera dicent: / tu regere imperio populos, Romane, memento / (haec tibi erunt artes) pacique imponere morem, / parcere subiectis et debellare superbos. (*Andere mögen – ich wenigsten glaub' es – sanfter atmende Erzbilder hervorbringen, aus dem Marmor lebendigere Porträts herausarbeiten, besser vor Gericht reden und genauer die Himmelsbewegungen berechnen und das Aufgehen der Sterne vorhersagen, Du, Römer, begreife als deine Aufgabe (dies werden deine Künste sein), mit deiner Herrschaft die Völker zu lenken, dem Frieden Regeln des Rechts zu geben, die Unterworfenen zu schonen und die Stolzen niederzukämpfen.)*

143 Diese jüngeren *foedera* des *imperium* hatten, wie Proculus 8 epistularum D 49, 15, 7, 1 mitteilt, die Klausel, daß die Hoheit des römischen Volkes in Form einer Gefolgschaft zu achten sei (*populi Romani maiestatem comiter conservaret*). Rom beanspruchte gegenüber diesen Völkern das Recht, gegen ihre Angehörigen sogar Strafverfahren und Hinrichtungen durchzuführen. Vgl. loc. cit. § 2. Der Form nach waren diese Verträge nach ursprünglichem klassischen Recht formlose, *naturali aequitate* geltende und vom jeweiligen *imperium* gesicherte *pacta conventa*, aus denen dann in der Kaiserzeit in der typischen Entwicklung *conventiones* des monarchisch geprägten *ius publicum* wurden (Ulpian 4 ad edictum D 2, 14, 5). Die für sie übliche Schriftlichkeit war wie bei den *pacta conventa* des Privatrechts nicht eine Frage des Inkrafttretens, sondern die typische der Existenzsicherung (Cicero, Part. orat. 37, 130). Das vorklassische Recht hatte die von den Regeln des Fetialenrechts befreiten *foedera* dagegen anscheinend als Versprechen eingeordnet, die von der [seit 254/250 v. Chr. auf dem Kapitol in einem eigenen Tempel neben Juppiter verehrten] Gottheit der Fides gewährleistet wurde (vgl. Gaius III 93 und die zu dem Fides-Kult gehörende [in der privatrechtlichen *fidepromissio* bewahrten] erinnernden Bedeutung des Handschlags [Livius I 1, 8: *dextra data*]). Der Grund für die Unterscheidung liegt darin, daß nach dem vorklassischen Rechtsdenken die Staaten schon ohne ihr Zutun als Teil der *societas humana* durch ein Naturrecht verbunden waren, während nach klassischem Recht der Friedenszustand, der zur wechselseitigen Anerkennung der Rechtsordungen führte, durch die jüngeren *foedera* erst hergestellt werden mußte. So sehr klar Proculus, loc. cit. Auf dem Standpunkt des Proculus steht auch Servius Sulpicius, wenn er gegen Mucius pontifex in der Dedition eines Bürgers an einen nicht vertraglich verbundenen anderen Staat einfach eine Bürgerrechtsverlust auslösende Hingabe in die Rechtlosigkeit sieht, während Mucius hier einen wirklichen Vertrag auch zwischen verfeindeten Staaten fordert (vgl. Cicero, Topica 8, 36 f.).

Ungleichheit ist.[144] Es handelt sich aber wohlgemerkt hier nur um die formale Übernahme der im Völkerrecht entstandenen Rechtsform auf die von einer führenden Gewalt geschaffene, aber »vertraglich« gedeutete Rechtsordnung. Denn das in dem von Rousseau zitierten Fall vorgeschlagene *foedus* war eine Rechtsordnung für Gleiche. In dem »wir« des *dicamus* spricht der König Latinus zu den Gesandten des Aeneas, dem Sohn der Venus, der als Vater des Julus Ahnherr des julischen, von Augustus fortgesetzten Geschlechts werden wird und dem es mit seinen Gefolgsleuten von den Göttern bestimmt war, zu einem Teil des Volkes der Latiner zu werden und ihm seine welthistorische Sendung zu vermitteln.

§ 4 Das klassische foedus civile et humanum in der Perspektive des Prinzipats

Das Wort *foedus* konnte das ausdrücken. Denn es hatte damals unter dem Einfluß der Wirkung der formlosen *foedera*, die römische Rechtsordnung in der Welt auszubreiten (vgl. Anm. 143), einen die Grundlagen der Rechtsordnung selbst erfassenden Sinn angenommen. So bezeichnet es in der augusteischen Zeit das Band der bürgerlichen und menschlichen Rechtsordnung überhaupt, was in höchst bezeichnender Weise das, was in der Republik auf den Zusammentritt der Bürger gegründet worden war, mit einem Begriff verknüpft, der durch die Verbindung mit dem völkerrechtlichen Vertrag eine hoheitlich in Kraft gesetzte Rechtsregelung voraussetzt. Möglich war diese Bedeutungsentwicklung, weil nach klassischem Recht eine der wichtigsten Wirkungen des einfachen *foedus sociale* zwischen zwei Staaten die wechselseitige Anerkennung der jeweiligen Privatrechte war (vgl. noch einmal Anm. 143). Livius verwendet das Wort ganz in diesem Sinn, wenn er im Kontrast zu dieser Ordnung der Zi- [77] vilgesellschaft den Dezemvir Appius Claudius als Inbegriff des ohne Recht und Gesetz herrschenden amtslosen, »privaten« außerhalb des Rechts stehenden Tyrannen kennzeichnet.[145]

144 Daher sagen im Jahre 193 Abgesandte des Königs Antiochos im römischen Senat, sie wunderten sich über die von Rom gewollten Vertragsbestimmungen. (Livius 34, 57, 9): cum, qui numquam hostes fuerint, ad amicitiam sociali foedere inter se iungendam coeant, eos neque dicere neque accipere leges; id enim victoris et victim esse. (*Wenn diejenigen, die niemals Feinde waren, aufeinander zugehen, um durch einen Verkehrsgemeinschaft begründenden Vertrag Freundschaft herzustellen, dann würden sie Bestimmungen weder geben noch entgegennehmen; das sei Sache von Sieger und Besiegtem.*) Das *foedus sociale*, das in der (von Livius komponierten Rede) als drittes *genus* nach Dedition und Friedensvertrag zwischen Gleichen genannt wird, ist ein passender Name für das vom klassischen System vorausgesetzte *pactum conventum*, mit dem sich die staatlichen Rechtsordnungen *naturali aequitate* wechselseitig anerkennen (vgl. Anm. 143). Auf das Verhältnis zwischen Rom und Antiochos paßt es nicht mehr. Denn hier ging es schon um etwas anderes, um die Rolle der Hegemonial- und Garantiemacht für die Griechenstädte des Mutterlandes und Kleinasiens.

145 Nach Ende des Amtsjahrs hätten die Dezemvirn der zweiten Kommission unter Führung des Appius Claudius amtlos weitergeherrscht und damit die Tyrannei begründet. Livius

Livius III 57, 2
et legum expertem et civilis et humani foederis (*ohne Anteil an den Gesetzen [die er selbst gegeben hatte] und am bürgerlichen und menschlichen Vertrag.)*[146]

Zugleich sprechen die Worte effektvoll aus, was der Prinzipat nicht sein wollte. Die augusteische Herrschaft verstand sich als Herrschaft, die das *civile et humanum foedus* wieder hergestellt hatte und schützte. Soweit es mit dieser Aufgabe vereinbar war, ordnete sich der Prinzeps auch seinen Regeln unter: Er war durch das Ermächtigungsgesetz von 23 von den Vorschriften der Gesetze befreit, bekundete es aber gerade als ein *proprium* der ihm verliehenen Herrschaft, gleichwohl freiwillig nach den Gesetzen zu leben.[147] Und wenn man sich erinnert, daß das, was den 19jährigen Octavian nach Caesars Ermordung getrieben hatte, aus privatem Entschluß mit militärischen Mitteln in die Verhältnisse einzugreifen, im Rückblick des von Augustus selbst verfaßten Tatsachenberichts als der Wunsch geschildert wird, die Republik aus der die Freiheit aufhebenden Herrschaft einer *factio*, eines illegitimen Herrschaftsbündnisses zu befreien,[148] so ist das damit

III 38, 1f. privati (!) pro decemviris … prodeunt. id vero regnum haud dubie videri. Deploratur in perpetuum libertas, nec vindex quisquam exsistit aut futurus videtur. (*Obwohl Privatleute treten sie als Dezemvirn auf. Damit tritt unbezweifelbar eine Tyrannis vor die Augen. Man beweint die auf Dauer verlorene Freiheit. Und niemand tritt als der das Recht gewährleistende Befreier auf und man sieht auch keinen kommen.*) Auch hier ist die Anspielung auf Augustus unverkennbar, der in seinem Tatsachenbericht den Anspruch erhebt, der Republik die Freiheit wiedergegeben zu haben (*rem publicam in libertatem vindicavi;* vgl. unten Anm. 148*)*. – Darauf daß die Kennzeichnung des Appius Claudius unhistorisch ist, kommt es hier nicht an.

146 Die Worte sind Verginius, dem Vater der Verginia, geliehen, der seine Tochter getötet hatte, um sie und ihre Ehre vor Appius Claudius zu retten.

147 Vgl. die Konstitution des Kaisers Alexander Severus 6, 23, 3 (a. 232): licet enim lex imperii sollemnibus iuris imperatorem solverit, nihil tamen tam proprium imperii est, ut legibus vivere. (*Obgleich das Ermächtigungsgesetz den Kaiser von den Förmlichkeiten des Rechts befreit hat, ist doch nichts so der Herrschaft eigen, als nach den Gesetzen zu leben.*) Vgl. auch Inst. II 17, 8 (7) den Ausspruch der Kaiser Septimius Severus und Caracalla: »legibus solutus sumus, attamen legibus vivimur« (*Obgleich von den Gesetzen befreit, leben wir doch nach ihnen.*) und Ps.-Paulus 5 sententiarum D 32, 23 decet enim tantae maiestati eas servare leges, quibus ipse solutus esse videtur. (*Es steht der hohen kaiserlichen Maiestät an, die Gesetze zu wahren, von denen sie ersichtlich befreit ist.*) Die Befreiung pflegte in den nach republikanischem Staatsrecht ergehenden Gesetzen der Kaiserzeit auch ausdrücklich zu stehen, war aber kaum mehr als deklaratorisch, was man schon daran ablesen kann, daß die Prinzipes die ausdrückliche Befreiung von den von Augustus veranlaßten Ehegesetzen durch formloses Kaisergesetz an ihre jeweilige Augusta weiterzugeben pflegten (Ulpian 13 ad legem Iuliam et Papiam D 1, 3, 31).

148 Res gestae I 1 Annos undeviginti natus exercitum privato consilio et privata impensa comparavi, per quem rem publicam a dominatione factionis oppressam in libertatem vindicavi. (*Im Alter von 19 Jahren habe ich aus privatem Entschluß und mit privaten Mitteln ein Heer zusammengestellt, mit dessen Hilfe ich das von der Herrschaft einer Partei unterdrückte Gemeinwesen wieder in den Besitz seiner rechtmäßigen Freiheit setzte.*)

bekundete Motiv, das ja mit dem [78] Bestreben zusammenfällt, das *civile et humanum foedus* wiederherzustellen, kaum zufällig das gleiche, das Livius einem Verwandten des Appius Claudius leiht, wenn er ihn an den Dezemvirn die beschwörenden Worte richten läßt:

> Livius III, 40, 1
> ut civilis potius societatis in qua natus esset, quam foederis nefarie icti cum collegis meminisset (*daß er sich in seinem Handeln von der bürgerlichen Gesellschaft, in der er geboren sei, leiten lassen möge und nicht von dem ruchlos mit seinen Amtskollegen geschlossenen Herrschaftsbund*).

Daß Augustus als Octavian einem solchen *foedus nefarie ictus* in Gestalt des privaten Machtbündnisses der Triumvirn von 43 selbst angehört hatte, macht die Anspielung nur noch deutlicher, zumal Augustus ja von sich sagen konnte, am Ende durch die dem Sieg gegen Mark Anton bald folgende Wiederherstellung der Republik der Mahnung gefolgt zu sein, sich in seinem Handeln von der Verantwortung für die Lebensbedingungen der *civilis societas* und des *civile et humanum foedus* leiten zu lassen.

§ 5 Das foedus als Prinzip eines hierarchisch geordneten Sichvertragens der Dinge

Man würde aber die augusteische Verwendung des Wortes verkennen, wenn man in dem horizontalen Aspekt der die *civitates* verbindenden Zivilgesellschaft den Schwerpunkt des *foedus civile* sähe. Er liegt vielmehr darin, daß der *foedus* eine von einer höchsten Autorität, von Göttern oder Menschen, gesetzte Ordnung ist, nach dem sich die Dinge der Welt »vertragen«, die belebten und die unbelebten, weil sie ihnen die ihrer Natur gemäßen Regeln gibt. So verwendet Vergil in den Georgica bei der Schilderung der von Juppiter selbst gestifteten sozialen Natur der Bienen die Ausdrücke *leges magnae* und *foedus pactum* als Synonyme für die aus ihrer Natur folgende und ihre Arbeit regelnde innere Ordnung ihres »Staates«.[149] An einer anderen Stelle sind ihm die *leges* und *aeterna foedera* die Gesetze, nach denen die Natur einst die Fruchtbarkeit der verschiedenen Land-

149 Vergil, Georgica IV 149 ff. Nunc age, naturas apibus quas Iuppiter ipse / addidit, expediam .... Solae communis natos, consortia tecta / urbis habent, magnis agitant sub legibus aevom / et patriam solae et certos novere penatis / venturaeque hiemis memores aestate laborem / experiuntur et in medium quaesita reponunt. / Namque aliae victu invigilant et foedere pacto / exercentur agris; pars intra saepta domorum / ... / prima favis ponunt fundamina (*Nun wohlan, jetzt will ich die Natur der Bienen, die Juppiter selbst ihnen verlieh, behandeln. ... Gemeinsame Abkömmlinge, zugewiesene Stadthäuser und eine Lebensordnung nach bedeutenden Gesetzen haben nur sie; allein sie kennen ihr Vaterland und ihre ihnen bestimmten Penaten; eingedenk des kommenden Winters verrichten sie im Sommer Arbeit und verwahren die Erträge für die Gemeinschaft. Ein Teil nämlich von ihnen dient der Nahrungsversorgung und bewirtschaftet nach friedlichem Vertrag die Felder, während ein anderer Teil innerhalb der Wände der Häuser die ersten Fundamente der Waben legt.*).

striche geordnet hat.[150] Lukrez [79] verwendet das Bild des *foedus* für die Anziehungskraft des Magneten,[151] Cicero für das naturrechtliche Verbot des Selbstmords,[152] Ovid für das von den Parzen verwaltete Schicksal.[153] Der verbindende Gedanke ist stets eine verbindliche höhere Ordnung.

Unmittelbar im Sinne der Auferlegung einer »vertraglich« gedeuteten imperialen Hegemonie ist das *foedus certum* gedacht, nach dem Aeolus von Neptun, dem Herrscher der Meere, mit der Maßgabe zum König der Winde eingesetzt wurde, daß er sie ohne Genehmigung nicht loslassen darf.[154] Die Stellung des Aeolus ist die eines Kleinkönigs und *socius* im Grenzgebiet des *imperium Romanum*, der von seinen Machtmitteln nur im Einklang mit den Interessen Roms Gebrauch machen darf. Die legitimierende Idee solcher *foedera* gibt Vergil zu erkennen, wenn er von Augustus sagt, daß er auf einem Feldzug zu den Reichsgrenzen im Osten Recht setzte über Völker, die es wollten«.[155] Sie tritt insbesondere

150 Vergil, Georgica I 60 Continuo has leges aeternaque foedera certis / imposuit natura locis, quo tempore primum / Deucalion vacuum lapides iactavit in orbem, / unde homines nati, durum genus. (*Die Natur hat diese Gesetze und ewigen »Verträge« bestimmten Regionen auferlegt, eben damals zu der Zeit, als Deukalion [der Sohn des Prometheus und der »Noah« der Griechen] die Steine in das leere Rund warf, aus denen die neuen Menschen hervorgingen, das harte Geschlecht.*)

151 Lucret., de rerum natura 6, 906 quo foedere fiat/ naturae lapis hic ut ferrum ducere possit, quem Magneta vocant. (*Nach welchem »Vertrag« geschieht es, daß dieser Stein, den sie [die Griechen] Magnet nennen, Eisen anzuziehen vermag.*)

152 Cicero, pro Scauro 5 ut fugere vitam vetent atque id contra foedus fieri dicant legemque naturae (*daß sie [sc. Pythagoras und Platon] verbieten, aus dem Leben zu fliehen und lehren, daß dies gegen den »verbindlichen Vertrag« und das Gesetz der Natur geschehe*). Platon, Phaidon 61 d läßt an der entsprechenden Stelle Sokrates kein Bild verwenden, das dem spezifisch römischen *foedus* entspricht. Er erläutert unter Berufung auf den Pythagoreer Kritolaos das Verbot am Beispiel von Soldaten, die ihre Festung nicht verlassen dürfen, oder von Tieren einer den Göttern gehörenden Herde, deren Selbsttötung diese erzürnen würde. Der Vergleich macht die im *foedus* immer mitgedachte Machstruktur deutlich.

153 Ovid, Metamorph., 5, 532 sic Parcarum foedere cautum est (*so ist es im »Vertrag« der Parzen bestimmt).*

154 Vergil, Aeneis I 62 regem ... dedit, qui foedere certo / et premere et laxas sciret dare iussus habenas (*er setze [den Aeolus] zum König ein, der nach bestimmtem Vertrag auf Geheiß [den Winden] die Zügel anzuziehen und loszulassen kundig sein sollte*). Der Vorbehalt des *iussus* macht deutlich, daß der wahre Herr der Winde im Epos Neptun ist. Daher sein oft gemaltes (I 135) Quos ego! (*Ich werd' Euch!*), als er bemerkt, daß Aeolus (auf Anstiften der Iuno) ohne seine Genehmigung Aeneas und die Seinen auf dem Meer mit schweren Sturmwinden bedroht. Seine Worte sind die des Herrschers (I 138): non illi imperium pelagi saevomque tridentem,/ sed mihi sorte datum. (*Nicht jenem ist die Herrschaft über das Meer und der wilde Dreizack vom Schicksal gegeben, sondern mir.*)

155 Georgica IV 559 Haec super arvorum cultu pecorumque canebam / et super arboribus, Caesar dum magnus ad altum / fulminat Euphratem bello victorque volentis / per populos dat iura viamque adfectat Olympo. / Illo Vergilium me tempore dulcis alebat / Parthenope, studiis florentem ignobilis oti, / carmina qui lusi pastorum audaxque iuventa, / Tityre, te patulae cecini sub tegmine fagi. (*Dies sang ich über die Pflege der Äcker, des Viehs und der*

dann hervor, wenn man sie mit der nüchternen Art vergleicht, in der Augustus selbst in seinem Tatsachenbericht in solchen Fällen von einer friedenspolitisch notwendigen Vorschiebung der Grenzen des römischen Reichs spricht.[156] Foedus bezeichnet in solchen Fällen [80] eine Ordnung, die letztlich deswegen »vertraglich« ist, weil sie im Einklang mit der Natur dessen steht, der sie empfängt. Es ist die Ordnung, die ihm bestimmt ist, die er gut tut, anzunehmen. Kant drückt das, was Augustus getan und Vergil in den Euphemismus des »*per populos volentes iura dare*« gekleidet hatte, in der Feststellung aus, daß es erlaubt ist, ein Volk, das in einem gesetzlosen Zustand lebt und daher eine Bedrohung darstellt, zu zwingen, mit mir in einen gemeinschaftlich-gesetzlichen Zustand zu treten.[157]

§ 6 Der König Latinus und Augustus als Stifter des »Staatsvertrages«

Der Inbegriff eines solchen *foedus*, kraft dessen eine legitime Gewalt Regeln gibt, die denen, die sie empfangen, wohltätig sind, ist nun dasjenige, von dem im Motto des Contrat social »Foederis aequas / dicamus leges« die Rede ist. Gemeint ist der Vorschlag des Königs Latinus, der den Willen der Götter kennt, zur Vermeidung weiterer Kriegshandlungen den Trojanern unter Aeneas, Siedlungsgebiet und Aufnahme als Bundesgenossen *(socii)* zu gewähren.

Vergil, Aeneis XI 316
Est anticus ager Tusco mihi proximus amni, / longus in occasum, finis super usque Sicanos; / Aurunci Rutulique serunt et vomere duros / exercent colles atque horum asperrima pascunt / Haec omnis regio et celsi plaga plena montis / cedat amicitiae Teucrorum et foederis aequas dicamus leges sociosque in regna

Bäume, während der große Caesar [= Augustus] beim tiefen Euphrat das Schwert blitzen ließ, als Sieger im Krieg Recht schuf über die ihm zustimmenden Völker und den Weg zum Olymp einschlug. In jener Zeit nährte mich, Vergil, das sanfte Neapel, und ließ mich aufblühen im Fleiß zurückgezogener Muße, mich, der ich einst Hirtengesänge flötete und in kühner Jugendzeit dich, Tityrus, besang unter dem Dach der breiten Buche.)

156 Res gestae 26 Omnium pro[vinciarum populi Romani], quibus finitimae fuerunt gentes, quae non p[arerent imperio nos]tro, fines auxi. (*Bei allen Provinzen des römischen Volkes, die Grenzvölker hatten, die unserer Herrschaft [die griechische Version spricht von »Hegemonie«] nicht gehorchten, habe ich die Grenzen vorgeschoben.*).

157 Kant, Zum ewigen Frieden, in: Werke (ed. Weischedel 1964) Band 9, S. 203 (Zweiter Abschnitt, Fußnote): »Gemeiniglich nimmt man an, daß man gegen niemand feindlich verfahren dürfe, als nur, wenn er mich schon tätig lädiert hat, und das ist auch ganz richtig, wenn beide im bürgerlich-gesetzlichen Zustande sind. Denn dadurch, daß dieser in denselben getreten ist, leistet er jenem (vermittelst der Obrigkeit, welche über beide Gewalt hat) die erforderliche Sicherheit – Der Mensch aber (oder das Volk) im bloßen Naturzustande benimmt mir diese Sicherheit, und lädiert mich schon durch eben diesen Zustand, indem er neben mir ist, obgleich nicht tätig (facto), doch durch die Gesetzlosigkeit seines Zustandes (statu iniusto), wodurch ich beständig von ihm bedroht werde, und kann ihn nötigen, entweder mit mir in einen gemeinschaftlich-gesetzlichen Zustand zu treten, oder aus meiner Nachbarschaft zu weichen.« Heute ist für die von Kant beschriebene Gefährdung eine Grenznachbarschaft nicht mehr erforderlich.

vocemus; / considant, si tantus amor, et moenia condant. (*Ich habe ein altes Erbland, ganz nahe dem Tusker-Flusse, weit im Westen, noch jenseits des Gebiets der Sikaner. Aurunker und Rutuler säen dort ihr Getreide, bebauen die harten Hügel mit dem Pflug und betreiben auf den höchsten von ihnen Weidewirtschaft. Dieses ganze Gebiet und der von einem hohen Gebirge geprägte Landstrich sei der Freundschaft mit den Teukrern [d. h. Aeneas und seinen Gefährten] gewährt. Und wir wollen gerechte Bestimmungen eines Bundes in Kraft setzen und sie als Bundesgenossen in unser Reich einladen; mögen sie sich ansiedeln und, wenn es sie so beliebt, ihre Stadt mit Mauern befestigen.)*

[81] Die *aequae leges* des Vertrages weisen zurück auf das, was der König schon gleich bei der ersten Begegnung mit Abgesandten des Aeneas gesagt hat, als er auf ihre Bitte,[158] aber auch eingedenk einer alten Prophezeiung,[159] Siedlungsgebiete und Aufnahme des Aeneas als *socius* versprach.[160] Auffällig – und eine deutliche Anspielung auf die Verhältnisse des imperium Romanum und ihre regelmäßig mit Mauern umgebenen Kolonial- und Munizipalstädte – ist, daß der König wie selbstverständlich eine Ansiedlung mit Mauerring gestattet. Ganz dem Klima der augusteischen Staatsgründung entsprechend ist es auch, wenn der König Latinus bei jener ersten Begegnung, im 7. Gesang der Aeneis, Aneas und den Seinen, wenn sie sich unter seinen Schutz stellen wollen, das Recht des Goldenen Zeitalters verheißt.

Vergil, Aeneis VII 202
Ne fugite hospitium, neve ignorate Latinos / Saturni gentem, haud vinclo nec legibus aequam, / Sponte sua veterisque Dei se more tuentem. (*Flieht nicht der Gastlichkeit, verkennt nicht die Latiner, ein Volk des Saturn, das nicht gerecht ist, weil Gesetze es binden, sondern weil es sich aus eigenem Antrieb und nach der Sitte des alten Gottes so behauptet.).*

Daß es dann bis zum 12. und letzten Gesang dauert, bis die Ansiedlung zu gleichem Recht beginnen kann, erklärt sich schließlich wiederum in Parallele zur

158 Aeneis VII 229 f. Dis sedem exiguam patriis litusque rogamus / Innocuum, et cunctis undamque auramque patentem. / non erimus regno indecores. (*Einen bescheidenen Sitz erbitten wir für unsere väterlichen Götter und einen harmlosen Küstenstrich und das allen offen stehende Wasser und Licht. Nicht Unehre werden wir dem Königreich bringen.*)

159 Aeneis VII 254 ff. Ein Faun hatte ihm für seine Tochter, einen Ehemann verheißen, und vorhergesagt, daß er ihn zu gleichem Recht in die Herrschaft berufen werde (256: generum paribusque in regna vocari / auspiciis) und daß dessen Geschlecht einst die Welt beherrschen werde. Daher sagt er: 259 Di nostra incepta secundent, / Auguriumque suum. Dabitur, Troiane, quod optas. (*Die Götter bestätigen unser Beginnen und ihr eigenes Vorzeichen. Es wird Dir gewährt, Trojaner, was du wünschst.*)

160 Aeneis VII 261 Non vobis rege Latino / Divitis uber agri Troiaeve opulentia deerit. / Ipse modo Aeneas, nostri si ita cupido est, / Si iungi hospitio properat, sociusve vocari / Adveniat. (*Nicht soll euch unter dem König Latinus die Fülle reichen Ackers noch die Reichtümer Trojas fehlen. Aeneas möge nun selbst kommen, wenn es unser so begehrt und es ihn drängt, Gastfreund und Bundesgenossen zu heißen.*)

augusteischen Gründung, dessen Friedensstiftung lange und blutige Kriege voraufgingen. Sogar Latinus, der Repräsentant des Goldenen Zeitalters, wird vorübergehend gegenüber dem versprochenen und vorhergesagten *foedus* wortbrüchig und in die Auseinandersetzungen hineingezogen.[161] Am [82] Ende aber setzt sich durch, was das Schicksal vorbestimmt hatte. Auch Juno, die aus Haß gegen die Trojaner zum Krieg geschürt hatte, wird am Ende begütigt. Juppiter erklärt sich damit einverstanden, daß der Name der Trojaner nicht fortbestehen soll, wenn sich nun durch die verbindende Kraft von »*leges et foedera*« das Volk bildet, das schließlich Rom und das römische Reich hervorbringen wird.[162]

161 Latinus hatte seine Tochter Lavinia dem Rutulerkönig Turnus versprochen und so schwankt er (Aeneis XII 657): mussat rex ipse Latinus/ Quos generos vocet, aut quae sese ad foedera flectat (*stumm brütet der König Latinus, wen er Schwiegersohn nennen und zu welchem Bunde er sich neigen soll*). Am Ende erweist sich Turnus als der eigentliche Gegner des Aeneas. Daher endet die Aeneis mit dem Tod des Turnus wie der Kampf um Caesars Erbe nach der Schlacht von Actium mit dem Tode Mark Aurels. Latinus repräsentiert demgegenüber den Siegespreis und symbolisiert Rom, insbesondere in den Zeilen, in denen Aeneas, um das *foedus* gewaltsam einzufordern (XII 574), sich gegen die noch friedlich daliegende Stadt des Latinus wendet (XII 558: urbem impune quietam) und deren Bürger ihn teils aufnehmen, teils aber die Mauern gegen ihn verteidigen wollen (XII 564ff., 584f.).

162 Junos Worte lauten (Aeneis XII 820): Pro Latio obtestor, pro maiestate tuorum: / Cum iam connubiis pacem felicibus (esto), / Component, cum iam leges et foedera iungent / Nec vetus indigenas nomen mutare Latinos / Nec Troias fieri iubeas. (*Für Latium bitte ich, für die Hoheit deines Volkes, daß du, wenn sie schon – dies sei – in glücklichen Ehen den Frieden begründen und sich nach Gesetz und Bund vereinen, nicht auch noch befiehlst, daß die eingeborenen Latiner ihren Namen ändern und Trojaner werden müssen.* … Sit Latium, sint Albani per saecula reges,/Sit Romana potens Itala virtute propago (*Latium bleibe bestehen, es sollen [beginnend mit einem Sohn des Aeneas] für Jahrhunderte Könige von Alba herrschen und das römische Gebiet [beginnend mit der Gründung Roms durch Romulus, den Sohn des Mars und einer zur Vestalin gemachten Tochter eines Königs von Alba] sei mächtig durch italische Kraft*). Juppiter stimmt zu. Vgl. XII 835 commixti corpore tantum / Subsident Teucri. Morem ritusque sacrorum / Adiciam, faciam omnis uno ore Latinos. / Hinc genus, Ausonio mixtum quod sanguine surget / Supra homines, supra ire deos pietate videbis (*Es mögen die Trojaner nur nach ihrer Leiblichkeit fortbestehen. Recht und Ritus der Religion werde ich hinzufügen und alle werde ich durch eine Sprache zu Latinern machen. Du wirst sehen, daß dieses Geschlecht, das aus der Mischung mit italischem Blut hervorgeht, an frommem Sinn Menschen und Götter übertreffen wird.*) Livius erzählt das gleiche als Tat des Aeneas (I 2, 4): Aeneas adversus tanti belli terrorem ut animos Aboriginum sibi conciliaret nec sub eodem iure solum sed etiam nomine omnes essent, Latinos utramque gentem appellavit; nec deinde Aborigines Troianis studio ac fide erga regem Aeneam cessere. (*Um angesichts einer so großen Kriegsgefahr die Herzen der Ureinwohner zu gewinnen und damit alle nicht nur unter dem gleichen Recht, sondern auch unter dem gleichen Namen lebten, hat Aeneas beide Völker Latiner genannt und die Ureinwohner haben in der Folge den Trojanern in Eifer und Treue gegenüber dem König nicht nachgestanden.*) Aeneas wagt dann, was Vergil nicht mehr erzählt, einen erneuten Kampf gegen die Etrusker, in dem er fällt. Die Überlagerung der etruskischen Fremdherrschaft, die eine historische Tatsache war, durch die Troja-Legende, allem Anschein nach selbst ein etruskischer Import, erreicht hier ihren Höhepunkt.

Bedenkt man den Akt der Res publica restituta von 27 v. Chr., in welcher der Imperator Caesar divi filius für Rom, Italien und die Provinzen eine Ordnung herstellt, die, um so eher es mit seiner Herrschaft vereinbar war, um so entschiedener vom Prinzip der Selbstverwaltung geprägt war (am stärksten im Privatrecht und dem Recht der Munizipien des Reichs, am wenigsten im Bereich der militärisch wichtigen Kaiserprovinzen und im Militärkommando selbst) und die daher materiell den Anspruch erheben durfte, auf den Willen der Betroffenen Rücksicht zu nehmen, und dazu die diese Ordnung stabilisierende *lex de imperio* von 23 v. Chr., in welcher das römische Volk dem Prinzeps in Form einer Ermächtigung, d. h. eines *mandatum* vorklassischen Rechts, die eigene (der gleichen vorklassischen Theorie entstammende) umfassende Befugnis zur Rechtssetzung übertrug, kraft dessen nun eine Fülle weiterer die wiederhergestellte Ordnung sichernde Maßnahmen ergingen, dann wird man feststellen, daß in dem Ganzen der Vertragsgedanke tatsächlich nicht fehlte, daß er aber doch in einer besonderen Form auftritt, nämlich in der, die in einem Friedensvertrag lebendig ist, die einem Besiegten, der zustimmt, von [83] einem wohlmeinden, dessen Bestes wollenden Sieger gewährt wird. Tatsächlich war die Stellung des *Imperator Caesar divi filius* nicht nur den Provinzialen, sondern auch den in Rom, Italien und den Provinzen lebenden Römern gegenüber, die sich gerade in einem langen Bürgerkrieg gegenübergestanden hatten, die eines überlegenen Friedebringers, eines Augustus, der nicht als einfacher Sieger mit den Machtmitteln seiner siegreichen Partei herrschen wollte, sondern vielmehr von einem Standpunkt, der den Streit zu beenden erlaubte, unter allen Menschen in der mittelmeerischen Oikumene das *foedus civile et humanum* wiederherstellen und sichern wollte, und zwar mit Hilfe der reichen Gehalte, welche die Rechtsentwicklung der Republik hervorgebracht hatte. Der Standpunkt, von dem aus Augustus die Entscheidung getroffen hatte, überall eine freie Zivilgesellschaft zu ermöglichen, wo dies seine Herrschaftsprinzipien nicht gefährdete, stand dabei so hoch über den Dingen, daß er sogar in der aus der Republik stammenden Frage, ob das Privatrecht nun rechtstechnisch richtiger vom vorklassischen *ius civile* der strikten Willensstrukturen oder von der durch das Edikt ergänzten *institutio aequitatis* der strukturellen Regelgleichheit konzipiert wird, der freien Auseinandersetzung unter den beiden sich unter seiner Herrschaft formierenden Rechtsschulen überließ. Er hatte sich durch die Verleihung des den Vorstehern der beiden Schulen vollständige Gleichberechtigung gewährenden und ihre fachliche Freiheit nicht einschränkenden *ius respondendi ex auctoritate principis* auf den (ausgesprochenen oder unausgesprochenen) Hinweis beschränkt, daß das Privatrecht fortan nach den Prinzipien des Neubeginns zu interpretieren sein werde, als eine in Übereinstimmung mit dem Willen der Betroffenen geschaffene Willensschöpfung, nach deren Regeln sich die Menschen in Freiheit vertragen können. Und tatsächlich hat sich in beiden Schulen, von ihren je verschiedenen Ausgangspunkten aus, eine Entwicklung vollzogen, die dem Individualwillen, der im Verfassungsrecht vom Herrscherwillen vollzogen wurde, im Privatrecht immer deutlicher und auch dort, wo dies nicht schon vorher der Fall war, eine privatautonome, die Verhältnisse eigenverantwortlich rechtlich gestaltende Rolle zuwies. Die Juristen der beiden kaiserzeitlichen Rechtsschulen haben damit übrigens mutatis mutandis im Prinzip nicht anders reagiert als Rechtslehrer der Neuzeit, die das Recht einer zur Herrschaft gekommenen Staatsidee anpaßten.

Die Gesetzgebungsidee des Prinzipats hatte in dem Maße, in dem der Vollzug des Willens der Normadressaten die Gehalte vorklassischen und klassischen Rechts verwirklicht (das geschah im Akt der *res publica restituta* und der Verleihung des *ius respondendi*), durchaus im Sinne des *foedus civile* verfassungsgebende Kraft. Nicht ohne Grund wird daher der Name *constitutio*, die kaiserliche Rechtsfestsetzung, in der Neuzeit zum Namen für Verfassung werden. Kraft der naturrechtlichen Rechtfertigung des Gesetzgebungsmandats war es möglich, daß der Prinzeps auch Recht für die Nichtrömer des Reiches setzte. Das *foedus civile et humanum* galt insofern für das gesamte Reich, ja [84] der Tendenz nach für die gesamte Oikumene. Überdies konnte, falls der Prinzeps mit dem, was er nach Wiederherstellung geordneter Zustände bestimmte, die Zustimmung der Provinzialen fand (und bei Augustus war das bekanntlich in reichem Maße der Fall), darin nach vorklassischer Vorstellung ein legitimierendes Mandat gefunden werden.[163]

Das Problem dieser Rechtssetzungsidee liegt darin, daß in ihrer Perspektive der Wille der Normadressanten nur noch die Form der Ermächtigung hat und das daraus folgende Prinzip, alle Rechtssetzung entspreche dem Willen des Ermächtigenden, sich letztlich in die Ermächtigung auflöst, zu tun und anzuordnen, was dem Ermächtigten richtig erscheint. Insofern fehlt den Lebensbedingungen der Zivilgesellschaft in diesem machterzeugten *foedus civile* die garantierende Struktur der wahren Republik, in der die Magistrate gewählt wurden, um eine Rechtsordnung zu gewährleisten. Im Freistaat wurden die freiheitssichernden Strukturen auf den Zusammentritt der Bürger zurückgeführt, und die Gesetze auf Fragen des Magistrats allein durch Bürgerbeschluß in Kraft gesetzt. Nunmehr war ihre Geltung im Prinzip vom guten Willen des Herrschers abhängig.

§ 7 Das Paradox des Herrschers im Naturzustand

Letzter Grund der gewaltigen rechtlichen Machtkonzentration in der Hand des Prinzeps – sie wirkte sowohl durch allgemeine Normen wie durch konkrete Rechtsgestaltung (der bloße Wille rechtfertigte ebenso eine sofortige Freilassung[164] wie

163 Es galt in der vorklassisch-sabinianischen Tradition, in der die Ermächtigung vom pflichtenbegründenden Schuldverhältnis nicht getrennt wurde: ratihabitio mandato comparatur (*die Genehmigung, die nachträgliche Gutheißung, steht dem Auftrag gleich*). Vgl. Ulpian 69 ad edictum D 43, 16, 1, 14; 30 ad Sabinum D 46, 1, 12, 4 f.

164 Paulus 16 ad Plautium D 40, 1, 14, 1 Imperator cum servum manumittit, non vindictam imponit, sed cum voluit, fit liber is qui manumittitur ex lege Augusti. (*Wenn der Kaiser einen Sklaven freiläßt, dann legt er nicht den Freilassungsstab auf, sondern, sobald er will, wird er frei aufgrund* [sc. der Generalklausel; vgl. oben Anm. 135] *des Augustus ermächtigenden Gesetzes.*)

eine von keinerlei Form beengte außerordentliche Strafverhängung[165]) – war, wie noch kurz angedeutet sei, ein neues Verhältnis zum Naturrecht. In den beiden republikanischen Rechtstheorien war die soziale Natur des Menschen, die von ihnen entweder als Quelle von Naturrecht oder als soziobiologische und sozioethische Ausstattung des Menschen wahrgenommen wurde, ein dem formalen Recht vorgegebener Tatbestand, der einen Maßstab für seine Richtigkeit und Ergänzung lieferte und als solcher dem von spezifisch menschlicher Vernunft geschaffenen, strikten oder institutionellen Recht nicht verfügbar war. Dementsprechend war im vorklassischen Denken der Naturzustand des Goldenen Zeitalters nach seiner inneren Logik [85] herrschaftsfrei oder stand, was auf dasselbe hinausläuft, unter der Herrschaft einer wohlmeinenden Natur.[166] Wenn demgegenüber die augusteische Staatsidee die Wiederherstellung des Goldenen Zeitalters versprach, obwohl es im gesellschaftspolitischen Bereich um die Wiederherstellung einer Ordnung individueller, strikt oder institutionell gesicherter Freiheit ging, dann beruhte diese eigentlich paradoxe Verheißung auf der von einigen Philosophen zu Ehren der Monarchie vertretenen Lehre, daß auch schon das Goldene Zeitalter Könige gekannt habe und in Wahrheit die damaligen Menschen auch schon wie die späteren der Leitung und des geordneten Rechts bedurften.[167] Infolge [86] dieser Weichzeichnung konnte der Mythos nun auch

165 Vgl. nur Jochen Bleicken, Senatsgericht und Kaisergericht. Eine Studie zur Entwicklung des Prozeßrechtes im frühen Prinzipat (1962). Der sehr verschiedene Umfang, in dem die einzelnen Kaiser von ihrem außerordentlichen Recht Gebrauch machten, berührt nicht das Prinzip.

166 Vgl. Seneca, epistulae morales 90, 38 Quid hominum illo genere felicius? In commune rerum natura fruebantur, sufficiebat illa ut parens in tutelam omnium. (*Was gab es glücklicheres als jenes Menschengeschlecht? Gemeinschaftlich genossen sie die Natur und ihre Dinge. Sie sorgte wie eine Mutter für den Schutz aller.*); siehe auch 90. 40 Quidquid natura protulerat, id non minus invenisse quam inventum monstrare alteri voluptas erat; nec ulli aut superesse poterat aut deesse: inter concordes dividebatur. Nondum valentior inposuerat infirmiori manum. (*Was immer die Natur hervorbrachte, die Freude, es zu finden war nicht größer als die, es einem anderen zu zeigen. Für niemanden gab es Überfluß oder Mangel. Unter Einmütigen wurde geteilt. Noch hatte kein Stärkerer die Hand der Herrschaft auf den Schwächeren gelegt.*)

167 Seneca, epistulae morales 90, 4 sed primi mortalium quique ex his geniti naturam incorrupti sequebantur, eundem habebant et ducem et legem, commissi melioris arbitrio; naturae est enim potioribus deteriora summittere. … inter homines pro summo est optimum. Animo itaque rector eligebatur. … 90, 5 Illo ergo seculo quod aureum perhibent penes sapientes fuisse regnum Posidonius iudicat … Officium erat imperare, non regnum. Nemo quantum posset adversus eos experiebatur, per quos coeperat posse, nec erat cuiquam aut animus in iniuriam aut causa, cum bene imperanti bene pareretur, nihilque rex maius minari male parentibus posset quam ut abiret e regno. (*Aber die ersten Sterblichen und die von ihnen Gezeugten folgten unverdorben der Natur und hatten zu Führer und Norm einen ihresgleichen, indem sie sich dem Ermessen des Besseren unterwarfen; denn die Natur will, daß sich dem Stärkeren das Schwächere unterordnet … Unter den Menschen steht an der Stelle des Größten und Stärksten [d. h. des Leittieres der Herdentiere] der Beste. Aus Einsicht wurde daher der Herrscher gewählt. … In jenem Zeitalter also, das man als das Goldene überliefert,*

für die Idee einer naturrechtlichen Monarchie verwendet werden, die eine bürgerliche Rechtsordnung stiftete, sowohl für die des Königs Latinus in saturnischer Zeit als auch für ihre Erneuerung durch Augustus. Hinzu kam die noch überraschendere Vorstellung, daß diese glückliche Epoche sogar von Kriegen heimgesucht werden konnte. Dies erlaubte es, in dieses Zeitalter mit dem Gedanken des gewährten, den Rechtsfrieden sichernden *foedus* eine Rechtssetzungsidee zu verlegen, die eigentlich aus der Geschichte der ihre hegemonialen Ansprüche durchsetzenden und die Geltung ihrer Rechtsordnung immer weiter ausdehnenden imperialen Republik stammt. Dadurch konnte der Gedanke des *foedus* zum Inbegriff der Rechtsordnung werden und in der Formel »bürgerlicher und menschlicher Vertrag« (*foedus civile et humanum*) das Recht bezeichnen, das sowohl Bürger und Menschen als auch Herrscher und Beherrschte verbindet,[168] und

lag, wie Poseidonios urteilt, die Königsherrschaft bei den Weisen .... Befehlen war Pflicht, kein königliches Vorrecht. Niemand übte, was er vermochte, gegen diejenigen aus, durch die er instand gesetzt war, etwas zu vermögen, noch hatte jemand die Gesinnung oder eine Ursache für ein Unrecht, da dem, der gutmütig herrschte, gutwillig gehorcht wurde; und der König konnte denen, die unwillig gehorchten, kein größeres Übel androhen, als von seinem Königamt abzutreten.) Die innere Unlogik dieser nicht mehr ganz idyllischen Konstruktion ist offenkundig. Wie kann es, wenn alle noch unverdorben sind, schon bessere und schlechtere Menschen geben? Wieso gibt es das Böse, das jemand unwillig gehorchen läßt, schon damals, wo doch allein die göttliche Natur herrscht? Was bringt den König, der es doch angeblich nur mit guten Menschen zu tun hat, dazu, mit Hilfe der ihm gehorchenden Menschen Macht zu organisieren, deren Nichtanwendung dann ein Verdienst ist? – Poseidonios hat hier ersichtlich den Kunstgriff angewendet, den Beginn des Zeitalters des individuellen Willens und des menschlich geordneten Rechts ein wenig vorwirken zu lassen. Die logische Folge, daß dann das menschlich geordnete Recht zweimal geschaffen wurde, findet sich auch gezogen. Sie zeigt sich darin, daß es in beiden Fällen der Weisen bedurfte, dieses Recht zu formulieren. (§ 6): Sed postquam subrepentibus vitiis in tyrannidem regna conversa sunt, opus esse legibus coepit, quas et ipsas inter initia tulere sapientes (*Aber nachdem mit dem Einschleichen der Laster die Königsherrschaft sich in eine Tyrannis verwandelt hatte, wurden Gesetze nötig; auch diese haben zu Anfang Weise gegeben.*). Daß Seneca dem Poseidonios insoweit zustimmt (§ 7: *Hactenus Poseidonio adsentior*), erklärt sich daher aus der im Grundsätzlichen übereinstimmenden Verfassungsideologie des Prinzipats. Die außerordentliche Herrschaft des Augustus beruhte tatsächlich auf einer naturrechtlichen Pflichtenstellung, nicht auf einem Amt. Und wenn unter seiner Herrschaft die Freiheit und Eigennutz schützenden Gesetze der Republik wiederhergestellt werden, mußten sie schon Teil des verheißenen Zeitalters gewesen sein. Wenn schließlich manche augusteische Rechtssetzungen und von ihm angeregte juristische Auslegungen Formalismen des klassischen Rechts gemildert haben, stimmt das ebenfalls mit der Lehre des Poseidonios überein. Denn natürlich hat der Philosoph der ersten Formulierung des menschlichen Rechts trotz aller Konzessionen an die spätere Zeit eine Fassung gegeben, die dem Ideal einer vertrauensvollen Lebens- und Verkehrsgemeinschaft des göttlichen Naturrechts noch nahe war. Vgl. oben S. 77.

168 Die bei Livius bewahrte, bürgerliches Recht und Naturrecht unterscheidende Formel, die zweifellos seiner Zeit entstammt, bezieht in dem Kontext, in dem sie steht, den Herrscher ex negativo ein, nämlich durch den Vorwurf, daß die Dezemvirn sich als Tyrannen dem »Vertrag« entziehen.

zwar im Sinne eines durch diesen »Vertrag« geschaffenen geistig beherrschten Organismus, in dem sich alle Elemente dadurch vertragen, daß sie tun, was ihnen nach den »gerechten Bestimmungen des Vertrages« *(foederis aequas leges)* zukommt. So betrachtet hat die *lex de imperio* des Jahres 23, die Augustus zur Rechtssetzung ermächtigte, nur ausgesprochen, was ohnehin dieser naturrechtlichen Idee des Rechtsvertrags zugrundelag. Und da, wie gesehen, ein solcher »Vertrag« auch in den geordneten Verhältnissen gefunden wurde, in denen sich nicht menschliche Elemente eines Ganzen vertragen, steht diese Deutung des Prinzipats auch nicht im Widerspruch zu der Vorstellung, die in Augustus den göttlich berufenen Gesetzgeber sahen.[169]

Rousseau hatte also Recht, als er die auf den ersten Blick so rätselhaft wirkende Formel des »*foederis aequas leges*« zum Motto seines Contrat social wählte. Denn die Abschlußform des von ihm gelehrten Gesellschaftsvertrages ist ebenfalls nichts als die Unterwerfung unter einen höheren Willen, seine [87] Wirkung die Erzeugung eines von allen Gliedern gebildeten Organismus, unter dessen Bedingungen bürgerliche Freiheit und bürgerliches Eigentum geschützt sind.[170] Anders

169 So mit besonderem Pathos der augusteische Dichter Manilius. Er nennt in seiner Astronomica (I 386) Augustus den »legum nunc terris post caelo maximus auctor« (*den nach dem Himmel nun für die Länder der Welt bedeutendsten Gesetzgeber*) und apostrophiert ihn in direkter Anrede (I 7) Caesar, patriae princepsque paterque, / qui regis augustis parentem legibus orbem / concessumque patri mundum deus ipse mereris (*Caesar, Fürst und Vater des Vaterlandes, der du mit erhabenen Gesetzen den Erdkreis lenkst und die dem Vater* [d. h. seinem Adoptivvater C. Iulius Caesar] *gewährte Welt, da selbst ein Gott, aus eigenem Verdienst errangst*).

170 Unterwerfung und Stärkung durch die Gewinnung der Stellung eines Gliedes in einem unteilbaren Ganzen bilden das Wesen des Gesellschaftsvertrags. Vgl. Contrat social I 6: Si donc on écarte du pacte social ce qui n'est pas de son essence, on trouvera qu'il se réduit aux termes suivants: *Chacun de nous met en commun sa personne et toute sa puissance sous la suprême direction de la volonté générale; et nous recevons encore chaque membre comme partie indivisible du tout.* In diesem von einem Gemeinwillen beherrschten Organismus sind Freiheit und Eigentum geschützt und wird moralische Freiheit im Gehorsam möglich. Contrat social I 8: Ce que l'homme perd par le contrat social, c'est sa liberté naturelle, et un droit illimité à tout ce qu'il tente et qu'il peut atteindre: ce qu'il gagne, c'est la liberté civile et la propriété de tout ce qu'il possède. Pour ne pas se tromper dans ces compensations, il faut bien distinguer la liberté naturelle, qui n'a pour bornes que les forces de l'individu, de la liberté civile, qui est limitée par la volonté générale; et la possession, qui n'est que l'effet de la force ou le droit du premier occupant, de la propriété, qui ne peut être fondée que sur un titre positif. – On pourroit, sur ce qui précède, ajouter à l'acquis de l'état civil la liberté morale, qui seule rend l'homme vraiment maître de lui; car l'impulsion du seul appétit est esclavage, et l'obéissance à la loi qu'on s'est prescrite est liberté. Mais je n'en ai déjà que trop dit sur cet article, et le sens philosophique du mot *liberté* n'est pas ici de mon sujet. Die gewonnene Freiheit ist prekär. Denn eine Verletzung des Vertrages, von dem Rousseau nicht ausschließen möchte, daß seine Klauseln einmal wirklich formuliert worden sind, wirft den Verletzer in den Naturzustand zurück. Contrat social I 6: Bien qu'elles (sc. les clauses de ce contrat) n'aient peut-être jamais été formellement énoncées, elles sont partout les mêmes, partout tacitement admises et reconnues, jusqu'à ce que, le

als in der von Locke erneuerten republikanischen Tradition ist bei Rousseau das Prinzip der Rechtsschöpfung mit der *volonté générale* dem empirischen Willen der Menschen grundsätzlich überlegen. Es ermächtigt denjenigen, der sie interpretieren darf. Eine Rechtlichkeit und Angemessenheit kontrollierende Kraft sind die Bürger hier nicht. Sie sind in dieser Art Vertrag keine wirklichen Vertragspartner, sondern Adressaten einer Vertragsidee, die ihrer imperialen Herkunft nach Unterwerfung verlangt. In letzter Zuspitzung besteht diese »vertragliche« Freiheit nur in dem selbstgewählten Gehorsam, der *umbra libertatis* unfreier, an der staatlichen Willensbildung nicht beteiligter Völker.[171]

VII. Schluß
Das republikanische Ideal der unmittelbaren Partizipation der Bürger an der Ausarbeitung der Gesetze

[88] Die republikanische Vorstellung von Recht und Gesetz war von dem Gedanken bestimmt, daß die Bürger das Freiheit und Vermögen schützende und die Lebensbedingungen fördernde Recht selbst schaffen, sowohl durch ihren Zusammentritt zu den Civitates selbst als auch dadurch, daß sie entscheiden, ob ein die Rechtsordnung ergänzender Gesetzesvorschlag in Kraft tritt. Ein solches System mußte, zu Ende gedacht, zu der Forderung gelangen, die Bürger nun auch in möglichst optimierter Weise an der Ausarbeitung des Gesetzesvorschlags selbst zu beteiligen. Tatsächlich finden wir dieses Ideal in großer Klarheit ausgesprochen,

pacte social étant violé, chacun rentre alors dans ses premiers droits, et reprenne sa liberté naturelle, en perdant la liberté conventionelle, pour laquelle il y renonça. Der größte Unterschied zwischen dem *contrat social* und dem augusteischen *foedus civile et humanum* liegt in der radikalen, die Herkunft der Vernunft höchst einseitig und höchst spekulativ bestimmenden These Rousseaus, daß der Übertritt in den Gesellschaftszustand mit dem Wechsel vom instinktgeleiteten Tier zum moralischen Menschen zusammenfällt. Vgl. Contrat social I 8: qui, d'un animal stupide et borné, fit un être intelligent et un homme. Die augusteische Staatsidee beruht dagegen trotz allem Gewicht, das sie der Herrschaft verleiht, auf dem in der gemilderten Version des Goldenen Zeitalters enthaltenen Gedanken, daß das Recht Ausdruck einer von Anfang an und von Natur aus gesellschaftlichen Lebensweise des Menschen ist.

171 Vgl. Lukan, Pharsalia III 145 Libertas ... populi, quem regna coercent / libertatem perit, cuius servaveris umbram, / si quidquid iuberis velis. tot rebus iniquis paruimus victi; venia est haec sola pudoris / degenerisque metus, nil iam placuisse negari. (*Freiheitsäußerungen eines Volkes, das Tyrannei unterdrückt, zerstört die Freiheit endgülig. Du bewahrst dir einen Schatten der Freiheit, wenn du alles Befohlene willst. So viel Unrechtem haben wir, besiegt, bereits gehorcht? Die einzige Entschuldigung unserer Schande und würdelosen Angst ist die, daß wir uns entschlossen haben, nichts mehr verweigern zu wollen.*) Mit den Worten wird in der Szene, in der Caesar nach der gegenüber Pompeius siegreichen Schlacht von Pharsalos im Jahr 48 in Rom den Staatsschatz beschlagnahmt, ein Volkstribun überzeugt, von weiterem Widerstand gegenüber dem Machthaber abzusehen. Der freimütige Dichter wurde als 25jähriger von Nero zum Selbstmord genötigt.

und zwar durch den Historiker Livius anhand des repräsentativen und verpflichtenden Beispiels der Kodifikationsgeschichte der Zwölftafen. Schon der Charakter seiner Person deutet auf den Ursprung des Ideals. Der Historiker war bekannt für seine Sympathien für die verlorene Sache der Republik und stand auch im übrigen ganz in der Tradition der von Cicero geprägten Kultur.[172] Im übrigen deutet der Umstand, daß die gleiche Episode in blasserer Form auch von Dionys v. Halikarnaß erzählt wird, auf eine gemeinsame spätrepublikanische Quelle.[173] Das Ideal denkt denn auch ersichtlich den klassischen Gedanken weiter, daß ein Gesetz ein Entwurf besonnener und kluger Leute sei, ein *virorum prudentium consultum*, und in der Weise zu gelten bestimmt ist, wie der veröffentlichte Text nach dem gewöhn- [89] lichen Sprachgebrauch von den Adressaten verstanden werden darf. Daher wenden sich die Gesetzesverfasser in der Episode an die Bürger und fordern sie auf, den bekannt gemachten Entwurf Paragraph um Paragraph durchzugehen und überall, wo sie Bedarf sehen, Verbesserungsvorschläge zu machen. Die Redaktoren verkleinern sich nicht, geben aber zu erkennen, daß auch der klügste Gesetzgeber nicht alles überblicken und von den Bürgern, den Gesetzesadressaten, in vielfältiger Weise zu lernen vermag. Ihr Ziel ist die Gewinnung der öffentlichen Meinung: Die Bürger sollen am Ende das Gefühl haben dürfen, selbst das Gesetz eingebracht zu haben.

> Livius, ab urbe condita III 34, 9
> ingentique hominum exspectatione propositis decem tabulis, populum ad contionem advocaverunt et, quod bonum faustum felixque rei publicae ipsis liberisque eorum esset, ire et legere leges propositas iussere: se, quantum decem

172 Vgl. Manfred Fuhrmann, Geschichte der römischen Literatur (1999) S. 194, 242 ff., 247. Augustus selbst hatte ihn in aller Freundschaft einen »Pompejaner« genannt (Tac. Ann. 4,34,3). Sein Geschichtswerk löst ein von Cicero, de legibus I, 2, 5-3, 9 diskutiertes Programm ein. Überall, wo Livius (und Dionys; vgl. die folgende Anm.) bei den Schilderungen von Recht und Verfassung klassische Denkformen verwendet, liegt ein Einfluß der Aelii Tuberones nicht fern. Der ältere Lucius hatte sich als Studiengenosse Ciceros in der neuen Akademie und Parteigänger des Pompejus mit Geschichtsschreibung befaßt, der jüngere Quintus, sein Sohn und ein bedeutender Jurist eine Historia ab urbe condita in wenigstens 14 Bänden vorgelegt. Vgl. zu beiden Hermann Peter, Historicorum Romanorum Reliquiae I ^{2}(1914) p. CCCLXIX; ders. Wahrheit und Kunst. Geschichtsschreibung und Plagiat im klassischen Altertum (1911) S. 327. Der Jurist Q. Aelius war (als Schüler des Ofilius) Enkel-Schüler des Servius und galt als »*doctissimus … iuris publici et privati*« (vgl. Pomponius lb sg enchiridii D 1, 2, 2, 46).

173 Vgl. Dionys. 10, 57, 5. Daß die beiden zeitgenössischen, parallel arbeitenden Historiker vielfach gleiche Quellen verarbeiteten, ist selbstverständlich. Vgl. Radermacher RE (1903) s. v. Dionysios 113) Sp. 948. Hinsichtlich der vorauszusetzenden gemeinsamen, spezifisch juristischen und zugleich klassisch denkenden Quelle liegt in dem Umstand, daß der Jurist und Historiker Q. Aelius Tubero (vgl. die voraufgegangene Anm.) in Rom der wohl wichtigste Patron des Dionys war (vgl. Thomas Hidber, Das klassizistische Manifest des Dionys von Halikarnass [1996] S. 6), ein recht deutlicher Hinweis.

hominum ingeniis provideri potuerit, omnibus, summis infimisque, *iura aequasse*; plus pollere multorum ingenia consiliaque. versarent in animis secum unamquamque rem, agitarent deinde sermonibus, atque in medium quid in quaque re plus minusve esset conferrent. eas leges habiturum populum Romanum quas consensus omnium non iussisse latas magis quam tulisse videri posset. (*Und unter einer ungeheueren Erwartung der Menschen wurden die zehn Tafeln bekanntgemacht, das Volk zu einer Anhörung zusammengerufen und aufgefordert, damit das Gesetzgebungswerk für das Gemeinwesen, sie selbst und ihre Kinder gut, segensreich und glücklich wirken möge, an die Gesetze heranzutreten und sie zu lesen; sie* [d. h. die Dezemvirn zur Aufzeichnung von Gesetzen] hätten, soweit es die Verstandeskräfte von zehn Männern vermöchte*n, ein Recht geschaffen, das für alle, für die höchsten und die niedrigsten, gleich sei; noch stärker sei aber Verstand und Rat aller; sie sollten daher in ihrem Herzen eine jede Sache bewegen, miteinander darüber sprechen und dann, wo immer in den Einzelfragen Abstriche und Zusätze nötig seien, dies öffentlich vorbringen. Auf diese Weise werde das römische Volk Gesetze erhalten, deren Text nicht nur einfach, so wie eingebracht, seinen Befehl in Kraft setze, sondern deren Text darüber hinaus auch als vom Konsens aller eingebracht angesehen werden könne.)*

Historisch darf man die Schilderung nicht nehmen. Das, was hier über die Vorbereitung der Zwölftafeln berichtet wird, kann sich so niemals zugetragen haben. Eine Möglichkeit zur Emendation des regelmäßig für eine von drei Markttagen eingeschlossenen Frist, insgesamt 24 Tage, promulgierten Gesetzesvorschlags gab es nicht.[174] Die Gesetzesinitiative lag insofern ausschließlich beim Magistrat. Die fachlichen und sachlichen Kenntnisse und die Urteile über Reformnotwendigkeiten, die unverkennbar in das Zwölftafelgesetz eingegangen sind, sind der Redaktion des noch heute durch seine kraftvoll-lapidare Sprache beeindruckenden Gesetzestextes voraufgegangen. Die erzählte Episode bewahrt denn auch keine geschichtliche Tatsache, sondern propagiert in stilisierten Formen ein Ideal für die Abfassung guter Gesetze. Entsprechend sei das Ergebnis der Volksbefragung denn auch, wie Livius fortfahrend erzählt, ein Gesetzgebungswerk allerhöchsten Ranges gewesen.

[90] Cum ad rumores hominum de unoquoque legum capite editos satis correctae viderentur, centuriatis comitiis decem tabularum leges perlatae sunt, qui nunc quoque, in hoc immenso aliarum super alias acervatarum legum cumulo, fons omnis publici privatique est iuris. (*Nachdem festgestellt worden war, daß die Gesetze der Zwölftafeln gemäß den für jeden einzelnen Para-*

174 Vgl. auch die Kritik Mommsens, III S. 394 Anm. 4 (aus 393), der die Überlieferung mit dem – zulässigen – Verfahren konfrontiert, vorbereitende Vorträge an die Bürgerschaft zu richten. Danach könnte es sich um eine veränderte Rückprojektion des in der Hand des rogierenden Magistrats und seiner Kollegen liegenden »Suasions- und Dissuasionsverfahren« handeln, das die Abstimmung über den promulgierten Text vorbereitete.

graphen[175] *von den Menschen vorgebrachten Meinungsäußerungen*[176] *angemessen berichtigt worden waren, wurden die zehn Tafeln*[177] *in den Centuriatscomitien durchgebracht. Sie bilden auch heute noch, in diesem unermeßlichen Haufen übereinander getürmter Gesetze, die Quelle allen öffentlichen und privaten Rechts.*)

Die Botschaft der Geschichtserzählung ist eindeutig. Gute Gesetzgebung muß sachkundig vorbereitet und betreut werden, benötigt Redaktoren, welche die Grundkategorien des Rechts beherrschen, nicht zuletzt den von Livius ausdrücklich genannten klassischen Unterschied zwischen öffentlichem und privatem Recht, zwischen Ordnung der Herrschaft und Ordnung der freien Gesellschaft,[178] und muß schließlich wie das Recht selbst stets die Lebensbedingungen der Bürger im Auge haben und sich daher insbesondere in den Details auf das Genaueste von ihnen informieren lassen. Der Figur des »weisen Gesetzgebers«, der, da höhere Eingebungen beanspruchend, die Gesetze unberaten und nach eigenem Ermessen gibt, ist eine deutliche Absage erteilt. Für die klassische Republik ist Gesetzgebung vielmehr Tätigkeit im Lichte einer Kultur, die vom Prinzip des öffentlichen, Gedanken klärenden, vermittelnden und festlegenden Wortes geprägt ist.

175 Nicht »Kapitel«. Diese übliche, insbesondere auch im Fall der lex Aquilia (Gaius 7 ad edictum provinciale D 9, 2, 2, pr.; Ulpian 18 ad edictum D 9, 2, 27, 5) traditionelle Wiedergabe von »caput« mit Kapitel erzeugt ganz falsche Vorstellungen von der Länge der Vorschriften dieser frühen Gesetze.

176 Rumor ist hier nicht das Gerücht, sondern bezeichnet als *vox media* die entweder günstige oder kritische Meinung der Öffentlichkeit. Die Begriffsfestlegung scheint auf die von Cicero vertretene philosophische Rhetorik zurückzugehen. Darauf deutet jedenfalls die Redeweise bei Cicero, pro Sestio 54, 115 qui rumore et, ut ipsi loquuntur, favore populi tenetur et ducitur (*wer sich von der öffentlichen Meinung oder, wie die Gemeinten selbst es ausdrücken, von der Volksgunst leiten und führen läßt*). Der *rumor bonus* (Cicero, de legibus I 19, 50) oder *honestus* (Publilius Syrus H 15) ist daher der gute, der *rumor malus* (Horaz, Serm. I 4, 125) der schlechte Ruf.

177 Von den beiden weiteren, später in Kraft gesetzten (Liv. III 37, 4; vgl. auch Liv. III 57, 10) Tafeln heißt es unmittelbar anschließend (Titius Livius III 34, 7): Volgatur deinde rumor duas deesse tabulas quibus adiectis absolvi posse velut corpus omnis Romani iuris. (*Es verbreitete sich darauf in der Bürgerschaft die Meinung, daß noch zwei Tafeln fehlten, mit deren Hinzufügung gewissermaßen der gesamte Organismus des römischen Rechts vollendet sein werde.*) »Corpus« meint hier als physiologisches Bild ein belebtes geistiges Ganzes und erfaßt daher die umfassende Kodifikation des gesamten Rechts nach seinen tragenden, die Interpretation leitenden Prinzipien. Auch diese Kodifikation wurde in dieser Geschichtserzählung von der öffentlichen Meinung gefordert.

178 Ulpian 1 institutionum D 1, 1, 1, 2: Das öffentliche Recht entschied durch die Art, wie es die gemeinnützige Herrschaft organisierte und kontrollierte, über den *status rei Romanae*, über die Verfassung, wobei zu Ulpians und auch schon zu Livius Zeiten nicht mehr die Magistratur im Zentrum stand, wie bei Cicero, de legibus III 5, 12, der ihre Bedeutung noch nachdrücklich betont, sondern der Kaiser, der letztlich, wie die nun zum öffentlichen Recht gezählten Priester religiös, nicht durch Wahlen legitimiert war. Das Privatrecht organisiert und fördert die Bedingungen der eigenverantwortlichen Interessenwahl.

VI. Mommsens Glaube – zur Genealogie von Recht und Staat in der Historischen Rechtsschule und zu den geistigen Grundlagen der verschiedenen eigenrömischen Systementwürfe*

Vorbemerkung

[325] Die vorgelegte Schrift ist die ausgearbeitete Fassung des Vortrags, den ich unter dem Titel »Pandektismus und Historische Rechtsschule in Mommsens Staatsrecht« am 8. November 2003 auf dem von Wilfried Nippel und Bernd Seidensticker in Berlin veranstalteten Internationalen Symposion »Theodor Mommsen« gehalten habe. Anlaß des von der Berlin-Brandenburgischen Akademie der Wissenschaften, der Freien Universität Berlin und der Humboldt-Universität zu Berlin und der Mommsengesellschaft getragenen Ehrung Theodor Mommsens war die einhundertste Wiederkehr seines Todestages.

I. Der Systembau »Römisches Staatsrecht«

[326] Mommsens gewaltiges, in drei Auflagen von 1871 bis 1887 zu imponierender Geschlossenheit ausgearbeitetes, drei schwergewichtige Bände umfassendes Römisches Staatsrecht, dessen Ergebnisse er 1893 noch einmal, zu einem knappen »Abriß« verdichtet, vorgestellt hat, ist als Gesamtentwurf ein imponierender Neubau der zweiten Hälfte des 19. Jh. Auf historischem Grunde und mit historischem Material aufgeführt – die zeitliche Dimension reicht von den Anfängen der römi-

* Erstabdruck in: Nachrichten der Akademie der Wissenschaften zu Göttingen I. Philologisch-historische Klasse, Nr. 4, Göttingen, 2005, S. 323-389.

schen Königszeit bis Diokletian – ruht es in seinem geistigen Fundament, das den Konstruktionen Sinn und Ordnung gibt, auf der – für das Staatsrecht tauglich gemachten und entsprechend angepaßten – Überzeugung der Historischen Rechtsschule, daß die Grundprinzipien des Rechts zwar in der Geschichtlichkeit wirken, aber nicht aus ihr kommen, sondern einen höheren Ursprung haben, daß sie eine Genealogie haben, durch die sie in der Geschichtlichkeit als etwas Geistiges und zugleich als ewig zu neuem Leben Entstehendes offenbar und leibhaftig werden.

Der übliche Hinweis auf die pandektistische Methode, die Mommsen auf das Staatsrecht angewendet habe,[1] vermag den damit gekennzeichneten Sachverhalt und die von ihm ausgegangenen Folgen nicht vollständig zu erfassen. Entscheidend ist nicht, daß Mommsen den überlieferten Stoff des römischen Staatsrechts nach der systematischen Darstellungsmethode des Privatrechts erfaßt hat, sondern daß er im Anschluß an Savigny dessen geistige Herkunft oder Genese auf ein dem Stoff selbst fremdes, ihm Geltung verleihendes Prinzip zurückführte. Mommsens eigene Reflexionen und Bekundungen, die sich immer wieder und an entscheidenden Stellen in der mächtigen Bildersprache des inspirierten, ein organisches Ganzes schaffenden Bauens bewegen, zeigen das in aller Deutlichkeit. Daß sich Mommsen in der Annahme einer supranaturalistischen Herkunft der in der Geschichtlichkeit wirkenden Grundbegriffe an Savigny angeschlossen hat, ist bisher nicht hinreichend gewürdigt worden, auch nicht in den bahnbrechenden, immer noch wertvollen und dem Kernpunkt manchmal ganz nahe kommenden, aber doch die im Wortsinn enthusiastische Seite in Mommsens Staatsrecht verfehlenden Ausführungen, die Alfred Heuß in seinem biographischen Versuch dem Juristen und Historiker Mommsen gewidmet hat.[2]

1 Siehe nur Alfred Heuß, Theodor Mommsen und das 19. Jahrhundert (1956) S. 44, 46, 50, 51; Jochen Bleicken, Lex Publica, Gesetz und Recht in der römischen Republik (1975) S. 36; Kleinheyer-Schröder, Deutsche und Europäische Juristen aus neun Jahrhunderten [4](1996) S. 288 f.

2 Alfred Heuß (oben Anm. 1) ist zu Recht (S. 52) *»versucht, von einem vollen Triumph des »Systems« über die Geschichte zu sprechen«*, führt das aber auf einen einfachen Denkfehler Mommsens zurück. Er habe das von der Geschichtlichkeit, der *»Vergangenheit«*, abstrahierende a priori der Geltung eines Systems an die Stelle des geschichtlichen a posteriori gesetzt und sei damit (S. 53) *»einer Verwechslung der beiden logischen Positionen zum Opfer gefallen«*. Eine solche Erklärung wird indes Mommsen nicht gerecht. Zu dem, was an seiner Arbeitsweise »aprioristisch« war, hat sich Mommsen, wie wir sehen werden, von Anfang an ausdrücklich bekannt, und das war keine Form, sondem ein produktives Prinzip. Heuß zitiert zwar (S. 55 f.) Mommsens Bekenntnis zu der Jurisprudenz als einer *»genetisches Verständnis fordernde⟨n⟩ Wissenschaft«* und erkennt, daß es um eine *»höhere[n] Form der Erkenntniß«* geht, vermag dies aber nicht weiter einzuordnen, da er Mommsens Verwurzelung in dem spezifisch *»religiösen«* Klima der Historischen Schule Savignys nicht erfaßt hat. Bemerkenswert widersprüchlich urteilt Heuß über die Psychologie Mommsens. Er nennt ihn einerseits eine (S. 234 f.): *»eminent statische Natur«*, keine *»eigentlich reiche«*, die von den *»Bedingungen eines harten, männlichen, aller wirklichen Empfänglichkeit und weicher Eindrucksfähigkeit entbehrenden Wesens«* geprägt sei; zuvor hatte er demgegenüber bemerkt (S. 185): *»Mommsens Naturell war ohnehin durch eine überstarke Sensiblität ausgezeichnet.«* Vgl. auch unten Anm. 91.

[327] Die Wirkungen eines in diesem Geist konzipierten Systems des römischen Staatsrechts waren diejenigen, die eintreten, wenn auf einem historischen Ort mit weit in die Vergangenheit zurückreichender Bau- und Besiedlungsgeschichte ein gewaltiger Neubau mit tiefer, von modernen Geräten ausgehobener Baugrube aufgeführt wird. Gegenüber der neuen Pracht geht die Erinnerung an die Gebäude, die vorher an der gleichen Stelle standen, und die Baupläne der Baumeister, die auch zu bauen verstanden, verloren. Daß der Neubau Spolien aus den Vorgängerbauten enthält oder, wie im Fall des Mommsenschen Staatsrechts, dem Anspruch nach nur altes Material verwendet, ändert zunächst einmal nichts an dem Verlust. Entscheidend ist, daß in dem Maße, in dem dieser Neubau Bestand hat und als gültige Form erachtet wird, die alten Pläne, nach denen die Vorgängerbauten errichtet worden waren und die sich alle jeweils auf bestimmte, von Menschen entworfene Denkansätze zurückführen lassen, dem Blick entzogen werden. Denn Mommsens Neubau erhob den Anspruch, nach einem übermenschlichen, für alle Zeiten, auch für die eigene Zeit, gültigen Plan errichtet worden zu sein. Die Monumentalität seines Baus wurde durch diesen auf dauernde, ja ewige Geltung gerichteten Anspruch ins Ungeheuere und Übernatürliche gesteigert.

Die Folgen waren entsprechend. Eigentliche Archäologie wurde auf dem von Mommsen zubereiteten und definierten geistigen Fundament nicht betrieben. Das Werk lag wie ein Bann über dem Gebiet. Die verschiedenen staatlichen Ordnungen, die vorher auf dem historischen Boden gestanden hatten, auf dem er gebaut hatte, und die menschlichen Gedanken, die diese älteren Bauten entworfen hatten, wurden in ihrer geschichtlichen Individualität verdrängt. Sie blieben, weil ihre gesamte Hinterlassenschaft zu einem einheitlichen System verbaut worden war, unerforscht. Systematische Gegenentwürfe aus einem anderen, aber wiederum geschlossenen Geist, wie das bedeutende Werk de Martinos, vermochten daran nichts zu ändern, so lehrreich die erneute Betrachtung des Gesamtmaterials in vielen Einzelfragen war.[3]

[328] Im Übrigen stand die wachsende Kritik an Mommsens Werk unter dem Zeichen einer grundsätzlichen Abwendung vom Systemdenken. Unter dem Einfluß eines dem Rechtsformalismus gegenüber immer kritischer werdenden Zeitgeistes war die Möglichkeit, die römische Verfassung im Stil Mommsens als komplexe Struktur zu beschreiben, mehr und mehr überhaupt in Mißkredit gelangt. Das reicht von Jochen Bleickens ausdrücklich als Mommsen-Kritik vorgetragener Ansicht, daß die römische Verfassung »historisch«, d.h. in seiner Terminologie

3 F. de Martino, Storia della costituzione romana I-V (1958-1967), davon Band I und II in zweiter Auflage von 1972/73. Zur Wirkung, die Marxismus und historischer Materialismus auf diese Gesamtdarstellung gehabt haben, vgl. die abgewogene Würdigung seines ehemaligen Schülers Federico d'Ippolito in der Einleitung im ersten Band von de Martinos unter dem Titel »Diritto economia e società nel mondo romano« erschienenen Gesammelten Schriften (1995) p. XI-XXIII.

situationell und systemlos entstanden sei,[4] bis hin zu Fergus Millars einflußreichem, für die rechtlich hochkomplexe Prinzipatsverfassung einen Höhepunkt an rechtlicher Dekonstruktion enthaltenden Wort: »the emperor was what the emperor did«.[5] Folgerichtig versucht der »Neue Mommsen«, die von Wolfgang Kunkel betriebene Neubearbeitung des römischen Staatsrechts, einen eigenen Akzent auf die Staatspraxis zu legen.[6]

Am radikalsten und grundsätzlichsten hat sich Franz Wieacker zu dieser Frage geäußert: Rechtsbegriffe und Rechtssätze, also das, was je nach methodischer [329] Grundhaltung aufgrund konventioneller Überzeugung oder aufgrund Rechtsglauben zur Geltung gelangt, hätten gar keine Geschichte. Darauf werde ich in der Schlußbemerkung eingehen. Am Ende hat Mommsens rechtshistorisches Hauptwerk, was die Frage der Rechtssysteme betrifft, zutiefst enthistorisierend gewirkt. Das erscheint paradox, ist aber in Wahrheit Folge der tragenden Grundannahmen der Historischen Rechtsschule.

4 Lex publica (oben Anm. 1). Kritisch zur Grundthese des Buches bereits meine Besprechung in der Historischen Zeitschrift 225 (1977) S. 404-407. Bleickens Stellungnahme ist von großer Entschiedenheit (S. 36): *»Der römische Staat ist von den Römern selbst niemals theoretisch-begrifflich durchdrungen worden; es gibt nicht einmal den Versuch einer systematischen Ordnung der geltenden Bestimmungen des öffentlichen Rechts irgendeiner Periode. Das Staatsrecht der Römer war historisches Recht, nicht Abstraktion zusammengehöriger Tatbestände. Das öffentliche Recht entstand aus konkreten historischen Sitaationen …«* Daher folgerichtig das Resümée (S. 45) *»Systematisierung von historischem Recht ist daher nicht nur problematisch, sondern einfach verkehrt«.* Wäre das römische Staatsrecht tatsächlich auf den verschiedenen Stufen seiner Entwicklung jeweils situationell entstanden, hätte Bleicken Recht. Aber diese Prämisse ist nachweislich falsch. Bleicken hätte zu denken geben sollen, daß die Bereitschaft Rechtsfragen lediglich augenblicksbezogen und ohne Reflexion auf ein soziales Deutungssystem zu beantworten, eine recht moderne »Errungenschaft« ist, die aufs engste mit der spätromantischen Freirechtsbewegung verbunden ist (vgl. unten Anm. 117). Die Gleichsetzung von historisch und systemlos verkennt darüber hinaus generell die Erfahrung, daß das Sicherheitsbedürfnis des sich in der Welt gedanklich einrichtenden Menschen immer wieder in der Geschichte individuelle Rechtsordnungen als auf Dauer berechnete und zugleich in einer gewissen Dauerhaftigkeit gehaltene Ordnungsformen hervorgebracht hat.

5 Fergus Millar, The Emperor in the Roman World (1977) S. 6. Eine Erfassung der rechtlich komplexen Struktur des Prinzipats ist von einem solchen radikal pragmatistischen Ansatz aus unmöglich, so viel Licht er auch auf der tatsächlichen Handlungsebene verbreiten mag.

6 Wolfgang Kunkel, Staatsordnung und Staatspraxis der römischen Republik, Zweiter Abschnitt »Die Magistratur«, erschienen im Jahr 1995 in Koautorschaft mit Roland Wittmann. Siehe dazu die eindringende, auch eine Reihe älterer Versuche von Mommsen-Revisionen diskutierende Rezension von Jochen Bleicken unter dem bezeichnenden Titel, »Im Schatten Mommsens«, Rechtshistorisches Journal 15 (1996), S. 3-27. Das Gesamturteil (S. 26 f.) ist kritisch: Es handele sich trotz des Versuchs, der Staatspraxis ein neuartiges Gewicht zu geben, infolge der Konzentration auf die Institutionen um *»eine Rückkehr zu Mommsen«.* Die historische Entwicklung sei so weit wie irgend möglich herausgehalten. Während man Mommsen vorgeworfen habe, durch die Systematisierung von tausend Jahren römischer Staatengeschichte die Geschichte vergewaltigt zu haben, könne man Kunkel vorwerfen, sie durch den vom ihm gewählten Ausschnitt weitgehend gemieden zu haben.

Die insofern vorzutragende Kritik stellt, so grundsätzlich sie ist, Mommsens Verdienst, den Stoff des römischen Staatsrechts erstmals vollständig durchdacht und durchdrungen und durch seinen weiträumigen Bau viel Licht in das Material insbesondere der Republik und des Prinzipats gebracht zu haben, nicht in Frage. Denn die kritischen Feststellungen gelten dem unhistorischen Fundament des Systems und seiner verdrängenden Wirkung, nicht der Fülle des historischen Details, die durch die systematische Erfassung ins Licht gestellt wurde. Daß dies gelang, hängt damit zusammen, daß das verarbeitete Material dem systematischen Zugriff Mommsens hinreichend verwandte Seiten zeigte, um auch ohne Analyse seiner eigenen geistigen Bedingungen in einer generalisierenden Weise erfaßt werden zu können. Die darin sich zeigende relative Produktivität abstrakter, an den Stoff herangetragener Begriffe ist fiir Mommsen und für einen vergleichbar ahistorisch arbeitenden Kontrahenten, mit dem er in Konflikt geriet, von Wieacker bereits zutreffend festgestellt worden (vgl. unten Anm. 15).

Mit vollem Recht nennt daher Claude Nicolet zu Anfang des Vorworts zum 1984 erschienenen Nachdruck der einst von Frédéric Girard besorgten vorzüglichen, unter dem Titel »Le droit public romain« erschienenen französischen Übersetzung der dritten Auflage des Römischen Staatsrechts das Werk ein *»ouvrage de référence fondamentale«*, obwohl er bereits sehr klar vor Augen hat, daß der Systembau des Juristen und Staatsdenkers Mommsen das römische Staatsrecht so sehr im Kern enthistorisiert, daß es als großartiger, aber ungeschichtlicher Entwurf selbst zu einem Gegenstand der Geschichte geworden ist.[7] Der wissenschaftsgeschichtlich gehaltvolle Artikel von Yan Thomas »Mommsen et l'Isolierung du droit«, auf dem Nicolets Urteil fußt und der seinem Vorwort folgt, hatte darüber hinaus gegen die verbreitete einseitige Mommsen-Kritik, den Fehler voreiliger Schlüsse vermeidend, die grundsätzliche Möglichkeit einer selbständigen Behandlung des Rechts verteidigt.[8] Meine Kritik richtet sich in Übereinstim-

7 Ich zitiere die Sätze vom Ende des Avant-Propos Claude Nicolets (A. a. O. p.V): » … *le* Römische Staatsrecht *doit cesser d'être seulement l'instrument d'une histoire (celle de Rome), pour dervenir à son tour objet d'histoire: un moment de la pensée allemande, de la philosophie de l'état, exprimée indirectement dans une reflexion qui s'applique à Rome. Mommsen dans un sens avait voulu expulser l'histoire (ce »droit public historifié« dont il parle) au profit des »normes fundamentales« et des »représentations« de l'état que faisaient les Romains. La lecture que nous faisons aujourd'hui du* Römisches Staatsrecht *ne peut être complète que si l'on connaît et comprend le système auquel il aboutit; elle assure paradoxalement la revanche d'une histoire. Mais ce n'est plus celle de Rome, c'est celle de Mommsen.«*

8 Yan Thomas wendet sich treffend gegen eine (S. 6): *»vision de l'histoire qui prétend ignorer que normes et réalités sociales font deux, que les premières ne sont pas le reflet des secondes, qu'elles ont aussi leur histoire propre et leur fonction, ne serait-ce que par l'idée que les hommes en ont«.* Nur zustimmen kann ich auch der Feststellung, daß in Mommsens Gesamtwerk, in dem die Erforschung und Darstellung der Ereignisgeschichte und ihrer Zeugnisse einen so imponierenden Platz einnimmt, die hinzutretende systematische Isolierung des Rechts wahrlich kein Desinteresse an den Realia bekundet, sondern eine der Analyse des Stoffes folgende Unterscheidung darstellt zwischen (S. 10); *»des niveaux complémentaires d'analyse, l'histoire*

mung mit diesen Urteilen denn auch [330] nicht gegen das Systemdenken als solches, sondern gegen den in Mommsens Staatsrecht enthaltenen und aus einer höheren Legitimation abgeleiteten Ausschließlichkeitsanspruch, mit dem es der Erforschung der verschiedenen menschlichen Systementwürfe im Wege steht, die in der römischen Antike selbst in aufeinander folgenden Perioden verwirklicht worden sind. Dieser Standpunkt Mommsens belastet auch die Gegenwart, da die Überzeugung, es könne nur ein einziges gültiges System geben, einer modernen Erneuerung des juristischen Systemdenkens im Wege steht, die ohne grundsätzliches Anerkennen des Pluralismus in der rationalen Grundlegung des Rechts, die der römische, historisch so wirkungsmächtige Gegenstand vor Augen führen kann, nicht möglich ist.

Die folgenden Ausführungen gelten dem Gesagten entsprechend dem Nachweis, daß Mommsens Staatsrecht nach System und Grundlagen in der Tat eine genuine Frucht der eigentümlichen auf Rechtsbegriffe angewendeten Gläubigkeit ist, die den eigentlichen Kern der Historischen Rechtsschule bildet und sich in ihrer grundlegenden, von Mommsen für seinen Gegenstand nur noch anzupassenden Ausprägung auf ihren Stifter Savigny zurückschreibt. Der Bannkreis Mommsens und seine Wirkungsgeschichte sollen damit durchbrochen werden, aber nicht zu destruktiven Zwecken, sondern um die Bedingungen dafür zu schaffen, auf seinem Arbeitsgebiet des römischen Verfassungsrechts im historischen Sinne systematisch zu arbeiten, nämlich nach den antiken Bauplänen und ihrer Realisierung zu forschen und aufzuweisen, wie unterschiedlich zu den verschiedenen Zeiten gedacht und gearbeitet wurde und welche Neuansätze und Entwicklungen es gegeben hat.[9]

du droit et l'histoire du reste, qu'il savait ne pas confondre«. Voll und ganz unterschreiben möchte ich auch die folgende Kritik nebst der sie tragenden Argumentation (S. 9 Anm. 36): *»Ce que la plupart des historiens s'obstient à méconnaître, et parmi eux bien des historiens du droit qui pensent par emprunt, c'est que le juridique, avec son langage, ses normes et sa durée propre, qui n'est pas celle des autres phénomènes sociaux, constitue un domaine singulier. Sous le prétexte qu'il est fallacieux d'interpréter les dogmes romains à l'aide de dogmes contemporains, selon la méthode romanistique traditionnelle, on en vient à oublier que les dogmes ont une existence et une histoire, inscrite dans la très longue durée: bref, le lieu commun le plus répandu est de confondre la méthode avec l'objet, de nier l'existence du second en raion de la faiblesse de la première.«*

9 Meine entsprechenden Bemühungen jetzt zusammengestellt in Okko Behrends, Institut und Prinzip. Siedlungsgeschichtliche Grundlagen, philosophische Einflüsse und das Fortwirken der beiden republikanischen Konzeptionen in den kaiserzeitlichen Rechtsschulen, Ausgewählte Aufsätze, hrsg. von Martin Avenarius, Rudolf Meyer-Pritzl, Cosima Möller, Bd. I und II, Göttingen 2004; siehe auch meine Untersuchung »Der Vertragsgedanke im römischen Gesetzesbegriff auf den verschiedenen Stufen seiner Entwicklung. Der erfragte Wille der Wehrgemeinde, die Fortbildung der Rechtsordnung durch die Bürgervertretung und die Ideologie des Gesetzgebungsauftrags«, in: Okko Behrends / Christian Starck (Hrsg.), Gesetz und Vertrag I, 11. Symposion der Kommission »Die Funktion des Gesetzes in Geschichte und Gegenwart«, Göttingen 2004 S. 9-90.

II. Mommsens Bauplan oder das »genetische Verständnis« des römischen Rechts

[331] Mommsens erklärtes Ziel war, für das Staatsrecht zu leisten, was Savigny, der Schöpfer der Historischen Rechtsschule, für das Privatrecht geleistet hatte, und zwar in Übernahme nicht nur der von allgemeinen Grundbegriffen ausgehenden systematischen Methode, sondern auch des Glaubens an eine höhere Herkunft der in der Geschichte wirksam gewordenen rechtlichen Grundbegriffe. Daher schreibt er im Vorwort zum Band 1 der ersten Auflage:

> »Wie in der Behandlung des Privatrechts der rationelle Fortschritt sich darin darstellt, dass neben und vor den einzelnen Rechtsverhältnissen die /p. IX/ Grundbegriffe systematische Darstellung gefunden haben, so wird auch das Staatsrecht sich erst dann einigermassen ebenbürtig neben das – jetzt allerdings in der Forschung und der Darlegung ihm eben so weit wie in der Ueberlieferung voranstehende – Privatrecht stellen dürfen, wenn, wie dort der Begriff der Obligation als primärer steht über Kauf und Miethe, so hier Consulat und Dictatur erwogen werden als Modificationen des Grundbegriffs der Magistratur.«
> Römisches Staatsrecht I ^{1}1871 p. VIII

Das folgt ganz Savigny, auch im Beispiel der Obligation, die Savigny in seiner Programmschrift »Vom Beruf unserer Zeit für Gesetzgebung und Wissenschaft« als einen Grundbegriff des Vermögensrechts nennt.[10] Kraft dieser leitenden Grundsätze sah Mommsen sich als Baumeister im Besitz eines gültigen Bauplans. Ziel seiner Arbeit war – ich zitiere aus dem Vorwort der ersten Auflage des ersten Bandes des römischen Staatsrechts – eine (p. IX) *»begrifflich geschlossene und auf consequent durchgeführten Grundgedanken wie auf festen Pfeilern ruhende Darlegung, die das Wesen wie jedes Rechtssystems so auch des Systems des römischen Staatsrechts, wenn auch noch nicht ist, doch werden muss«*. Mit Sarkasmus spricht er im gleichen Vorwort von dem (Staatsrecht I p. X) *»Getümmel auf dem antiquarischen Bauplatz«* auf dem *»viele geschäftige Leute bloss die Balken und Ziegel durch einander werfen, aber weder das Baumaterial zu vermehren noch zu bauen verstehen.«*

Als Architekt im Besitz eines gültigen Bauplanes sah er folgerichtig auch wenig Sinn in der polemischen Auseinandersetzung mit Ansichten von Meistern, die den Grundriß eines anderen Baus im Auge hatten. Seine Darlegungen – so Mommsen – seien so beschaffen, daß sie *»in der systematischen Entwickelung selbst keine Polemik gegen principiell entgegengesetzte Auffassungen«* gestatteten.

Der Prozessualist Moriz Wlassak mußte daher erleben, wie sehr es dem Baumeister Mommsen widerstand, auch über das Vermessen eines recht wichtigen Balkens – es war das *iudicium legitimum* des Privatprozesses – in eine unmittel-

10 Vgl. Savigny, Beruf S. 66: *»Bekanntlich beruht … das Römische Vermögensrecht auf zwey Grundbegriffen, der dinglichen Rechte nämlich und der Obligationen, und jeder weiß* wie viel die Römer mit der Schärfe und *Bestimmtheit dieser Begriffe ausrichten.«*

bare Altercation mit einem anderen Baumeister zu treten, der – bei höchst streitbarer Veranla- [332] gung – einen anderen Grundriß im Kopf hatte.[11] Der Gemeinte hat das Thema später noch einmal aufgegriffen und die Abfuhr, wie sein Freund Otto Lenel berichtet, nie ganz verwunden.[12] An Prinzipienfestigkeit nahmen sich die beiden Kontrahenten nichts: Wlassak glaubte fest an die Schiedsgerichtstheorie, d.h. an eine vorstaatliche, schiedsvertragliche, in der Staatlichkeit fortwirkende Wurzel prozessualer Streitschlichtung; Mommsen an die konstituierende Kraft des Imperiums, für die er ein »schiedsrichterliches« Element postulierte, dessen Geltung eines Schiedsvertrags nicht bedurfte.[13] Auf beiden Seiten fehlte das Bewußtsein, daß es eigenes, reflektiertes römisches Rechtsdenken gegeben hat, dem in solchen Fragen das erste und letzte Wort zukommt, und zudem ein Rechtsdenken, das auf den verschiedenen Entwicklungsstufen durchaus verschiedene Anschauungen vertrat, im Fall des *iudicium legitimum* mindestens zwei, einerseits die altreligiöse, auf *dies fasti* und einen Ort innerhalb des *pomerium* angewiesene, den Verbandsfrieden wahrende, das Geschworenengericht durch ein solennes *iudicium addicere* einsetzende Jurisdiktion der quiritischen, aus dem auguralen Königtum abgeleiteten Magistratur – hier ist das

11 Vgl. den Aufsatz »Iudicium legitimum«, Savigny-Zeitschrift, Rom. Abt. 12 (1892) S. 267-284 [= Juristische Schriften 3 (1905) S. 356-374]. Mommsen erklärt zu Beginn des Beitrags, daß er es wegen der »*Wichtigkeit*« des Gegenstands »*zweckmässig*« finde, seine »*von den jetzt, wie es scheint, vorwaltenden abweichende Anschauung*« vorzulegen und fügt hinzu: »*Wenn ich es unterlasse, auf jene unmittelbar einzugehen, so geschieht es, weil die neueste Behandlung der Frage durch einen ebenso feinen wie irritablen Forscher mir ein Abbrechen der directen Discussion zu fordern scheint; die Sache selbst wird auch ohne Altercation behandelt werden können*«.

12 Vgl. Otto Lenel, SZ 43 (1922) S. 574 und Moriz Wlassak, Erinnerungen an Otto Lenel, Almanach 1935 der Akademie der Wissenschaften in Wien (1936) S. 309 ff. Vgl. dazu meinen wissenschaftsbiographischen Versuch »Otto Lenel (13.12.1849-7.2.1935). Positivismus im nationalen Rechtsstaat als Haltung und Methode« in dem Einleitungsaufsatz zu Otto Lenels von Federico d'Ippolito und mir herausgegebenen Gesammelten Schriften I-V (1990-1994) I, S. XIII-XXXII.

13 Mommsen, der (I, S. 186) die »*Civiljurisdiction*« aus einer »*schiedsrichterlichen Stellung des richtenden Magistrats*« ableitete, die dem Geschworenen zur Ausübung übertragen wurde, und gegen das klare »*etiam*« der allegierten Stelle (Ulpian 2 de officio quaestoris D 2, 1, 3: *iurisdictio est etiam iudicis dandi licentia*) – und gegen die gesamte mächtige und uralte, auf unmittelbare Friedenswahrung gerichtete *iurisdictio voluntaria* – diese Prozeßinstruktion zum ursprünglich alleinigen Inhalt der *iurisdictio* erklärte, hatte das *iudicium legitimum* als rein »*gesetzlich*« eintretend, dagegen das *iudicium imperio continens* definiert als »*beruhend nicht unmittelbar auf dem Gesetz, sondern auf der discretionären Gewalt des Magistrats, dem Imperium*«. Die konstruktive Begrifflichkeit, welche die Magistratur in eine von ihr geschaffene Gesetzlichkeit einordnet und ihr zugleich von ihrer Quelle her eine diskretionäre Gewalt läßt (daher beruht ihr Tun im ersten Fall unmittelbar, im zweiten Fall mittelbar auf dem Gesetz), versperrt hier in typischer Weise den Zugang nicht nur zum alten auguralen, an *dies fasti* gebundenen *iudicium addicere*, der die Prozeßeinsetzung als Teil der alten Friedenswahrung im Rechtsverband erkennen läßt, sondern auch zu den anderen Entwicklungsschichten des römischen Rechts. Vgl. die folgende Anmerkung.

iudicium legitimum spezifisch der Zwölftafelprozeß –, andererseits die jurisprudentielle Bedeutung, in der es den Formularprozeß meint, der ein formales Schuldrecht durch Judikationsbefehl vor den Geschworenen bringt, nicht ohne fei- [333] ne Unterschiede zwischen der vorklassischen und klassischen Tradition in der Bestimmung des Inhalts des *officium iudicis.*[14] Es ist durchaus folgerichtig und gerecht, daß beide, Mommsen und Wlassak, in der modernen Kritik gemeinsam als Lehrbeispiele für Gelehrte genannt werden konnten, die mit unhistorischen, aber heuristisch oftmals durchaus produktiven Grundbegriffen gearbeitet haben.[15]

Das Wort »Grundbegriff« sollte aber gerade wegen des bei Mommsen so präsenten Bildes des Bauwerks keine falschen Vorstellungen wecken. Es ist kein Begriff, der ruhig in seinen Fundamenten liegt und ein statisches Gebäude trägt, sondern ein genetisches Prinzip, das das durchaus dynamisch gedachte Gesamtgefüge in allen seinen Stücken organisiert und dadurch zugleich, ohne in seinem Wesen verändert zu werden, kontingente Elemente aufnehmen kann. Daher wechselt Mommsens Bildersprache gelegentlich ohne weiteres über zu dem für Savigny zentralen Begriff des Organismus. Sein Unternehmen ist daher ebenso – ich zitiere aus dem Vorwort zur zweiten Auflage – (I [1876] p. XIII): *»der Versuch eine jede Institution darzustellen sowohl als Glied des Ganzen in ihrer Besonderheit wie in ihrer Beziehung zu dem Organismus überhaupt«*. Daher hatte er (ebenda p. XI): *»alle Arbeits- und Denkkraft daran gesetzt«* um *»jedes brauchbaren Bausteins habhaft zu werden und jeden Gedanken zu Ende zu denken«* und auf *»die eminente Schwierigkeit dieser Arbeit«* hingewiesen, die darin liege, *»dass dafür der Darstel-*

14 Vgl. für das Legisaktionenverfahren und den Übergang zum Formularprozeß meine Schrift *Der Zwölftafelprozeß. Zur Geschichte des römischen Obligationenrechts* (1974) S. 57 ff., 109 ff. Hinsichtlich der beiden Jurisprudenzen ist, wie Cicero, de legibus I 5, 17 (vgl. auch Cicero, de oratore I 43, 193) uns lehrt, zwischen der produktiven Zwölftafelauslegung der Vorklassiker und der strengen, vom Edikt ausgehenden Wortlautgeltung seit Servius zu unterscheiden. Der ersten Phase entstammt der *veteres*-Spruch, den Gaius III 180 zitiert, und die naturrechtliche Interpretation der Richterpflicht des *omnia iudicia absolutoria* (der Geschworene kann den Schuldner absolvieren, der nach Rechtshängigkeit gezahlt hat), der zweiten die diese Befugnis ablehnende, den Richter an den Wortlaut der Formel bindende Lehre. Vgl. zu der Kontroverse Gaius IV 114. Die Sonderbedeutung, die das Wort *iudicium legitimum* durch die Prozeßverjährung der wahrscheinlich augusteischen *lex iudiciaria* erhält (Gaius IV 103 ss.), ist demgegenüber ein positivrechtliches Detail.

15 Franz Wieacker, Notizen zur rechtshistorischen Hermeneutik, in: Ausgewählte Schriften I (1983), S. 94: *»Selbst Mommsens Römisches Staatsrecht oder Wlassaks Forschungen zum römischen Prozeß waren trotz der heute mit Recht streng gerügten Anwendung anachronistischer Begriffe oder Ideologien doch auch wirkliche Fortschritte rechtsgeschichtlicher Einsicht, die durch den Aufweis ihrer bedenklichen Zeitverstricktheit als Durchgangsstufen der Erkenntnis nicht außer Kurs gesetzt werden.«* Die Erklärung des scheinbaren Paradoxes, daß ersichtlich anachronistische Begriffe rechtshistorisch produktiv werden können, sieht Wieacker überzeugend in ihrer Leistungsfähigkeit als »heuristisches Modell«. In der Tat: Insoweit die genannten Gelehrten die Quellen nur zum Sprechen gebracht und nicht zu bestimmten Aussagen gezwungen haben, behalten ihre Schriften auch für weitere Forschungen ihren Wert.

lende überall ebenso der vollständigen Kenntniss auch derjenigen Einzelheiten bedarf, die er nicht erörtert, wie der vollständigen Einsicht in das Wesen des römischen Organismus überhaupt«.

Das Bild des Organischen beschreibt die Fähigkeit eines materialen Prinzips, die Totalität der von ihm erfaßten Gedanken im Sinne einer wechselseitigen Erhellung zu durchdringen, vom Allgemeinen bis in die allerletzte Einzelheit, und zwar [334] in einer Weise, daß der Weg des Einflusses sich auch wieder zurückverfolgen läßt. Die Magistratur, welche in Mommsens organischem Bau die Rechtsordnung konstituiert, beherrscht und immer wieder neu zu gründen vermag, leistet eben dieses. Daher ist es auch sehr lehrreich, wenn Mommsen die Analogie zum Privatrecht im Vorwort zur zweiten Auflage von 1876 auch darin durchführt, daß er seinem Werk die Rolle eines Allgemeinen Teils zuspricht. Sein Staatsrecht ist – so wörtlich – *»der allgemeine Theil der Darstellung des römischen Gemeinwesens«.*[16] Damit ist in der Tat eine bedeutende Entsprechung mit der auffälligsten Neuerung bezeichnet, die Savigny in seinem System des heutigen römischen Rechts eingeführt hat.[17] Dort ist die Leitfigur des Allgemeinen Teils des Privatrechts die willensfähige Person, die in ihren Rechtsverhältnissen selbstverantwortlich herrscht, und zwar in Rechtsverhältnissen, die kraft des Rechtsprinzips der Privatrechtsgesellschaft, des »Volksgeistes«, d. h. des rechtswissenschaftlich betreuten, selbst aber aus einer höheren Sphäre stammenden, auf freiheitliches Zusammenleben gerichteten Rechtsbewußtseins der Nation, geschaffen werden und zum Dasein gelangen. Die Leitfigur des Mommsenschen Staatsrechts ist dagegen der Träger des *imperium*, der die verfassungsmäßige Ordnung herstellt und sich ihr unterordnet, allerdings unter dem Vorbehalt, sie im Fall der Notwendigkeit aus eigener, unverlierbarer Kraft einseitig zu erneuern. Der Magistratur, welche durch ihre konstituierenden Akte die verfaßte Bürgerschaft hervorbringt, korrespondiert damit auf der Seite des Privatrechts die willensfähige Privatperson, welche durch ihr rechtsgeschäftliches Handeln ihre Rechtsverhältnisse, unter ihnen auch die Obligation, hervorbringt. Die von Mommsen für das Privatrecht genannte Obligation ist im Vergleich zur Person kein untaugliches Beispiel, da sie einen rechtlich erworbenen Gegenstand des »Vermögens« einer Person bezeichnet, aber doch unter dem Gesichtspunkt des Allgemeinen Teils ein Beispiel nachgeordneter Art.

Mommsen hat uns für seinen spezifischen Rechtsglauben, der seinem System den Zusammenhalt verleiht, eine ganze Reihe von Selbstzeugnissen hinterlassen. Zwei ragen besonders hervor, das eine findet sich in einer engagierten Rezension des 28jährigen, das andere im Vorwort zum Abriß des römischen Staatsrechts, dem zusammenfassenden Spätwerk des 70jährigen aus dem Jahre 1893. Die von

16 Röm. Staatsrecht I [1](1871) p. XIII: *»Es ist der allgemeine Theil der Darstellung des römischen Gemeinwesens, der hier im Anschluss an die hergebrachte Bezeichnung der ›Staatsalterthümer‹ als ›römisches Staatsrecht‹ gegeben wird …«.*

17 Bekanntlich auf den Spuren Heises. Vgl. nur Franz Wieacker, Privatrechtsgeschichte der Neuzeit [2](1967) S. 373 mit Anm. 80.

jugendlichem Enthusiasmus getragene Stellungnahme wird später im fünften Abschnitt (V.) gewürdigt werden, wenn die spezifische Abhängigkeit Mommsens von Savigny, durch die sie ihr Licht empfängt, näher geklärt worden ist. Die Äußerung des späten Mommsens, die, wie sich zeigen wird, vom gleichen Geist getragen ist, bietet sich als Ausgangspunkt an, da sie nicht nur die Dauerhaftigkeit des Einflusses des Gründers der Historischen Rechtsschule verbürgt, sondern zugleich mit dem Bekenntnis zu einer Genese der historischen Begriffe aus einer Sphäre über Zeit und Ort eine sehr spezifische und beziehungsreiche Aussage zur Methode enthält.

[335] Mommsen ruft in der Äußerung zunächst die Vorbildrolle Savignys in Erinnerung, indem er erneut dem öffentlichen Recht, d. h. dem Staatsrecht, das Privatrecht als Muster vorhält. Untergegangen sei das öffentliche Recht der Römer so wenig wie das Privatrecht. Zwar fehle dem Staatsrecht Roms die fachjuristische Literatur, die das Privatrecht auszeichne. Dafür trete aber die historische und *»selbst die pseudo-historische Überlieferung«* als der in mancher Hinsicht überlegene Ersatz an die Stelle. Gerade für die älteste Zeit, in der nach Mommsens Meinung die Überlieferung für das Privatrecht versage, trete uns im öffentlichen Recht in Institutionen und Traditionen ein Bild zwar ohne Farben, aber doch in festen Umrissen gegenüber. Und dann heißt es:

> »Vor der Plattheit derjenigen historischen Forschung, welche das, was sich nie und nirgend begeben hat, bei / VIII / Seite lassen zu dürfen meint, schützt den Juristen seine genetisches Verständniss fordernde Wissenschaft.«

Technisch ist an dieser unverblümten, den allgemeinen Historikern gegenüber sogar ein wenig unhöflichen Äußerung das zum Prinzip der Rechtswissenschaft erhobene methodische Postulat eines genetischen Verständnisses. Weil er eine genetische Herleitung seiner Grundbegriffe fordere, könne sich der Jurist – er bleibt bezeichnenderweise für die historische Rechtsschule ein von der Rechtsidee geleiteter Fachjurist, auch wenn er historisch arbeitet – nicht auf das beschränken, was sich örtlich und zeitlich begeben habe. Er könne gewissermaßen nicht im Flachland der Empirie bleiben. Er müsse sich aufschwingen zu dem, was sich *»nie und nirgend«* begeben habe, um seinen Begriffen eine Genese, einen Ursprung, zu geben.

Versuchen wir genau zu verstehen, was Mommsen meint! Offensichtlich liegt das, was sich nie und nirgend begeben hat, in den Höhen des Geistes, und zwar eines lebendigen Geistes, der, von einem Ort *»nie und nirgend«* in die Geschichte hineinwirkend, das römische Recht am Leben erhalten hat. Daher sagt Mommsen in dem Absatz, in dem er in den zitierten Worten das genetische Verständnis fordert, und den ich in der Fußnote noch einmal vollständig wiedergebe: *»Untergegangen ist das öffentliche Recht der Römer so wenig wie ihr Privatrecht«*.[18]

18 Abriß des römischen Staatsrechts (1893) Vorwort p. VII *»Untergegangen ist das öffentliche Recht der Römer so wenig wie ihr Privatrecht. Die fachmässige bei aller Schädigung dennoch geschlossene Ueberlieferung, welche uns von diesem geblieben ist, fehlt allerdings für jenes; aber die historische und selbst die pseudo-historische Ueberlieferung tritt dafür deckend und in man-*

Bedenkt man, daß hier ein wahrer Geist postuliert wird, versteht man auch, warum die *»pseudohistorische Überlieferung«* gleichwertig oder gar überlegen neben echte Überlieferung treten und Wissenslücken schließen kann: Wenn sie sich dem genetischen Prinzip fügt und von ihm inspiriert wird, wird sie gültig, weil sie an der Geltung des überhistorischen Geistes teilhat.

[336] Mit der Formel, *»was sich nie und nirgend begeben hat«*, spielt Mommsen, was bisher, wie es scheint, nicht beachtet worden ist, auf ein bekanntes Schillergedicht an, entstanden als eine Gelegenheitsarbeit für ein von Goethe ins Leben gerufenes Literaturkränzchen aus dem Jahr 1802.[19] Dort ist das, was in der Welt selbst keine Zeit und keinen Ort kennt, wie man gesagt hat – *»mit einer an Humor grenzenden Großartigkeit«* – das ewig junge Geschöpf poetischer Einbildungkraft.[20]

cher Hinsicht überlegen ein. Insbesondere von der ältesten Epoche, für welche die privatrechtliche Kunde in der Hauptsache versagt, ist uns hier in Institutionen und Traditionen ein Abbild ohne Farben, aber nicht ohne feste Umrisse aufbewahrt. Vor der Plattheit derjenigen historischen Forschung, welche das, was sich nie und nirgend begeben hat, bei /VII/ Seite lassen zu dürfen meint, schützt den Juristen seine genetisches Verständniss fordernde Wissenschaft.«

19 Es findet sich in den meisten Werkausgaben Schillers. Unter der Überschrift »Blick zurück nach vorn« hat Friedrich Dieckmann es im ›Freibeuter‹, Vierteljahreszeitschrift für Kultur und Politik 20 (1984) S. 79 f., abgedruckt und ihm unter dem Titel »Hilfsmittel wider die alternde Zeit« S. 80-90 eine nähere Erläuterung gewidmet. Danach hat Schiller dieses *»Gedicht für ein Kränzchen geschrieben, für das Mittwoch- oder auch Picknickskränzchen, das Goethe im November 1801 ins Leben gerufen hatte: eine gesellige Verbindung von 14 Damen und Herren, die sich, Ehepaare, Junggesellen und ›Misels‹ (so pflegte man in Weimar hübsche junge Mädchen zu nennen), jeden zweiten Mittwoch in Goethes Haus trafen, um zu tafeln und sich etwas vorzutragen.«* Es erlosch schon nach vier Monaten, weil Kotzebue im Zusammenhang mit einer von ihm organisierten, aber von Goethe mißbilligten Schillerfeier führende Mitglieder abspenstig gemacht hatte.

20 Dieckmann a. a. O. (Anm. 19) S. 87: *»Die Kunst umspannt die Wirklichkeit nicht nur, sie überschreitet sie auch; kraft der Phantasie ist sie der Ort jenes Neuen, dessen sich die Wirklichkeit als nicht fähig erweist; eben dies macht ihre Unveraltbarkeit aus. In einer Zuspitzung, die für leichtsinnig gelten könnte, wenn eben dies: Leichtsinn, nämlich ein schwer errungener, nicht der Charakter des ganzen Gedichtes wäre, scheint hier die Lösung eines Problems auf, das unter dem Titel Kunst und Fortschritt (Gibt es ein Fortschreiten in der Kunst?) je und je die philosophische Bedenklichkeit aufgereizt hat. Die Kunst, und sonderlich die der Bühne, gibt, so vermeldet der Schluß des Gedichtes, das Ganze, die sich in der Geschichte immer aufs neue umwälzende Totalität des Menschlichen, und sie gibt sie in einer zum Sinn geläuterten und damit ›still‹ gewordenen Gestalt, die, insofern ihr durch die Kraft der Phantasie ein transzendierendes, gleichsam utopisches Moment eingepflanzt ist, sich in der Zeit nicht erschöpft. ›Was unsterblich im Gesang soll leben / muß im Leben untergehn‹: so hatte der Schluß der 1793 neu gefaßten ›Götter Griechenlands‹ den Gegensatz zwischen Dauer der Kunst und Vergänglichkeit ihres Stoffes pointiert. Die Schlußverse von ›An die Freunde‹ setzen ihn in eine Paradoxie, die eine Gestalt von Zuwendung ist. Nicht die Klage: Was wir besingen, ist das ewig Verwehrte! ist hier das Resümee, sondern die Tröstung: Was uns verwehrt ist, schenkt uns die Kunst in einer Weise, die jede Wirklichkeit übertrifft. Gegen das Altern der Zeit wird zum Schluß die Jugend der Kunst beschworen, eines sich im andern spiegeln eins wie das andere auf jeden auch der beschränkten Stufe kategorisch zuhanden. Daß andere, Frühere, weiter kamen in der Kunst, darf keine Entmutigung sein; die erste Strophe sagt dies wie einst der Schlußvers des ›Spaziergangs‹*

An die Freunde

Lieben Freunde! Es gab schönre Zeiten
Als die unsern – das ist nicht zu streiten!
Und ein edler Volk hat einst gelebt.
Könnte die Geschichte davon schweigen,
[337] Tausend Steine würden redend zeugen,
Die man aus dem Schoß der Erde gräbt
Doch es ist dahin, es ist verschwunden,
Dieses hochbegünstigte Geschlecht.
Wir, wir *leben*! Unser sind die Stunden,
Und der Lebende hat recht.

Die weggelassenen, weil für den hier verfolgten Zusammenhang unspezifischen Verse behandeln die Natur und die Kunst (11-20) sowie den Markt und das Geld (21-30).

Prächtiger als *wir* in unserm Norden
Wohnt der Bettler an der Engelspforten,
Denn er sieht das ewig einzge Rom!
Ihn umgibt der Schönheit Glanzgewimmel,
Und ein zweiter Himmel in den Himmel
Steigt Sankt Peters wunderbarer Dom.
Aber Rom in allem seinem Glanze
Ist ein Grab nur der Vergangenheit,
Leben duftet nur die frische Pflanze,
Die die grüne Stunde streut.

Größres mag sich anderswo begeben,
Als bei uns in unserm kleinen Leben,
Neues – hat die Sonne nie gesehen.
Sehn wir doch das Große *aller* Zeiten
Auf den Brettern, die die Welt bedeuten,
Sinnvoll, still an uns vorübergehn.
Alles wiederholt sich nur im Leben,
Ewig jung ist nur die Phantasie,
Was sich nie und nirgends hat begeben,
Das allein veraltet nie!

Friedrich Schiller

und auf seine Weise sagt es ein fast gleichzeitiger Briefsatz: ›Es gibt freilich in der Kunst ein Maximum, aber nicht in der modernen, die nur in einem ewigen Fortschritt ihr Heil finden kann.‹ – Ist das die überschwengliche Misere, die sich über das, was man nicht kriegen kann, mit der Erwägung hinwegtröstet, daß es in der Phantasie ohnehin viel schöner sei? Der Ton des Gedichtes wendet diesen Sinn ab, indem er ihn mit einer an Humor grenzenden Großartigkeit offenlegt.«

Mommsen mag das Gedicht geliebt haben, wegen der ersten Strophe, in der man das *»edlere Volk«* immerhin auf die Römer beziehen kann, wegen der vorletzten, in der das *»ewig einzige Rom«* ausdrücklich gerühmt wird, aber vor allem wegen der Vereinigung von Lebensbejahung und der Anerkennung maßgebender, die Gegenwart nicht einengender, sondern inspirierender Geschichtlichkeit.

Auch der 1779 geborene Frankfurter Savigny, der 1799, im Jahr, als Schiller dorthin übersiedelte, Jena besucht hatte und regen Anteil nahm an dem, was sich in Jena und Weimar zutrug, wird das 1803 zum ersten Mal veröffentlichte Gedicht[21] gekannt haben.[22] Bei Savigny finden wir denn auch tatsächlich, wie wir gleich se- [338] hen werden, nicht nur den Gedanken einer von menschlicher Willkür freien, in die Geschichtlichkeit hineinwirkenden »Genealogie der Begriffe«, den Mommsen in seinem *»genetischen Verständnis«* aufgreift, sondern auch eine an Schillers *»nie und nirgends«* anklingende Formulierung. Freilich ist bei Savigny und bei Mommsen der in irdischer Perspektive ort- und zeitlose Quellbereich der Begriffe nicht die Poesie, sondern ein letztlich geschichtstheologischer Begriff von Geist, eines göttlichen Prinzips, das, selbst überhistorisch, als Singularität in der Geschichte immer wieder wirklich geworden ist und immer wieder wirklich werden wird.

III. Der Volksgeist als genetisches Prinzip einer freiheitlich republikanischen Verfassung – von F. C. von Savigny zu Abraham Lincoln

Die an Schiller gemahnende Formulierung findet sich bei Savigny in einer zentralen Äußerung zur Volksgeistlehre. *»Nirgend und in keiner Zeit«* habe – so Savigny – das Volk, insofern es ein *»unsichtbares Naturganzes«* sei, auf *»abstracte Weise«* existiert. Es habe vielmehr in diesem unsichtbaren Naturganzen ein unaufhaltsamer Trieb geherrscht, sich *»in sichtbarer und organischer Erscheinung«* zu offenbaren. Vor dieser Offenbarung, bevor sich der ihm innewohnende *»unaufhaltsame Trieb«* verwirklichte, war es mithin kein abstrakter Begriff, wie er menschlichem Denken entspringt, sondern etwas, was *»nirgend und in keiner Zeit«* auf andere Weise in einer absichtsvoll der Geschichtlichkeit zugedachten Weise bestand.

21 Erste Edition in: Friedrich Schiller, Gedichte, Theil 2, Leipzig bei Siegfried Lebrecht Crusius, 1803, eine Gedichtsammlung, die bereits 1805 als 2. verbesserte und vermehrte Auflage erschien.

22 Daß er von Schiller las, was ihm unter die Hand kam, ist selbstverständlich: Als Zwanzigjähriger hatte er Jena im Jahr 1799 besucht, an dessen Ende Schiller dorthin übersiedelte, und sich schon vorher in seinen Briefen immer wieder über ihn geäußert, vgl. Adolf Stoll, Der junge Savigny I (1927) S. 105, aus dem Brief Leipzig, den 20. Oct. 1799 (a. a.O. S. 138): *»Neulich hat Tiek [sic!] in einer Gesellschaft Schiller alles Genie abgesprochen«*. Auch wohl nicht ganz frei von einem kritischen Unterton Savignys Bemerkung (a. a.O. S. 142), Leipzig 12. November 1799: *»Die Sachen von Schiller haben viel Phantasie.«*

»Das Volk, dem wir als einem unsichtbaren Naturganzen unbestimmte Gränzen zuschreiben mußten, besteht jedoch **nirgend und in keiner Zeit** auf diese abstracte Weise.[23] Vielmehr wirkt in ihm ein unaufhaltsamer Trieb, die unsichtbare Einheit in sichtbarer und organischer [339] Erscheinung zu offenbaren. Diese leibliche Gestalt der geistigen Volksgemeinschaft ist der Staat, und mit ihm sind zugleich scharf bestimmte Gränzen der Einheit gegeben.«

System I S. 21 f.

Beschrieben ist mit diesen Worten die Genealogie des mit dem *»Volksgeist«* zusammenfallenden Begriffs des Volkes aus übergeschichtlicher Sphäre. Um diesen von Savigny geglaubten geheimnisvollen Vorgang vollständig verstehen und dann auch den davon auf Mommsen ausgehenden Einfluß richtig einschätzen zu können, müssen wir etwas näher auf Savignys Rechtslehre insgesamt eingehen. Savigny lehrt (I S. 14) eine *»unsichtbare Entstehung des positiven Rechts«*, dessen Existenz bewiesen werde durch das *»Gefühl innerer Nothwendigkeit«*, das *»die Vorstellung desselben«* begleite und sich *»am bestimmtesten«* ausspreche (I S. 18) *»in der uralten Behauptung eines göttlichen Ursprungs des Rechts oder der Gesetze«*. Das Recht ist seinem Wesen nach keine Abstraktion, sondern etwas lebendig Geistiges, das sich, aus einer allgemeinen Sphäre kommend, in konkreter Weise offen-

23 Die abgelehnte *»abstracte Weise »*, in welcher der Volksbegriff *»nirgend und in keiner Zeit«* existiert, wird, wie ein unmittelbar voraufgehender Satz und eine entsprechende Verweisung zeigen, exemplifiziert durch die Art und Weise, wie *»die Römer diese allgemeinere Grundlage des Volksrechts als Ius gentium aufgefaßt haben«*. Savigny deutet diesen Begriff, der in Wahrheit von zwei grundverschiedenen jurisprudentiellen Traditionen jeweils im Rahmen systematischer Entwürfe konzipiert worden ist, als eine durch Induktion gewonnene Abstraktion und schreibt (S. 109): *»Je mehr nun die Römische Herrschaft ausgebreitet, also der Verkehr mit Fremden mannichfaltiger wurde, desto mehr mußte sich hierin der Gesichtskreis erweitern, und auf diesem Wege kam man unvermerkt zu dem abstracteren Begriff eines mit allen fremden Völkern, also allen Menschen, gemeinschaftlichen Rechts. Dieser Begriff war zunächst aus der Erfahrung geschöpft, und insofern nicht völlig begründet, als sich doch die Römer über die Unvollständigkeit ihrer Induction nicht täuschen konnten; denn theils kannten sie nicht alle Völker; theils wurde gewiß nicht bey jedem Satz des Ius gentium ängstlich nachgeforscht, ob er auch wirklich bey allen bekannten Völkern gelte. Dennoch war es natürlich, auch bey dieser nur relativen Allgemeinheit, auf den Entstehungsgrund derselben zurück zu gehen, und diesen fand man denn im Allgemeinen in der naturalis ratio, d. h. in dem der menschlichen Natur eingepflanzten gemeinsamen Rechtsbewußtseyn, wovon wieder die Unveränderlichkeit dieses Rechts als eine nothwendige Folge angesehen wurde. Jedoch begnügte man sich, diesen Entstehungsgrund im Allgemeinen anzuerkennen, ohne die einzelnen Sätze des Ius gentium von dieser Seite einer Prüfung zu unterwerfen«*. Die hier vorliegende Verwandlung eines von zwei grundverschiedenen Rechtstheorien ganz unterschiedlich konzipierten Systembegriffs (vorklassisch: das zwischen den bürgerlichen Menschen und ihren Staaten geltende naturrechtliche Verkehrsrecht; klassisch: das universale, den Aufbau der Rechtsordnung leitende und damit den Übertritt in die Zivilisation ermöglichende Völkergemeinrecht) in eine unvollkommene Induktion aus Empirie erlaubt Savigny, seiner eigenen Volksgeistlehre eine eigene unabhängige Grundlage zu geben und zugleich in dem antiken Begriff eine Bestätigung seiner eigenen Lehre zu finden.

bart. Es bedarf der Inkarnation. Daher sagt Savigny, daß das Volk, insofern es ein *»unsichtbares Naturganzes«* sei, *»nirgend und in keiner Zeit«* auf *»abstracte Weise«* existiert habe, vielmehr immer als Verwirklichung einer geistigen Form in einem konkreten Volk erscheine. Es ist, da in allen Völkern wirksam, konkret und allgemein zugleich.

> »Was in dem einzelnen Volk wirkt, ist nur der allgemeine Menschengeist, der sich in ihm auf individuelle Weise offenbart.«
>
> System I S. 21

Das einzelne Volk ist die Stätte dieses Ereignisses, weil das Recht einen gesellschaftlichen Zustand des gemeinsamen Denkens und Handelns verlangt. Es ist aber keineswegs das wollende Subjekt, welches das Recht hervorbringt. Vielmehr wirkt in ihm insofern ein allgemeiner menschlicher Bildungstrieb.

> »Allein die Erzeugung des Rechts ist eine That, und eine gemeinschaftliche That. Diese ist nur denkbar für diejenigen, unter welchen eine Gemeinschaft des Denkens und Thuns nicht nur möglich, sondern auch wirklich ist. Da nun eine solche Gemeinschaft nur innerhalb der Gränzen des einzelnen Volkes vorhanden ist, so kann auch nur hier das wirkliche Recht hervorbracht werden, obgleich *in der Erzeugung desselben die Äußerung eines allgemein menschlichen Bildungstriebs wahrzunehmen ist, also nicht etwa die eigenthümliche Willkühr mancher besonderen Völker*, wovon in anderen vielleicht keine Spur angetroffen werden könnte. Nur [340] darin findet sich eine Verschiedenheit, daß dieses Erzeugniß des Volksgeistes bald dem einzelnen Volke ganz eigenthümlich, bald aber in mehreren Völkern gleichmäßig vorkommend ist.«
>
> System I S. 21 (Fortsetzung)

Der *»Volksgeist«* kann, wie es am Ende heißt, als eine Konkretisierung des *»allgemeinen Menschengeistes«* sich in Regeln ausdrücken, die dem einzelnen Volk *»ganz eigenthümlich«* sind, ist aber doch durch diese Herkunft in einer Weise bestimmt, daß er, obschon jeweils nur in einem bestimmten Volk als positives Recht zur Wirklichkeit gelangend, die Tendenz hat, sich in einer für alle Völker richtigen Weise auszuprägen.

Dies liefert den Gesichtspunkt, unter dem Savigny die Verwandlung des römischen Rechts in ein Weltrecht, die im Imperium Romanum herangereift und von Justinians Kodifikation zu Ende gebracht worden war, als Teil der ohne menschliche Willkür erfolgenden Geschichte des Geistes erfassen konnte. Der Träger dieser verallgemeinernden Entwicklung, *das »Ius gentium, das Recht, welches bey allen bekannten Völkern gefunden wird«*, war ihm *»nach Ansicht der Römer«*, mit der er in Wahrheit seine eigene Blickweise bezeichnet, obschon ohne menschliche Willkür entstanden, *»nicht minder als das Jus civile* (d. h. das den Römern *»eigenthümliche«* Recht) *ein ganz positives, geschichtlich entstandenes und fortgebildetes Recht«*. Indem Justinian diesen Prozeß vollendet habe, verdiene er Lob, und zwar insofern er als geschichtliches Werkzeug gehandelt und der *»Nothwendigkeit«* gehorcht habe, nicht aber als vorbedacht und mit menschlicher *»Weisheit«* Handelnder.

»In demselben Maaße nun, als die Römische Nation, viele verschiedene Völker beherrschend, zwar diese sich assimilirte, zugleich aber ihre Individualität an diese ungeheure und unbestimmte Masse verlor, mußte das Jus gentium, als diesem neuen Zustande angemessen, so vorherrschend werden, wie es in der Justinianischen Gesetzgebung erscheint. Diese große Veränderung also ist als das Werk innerer Nothwendigkeit zu betrachten, nicht als Willkühr zu tadeln, noch als Weisheit zu loben: außer insoferne es das höchste Lob verdient, daß das allmälige und stille Wirken jener Notwendigkeit damals, wie in keinem früheren Zeitpunct, richtig erkannt, und so der Buchstabe des Rechts mit dem sehr veränderten Geist und Wesen desselben befriedigender ausgeglichen worden ist, als es von diesem Zeitalter erwartet werden durfte.«

System I S. 113

Folgerichtig sieht Savigny sich auch selbst in seinem eigenen Einsatz für das römische Recht als geltendes Recht seiner Tage als Werkzeug des in der Geschichte wirkenden Prinzips.

»Wenn von mir und Anderen das Römische Recht auch in Deutschland hoch gestellt, wenn es fortwährend für einen würdigen, ja unentbehrlichen Gegenstand wissenschaftlicher Thätigkeit erachtet worden ist, so ist Dieses geschehen, nicht um das Fremde zu erheben auf Kosten der vaterländischen Ehre, nicht um die einheimischen Gedanken und Sitten des Rechts zu verdrängen durch die fremden, sondern damit auch auf diesem Felde Das, was Gott anderen Zeiten und Völkern an geistiger Entwicklung beschieden hat, unserm Volke nicht fremd bleibe, daß es ihm vielmehr zur Erhöhung der eigenen Kraft und zur Erweiterung seines geistigen Besitzes zubereitet und dargeboten werde.«

System VII Vorwort p.VI

Es ist, in eigene Sprache und Empfindung und in die besondere Perspektive der Historischen Rechtsschule übertragen, das gleiche, was Justinian als Gesetzgeber für sein Werk beanspruchte, wenn er es der Inspiration durch die Trinität zuschreibt:

[341] Deo auctore ...et pacem decoramus et statum rei publicae sustentamus: et ita nostros animos ad dei omnipotentis erigimus adiutorium, ut ... confidamus ...non nostro ingenio, sed omnem spem ad solam referamus summae providentiam trinitatis: unde et mundi totius elementa processerunt et eorum dispositio in orbem terrarum producta est.

Constitutio Deo auctore pr

oder wenn er, an anderer Stelle, der *divinae humanitatis providentia*[24] dankt. In dieser Zuschreibung erscheint die Ordnung der die Rechtswelt ordnenden Ele-

24 Vgl. Constitutio Tanta pr. In dem Ausdruck *divina humanitas* (in der griechischen Version heißt es einfach ὁ θεός) ist die Genealogie Christi gemeint, und zwar in dem Sinn der über

mente, der Rechtsbegriffe, wie sie in dem INSTITUTIONUM SIVE ELEMENTORUM LIBRI IV überschriebenen ersten Teils der justinianischen Kodifikation[25] vorgestellt werden, als eine Schöpfung der in die Welt hineinwirkenden Gottheit. Der *institutor*, der Schöpfer, wird hier zur Quelle der *instituta*, der Rechtsinstitute, wie sie in den Institutionen gelehrt werden und einst in der klassisch-skeptischen *institutio aequitatis* verwirklicht gedacht waren.[26] Auch die Buchzahlen der Kodifikation, denen Justinian ausdrücklich einen tieferen Sinn zuschreibt, wollen, wie mit Recht neuerdings betont worden ist, diesen Zusammenhang ausdrücken.[27]

Dahinter steht ersichtlich eine durchdachte theologische Ontologie, die in der Zeit Justinians sich nicht nur bei ihm findet. Wenn Boethius Gott eine umfassende, Anfang und Ende der Welt umfassende *scientia* zuschreibt, die so entschieden au- [342] ßerweltlich ist, daß sie mit der Entscheidungsfreiheit des Menschen vereinbar ist – sie übergreift als übergeschichtliche Gegenwart die gesamte, aus Vergangenheit, Gegenwart und Zukunft bestehende Zeitlichkeit der Geschichte und vermag daher in der Zeitlichkeit geschehenes freies Handeln zu betrachten, ohne damit auch nur im geringsten die sich in ihr betätigende Freiheit ein-

die Trinitität ergangenen Konstitution CJ 1, 1, 5 (anno 533), in dessen § 5 es heißt (ich gebe die lateinische Version): *ante saeculum et sine tempore de patre natum, coaeternum patri, eum denique, ex quo omnia et per quem omnia sunt, descendisse de caelis et incarnatum ex spiritu sancto* und im § 6: *consubstantialem patri secundum divinitatem et consubstantialem nobis eundem secundum humanitatem, ut enim in divinitate perfectus, ita idem et in humanitate perfectus est.* Siehe auch const. Tanta § 23, wo es heißt: *maximi dei et domini nostri Ihesu Christi auxilium felicissimum eum nostrae rei publicae donavit* und die Gesetzgebung zu den *caelestia dona* gerechnet wird.

25 Vgl. Constitutio Imperatoriam maiestatem § 4: *in hos quattuor libros easdem institutiones partiri iussimus, ut sint totius legitimae scientiae prima elementa.*

26 In Justinians Verlautbarungen ist die sich eigentlich aufdrängende Konsequenz, die *institutio* und die *instituta* in ihrem klassischen Sinn rechtlicher Ordnungsstrukturen (vgl. Cicero, Topica 23, 90) ausdrücklich mit dem göttlichen *institutor* zu verbinden (vgl. Tertullian, De spectaculis 2 (1): *omnia a deo instituta*; 2 (10): *homo ...desciit a suo institutore*) nicht gezogen, vermutlich, weil er mit dem Wort der Institutionen in hochklassischer Tradition weniger die Rechtsordnung als die sie betreffende Lehre meint. Auch der »allerheiligste Tempel der Gerechtigkeit«, den er mit dem in den Digesten in inspirierter Weise zusammengetragenen Material (Const. Deo autore § 4 *materia summa numinis liberalitate collecta*) zu errichten glaubte (*oportet eam pulcherrimo opere extruere et quasi proprium et quasi sanctissimum templum iustitiae consecrare*), bezeichnet als Bild nicht so sehr die Rechtsordnung als die gesicherte Thesaurierung des Wissens und die Stätte andachtsvollen Lernens.

27 Insbesondere im Verhältnis von Drei, der Zahl der Trinität, und Vier, der Symbolzahl der Welt. Die Institutiones sive Elementa, welche die Rechtseinrichtungen der geordneten Welt vorstellen, haben vier Bücher, der mit einer Klärung der trinitarischen Fragen beginnende Codex Justinianus hat 12, d. h. 3 × 4, Bücher und die Digesten zählen 50 Bücher, d. h. 7 × 7 = 49 plus 1, das Symbol der Einheit und Vollkommenheit. Vgl. dazu grundlegend Rolf Knütel, Christliche Zahlensymbolik im Digestenplan, Savigny-Zeitschrift, Rom. Abt. 113 (1996) S. 422-430.

zuschränken[28]–, dann folgert der gleiche Boethius aus dieser Grundlegung der Freiheit zugleich die Gerechtigkeit einer Gesetzgebung, die mit Belohnungen und Strafen auf das Verhalten freier Menschen einwirken will. Und er tut dies mit Worten, die so deutlich an Formulierungen anklingen, die zu Anfang der Digesten der spätklassische Jurist Ulpian sprechen darf, daß eine Abhängigkeit, eher noch eine unmittelbare als eine vermittelte in Form einer gemeinsamen Quelle, kaum ausgeschlossen werden kann.[29] Daß [343] Justinian oder seine Mitarbeiter

28 Boethius, Consolatio Philosophiae 5, 15: Quoniam igitur omne iudicium secundum sui naturam quae sibi subiecta sunt comprehendit, est autem deo semper aeternus ac praesentarius status, scientia quoque eius, omnem temporis supergressa motionem, in suae manet simplicitate praesentiae infinitaque praeteriti ac futuri spatia complectens omnia, quasi iam generantur in sua simplici cognitione considerat. (*Da jedes Urteilsvermögen das, was ihm unterworfen ist, gemäß der eigenen Natur erfaßt, Gott aber ein immer und ewig bestehender und gegenwärtiger Zustand eignet, so bleibt auch sein Wissen, indem es alle Bewegung der Zeit überschreitet, in der Einfachheit seiner Gegenwart und betrachtet, indem es die unendlichen Räume des Vergangenen und Zukünftigen umfaßt, alles, als wenn es schon erzeugt wäre, in seiner Einfachheit.*) 5, 31 Atqui deus ea futura, quae ex arbitrii libertate proveniunt, praesentia contuetur; haec igitur, ad intuitum relata divinum, necessaria fiunt per condicionem divinae notionis, per se vero considerata ab absoluta naturae suae libertate non desinunt. 32 Fient igitur procul dubio cuncta quae futura deus esse praenoscit, sed eorum quaedam de libero proficiscuntur arbitrio, quae, quamvis eveniant, existendo tamen naturam propriam non amittunt, quae prius quam fierunt etiam non evenire potuissent. (*Und doch nimmt Gott diejenigen zukünftigen Dinge, die aus der Freiheit der Entscheidung hervorgehen, als gegenwärtige wahr. Diese werden also, in Bezug auf die göttliche Perspektive, notwendig vermöge des Hinzutretens göttlichen Wissens, für sich aber betrachtet geben sie nichts von der vollständigen Freiheit ihrer eigenen Natur auf. 32. Es werden daher ohne Zweifel alle Dinge eintreten, die Gott als zukünftige vorher weiß, aber von ihnen gehen einige aus dem freien Willen hervor, die, obwohl sie eintreten, dadurch, daß sie verwirklicht werden, ihre eigentümliche Natur nicht verlieren, die darin besteht, daß sie, bevor sie geschehen sind, auch hätten nicht eintreten können.*)

29 Die Schlußsätze von Boethius, Consolatio philosophiae (5, 44-48) lauten: *Quae cum ita sint, manet intemerata mortalibus arbitrii libertas nec iniquae leges solutis omni necessitate voluntatibus praemia poenasque proponunt. 45. Manet etiam spectator desuper cunctorum praescius deus visionisque eius praesens semper aeternitas cum nostrorum actuum futura qualitate concurrit, bonis praemia malis supplicia dispensans. 46. Nec frustra sunt in deo positae spes precesque, quae, cum rectae sunt, inefficaces esse non possunt. 47. Aversamini igitur vitia, colite virtutes, ad rectas spes animum sublevate, humiles preces in excelsa porrigite. 48. Magna vobis est, si dissimulare non vultis, necessitas indicta probitatis, cum ante oculos agitis iudicis cuncta cernentis.* Man vergleiche damit Ulpian 1 institutionum D 1, 1, 1, 1: *Cuius merito quis nos sacerdotes appellet: iustitiam namque colimus et boni et aequi notitiam profitemur, aequum ab iniquo separantes, licitum ab illicito discernentes, bonos non solum metu poenarum, verum etiam praemiorum quoque exhortatione efficere cupientes, veram nisi fallor philosophiam, non simulatam affectantes.* Entgegen neuerer Versuche, den Text wieder für authentisch zu erklären, ist dieser Passus recht deutlich als eingefügt zu erkennen. Dafür sprechen die sonst Ulpian und der klassischen Juristensprache ganz fremde Reihung von präsentischen Partizipien und der Wechsel des Gesichtspunktes von einer an den Rechtsstudenten, den *iuri operam daturus*, gerichteten Erläuterung des Begriffs *ius* (er wird im pr. etymologisch her-

Boethius gekannt und gelesen haben, ist nicht nur durch die zeitliche Nähe und die Sympathie erklärlich, welche man in Byzanz für diesen Staatsmann des Westreichs empfunden haben muß, der wegen vermuteten Paktierens mit ihnen von Theoderich hingerichtet worden war, sondern auch durch die theologischen Interessen, in denen Justinian mit Boethius übereinstimmte.[30]

Justinians Kodifikation enthält auf diese Weise eine Theorie der menschlichen Freiheit, die in der Substanz diejenige der skeptischen Akademie, auf der das klassische System der *instiutio aeqititatis* fußt und die dem menschlichen Willen die Fähigkeit zuschreibt, spontan Quelle neuer, indeterminierter Kausalverläufe zu sein, nicht verkürzt, sondern vertieft weiterführt.[31]

Die auf diese Weise von Justinian vollendete Sanktionierung des römischen Rechts zur gottgewollten Ordnung des römischen Reichs, in dem seine Bürger als

geleitet und definiert, im § 2 gegliedert) zu einer anspruchsvollen Selbstdarstellung des Juristenstandes, die auch selbst nicht klassisch wirkt. Inhaltlich lässt sich das Gleichnis des Wortes *sacerdos,* das im § 2 technisch und korrekt im Sinne von Staatspriester verwendet wird und für die Kennzeichnung des Selbstverständnisses eines Ulpian ganz ungeeignet erscheint, von Justinians konsekriertem *templum iustitiae* (vgl. oben Anm. 26) kaum trennen. Die Verwandtschaft mit Boethius' Rechtsbegriff zeigt sich in der Voraussetzung eines freien und gerade darum über seinen Willen beeinflußbaren und besserungsfähigen Menschen, in der Entgegensetzung von *poenae* und *praemia,* in dem in Verknüpfung von *sacerdos* und *templum iustitiae* anklingenden Glauben an einen das Recht gewährleistenden und richtenden Gott, ferner in der Nähe der Aussage *iustitiam ... colimus* zur Aufforderung *colite virtutes* und nicht zuletzt in der *vera philosophia,* die ja als Trösterin in den Worten des Boethius spricht, nicht ohne vorher sich von den falschen Philosophen abzusetzen. Der authentische Ulpian hat demgegenüber die Jurisprudenz als *civilis sapientia* deutlich über die Philosopie gestellt. Die Frage, ob sie für ihre Lehre Geld fordern könne, verneint er, nicht weil sie keine *religiosa res* wäre, sondern weil ihre vornehmste Pflicht sei, die Geringschätzung der Tätigkeit für Geld, der *mercennaria opera,* zu lehren. Das gelte auch für die Jurisprudenz, die als *sanctissima res* nicht durch einen Preis bemessen und dadurch entehrt werden dürfe. Ulpian de omnibus tribunalibus D 50, 31, 1, 4. Die durchscheinende Rangordnung zwischen Jurisprudenz und Philosophie entspricht Cicero, de oratore I 44, 195, wo Licinius Crassus das eine Büchlein der Zwölftafeln, damals die Quelle der gesamten *civilis scienta* (I 43, 193), über die Bibliotheken aller Philosophen stellt.

30 Vgl. einerseits Boethius' Schriften zur Trinität in seinen Opuscula theologica, die der von Moreschini besorgten Teubner-Ausgabe (Leipzig 2000) der Consolatio philosophiae angefügt sind und deren Authentizität heute nicht mehr bestritten wird, andererseits die Konstitutionen Justinians zu Beginn seines Codex über die Trinität. Der alles wahrnehmende Richter, der am Ende von Boethius' Consolatio genannt wird, ist der Weltenrichter in CJ 1, 1, 5, 4 (a. 533): *ante saecula et sine tempore de patre natum.*

31 Die Freiheit ist in klassischer Tradition eine natürliche Ausstattung des Menschen, die nicht nur durch bloße Gewalt, sondern in typisch skeptischer Zivilisationsbejahung auch in den gedanklichen Formen des Rechts beschränkt werden kann und muß. Florentinus 9 institutionum D 1, 5, 4 pr *Libertas est naturalis facultas eius quod cuique facere libet, nisi si quid vi aut iure prohibetur.* Vgl. dazu meine Untersuchungen »Der römische Weg zur Subjektivität«, Institut und Prinzip (oben Anm. 9) S. 366 ff. und »Die Person oder die Sache« in: Labeo 44 (1998), S. 26-60.

[344] selbstverantwortliche und, soweit ihre Freiheit reicht, nur Gott verantwortliche Menschen leben, war eine konsequente Vollendung dessen, was Konstantin bewirkt hatte. Schon vorher war das römische Recht von den Christengemeinden nicht mehr allein als Rechtsordnung der Verfolger erlebt, sondern zugleich als legitime Obrigkeit respektiert worden, der darüber hinaus mit dem Zurücktreten der Naherwartung des jüngsten Gerichts immer deutlicher der auszeichnende Sinn zugeschrieben wurde, solange sie andauere, das Ende der Zeiten aufzuschieben.[32] Damit hatte das römische Recht in der trinitarischen Religion einen festen Platz erhalten: Als das menschliche Freiheit organisierende Geistesgebilde war es als Teil der Schöpfungsordnung anerkannt, wenn auch nicht ohne den grundsätzlichen, zur steten Wachsamkeit auffordernden Vorbehalt, daß Blendwerk und Täuschung sich überall einmischen können.[33]

Savignys Historische Rechtsschule gab diesen Überzeugungen eine Fassung, die sie in das Zeitalter der aufgeklärten Geschichtsschreibung zu überführen erlaubte, dem römischen Recht aber seine es geschichtlich auszeichnende Rolle bewahrte. Das, was dem römischen Recht seinen besonderen Rang verlieh, war jetzt nicht mehr das mit Augustus beginnende, als Ort der Heilsgeschichte ausgezeichnete Kaiserreich, sondern das römische Volk, das von seinem ersten Auftreten her für die allen Völkern gestellte Aufgabe, das Recht zu verwirklichen, in besonderer Weise berufen erschien. An die Stelle der Rechtsgeschichte eines Reiches, das sich in der Kodifikationstat eines von der trinitarischen Religion inspirierten Kaisers vollendete, trat die Rechtsgeschichte eines ursprünglichen Volkes.

Das geschichtliche Auftreten des Rechts, seine Genese, wurde dadurch zu einem nicht weiter erklärbaren Mysterium des Anfangs. Zugleich wurde es von der spezifisch christlichen Heilsgeschichte gelöst und im Sinne eines aufkläre-

32 Zuerst bezeugt bei Tertullian 32 mit einem *»scimus«*, das auf eine bereits verbreitete Überzeugung deutet, ebenso derselbe, ad Scapulam 2. Dieser Glaube von der aufhaltenden Kraft des römischen Reiches gründet sich auf die Auslegung von II. Thess. 2, 6-8. Daß sie bereits die Vorstellung des Urhebers des Briefes getroffen hat (Paulus' Autorschaft ist zweifelhaft), wird von Martin Dibelius, Rom und die Christen im ersten Jahrhundert, Sitzungsber. der Heidelb. Akad. d. Wiss. (1942) S. 12-14, der den Brief für authentisch erklärt, bestritten.

33 Eine sehr starke Formulierung dieses Vorbehalts, die insbesondere Romanisten, die noch nach der interpolationistischen Methode gearbeitet oder jedenfalls unter ihrer Herrschaft ausgebildet worden sind, beeindrucken wird, findet sich in der Entgegensetzung *institutor* – Schöpfer und *interpolator* – Teufel, die bei Tertullian, De spectaculis 2 (6) begegnet: *Non ergo hoc solum respiciendum est, a quo omnia sint instituta, sed a quo conversa. Itu enim apparebit, cui usui sint instituta, si appareat, cui non. (7) Multum interest inter corruptelam et integritatem, quia multum est inter institutorem et interpolatorem. (Man muß nämlich nicht nur darauf sehen, von wem alle Dinge geschaffen worden sind, sondern auch, von wem sie verdorben werden. Dann nämlich wird deutlich werden, zu welchem Nutzen sie geschaffen worden sind, wenn deutlich wird zu welchem nicht. 7. Es besteht nämlich ein großer Unterschied zwischen Verderbnis und Unversehrtheit, so wie ein großer Unterschied zwischen Schöpfer und Verderber besteht.)* Tatsächlich ist von der Interpolationistik oft, wenn auch unter ganz anderen Vorzeichen, mit geradezu heiligem Eifer um die Integrität der Quellen gerungen worden.

rischen Theismus einen bedeutenden Schritt weit säkularisiert. Folgerichtig gibt es für Savigny [345] keinen naturalistischen Naturzustand, keinen Zustand eines Volkes ohne Staat und Richteramt. In seiner Vision gilt der Satz, daß *»jedes Volk, sobald es als solches erscheint, zugleich als Staat erscheint wie auch dieser gestaltet seyn möge«.*[34] Volk ist das (S. 30) *»Naturganze, in welchem wirklich der Staat entsteht und fortwährend sein Daseyn führt, und bey welchem, von Wahl und Willkühr nicht die Rede seyn kann«.*

Im Zentrum dieses Staatsbegriffs, der, weit entfernt von einer Reduktion auf den modernen anstaltlich-bürokratischen Machtstaat, die Beziehung zu *status* im Sinne einer rechtlich geordneten Verfassung lebendig hält, stehen folgerichtig die Privatrechtsfreiheiten. Das Privatrecht erhalte (I S. 23) *»im Staat, durch Aufstellung des Richteramtes, Leben und Wirklichkeit«.* Das habe *»jedoch nicht den Sinn, daß in dem Leben der Völker in der That eine Zeit vor Erfindung des Staats vorkäme, worin das Privatrecht diese unvollkommene Natur hätte (Naturzustand)«.* Vielmehr – dieser schon zitierte Satz enthält das eigentliche Mysterium – werde *»jedes Volk, sobald es als solches erscheint, zugleich als Staat erscheinen, wie auch dieser gestaltet seyn möge«.* Hier liegt übrigens der eigentliche Grund für die scheinbare Verbindung von historischem und naturrechtlichem Prinzip, die Roscoe Pound als Kennzeichen der auch in seinem Land einflußreichen Historischen Schule bezeichnet hat:[35] Das Normative, das wie Naturrecht erscheint, beruht in Wahrheit auf der Herleitung des Rechts aus einem geschichtlich wirkenden, die Menschen in freiheitlich verfaßte Völker ordnenden höheren Prinzip.

Das entscheidende Stichwort der *»Genealogie«* der Begriffe taucht bei Savigny in einem Kontext auf, der zunächst vor allem an Privatrecht denken läßt, nämlich in seiner Schrift *»Vom Beruf unserer Zeit für Gesetzgebung und Wissenschaft«.* Angesichts der zentralen Stellung, welche die Privatrechtsfreiheiten oder, wie man heute sagen würde, die privatrechtlichen Grundrechte für den das Volk konstituierenden Staatsbegriff bei Savigny haben, bedeutet das aber keinerlei Herabstufung des Gewichts des Zeugnisses. Denn für Savigny treten die Völker deswegen als Staaten auf, weil nur so die ihnen angehörenden Menschen in ihnen in wahrer, selbstverantwortlicher Freiheit leben können. Nur in einem staatlich geordneten Volk, d. h. einer sprachlich und kulturell definierten menschlichen Gemeinschaft

34 Savigny, System I, S. 23.

35 Sehr lehrreich Roscoe Pound, The Spirit of Common Law (1921, 1963) p. 156: *»The merger of the common-law rights of the Englishmen in the rights of men seemed to show that here at least universal principles had been worked out in the course of legal history. Even now, on the whole, the basis of all deduction is the classical common law. No system of natural law was ever more absolute than this natural law based upon historical premises. For other systems of natural law gave ideals developed from without. With us, under the dominion of the historical school the sole critique of the law was to be found in the law itself. Moreover every addition or amendment from without was brought to the same test. As late as 1905 a leader of the American bar, thoroughly imbued with the ideas of the historical school told us that it was a wise doctrine to presume that legislators intended no innovations upon the common law and to assume so far as possible that statute were meant to declare and reassert its principles«.*

unter Rechtsgesetzen, ist es nach Savigny möglich, die Freiheit des einzelnen nicht nur zu sichern, sondern zu erweitern und zu steigern durch eine klare Regelung dessen, [346] was er rechtlich vermag.[36] Wenn daher Savigny in der folgenden Stelle die römischen Juristen gerade darin groß und vorbildlich erklärt, daß sie die das Leben ordnenden Rechtsbegriffe ansehen, als verdankten sie ihr Dasein oder Existenz einer von ihrer menschlichen Willkür unabhängigen, *»wirkliche Wesen«* erzeugenden Genealogie, so ist das eine Aussage nicht nur über die einzelnen Rechtsverhältnisse des Privatrechts, sondern über das gesamte Recht, von dem aus gesehen sie konstituierende Ausschnitte sind.

> »In unserer Wissenschaft [beruht] aller Erfolg auf dem Besitz der leitenden Grundsätze …,
> und gerade dieser Besitz /29/ ist es, der die Größe der Römischen Juristen begründet. Die Begriffe und Sätze ihrer Wissenschaft erscheinen nicht wie durch ihre Willkühr hervorgebracht, es sind wirkliche Wesen, deren Daseyn und deren Genealogie ihnen durch langen vertrauten Umgang bekannt geworden ist.«
> Vom Beruf unserer Zeit für Gesetzgebung und Wissenschaft (1814) S. 28.

Dieser Sinn erklärt auch, warum es für Savigny nur einen Weg gibt, den Geist, der das römische Recht erzeugt hat, wieder ins Leben zu rufen und so der eigenen Zeit (Beruf, S. 48) *»die rechtsbildende Kraft«* zurückzugeben, die ihr fehle, und dem Mangel abzuhelfen, der erkläre, daß in ihr eine Kodifikation, (Beruf, S. 33) *»ein gutes Gesetzesbuch noch nicht möglich ist«*. Dieser Weg verlange eine umfassende Bearbeitung und Darstellung grundsätzlich des gesamten, das Leben ordnenden Rechts, und zwar nach einer Methode, in welcher der (Beruf, S. 48) *»zweyfache Sinn«*, der dem Juristen unentbehrlich sei, *»der historische, um das eigenthümliche jedes Zeitalters und jeder Rechtsform scharf aufzufassen«* und *»der systematische, um jeden Begriff und jeden Satz in lebendiger Verbindung und Wechselwirkung mit dem Ganzen anzusehen, d. h. in dem Verhältniß welches das allein wahre und natürliche ist«*, zur Wirkung gelangte. Das Ergebnis wäre ein (Beruf, S. 49) *»System des Römisch-Deutschen Rechts«*, in dem *»die Methode der alten Juristen, der Geist, der in den Pandekten lebt«*, erkennbar wäre. Ihre Methode war für Savigny ein geistig inspirierter Blick auf das Leben selbst; daher war ihnen (Beruf, S. 30): *»Theorie und Praxis eigentlich gar nicht geschieden; denn: ihre Theorie ist bis zur unmittelbarsten Anwendung durchgebildet, und ihre Praxis wird stets durch*

36 Vgl. einerseits Beruf S. 66 *»Die Theorie des Vermögensrechts ist im Ganzen die Römische. Bekanntlich beruht aber das Römische Vermögensrecht auf zwey Grundbegriffen, der dinglichen Rechte nämlich und der Obligationen, und jeder weiß wie viel die Römer mit der Schärfe und Bestimmtheit dieser Begriffe ausrichten.«*, andererseits System I S. 336: *»Die rechtmäßige Macht des Menschen über sich selbst und seine Kräfte … ist … die Grundlage und Voraussetzung aller wahren Rechte, indem z. B. Eigenthum und Obligationen nur Bedeutung und Werth für uns haben als künstliche Erweiterung unsrer eigenen persönlichen Kräfte, als neue Organe, die unserm Naturwesen künstlich hinzugefügt werden.«*.

wissenschaftliche Behandlung geadelt«.[37] Da [347] Savigny für das wahre Recht das Vorhandensein menschlicher Abstraktionen leugnet, kann er in einer berühmt gewordenen Zuspitzung auch sagen (Beruf, S. 29): *»Das Recht … hat kein Daseyn für sich, sein Wesen vielmehr ist das Leben der Menschen selbst, von einer bestimmten Seite angesehen.«*

Ein ohne die damit geforderten Vergewisserungen verfaßtes Gesetzbuch steht für menschliche Willkür, das rezipierte römische Recht für höhere Herkunft. Dieses Recht gilt es daher wissenschaftlich zu erforschen. Nach Feststellung seines Systems würde durch weitere Arbeit, die *»nicht anders, nur schwerer«* sein werde, dann auch ein *»gutes Gesetzbuch«* möglich.[38] Dabei ist stets das gesamte Leben der vom Rechtsbegriff erfaßten politischen Nation im Blick.[39] Auch bei den Römern habe sich die *»Genealogie«* der Rechtsbegriffe auf diese das Ganze ergreifende Weise ereignet. Zwar könne man Epochen unterscheiden – die klassischen römischen Juristen, Savigny nennt Papinian und Ulpian, hätten den wahren Geist des Rechts in vorbildlicher Weise zu bewahren und lebendig zu halten vermocht, der ihnen nach Stoff und Methode *»aus der Zeit der freyen Republik«* gegeben war–,[40] aber letztlich sei, was insofern Rom groß gemacht habe, *»der rege, lebendige, politische Sinn, womit dieses Volk die Formen seiner Verfassung stets auf solche Weise zu verjüngen bereit war, daß das neue blos zur Entwicklung des alten diente,*

37 Beruf S. 30 *»… von dieser Seite erscheint die Methode der Römischen Juristen am vortrefflichsten. Haben sie einen Rechtsfall zu beurtheilen, so gehen sie von der lebendigsten Anschauung desselben aus, und wir sehen vor unsern Augen das ganze Verhältniß Schritt vor Schritt entstehen und sich verändern. Es ist nun, als ob dieser Fall derAnfangspunkt der ganzen Wissenschaft wäre, welche von hier aus erfunden werden sollte. So ist ihnen Theorie und Praxis eigentlich gar nicht geschieden, ihre Theorie ist bis zur unmittelbarsten Anwendung durchgebildet, und ihre Praxis wird stets durch wissenschaftliche Behandlung geadelt. In jedem /31/ Grundsatz sehen sie zugleich einen Fall der Anwendung, in jedem Rechtsfall zugleich die Regel, wodurch er bestimmt wird, und in der Leichtigkeit, womit sie so vom allgemeinen zum besondern und vom besondern zum allgemeinen übergehen, ist ihre Meisterschaft unverkennbar.«*

38 Die *»leichte und willkührliche Aenderung des bürgerlichen Rechts«* ist für *»den politischen Zweck«*, daß es *»das Gefühl und Bewußtsein des Volkes berührt oder zu berühren fähig ist«*, das *»verderblichste«*, *»kein Zustand dafür günstiger«*, als die einstmals allgemeine Geltung des gemeinen römischen Rechts als einheitsstiftende Grundlage der Partikularrechte. Denn (Beruf S. 43): *»Was so vor unsern Augen von Menschenhänden gemacht ist, wird im Gefühl des Volkes stets von demjenigen unterschieden werden, dessen Entstehung nicht eben so sichtbar und greiflich ist, und wenn wir in unserm löblichen Eifer diese Unterscheidung ein blindes Vorurtheil schelten, so sollten wir nicht vergessen, daß aller Glaube und alles Gefühl für das, was nicht unsres gleichen ist, sondern höher als wir, auf einer ähnlichen Sinnesart beruht. Eine solche Verwandtschaft könnte uns über die Verwerflichkeit jener Unterscheidung wohl zweifelhaft machen.«*

39 Daher unterscheidet Savigny (Beruf S. 12 f., S. 46) für das Recht das *»politische Element«*, in dem es sich in den Lebensverhältnissen selbst findet, von dem *»technischen Element«*, das – in entwickelteren Verhältnissen – in den Händen der Juristen liegt. Die Stärke des politischen Prinzips erklärt Savigny dabei für das römische Recht und seine Nachwirkung aus der prägenden Kraft der Römischen Republik. Vgl. ebenda und S. 31.

40 Vgl. Beruf S. 28, 32.

dieses richtige Ebenmaaß der beharrlichen und der fortbewegenden Kräfte«, weder einzelnen römischen Juristen noch bestimmten Zeitaltern, sondern der (S. 32) *»Nation überhaupt zuzuschreiben«*. Diese natürliche, ungestörte, die vorwissenschaftliche wie die wissenschaftliche Phase umfassende Entwicklung sei es gewesen, durch die sich die *»Römer in ihrer Rechtsgeschichte vor anderen Nationen auszeichnen«*.[41] Die *»Genealogie«* der Begriffe hat sich damit bei den Römern in einem exemplarischen, immer wieder aus [348] seiner unsichtbaren Quelle belebten Vorgang vollzogen, an dem die modernen Nationen anknüpfen könnten, indem sie sich von seinem Geist und seiner Methode inspirieren lassen. Wiederholen können sie selbst die Entwicklung nicht.[42] Vielmehr ist nach Savigny die Rezeption des römischen Rechts wie die Aufnahme des Christentums durch die *»neueren Nationen«* ein Beweis dafür, daß diese nicht in dem Maße wie die alten zu einer *»abgeschlossenen Nationalität«* berufen seien; daher sei ihnen auch *»ein fremdes und gemeinsames bürgerliches Recht nicht unnatürlich«*.[43] Es ist nicht unnatürlich, weil die *»Genealogie«* dieses Rechts verbürgt, daß es sich um Geist handelt, der in einer Nation, die sich von ihm erfassen läßt, jederzeit wieder zum Leben erweckt werden kann und in ihr rechtlich richtige Verhältnisse schafft. In seinem juristischen Hauptwerk hat Savigny dieses Programm, wie er in einem ausführlichen Vorwort zum »System des heutigen römischen Rechts« auseinandersetzt, einzulösen versucht.[44]

41 Vgl. nur Beruf S. 32: *»die Geschichte des Römischen Rechts [zeigt] bis zur classischen Zeit überall allmähliche, völlig organische Entwicklung«* und System I S. 84: *»Die Entstehung der Rechtswissenschaft in Folge eines allgemeinen wissenschaftlichen Triebes der Nation gehörte mit zu der natürlichen, von fremden und zufälligen Einflüssen nicht gestörten Entwicklung, wodurch sich überhaupt die Römer in ihrer Rechtsgeschichte vor anderen Nationen auszeichnen.«*

42 Beruf S. 45: *»diese Meynung, daß jedes Zeitalter zu allem berufen sey, ist das verderblichste Vorurtheil. In den schönen Künsten müssen wir wohl das Gegentheil anerkennen, warum wollen wir uns nicht dasselbe gefallen lassen, wo von Bildang des Staates and des Rechts die Rede ist.«*

43 Beruf S. 37/38: *»eine abgeschlossene nationale Entwicklung, wie die der Alten, (liegt) nicht auf dem Wege, welche die Natur den neueren Völkern angewiesen hat; wie ihre Religion nicht Eigenthum der Völker ist, ihre Literatur eben so wenig frey von den mächtigsten äußeren Einflüssen, so scheint ihnen auch ein fremdes und gemeinsames bürgerliches Recht nicht unnatürlich.«* Übereinstimmend System I S. 80: *»In dieser großen Erscheinung eines allgemeinen Gewohnheitsrechts, in vielen Staaten gleichmäßig (wenngleich nicht zu derselben Zeit) vorkommend, offenbart sich zugleich die eigenthümliche Natur der ganzen neueren Zeit. Diese Staaten nahmen im Ganzen ein Recht auf, das nicht in ihnen, sondern in einem fremden Volke entstanden war, in einem Volke, mit welchem einige unter ihnen nicht einmal Stammverwandtschaft hatten. Es zeigt sich hierin, daß die neueren Nationen nicht in dem Maaße wie die alten, zu einer abgeschlossenen Nationalität berufen waren, daß vielmehr der gemeinsame christliche Glaube um sie alle ein unsichtbares Band geschlungen hatte, ohne doch die nationale Entwicklung anfzuheben. Hierin liegt der große Entwicklungsgang der neueren Zeit, deren letztes Ziel vor unseren Augen noch verborgen ist.«*

44 Vgl. System I (1840) IX-L. Es geht Savigny darum, daß (p. XV) *»der lebendige Zusammenhang erkannt werde, welcher die Gegenwart an die Vergangenheit knüpft, und ohne dessen*

[349] Das Fruchtbare an dieser Grundlegung des Privatrechts war eine weitgehende Enthistorisierung des römischen Rechts, nämlich die Befreiung von allem, was bei einer streng historischen Erforschung der Entstehungsbedingungen des römischen Rechts hätte beengend wirken müssen. Was Savigny im Auge hatte, war vielmehr so sehr lebendiger Geist, daß Savigny den *»historischen Sinn«* des Juristen in dem weiter oben wiedergegebenen Zitat als die Fähigkeit definieren konnte, das Eigentümliche jedes Zeitalters, eines vergangenen wie des eigenen, zu erfassen. In der Anwendung der römischen Quellen auf die eigene Zeit erzeugte diese Einstellung eine große Freiheit. Am Beispiel der unmittelbaren Stellvertretung, die Savigny gegen die entschieden und nachhaltig Widerstand leistenden Quellen, aber im Einklang mit dem personalen Zentrum seines Ge-

Kenntniß wir von dem Rechtszustand der Gegenwart nur die äußere Erscheinung wahrnehmen, nicht das innere Wesen begreifen« und um das Ausscheiden des Abgestorbenen, des toten Buchstabens, damit (p. XV*) »für die Entwicklung und heilsame Einwirkung der noch lebendigen Theile jener Römischen Elemente um so freyerer Raum gewonnen werde.«* Das Ziel ist die Zusammenführung von Theorie und Praxis durch lebendige Anschauung des Lebens. Alles Heil beruhe darauf, daß (p. XX) *»in gewissem Grade jeder Theoretiker den praktischen, jeder Praktiker den theoretischen Sinn in sich erhalte and entwickele«*. Der vollendete Theoretiker wäre der (p. XXI), *»dessen Theorie durch die vollständige, durchgeführte Anschauung des gesammten Rechtsverkehrs belebt würde; alle sittlich religiösen, politischen, staatswirtschaftlichen Beziehungen des wirklichen Lebens müßten ihm dabey vor Augen stehen«*. Das Bild der Genealogie kehrt in der Vorstellung der »Verwandtschaft« und des »Organischen« wieder (p. XXXII): *»Ich setze das Wesen der systematischen Methode in die Erkenntniß und Darstellung des inneren Zusammenhangs oder der Verwandtschaft, wodurch die einzelnen Rechtsbegriffe and Rechtsregeln zu einer großen Einheit verbunden werden.«*; (p. XXXVII): *»In der reichen, lebendigen Wirklichkeit bilden alle Rechtsverh*ältnisse ein organisches Ganzes«. Daß (p. XLIV) *»wir aus der rechten Betrachtung der alten Juristen für unser eigenes juristisches Denken eine Belebung und Bereicherung gewinnen können, wie sie uns anderwärts nicht dargeboten wird«*, beruht auf der dort noch vorhandenen, ihnen gewährten Einheit. Denn (p. XXV) *»Bey den Römischen Juristen erscheint jene natürliche Einheit noch ungestört, und in lebendigster Wirksamkeit; es ist nicht ihr Verdienst, so wie der entgegengesetzte heutige Zustand mehr durch den allgemeinen Gang der Entwicklung, als durch die Schuld der Einzelnen, herbeygeführt worden ist.«* Die Notwendigkeit der Arbeit an diesem Ziel ist daher (p. XXXII) *»eine nothwendige Bedingung unsres geistigen Daseyns«* und Dienst an einem höheren Prinzip (p. L): *»Das einzelne Werk ist so vergänglich, wie der einzelne Mensch in seiner sichtbaren Erscheinung; aber unvergänglich ist der durch die Lebensalter der Einzelnen fortschreitende Gedanke, der uns Alle, die wir mit Ernst und Liebe arbeiten, zu einer großen, bleibenden Gemeinschaft verbindet, und worin jeder, auch der geringe, Beytrag sein dauerndes Leben findet.«* Ungehemmt spricht Savigny den dahinter stehenden theologischen Gedanken aus, wenn er im historischen Jahr 1848 im Vorwort zum 7. Bande schreibt (p.VI): *»Wenn von mir und Anderen das Römische Recht auch in Deutschland hoch gestellt, wenn es fortwährend für einen würdigen, ja unentbehrlichen Gegenstand wissenschaftlicher Thätigkeit erachtet worden ist, so ist Dieses geschehen, nicht um das Fremde zu erheben auf Kosten der vaterländischen Ehre, nicht um die einheimischen Gedanken und Sitten des Rechts zu verdrängen durch die fremden, sondern damit auch auf diesem Felde Das, was Gott anderen Zeiten und Völkern an geistiger Entwicklung beschieden hat, unserm Volke nicht fremd bleibe, daß es ihm vielmehr zur Erhöhung der eigenen Kraft und zur Erweiterung seines geistigen Besitzes zubereitet und dargeboten werde.«*

samtentwurfes anhand eines überaus frei interpretierten Fragments aus der vorklassischen Tradition durchgesetzt hat, ist das kürzlich eindrucksvoll dargestellt worden.[45]

In Savignys Gesamtperspektive ist das Römische Recht als der einmal bereits Wirklichkeit gewordene Geist das wahre Mittel, zu einer eigenen, gültigen und lebendigen, des weiteren Fortschritts aus den Kräften des wieder heraufbeschworenen Geistes fähigen Rechtskultur zu gelangen. In diesem Sinn heißt es gegen Ende seiner Programmschrift:

> [350] »Ist einmal Rechtswissenschaft auf die hier beschriebene Weise Gemeingut der Juristen geworden, so haben wir in dem Stand der Juristen wiederum ein Subject für lebendiges Gewohnheitsrecht, also für wahren Fortschritt, gewonnen ... Wir werden dann eigenes, nationales Recht haben, und eine mächtig wirksame Sprache wird ihm nicht fehlen. Das Römische Recht können wir dann der Geschichte übergeben ... Wir werden etwas Höheres erreicht haben, als blos sichere und schnelle Rechtspflege: der Zustand klarer, anschaulicher Besonnenheit, welcher dem Recht jugendlicher Völker eigen zu seyn pflegt, wird sich mit der Höhe wissenschaftlicher Ausbildung vereinigen. Dann kann auch für zukünftige schwächere Zeiten gesorgt werden, und ob dieses durch Gesetzbücher oder in anderer Form besser geschehe, wird dann Zeit seyn zu berathen.«
>
> Beruf, S. 134

Und um aber nicht vergessen zu lassen, woher der belebende Geist stammt, fügt Savigny auf der gleichen Seite in einem eigenen Absatz an:

> »Als das Jüdische Volk am Berge Sinai das göttliche Gesetz nicht erwarten konnte, macht es aus Ungeduld ein goldenes Kalb, und darüber wurden die wahren Gesetzestafeln zerschlagen.«
>
> Beruf, S. 134

Diese Worte, die das römische Recht durch die *»wahren Gesetzestafeln«* symbolisiert sehen und eine diese geistige Tradition mißachtende staatliche Gesetzgebung als Götzendienst abstempeln, legen das zentrale Politikum in Savignys Rechtsdenken frei. Das von ihm gelehrte Recht steht im Sinne der *»supremacy of law«*[46] über

45 Vgl. Franz-Josef Hölzl, Friedrich Carl von Savignys Lehre von der Stellvertretung. Einblick in seine juristische Werkstatt. Quellen und Forschungen zum Recht und seiner Geschichte VIII Göttingen 2002. Die Darstellung exemplifiziert, was Savigny, Beruf S. 125, sagt: »man muß über den Buchstaben des historischen Materials sehr Herr geworden seyn, um dasselbe frey als Werkzeug zur Darstellung neuer Formen gebrauchen zu können«.

46 Erhellend zu diesem mit Savignys Rechtsdenken fundamental verwandten Grundbegriff des angelsächsischen Common Law Roscoe Pound, The Development of Constitutional Guaranties of Liberty, New Haven 1957 S. 20: *»The supremacy of law, a fundamental dogma of our common law, one, moreover, which we trace back to Magna Charta, is but the supremacy of right divorced at the Reformation from its theological element.«* Siehe aber auch derselbe, The Spirit of the Common Law (1921) S. 182: *»The doctrine of precedents means that causes*

jeder Staatsgewalt. Es bindet sie, weil sie Teil des Volkes ist, in dem sich die Genealogie des Rechts ursprünglich oder kraft Rechtswissenschaft ereignet. Dieses *»nationale Recht«*, das die Menschen auf eine geistige Weise erfaßt, macht in der Grundfrage, daß es für alle verbindlich ist, zwischen Regierenden und Regierten keinen Unterschied. Es vermag in allen Verfassungsformen Geltung zu erlangen, auch in monarchischen oder aristokratischen Verfassungen, wenn nur die Herrschenden vom Geist des in der Nation geltenden Rechts erfaßt sind.[47] Zwar hat Sa- [351] vignys Rechtslehre eine tiefe Affinität mit den sich im Recht normativ spiegelnden Rechtszuständen der römischen Republik, in deren Epoche er die große Prägungsphase des Rechts seiner Quellen sah; aber darin liegt kein Widerspruch, da die aus aristokratischen, monarchischen und demokratischen Elementen gebildete Republik Rom sich nicht auf eine reine Form festlegen läßt, vielmehr nach ihren besten Möglichkeiten ein Rechtsstaat mit gemischter Verfassung war.

Savigny hat auf diese Weise eine Verfassungslehre ohne menschlichen Verfassungsgeber entwickelt. Verfassung und Rechtsordnung ereignen sich in der Nation geistig im Wege einer vorwissenschaftlichen oder wissenschaftlich geleiteten Bewußtwerdung. Der Verfassungsstaat fällt in dieser Sicht mit der die Rechte regelnden Rechtsordnung zusammen,[48] wobei Savigny die von ihm in Übereinstimmung mit seinen Quellen wahrgenommene fundamentale Unterscheidung zwischen eigentlichem Staatsrecht und Privatrecht dem im Prinzipat bewahrten und gemilderten Gegensatz von *ius publicum* und *ius privatum* entnimmt, aber wiederum zugunsten einer uranfänglichen Verpflichtung des Staates zur Gewährleistung des Privatrechts in entschieden vergeistigter Weise.[49]

are to be judged by principles reached inductively from the judicial experience of the past, not by deduction from rules established arbitrarily by the sovereign will. In other words, reason, not arbitrary will is to be the ultimate ground of decision. The doctrine of the supremacy of the law is reducible to the same idea. It is a doctrine that the sovereign and all its agencies are bound to act upon principles, not according to arbitrary law; are obliged to follow reason instead of beeing free to follow caprice. Both represent the Germanic idea of law as a quest for the justice and the truth of the Creator. The common law doctrine is one of reason applied to experience.«

47 I S. 39 *»... das Gesetz ist das Organ des Volksrechts. Wollte man dran zweifeln, so müßte man den Gesetzgeber als außer der Nation stehend denken; er steht aber vielmehr in ihrem Mittelpunkt, so daß er ihren Geist, ihre Gesinnungen, ihre Bedürfnisse in sich concentrirt, und daß wir ihn als den wahren Vertreter des Volksgeistes anzusehen haben. Auch ist es ganz unrichtig, diese Stellung des Gesetzgebers als abhängig zu denken von der verschiedenen Einrichtung der gesetzgebenden Gewalt in dieser oder jener Staatsverfassung. Ob ein Fürst das Gesetz macht, oder ein Senat, oder eine größere, etwa durch Wahlen gebildete Versammlung, ob vielleicht die Einstimmung mehrerer solcher Gewalten für die Gesetzgebung erfordert wird, das ändert Nichts in dem wesentlichen Verhältnis des Gesetzgebers zum Volksrecht, und es gehört wieder zu der schon oben gerügten Verwirrung der Begriffe, wenn Manche glauben, nur in dem von gewählten Repräsentanten gemachten Gesetz sey wahres Volksrecht enthalten.«*

48 System I S. 30: *»die Einzelnen (machen) nicht als solche, und nach ihrer Kopfzahl, sondern nur in ihrer verfassungsmäßigen Gliederung den Staat aus«*.

49 System I S. 22 f. Der Hinweis auf zwei Quellen, die den Gegensatz aus der spezifisch klassischen Tradition bewahren, wird nicht weiter vertieft. Ohne ihren Hintergrund in der Rechtslehre der späten Republik auch nur im Ansatz aufzuhellen, wird der Staat, die *»or-*

Die für alle diese Gedanken entscheidende Prämisse, daß das Recht als nicht menschlicher Willkür entstammende geistige Kraft über der notwendig von Menschen gehandhabten Staatsgewalt steht, hat Savigny in prägnanten, nicht immer einfachen, aber am Ende seinen Spiritualismus klar herausarbeitenden Formulierungen einzufangen versucht. Grundlegend für sie ist, daß das Volk nicht als eine Menge oder Totalität von raum-zeitlich gegebenen Menschen, sondern als das in der Geschichte erscheinende, Vergangenheit und Zukunft einschließende »*ideale Volk*« zum (S. 14) »*Subject*« wird, »*in welchem und für welches das positive Recht sein Daseyn*« hat (S. 30). Ein so aufgefaßtes Volk ist historisch definiert und geschichtlich konkretisiert, aber gleichwohl etwas, was nur geistig erfaßt werden kann – deswegen nennt es Savigny auch, wie schon zitiert, das (I S. 30) »*Naturganze, in welchem wirklich der Staat entsteht und fortwährend sein Daseyn führt, und bey* [352] *welchem von Wahl und Willkühr nicht die Rede sein kann*«. Auf diese Weise wird die »*Genealogie des Rechts*«, wie Savigny sie in der bereits ausgewerteten, hier noch einmal etwas näher zu betrachtenden Stelle beschreibt, zu einem Phänomen, in dem Geistiges geschichtlich wird. Aus dem »*Nie und Nirgends*« kommend, d.h. aus dem Bereich des (CJ 1, 1, 6, 5 [a. 533]) »*ante saecula et sine tempore (πρὸ αἰώνων καὶ ἀχρόνως)*« existierenden Geistes, gewinnt das Recht, wie Savigny in der Stelle sagt, »*leibliche Gestalt*«, bleibt aber bei aller Wirksamkeit und Wirklichkeit, die es unter den Menschen gewinnt, etwas Geistiges. Zugleich ist es lebendiger Geist, da seine »*Offenbarung*« einem in ihm selbst enthaltenen Trieb folgt. Die drei folgenden, schon einmal zitierten Sätze, die diesen Gedanken auszudrücken versuchen, bilden den Anfang des die Rechtsentstehung behandelnden, »*Staat, Staatsrecht, Privatrecht, Öffentliches Recht*« überschriebenen § 9.

»Das Volk, dem wir als einem unsichtbaren Naturganzen unbestimmte Gränzen zuschreiben mußten,[50] besteht jedoch **nirgend und in keiner Zeit** auf

ganische Erscheinung des Volkes«, in dessen »öffentlichem Recht das Ganze als Zweck, der Einzelne als untergeordnet erscheint«, als dem Volk von Anfang an eigen behauptet (»*jedes Volk, sobald es als solches erscheint, [wird] zugleich als Staat erscheinen, wie auch dieser gestaltet sein möge*«) und insofern auf den Zweck festgelegt, dem Privatrecht »*durch Aufstellung des Richteramtes, Leben und Wirklichkeit*« zu verschaffen. Das Privatrecht umfaßt »*die Gesammtheit der Rechtsverhältnisse, welche den einzelnen Menschen umgeben, damit er in ihnen sein inneres Leben führe und zu einer bestimmten Gestalt bilde*«; in ihm ist »*der einzelne Mensch für sich Zweck*«, weswegen sich »*jedes Rechtsverhältniß nur als Mittel auf sein Daseyn oder seine besonderen Zustände bezieht.*«

50 Gemeint ist die Unbestimmtheit oder Ubiquität eines Gedankens vor seiner Realisierung in einer bestimmten Wirklichkeit, nicht die tatsächliche Unbestimmtheit, von der I S. 19 die Rede ist: »*Die Gränzen aber dieser Völkerindividuen sind allerdings unbestimmt und schwankend und dieser zweifelhafte Zustand offenbart sich auch in der Einheit oder Verschiedenheit des in ihnen erzeugten Rechts. So kann es bei verwandten Volkstämmen ungewiß erscheinen, ob sie uns als ein Volk oder als mehrere gelten sollen: gleicherweise finden wir auch oft in ihrem Recht zwar nicht gänzliche Übereinstimmung, wohl aber Verwandtschaft.*« Denn man kann nicht sagen, daß kein Volk »nirgend und in keiner Zeit« in einer in diesem Sinn unbestimmten Vorform existiert habe.

diese abstracte Weise. *Vielmehr wirkt in ihm ein unaufhaltsamer Trieb, die /23/ unsichtbare Einheit in sichtbarer und organischer Erscheinung zu offenbaren. Diese leibliche Gestalt der geistigen Volksgemeinschaft ist der Staat, und mit ihm sind zugleich scharf bestimmte Gränzen der Einheit gegeben.*«

System I, S. 21.

Der (I S. 28) »*unbestimmte Begriff einer Menge*«, »*abstrahirt von der Volkseinheit*« kann dagegen nicht »*Subject des Staates*« sein, der in dieser Weise als Rechtsordnung ins Leben gerufen wird. Denn menschliche Willkür – das ist der Kerngedanke – kann kein Recht und damit auch keine Nation schaffen. Einen Beleg für diese Überzeugung entnimmt Savigny den damaligen »*Amerikanischen Sklavenstaaten*«, bei denen der »*Versuch im Großen*« vorliege, »*Massen von Menschen ohne Rücksicht auf gänzliche Stammverschiedenheit willkührlich (!) zusammen zu bringen*«; hier hätten sich »*der Staatenbildung unübersteigliche Hindernisse in den Weg gestellt*«. Savigny wirft daher auch, fern von jedem historischen Relativismus, der Antike vor, ihr Grundübel, die Zulässigkeit von Eigentumsrechten am Menschen, nicht beizeiten bekämpft zu haben.[51] Die Logik ist evident: Das Prinzip der Entstehung einer [353] staatlichen Nation ist die Freiheit. Daher ist sie unter Bedingungen von Willkür und Sklaverei nicht möglich. Damit der Geist des Rechts die Verhältnisse ordnen kann, müssen die Menschen frei sein. Nur unter dieser Voraussetzung ist es möglich, daß der Staat in Savignys Sinne aus der Kraft des Rechts entsteht »*in einem Volk, durch das Volk und für das Volk*«.

»Im Widerspruch mit dieser Ansicht [sc. welche den Staat auf den unbestimmten Begriff einer Menge gründet] also müssen wir wiederholt behaupten, daß der Staat ursprünglich und naturgemäß in einem Volk, durch das Volk, und für das Volk entsteht.«

System I, S. 29

Der auffällige triadische Ausdruck faßt Savignys spirituellen Republikanismus zusammen. Staat ist für Savigny die rechtliche Verfassung eines Volkes, die vermöge der höheren Genealogie des geistigen Begriffes »Volk«,[52] der ein Volk vom Augenblick seines geschichtlichen Auftretens an nach dem Prinzip der Freiheit

51 System I 358: »*Es ist … eine der wichtigsten Krankheitsursachen des Römischen Zustandes, daß man nicht früher und nicht gründlich genug bedacht war, das Verhältniß der Sklaven und der Freygelassenen nach den veränderten Bedürfnissen zu modificiren*« VIII S. 534: »*Im ganzen Alterthum wurde der Stand der Sklaven als eine Art von Naturnothwendigkeit betrachtet, und man dachte sich kaum die Möglichkeit, daß ein gesittetes Volk ohne einen solchen leben könne. Im heutigen christlichen Europa wird eben so dieser Stand als völlig unmöglich, als allem Rechtsbewußtseyn durchaus widersprechend, gedacht*«.

52 Vgl. Savignys Analyse eines vierfachen Sinnes von »*Volk*« System I S. 30f.: Das »*Naturganze*« oder das »*ideale Volk*« als Subjekt der Genealogie des Rechts, dann die empirische Menge, ferner die Gehorchenden im Gegensatz zu den Herrschenden und schließlich »*in republikanischen Staaten, wie in Rom, diejenige organisirte Versammlung Einzelner; in welcher nach der Verfassung die höchste Gewalt wirklich beruht*«.

durchdringt und konstitutiert und so bewirkt, daß Recht seinem Ort nach *im* Volk, seiner Verwirklichung nach *durch* das Volk und seinem Zweck nach *für* das Volk zur Geltung kommt.

Savignys Prägung, mit der er seine Grundüberzeugung bekräftigte, gewann, wie ihm wohl auch bewußt war, seine Wirkung nicht aus der Neuheit, sondern daraus, daß sie eine Formulierung aufgriff, die in gewissem Umfang schon Kurs und Geltung gewonnen haben dürfte. Im Jahre 1830 hatte ein Redner in der Schweiz in einem wahrscheinlich schon im gleichen Jahr veröffentlichten Vortrag zur Lage seines »Vaterlandes« erklärt:

> »Alle Regierungen der Schweiz müssen es erkennen, dass sie blos aus dem Volke, durch das Volk und für das Volk da sind.«[53]

Das war ganz im Sinne Savignys gesprochen, dessen spiritueller Republikanismus nicht die Verfassung ändern, sondern die Regierenden jeglicher Verfassung zu einem organischen Teil eines freiheitlichen Volkes veredeln wollte.

> »... der einfache Unterschied des Despotismus und der Freyheit wird ewig darin bestehen, daß der Regent (oder eigentlich die, denen er Gewalt giebt) dort eigenwillig und willkührlich schaltet, hier aber Natur und Geschichte in den lebendigen Kräften des Volkes ehrt, daß ihm dort das Volk ein todter Stoff ist, den er bearbeitet, hier aber ein Organismus höherer Art, zu dessen /387/ Haupt ihn Gott gesetzt hat, und mit welchem er innerlich eins werden soll. Ich wiederhole es, daß dieser Gegensatz des Despotismus und der Freyheit bey den verschiedensten Formen der Verfassung gedacht werden kann.«
> Savigny, Zeitschrift für geschichtl. Rechtswissenschaft 1 (1815) S. 386

[354] Noch nicht wahrgenommen wurde bisher der bedeutende und nachhaltige Widerhall, den Savignys Formulierung nach Geist und Form in Lincolns »Gettysburgh Address« in den berühmten Worten vom »*government of the people, by the people, and for the people*« gefunden hat. Daß Lincolns Fügung nicht vorbildlos war, ist schon früh erkannt[54] und von neueren Untersuchungen weiter bestätigt worden[55]. Garry Wills hat darüber hinaus auch bereits den Weg freigelegt, auf dem tatsächlich

53 Es handelt sich um den Vortrag: »Ueber die gegenwärtige Lage unseres Vaterlandes in ihrer Licht- und Schattenseite von Herrn Dr. und Oberrichter Schinz, Vorgelesen in der Helvetischen Gesellschaft, 1830«, veröffentlicht in den »Verhandlungen der Helvetischen Gesellschaft zu Olten im Jahr 1830 (Zürich, Friedrich Schulthess), S. 107. Vgl. zu dem Veröffentlichungsdatum die unten Anm. 55 zitierte Arbeit von Carl F. Wieck.

54 Ward Hill Lamon, Recollections of Abraham Lincoln 1847-1865 (1994; zuerst 1895) S. 178 nennt zwei ältere Verwendungen in den USA und eine in der Schweiz schon vom Jahr 1830. Theodor Parker habe auf der New England Antislavery Convention in Boston, im Jahre 1850, die Demokratie definiert als »*a government of all the people, by all the people, for all the people*«. Lamon wies auch bereits auf Schinz hin (vgl. oben Anm. 53).

55 Carl F. Wieck, Lincoln's Quest for Equality. The Road to Gettysburg (2002); Garry Wills, Lincoln at Gettysburg, The Words that Remade America (1992); Ronald C. White, Jr., Lincoln's Greatest Speech: The Second Inaugural (2002).

Savignys Denkweise Lincoln beeinflußt zu haben scheint, sowohl in der Rückführung der richtigen Verfassung auf die Verwirklichung eines geistigen, mit Sklaverei unvereinbaren, zur Verwirklichung drängenden Volksbegriffes und damit verbunden dann auch in den mit denen Savignys fast gleichlautenden Worten, die nur am Anfang eine geringfügige, den »transzendenten« Grundgedanken nicht berührende Abweichung aufweisen.[56] Neben einem damals allgemein vorhandenen, starken Einfluß des deutschen romantischen Idealismus, den Wills »Transcendentalism« nennt, waren danach die wahrscheinlichen Vermittler insbesondere der bedeutende Historiker der USA George Bancroft, der 1820 bei Schleiermacher in Berlin studiert hatte und mit Lincoln einen kurzen, aber intensiven Kontakt gehabt hatte, und noch unmittelbarer der polyglotte, Lincoln nahestehende Theodor Parker, der den triadischen Ausdruck – the triple refrain – bereits in öffentlichen, von Lincoln gelesenen Reden verwendet hatte.[57] Beide vertraten die ganz und gar Savignysche [355] Überzeugung, daß die freiheitlichen Grundideen der Verfassung in der menschlichen Geschichte uranfänglich seien und in der Geschichtlichkeit immer erneut nach Verwirklichung strebten.[58]

56 Die Unterschiede sind subtil. Der Reihung *»im«, »durch«, »für«* bei Savigny entspricht bei Lincoln *»of«, »by«, »for«* und das vom *»Volk« (people)* Getragene ist bei jenem der *»Staat«*, bei diesem das *»government«*. Sie erklären sich zunächst daraus, daß Savigny allein von der Entstehung des Staates spricht, Lincoln dagegen im letzten Satz den Blick auf die durch die Entstehung des Staates legitimierte Ausübung der Herrschaft lenkt. Andererseits vermeidet Savigny, so sehr auch er, wie das Zitat im Text beweist, die Herrschaft im Staat als Organ des Volks sieht, entsprechend seinem spirituellen Republikanismus eine einseitige Festlegung (vgl. oben Anm. 52) auf die repräsentative Verfassung. Insofern steht die von Schinz auf die *»Regierung«* bezogene Reihung *»aus«, »durch«, »für«* der Sache nach Lincoln doch etwas näher.

57 Vgl. die beiden Parker-Zitate bei Garry Wills (Anm. 55) S. 107: *»The great political idea of America, the idea of the Declaration of Independence, is a composite idea made up of three simple ones 1. Each man is endowed with certain unalienable rights. 2. In respect of these rights all men are equal. 3. A government is to protect each man in the entire and actual enjoyment of all the unalienable rights. ... The idea demands for its organization a democracy – a government of all, for all and by all«* und S. 108: *»By Democracy, I mean government over all the people, by all the people, and for the sake of all.«* Die Überlieferung, daß der englische Reformator und Inspirator einer Bibelübersetzung John Wycliff (1330-1384) auf dem Vorsatzblatt einer Bibel geschrieben haben soll: *»This bible is translated and shall make possible a Government of the people, by the people, and for the people«*, ist unbeglaubigt (vgl. Wieck [oben Anm. 55] S. 151 ff.) und wird kaum sehr viel älter sein als Schinz' und Savignys Äußerung. Bemerkenswert ist das Vorkommen einer Variante der triadischen Formel in der alsbald ins Englische (1848) übersetzten Darstellung von A. de Larmartine, Histoire des Girondins, Paris 1847, VI 297. Es erscheint dort als ein Element der Definition der *»souveraineté représentative de tous les citoyens, puisée dans une élection aussi large que le peuple lui-même, et agissant par le peuple et pour le peuple dans un conseil électif qui serait tout le gouvernement«*. Vgl. Wieck S. 154 f., 198 f.

58 Für die Zwecke dieser Untersuchung genügt es, auf die Darlegungen von Wills zu verweisen. Zentral ist in dessen Buch (oben Anm. 55) das Kapitel 3 *»The Transcendental Declaration«* (S. 90-120). Darin wird zunächst gezeigt, wie sehr in Lincolns Denken der

Ganz entsprechend werden denn in Lincolns Worten, die wir im Auszug nach ihren hier entscheidenden Teilen an Anfang und Ende wiedergeben, die Begründung der politischen Nation im Jahre 1776 und ihre erstrebte Erneuerung im Kampf gegen die Südstaaten, die das Sklavereisystem verteidigen, als geistige, im Bewußtsein der Menschen stattfindende Ereignisse gedeutet.

»Four score and seven years ago (= 1776) our fathers brought forth upon this continent a new nation, conceived in liberty, and dedicated to the proposition that all men are created equal –[59] Now we are engaged in a great civil war, te-

erfolgreiche Kampf für die Sklavenemanzipation zwingende Voraussetzung der in der Gettysburgh Adress vollzogenen Neugründung des Gemeinwesens im Geist der beim Wort genommenen Unabhängigkeitserklärung war. Danach (S. 102 ff.) wird der diese Überzeugung tragende »Zeitgeist« beschrieben. Ich möchte zwei Abschnitte wörtlich mitteilen. S. 103: »*… his (Lincoln's) age was the romantic era, which breathes through the melancholy and brooding poetry he wrote in the 1840s. More to the point, his dialectic of ideals struggling for their realization in history owes a great deal to the primary intellectual fashion of his period, Transcendentalism. The Transcendentalists were theological Unitarians who, largely through the influence of Carlyle, adapted German Idealism to the study of American society. They saw the permanent ideal shining through the particulars of nature. ›Nature‹ as Emerson put it, ›is the incarnation of a thought … The world is mind precipitated.‹ Lincoln was bound to be affected by the rhetoric, assumptions, and conscious ideals of the men who shaped his culture. This shows in his language, and can partially be traced in direct and indirect influences on his thinking. He knew, in different degrees, the work of the Transcendentalists – by minimal contact with Emerson himself, limited but /104/ deep contact with the thought of George Bancroft, and extensive exposure to Theodore Parker's view.*« … S. 105: »*Bancroft uses typically Transcendentalist language concerning the Declaration: »The bill of rights which it promulgates is of rights that are older than human institutions, and spring from the eternal justice. … The heart of Jefferson in writing the Declaration, and of Congress in adopting it, beat for all humanity; the assertion of right was made for the entire world of mankind and all coming generations, without any exceptions whatever.*«

59 In Bezug genommen wird hier von Abraham Lincoln, damals der 16. Präsident der USA, die von Thomas Jefferson, dem späteren 3. Präsidenten entworfene »Declaration of Independence July 4, 1776«, überschrieben: »The unanimous Declaration of the thirteen united States of America«. Der bekannte Text lautet: »*When in the Course of human events, it becomes necessary for one people to dissolve the political bands which have connected them with another, and to assume among the Powers of the earth, the separate and equal station to which the Law of Nature and of Nature's God entitle them, a decent respect to the opinions of mankind requires that they should declare the causes which impel them to the separation. – We hold these truths to be self-evident that all men are created equal, that they are endowed by their Creator with certain unalienable Rights, that among them are Life, Liberty and the Pursuit of Happiness. That to secure these rights, Governments are instituted among Men, deriving their just powers from the consent of the governed. That whenever any Form of Government becomes destructive of these ends, it is the Right of People to alter or to abolish it, and to institute new Government, laying its foundation on such principles and organizing its powers in such form, as to them shall seem most likely to effect their Safety and Happiness. Prudence, indeed, will dictate that Governments long established should not be changed for light and transient causes; and accordingly all experience has shown, that mankind are more disposed to suffer, while evils are*

sting whether that nation, or any nation so conceived and dedicated, can long endure ....
[356] It is for us, the living,... that we here highly resolve that the dead shall not have died in vain, that the nation shall, under God, have a new birth of freedom, and that the government of the people, by the people, and for the people shall not perish from the earth.«
Lincoln's Dedicatory Address at Gettysburg Cemetery, November 1, 1863

Während in der in Bezug genommenen, von Jefferson abgefaßten *Declaration of Independence* der revolutionäre Bruch mit der als nicht legitim empfundenen Herrschaft des Mutterlands im Vordergrund stand und naturrechtlich und vertragstheoretisch begründet wurde, äußert sich Lincoln in den gedanklichen Bildern einer aus göttlicher Sphäre stammenden, grundsätzlich in jedem Volke möglichen Genealogie einer im rechten Geiste verfaßten Nation, wenn er für die Unabhängigkeitserklärung von einer Zeugung oder einer Empfängnis im Geist der Freiheit (*conceived in liberty*) spricht und für die Zeit nach einem Sieg im Bürgerkrieg von einer neuen Geburt. Auch die sprachliche Feinheit, daß in Bezug auf die Unabhängigkeitserklärung, die ein Ideal formuliert, von *nation* gesprochen, dagegen für den Zustand der konkreten Verwirklichung der allgemeinen Menschenfreiheit das poetischere Wort *people* gebraucht wird, um daran die Schlußbitte zu knüpfen, es möge als verwirklichte und überall der Verwirklichung fähige geschichtliche Idee nicht von dieser Erde verschwinden, evoziert ganz den Geist Savignys.

Mit diesem Einfluß auf Lincoln, der seine Bildung einem viel lesenden und aufnehmenden Autodidaktentum verdankt, stimmt im übrigen auch die Bedeutung überein, welche nach dem Urteil eines Sachkenners die Literatur des Civil Law und die Historische Rechtsschule in den USA seit der Abtrennung vom englischen Mutterland und erneut seit 1840 ganz allgemein gewonnen hatte.[60] Wenn dieser Einfluß [357] sich seit 1870 durch Studienaufenthalte in Deutschland noch einmal intensivierte – Roscoe Pound konstatiert insofern aus dem Blickwinkel des Jahres 1921, daß die Historische Rechtsschule eine fünfzig Jahre dauernde

sufferable, that to right themselves by abolishing the forms to which they are accustomed. But when a long train of abuses and usurpations, pursuing invariably the same Object evinces a design to reduce them under absolute Despotism, it is their right, it is their duty, to throw off such Government, and to provide new Guards for their future security.« Es folgen die Gravamina gegen den König von Großbritannien, Georg III aus dem Hause Hannover.

60 Peter Stein, The Attraction of Civil Law in Post-Revolutionary America, in: The Character and Influence of Roman Civil Law. Historical Essays (1988) p. 411-442, insbesondere p. 441: »*By the 1840s ... the historical school was winning. The study of Roman law had become part of gentlemanly learning; it was motivated by ›elegance‹ rather than ›utility‹*«. Danach konstatiert Peter Stein einen gewissen Niedergang der Bedeutung des römischen Rechts. Indes ist der Beginn des von Roscoe Pound festgestellten starken, fünfzig Jahre unvermindert anhaltenden Einflusses der Historischen Rechtsschule nach 1871 in den USA (vgl. die folgende Anm.) ohne die erste Phase kaum ganz zu verstehen.

unumschränkte Herrschaft über das amerikanische Rechtsdenken ergreifen konnte –, so fand das einen längst bereiteten Boden vor.[61]

Das Moment, das dieses Denken später in die Krise trieb, war die ihm kraft der geglaubten höheren Herkunft innewohnende Tendenz zur Selbstabschließung seiner Begriffe zu einem juristischen System, das sich von sozialen Problemen nicht mehr in Frage stellen ließ. Da sich diese Denktradition über die menschlichen Ursprünge seiner Grundbegriffe, z. B. des Eigentums oder der Vertragsfreiheit, keine Rechenschaft geben konnte, vielmehr die Erforschung der für das römische Recht grundlegend gewordenen antiken Rechtstheorien durch ihre Prämissen gerade verhinderte, fehlte es an einer Klärung der in den Rechtssystemen durchaus enthaltenen Bewegungsspielräume. Diese Tendenz spitzte sich immer mehr zu und stand schließlich elementar notwendig gewordenen Reformen im Wege.[62] Am Ende wurde so Jherings Tat, der nach einer krisenhaften Erfahrung mit der strengen Begrifflichkeit des Denkens den grundsätzlichen Ausbruch aus dem sich abschließenden System wagte und die von Menschen gewählten und aufgrund gemachter Erfahrung verteidigten sozialen Zwecke zum Schöpfer des Rechts erhob, von den professionellen Juristen sowohl in Deutschland als auch in den USA als Befreiung erlebt.[63]

61 Vgl. Roscoe Pound, The Spirit of the Common Law (1921) S. 154: »*... The influence of the historical school did not become marked in America till after 1870, when Amercian students had begun to go to Germany in increasing numbers and German ideas had taken root in our universities. ... I would not be understood as denying or forgetting what this historical school did many great things for the science of law. But its exclusive reign in American juristic thought in the past fifty years brought out its worst side. For the historical school also worked a priori and gave us theories fully as /155/ absolute as those of the school of natural law.*« Zu der Kritik Pounds am Dogmatismus der Historischen Rechtsschule im Text.

62 Vgl. aus dem Blickwinkel der USA Roscoe Pound, The Spirit of the Common Law (1921) S. 156: »*No system of natural law was ever more absolute than this natural law based upon historical premises. For other systems of natural law gave ideals developed from without. With us, under the dominion of the historical school the sole critique of the law was to be found in the law itself. Moreover, every addition or amendment from within was brought to the same test. As late as 1905 a leader of the American Bar, thoroughly imbued with the ideas of the historical school told us that it was a wise doctrine to presume that legislators intended no innovations upon the common law and to assume so far as possible that statutes were meant to declare and reassert its principles.*«

63 Roscoe Pound, loc. cit. S. 205: »*Jhering's work is of enduring value for legal science. The older juristic theory of law as a means to individual liberty and of laws as limitations upon individual will to secure individual liberty, divorced the jurist from the actual life of today. The jurists of whom Jhering made fun ... have their counterpart in American judges of the end of the last century who insisted upon a legal theory of equality of rights and liberty of contract in the face of notorious social and economic facts. On the other hand, the conception of law as a means toward social ends, the doctrine that law exists to secure interests, social, public, and individual, requires the jurist to keep in touch with life.*«

IV. Das ewige Königthum und der republikanische Caesar in Mommsens Staatsrecht

[358] Die ausführliche Vergewisserung über die Grundlagen des Savignyschen Rechtsdenkens und seine bedeutenden Folgewirkungen waren für die Zwecke dieser Untersuchung erforderlich. Denn ohne die Grundlagen in Savignys Lehren lassen sich weder die Gewißheit verstehen, mit der sich Mommsens Rechtsglaube in einer scheinbar immer positivistischer und kritischer werdenden Welt durchsetzen konnte, noch die besondere Wendung und Zuspitzung begreifen, die Mommsen diesem Rechtsglauben gegeben hat.

Mommsen war wie viele seiner Generation und manche schon vor ihm von dem Wunsch ergriffen, auch Deutschland möge wie zuvor sein Nachbar Frankreich als ein mächtiger, die Menschheitskultur bereichernder, freier Nationalstaat in die Geschichte eintreten. Sein genetischer Grundbegriff, den er aus dem Bereich dessen, was sich nie und nirgends begeben hat, in die Geschichtlichkeit hineinwirken sah und mit dem er das Römische Staatsrecht und die Römische Geschichte bearbeitete, war daher nicht mehr die übernatürliche Rechtsidee des freiheitlich verfaßten Volkes, sondern das in die römische Geschichte hineinprojizierte monarchische Prinzip der konstitutionellen Bewegung seiner Zeit, das als souveräne Macht in den Händen des Inhabers der höchsten Staatsgewalt Recht und Ordnung aus sich entläßt und in seinen idealen Möglichkeiten eine freiheitliche Verfassung einer Bürgerschaft konstituiert. Leitbegriff seines Römischen Staatsrechts war das als souveräne Vollgewalt gedeutete und mit der ursprünglichen Königsgewalt identifizierte *imperium*, das als dynamisches, ewiger Erneuerung fähiges Prinzip die römische Geschichte beherrscht habe, sich zuerst in der römischen Königszeit offenbart und über die *regia potestas annua* die Magistratur der Republik bis hin zu seiner Erneuerung durch Caesar[64] über alle Wandlungen behaupten konnte und als solches auch ein Versprechen für die eigene Gegenwart enthalte. Es ist ein Königtum, das mit der freiheitlich-privatrechtlichen Grundordnung, die es schützt, untrennbar verbunden ist und die grundsätzliche Unwandelbarkeit mit ihm teilt. Daher schreibt Mommsen auf diesen in Rom exemplarisch wirklich gewordenen Begriff bezogen im Jahr 1891:

> »Die ursprüngliche Staatsordnung ist in ihren Fundamenten ebenso unwandelbar wie jene jenseits der Zwölftafeln liegenden privatrechtlichen Ordnungen. Das Königthum ist ewig; es konnte umgenannt, verdoppelt, verkürzt, beschränkt, aber nicht aufgehoben werden.«
>
> Iudicium legitimum, Juristische Schriften III (1907) S. 373, zuerst: Zeitschrift der Savigny-Stiftung für Rechtsgeschichte, Rom. Abtheilung 12 (1892), 283

64 Vgl. Römische Geschichte III S. 483 [5. Buch, Kap. XI] (zu Caesars Alleinherrschaft): »*dies neue Imperatorenamt war nichts anderes als das wiederhergestellte uralte Königtum*« sowie S. 482 Fußnote a. E.: »… *imperator* … nichts als ein Synonym für *rex*, so gut wie *imperare* mit *regere* zusammenfällt.«

[359] Der folgende erläuternde Satz:

»Die gegensätzliche Vereinigung des Ewigen und des Wandelbaren in der Staatsordnung haben die Römer schärfer empfunden und formeller ausgeprägt, als irgend eine andere Nation.«

gilt für beide, für die vom Königtum getragene Staatsordnung[65] und die in ihm enthaltene freiheitliche Privatrechtsordnung. Das Königtum ist ewig in seinem Kern, vielfältig wandelbar in seiner historischen Erscheinung. Daher erklärt Mommsen auch die Frage, wie das Königtum in den römischen Anfängen beschaffen gewesen sein möchte, für *»ziemlich müssig«*.[66] Unwandelbar und damit ewig ist auch die das ideale Volkskönigtum begleitende und von ihm gewährleistete Privatrechtsordnung. Im Hinblick auf die Familienverfassung spricht Mommsen von einem »*Naturgesetz*«,[67] im Hinblick auf die in den Zwölftafeln geregelte Rechtsordnung, welche die Grundzüge der Familienverfassung enthält, von einem *»unverrückbare[s]⟨n⟩ Urrecht«*, das, kennzeichnenderweise für seine unlösliche Verknüpfung mit dem Königtum, mit der von ihr konstituierten Gemeinde zeitgleich ist[68] und auch die Grundregeln des Prozeßrechts umfaßt.

»Rechtliche Ausnahmen von dieser Ordnung [sc. welche die Zwölftafeln vorgefunden und niedergeschrieben hätten; O. B.] und praktische Abweichungen von derselben begegnen überall und machen die neueren Institutionen recht

65 Mommsen neigt sogar dazu, konkrete Erscheinungen der römischen Verfassung an der prinzipiellen Unwandelbarkeit teilhaben zu lassen. Vgl. a.a.O. S. 373 [283]: »*Von dem patricischen Senat gilt das Gleiche. Die Comitien sind im Lauf der Zeit so modificirt worden, dass die ursprüngliche Institution formell wie sachlich kaum noch erkennbar ist; ... Diese Institutionen können mit dem Volke absterben, nicht aber durch die spätere Gesetzgebung, deren Voraussetzung sie sind, annulliert werden; wenigstens sind, so viel wir erkennen können, entgegenstehende Theorien nie in Rom in Geltung gewesen und ist auch nie ein derartiger Versuch praktisch gemacht worden.*«

66 Staatsrecht I S. 65 Anm. 3: *»Speculationen über die königliche Gewalt, wie sie wirklich gewesen sein mag, sind ziemlich müssig«*. Müßig sind sie für Mommsen, weil der in seinen Augen feststehende Kern des Königtums in seinen historischen Besonderheiten nur Kontingentes hervorbringen kann. Es ist evident, daß Mommsen hier aufhört, als ein reiner Historiker zu sprechen.

67 a.a.O. S. 361 [273] (in einem Zusatz): Das Erbrecht des Hauserben (suus; XII tab. 5, 4) beruhe *»nach der ursprünglichen Rechtsauffassung gleich der väterlichen Gewalt nicht auf Staatsgesetz, sondern auf einem der Gemeindeordnung voraufgehenden Naturgesetz«*. – Daß Mommsen die patriarchalisch geordnete Familie Roms als eine Schöpfung der (gewiß nicht naturalistisch gedachten) »Natur« auffaßte, steht offensichtlich in Parallele zu seiner Herleitung des Königtums.

68 Daher ist in Mommsens Rekonstruktion Romulus derjenige, der über die Zugehörigkeit zum römischen Volk entschied. Röm. Staatsrecht III S. 29 Anm. 2: *»Dass die Reception der Geschlechter, von Romulus abgesehen [!], nicht durch den König allein vollzogen werden kann, sondern die Curien dabei mitzuwirken haben, folgt ... aus dem ... Begriff der Gemeindesouveränetät«*. Die Gemeindesouveränität ist in Mommsens Vorstellung ein gewährtes Verfassungselement.

eigentlich aus; aber **sie selbst** steht vor und über der rechtbildenden Gewalt der Gemeinde, **ein unverrückbares Urrecht**, und ihre prakti-[360] schen Consequenzen haben theilsweise, zum Beispiel in Betreff der Prozessverjährung,[69] sich bis in die Kaiserzeit hinein behauptet. Diese Auffassung mag dem vom Civilrecht ausgehenden Forscher befremdlich und mystisch erscheinen; wer der Entwickelung des römischen Staates nachgeht, /373/ wird ebenfalls geführt auf denselben Gegensatz, auf ein ⟨grösstentheils ungeschriebenes, aber sachlich fest formulirtes⟩ Urrecht, welches durch die verfassungsmässige Gesetzgebung ⟨wohl geändert, aber⟩ nicht ⟨beseitigt⟩ werden kann«.

a.a.O. S. 372 [283] (Die Ergänzungen hat Mommsen für die Herausgabe seiner Schriften – vgl. seine Anmerkung dort S. 356 – hinzugefügt.)

Mommsen räumt die Möglichkeit ein, daß seine Sicht dem Zivilrechtler, also soweit das von diesem betreute Privatrecht betroffen ist, »mystisch« erscheinen möchte – in der Tat denkt der Zivilrechtler die privaten Rechte konkreter vom Rechtssubjekt her und nicht von Königtum und Herrschaft –, weist aber zur Bekräftigung darauf hin, daß sich das gleiche Verhältnis von Urrecht und den Kern unangetastet lassendem Wandel auch im römischen Staatsrecht finde.

Verständlich wird Mommsens Denkweise als eine spezifische Umprägung der Rechtsgenealogie Savignys, umgeprägt auf das monarchische Prinzip in der Gestalt eines die Gemeinde konstituierenden Herrschertums. Es ist der Schritt von einem ›spirituellen Republikanismus‹ zu einer ›von ihrem Herrscher verwirklichten Republik‹. Für Savigny war der Staat als die *»leibliche Gestalt der geistigen Volksgemeinschaft«* und als Geschöpf einer dem *»Volksgeist«* gehorchenden *»gemeinschaftliche[n] Tat«* seiner Menschen[70] eine Lebensform eines sich durch Sprache, Kultur und Verkehr als Einheit fühlenden Volkes und damit etwas, was

69 Was Mommsen hier meint, bleibt unklar, da die anderthalbjährige Prozeßverjährung ganz positivrechtlich auf eine wahrscheinlich erst augusteische lex Julia zurückgeht. Gaius IV 104: *vulgo dicitur ex lege Iulia litem anno et sex mensibus mori.* Alt ist dagegen die Prozeßkonsumption, die das geltendgemachte Forderungsrecht als Folge des Gerichtsfriedens aufhebt und nur im Fall der Verurteilung als Judikatsschuld neu hervortreten läßt. Sie geht zurück auf das *dies fasti* und den Friedenskreis der *urbs* fordernde *iudicium addicere*; vgl. dazu meine Schrift *Der Zwölftafelprozeß. Zur Geschichte des römischen Obligationenrechts* (1974) S. 61 ff. und bereits oben Anm. 13 und 14.

70 Für Savigny, System I (1840) ist es (S. 14) *»der in allen Einzelnen gemeinschaftlich lebende und wirkende Volksgeist, der das positive Recht erzeugt, das also für das Bewußtseyn jedes Einzelnen, nicht zufällig sondern nothwendig, ein und dasselbe Recht ist.«* Die *»unsichtbare Entstehung des positiven Rechts«* bedeutet, daß man (S. 15) auf deren *»urkundlichen Beweis«* verzichten muß. Die *»ursprüngliche Erzeugung«* des Rechts, d.h. seine Genealogie, liegt außerhalb der *»Gränzen der urkundlichen Geschichte«*. Sie ist (S. 21) eine *»gemeinschaftliche That«*, aber eine durch höhere Kräfte gelenkte; denn *»was in dem einzelnen Volk wirkt, ist nur der allgemeine Menschengeist, der sich in ihm auf individuelle Weise offenbart«*. Der Staat ist (S. 22) die *»leibliche Gestalt der geistigen Volksgemeinschaft«* und *»die organische Erscheinung des Volks«*. Das Recht hat ein (S. 23) *»unsichtbares Daseyn«*, es erhält aber *»im Staat, durch Aufstellung des Richteramtes, Leben und Wirklichkeit«*.

auch in den politisch zersplitterten Zuständen des Alten Reiches und des Deutschen Bundes als wirklich angesehen werden konnte. Mommsen wollte eine Republik als Bürgerstaat unter einer Herrschaft von römischer Klarheit und Macht.

Die tiefe Gemeinsamkeit zwischen Savigny und Mommsen liegt in dem Glauben an Begriffe, die mehr sind als Formen, die dem menschlichen Verstand – nach [361] Maßgabe der jeweiligen Erkenntnistheorie – die Welt zu verstehen und zu ordnen erlauben, sondern vielmehr, da lebendigem Geist entstammend, selbst der Genese, der Verwirklichung, der Inkarnation fähig sind. Der Unterschied liegt darin, daß bei Savigny – wie bei Lincoln – Träger des geistigen Ereignisses, das die freiheitliche Rechtsordnung erzeugt, das zur gemeinsamen Tat inspirierte Volk ist, während es bei Mommsen des Auftretens des das Volk geistig konstituierenden Herrschers bedarf.

Daher bedurfte das genetische Prinzip Mommsens für seine Verwirklichung des Auftretens mächtiger, mythischer oder, wenn historisch, ins Mythische entrückter Persönlichkeiten. Notwendiger Begleiter dieser Auffassung ist daher der Geniekult, der Savignys Rechtsdenken noch ganz fremd war.[71] Wo bei Mommsen eine solche echt herrscherliche Gestalt auftritt, wirken deren konstitutionelle Akte mit der unweigerlichen Kraft der Offenbarung einer Staatsgewalt, deren Fähigkeit oder Legitimation zu diesen Akten nicht in Frage gestellt wird und die daher näherer Begründung nicht zugänglich ist. Deutlich ist bei Mommsen vorgeformt, was Carl Schmitt später in seiner Politischen Theologie zu einer Pragmatik dezisionistisch radikalisieren und auf einfache Formeln bringen sollte.[72] Im Römischen Staatsrecht folgen aufeinander die Gründungstaten des Romulus, der Gründer der Republik, der Gesetzgeber der Zwölftafeln, der Restaurator Sulla und der Imperator Caesar Divi Filius Augustus, der Adoptivsohn Caesars. In der Römischen Geschichte ist es dagegen der Imperator Caesar selbst. Er gewinnt in der Darstellung Mommsens, soweit er sein Handeln von dem idealen Prinzip geleitet sieht, eine entrückte und übermenschliche Gestalt, die sich in ihrer Voll-

71 Die nahezu unausweichliche Selbstüberschätzung des dem Geniekult anhängenden Menschen sieht Savigny als Verarmung, selbst bei den Größten. Vgl. aus dem Brief an Wilhelm Grimm aus dem Jahre 1830 (Stoll II S. 417 f.): »*Gewiß haben Sie auch mit großem Interesse die Briefe von Schiller und Goethe gelesen. Es ist gar Vieles vortrefflich darin, und so wie es jetzt gar nicht mehr empfunden und geschrieben wird. Auf der andern Seite aber sieht man doch auch, wie sich Beide in einer einseitigen Lebensansicht, und zugleich in einem hochmüthigen, egoistischen Gefühl bestärkt haben. Sie glaubten den Gang nicht blos der Poesie, sondern auch der bildenden Künste völlig zu übersehen und zu beherrschen, und in diesem Verkennen der eigenen Kraft liegt doch eine Art von Armuth, die mir an sonst so seltenen Naturen wehe thut.*«

72 Vgl. Carl Schmitt, Politische Theologie (1922; zweite Ausgabe 1934) mit den Kernsätzen (S. 37/49): »*Alle prägnanten Begriffe der modernen Staatslehre sind säkularisierte theologische Begriffe. … Der Ausnahmezustand hat für die Jurisprudenz eine analoge Bedeutung wie das Wunder für die Theologie.*«. Vgl. auch ders., Politische Theologie II. Die Legende von der Erledigung jeder Politischen Theologie (1970, unveränderter Nachdruck 1984), der Versuch einer Widerlegung der für die christliche Spätantike einige wesentliche Punkte klarstellenden Monographie von Erik Peterson, Der Monotheismus als politisches Problem. Ein Beitrag zur Geschichte der politischen Theologie im Imperium Romanum (1935).

kommenheit, wie es ausdrücklich heißt, menschlicher Beschreibung entzieht.[73] Mommsens Auffassung dieses »*ein-* [362] *zigen schöpferischen Genies, das Rom und des letzten, das die alte Welt hervorgebracht* (Röm. Geschichte III S. 461)«, ist zutiefst religiös gefärbt. Die Geschichte, die »*auch eine Bibel*« (III S. 478) ist, lehrt: »*Caesar (war) nicht gekommen, um die Freiheit aufzulösen, sondern um sie zu erfüllen* (III S. 483).« Diese durchgehaltene Überhöhung erlaubt es Mommsen, zwischen dem Caesar, dessen staatsmännische Leistungen in seinen Augen für alle zukünftigen Zeiten einen Maßstab gesetzt haben, und dem, was er historisch tatsächlich bewirkt hat, zwischen Botschaft und Wirkung, in schärfster und bei rein historischer Betrachtung höchst widersprüchlicher Weise zu unterscheiden.

Der ideale Caesar, »*erfüllt von republikanischen Idealen und zugleich geboren zum König*« (III S. 468), war gekommen und von seiner Herkunft dazu bestimmt, den beiden, auch in seiner eigenen Person, verwandten Nationen, der römischen und der hellenischen, und damit der damaligen Weltzivilisation, durch eine Herrschaft und Freiheit, Staatlichkeit und Kultur vereinigende Ordnung eine neue Zukunft zu bereiten.[74] Das Mittel dazu war die »*allen gleiche und gerechte Monar-*

73 Römische Geschichte (im folgenden RG) III S. 468: »*Wie der Künstler alles malen kann, nur nicht die vollendete Schönheit, so kann auch der Geschichtschreiber, wo ihm alle tausend Jahre einmal das Vollkommene begegnet, nur darüber schweigen. Denn es läßt die Regel wohl sich aussprechen, aber sie gibt uns nur die negative Vorstellung von der Abwesenheit des Mangels; das Geheimnis der Natur; in ihren vollendetsten Offenbarungen Normalität und Individualität miteinander zu verbinden, ist unausprechlich. Uns bleibt nichts als diejenigen glücklich zu preisen, die dieses Vollkommene schauten, und eine Ahnung desselben aus dem Abglanz zu gewinnen, der auf den von dieser grossen Natur geschaffenen Werken unvergänglich ruht.*« Diese enthusiastischen Worte entziehen nicht nur ihren Gegenstand, sondern zugleich auch sich selbst einem einfachen Verständnis. Sie wollen den Satz »individuum est ineffabile«, der generelle Gültigkeit besitzt (auf etwas Ganzes und Ungeteiltes kann man nur hinweisen; aussagen läßt sich von einem Gegenstand nur, was sich von ihm signifikant abheben läßt), auf die vollkommene Verwirklichung des Richtigen beschränken. Die Worte gewinnen einen gewissen Sinn, wenn Mommsen die von Platon geschilderte Unfähigkeit des Menschen, die reinen Ideen in ihrem blendenden Glanz ins Auge zu fassen, auf die vollkommene diesseitige Inkarnation einer solchen Idee überträgt. Das Genie, aus dem Nie und Nirgends in die Welt getreten, bleibt danach ebenso unbegreiflich wie das dynamische Prinzip selbst, das es in Reinheit verkörpert.

74 Als (RG III S. 461) »*Sprößling einer der ältesten Adelsfamilien Latiums, welche ihren Stammbaum auf die Helden der Ilias und die Könige Roms, ja auf die beiden Nationen gemeinsame Venus-Aphrodite zurückführte*«, war Caesars Ziel von früher Jugend an (S. 464) »*das höchste, das dem Menschen gestattet ist, sich zu stecken: die politische, militärische, geistige und sittliche Wiedergeburt der tiefgesunkenen eigenen und der noch tiefer gesunkenen mit der seinigen innig verschwesterten hellenischen Nation*«. Caesar habe (III S. 568) »*das Römertum gerettet und erneuert, aber auch … der Regeneration der Hellenen sich unterzogen und das unterbrochene Werk des großen Alexander wiederaufgenommen*«. »*Er hat diese beiden großen Aufgaben nicht bloß nebeneinander; sondern eine durch die andere gelöst. Die beiden großen Wesenheiten des Menschentums, die allgemeine und die individuelle Entwicklung oder Staat und Kultur, einst im Keime vereint, in jenen alten, fern von Küsten und Inseln des Mittelmeers in urväterlicher Einfachheit ihre Herden weidenden Gräkoitalikern, hatten sich geschieden, als dieselben sich*

chie« (III 475), die »*Vertretung der Nation durch ihren höchsten und unumschränkten Vertrauens-* [363] *mann«* (III 476), durch einen das »*unerträgliche Joch der Aristokratie«* (III 483) brechenden »*Demokratenkönig«* (III 488), der, wie einst in der alten Königszeit, die Mitbürger nach Fähigkeit und Intelligenz in den Senat beruft, nicht nach Herkunft.[75] Daß »*der hoffnungsreiche Traum einer Vereinigung freier Volksentwickelung und absoluter Herrschaft«* (III 478), den Caesar gehegt habe, in der Realität zerfloß, und Caesar, der »*der Wiederhersteller des bürgerlichen Gemeinwesens werden«* wollte, geschichtlich »*der Gründer der von ihm verabscheuten Militärmonarchie«* (III 504) wurde,[76] begründet keine Zurücknahme der Erhöhung Caesars, sondern erlaubt eine letzte Steigerung: Caesar durfte laut Mommsen von sich sagen, daß »*sein Ziel erreicht sei«*, weil er »*die Geschicke der Welt für die Gegenwart und die Zukunft«* geordnet hatte. Durch die »*Grundzüge«*, die er gelegt hatte, war »*der neue Staat für alle Zukunft bestimmt; vollenden konnte den Bau nur die grenzenlose Zukunft«* (III 69). In diesem Sinn sieht Mommsen Caesar im Gedächtnis der »*Völker, denen die Welt gehört«* als eine uneingelöste Mahnung nachwirken, Bürgerfreiheit zu gewähren.[77]

Andererseits hat Mommsen, der im übergeschichtlichen Caesar und in seinen Taten und Plänen prophetisch eine für alle Zukunft gültige geschichtliche Wahrheit aufleuchten sah und ihn so allem Zweifel entzog, die vom geschichtlichen, unter den Bedingungen seiner Zeit wirkenden Caesar eingeführte »*absolute Mili-*

sonderten in Italiker und Hellenen, und waren seitdem durch Jahrtausende geschieden geblieben. Jetzt erschuf der Enkel des troischen Fürsten und der latinischen Königstochter aus einem Staate ohne eigene Kultur und einer kosmopolitischen Civilisation ein neues Ganzes, in welchem auf dem Gipfel menschlichen Daseins, in der reichen Fülle des glückseligen Alters Staat und Kultur wiederum sich zusammenfanden und dem einem solchen Inhalt zugemessenen Umkreis würdig erfüllten.«

75 Caesar habe den Senat wieder zu dem gemacht, was er in der Königszeit gewesen war (RG III 489): »*zu einem alle Klassen der Staatsangehörigen durch ihre intelligentesten Elemente vertretenen und auch den niedrig geborenen und selbst den fremden Mann nicht mit Notwendigkeit ausschließenden Reichsrat – gerade wie jene ältesten Könige Nichtbürger, zog Caesar Nichtitaliker in den Senat«*.

76 Immerhin schreibt ihm Mommsen eine Mäßigung zu, die man sonst eher dem augusteischen Prinzipat zuschreiben würde. RG III 504: »*Es ist Caesars Werk, daß der römische Militärstaat erst nach mehreren Jahrhunderten zum Polizeistaat ward und daß die römischen Imperatoren, wiewenig sie sonst auch dem großen Begründer ihrer Herrschaft glichen, doch den Soldaten wesentlich nicht gegen den Bürger verwandten, sondern gegen den Feind«*.

77 Der Schlußsatz des Caesar-Kapitels »Republik und Monarchie« (RG III S. 569): »*So wirkte und schaffte er wie nie ein Sterblicher vor und nach ihm, und als ein Wirkender und Schaffender lebt er noch nach Jahrtausenden im Gedächtnis der Nationen, der erste und doch auch der einzige Imperator Caesar«* nimmt Motive des Satzes auf, der den Vergleich zwischen Caesar, dem unpoetischen Römer, und dem von der Poesie erhöhten Alexander beendete: »*Aber mit gleichem Recht hat das staatliche Leben der Nationen seit Jahrtausenden wieder und wieder auf die Linien zurückgelenkt, die Caesar gezogen hat; und wenn die Völker; denen die Welt gehört, noch heute mit seinem Namen die höchsten ihrer Monarchen nennen, so liegt darin eine tiefsinnige, leider auch eine beschämende Mahnung.«* Gemeint fühlen durften sich mit dieser beschämenden Mahnung die in Europa damals regierenden Monarchen, die ihren Völkern keine Freiheit gewähren wollten.

tärmonarchie« in politologischer Analyse nicht nur als logische Folge der »*antiken auf Sklaventum gebauten von der republikanisch-konstitutionellen Vertretung völlig abgewandten Volksorganisation*« und der »*legitimen in der Entwickelung eines halben Jahrtausends zum oligarchischen Absolutismus herangereiften Stadtverfassung*« gedeutet, sondern daraus auch für die eigene Zeit die Prognose formuliert, daß »*wenn einmal in Virginien und den Carolinas die Sklavenhalteraristokratie es so weit ge-*[364] *bracht haben wird wie ihre Wahlverwandten in dem Sullanischen Rom*«, »*dort auch der Caesarismus vor dem Geist der Geschichte legitimiert*« sein werde (III S. 478).[78] Tatsächlich fürchtete Mommsen, daß von den Nordamerikanischen Sklavenstaaten eine ähnliche kulturwidrige Entwicklung ausgehen würde, wie er sie für das spätrepublikanische Italien diagnostiziert hatte,[79] Besorgnisse, deren Substanz in neueren Untersuchungen für die Zeit der Unabhängigkeitserklärung scharf beleuchtet[80] und die von Lincoln geteilt wurden.[81] Um so tiefer beeindruckte Mommsen der Erfolg der Nordstaaten im Bürgerkriege. Er verzeichnete ihn als einen unvergleichlichen, eine neue Epoche einleitenden Sieg in der »*Geschichte des Menschengeschlechts*« zugunsten der »*unbedingten, durch keinen lokalen Caesarismus auf Dauer zu hemmenden, sich selbst beherrschenden Freiheit*«.[82] Der

78 Mommsen fügt an: »*wo er unter anderen Entwicklungsverhältnissen auftritt, ist er zugleich eine Fratze und eine Usurpation*«. Der von Mommsen in dem Zitat im Text zur Rechtfertigung Caesars berufene »Geist der Geschichte« ist ersichtlich nicht mehr der reine Geist, der den idealen Caesar inspiriert, sondern versucht die Sklavenhaltergesellschaft als Produkt einer gesellschaftlichen Deformation zu erfassen, die eines Caesars bedarf, um sie trotz ihrer tiefen Verfehltheit zu erhalten.

79 Vgl. zur Sklaverei als »*Drachensaat*« RG III S. 532: »*Reichtum und Elend im innigen Bunde treiben die Italiker aus Italien aus und füllen die Halbinsel halb mit Sklavengewimmel, halb mit schauerlicher Stille. Es ist ein grauenvolles Bild, aber kein eigentümliches; überall, wo das Kapitalistenregiment im Sklavenstaat sich vollständig entwickelt, hat es Gottes schöne Welt in gleicher Weise verwüstet … Alles, was in der heutigen Welt das Kapital an argen Sünden gegen Nation und Civilisation begangen hat, bleibt so tief unter den Greueln der alten Kapitalistenstaaten, wie der freie Mann, sei er auch noch so arm, über den Sklaven bleibt, und erst wenn Nordamerikas Drachensaat reift, wird die Welt wieder ähnliche Früchte zu ernten haben.*«

80 Vgl. Roger G. Kennedy, Mr. Jefferson's Lost Cause. Land, Farmers, Slavery, and the Lousinana Purchase (2003).

81 Vgl. noch einmal die Analysen von Garry Wills (oben Anm. 55) p. 109 ff., 116 und Carl F. Wieck (oben Anm. 55) p. 158 ff., die insbesondere das Verhältnis des Vordenkers Theodore Parker und des ihm aus eigener Überzeugung folgenden Staatsmannes und Politikers Abraham Lincolns eindrucksvoll herausarbeiten.

82 Die spätere Fußnote (III S. 478) zu den Zitaten im Text lautet: »*Als dies geschrieben wurde, im Jahre 1857, konnte man noch nicht wissen, wie bald durch den gewaltigsten Kampf und den herrlichsten Sieg, den die Geschichte des Menschengeschlechts bisher verzeichnet hat, demselben die furchtbare Probe erspart und dessen Zukunft der unbedingten, durch keinen lokalen Caesarismus auf die Dauer zu hemmenden, sich selbst beherrschenden Freiheit gesichert werden sollte*«. Hitlers Herrschaft war in dieser Perspektive ein solcher »lokaler Caesarismus«, dessen antisemitischer Wurzelgrund von Mommsen in seiner Broschüre »Auch ein Wort über unser Judentum« (Berlin 1880; 3.-5. Auflage. 1881) sofort in seiner ganzen tiefen Gefährlichkeit erkannt und bekämpft worden war.

weltgeschichtliche Caesar ist in diesen späten Worten verschwunden und, da selber Idee, in der Idee des unbedingten *self government* der Republik aufgegangen.

Im Grundriß des Römischen Staatsrechts ist von dieser letzten Entwicklung Mommsens nichts zu spüren. Aber auch in ihm spricht Mommsen niemals nur als Historiker, sondern immer auch als Bürger, der seine Mitbürger aufrütteln und zur Verwirklichung politischer Ideale aufrufen möchte. Für ihn steht fest: Eine Politik [365] großen Stils bedarf des Vorbilds Roms und der Kenntnis seiner von einem höheren Geist beglaubigten Institutionen.

> »Keine politische und keine historische Forschung im grossen Stil kann absehen von Rom; und das Studium nicht der pragmatischen oder der dafür sich gebenden Tradition, sondern das der politischen Institutionen führt ein in die Erkenntnisse der römischen Geschichte.«
>
> Vorwort zur zweiten Auflage 1876, Röm. Staatsrecht I ^{3}(1887), p. XIV

Aber die Grundidee ist gegenüber Savigny deutlich verändert. Mommsen wollte als Jurist von der Rechtsidee, die in den Verhältnissen wirkt, nicht nur eine freie, sondern zugleich eine unter kraftvoller Herrschaft geeinte und mächtige Nation. Er war in der Nachfolge Savignys davon überzeugt, daß seine »*genetisches Verständnis fordernde Wissenschaft*« ihn als Juristen zum Ausgriff in die raum- und zeitlose Höhenlage dessen, »*was sich nie und nirgend begeben hat*«, berechtigte und damit zu einem Aufschwung, der ihn über die »*Plattheit*« nichtjuristischer historischer Forschung weit erhob. Aber was er von dort erwartete, war nicht nur Geist, der unter Menschen rechtliche Freiheit organisieren, sondern zugleich eine diese Freiheit fördernde und sichernde Herrschaft legitimieren sollte. Diese enthusiastische Hoffnung machte ihn zu einem Gelehrten und Politiker, der nicht nur durch das Argument und das gewaltige Werk, das er schuf, wirkte, sondern auch durch die Magie seiner eigenen herrscherlichen Persönlichkeit. Die Höhenlage dieser Hoffnung erklärt zugleich die tiefe Enttäuschung, die ihm die geistigen Bedingungen der Reichsgründung und die sich daran anschließende Entwicklung seiner Nation bereiteten. Das schmerzliche Pathos seines erst nach dem 2.Weltkrieg veröffentlichten Testaments gibt davon eindrucksvoll Kunde.[83]

83 Zuerst abgedruckt in »Die Wandlung 3« (1948) S. 69, jetzt leicht zugänglich in Alfred Heuß (o. Anm. 1) S. 282. Es ist nur durch den politischen Zweck seines gewaltigen Werkes zu verstehen, wenn Mommsen dort bekennt: »*Ich habe in meinem Leben trotz meiner Erfolge nicht das Rechte erreicht.*« Und als Erläuterung dieses resignativen Bekenntnisses ist zu lesen, wenn es dann später heißt: »*In meinem innersten Wesen, und ich meine, mit dem Besten, was in mir ist, bin ich stets ein animal politicum gewesen und wünschte ein Bürger zu sein. Das ist nicht möglich in unserer Nation, bei der der Einzelne, auch der Beste, über den Dienst im Gliede und den politischen Fetischismus nicht hinauskommt. Diese innere Entzweiung mit dem Volke, dem ich angehöre, hat mich durchaus bestimmt, mit meiner Persönlichkeit, soweit mir dies irgend möglich war, nicht vor das deutsche Publikum zu treten, vor dem mir die Achtung fehlt. – Ich wünsche, daß auch nach meinem Tode dasselbe mit meiner Individualität sich nichts zu schaffen mache. Meine Bücher mag man lesen, solange sie eben dauern; was ich gewesen bin, oder hätte sein sollen, geht die Leute nichts an.*« – Vielleicht fürchtete Mommsen auch, daß

V. Der Heilige Geist ist bereits erschienen. Der Tempel unter Dach gebracht. Das System ist seine eigene Wahrheit.

[366] Mommsen hat die für die Methode seines Staatsrechts bestimmende Glaubensüberzeugung, wie schon erwähnt, zu einem frühen Zeitpunkt seiner Biographie ausgesprochen, im Jahre 1845, als er in seinem 28. Lebensjahr stand.[84] Es geschah in einer Rezension eines Buches des nur zwei Jahre älteren, seinerzeit vielseitig publizistisch tätigen und heute vergessenen Privatgelehrten und Politikers August Theodor Woeniger.[85] Anlaß zu dem Bekenntnis waren nicht die Spezialgegenstände aus römischer Religion und römischem Staatsrecht, die das Werk behandelte, sondern die wissenschaftstheoretischen Ausführungen, mit denen der Autor in den damaligen Geistesströmungen in Fragen der Geschichte und der staatlichen Zukunft seinen eigenen Standpunkt zu bestimmen versuchte. Sie haben den jungen Mommsen in geistige Erregung versetzt und provoziert, seine eigene Auffassung auszusprechen, und zwar in Zustimmung und Kritik.

das neue positivistische Zeitalter, wenn einmal sein Innerstes vor aller Augen freigelegt sein würde, ihn seines leidenschaftlichen Glaubens wegen belächeln möchte; dann würde hinter dem seine Mitbürger ausnahmslos in die moralische Defensive drängenden Urteil auch ein Stück Selbstschutz stecken. Es kommt hinzu, daß Mommsens Glaube der Staatsgewalt in allen Ausnahmesituationen eine Legitimation verlieh, die das, was er beklagte und nicht ohne Grund befürchtete, am Ende gestärkt hat.

84 Das Jahr der Rezension 1845 fällt in die Zeit von 1844-1847, in welcher der am 30.11.1817 geborene Mommsen nach seiner Promotion im Jahre 1843 Lehrer an einer Mädchenprivatschule in Altona war. 1848 ist er für einige Monate Redakteur der »Schleswig-Holsteinischen Zeitung«, des Organs der revolutionären »Provisorischen Regierung«. 1850 wird er außerordentlicher Professer des Römischen Rechts in Leipzig; dort aus politischen Gründen entlassen, wird er 1852 Professor in Zürich, lehrt von 1854-1858 in Breslau und übersiedelt 1858 nach Berlin, um als Mitglied der Akademie der Wissenschaften das »Corpus inscriptionum latinarum« herauszugeben. 1862 wird er Professor für Alte Geschichte an der Berliner Universität, 1896 Ehrenbürger von Rom, 1902 Nobelpreisträger für Literatur. Am 1.11.1903 stirbt er, kurz vor seinem 86. Geburtstag.

85 Über ihn heißt es bei W. Koner, Gelehrtes Berlin im Jahre 1845, Berlin 1846: »*August Theodor WOENIGER, geb. in Wahren in Mecklenburg-Schwerin, den 11. Juni 1815, Doctor beider Rechte und der Philosophie, lebt seit Beendigung seiner Studien als Privatgelehrter in Berlin, mit schriftstellerischen und speciell journalistischen Arbeiten beschäftigt, namentlich als Mitarbeiter an den leitenden Artikeln der Berliner Vossischen Zeitung.*« Die von ihm veröffentlichten Bücher zeigen eine große Spannweite der historischen, methodischer und politischer Interessen. Vor dem von Mommsen besprochenen Buch von Wöniger waren bereits zwei Abhandlungen erschienen: »*Die Principien des Justinianischen Rechts vom Furtum, Berlin 1838*« und »*Die Rechtsphilosophie Stahl's und die historische Juristenschule, Berlin 1841*«. Auch Belletristisches fehlt nicht: »*Zigeuner und Edelleute, Ein Roman.*« Berlin 1844, 2 Bände. Später begegnet er als konservativer Abgeordneter im Preußischen Reichstag, der sich sogleich um diese parlamentarische Institution literarisch verdient macht. Vgl. »*Woeniger, August Theodor (ed.), Preußens Erster Reichstag, Berlin 1847, 10 vols.*« – Ich verdanke diese Hinweise der freundlichen Hilfe von Herrn Kollegen Prof. Meyer-Pritzl, Kiel.

Um Mommsens gedrängte Worte angemessen zu verstehen, muß daher zuerst, auch mit einer Reihe wörtlicher Zitate, auf Woeniger selbst eingegangen werden. Es ging dem Autor um das Verhältnis von Philosophie und Geschichte und um die Legitimität kreativ-rekonstruktiver Interpretation, um das, was geschieht, wenn *»Ver-* [367] *stehen«* zu *»systematischem Begreifen«* wird und zu diesem Zweck die *»Quellen«* aus dem *»Geist der Institute«* ergänzt werden. Der sich insofern Savigny und Niebuhr gleichermaßen verpflichtet fühlende Autor versucht, einen Mittelweg zwischen deutendem System und unmittelbar aus den Quellen beglaubigter Geschichte zu halten. Zugleich sieht er mit großer Klarheit die geistige Gärung der Zeit und die Beziehung aller ihrer philosophischen und historischen Bemühungen auf die Bedürfnisse der Zeit.

Die im folgenden wiedergegebenen Stellen sind danach ausgewählt, was Mommsen entweder ausdrücklich unter Angaben von Seitenzahlen zitiert oder wörtlich oder dem Sinne nach in Bezug nimmt oder in seiner uns hier interessierenden Stellungnahme als allgemeinen Hintergrund voraussetzt. In den im folgenden wiedergegebenen Anfangsworten der Vorrede schlägt Woeniger sogleich das allgemeine Grundthema an, nämlich das Verhältnis von historischer und philosophischer Schule in den geistigen und politischen Bestrebungen der Rechtswissenschaft der Gegenwart und die Tendenzen ihrer wechselseitigen Annäherung.

»Das geistige Leben unserer Gegenwart wird durch zwei Pole charakterisiert oder bewegt sich innerhalb zweier Extreme, welche eben so sehr durch eine thatenarme Sehnsucht nach der Vergangenheit, als durch eine sanguinische Hoffnung auf die Zukunft hervorgerufen sind. Diese Extreme bildet von der einen Seite das krampfhafte Festhalten am Positiven, der unbedingte Schwur auf das Dogma, von der anderen ausschließendes Vertrauen auf die Speculation und willkürliches Losreißen von der Empirie. Es ist hier nicht der Ort, diesen Grundgedanken an allen Erscheinungen des öffentlichen Lebens zu erhärten – wiewohl er sich durch die Wissenschaften und Künste bis zum mechanischen Betrieb der Industrie verfolgen ließe – wir beschränken uns, dem Gegenstand gemäß, auf das Gebiet der *Rechtswissenschaft.*

Es ist eine allbekannte Sache, daß man seit dem Anfange unseres Jahrhunderts vorzugsweise in der Jurisprudenz eine *historische* und eine *philosophische* Schule, oder, wie die Partheien sich gegenseitig selbst bezeichnen, eine *nichtphilosophische* und eine /VI/ *nichthistorische* Richtung unterscheidet. Diese Scheidung, wie sie eben allen anderen geistigen Bewegungen gleichmäßig angehört, muß hier als die Repräsentation von Dogma und Speculation aufgestellt werden. … beide Partheien ⟨haben⟩ theilweise die alte Unnahbarkeit aufgegeben und sich für die Gegenwart wiederum in je zwei Unterabtheilungen aufgelöst […], bei welchen mehr oder weniger bald Geschichte, bald Philosophie die Oberhand gewinnt.

Um es bestimmter zu sagen, man kann in der historischen Schule heute eine *streng-historische* und eine *philosophisch-* oder, wie man hier vielleicht sagen würde, eine *begrifflich-historische* Klasse unterscheiden, während es in der philosophischen Schule eine *absolut-speculative* und eine *historisch-specultative* Abtheilung gibt.«

Wöniger, Das Sacralsystem und das Provocationsverfahren der Römer, Leipzig 1843 p. V-VI.
(Die Kursivierungen geben Sperrungen des Originals wieder, ebenso im folgenden).

Im folgenden Text der Vorrede wird, was Mommsen ersichtlich getroffen hat und was er aufgreifen wird, den Romanisten unter den Rechtshistorikern vorgehalten, »historische Terroristen« zu sein, d. h. die Gegenwart durch den Schrecken der Macht unter Regeln der Vergangenheit beugen zu wollen und anders als die Germanisten nicht um die Fortentwicklung des nationalen Geistes bemüht zu sein.

»Was zuerst *die Fortentwicklung des geltenden Rechts*, die Anerkennung des nationalen Rechtsbewußtseins anbetrifft, so läßt sich schwer verkennen, daß sowohl die historische als die philosophische Schule, in ursprünglicher Integrität betrachtet, demselben vielfach hinderlich gewesen sind. Die Gründe waren freilich entgegensetzter Art. Während die philoso- [368] phische Schule ihre ganze Schöpfung als losgerissen von der Vergangenheit, fundamentlos in der Luft aufführen wollte, während sie einem falschen *Prinzip* huldigte, ließ es die historische Schule an der consequenten Verfolgung desjenigen fehlen, was sie als an sich ausschließend richtiges Grundverhältniß aufgestellt hatte, ermangelte mithin der *Ausführung*.
Dies brachte dann das Ergebniß, daß die Einen in dem Phantasiereich ihrer speculativen Ideen, die Anderen in der Modergruft des geschiedenen Alterthums umherschwärmten, daß wir Ueberfluß bekamen an sogenannten *Philosophen* und *Antiquaren*, Mangel litten an *wahrhaften Juristen*.
Das empfundene Bewußtsein solcher Mängel und Widersprüche hat entschieden zur Abtrennung der historisch-speculativen und begrifflich-historischen Abtheilung die /VIII/ Veranlassung geboten, wodurch fortan die Ultras ihrer Richtungen auf beiden ad separatum verwiesen werden. Damit beginnt nun aber die Fortentwicklung des geltenden Rechts in eine neue und wichtige Phase zu treten, indem die gemäßigten Elemente historischer und philosophischer Richtung sich voraussichtlich zur Förderung desselben in ein juste milieu verschmelzen werden, die Extreme aber für diese Thätigkeit als todt zu betrachten sind, oder doch ohnmächtig einer besorgnißlosen Opposition anheimfallen. Freilich könnte dabei immer noch die Frage entstehen, ob die Förderung des geltenden Rechts bei der neuen Constituirung in fähigere Hände gerathen werde, und wir sind allerdings weit entfernt, darüber irgendwie mit unserm Urtheil abschließen zu wollen. Indessen läßt sich doch nicht leugnen, daß die *Mischung* der Elemente im Verhältniß zu den früheren Zuständen, bei welchen sich unpraktische *Einseitigkeit* und absoluter *Mangel* um die Bedürfnisse der Gegenwart gruppirten, als ein bedeutender Fortschritt zu bezeichnen ist.

Sollen wir, des genaueren Verständnisses wegen, die moderne Bildungen etwa nach den Disciplinen der Wissenschaft anzudeuten versuchen – wiewohl diese Bezeichnungen nicht überall durchgreifen – so werden wir zu sagen haben, daß die Germanisten und Canonisten, so wie ein Theil von Rechtsphilosophen, die neuen Coalitionen bilden, während die historischen Terroristen aus den Romanisten, der philosophische Stamm aber aus Anhängern des neuesten Systems gebildet wird. Mehr praktisch ausgedrückt, treten die Erscheinungen folgendermaßen hervor. Auf der einen Seite finden sich Diejenigen, die sich noch immer auf ihre vorzugsweise philosophische Bildung /IX/ stützen und, weil solche doch auch anderen Leuten nicht ganz abzusprechen ist, entweder – berufen oder unberufen – zur Hegel'schen Philosophie, als ihrem in subsidium exclusiven Asyl, hinüberflüchten, oder nach einer Verbindung von Philosophie und Praxis streben, durch welche schon das Alterthum geglänzt haben soll. Auf der anderen Seite stehen die historischen Juristen, zerfallend in Solche, welche das Bedürfniß der Gegenwart durch die Vergangenheit zu beurtheilen und zu befriedigen streben, und Solche, welche, in der Vergangenheit festgewurzelt, die modernen Anforderungen absolut verwerfen, oder mißkennen. Es ist dabei eine wichtige Bemerkung, daß vorzugsweise die Romanisten im Alterthum untergingen, obwohl die Versuchung den Germanisten ebenso wenig fehlen konnte, da auch von ihnen die Geschichte stets soweit befragt ward, als es der freien Wissenschaft förderlich war. Indem aber die Germanisten sich näher an die neueren Verhältnisse heranwenden mußten, konnte es ihnen nicht entgehen, daß die gegenwärtigen Rechtsbildungen – auch ohne dabei an Gesetzbücher zu denken – nur als Fortentwicklungen des *nationalen* Geistes zu denken seien. Sie folgten daher hier naturgemäß und dem wahren Geiste der historischen Schule treu bleibend den Anforderungen der Zeit, während die Einseitigkeit der Romanisten und ihre gemachten Zustände sie nicht einmal zur Einsicht von dem Dasein jener Forderungen gelangen ließen. Die Letzteren geriethen vielmehr, sich selber künstlich über die Gegenwart täuschend, fast unbewußt in den Wahn, als sei es möglich, das Zeitalter der römischen Classicität zu reproduciren und der gelehrten Juristenzunft, oder gar einem Prätor mit neuem Edict, die Weiterbildung des /X/ Rechts zuzusprechen.«

A.a.O. p. VII-X.

[369] Mommsen läßt alle die Unterscheidungen und Einordnungen nicht gelten. Der Vorwurf gegen die Romanisten, mit Hilfe ihrer dem nationalen Geist fremden Quellen eine Art »Schreckensherrschaft« begründen zu wollen, sei allenfalls aus ihrem Vorleben begründet, d.h. aus der Zeit vor der historischen Rechtsschule, als das römische Recht noch nicht durch Savigny zur Lebensform der Bürger Deutschlands erhoben worden war. Wie sehr Mommsen das wissenschaftlich bearbeitete »heutige römische Recht« seiner Zeit als nationales Band ansah, hat er im gleichen Jahre 1845 in einer anderen, viel beachteten Rezension mit

Nachdruck ausgesprochen.[86] In der für sein Denken zentral gewordenen Woeniger-Rezension löst sich der Gegensatz zwischen Historikern, die begrifflich, und den Philosophen, die historisch arbeiten, für ihn auf in dem in allen lebendigen Bewußtsein, daß – man beachte die chiastische Wortstellung – die Geschichte sich zur Philosophie verhalte wie der Geist zum Körper.

> »Was soll man eigentlich sagen, wenn uns noch erzählt wird: dass aus dem Gegensatz der Historiker und der Philosophen sich allmählich eine Justemilieu bilde, bestehend aus den begrifflichen Historikern und den historischen Philosophen; wozu aber die armen Romanisten (vermuthlich wegen der vita anteacta) als »historische Terroristen« nicht zugelassen werden. Das sind eben unnütze Worte. Der Gegensatz existirt nicht mehr; es ist uns Allen in lebendigem Bewusstsein, dass Geschichte und Philosophie sich gegenseitig ergänzen wie Geist und Körper.«
>
> Zeitschr. für die Altertumswissenschaft III (1845) S. 143/4 = Ges. Schr. III (1907) 546

Und dann folgt unmittelbar im Anschluß das Bekenntnis. Weil mit dem römischen Recht der den Körper belebende Geist bereits erschienen sei, erscheine alles, was Woeniger vortrage, um der Entwicklung des nationalen Rechtsdenkens zu helfen, wie ein Kampf mit Windmühlen um eines längst erreichten Zieles willen.

> »Es ist nichts andres als ein Stück der modernen Donquixoterie, sehr traurig und sehr komisch zugleich, dass uns stets das Nahen des heiligen Geistes gepredigt wird, wenn er längst erschienen; dass man uns mit höchst ernsthafter Miene Baupläne vorlegt, um eine begriffene Geschichte, ein nationales Recht aufzubauen, wo die Herren sich nur umzuwenden brauchten, um den Tempel zwar nicht vollendet, aber doch unter Dach gebracht zu erblicken. …«

Die Quintessenz der Äußerung ist, daß der Gegensatz zwischen den begrifflichen Historikern und den historischen Philosophen, aus dessen Überwindung Woeniger sich Fortschritt erhofft, für das nationale Recht durch das Pfingstwunder des römischen Rechts in fruchtbarster Weise aufgehoben worden ist, da der Heilige Geist des Rechts – man beachte die für Mommsen immer wieder kennzeichnende Baumetapher – längst das Richtfest des Tempels eines nationalen Rechts gefeiert habe. Savignys Genealogie der Begriffe ist hier in ihren tiefsten Wurzeln aufgegriffen. Daher zögerte Mommsen auch nicht, die Analogie dieser Geistesparousie mit dem Pfingstwunder auszusprechen.

86 Juristische Schriften III S. 496 (aus der 1845 erschienenen »Anzeige« von Georg Beseler, Volksrecht und Juristenrecht [1843]): »*Unser* gemeines *deutsches Recht muss uns …, abgesehen von seiner Zweckmässigkeit, schon darum lieb und heilig seyn, als es zu den wenigen Institutionen gehört, die ganz Deutschland angehören und die innere Gemeinschaft, die wir alle so lebendig empfinden, auch äusserlich und handgreiflich darstellt.*«

[370] Man könnte nach seinen wiedergegebenen Worten zur Annahme geführt werden, Mommsen habe diese Einsicht allein in Kritik an Woeniger gewonnen. Dieser Eindruck würde jedoch trügen. Er sieht in ihm einen verwandten Geist, als Historiker zwar ›melius informandus‹, aber ausgestattet mit dem Entscheidenden, der Fähigkeit, das Material zu einem geistigen System zu formen. Daher sagt er: Durch (loc. cit. S. 545) »*Vervollständigung des Materials, namentlich durch Hinzuziehung der Inschriften, Benutzung der Resultate der Kritik und der Sprachkunde und sorgfältigere Betrachtung des Ueberlieferten*« – es sind Worte, die zugleich das Programm von Mommsens Römischen Staatsrecht formulieren – werde »*der Vf. im Stande sein die schwer vernachlässigte Wissenschaft des römischen Sakralrechts durch seinen glänzenden Scharfsinn neu zu begründen*«. Denn: »*Der Vf. begreift selbst bei unvollkommener Kunde den römischen Geist – es spricht ein Geist zum anderen Geist und beherrscht mit freiem Blick das Gebiet der Geschichte, so dass man nicht selten an seine Wirksamkeit auf andern Feldern erinnert wird, die einem Schleswig-Holsteiner freilich ohnehin unvergesslich ist.*« Und so lautet der letzte Satz der Besprechung – nach einem den Gegensatz von historischem Stoff und verstehendem Geist versöhnenden Eingeständnis –: »*den Gegensatz reinster Auffassung der Tradition und idealster Rekonstruction, den wir Alle bezwingen möchten, kann vollkommen Niemand lösen* (loc. cit. 546). *Wir hoffen dereinst von dem Vf., ein System des römischen Kirchenrechts zu erhalten, welches nicht mehr patricische Arrogationen erfindet, aber wovon es* (S. 44. 132) *mit Grunde heissen kann: Das System ist seine eigene Wahrheit.*«

Es ist evident, daß Mommsen diesen letzten, folgenschweren, von Wöniger sorgfältig explizierten Satz billigt, und zwar mit der gleichen Beschränkung, mit der Woeniger ihn vorträgt. Es ist das Mittel, den Grundriß des Ganzen so zu sichern, daß das erbaute System immanent nicht erschüttert, sondern nur durch eine überlegene Alternative in Frage gestellt werden kann. Woeniger ist in dieser Frage von großer Klarheit.

»Wir müssen oft, und nicht bloß in weniger wesentlichen Punkten, über die Quellen und ihre Worte hinausgehn, und man wird dabei, wie es nicht bloß in der Wissenschaft des römischen Staatslebens der Fall, oft den Satz in Anwendung zu bringen haben, daß ein System seine eigene Wahrheit ist. Dieser Gedanke entstand uns bei genauerer Betrachtung des Inhalts der Quellen, und er wird, wenn auch nicht für den Beweis des Einzelnen, doch für den Grundriß des Ganzen das Maßgebende sein müssen.«

A. a.O. S. 45

»Es ist … eine sehr wahre Bemerkung, die Hegel irgendwo macht, daß ein System nur durch ein System widerlegt werden kann.«

S. 41

»Besäßen wir den Varro ganz, oder auch nur die römischen kirchenrechtlichen Werke, so würden wir leicht im Stande sein, klar zu sehen, und geschichtliche

> Verhältnisse nicht durch Hypothesen suppliren müssen. So aber werden wir auch hier gezwungen, unser System auf einem Grunde aufzubauen, der für diejenigen, welche unsere Grundansicht nicht theilen, oft nur dadurch unwiderleglich wird, daß ihre Widerlegung gleichfalls auf Hypothesen beruhen müßte.«
>
> S. 132

Auf den beiden Seiten, die Mommsen angibt, wird das Phänomen des fruchtbaren Systems noch weiter expliziert. In der ersten Fundstelle (p. XIV), die zur Vorrede gehört, erläutert Wöniger *»zur Verständigung mit der Kritik im Allgemeinen und zur* [371] *Unterstützung für das wissenschaftliche Bewußtsein des Lesers im Besonderen den Standpunkt«*, *»von welchem die nachfolgenden Abhandlungen ihre Beurtheilung erwarten«*. Er gibt ein wissenschaftliches Glaubensbekenntnis, das die Fruchtbarkeit und Legitimität des von ihm verfolgten, zwischen Savigny und Niebuhr vermittelnden Weges herausarbeitet.

> »Indem wir es in denselben mit *historischen Untersuchungen* zu thun haben, und zwar solchen, durch welche der Geist altgeschichtlicher Institute in ihrer *systematischen Gliederung* erfaßt werden soll, wird die Frage entstehen, woher eben jenes System in seiner Vollständigkeit zu gewinnen ist. Es wird sich von der einen Seite die For- /XV/ derung erheben, streng und rein an der *Tradition* zu halten und hierdurch – weil jene lückenhaft, ja nothwendig unzureichend ist – alle zu erstrebende Vollendung, das heißt ein System, für unmöglich erklärt sein. Dagegen wird von der anderen Seite eine aprioristische, nur *selbständige Entwicklung* verlangt werden und wiederum – weil die Geschichte selten oder nie den Weg der strengen Logik wandelt – die Wahrheit suchende Forschungen in den Quellen, so wie contradicirt, über den Haufen geworfen werden. Die Widersprüche müssen sich um so unauflöslicher gestalten, als jedesmal Richtungen entsprungen, die in hypothesi unwahr sind. Wir haben es versucht, beide Klippen zu umschiffen, indem wir uns mit unserem wissenschaftlichen Glaubensbekenntniß jener Richtung anschlossen, die wir als eine *neue vermittelnde*, darum *progressive*, in den Conflicten der Rechtsschulen erkannten. Weder der Geschichte noch der Philosophie ihre Anerkennung versagend, schien uns die Tradition eben so wichtig als die Totalität des Begriffs; indeß nur die Verschmelzung beider das zu Erstrebende, um ein genügendes Bild aufzustellen. Darnach wurde es für uns zur Nothwendigkeit, einerseits streng an der Ueberlieferung festzuhalten, dann aber bei dieser nicht zu verharren, sondern aus dem Geiste der Institute die traditionelle Dürftigkeit zu suppliren und eine begriffliche Entwicklung zur Hülfe zu nehmen, wo das bloße Citat nicht genügte. Wir fürchten nicht, dabei dem Vorwurf der Willkürlichkeit anheim zu fallen, denn in der Tradition selbst – so weit sie reicht – ist die Nothwendigkeit gegeben, so und nicht anders die Ergänzungen zu denken. Ueberhaupt /p. XVI/ bleibt die freie Darstellung ein Vorrecht des Historikers, das, wie es von der philosophischen Schule zu sehr gemißbraucht wurde, von der historischen viel zu sehr aufgegeben ward, um einer fruchtbringenden Thätigkeit noch Raum zu lassen. Es

giebt ein geistiges Durchdringen der Geschichte, welches weiter reicht als Pergamente und Palimpsesten, ohne darum diese mit dem Anathem zu belegen, oder nur zu verschmähen.«

A. a.O. p. XIV-XVI.

Die zweite Stelle, die an ihrem Anfang Savigny und am Ende Niebuhr ausdrücklich nennt, analysiert mit großer Klarheit mit Blick auf ein Interpretationsproblem seines Gegenstandes Savignys Fähigkeit, seine systematischen Erwartungen den Quellen abzuverlangen. Woenigers Erklärung trifft auf pointierte, aber von Denunziation freie Weise den Kern: Der eigenen Zeit stand der begreifende Gedanke, der Form und inneres, die eigene Zeit förderndes Leben freilegt, höher als die referierende Darstellung.

»Man frage sich nur aufrichtig, welchen Act man denn vollzieht, wenn man, wie hier z.B. Savigny, die Darstellung der Quellen erfaßt, und nun daran ändert, bis die Stelle sich selber, oder das System der Stelle nicht mehr ähnlich sieht? Es ist dieses eben nichts anderes, als der Drang, die Klarheit, die wir den eigenen Gedanken gewonnen haben, nun auch in den Gegenständen, aus welchen die Anschauung entsprang, wieder zu finden. Allein eben weil dieses ohne Gewalt gegen die Tradition selbst nicht möglich ist, so bleibt kein Drittes weiter, als anzuerkennen, daß der begreifende Gedanke unserer Gegenwart höher steht, als die bloß referierende Darstellung Derjenigen, die, weit entfernt aus sich selbst heraus dem vor ihnen [372] erscheinenden Institut Leben zu geben, nicht einmal die Form desselben erfaßten. Das aber, was uns berechtigt und verpflichtet jedes dunkle Bewußtsein uns zum festen und gewissen geistigen Eigenthum zu machen, ist der Standpunkt der heutigen Wissenschaft, dessen Wesen es eben ist, sich das ganze Gebiet nicht bloß als ein Gekanntes, sondern zugleich als ein Begriffenes zu unterwerfen. Wir wollen nicht bloß sehen, was geschieht, sondern dem Geschehenden selbst sein eigenstes Gesetz ablauschen und uns aneignen, sodaß wir nicht bloß die Erscheinung *kennen*, sondern das *innere Leben* des Erschienenen selbst begreifen.
Das nun ist nicht möglich, wenn wir einseitig bei den Worten und selbst bei der Auffassung der Quellen stehen bleiben. Denn bilden sie gleich die unumgänglich nothwendigen Bedingungen für das Erkenntnis des Alterthums, so sind sie doch weit entfernt, zugleich uns in die inneren bewegenden Verhältnisse und Kräfte der römischen Zeit einzuführen.
Das letztere aber ist eine, nicht mehr zurückzuweisende Forderung für unsere Gegenwart, um so mehr, da wir an Niebuhr's Werk eine Erfüllung derselben haben, die uns in vieler Beziehung als Muster und als Sporn zugleich dienen kann.«

A. a.O. S. 44.

Auch Mommsen hat als Systembauer des römischen Staatsrecht dem begreifenden Gedanken, der inneres Leben verleiht, den Vorzug gegeben, aber mit großer Entschiedenheit begrenzt auf die systematische Grund- und Leitidee, während er sich in allen Einzeldaten der Quellen der streng historischen Methode unterwarf. Da er diese Strenge bei Woeniger vermißt, nennt er ihn am Ende mit kritischem Unterton einen »Postniebuhrianer«, indem er insofern historische Divination, die er Niebuhr vorhält, und philosophisches Begreifen nach Art Woenigers letztlich als verwandte Verfehlungen einordnet,[87] da sie sich nicht hinreichend demütigten vor der *»ewig mannigfaltigen Erscheinung des Geistes in der Geschichte«*.

Aber er glaubt, wie auch diese Worte bekunden, tief an die Gegenwart eines Geistes, der hinter der Vielfalt steht und ihr Leben und Einheit verleiht. In dieser großen Hypothese unterscheidet er sich von dem einfallsreichen und um Erklärungen bemühten, aber unbedingt quellenkritischen Niebuhr.[88] Die merkwürdige, Niebuhr kritisierende 9. These seiner damals zwei Jahre zurückliegenden Dissertation dürfte [373] sich eben darauf beziehen: In ihrer Totalität ist die Geschichte nur dem Geist und damit nur sub hypothesi verständlich.

> »Niebuhrii cum splendorem tum errores in eo positas esse, ut historiam totam esse hypotheticam sive ignoraret sive negaret (*Sowohl der Glanz als auch die Irrtümer B. Niebuhrs beruhen darauf, daß er entweder nicht wußte oder leugnete, daß die Geschichte in ihrer Gesamtheit hypothetisch ist.*)«
>
> Ges. Schr. III S. 465

In einem offenbar verwandten Sinn wird Mommsen später von den *»immer schwankenden Grenzen zwischen Geschichte und Roman«* sprechen.[89]

Mommsen besaß die von ihm geforderte, Geschichte konstituierende Hypothese. Und so wird deutlich, daß es der Anschluß an Savignys Glauben an einen Recht

87 Daher fährt Mommsen a. a. O. S. 545 fort: *»Aber da die Geschichte doch klüger ist als der Klügste von uns, so hat der Vf. sich nicht davor bewahren können viele falsche, nur in seinem individuellen Meinen begründete Hypothesen /546/ mit vorzubringen, die den Niebuhrschen Zeichnungen in die blaue Luft vollkommen gleichen. Er spricht viel von Ueberwindung des Niebuhrschen Standpunktes, aber trotzdem ist er im Wesentlichen bis jetzt nur ein Postniebuhrianer, welchem es mangelt an dem erschöpfenden Erfassen des Ueberlieferten und an der Gefasstheit auf alle Resultate, und dem dafür Divinationen oder Constructionen die Lücken ergänzen. Die Demüthigung vor der ewig mannigfaltigen Erscheinung des Geistes in der Geschichte und die anmassende Zurechtmacherei, welche, weil sie am Ende auch ohne Zeugnisse fertig würde, um einige mehr oder weniger nicht sehr bekümmert ist – das sind die wahren und ewigen Gegensätze; der historisch-philosophische Gegensatz, von dem Vf. in seiner Vorrede noch weitläufig spricht, berührt ihn nicht, indem ein Historiker wie Niebuhr und ein Philosoph wie der Vf., der eine divinirend, der andere begreifend doch schließlich wenig verschieden sind.«*

88 Vgl. die Monographie von Alfred Heuß, Barthold Georg Niebuhrs wissenschaftliche Anfänge, 1981.

89 Die aus dem Jahre 1871 (vgl. Gesammelte Schriften VII S. 704) stammende Bemerkung verdanke ich einer Korrespondenz zwischen Erwin Wickert, der sie zitierte, und Lothar Wickert, der sie nachwies. Vgl. Erwin Wickert, Das muß ich Ihnen schreiben. Beim Blättern in unvergessenen Briefen (2005) S. 138-141. Mommsen ist in der Äußerung vorsichtiger als es die gewagte Alternative aussagt, die Heuß a. a. O. (oben Anm. 2) S. 84 ihm zuschreibt: *»Die Römische Geschichte Mommsens ist auf das schlechthin Ganze gestellt, in der Erkenntnis des Wahren wie in der Chance des absoluten Irrtums«.*

erzeugenden Geist in der Geschichte war,[90] durch den sich Mommsen von Niebuhr unterschied und zu dem eigentümlich geschlossenen, die von Niebuhr untersuchte, historisch fundamentale, protorömische Siedlungsgeschichte wegschiebenden Systembau gelangte. Und Mommsen hat diese Überzeugung – auch hierin Savigny verwandt – früh in seinem Leben begründet und an ihr unverrückt festgehalten.

Es kann daher auch nicht der Ansicht von Alfred Heuß zugestimmt werden, daß Mommsen zwischen der Römischen Geschichte, die in den Jahren 1854-1856 veröffentlicht wurde, und dem Staatsrecht eine Änderung des Wissenschaftsbegriffs erfahren habe, die ihn daran gehindert hätte, den der Kaiserzeit gewidmeten vierten Band zu schreiben.[91] Heuß folgt darin im Widerspruch zu der Tatsache, daß er die Woeniger-Rezension – wenigstens oberflächlich – zur Kenntnis genommen und im Kern richtig gedeutet hat,[92] vor allem Alfred Toynbee, der zuspitzend meinte, Mommsen habe sich seiner Römischen Geschichte, kaum geschrieben, fast geschämt und es daher vorgezogen, wegen seines Römischen Staatsrechts, des Corpus Inscriptionum Latinarum und seiner zahllosen Einzeluntersuchungen im Gedächtnis zu bleiben, mit denen er die Geschichte in die Epoche der modernen, [374] arbeitsteiligen Industriegesellschaft geführt habe – mit entsprechend trostlosen Ergebnissen.[93] In diesem Urteil ist verkannt, daß die

90 Unzutreffend daher A. Heuß (oben Anm. 1) S. 10, der von Mommsens sich früh ankündigender »*Unabhängigkeit von Savignys metaphysischen Prämissen*« spricht.

91 A. a.O. (oben Anm. 1) S. 122, insbesondere S. 253-256. Das Urteil steht im Zusammenhang mit dem erstaunlichen Fehlurteil, daß (a. a.O. S. 89) »*Mommsen wie selten ein Mann des 19. Jahrhunderts berufen war, das spätere Verdikt einer religiösen Aphasie auf sich zu ziehen*«. Auf S. 9 ist von seiner angeblichen »*religiösen Indifferenz*« die Rede. Daß die Glaubenskräfte Mommsens früh eine geistig-politische Richtung genommen und damit einen »säkularen« Gegenstand auf enthusiastische Weise erfaßt haben, nimmt ihnen im historischen Urteil nicht die religiöse Qualität.

92 A. a.O. (Anm. 2) S. 48: »*Als junger Mensch (1845) rief Mommsen dem Verfasser einer Schrift über ein Thema aus dem öffentlichen Recht der Römer als Forderung zu: »Das System ist seine eigene Wahrheit«, und als reifer Mann löste er diese Aufgabe, die er wohl seit diesen Tagen zu einer seiner Lebensaufgaben gemacht hatte.*« Übersehen hat Heuß in diesem Zitat, daß Woeniger es war, der den Satz geprägt und in Mommsens Seele gesenkt hat.

93 Arnold Toynbee, A Study of History I (1934) S. 4 »*In all this, Mommsen was representative of the Western historians of his generation – a generation in which the prestige of the Industrial System imposed itself upon the ›intellectual workers‹ of the Western World. Since the days of Mommsen and Ranke, historians have given their best energies to the ›assemblage‹ of raw materials – inscriptions, documents, and the like, in ›corpus'es and periodicals; and when they have attempted to ›work‹ these materials ›up‹ into ›manufactured‹ or ›semimanufactured‹ articles, they have had recourse, once again, to the Division of Labour and have produced synthetic histories like the several series of volume now in course of publication by the Cambridge University Press. In invading the realm of historical thought, the Industrial System has given scope to great strategists and has set up marvellous trophies of victory. Yet, in a detached onlooker's mind, the doubt arises whether this conquest may not, after all, be a* tour de force *and the confidence of victory the delusion of a false analogy*«.

Leidenschaft Mommsens für jedes Quellendetail, von den ebenso akribischen wie gewaltigen Editionsleistungen im Falle der Digesten und des Codex Theodosianus bis hin zu dem in seinen Anfängen auf die erste Italienreise des jungen Mommsen zurückgehenden Corpus Inscriptionum, aus dem Interesse an der »*ewig mannigfaltigen Erscheinung des Geistes in der Geschichte*« genährt wurde, dessen zur Einheit und Wahrnehmbarkeit verdichtete Erscheinung er im Systembegriff des Römischen Staatsrechts und in der Idealgestalt seines Caesars erfaßt und für seine Nation zur Anschauung gebracht zu haben glaubte.

Werk und Leben Mommsens bilden kraft dieser geistigen Mitte eine Einheit. Die Nichtfortführung der Römischen Geschichte, des immer wieder aufgelegten Werkes, das ihm im Jahr 1902 als dem ersten Träger den Nobelpreis für Literatur verschafft hat, bedeutet, dass sie mit der Apotheose des idealen Caesar endet. Sie war gemeint als beschwörender Appell an seine Mitbürger, nun auch in Deutschland eine mächtige freiheitliche Bürgerrepublik herzustellen, in der er hätte Bürger sein können (vgl. oben Anm. 83). Die Beschreibung des Todes und Scheiterns des historischen Caesars, die Darstellung der erfolgreichen Verfassungskonsolidierung durch Augustus, einer Erscheinung von unbestreitbarer Größe, die aber in dem, was sie tat und bewirkte, von einer einfühlenden, historischen Darstellung beim besten Willen nicht unter den Gedanken des von Mommsen geglaubten Verfassungsprinzips gestellt werden konnte, hätte eine Zurücknahme des Appells bedeutet und sich mit dem Grundzug des Lebenswerkes Mommsens in Widerspruch gesetzt. Ich glaube daher, daß die Äußerung Mommsens, in welcher er als Ersatz des 4. Bandes für Augustus und den Prinzipat auf den entsprechenden Band des Römischen Staatsrechts verwies, in dem die augusteische Verfassung das erste Mal eine zusammenfassende Darstellung empfing, ernst genommen werden kann:[94] Nur in rechtlicher Betrachtung konnte er versuchen, das Prinzipat mit seinem Staatsgedanken zu versöhnen, in einer historischen Darstellung wären die Widerstände unüberwindlich gewesen.

VI. Mommsens nach ewigem Plan errichteter Neubau und menschliches Ordnungsdenken in den aus den Trümmern des Bauplatzes noch erkennbaren Systembauten der römischen Antike

[375] Mommsens Römisches Staatsrecht ist, so wie es in der Woeniger-Rezension sich programmatisch andeutete, ein geistiger Bau der historisch-systematischen Methode. Mit bisher unerhörter Energie, historischer Gewissenhaftigkeit und

94 Vgl. A. Heuß (oben Anm. 1) S. 256, der die von ihm angeführte briefliche Äußerung als »*ad hoc Konstruktion*« verwirft. Siehe auch Karl Christ, Göttingische Gelehrte Anzeigen 245 (1993), S. 201 ff. (203) in der Besprechung der von B. und A. Demandt unter dem Titel »Theodor Mommsen, Römische Kaisergeschichte (1992)« herausgegebenen Vorlesungsmitschriften von 1882/86.

philologischer Strenge hat der Autor zu diesem Zweck seinen Bauplatz abgesucht und alle Bausteine zusammengetragen, derer er habhaft werden konnte, den Plan aber, nach dem er dann baute, nicht seinen Quellen entnommen, sondern einem überhistorischen Glauben an die Rechtsidee der Bürgerfreiheit konstituierenden Herrschaft, die als Rechtsbegriff der gesellschaftlichen Wirklichkeit fähig sei. Dieser Glaube organisierte und belebte den Stoff und erlaubte dem Autor auch kreative Ergänzungen, die aus dem geglaubten Prinzip abgeleitet wurden.

Mommsen hatte daher folgerichtig als Systembauer für die Baupläne der historischen Vorgängerbauten kein Auge. Er war vielmehr überzeugt, seinen Bau nach einem höheren, ewig gültigen Bauplan aufzuführen, der, da in seinem Kernbestand unantastbar, mit Notwendigkeit auch die voraufgegangenen Ordnungen beherrscht haben mußte, ebenso wie er dies für alle zukünftigen Ordnungen tun würde. Genau hier liegt der Punkt, wo Mommsen die Geschichtlichkeit und das Menschliche verläßt und sich als Gelehrter und politischer Bürger, da sich im Besitz eines höheren ungreifbaren Quellpunktes seines Wissens fühlend, ins Dämonische steigert. Er weiß sich – insbesondere manche Altersbilder von ihm lassen das den Betrachter deutlich empfinden – als magisches Werkzeug eines höheren Prinzips.

Ein Baumeister, der auf einem alten, von wieder verwendbaren Bautrümmern übersäten Baugebiet nach eigenem Bauplan baut und die vorgefundenen Elemente auf seine Weise wiederverwendet, weiß dagegen, daß auch die alten Baumeister Baupläne hatten, die von ihnen in den zerstörten Bauwerken verwirklicht worden waren, und er weiß auch, daß nach ihm andere Architekten kommen werden, die an die Stelle seines Werkes neue, ihrerseits vergängliche Bauten setzen werden. Rudyard Kipling, der wenige Jahre nach Mommsen, im Jahre 1907, den Nobelpreis für Literatur erhielt, hat dieser menschlichen Wahrheit ein ausdrucksvolles Gedicht gewidmet.[95] Es sei, da es auf seine Weise präzis den Punkt beleuchtet, in dem Mommsens Werk verarmend gewirkt hat, hier vollständig wiedergegeben.

[376] When I was a King and a Mason – a Master proven and skilled –
I cleared me ground for a Palace such as a King should build.
I decreed and dug down to my levels. Presently, under the silt,
I came on the wreck of a Palace such as a King had built.

95 Zu heutigen, vielstimmigen Urteilen über den in Indien geborenen Dichter, der in seinem frühen Mannesalter Sekretär der Freimaurerloge in Lahore war, Harold Orel (Hrsg.), Critical Essays on Rudyard Kipling (1889) und insbesondere den Beitrag von Maurice Hungiville, Epithets and Epitaphs: Rudyard Kipling's Reputation as a Poet (1989) S. 65 ff. Von einer Deutungsmöglichkeit des im Text zitierten Gedichts auf menschliches Wirken überhaupt berichtet aus eigener Betroffenheit in seiner Autobiographie der ehemalige Verteidigungsminister der USA Robert MacNamara, In Retrospect. The Tragedy and Lessons of Vietnam (1995) S. 333 ff.

There was no worth in the fashion – there was no wit in the plan –
Hither and thither, aimless, the ruined footings ran –
Masonry, brute, mishandled, but carven on every stone:
»After me cometh a Builder. Tell him, I too have known.«

Swift to my use in my trenches, where my well-planned groundworks grew;
I tumbled his quoins and his ashlars, and cut and reset them anew.
Lime I milled of his marbles; burned it, slacked it, and spread;
Taking and leaving at pleasure the gifts of the humble dead.

Yet I despised not nor gloried; yet, as we wrenched them apart,
I read in the razed foundations the heart of that builder's heart.
As he had risen and pleaded, so did I understand
The form of the dream he had followed in the face of the thing he had planned.

* * *

When I was a King and a Mason – in the open noon of my pride,
They sent me a Word from the Darkness. They whispered and called me aside.
They said – »The end is forbidden.« They said – »Thy use is fulfilled.«
Thy Palace shall stand as that other's – the spoil of a King who shall build.«

I called my men from my trenches, my quarries, my wharves, and my sheers.
All I had wrought I abandoned to the faith of the faithless years.
Only I cut on the timber – only I carved on the stone:
»After me cometh a Builder. Tell him, I too have known!«

Rudyard Kipling, The Palace

Auf das Recht und die Rechtsgeschichte angewendet mahnt das Gedicht zu der einfachen Erkenntnis, daß Rechtsordnungen vergänglich sind und auf gleichem Boden im Wandel der Zeiten, nach Katastrophen oder aus Überalterung, immer wieder aus den Trümmern oder dem Abbruchmaterial der vorhergegangenen neu errichtet werden. Daher sollte jeder, der Bruchstücke der Vergangenheit in die Hand nimmt, sich fragen, auf welche Weise sie einmal Teil eines Ganzen gewesen sind. Man könnte denken, daß diese schlichte Wahrheit mittlerweile auch auf dem Gebiet, auf dem Mommsen gebaut hat, längst Allgemeingut geworden ist. Aber das ist nicht so. Wir haben darauf schon eingangs hingewiesen. Zwar ist der Glaube an das System verschwunden, der Bann über dem Gebiet jedoch ist geblieben. Alfred Heuß hat in dem, was hier geschehen ist, mit großer Klarheit den aus einem *»oberflächlichen Mißverständnis«* geborenen *»logischen Kurzschluß«* erkannt.

»Die ›ahistorische‹ Hypothek, welche Mommsen in Kauf nahm, hat …bei den Späteren einen logischen Kurzschluß hervorgerufen. Da einem nämlich bei einem Staatsrecht Mommsenscher Prägung allmählich nicht mehr wohl war, rettete man sich in das oberflächliche Mißverständnis, daß jegliche verfassungsrechtliche und verfassungsgeschichtliche Forschung von vornherein ›unhistorisch‹ sein müsse und juristisch-strukturelle Analysen, welche innerhalb einer historischen Begrenzung ihr gutes Recht haben, mit dem Stigma des Ungeschichtlichen gezeichnet seien. So trat zu der sachlichen Unmöglichkeit, Mommsens Faden weiter- [377] zuspinnen, ein psychologischer Rückschlag und wurde aus dem Triumph, den durch Mommsen das juristische Denken in der römischen Geschichte errungen hatte, ein Pyrrhussieg mit allen Folgen einer echten Niederlage.«

A. a.O. (oben Anm. 1), S. 56.

Das sind treffende Worte. Nur insofern ist Heuß zu widersprechen, als er glaubt, daß dieser Fehlschluß dem römischen Privatrecht im Verhältnis zur Pandektistik erspart geblieben ist, so daß dieses *»verhältnismäßig /57/ leicht in rechtshistorische Forschung überführt werden«* konnte. In Wahrheit haben Savigny und die von ihm inaugurierte Pandektistik den gleichen Pyrrhussieg errungen, da die in ihr enthaltene, aus gleichen Quellen gespeiste Begriffsgläubigkeit im Gegenzug Jherings Kritik und die in der gegenwärtigen Romanistik immer noch fortwirkende Freirechtsbewegung erzeugten.[96] Wieackers in der Schlußbetrachtung noch zu erörternde These, daß die Rechtsfiguren des Privatrechts keine Geschichte haben, gibt dem in repräsentativer Weise Ausdruck.

Schon die auf Mommsen folgende Generation, die aus dem Schatten der Historischen Rechtsschule nicht heraustreten konnte, aber auch nicht in ihrer Methode weiterarbeiten mochte, zeigte Scheu, selbständig zu arbeiten. Der große italienische Romanist Contardo Ferrini, mit dem nach Mommsens viel zitiertem Urteil das Primat im römischen Recht auf Italien übergehen sollte, ist hier ein guter Zeuge,[97] da er selbst noch der Historischen Rechtsschule sehr nahe stand – durch seine katholische Gläubigkeit tief geprägt, wurde er nach einem allzu frühen Tode später seliggesprochen[98] – und auf die jüngere Generation ein scharfes Auge hatte. Er beobachtete bei dem führenden Berliner Romanisten Alfred Pernice eine vornehmlich kritisch-analytische und letztlich destruktive Forschungsweise. Er habe die herkömmlichen Gebäude aufgelöst und sich dann an den auf-

96 Zur Freirechtsbewegung meinen Beitrag »Von der Freirechtsbewegung zum konkreten Ordnungs- und Gestaltungsdenken« von 1989. Vgl. unten Anm. 117

97 So wie das 19. Jh. für die Wissenschaft des römischen Rechts nach Savigny benannt sei, erklärte Mommsen im August 1900 seinem Besucher Bartolomeo Nogara, so werde das 20. Jh. nach Contardo Ferrini benannt sein. Ferrini werde es zu verdanken sein, wenn dann die Führung der romanistischen Wissenschaft von Deutschland auf Italien übergegangen sei. Und er habe wörtlich hinzugefügt: *»Noi non siamo invidiosi«*. Vielleicht fiel ihm die Großzügigkeit leicht, weil er in seinen Augen das Wesentliche bereits geleistet hatte. Vgl. Gabrio Lombardi, Contardo Ferrini in Cerca del Vero, Studia et Documenta Historiae et Iuris, 27 (1961) S. 9; siehe auch A. Gemelli (die folgende Anm.) p. VII u. IX.

98 Vgl. das Vorwort von Agostino Gemelli in den »Scritti in onore di Contardo Ferrini, pubblicati in occasione della sua beatificazione I« (1947) p. V-XIII.

gehäuften Ruinensteinen erfreut (*pareva compiacersi delle accumulate rovine*). Ihm dagegen sei es häufig so erschienen, als würde er in den Trümmern Spuren der alten Bauwerke wahrnehmen und die alten Harmonien wieder erneuern können (*A me pareva spesso di scorgere nei ruderi le tracce dell'antica architettura e di potere ripristinare le antiche armonie*).[99] [378] Anstatt nun in jeweils kürzeren Überblikken, immer in Auseinandersetzung mit Mommsen, auf die verschiedenen Bauphasen einzugehen, die sich ergeben, wenn man sich vom Bann der Historischen Rechtsschule befreit und jeweils die *»juristisch-strukturelle[n] Analysen, welche innerhalb einer historischen Begrenzung ihr gutes Recht haben«* (Alfred Heuß), auf die in den Quellen enthaltene Information anwendet, möchte ich mich in diesem Zusammenhang auf ein Wort zu Herkunft und Sinn der Baumetapher beschränken, die in dem Bisherigen eine so zentrale Rolle gespielt hat. Mommsen verwendet sie, wenn wir uns der eingangs angeführten Zitate erinnern, in denen er sich von denen absetzt, *»die nicht zu bauen verstehen«*, vor allem, um seinen Wissenschaftsanspruch geltend zu machen, den er mit der vollständigen und übersichtlichen und kraft der hergestellten Ordnung überzeugenden Zusammenstellung des Materials einzulösen gedenkt. Er verwendet damit das Architekturbild ähnlich wie Goethe:

> »Was dem Dilettanten eigentlich abgeht, ist Architectonik im höchsten Sinne, diejenige ausübende Kraft, welche erschafft, bildet, constituirt; er hat davon nur eine Art von Ahndung, giebt sich aber durchaus dem Stoff dahin, anstatt ihn zu beherrschen.«
>
> Goethe, Zur Abhandlung über den Dilettantismus (Weimarer Ausgabe, Abth. 1, 47, 326)

Bedenkt man jedoch die inspirierte Herkunft seines Denkens, dann wird man sich auch an andere Beispiele erinnert fühlen, etwa an das mächtige, aber durch Übertreibung schon ein wenig denaturierte Gleichnis, mit dem Heinrich Heine die deutsche Grammatik Jakob Grimms rühmt.[100] Tatsächlich verwendet auch

99 Opere vol. V (1930) 416, Vgl. G. Lombardi (oben Anm. 97) S. 9, der anfügt: *L'immagine della construzione architettonica ricorre in altro scritto del medesimo anno, pur sotto una diversa prospettiva.* Pietro de Francisci gibt in seinem »Ricordo di Contardo Ferrini« in den »Scritti in Onore di Contardo Ferrini« (1946) ein Beispiel, wenn er als einen ihm unvergeßlichen Rat des Älteren zitiert: *»Ricordati che, perchè la piramide sia alta, la base deve essere molto larga«.*

100 Vgl. Heinrich Heine, Sämmtliche Werke, Band VII Über Deutschland, Dritter Theil (Elementargeister und Dämonen), Hamburg 1867, S. 10: *»Seine deutsche Grammatik ist ein kolossales Werk, ein gothischer Dom, worin alle germanischen Völker ihre Stimmen erheben, wie Riesenchöre, jedes in seinem Dialekte. Jakob Grimm hat vielleicht dem Teufel seine Seele verschrieben, damit er ihm die Materialien lieferte und ihm als Handlanger diente bei diesem ungeheuren Sprachbauwerk. In der That, um diese Quadern von Gelehrsamkeit herbeizuschleppen, um aus diesen hunderttausend Citaten einen Mörtel zu stampfen, dazu gehört mehr als ein Menschenleben und mehr als Menschengeduld«.*

Mommsen das Bild in einer etwas denaturierten Weise. Denn eine Rechtsordnung, die einem Haus gleicht, ist nicht von einem geistigen Prinzip geschaffen, das die Menschen erfaßt, sondern ist eine von Menschen bewohnte Struktur, die geschützte Freiräume gewährt und den Verkehr zwischen den Bewohnern nach Art von Hausordnungen regelt. Es ist zugleich etwas, das es in dieser Beschaffenheit und Zwecksetzung nur kraft menschlicher Tätigkeit und aus der menschlichen Perspektive gibt.

Sucht man nach der Herkunft dieses nüchternen Bildes im rechtlichen Denken, so hilft der Befund weiter, daß mit dem statischen und der Welt der unbelebten Dinge entnommenen Bild des Hauses das dynamische, der Welt der belebten Dinge entnommene des menschlichen Organismus konkurriert. Die vielleicht bekanntesten Beispiele liefern Platon, der in seiner Politeia die Verfassung des Staates in Analogie zur Seelenorganisation des Menschen sieht[101], und die Erzählung des [379] Mennenius Agrippa, der mit dem Gleichnis vom scheinbar untätigen Magen und den scheinbar allein tätigen äußeren Organen die Sezession der Plebejer beendete (Livius II 32, 8-12), von den zahlreichen modernen Beispielen, etwa Hobbes' Leviathan, der die Menschen in seinem übermenschlichen Leib inkorporiert, oder Otto von Gierkes realer Verbandspersönlichkeit hier zu schweigen.

Bei Aristoteles wird dagegen das Bild der Architektenkunst intensiv auf den Staat angewendet, ohne daß dies als eigene Prägung hervortritt oder überhaupt in Zusammenhang mit seinen eigenen wissenschaftlichen Leistungen stünde. Seine Bemühungen um streng logisches Begründen in den Analytiken und um die Entwicklung einer Argumentationslehre aus wahrscheinlichen Prämissen in der Topik sind selbständige und differenzierende Fortführung der platonischen Dialektik, denen jede Affinität zur Baumetapher fehlt. Deren Ursprung ist daher nicht auf seine Lehrzeit bei Platon zurückzuführen, sondern auf andere Einflüsse.

Sie lassen sich zumindest wahrscheinlich machen. Aristoteles nennt am Anfang der Nikomachischen Ethik, wo er herausstellt, welche Dinge der Bürger erstreben und daher im Verstehen (ἐπιστήμη) und Verwirklichen (δύναμις) um ihrer selbst willen zum Ziel aller Tätigkeit machen sollte, die »ἐπιστήμη πολιτική« als die mächtigste (κυριωτάτη) und zugleich – ohne weitere Umschweife, so als würde etwas Bekanntes in Erinnerung gebracht – die am meisten baumeisterliche

101 Die Polis erlaubt nach Platon die psychologische Grundfrage des richtigen Ausgleichs der Teile und die damit verbundene Frage der Gerechtigkeit im vergrößerten Maßstab zu analysieren. Platon, Politeia 368d-369a sowie 434d-435c.; 441d-444a. – Keine Gegeninstanz ist, wenn man später auf Platon das Bild des voraussetzungslos und ohne Rücksicht auf menschliche Bedürfnisse gestaltenden Architekten anwendet; denn das ist ein kritisches Urteil, das Platons spekulativem Gedankengebäude ein realistisches, in skeptischem Humanismus der Menschennatur angemessenes Bauwerk gegenüberstellt. Cicero, de re publica II 11, 21 *nam princeps ille* (sc. Plato), *quo nemo in scribendo praestantior fuit, aream sibi sumpsit, in qua civitatem exstrueret arbitratu suo, praeclaram ille quidem fortasse, sed a vita hominum abhorrentem et a moribus.*

(μάλιστα ἀρχιτεκτονική).[102] In Aristoteles Politika, in der er den Staat – auch in Auseinandersetzung mit Platons Staatsutopie – aus seinen verschiedenen Bestandteilen definiert (1252a [380] ss; 1261a), fehlt eine ausdrückliche Verwendung des Architekturbildes. Dagegen klingt es im berühmtem fünften Buch der Nikomachischen Ethik (1137b,27 ss) an, wenn er dort für die einfachen, generellen Regeln das Bild des κανών, des Richtmaßes der Baukunst, anführt und für die mit allgemeinen Regeln allein nicht richtig erfaßten und daher der ἐπιείκεια (aequitas) bedürftigen Rechtsverhältnisse das bleierne Richtmaß der Baukunst von Lesbos (ὁ μολίβδινος κανών τῆς Λεσβίας οἰκοδομίας) anführt, mit dem wahrscheinlich die Profile der individuellen Natursteine geprüft wurden, um die zueinander passenden zu finden. Da auch der Ausdruck ›Maß‹ vorzüglich im Bauwesen verwendet wird, deutet dieser Zusammenhang und die grundsätzlich humanistisch-kulturanthropologische Perspektive des Bildes insgesamt auf Protagoras, der eine einflußreiche, von Platon vielfach ausgewertete Politeia geschrieben hat[103] und dessen Schrift »Wahrheit oder Niederwerfende Gründe« mit dem berühmten Satz begann: »Der Mensch ist das Maß (μέτρον) aller Dinge, der Seienden, wie (oder nach manchen: daß) sie sind, der Nichtseienden, wie (bzw. daß) sie nicht sind«.[104] Da nach dem berühmten Mythos des Protagoras Zeus

102 Die Antwort lautet (Aristoteles, Nikom. Ethik 1094e): δόξειε δ᾽ ἂν τῆς κυριωτάτης καὶ μάλιστα ἀρχιτεκτονικῆς. τοιαύτη δ᾽ ἡ πολιτικὴ φαίνεται. *(Es scheint dies Bestreben zu dem mächtigsten und am meisten baumeisterlichen zu gehören. Solcher Art erscheint die das Gemeinwesen schaffende Kunst).* Das Bild der Baukunst tritt auf den ersten Blick ganz unvermittelt auf. Aristoteles führt zunächst skizzierend und andeutend den Unterschied zwischen den beiden typischen Zielen intentionalen menschlichen Handelns ein, der Tätigkeit als solcher und dem Werk. Es handelt sich um eine Entgegensetzung, die dem Romanisten wie – dank der durch das römische Recht vermittelten geistigen Kontinuität – auch dem modernen Juristen aus dem Unterschied zwischen der *locatio conductio operarum* (dieser Vertrag blickt auf die »zeitbestimmte« Arbeit) und der *locatio conductio operis* (er blickt auf das zu realiserende »erfolgsbestimmte« Werk) vertraut ist. Dann folgt ein Hinweis auf die Hierarchie der Zwecke, die am Beispiel des Verhältnisses einerseits von Zaumzeugherstellung und Reitkunst, andererseits von Kriegshandwerk und Feldherrnkunst veranschaulicht werden. Daran schließt sich apodiktisch die nicht weiter erläuterte Feststellung an: *In allen Dingen sind die Ziele des Archiktektonischen* (τὰ τῶν ἀρχιτεκτονικῶν τέλη) *den ihnen dienenden vorzugswürdig. Denn diese werden um jener willen verfolgt.* Das Wort »architektonisch« wird damit als höchste Qualität einer Handlung verwendet; sie kommt derjenigen zu, die ein Werk hervorbringt. – Zu dem, was Aristoteles zur Wissenschaftstheorie beigetragen hat, gibt es keine Verbindung.

103 Diogenes Laertios (hier zitiert nach der Übersetzung von Otto Apelt, Hamburg 1967) nennt dafür zwei Stimmen (III 36): *»Aristoxenos* [ein Peripatetiker] *sagt, fast die ganze Republik sei aus des Protagoras Antilogika entlehnt«* und (III 57): *»Favorin* [der bekannte kaiserzeitliche Skeptiker] *(sagt) im zweiten Buch seiner vermischten Schriften, daß er (sc. Platons Staat) sich fast ganz schon in den Antilogika des Protagoras findet«.*

104 Vgl. etwa Platon, Theaitet, 152a; 160c. Die Übersetzung mit »wie« liegt sprachlich (»ὡς«) näher und ist sachlich als die generelle wohl vorzuziehen, da das menschliche Maß auch und gerade die relative, auf den Menschen bezogene Beschaffenheit der Dinge bestimmt.

allen Menschen ohne Unterschied durch Hermes den Sinn für rechtliche Ordnung (δίκη) und für das zwischen Menschen Anständige (αἰδώς) verliehen hat (Platon, Protagoras 320c ff.), könnte es sehr wohl im wesentlichen auf ihn zurückgehen, wenn Aristoteles frei von jedem idealistischen Anklang schreibt (Polit. 1253a, 7 ss), daß der Mensch, geselliger (πολιτικὸν ... μᾶλλον) als die Bienen und andere Herdentiere, mit seiner Stimme seinesgleichen nicht nur Schmerzliches und Erfreuliches mitteilen könne, was auch die anderen Lebewesen vermöchten, sondern auch über das Nützliche und Schädliche, das Gerechte und Ungerechte und die anderen Werte, die alle allein ihm wahrnehmbar seien, und dann kurz und ohne weitere Umstände hinzufügt:

ἡ δὲ τούτων κοινωνία ποιεῖ οἰκίαν καὶ πόλιν.
(Die Gemeinschaft dieser Werte[105] erzeugt das Haus und die Stadt.)

Diese Denkweise ist, indem sie die in Privat- und Öffentliches Recht gegliederte Rechtsordnung im Bild einer von Menschen geschaffenen Wohnstätte erfaßt, die gleiche, die wir in der spezifisch klassischen, nämlich skeptisch-humanistischen Rechtstheorie finden, in welcher der protagoräische Blickwinkel seine feinste Aus- [381] gestaltung gefunden hat und zugleich das architektonische Denken und die Bildersprache des von einem Richtmaß, der *regula*, kontrollierten Bauens und Einrichtens der Rechtsordnung ihre klarste und sachnächste Anwendung gefunden hat. Die Baumetapher ist hier Ausdruck der ausschließlich menschlichen Herkunft des Rechts, die es zu etwas macht, dessen magistratisch gewährleistete Strukturen und Verhaltensanforderungen dem Menschen als etwas Objektiviertes und als Spiegelung seiner eigenen Vernunft gegenübertritt, nicht als etwas, was ihn und seine Rechtsgemeinschaft vermöge eines höheren, nicht menschlichen Prinzips »erbaut«.

Dies ist der Grund, warum das klassische Recht in seiner ursprünglichen Konzeption nicht nur spezifisch als *ius humanum* auftritt, das als solches in *ius publicum* und *ius privatum* gegliedert ist[106]– dadurch war es möglich, das klassische Recht vom Edikt her zu konzipieren, nach dem der vom öffentlichen Recht berufene Magistrat den Personen des Privatrechts Rechtsschutz gewährt[107]–, son-

105 Das Demonstrativpronomen ist mit dieser Übersetzung auf die unmittelbar voraufgehenden Werte des Rechts bezogen. Diese Interpretation ist die ganz überwiegend vertretene. Vgl. die Nachweise in der italienischen Übersetzung Aristotele, Politica, a cura di Renato Laurenti (1993, 2000^5) bei S. 6 Anm. 17.

106 Vgl. Cicero, Partitiones oratoriae 37, 129 f., wo das *ius publicum* und *ius privatum* unterscheidende *ius humanum* als *aequitas* in aller Schärfe vom *ius divinum* als der *religio* getrennt ist. Daß Ulpian 1 institutionum D 1, 1, 1, 2 *publicum ius ... in magistratibus consistit* in dem fortgelassenen Text auch die *sacra* und *sacerdotes* zum *ius publicum* zählt, ist erst unter den Bedingungen des sich religiös legitimierenden Prinzipats möglich. Vgl. dazu Behrends, »Der Ort des Ius Divinum«, Festschrift für Christoph Link zum 70. Geburtstag (2003), S. 557-585.

107 Darauf bezieht sich Cicero, de legibus I 5, 17 *... a praetoris edicto, ut plerique nunc ... hauriendam iuris disciplinam*, nämlich in der Nachfolge des im Anschluß genannten,

dern primär als eine gedankliche institutionelle Ordnung gedacht wird, die als Ganze und in ihren Instituten nach Art unkörperlicher oder quasikörperlicher Relationen in der Körperwelt zwischen den Dingen und Menschen fest geortet sind und als solche alle formalen Rechte begründen, vom Bürgerrecht im Bürgerverband bis zum Forderungsrecht eines Vertrages oder Delikts. Diese stets in der Dingwelt lokalisierten Relationen sind zwar rein gedanklich, besitzen aber durch ihre notwendige Verortung zwischen den körperlichen Gegenständen der empirisch gegebenen Erfahrung eine gedankliche Wahrnehmbarkeit.[108] Daher kann über die Frage, ob ein [382] Gemeinwesen oder ein sonstiges Rechtsverhältnis besteht, nach den Bauregeln des klassischen Rechts in klarer bejahender oder verneinender Alternativität entschieden werden.[109] Das Bild einer Architektonik dieser vom menschlichen Denken geschaffenen Verhältnisse wird dabei noch dadurch verstärkt, daß sie in ihrer Statik von dem in und um sie sich vollziehenden stattfindenden Leben klar unterschieden wurden, in besonders anschaulicher Weise durch die Befehle, denen die Menschen nach Maßgabe der Staatszwecke zu gehorchen haben, da diese zwar verbindlich sind, aber nicht unter der Kategorie

größten und eindeutig führenden Juristen der Zeit, der, wie Cicero unmittelbar im Anschluß sagt, durch sein Wissen und sein Ansehen damals die Jurisprudenz allein trug (*nunc ab uno summa auctoritate et scientia sustinetur*). Es ist Servius Sulpicius Rufus, dessen wissenschaftliches Zentralwerk ein programmatisch Brutus gewidmeter Ediktkommentar war (Pomponius lb sg enchiridii D 1, 1, 2, 44) und der von Cicero in dem ebenfalls Brutus gewidmeten Dialog als einzigartige Gestalt gerühmt wird, der durch eine neue *ars* Licht in das bisherige Dunkel gebracht habe (Brutus 41, 152 f.).

108 Die durch Gaius II 12 ff. für das institutionelle Rechtsdenken bezeugte und der Unterscheidung von *institutio* und *natura* folgende Entgegensetzung wird von Cicero zweimal ausführlich behandelt, einmal in seiner Topica 5, 26-6, 19 als eine grundsätzliche Unterscheidung der auf Gegenstände bezogenen Definitionslehre, die der (monistisch denkenden) *veteres*-Jurisprudenz fehlt, zum anderen im Dialog De oratore II 87, 356-358 in einer Beschreibung dessen, was eine *ars* leistet. In der ersten Stelle heißen die *res incorporales*, unter ihnen der Status verleihende Personenverband der *gens* (klassisch ist sie eine *universitas personarum*): »*quaedam conformatio insignita et impressa intellegentia*«, an der anderen, wo sie als *res caecas* (unsichtbare Gegenstände) vorgestellt werden, »*conformatio quaedam et imago et figura …, quae … intuendo quasi teneremus.*« Im Anschluß daran heißt es dann in typisch skeptischer Weltsicht: *His autem formis atque corporibus, sicut omnibus, quae sub aspectum veniunt,* [*admonetur memoria nostra atqae excitatur*; eine Hinzufügung in den Vulgathandschriften] *sede opus est, etenim corpus intellegi sine loco non potest.* Die rechtlichen Strukturvorstellungen sind danach, wenn sie wirkliche soziale Rechtsverhältnisse abbilden, lokalisiert, d. h. sie bilden gedachte, aber prägnant identifizierbare Beziehungen zwischen konkreten Menschen und Sachen.

109 Cicero rühmt folgerichtig als Hauptleistung des Systems des Servius die Produktion solcher Regeln, die über das Bestehen und die Folgen von Rechtsinstituten präzis zu entscheiden erlauben (Brutus 41, 152): *postremo habere regulam qua vera et falsa iudicarentur et quae quibus propositis essent quaeque non essent consequentia.* Vgl. zur Veranschaulichung die den Obligationen aus sich entlassenden Instituten *emptio venditio* und *locatio conductio* geltende Aussage (Gaius III 142): *similibus regulis constituuntur*, d. h. ohne Gegenleistungsvereinbarung in Geld sind sie nach klassischem Recht nicht gültig zustandegekommen.

»ius«. Der für das Ediktsystem fundamentale Gegensatz zwischen der *civilis aequitas*, welche die institutionelle Ordnung des *ius* umfaßt, und der *naturalis aequitas*, welche diese institutionelle Ordnung durch verhaltensleitende, einer humanistischen Ethik verpflichtete Befehle unterstützt, ergänzt und korrigiert, hat hier seine Wurzeln.[110]

Wollten wir nach dieser Skizze des klassischen Rechts auch die anderen wichtigsten, auf Mommsens Bauplatz einst nach antiken, jeweils kohärenten Bauplänen aufgeführten Rechtsordnungen durchmustern, müßten wir mindestens vier unterscheiden und selbst noch bei dieser reduzierten Zahl in Kauf nehmen, bedeutende innere Bewegungen, die sich jeweils in ihnen vollzogen haben, zu vernachlässigen. Die erste reicht von der Siedlungsphase bis in die Zwölftafelrepublik des 4. Jh., die zweite ist die des expandierenden republikanischen römischen Imperiums vom 3. Jh. bis zum Tode des Mucius im Jahre 82 v. Chr., in der die vorklassische Rechtswissenschaft herrschte und die sich in eine ältere und eine jüngere gliedert, die dritte ist die Epoche der soeben kurz beschriebenen humanistisch-klassischen Rechts- [383] wissenschaft, deren reine Form weithin mit der Lebenszeit Ciceros zusammenfällt, die vierte ist die der Kaiserzeit, welche unter dem Gedanken des Prinzipats die beiden rechtswissenschaftlichen Traditionen im Interesse der Konsolidierung der neuen Macht und der Lebensverhältnisse zu einem Ausgleich zu bringen versucht. Diese Tendenz mündet in der Justinianischen Kodifikation, aber unter den besonderen Vorzeichen eines mit Konstantin christlich gewordenen und mit den Verhältnissen der Spätantike konfrontierten Kaisertums, das Mommsen in sein »Römisches Staatsrecht«, das mit Diokletian endet, nicht mehr einbezieht. Daran ist bemerkenswert, daß eine Denkweise, die ohne den Recht und Religion verbindenden christlichen Spiritualismus Justinians nicht zu denken ist – Justinian hat, wie schon hervorgehoben, das Gelingen der harmonisierenden Kodifikation der Eingebung der Trinität zugeschrieben –,[111] sich nicht der Aufgabe gestellt hat, diese Haltung zu beschreiben und sich damit auch nicht der Gefahr ausgesetzt hat, der eigenen historischen Determiniertheit bewußt zu werden.

In Mommsens Kernmodell, dem unter einer »königlichen« Magistratur stehenden Verband freier »Bürger«, war das, was bei Savigny der »Volksgeist« schuf, aus einer herrscherlichen Quelle abgeleitet. Es ließ sich mit der mehrfach geglie-

110 Der Gegensatz zwischen der statischen *institutio aequitatis*, die *instituta* enthält und nach der Herkunft ihrer Rechtsquellen gegliedert ist, und der belebten *natura* (Cicero, Topica 23, 90), dem in der klassischen *ratio iuris* (Cicero, Partitiones oratoriae 37, 129) die Gliederung der *aequitas (ius humanum)* in *natura* und *lex* (Norm) entspricht, erscheint im klassischen Edikt in dem Gegensatz *naturalis aequitas* und *civilis aequitas* (Ulpian 38 ad edictum D 47, 4, 1, 1; Paulus 71 ad edictum D 44, 4, 1, 1), dessen kunstvolles Zusammenspiel letztlich eine Verfeinerung des Verhältnisses zwischen δίκη und ἐπιείκεια ist, wie es Aristoteles lehrte. Der Regelcharakter der auf die *naturalis aequitas* gegründeten *exceptio doli* wäre im Sinne des Aristoleles »lesbisch«, d. h. einem bleiernen, sich den Unebenheiten der Verhältnisse anpassenden Richtmaß vergleichbar.

111 Vgl. oben Seite 341 ff.

derten Entwicklungsgeschichte des römischen Rechts nur vereinen, wenn von allen Besonderheiten, die in den Anfängen und allen Neuansätzen enthalten waren, abgesehen wurde und die in ihnen enthaltenen allgemeinen Bauelemente so eingesetzt wurden, daß sie sich in das Modell jedenfalls einigermaßen einfügten. Zugleich verbot der Glaube an ein produktives, in die Geschichte hineinwirkendes Modell Mommsen die methodische differenzierende Frage, wieviel eigentlich in den staatsrechtlichen Quellenaussagen auf eigenrömische Religion oder auf aitiologische Rückprojektionen antiker Rechtswissenschaft zurückgeht und mit welchen Theoriebildungen insofern zu rechnen ist. Da vielmehr für Mommsen überall, wo er in der Verfassung die Wirkung des von ihm geglaubten System wahrnimmt, unmittelbar *»die ursprüngliche Logik des schaffenden Gedankens lebendig waltet«*,[112] konnte er für eine solche Frage kein rechtes Interesse aufbringen. Solche Überlieferungen konnten nur entweder einstimmen in das, was das System forderte, oder mußten als Ausnahmen oder äußerliche Modifikationen eingeordnet werden.

VII. Schlußbetrachtung

[384] Wir sind am Ende. Die soeben erwähnten, in den Schichten des römischen Rechts nachweisbaren Systemansätze des Rechts erlauben das Urteil, daß Mommsen Recht gehabt hat, wenn er dem römischen Staatsrecht den Charakter eines Systembaus zu geben versucht hat, daß er aber Unrecht darin hatte, für sein Werk in Gestalt eigener Grundannahmen einen eigenen Bauplan mitzubringen. So entstand ein Werk, das an präziser Verarbeitung und kohärenter Deutung des Details wohl kaum je überboten werden wird, dessen Fundament aber spekulativer Natur war. Es war eine Kombination, die durch die Verbindung der beiden großen Kräfte des ausgehenden 19. und des beginnenden 20. Jh., von Positivismus und Glaubensbereitschaft, dem Ganzen die Aura der Unangreifbarkeit verlieh und zugleich eine eindeutige Aussage für die Bestrebungen der eigenen Zeit enthielt. Denn der Staatsgedanke, den Mommsen in der römischen Geschichte wirksam sah, hatte für ihn seine Verbindlichkeit nicht verloren. Auf diese Weise entstand paradoxerweise ein Werk, das das eigentliche historische Bedürfnis, das zur Ge-

112 Dieser Satz fällt bei der Erklärung der (auf die Verfassungsschicht des Quirinalbundes zurückgehenden) *leges curiatae*, die den Austritt aus dem Geschlecht und das Testament gestatten (Römisches Staatsrecht II S. 38): *»Materiell ist sowohl die Abweichung von der legitimen Erbfolge wie der Austritt aus dem Geschlecht eine jener Anomalien, die, solange in dem Gemeinwesen die ursprüngliche Logik des schaffenden Gedankens noch lebendig waltet, nicht durch Einzel-, sondern nur durch den Gesammtwillen herbeigeführt werden können. Auch ist das Testament von der römischen Jurisprudenz seiner Rechtskraft nach nicht zu den Privatacten, sondern zu den Gesetzen gezählt und in allen seinen Consequenzen als solches behandelt worden.«* Was Mommsen mystisch *»die ursprüngliche Logik des schaffenden Gedankens«* nennt, ist einfach die Logik der ursprünglichen Gens, einer nach Familien gegliederten, sich selbst im Bild eines Geschlechts organisierenden Siedlung.

winnung eines freieren Blicks auf die eigenen Verhältnisse gerade die Vielfalt der vergangenen Sinnentwürfe vor Augen haben möchte, unbefriedigt ließ. Da das den Systembau organisierende Prinzip unhistorisch war, liegt der heutige Wert des Werkes vor allem in der Gewinnung eines den Stoff insgesamt erfassenden Überblicks und der dadurch erreichten Zusammenstellung und Sichtung aller relevanten Einzelheiten. Niemand hat je ernsthaft geleugnet, daß dadurch außerordentlich viel gewonnen worden war. Als Franz Wieacker in seinen »Notizen zur rechtshistorischen Hermeneutik« sich die Frage stellt, wie es denn möglich sei, daß »die Anwendung anachronistischer Begriffe oder Ideologien doch auch wirkliche Fortschritte rechtsgeschichtlicher Einsicht erbringen können«,[113] war sein erstes Beispiel Mommsens »Römisches Staatsrecht«, sein zweites bildeten die Forschungen zum römischen Prozeß Wlassaks, der, wie schon eingangs erwähnt, kraft verwandter Überzeugungsstärke mit Mommsen in Konflikt geraten war.

Wieacker löst sich in seiner Antwort allerdings nicht aus dem Bannkreis der Historischen Rechtsschule, sondern bleibt ihr in dem Glauben an die Möglichkeit eines überzeitlichen, Vergangenheit und Gegenwart verbindenden Gerechtigkeitsurteils verhaftet. Die damit postulierte menschliche Fähigkeit gründe sich auf eine »Gleichheit der Rechtserfahrung«, die durch Konstanz der Probleme (a. a. O. S. 82) und Lösungen (S. 95) gegeben sei. Sie mache Vergangenheit überzeitlich aktuell und erlaube es, sie in der Entscheidungen fordernden Situation in die Gegenwart zurückzurufen (S. 102).[114] Damit ist an diese Stelle des Systemdenkens die Herr- [385] schaft situationellen, in der jeweils gegebenen Wirklichkeit erfahrbar vorhandenen Rechts getreten. Die Rechtsidee erzeugt nicht mehr eine Ordnung bürgerlicher Freiheit wie die ein rechtliches *»government of the people, for the people, by the people«* postulierende Volksgeistlehre im Falle Savignys oder wie bei Mommsen der immer wieder neu Bürgerfreiheit konstituierende Staatsbegriff, sondern legitimiert Handeln in einer in Gegenwart und Vergangenheit von der Rechtsidee her gleichermaßen erfaßbaren Wirklichkeit. Folgerichtig kann man hiernach, von der eigenen Rechtserfahrung geleitet, in der Vergangenheit nur rechtliche Pragmatik wahrnehmen, so daß gültige Erträge des Mommsenschen Staatsrechts nur dort verbucht werden können, wo sie diesem Anspruch

113 Ausgewählte Schriften, Band 1 (1983 [zuerst Göttingen 1963]), Methodik der Rechtsgeschichte S. 94.

114 S. 95 »*Wenn wir uns einer heute vordringenden methodischen Betrachtung anvertrauen* [d. h., wie von Wieacker in der Fußnote nachgewiesen, der von Viehweg angeregten Topik], *so kann es nur ein Interesse geben, das der Rechtserfahrung verschiedener Zeiten gemeinsam sein kann: die Lösung eines Rechtsproblems, wenn wir darunter verstehen die rechtliche Entscheidung einer Ordnungsaufgabe menschlichen Zusammenlebens durch Maximen und Gesichtspunkte, mag sie nun erscheinen in einer Gesetzesnorm, die sie verallgemeinernd vorregeln will, in der Fallentscheidung des Richters und der Lehre, welche sie begründen will, oder im Rechtsgeschäft der Parteien, das der Entstehung des Problems vorbeugen wollte.*« Die Rechtsordnung als Organisation von Rechtszuständigkeiten und Verhaltensregeln, die vor allem beruhigte Verantwortungsräume schafft, droht in dieser Entscheidungsperspektive aus dem Blick zu geraten.

genügen. Die Kernaussage der von Jochen Bleicken vorgetragenen Mommsen-Kritik (a.a.O. oben Anm. 1 S. 36): »*Das Staatsrecht der Römer war historisches Recht, nicht Abstraktion zusammengehöriger Tatbestände. Das öffentliche Recht entstand aus konkreten historischen Situationen.*« fußt auf diesem Urteil, das in den von Bleicken herangezogenen Arbeiten Wieackers vielfach präsent ist. Wieacker hat die Grundlagen seines Urteils weiter ausgebaut durch die These, daß Rechtsfiguren und Rechtsbegriffe als solche keine Geschichte hätten – so in der Privatrechtsgeschichte der Neuzeit –[115] und – so in den Notizen [386] zur rechtshistorischen Hermeneutik –, daß es der Rechtshistoriker nicht mit dem »*Werden der Begriffe*«, sondern mit dem »*Werden von Wirklichkeiten*« zu tun hat.[116] Mit dieser These ist dem Rechtshistoriker wie dem Juristen das »Recht« als ein das Zusammenleben systematisch strukturierendes und organisierendes Phänomen entzogen. Was ihnen danach bliebe, wären Rechtserfahrungen gegenüber immer neu

115 Privatrechtsgeschichte der Neuzeit ^{2}(1967) S. 17: »*Die Rechtsgeschichte ... hat es zu tun mit individuellen Vorgängen und Zuständen der geschichtlichen Welt. Solche Individualität kommt aber nicht den Institutionen, Begriffen und Systemen als solchen zu, sondern den äußeren Akten der Rechtsetzung und Rechtsanwendung und den ihnen zugrundeliegenden Akten des menschlichen Bewußtseins und Denkens; allein in der unaufhörlichen Verschränkung und Wechselwirkung dieser Akte schreitet die Geschichte des Rechts fort.*« Und dazu in Anm. 14: »*System, Lehrsätze und Begriffe ... haben als solche so wenig Geschichte wie die Naturgesetze oder die logischen Sätze – mag auch ihr Erscheinen im Bewußtsein des Dogmatikers und der Rechtsgenossen geschichtlich und geschichtlichem Wandel unterworfen sein. Ihre »Entwicklungen»sind in Wahrheit nur Wandlungen im Bewußtsein, in den Überzeugungen und den Verhaltensregeln geschichtlicher Rechtsgemeinschaften. Allein der Traditionszusammenhang der heutigen Dogmatik mit der vergangenen ruft den Anschein hervor, als hätte Dogmatik eine eigene Geschichte.*« Im nächsten Satz folgt eine Konzession unter dem Gesichtspunkt der objektiven Rechtsgeltung, die, wenn ausgeführt, das Voraufgegangene aufgehoben hätte: »*Andererseits legt die für Rechtssätze und ihre Befolgung kennzeichnende Allgemeingültigkeit dem Rechtshistoriker die Bildung genereller Typen näher als dem Historiker spontaner menschlicher Handlungen und Ereignisse.*« Die Kernüberzeugung ist, daß sich verstehbare Geschichtlichkeit nur im Individuellen findet. Sie führt am Ende zu einem Absatz, in dem das Motiv des »*juristischen Terrorismus*« (oben S. 47) anklingt. »*Ein traditionelles Hemmnis einer verstehenden Privatrechtsgeschichte ist es endlich, daß das juristische Denken (auch das des Rechtshistorikers) selbst ein logisch-dogmatisches ist, das zu einem autoritativ einschränkenden Verständnis seiner Geschichtsquellen tendiert und damit zugleich seiner geschichtlichen Gestaltungskraft von vornherein weniger abfordert als die allgemeine Geschichtsschreibung. Es ist die Aufgabe der Rechtsgeschichte, sich von diesen Tendenzen zu befreien und ihre Darstellung durch Einbeziehung immer neuer Schichten der historischen Erfahrung immer mehr der individuellen geschichtlichen Wirklichkeit anzunähern.*« Die um Verstehen bemühte Geschichte reduziert Wirklichkeit auf das von individuellen Bewußtseinszuständen beherrschte Handeln, Urteilen und Entscheiden.

116 a.a.O. S. 92 »*Sein* (sc. des Rechtshistorikers, Hervorhebung im Original) *Gegenstand sind nicht übergeschichtliche Befunde, auch nicht das »Werden der Begriffe« sondern vielmehr das Werden von Wirklichkeiten*«. Mit dem gleichen Recht könnte ein Sprachforscher behaupten, er habe es nicht mit dem »*Werden der Wörter*« zu tun, sondern mit dem »*Werden von Wirklichkeiten*«.

werdenden Wirklichkeiten. Dies ist die Position der bald nach der Reichsgründung einsetzenden und sehr erfolgreichen Freirechtsbewegung, eines letzten Ausläufers der Historischen Rechtsschule, in dem die geschichtswirksam geglaubte Rechtsidee nicht mehr strukturierte Ordnungen hervorbringt, sondern in den Verhältnissen vorhandenes konkretes Recht, das nicht systematisierbar ist, sondern jeweils in den zur Entscheidung stehenden Einzelfällen wahrnehmbar wird und so gerechte Urteile ermöglicht. Das praktische Recht wird dadurch zur Kasuistik, während die großen systematischen Entscheidungen über die Bedingungen des Zusammenlebens geschichtlichen Kräften überlassen werden, die, da Wirklichkeiten schaffend, über dem Recht stehen. Die Folgen dieser Abdankung des Rechts als einer gesicherten, Freiräume schaffenden Ordnungsmacht zugunsten der den sozialen Körper konkret und prinzipiell rechtsfrei gestaltenden Politik sind bekannt.[117]

Die römische Rechtsgeschichte lehrt demgegenüber, daß das menschliche Handeln, das für das Zusammenleben die geistige Ordnung des Rechts erzeugt und immer wieder erneut in einer zur Konsistenz gebrachten Gesamtanschauung befestigt, historisch-empirisch ist und gerade darum in seiner Verschiedenheit erfaßbar wird, erst als augurale Friedensordnung eines sich zum Recht der Quiriten ausweitenden Vindikationsmodells, dann als Form bürgerlicher Willensbemächtigungen innerhalb einer naturrechtlich verbundenen Menschheit, dann wieder als magistratisch gewährleistete, institutionelle, kraft Zivilisationsgemeinschaft und menschlicher Rechtsethik geöffnete Ordnungsstrukturen und schließlich als kaiserliche Willensschöpfung eines die vorausgegangenen Traditionen pluralistisch nutzenden Weltreichs mit einer am Ende vollendeten Tendenz zum Reichsbürgerrecht.

[387] Niemand wird die architektonische Metaphorik so weit treiben, daß er solche Ordnungen in ihrer Stabilität mit Bauwerken verwechselt. Recht wirkt vielmehr, da verletzlich und veränderbar, in der Gesellschaft als eine schwache Kraft, deren Wirkung in der geistigen Darstellung und relativen Berechenbarkeit der vom Recht erfaßten Lebensverhältnisse wahrnehmbar wird und sich in der longue durée in einer bestimmten Gestaltung des Gefühls der Rechtssicherheit niederschlägt. In diesem Sinn kann eine klar konturierte Rechtsordnung als eine geistige, in der Wirklichkeit vorhandene Objektivation gedacht werden. Die moderne Tendenz, das Recht demgegenüber nur in individuellen Fällen und Entscheidungslagen zu sehen, leugnet daher ein soziales, d. h. in menschlichen, die

117 Vgl. zu den damit angedeuteten Zusammenhängen meinen Beitrag »Von der Freirechtsbewegung zum konkreten Ordnungs- und Gestaltungsdenken«, in: Dreier/Sellert, Recht und Justiz im »Dritten Reich« (1989), S. 34-79. Zur tiefen, vielfach noch andauernden Wirkung der Freirechtsbewegung auf die Romanistik der Mitte des vergangenen Jahrhunderts vgl. stellvertretend meine Nachrufe auf Franz Wieacker in: Zeitschrift der Savigny-Stiftung für Rechtsgeschichte, Romanist. Abt., Bd. 112 (1995), S. XIII-LXII und im Jahrbuch der Akademie der Wissenschaften in Göttingen (1995), S. 254-266 und auf Max Kaser in: Jahrbuch der Akademie der Wissenschaften in Göttingen (1997), S. 288-295.

Verhältnisse geordnet denkenden Bewußtseinszuständen durchaus vorhandenes Phänomen. Daß die Bewußtseinszustände selbst nicht notwendig aktuell sind, sondern sich vielfach in der Potentialität oder Latenz der vielfältigen Formen des gegenwärtigen zivilisatorischen Gedächtnisses befinden, hat Recht mit der Sprache und überhaupt mit allen Inhalten menschlicher Kultur gemein. Entscheidend ist, dass die ordnenden Formen des Rechts jederzeit aktualisiert und zur Geltung gebracht werden können.

In dem durch griechisches Rechtsdenken bereicherten Rom führte daher denn auch die Krise des Naturrechts nicht zu einem Verzicht auf eine objektiviert gedachte Rechtsordnung, sondern zu einer skeptischen Konstruktion der Rechtswelt, die den körperlichen Gegenständen definierte Formen gab, unter ihnen unkörperliche Strukturen darstellte und an allen, den Menschen, Sachen und Strukturen, bestimmte konstante verhaltensleitende Eigenschaften aufwies. Es ist sehr bezeichnend für die Lage der heutigen Rechtslehre, daß diese in der modernen Rechtskultur vielfach fortwirkende Sichtweise kürzlich von einem scharfsinnig und kreativ denkenden Nichtjuristen unter dem Gesichtspunkt der »Construction of Social Reality« zu einem wesentlichen Teil in beeindruckender Kohärenz wieder entdeckt und wissenschaftstheoretisch näher begründet worden ist.[118]

118 Vgl. John R. Searle, The Construction of Social Reality (1995). Die Parallelen sind schlagend. Hier nur einige Andeutungen. Searle unterscheidet (S. 2 f., 35, 45) *»brute facts«* (z. B. Mensch, Papier) von den *»institutional facts«* (z. B. Bürger, Geld), sieht systematische Beziehungen zwischen den institutionellen Tatsachen (wie Eigentum, Ehe und Vertrag) und entdeckt auch das Phänomen wieder, daß der Mensch in der institutionellen Ordnung Handlungschancen gewinnt, weil er *»institutional facts«* hervorrufen kann, durch z. B. (S. 34) Erbenberufung, Ernennungen, Kriegserklärungen. Die *»institutional facts«* haben eine Ontologie (S. 5, 46), sind unsichtbar und gewichtlos (S. 4), beruhen auf menschlicher Vereinbarung (S. 45: *»created by human agreement«*) und haben ihre Existenz durch die beschreibbare Fähigkeit des Menschen, eine Wir-Überzeugung zu haben (S. 25 f.: *collective intentionality*, z. B. »wir alle erkennen dieses Papier als Geld an«). Auch die Theorie der befristeten Magistratur klingt an (S. 124 f.), ebenso das Verhältnis zwischen den Regeln, die den Instituten das Maß geben (oben Anm. 109), zu den kunstgerecht gebildeten Institutionen (S. 27, 127: *»constitutive rules«*). Selbst die auf das Ius divinum rekurrierende Tat des Augustus (oben Anm. 106) und die religiöse Rechtfertigung des Rechts nach Art der Historischen Rechtsschule finden ihren Platz. Denn eine Wir-Überzeugung braucht nicht im wissenschaftlichen Sinn wahr zu sein (S. 47 *»may not even be true«*), um Geltung zu verleihen. Denn: *»Throughout the history of the United States, litterally millions of Americans have thought that the Constitution was divinely inspired.«*. Ein durchgeführter Vergleich dieses modernen Wurfes mit dem voraussetzungsvollen skeptischen System der Antike, das den nach den Regeln von *ius gentium* und *ius civile* hervorgebrachten *»instituta«* der *»institutio aequitatis«* die ontologische Faktizität von *»res incorporales«* zusprach und die dem Zivilisationsgebrauch dienenden Gegenstände aus der Verarbeitung von Rohstoffen im Wege der an neuen Benennungen erkennbaren Spezifikation hervorgehen ließ (vgl. dazu meine Arbeit »Die Spezifikationslehre, ihre Gegner und die media sententia in der Geschichte der römischen Jurisprudenz« in: Zeitschrift der Savigny-Stiftung für Rechtsgeschichte, Romanist. Abt., Bd. 112 [1995], S. 195-238), verspricht manche wechselseitige Erhellung.

[388] Die Begründer des klassischen Rechtsdenkens waren daher mit gutem Grund nicht dem Fehler verfallen zu glauben, daß nur ein Naturrecht eine objektivierte Ordnung zu denken erlaubt. Ein Volk, das den Glauben verliert, seine Städte seien nach göttlichem Plan gebaut, wird nicht aufhören Städte zu bauen, wenn es diesen Glauben verliert. Nichts anderes gilt für eine Rechtsordnung. Vielmehr sind in Bezug auf ältere gläubige Perioden, wie das römische Beispiel lehrt, sogar Kontinuitäten und bereichernde Rezeptionen möglich. Denn sobald man verstanden hat, daß auch die älteren Lebensformen Menschenwerk sind, welche die Kreativität des Menschen unter besonderen geistigen Bedingungen hervorgebracht haben, wird es möglich, ohne Verzicht auf einen grundsätzlichen Skeptizismus das, was sich in den älteren, glaubensstarken Epochen als lebensnützlich bewährt hat, wieder aufzugreifen. Daher gelten z. B. Treu und Glauben (good faith, bonne foi, buona fede etc.) heute auch ohne Verankerung in einem Kult einer Polisgottheit *FIDES* oder Herleitung aus einer das menschliche Zusammenleben beherrschenden göttlichen *recta ratio*. Sie sind – in verschiedener Ausprägung – Teil der jeweiligen professioneller Pflege bedürftigen Rechtskultur und, da überall in der Praxis systematisch aufgearbeitet und als Kontrollprinzip des Zusammenlebens mit den Freiheitsrechten in Beziehung gesetzt, Ausdruck der grundsätzlichen Richtigkeit eines Systemdenkens, das das Recht als Ordnung menschlichen Zusammenlebens begreift. Nur in Bezug auf ein System in diesem Sinn ist es auch sinnvoll, von einer unter dem Prinzip der höchstmöglichen Annäherung an das menschlich Richtige stehenden rechtskulturellen, ohne differenzierte wissenschaftliche Betreuung nicht möglichen Evolution zu sprechen.[119]

Savigny und Mommsen haben das in verschiedenen Rekonstruktionen von der Gründung bis zur Kaiserzeit niemals von Grund auf zerstörte Gebäude des römischen Rechts noch bewußt betreten und ihr Interesse nicht, gewissermaßen gesenkten Blickes, auf das Beobachten des sich in ihm vollziehenden menschlichen Handelns, des Fällens von Entscheidungen und des Lösens von Problemen, beschränkt. Die Tatsache, daß sie sich infolge der Annahme einer höheren Genealogie des Rechts nicht für die Baugeschichte der Ordnung und der Verschiedenheit der aufeinanderfolgenden menschlichen Bauherrn interessierten, sondern es studierten, um ihrer Gegenwart eine ganz analoge, aus gleichem höherem Prinzip geschaffene Ordnung zu empfehlen, verlieh dem Ganzen eine Geschlossenheit, die ihm über die zeitliche Erstreckung hinweg überhistorische Größe verlieh, machte sie aber be- [389] sonders empfänglich für die in ihm enthaltenen, durch genetisches Prinzip auf einen gemeinsamen Nenner gebrachten Werte, insbesondere den Wert der in einem bürgerlichen Rechtszustand für alle Menschen erreichten bürgerlichen Freiheit. Die zwischen beiden zu beobachtenden Unterschiede entsprechen dabei dem Weg vom Bürger des alten Reiches, der Savigny letztlich geblieben war, zum Staatsbürger eines modernen Nationalstaates, der

119 Vgl. hierzu meine die Erstausgabe von R. von Jhering, Ist die Jurisprudenz eine Wissenschaft?, Göttingen 1998, begleitende Erläuterung »Jherings Evolutionstheorie des Rechts zwischen Historischer Rechtsschule und Moderne« (S. 93-202).

Mommsen werden wollte und auch geworden ist, sind also vor allem der Verschiedenheit der Zeitumstände geschuldet. Savigny, der in politischen Fragen im Einklang mit dem frühromantischen Zeitgeist und den damaligen Verfassungsverhältnissen zu einer irenischen Haltung neigte, verehrte das römische Recht – der in die Höhe gerichtete Nazarenerblick der wohl bekanntesten Abbildung von ihm drückte eine innere Haltung aus – als gottgewollte Lebensform selbstverantwortlicher menschlicher Freiheit. Mommsen verehrte dagegen im römischen Recht den geschichtlichen Beweis der Möglichkeit, ein freier Aktivbürger in einem mächtigen Kulturstaat sein zu können, so wie er als Jurist, Historiker, Wissenschaftsorganisator und leidenschaftliches animal politicum seiner Zeit und als herrscherliche Persönlichkeit in seinem Verantwortungsbereich gewesen ist; in der magischen Aura, die seine unvergleichlich tätige Person umgab und auf den späten Porträts in expressionistischer Intensität sichtbar wird, zeigt sich noch heute, welche Dynamik dieser Glaube entfalten konnte.

Die moderne, von der Freirechtsbewegung geprägte Romanistik hat die Verehrung des römischen Rechts in ungeprüfter Gläubigkeit weitergeführt, aber kupiert um die Überzeugung von der freiheitssichernden Kraft eines durchdachten Systems und damit reduziert auf den Gedanken, daß das römische Recht in bewundernswürdiger und für die eigene Zeit maßgebender Weise beweise, daß die Jurisprudenz ihre Zöglinge lehren könne, lebensrichtige Entscheidungen zu fällen, und zwar in ihren besten Exemplaren mit genialer Sicherheit. Sucht man nach der Herkunft dieser unkritischen, ihre Bedingungen nicht reflektierenden Überzeugung, so liegt sie in der Isolierung und Freisetzung des die Rechtsordnung der Kaiserzeit beherrschenden, kraft höherer Inspiration rechtsschöpferischen Willensprinzips, und zwar mit der durch die Preisgabe eines rechtsverbürgenden Systemdenkens ermöglichten Arbeitsteilung, daß die großen, den sozialen Körper insgesamt betreffenden Fragen der Lebensrichtigkeit der freien Rechtsgestaltung der von den großen politischen Bewegungen getragenen Staatsgewalt überlassen blieben, die kleineren kasuistischen Fragen, die in individuellen Lebensverhältnissen auftraten, der ganz vom entscheidenden Richter her gedachten professionellen Jurisprudenz. Es handelt sich um einen frühen Fall von kulturellem Dekonstruktivismus, hervorgebracht einerseits dadurch, daß die vom Pandektismus tradierte Rechtsordnung mangels Analyse ihrer historischen Entstehungsbedingungen irrig als unbeweglich und damit als Hindernis berechtigter politischer Reformen angesehen wurde, andererseits dadurch, daß der naturalistische und soziologische Wissenschaftsbegriff alle Idealismen in Frage stellte und so als Bezugspunkt des Rechts nur noch den Willen übrig ließ. Da die Zeit für einen humanistischen und zivilisationsfreundlichen Skeptizismus der ciceronischen Art nicht reif war, blieb so nur noch die Glaubensillusion des Freirechts. Von seinem Scheitern war schon die Rede.

VII. Das staatliche Gesetz in biblischer und römischer Tradition*

Sinn- und Gemeinschaftsstiftung durch Gehorsam fordernden Befehl oder positive Satzung im Rahmen einer immer schon bestehenden Rechtsordnung

Übersicht

I. Problemstellung

[226] Der biblische Gesetzesbegriff und der römische Begriff von Recht und Gesetz haben für die Neuzeit zwei grundverschiedene Traditionen der Deutung des staatlichen Gesetzes begründet. Dort, wo die biblische Tradition theoretisch wirksam geworden ist, erscheint das staatliche Gesetz als Ausdruck einer höchsten Macht, von der alles Recht seinen Ausgang nimmt. Seine idealtypische Form ist die des unmittelbar wirkenden, unbedingten Gehorsam fordernden, eine Gesinnungsgemeinschaft der Gehorchenden erzeugenden Befehls. Wo dagegen das römische Recht die Begriffe geprägt hat, erscheint das staatliche Gesetz als ein dienendes Instrument, das eine bereits vorhandene Rechtsordnung klärt, ändert oder erneuert und als Medium und Quelle der eigenen Geltung voraussetzt. Mein Beitrag beschäftigt sich mit der Bedeutung, welche die beiden mächtigen Überlieferungsstränge im Verlauf der Geschichte für das weltliche Recht gehabt haben.

Die biblische Tradition, in der das Gesetz zur Urquelle des Rechts wird, hat sich in der Allgemeinen Rechtslehre oder »Jurisprudence« in der Kommandotheorie des Gesetzes niedergeschlagen, derzufolge Rechtsnormen deontische, stets

* Erstabdruck in: Der biblische Gesetzesbegriff. Auf den Spuren seiner Säkularisierung. 13. Symposion der Kommission »Die Funktion des Gesetzes in Geschichte und Gegenwart«, hrsg. von Okko Behrends, Göttingen 2006. S. 225-341.

als Sollenssätze auftretende, vom Staat ausgehende, menschliche Handlungen leitende Befehle sind.[1] Hannah Arendt hat in ihrem Werk »Über die Revolution« (»On Revolution«) die insofern prägende Wirkung des alttestamentlichen Gesetzesbegriffs in aller Klarheit herausgestellt, und zwar auch schon in ausdrücklicher Gegenüberstellung mit dem »*ursprünglich politischen*« römischen Gesetzesbegriff. Daß dessen eigene historische Konturen in ihrer Gegenüberstellung etwas unscharf bleiben, ändert an der Gültigkeit der Grundeinsicht nichts.[2] Wir werden darüber hinaus sehen, [227] daß es neben der Säkularisierung des alttestamentlichen Gesetzesbegriffs, dessen Ergebnis für das staatliche Gesetz positivistisches und formales Gebotsrecht ist, in der jüngsten Neuzeit auch eine eigentümliche, am Ende durchaus bewußte (und insofern vorsätzlich mißbräuchliche) Nachformung der spezifisch frühchristlichen, offenbarungsgegründeten Gemeindespiritualität für weltliche Zwecke gegeben hat. Sie verlieh dem Staat die Macht, in der von ihm beherrschten politischen Sphäre durch seinen *νόμος* Werte in Geltung zu

1 Zutreffend schreibt T. E. Holland, The Elements of Jurisprudence (1924)[13] S. 88 »*Law has been for centuries described as a ›command‹*« und fügt dann unter Hinweis auf den ordnenden und berechtigenden Charakter des Rechts treffend (wenn auch ohne Vorschlag einer Lösung des Problems) hinzu: »*but this description, though essentially true* (!), *is inadequate* (!) *to the extent of being misleading*«. Besonders klar John Austin, The Province of Jurisprudence Determined (1998, zuerst 1832), S. 13: »*Laws or rules, properly so called, are a species of command.*«. Siehe dazu, was England betrifft, P. S. Atiyah / R. S. Summers, Form and Substance in Anglo-American Law. (1987), S. 404: »*Austinian positivism owes its influence rather to the fact that it was itself an expression of ideas about law already highly congenial to the bench and the profession.*« Grundlegend Jean Bodin, Les six livres de la République (1583) I 10, S. 216: »*le mot de loy sans dire autre chose, signifie le droit commandement de celuy ou ceux qui ont toute puissance par dessus les autres sans exception de personne*«; in der vom Autor besorgten lateinischen Version lautet die Kerndefinition der »*leges*« (vgl. die Ausgabe von 1601): »*recta summae potestatis iussa*«.

2 Hannah Arendt, Über die Revolution (2000)[4] (zuerst: On Revolution [1963]). Die Ausführungen seien jedenfalls ausschnittsweise wörtlich wiedergegeben. So heißt es (S. 244), »*daß in allen christlichen Rechtssystemen die Gesetze primär als Gebote auftreten, und zwar im Sinne der Gebote Gottes, in denen dem Menschen von außen gesagt wird: Du sollst! oder: Du sollst nicht! Daß solche Gebote mit Befehlscharakter nicht gültig sein können ohne eine ihnen übergeordnete, religiöse Sanktion, versteht sich eigentlich von selbst. Ebenso aber dürfte es sich von selbst verstehen, daß man eine transzendente Autoritätsquelle nur für Gesetze braucht, die als Gebote den »blinden« Gehorsam fordern, der unabhängig ist von Zustimmung oder wechselseitigen Abmachungen, nicht aber für Gesetze überhaupt.*« (S. 245). »*Das Modell, in dem sich der Inbegriff des Gesetzes für die Christenheit selbst dort darstellt, wo sein Inhalt zweifellos aus dem römischen Recht stammt und in den Kategorien römischer Jurisprudenz ausgelegt wird, ist nicht römischen, sondern hebräischen Ursprungs; es sind die Zehn Gebote des Alten Testaments.*« Diese habe zu einem (S. 244) »*Bedeutungswandel*« des römischen Gesetzesbegriffs geführt, der »*durch den großen Einfluß, den gerade die römische Jurisprudenz und Gesetzgebung auf die Entwicklung der mittelalterlichen wie neuzeitlichen Rechtssysteme und Interpretationen ausübte, einigermaßen verdeckt*« geblieben sei. Vgl. aber Jean Bodin (a.a.O. I 8, S. 161): *la loy du Prince … faicte au modelle de la Loy de Dieu.*

setzen, die darüber entschieden, welche Menschen eine Zukunft haben und welche nicht.

In der römischen Tradition hebt *ius* in seiner ältesten Bedeutung eine Eigenschaft heraus und bezeichnet den auguralen Segen sichernden Friedenszustand eines menschlichen Siedlungsverbandes, der durch Gründung geschaffen und durch Rechtsprechung aufrechterhalten wird. Diese Eigenschaft *ius* ist notwendig älter als die *lex*. Die *lex publica* im spezifischen Sinn war Ausdruck der Erfahrung, daß das *ius*, das als Bedingung und Qualität friedlicher Lebensordnung begriffene Recht, geändert und geklärt werden kann. Die *lex* blieb aber als das Instrument, das das *ius* unter dessen Frieden fordernden Bedingungen ändern konnte, dem Recht nach- und untergeordnet.[3] Dabei blieb es auch in der langen rechtswissenschaftlichen Phase des Römischen Rechts, in welcher das Recht des Gemeinwesens, der *civitas*, als *ius civile* von einem universalen, menschenrechtlichen *ius gentium* aus gedeutet wurde, und zwar auf zwei verschiedenen Weisen, erst vorklassisch aufgrund einer naturrechtlichen, dann klassisch aufgrund einer zivilisationsrechtlichen Konzepti- [228] on des allen Völkern gemeinsamen Rechts. In den beiden kaiserzeitlichen Rechtsschulen des Prinzipats traten die beiden Konzeptionen in eine fruchtbare Auseinandersetzung, die der augusteischen Idee der *Res publica restituta*, der wiederhergestellten republikanischen Rechtsordnung, in festgehaltener Kontinuität die geistige Substanz verlieh.[4] Wir werden sehen, daß sich noch Justinians Gesetzgebung mit großer Folgewirkung auf diese, wie kürzlich treffend festgestellt wurde, nie abgeschaffte Verfassungsidee der wiederhergestellten, unter monarchische Obhut genommenen Republik bezog.[5] Seinen klarsten Ausdruck hat diese dienende Rolle der *lex* in der klassischen Lehre von den vier Arten der *virtus legis* gefunden, d.h. den Rechtswirkungen, die eine *lex perfecta*, ein Gesetz, das erreicht, was es will, haben kann. Diese Wirkungen bestehen immer darin, für die bereits bestehende Rechtsordnung Voraussetzungen zu beschreiben, unter denen sie durch Erzeugung neuer oder Verfügung über vorhan-

3 Eine zusammenfassende und ergänzenden Darstellung dieser Sichtweise, die den urprünglichen *ius*-Begriff aus den Kategorien der auguralen Friedensreligion interpretiert, gibt O. BEHRENDS, Der Vertragsgedanke im römischen Gesetzesbegriff in: BEHRENDS/STARCK, Gesetz und Vertrag I (2004), S. 14ff.; siehe aber bereits MAX KASER, Röm. Privatrecht I[2] (1971), S. 25 Anm. 7.

4 Vgl. zu diesen Zusammenhängen zuletzt OKKO BEHRENDS, Der Ort des Jus divinum, in: DE WALL/GERMANN, Bürgerliche Freiheit und christliche Verantwortung, Festschrift für Christoph Link zum 70. Geburtstag (2003) S. 557-585; siehe jetzt auch die Aufsatzsammlung »Institut und Prinzip«, Siedlungsgeschichtliche Grundlagen, philosophische Einflüsse und das Fortwirken der beiden republikanischen Konzeptionen in den kaiserzeitlichen Rechtsschulen, I-II (2004).

5 Zutreffend MISCHA MEIER, Justinian, Herrschaft, Reich und Religion (2004), S. 9. Die römischen Kaiser, auch die christlichen seit Konstantin, »*verstanden sich – zumindest in der Theorie – … als Sachwalter der alten römischen Republik, die ja formal nie abgeschafft worden war.*« Vgl. die Quellen für Justinian unten S. 250 Anm. 56 und 57 und S. 318f.

dene Rechtsverhältnisse partiell ergänzt oder umgestaltet werden kann.[6] Und auch die römischen Kaiser haben bis hin zu Justinian immer an dem Gedanken festgehalten, daß ihre novellierenden Normsetzungen, die gegenüber der wiederhergestellten Republik lange Zeit den Charakter außerordentlicher Rechtssetzungen bewahrt hatten, einer bereits bestehenden Ordnung dienten und auf sie bezogen waren.

Der Einfluß des biblischen Gesetzesbegriffes auf das weltliche Recht kulminiert in der Neuzeit, in der revolutionären Ideenfolge des erst souveränen und schließlich omnipotenten Gesetzgebungsstaates. Soweit sich die Souveränitätsidee auf den Gedanken beschränkte, daß der Souverän das Recht ändern könne, enthielt sie gegenüber dem römischen Grundsätzen: *lex posterior* [229] *derogat legi priori* und *quod principi placuit, legis habet vigorem* nichts grundstürzend Neues und stellte das römische Prinzip, daß jede Novellierung der Rechtsordnung dient, nicht notwendig in Frage. In dem Maße aber, in dem das voluntaristische Moment, das sich in die Idee einer monarchischen Rechtssetzung unweigerlich einmischt und auch im römischen Prinzipat in Gestalt des Machtmißbrauchs in Rechtsform oft genug sichtbar hervorgetreten war, sich unter dem Einfluß der Analogie des biblischen Gesetzesbegriffes absolut setzte, mußte die Gesetzgebung in den Rang des Gründungsaktes vordringen.[7]

Das römische Recht hat im Prinzipat und im christlich gewordenen Kaiserreich dieser Potentialität einer theokratisch gedeuteten monarchischen Allgewalt Widerstand geleistet, und zwar durch ein von Augustus vorbereitetes geistiges Rechtsverständnis, das ihm in der mit der konstantinischen Wende einsetzenden und in Justinian kulminierenden christlichen Interpretation eine religiöse Legitimation gab, die es als in steter Fortbildung begriffene, aber selbständige und auf Dauer berechnete Ordnung der Welt aus eigenen, nicht biblisch, sondern römisch interpretierten Anfängen rechtfertigte. In der Neuzeit erfüllt die ebenfalls von einer religiös fundierten Rechtsidee getragene Historische Rechtsschule Savignys die gleiche zurückdrängende Funktion, sowohl in ihrer bewußten Zurückweisung des ahistorisch revolutionäre Vernunftentwürfe verwirklichenden

6 Modestinus 1 regularum D 1, 3, 7 *Legis virtus haec est imperare vetare permittere punire.* Was das Gesetz hiernach nicht vermag, ist eine Ordnung allererst hervorzubringen. Das vermögen nach römischer Aufassung nur die Verbandsbildung von Menschen, die sich unter dem Prinzip des *ius* erst in Ackerbausiedlungen, dann in Stadtstaaten zusammenfinden. Zur Quelle der Lehre von den Wirkungsweisen des Gesetzes siehe Cicero, de inventione II 49, 145 f. Die erstrebten Wirkungen erscheinen im Fall des perfekten Gesetzes als Wirkungen innerhalb der Rechtsordnung, z.B. die Obligation der lex Aquilia oder die Nichtigkeit der lex Cincia; im übrigen hilft im klassischen System im Fall eines für die Erreichung einer Rechtswirkung unvollkommen ausgedrückten, aber eindeutigen Gesetzeswillen der Magistrat.

7 Vgl. Hannah Arendt (oben Anm. 2), S. 237: »*Das Gottesgnadentum des Absolutismus hat die weltliche Herrschaft im Ebenbilde eines Gottes verstanden, der sowohl allmächtig als auch Gesetzgeber des Alls ist, also im Ebenbilde eines Gottes, dessen Wille Gesetz ist.*« Siehe auch Carl Schmitt, Politische Theologie (1922), S. 43 und das Bodin-Zitat oben Anm. 2.

Gesetzgebungsstaates der französischen Revolution als auch in ihrer Gegnerschaft gegenüber der deutschen idealistischen Philosophie, die das Recht allein aus dem vernünftigen Willen ableiten wollte, der das apriorisch Vernünftige oder das der Gegenwart geschichtlich richtig Scheinende in Kraft setzt. Savigny konnte diesen Widerstand leisten, weil seine Quelle, das von Justinian geschaffene Corpus Iuris, den genannten, religiös legitimierten, aus römischen Anfängen stammenden Rechtsentwurf enthielt, in dem das Geistige im Recht gerade nicht auf einen anordnenden, monarchisch-omnipotenten Willen zurückgeführt wurde, sondern auf eine der Welt zugedachten, dem menschlichen Denken prinzipiell zugängliche und unter den sich wandelnden menschlichen Verhältnissen zur Geltung zu bringende Ordnung. Savignys Rechtslehre nimmt diese spirituelle Begründung der die Lebenswelt ordnenden Rechtsverhältnisse, die er in seinen Quellen fand, der Grundstimmung nach in kongenialer Weise auf. Für Savigny sind diese Zusammenhänge weitgehend geklärt,[8] nicht aber für Justinian. Da die – [230] aller Wahrscheinlichkeit nach schon vor Regierungsantritt herangereiften[9] – Leitgedanken, mit denen Justinian an sein großes Kodifikationswerk herantrat, noch weitgehend unaufgearbeitet sind, und zwar insbesondere infolge einer gewissen Neigung, dem Kaiser ein selbständiges Verhältnis zum Recht eher abzusprechen, ergibt es sich, daß in dieser Abhandlung sehr viel von Justinian die Rede sein muß, um die Eigenständigkeit und Selbständigkeit des römischen Gesetzesbegriffs bzw. seines das Gesetz sich unterordnenden Rechtsbegriffs herauszustellen, bevor wir dann mit einem kürzeren Blick auf die Neuzeit enden.

In der hier eingenommenen Perspektive hat Säkularisierung in der Rechtsgeschichte eine Hauptrichtung. Religiöse Gedanken oder Motive werden unter Bewahrung ihrer Glaubensenergien und grundsätzlichen Unbedingtheit auf weltliche Verhältnisse gelenkt und in ihnen wirksam.[10] Im Staatsrecht der Neuzeit

8 Vgl. O. BEHRENDS, Geschichte, Politik und Jurisprudenz in Savignys System des heutigen römischen Rechts, in BEHRENDS/DIESSELHORST/VOSS (Hrsg.), Römisches Recht in der europäischen Tradition. Symposion aus Anlaß des 75. Geburtstages von Franz Wieacker (1985), S. 257-321; ergänzend O. BEHRENDS, Mommsens Glaube, Zur Genealogie von Recht und Staat in der Historischen Rechtsschule (2005), insbesondere S. 16ff.

9 Vgl. A. A. VASILIEV, Justin the First. An Introduction to the Epoch of Justinian the Great (1950), S. 391 kommentiert die Tatsache, daß die Zeit vom 4. April zum 1. August 527, in der Justinian bereits zum Mitherrscher berufen war, legislatorisch besonders fruchtbar war, überzeugend mit den Worten: »*Even before Justinian's accession, we can discern some foreshadowings of his great legislative work*«.

10 Vgl. aus der reichen Literatur nur HANS BLUMENBERG, Säkularisierung und Selbstbehauptung. Erweiterte und überarbeitete Neuausgabe von »Die Legitimität der Neuzeit« (1983)^2 und HERMANN LÜBBE, Säkularisierung. Geschichte eines ideenpolitischen Begriffes, 3. Aufl. mit einem neuen Nachwort (2003). Zur spezifisch rechtsgeschichtlichen Fragestellung siehe die zahlreichen Beiträge in den beiden von LUIGI LOMBARDI VALLAURI und GERHARD DILCHER herausgegebenen Tagungsbänden »Cristianesimo, secolarizzazione e diritto moderno (1981)«, von denen eine Auswahl in dem Taschenbuch GERHARD DILCHER/ILSE STAFF, Christentum und modernes Recht, Beiträge zum Problem der Säkularisierung (1994) erschienen ist. Ich verdanke der Teilnahme an diesem Projekt meine erste

geschah das in der Idee des omnipotenten Gesetzgebungsstaats. In ihr beanspruchte und erhielt die Allmacht des Gesetzgebers eine quasireligiöse Überhöhung, so daß die prinzipielle Neugestaltung der Lebensverhältnisse, die er jeweils durchsetzte, als eine von einer unwiderstehlichen Macht getragene, existentiell sinnstiftende Wahrheit empfunden werden konnte. Die darin sich am Ende enthüllende Abirrung eines sich in seinem geschichtlichen Handeln absolut setzenden, sich in der Gesetzgebung gegenüber menschlichen Rücksichten grundsätzlich frei fühlenden Staates ist heute vor dem [231] Recht und den es nach heutigem Verständnis tragenden Menschenrechten zutiefst diskreditiert. Die gegenwärtige Rechtskultur fordert die Erneuerung des universalen, den individuellen Menschen als Person im Zentrum haltenden *ius gentium*, d.h. eines mit der gesetzgeberischen Omnipotenz des Staates unvereinbaren, an den Sachverhalt einer fundamental solidarischen, in gleichberechtigte Staaten gegliederten menschlichen Gesellschaft anknüpfenden Rechts, und zwar mit dem Ziel, der menschlichen Zivilisation auf diesem Globus Dauerhaftigkeit zu verleihen und sie vor der Zivilisationsbedrohung, die von totalitären Staaten ausgeht, zu schützen. Dieses dem modernen Macht- und Gesetzgebungsstaat übergeordnete *ius gentium* wurzelt in der römischen Antike, wie schon bemerkt, in zwei verschiedenen Entwürfen, einem pantheistisch-naturrechtlichen und einem humanistisch-zivilisationsrechtlichen und ist in der kompromißhaften Form, die es im augusteischen Prinzipat erhalten hat, zu dem geistigen Zentrum geworden, von dem die die christliche Religion erfassende Tradition des Römischen Rechts insbesondere seit dem christlichen Kaisertum die Eigen- und Selbständigkeit des Rechtsbegriffs verteidigt hat.

Es ist in dem hier erörterten Zusammenhang bemerkenswert, daß die Forderung nach einer Erneuerung des *ius gentium* heute gerade auch vom Standpunkt der römischen Kirche erhoben wird. Joseph Ratzinger, jetzt Papst Benedikt XVI., hat in einer denkwürdige Rede vom vergangenen Jahr, am Jahrestag der Landung in der Normandie, welche die Befreiung des westlichen Kontinentaleuropas einleitete, die Forderung nach der Erneuerung des *ius gentium* vom Standpunkt einer – so wörtlich – »*durch die Prüfung der Aufklärung gegangenen christlichen Religion*« erhoben. Die in dieser Rede vertretene Position, daß die Staaten die Grundwerte des Rechts ohne die Dimension existentieller Geschichtlichkeit und des darin begründeten kulturellen Gedächtnisses nicht wirksam sichern können,[11] vielmehr

Berührung mit dem rechtsgeschichtlich fundamentalen Thema der Säkularisierung. Zwischen meinem damaligen Beitrag zum Thema »Treu und Glauben. Zu den christlichen Grundlagen der Willenstheorie im heutigen Vertragsrecht« und dem im folgenden behandelten Gegenstand gibt es zahlreiche Berührungspunkte.

11 Das Feuilleton der Frankfurter Allgemeinen Zeit hatte am Freitag, dem 11.06.2004, die am Sonntag zuvor in Caen gehaltene Rede in wesentlichen Zügen wiedergegeben. Ratzinger fordert prägnant und in Einklang mit dem ursprünglichen, eine gleichberechtigte Staatenwelt postulierenden Sinn des Wortes: »*ein wirkliches* ius gentium *ohne hegemonisches Übergewicht*«. Der »*durch die Prüfung der Aufklärung hindurchgegangen(e)*« christliche Glaube habe »*die Idee der politischen Theokratie aufgehoben*« und die »*Weltlichkeit des Staates her-*

Gefahr laufen, dem [232] Druck moderner, fundamentalistischer Theokratien nicht standhalten zu können[12] entspricht, wie sich zeigen wird, nicht nur den Überzeugungen der ursprünglichen Historischen Rechtsschule, sondern zugleich tatsächlich der in der Kodifikation Justinians niedergelegten Anthropologie, deren Wurzeln in die antike Aufklärung zurückreichen und die durch die moderne Aufklärung erneuert und vertieft worden ist. Es ist eine Anthropologie des Personalismus, in der sich der klassisch skeptische, zivilisationsgläubige Humanismus, vermittelt durch die römische Kaiserzeit, mit einem christlichen, den Gesetzgeber und seinen Adressaten gleichermaßen erfassenden Personalismus in Beziehung setzt.

In einer neuzeitlichen Kontroverse über die Wechselwirkungen zwischen Theologie und Politik ist auf das geistige Prinzip, durch das die weltliche Rechtsordnung auch vom christlichen Standpunkt aus als etwas Geistiges angesehen werden konnte, das nicht auf Befehl des Machthabers beruht, bereits hingewiesen worden. Ich meine die Auseinandersetzung zwischen Carl Schmitt und Erik Peterson über die Möglichkeit einer politischen Theologie und daraus im besonderen den Grund, den Peterson an erster Stelle dafür anführt, daß eine Theologie, die in der Lage ist, per analogiam dem staatlichen Gesetzgeber göttliche Allmacht zu verleihen, aus christlich-konstantinischer, vom römischen Rechtsdenken geprägter Tradition unmöglich ist.

II. Carl Schmitt und Erik Peterson zur Möglichkeit einer politischen Theologie

Wenn man den biblischen Gesetzesbegriff auf seine abstrakteste Form bringt, d. h. in die Form, in der er in einer weltlichen Ordnung nachgebildet werden kann, dann erscheint er, wie eingangs bereits bemerkt, als eine Befehl-Gehorsam-

gestellt«. Bei dieser »*Abweisung politischer Theokratie*« gehe es »*um die Relativität des Staates und das eigene Recht der Vernunft, zugleich um die Freiheit der Wahl, die jedem Menschen zugedacht ist.*« Das den Christen verheißene Reich Gottes, »*das in dieser Welt nicht als politische Wirklichkeit existiert und nicht … existieren kann*«, fordere kein »*Weltreich*«, sondern sei »*ein Anruf an die Freiheit des Menschen und eine Stütze der Vernunft, damit sie ihre eigene Aufgabe erfüllen kann.*« Ihr wesentliche Wirkung für das Recht ist, daß damit von der Religion ein »›*laikaler‹ Staat*« anerkannt ist, der sich »*auf die prägenden moralischen Wurzeln stützen (darf und muß), die ihn gebaut haben; er darf und muß die grundlegenden Werte anerkennen, ohne die er nicht geworden wäre und ohne die er nicht überleben kann. Ein Staat der abstrakten geschichtlosen Vernunft kann nicht bestehen.*« Der Gegner ist der »*Laizismus*« als »*Ideologie*«, »*die sozusagen den Staat einer reinen Vernunft bauen möchte, der von allen geschichtlichen Wurzeln gelöst ist und dann auch keine moralische Grundlagen mehr kennen kann, die nicht jeder Vernunft einsichtig sind.*«

12 Vgl. a. a. O. Dem Staat, der sich als reinen Vernunftbau sieht, bleibe »*am Ende nur der Positivmus des Mehrheitsprinzips und damit der Verfall des Rechts, das schließlich von der Statistik gelenkt*« werde. »*Wenn die Staaten des Westens sich vollends auf diese Straße begeben würden, könnten sie auf Dauer dem Druck der Ideologien und der politischen Theokratien nicht standhalten.*«

Relation, die, da dem göttlichen Gesetzgeber absolute und fraglose Autorität zukommt, unbedingten Gehorsam verlangt und durch die Übereinstimmung, die der Gehorsam unter den Gehorchenden herstellt, eine gegen-[233] über der Umwelt scharf abgesetzte Gemeinschaft konstituiert. Dieses Modell gilt auch für die Urchristen, sobald man ihr Verhalten als gemeinschaftsbildenden Gehorsam gegenüber Sinn und Folgen der von ihnen erlebten, eine Endzeit ankündigenden Offenbarung auffaßt.[13] Auf dieser Abstraktionsebene verfließt der Unterschied zwischen dem äußeren Gesetzesgehorsam, der formales, der Regel kongruentes Verhalten in Einzelfällen verlangt, und der materialen Gesinnungsloyalität, die ihren Gehorsam in einer unbestimmten Zahl von Fällen erweist. Wird ein solcher Gesetzesbegriff für die Staatlichkeit nachgebildet, dann steht das Gesetz als politisches Gestaltungsprinzip unbedingt über dem Recht und zugleich zur freien Disposition des Gesetzgebers.

Die mit Abstand radikalste Fassung einer solchen Deutung neuzeitlicher Staatlichkeit findet sich in Carl Schmitts »Politischer Theologie«. Wie man dort erfährt, ist die (a.a.O S. 38): »*›Omnipotenz‹ des modernen Gesetzgebers, von der man in jedem Lehrbuch des Staatsrechts hört, nicht nur sprachlich aus der Theologie hergeholt.*« Der moderne, von Allmacht weit entfernte Rechtsstaat wird folgerichtig als Produkt deistischer Aufklärung abgewertet, nach deren Lehren Gott und Staat nur tun dürfen, was vernünftig ist, die Demokratie als Ergebnis relativistischer und kritischer Wissenschaftlichkeit abgefertigt.[14] Das Gemeinwesen, das an politische Theologie im Sinne Carl Schmitts glaubt, kann dagegen von einer Sinngebung erfaßt werden, die in ihrer Kraft ausdrücklich dem Wunder und damit einer partikulären Offenbarung höheren Sinnes verglichen wird. Die Unwiderstehlichkeit eines solchen Vorgangs tritt in dieser Deutung aus dem Jahr 1922[15] mit großer die bekannten, späte- [234] ren Ereignisse vorwegnehmenden

13 Vgl.nur Rudolf Bultmann, Das Urchristentum (1949. 1976^4), S. 203 ff.: »*das Urchristentum ⟨weiß sich⟩, als eschatologisches Gottesvolk, als das Ende der göttlich gelenkten Heilsgeschichte*«, … »*die christliche Gemeinde ⟨ist⟩ das ›Gottesvolk‹, … als die ›Kinder der Verheißung‹*«. Bultmann kritisiert die Annahme der frühen Christen, vor dem Weltende zu stehen, als eine Gesinnung, die »*Offenheit für die Zukunft*« und damit Anteilnahme an allem, was in der Welt auf längere Frist berechnet ist, ausschließt, und erklärt sie dadurch »*daß aus der jüdischen Tradition die Erwartung des Weltendes und der Heraufführung eines definitiven Heilszustandes durch eine kosmische Katastrophe mitgeschleppt*« worden sei.

14 Carl Schmitt, Politische Theologie, Vier Kapitel zur Lehre von der Souveränität, München 1922, S. 37: »*Die Idee des mondernen Rechtsstaates setzt sich mit dem Deismus durch* etc.« (siehe unten Anm. 15); siehe auch S. 40: »*Die Demokratie ist der Ausdruck eines politischen Relativismus und einer wunder- und dogmenbefreiten, auf den menschlichen Verstand und den Zweifel der Kritik gegründeten Wissenschaftlichkeit.*« Vgl. aus der reichen Literatur K. M. Kodalle, Politik als Macht und Mythos. C. S.s »Politische Theologie« (1973); J. M. Beneyto, Politische Theologie als politische Theorie (1983) und neuerdings Jan Assmann, Politische Theologie zwischen Ägypten und Israel (1991).

15 A. a.O. S. 37: »*Alle prägnanten Begriffe der modernen Staatslehre sind säkularisierte theologische Begriffe. Nicht nur ihrer historischen Entwicklung nach, weil sie aus der Theologie auf die Staatslehre übertragen wurden, indem zum Beispiel der allmächtige Gott zum omnipotenten

oder mit heraufbeschwörenden Klarheit hervor. Erik Peterson hat im Jahr 1935 auf Carl Schmitt geantwortet[16] und für das konkrete Beispiel des christlich gewordenen römischen Imperium die »*theologische Unmöglichkeit einer politischen Theologie*« aufgewiesen oder vielmehr, da er mit dieser Feststellung ausschließlich die Schrift seines einstigen Freundes im Visier hatte, einer politischen Theologie im Sinne Carl Schmitts.[17] Carl Schmitt hat im Jahre 1970 mit einer Schrift »Politische Theologie II« geantwortet und in ihr seine der Theologie durch Analogiebildung entlehnte Freisetzung der Gesetzgebungsgewalt verteidigt.[18] Darüber hinaus hat er in dieser Schrift eine enthüllende Verbindung zu seiner berühmt-berüchtigten Definition des Politischen als der Entscheidung über Freund und Feind hergestellt:[19] »*Der Neue Mensch …*«, stellt er anklagend (II S. 126) fest, »*lehnt den Feindbegriff und jede Säkularisierung oder Umbesetzung alter Feindvorstellungen ab*«. Was die »*Säkularisierung oder Umbesetzung alter Feindvorstellungen*« für die Staatlichkeit fordert, ist überdeutlich. Es impliziert das Recht des omnipotenten Staates, durch verbindliche Sinngebung an die Stelle der Verdammten der Religion die Vernichtungswürdigen staatlicher Wertedezisionen zu setzen. Es ist ein Säkularisierungsgewinn des Staates, der eine in jeder Richtung verwendbare, von jeder menschenrechtlichen Bindung befreite Generalermächtigung enthält. Tatsächlich hatte Carl Schmitt nach dem Zweiten Weltkrieg die moralisch rechtfertigende Kraft dieser Säkularisierung noch einmal für den Atomkrieg theoretisch fruchtbar machen wollen und ausgeführt, wie die Menschen, die diese Vernichtungswaffen zum Zwecke »*einer neuen Art von Raumnahme*« einsetzen wollen, vermeiden können, inso- [235] fern als »*Verbrecher und Unmenschen*« zu handeln. Sie müssen dafür der »*Logik von Wert und Unwert*«

Gesetzgeber wurde, sondern auch in ihrer systematischen Struktur, deren Erkenntnis notwendig ist für eine soziologische Betrachtung dieser Begriffe. Der Ausnahmezustand hat für die Jurisprudenz eine analoge Bedeutung wie das Wunder für die Theologie.« »Die Idee des modernen Rechtsstaates setzt sich mit dem Deismus durch, mit einer Theologie und Metaphysik, die das Wunder aus der Welt verweist und die im Begriff des Wunders enthaltene, durch einen unmittelbaren Eingriff eine Ausnahme statuierende Durchbrechung der Naturgesetze ebenso ablehnt wie den unmittelbaren Eingriff des Souveräns in die geltende Rechtsordnung. Der Rationalismus der Aufklärung verwarf den Ausnahmefall in jeder Form.«

16 Erik Peterson, Der Monotheismus als politisches Problem: Ein Beitrag zur Geschichte der politischen Theologie im Imperium Romanum (1935). Vgl. dazu Barbara Nichtweiss (Hrsg.), Vom Ende der Zeit. Geschichtstheologie und Eschatologie bei Erik Peterson (2000); Manfred Dahlheimer, Carl Schmitt und der deutsche Katholizismus 1888-1936 (1998), S. 480 ff.

17 Vgl. a.a.O. S. 158 Anm. 168 (unter ausdrücklicher Anführung der Schrift von Carl Schmitt, Politische Theologie, München 1922, der den Begriff der politischen Theologie in die Literatur eingeführt habe): »*Wir haben hier den Versuch gemacht, an einem konkreten Beispiel die theologische Unmöglichkeit einer »politischen Theologie« zu beweisen.*«

18 Politische Theologie II. Die Legende von der Erledigung jeder Politischen Theologie (1970), 2. Aufl. 1984.

19 Carl Schmitt, Der Begriff des Politischen (1927, 1933). Nachdr. 1963.

folgen und »*ihre Opfer und Objekte*« »*auch moralisch … vernichten*« und konsequent für »*verbrecherisch und unmenschlich erklären, für einen totalen Unwert*«.[20]

Es stimmt nachdenklich, daß solcherart Säkularisierung durch »*Umsetzung alter Feindvorstellungen*« schon an der Quelle ein Riegel vorgeschoben ist, wo wie in England durch eine Entscheidung eines auch mit Kirchenvertretern besetzten Gerichts das religiöse Symbol der Möglichkeit unbedingter, existentielle Verwerfung und Vernichtung rechtfertigender Feindschaft, die Hölle, als notwendiges Glaubenselement abgeschafft wurde, formell durch die Feststellung, daß die Ablehnung der damit verbundenen Vorstellungen irgendwie geartete Disziplinarmaßnahmen gegen einen Pfarrer der anglikanischen Kirchen nicht begründet.[21]

In der Schrift »Politische Theologie II« nennt Carl Schmitt für seine Sicht, die dem staatlichen Recht die Theologie als geistigen Legitimationsbeschaffer an die Seite stellt, mit Rudolf Sohm ein für ihn maßgebendes Vorbild.[22] Der [236] damit

20 Vgl. die Theorie des Partisanen (1963), S. 82; S. 94ff. Carl Schmitt beansprucht zwar, als »*Theoretiker*« zu sprechen und nur »*die Begriffe wahren und die Dinge beim Namen nennen*« zu wollen (S. 96), trägt aber in Wahrheit in die Menschheit einen von Dezisionen bestimmten, moralisch verbrämten, tatsächlich aber willkürlich ausfüllbaren Wertedualismus hinein. Was er damals konkret im Auge hatte, zeigt sich, wenn er empfiehlt, Menschen auszubilden, die in der Lage sind, das atomar zerstörte Gebiet zu besetzen und zu okkupieren (S. 82). Unter der von Carl Schmitt behaupteten (S. 95) »*Unentrinnbarkeit eines moralischen Zwanges*«, die Gegenseite für einen »*totalen Unwert*« zu erklären, steht denn auch nur die Staatsgewalt, die dem Säkularisierungszusammenhang die Überzeugung entnommen hat, so etwas ließe sich staatlicherseits im Weg der »*Umsetzung alter Feindvorstellung*« rechtfertigen. Die von Carl Schmitt beschworene »*Logik von Wert und Unwert*«, die die »*immer tiefere, Diskriminierungen, Kriminalisierungen und Abwertungen bis zur Vernichtung allen lebensunwerten Lebens*« erzwinge, existiert nur in seiner Politischen Theologie und ihren Wertedezisionen.

21 Vgl. den ausführlichen Bericht von A. D. White, A History of the Warfare of Science with Theology in Christendom II (1960; zuerst 1898), S. 341-348. Der auch als Gründer der Cornell University Ithaca bekannt gewordene Autor berichtet, daß das die kirchliche Maßregelung auslösende, 1860 erschienene Buch unter dem Einfluß der damals aus Deutschland nach England dringenden, historischen Bibelkritik entstanden war. Zusammenfassend zu dem Vorgang die ins Internet gestellte Schrift von Percy Dearmer, The Legend of Hell. An Examination of the Idea of Everlasting Punishment (1929). Das in letzter Instanz entscheidende Gericht stand unter der Leitung des Lordkanzlers Richard Baron Westbury und war mit zwei Erzbischöfen und dem Bischof von London besetzt. Siehe auch Bertrand Russell, Why I am not a Christian (zuerst 1957, Routledge 1996) S. 14 »*Belief in eternal hell fire was an essential item of Christian belief until pretty recent times. In this country, as you know, it ceased to be an essential item because of a decision of the Privy Council.*«

22 Carl Schmitt (II S. 98) unternimmt es dort, »*das Verhältnis von Theologie und Rechtswissenschaft*« als das »*zweier Wissenschaften*«, zu bestimmen, »*die in weitem Maß mit strukturell kompatiblen Begriffen arbeiten*«. Dafür findet er in Rudolf Sohm seinen Gewährsmann. Vgl. a. a.O. II, S. 99 »*Theologie will eine Wissenschaft sein und bleibt es auch, solange es einem total andern Wissenschaftsbegriff nicht gelingt, die Religion und ihre Theologie in die Untergründe seiner Art von Weltlichkeit zu verdrängen und sie als Anachronismus und Neurose psychoanalytisch zu liquidieren. Der kompatible Gegenbegriff gegen die Theologie als Wissenschaft ist hier eine andere Wissenschaft, die mehr sein muß als eine bloße Hilfswissenschaft oder Me-*

erkennbare Zusammenhang ist höchst lehrreich, nicht zuletzt auch deswegen, weil er die von mir schon früher aufgewiesene Herkunft Carl Schmitts aus der gleichzeitigen Freirechtsbewegung noch weiter klärt und um einen bedeutenden Aspekt vertieft.[23] Bei Rudolf Sohm finden wir in der Tat das gleiche, auf Freisetzung der Staatsmacht gerichtete Nebeneinander von Religion und Recht. Vorgelegt hat Sohm seine Gedanken vor allem in dem Lehrbuch *»Institutionen. Geschichte und System des römischen Privatrechts«*, der zu seiner Zeit mit Abstand erfolgreichsten, 1883 veröffentlichten und 1920 in 16. Auflage erschienenen Darstellung des Römischen Rechts. Recht erscheint hier als Ordnung der Machtverhältnisse nach Maßgabe des in der Volksgemeinschaft lebendigen Ideals der Gerechtigkeit, deren letzte Quelle religiös ist, nämlich der Glaube an die auch das Volksleben regierende göttliche Gerechtigkeit.[24] Irgendwelche beschränkenden Konsequenzen hat diese religiöse Gründung des Rechts nicht. Recht ist vielmehr in ungehemmtem Darwinismus *»die Schlachtordnung des Volkes im Kampf ums Dasein«*. Daher sei das Recht – ein zutiefst unrömischer Gedanke Sohms – in seinem Ursprung der Heeresordnung nachgebildet, also entschieden befehlskonstituiert.[25] Da eine Schlachtordnung mit Feinden konfrontiert wird, haben wir

thode. Welche? – »Es bleibt also wohl nur die Schwesterwissenschaft der Theologie, die – noch nicht in Historie aufgelöste – Rechtswissenschaft, wie sie im christlichen Mittelalter aus bloßer Kasuistik zu einer systematischen Wissenschaft entwickelt worden ist. Ein protestantischer Kirchenrechtslehrer, Rudolf Sohm, war einer ihrer letzten großen Repräsentanten.«.

23 Okko Behrends, Von der Freirechtsbewegung zum konkreten Ordnungs- und Gestaltungsdenken, in: Ralf Dreier/Wolfgang Sellert, Recht und Justiz im »Dritten Reich« (1987), S. 34-79. Zustimmend Andreas Koehnen, Der Fall Carl Schmitt. Sein Aufstieg zum »Kronjuristen« des Dritten Reiches (1995), S. 490 Anm. 200; 491 Anm. 203. Koehnen greift auch meinen Hinweis auf (S. 470 Anm. 111), daß man das Schmittsche Denken nicht um sein »aggressives Element« verkürzen darf, das in der »Gestaltung« liegt, der die »konkrete Ordnung« unterliegt. Die Bedeutung, die der *»verehrte protestantische Kirchenrechtslehrer Rudolph Sohm«* für Schmitt hatte, wird von Koehnen treffend gewürdigt (S. 66, 409).

24 Sohm, Institutionen (1920)[16], S. 23 *»Die Machtordnung des Volkslebens muß gerechte Ordnung sein, damit sie gleichzeitig die Anforderungen des Volkslebens und die Anforderungen der Einzelpersönlichkeit erfülle. So ordnet das Recht die Machtverhältnisse (die Rechte im subjektiven Sinn: Machtbefugnisse) innerhalb des Volkes nach Maßgabe des in der Volksgemeinschaft lebendigen Ideals der Gerechtigkeit, dessen letzte Quelle der Glaube an die auch das Volksleben regierende göttliche Gerechtigkeit ist.«*

25 Vgl. die voraufgehende Anmerkung am Ende; siehe ferner Institutionen S. 25 *»Das Grundgesetz des Rechtes ist die Selbstbehauptung des Volkes: was der machtvollen Erhaltung des Volkes dient, das ist (menschlich) gerecht. Salus publica suprema lex. Das Recht ist die Schlachtordnung des Volkes für den Kampf ums Dasein. Der Zeuger des Rechtes ist der Krieg. ›Der Krieg ist der Vater aller Dinge.‹ Unter dem Druck der Kriegsgefahr schließt sich das Volk zum Heer, zum Staat zusammen. Der Krieg ist nicht die gesellschaftszerstörende, sondern die gesellschaftbauende Gewalt. Die Heeresordnung bedeutet den Ursprung der Rechtsordnung: der Soldat ist der Vater des Vaterlandes.«* Das römische Recht hat dagegen in seiner langen auguralen Gründungszeit Recht und Militärwesen mit großer Strenge getrennt und dadurch den Gedanken einer freies und friedliches Leben sichernden Rechtsordnung verteidigt. Vgl. zuletzt etwa Behrends, Der Vertragsgedanke (oben Anm. 3), S. 20 ff.

[237] hier zugleich offensichtlich eine Vorstufe der Schmittschen Freund-Feind-Theorie des Politischen vor uns. Da die Religion nach ihrer säkularen Seite auf die Rolle der unbeschränkten Machtlegitimation eines Volksstaats beschränkt ist, bildet die christliche Sittlichkeit, zu der das Recht erziehe, lediglich die Voraussetzung des Rechts, nicht seinen Maßstab,[26] enthält also nicht die geringste Einschränkung der vollständigen Unterordnung, die das Recht von den Gliedern des Volkes verlangt. Geboten ist vielmehr die rückhaltloseste Eingliederung.[27] Es ist eine Trennung von Recht und Religion, die der Religion das Innere zuweist und dem Recht als Herrschaft über das Äußere eine unbegrenzte Legitimation gibt. Der Einzelne kann in der Welt seine religiöse Sittlichkeit in der vollständigen Unterordnung unter das staatliche Recht erleben.[28] Als politische Theologie gewertet sagt Sohms Lehre: Sei Untertan der Obrigkeit Deines Volkes, die Gewalt über Dich hat. Glaube in Deinem Inneren an ein Dir zugedachtes ewiges Leben, aber beweise Deine Religiosität im unbedingten Gehorsam des Soldaten gegenüber dem, was der Machthaber Dir sagt. Der unbedingte Gehorsam gegenüber dem weltlichen Befehl erhält dadurch eine religiöse, von jeder inhaltlichen Kontrolle freie Auszeichnung. Denn die rein weltliche, im Kampf ums Dasein für das Staatsvolk wahrgenommene Aufgabe wird göttlich legitimiert. Von dem Begriff des im Römischen Recht enthaltenen *ius gentium*, das eine gleichberechtigte Völ-[238]kerfamilie voraussetzt, ist nicht mehr die geringste Spur bewahrt. Dieses von der Historischen Rechtsschule in Gestalt eines allen Völkern zugedachten normativen Volksgeistes bewahrte Konzept ist von diesem Renegaten der Historischen Rechtsschule mit Entschiedenheit zurückgenommen, Savigny auf chauvinistische Weise verkürzt.[29] Was bleibt, ist das Recht eines einzigen, zum Kampf

26 Daher heißt es S. 25 »*Das Recht ist ein Erzieher auf die christliche Sittlichkeit, aber es trägt seine eigenen Gesetze in sich. Das Recht dient dem Volke, und dem Volk allein. Es fordert, was »des Kaisers« (des Volkes) ist, niemals, was Gottes ist.*«

27 Institutionen S. 25: »*Alles Recht besteht, damit das Volk da sei, stark sei, und die Macht des Rechts über den einzelnen beruht in der sittlich geforderten Unterordnung des Einzellebens unter das Volksleben. Gib dein Leben dem Volke wieder, von dem du es empfingst! Populum vivere necesse est, te vivere non necesse est: Das Recht teilt dem einzelnen zu, was ihm als Glied des Volkes, und zwar um des Volkes willen, zukommt. Das ist der Sinn des rechtlichen ›suum cuique‹*«.

28 Institutionen S. 24: »*Die göttliche Gerechtigkeit mißt den Menschen nach seinem sittlichen Werte (dem Wert vor Gott). Die Gemeinschaft mit Gott ist die Grundlage des sittlichen Lebens. Die menschliche Gerechtigkeit mißt den Menschen nach seinem rechtlichen Wert (dem Wert für das Volk). Die Gemeinschaft der Volksgenossen ist die Grundlage des Rechtslebens.*« S. 25: »*Das Recht ist ein Erzieher auf die christliche Sittlichkeit, aber es trägt seine eigenen Gesetze in sich. Das Recht dient dem Volke, und dem Volk allein. Es fordert, was »des Kaisers« (des Volkes) ist, niemals, was Gottes ist.*«

29 Institutionen S. 10: »*Heute steht durch und seit v. Savigny dank der von ihm gegründeten »historischen Schule« die deutsche Jurisprudenz der Rechtswissenschaft aller anderen Völker voran. In den Pandekten lag die starke Wurzel ihrer Kraft.*« Aber das sei seit dem Inkrafttreten des BGB Vergangenheit. S. 11: »*Die deutsche Kodifikation bezeichnet hier den entscheidenden Wendepunkt. … Das lebendige Recht der Gegenwart ist endlich in der Form eines deutschen*

bestimmten Volkes, dem implizit als einem Besonderen in der Welt Großes verheißen wird. Daß Ludwig Mitteis aus der letzten, zuerst 1923 erschienenen, 1949 noch einmal mit neuer Jahreszahl ausgelieferten 17. Auflage alle diese extrem nationalistischen Töne, die in der 16. Auflage von 1920 noch standen, beseitigt hatte, kam für die geistige Prägung Carl Schmitts zu spät.

Die Tatsache, daß Rudolf Sohm zugleich ein einflußreicher Kirchenrechtler war, bringt keine Milderung seiner Lehre. Im Gegenteil. Sein dort vertretener Standpunkt beweist, wie sehr Sohm mit der Reduktion des Rechts auf die Lebenszwecke des Volkes ein militanter Vertreter der für Carl Schmitts »konkretes Ordnungs- und Gestaltungsdenken« bestimmend gewordenen Freirechtsbewegung war.[30] Nicht zufällig hatte deren Vordenker Ernst U. Kantorowicz die freirechtlich erneuerte Jurisprudenz von dem befreien wollen, was er in ihr als Einfluß der traditionellen, Dogmen bildenden und Kirchenrecht legitimierenden Theologie konstatierte.[31] Sohms berühmte Grundaussage, daß Recht mit dem Wesen der Kirche unvereinbar ist, hat die gleiche Stoßrichtung. Wahre unverfälschte Kirche ist der Herrschaftsbereich der amtlosen, geistbegabten Gemeindemitglieder, welche in der Endzeiterwartung der frühchristlichen Eschatologie leben, unter deren Herrschaft das Phänomen des menschlichen Lebens dauerhaft ordnenden Rechts tendenziell [239] allen Sinn verliert.[32] Die damit von Sohm propagierte Rückkehr zur unmittelbaren Frömmigkeit der Urchristen ist aber nur

bürgerlichen Rechts zur Welt gebracht. Dies deutsche bürgerliche Recht wird und muß von nun an den vornehmsten Gegenstand der deutschen Privatrechtswissenschaft bedeuten. Auf diesem Boden wird die deutsche Wissenschaft den Bund fürs Leben mit der deutschen Praxis schließen«. S. 13: »*Das Corpus juris begrüßt noch heute den Jünger der Rechtswissenschaft an der Pforte des Heiligtums. Der Altar des Tempels aber wird nicht mehr dem römischen, sondern dem deutschen Rechte gewidmet sein.*« S. 23: »*Das Recht ist das Lebensgesetz des Volkes.*«

30 Vgl. dazu oben Anm. 23.

31 Gnaeus Flavius (Pseudonym), Der Kampf um die Rechtswissenschaft (1906) wollte diesen »*Geist der Theologie aus der verjüngten Rechtswissenschaft verjagen*«. S. 35: »*Der Parallelismus, der zwischen dogmatischer Jurisprudenz und orthodoxer* (!) *Theologie – allein von dieser sei hier die Rede – heute besteht, springt in die Augen. Dort Gott, hier ›der Gesetzgeber‹, beides für die Erfahrung unzugängliche Wesen*«. Vgl. auch Stephan Meder, Rechtsgeschichte (2001), S. 301.

32 Vgl. Wilhelm Maurer, R. Sohms Ringen um den Zusammenhang zwischen Geist und Recht in der Geschichte des kirchlichen Rechts, Zeitschrift für evangelisches Kirchenrecht 8 (1961/62), S. 26-60. Sohm habe eine scharfe Zäsur gesehen: Während im Urchristentum und im Altkatholizismus das Recht aus dem Geist hervorgegangen sei und das Recht den Geist nur regulierte und die Bedingungen aufstellte, unter denen es wirksam geworden sei (S. 47), sei im Neukatholizismus das Recht nicht mehr aus dem Geist, sondern aus der richterlichen Ordnungsgewalt der Kirche abgeleitet: »Aus der Macht der Sünde … ist das Bedürfnis – nach Kirchenrecht hervorgegangen.« Maurer nennt Sohm im übrigen treffend einen (S. 31) »*Nachfahren der Spätromantik*« und bemerkt richtig (S. 32); »*Darwin und Nietzsche scheinen sich die Hand zu reichen, wenn wir hören, das Recht entspringe dem ›Selbsterhaltungstrieb der volksmäßig zusammenhängenden Menge‹ und enthalte darum ›die um des Volkes willen notwendige Machtordung‹*«.

scheinbar. Die endzeitliche Stimmung der Urchristen hatte mit der christlichen Sittlichkeit, wie sie Sohm als Grundlage eines volle Hingabe fordernden, allein der geschichtlich handelnden Staatsmacht eines Volkes dienenden Rechts postulierte, keine Ähnlichkeit. Die Christen erwarteten für ihre Gemeinden keine diesseitige politische Zukunft, sondern für die Gläubigen unter ihnen eine jenseitige. Ihre Überzeugung, daß die Welt zu Ende gehen werde und alle Nichtchristen auf ewig verdammt seien, trug ihnen zwar den Vorwurf des *odium generis humani* ein und erklärt wahrscheinlich auch die auffällig hemmungslose Grausamkeit der ihnen gegenüber gewählten Hinrichtungsarten,[33] enthielt aber keine politische Aufgliederung der Menschheit, sondern eine religiöse. Erst Carl Schmitts »*Säkularisierung oder Umbesetzung alter Feindvorstellungen*« verwandelte dagegen den in der frühchristlichen Eschatologie enthaltenen Gedanken, daß Menschen anderer Glaubenshaltung und Lebensführung nach ihrem Tode dauernder metaphysischer Strafe anheimfallen, offen in eine diesseitige Befugnis des durch »politische Theologie« ermächtigten Gesetzgebers zu einer zu allen weltlichen Konsequenzen berechtigenden Bestimmung von Freund und Feind. Und zu Recht hat Carl Schmitt für diese Konstruktion, die in die Hand des sein Volk ordnenden Gesetzgebers Macht höchster Legi- [240] timation spielt, in Rudolf Sohm den für ihn maßgebenden Vordenker benannt. Durch das Stück sich über alles Menschliche erhebender Göttlichkeit, das Carl Schmitts politische Theologie dem Staat implantiert hat, erhebt er die Macht bewußt zu einer Substanz, die an sich, d. h. im reinen Akt der Entscheidung, »gut« ist und grenzenlose Verehrung verlangt, und zwar gerade und insbesondere dann, wenn sich ihre Entscheidungen in einer über- oder unmenschlichen Sphäre bewegen. Unter der Prämisse einer strengen – in der humanen Perspektive des *ius gentium* ganz sinnlosen – Alternative, daß (die das Recht gewährleistende) Macht entweder an sich böse oder an sich gut ist, fordert Schmitt dazu auf, sich für das Letztere zu bekennen und im Staat ein Stück eines lebendigen Gottes zu idolatrisieren, dessen große wertsetzende Entscheidungen immer gut sind.[34]

33 In einem apokryphen Passionstext ist diese Verbindung ausdrücklich hergestellt. Passio S. Pauli (edd. Lipsius, Bonnet, Acta Apostolorum Apocrypha I 30): *Haec audiens Nero et ira succensus, quia mundi figuram per ignem Paulus dixerat resolvendam, iussit omnes Christi milites igne cremari, Paulum autem … capit … truncari.* Zitiert bei Blumenberg (oben Anm. 10), S. 151 f., 276. Nach Sueton war es Nero, welcher dem grausamen Vorgehen gegen die Christen als Anhänger eines neuen und gefährlichen Aberglaubens eine Art institutionelle, wenn auch außerordentlich kaiserrechtliche Form gegeben hat. Nero 16, 2 *Multa sub eo et animadversa severe et coercita nec minus instituta* (!): … *afflicti suppliciis Christiani, genus hominum superstitionis novae ac maleficae*). Es wird erwähnt unter den Maßnahmen, die Nero in seinen Anfängen noch in untadeliger oder gar lobwürdiger Weise vorgenommen hat, und zwar ganz beiläufig, zwischen dem Verbot, in den Garküchen anderes als Gemüse und Kohl zu verabreichen, und dem Verbot eines bestimmten Spiels.

34 Carl Schmitt hat daher in einem von Jan Assmann, Politische Theologie (oben Anm. 14), S. 29 diskutierten Zitat die Behauptung, daß die Macht »*in sich böse*« (bei Jakob Burckhardt »an *sich böse*«) sei, mit dem Satz kommentiert: »*Wer weiß heute, daß dieser Satz dasselbe be-*

Das zentrale Argument, um dessentwillen Erik Peterson eine solche unbegrenzte »Legitimation« verleihende Argumentation für die Zeit der christlichen Spätantike für unmöglich erklärte, war die Trinitätstheologie. Zwar sei ein religiös begründetes universales Kaisertum, das prinzipiell mit Augustus begonnen habe, mit Konstantin unter christlichen Vorzeichen Wirklichkeit geworden, und es habe an Versuchen, die die gesamte damalige Welt beherrschende Monarchie durch den Monotheismus zu legitimieren, nicht gefehlt, insbesondere seitens der am Kaiserhof beliebten Arianer; »*doch*« – so wörtlich – »*die Lehre von der göttlichen Monarchie mußte am trinitarischen Dogma*[35] *... scheitern*«.

[241] Hinsichtlich der näheren Gründe, warum die Trinitätslehre eine politische Theologie im Stile Carl Schmitts ausschließt, hat es Erik Peterson im wesentlichen bei der Evidenz gelassen, daß eine Theologie, die in der Welt die Präsenz von erfahrbarem und sinngebendem Geist postuliert, nicht geeignet ist, in einer einfachen Gott-Mensch-Analogie einen omnipotenten, in der politischen Sinngebung freien, weltlichen Alleinherrscher zu ermächtigen. Göttlicher Geist postuliert für das Recht eine Sinndimension, die sich menschlicher Willkür entzieht. Wer nun diesen Hinweis als Rechtshistoriker aufgreift und weiterverfolgt, gelangt in das Zentrum eines geistigen Traditionszusammenhangs, der dazu geführt hat, daß das römische Kaisertum trotz aller Machtfülle auch in der christlichen Zeit von Konstantin bis Justinian einen Rechtsbegriff bewahrt hat, in dem nicht der Gedanke eines das Recht stiftenden Gesetzesbefehls dominiert, sondern die vernünftige Ordnung, die dem Gesetz im eigentlichen Sinn eine diese Ordnung ergänzende und an den notwendigen Stellen erneuernde Rolle zuweist. Aus diesem Grund war die große Kodifikation Justinians, wie wir sehen werden, alles andere als ein Stück positivistischer und abschließender Setzung eines souveränen Willens.

deutet wie: Gott ist tot?«. Die rhetorische Frage enthält die Aussage: Wer die von Menschen über Menschen ausgeübte Macht nicht für »*in sich gut*« hält, leugnet Gott. Die e contrario hervortretende Prämisse, jedermann müsse die staatliche Macht für schlechthin gut und göttlich erklärt und in ihren Handlungen, wie immer sie Freund und Feind unterscheidet, Taten Gottes anerkennen, legt zugleich den schlichten Kern der Politischen Theologie Carl Schmitts frei. In der römischen, auf die unter Menschen hervorgebrachte Ordnung blikkenden Tradition ist Schmitts Alternative sinnlos: Von Menschen ausgeübte Staatsgewalt ist, wie alle menschliche Tätigkeit, danach zu bewerten, wie gut oder schlecht sie die ihr gestellte Aufgabe erfüllt.

35 A.a.O. S. 33. Erik Peterson fügte hinzu: »*und die Interpretation der Pax Augusta an der christlichen Eschatologie*«. Der Zusatz ist gegen Euseb gerichtet, der gelehrt hatte (S. 77), daß »*sämtliche Weissagungen vom Völkerfrieden im Römischen Reich in Erfüllung gegangen*« waren und damit dem weltlichen Frieden die Bedeutung der Einlösung einer Verheißung gegeben hatte. Peterson zitiert dazu eine Äußerung Eusebs zu Micha 4, 4: »*Das ist alles aber erst eingetroffen, als die Römer die Herrschaft hatten, von den Tagen der Ankunft unseres Heilandes bis in die Gegenwart*«. Für Justinian war demgegenüber, wie wir sehen werden, die römische Rechtsordnung nicht die Erfüllung einer biblischen Verheißung, sondern ein Geschöpf des auch am Anfang der römischen Geschichte stehenden und die von Anbeginn an den Menschen zugedachte Rechtsordnung hervorbringenden trinitarischen Gottes.

III. Justinians Kodifikation als Erneuerung der durch die römische Geschichte gegebenen, die Fortdauer der Welt gewährleistenden, geistgegründeten Rechtsordnung

Wenn sich Justinian in der Konstitution »Deo auctore«, mit der er den Beginn der Arbeiten am Herzstück seiner Gesetzgebung, den Digesten, ankündigt, die Hilfe der schöpferischen Kraft der Trinität anruft, dann muß das in Zusammenhang mit der Tatsache gesehen werden, daß er der Dreieinigkeit mit dem Codextitel DE SUMMA TRINITATE auch schon den Anfang seines Gesetzgebungswerkes gewidmet hatte. Dieser Codextitel enthielt eine Reihe von Kaiserkonstitutionen, welche die Trinitätslehre auf der Grundlage des Nicaenum einschärften und gegen Häresien verteidigten, insbesondere gegen die Nestorianer, die in dem göttlichen und dem menschgewordenen Christus nicht wie die Orthodoxie zwei Naturen einer einzigen Person, sondern zwei distinkte Personen, eine göttliche und eine menschliche, sahen. Der Kaiser wendet sich in einer eigenen Konstitution ausdrücklich gegen die daraus folgende Konsequenz, die Trinität um eine vierte, ausschließlich menschliche [242] Person zu erweitern,[36] und zwar kraft eigener Kompetenz und erprobter Sachkunde, war er doch an dem im Jahr 518 einsetzenden Briefwechsel zwischen Kaiser Justinus und dem damaligen

36 Ich zitiere aus dem nur griechisch überliefertem Gesetz Justinians zunächst die moderne lateinische Übersetzung CJ 1, 1, 6 (a. 533) *Non enim alium deum verbum et alium Christum novimus, sed unum eundemque consubstantialem patri secundum divinitatem et consubstantialem nobis eundem secundum humanitatem. ut enim in divinitate perfectus est, ita idem et in humanitate perfectus est. re vera enim unitatem accipimus et confitemur: trinitas enim mansit trinitas et postquam unus ex trinitate deus verbum factus est: neque quartae personae adiectionem recipit sancta trinitas.* Der letzte Halbsatz lautet im griechischen Text, der selber mit Wahrscheinlichkeit einen lateinischen Entwurf aus der Feder Justinians voraussetzt (vgl. unten Anm. 39 und 69): *οὔτε γαρ τετάρτου προσώπου προσθήκην ἐπιδέχεται ἡ ἁγία τριάς*. Die auffällige Kategorie der vierten Person, deretwegen die Nestorianer auch in einem an den Kaiser Justinus gerichteten Text (collectio Avellana [unten Anm. 37] Nr. 232) als »*hominem colentes*« bezeichnet wurden, berührt sich, da sie eine selbst gewählte geistige Rolle eines historsichen Menschen bezeichet, in aufschlussreicher, gewiß nicht zufälliger Weise mit der *quarta persona*, dem geistigen Menschen der Anthropologie des späten Ciceros. Vgl dazu näher unten S. 284ff., 301ff. Justinian fußt in dieser Konstitution unmittelbar auf seinen Erfahrungen aus der monophysitische Tendenzen zurückdrängenden Beendigung des Akakianischen Schismas, an der er, wie auch im Text betont, als Kronprinz auf der weltlichen Seite als die geistig führende Persönlichkeit beteiligt war. Der perhorreszierte Begriff der »vierten Person« begegnet auch dort schon. So heißt es etwa in einem Brief des Hormisdas an Justinus aus dem Jahr 521 (Collectio Avellana [unten Anm. 37] Nr. 236, 12): *idem enim deus et homo, non, ut ab infidelibus dicitur, sub quartae introductione personae sed ipse dei filius deus et homo*; voraufgegangen war der ausdrücklich gegen die Nestorianer gewendete Vorwurf eines (236, 4): *in eodem domino nostro Iesu Christo potestatem divinam a vera humanitate secludere[t].*

Papst Hormisdas (514-523), der das Schisma des Acacius beigelegte, von Anfang an maßgeblich beteiligt gewesen.[37] Kein Wunder, daß die in diesem Briefwechsel auftretenden Formulierungen zur göttlichen Herrschaftslegitimation des Kaisers in Justinians späteren Konstitutionen vielfach wiederkehren.[38]

[243] Justinians Fähigkeit, als Kaiser auf beiden Gebieten, dem der Religion wie dem des Rechts, mit gleicher Autorität mitreden zu können, beruht auf seiner Biographie. Als er, im Jahre 482 geboren und aus einem lateinisch sprechenden und zum Papst in Rom ressortierenden Gebiet des Reiches stammend,[39] im Alter von 45 Jahren als Neffe schwesterlicherseits und Adoptivsohn des Kaiser Justin im Jahre 527 seine dann etwas mehr als 38 Jahre währende Herrschaft antrat, konnte er in beiden Bereichen auf eine gründliche Ausbildung und praktische Erfahrung zurückblicken. Sein Adoptivvater, der des Lesens und Schreibens unkundige Justin, der nach einer Militärkarriere unter Zenon (474-491) und Anastasius (491-518) erst im Jahre 518 im vorgerückten Alter von 76 Jahren zum Kaiser gewählt worden war, hatte Justinian schon als jungen Mann zu seinem Erben und Nachfolger auserkoren und ihm zu diesem Zweck die bestmögliche Erziehung an-

37 In dem Artikel »Hormisdas von Rom« von S. C. Kessler im »Lexion der antiken christlichen Literatur« (1998) heißt es: »*Zusammen mit Justin I. und Justinian beendete er den Streit mit der Ostkirche um Acacius (519). Gegenüber dem Kaiser konnte H. kurzfristig eine theoretische Anerkennung der Lehrautorität des Bischofs von Rom durchsetzen.*« Es handelt sich um insgesamt 21 Briefe. Vgl. Suchla (unten Anm. 40), S. 369. Sie sind zugänglich in der Briefsammlung der sog. Collectio Avellana, die als 35. Band des Corpus scriptorum ecclesiasticorum Latinorum im Jahr 1898 unter dem Titel »Epistulae imperatorum pontificum aliorum« von Otto Guenther herausgegeben worden ist. Während die Briefe Nr. 141 und 143 der Form nach von Justin an Hormisdas gerichtet sind und mit den Nr. 142 und 144 dieser ihm antwortet, ist schon der Brief Nr. 147 aus dem gleichen Jahr 518 von Justinian und der Brief 148 von Anfang 519 eine Entgegnung von Hormisdas an Justinian.

38 Die Vorstellung vom Kaiseramt ist in allen Briefen in der Tat ganz diejenige, wie wir sie in den Konstitutionen Justinians vorfinden. Vgl. a. a.O Nr. 141 (Justinus) … *inseparabilis trinitatis favore … ad imperium nos electos fuisse atque firmatos;* a. a.O. 143 (Justinus) *re publica, cuius gubernatio nostrae pietati caelitus credita est.*

39 Vgl. Berthold Rubin, Das Zeitalter Iustinians (1960), S. 85: »*Es ist für die Entwicklung Iustinians von größter Bedeutung, daß er und sein Onkel aus damals lateinischem Sprach- und Kulturgebiet des Balkan und aus einem hart umkämpften Sprengel der päpstlichen Oberhoheit stammten*«. Justinian selbst weist mehrfach darauf hin, daß Latein die Sprache seiner »Väter« ist. Vgl. Nov. 13 pr (a. 535): *Patriae enim nostrae vox praefectos vigilum eos appellavit;* 15 pr (a. 535): *paterna voce defensores eos vocamus;* ebenso sein Nachfolger Justinus Nov. 140, 1 (a. 566): *›bona gratia‹ sic procedentem solutionem nuptiarum patria vocitantes voce.* Besonders deutlich die Bekundung Justinians Nov. 146, 1 (a. 553): *et patria forte lingua (hac dicimus)* – »*auch in der Sprache der »Väter« (in der der wir sprechen)*« sc. dürfen in der Synagoge die Heiligen Schriften gelesen werden. Gemeint ist Justinians Muttersprache Latein, d. h. die Sprache, in welcher er (im majestätischen ›wir‹) seine Entwürfe schrieb. Die griechische Version der gleichen Novelle erläutert die Sprache der Väter objektiv mit »italisch«. Zu der Frage, inwieweit wir hier trotz der komplexen Überlieferungslage der Novellen in dem lateinischen Text noch Justinian selbst hören können, vgl. unten S. 255 mit Anm. 69.

gedeihen lassen, auch in Jurisprudenz und Theologie.[40] Früh hatte er ihn daher auch in maßgebender Weise mit Regierungsgeschäften betraut, nicht nur in Fragen der Religion, sondern nicht minder in denen des Rechts.[41] Wo Justinian in seiner Kodifikation das Wort ergreift, wird immer wieder deutlich, daß er sich in beiden Be- [244] reichen heimisch fühlte und zugleich davon durchdrungen war, daß zwischen ihnen eine tiefe geistige Beziehung besteht.

Der Trinitätslehre kommt für diese Überzeugung eine Schlüsselrolle zu. Für die Art und Weise ihres Einflusses war dabei von grundlegender Bedeutung, daß Justinian sich nicht nur seiner Herkunft entsprechend ganz in der Tradition der lateinischen, in systematischer Anwendung zuerst bei Tertullian bezeugten *tria-persona* Lehre bewegte,[42] sondern zugleich unter dem Einfluß der Lehren Augustins stand. Dessen Monographie De Trinitate hatte er schon in seinen Kronprinzenjahren kennengelernt, wie Zitate in einem seiner frühen Briefe an den Papst Hormisdas beweisen.[43] Von dem, was diese Schrift enthielt, sollte die Lehre von

40 Vgl. EDWARD GIBBON, The Decline and Fall of the Roman Empire, Kapitel XL (Everyman's Library 1994 IV, S. 168 ff.), insbes. S. 168: »*Justinian, an aspiring youth, whom his uncle had drawn from the rustic solitude of Dacia, and educated at Constantinople as the heir of his private fortune, and at length of the Eastern empire.*« EDUARD GRUPE, Kaiser Justinian (1923), S. 20: »*Neun Jahre regierte Justinus, aber er war eine Puppe in der Hand seines klugen Neffen Justinian. Dieser war vortrefflich erzogen. In Grammatik und Mathematik, in Philosophie, Theologie und Jurisprudenz war er in den betreffenden Fachschulen der Hauptstadt unterrichtet worden.*« Zur theologischen Ausbildung vgl. insbesondere den Artikel »Justinian I« von B. R. SUCHLA im »Lexikon der antiken christlichen Literatur« (1998) mit zahlreichen Nachweisen. Dort heißt es: In seinen jungen Jahren war er »*Schüler des Agapetus, eines Diakons der Hagia Sophia*« und: »*In allen seinen Werken weist sich J. als geschulter, eigenständig denkender neuchalzedonischer Theologe aus.*«

41 Zu Justinians Urheberschaft an der formell von Justinus erlassenen »*lex Theodora*« u. S. 313.

42 Vgl. RENÉ BRAUN, »Deus Christianorum«. Recherches sur le vocabulaire doctrinal de Tertullien (1962), S. 207: »*le prémier témoin d'un emploi qui devait avoir une importance déterminante pour l'histoire du mot* persona«; S. 227: »*C'est dans l'Adu. Praxean … que se rencontrent les premiers emplois de* persona *désignant les Êtres de la Sainte Trinité*«, S. 237 mit Anm. 1 (erste systematische Belege für die übliche Zählung und Reihung). Siehe ferner BERND JOCHEN HILBERATH, Der Personbegriff der Trinitätstheologie in Rückfrage von Karl Rahner zu Tertullians »Adversus Praxean« (1986), S. 13 zu »*Tertullian, dem ersten systematischen Trinitätstheologen der lateinischen Kirche, der auch als erster das Wort »persona« systematisch verwendet*«; vgl. auch S. 92. Zur Frage der Identität Tertullians mit dem etwa gleichzeitigen Juristen gleichen Namens vgl. bei KLAUS SALLMANN, Die Literatur des Umbruchs. Von der römischen zur christlichen Literatur, Handbuch der Lateinischen Literatur der Antike IV (1979), einerseits D. LIEBS (S. 124), der eher für »*Identifizierung mit dem … Kirchenvater*« eintritt, andererseits H. TRÄNKLE (S. 439), dem sie »*nicht unmöglich, aber auch nicht geradezu wahrscheinlich*« erscheint.

43 Vgl. den Auszug aus dem Brief, den Justinian am 9. Juli 520 an den Papst Hormisdas richtete (Collectio Avellana [oben Anm. 36] Nr. 196, 6): *nobis … videtur, quoniam filius dei vivi dominus noster Iesus Christus ex virgine Maria natus, quem praedicat summus apostolorum carne passum, recte dicitur unus in trinitate cum patre spirituque sancto regnare. sicut enim videtur ambiguum dicere simpliciter ›unum de trinitate‹ non praemisso nomine domini nostri*

der *imago Trinitatis* für Justinian die fruchtbarste werden. Augustinus hatte in Aufnahme einer vorchristlichen, um den Begriff der menschlichen Person (*persona*) zentrierten Tradition, die sich nach einer rein skeptisch-humanistischen Vorbereitung platonischen Gedanken geöffnet hatte, in jedem menschlichen Bewußtsein eine untrennbare Dreiheit von (transzendenter und geschichtlicher) *memoria*, (gegenwärtiger) *intelligentia* und (die Zukunft bedenkender, von einem verantwortungsfähigen Willen getragener) *providentia* erkannt, die für alles menschliche Handeln und Planen Geistiges und Empirisches in Vergangenheit, Gegenwart [245] und Zukunft verknüpft, und gerade darin, wie später näher gezeigt werden wird,[44] eine spezifische, dem geistigen Menschen geltende Gottesebenbildlichkeit aufgewiesen. Eingebettet war die Rezeption dieser Lehre in die für Augustinus kennzeichnende Überzeugung, daß die platonische Philosophie wahre Gotteserkenntnis enthalte und daher als »wahre Philosophie« der traditionellen Philosophieablehnung der Christen nicht unterliege.[45] Justinian konnte durch die Aufnahme dieser personalen, theologisch fundierten Anthropologie, die das überlieferte Römische Recht des Prinzipats sowohl kraft innerer Verwandtschaft aufgreifen als auch zu beleben vermochte, seiner Kodifikation eine geistige Kraft verleihen, die über das, was sie in ihrer eigenen Zeit bewirken konnte, weit hinausreicht. Die Art, wie er sie seiner Kodifikation zugrundelegt, zeigt, daß er von ihrer Richtigkeit tief durchdrungen war. In einem frühen Brief (Collectio Avellana [oben Anm. 37], Nr. 160), den Justinians Adoptivvater Justinus nominell im Jahr 519 noch selbst, gewiß aber schon mit Unterstützung seines Neffen an Hormisdas gerichtet hat, ist die für *imago Trinitatis* typische Inbeziehungsetzung der beiden gegliederten Einheiten auf menschlicher und göttlicher Ebene schon deutlich vorausgesetzt, wenn es dort heißt, daß diejenigen, die den rechten Pfad einhielten (*qui rectum tenebant tramitem)* die Einheit der ungeteilten Trinität in der Einheit ihres Verstandes verehrten (*unitatem individuae trinitatis ipsi quoque unitate colant mentium*).

Auch die eingangs erwähnte, die Digesten ankündigende Konstitution Deo auctore ist ganz von diesen Überzeugungen geprägt. Justinian ruft daher in ihr die Trinität nicht nur allgemein als Schöpfungsprinzip an, auf das mit allen körperli-

Iesu Christi, sic eius personam in trinitate cum patris spiritusque sancti personis esse non dubitamus. sine Christi namque persona nec credi trinitatis religiose potest nec adorari fideliter, quemadmodum sanctus Augustinus ait: »an aliqua ex trinitate persona [de trinitate II 16]« et alio loco [?] »solus in trinitate corpus accepit«, et iterum [Enchirid. De fide c. 12] »unus trium«. BERTHOLD ALTHANER, Augustinus in der griechischen Kirche bis auf Photios, in: Kleine Patristische Schriften (1968), S. 73, vermutet als Quelle der Augustinus – Zitate, von denen das mittlere nicht verifiziert werden konnte, ein Florilegium.

44 Vgl. unten S. 296 ff.

45 Vgl. THERESE FUHRER, Die Platoniker und die civitas dei, in: CHRISTOPH HORN (Hrsg.), Augustinus. De civitate dei (›Klassiker Auslegen‹ Nr. 11), S. 98 mit Quellennachweisen. Die »wahre Philosophie« Augustins bestätigt meinen Eindruck, daß das Bekenntnis zu einer die Juristen zu Priestern machenden *vera philosophia* in Ulpian 1 institutionum D 1, 1, 1 pr auf Justinian zurückgeht. Vgl. OKKO BEHRENDS, Mommsens Glaube (2005), S. 20 Anm. 29.

chen und geistigen Dinge auch das Recht zurückgeht, sondern auch als Kraft, welche die Seelenkräfte des Menschen stärken kann, wenn es darum geht, ihr Werk zu verstehen und zu klären.

> Constitutio Deo auctore pr (a. 530)
> Deo auctore nostrum gubernantes imperium quod nobis a caelesti maiestate traditum est, … ita nostros animos ad dei omnipotentis erigimus adiutorium, ut … omnem spem ad solam referamus summae providentiam trinitatis: unde et mundi totius elementa processerunt et eorum dispositio in orbem terrarum producta est (»*Indem wir unter Gottes Segen das Reich lenken, das uns die himmlische Majestät übertragen hat, … richten wir unsere Seele in der Weise auf die Hilfe des allmächtigen Gottes,* [246] *daß … wir alle Hoffnung allein auf die Vorsehung der allerhöchsten Trinität richten: Von ihr stammen die Bausteine der ganzen Welt und von ihr ist deren Anordnung im Erdkreis ausgegangen.*«)

Da wegen der auch das Recht erfassenden Schöpfungstätigkeit der Trinität, wie Justinian fortfährt, unter allen Gegenständen nichts größere geistige Mühe verlange (*Cum itaque nihil tam studiosum in omnibus rebus invenitur*) als das geltende Recht, das die göttlichen und menschlichen Dinge in guter Weise ordne und alles Unrecht austreibe (*quam legum auctoritas, quae et divinas et humanas res bene disponit et omnem iniquitatem expellit*), er aber festgestellt habe, daß es durch den langen Entwicklungspfad, auf dem es sich von der Stadtgründung des Romulus bis auf seine Zeit seinem Blick darbiete (*repperimus autem omnem legum tramitem* [das auffällige Wort *trames* begegnete uns schon in dem zuvor zitierten Brief aus dem Jahr 519], *qui ab urbe Roma condita et Romuleis descendit temporibus*), so sehr ins Unendliche verfließe, daß menschliche Natur es nicht mehr erfassen könne (*ita esse confusum, ut in infinitum extendatur et nullius humanae naturae capacitate concludatur*), habe er sich jetzt nach Sammlung der Kaisergesetze im Codex der gesamten Rechtsordnung (*omnem Romanam sanctionem*) und ihrer Vereinheitlichung und Verbesserung angenommen. Das sei zwar ein Unternehmen, daß ihm immer äußerst wieder schwierig, ja unmöglich erschienen sei (§ 2 *res quidem nobis difficillima, immo magis impossibilis videbatur*). Aber mit zum Himmel gerichteten Armen und unter Anrufung der Hilfe des Ewigen habe er auch diese Sorge auf seine Seele genommen, im Vertrauen auf Gott, der durch die Größe seiner Kraft auch einer verzweifelten Sache Vollendung gewähren könne (*sed manibus ad caelum erectis et aeterno auxilio invocato eam quoque curam nostris reposuimus animis, deo freti, qui et res penitus desperatas donare et consummare suae virtutis magnitudine potest*). In gleichem Sinne schrieb Justinian später nach Vollendung der Digesten, es sei ein Wunder gewesen, diese Rechtsordnung, deren Dauer sich von der Gründung der Stadt bis auf die Zeit seiner Herrschaft auf fast 1400 Jahre belaufe, die in inneren Streitigkeiten hin und her geschwankt und dies sogar auf die kaiserlichen Konstitutionen übertragen habe, in eine einzige Harmonie zu überführen.[46]

46 Constitutio Tanta pr. (a. 533): *erat enim mirabile Romanam sanctionem, ab urbe condita usque ad nostri imperii tempora, quae paene in mille et quadringentos annos concurrunt, inte-*

[247] Gemeint ist das Wunder der inspirierten Durchdringung eines geistigen Gegenstandes, der trotz aller Verwirrungen, die ihn auf der Ebene des Menschen betroffen haben, kraft seiner höheren Herkunft eine ihn tragende, zur Einheit bringende und zukunftsfähig machende geistige Grundlage aufweist. Die Zuversicht, daß sich das »Wunder« ereignet und ein Gesetzgeber wie Justinian den inneren Zusammenhang des Ganzen erfassen kann, beruht auf der in der *imago Trinitatis* enthaltenen, spezifisch geistigen Gottesebenbildlichkeit: Weil die Rechtsordnung ein Geschöpf der göttlichen, Vergangenheit, Gegenwart und Zukunft umfassenden Trinität ist, kann der Mensch, ihr Ebenbild, wenn seine Seelenkräfte von ihr unterstützt werden, erwarten, sie erfassen zu können. Justinians schöpfungstheoretischer Blick erfaßt das römische Recht damit als einen geschichtlichen Gegenstand, der sich in seiner, von seinen Anfängen über die Gegenwart in die Zukunft reichenden Erstreckung als lebendige Einheit darbietet. Er sieht es als etwas Geistiges, das kraft seiner höheren Herkunft eine innere, ihm über die Zeiten Identität verleihende Wahrheit hat, das aber dadurch, daß seine konkrete Verwirklichung notwendig in den Händen von Menschen liegt, die einen unmittelbaren Zugang zu dieser Wahrheit nicht haben, schwanken und immer wieder verdorben werden kann. Tertullian hat das von allen Einrichtungen der Schöpfung gesagt: Der Mensch, in dessen Verantwortung sie übertragen sind, sei nie sicher, wie er die *instituta* des *institutor* gebrauchen soll; seine besten Lehrmeister seien die Erfahrungen mit den Mißbräuchen, deren er sich unter den Einflüssen des Bösen in ihm schuldig macht.[47]

stinis proeliis vacillantem hocque et in imperiales constitutiones extendentem in unam reducere consonantiam. In dem Digestentitel D 1, 2 De origine iuris wird der größte Teil dieses Entwicklungsganges durch ein großes Fragment aus dem Enchiridion des Pomponius dokumentiert. Die inneren Kämpfe beziehen sich auf die tiefgreifenden Streitigkeiten der kaiserzeitlichen Rechtsschulen, die Justinian zu beseitigen versucht hat und die sich in der Tat auch in divergierenden Rechtsauskünften der kaiserlichen Kanzleien wiedergespiegelt hatten.

47 Tertullian, De spectaculis 4 (2, 4): Nemo negat, quia nemo ignorat, quod ultro natura suggerit, Deum esse universitatis conditorem eamque universitatem tam bonam quam homini mancipatam. (*Niemand bestreitet, weil niemand verkennt, was die Natur aus sich heraus zu erkennen gibt, daß Gott der Schöpfer des Universums ist und daß dieses Universum einerseits gut, andererseits dem Menschen förmlich zu Eigentum übertragen worden ist.*). (2, 5) Sed quia non penitus Deum norunt nisi naturali iure, non etiam familiari, de longinquo, non de proximo, necesse est ignorent. qualiter administrari aut iubeat aut prohibeat, quae instituit. (*Aber weil sie Gott nicht von innen kennen, sondern nur kraft natürlichen [kreatürlichen], nicht auch kraft vollgültigen Verwandtschaftsrechts* [sc. mit dem Vater; die juristisch gefärbte Terminologie spielt auf den Gegensatz zwischen natürlicher, d. h. nichtehelicher, und ehelicher Abstammung an] *gegründeten Rechts, und nur von Ferne, nicht aus unmittelbarer Nähe, müssen sie notwendigerweise verkennen, wie er das, was er eingerichtet hat, zu verwalten gebietet oder verbietet.*) … (2, 66) Non ergo hoc solum respiciendum est, a quo omnia sint instituta, sed a quo conversa. Ita enim apparebit cui usui sint instituta, si appareat cui non. (*Man muß daher nicht nur darauf achten, von wem die Dinge eingerichtet sind, sondern auch darauf, von wem sie verdorben worden sind. Es wird nämlich deutlich werden, zu welchem Zweck sie eingerichtet sind, wenn sich zeigt, wozu nicht.* (2, 7) Multum interest inter corrup-

[248] Es enthält daher eine klare Pointierung, wenn Justinian um die Hilfe der *providentia trinitatis* und nicht einfach um die der *providentia dei* bittet.[48] Indem er das Wirken der Dreieinigkeit im Universum beschreibt, will er, ohne daß eine eigentliche Trennung möglich wäre,[49] auf das Hervorgehen des Geistes des in der Welt wirkenden Rechts aus den beiden anderen uranfänglichen, aber dem Menschlichen zugewandten, auch am Anfang der römischen Geschichte wirkenden Personen Gottes verweisen.[50] Er ruft daher die Trinität an, um sich für die von ihm unternommene geistige Aufgabe der Verjüngung und Auffrischung des Römischen Rechts spiritueller Hilfe zu vergewissern. Der rechte Geist soll ihn erfassen, derselbe, der schon immer im Römischen Recht gewirkt habe und weiter in ihm wirken werde. Eine solche Anrufung hat auch nichts Ungewöhnliches, da der göttliche Geist nach biblischer Lehre den Menschen in vielfältiger Weise begaben kann.[51] Man erkennt, daß die Gesinnung, in der Justinian die Digesten, das Schatzhaus des tradierten, lebensnützlichen, römischen Rechtswissens, der Weihung eines »*allerheiligsten Tempels der Gerechtigkeit*« vergleicht[52] und derjeni-

telam et integritatem, quia multum est inter institutorem et interpolatorem. (*Es besteht nämlich ein großer Unterschied zwischen einem verdorbenen und einem unangetasteten Zustand, weil ein großer Unterschied besteht zwischen Schöpfer und Verderber.*) Der *interpolator* ist der Teufel, der als Verderber der Sitten auch in Justinians Weltbild seinen Platz hat (vgl. unten Anm. 83).

48 So in der abstrakten Bitte in einem Brief an den Papst Johannes CJ 1.1.8.23 (a. 533): *petimus autem vestram beatitudinem orare pro nobis et dei nobis adquirere providentiam.*

49 Vgl. Augustinus, De Trinitate IV 21, 30 *fidenter dixerim,... trinitatem omnipotentem inseparabilter operari.* Minucius Felix, Octavius 19 (2) *quid aliud et a nobis deus quam mens et ratio et spiritus praedicatur?*

50 Vgl. einerseits Justinian CJ 1, 1, 8, 17 (a. 533) Formulierung: unigenitus filius et verbum dei, ante saecula et sine tempore de patre natus (*eingeborener Sohn und Wort Gottes, vor der Zeitlichkeit und zeitlos vom Vater geboren*) mit Augustinus, De Trinitate XV 27, 48: In … trinitate difficillimum est generationem a processione distinguere … Spiritus autem sanctus non de patre procedit in filium, et de filio procedit ad sanctificandam creaturam, sed simul de utroque procedit (*In der Dreieinigkeit ist es überaus schwierig, das Geborenwerden von dem Hervorgehen zu unterscheiden. … Der Heilige Geist geht aber nicht vom Vater auf den Sohn über und vom Sohn auf die zu heiligende Schöpfung, sondern er geht von beiden zugleich aus*) und Isidor, Etym. VII 3, 8 *Spiritus sanctus ex utroque procedit.*

51 Vgl. Paulus, ad Corinthios I 12, 7 *Unicuique autem datur manifestatio Spiritus ad utilitatem. (8) Alii quidem per Spiritum datur sermo sapientiae: alii autem sermo scientiae secundum eundem Spiritum: (9) alteri fides in eodem Spiritu: alii gratia sanitatum in uno Spiritu, (10) alii operatio virtutum, alii prophetia, alii discretio spirituum, alii genera linguarum, alii interpretatio sermonum. (11) Haec autem omnia operatur unus atque idem Spiritus, dividens singulis prout vult.*

52 Constitutio Deo auctore § 5: Nachdem das Baumaterial (*materia*) aus den Schriften der von den Kaisern zur Rechtsfortbildung autorisierten Juristen »mit höchster Huld der Gottheit« (*summa numinis liberalitate*) gesammelt worden sei, gelte es, es in einem herrlichen Werk zu verarbeiten und gewissermaßen einem allerheiligsten Tempel der Gerechtigkeit zu weihen (»*eam pulcherrimo opere exstruere et quasi proprium et sanctissimum templum iustitiae consecrare*«). Zur Deutung des Tempels als Schatzhaus vgl. die *legitimos thensauros* Const. Omnem § 2. Die Beschwörung göttlicher Hilfe für das in drei Jahren vollendete Werk läßt

gen, in [249] welcher er die Kirche der Hagia Sophia neu errichtete, durchaus die gleiche war und durch seinen Blick auf die *ratio sapientiae Dei, per quam creata sunt omnia*[53] zur Einheit verbunden ist.

Der Doppeltitel des mit Gesetzeskraft ausgestatteten Lehrbuchs der justinianischen Kodifikation »*Institutiones sive Elementa*« beleuchtet das von Justinian in der constitutio Deo auctore Gemeinte in präziser Weise, insbesondere durch die dort in klassischer Tradition bewahrte Zentralstellung des Menschen, der als *persona* für sich gleichzeitig sowohl das Gleichheitsprinzip als auch den Respekt vor der Individualität einfordert.[54] Die menschliche Person ist das Element im Mittelpunkt. Die übrigen, von der Trinität geschaffenen *mundi totius elementa* stehen auch, soweit sie das Recht und seine Einrichtungen betreffen, im Dienst der menschlichen Person. Damit ist das Institutionensystem durch den Gedanken einer der Trinität zugeschriebenen *dispositio elementorum* schöpfungstheoretisch legitimiert. Justinian erinnert daher nicht nur an seine eigene Studienzeit, sondern rühmt sich auch einer von ihm vollbrachten geistige Erneuerungstat, wenn er den Studenten des ersten Jahres der neuen Studienordnung liebevoll den Namen »*novi Justiniani*« (»neue Justiniane«) gibt, weil sie das Recht nun aus den auf sein Geheiß redigierten und als Gesetz in Kraft gesetzten Institutionen lernen können.[55]

Justinian sieht sich in all diesen Bekundungen unzweifelhaft nicht als ein sinnstiftender Herrscher und Gesetzgeber, der durch seine Befehle die [250] Rechtsordnung allererst erzeugt, sondern als Herrscher und Ordner einer Rechtsordnung, die am Anfang der römischen Geschichte von göttlichem Geist geschaffen und ihm anvertraut worden ist. So erklärt sich auch, daß das, was über die Men-

an die drei Tage denken, die nach biblischer Überlieferung Gott für den Wiederaufbau des Tempels in Jerusalem benötigen würde. Vgl. Matth. 26, 61; 27, 40; Joh. 2, 20-22.

53 Augustinus, De Trinitate III 8, 15.

54 Vgl. insofern O. Behrends, Der römische Weg zur Subjektivität. Vom Siedlungsgenossen zu Person und Persönlichkeit, in: Fetz/Hagenbüchle/Schulz (Hrsg.), Geschichte und Vorgeschichte der modernen Subjektivität (1998), S. 204-254; jetzt auch in ders., Institut und Prinzip [oben Anm. 4], S. 366-416. Vgl. auch O. Behrends, Die Person oder die Sache – was stand im Mittelpunkt des klassischen römischen Privatrechts? Die Kontinuitätsfrage im Streit zwischen junger »Neopandektistik« und nicht mehr ganz junger »Neoromantik«, Labeo 44 (1998), S. 26-60.

55 Vgl. Constitutio Omnem 2 (a. 533). Justinian begründet dort die neue, für alle Zukunft gedachte Benennung damit, daß der bisherige abschätzige Name »*dupondii*« (etwa wie: »*Pfifferlinge*«) der alten Verwirrung des Rechts (*antiqua confusione legum*) entsprach, während der neue Name die Tatsache ausdrückt, daß sie jetzt aus einem von ihm in Kraft gesetzten Buch (*volumen, quod nobis emanavit auctoribus*) lernen könnten. Die autobiographische Pointe ist deutlich: Weil ihre Studien jetzt auf einer neuen Grundlage ruhten, kann er sie aus der Perspektive eigener Studienzeit als »neue Justiniane« sehen und von sich als dem insofern »alten« absetzen. Eine nicht unverwandte biographische Pointe enthält die im Jahre 535 in der Nähe seines Geburtsorts Taurision in der illyrischen Provinz Dacia mediterranea erfolgte Gründung der Stadt Iustiniana prima. Vgl. Berthold Rubin (oben Anm. 39), S. 80.

schen herrscht, in Justinians Augen nicht einfach die kaiserliche Gewalt, sondern etwas Geistiges ist, nämlich die Res publica oder die *Πολιτεία Ῥωμαίων*. Es ist die »Republik«, die über die Untertanen gebietet.[56] Sie stellt die Rechtsordnung und Verfassung dar, in die er als Gesetzgeber klärend und reformierend eingreift.[57]

Justinian steht mit dieser Sichtweise ganz in der Tradition des Augustus, des *formator imperii*,[58] dessen sowohl kontinuitätswahrendes als auch eine Erneuerung darstellendes Prinzipat die Herrschaft über eine *res publica restituta* war, und zwar über eine Republik, deren geistige Grundlagen durch den Augustus-Namen bis auf die Gründungsgeschichte Roms zurückgingen und an die Überlieferung anknüpften, daß die Grundlagen der Römischen Verfassung von Romulus und den ihm folgenden weiteren guten Königen so gründlich gelegt worden seien, daß sie nach Vertreibung des letzten entarteten Königs als Rechtsordnung in allen wesentlichen Zügen bereits vorhanden war und unmittelbar hervortreten konnte (vgl. nur Cicero, de republica II 11, 21). Es ist eine Sichtweise, die den auf die Bedeutung Rechtsordnung kon- [251] zentrierten Begriff Republik mit der Vorstellung eines auf Gewährleistung des Rechts bedachten Alleinherrschers zu vereinbaren vermochte.

Es erscheint daher auch als eine unmittelbare Folge der Anknüpfung an die Gründungstat des Augustus, wenn Justinian in seine »*Romana sanctio*«, in der von ihm erneuerte Ordnung des Römischen Rechts, die Rechtsansichten nur solcher kaiserzeitlicher Juristen zulassen will, die der seit Augustus verliehenen Rechts-

56 Vgl. nur Nov. 86 praef. (a. 539) Ex quo nos deus Romanorum praeposuit imperio, omne habemus studium universa agere ad utilitatem subiectorum commissae nobis a deo reipublicae (*Seitdem uns Gott die Herrschaft über die Römer gegeben hat, richten wir unsere gesamte Mühe darauf, alles zum Nutzen der uns Untergebenen, der uns von Gott anvertrauten Republik zu ordnen.)*. Es folgen Regeln über die *episcopalis audientia.* Nicht weniger deutlich Nov. 1 praef. (a. 535) Tzani nunc primum sub Romanorum facti republica inter subiectos habeantur. (*Die Tzani* [ein auch Makrones genannter, mächtiger, unter Justinian christianisierter Volksstamm im Nordosten von Pontos], *erst jetzt unter die Gewalt der Römischen Republik gebracht, sollen als Unterworfene behandelt werden.*) Es folgt eine Regelung der falzidischen Quart: Die griechische Fassung setzt für *res publica* in diesen und den Quellen der folgenden Anmerkung immer politeia. Siehe auch die folgende Anmerkung.

57 Nov. 4 praef. (a. 535) Antiquam legem olim quidem latam, usu vero nescimus quomodo parum vigentem … in rem publicam reducere idoneum duximus. (*Ein Gesetz, das vor langer Zeit ergangen, das aber in der Praxis, wir wissen nicht, mit welchen Resten, kaum noch gilt, haben wir zweckmäßig gehalten, wieder in die Rechtsordnung einzuführen.)* Es geht um die Einrede der Vorausklage. Nov. 21 praef. (a. 536) Armeniorum regionem bene legibus gubernari volentes et nihil ab alia nostra differre republica. … sanctiones … non alias esse apud eos quam eas, quas Romani nominant, disposuimus … (*Im Willen, daß das Gebiet der Armenier gut nach Gesetzen verwaltet wird und in keinem Punkt von unserer übrigen Rechtsordnung abweicht, haben wir bestimmt, daß die geltenden Normen bei ihnen keine anderen sein sollen, als diejenigen, welche die Römer nennen.*) Es geht um die generelle Erstreckung der römischen Rechtsordnung, die grundsätzlich als Republik verstanden wurde, nicht nur im Freistaat, sondern auch im Kaiserreich. Vgl. dazu bereits oben Anm. 5 sowie Anm. 137, 214, 241.

58 Tertullian, Apologeticum 34, 1.

fortbildungsermächtigung teilhaftig geworden waren.[59] Darin liegt keine Einschränkung der Herleitung der römischen Rechtsordnung aus den Anfängen der Stadtgründung des Romulus, wohl aber eine deutliche Verwerfung der freien republikanischen Rechtswissenschaft, die nicht durch eine in einer Person konzentrierte gesetzgeberische Autorität auf die Einheit hingelenkt wird, wie sie sich dann in der Konvergenz der kaiserzeitlichen Rechtsschulen in der Tat *ex auctoritate principis* vollzogen hat. Es ist die zwischen Zwölftafeln und Kaisergesetzen angesiedelte Rechtswissenschaft, auf die in der Tat alle wesentlichen Kontroversen zurückgehen, die Justinian als *media iurisprudentia* in einem kritischen Licht sieht.[60] Damit die von Justinian geglaubte spirituelle Quelle der Rechtsfortbildung wirken kann, bedarf es in seinen Augen der Vermittlung durch den berufenen Gesetzgeber, d. h. durch Herrscherpersönlichkeiten wie Romulus, Augustus, Konstantin oder ihn selbst.

An dieser Stelle muß ein überlieferungskritischer Exkurs eingeschaltet werden, der die Autorschaft Justinians verteidigt. Eigentlich sollte niemand ernsthaft bezweifeln, daß wir, wie immer man sich das Verhältnis zwischen dem Kaiser und seiner für die Ausfertigung und oft auch die Vorbereitung seiner Erlasse zuständigen Kanzlei vorstellt, in einer Konstitution wie Deo Auctore im wesentlichen den Kaiser Justinian selbst hören. Mit vollem Recht hat daher auch Mischa Meier vor kurzem gerade anhand ihrer Interpretation die von ihm treffend wahrgenommene »exzeptionelle Religiosität« des Kaisers deutlich gemacht und darüber hinaus auch für andere in verwandtem Ton gehaltene Gesetzestexte die persönliche Urheberschaft Justinians vertei- [252] digt.[61] Wenn demgegenüber Tony Honoré die Ansicht vertritt, sogar die constitutio Deo auctore sei das Werk Tribonians gewesen, eines Mannes, der keineswegs Justinian von Anfang an zur Seite gestanden hatte, vielmehr von Justinian zur Mitarbeiter am Codex berufen und, als er

59 Deo auctore § 4.

60 Inst. III 2, 3a. *media autem iurisprudentia, quae erat lege quidem duodecim tabularum iunior, imperiali autem dispositione anterior, suptilitate quadam excogitata praefatam differentiam inducebat.* Justinian schaffte die eine Ungleichheit der Geschlechter enthaltene rechtswissenschaftliche Neuerung ab. Zum Gegenstand zuletzt O. Behrends, Sessualità riproduttiva e cultura cittadina. Il matrimonio fra spiritualità preclassica e consensualismo classico, in: Zuzanna Służewska/Jakub Urbanik (Hrsg.), Marriage: Ideal – Law – Practice. Proceedings of a Conference Held in Memory of Henryk Kupiszewski, Warschau 2005, S. 7-62. Pomponius lb sg enchiridii D 1, 2, 2 §§ 6, 7 setzt den Beginn der unter hellenistischem Einfluß entstandenen, spezifisch freien Rechtswissenschaft schon etwa 100 Jahre nach den Zwölftafeln an.

61 Mischa Meier, Das andere Zeitalter Justinians. Kontigenzerfahrung und Kontigenzbewältigung im 6. Jahrhundert n. Chr. (2003, 2. unveränderte Aufl. 2004), S. 107 ff. Zur »exzeptionellen Religiosität« in der »Persönlichkeitsstruktur« Justinians S. 24. Die Übersetzung Deo auctore mit »Von Gott eingesetzt«, die Mischa Meier statt der von mir mitverantworteten »Unter Gottes Beistand« vorschlägt, verlässt den typisch auguralen, »mehrenden«, in juristisch-technischen Zusammenhängen stets nur zusätzlich Geltung verleihenden und in religiösen Zusammenhängen menschlichem Tun »Segen spendenden« Kernsinn des lateinischen Wortes. Daher jetzt mein Vorschlag »Mit Gottes Segen«.

sich bewährt hatte, in eben dieser Konstitution mit der maßgeblichen Organisation der Digestenkompilation betraut worden war, so ist das Teil einer umfassenden These, die den von ihm monographisch behandelten Tribonian zum master mind der Kodifikation überhaupt erheben will, neben einem Justinian, der nur in der Theologie geistig selbständig gewesen sei, am Recht dagegen, ähnlich einem Napoleon, lediglich ein politisches Interesse genommen habe.[62] Honoré verkennt damit zunächst, daß die Leitidee der *constitutio Deo auctore* nur fassen konnte, wer christliche Theologie und römische Jurisprudenz gleichzeitig durchdacht hatte, wohingegen für Tribonian überliefert ist, daß er infolge einer ganz hellenistischen Paideia dem Christentum fremd und ablehnend gegenüber stand.[63] Des weiteren ist es unzulässig, das Jurastudium Justinians, dessentwegen der Kaiser, wie schon bemerkt, den Erstsemestern, die nun aus seinen Institutionen lernen dürfen, den Namen »*novi Justiniani*« (»neue Justiniane«) geben konnte, einfach zu übergehen, und folgeweise das »*Gaius noster*«, mit dem Justinian dreimal in von ihm erlassenen Gesetzen die Bedeutung hervorhebt, die in seinem Studium die Gaius-Institutionen noch gehabt hatten, als Äußerung Tribonians zu interpretieren, mit der dieser in Wahrheit [253] von sich selbst und seinem eigenen Studium rede. Tribonian hätte den Kaiser also einfach zu seinem Mundstück gemacht. In ähnlicher Weise erklärt Honoré Justinians wiederholtes Bekenntnis zur eigenen lateinischen Muttersprache. In Wahrheit habe der auch hier sprechende Tribonian damit wiederum nur seine eigene, ihm von Honoré zugeschriebene Vorliebe für das Latein ausgedrückt.[64] Die Voraussetzung für dieses methodisch

62 Tony Honoré, Tribonian (Oxford 1978), S. 26.

63 Vgl. den biographischen Artikel von Bernhard Kübler, RE (1937), Sp. 2419-2426, der zu Anfang Quellen nachweist, die bezeugen, Tribonian sei ein »Hellene« (d.h. ein »Heide«) und gottlos gewesen und habe allem, was mit dem christlichen Glauben zusammenhing, fremd gegenüber gestanden. Dem entspricht nicht nur die von ihm kolportierte Bemerkung, er fürchte, Justinian möchte einmal seiner Frömmigkeit wegen in den Himmel entrückt werden (Prokop, Anecd. 12, 13) – die von Ironie kaum freie Bemerkung spielt nicht auf Christi Himmelfahrt, sondern auf die Entrückung des Romulus an (vgl. Livius I 16, 1) –, sondern auch, das in dem mindestens semioffiziellen, wenn nicht von Tribonian geradezu verfaßten, so doch von ihm gewiß gebilligten griechischen Epigramm Tribonian als Hephaistos erscheint, Justinian als Herakles und die Digesten als der berühmte, Rechtsszenen spiegelnde Schild, den jener diesem einst verfertigt hatte. Das Epigramm spricht im übrigen das Verdienst, die Digesten als Werk ersonnen und in Auftrag gegeben zu haben, ausdrücklich Justinian zu. Vgl. dazu Krüger, Geschichte der Quellen und Literatur des römischen Rechts (1912), S. 367 Anm. 6; Tony Honoré a.a.O., S. 141.

64 Um die Verehrung, die er für Gaius empfand, auszudrücken, habe Tribonian als Redaktor der kaiserlichen Gesetze Justinian dreimal »Unser Gaius« sagen lassen. Vgl. a.a.O S. 43: »Tribonian's devotion to Gaius, whom he makes Justinian call ›Gaius noster‹ on three occasions«. Hinsichtlich der Sprache schreibt er, um Tribonians angebliche Vorliebe für Latein zu beweisen, in Bezug auf eine vermuteten (!) generelle Umschwung in der Gesesetzessprache (a.a.O. S. 42) »he still represents Justinian as addressing the quaestor (i.e. Tribonian) in Latin« Zu Justinians Latinität, die Honoré gebührend herausstellt, a.a.O. S. 25 mit Anm. 272.

nicht mehr kontrollierbare Verwirrspiel ist, daß Honoré glaubt, die in scharfe Invektiven gekleidete Nachricht Prokops verwerfen zu dürfen, daß Justinian in einer die Kanzleibeamten zurücksetzenden Weise alle Erlasse selber entworfen habe, obwohl es doch unzweifelhaft eine Beglaubigung bedeutet, wenn in einer Polemik ungewollt und zugleich Sachkunde verratener Weise etwas hervortritt, was eindeutig für den Gescholtenen auch eine positive Seite aufweist.[65] Darüber hinaus ist es unhaltbar, über Justinians eigene Bekundungen seines unermüdlichen Fleißes bei der Ausarbeitung der Gesetze einfach hinwegzugehen, so als seien sie in keiner Weise authentische Zeugnisse. Da unter einem sich ernst nehmenden Monarchen kein Kanzleibeamter befugt ist, in kaiserlichen Verlautbarungen in höchst persönliche Tönen von sich selbst zu sprechen, und kein Zweifel daran besteht, daß Justinian seine Rolle überaus ernst [254] nahm und alles zu kontrollieren versuchte, ist es vielmehr grundsätzlich unzweifelhaft Justinian selbst, der in all diesen Fällen spricht, genauso wie in der Novelle, wo er der Beratung mit seiner Ehefrau Theodora gedenkt.[66] Überlieferungskritisch

65 Prokop, der selbst, wie die Nachrichten nahelegen, als Jurist ausgebildet und tätig war (vgl. B. Rubin, Pauly Wissowa Realenzyklopädie [1957] s. v. Prokopios von Kaisareia Sp. 273-599, Sp. 304 f.), zeichnet weithin ein Zerrbild, gibt aber in seinen Anekdota (zitiert nach der Übersetzung von Otto Veh in der Tusculum-Ausgabe) einen Eindruck von einem ungeheuren, alles auf die eigene Person zentrierenden Arbeitseinsatz, der von der justinianischen Kodifikation, insbesondere von allen Gesetzen, auf Schritt und Tritt bestätigt wird. Anekd. 13 *Er hatte sozusagen kein Schlafbedürfnis. … Das dauernde Wachen, Mühen und Sichquälen nahm er einzig und allein zu dem Zwecke auf sich, täglich gräßlichere Übel* für die Untertanen auszuhecken. 24 *Er schrieb sozusagen alles selber … er ließ niemand im Römischen Reiche selbständige Urteile fällen.* Der Kaiser sei keinerlei Rat zugänglich, lediglich der Bestechung. Daher: *Nichts hatte dauernde Kraft, die Waage des Rechtes schankte vielmehr unsicher nach beiden Seiten hin, wo eben die größere Goldmenge sie durch ihr Gewicht herunterzuziehen vermochte. Und diese Entscheidungen des kaiserlichen Hofes waren auf offenem Markte zu haben, auf dem nicht nur die Rechtsprechung, sondern auf die Gesetzgebung feil lag.* Es ist offenkundig, daß Prokop nicht einmal den Versuch macht, die Kodifikation und die von Justinian mit ihr verfolgten Zwecke zu würdigen. Sie wird nicht einmal erwähnt. Das Urteil Prokops (Anekd. 14), daß Justinians Sprache den Barbaren verriet, er aber dennoch von dem, was zu schreiben war, nichts dem Quästor übertrug, muß sich vor allem auf das von ihm in der Regel verwendete (oben Anm. 39 und 69) Latein beziehen.

66 Vgl. aus den zahlreichen Bekundungen dieser Art die Gesetze vor Fälschungen sichernde Nov. 114 [a. 541], die im originalen Latein überliefert ist (vgl. unten Anm. 69): Nostrae serenitatis sollicitudo remediis invigilat subiectorum, nec cessamus inquirere, si quid sit in nostra republica corrigendum; ideoque namque voluntarios labores adpetimus, ut quietem aliis praeparemus (*Die Sorge unserer Erhabenheit wacht über die notwendigen Lebensbedingungen der Untertanen, und wir säumen nicht nachzuforschen, wenn es etwas in unserem Gemeinwesen zu bessern gibt; deswegen nämlich nehmen wir freiwillig Arbeit auf uns, damit wir den anderen Menschen Ruhe bereiten.*) Ferner die ältere Nov. 8 pr (a. 535) Omnes nobis dies ac noctes contingit cum omni lucubratione et cogitatione degere semper volentibus, ut aliquid utile et placens deo a nobis collatoribus praebeatur: et non in vano vigilias ducimus, sed in huiusmodi eas expendimus consilia pernoctantes et noctibus sub aequalitate dierum utentes, ut nostri subiecti sub omni quiete consistant sollicitudine liberati, nobis in nosmet

gesehen sind die Kritik Prokops und das Selbstlob des Kaisers (Anm. 66) als zwei unabhängige Traditionen zu nehmen, die einander bestätigen und an deren übereinstimmenden Grundaussagen, daß Justinian ein rastloser Gesetzgeber war und darin eine Art existentielle Mitte gesucht hat, zu zweifeln kein Anlaß besteht. Justinian war ein Mensch, der mit tiefer, aus Theologie und Jurisprudenz zugleich genährter intellektueller Leidenschaft über das Recht seines Reiches nachgedacht und sich in dasselbe vertieft hatte und daher, wie im folgenden noch vielfach näher deutlich werden wird, aus seinen Studien nicht nur die Idee der Gesamtkodifikation mitbrachte, sondern auch die Befähigung, im Prinzip – d. h. dem Anspruch nach und, wo immer ihm möglich, auch der Realität nach – die ungeheure Fülle eingehendes rechtliches Durchdenken fordernder Kontroversen- und Fallentscheidungen zu treffen, die dafür nötig wurden, von den Quinquagintae Decisiones, die den Digesten voraufgingen, bis hin zu den letzten Novellen. Die Rolle, die er damit beansprucht, entspricht, wenn auch entschieden ins Großartige gesteigert, derjenigen seiner Vorgänger; man denke nur an Kaiser wie Augustus und Hadrian. Sein Verhältnis zu seinem berühmtesten Mitarbeiter, dessen Tod Justinians Gesetzgebungstätigkeit nicht beendete, wird daher am besten [255] symbolisiert durch das bescheidende, lateinische »*legi*« – »*ich habe gelesen*«, mit dem Tribonian als Quästor die Ausfertigung der großer Eherechtsnovelle Justinians aus dem Jahre 535 quittiert hat.[67] Entgegen dem bisher vorherrschenden ganz unsicheren, aber eher zurückhaltenden Standpunkt[68] sollte man daher den

ipsos pro omnibus cogitationem suscipientibus. (*Es ist unser Geschick, alle Tage und Nächte mit angestrengten Nachdenken und notfalls bei künstlichem Licht zu verbringen, von dem steten Willen bestimmt, daß wir unseren Steuerpflichtigen* [= Untertanen] *etwas Nützliches und Gott Wohlgefälliges erweisen. Und wir verbringen die Nachtwachen nicht vergeblich, sondern wir verwenden sie, indem wir die Nacht durchwachen und die Nächte in gleicher Weise wie Tage nutzen, dafür, daß unsere Untertanen in vollständiger Ruhe leben und von Sorgen befreit sind, während wir das Denken für alle allein auf uns nehmen.*) Theodora wird erwähnt Nov. 8 (a. 535) Haec omnia apud nos cogitantes et hic quoque participem consilii sumentes eam quae a deo data nobis est reverentissimam coniugem. (*Über all dieses nachdenkend und auch hierbei unsere uns von Gott gegebene hochverehrte Gemahlin an unseren Entscheidungen teilhaben lassend.*) In der Sache ging um die Abschaffung der Praxis, daß Magistrate nach ihrer Wahl Geschenke erwarteten.

67 Der Lesevermerk (der von Tribonian ist der vierte von neun) scheint jeweils die Lektüre der an die Betreffenden ergangenen Ausfertigung der Nov. XXII (a. 535) zu bekunden. Die verbereitete Annahme, daß der Tod Tribonians im Jahre 546 ein Zurückgehen der Gesetzgebung bewirkt hätte, ist unbegründet. Vgl. Krüger, Quellen (oben Anm. 61), S. 399 Anm. 3; Mischa Meier, Das andere Zeitalter Justinians (oben Anm. 61), S. 102.

68 Gesicherte Ergebnisse zu der Frage, wie man die Autorschaft des Kaisers erkennt, fehlen bisher. Vgl. Veh in der zweisprachigen Tusculum-Ausgabe der Anekdota Prokops S. 301 mit Nachweisen. Kennzeichnend für verbreitete Zurückhaltung ist, daß Veh aus Rubin, Das Zeitalter Justinians I, S. 89 (oben Anm. 39) allein den reduktiven Satz zitiert: »*Am häufigsten werden Einschübe von Kaisers Hand vorgekommen sein, wenn er den Schriftsatz der Kanzlei der üblichen Durchsicht unterzog.*« In Wahrheit urteilt Rubin, wenn auch ohne klares Konzept und ohne Wahrnehmung der eigenen juristischen Kompetenz des Kaisers, weit offe-

Konstitutionen, in denen eindeutig Justinian zu sprechen vorgibt, im Zweifel vertrauen. Eine selbständige Frage ist, in welchem Umfang wir uns in den besseren Teilen der lateinischen Novellenüberlieferung – zu einem erheblichen Teil beruhen sie auf einer zwar noch im 6. Jh. erfolgten, aber zum Teil sehr fehlerhaft gearbeiteten Rückübersetzung der griechischen Gesetzesfassung – den in der Regel vorauszusetzenden lateinischen Entwürfen Justinians noch nähern können. Es wird jeweils auf eine Einzelfallprüfung ankommen, bei der man sowohl berücksichtigen muß, daß Justinian von Anfang an geplant hat, die Novellen als vierten Teil des Corpus iuris zu publizieren, und sie daher gewiß auch in ihren lateinischen, den justinianischen Entwürfen nahen Fassung sorgfältig archiviert wurden, als auch den strengen Fälschungsschutz bedenken sollte, der ein großes Interesse erzeugt haben muß, dem Original möglichst nahe zu bleiben, und einen starken Bewegunggrund gebildet hat, alle Möglichkeiten zu nutzen, dies zu erreichen.[69]

[256] In dem Profil, das Justinian auf diese Weise als Kodifikator des Rechts seines Reiches gewinnt, kommt im übrigen seinem Bekenntnis zu dem großen hadrianischen Juristen Julian eine besondere Bedeutung zu. Es trägt individuell-biographische Züge,[70] die auf seine Studienzeit zurückgehen, wenn er ihn als sein großes geistiges Vorbild nennt. Tatsächlich spiegelt sich dies Vorbild in der Anlage des Kodifikationswerkes in einer Weise wider, die diese Bekundung nicht nur in vollem Umfang beglaubigt, sondern ihr auch einen bedeutenden rechtskulturellen Sinn verleiht. Die vier Werkteile, Codex, Digesten, Institutionen und Novellen, und die Grundgedanken der justinianischen Kodifikation stehen mit Julians Werk in einer tiefen geistigen Übereinstimmung, die nicht zufällig sein kann. Julian vollendete mit seiner von Kaiser Hadrian ermächtigten Reform des Edikts die Unterordnung des streng republikanisch gedachten klassischen Edikts unter die kaiserliche Gesetzgebung und Oberhoheit, so daß es als eine (vermutlich bewußt gesetzte) Pointe gebucht werden kann, wenn Hadrian im Codex Ju-

ner. Er rechnet (a.a.O. S. 89) mit »Justinianismen« in Codex und Digesten und damit, daß »*Iustinians eigene Gesetze und Erlasse gelegentlich von ihm persönlich verfaßt wurden*«. Vgl. auch S. 93: »*Nur zu oft hat der Kaiser seinem Fachminister die Feder aus der Hand genommen.*«

69 Scholl weist in der Praefatio zur modernen Novellenausgabe darauf hin (p. VI/VII), daß von den 168 Novellen des Authenticum nur 18 im originalen Latein überliefert sind (Nr. 9, 11, 17, 23, 33-37, 62-65, 75, 111, 114, 138, 143), während der Rest eine Übersetzung sei, die auf einer Sammlung der Novellen in ihrer griechischen Fassung fußt und im Justinianischen Zeitalter vorgenommen sei (*versionem aetate Iustiniana factam*) und trotz ihrer Fehler von Justinians Latein nicht weit abweiche (*etsi vitiis stultissimis scatet, a Iustiniani dicendi genere non multum recedit*). Daß Justinian seine Entwürfe lateinisch absetzte, ergibt sich vor allem aus seinem wiederholten Bekennntnis zu seiner Muttersprache. Vgl. oben Anm. 39. Zum Plan der Novellenedition constitutio Cordi § 4 (a. 534), zum Fälschungsschutz die im originalen Latein überlieferte Nov. 114 (a. 541). Zur Bedeutung des Archivs für die in der Regel in beiden Reichssprachen veröffentlichten Novellen Pierre Noailles, Les collections de Novelles de l'empereur Justinien. Origine et formation sous Justiniane (1912), S. 66.

70 Vgl. dazu und zum folgenden die Quellen unten S. 291 ff.

stinianus der älteste Kaiser ist, der mit einem Gesetz (CJ 6, 23, 1; o. J.) vertreten ist. Julians Digestenwerk, in dem erst das Edikt und dann die Kaisergesetze kommentiert werden, stellt sich nicht nur in Name und Anlage als ein Vorbild für die Digesten oder Pandekten des Kaisers dar, sondern mehr noch darin, daß Julian in dieser umfassenden Schrift als Sabinianer die eigene, vorklassische Tradition des Ius civile, gewissermaßen die Sabinus-Masse seiner Schule, mit der klassischen, vom Edikt geprägten Tradition der anderen Schule in einer Weise versöhnt, die dem Ediktsystem – ganz wie in den Digesten Justinians – die Führung gibt. Die in der Schule Julians entstandenen Gaius-Institutionen, die eine unter den Bedingungen des Kaiserreichs möglich gewordene Bearbeitung der in der Republik vom Edikt her gewährleisteten klassischen *institutio aequitatis* und damit zugleich eine Weiterbildung ihres Personenbegriffs darstellen,[71] keh- [257] ren nicht nur in den Institutionen Justinians, dem Eingangsportal der Gesamtkodifikation, als dessen Grundgerüst wieder, sondern geben mit ihrem besonderen kaiserzeitlich geprägten Personalismus dem Gesamtwerk auch, wie schon angedeutet und im folgenden noch weiter deutlich werden wird, seine systematische Kohäsion. Und da Julian den kaiserlichen Beruf zur Rechtsfortbildung, also zum Erlaß von »Novellen«, nachdrücklich betonte und von Justinian auch dafür in herausgehobener Weise zitiert wird (vgl. unten S. 292), finden wir tatsächlich alle vier Elemente des vereinigenden Gesetzgebungswerks Justinians bei Julian vorgebildet.

In der damit hervortretenden Denkweise des Rechtserneuerers Justinian manifestiert sich durch die Rückbindung an die Römische Geschichte bei aller An-

71 Ein klares Zeugnis einer solchen Bearbeitung liefert Gaius III 79, da dort auch das ältere und geänderte Recht mitgeteilt wird. Ausgangspunkt ist die *summa divisio de iure personarum*, derzufolge die menschlichen Personen zwar entweder frei oder unfrei sind (Gaius I 9; vgl. die gleiche Unterscheidung unter der Kategorie der »*res personis adtributae*«, Unterfall »*fortuna*«, »*servus sit an liber*« bei Cicero, de inventione II 24, 34 u. 35), aber immer Personen. Sie stellt außer Frage, daß auch der Sklave eine *persona* ist, und zwar als Mensch, der von der Natur (Cicero, loc. cit. I 24, 35) keine geringere Ausstattung erhalten hat als der freie Bürger. Nach Servius Sulpicius Rufus verlor daher, wer sich von einem Sklaven novatorisch versprechen ließ, seine Forderung, weil ein Sklave als *persona naturalis* Rechtsgeschäfte zwar durchaus vornehmen, aber mangels Bürgerstatus nicht verklagt werden konnte. Dieses ebenso harte wie klare Recht gründet auf der für das vom Edikt her konzipierte (Cicero, de legibus I 5, 17) klassische Recht grundlegenden Unterscheidung zwischen materiellrechtlichen und prozessualen Regeln: Um an der Gestaltung der *instituta* der *institutio aequitatis*, die das materielle Recht des *ius humanum* darstellte (vgl. Cicero, Topica 23, 90; Brutus, 41, 152 f.; Partitiones oratoriae 37, 129 f.), mitzuwirken, genügte grundsätzlich die natürliche menschliche Vernunft, die auch der Sklave hat. Für die zu Prozessen führenden Klagen – in casu ist es die das Schuldversprechen schützende *actio in personam* – wurde dagegen auf beiden Seiten Bürgerfreiheit verlangt, welche die vom *ius gentium* eingerichteten *civitates* den Sklaven vorenthielten. Vgl. dazu die oben Anm. 54 angeführten Abhandlungen. – Die von Gaius mitgeteilte, wahrscheinlich auf Julian zurückgehende hochklassische Lehre vermied die Härte für den Gläubiger, indem sie die passive, im klassischen *ius gentium* wurzelnde Parteifähigkeit zur Voraussetzung der Geschäftsfähigkeit erhob: Wer, da Sklave, nicht verklagt werden konnte, gehörte seitdem nicht mehr zu den Personen, die durch Novation eine Schuld übernehmen konnten.

knüpfung an die Trinität im Vergleich zur urchristlichen Geistigkeit ein erhebliches Maß an »Säkularisierung« im Sinne der Annahme der Welt. Denn das Römische Recht ist von der frühchristlichen Endzeiterwartung nicht berührt, vielmehr ein Garant der Zukunftsfähigkeit menschlicher Ordnung. Konstantin hat nach Justinians Worten Konstantinopel unter glücklicheren, nämlich christlichen Auspizien als das zweite Rom gegründet, damit aber die Kontinuität nicht unterbrochen, sondern erneuert.[72] Daher gilt uneingeschränkt der Satz: *»Legum originem anterior Roma sortita est« – »Die Ursprünge des Rechts zu schaffen ist die Berufung des älteren Roms«*. Rom ist daher für Justinian die *»patria legum« – »die Urheimat der Gesetze«*.[73] Und Konstan- [258] tinopel setzt diese Tradition in ungebrochener Folge fort. Die Geburtstage beider Hauptstädte sind deswegen zu gesetzlichen Feiertagen erhoben, weil sie gleichzeitig Geburtstage des Rechts selbst darstellen.[74] Wenn das alte Rom unter den Auspizien Jupiters gegründet worden ist, erscheint das im Rückblick aus der mit der konstantinischen Wende eingeleiteten Epoche, die auch die römische Rechtsordnung auf das Wirken der trinitarischen Gottheit zurückführt, als ein mittlerweile korrigierter Namensirrtum.[75]

Der Grund für die hier zum Ausdruck kommende hohe Wertschätzung der eigenständigen geschichtlichen Erscheinung des Römischen Rechts in der christlichen Deutung hat eine tiefe existentielle Begründung. Sie liegt in der entscheidenden Rolle, die das Recht des Römischen Reiches bei der Überwindung der frühchristlichen Endzeiterwartung gespielt hat. Wie Tertullian bezeugt, hatte sich schon lange vor Konstantins Wende der Glaube durchgesetzt, daß, solange die römische Rechtsordnung Bestand habe, die Vernichtung der Welt im Jüngsten

72 Constitutio Deo auctore § 10 (a. 530) *Romam autem intellegendum est non solum veterem, sed etiam regiam nostram, quae deo propitio cum melioribus condita est auguriis.* Daß Konstantinopel von den beiden »königlichen Städten« (vgl. constitutio Omnem § 7) die besseren Auspizien hatte, beläßt den Auspizien des Romulus ihren relativen Wert und nimmt im übrigen das Motiv auf, demzufolge Konstantin das römische Imperium durch den christlichen Glauben sicherer gemacht habe. So der Kaiser Zeno CJ 5, 27, 5 (a. 477) *Divi Constantini, qui veneranda Christianorum fide Romanum munivit imperium … sacratissimam constitutionem renovantes iubemus* (sc. daß die Kinder aus Konkubinaten durch nachfolgende Eheschließung legitimiert werden.).

73 Justinian ergreift zu Anfang einer Novelle, die zum Schutz der in Rom gelegenen Kirchengüter eine Präskriptionsfrist von 100 Jahren verfügt, die Gelegenheit, auf die doppelte Ehre der Stadt hinzuweisen, sowohl Heimat der Gesetze als auch Sitz und Ursprung des höchsten Pontifikats zu sein Nov. 9, 1 (a. 535) *Et legum originem anterior Roma sortita est, et summi pontificatus apicem apud eam esse nemo est qui dubitet. Unde et nos necessarium duximus patriam legum, fontem sacerdotii, speciali nostri numinis lege illustrare.*

74 Das Gesetz der drei Kaiser Valentian, Theodosius und Arcadius CJ 3, 12, 6 (7) [a. 389] nennt die *natalicios dies urbium maximarum Romae atque Constantinopolis* und fügt an: *quibus debent iura differri, qui et ab ipsis nata* (*an ihren Geburtstagen muß das Recht durch Vertagung der Rechtsstreitigkeiten ruhen, da es von ihnen selbst hervorgebracht worden ist*). Das Recht ehrt an diesen Tagen seine Mütter.

75 Vgl. Minucius Felix, Octavius 18 (11*) qui Iovem principem volunt, falluntur in nomine, sed de una potestate consentiunt.*

Gericht aufgeschoben sei. Der Kaiser war damit nicht mehr nur Obrigkeit, die rechtmäßige Gewalt über die Untertanen hat, sondern Garant einer aus eigenen Quellen stammenden, aber durch einen göttlichen Plan ausgezeichneten und darum Zukunft verbürgenden Ordnung. Die Christen begannen trotz aller Verfolgung für Kaiser und Reich zu beten und der Rechtsordnung Dauer zu wünschen.[76] Darin lag etwas grundsätzlich [259] Neues. Denn, wie Bultmann gezeigt hat, fehlt der biblischen Tradition in beiden Büchern der Begriff einer göttlichen *providentia.*[77] Die spezifische, auf die Welt gerichtete und durch das Recht ermöglichte Zukunftssorge ist vielmehr ein Gedanke, der vom Christentum erst in der Zeit aufgenommen wurde, als es seinen Frieden mit dem Römischen Reich und der Fortdauer der Welt machte.

Die Folgen für die Beurteilung des Rechts als geistig geordneter Lebensform waren entsprechend. Ein eindrucksvolles Beispiel findet sich im Eigentumsrecht. In den ursprünglichen, auf das Ende wartenden Gemeinden konnte der Geist die Herrschaft ergreifen, daß in ihr jegliches Festhalten am Privateigentum gemeinschaftswidrig sei, da es allein darauf ankomme, daß einem jeden in der noch verbleibenden Zeit das Nötige gewährt werde. Wie in den Acta apostolorum beschrieben wird, wurde daher erwartet, daß die besitzenden Gemeindeangehörigen ihr Hab und Gut verkauften und der Gemeinde zur Verfügung stellten.[78] Wie das Schicksal des Ananías und seiner Ehefrau paradigmatisch zeigt, konnten solche

76 Tertullian, Apologeticum 32, 1 Est et alia maior necessitas nobis orandi pro imperatoribus, etiam pro omni statu imperii rebusque Romanis, qui vim maximam universo orbi imminentem ipsamque clausulam saeculi acerbitates horrendas comminantem Romani imperii commeatu scimus retardari. Itaque nolumus experiri et, dum precamur differri, Romanae diuturnitati favemus. (*Es gibt für uns auch noch eine größere Notwendigkeit, für den Kaiser zu beten* [über das vorher erwähnte Gebot in 1. Timoth 2, 2 hinaus, es zur Sicherung der Ruhe zu tun], *auch für den Bestand des Reiches und für die römische Rechtsordnung, für uns, die wir wissen, daß die dem gesamten Erdkreis bevorstehende vollständige Zerstörung und das schreckliches Leiden androhende Ende der Welt selbst durch den ungehinderten Fortgang des römischen Reichs aufgehalten wird. Und so wollen wir das Ende nicht erfahren und, indem wir dafür beten, daß es aufgeschoben werde, begünstigen wir die Dauer Roms.*) Ob 2. Thess. 2, 6-8 schon den gleichen Gedanken enthält, ist ebenso umstritten wie die Verfasserschaft des Paulus.

77 Rudolf Bultmann, Das Urchristentum im Rahmen der antiken Religionen (1976)[4]. Der Begriff der *providentia* fehle sowohl dem Alten wie dem Neuen Testament (a.a.O. S. 103 und S. 211), vielmehr sei dieser Begriff mit seinem Glauben an eine die Welt beherrschende und das Recht umfassende Gesetzmäßigkeit spezifisch griechisch und insbesondere stoisch. A.a.O. S. 14, 148 ff. (150). In dem hier verfolgten Zusammenhang steht allerdings nicht die stoische Providenz, die als »*maximum bonum condicionis humanae*« (Seneca, epistulae morales 5, 8) auf einen entschieden deterministischen Pantheismus bezogen ist (vgl. die gegen sie gerichtete Kritik der akademischen Skepsis unten Anm. 125), sondern die durch den skeptischen Humanismus personal geprägte und in die menschliche Verantwortung gelegte Voraussicht.

78 Apostelgeschichte 2, 44. *Omnes etiam, qui credebant, erant pariter, et habebant omnia communia.* 45. *Possessiones et substantias* (*τὰ κτήματα καὶ τὰς ὑπάρξεις*) *vendebant, et dividebant illa omnibus, prout cuique opus erat.*

ungeschriebenen Normen unter einen hohen Sanktionsdruck gestellt werden. Das Ehepaar hatte wie die anderen sein Vermögen verkauft, aber statt den Erlös ganz abzuliefern, einverständlich etwas einbehalten. Ananías sinkt in der Erzählung unter dem Eindruck des ihm von Petrus gemachten Vorhalts, gegenüber dem Heiligen Geist gelogen zu haben (»*ψεύσασθαί σε τὸ πνεῦμα τὸ ἅγιον*«, »*mentiri ... Spiritui sancto*«), entseelt zu Boden; seine Frau trifft das gleich Schicksal. Beide hatten den Geist der Gemeinschaft, der als Folge des festen Glaubens an die Naherwartung das strikte Gebot der Vermögensgemeinschaft enthielt, verletzt und so das Recht verwirkt, ihr weiter anzugehören.[79]

[260] Das Römische Recht trat, in dem Maße, in dem sich seine Aufgabe verfestigte, die Fortdauer der Welt im christlichen Sinn zu verbürgen, solchen Tendenzen, das Eigentum in Frage zu stellen, für die weltlichen Verhältnisse mit gleicher spiritueller Kraft entgegen. Das Eigentum, dem es auf allen Stufen seiner Entwicklung eine tiefe Rechtfertigung gegeben hatte – erst in den gentilizischen und quiritischen Strukturen des Anfangs in dem auguralen Frieden gewährenden Vindikationsmodell, dann in den beiden, jeweils universal konzipierten Denkformen des rechtswissenschaftlichen Zivilrechts –, wurde in einer Entwicklung, die bei Justinian mündet, zu einer dem Menschen als Person von der *divina providentia* zugedachten Einrichtung, die mit seiner historischen Existenz als politischem und eigenverantwortlichem Wesen notwendig verbunden ist und die der Gesetzgeber daher zwar in seiner eigenen personalen Verantwortung näher regeln, begrenzen und ausgestalten kann, die aber in seinem Kern einen unantastbaren höheren Wahrheitsgehalt besitzt.[80] Die Überzeugung, daß damit das Eigentum als

79 Vgl. Act. Apost. 4, 32 »*Die Menge aber der Gläubigen war ein Herz und eine Seele; auch keiner sagte von seinen Gütern, daß sie sein wären, sondern es war ihnen alles gemein.*« *Τοῦ δὲ πλήθους τῶν πιστευσάντων ἦν καρδία καὶ ψυχὴ μία, καὶ οὐδὲ εἷς τι τῶν ὑπαρχόντων αὐτῷ ἔλεγεν ἴδιον εἶναι, ἀλλ' ἦν αὐτοῖς πάντα κοινά.* 5, 1 »*Ein Mann aber mit Namen Ananías samt seinem Weibe Saphira verkaufte sein Gut 2. und entwandte etwas vom Gelde mit Wissen seines Weibes und brachte einen Teil und legte es zu der Apostel Füßen. 3. Petrus aber sprach: Ananías, warum hat der Satan dein Herz erfüllt, daß du dem heiligen Geist lögest und entwendetest etwas vom Gelde des Ackers? 4. ... Du hast nicht Menschen, sondern Gott belogen. 5. Da Ananías aber diese Worte hörte, fiel er nieder und gab den Geist auf. Und es kam eine große Furcht über alle, die dies hörten. ... 7. Und es begab sich über eine Weile bei drei Stunden, daß sein Weib hineinkam und wußte nicht, was geschehen war. ... 9. Petrus aber sprach zu ihr: Warum seid ihr denn eins geworden, zu versuchen den Geist des Herrn. Siehe, die Füße derer, die deinen Mann begraben haben, sind vor der Tür und werden dich hinaustragen. 10. Und alsbald fiel sie zu seinen Füßen und gab den Geist auf. ... 11. Und es kam eine große Furcht über die ganze Gemeinde und über alle, die solches hörten.*« Nach dieser Überlieferung hat Petrus den Ananías durch die Worte, seine Seele sei nicht im Einklang mit der Gemeinschaft, gewissermaßen durch Entseelung getötet und die Worte, mit denen er das Gleiche gegenüber der Ehefrau wiederholt, schreiben ihm zu, daß er es weiß.

80 Das wissenschaftlich legitimierte Eigentum des Römischen Rechts erscheint in beiden Traditionen im Kern als *ius gentium.* Im vorklassischen Recht, das von einem Naturrechtszustand ausgeht, in dem ein primäres, solidarisches *ius gentium* gilt, ist es sekundäres *ius gentium* in Gestalt eines universalen *ius civile* (Cicero, de officiis III 17, 69), im klassischen

formales Rechtsinstitut eine Hervorbringung der Schöpfung war, hat ihr juristisch-technisches Fundament in der typisch hochklassischen, von Justinian insbesondere im Anschluß an Julian in seine Kodifikation aufgenommenen Verschmelzung von zivilisatorischem *ius gentium*, das in seiner ursprünglichen Form die [261] Rechtsinstitute mit der Entstehung der Civitates verband, mit einem *ius naturale*, das durch diese Verschmelzung seinen von Haus aus rein soziobiologischen Charakter verlor und eine »Natur« postulierte, die ein dem Menschen als Person zugedachtes vernünftiges Recht schon von Anfang an, d. h. mit dem Auftreten des Menschen, hervorgebracht hatte.[81] Diese das Eigentum legitimierende Rechtsgeschichte ist von der biblischen Geschichte, in der das Eigentum erst durch den Sündenfall und die Vertreibung aus dem eigentumslosen Paradies möglich wird, nicht berührt. Die in die christliche Kultur übernommene römische Rechtsgeschichte kann vielmehr als ein Hauptbeispiel für den Nutzen angesehen werden, den nach dem Zeugnis Isidors von Sevilla in den Augen der

Recht, das einen naturalistischen Naturzustand postuliert, ist es ein zivilisationsrechtliches *ius gentium.* Vgl. Paulus 54 ad edictum D 41, 2, 1, 1. Von den bekannten, von Justinian zumeist abgeschafften Sondersätzen abgesehen, ist es nach beiden Lehren ein universales Institut. Beide Lehren münden in die bekannte, in die Kodifikation Justinians aufgenommene Definition des Naturrechts (Inst. 1, 2, 11): … *naturalia quidem iura, quae apud omnes gentes peraeque servantur, divina quadam providentia constituta semper firma atque immutabilis permanent.*

81 Gaius, der das Recht in der von Julian reformierten Schule der Sabinianer gelernt hat und dessen systematische Darstellungen davon zutiefst beeinflußt sind, lehrt daher in dem am Anfang des Digestentitels »*De adquirendo rerum dominio*« stehenden Fragment Gaius 2 rerum cottidianarum sive aureorum D 41, 1, 1 pr, daß das *ius gentium*, welche das *dominium* anerkennt, »*cum ipso genere humano proditum est*«. Die Zurückführung des *ius gentium* auf das, *quod … naturalis ratio inter omnes homines constituit* (Gaius I 1), ist ähnlich zu verstehen. Der klassische Standpunkt, daß das institutionelle Eigentum erst mit der Entstehung der Staatenwelt beginnt, ist dagegen besonders deutlich bewahrt bei Hermogenian 1 iuris epitomarum D 1, 1, 5 und liegt auch der klassischen Kontrastierung des rein soziobiologischen *ius naturale* und spezisch menschlichen *ius gentium* zugrunde, wie sie Ulpian 1 institutionum D 1, 1, 1,3, D 1, 1, 4 und D 1, 1, 6 pr lehrt. Daß dagegen in dem um die Person zentrierten Institutionensystem (des Gaius wie des ihm folgenden Justinian) das Eigentum nicht mehr als durch die Rechtsordnung der Civitas vermittelt angesehen wurde, sondern als ein menschenrechtliches Vermögensrecht, erkennt man insbesondere daran, daß es mit der *res corporalis* selbst identifiziert wird. Vgl. nur Gaius II 19 mit II 12-14 und Inst. II 1, 1 mit II 2. Daß die klassische Lehre das Eigentum als eine selbständige, auf den davon scharf getrennten naturalistischen Besitz berechtigende Strutur ansah, die, da von der *civitas* ausgehend, bei jedem Eigentümer neu einsteht, während die vorklassische Lehre es als Vermögensrecht ansieht, erklärt die Kontroverse zwischen Servius (zitiert bei Marcellus 13 digestorum D 46, 3, 67) und Hermogenian (6 iuris epitomarum 39, 5,33, 1) auf der einen und Julian 18 digestorum D 12, 1, 20 auf der anderen Seite: Wird Geld schenkweise übereignet, damit es als Darlehen zurückübereignet wird, kommt es nach klassischer Lehre zweimal zur Entstehung von neuem Eigentum, während nach Julian eigentumsrechtlich gar nicht geschieht, da das abredegemäß hin und her bewegte Geld immer im Vermögen des ersten bleibt.

christlichen Spätantike die neben der Geschichte der *sanctae Scripturae* stehende Geschichte der nicht-christlichen Völker, die *historiae gentium*, hatte, unter ihnen insbesondere die römische Geschichte, die stellvertretend für alle das Völkergemeinrecht des *ius gentium* legitimierte und auf diese Weise die Fortdauer der Welt in einer über das Römische Reich hinausweisenden Weise sicherte.[82]

[262] Justinians Überzeugung, daß das Römische Recht auf diese Weise schöpfungsgeschichtlich aus einer ungetrübten, vom Sündenfall unberührten Quelle stammt, wird mit besonderer Klarheit am Eherecht deutlich. Die Ehe erscheint dem Kaiser durch die römische Geschichte als ein natürliches, in den Anfängen der Schöpfung gestiftetes, den Menschen als Personen zugedachtes Rechtsinstitut beglaubigt. Am Anfang habe die Schöpfung, die *δημιουργία* oder in justinianischem Latein (vgl. oben Anm. 69) die »*creatura*«, allen Kindern eine freie und eheliche Geburt gewährleistet. Erst der – unter dem Einfluß des »Bösen« stehende[83] – Verlust der *castitas* habe uneheliche Kinder hervorgebracht.[84] Während nach der biblischen Geschichtserzählung schon die Geschlechtsverbindung selbst postlapsarisch ist, weil der Mensch seine Geschlechtlichkeit erst nach der ersten, den Sündenfall bildenden und ihn gewissermaßen aus der Kindheit heraustreten lassenden Gebotsübertretung entdeckt, ist bei Justinian die rechtliche Einrich-

82 Isidor stellt die beiden Traditionen nebeneinander (Etymolog. XV 1, 2: »*aut sanctae Scripturae aut historiae gentium*«) und widmet der Geschichtsschreibung der nichtchristlichen Tradition einen eigenen Abschnitt I, XL III »*De utilitate historiae* (sc. *gentium*)«. Dort, wo sie nützliches enthielten, schadeten diese *historiae gentium* nicht. Viele kluge Menschen hätten in ihnen über vergangene Taten zur Unterrichtung der gegenwärtigen Menschen (*ad institutionem praesentium*) berichtet, und man würde beim Durchmustern der Abfolgen von Konsuln und Königen (*per consulum regumque successum*) viel Notwendiges (*multa necessaria*) erkennen. Daß insofern für die Geschichte des weltlichen Rechts und des *ius naturale* im neuen, mit dem *ius gentium* verschmolzenen Sinne dem Recht Roms die entscheidende Bedeutung zukommt, macht Isidor an mehreren Stellen deutlich. Vgl. insbesondere II 10, V 1-21 und XV 1. Siehe dazu unten Anm. 148.

83 Vgl. die berühmte (im Original griechische) Klage der sich im Konsens trennenden Ehegatten aus dem Jahre 579, die sich in ihrer Hoffnung auf eine dauerhafte Ehe enttäuscht sahen und den Teufel dafür verantwortlich machten (PFlor. I 93 in FIRA, III, S. 58, Nr. 22: *nescimus quomodo spes non fefellit et turpis pravique diaboli causa passi sumus nos vexantis ut alter ab altero discederemus*. Vgl. De Martino, Chiesa e stato di fronte al divorzio nell'età romana, Festschrift Flume I (1978), S. 137 ff. Justinian beruft den Teufel ausdrücklich in einer gegen gleichgeschlechtliche Sexualität gerichteten Novelle 77 pr.: *diabolica institagatione comprehensi … naturae contraria agunt*.

84 Nov. 89, 1 (a. 539) *Natura siquidem ab initio, dum de filiorum procreatione sanciret scriptis nondum positis legibus, omnes similiter quidem liberos similiter autem produxit ingenuos. Primis namque parentibus primi filii similiter quidem liberi similiter autem legitimi a creatura (παρὰ τῆς δημιουργίας) fiebant. … Servitutem namque invenit bellum, naturales (sc. liberos) autem castitatis casus.* Während den Sklaven schon früh durch Freilassungsrecht geholfen worden sei, sei es Kaisern überlassen geblieben, den nichtehelichen Kindern zu helfen. Das Auftreten der Unkeuschheit, dem eine Zeit »keuscher«, d. h. eheliche Geschlechtsbeziehungen vorhergingen, ist mit dem biblischen Sündenfall nicht zu verwechseln.

tung der Ehe, welche die Geschlechtlichkeit auf eine reine und untadelige Weise ordnet und eheliche Kindschaft ermöglicht, älter als das Auftreten des Bösen in der Welt. Wenn es dann in dieser Sichtweise, wie bemerkt, der Verlust der »Keuschheit« war, der *casus castitatis*, der nichteheliche Kinder hervorbrachte (Anm. 84), so war das kein durch Übertretung eines positiven Gebots begangener Sündenfall, sondern der Beginn des Unrechttuns, das in der menschlichen Freiheit not- [263] wendig enthalten ist und in der Verletzung und Nichtachtung der Institute der dem Menschen zugedachten Rechtsordnung besteht. Das Rechtsinstitut der Ehe erscheint folgerichtig in diesem Denken als die notwendige und ursprüngliche, als solche von Anfang an bestehende Rechtsform der von der Natur für die Reproduktion des Menschen geschaffenen Geschlechtlichkeit. Daher kann Justinian auch lehren, daß Gott dem Menschen mit der Ehe das Mittel gegeben habe, sich auf die ihm mögliche Weise und in den seiner Natur bestimmten Grenzen der Unsterblichkeit zu nähern.[85] Diese Überzeugungen wurzeln wiederum in dem in die Anfänge der Schöpfung zurückprojizierten, mit dem *ius naturale* verschmolzenen *ius gentium* des hochklassischen Rechts, dessen Personalismus Justinian anhand der (noch näher zu betrachtenden) *imago-Trinitatis*-Lehre christlich interpretiert hat. Daher sagt er bei Gelegenheit der Abschaffung einer vom klassischen Recht gewohnheitsrechtlich festgehaltenen Ungleichbehandlung der Frau:

> *utraque persona in hominum procreatione similiter naturae officio fungitur (Inst. II 13, 5)*

Wer die Frauen diskriminiere, klage die Natur an, warum sie nicht nur Männer geschaffen habe.[86] Daß Justinian hier tatsächlich die durch Verschmelzung von zivilisatorischem *ius gentium* und naturalistischem *ius naturale* zur Schöpfungsvernunft gewordene Natur im Sinn hat, erkennt man, wenn man bedenkt, daß die klassische Konsensehe des *ius gentium* nichts anderes ist als die für die Menschen auf der Zivilisationsstufe der *civitates* nachgeformte Paarbeziehung, welche die soziobiologisch wirkende Natur als Naturbeziehung alle höheren Lebewesen lehrt.[87] Justinian übernimmt deren nun schöpfungstheoretisch gedeutete Regeln

85 Nov. 22 praef. (a. 535) *Si enim matrimonium sic est honestum, ut humano generi videatur immortalitatem artificem introducere, et ex filiorum procreatione renovata genera manent iugiter, dei clementia, quantum est possibile, nostrae immortalitatem donante naturae, recte nobis studium de nuptiis est.*

86 CJ 6, 28, 4, 1 (a. 531) *qui enim tales differentias inducunt, quasi naturae accusatores existunt, cur non totos masculos generavit, ut, unde generentur, non fiant.*

87 Vgl. Ulpian 1 institutionum D 1, 1, 1, 3 *Ius naturale est, quod natura omnia animalia docuit .... hinc descendit maris atque feminae coniunctio, quam nos matrimonium appellamus.* Da das naturalistische Wesen der Ehe in der Paarbildung gesehen wird, nicht in der Geschlechtsgemeinschaft, folgt daraus für das menschliche Recht der der Satz (Ulpian 36 ad Sabinum D 50, 17, 30): *Nuptias non concubitus, sed consensus facit.* Näher zu den Grundlagen des klassischen Eherechts Okko Behrends, Sessualità riproduttiva e cultura cittadina (oben Anm. 60).

in seine Kodifikation und kann daher auch gegen die klare Weisung im Neuen Testament an dem Grundsatz der Scheidbarkeit der Ehe festhalten.

[264] Nov. XII,3 (16. März 535)
horum, quae in hominibus subsequuntur, quidquid ligatur, solubile est. (τῶν ἐν ἀνθρώποις παρακολουθούντων τὸ δεθὲν ἅπαν λυτόν. – *Für die Verhältnisse, die unter Menschen vorkommen, gilt: Was verbunden wird, ist löslich.*)

Der grundsätzlichen Unlösbarkeit des Ehebandes, wie sie aus religiösen Gründen vor allem seit Augustin mit Nachdruck für das weltliche Recht gefordert wurde,[88] wird hier in pointierter, kaum absichtslos auf die fast gleichlautende Rede des Schöpfergottes in Platons Timaios anspielender Weise[89] entgegengetreten: In der von der römischen Geschichte bereitgestellten Rechtsordnung wird das Eheband von Menschen geschaffen und unterliegt daher dem für Verträge formulierten klassischen Konträraktsprinzip.[90] Sieben Jahre später hebt Justinian zwar die dadurch gewährleistete vertragliche Scheidung auf, wie man annimmt, unter dem Druck einer kirchenpolitisch schwierigen Lage; aber schon sein Nachfolger Justin II. führt sie wenige Jahre später wieder ein.[91] Und gewiß stand es von Anfang an

88 Vgl. Hans Julius Wolff, Doctrinal trends in Postclassical Roman Marriage Law, SZ 67 (1950) S. 266 mit Anm. 17.

89 Bei Platon, Timaios 41b heißt es: δεθὲν πᾶν λυτόν. Cicero übersetzt in seinem Timaeus 11, 40: *omne conligatum solvi potest.* Den dort angesprochenen geschaffenen Göttern wird zu ihrer Beruhigung gesagt, daß sie durch den Willen des Schöpfergottes geschützt seien, da nur ein böser Wille auflöse, was auf schöne Weise zusammengefügt sei und sich wohl verhalte. Die Nutzanwendung für die Ehe liegt auf der Hand. Vgl. nur den Schutz der »*bene concordantia matrimonia*« vor der »*patria potestas*« Ulpian 71 ad edictum D 43, 30, 1, 5. Wenn Konstantin Hohenlohe, Einfluß des Christentums auf das Corpus Iuris Civilis (1937), S. 160 in Bezug auf die Löslichkeit der Ehe von einem »ausdrücklich häretischen Standpunkt« Justinians spricht, so verkennt dies Urteil, wie sehr sich der fromme Kaiser durch die von ihm interpretierte römische Rechtsgeschichte gerade auch religiös gerechtfertigt fühlte.

90 Diese Aussage Justinians bestätigt daher meine Überzeugung, daß das Konträraktsprinzip spezifisch klassisch und erst im klassischen Vertragssystem des *ius humanum* produktiv geworden ist. Darauf bezieht sich z. B. die bekannte Fassung des Konträraktsprinzips. Ulpian 27 ad Sabinum D 50, 17, 35 *Nihil tam naturale est quam eo genere quidque dissolvere, quo colligatum est. ideo verborum obligatio verbis tollitur: nudi consensus obligatio contrario consensu dissolvitur.* Justinians Ehedogmatik behandelt die Ehe nicht mehr klassisch als eine einseitig beendbare Konsensgemeinschaft, sondern zieht mit der Vorstellung einer Bindung die juristische Konsequenz aus der schon im Prinzipat beginnenden Tendenz, den Konsens als vertragsbegründende Willenseinigung anzusehen. Besonders deutlich Paulus 32 (Lenel 33) ad edictum D 19, 4, 1, 2 *emptio ac venditio nuda consentientium voluntate* (!) *contrahitur.*

91 De Martino, Chiesa e stato di fronte al divorzio nell'età romana, Festschrift Flume I, S. 149 f. bringt die im Jahre 542 erfolgte (Nov. 117, 10) Abschaffung der einst von Anastasius eingeführten Ehescheidung *communi consensu*, die klassisch konsequent als von beiden Seiten ergehendes *repudium* konstruiert war (CJ 5, 17, 9 [a. 497]) mit den Spannungen zusammen, die durch den von Justinian entschiedenen Dreikapitelstreit entstanden waren. Die Wiedereinführung erfolgte 566 in der Nov. 140, 1.

unter christlichem Einfluß, wenn die Kaiser seit Konstantin die einseitige Ehescheidung mit [265] Strafen belegten, mit der Folge, daß die einverständliche Ehescheidung an Bedeutung gewann. Für die Kontinuität der klassischen Denkweise ist aber kennzeichnend, daß die verbotene einseitige Ehescheidung zwar Strafen auslöste, das Rechtsband der Ehe aber gleichwohl stets aufhob.[92]

Wie tief die an den beiden Beispielen des Eigentums- und Eherechts sichtbar gewordene, weltlich ausgerichtete, aber zugleich schöpfungstheoretisch legitimierte Gesetzgebung Justinians in einem spezifisch fortgebildeten, Zukunftsvertrauen gewährenden Personalismus klassisch humanistischen Ursprungs wurzelt, ist in den folgenden Abschnitten zu zeigen. Als erstes müssen wir dafür den Hinweisen näher nachgehen, die sich aus der Anrufung der Trinität für das Menschenbild Justinians ergeben.

IV. Die drei Dimensionen des Bewußtseins der menschlichen Person und die Transzendentalisierung des menschlichen Gedächtnisses im Spätwerk Ciceros und in der Prinzipatstheorie

Den Schlüssel liefert die schon zu Beginn des vorausgegangenen Abschnitts hervorgehobene Lehre von der »Dreieinigkeit« des menschlichen Geistes, nämlich seine Zusammensetzung aus den drei sowohl unterscheidbaren wie untrennbar zusammenwirkenden Bestandteilen »Erinnerung«, »Gegenwartswahrnehmung« und »Zukunftssorge«. Augustinus hat sie, wie ebenfalls bereits erwähnt, in seiner Schrift *De Trinitate* im Sinne einer *imago Trinitatis* des menschlichen Geistes christlich gedeutet. Und wir werden sehen, daß Justinian sich tatsächlich in dieser Anthropologie einer Gottesebenbildlichkeit bewegt, wenn er in seiner »Gesetzgebung« die drei Aspekte der Erinnerung (*memoria*), Gegenwartserfassung (*intellectus*) und Zukunftssorge (*providentia*) einsetzt, um, fern von der Hybris einer politischen Theologie im modernen Sinn, als menschlicher Gesetzgeber an die Möglichkeit glauben zu dürfen, an dem Werk der Klärung und Fortbildung des durch die römische Gründungs- und Entwicklungsgeschichte gegebenen Rechts maßgebend mitwirken zu können. Bevor wir uns dem jedoch im 5. Abschnitt näher zuwenden, müssen wir zunächst die Entwicklungsgeschichte der triadischen Psychologie betrachten und zunächst ihre älteste Fassung in der Schrift *De inventione* näher in Augenschein nehmen, jener bemerkenswerten Schrift, in [266] der Cicero niedergelegt hat, was er in seiner Jugend an der Seite seines Freundes und Altersgenossen Servius Sulpicius Rufus, des Begründers der klas-

92 Hans Julius Wolff, (oben Anm. 88), S. 268: »*the forbidden divorce, though punishable, was none the less valid from the moment it was declared*«. Es handelt sich (klassisch gesprochen) um die Wirkung einer *lex minus quam perfecta*. Vgl. dazu Martin Avenarius, Der pseudo-ulpianische *liber singularis regularum* (2005), S. 160 ff.

sischen Rechtswissenschaft, im Unterricht des Philon von Larissa, des Enkelschülers des Carneades, gelernt hatte.[93]

Die dreigliedrige Psychologie wird in der Schrift *De inventione* II 53, 159 ff. dargelegt als Teil der Lehre von der Tugend (*virtus*), die als die mit Natur und Vernunft übereinstimmende Seelenhaltung definiert wird (*animi habitus naturae modo atque rationi consentaneus*) und als solche zu den Attributen der durch den Dualismus von Körper (*corpus*) und Geist (*animus*) definierten Person gezählt wird (*personis … res adtributas*).[94] Die drei Zeitstufen unterscheidende Psychologie ist damit Teil der skeptischen Tugendlehre der menschlichen Person, und zwar ihrer Tugend in dem Ausschnitt ihrer beim Handeln in der Zeit die Lebensbedingungen beachtenden Klugheit (*prudentia*). Der »kluge« Mensch berücksichtigt in seiner Lebenspraxis durch Erinnerung, Gegenwartswahrnehmung und Zukunftsverantwortung die objektiven Bedingungen seiner Existenz. Da sich kein Bewußtsein und kein menschliches Handeln oder Erleiden[95] den drei existentiellen Dimensionen entziehen kann, ist die dreigliedrige Psychologie damit auf ihrer Grundstufe von deskriptiver Nüchternheit geprägt.

> Cicero, *de inventione* II 53, 160
> Prudentia est rerum bonarum et malarum neutrarumque scientia. partes eius: memoria, intellegentia, providentia. (*Die Klugheit ist die Kenntnis der guten, schlechten und sittlich gleichgültigen Dinge. Ihre Teile sind: Erinnerung, Begreifen, Voraussicht.*) –
> memoria est, per quam animus repetit illa, quae fuerunt. (*Die Erinnerung ist das, womit das Bewußtsein zurückruft, was gewesen ist.*)
> [267] intellegentia, per quam ea perspicit, quae sunt. (*Das Begreifen ist das, womit es durchschaut, was ist.*)

93 Grundlegend zu Biographie und Lehre des folgenreichen Philosophen jetzt Charles Brittain, Philo of Larissa. The Last of the Academics Sceptics (2001); zur Gegenwart der Lehren Philons in Ciceros Schrift *De inventione*, die in ihrer vollen Bedeutung allerdings erst durch die Aufklärung der Vorgeschichte des klassischen Rechts und seiner Zentralbegriffe (wie die »Person«; siehe oben Anm. 54) ermessen werden kann, vgl. etwa Philippson, RE s. v. Tullius (1939), Sp. 1104 f. Siehe auch den Text unten S. 268 f.

94 Vgl. Cicero, de inventione I 24, 34 *personis has res adtributas putamus: nomen, naturam, victum, fortunam, habitum* (!), *affectionem, studia, consilia, facta, casus, orationes*; 25, 36 *habitum autem [hunc] appellamus animi aut corporis constantem et absolutam aliqua in re perfectionem, ut virtutis* (!) *aut artis alicuius perceptionem aut quamvis scientiam et item corporis aliquam commoditatem non natura datam, sed studio et industria partam.*

95 Daher sind in der klassischen Lehre von den »*res personis adtributae*«, den Attributen der menschlichen Person die letzten drei, nämlich das, was der Mensch tut, was ihm zustößt und was er sagt, in diese drei (erinnerten, erlebten oder vorausgesehenen) Zeitstufen zerlegt. Cicero, *de inventione* I 25, 36 *facta autem et casus et orationes tribus ex temporibus considerabuntur: quid fecerit ⟨aut⟩ quid ipsi acciderit ⟨aut⟩ quid dixerit; aut quid faciat, quid ispi accidat, quid dicat; aut quid facturus sit, quid ispi casurum sit, qua sit usurus oratione.*

providentia, per quam futurum aliquid videtur ante quam factum est. (*Die Voraussicht ist das, womit etwas als Zukünftiges gesehen wird, bevor es geschehen ist.*)

Diese dreigliedrige Klugheit, die eine existentiell notwendige intellektuelle Bedingung der Lebenspraxis ist, bildet zusammen mit der Gerechtigkeit (*iustitia*), die das Recht in die Gesinnung aufnimmt, und der Tapferkeit (*fortitudo*) und Mäßigung (*temperantia*) die vier Kardinaltugenden. Es ist für das Verständnis des Personenbegriffs von entscheidender Bedeutung, daß alle vier Tugenden in der für ihn grundlegenden skeptischen Anthropologie als voneinander geschieden gedacht waren und sich nicht wechselseitig beeinflußten. Das gilt insbesondere auch für die Klugheit und die Gerechtigkeit. Die Klugheit entscheidet nicht darüber, was Recht ist. Diese Frage beantwortet die Gerechtigkeit, die eine Tugend der informierten Gesinnung ist. Die Klugheit ist dagegen eine Tugend des Bewußtseins, die das in der Zeit fortschreitende Handeln leitet. Die Gerechtigkeit ist als eine Gesinnungstugend für das geltende Recht verantwortlich, und zwar in dieser Lehre in der Gestalt des durch das Edikt des Servius Sulpicius Rufus zur Herrschaft gebrachten klassischen Rechts, und besteht in der ethischen Verpflichtung, unter Wahrung der Bedingungen eines fruchtbaren Zusammenlebens die Würde des jeweils anderen zu respektieren.[96] Die Klugheit betont als Tugend des handlungsleitenden Bewußtseins die Notwendigkeit, die Rechtsordnung als eine der »*res bonae*« im Gedächtnis zu bewahren und im gegenwärtigen Handeln und zukünftigen Planen zu beachten, und zwar zum eigenen Wohl: Wer das, was die Rechtsordnung fordert, nutzt und achtet, gewinnt einerseits Freiheits- und Gestaltungsräume, andererseits Sicherheit vor Sanktionen.

[268] Präzis zu diesem Zweck, der Verbesserung der Lebensbedingungen durch Herstellung einer gewaltfreien Rechtsordnung, sind nach klassischem Denken die Staaten von den Menschen gegründet worden. Die Menschen haben den Naturzustand verlassen und kraft ihrer Fähigkeit zu vernünftiger sprachlicher Kom-

96 *De inventione* II 53, 160 Iustitia est habitus animi communi utilitate conservata suam cuique tribuens dignitatem. (*Gerechtigkeit ist die Geisteshaltung, die unter Wahrung des gemeinen Nutzens jedem seine Würde zuerkennt.*) Diese Gesinnung (ebenso auctor ad Herennium III 2, 3) bezieht sich auf ein Rechtssystem, in dessen Zentrum das soziale Prinzip der Selbstbehauptung (*vindicatio*) steht. Vor allem in ihr, die unter den Bedingungen des Rechts steht, drückt sich die sowohl von jedem beanspruchte wie jedem geschuldete *dignitas* der Person aus. Flankiert und ergänzt wird diese Würde verleihende rechtliche Selbstbehauptung von den rechtsethischen Prinzipien der Familienloyalität (*pietas*) und Dankbarkeit (*gratia*) einerseits sowie der Ehrerbietung (*observantia*) und Wahrheitsliebe (*veritas*) andererseits. Hinzukommt die *religio* als Ehrerbietung gegenüber den Göttern. Dieses System, das Cicero schon De inventione II 22, 65 skizziert hatte, wird, wie die Stellen Cicero, Partitones oratoriae 37, 129f.; Topica 23, 90; Brutus 40, 151f. und de legibus I 5, 17 zeigen, von Servius in seinem Edikt, das er in einer Brutus gewidmeten Einzelschrift kommentiert hat (Pomponius libro singulari enchiridii D 1, 2, 2, 44), mit dauernder Folgewirkung durchgesetzt.

munikation die Einrichtungen des *ius divinum* und *ius humanum* geschaffen, weil sie ihre natürlichen Bedürfnisse und Fähigkeiten in gesicherten Formen verwirklichen wollten. Cicero schildert diese klassische Staatsentstehungslehre, derzufolge die Menschen mit der Gründung der Gemeinwesen einen tierischen Zustand ohne Religion und Recht verlassen haben, nicht nur zu Beginn der Schrift De inventione (und dann später auch noch öfter),[97] sondern setzt ihn auch in der soeben ausgewerteten Tugendlehre voraus, in welcher er, den Begriff der Person umkreisend, ihre in der Argumentationstheorie verwendeten Attribute behandelt. Cicero bewahrt in dieser Darstellung auch noch, daß der Begriff der *persona* in der skeptischen Lehre nicht auf den Menschen beschränkt war, sondern auch auf Götter und Tiere angewendet wurde und damit letztlich auf alle Wesen, denen der Mensch eine Rolle zuschreibt.

Cicero, *De inventione* I 24, 34
… personis has res adtributas putamus: nomen, naturam *etc* ….[98] nomen est, quod uni cuique personae datur, quo suo quaeque proprio et certo vocabulo appellatur. naturam ipsam definire difficile est; partes autem eius enumerare eas, quarum indigemus ad hanc praeceptionem, facilius est. eae autem partim divino, partim mortali in genere versantur. mortalium autem pars in hominum, pars in bestiarum genere numerantur, atque hominum genus et in sexu consideratur, virile an muliebre sit *etc.* (*Wir meinen, daß den Personen diese Verhältnisse anhaften: ihr Name, ihre Natur usw. … Ein Name ist, was einer jeden Person gegeben wird, kraft dessen eine jede durch ein ihr eigenes und bestimmtes Wort benannt wird. Die Natur selbst ist schwer zu definieren. Die Einteilungen aufzuzählen, derer wir für diese Unterrichtung bedürfen, ist leichter. Sie [die Einteilung der jeweils einer Person attributierbaren Natur] gehören nämlich teils in die göttliche, teils in die sterbliche Gattung. Von den sterblichen Naturen aber wird ein Teil zu der Gattung der Menschen, ein anderer zu derjenigen der Tie-* [269] *re gezählt. Und die Gattung der Menschen wird auch in Bezug auf das Geschlecht betrachtet, ob es männlich oder weiblich ist usw.*).

Die Sicht ist die typisch skeptische: Nicht nur die Mitmenschen spielen im menschlichen Leben eine Rolle, sondern auch Götter und Tiere, freilich jeweils

97 *De inventione* I 1, 2: *fuit quoddam tempus, cum in agris homines passim bestiarum modo vagabantur … nondum divinae religionis, non humani officii ratio colebatur, nemo nuptias viderat legitimas, non certos quisquam aspexerat liberos, non ius aequabile quid utilitatis haberet, acceperat.* Kennzeichnend, bis hin zur Folgewirkung bei Justinian, ist die hohe Einschätzung von Ehe und Kindschaft. Die anschauliche Schilderung endet I, 2, 3. Siehe auch Cicero, De oratore I 8, 33, pro Sestio 42, 19.

98 Es folgen noch »*victus*« (Umgang), »*fortuna*« (Lebensstellung), »*habitus*« (die schon erörterte Haltung), »*affectio*« (Stimmung und Befinden), »*studia*« (wissenschaftliche Beschäftigung), »*consilia*« (Pläne) sowie »*facta*« (Taten), »*casus*« (Vorfälle) und »*orationes*« (Reden), die letzteren drei jeweils dreifach danach gegliedert, ob sie sich auf die Vergangenheit, Gegenwart oder Zukunft beziehen.

auf eine tiefgreifend verschiedene, von der *ratio iuris* des skeptischen Rechtssystems auch entsprechend gespiegelte Weise. Die Tiere sind Teil der genutzten Körperwelt, die Götter Gegenstand der Verehrung. Der Mensch lebt in der Zivilisation auf einer selbständigen Stufe, nach oben verehrend, nach unten herrschend.

Der Mensch verleugnet nicht seine ursprüngliche soziobiologische Verwandtschaft mit den Tieren. Das klassische »Naturrecht« hält auch auf der Zivilisationsstufe die biologische Verwurzelung des Menschen im Tierreich sichtbar. Das zeigt das instinktgegründete *ius naturale, quod natura omnia animalia docuit,* das alle höheren Lebewesen zu Paarbildung, Zeugung und Erziehung anhält[99] oder die klassische Kategorie der *res communes omnium (animalium),* die die im Naturzustand gebliebenen Sachen Tieren und Menschen gemeinsam zuweist.[100] Aus der Tierwelt hat sich der Mensch in dieser Sichtweise vermöge seiner ihn vor den Tieren auszeichnenden Fähigkeit zur vernünftigen Rede durch die Staatengründung herausgehoben, durch die Einrichtungen des allein ihm vorbehaltenen *ius humanum,* geformt nach den Regeln des universalen *ius gentium* und den durch Gesetzgebung und Gewohnheitsrecht geschaffenen besonderen Regeln des *ius civile* und getragen von seinen natürlichen Anlagen zum Recht, an welche die magistratische Rechtspflege zusätzlich anknüpfen kann, um das strukturierte Recht zu stärken, zu ergänzen und zu berichtigen.[101]

[270] Mit dem Übertritt in die Zivilisation erkennt der Mensch zugleich seine Verwandtschaft mit der seinem Verständnis unzugänglichen göttlichen Sphäre.

99 Ulpian 1 institutionum D 1, 1, 1, 3 *hinc descendit maris atque feminae coniunctio, quam nos matrimonium apellamus, hinc liberorum procreatio, hinc educatio: videmus etenim cetera quoque animalia, feras etiam istius iuris peritia censeri.* Offenkundig sind hier den höheren Tieren Rollen zugeschrieben, solche der Eltern und der Kinder, aber auf tierischer Ebene. Justinian übernimmt diese animalische, bei ihm in der Nachfolge der frühkaiserzeitlichen rhetorischen Kultur (vgl. Quintilian II 16, 16 und unten S. 279) schöpfungstheoretisch gedeutete Grundlegung der Kinderziehung, wenn er in einem Gesetz sagt (CJ 5, 13, 1, 5c [a.530]) *cum ipse naturalis stimulus parentes ad liberorum suorum educationem hortatur.*

100 Vgl. meine Untersuchung »Die allen Lebewesen gemeinsamen Sachen (res communes omnium) nach den Glossatoren und dem klassischen römischen Recht«, jetzt in OKKO BEHRENDS, Institut und Prinzip (oben Anm. 4), S. 599 ff.

101 Daher sagt Cicero am Ende der Staatsentstehungslehre (de inventione I 4, 5) *homines … hac re maxime bestiis praestare, quod loqui possunt* und bekräftigt die Aussage in der rekapitulierenden Schrift seiner späten Jahre (de oratore I 8, 32): *hoc enim uno praestamus vel maxime feris, quod conloquimur inter nos et quod exprimere dicendo sensa possumus.* Es ist, wie er noch einmal dort in einer Klimax heraushebt, diese Fähigkeit zur sinnhaften sprachlichen Kommunikation, die den Menschen instandsetzt, eine Rechtsordnung zu schaffen § 33: *Ut vero iam ad illa summa veniamus, quae vis alia potuit aut dispersos homines unum in locum congregare aut a fera agrestique vita ad hunc humanum cultum civilemque deducere aut iam constitutis civitatibus leges iudicia iura describere?* Gesetzgebung gibt es, wie deutlich wird, erst im gegründeten Gemeinwesen, nicht als Gründungstat. Vgl. Quintilian II 16, 15 f.

Er verehrt daher Götter, und zwar nach den Regeln des *ius divinum*, das, da die staatliche Religion universalen Formulierungen nicht zugänglich ist, in den verschiedenen Gemeinwesen dem Herkommen folgt. Da die Religion aber doch ein natürliches, überall gleiches Grundbedürfnis befriedigt und allen ihren Erscheinungsformen daher eine *naturalis religio* zugrundeliegt,[102] fehlt es in diesem vorpositiven Bereich nicht an universalen Aussagen. Die wichtigste und folgenreichste ist, daß sich der Mensch den Göttern nachgebildet glaubte,[103] da darin die später genutzte Möglichkeit lag, den Menschen in eine unmittelbare Beziehung zu dem personal gedachten platonischen Schöpfergott zu setzen. Beiden nichtmenschlichen Wesen, den Göttern und den Tieren, wurde in diesem Denken auf ihrer Stufe eine personale Rolle zugewiesen, den Göttern durch die *religio* des *ius divinum* ober- und außerhalb des menschlichen Rechts als verehrte Personen, den Tieren durch die *aequitas* des *ius humanum* unter dem menschlichen Recht, als beherrschte Gegenstände.

Im Rahmen des Zivilisation ermöglichenden *ius humanum* hat der Begriff *persona* den Zweck, den Menschen in seiner natürlichen, in der bürgerlichen Welt grundsätzlich festgehaltenen Gleichheit zu definieren, etwa in der schon berührten, auf Servius Sulpicius selbst zurückgeführten Lehre, derzufolge [271] der Sklave als natürliche menschliche Person Rechtsgeschäfte wie eine Schuldübernahme wie jedermann vornehmen kann, aber, da ihm die bürgerliche Person fehlt, (mit fatalen Folgen für den Gläubiger) nicht verklagt werden kann (vgl. oben Anm. 71). Eine formale Ableitung aus der Funktion des *persona*-Begriffs, rechtliche Selbständigkeit darzustellen, stellt die auf *universitates* angewendete Figur des *vice personae* dar. Eine solche *universitas* ist als unkörperliche Einheit, die vom Wechsel der sie bildenden *singuli* (der einzelnen Menschen) unabhängig ist, kein Mensch und kein Lebewesen. Daher kann sie eine *persona* nicht sein,

102 Das *ius divinum* als *religio* und das *ius humanum* als *aequitas,* beide untergliedert nach normativen Institutionen und nach natürlichen menschlichen Anlagen für und Bedürfnis nach Religion und Recht (*naturalis religio, naturalis aequitas*), denen die Institutionen dienen, indem sie sie zugleich stärken (Cicero, *de inventione* II 22, 64; II 53, 160), entstehen gleichzeitig mit der Gründung der Gemeinwesen (Cicero, Partitiones oratoriae 37, 129 f.). In dem in der letzten Stellen hervortretenden Gegensatz von *civilis* und *naturalis religio* entspricht dem scharf herausgearbeiteten Gegensatz von ausschließlich dem *mos maiorum* überlassenen Religion der Staatsmänner und der (eine anthropologische Grundausstattung konstatierenden) Philosophen. Die von Augustinus, de civitate dei 4, 27 für Q. Mucius Scaevola pontifex maximus überlieferte Dreiteilung ist die vorklassische, nämlich stoisch geprägte Vorform dieser Unterscheidung. Zur Formung des klassischen *ius divinum* allein durch das *mos maiorum* unten Anm. 109 und Anm. 110.

103 Cicero, de natura deorum I 32, 90, läßt den skeptischen pontifex Cotta eine Widerlegung der Epikureer mit den Worten beginnen: ante igitur humana forma quam homines, eaque erant forma dii inmortales: non ergo illorum humana forma, sed nostra divina dicenda est. (*Die menschliche Gestalt gab es folglich früher als die Menschen. Und von dieser Gestalt waren die unsterblichen Götter. Nicht also ist ihre [der Götter] Gestalt menschlich, sondern unsere ist göttlich zu nennen.*)

sondern lediglich in einzelne Beziehungen einen Rechtsträger darstellen, als ob sie insoweit eine Person wäre. Kennzeichnend für die spezifisch humane Funktion des *persona*-Begriffs ist, daß er in der analytischen Entgegensetzung *singulus – universitas* in reiner klassischer Sprache nicht vorkommt. Denn dort wo der Einzelne nur als auswechselbares Element einer Einheit gesehen wird, ist er kein Rollenträger, sondern ein bloßer gedanklicher Baustein.[104]

Tiere stehen unter dieser Ordnung. Die Tiere werden als unvernünftige und nicht rechtsfähige Mitbewohner der Welt klassifiziert und verstanden, in ihren einzelnen Exemplaren dem Besitz und Eigentum des Menschen unterworfen und als passive Gegenstände den Ordnungen des *ius humanum* eingefügt. Aber dennoch lebt der Mensch nicht beziehungslos mit ihnen. Vielmehr stellt diese Lehre bei den höheren Tieren ohne weiteres den für die menschliche Person typischen Dualismus von *animus* (Bewußtsein) und *corpus* (Körper) fest[105] und folgert daraus, daß halbzahme und daher noch der naturalistischen Freiheit fähige Tiere mit dem *animus revertendi* ihr *corpus* in der [272] Herrschaft des Eigentümers halten, d.h. in dem auch von seiner Seite *corpore et animo* begründeten Besitzverhältnis.[106]

104 Vgl. Florentinus 8 institutionum D 46, 1, 22 *hereditas personae vice fungitur, sicuti municipium et decuria et societas.* Ausgangspunkt der Vorstellung des *personae vice* ist, wie Florentins Satz deutlich macht, die Theorie der *universitas*, die im klassischen Edikt eine eigene Rubrik hat (vgl. Otto Lenel, Edictum perpetuum [1927]³, S. 100) und der voraufgegangenen Regelung für die Munzipien die Theorie liefert. Zu ihr formuliert Ulpian die klassischen Sätze (Ulpian 10 ad edictum D 3, 4, 7, 1: *Si quid universitati debetur, singulis non debetur: nec quod debet universitas singuli debent.*) Die *hereditas* ist in der Ediktstheorie ganz entsprechend eine *universitas*, die aus *singulae res* gebildet ist. Vgl. Ulpian 16 ad edictum D 6,1,1 pr. Die Vorstellung einer *singularis persona*, die e contrario *populus, curia, collegium* und jedes personale *corpus ex distantibus* als Kollektivperson sieht, ist bereits durch das im Kaiserrecht wiederkehrende vorklassische Denken geprägt, daß den Personenverbänden eine körperschaftliche Verfassung gewährte, die sie menschlichen Personen nachbildete. Vgl. Gaius 3 ad edictum provinciale D 3, 4, 1 pr und § 1.

105 Cicero, *de inventione* I 24,35 et omnino quae a natura dantur animo et corpori considerabunur (*und generell werden die von Natur gewährten Attribute in Bezug auf Bewußtsein und Körper betrachtet).* Die bekannteste Anwendung dieser Analyse auf die Menschen ist der spezifisch zum klassisch-naturalistischen Besitz gehörende Satz (Paulus 50 4 ad edictum D 41,2,3,1): *et apiscimur possessionem corpore et animo.* Als Attribut der Person in der rhetorischen Argumentationslehre gehört der Besitz unter die Kategorie der *fortuna* (Cicero, de inventione I 25,35).

106 So heißt es, ausgehend vom Beispiel halbzahmer, immer wieder aus den Wäldern zurückkehrender Hirsche (*quorum et ipsorum feram esse naturam nemo negat*), verallgemeinernd (Gaius 2 rerum cottidiaranum sive aureorum D 41, 1, 5, 5): *in his autem animalibus, quae consuetudine abire et redire solent, talis regula comprobata est, ut eo usque nostra esse intellegantur, donec revertendi animum habeant, quod si desierint revertendi animum habere, desinant nostra esse et fiant occupantium. intelleguntur autem desisse revertendi animum habere tunc, cum revertendi consuetudinem deseruerint.* Was die entsprechende Lehre für den Sklaven angeht, so entnimmt Papinian 26 quaestionum D 41, 2, 47 einer Schrift des Prokulianers Nerva filius den Grundsatz: *potest homo proposito redeundi domino possessionem sui*

Das Tier spielt hier eine tierische und dienende, auf den Menschen bezogene Rolle, der durch den sich des menschlichen Besitzers erinnernden *animus* ein personales Element nicht fehlt. Noch Augustinus vergleicht in der Tradition der von ihm (über eine gleich noch zu betrachtende vertiefende Vermittlung) fortgeführten dreigliedrigen Psychologie die *memoria* des Menschen mit der zwar der menschlichen Vernunft nicht teilhaftigen, aber durchaus vorhandenen und genutzten *memoria* der Tiere.[107]

Die Götter gehören in diesem Weltbild einer höheren, nichtmenschlichen Sphäre an. Sachen, die den Göttern geweiht sind, sind daher nach *ius humanum* niemandem zu eigen, da die vermögensrechtliche Beziehung des zu Eigentum Gehörens dem *ius divinum* unbekannt ist und von einer Konsekration nicht bewirkt wird.[108] Die Götter sind grundsätzlich unerkennbar und daher der Verehrung, die ihrer unbeherrschbaren, über das menschliche Glück gebietenden Macht gilt, wie bemerkt, nur in den traditionellen, von den Vorfahren geschaffenen Formen zugänglich. Das ihnen geltende, die Formen des Kults regelnde *ius divinum* befriedigt zwar ein natürliches und universales [273] Bedürfnis, ist aber nach skeptischer Sicht gleichwohl allein vom jeweiligen *mos maiorum* geformt.[109] Da nach skeptischer Ansicht universale Aussagen über die Formen der Religion

conservare, cuius corpore ceteras quoque res possumus possidere. igitur earum quidem rerum, quae ratione vel anima carent, confestim amittitur possessio, homines autem retinentur, si revertendi animum haberent. Die von Gaius genannte Regel ist in ihrer Gründung auf *consuetudo* als spezifisch klassisch, d.h. in seiner Schule als postjulianisch einzuordnen.

107 Augustinus, De Trinitate 15, 22 *memoria hominis, et maxime illa quam pecora non habent, id est, qua res intellegibiles ita continentur ut non in eam per sensus corporis venerint.* Vgl. Quintilian II 16, 16.

108 Diese sachenrechtliche Einteilung (Gaius II 9 *Quod autem divini iuris est, id nullius in bonis est; ... quod humani iuris est, plerumque alicuius in bonis est.*) folgt dem Grundgegensatz zwischen göttlichem und menschlichem Recht in dem von Cicero, Partitiones oratoriae 37, 129 mitgeteilten klassischen System. Daß nach Ps.-Ulpian, Regulae 22, 6 durch Senatsbeschlüsse und kaiserliche Konstitutionen bestimmten Göttern, beginnend mit dem Juppiter Tarpeius, die passive Erbfähigkeit und damit folgerichtig auch Vermögensfähigkeit verliehen werden konnte, ist eine typische kaiserzeitliche Durchbrechung des klassischen Rechts. Vgl. dazu jetzt grundlegend Martin Avenarius, Der pseudo-ulpianische *liber singularis regularum* (oben Anm. 92), S. 404ff. Auf die Einteilung der dem *ius divinum* unterliegenden Sachen in *res sacrae, sanctae* und *religiosae* kommt es in diesem Zusammenhang nicht an.

109 Was Cicero, de natura deorum den skeptischen Pontifex Cotta sagen läßt (III 2, 5): *me et Cottam esse et pontificem: quod eo credo valebat, ut opiniones, quas a maioribus accepimus de dis immortalibus, sacra caerimonias religionesque defenderem ...6 ... debeo maioribus nostris etiam nulla ratione reddita credere)*, bedeutet, daß alle Religionsformen und Götterbilder auf Tradition beruhen, d.h. auf einer Normbildung, von denen der große Vermittler Julian sagt (55 digestorum D 1, 3, 20): *Non omnium, quae a maioribus constituta sunt, ratio reddi potest.* Näher zu diesen Zusammenhängen Okko Behrends, Die Gewohnheit des Rechts und das Gewohnheitsrecht, in: Dietmar Willoweit (Hrsg.), Die Begründung des Rechts als historisches Problem (2000), S. 19-135.

unmöglich sind – das skeptische *ius divinum* kennt, da ausschließlich herkommensgegründet, kein Äquivalent des weltlichen, kraft seiner Universalität in allen Staaten Geltung beanspruchenden *ius gentium* –, ist staatliche Religionsausübung, wenn sie die Götter der Vorfahren verehrt, rationalistischer Kritik nicht unterworfen.[110]

Wenn die Skeptiker daher lehren, daß die Gestalt der Menschen derjenigen der Götter nachgebildet ist (oben Anm. 103) oder daß, wer von einem Gott abstammt, notwendig ein Gott ist,[111] so ändern solche allgemeine Aussagen nichts daran, daß die Kategorie der *natura divina personis divinis adtributa* im *ius divinum* zum Pantheon der jeweils von Staatspriestern verwalteten Götterwelt führt: Verehrt werden die Gottheiten nach ihrer jeweiligen Person. Die göttliche Person besteht in der jeweiligen Rolle, die ihr das *ius divinum* im Kult zuweist. Eine etwas weitere Anwendung hat dagegen die ebenfalls aus der philosophischen Rhetorik der Skeptik stammende Figur der Personifikation, der *προσωποποία*, lateinisch »*fictio personarum*«, mit der jedwede Göttergestalten, vor allem auch solche der Dichtung, vom Rhetor zur Steigerung der Wirkung als redende Personen eingeführt werden können. [274] Das Fiktive liegt hier, wie die Parallelen zeigen, in der dem skeptischen *ius divinum* in dieser Form fremden Vermenschlichung der Götter.[112]

110 Daher sagt Cotta zu seinem stoischen Gegenüber (de natura deorum III 4, 9): *Mihi enim unum sat erat, ita nobis maioris nostros tradidisse. Sed tu auctoritates contemnis, ratione pugnas; patere igitur rationem meam cum tua ratione contendere.* Diese rationale Erörterung hatte zunächst das von Cotta schon vorweggenommene Ergebnis gehabt, daß sich die Existenz der Götter mit stoischen Rationalismen nicht beweisen lasse (III 3, 7): *cur ita sit (sc. esse deos), nihil tu me doces,* und dann in einem nächsten Schritt den entschiedenen Rückzug auf die traditionellen Glaubensüberzeugungen der Vorfahren begründet: *mihi quidem ex animo exuri non potest, esse deos, id tamen ipsum, quod mihi persuasum est auctoritate maiorum.* Im gleichen Sinn III 17, 43: *meliora me didicisse de colendis diis inmortalibus iure pontificio et more maiorum … quam rationibus Stoicorum.* Die gegen den überall göttliche Kräfte postulierenden Pantheismus der Stoiker gerichtete Polemik führte zur Konzentration auf die außerweltlich gedachten Göttergestalten des römischen Pantheons, auf ihre Personen, denen sich der Mensch nachgebildet glaubt (vgl. oben Anm. 103).

111 Es spricht immer noch der skeptische pontifex Cotta (De natura deorum: II 45): *quorum patres di, non erunt in deorum numero? Quid quorum matres? Opinor etiam magis; ut enim iure civili, qui est matre libera, liber est, item iure naturae, qui dea matre est deus sit necesse est.* Die klassische Theologie bezeichnete daher Romulus, den Sohn des Mars, als (Livius I 16,3) *deum deo natum.*

112 Quintilian, IX 2, 29 *Illa adhuc audaciora et maiorum, ut Cicero* [orator 25, 85] *existimat, laterum, fictiones personarum, quae προσωποποίαι dicuntur: mire namque cum variant orationem tum excitant* …31 *quin deducere deos in hoc genere dicendi et inferos excitare concessum est. urbes etiam populique vocem accipiunt.* Siehe auch Isidor, Etym. II 13. Daß auf diese Weise auch Völker, also *universitates* (Gaius II 11), sprechend eingeführt werden, ent-

Der Mensch, der sich von diesem Gesamtsystem leiten läßt, erlebt die Ordnungen von Religion und Recht, als von menschlichem Denken abgeklärte Objektivationen, die seinen ihn zivilisationsfähig machenden Anlagen und Bedürfnissen entsprechen und sie stärken. Die von wissenschaftlich durchdachten Meinungen geformten Einrichtungen, die *instituta*, sind dabei ein Surrogat nicht erlangbarer Gewißheit. Grundsätzlich gilt: *in profundo veritatem esse demersam, opinionibus et institutis omnia teneri.*[113] Aber die meinungsmäßigen Einrichtungen für Religion und Recht, die in dem Gemeinwesen der menschlichen Zivilisation ihre Positivierung erfahren, erlangen durch ihre geistige Durcharbeitung eine so hohe Verfestigung, daß das Bewußtsein von ihrem Vorhandensein fest überzeugt sein darf und in diesen Überzeugungen einen existentiell beruhigenden Rahmen vorfindet. Das Bewußtsein, das solche als realisiert und gegenwärtig angenommenen Ordnungen aufnimmt, enthält nicht leere Bewegungen,[114] sondern erfaßt Inhalte, nämlich die gegenständlichen Formen und Strukturen, welche die gesamte menschliche Erfahrungswelt ordnen und die als solche in *res corporales* (die vom menschlichen Standpunkt definierten und geformten Gegenstände) und *res incorporales* (die zwischen Personen und Sachen in vielfältiger Weise vom Menschen konstatierte Strukturen) zerfallen.[115] Ein auf dieser Grundlage aufgeführtes System [275] ist eine *bene instituta ratio* und macht sich anheischig, auf alle Rechtsfragen eine mit Natur und Vernunft in Einklang stehende Antwort zu ge-

spricht präzis der rechtlichen, von Savigny, System I, S. 241 mit Anm. »h« zutreffend herausgestellten Fiktionstheorie und belegt ihre gemeinsame Wurzel. Denn daß eine *universitas*, wie die Quellen betonen, weder arglistig handeln noch konsentieren kann (Savigny I, S. 250 Anm. »g« und 291 Anm. »t«), beruht auf dem gleichen Grund wie dem, daß sie nur im Wege der Fiktion als sprechend eingeführt werden kann, nämlich daß sie klassisch eine *res incorporalis* (vgl. Cicero, Topica 5, 27 zur *universitas* der *gens*) eine bloße gedankliche Ordnungsstruktur ist.

113 Das Demokritwort ist eine Bekenntnisformel der skeptischen Akademie. Vgl. Cicero, Academicorum reliquiae I 12, 44; siehe auch Isidor, Etym. VIII 6, 12.

114 Vgl. Cicero, de natura deorum I 38, 105: *omnem enim talem conformationem animi ceteri philosophi* [im Gegensatz zu den Epikuräern] *motum inanem vocant* (die Vorstellung erdichteter Sachen); I 38, 106: *talem eum motum animi dico inanem* (die Vorstellung vergangener Sachen).

115 Vgl. Cicero, Topica 5, 27 Von den körperlosen, Menschen wie Sachen verbindenden Strukturen des Rechts (genannt werden die Rechtsverhältnisse der Ersitzung, der Vormundschaft, der Gens und der agnatischen Verwandtschaft) heißt es: *est tamen quaedam conformatio insignita et impressa intellegentia, quam notionem voco.* Beide, die geformten körperlichen Gegenstände wie die sie verbindenden Strukturen, sind Gegenstand probabilistischer Erkenntnis im Sinne des Carneades, weil sie nach seiner Klassifikation sowohl der Wahrnehmung im skeptischen Sinn unterliegen als auch einen hohen Grad von Wahrscheinlichkeit haben, Cicero, Academicorum reliquiae cum Lucullo II 31, 99: *Duo placet esse Carneadi genera visorum; in uno hanc divisionem: alia visa esse, quae percipi possint, ⟨alia, quae non possint⟩, in altero autem: alia visa esse probabilia, alia non probabilia.*

ben.[116] Die Begriffe *fides* und *opinio*, die in diesem Zusammenhang technisch gebraucht werden,[117] unterscheiden mit ihrem jeweiligen Sinn zugleich die natürlich-werthaltigen von den rationalen, strukturbezogenen Bewußtseinsinhalten als den beiden Weisen, in denen der Mensch dieses System trägt und realisiert. Die vertragsrechtliche *fides humana* wurzelt in der werthaltigen *naturalis aequitas*, d. h. den sich im Verhalten äußernden Naturanlagen zum Recht, die in der städtischen Zivilisation gestärkt werden; die *opinio* bezieht sich wie der *opiniones* vereinigende *consensus* auf die strukturierten Formen der *civilis aequitas*, die den vertraglichen Verhältnissen Berechenbarkeit und Klarheit geben, sich aber in dem auf sie gestützten Verhalten mit den Geboten der *naturalis aequitas* nicht in Widerspruch setzen dürfen.[118] In prinzipiell der glei-[276] chen Weise gibt in diesem System auch die *religio naturalis* der institutionell ausgeformten *religio civilis* Maß

116 Das ergibt sich im Gegenschluß aus Cicero, de natura deorum I 37, 104: *male instituta ratio exitum reperire non potest.* Diese Notiz verknüpft die *institutio aequitatis* in Cicero, Topica 23, 90 mit der *ratio iuris* in Cicero, Partiones oratoriae 37, 129-131, für deren Herkunft jeweils gilt (ibidem 40, 139): *e media illa nostra Academia*, wie sie vom Enkelschüler des Carneades, Philon von Larissa, in Ciceros Jugend in Rom gelehrt worden war.

117 Cicero, part. orat. 3, 9: *fides est firma opinio, motus autem animi incitatio aut ad voluptatem aut ad molestiam aut ad cupiditatem aut ad metum.* In der klassischen, auf das Edikt des Servius Sulpicius Rufus zurückgehenden Vertragslehre kehren die gleichen technischen Begriffe wieder. Vgl. Ulpian 4 ad edictum D 2, 14, 1. Der Prätor schützt danach die Verträge des Edikts *de pactis conventis* nach den Geboten der *aequitas naturalis*, weil die *fides humana*, die menschliche Naturpflicht zur Wahrhaftigkeit, gebietet, rationale Vereinbarungen zu halten, die unter Personen geschlossen worden sind, die sich von verschiedenen Seelenregungen bewegt geeinigt haben (*qui ex diversis animi motibus in unum consentiunt*). Die Geltungskraft des Konsenses beruht auf dem Gedanken, daß er unter – in ihrem Denken und Fühlen freien – Menschen schwer herzustellen ist. Cicero, de natura deorum III 1, 1: *Cum autem suo cuique iudicio sit utendum, difficile factu est me id sentire quod tu velis.* Weil es aber gleichwohl möglich ist, beruht auf der menschlichen Fähigkeit zum »*exprimere dicendo sensa*« (Cicero, de oratore I 8, 32) die menschliche Zivilisation. Zur skeptischen Gleichsetzung von *veritas* (Wahrhaftigkeit) und *fides* vgl. Cicero, de inventione II 54, 162 mit Cicero, de officiis I 7, 23.

118 Daher ist eine Stipulation als vom *ius gentium* bereitgestelltes (Gaius III 93) Institut der *civilis aequitas*, wenn ihr der Vertragskonsens fehlt, unwirksam (Venuleius 1 stipulationum D 45, 1, 137, 1). (Zur Zurückführung der Konsensstörung auf eine Divergenz der *opinio* als Quelle Ulpian 7 disputationum D 12, 1, 18 pr mit Julian 13 digestorum D 41, 1, 36). Die Stipulation kann aber trotz Wirksamkeit in der Ausübung auf eine Einwendung der Verhaltenswerte kontrollierenden *naturalis aequitas* stoßen (Paulus 71 ad edictum D 44, 4, 1, 1). Der in dem klassischen Ediktskommentar übliche Gegensatz *naturalis – civilis aequitas* (Ulpian 39 ad edictum D 47, 4, 1, 1) erscheint bei Cicero, Partitiones 37, 129 in bezug auf das mit der *aequitas* identifizierte *ius humanum* in der Form eines Gegensatzes zwischen *lex* (d. h. der auf die Rechtsquellen auch des *ius gentium* verweisenden Norm) und *natura* oder in der Topica 23, 90 in Bezug auf die *loci aequitatis* in der Form einer Entgegensetzung von *institutio aequitatis* (d. h. *instituta* des *ius gentium* unter sich begreifenden Rechtsordnung) und *natura.*

und Grenzen,[119] z. B. in der grundsätzlichen Ablehnung einer einem Menschen zugewendeten göttlichen Verehrung.[120]

Im Zentrum dieses skeptischen Systems steht damit der Mensch, einerseits als sein Bewohner, andererseits aber auch als sein Schöpfer. Mit dieser Unterscheidung tritt uns erneut die für den reinen Skeptizismus grundlegende Trennung von *prudentia* und *iustitia* entgegen. Denn als Bewohner des Systems bewegt sich der Mensch nach seiner *prudentia*, Vergangenheit, Gegenwart und Zukunft seiner praktischen Existenz bedenkend, in den natürlichen Freiräumen dieses Systems. Als Schöpfer des Systems betätigt er dagegen die Tugend der *iustitia*, weswegen noch Ulpian in seinen Institutionen »*ius*« von »*iustitia*« ableiten kann und zugleich in einer parallelen Tradition die »*iustitia*« bis in die Nähe einer Gleichsetzung auf den »*iuris status*« bezogen wird.[121] Kraft dieser Tugend hatten in dieser

119 Cicero, de inventione II 22, 65 *naturae quidem ius esse, quod nobis non opinio, sed quaedam innata vis adferat, ut religionem … religionem eam, quae in metu et caerimonia deorum sit appellant*; II 53, 161 *naturae ius est quod non opinio genuit, sed quaedam innata vis insevit, ut religionem.* Das Leben in einer geordneten Religion stärkt die religiöse Naturanlage (II 54, 162) *consuetudine ius est quod aut leviter a natura tractum aluit et maius fecit usus, ut religionem.* Die Überzeugung, daß es Götter gibt, ist nach dieser Lehre in der Natur des Menschen angelegt, die Ausformung der einzelnen Götter folgt dagegen den positiven Einrichtungen der Gemeinwesen. Das ist der Inhalt der folgenden Aussage (Cicero, Tusculanae disputationes I 13, 30): *non institutis opinio (sc. deos esse) est confirmata, non legibus; omni autem in re consensio omnium gentium lex naturae putanda est.* Ähnlich läßt Cicero, de natura deorum I 17, 44 den Epikuräer Velleius sprechen: *cum enim non instituto aliquo aut more aut lege sit opinio constituta maneatque ad unum omnium firma consensio, intellegi necesse est esse deos, quoniam insitas eorum vel potius innatas cognitiones habemus.*

120 Vgl. das, was Cicero, Philippica I 6, 13 gegen den in seiner Abwesenheit von Antonius durchgebrachten Senatsbeschluß ausführt, für den verstorbenen Caesar, einen bestatteten Menschen, dem nach dem *mos maiorum parentalia* gebühren, *supplicationes* abzuhalten, die Göttern vorbehalten sind. Das ist ihm ein unsühnbarer Frevel, für das er die Götter nur um Vergebung bitten kann: *hoc ignoscant di immortales velim et populo Romano qui id non probat, et huic ordini qui decrevit invitus.* Die Haltung folgt der grundsätzlichen Kritik, die der skeptische pontifex Cotta an der Möglichkeit der Vergöttlichung von Menschen übt (Cicero, De natura deorum III 16, 41). Im Hintergrund steht, die vom Skeptizismus geforderte scharfe Scheidung des Göttlichen und Menschlichen, die ihre Grundlage in der systematischen Trennung zweier Naturanlagen hat, die eine zum Recht, die andere zur Religion (Cicero, Partitiones oratoriae 37, 129). Es ist eine naturgegebene Trennung, die sich in der rechtlichen Unterscheidung zwischen dem, was den Göttern geweiht ist, und dem, was den Manen des Verstorbenen überlassen ist (Gaius II 4), wiederholt.

121 Zur Herkunft des »*nomen iuris*« lehrt Ulpian 1 institutionum D 1, 1, 1 pr: *ius a iustitia appellatum* und Isidor, Etym. XVIII 15, 2, der in seinen Etymologien an zwei anderen Stellen eine späte Fassung der klassisch-institutionellen Rechtstheorie (vgl. unten Anm. 148) auswertet (II, 10; V, 1 ff.): *iustitia quasi iuris status* (Gerechtigkeit ist gewissermassen klargestelltes Recht), um die Wirkung eines Urteils zu erläutern. In dieser Tradition ist bei Isidor auch *iustitia* mit *iuris ordo* gleichgesetzt. Etym. V 26, 10: *Iniuria est iniustitia. Hinc* (!) *est apud Comicos: iniuria's, qui audet aliquid contra ordinem iuris.* In der angeführten Stelle (Plautus, Miles gloriosus 436-438) ist *iniuria* im Sinne von »du bist im Unrecht, im Widerspruch zum Recht« eine Konstruktion mit ablativus qualitatis und besagt in der Sache dasselbe wie »*facis iniuriam*«.

Sicht die Vorfahren die dem [277] *mos maiorum* unterliegenden Formen des *ius divinum* der Religion geschaffen, kraft ihrer auch das komplexe System des *ius humanum.*[122] Die Götter haben an der Hervorbringung dieser Ordnungen keinerlei Anteil, auch dort nicht, wo sie wie in der Religion ihnen gelten. Sie herrschen über das Ungeordnete, über die *fortuna.* Die richtige Ordnung der Verhältnisse der Welt liegt allein in der Verantwortung des Menschen. Die Götter walten allein darüber, daß dem menschlichen Leben Glück beschieden ist. Allein das ist es, was die Menschen von ihnen erbitten.[123]

In der ursprünglich skeptischen Sicht haben also, wie zusammenfassend noch einmal festgestellt sei, die drei Aspekte der praktischen Klugheit (*prudentia*), nämlich *memoria, intellectus* und *providentia* mit der Erzeugung der Rechtsordnung nichts zu tun. Die *prudentia* ist, um es noch einmal zu betonen, ausschließlich eine Tugend des Bewohners der Rechtsordnung. Sie setzt den Menschen in Stand, als freies Wesen in der Rechtsordnung zu leben, indem er sich im Interesse eines freien und würdigen Zusammenlebens ihrer Regelungen erinnert, sie in seinem Verhalten beachtet und mit ihren Mitteln seine Zukunft gestaltet. Die Rechtsordnung ist in skeptischer Sicht ein rein intellektuelles, kein voluntatives Gebilde. Die praktische, den Willen steuernde Klugheit ist daher ein Prinzip der Lebensführung, kein Prinzip, das Recht entstehen läßt.

[278] Bei Justinian, der sich von der Gottesebenbildlichkeit der *imago Trinitatis* geführt sieht, ist das, wie wir gesehen haben und noch weiter sehen werden, anders. Bei ihm ist die Tugend der *prudentia* eine Kraft der Rechtserzeugung und Rechtsfortbildung und wird dadurch zur *providentia.* Seine *memoria* erinnert sich der gesamten politischen Geschichte des Römischen Rechts einschließlich ihrer wissenschaftlichen und schöpfungstheoretischen Grundlagen, seine *intellegentia* erfaßt das gegebene Recht der Gegenwart in seinen lebendig gebliebenen Formen und seine *providentia* arbeitet fort an der Anpassung und Fortentwicklung der ihm anvertrauten Rechtsordnung. Und diese Haltung Justinians ist ihrerseits ge-

122 Seine aus *instituta* gebildete *institutio aequitatis* beruht auf drei regelgebenden Elementen, dem universalen *ius gentium,* das der *naturalis ratio* des Menschen verdankt wird, dem *mos maiorum* der Vorfahren und den *leges publicae* des Gesetzgebers, d. h. des Volks im Zusammenwirken mit der Magistratur. Hinzukommen die verhaltensleitenden Unterstützungen, Ergänzungen und Berichtigungen, die aus der *natura (naturalis aequitas)* abgeleitet und in der Regel vom Gerichtsmagistrat im Edikt publiziert werden. Vgl. Cicero, Topica 23, 90.

123 Cicero, de natura deorum III 36, 88: *iudicium hoc omnium mortalium est, fortunam a deo petendam, a se ipso sumendam esse sapientiam. Quamvis licet Menti delubra et Virtuti et Fidei consecremus, tamen haec in nobis ipsis sita videmus. Spei salutis, opis, victoriae facultas a dis expetenda est.* Während die vorklassische (stoisch geprägte) Religion in den geistigen und moralischen Kräften des Menschen göttliche Mächte verehrte, analysierte die Skepsis sie als Fähigkeiten, die durch eine dem Menschen angeborene Kraft verliehen wird (Cicero, de inventione II 22, 65: »*quaedam innata vis adferat*«; vgl. ebenda II 53, 159; 54, 162) und deren Entfaltung die Einführung und Geltung des Rechts voraussetzt und dann zu einem »*animi habitus naturae modo atque rationi consentaneus*« führt.

gründet in der Tradition des römischen Kaisertums, die über Konstantin zurückweist auf die Wiederherstellung der Rechtsordnung durch Augustus und deren Konsolidierung durch die auf Konvergenz gerichtete Tätigkeit der unter der *auctoritas principis* wirkenden Rechtsschulen.

Wie ist es zu dieser Änderung in der triadischen Psychologie gekommen? Auslösend war ein sehr früher, schon in der Spätzeit Ciceros einsetzender Vorgang. Seine Klärung wird deutlich machen, daß Justinians Aufnahme der *imago-Trinitatis*-Lehre Augustins als Legitimationsgrundlage seiner Gesetzgebung, die zu Anfang des nächsten Abschnitts noch näher betrachtet werden wird, eine Tat war, die nur deswegen in so fruchtbarer Weise möglich war, weil das Rechtsdenken des Prinzipats in seinem auf allen Ebenen durchgeführten Personalismus bereits von dieser Lehre getragen war.

Die entscheidende, vom späteren Cicero vollzogene Wendung lag in der eklektischen Wiederaufnahme der stoischen Überzeugung von einer die Welt lenkenden göttlichen *providentia* und der dadurch begründeten Möglichkeit, das Recht als Schöpfung dieser Macht zu denken, und zwar so, daß alle am Rechtssystem Mitwirkenden kraft der Herkunft ihrer Seele sich dadurch legitimiert fühlen konnten. In diesem Sinne hat Augustus seine *auctoritas* auf eine göttliche Vollmacht zurückgeführt und Ort und Funktion des *ius divinum* geändert: Von einer Kategorie, welche die Formen der Götterverehrung ordnete, wurde sie zugleich zur höchsten Legitimationsquelle der weltlichen Macht und ihrer rechtserzeugenden *providentia.*[124]

Die skeptische Akademie, die Lehrmeisterin Ciceros und Stifterin der klassischen Jurisprudenz, hatte dagegen in dem, was die Menschen kraft ihrer [279] Vernunft bewirken und mit ihrer Hilfe konzipieren, nirgends göttliches Wirken gesehen. Der Gebrauch der Vernunft als Mittel planenden Handelns lag ihrer Ansicht nach allein in der Verantwortung des Menschen.[125] Die Gewährleistung

124 Vgl. hierzu Okko Behrends, Der Ort des Ius divinum (oben Anm. 4), und zur göttlichen Providenz nach stoischer Lehre die folgende Anmerkung. Über das *ius respondendi ex auctoritate principis* lag die Ausübung dieser *prudentia* bei den hauptstädtischen Juristen. Vgl. zu den *responsa prudentium* nur Gaius I 2 und 7. Rechtsquellentheoretisch sind die Worte *prudentes, prudentia*, die sich für die Jurisprudenz im Laufe der Kaiserzeit durchsetzen (vgl. Heumann-Seckel, Handlexikon zu den Quellen des römischen Rechts [1907][9], S. 475), vorklassisch geprägt.

125 Vgl. bereits oben Anm. 123 und unten Anm. 126. Der skeptische pontifex Cotta demonstriert den aus seiner Sicht rein instrumentellen Charakter der menschlichen Vernunft nach der (zum weitaus größten Teil verlorenen) Widerlegung des stoischen Glaubens, die Welt werde von der Providenz der Götter geleitet, anhand zahlreicher Beispiele. Sein leitendes Argument ist der Fehlgebrauch der Vernunft, der es ausschließe, daß sie eine wohlmeinende, dem Menschen zum Guten leitende Gabe sei. De natura deorum III 31, 78: vestra ista Providentia reprehendenda, quae rationem dederit is quos scierit ea perverse et inprobe usuros (*Eure göttliche Providenz da muß man tadeln: sie gab die Vernunft denen, von denen sie wußte, daß sie sie in verkehrter und verwerflicher Weise nutzen würden.*).

des Rechts sei daher auch allein Sache des individuellen menschlichen Gewissens und der öffentlichen Ordnung.[126]

Dies wird in der Kaiserzeit unter dem Eindruck der sich in der augusteischen Verfassungsgründung aussprechenden Geistigkeit anders. Der Cicero in so vieler Hinsicht tief verpflichtete Quintilian spricht in aller Klarheit aus, daß in den Augen der Rhetorik der Kaiserzeit die dem Menschen kraft seiner Sprache gewährte staatenbildende Kraft zu einer göttlichen Gabe geworden ist, die aus einer göttlichen und unsterblichen Seele hervorgeht.

> Quintilian II 16,9
> equidem nec urbium conditores reor aliter effecturos fuisse, ut vaga illa multitudo coiret in populos, nisi docta voce commota: nec legum repertores sine summa vi orandi consecutos, ut se ipsi homines ad servitutem iuris adstringerent. … (12) et hercule deus ille princeps parens rerum fabricatorque mundi nullo magis hominem separavit a ceteris, quae quidem mortalia essent, animalibus quam dicendi facultate. … (14) … rationem igitur nobis praecipuam dedit eiusque nos socios esse cum dis immortalibus voluit. … (17) homines, quibus negata vox est, quantulum adiuvat [280] animus ille caelestis. (*Ich für mein Teil glaube, daß die Gründer der Städte auf keine andere Weise bewirken konnten, daß jene umherschweifende Menge zu Völkern zusammentrat, als daß sie sie durch kluge Rede dazu bestimmt hätten; und die Entdecker der Gesetze haben es nicht ohne die höchste Redegewalt erreicht, daß die Menschen sich freiwillig zur Dienstbarkeit des Rechts verpflichteten.* (12) *Und, beim Herkules, jener oberste Gott, der Vater der Dinge und der Erbauer der Welt, hat die Menschen in keinem anderen Punkt mehr von den anderen Lebewesen getrennt, die ja sterblich sind, als durch die Fähigkeit der Rede. …* (14) *… Die Vernunft vor allem hat er uns gegeben und gewollt, daß wir Gefährten der unsterblichen Götter sind …* (17) *Menschen, denen die Stimme versagt ist, wie wenig hilft ihnen jene himmlische Seele.*)

126 Cotta gibt zu, daß diese skeptischen Klarstellungen, die ein strafendes Eingreifen der Götter im Fall des Mißbrauchs der Vernunft ausschließen, zu Übeltaten ermutigen könnten, verweist aber auf die Kräfte des Gewissens und weltliche Sanktionen. De natura deorum III 35, 85: recte videretur, nisi et virtutis et vitiorum sine ulla divina ratione grave ipsius conscientiae pondus esset, qua sublata iacent omnia. (*Das möchte in der Tat so scheinen, gäbe es nicht in Bezug auf Tugend und Laster ohne jedes göttliche Prinzip das schwere Gewicht des individuellen Gewissens; würde dies aufgehoben, läge alles darnieder.*) Die Fähigkeit, zwischen Gut und Böse zu unterscheiden, an welche die weltlichen Sanktionen anknüpfen, ist zwar eine göttliche Gabe, wie der anschließende Satz ergibt: *Ut enim nec domus nec res publica ratione quadam et disciplina dissignata videatur, si in ea nec recte factis praemia extent ulla nec supplicia peccatis, sic mundi divina in homines moderatio* (!) *profecto nulla est, si in ea discrimen nullum est bonorum et malorum*; der richtige Gebrauch dieser Fähigkeit liegt dagegen wie derjenige der Vernunft allein in der menschlichen Verantwortung (III 28, 71): *a deo tantum rationem habemus, si modo habemus, bonam autem rationem aut non bonam a nobis*; III 36, 87: *propter virtutem enim iure laudamur et in virtute recte gloriamur; quod non contingeret, si id donum a deo non a nobis haberemus.*

Daher verlangt nach Quintilian die providentielle Ordnung, die den Kosmos beherrscht, daß die Verwaltung des Gemeinwesens »guten Menschen« anvertraut werde, d. h. solchen, die eingedenk der Herkunft ihrer Seele nach Tugend streben und dadurch – wir werden dem Gedanken bei Justinian in aller Klarheit wiederbegegnen – befähigt sind, jedenfalls in Annäherung zu erfassen, was diese Providenz den menschlichen Verhältnissen zugedacht hat.

> Quintilian XII 2, 20
> nam si regitur providentia mundus, administranda certe bonis viris erit res publica: si divina nostris animis origo, tendendum ad virtutem. (*Denn wenn die Welt von der Vorsehung verwaltet wird, muß das Gemeinwesen gewiß von guten Menschen verwaltet werden; wenn unsere Seelen göttlichen Ursprung haben, muß nach Tugend gestrebt werden.*)

Es sind stoische Gedankenelemente, welche die hier auffallende Änderung bewirkt haben, insbesondere das Motiv, daß die vom höchsten Schöpfergott verliehene Vernunft den Menschen in eine in der rechtlich geordneten Wirklichkeit erfahrbare Gemeinschaft mit den Göttern stellt.[127] Die für den Prinzipat grundlegende Verwandlung des skeptischen *ius divinum* in eine Legitimationsquelle der Herrschaft beruht auf diesem Gedanken: Sie erklärt, daß die in dem Herrscher – freilich auf unvollkommener menschlicher Stufe – verkörperte göttliche Präsenz zur Quelle des Rechts wird.

Quintilian kann daher auch nicht mehr die skeptisch-zivilisationstheoretischen Gründe nachvollziehen, aus denen Cicero in seinen rein rhetorischen Schriften daran festhielt, daß der Beginn der skeptischen, philosophisch-rhetorischen Kultur untrennbar mit der Gründung von Städten und städtischen [281] Rechtsordnungen verknüpft ist.[128] Nachdrücklich betont er vielmehr bei gleichzeitiger, immer wieder auch textlich erkennbarer Anlehnung an die Ausführungen Ciceros in der Schrift De oratore, bekanntlich einer Art zweiter Auflage von De inventione, daß die Sprache, die den Menschen vor den Tieren auszeichnet und zum eigent-

127 Vgl. zur spezifisch stoischen Idee einer zwischen den vollkommenen (Gestalten der einen Gottheit darstellenden) Göttern und den unvollkommenen Menschen bestehenden Gemeinschaft v. Arnim, Stoicorum Veterum Fragmenta III, S. 81 ff. Ziff. 333-339. Vgl. auch Seneca, epistulae morales 92, 27 *Ratio vero diis hominibusque communis est; haec in illis consummata est, in nobis consummabilis.* 28. *Sed ad desperationem nos vitia nostra perducunt.* 92, 30 *Totum hoc quo continemur, et unum est et deus: et socii sumus eius et membra.*

128 Vgl. Quintilian III 2, 4 *Cicero quidem* (cf. de inv. I, 1, 2; de orat. I 8,33) *initium orandi conditoribus urbium ac legum latoribus dedit, in quibus fuisse vim dicendi necesse est; cur tamen hanc primam originem putem, non video, cum sint adhuc quaedam vagae et sine urbibus ac sine legibus gentes, et tamen qui sunt in iis nati et legationibus fungantur et accusent aliqua atque defendant et denique alium alio melius loqui credant.* Konsequent daher auch V 10, 13 *civitatis aut* (!) *gentis.* In der Sache wird man heute Quintilian durchaus zustimmen, aber darum nicht verkennen, daß er, insofern er an eine göttliche Herkunft der Vernunft glaubt, die Gründe der skeptischen Kulturtheorie nicht mehr nachvollziehen konnte.

lichen Träger der Vernunft macht,[129] ein Instrument ist, in dem auch inhaltlich eine höhere Vernunft zum Ausdruck kommt. Der *animus caelestis* ist der Sitz der von der göttlichen Providenz verliehenen *ratio*.

Der Hinweis auf die »himmlische Seele«, auf eine unsterbliche Seele platonischer Herkunft,[130] gibt nun auch den entscheidenden Hinweis auf die Grundlagen der folgenreichen Umdeutung der Trias von *memoria*, *intellectus* und *providentia*. Was wir in dieser Umdeutung vor uns haben, ist das Ergebnis einer Wendung im Werk des späten Ciceros, der in seinen späteren dem Staat gewidmeten Schriften bewußt und absichtsvoll, wenn auch niemals ohne eine gewisse skeptische *reservatio mentalis*, sich dem Einfluß des Antiochos von Askalon öffnete, der in die skeptische Akademie unter platonisierenden Vorzeichen Motive stoischer Gläubigkeit eingeführt hatte. Cicero hat zwar mit dem bereits in früher Jugend vollzogenen Anschluß an Philon von Larissa, den Enkelschüler des Carneades, niemals wirklich gebrochen, aber doch den Lehren des Antiochos, bei dem er sechs Monate studiert hatte,[131] auf seine [282] Ansichten von Moral und Recht immer mehr Raum gewährt. Es steht unter diesem Einfluß, wenn Cicero am Ende des Dialogs De deorum natura dem stoischen Standpunkt des Balbus bescheinigt, dem Richtigen näher zu sein.[132] Unter dem gleichen Einfluß ist die Schrift De legibus geschrieben, wo er der Akademie des Philo Schweigen gebietet, aber ihr im gleichen Zug Unwiderleglichkeit bescheinigt.[133] In einem Brief an

129 Vgl. nur Quintilian II 16, 9: *equidem nec urbium conditores reor aliter effecturos fuisse, ut vaga illa multitudo coiret in populos, nisi docta voce commota* und II 16, 17: *quare si nihil a dis oratione melius accepimus, quid tam dignum cultu ac labore ducamus aut in quo malimus praestare hominibus, quam quo ipsi homines ceteris animalibus praestant …?* mit Cicero, de oratore I 8,33 *Quam ob rem quis hoc non iure miretur summeque in eo elaborandum esse arbitretur, ut, quo uno homines maxime bestiis praestent, in hoc hominibus ipsis antecellat? Ut vero iam ad illa summa veniamus, quae vis alia potuit aut dispersos homines unum in locum congregare aut a fera agrestique vita ad hunc humanum cultum civilemque deducere aut iam constitutis civitatibus leges iudicia iura describere?*.

130 Vgl. auch Quintilian V 14, 10, wo die *anima inmortalis* zur Illustration eines logischen Schlusses zitiert wird.

131 Vgl. Cicero, Brutus 91, 315. in der Schrift de natura deorum nennt er den strengen und den eklektischen Akademiker hintereinander als seine Lehrer, eingerahmt durch den Aristoteliker Diodotos und den Stoiker Poseidonios (I 3, 6) *principes ille (sc. philosophorum) Diodotos, Philo, Antiochus, Posidonius, a quibus instituti sumus.* Antiochus wird auch gleich noch einmal erwähnt, wegen eines Buches, daß er Balbus geschickt habe, mit dem sich am Ende Cicero einverstanden erklärt (I 7 16) *liber Antiochi nostri, qui ab eo nuper ad hunc Balbum missus est*), wenn auch mit dem ausdrücklichen Anspruch, seine Methode des Probabilismus zu bewahren. I 5, 12: *Non … sumus ii, quibus nihil verum esse videatur … multa esse probabilia, quae quamquam non perciperentur, tamen, quia visum quendam haberent insignem et inlustrem, iis sapientis vita regeretur.*

132 De natura deorum III 40, 95 *ita discessimus ut … mihi Balbi ad veritatis similitudinem videretur esse propensior.*

133 Cicero, de legibus I 13, 39 *Perturbatricem autem harum omnium rerum Academiam, hanc ab Arcesila et Carneade recentem, exoremus ut sileat. Nam si invaserit in haec quae satis scite*

Atticus aus dem Jahre 45 v. Chr. gibt er seiner Freude darüber Ausdruck, für die Schrift Academia in Varro jemanden gefunden zu haben, der den antiocheischen Standpunkt in einer Weise vertreten könne, daß sein eigener, der von ihm selbst vertretene skeptische, nicht als der überlegene erscheint.[134] Unter dem gleichen Einfluß steht schließlich das berühmte Somnium Scipionis in Ciceros De re publica und mit ihm die Figur des Staatsmannes, der kraft seiner göttlichen Seele die Kraft in sich trägt, die Verhältnisse zu retten, wenn ihn nicht, wie es Scipio Africanus dann tatsächlich traf, vorher der Tod ereilt. Die neue platonisierende Anthropologie, die für die individuelle Seele das historische, durch Epochen begrenzte Gedächtnis mit dem Bewußtsein einer göttlichen Präexistenz verbindet, wird in dieser Dichtung in kunstvoll konstrastierender Weise vor Augen gestellt.[135]

[283] In dieses in seinen späteren staatspolitischen Schriften verbreitete Licht stellt Cicero den jungen Octavian: Er erscheint in den Philippiken als der göttliche Retter der Republik.[136] Und Augustus hat sich diese Deutung zu eigen gemacht, und zwar nicht nur äußerlich, indem er Formulierungen Ciceros in sei-

nobis instructa et conposita videntur, nimias edet ruinas. Quam quidem ego placare cupio, submovere non audeo. Entsprechend gemessen antwortet Cicero a.a.O. I 21, 54 auf die Frage des Atticus, ob er dem Antiochos zustimme: *quoi tamen ego adsentiar in omnibus necne mox videro.*

134 Cicero, ad Atticum 13, 29 (19): *aptius esse nihil potuit (sc. nomen Varronis) ad id philosophiae genus, quo ille (sc. Varro) maxime mihi delectari videtur, easque parties, ut non sim consecutus, ut non superior mea causa* (!) *videatur. sunt enim vehementer pithanà Antiochia, quae dililigenter a me expressa acumen habent Antiochi, nitorem orationis nostrum, si modo is est aliquis in nobis.*

135 Cicero, de re publica VI 9, 9-26, 29. Scipio minor erlebt, angeregt durch die intensive Erinnerung, mit welcher der Königs Massinissa von seinem Vorfahren gesprochen hatte (*numquam ex animo meo discedit illius optimi atque invictissimi viri memoria*), diesen im Traum, und zwar als Seelenlehrer (*ades animo … et quae dicam trade memoriae*!), der ihm einen Blick in die Zukunft und auf die gesamte Weltordnung eröffnet: Sein Leben werde gewaltsam enden, seine unsterbliche Seele aber werde, wie die aller großer Staatsmänner, da aus Sternenfeuer gebildet, zu ihrem himmlischen Herkunftsort auf einen für sie bereits vorgesehenenen Platz zurückkehren. Das sei der wahre Ruhm. Im menschlichen Gedächtnis könne man noch nicht einmal die Dauer eines Planetenjahres erreichen (*nemo unius anni memoriam consequi possit;* vgl. Isidor, Etym. V 36, 3), das sich im Falle Roms vollende, wenn sich die Sonnenfinsternis, die sich bei der Himmelfahrt des Romulus ereignet habe (*cum Romulus animi haec ipsa in templa penetravit*; vgl. Livius I 16), bei gleicher Sternenkonstellation wiederhole. Je entschiedener und erfolgreicher die unsichtbare göttliche Seele, die den Körper beherrscht wie Gott die Welt, den Blick auf höhere Aufgaben lenkt, um so eher sei ihr die Rückkehr gewiß. In der Analogie zwischen der unsterblichen Seele und Gott ist die triadische Seelenehre deutlich vorausgesetzt: *deum te igitur scito esse siquidem est deus qui viget* (= *anima* [Lebenskraft]), *qui sentit (= intellegentia), qui meminit (= memoria), qui providet (= providentia), qui tam regit et moderatur et movet id corpus cui praepositus est, quam hunc mundum ille princeps deus.*

136 Cicero nennt ihn, der die Republik gerettet habe (vgl. die folgende Anmerkung) Philippica III 2, 3: *C. Caesar adulescens, paene potius puer, incredibili ac divina quadam mente atque virtute.* Vgl. auch Phil. IV 1, 3 zu den *facta eius immortalitatis.*

nem Rechenschaftsbericht fast wörtlich wiederholte,[137] sondern auch in der inneren Art und Weise, in der er die Neugründung der Verhältnisse als eine Tat darstellt, die aus der gesamten damals überblickten geistigen, religiösen und philosophischen Tradition Roms schöpft.

Die damals unter religiösen Vorzeichen bewirkte Vereinigung des historischen mit dem philosophischen Prinzip sollte für die gesamte Wirkungsgeschichte des Römischen Rechts bestimmend werden. Ein Schlüsselbegriff dafür war die *auctoritas*, die dem jungen Octavian im Prinzip schon von Cicero bescheinigt wurde, eine personale, scheinbar private, in Wahrheit kraft göttlicher Legitimation über der Verfassung stehende Hoheit.[138] Über den augu- [284] rale »*auctoritas*« gewährenden Augustusnamen stand sie in Verbindung mit der von den Göttern gesegneten Gründungsgewalt des Romulus, durch das *ius respondendi ex auctoritate principis* konnte sie zugleich Geltungsquelle für die Fortbildung des wissenschaftlichen Rechts werden. Und auch die Figur der »*persona principis*«, die Rolle und Personifikation des »Ersten« im Gemeinwesen, der durch das, was er tut, Denken und Augen der Bürger auf sich zieht und ihnen zugleich verheißt, die Freiheit der Verhältnisse zu gewährleisten, hatte Cicero durch seine Worte[139] und sein eigenes politisches Handeln[140] für Augustus in der Zeit, als er als junger Caesar in die unmittelbare Machtpolitik eintrat, vorgeprägt.

137 Vgl. Cicero, Philippica III 1, 5 *privato consilio rem publicam – neque enim fieri potuit aliter – Caesar liberavit* mit dem Tatenbericht des Augustus monumentum Ancyranum I, 1 *Annos undeviginti natus exercitum privato consilio et privata impensa comparavi, per quem rem publicam a dominatione factionis oppressam in libertatem vindicavi.* Vgl. auch Cicero, Philippica III 2, 1 *finissimum exercitum comparavit patrimoniumque suum effudit* mit der nachfolgenden Selbstberichtigung: *non enim effudit, in rei publicae salute conlocavit.* Vgl. auch die folgende Anmerkung. Die Leitidee, daß das Kaisertum eine »befreite Republik«, d. h. eine aus eigenen Bedingungen lebende Rechtsordnung voraussetzt, bleibt bis Justinian bewahrt, trotz aller tiefgreifenden Veränderungen.

138 Tatsächlich ist die Bedeutung der »*auctoritas*«, mit der Augustus im Monumentum Ancyranum seine Vorrangstellung in der wiederhergestellten Republik kennzeichnet, in ihrer besonderen personalen und zugleich divinisierten Bedeutung bereits in der 3. Philippica vorgeprägt. Unmittelbar bevor er den göttlichen, noch fast knabenhaften Jüngling einführte (oben Anm. 136), hatte Cicero die Frage gestellt*: cur non quam primum publica accedit auctoritas*? und damit dem Versagen der öffentlichen Hoheitsgewalt die private Hoheitsgewalt des jungen Octavian entgegengesetzt. Und Cicero spricht auch aus, daß dessen *auctoritas* vorübergehend (und darum genehmigungsbedürftig) die Stelle eingenommen hat, die er für den Senat beansprucht. III 3, 7 *quarta legio … C. Caesaris auctoritatem atque exercitum persecuta est. Faciendum est igitur nobis, patres conscripti, ut ea quae sua sponte clarissimus adulescens atque omnium praestantissimus gesset et geri, hac auctoritate nostra comprobentur.* Die senatorische *auctoritas* über die *res publica* ist das schon im ersten Satz der ersten Rede ausgesprochene Leitmotiv der Philippiken.

139 Philippica VIII 10, 29: *O di immortales! quam magnum est personam in re publica tueri principis! quae non animis solum debet sed etiam oculis servire civium.*

140 Cicero, Philippica IV 1, 1 *princeps vestrae libertatis defendendae fui.* Cicero spielt hier auf seine Unterdrückung der catilinarischen Verschwörung an, in der er sich, obschon Konsul, durch die Beanspruchung von Notstandsrechten über die positive Rechtsordnung gestellt hatte.

In Ciceros allerletzter Schrift De officiis finden wir auch den für die platonisierende Neuformulierung der triadischen Psychologie entscheidenden Gedanken, daß es nun der in der Person des Menschen wirkende Wille ist, der über die geistige Lebensform, die der Mensch sich gibt, entscheidet. Diese Wendung läßt den Unterschied zwischen *prudentia* und *iustitia* verfließen, da sie der Zukunftssorge der *providentia* bei aller fortdauernden Bindung durch *memoria* und *intellectus* einen gestaltenden Einfluß auf das Recht gewährt. Diese neue Lehre erklärt damit auch, warum, wie wir sehen werden, nicht nur in der *imago-Trinititatis*-Lehre Augustins in der Trias *memoria, intellectus, providentia*, sondern auch schon in der im Corpus Iuris zusammengefaßten kaiserzeitlichen Rechtslehre das Element der *providentia* von der *voluntas* zwar nicht verdrängt, aber weitgehend überlagert erscheint. Der für die Zukunft das Richtige wollende individuelle Wille wird zum Zentrum der Anthropologie.

Cicero unterscheidet in der genannten Schrift vier Personen (*quattuor personae*), die den je einzelnen Menschen prägen. Die erste Rolle definiert den Menschen nach seiner Gattungszugehörigkeit als das aus der Tierwelt herausgehobene Vernunftwesen, die zweite nach seinen ebenfalls natürlichen individuellen Begabungen, die dritte nach den ihm in den menschlichen Verhältnissen zufallenden Bedingungen von Macht und Vermögen, die vierte und menschlich entscheidende Rolle nach den geistigen Inhalten, die sich der Wille gewählt hat, z.B. in Philosophie, Recht oder Rhetorik. Die vierte Person ist damit die Rolle, die sich der Mensch kraft seiner eigenen Entscheidung zuschneidet und aneignet (*quam [sc. personam] nobis metipsis iudicio nostro accomodamus*). Welche Person oder Persönlichkeit der Mensch darstellen [285] und verkörpern will, geht damit aus seinem höchstpersönlichen Willen hervor (*Ipsi autem quam personam gerere velimus, a nostra voluntate proficiscitur*).[141] Der hier zugrundeliegende Begriff der *persona* ist nicht mehr der formale, anthropologische, nur durch Attribute modifizierbare

141 Cicero, de officiis I 30, 107 *Intellegendum etiam est duabus quasi nos a natura indutos esse personis; quarum una communis est ex eo, quod omnes participes sumus rationis praestantiaeque eius, qua antecellimus bestiis, a qua omne honestum decorumque trahitur et ex qua ratio inveniendi officii exquiritur, altera autem, quae proprie singulis est tributa. Ut enim in corporibus magnae dissimilitudines sunt (alios videmus velocitate ad cursum, alios viribus ad luctandum valere, itemque in formis aliis dignitatem inesse, aliis venustatem), sic in animis existunt maiores etiam varietates.* – 32, 115 *Ac duabus iis personis, quas supra dixi, tertia adiungitur quam casus aliqui aut tempus imponit, quarta etiam, quam nobismet ipsi iudicio nostro accomodamus. nam regna, imperia, nobilitates, honores, divitae, opes eaque, quae sunt his contraria, in casu sita temporibus gubernantur; ipsi autem gerere quam personam velimus, a nostra voluntate proficiscitur. itaque se alii ad philosophiam, alii ad ius civile, alii ad eloquentiam applicant, ipsarumque virtutum in alia alius mavult excellere.* Die Unterschiede gegenüber der Persona-Lehre De inventione I 24, 35 ff. springen ins Auge. Was dort drei Attribute der Person waren, welche *natura, fortuna* und *studium* gewähren, sind hier jetzt Personen, d.h. Rollen oder Erscheinungsformen. Zugleich tritt die Bedeutung der Sprache als das den Menschen auszeichnende Distinktiv gegenüber der Vernunft zurück. Vgl. die folgende Anmerkung.

Grundbegriff, den Cicero in seiner Jugendschrift De inventione als Lehrstück der philosophischen Rhetorik vorführt und der damals auch zum Zentralbegriff des klassischen Rechtssystems wurde. Vielmehr steht schon der Gedanke, daß der Mensch mehrere Personen gleichzeitig verkörpert, nachweislich unter dem für Antiochos kennzeichnenden stoischen Einfluß.[142] Zugleich handelt es sich bei dieser Analyse, die den Menschen, ausgehend von seiner Primärrolle als vernünftiger Person (1), jeweils nach seinen naturgegebenen (2), gesellschaftlich-zufälligen (3) und geistig gewählten (4) Rollen oder »Personen« konkretisiert, offenkundig um eine Fortbildung der klassischen Personenlehre. Diese neue Lehre ist weder rein skeptisch noch rein stoisch, sondern eröffnet einen dritten, mittleren, um einen vertieften Personenbegriff zentrierten Weg, der als solcher erneut auf den Philosophen deutet, der Cicero auch in der Schrift De officiis in Stand gesetzt hat, unter grundsätzlicher Wahrung seines Standpunkts zwischen Skeptizismus und dem (in den ersten beiden Bü- [286] chern Panaitios) entlehnten Stoizimus zu vermitteln, nämlich Antiochos von Askalon.[143]

Diese Lehre gipfelt in der geistigen Wahl der vierten Person, in der man unschwer eine voluntaristische Wendung der stoischen *conciliatio secunda* erkennt, in der sich der natürliche Mensch als geistiges Wesen annimmt und sich die geistigen Möglichkeiten seiner Lebenswelt aneignet. Zugleich enthält der neue Personenbegriff im Vergleich zum skeptischen, der nur Gleichheit und Individualität betonte, auf der Ebene der vierten Person eine ausgesprochen hierarchisierende, nicht nur philosophisch, sondern auch politisch und religiös verwertbare Tendenz. Denn mit der hier getroffenen Wahl kann sich der Mensch, wenn sie gelingt, als Individuum und ganz ohne Amt (die Ämter gehören zur dritten »Person«) sehr hoch und in unmittelbarer Nähe zum Göttlichen einstufen.

142 Der stoische Gebrauch von *persona* betont die Verschiedenheit der Rollen, in denen der gleiche Mensch erscheint. So in der zwischen Kleanthes und Ariston strittigen Frage, ob eine Moralphilosophie sinnvoll ist, die Gebote für verschiedene menschliche Rollen aufstellt (Seneca, epistulae morales 94, 1): *quae dat propria cuique personae praecepta nec in universum componit hominem sed marito suadet quomodo se gerat adversus uxorem, patri quomodo educet liberos* etc. Ähnlich heißt es, daß der empirische Mensch sich als moralische Gestalt nicht durchzuhalten vermag, vielmehr insofern seine »*persona*« stets wechselt. Seneca, epistulae morales 120, 22 *Magnam rem puta unum hominem agere. Praeter sapientem autem nemo unum agit, ceteri multiformes sumus. Modo frugi tibi videbimur et graves, modo prodigi et vani; mutamus subinde personam et contrariam ei sumimus quam exuimus.*

143 Ihm verdankt er die Freiheit, ohne Preisgabe seines grundsätzlich akademischen Standpunktes überall dort Lehren der Stoa zu übernehmen, wo sie ihm mit einem stets festgehaltenen skeptischen Humanismus noch vereinbar erschienen. De officiis III 4, 20: *Nobis autem nostra Academia magnam licentiam dat, ut, quodcumque maxime probabile occurat, id nostro iure liceat defendere.* I 2, 6: *e fontibus eorum (sc. Stoicorum) iudicio arbitrioque nostro quantum quoque modo videbitur, hauriemus.* Die wichtigste Folge war die Verwandlung des anspruchsvollen, stoischen Naturrechts der jüngeren Vorklassiker in eine die strenge Rechtlichkeit überbietende, aber zwangfreie Sozialethik. Vgl. nur De officiis III 17, 68.

Cicero, de officiis I 32, 115
quarta etiam, quam nobismet ipsis iudicio nostro accomodamus. ... ipsi autem gerere quam personam velimus, a nostra voluntate proficiscitur. Itaque se alii ad philosophiam, alii ad ius civile, alii ad eloquentiam applicant ipsarumque virtutum in alia alius mavult excellere. (*Die vierte Rolle ist diejenige, die wir uns selbst nach unserem Urteil anpassen. ... Denn die Rolle, die wir selbst höchstpersönlich spielen wollen, geht aus unserem Willen hervor. Und so widmen sich die einen der Philosophie, die anderen dem Bürgerlichen Recht, und wieder andere der Redekunst, und in bezug auf die Tugenden selbst will sich jeder in verschiedenen Dingen hervortun.*)

Entscheidend ist der Zuwachs an geistiger Freiheit. *Iudicium* und *voluntas*, Urteilskraft und Wille, Eigenschaften, die in ihrer ursprünglichen Pointierung der skeptischen Anthropologie entstammen,[144] gewinnen eine neue Bedeutung, wenn ihnen gegenüber Philosophie, Recht und rhetorische Kultur in offener Alternativität und Kombinationsfähigkeit[145] zu einem gegebenen [287] Stoff werden, aus dem der Mensch sich die ihm als Vernunftwesen gemäße Rolle formuliert. Es handelt sich nicht um einen Abschied vom kritischen Rationalismus und von der Überzeugung, daß das Vorhandensein geistiger Ordnungen in der Welt in der Verantwortung des Menschen liegt, aber doch um die Formulierung eines neuen Quellpunkts, der dem Menschen eine neue Bedeutung gibt und zugleich einen starken potentiellen Optimismus ausstrahlt. Denn die Aneignung einer geistig gültigen Rolle wird für möglich erklärt und zugleich dem einzelnen Menschen, dem es gelingt, sich aus dem, was die Vergangenheit im weitesten Sinne bereithält, eine solche Rolle anzueignen, eine ruhmvolle, für Gegenwart und Zukunft bedeutende Verwirklichung seiner Persönlichkeit verheißen. Da die durch den Glauben an die Präexistenz der Seele mögliche Erinnerung an transzendente Wahrheiten dem Menschen bei dieser Wahl hilft, verändert sich in diesem Denken auch die göttliche Sphäre, indem der Mensch damit zu dem einen philosophischen Schöpfergott in eine vermittelte Beziehung tritt und infolge der Herkunft seiner Seele die Zuversicht gewinnt, die Werke der göttlichen Person in Annäherung und Ausschnitten verstehen und so mit ihnen sinnvoll umgehen zu können. Es entspricht diesem Blick auf eine geschaffene Welt, in der sich gött-

144 Für *iudicium* etwa oben Anm. 123, für *voluntas* Cicero, de fato 11, 25 und die grundlegende Arbeit von Alfons Weische, Cicero und die neue Akademie, Untersuchungen zur Entstehung und Geschichte des antiken Skeptizismus (1975)². In ihr ist näher dargelegt, daß der skeptischen Akademie eine erste überzeugende Grundlegung des freien Willens gelungen ist, d. h. eines freien Willens nach menschlichem Maß.

145 Der Kontrastierung von Philosophie und Recht entspricht der Gegensatz von positiv verpflichtender Norm und Ethik (vgl. Cicero, de officiis III 17, 68: *aliter leges, aliter philosophi tollunt astutias*), die Selbständigkeit der Rhetorik in ihrer primären Verpflichtung auf das Interesse der Sache, für die sie jeweils eintritt. Eine Vereinigung aller drei geistigen Interessen, wie sie Cicero vorgelebt hat, wird von dieser Analyse nicht ausgeschlossen.

licher Geist in einer dem Menschen jedenfalls im Prinzip zugänglichen Weise manifestiert, wenn wir hören, daß Cicero Gott als »*mens soluta*«, als »freien, gelösten Geist« definiert hat und den menschlichen Geist davon ableitet.[146]

Für die unmittelbare Wirkung, die dieses Denken auf die Rechtsordnung des Prinzipats gehabt hat, wird das Gesagte in besonders eindrucksvoller und in exemplarischer Weise, da auf einen großen, göttlich berufenen Staatsmann blikkend, in dem schon erwähnten Somnium Scipionis sichtbar. Die dort eingenommene Perspektive läßt die Entscheidung des Augustus zur [288] Übernahme der *persona principis*, zur Übernahme der amtlosen Rolle des führenden Staatsmannes (oben Anm. 139), als Wahl einer *quarta persona* erscheinen, die nicht nur mittels Aneignung eines geistigen, teilweise ganz heterogenen Stoffes, der sich in der wiederhergestellten Rechtsordnung der Republik ausdrückte, einen geistigen Menschen definierte, sondern kraft seiner personalen Autorität den geistigen Stoff in seiner Geltung erfaßte, bis zu einem gewissen Grade homogenisierte und so auf neue Weise stabilisierte. Es ist kein Zufall, daß sich der Kern dessen, was Augustus bewirkte, in der platonisierenden Neudeutung der triadischen Psychologie von *memoria, intellectus, providentia/voluntas* erfassen läßt. Der Mensch ist nach dieser neuen Sichtweise grundsätzlich (verschieden nur nach dem Maß seiner Begabung und »Berufung«) befähigt, im Abglanz seiner idealen *memoria* die der Wirklichkeit zugedachten oder bereits vorhandenen gedanklichen Ordnungen zu erfassen, zu beurteilen und zu vervollkommnen. Diese Fähigkeit ist notwendig bei Gründern und Reformern die gleiche. Daher kann die gesamte geistige Vergangenheit einer Rechtsordnung helfen, die Gegenwart und Zukunft zu meistern, ohne dem jeweils Handelnden die eigene geistige Verantwortung dafür, daß sein wählender Wille das Richtige trifft, abzunehmen.

Diese Neugründung des Rechts auf den Willen zum richtigen Recht, der idealistisch, aber ohne systematische Geschlossenheit legitimiert ist und sich stets daran ausweisen muß, was der ältere, menschliche – in dieser Deutung gleichermaßen legitimierte – Wille auf diesem Feld bisher schon geleistet hat, prägt seit Augustus die weitere Entwicklung des Römischen Rechts.

An der Spitze der Ordnung steht die *persona principis* und ihre Leistung der *res publica restituta,* der Wiederherstellung und Wahrung der Rechtsordnung. Aber

146 Isidor, Etym. VIII 6, 19 *Quidam (sc. Deum esse) mentem solutam, ut Cicero.* In der Stelle, die Isidor im Auge hat, sind alle Ingredienzien der *imago-Trinititatis*-Lehre enthalten, einesteils die göttliche Herkunft des menschlichen Geistes (Cicero, Tusc. Disp. I 27, 66 [am Ende des Eigenzitat aus der Consolatio]: *nec vero deus ipse, qui intellegitur a nobis, alio modo intellegi potest nisi mens soluta quaedam et libera, segregata ab omni concretione mortali, omnia sentiens et movens ipsaque praedita motu sempiterno. Hoc e genere atque eadem e natura est humana mens* (!)) anderenteils die mit dieser Herkunft in Beziehung gesetzten drei Dimensionen des menschlichen Bewußtseins: *his enim in naturis* (d. h. in den Wesen, die anders als der Mensch zur erdgeboren seien) *nihil inest, quod vim memoriae mentis cogitationis habeat, quod et praeterita teneat et futura provideat et complecti possit praesentia. quae sola divina sunt, nec invenietur umquam, unde ad hominem venire possint nisi a deo.* Cicero folgt den platonisierenden Lehren des Antiochos.

grundsätzlich hat jede menschliche Person an dieser geistigen Ordnung teil. Durch das *ius respondendi ex auctoritate principis*, das Recht zur Rechtsfortbildung aufgrund der Hoheit des Prinzeps, werden die Fachjuristen unter das Prinzip des Willens zum richtigen Recht gestellt. Es ist ein personales Prinzip, das ein gewisses Maß an Pluralismus erlaubt, z. B. das Auftreten eines gerichtsverfassungsrechtlich unabhängigen und inhaltlich vorklassisch legitimierten Kaiserrechts und die Konkurrenz der beiden Rechtsschulen, von denen die eine, die prokulianische, die klassische, die andere, die sabinianische, die vorklassische Tradition fortsetzte, die aber zugleich von Anfang an durch die kaiserliche Anerkennung mit einer Tendenz zur Homogenisierung ausgestattet waren. In dem letzteren liegt der Grund, warum Justinian sein um Widerspruchsfreiheit bemühtes Kodifikationswerk so unmittelbar an Augustus anschließt, insbesondere auch dadurch, daß er nur die Fragmente von Respondierjuristen in den Digesten zulassen wollte.

Die mit dieser neuen Mitte verbundene idealistische Subjektivierung der Rechtsgeltung hat seit Beginn der Kaiserzeit ihre Wirkung geäußert und für [289] das klassische Recht, das damals dominierte und auch die Führung nicht verlieren sollte, dessen ursprünglich kategorial getrennte Rechtsschichten eingeschmolzen. Das *ius gentium* der institutionellen *civilis aequitas* und die den Magistrat zur ergänzenden und berichtigenden Regelbildung ermächtigende rechtsethische *naturalis aequitas* wurden zu einem einheitlichen, vom Rechtswillen aller beteiligten Personen getragenen *ius gentium.*[147] Das gleiche geschah im Verhältnis des soziobiologischen *ius naturale* zu den beiden genannten universalen Schichten des *ius humanum*, der rechtsethischen *naturalis aequitas* und dem institutionellen *ius gentium* der *civilis aequitas.* In dem aus einem kaiserzeitlichen Lehrbuch schöpfenden Isidor von Sevilla ist sie völlig verschwunden, wenn dort das gleiche *instinctu naturae* geltende *ius naturale* den Menschen nicht nur nötigt, Kinder zu zeugen, sondern auch eine in Verwahrung genommene Sache zurückzugeben.[148] Diese

147 Daher zählt Ulpian auch das von der *naturalis aequitas* gewährleistete (und daher an sich mit einer *in factum* [nicht *in ius*] konzipierten *exceptio pacti conventi* geschützte) *pactum conventum* ohne weiteres zum *ius gentium.* Vgl. Ulpian 4 ad edictum D 2, 14, 7 pr und D 2, 14, 1 pr. Die an dieser Vereinfachung beteiligten Willenskräfte verteilen sich auf den das Recht gewährleistenden Magistrat und die ihn anleitenden Juristen sowie auf die Parteien, welche die formlose Vereinbarung schließen. Die Möglichkeit, sie freier zu interpretieren, beruht aber in letzter Linie auf dem aus dem Rechtsgeltungswillen des Prinzeps abgeleiteten Willensprinzip. Kennzeichend aber auch die Auslegung aus dem Willen des Prätors Papian 27 quaestionum D 17, 1, 54, pr.

148 Isidor, Etym. V 4, 1 *Ius naturale ⟨est⟩ commune omnium nationum, et quod ubique instinctu naturae, non constitutione aliqua habetur; ut viri et feminae coniunctio, liberorum successio et educatio, communis omnium possessio, et omnium una libertas, adquisitio eorum quae caelo, terra marique capiuntur. Item depositae rei vel commendatae pecuniae restitutio, violentiae per vim repulsio. Nam hoc, aut si quid huic simile est, numquam iniustum ⟨est⟩, sed naturale aequumque habetur.* Die hier vorliegende Fortbildung der klassischen Rechtsquellenlehre, die auch den Begriff der *institutio aequitatis* erfaßt hat (sie wurde um die Strukturen des klassischen *ius gentium* verkürzt und auf die Besonderheiten des *ius civile* beschränkt; vgl.

skeptische Differenzierungen homogenisierende Entwicklung war letztlich unausweichlich. Sobald der im Recht verkörperte Sinn in der Welt nicht mehr auf menschliche, anhand sich vergewissender Beobachtungen fortschreitende Klärungen zurückgeführt wird, sondern als Abglanz letztlich göttlicher, von der menschlichen Seele unter den Bedingungen der Ungewißheit tentativ erkennbarer und als richtig wählbarer Ideen erklärt wird, verlieren die skeptischen Gliederungen [290] des Seins ihren theoretischen Sinn. Denn alles Recht hat die Quelle seiner Geltung in dem den Menschen mitgegebenen geistigen Vermögen, auf den verschiedenen Ebenen seines Lebens Recht zu verwirklichen, als Prinzeps oder Magistrat in der Rechtspflege oder Privatperson in den eigenen Verhältnissen.

Das ältere vorklassische Recht, das auf einer Naturrechtslehre beruht, die auf ihre pantheistische Weise ebenfalls eine objektivierte Ordnung in der Welt ansetzte und zwischen einem universalen, den legitimen Eigennutz der Staaten und Familien ermöglichenden *ius civile* und einem universalen, den fremdnützigen Verkehr ermöglichenden *ius gentium* unterschied, trat, nachdem es in der Schulgründung des Sabinus und Cassius gegen Ende der Regierungszeit des Augustus und zu Beginn des Prinzipats des Tiberius wiederaufgenommen worden war, unter eine ganz entsprechende Entwicklung. Sie wirkt in diesem Fall besonders spektakulär, weil sie sich in einer Tat konzentriert, nämlich derjenigen des schon erwähnten Julian, der als von Hadrian ermächtigter Ediktsredaktor die geistigen Voraussetzungen dafür geschaffen hat, daß in seiner Schule zu seinen Lebenszeiten die Institutionen des Gaius als Schulschrift entstehen konnten. Damit wurde die *institutio aequitatis*, deren rein intellektuelle Strukturen in strenger klassischer Rechtslehre des *ius humanum* ohne Edikt und Magistrat nicht als effektives Recht gedacht werden konnten und daher mit Notwendigkeit über Edikt und Ediktkommentar zur Geltung gebracht werden mußten, mit allen Konsequenzen in ein personales Recht verwandelt, das sich auf allen Ebenen in ein Verhältnis mit dem vernünftigen Willen setzte und damit zugleich unmittelbar zum Prinzipat wurde. Die höchste Quelle der Rechtsgeltung war jetzt der die wissenschaftlich betreute Rechtsordnung wollende und dadurch auf Vernunft gerichtete Wille des Prinzeps. Auf der Ebene der Personen des Privatrechts wiederholte sich die Dominanz des inhaltlich definierten Rechtswillens dadurch, daß die Rechtsinstitute als die richtige Formgebung der Folgen ihrer Handlungen

Etym. II, 10, 1 mit Cicero, Topica 23, 90), geht auf eine Entwicklung innerhalb dieser Tradition zurück, die von dem Denken der Kaiserzeit geprägt ist (d. h. ohne spezifisch christliche Einflüsse). Vgl. die Formulierung Liv. V 15, 10 *divino spiritu instinctus*. Die von Kübler, Isidorus-Studien, Hermes XXV (1890), S. 496ff., für die beiden zitierten Stellen angesetzte Quelle Isidors, ein in Spanien entstandene Elementarbuch des Rechts, würde seinerseits eine hauptstädtische Quelle voraussetzen. Eine solche Quelle ist auch für die in der Kontrastierung des positiven Rechts ganz parallele Naturrechtsdefinition Inst. 1, 2, 11: *naturalia quidem iura, quae apud omnes gentes peraeque servantur, divina quadam providentia constituta semper firma atque immutabilia permanent* anzusetzen.

angesehen und in diesem Geist durch juristische Auslegung ermittelt wurden.[149] [291] Julian hat auf diese Weise seine Schule in zahllosen Fragen zum Umdenken und dazu genötigt, allenthalben klassisch definierte Rechtsinstitute in ihr bisheriges Denken zu integrieren, und zwar unter dem Gesichtspunkt ihrer personalen Richtigkeit. Der Unterschied zwischen den beiden Rechtsschulen bestand am Ende nur noch darin, daß in der spezifisch klassischen Tradition der prokulianischen Rechtsschule, wie insbesondere Ulpian bezeugt, das verallgemeinerte, die *naturalis aequitas* aufnehmende *ius gentium* rationales Zivilisationsrecht blieb, mit dem die Menschheit einen halbtierischen Naturzustand überwand, während es in der von Julian reformierten sabinianischen Rechtsschule die Stellung eines Quasi-Naturrechts einnahm, das so dargestellt wurde, als habe eine höhere Vernunft es der Menschheit von Anfang an mitgegeben.[150]

Die letztere Auffassung steht rechtsquellentheoretisch dem schöpfungstheoretischen Ansatz, von dem aus Justinian seine Kodifikation rechtfertigte, näher. Und so erklärt sich die hier am Ende dieses Abschnitts noch einmal zu betonende ungewöhnlich herausgehobene Stellung, die dem Juristen Julian von Justinian verliehen worden ist. Der vom Kaiser Hadrian zum Redaktor des Edikts bestellte Julian wird nicht nur von Justinian von allen Juristen am höchsten geehrt, sondern schlechthin zum geistigen Muster genommen. Julians Name führt im Index Florentinus die Liste der für die Digesten exzerpierten Juristen an. Die Institutio-

149 Daß der Kaiser im *imperium populi Romani* die einzige, unmittelbar personale Rechtssetzungsgewalt ist, die als solche auch andere ermächtigen kann, beruht nach der klaren Darstellung des Gaius seinerseits auf einem kollektiven Willensakt, nämlich auf dem den Kaiser ermächtigenden Volksgesetz, der bekannten *lex regia* (vgl. Gaius I, 5; I, 7; I, 53; vgl. Ulpian 1 institutionum D 1, 4, 1 pr). Da diese außerordentliche Befugnis der Rechtsordnung dienen soll, steht der Kaiser zugleich in wie über der Verfassung. Daß im übrigen die privaten Rechtswirkungen durchweg von Handlungen ausgehen, die von einsichtsfähigen Personen gesetzt und als solche ausgelegt werden, bezeugt das Institutionensystem überall. Besonders lehrreich ist die Anschauung (Gaius III, 88), daß jedes Schuldverhältnis (*obligatio*) entweder aus Vertrag oder Delikt geboren wird (*nascitur*), d.h. letztlich aus bewertetem Willen. Das Bild des Geborenwerdens macht deutlich, daß die Rechtsfolgen von personalem Handeln ausgelöst werden.

150 Die dreigliedrige Rechtsquellentheorie Ulpians (1 institutionum D 1, 1 leg. 1, 4 und 6) – sie unterscheidet *ius naturale* (»Naturrecht« der soziobiologischen Instinkte), *ius gentium* (Zivilisationsrecht) und *ius civile proprium* (eigentümliches Recht des Staates kraft Gesetzes oder Gewohnheit) – hält den Übergang vom Naturzustand in die staatliche Ordnung deutlich sichtbar. Ebenso Hermogenian 1 iuris epitomarum D 1, 1, 5. Die spätere Verschmelzung der *naturalis aequitas* mit dem *ius gentium* zu einem einheitlichen, diesen Schritt ermöglichenden Zivilisationsrecht bezeugt für das prätorische *pactum conventum* Ulpian 4 ad edictum D 2, 14, 1 pr mit D 2, 14, 7 pr. Die zweigliedrige Rechtsquellenlehre Julians, die lediglich *ius gentium* und *ius civile proprium* unterscheidet, wird am besten durch Gaius, den Zögling der Schule Julians bezeugt (vgl. Gaius I, 1), ebenso wie die Tatsache, daß in dieser Tradition die *naturalis aequitas* in ein für uranfänglich erklärtes *ius gentium* eingeschmolzen wird. Vgl. Gaius 2 rerum cottidianarum sive aureorum D 41, 1, 9, 3 und idem loc. cit. D 41, 1, 1 pr.).

nen Justinians erheben den personalen Grundriß der in der Folge der Tat Julians entstandenen Gaius-Institutionen zu einem Lehrbuch mit Gesetzeskraft. Die Digesten Justinians folgen in Name und Grundriß dem gleichnamigen Werk Julians. Es ist daher tatsächlich Ausdruck einer bewußten und bedeutenden geistigen Nachfolge, wenn Justinian in der folgenden Stelle »*Julianus sapientissimus*« als Autorität dafür anführt, daß die Rechtsfortbildung nie zum Abschluß kommt, vielmehr alle Rechtssetzungen, die in der Rechtsordnung der Römer je ergangen seien – dies schließt die Rechtsfortbildungstätigkeit der Prinzipatsjuristen ein, die in Justinans Spra- [292] che auch Urheber von *leges*, von kaiserlich autorisierten Normen, waren[151] – stets der Verbesserung oder Anpassung bedürfen.

> constitutio Tanta § 18
> quia divinae quidem res perfectissimae sunt, humani vero iuris condicio semper in infinitum decurrit et nihil est in ea, quod stare perpetuo possit (multas etenim formas edere natura novas deproperat), non desperamus quaedam postea emergi negotia, quae adhuc legum laqueis non sunt innodata. si quid igitur tale contigerit, Augustum imploretur remedium, quia ideo imperialem fortunam rebus humanis deus praeposuit, ut possit omnia quae noviter contingunt et emendare et componere et modis et regulis competentibus tradere. et hoc non primum a nobis dictum est, sed ab antiqua descendit prosapia: cum et ipse Iulianus legum et edicti perpetui subtilissimus conditor in suis libris hoc rettulit: ut, si quid imperfectum inveniatur, ab imperiali sanctione hoc repleatur. (*Da die göttlichen Dinge zwar vollkommen sind, die Bedingungen des menschlichen Rechts stets ins Unbestimmte fortlaufen und sich in ihnen nichts findet, was dauerhaft Bestand haben kann – in der Tat beeilt sich die Natur, viele neue Gestaltungen hervorzubringen –, lassen wir uns in der Überzeugung nicht beirren, daß manche neue Verhältnisse auftreten werden, um die noch nicht das Netzwerk der Normen geknüpft worden ist. Wenn etwas Derartiges geschieht, wird kaiserliche Hilfe erbeten, weil Gott deswegen das kaiserliche Geschick den menschlichen Verhältnissen vorgesetzt hat, damit es alles, was neu eintritt, verbessern, befrieden und den angemessenen Formen und Regeln übergeben kann. Und das ist nicht von uns*

151 Wenn Justinian anordnet, daß die Juristennamen in den Digestenfragmenten zu bewahren seien, so will er damit die Identität der Gesetzgeber bewahren (constitutio Tanta § 20): *ut manifestissimum sit, ex quibus legislatoribus* (!) *quibusque libris eorum et quot milibus hoc iustitiae Romanae templum aedificatum est.* Ihre Bücher sind in seinen Augen Werke ermächtigter »Gesetzgeber«, weil die kaiserliche Autorität hinter ihnen stand. Vgl. Deo auctore § 4: *antiquorum prudentium, quibus auctoritatem conscribendarum interpretandarumque legum* (!) *sacratissimi principes praebuerunt, libros ad ius Romanum pertinentes.* Die Juristen waren sich ihrer Bedeutung als notwendige stete Neuerer in der Zeit Julians, wie Justinians Kodifikation nachdrücklich dokumentiert, auch bewußt. So heißt es in dem großen Fragment der römischen Rechtsgeschichte, das mit der Nennung des Namens SALVIUS JULIANUS endet (Pomponius lb sg enchiridii D 1, 2, 2, 53): *constare non potest ius. nisi sit aliquis iuris peritus, per quem possit cottidie in melius produci.* In dieser Tradition hießen die das Römische Recht im Mittelalter fortbildenden Juristen »Legisten« (*legistae*).

zuerst gesagt worden, sondern stammt aus alter Tradition, da auch Julian selbst, der scharfsinnige Erneuerer des Rechts und des Ständigen Edikts in seinen Büchern [= Julian 90 digestorum D 1,3, 11] lehrt, daß, sobald etwas als unvollkommen erkannt wird, diesem Mangel von der kaiserlichen Rechtssetzung abgeholfen werden muß.)

Nov. 74 praef. (538) (Über die Legitimation nichtehelicher Kinder)
Recte dictum est a praecessoribus nostris et ante omnes a Iuliano sapientissimo, quia nulla lex neque senatusconsultum prolatum in republica Romanorum videtur ad omnia sufficienter ab initio promulgatum, sed multa indigere correctione, ut ad naturae varietatem et eius machinationes sufficiat. (*Zu Recht ist es von unseren Vor-* [290] *gängern und vor allem von Julian, dem weisesten unter den Juristen, gesagt worden, daß in der Republik der Römer ersichtlich keine kaiserliche Norm und kein Senatsbeschluß ergangen ist, die von Anfang an allen Bedürfnissen genügten, vielmehr benötigen sie vielfacher Berichtigungen, um der Vielfalt der Natur und ihrer Hervorbringungen zu genügen.*)

In dem Abstand zwischen dieser hier bekundeten Überzeugung,[152] daß die menschliche, die Zukunft planende Rechtssetzung angesichts des steten, jede Gegenwart erfassenden Wandels der Verhältnisse nie zu Ende kommt, und dem an Augustus Maß nehmenden, bis in die Anfänge Roms zurückgreifenden Rückgriff auf die Vergangenheit, in der man in recht gedankenloser Weise eine archaistische Tendenz glaubte wahrnehmen zu dürfen,[153] liegt die ganze Spannweite der geistigen Person des Gesetzgebers Justinians. In ihr entfaltet sich, wie im nächsten Abschnitt im einzelnen hervortreten wird, die Trias von *memoria, intellectus* und *providentia* und die von ihr transportierte personale Überzeugung, daß das Recht zwar aus einer idealen Sphäre stammt, daß es aber, da es unter Bedingungen menschlichen Verständnisses realisiert werden muß und in stets sich wandelnden Verhältnissen zur Geltung zu bringen ist, ständiger Erneuerung bedarf. Es spricht dabei Bände über das mächtige juristische Ego Justinians, daß er zwar auf der einen Seite an der Gestalt des vom Kaiser Hadrian ermächtigten Juristen Julian Maß nimmt, aber für die Zukunft kreative Rechtswissenschaft schlechthin verbietet und alle Rechtsfortbildung beim Kaiser, also zunächst einmal bei sich selbst, konzentriert.[154]

152 Nov. 7, 2 (a. 535 [Über die Unveräußerlichkeit kirchlicher Güter]) quid enim erit stabile inter homines et ita immobile, ut nullum patiatur mutationem, cum omnis noster status sub perpetuo motu consistat? (*Was könnte unter Menschen so beständig und unerschütterlich sein, daß es keiner Veränderung bedürfte, da doch unser ganzer Zustand in ständiger Bewegung besteht?*)

153 So etwa, Fritz Pringsheim folgend, Berthold Rubin (oben Anm. 39), S. 89 »archaische Tendenz Justinians«. In Wahrheit handelt es sich um einen zukunftsreichen Rückgriff, wie ihn die Rechtsgeschichte häufiger kennt, etwa in dem Rückgriff Savignys auf das römische Recht oder dem Rückgriff Julians auf die Tradition des Servius Sulpicius Rufus.

154 Daher das berühmte Kommentierungsverbot in Constitutio Deo auctore § 12; Tanta § 21.

V. Die säkulare Zukunftsoffenheit des Personalismus der *imago Trinitatis* in der Kodifikation Justinians

Justinians Überzeugung, daß die das Leben ordnenden Elemente des Römischen Rechts, wie er sie in seiner Kodifikation zusammengestellt hat, auf die »Voraussicht der allerhöchsten Trinität« (*summae providentiam trinitatis*) zu- [294] rückgehen (constitutio Deo auctore pr.), lebte, wie bereits im zweiten Abschnitt sichtbar geworden ist, aus einer zu seiner Zeit schon alten Tradition. Sie formulierte die religiöse Voraussetzung, unter der die *sanctio Romana* als Garantin der Fortdauer der Schöpfung in das christliche Weltbild rezipiert worden war und dessen Naherwartung zurückgedrängt hatte. Justinian beansprucht damit nicht nur für sein Werk die gleiche Inspiration, wie sie die Tradition den Autoren der *libri sacri* zuspricht,[155] sondern stellt auch durch seine Tat die Geschichte, die das Recht erzeugt hat, in Parallele zur biblischen Geschichte, welche die Religion hervorgebracht hat. Auf diese Weise konnte der Kaiser nicht nur alle gedanklichen Hervorbringungen des Römischen Rechts auf den verschiedenen Stufen seiner Entwicklung, die der auguralen Friedensreligion, dann die der beiden wissenschaftlichen, jeweils auf ihre Weise um ein universales *ius gentium* zentrierten Entwürfe, als geistigen Ausdruck einer uranfänglichen, fortdauernden, immer wieder Erneuerungen ermöglichenden, göttlichen Menschenzugewandtheit interpretieren, sondern auch ihre von keinem eschatologischen Schatten getrübte, der Menschheit Zuversicht gebende Zukunfts- und Weltoffenheit zur Geltung bringen. Das Ergebnis war, wie in diesem Abschnitt gezeigt werden soll, soweit die Grundlagen des menschlichen Rechts, des *ius humanum* betroffen waren, ein ganz in dem spätciceronischen Personalismus wurzelnder und zugleich ohne Kontinuitätsbruch mit christlichen Motiven überformter, seinem inneren Wesen nach jedoch entschieden säkularer und zukunftsoffener, im *ius gentium* verankerter Humanismus.

Schon als junger Kronprinz unter seinem Onkel Justinus, als er in den Jahren 518 bis 522 mit Papst Hormisdas ausführlich und vorübergehend erfolgreich über die Kircheneinheit korrespondierte, hat Justinian den ihn hier bestimmenden, letztlich auf das schon augusteische Verhältnis von *ius divinum* und *ius humanum* zurückgehenden Leitgedanken ausgesprochen: Eine durch Religion legitimierte Herrschaft kann das Menschliche gut verwalten, wenn sie in den Fragen des Glaubens für inneren Frieden sorgt.[156] Unverkennbar [295] ist Justinian nach

155 Vgl. Isidor, Etym. VI 2, 50 von den *scriptores Sacrorum librorum, qui per Spiritum sanctum loquentes ad eruditionem nostram et praecepta vivendi et credendi regulam conscripserunt* und von der bekannten Wundererzählung der 70 Übersetzer der Septuaginta VI 4, 2, die, obschon jeder für sich in einer Einzelzelle arbeitend, kraft Inspiration alles so übersetzt hätten (*ita omnia per Spiritum Sanctum interpretati sunt*), daß zwischen ihren jeweiligen Arbeitsergebnissen keinerlei Verschiedenheit vorgekommen sei.

156 Collectio Avellana (oben Anm. 37) Nr. 196: Domino nostro Iesu Christo favente regnat in saeculo, qui sacra religione suum fundat imperium, quoniam bene gubernat humana, qui

dieser Maxime verfahren. Wenn Papst Vigilius später gegenüber dem Kaiser Justinian bemerkt, Gott habe ihm nicht nur eine kaiserliche, sondern auch eine priesterliche Seele verliehen[157] und Justinian in einer berühmten Stelle von einer Harmonie (*consonantia, συμφωνία*), zwischen *sacerdotium* (*ἱερoσύνη*) und *imperium* (*βασιλεία*) spricht, dann setzt das einerseits eine wahrgenommene Verantwortung für beide Bereiche voraus, aber zugleich eine klare Trennung, die den Kaiser Frieden und Einheit der Kirche fördern läßt, um danach seiner weltlichen Aufgabe, der Sicherung und Förderung der ihm anvertrauten Rechtsordnung, mit gestärkter Legitimität nachgehen zu können.[158]

Der Geist, der sich als dritte »Person« der Gottheit den Menschen mitteilt und als solcher aus der schon vor aller Zeit in Vater und Sohn, in Schöpfer und göttliches, dem Menschen zugewandtes Geschöpf geschiedenen Gottheit[159] hervorgeht,[160] wirkt damit in Justinians Wahrnehmung, obschon aus gleicher Quelle stammend, in Heilsgeschichte und Kirche einerseits und weltlicher Rechtsgeschichte und Rechtsordnung andererseits auf verschiedene Weise. Die Sicherheit, mit der Justinian kraft dieser Überzeugung das Recht als in einer eigenen Geschichte wurzelnde Schöpfung auffaßt, gründet nach seinen eigenen Worten in der sowohl ihn als auch seine Vorgänger ermächtigenden trinitarischen Anthropologie. In der Art, wie sie Isidor von Sevilla in [296] seinem Lehrwerk mitteilt,

prius divina plac⟨a⟩verit. (*Unter der Gnade unseres Herrn Jesus Christus herrscht er in der Welt, als jemand der seine Gewalt auf die heilige Religion gründet, da das Menschliche gut leitet, wer zuerst das Göttliche befriedet hat.*)

157 Breviarum c. 22; Migne, Patrol. Lat. 68, 239 »*non imperialem solum sed etiam sacerdotalem vobis animum concedere dignatus est (sc. deus)*«. Vgl. Biondo Biondi, Giustiniano Imperatore (1936) S. 150.

158 Nov. 6, 1 (a. 535). Vgl. Manfred Clauss, Die *συμφωνία* von Kirche und Staat zur Zeit Justinians in: Dietz/Hennig/Kaletsch (Hrsg.), Klassisches Altertum, Spätantike und frühes Christentum. Adolf Lippold zum 65. Geburtstag gewidmet (1993), S. 579-593. Die dort gebrauchte Formel »Unterordnung der Kirche unter die durch den Kaiser verkörperte Staatsraison« (a.a.O S. 588) verunklart ein wenig die geistige Verschiedenheit der beiden Bereiche. Wenn Justinian die Ergebnisse der vier ältesten Konzilien mit Gesetzeskraft ausstattet und den Papst in Rom durch Gesetz in seinem Primat bestätigt (Nov. CXXXI [545]), dann steht eine solche »Kodifikation« in Parallele zu dem, was Justinian für das Recht getan hat. Zu beiden fühlt sich Justinian in der von Augustus begründeten und von Konstantin erneuerten Tradition als der durch die Trinität inspirierte Prinzeps, d. h. in seinem Verständnis als der der Gottheit nächste Mensch, ermächtigt. Beide Bereiche stammen, wie er Nov. VI pr betont, aus der gleichen Quelle (*ex uno eodemque principio utraque procedentia*). Der von ihm gleichzeitig betonte, kategoriale, durch ihre verschiedene »geschichtliche« Herkunft akzentuierte Unterschied zwischen dem *sacerdotium ... divinis ministrans* und dem *imperium ... humanis praesidens ac diligentiam exhibens* bleibt davon unberührt, genauso die grundsätzliche Selbständigkeit der kirchlichen und weltlichen Rechtsordnung.

159 Zur Präexistenz von Vater und Sohn vgl. CJ 1, 1, 8, 14 (a. 533): *ante saecula et sine tempore de patre natum.*

160 Isidor, Etym. VII 4, 4 *Spiritus sanctus solus de Patre et Filio procedit; ideo solus amborum nuncupatur spiritus.*

ist sie in der lateinisch sprechenden Welt gewiß schon zu Justinians Zeit Schulgut geworden.[161] Isidor macht aber auch die menschliche Brechung dieser Gottesebenbildlichkeit deutlich, da es für Gott, so wie es Platon im Timaios ausgeführt hatte, nur gegenwärtiges (Vergangenheit und Zukunft umfassendes) Sein gebe, so daß in seinem Wissen die Kategorien des Vergangenen oder Zukünftigen (anders als in dem des Menschen) nicht vorkommen.[162]

Hauptautor und möglicherweise auch Urheber der Lehre von der *imago Trinitatis* ist Augustinus, dessen Einfluß auf Justinian wir schon für dessen Kronprinzenzeit konstatieren konnten. Augustinus war als langjähriger Lehrer der Rhetorik erst in Karthago, dann in Rom und am kaiserlichen Hof in Mailand, und bekanntlich von Ciceros Hortensius zur Philosophie geführt,[163] mit dem Gesamtwerk Ciceros auf das Engste vertraut. Zugleich trägt die Art, mit welcher er die theologisch vertiefte Anthropologie der *imitatio Trinitatis* vorträgt, unverkennbar das Gepräge eigenen denkerischen Bemühens. Zwar hat ihm die gesamte Entwicklungsgeschichte des Personenbegriffs im Prinzipat vorgearbeitet, so daß Vorläufer nicht überraschen würden, aber die gedankliche Kraft, mit der die Begriffsentwicklung hier auf ihre Ursprünge zurückgeführt wird, ist ersichtlich seine eigene.

> Augustinus, De Trinitate X 11, 18
> Haec igitur tria, memoria, intelligentia, voluntas, quoniam non sunt tres vitae, sed una vita, nec tres mentes, sed una mens, consequenter utique nec tres substantiae sunt, sed una substantia (*Diese drei also, Gedächtnis, Begreifen und Wollen, sind, da sie nicht drei Leben, sondern nur ein einziges bilden, auch nicht drei Bewußtheiten, sondern nur eine einzige. Folglich sind sie auch nicht drei, sondern nur eine einzige Substanz.*) …
> quidquid intelligo, intellegere me scio, et scio me velle quidquid volo; quidquid autem scio memini. Totam igitur intelligentiam, totamque voluntatem meam memini. (*Was immer ich begreife, von dem weiß ich, daß ich es begreife; und ich weiß, daß ich will, was ich will; was ich aber weiß, daran erinnere ich mich. Also erinnere ich mich all meines Begreifens und all meines Wollens.*)

[297] Augustinus läßt auch noch erkennen, daß die *voluntas*, mit welcher der Mensch, von erinnertem und der Gegenwart entnommene Wissen geleitet, die

161 Etym. VII 4, 1 *DE TRINITATE. Trinitas appellata quod fiat totum unum ex quibusdam tribus, quasi Trinitas; ut memoria, intellegentia et voluntas, in quibus mens habet in se quandam imaginem divinae Trinitatis. Nam dum tria sint, unum sunt, quia et singula in se manent et omnia in omnibus*. Cf. Augustinus, De Trinitate XIV, 19, 25 *ad imaginem Trinitatis factum hominem credimus.*

162 Isidor, Etym. VII 1, 12 *Deus autem esse tantum novit, fuisse et futurum esse non novit.* 13. *Solus enim Pater cum Filio et Spiritu sancto veraciter est. Cuius essentiae comparatum esse nostrum non esse est.* Vgl. Platon, Timaios 37e-38a.

163 Vgl. Therese Fuhrer, Augustinus (2004), S. 24; vgl. zum folgenden auch Ernst Benz, Marius Victorinus und die Entwicklung der abendländischen Willensmetapyhsik (1932), insbesondere S. 364 zum augustinischen Willensbegriff.

vor ihm liegende Wirklichkeit auswählend und nutzend bewältigt,[164] den Ort der *providentia* einnimmt, indem er sie in der Trias gelegentlich auch noch durch sie ersetzt.[165] Als eine auf Erkenntnis gerichtete Kraft, die etwas auswählend oder »liebend« ergreift, nennt er sie in der folgenden Stelle nach platonischem Vorbild auch *amor*. In ihr findet sich der Versuch, die drei Dimensionen der Seele mit den Personen der Trinität in Parallele zu stellen, in einer gewaltigen Periode konzentriert, die den Vergleich unter entschiedene Vorbehalte stellt, aber doch vornimmt. Es handelt sich im übrigen nicht um den einzigen Versuch, in der Seele des Menschen ein trinitarisches Motiv aufzuweisen. Vorausgegangen war der Versuch, auch in der dreigliedrigen Reihung »Denkendes Bewußtsein«, »Kenntnis seiner selbst«, »Zuneigung zu sich selbst« eine trinitarische Entsprechung zu finden.[166] Die Aussage der hier interessierenden Periode bietet die Hauptaussage in dem einleitenden dreigliedrigen Konzessivsatz, der um der Übersichtlichkeit willen in drei Absätzen wiedergegeben werden soll. Die Sequenz beginnt mit dem »Gedächtnis«, das dem Menschen (und nur ihm; vgl. bereits oben Anm. 107) infolge der Herkunft seiner Seele die nicht der sinnlichen Erfahrung entstammenden Kategorien vermittelt – das schaffe die Entsprechung zum Schöpfer und Vater. Es folgen das »Verstehen«, das dem Menschen die bewußte, aber noch vorsprachliche Intentionalität auf die Gegenstände gibt – das entspreche dem [298] Sohn –, und die »Liebe«, das heißt, der das Richtige wählende, zu wahrer Erkenntnis führende »Wille«[167] – das entspreche dem Geist.

164 Augustinus, De Trinitate X 10, 13 Duobus igitur horum trium, memoria et intellegentia, multarum rerum notitia atque scientia continentur; voluntas autem adest, per quam fruamur eis vel utamur. (*Von den beiden unter den dreien, von Gedächtnis und Begreifen, wird Kenntnis und Wissen vieler Dinge erfaßt; der Wille aber ist da, damit wir durch ihn die Dinge nutzen und gebrauchen.*).

165 XV 7, 13 ut praevideamus, non providentia nos instruit, sed memoria (*dazu, daß wir ⟨für die Zukunft⟩ Vorsorge treffen, bestimmt uns nicht die Voraussicht, sondern das Gedächtnis*). So ist es bei den Menschen. Für Gott, der alles Wissen zeitlos übersieht (*una, aeterna et immutabili atque ineffabili visione complectitur cuncta quae novit*), gilt dagegen: Dei providentia eadem … quae memoria et intelligentia (*die Voraussicht Gottes ist dasselbe wie sein Gedächtnis oder seine Gegenwartswahrnehmung*).

166 XV 6, 10 *ecce ergo Trinitas, sapientia scilicet, et notitia sui, et dilectio sui. Sic enim et in homine invenimus trinitatem, id est mentem, et notitiam qua se novit, et dilectionem qua se diligit.* … XV 7, 11 *Homo est enim, sicut veteres definierunt, animal rationale mortale. Illa ergo excellunt in homine, non ipsa sunt homo. Et una persona, id est singulus quisque homo, habet illa tria in mente. Quod si etiam sic definiamus hominem, ut dicamus: ›Homo est substantia rationalis constans ex anima et corpore‹; non est dubium hominem habere animam quae non est corpus, habere corpus quod non est anima.* Der Unterschied zu der ursprünglichen *persona*-Lehre, wie wir sie in der ältesten Fassung in Cicero, de inventione gefunden haben, liegt vor allem in der Ersetzung des in skeptischer Weltsicht von der Lebenskraft geschiedenen Bewußtseins (*animus*) durch die Leben und Geist zusammenführende unsterbliche *anima*. Aber auch das ist, wie gezeigt, schon in der Spätzeit Ciceros geschehen.

167 Vgl. einerseits De Trinitate XV 7, 12: *nihil mentis meminimus nisi per memoriam, nec intellegimus nisi per intelligentiam nec amamus nisi per voluntatem*, andererseits IX 10, 15: *Novi-*

Quamvis enim *memoria hominis*, et maxime illa quam pecora non habent, id est, qua res intelligibiles ita continentur, ut non in eam per sensus corporis venerint, habeat pro modulo suo in hac imagine Trinitatis incomparabiliter quidem imparem, sed tamen qualemcumque similitudinem Patris (*Denn obgleich* das Gedächtnis des Menschen, *und vor allem dasjenige, das die Tiere nicht haben, d. h. dasjenige, das begreifliche Dinge so enthält, daß sie nicht über die Erfahrung der körperlichen Sinne in das Gedächtnis gelangt sind, nach seinem Maß in dem Bild der Dreieinigkeit, obschon in unvergleichlicher Weise ungleich, eine gewisse Analogie mit dem Vater hat)*;

itemque *intelligentia hominis*, quae per intentionem cogitationis inde formatur, quando quod scitur dicitur, et nullius linguae cordis verbum est, habeat in sua magna disparilitate nonnullam similitudinem Filii (*und* das Verstehen des Menschen, *das sich durch die Ausrichtung des Denkens daraus [sc. aus dem Gedächtnis] bildet, wenn man sagt, was man weiß – und das ist dann ein keiner Sprache angehöriges Wort des »Herzens«*[168] *–, in seiner großen Verschiedenheit eine gewisse Ähnlichkeit mit dem Sohn hat)*;

et *amor hominis* de scientia procedens et memoriam intelligentiamque coniungens, tamquam parenti prolique communis, unde nec parens intellegitur esse nec proles, habeat in hac imagine aliquam, licet valde imparem similitudinem Spiritus sancti (*und die aus dem Wissen hervorgehende* Liebe des Menschen, *die Gedächtnis und Begreifen miteinander verbindet, gewissermaßen als etwas dem Erzeuger und dem Erzeugten Gemeinsames, weswegen es nach seinem Sein weder als Erzeuger noch als Erzeugtes begriffen wird, in diesem Bild eine gewisse, obgleich sehr ungleiche Ähnlichkeit mit dem Heiligen Geist hat*,)[169]

Augustinus, De Trinitate XV 23,43, MIGNE, Patrologia Latina, Tom. 42

mus enim et ea quae odimus; sed nec concepta, nec parta dicenda sunt animo, quae nobis displicent. Die Geneigtheit des Willens, die ihn nach dieser Anschauung für Erkenntnis empfänglich macht, ist schon im Wort »*philosophia*« beschrieben.

168 D.h. ein der Sprache voraufgehendes Bewußtsein, dessen Inhalt noch allein von dessen Gegenstand bestimmt ist und durch Zeichen vermittelt wird (wobei Herz im Sinne des Sitzes des Geistes verwendet ist; vgl. v. ARNIM, Stoicorum Veterum Fragmenta IV s.v. *καρδία*). Siehe auch Augustinus, De Trinitate XV 10, 19 *Necesse est enim cum verum loquimur, id est, quod scimus loquimur, ex ipsa scientia quam memoria tenemus, nascatur verbum quod eiusmodi sit omnino, cuiusmodi est illa scientia de qua nascitur. Formata quippe cogitatio ab ea re quam scimus, verbum est quod in corde dicimus: quod nec graecum est, nec latinum, nec linguae alicuius alterius; sed cum id opus est in eorum quibus loquimur perferrre notitiam, aliquod signum quo significetur assumitur. Et plerumque sonus, aliquando etiam nutus, ille auribus, ille oculis exhibetur, ut per signa corporalia etiam corporis sensibus verbum quod mente gerimus innotescat. Nam et innuere quid est, nisi quodam modo visibiliter dicere?*

169 Der Schlußsatz, mit dem die – in ihrer Verdichtung fast unübersetzbare – Periode endet, betont noch einmal die Unvergleichlichkeit des Verglichenen und lautet: non tamen, sicut in ista imagine Trinitatis non haec tria unus homo, sed unius hominis sunt, ita in ipsa summa Trinitate cuius haec imago est, unius Dei sunt illa tria, sed unus Deus est, et tres

[299] Daß die hier zugrundegelegte Anthropologie, die den Menschen durch eine Seele, die sich ihres göttlichen Ursprungs erinnern und vergewissern kann, mit einer der Erfahrung vorgelagerten Quelle des wahren Wissens ausstattet, aus der Tradition des späten platonisierenden Cicero stammt, hat Augustinus keineswegs im Verborgenen gehalten, sondern im letzten Kapitel 19 des vorausgegangenen 14. Buches nachdrücklich dadurch deutlich gemacht, daß er, nach dem Bekenntnis: »*ad imaginem Trinitatis factum hominem credimus*«, die Schlußsätze des Hortensius anführt, in denen Cicero die platonische Psychologie als Quelle des Wissens empfiehlt. Augustinus kritisiert allerdings, daß Cicero die entscheidende Prämisse, ob der Mensch denn wirklich eine unsterbliche, aus göttlichen Sphären stammende Seele habe, ausdrücklich offen läßt und dem Menschen vielmehr rät, sich in jedem Fall mit Philosophie zu befassen, gleich ob er an eine Rückkehr seiner Seele in göttliche Gefilde glaubt oder vielmehr zu der Annahme neigt, sie werde sich nach seinem Tode auflösen.[170] Sachkundig stellt er dazu fest, daß Ciceros Offenlassen dieser Frage den Einfluß der »*nova Academia*« an sich trage, unter dem es Cicero gefallen habe, – so Augustinus – auch »*de rebus manifestissimis*« zu zweifeln, erkennt aber gleichwohl die große kulturelle Bedeutung an, die es hatte, daß Cicero in seinem Spätwerk auch anderen glaubensstärkeren Philosophen nachhaltig Gehör verschafft hat.[171]

sunt illae, non una persona (*so gehören gleichwohl, wenn in dem Abbild der Dreieinigkeit die drei Elemente nicht jeweils einen einzelnen Menschen bilden, sondern einem einzigen Menschen gehören, in der höchsten Dreieinigkeit selbst, wovon jene ein Abbild ist, diese drei Elemente nicht einem Gott, sondern bilden einen Gott, und es sind drei Personen, nicht eine Person*).

170 Vgl. De Trinitate XIV 19, 26 *Hanc contemplativam sapientiam … Cicero commendans in fine dialogi Hortensii: »Quae nobis«, inquit, »dies noctesque considerantibus, acuentibusque intelligentiam, quae est mentis acies, caventibusque ne quando illa hebescat, id est, in philosophia viventibus magna spes est, aut si hoc quod sentimus et sapimus mortale et caducum est, iucundum nobis perfunctis muneribus humanis occasum, neque molestam exstinctionem, et quasi quietem vitae fore: aut si, ut antiquis philosophis hisque maximis longeque clarissimis placuit, aeternos animos ac divinos habemus, sic existimandum est, quo magis hi fuerint semper in suo cursu, id est, in ratione et investigandi cupiditate, et quo minus se admiscuerint atque implicuerint hominum vitiis et erroribus, hoc his faciliorem ascensum et reditum in caelum fore.« Deinde addens hanc ipsam clausulam, repetendoque sermonem finiens: »Quapropter«, inquit, »ut aliquando terminetur oratio, si aut exstingui tranquille volumus, cum in his artibus vixerimus, aut si ex hac in aliam haud paulo meliorem domum sine mora demigrare, in his studiis nobis omnis opera et cura ponenda est«.*

171 De Trinitate XIV 19, 26 (Fortsetzung des Textes der vorhergehenden Anmerkung) *Hic miror hominem tanti ingenii, perfunctis muneribus humanis, hominibus in philosophia viventibus, quae contemplatione veritatis beatos facit, iucundum promittere occasum, si hoc quod sentimus et sapimus mortale et caducum est: quasi hoc moriatur et intercidat quod non diligebamus, vel potius quod atrociter oderamus, ut iucundus nobis sit eius occasus. Verum hoc non didicerat a philosophis, quos magnis laudibus praedicat; sed ex illa nova Academia, ubi ei dubitare etiam de rebus manifestissimis placuit, ista sententia redolebat. A philosophis autem, sicut ipse confitetur ›maximis longeque clarissimis‹, aeternos esse animos acceperat. Aeterni quippe animi non inconvenienter hac exhortatione excitantur, ut in suo cursu reperiantur, cum venerit vitae huius extremum, id est, in ratione et investigandi cupiditate, minusque se admis-*

[300] Wenn nun Justinians Methode und Selbstverständnis als Gesetzgeber, wie gleich für seine drei Elemente zu zeigen ist, durch diese in der *imago-Trinitatis*-Lehre christianisiertes Psychologie nachhaltig geprägt worden ist, so lag darin nicht etwa eine unzulässige Übertragung einer rein religiös gemeinten Lehre in die Welt. Vielmehr ist für Augustinus der trinitarische Gott als Schöpfer aller Dinge auch die Quelle der dem Menschen gewährten Recht und Unrecht unterscheidenden *naturalis ratio.*[172] Wie in der *ratio iuris* des reinen skeptischen Systems (vgl. Cicero, Partitiones oratoriae 30, 137) gehen daher auch in seiner Lehre *ius divinum* (*religio*) und *ius humanum* (*aequitas*) auf die gleiche *ratio* zurück, und zwar vertieft durch die platonisierende Fortbildung des ursprünglich skeptischen Systems, durch welche die menschliche Vernunft mit dem Göttlichen in Beziehung gesetzt wurde und einen göttlichen Anfang erhielt.

So sicher es damit nun auch ist, daß Justinians Haltung von der Lehre des Augustinus beeinflußt ist, so nötig ist es noch einmal zu betonen, daß sie darüber hinaus in weit grundsätzlicheren Voraussetzungen wurzelte, nämlich in der Grundauffassung des Prinzipats selbst, d. h. in der die menschliche Gesellschaft hierarchisierenden Idee, daß ein dem Göttlichen naher Mensch zur Gewährleistung und Sicherung der »Rechtsordnung«, der »wiederhergestellten Republik«, berufen sein kann. Zur Prinzipatstheorie gehört daher, wie wir gesehen haben, eine Entwicklungsschicht der Anthropologie, die dem Menschen unter platonisierenden Prämissen vier »Personen« (Rollen) zuwies und unter der vierten »Person« die Möglichkeit eröffnete, in menschlichen Rollen die höchste, über jedes Amt hinausweisende Stufe gemeinnütziger Tugenden zu erreichen. In diesem spezifischen, spätciceronisch-antiocheischen Persona-Begriff des Prinzipats dürfte auch die entscheidende Ursache für die in der lateinischen Trinitätslehre auffallende Verwendung des Begriffes *perso-*[301] *na* liegen, die in der augustinischen Psychologie über die *tria-persona*-Lehre des dreieinigen Gottes und den Gedanken der Gottesebenbildlichkeit das humane Gegenüber der *imago Trinitatis* der menschlichen Seele überhaupt erst ermöglicht hat.

Der ursprüngliche, aus der späten Republik stammende, streng skeptische *persona*-Begriff mit seiner ganz diesseitig gemeinten Trias »*memoria, intelligentia, providentia*«, der mit methodischer Strenge die Singularität aller analysierten

ceant atque implicent hominum vitiis et erroribus, ut eis facilior sit regressus ad Deum. Sed iste cursus qui constituitur in amore atque investigatione veritatis, non sufficit miseris, id est, omnibus cum ista sola ratione mortalibus sine fide Mediatoris: quod in libris superioribus huius operis, maxime in quarto et tertio decimo, quantum potui, demonstare curavi.

172 XV 4, 6 *omnis quae nos circumstat, ad quam nos etiam pertinemus, universa ipsa rerum natura proclamat, habere se praestantissimum Conditorem (sc. Trinitatem, quae Deus est), qui nobis mentem rationemque naturalem dedit, qua viventia non viventibus, sensu praedita non sentientibus, intelligentia non intelligentibus, immortalia mortalibus, impotentibus potentia, iniustis iusta, speciosa deformibus, bona malis, incorruptibilia corruptibilibus, immutabilia mutabilibus, invisibilia visibilibus, incorporalia corporalibus, beata miseris praeferenda videamus.*

Gegenstände betonte, der belebten und unbelebten Sachen, der Menschen und Bürger sowie der von der Tradition geglaubten einzelnen Götter, und der menschlichen Seele eine wahre Erkenntnis des Göttlichen entschieden absprach, war dazu ganz ungeeignet. Insofern hatte Siegmund Schlossmann zwar sehr Unrecht, als er einst als Freirechtler dem – Gleichheit und Individualität zugleich schützenden – klassischen Begriff der Person (vgl. oben Anm. 54) für das Recht jeden Wert absprechen und ihn für das Recht seiner Zeit systematisch eliminieren wollte, aber im Ergebnis jedenfalls insoweit Recht, als er einen Einfluß des Personenbegriffs des klassischen Römischen Rechts auf die Trinititätslehre bestritt.[173] Der Ursprung des klassischen Personenbegriffs in einer skeptisch-empirisch, d. h. streng beobachtend vorgehenden Methode schließt unmittelbare Beziehungen aus.

Ganz anders verhält es sich aber mit dem Personenbegriff des Prinzipats. Es ist offenbar die sowohl zutiefst personal gedachte als auch sich religiös legitimierende Verfassungsidee des augusteischen Kaisertums, die es ermöglicht hat, daß die Trinität der lateinischen Orthodoxie in der Terminologie der drei Personen auftritt – und nicht, wie im griechischen Reichsteil, in der Terminologie dreier Substanzen (*ὑποστάσεις – substantiae*).[174] Die Voraussetzungen dafür sind im einzelnen nachvollziehbar. So hat Tertullian, der als erster Systematiker der Trinitätslehre gilt (oben Anm. 42), gegen die strengen Monarchianer, die in Gott keinerlei Verschiedenheit zulassen wollen, ausgeführt, daß die Alleinherrschaft im Prinzipat nicht dadurch in Frage gestellt wird, daß der Prinzeps einen Sohn an der Herrschaft beteiligt. In der Tat beeinträchtigt es die Einheit der kaiserlichen Herrschaft nicht, wenn es mit dem Kaiser und dem an der Herrschaft beteiligten Sohn zwei gibt, die gegenüber den Untertanen des Reiches jeweils in ungeteilter, auf die gesamte Herrschaft [302] berechtigender Weise die *persona principis* verkörpern.[175] Das Modell des Prinzipats vermag darüber hinaus auch verständlich zu machen, wie der von den beiden göttlichen Personen (Vater und Sohn) ausgehende Heilige

173 Vgl. Siegmund Schlossmann, Persona und *Πρόσωπον* im Recht und im christlichen Dogma (1906). Die große Wirkung dieser Schrift dokumentiert Joseph Moingt, Théologie trinitaire de Tertullien (1966), S. 36 ff. Die früher (insbesondere von Harnack) vertretene Herkunft des christlichen Persona-Begriffs aus der Rechtssprache wurde seitdem nur noch mit großer Zurückhaltung vertreten. Von rechtshistorischer Seite hat Schlossmann Kritik erfahren insbesondere durch A. Beck, Römisches Recht bei Tertullian und Cyprian (1930).

174 Vgl. Isidor, Etym. VII 4, 12.

175 Vgl. Tertullian adversus Praxean III 3; siehe dazu die Erläuterungen von Martin Brasser (Hrsg.), Person. Philosophische Texte von der Antike bis zur Gegenwart (1999), S. 33 ff. Zur Rechtsfrage detailliert Mommsen, Römisches Staatsrecht II, S. 1146 ff. (1146): »*die eminente Gewalt des Princeps … ⟨kann⟩ mehreren Personen zugleich übertragen werden.*« (1147): »*seit Augustus späterer Zeit ⟨ist⟩ der Regel nach die Mitregentschaft an den Sohn des regierenden Princeps gegeben*«. Einstelligkeit und Einheit der Monarchie bleibt auch im Fall der Mitregentschaft durch die Überordnung des primären Amtsinhabers über den im übrigen zu gleichem Recht an der Herrschaft Beteiligten in vollem Umfang erhalten.

Geist seinerseits als Person gedacht werden konnte. Das weltliche Analogon im Prinzipat ist die Rechtsordnung, die insbesondere in der Person des Gründers Augustus als geistige Hervorbringung des Prinzeps oder – bei Beteiligung eines Mitherrschers – der beiden Prinzipes und der von ihnen gleichberechtigt verkörperten *persona principis* angesehen werden konnte, und zwar, wie wir gesehen haben, im Sinne der platonisierenden Anthropologie des späten Cicero als ihre »*quarta persona*«. Dabei dürfte die hier wirkende Vorstellung in der – älteren, da ersichtlich stoisch geprägten – Auffassung, ihre Vorbereitung gefunden haben, daß der λόγος eines Menschen, d. h. das, was der Mensch in zusammenhängenden Sprachwerken äußert und in Kurs setzt, sich als sein »zweiter Körper« darstellt.[176] Die *res publica*, die Augustus restituiert hat und die Justinian herrschen und letztlich in einem von lebendigen Prinzipien durchwirkten *corpus iuris* verkörpert sieht,[177] kann danach als ein solcher »zweiter Körper« des Prinzipats aufgefaßt werden. Die sich hier manifestierende Auffassung, die den rechtlichen Willens- und Geistesschöpfungen des Menschen sowohl ein Eigenleben gibt, als auch sie in einer lebendigen, die Interpretation leitenden Beziehung zu ihrem Urheber hält, hat im übrigen, wie hier nur angedeutet werden kann, das Recht des Prinzipats nachhaltig geprägt, nicht zuletzt in der Rechtsgeschäftslehre.[178]

[303] Bemerkt sei aber noch, daß die vierte Person der Nestorianer, um deretwillen sie als *hominem colentes* (vgl. oben Anm. 36) verworfen wurden, den Platz eingenommen hätte, den Justinian als Prinzeps für sich beanspruchte. Denn der Mensch, der durch die Art, wie er die vierte Person jener platonisierenden Anthropologie verkörperte, als Mensch dem Göttlichen am nächsten stand, war für ihn notwendig der Kaiser. Er ist, wie Justinian es selbst formuliert, als Inhaber der

176 Vgl. Plutarch; Marcus Cato I 4. Der Redner Cato habe in seinen Anfängen, als er noch in den Munzipien und Dörfern außerhalb Roms aufgetreten sei, seine Rede (*τὸν λόγον*) entwickelt und ausgebildet wie einen zweiten Körper (*ὥσπερ δεύτερον σῶμα*), und zwar als das Organ, das einen Mann, der nicht im Verborgenen bleiben und untätig leben will, zu den edlen, nicht nur zu den notwendigen Dingen befähigt. Daß dabei etwas Geistigem Körperlichkeit beigelegt wird, folgt dem spezifisch stoischen Grundsatz, daß alles, was wirkt, darum ein Körper sein muß. Vgl. Seneca, epistulae morales 117, 2 *quidquid facit corpus est.* Im übrigen ist die Parallele zur *quarta persona* in Cicero, de officiis III 31, 110 augenfällig.

177 Vgl. zur Republik oben Anm. 56 und 57; zum *corpus iuris* im Sinne Justinians CJ 5, 13, 1 pr. (a. 530).

178 Insbesondere in der Vorstellung, die es erlaubt, von Rechtsverhältnissen, von Obligationen oder Klagen zu sagen, so als seien sie »wirkliche Wesen«, denen »Daseyn und Genealogie« zukommt (so Savigny, Beruf S. 29 und nach ihm Jhering, Geist des röm. Rechts II, 2 (1883)^4, S. 359 f. mit Fußnote 506), daß sie »geboren« werden, und daß der ihnen bei der »Geburt« mitgegebene Willenssinn ihre Auslegung beherrscht. Vgl. nur Gaius III 88 f. und Ulpian 4 ad edictum D 2, 14, 7 pr. Historisch bilden diese Lehren Mittelmeinungen, welche die beiden objektiviert gedachten wissenschaftlichen Systeme der Republik unter einem menschlich-subjektiven, das System nicht aufhebenden, aber dynamisierenden Prinzip zusammenzuführen erlaubt.

Herrschaft »nach Gott« der Vater aller Menschen.[179] Die von Justinian verteidigte Zweinaturenlehre der orthodoxen Trinitätslehre betont dagegen, indem sie in der dem Menschen besonders zugewandten göttlichen Person zwei Extreme zusammendachte, unerbittliches Richtertum und freie Vergebung, den rein religiösen Charakter des davon für den Glauben ausgehenden Geistes und erlaubte daher dem – im Sinn Augustins »unvergleichlich-vergleichlichen« – weltlichen Bereich, den in der römischen, von Justinian erneuerten Rechtsentwicklung tief verwurzelten Gegensatz zwischen striktem Recht und solidarisch-mitmenschlichem Recht, zwischen Vergeltung und Rücksicht, als eine analoge, aber eigene, selbständige, notwendig auf vermittelnde Lösungen verwiesene Aufgabe zu begreifen.

Wir können festhalten: Wenn Justinian das Geistige des weltlichen Rechts aus der spezifisch lateinischen *tria-persona*-Lehre der christlichen Trinität ableitet und zugleich dem Recht eine selbständige, rein römische Ursprungsgeschichte vindiziert, dann beruhte das zu einem wesentlichen Maß auf der eigentümlich spirituellen Rolle der vom Prinzipat wiederhergestellten und geschützten Republik, die Fortdauer der Welt zu gewährleisten. Da die *tria-persona*-Lehre im Wesentlichen mit ihrem wichtigsten Autor Tertullian in einer Zeit auftritt, in der sich das römische Kaiserreich für die Christen bereits vom Verfolger in einen göttlich gewollten Garanten der Fortdauer der Welt verwandelt hatte, scheint es zugleich, als brächte sie die Interpretationsmöglichkeit von Anfang an mit.

Daß nun Justinian tatsächlich als Gesetzgeber die augustinische *imago-Trinitatis*-Lehre der Gottesebenbildlichkeit mit ihrer Trias von Erinnerung (*memoria*), Einsicht (*intellectus*) und gutem, vorsorgenden Willen (*voluntas – providentia*) auf den bereits von entsprechenden Vorstellungen geschaffenen [304] Stoff des Rechts nicht nur im größten Stil, sondern auch in vollem Bewußtsein angewendet hat, zeigt seine Kodifikation, sein in Institutionen, Digesten, Codex und zahlreiche Novellen gegliedertes Gesetzgebungswerk, überall, im Großen wie im Detail, in der äußeren Form wie im Inhalt. Obwohl die drei Elemente nach ihrem menschlichen Sinn untrennbar sind und auch dort zusammenwirken, wo eines von ihnen betont hervortritt, und schließlich, wie wir sehen werden, bei Justinian in dem Ideal einer universalen *humanitas* kulminieren, die sich als *imitatio Dei* sieht, haben sie doch durchaus ihre jeweiligen Schwerpunkte, wo sie in besonderem Maße hervortreten.

Die *memoria*, die das geschichtliche Erinnern wesentlich als vergegenwärtigende und zukunftsweisende geistige Tat bestimmt und von transzendenten Voraussetzungen nicht löst, hat Justinian selbst in der *constitutio Tanta* beschworen durch die von der Trinität ermächtigte Rückbesinnung auf den gesamten von ihm überschauten Entwicklungsgang des Römischen Rechts, von den Gründungstaten des Romulus und der Zwölftafelgesetzgeber über die *media iurisprudentia* der Republik und die von Augustus autorisierten kaiserzeitlichen Rechtsschulen.

179 Nov. 177, 2 (539): *post deum communis omnibus pater* (*dicimus autem qui imperium habet*). Die griechische Version gibt *imperium* mit *βασιλεῖαν* wieder. Die erläuternde Klammer könnte eine Stileigentümlichkeit Justinians gewesen sein. Vgl. oben Anm. 39 und Anm. 69.

Die Einzelteile der Gesetzgebung zeigen die gleiche Rückbesinnung. Der Codex Justinianus vergegenwärtigt die Erträge kaiserlicher Gesetzgebung von Hadrian bis Justinian. Die Digesten oder Pandekten, die selbst einen geschichtlichen Abriß enthalten, erschließen nach dem Willen ihres Urhebers den gültigen, geistigen Gehalt einer in mehreren hundert Jahren entstandenen Rechtsbibliothek. Die Institutionen geben, wie es in ihrer Einführungskonstitution heißt, der klassischen Lehrbuchliteratur eine sie aktualisierende Form. Und auch die Novellen, obschon neuernd, enthalten immer wieder erinnernde Vergegenwärtigungen des Stoffes, den sie klären, ändern und weiterführen. Überall zeigt sich das gleiche: Diese Art der *memoria* bedeutet keine Dominanz der Vergangenheit über die Zukunft. Das kulturelle, aus einer der Transzendenz gegenüber offenen Geschichte gespeiste Gedächtnis des Menschen soll vielmehr die Grundlage dafür liefern, das in der Gegenwart geltende Recht zu erfassen und so die Zukunft zu bewältigen.

Das zweite Element der Seelenlehre, die der Gegenwart zugewendete *intellegentia,* steht daher folgerichtig unter der Maxime, daß »Wahrheit« nur einer geltenden Rechtsregel zukommt. Denn über das »Wahre«, entscheidet in dieser Denkweise ein lebendiger Geist, der sich in den Verhältnissen durch alle am Rechtsleben Beteiligten immer wieder neu zur Geltung bringt. In diesem Sinn sagt Justinian bei Gelegenheit der Abschaffung des nicht mehr gehandhabten Freiheitsstatus der Deditizier:

> CJ 7, 25, 1 (a. 530)
> nos enim, qui veritatem colimus, ea tantummodo volumus in nostris esse legibus, quae re ipsa obtinent. (*Wir aber, die wir die Wahrheit verehren, wollen lediglich das in unseren Gesetzen haben, was tatsächlich in Geltung steht.*)

[305] Aus dem gleichen Grunde versichert Justinian in der Constitutio Imperatoriam den Studenten, daß sie in seinen Institutionen nur noch lernen müßten (§ 3), »was im Rechtsleben wirklich gilt« (*quod in ipsis rerum optinet argumentis*). Die von Justinian verehrte »*veritas*« ist die lebendige »Wahrheit« der Geltung, die in seinem Denken auf die geistige Kraft der Trinität zurückgeht. Dabei steht hinter Justinians Gewißheit, das Wirken dieses Geistes mit besonderer Klarheit zu erkennen, auch seine von der Konstantinischen Wende nicht zu trennende Überzeugung, in einer »Neuzeit« zu leben, die zu einem neuen Begriff von Menschlichkeit vorgedrungen ist.[180] Mit Blick auf die in den Rechtsverhältnissen postulierte »*veritas*« traut sich Justinian auch zu, in den subtilsten Fragen des Rechts das

180 So spricht Justinian von einer *nova humanitatis ratio* (in Inst. I 6, 2 erwähnt als Prinzip einer justinianischen, die Freiheit fördernden Neuerung) und einer *nova hominum conversatio* (in Inst. IV, 8, 7 als Grund für die Abschaffung der noxalen Tradition von Hauskindern genannt), ferner generell von einer der *antiquitas* folgenden *novitas* (Inst. 4, 11 pr in bezug auf die zur Zeit Justinians üblich gewordene Sicherheitsleistung). Die Beziehung auf Konstantin ist aber nicht trennscharf. Der umfassende Begriff des *ius novum* Inst. III, 9, 8 bezieht sich auf alle kaiserzeitlichen Neuerungen im Erbrecht.

Richtige herauszufinden und etwa in einer eher güterrechtlichen Frage das Verhältnis von materialer und formaler Vermögenszuständigkeit am Mitgiftvermögen zu klären.[181] Da das Recht in dieser Perspektive nichts Faktisches, sondern etwas aus einer normativen Quelle kommendes Geistiges ist, kann das gegenüber der Gegenwart betätigte Urteilsvermögen, wie Justinian deutlich macht, ebenso feststellen, daß eine Norm zu Unrecht in der Rechtsordnung nicht mehr beachtet wird, und dementsprechend ihre Geltung wiederherstellen,[182] wie tatsächliche Mängel [306] feststellen und zu ihrer Abhilfe eine verbesserte Regelung einführen.[183] Solche Neuerungen erheben den Anspruch der Richtigkeit, sind aber als *ius humanum* abhängig von entsprechender Positivierung, weswegen sie grundsätzlich erst ab ihrer Feststellung gelten, und sei dies auch in einem vom Kaiser entschiedenen konkreten Fall.[184]

181 So heißt es zu dem Mitgiftvermögen der Frau, das sie bestellt hat und das der Ehemann kraft einer treuhänderischen Vermögensinhaberschaft verwaltet, scharfsinnig CJ 5, 12,30, pr (a. 530) eaedem res et ab initio uxoris fuerant et naturaliter in eius permanserunt dominio. non enim quod legum subtilitate transitus earum in mariti patrimonium videtur fieri, ideo rei veritas deleta vel confusa est. (*Einerseits gehörten diese Gegenstände anfänglich der Ehefrau, andererseits sind sie auf natürliche Weise in ihrem Eigentum geblieben. Denn dadurch, daß an ihnen nach der formalen Rechtsstruktur ersichtlich ein Übergang in das Vermögen des Ehemannes erfolgt, ist die Wahrheit der Sachlage nicht zerstört oder verwirrt worden.*) Die analytische Blickweise und geistige Energie, die den Text auffällig machen, setzen ein Individuum voraus. Alles deutet auf Justinian selbst, wie immer man sich die Rolle seiner Mitarbeiter vorstellt. Man muß dabei sorgfältig zwischen dem Entwurf, der Ausfertigung (*conficere*) und der Beglaubigung (*adnotare*) unterscheiden. Vgl. Novell. CXIV (a. 541). Für die Rolle Justinians kommt es nur auf den Entwurf an.

182 Justinian schreibt, um die qualifizierte Wiedereinführung der Einrede der Vorausklage (vgl. § 771 BGB) zu rechtfertigen (Novell. IV pr. [a. 535]): Legem antiquam positam quidem olim, usu vero, nescimus quemadmodum, non approbatam, per causas autem semper exquisitas atque necessarias apparentem, rursus revocare et ad rempublicam reducere bene se habere putavimus, non simpliciter eam, sicut iacebat, ponentes sed cum competenti et deo placito distribuentes augmento. (*Ein altes Gesetz, zwar schon vor langer Zeit erlassen, aber in der Praxis, wir wissen nicht, bis zu welchem Grade, nicht beachtet, erneut wieder in Geltung zu setzen und in die Rechtsordnung zurückzuführen, sei, wie wir gemeint haben, etwas Gutes, wenn wir es nicht einfach, wie es galt, sondern mit angemessenen und Gott wohlgefälligen Hinzufügungen ordnen.*)

183 So bemerkt Justinian gegenüber der zu seiner Zeit geltenden zweitägigen Berufungsfrist (Novell. XXIII [a. 536]) Ex rerum autem experientia invenimus hoc satis esse damnosum (*Wir finden aber aufgrund Erfahrung mit den Dingen, daß das doch sehr belastend ist*). Die Antwort darauf ist eine Verlängerung auf zehn Tage.

184 Novell. II 5 (a. 535) Hanc autem valere volumus legem et in casu dante ei principium et in pendentibus litibus et in omnibus de cetero provenientibus (*Wir wollen, daß dies Gesetz gilt sowohl in dem Rechtsfall, der ihm zum Ursprung verhalf, als auch in den anhängigen und allen fernerhin auftretenden Verfahren*). Die Ähnlichkeit mit dem Denken des angelsächsischen case law erklärt sich daraus, daß der Kaiser Gesetzgebung auch in der Entscheidung eines ihm vorgelegten konkreten Falles vornehmen konnte.

Die *providentia* schließlich tritt hervor, wenn sich Justinian in der Perspektive des für die Zukunft verantwortlichen Gesetzgebers sieht. In bezeichnender Schichtung sind damit sowohl die den Kaiser ermächtigende göttliche wie die eigene Providenz gemeint, die kraft dieser Ermächtigung betätigt wird. In der schon öfter zitierten Konstitution Deo auctore pr. (a. 530) ruft Justinian die Vorsorge der erhabenen Trinität an (*summae providentiam Trinitatis*), auf deren Wirken er, wie man ihn zusammenfassen darf, die *praesens institutio* des Rechts,[185] die er kodifizeren will, zurückführt. In der constitutio Tanta (a. 533) pr. dankt er in übereinstimmender Blickrichtung der Vorsorge der göttlichen Menschenzugewandtheit (*divinae humanitatis ... providentia*[186]), die das Werk hat gelingen lassen. Seine eigene Vorsorge sieht der Kaiser dagegen wirken, wenn es um konkrete Einzelfragen geht, denen er eine neue Klärung gibt,[187] oder folgerichtig im Rückblick generell, wenn er auf seine Gesetzgebung zurückblickt.[188] Diese Unterscheidung zwischen [307] göttlicher und menschlicher Providenz enthält zugleich eine grundsätzliche Aussage, nämlich die Überzeugung, daß der menschliche Gesetzgeber jeweils nur in Ausschnitten wirken kann, wohingegen sich das Ganze menschlicher Vorsorge entzieht. Damit löst sie zugleich den Widerspruch, der darin besteht, daß Justinian, wie wir am Ende des vergangenen Abschnitts gesehen haben, einerseits Julian folgend den steten, nie endenden Reformbedarf des Rechts betont, zugleich aber den Anspruch erhebt, eine wissenschaftliche Kodifikation vorzulegen, die für alle künftigen Zeiten gelten soll.[189] Der Widerspruch verschwindet, wenn man die verschiedenen Ebenen bedenkt. Aus dem Gesichtspunkt der göttlichen Providenz gibt es für Justinian ein richtiges Recht. Dieses Recht im Wandel der Verhältnisse und in der Brechung des menschlichen Erkenntnisvermögens zu verwirklichen, ist dagegen eine immer neu zu verwirklichende Aufgabe.

185 Der Ausdruck findet sich im generellen Sinne von »gegenwärtiger Schöpfung« bei Isidor, Etym XII 1, 1: *Omnibus animantibus Adam primum vocabula indidit, appellans unicuique nomen ex praesenti institutione iuxta condicionem naturae cui serviret*), ist aber, wenn man die Zentralstellung der die personale Rechtsordnung organisierenden Institutionen Justinians bedenkt, auf den sich ebenfalls stets weiter entwickelnden Teilbereich des Rechts übertragbar.

186 Die griechische Version »*Δέδωκεν*« hat einfach »*θεός*«, vereinfacht also das lateinische Original, das nach allen Hinweisen Justinian selbst zuzuschreiben ist. Vgl. o. S. 251 ff.

187 So bei Gelegenheit der Einführung stillschweigender Hypotheken zugunsten ehegüterrechtlicher Ansprüche (CJ 5, 13, 1, 1c [a. 530]) in hoc casu nostram induximus providentiam (*In diese Fallkonstellation haben wir mit unserer Vorsorge eingriffen.)*

188 Was Justinus II., Justinians Nachfolger im Jahre im Jahre 569 schreibt, hätte sein Vorgänger mit noch mehr Recht schreiben können (Novell. CXLVIII): *Quantum providentiae et studii in res communes statim a primordiis imperii nostri contulerimus, dum traditae nobis a deo reipublicae curam adhibemus, ex iis quae iam gessimus omnibus manifestum fecimus.*

189 Vgl. Constitutio Tanta 23 (von den *leges* in Institutionen und Digesten): *in omne aevum valituras* (*Δέδωκεν* 23: *εἰς τὸν λοιπὸν ἅπαντα κρατοῦντα χρόνον*).

In den Leitbegriffen »*Dei imitatio*« und »*humanitas*«, die dieses komplexe Bewußtsein des Gesetzgebers zusammenhalten, wird diese praktische Perspektive, die auf Erarbeitung menschlich richtigen Rechts gerichtet ist, in konzentrierter Weise zum Ausdruck gebracht.

CJ 5, 16, 27, 1 (a. 530) nihil aliud tam peculiare est imperiali maiestati quam humanitas, per quam solam dei servatur imitatio. (*Nichts ist der kaiserlichen Majestät so eigen wie die Menschlichkeit, durch welche allein die Nachahmung Gottes erreicht wird.*)

Die *humanitas*, die Menschenzugewandtheit oder nach griechischer Version die »Philanthropie«[190] des kaiserlichen Gesetzgebers, ist deswegen Nachahmung Gottes, weil die Schöpferin des wahren Rechts, dem die menschliche Tätigkeit nachstrebt, die am Anfang der römischen Rechtsgeschichte wirkende Trinität ist. In diesem Sinn sieht sich Justinian als Gesetzgeber, wie schon der ihm gewidmete Fürstenspiegel seines Lehrers Agapetus (vgl. oben Anm. 40) von ihm forderte, als Nachahmer Gottes.[191] Die spezielle Frage, in der die angeführte Konstitution das menschlich Richtige durchsetzte, war die [308] der Geltung eines rechtlich einwandfreien Willens, eines Schenkungswillens, dem ein alter überlebter Formalismus im Wege stand. Das Prinzip dieser Entscheidung, das sich in dieser grundsätzlichen Äußerung ausdrückt, entspricht der schon bei Augustus beobachtbaren Tendenz, die Willensgeltung zu stärken,[192] nicht nur für die kaiserliche Person selbst und ihre Rechtssetzungen, sondern – in ihrem jeweiligen Rechtskreis – für

190 Novell. CLIX pr. (a. 555) *Tanta nobis humanitatis cura est.* Die griechische Version hat *τοσοῦτον ἡμῖν φιλανθρωπίας πεϱίεστιν.*

191 Vgl. Agapetus, Expositio capitum admonitorum, Patrol. Lat. ed. Migne 86/1 1163-1185, insbes. Cap. 3, 6, 37, 40, 43, 45, 63. Vgl. die epistula ad Diognetem 10, 4: Wer den Menschen hilft, ist ein *μιμητὴς θεοῦ*. Zur Wurzel dieser Anschauung in der platonisierenden Vorstellung von Göttern nachahmenden Menschen Cicero, Tusc. Disp. I 30, 72 *in corporibus humanis vitam imitati deorum* sowie das Zitat oben Anm. 146.

192 Der vollständige Satz lautet CJ 5, 16, 27, 1 (Justinianus a. 530) *Cum itaque in utroque casu oportet augusto remedio causam dirimi, cum nihil aliud tam peculiare est imperiali maiestati quam humanitas, per quam solam dei servatur imitatio, in ambobus casibus donationem firmam esse censemus.* Die Heilung einer (unter Lebenden nichtigen, aber als formlos letztwillige Zuwendung nach späterer Anschauung aufrechtzuerhaltenden) Ehegattenschenkung soll auch dann eintreten, wenn einer der beiden in Kriegsgefangenschaft, d.h. außerhalb der römischen Rechtsordnung, stirbt. Justinian schafft damit einen (willenstheoretisch nicht einleuchtenden) Formalismus des uralten *ius postliminii* ab, welcher der sonst generell gewordenen Heilung entgegenstand, und zwar zugunsten der von den Kaisern traditionell geförderten willensgeprägten *aequitas* des *ius gentium*. Vgl. zu ihr etwa Gaius 2 rerum cottidinarum sive aureorum D 41, 1, 9, 3 *Hae quoque res, quae traditione nostrae fiunt, iure gentium nobis adquiruntur: nihil enim tam conveniens est naturali aequitati quam voluntatem domini volentis rem suam in alium transferre ratam haberi.* Eine klare grundsätzliche Äußerung Justinians, die im übrigen ganz dem hochklassischen Geist entspricht, gibt CJ 4, 37, 6 (a. 531): *voluntates … legitime contrahentium omnimodo conservandae sunt.*

alle Personen. Das bekannte Paradigma dafür ist das von Augustus eingerichtete Fideikommißrecht, ein formfreies, ganz auf Durchsetzung der Willensgeltung gerichtetes Recht der letztwilligen Verfügungen. Justinian nimmt sich dieses Rechts in einem bedeutenden Einzelfall, dessen Regelung die Grundlage der neuzeitlichen Familienfideikommisses wurde, unter Berufung auf seine *humanitatis cura* an.[193] In dieser mächtigen kaiserzeitlichen Tradition der Stärkung des *iudicium voluntatis*, des urteilenden und entscheidenden Privatwillens,[194] wird es dann auch möglich, daß Justinian bei Gelegenheit einer anderen erbrechtlichen Regelung mit Rückgriff bis auf die Zwölftafeln den Grundgedanken der Privatautonomie formuliert: In seinen eigenen Vermögensverhältnissen ist der Wille des Menschen Gesetz.[195] Darin liegt eine Klarstellung des fortgebildeten [309] Rechts, das dem Menschen und seiner Natur gerecht werden will und daher auch sonst programmatisch »in Anschauung des Menschlichen« weitergebildet wird.[196]

Das Willensprinzip beherrscht im übrigen das gesamte weltliche Recht, einschließlich der Freiheit, deren Ordnung zu verlassen und einem Kloster beizutreten und fortan nach dem aus der urgemeindlichen Tradition stammenden, hier festgehaltenen Prinzip der Vermögenslosigkeit zu leben. Justinian hat die hier auftretenden Fragen sorgfältig und mit klarem Blick auf das Nebeneinander zweier Welten geregelt. Der Wille des Einzelnen herrscht: Vor dem frei gewählten

193 Nov. 159 pr *DE RESTITUTIONE FIDEICOMMISSI* etc. (a. 555) pr. *Tanta nobis humanitatis cura est* etc.

194 Vgl. Mark Aurel CJ 6, 54, 2 (sine die et consule). Die Konstitution ist nicht durch den Gegenstand, die Sicherheitsleistungen für Vermächtnis, wohl aber den von Justinian bewahrten Blick auf die Verhältnisse kennzeichnend. Die Formulierung des Kaisers: »*Ipsis rerum experimentis cognovimus ad publicam utilitatem pertinere*« betont, daß er aus praktischer Erfahrung wisse, wie sehr es dem Gemeinwohl entspreche, daß dasjenige, was zum Schutz des Willens des Erblassers eingeführt worden sei, dem Beschwerten durch dessen formfreien Willensentschluß erlassen werden könne.

195 Nov. 22, 2 (a. 535): Disponat itaque unusquisque in suis, ut dignum est, et sit lex eius voluntas, sicut et antiquissima nobis lex et prima paene reipublicae Romanorum disponens ait (dicimus autem XII tabularum) secundum antiquam et patriam linguam ita dicens: Uti legasset quisque de sua re, ita ius esto. (*Es bestimme daher ein jeder in seinen Verhältnissen, wie es richtig ist, und es sei sein Wille Gesetz, so wie es auch das für uns älteste und fast älteste Gesetz der römischen Rechtsordnung (wir meinen die Zwölf Tafeln) verfügt und ausspricht, indem es der alten und vaterländischen Sprache folgend* [vgl. oben Anm. 39] *sagt: »Wie er verfügt über sein Vermögen, so soll es Recht sein.«* Der Code civil folgt dem Vorbild der Kodifikation Justinians, wenn er im Art. 1134 Abs. 1 dasselbe für die Verträge bestimmt: *Les conventions légalement formées tiennent lieu de loi à ceux qui les ont faites.* Tatsächlich gelten Verträge in Aufnahme bereits hochklassischer Klärungen kraft der die Vertragsformen wählenden *voluntas consentientium*. Vgl. Paulus 32 ad edictum D 18, 4, 1, 2 und den Ausspruch Justinians oben Anm. 192 am Ende.

196 Cf. CJ 5, 27, 8 (a. 528) Humanitatis intuitu naturalibus patribus hoc indulgemus *(sc. ein gewährleistetes teilweises Testierrecht gegenüber den nichtehelichen Kindern).*

Eintritt besteht freie Verfügungsbefugnis; mit vollzogenem Eintritt verfällt das gesamte Vermögen dem Kloster.[197]

Der überall zugrundegelegte Wille ist derjenige der spätciceronischen, durch *memoria*, *intellectus* und *providentia* auf Selbstverantwortung und Verantwortlichkeit angelegten menschlichen Person, die damit im Zentrum des gesamten Rechts steht, auch im Delikts- und Strafrecht, dem Sanktionssystem für schädliche oder verwerfliche Willensbetätigung (vgl. oben Anm. 149 am Ende).

Für das Strafrecht des christlichen Kaisers wird die *imago Trinitatis* symbolisiert durch die Gestalt des Weltenrichters, den die Mosaiken der kaiserlichen Basiliken an deren Ostseite wiedergeben, wo der kaiserliche Herrscher Gericht zu halten pflegte. Diese *imago* des Weltenrichters, auf die sich Justinian als Mahnung an die Lebenden ausdrücklich beruft,[198] relativiert ange- [310] sichts der Qual und Endgültigkeit der nach damals unangefochtenem Glauben im jüngsten Gericht verhängten Strafen auch die grausamsten Urteile des weltlichen Rechts. Es scheint sogar, daß Justinian, da in jenem Gericht ein Teil der Menschheit gerettet wird, die Todesstrafe in der weltlichen Gerichtsbarkeit unter generalpräventiven Gesichtpunkten als Ausdruck einer *maxima humanitas* aufzufassen vermochte, d. h. einer Gesinnung, die den Täter zum Heil des besseren Teils der Menschheit hinrichtet.[199]

197 In der großen Nov. 5 DE MONACHIS (a. 535) heißt es im Kapitel 5: … *decernimus, qui in monasterium ingrediatur, licentiam habere suis uti quo voluerit modo. Ingredientem namque simul secuntur omnino res, licet non expressim quia introduxit eas dixerit, et non erit dominus earum ulterius ullo modo.* Pflichtsteilsrechte bleiben, wie im folgenden betont wird, trotz des Vermögensübergangs auf das Kloster gewahrt.

198 Die (ohne Jahr überlieferte) Nov. 77, welche die Homosexualität unter Strafe stellt, um von den Städten, in denen das geschehe, das Schicksal Sodoms und Gomorrhas abzuwenden, stellt die Beziehung ausdrücklich her, zunächst (77, 1) gegenüber den unmittelbaren Normadressaten mit den Worten: istis iniungimus accipere in sensibus dei timorem et futurum iudicium (*wir wollen bewirken, daß sie in ihre Sinne Furcht vor Gott und dem künftigen Gericht aufnehmen*), dann (77, 2) gegenüber dem für die Durchsetzung verantwortlichen Stadtpräfekten Konstantinopels für den Fall seiner Säumigkeit: primum quidem obligatus erit dei iudicio, post haec autem et nostram indignationem sustinere (*in erster Linie wird er dem Gericht Gottes unterworfen sein, danach wird er aber auch unseren Unwillen erfahren*).

199 So in der umfangreichen Novelle DE PROCONSULE CAPPADOCIAE 30, 11 (a. 536): Adulteria quoque virginumque raptus et violentias et homicidia et quicquid talium est delictorum puniat amare, utpote paucorum hominum supplicio omne quod reliquum est perpetue temperetur, sitque cum lege castigator subtilis delinquentium. Non enim inhumanum est hoc, maxima magis humanitas, dum paucorum correptione multum salvum est. (*Auch Ehebrüche, Entführungen, Gewalt- und Mordtaten und was es sonst an solchen Verbrechen gibt, soll er streng strafen, auf daß durch die Hinrichtung weniger Menschen alles übrige dauerhaft gebessert werde, und er sei nach dem Maßstab des Gesetzes ein sorgfältiger Züchtiger der Rechtsbrecher. Denn es ist nicht unmenschlich, vielmehr Ausdruck höchster Menschlichkeit, wenn durch die Bestrafung weniger viele gerettet werden.*).

Der Blick auf das Strafrecht zeigt, daß die *humanitas* der christlichen Kaiser nicht einseitig auf Milde und Nachsicht gerichtet war. Das wiederholt sich im Privatrecht. Der im Privatrecht in beiden rechtswissenschaftlichen Epochen Roms herausgearbeitete universale Gegensatz zwischen (strikten oder institutionellen) Formen, welche die Freiheit und Selbständigkeit und damit auch Eigentum und Besitz verteidigen, und (naturrechtlichen oder rechtsethischen) Prinzipien, welche im Verkehr zwischen den Menschen Rücksicht und Mitmenschlichkeit verlangen, bleibt bewahrt. In Justinians Gesetzgebung manifestiert sich das deutliche Bewußtsein, daß es sich bei diesem für die beiden Rechtswissenschaften Roms jeweils konstituierenden Dualismus um einen im Kern unaufhebbaren Gegensatz handelt, in dem es wohl im Wandel der Zeit durch Veränderung der wirtschaftlichen Verhältnisse und der Werthaltungen zu Verschiebungen kommen kann, der aber grundsätzlich in der Menschennatur selbst angelegt ist. Der sich damit stellenden Abwägungsaufgabe begegnet man in den Digesten durch die aufrechterhaltene Kontinuität auf Schritt und Tritt. In bezug auf Probleme seiner Zeit erwähnt Justinian den Dualismus mit besonderer Klarheit bei der Einführung einer den damals vordringenden naturalwirtschaftlichen Tendenzen entsprechenden Insolvenzregelung, die – in der Tradition der aus dem vorklassischen Naturrecht stammenden, dem Richter mediatorische Aufgaben zuwei- [311] senden Erfüllungshilfe – Geldschuldnern gestattet, die Gläubiger mit anderen Gegenständen abzufinden.[200]

Nov. 4, 3 (a. 535)
hoc nos clementer simul et legaliter decidentes et infelicibus debitoribus auxiliamur et acerbis creditoribus non apparebimus duri … Undique enim ita creditoribus providendum est, ut non debitores graventur. (*Indem wir dies ebenso milde wie rechtlich entscheiden, helfen wir einerseits den unglücklichen Schuldnern, andererseits erscheinen wir auch den Gläubigern nicht als hart … In allen Fragen ist nämlich in der Weise für die Gläubiger zu sorgen, daß die Schuldner nicht überlastet werden.)*

In ähnlichem Geiste heißt es in einer Novelle, die ein Zinsmaximum für Getreidedarlehen einführt und den Gläubigern verbietet, sich Grundstücke, Vieh und Sklaven der kleinbäuerlichen Schuldner pfandweise anzueignen, am Ende vermittelnd:

Nov. 34, 1 (a. 535)
hanc legem communem omnibus esse, humanitate et pietate gaudentem et omnibus egenis consulentem et creditoribus mediocre solacium adferentem.

200 In der Novelle Justinians sollen die zuständigen Beamten die an Zahlung statt gegebenen Gegenstände schätzen. Sie können aber auch auf Vorschlag des Gläubigers Verkäufe vermitteln (Novell. 4, 3). Zur Herkunft des insbesondere im sogenannten *beneficium competentiae* fortlebenden Mediationsgedanken aus dem klassischen Recht vgl. meinen Beitrag »Dalla mediazione arbitrale alla protezione giudiziaria«, in: Cosimo Cascione/Carla Masi Doria, Diritto e giustizia nel processo (2002), S. 197-323.

(*Dieses durch Menschlichkeit und Wohlwollen beglückte Gesetz ist allen gemeinsam, allen Bedürftigen helfend und den Gläubigern einen maßvollen Trost gewährend.*)

Die Bewahrung des Dualismus, für die die Kodifikation an vielen Stellen Zeugnisse liefert, geschah allerdings mit einer normtheoretisch bedeutenden perspektivischen Veränderung, die bereits im Rechtsbild des Prinzipats wurzelt. Während in den beiden ganz vom Geist der Republik geprägten Rechtswissenschaften, der vorklassischen und der klassischen, der Gegensatz von freiheitssichernden Formen und Rücksicht einfordernden Werten im Privatrecht in die soziale Welt gehörte – die Frage, wo der vom strikten oder institutionellen Recht gewährte Freiraum endet und wo die dem anderen im Handeln geschuldete Rücksicht beginnt, stellte sich in der Wirklichkeit der Rechtsausübung und empfing in der kategorialen Gegenüberstellung und Unterscheidung von Freiheit sichernder Form und von Verhalten kontrollierenden Werten eine scharfe Kontur –, wird er in der kaiserlich gewährleisteten Rechtsordnung zu einem Dualismus im einheitlichen Rechtsgeltungswillen des Prinzeps und dadurch unvermeidlich zu einem erheblichen Grad homogenisiert. Was vorher grundsätzlich als ein notwendiger und erlebbarer Dua- [312] lismus in den objektiven Bedingungen des mitmenschlichen Zusammenlebens gesehen und aufrechterhalten wurde, wurde in eine einheitliche, letztlich vom Kaiser gewährleistete, die Verhältnisses von oben her ordnende Rechtsordnung zur Einheit integriert.

Das augenfälligste, wenn auch hochtechnische Paradigma dieser Entwicklung war, daß die Einrede, die im Fall der unterlassenen Valutierung einer Darlehensstipulation dem Schuldner zustand, nicht mehr nur ein die Rechtsausübung kontrollierendes Gegenrecht geltend machte, das entweder vorklassisch auf Naturrecht (dem *aequum et bonum* des vorklassischen *ius gentium*) oder klassisch auf im menschlichen Bewußtsein keimhaft enthaltenen sozialethischen Werten des Zusammenlebens (*naturalis aequitas*) beruhte und als solches einer nach striktem oder institutionellem Recht gültigen Obligation entgegengesetzt wurde, sondern als Tatbestandselement angesehen wurde, das die Entstehung der Obligation hinderte und vom Gläubiger zu beweisen war. Die dadurch entstandene Befugnis des Schuldners, den Gläubiger zum Beweis der Valutierung zu nötigen, wurde allerdings aus naheliegenden Gründen schon früh befristet. Justinian, der diese Ausschlußfrist für den Fall einer schriftlichen Schuldurkunde auf zwei Jahre begrenzte, erkannte scharfsinnig, daß sich damit für den Gläubiger durch die Verbindung von Schriftform und Fristablauf etwas ergab, was man als einen allein auf Schriftform gegründeten Schuldvertrag ansehen konnte, und versäumte es nicht, diesen den Gläubiger tröstenden Gesichtspunkt in seinem Lehrbuch nachdrücklich herauszustellen.[201]

201 Vgl. Inst. 3, 21. Zur Verkürzung der *querela non numeratae pecuniae* auf zwei Jahre CJ 4, 30, 14 (a. 528). Der Ausgangspunkt, nämlich die Lehre, daß in Durchbrechung des rechtswissenschaftlichen Dualismus' das Wesen der Obligation in der klagbaren Haftung

Wird an diesem hochtechnischen Recht die Kontinuität deutlich, mit der Justinian in der Rechtstradition der Kaiserzeit wurzelt, so wird dieser Zusammenhang auch nicht unterbrochen, wo der Kaiser Justinian den sozial Schwachen zu Hilfe kommt. Denn Rechtspolitik zugunsten der in der sozialen Welt Hilfsbedürftigen ist ein Kennzeichen des Kaiserrechts seit Augustus. [313] Daher ist auch die soziale Tätigkeit der Kirche etwas, was der Kaiser als Entlastung von Aufgaben ansehen konnte, die er sonst selber hätte wahrnehmen müssen und deren Wahrnehmung durch die Kirche wie im Fall der bischöflichen Gerichtsbarkeit und des Schulwesens wesentliche öffentliche Aufgaben übernommen hatte, was zugleich als Ausgleich für ihre Privilegien angesehen werden durfte.[202]

Selbst wo die Kaisergesetzgebung sich auf einen entschieden christlichen Wert beruft, nämlich die Verzeihung, die den reumütig auf den rechten Weg Zurückgekehrten gewährt wird, bewegt sie sich letztlich auf vorgezeichneten Bahnen. Das eindrucksvollste Beispiel dafür liefert der Tenor der »*lex Theodora*«, die Justinian die Heirat mit Theodora, der Tochter des Bärenwärters des Hippodrom und ehemaliger Tänzerin und Schauspielerin, ermöglichte. Sie rührt formell von Justinians Vorgänger und Adoptivvater Justinus her, ist aber aller Wahrscheinlichkeit nach auch aus seiner Feder geflossen.[203]

CJ 5,4, 23 Imp. Iustinus A. Demonstheni pp. (a. 520-523)
Imperialis benevolentiae proprium hoc esse iudicantes, ut omni tempore subiectorum commoda tam investigare quam eis mederi procuremus, lapsus quoque mulierum, per quos indignam honore conversationem imbecillitate sexus

gesehen wurde, die ohne Valutierung nicht verwirklicht ist (Paulus 5 ad Plautium D 12, 1, 30; Scaevola 2 quaestionum D 14, 6, 6; Paulus 2 institutionum D 44, 7, 3 pr), ist bereits hochklassisch und durch Gaius III 179 als gegen die klassische Dogmatik des Servius Sulpicius gerichtet erkennbar, der Vertrag und klagweise Ausübung noch klar unterschied. Nach der hochklassischen Dogmatik war die valutierte Darlehensobligation eine Obligation »re et verbis« (Modestin 2 regularum D 44, 7, 52 pr.; der Gläubiger mußte auch die Valutierung beweisen, CJ 3, 30, 3 [a. 215]) und als solches typisches kaiserrechtlich fortgebildetes *ius gentium*, d. h. ein *ius gentium*, das auch die Tatbestände einer *exceptio* aufnahm (vgl. Ulpian 4 ad edictum D 2, 14, 7 pr). Mit dem Verfassungsbild des Prinzipats waren Rechtsregeln, die gegenüber der Gerechtigkeitspflege des *imperium* eine formale Selbständigkeit behaupteten, nicht vereinbar.

202 Vgl. Walter Selb, Die episcopalis audientia von der Zeit Konstantins bis zur Novell. 35 Valentinians 3, SZ 84 (1967), S. 162 ff.; zur Einordnung der »Sozialgesetzgebung« als »Ausdruck christlicher Fürsorge- wie traditioneller kaiserlicher Patronatspflichten« Mischa Meier, Justinian (oben Anm. 5), S. 75.

203 Procopius, Historia arcana 9, 51 (Übersetzung O. Veh, Tusculum): »*Da ... ein Senator keine Hetäre heiraten durfte – die ältesten Gesetze verboten dies –, veranlaßte er den Kaiser, ein neues Gesetz zu geben, und seitdem war er mit Theodora als seiner rechtmäßigen Gattin vermählt.*« Angesichts des Mangels an Bildung, für den Justinus bekannt war (Prokop. 6, 10), spricht alles dafür, daß Justinian nicht nur der Veranlasser, sondern auch der wahre Urheber des Gesetzes war. Der Gedanke im letzten Satz des wiedergegebenen Textes findet sich bereits bei Agapetus, Expositio (oben Anm. 191) Cap. 24: *Priores igitur nos misericordiae misericordiam conferamus, ut pari par recipiamus.*

elegerint, cum competenti moderatione sublevandos esse censemus ... nam ita credimus dei benevolentiam et circa genus humanum nimiam clementiam quantum nostrae naturae possibile est imitari, qui cottidianis hominum peccatis semper ignoscere dignatur et paenitentiam suscipere nostram et ad meliorem statum reducere: quod si circa nostro subiectos imperio nos etiam facere differamus, nulla venia digni esse videbimur. (*Indem wir es für das Eigentümliche der kaiserlichen Güte halten, zu jeder Zeit bemüht zu sein, die Lebensumstände unserer Untertanen zu erforschen und zu fördern, meinen wir, daß auch gefallene Frauen, die aufgrund der Schwäche ihres Geschlechts einen mit ihrer Würde unvereinbaren Umgang gewählt haben, unter angemessenen Voraussetzungen wieder aufgerichtet werden sollen ... Wir glauben nämlich, die Güte Gottes und seine übergroße Milde gegenüber dem menschlichen Geschlecht, die sich herabläßt, den täglichen Sünden der Menschen stets zu verzeihen, unsere Buße anzunehmen und* [314] *uns in einen besseren Zustand zu überführen, auf diese Weise, soweit es unserer Natur möglich ist, nachzuahmen. Würden wir dies gegenüber den unserer Herrschaft Unterworfenen zu tun versäumen, wären wir selbst offensichtlich keiner Gnade würdig.*)

Buße und Gnade sind christliche Motive. Die rechtlichen Strukturen selbst folgen dagegen alten Mustern. Der Gedanke, daß ein Mensch durch seine Lebensentscheidung, durch die Wahl seiner sozialen Rolle, seiner vierten Person, sich in seinem Status verschlechtern kann, begegnet schon in augusteischer Zeit, aus der auch das Justinian und Theodora treffende, Stände trennende Heiratsverbot stammte,[204] und entspricht den ständischen Tendenzen der neuen Ordnung. Aus der augusteischen Verfassung stammt auch der Gedanke, daß der Prinzeps von allen solchen Nachteilen einer gesellschaftlichen Stellung befreien kann. Man denke nur an die kaiserzeitliche *natalium restitutio*, die dem als Sklaven Geborenen nachträglich das Privileg freier Geburt verschaffte. Ihr begegnen wir in einer Novelle, in der Justinian der ihn bei seiner Gesetzgebung leitenden Methode besonders klaren Ausdruck gibt, indem er ausspricht, was für ihn das Ziel einer Nachahmung des Geistes Gottes bedeutet: Weil die Rechtsbegriffe, welche die soziale Welt ordnen, von Gott in einer vollkommenen Gestalt konzipiert sind, ist es Aufgabe des für das Recht verantwortlichen Kaisers, diese Begriffe in ihren vollkommenen Zustand zu versetzen. Sein Beispiel ist der Begriff der Freiheit des Bürgers, wie er durch die Freilassung erreicht wird.

Nov. 78 pr. (a. 539)
Perfectis ⟨nobis⟩ bonis omnibus a magno deo datis, aestimavimus oportere et ipsi servorum libertates, cum a priori condicione a dominis liberantur, omnino eas puras eis et infucatas et perfectas efficere. (*Da uns alle Güter vom großen Gott in einer vollkommenen Gestalt gegeben worden sind, halten wir es für unsere*

204 Der augusteische Jurist Labeo ordnete bei einer Prostituierten die Wahl ihrer Lebens- und Erwerbsform als sittenwidrig ein, nicht aber die dieser Entscheidung nachfolgenden Erwerbsakte, was noch Ulpian 26 ad edictum D 12, 5, 4, 3 als *nova ratio* zitiert.

Pflicht, gerade auch die den Sklaven gewährte Freiheit, wenn sie durch ihre Eigentümer aus ihrer früheren Lage befreit werden, insgesamt rein, ungeschminkt und vollkommen auszugestalten.)

Daher bestimmt der Kaiser, der schon vorher Freiheitsformen minderen Rechts abgeschafft hatte, daß mit jeder Freilassung auch die Ingenuität, das Recht der freien Geburt, verbunden ist, das früher auf Antrag durch den Akt der *natalium restitutio* gesondert verliehen werden mußte. Diese Folge wird nunmehr mit der Freilassung als *ius regenerationis*, als Recht einer weltlichen (bezeichnenderweise von der religiösen Regeneration unabhängigen und daher auch den religiös nicht wiedergeborenen »Gentilen« zu Gute kommen- [315] den[205]) Wiedergeburt, unmittelbar verbunden.[206] Der Gedanke ist ebenso klar wie kraftvoll: Mit der Freilassung aus der widernatürlichen Sklaverei tritt die originär naturrechtliche und gottgewollte Freiheit wieder vollständig in ihr Recht.[207]

Es ist kennzeichnend für die historisch vorchristliche, nur rückwirkend verchristlichte Herkunft dieses Rechtsglaubens, daß sich Justinian bei dieser Gelegenheit ausdrücklich in die Tradition des vorchristlichen Prinzipats stellt, indem er sein Frömmigkeitscognomen ›PIUS‹ auf Antoninus Pius zurückführt, dem er infolge einer Verwechslung mit Caracalla die Verallgemeinerung des Bürgerrechts auf alle munizipal organisierten Reichsbewohner zuschreibt, eine Verwechslung, die dadurch begünstigt worden sein mag, daß Justinian mit Antoninus Pius in die Zeit des von ihm verehrten Julian zurückgelangte.[208] Denn die Vorstellung ordnender Rechtsbegriffe, die dem Leben in der Zivilisation von Anfang an in

205 Isidor, Etym. VIII, 10, 2 *Dicti autem gentiles, quia ita sunt ut fuerunt geniti … et necdum regenerati.*

206 Nov. 78, 2. Des weiteren auch noch das Recht des Goldringes, das einst nur den Rittern zustand, und das *ius filiorum*, das Recht der *patria potestas* über die gleichzeitig freigelassenen Kinder.

207 Der Bezug zu den in die Digesten aufgenommenen klassischen Lehren ist eindeutig, vgl. Florentinus 9 institutionum D 1, 5, 4 pr *Libertas est naturalis facultas eius quod cuique facere libet, nisi si quid vi aut iure prohibetur. 1. Servitus est constitutio iuris gentium, qua quis dominio alieno contra naturam subicitur*, andererseits Inst. 1, 4, pr *Ingenuus is est, qui statim ut natus est liber est* und Ulpian 1 institutionum D 1, 1, 4 *Iure naturali omnes liberi nascerentur nec esset nota manumissio, cum servitus esset incognita.*

208 Nov. 78, 5 *Facimus autem novum nihil, sed egregios ante nos imperatores sequimur. Sicut enim Antoninus Pius cognominatus, ex quo etiam ad nos appellatio haec pervenit, ius Romanae civitatis prius ab unoquoque subiectorum petitus et taliter ex eis qui vocantur peregrini ad Romanam ingenuitatem deducens ille hoc omnibus in commune subiectis donavit* [in Wahrheit Caracalla: D 1, 5, 17], *et Theodosius iunior post Constantinum maximum sacratissimae huius civitatis conditorem filiorum prius ius petitum in commune dedit subiectis, sic etiam nos hoc videlicet regenerationis et aureorum anulorum ius unicuique petentium datum et damni et sercupulositatis praebens occasionem et manumissorum indigens auctoritate omnibus similiter subiectis ex hac lege damus. Restituimus enim naturae ingenuitate dignos non per singulos de cetero, sed omnes deinceps qui libertatem a dominis meruerunt, ut et hanc magnam quandam et generalem largitatem nostris subiectis adiciamus.* Ob die Kanzlei es hätte wagen können, den Kaiser auf den offenkundigen Fehler aufmerksam zu machen, darf bezweifelt werden.

ursprünglicher Vollkommenheit von der Vernunft zugedacht worden sind, hatte Justinian in der Rechtslehre Julians gefunden, in der das klassische *ius gentium* durch Verschmelzung mit der *naturalis aequitas* zu einem gedanklich uranfänglichen menschheitlichen Zivilsationsrecht geworden war. In christlicher Interpretation wurden sie zu einem dem Menschen zugedachten Ordnungsgedanken Gottes, deren möglichst reine Verwirklichung Aufgabe des der *imago Trinitatis* verpflichteten Herr- [316] schers ist. Für die Rechtsinstitute Ehe und Eigentum haben wir diese Überzeugung Justinians schon im zweiten Abschnitt kennengelernt. Hier sind wir ihr in bezug auf den zentralen Begriff der rechtlich gesicherten Freiheit erneut begegnet.

Justinians Anschluß an Julian und dessen Gedankenwelt ist im übrigen von solcher Intensität, daß wir in einer methodischen Äußerung von ihm auch eine – wahrscheinlich unbewußte und mittelbare, aber methodisch eindeutige – Anknüpfung an das Programm des Servius Sulpicius Rufus finden, dessen Resultat, nämlich die auf prägnant definierten *instituta* beruhende *institutio aequitatis,* den Stoff lieferte, mit dessen Hilfe Julian die von ihm geführte Schule der Sabinianer reformiert und auch in ihr das Denken in klar definierten Instituten zur Geltung gebracht hat.[209] Das Paradigma dieses großen Vorgangs war die Ersetzung des auf dem Vertrauensprinzip aufbauenden Kaufes, eines universalen *negotium bona fide gestum,* durch den klassischen, streng durchformulierten, ebenso universal konzipierten, konsensualen Geldkauf, d. h. die Ersetzung eines mit unscharfen Rändern auf die Verhältnisse einfließenden Prinzips durch ein regelhaft gebildetes und prägnant definiertes Rechtsverhältnis. Diese Ersetzung hat zuerst Servius gegenüber den Vorklassikern durchgesetzt, dann auf seine Weise Julian gegenüber der älteren vorklassischen Tradition der von ihm geführten sabinianischen Rechtsschule.[210] Das entsprechende methodische Bekenntnis Justinians, daß seine gesamte Rechtssetzungstätigkeit gegen das Unklare und Verfließende gerichtet sei, findet sich in der Praefatio einer umfangreichen Novelle über das Kirchenliegenschaftsrecht.

Nov. 7 pr. (a. 535)
Unam intentionem hanc semper ponimus, omne quicquid prius imperfectum aut confusum videbatur, hoc et expurgare et perfectum ex imperfecto declarare. Quod etiam in omni legislatione facientes credimus oportere et in aliena-

209 Vgl. Cicero, Brutus 41, 153 *Hic (sc. Servius Sulpicius Rufus) enim attulit hanc artem omnium artium maxumam quasi lucem ad ea, quae confuse* (!) *ab aliis aut respondebantur aut agebantur.* Nach dieser regelliefernden Kunstlehre wurden die *institutio aequitatis* und ihre *instituta* (Cicero, Topica 23, 90) aufgeführt, die, ergänzt durch die Regeln der *naturalis aequitas,* von dem seit Servius die Führung übernehmenden Edikt durchgesetzt wurden. Mit dem »confuse« (*συγκεχυμένως*) wird die prinzipiengeleitete Jurisprudenz der Vorklassiker gekennzeichnet.

210 Vgl. meinen Aufsatz »Der ungleiche Tausch zwischen Glaukos und Diomedes und die Kauf-Tausch-Kontoverse der römischen Rechtsschule«, Institut und Prinzip II (oben Anm. 4), S. 629-653.

tionibus, quae fiunt super sacris rebus, una complecti lege, quae priores omnes et renovet et emendet, et quod deest adiciat et quod superfluum est abscidat. (*Ein einziges Ziel haben wir uns immer gesetzt, nämlich alles, was sich als unvollkommen oder verwirrt darbot, sowohl zu reinigen als auch durch Klärung von einer unvollkommenen in eine voll-* [317] *kommene Form zu überführen. Was wir insofern bereits in der gesamten Gesetzgebung unternehmen, glauben wir nun auch hinsichtlich der Veräußerungsgeschäfte, die Kirchengüter betreffen, tun zu müssen, nämlich alles in einem einzigen Gesetz zusammenzufassen, das alle früheren Gesetze erneuert und verbessert, hinzufügt, was fehlt, und wegschneidet, was überflüssig ist.*)

In all diesen Zeugnissen erkennen wir bei Justinian eine Auffassung von Gesetzgebung, die den Status einer echten Theorie hat und zugleich nicht nur die Kraft hatte, ihn zu der gewaltigen Arbeitsleistung zu beflügeln, die in seiner Kodifikation vorliegt, sondern auch, da mit dem Stoff verwandt, ihn zu erschließen und zu klären. Ihr Kernsatz lautet: Gesetzgebung ist Arbeit an einer kraft Schöpferwillens immer schon vorhandenen, im Kern der gesamten Menschheit zugedachten Rechtsordnung, die angesichts der Unvollkommenheit menschlicher Einsicht zwar immer nur an konkreten Ausschnitten möglich ist und den steten Wandel der Verhältnisse berücksichtigen muß, die sich aber zugleich von der Überzeugung geleitet fühlen darf, daß die Bemühung um die Optimierung einer der Menschennatur entsprechenden und daher die menschliche Willens- und Verantwortungsfähigkeit ins Zentrum stellenden Ordnung immer wieder erneut einem sinnvollen und möglichen Ziel nachstrebt.

Gerade allerdings, wenn man in dieser Weise den Blick auf den in den Institutionen, Digesten und Codex vorliegenden, die selbstverantwortliche Person in den Mittelpunkt stellenden Rechtsentwurf konzentriert, in dem sich im Vergleich zu der praktischen Arbeit in den Novellen die jurisprudentielle Theorie formuliert, gelangt man, wenn man die Zeit bedenkt, in der die Kodifikation in Kraft gesetzt wurde, unweigerlich dazu, einen gewissen die damalige Welt überfordernden Anachronismus zu konstatieren. In der Zeit Julians, des großen Vorbilds Justinians, hatte »die positive Einstellung, welche das Römische Reich zur Autonomie der gesellschaftlichen Kräfte hatte«, noch den Verhältnissen entsprochen, nicht aber mehr im spätantiken Staat, wie ihn Justinian aus den Händen Diokletians und Konstantins empfangen hatte, in dem »die Masse der Untertanen in Stadt und Land« der »Regierung mit dem Heer ihrer Funktionäre« gegenüberstand; in ihm war es »längst nicht mehr so, daß das Reich von dem eigenen Antriebe seiner Gesellschaft lebte«.[211] Der auffällige Befund, daß Isidor von Sevilla in seinem Abriß über die Kodifikationsversuche des Römischen Rechts das Gesetzgebungswerk Justinians nicht erwähnt, dürfte daher darauf deuten, daß es mit

211 Die Zitate stammen von Alfred Heuss, Römische Geschichte (1976)^{4}, S. 383, 443; siehe auch Karl Christ, Römische Geschichte und Deutsche Geschichtswissenschaft (1982), S. 280.

seiner Leitfigur der selbstverantwortlichen Person in den damaligen Lebensverhältnissen [318] – die Kriege und eine schwere Pestepidemie hatten ihre Voraussetzungen seit 540 noch weiter schwinden lassen – keinen großen Widerhall mehr gefunden hat.[212] Hinzu kommt das zutiefst kritische Echo, daß die Herrschaft und Regierungspraxis des Kaiser schon unter seinen Zeitgenossen gefunden hat und in dem auch von schweren und schwersten Rechtsbrüchen die Rede ist, derer sich der Kaiser schuldig gemacht habe, um den ungeheueren Geldbedarf seiner Kriege und Bauten zu befriedigen; nicht alles davon scheint erfunden zu sein.[213]

Der Kaiser hat aber gerade darin, worin er die Bedingungen seiner Zeit überforderte und sich unter Maßstäbe stellte, denen er selbst nicht genügte, nämlich in dem konsequenten Festhalten an dem ihm in seinen Quellen entgegentretenden, die Freiheit des Einzelnen achtenden, personalen Rechtsentwurf, seine dauerhafteste Leistung erbracht. Das zeigt die welthistorische Wirkung seiner Kodifikation.

Justinian fasste seine insofern bewußt einer unbestimmten Zukunft dienende gesetzgeberische Arbeit in das Bild einer »verschönernden Ausgestaltung der ihm übertragenen Republik«.[214] Die »Republik«, die er herrschen sieht (vgl. oben Anm. 56), die ihm anvertraut ist und an deren Ordnung er arbeitet, ist in seiner »*memoria*« historisch und überhistorisch, empirisch und normativ zugleich. Als »*res publica*« oder griechisch »*Politeia*« ist sie – fern der von Wahlbeamten geleiteten Republik der Bürger – die seit Augustus unter die [319] Obhut des kaiserlichen *imperium* genommene Rechtsordnung. Sie ist aber als solche gleichwohl

212 In dem Überblick über die Epochen der Geschichte wird Justinian erwähnt (Isidor 5, 39, 40), die Kodifikationsgeschichte, die mit den gescheiterten Projekten von Pompejus und Caesar beginnt, endet jedoch schon mit Theodosius II (V 1, 7). Zu den Heimsuchungen der Zeit durch Krieg und Seuchen neuerdings die eindrucksvolle Darstellung von Mischa Meier, Justinian (oben Anm. 5), S. 77 ff.

213 Ein ausführliche Wiedergabe und Erörterung ihrer schweren Anwürfe, die sich keineswegs nur in Prokops Geheimgeschichte finden, gibt Berthold Rubin, Das Zeitalter Justinians (1960), S. 203 ff., S. 229 ff.. Zu einem einseitigen Bild gebündelt, aber aus den Quellen dokumentiert finden sie sich in der auch seiner eigenen Zeit geltenden Kampfschrift Max Langenschwarz, Der gesetzgebende Schurke Justinian (1848); sehr kritisch auch der um ein abgewogenes Bild bemühte Edward Gibbon, a. a. O. (oben Anm. 40) Kapitel XL S. 200 ff. gibt eine Zusammenstellung der »*anecdotes of avarice und rapine*« und resümiert später erst behutsam Kapitel XLIII S. 410 »*the review of the Roman jurisprudence is a nobel monument of his spirit and industry. In the government of the empire he was less wise, or less successful*«, um dann festzustellen »*Justinian was neither beloved in his life nor regretted at his death.*«

214 Nov. 6 pr (a. 535) imperium autem recte et competenter exornet traditam sibi rempublicam (*Die kaiserliche* [als solche der Idee nach vom Volk übertragene; vgl. Ulpian 1 institutionum D 1, 4, 1] *Herrschaft wird die ihr übertragene »republikanische« Rechtsordnung richtig und zweckmäßig ausgestalten* – d. h. wenn zuvor, was Justinian erreicht zu haben glaubt, der Kirchenfriede gesichert ist.) Siehe auch Nov. CXIV (a. 541) *Nostrae serenitatis sollicitudo remediis invigilat subiectorum, nec cessamus inquirere, si quid sit in nostra republica corrigendum: ideo namque voluntarios labores adpetimus, ut quietem aliis praeparemus.*

fortdauernd, wie die Grundaussagen in Institutionen und Digesten zeigen, von der klassischen, humanen und menschenrechtlichen Tradition geprägt, die über Julian auf die von der skeptischen Akademie geprägte Jurisprudenz des Cicero-Freundes Servius zurückgeht. Die Tradition des *ius humanum*, das soziobiologische *ius naturale* seiner Anthropologie, die *naturalis aequitas* seiner Rechtsethik und die Rechtsfiguren des *ius gentium* sind der universalen Menschennatur abgewonnen und beanspruchen überall Geltung. Daß in der Kaiserzeit die individualistische *naturalis aequitas* und das naturrechtliche *bonum et aequum* zusammenfließen,[215] konnte den Universalismus nicht berühren. Überall wo ein Staat dieses Recht seiner Rechtspflege zugrundelegt, wendet er nicht eigenes, von ihm geschaffenes Recht an, sondern bringt ein Recht zur Geltung, das ihn selbst ermöglicht, das für alle Menschen gilt und ihn als Gliederung der Menschheit erkennen läßt, das nicht nur der Rechtssicherheit seiner eigenen Bürger, sondern der aller Menschen verpflichtet ist. In diesem Sinne erscheint die Verbindung von *ius gentium* und *ius naturale* in den Institutionen und Digesten als *ius commune*, als universales Recht aller Menschen.[216] Das aus positiver Gesetzgebung und gewohnheitsrechtlicher Regelbildung stammende *ius proprium civitatis* modifiziert als das den Staaten jeweils eigentümliche Recht diesen Kern, hebt ihn aber niemals auf, sondern hält ihn im Zentrum: Der Mensch hat eine rechtlich gesicherte Stellung grundsätzlich schon kraft Zugehörigkeit zur Menschheit; sie wird effektiv allein durch Aufenthalt in einem der die Menschheit gliedernden Staaten.

Das römische Kaisertum hat an diesem Rechtsdenken nichts geändert, allerdings je länger je mehr dem durch die *naturalis aequitas* ergänzten *ius gentium* zugleich die Rolle des Rechts eines viele Völker beherrschenden Weltreichs gegeben. Während das *ius gentium* in seiner ursprünglichen klassischen Konzeption die Existenz zahlreicher gleichberechtigter, ihre Religion nach [320] dem jeweiligen *mos maiorum* übenden *civitates* voraussetzte, gewann es in der Perspektive des kaiserlichen Weltreiches, das in den realen *gentes*, die es beherrschte und unter Provinzialverwaltung gestellt hatte, im Prinzip auf gemeindliche Selbstverwaltung und bürgerliches Privatrecht beschränkte Völker sah,[217] auch den Charakter eines

215 Die Werte des *aequum* und *bonum* sind die Grundelemente des Naturrechts der sabinianischen Rechtsschule (Paulus 14 ad Sabinum D 1, 1, 11 pr.), werden aber vom hochklassischen Prokulianer Celsus zum Leitbegriff des gesamten Rechts erhoben (Ulpian 1 institutionum D 1, 1, 1). Umgekehrt ist die spezifisch klassische *naturalis aequitas* (Ulpian 38 ad edictum D 47, 4, 1, 1) in der Schule Julians zum allgemeinen Maßstab des Willens geworden (vgl. die Stelle oben Anm. 118).

216 Vgl. bereits oben S. 268 ff. Das von Ulpian (1 institutionum D 1, 1, 6) gelehrte *ius commune*, das von allen Besonderheiten der *civitates* gereinigte, aus den Naturinstinkten des *ius naturale* und den Begriffen des *ius gentium* zusammengesetzte »(all)gemeine Recht« lieferte über die mit dem *ius gentium* homogenisierte *naturalis aequitas* in der Tat den Ansatzpunkt für die von Justinian aufgenommene Ansicht, daß auch die institutionellen Formen des Rechts von einer für den Menschen maßgeblichen Natur gewollt sind.

217 Vgl. etwa Nov. 4, 3 (a. 535) *in hac quidem felicissima civitate gloriosissimi nostrae reipublicae iudices secundum unicuique concessam a lege et a nobis iurisdictionem, in provinciis autem gentium* (!) *praesides praeparent* (es geht um eine Regelung von Fragen der Bürgschaft und

allgemeinen Reichsrechts. Es ist die schon bei Livius herausgestellte Idee der religiös legitimierten, aber durch und durch weltlichen Herrschaft des *populus Romanus* über die *gentes*, die als solche auf ein universales Recht gegründet ist.[218] Durch die dem Grundgedanken des *ius gentium* verliehene christlich-platonisierende Schöpfungsunmittelbarkeit wurde diese Universalität bekräftigt. Diese Entwicklung zum Reichsrecht, die einen ersten Höhepunkt schon in der grundsätzlich allen Reichsbewohnern das Bürgerrecht verleihenden constitutio Antoniniana von 212 hatte, nahm dem *ius gentium* aber weder seinen im *ius humanum* gegründeten Charakter noch seine Universalität. Es gab genügend jenseits der Reichsgrenzen lebende Völker, um auch dem ursprünglichen Sinn des *ius gentium* Raum zu lassen.

Das Universale des *ius gentium*, das Augustus gewährleistet hatte und das von den christlichen Kaisern seit Konstantin aus der allgemeinen Menschenzugewandtheit der Trinität gerechtfertigt wurde, hatte für die Rechtsordnung Roms eine dauerhafte Bedeutung, die sie vor Abwegen der neuzeitlichen Staatlichkeit schützte. Es verhinderte zunächst einmal dauerhaft, daß im Römischen Recht der Gedanke aufkommen konnte, das Bürgerrecht oder das Aufenthaltsrecht im Reich vom Bekenntnis zur Religion der vom Kaiser geförderten und privilegierten Kirche abhängig zu machen. Schon der Name *ius gentium* betont, daß es nicht an das Bürgerrecht, sondern an die Zugehörigkeit zum Menschengeschlecht und an das darauf gegründete Person-Sein anknüpft. Denn die *gentes* oder *gentiles* sind in religiöser Terminologie die Völker der Welt, die nicht von der biblischen Geschichte erfaßt sind, die nicht unter dem biblischen Gesetz stehen, die vielmehr ihre Götter, die *dei gentium* verehren und die im religiösen Sinn so geblieben sind, wie sie einst geschaffen worden sind.[219] Sie stehen damit außerhalb der christlichen Kirche, [321] aber als *gentes* nicht außerhalb des Rechts, das sie vielmehr in der Welt mit den Christen teilen.

In diesem Sinn hat Justinian in seinen Codex die Konstitution aus dem Jahre 423 aufgenommen, die den Christen verbietet, unter dem Vorwand der Religion friedlich lebende Mitbürger jüdischen oder heidnischen Glaubens in ihrer Le-

Gesamtschuld). In der justinianischen Konstitution CJ 1, 10, 2 (o. J.) bezeichnet der ins Griechische übernommene Ausdruck *privati* (*πρίβατοι*) den Gemeindebürger.

218 Livius praef. 7 *Datur haec venia antiquitati, ut miscendo humana divinis primordia urbium augustiora faciat; et si cui populo licere oportet consecrare origines suas et ad deos referre acutores: ea belli gloria est populo Romano, ut, cum suum conditorisque sui parentem Martem potissimum ferat, tam et hoc gentes humanae* (!) *patiantur aequo animo quam imperium patiuntur.*

219 Isidor, Etym. VIII 10, 2 *Gentiles sunt qui sine lege sunt, et nondum crediderunt. Dicti autem gentiles, quia ita sunt ut fuerunt geniti, id est, sicut in carne descenderunt sub peccato, scilicet idolis servientes et necdum regenerati. 3. Proinde gentiles primitus nuncupantur: ipsi dicuntur Graece Ethnici. … 4. Post fidem autem non debere vocari gentes sive gentiles eos qui ex gentibus credunt; sicut post fidem dici iam non potest Iudaeus, testante Paulo Apostolo et dicente iam Christianis (1 Cor. 12, 2) ›Quoniam cum gentes essetis‹, hoc est, infideles.* Auch die nicht zum Christentum übergetretenen Juden sind danach im weiteren Sinne *gentiles* ihrer *gens*. Vgl. im übrigen den Abschnitt Isidor VIII 11 DE DIIS GENTIUM.

bensführung zu stören, und die den Behörden bei Strafe darüber zu wachen gebietet.[220] Und wenn öffentliche heidnische Kultübungen seit Theodosius I. streng verboten waren, so waren den Bürgern Volksfeste in ihrer Tradition, die auf Opferrituale verzichteten, ausdrücklich gestattet.[221] Die Synagoge war darüber hinaus als Ort des Gottesdienstes geschützt und wie die Kirche Gegenstand kaiserlicher, ihrem äußeren Frieden geltender Regelungen.[222] Und wenn es auch in der Kodifikation Justinians eine Fülle alter und neuer Vorschriften gibt, die in der Tradition Konstantins nicht rechtgläubige Bürger mit Nachteilen belegen, so sind das Durchbrechungen des Grundsatzes, die niemals so weit gehen, das Bürgerrecht von Gesetzes wegen vom christlichen Bekenntnis abhängig zu machen. Sie geben sich aber allerdings als Folge der christlich gewordenen Legitimation der vom Kaiser gewährleisteten Rechtsordnung zu erkennen und der daraus folgenden Tendenz, die Reichsbevölkerung auch religiös zu einigen.[223]

[322] Dem Grundsatz nach aber blieben Welt und Kirche, *imperium* und *sacerdotium*, getrennt. Für die weltliche Ordnung gilt, daß der in der Römischen Geschichte wirkende Geist des menschenzugewandten Gottes ein Recht will, das im Prinzip als *ius gentium* allen Völkern gilt und mit solcher Entschiedenheit und Überzeugungskraft den Fortbestand der Menschheit will, daß es der Naherwartung der Christengemeinden in der Welt keinen Platz mehr läßt. Die Eschatologie ist demgegenüber der Sorge der von Justinian geförderten, unter eigener, zur Zeit Justinians in Rom zentrierter Leitungsgewalt stehenden Kirche überantwortet. In ihr äußert sich der trinitarische Gott in der Geschichte eines anderen Volkes, das politisch unter die Herrschaft der Römer gefallen war und in dieser Zeit aus der eigenen religiösen Geschichte die weltüberwindende neue Religion hervorgebracht hatte, die ihren Gläubigen das ewige Leben verhieß und als solche

220 CJ 1, 11, 6 (a. 423) *Christianis, qui vel vere sunt vel esse dicuntur, specialiter demandamus, ut Iudaeis ac paganis in quiete degentibus nihilque temptantibus turbulentum legibusque contrarium non audeant manus inferre religionis auctoritate abusi. nam si contra securos fuerint violenti vel eorum bona diripuerint, non ea sola quae abstulerint, sed convicti in duplum quae rapuerint restituere compellantur. 1. Rectores etiam provinciarum et officia et principales cognoscant se, si non ipsi talia vindicent, sed fieri a popularibus hoc permiserint, ut eos qui fecerint puniendos.*

221 CJ 1, 11, 4 (a. 399). Zu dem Verbot der Kulte von 392 vgl. Artikel von ADOLF LIPPOLD, Theodosius I., Pauly-Wissowa Realenzyklopädie Supplement XIII (1973), S. 898, 958.

222 CJ 1, 9, 8 (a. 398); CJ 1, 9, 11 (a. 408); CJ 1, 9, 14 (a. 412); zur Regelung der streitig gewordenen zulässigen Sprache oben Anm. 39.

223 Juden, Samariter und Häretiker dürfen keinen christlichen Sklaven haben: CJ 1, 10, 2 (justinianisch; o. J; Verallgemeinerung eines entsprechenden Verbotes Konstantins CJ 1, 10, 1 [a. 339]); keine passive Erbfähigkeit für Häretiker: CJ 1, 5, 22 (a. 531); Häretiker und Juden sind unfähig, gegen Christen als Zeugen aufzutreten: CJ 1, 5, 21 (531); fehlende Rechtgläubigkeit war kein Ehehindernis (KASER, Röm. Privatrecht II (1975)², S. 168 Anm. 56), aber Ehen zwischen Juden und Christen unter schwere Strafe gestellt (CTh 18, 8, 6 [a. 339]; CJ 1, 9, 6 (a. 388). Zu den wiederholten Versuchen zwangsweiser Bekehrungen zu Christentum und Rechtgläubigkeit EDWARD GIBBON (oben Anm. 40) Kapitel XLVII S. 43 ff. und MISCHA MEIER (oben Anm. 5), S. 38 ff., 104 ff.

erst von den Kaisern bekämpft, seit Konstantin dagegen nicht nur anerkannt und gefördert, sondern durch die römische Geschichte, die sie aufnahm, auch dadurch ausgezeichnet wurde, daß ihr trinitarischer Gott nun auch die fortdauernd auf die augurale Gründungstat des Romulus zurückgeführte weltliche Rechtsordnung legitimierte. Die Trennung von Welt und Kirche beruht damit auf zwei verschiedenen geschichtlichen Erfahrungen mit dem Wirken des gleichen Gottes; die eine geschichtliche Erfahrung erzeugte die Religion, die andere das Recht.

In dieser klaren Konzeption einer weltlichen, von der Idee des *ius gentium* geprägten und die selbstverantwortliche menschliche Person in den Mittelpunkt stellende Rechtsordnung ist für eine Gesetzgebung, die mittelbar oder gar unmittelbar Zwang ausübt, der Kirche beizutreten, eigentlich kein Platz. Ihr Menschenbild beruft grundsätzlich jede Person kraft *memoria, intellectus* und *providentia/voluntas* zu einem eigenen Urteil und zu eigener selbstverantwortlicher Entscheidung. Justinian gibt dieser Gesinnung Ausdruck, wenn er in einer Konstitution aus dem Jahre 527, als er noch mit Justinus gemeinschaftlich herrschte, Toleranz gegenüber häretischem Gemeindeleben mit der Erwartung begründet, daß eine solche Großzügigkeit beschämend wirken und die Betroffenen damit aus freien Stücken zur Einsicht bringen möchte. Freilich enthält die gleiche Konstitution, weil Häretiker in die ihnen grundsätzlich verschlossenen Ämter vorgedrungen seien, den drohenden und gefährlichen Satz, daß »*diejenigen, die Gott nicht richtig verehrten, auch der weltlichen Güter beraubt werden könnten*«.[224]

[323] In den genannten Zurücksetzungen und den wiederholten Versuchen zu zwangsweisen Bekehrungen (vgl. oben Anm. 223), ist dieser gefährliche Satz, der die freie Stellung im Recht von der religiös für richtig erklärten Gesinnung abhängig macht, im Ansatz und in Teilen angewendet. Insoweit alle diese Maßnahmen aber die für die geistig fortwirkende klassische Republik grundlegende Trennung zwischen *ius humanum* und *ius divinum* verletzten, erscheinen sie als Fremdkörper, die als solche abgestoßen wurden, als sich in der Neuzeit die weltliche Rechtsordnung aus der Vorstellung einer sie tragenden religiös legitimierten Oberhoheit löste. Das gleiche gilt für die Gesetze, die nicht nur die Gesinnungen bessern, sondern vor allem den Zorn Gottes von »Stadt und Reich« (*civitas et res publica*) abwenden wollen, wie etwa die sehr scharfen Bestimmungen Justinians gegen Homosexualität und Blasphemie.[225] Diese und andere im Prinzip mit Konstantin einsetzenden und durchweg erst spät überwundenen Gesetze haben indes – und das ist entscheidend – die geistige Eigenständigkeit der von Justinian kodifizierten, religiös legitimierten, aber gleichwohl entschieden weltlichen Rechtsordnung nicht grundsätzlich in Frage stellen können.

224 CJ 1, 5, 12 (a. 527).

225 Die schon erwähnte (oben Anm. 198) justinianische Nov. 77 (o. J.), die beide Handlungen (für den Fall, daß die Ermahnungen, sie zu unterlassen, nichts fruchten) mit der Todesstrafe bedroht, fürchtet andernfalls vom Zorn Gottes das Schicksal von Sodom und Gomorrha (*Docemur enim a divinis scripturis, quia ex huiusmodi impiis actibus et civitates cum hominibus pariter perierunt*) oder auch Hungersnöte, Erdbeben oder Pest (*Propter talia enim delicta et fames et terrae motus et pestilentiae fiunt*).

Diese Selbständigkeit zeigte sich im Mittelalter seit der Wiederaufnahme des Römischen Rechts in Bologna insbesondere an der bekannten Selbständigkeit der weltlichen Juristen, der Legisten, gegenüber der Kirche und dem kanonischen Recht. Es genügt, hier auf eine in diesem Zusammenhang besonders aussagekräftige Stelle hinzuweisen.[226] Accursius, der Verfasser der Glossa ordinaria, stellt in einer Glosse zum Digestenfragment Ulpian 1 regularum D 1, 1, 10, 2, in dem die Jurisprudenz als Kenntnis göttlicher und menschlicher Dinge definiert wird (*divinarum atque humanarum rerum notitia*), die Frage, ob angesichts dieser Begriffsbestimmung nun jeder, der Jurist werden wolle, Theologie studieren müsse. Er verneint es. Denn alles Wesentliche darüber sei im Corpus Iuris enthalten.

> [324] Sed numquid secundum hoc oportet quod quicunque vult iuris prudens vel iuris consultus esse debeat theologiam legere? Respondi, non. Nam omnia in corpore iuris inveniuntur

Zur Begründung weist er auf die drei kirchenrechtlichen Titel hin, die beginnend mit dem Titel *DE SUMMA TRINITATE* das erste Buch des Codex Justinianus einleiten, und auf die zahlreichen Titel der Novellen »*ubi de divinis tractatur*«. Die religiöse Legitimation der Kodifikation ist damit zutreffend gekennzeichnet, nicht minder deutlich ist aber auch zum Ausdruck gebracht, daß eben diese Legitimation bewirkt, daß die geistigen Gehalte des kodifizierten Römischen Rechts, dessen Reichtum sich, wie wir wissen, aus der stets einen fruchtbaren Zusammenhang wahrenden Aufeinanderfolge des quiritisch-auguralen Vindikationsmodells, der Ordnungen der beiden republikanischen Rechtswissenschaften und der sie unter Wahrung ihrer Mehrstimmigkeit zusammenführenden, vom Prinzeps in Obhut genommenen und zwei Rechtsschulen tolerierenden kaiserzeitlichen »Republik« ergeben hat, in einer Weise gelehrt und gelernt werden können, die von den inhaltlichen Weisungen der biblischen Tradition unabhängig ist.

Die »Republik« der justinianischen Kodifikation blieb so in der Tat als eine um das *ius gentium* zentrierte Lebensordnung ihrer Leitidee nach grundsätzlich und zutiefst weltlich. Und ebendies begründete die spezifische Zukunftsoffenheit dieses Rechtsmodells. Im Unterschied zu dem von der neueren Staatslehre scharf profilierten spezifisch neuzeitlichen Staat, der die Religionsfreiheit als Substanzverlust erlebt, weil er die Staatsreligion als fundamentalen, die Gesinnungen erfassenden Integrationsfaktor in Anspruch genommen hatte und daher genötigt war, als dies nicht mehr möglich war, nach Ersatzideologien Ausschau zu halten,[227] erlitt die Idee der um das *ius gentium* zentrierten »Republik«, die Justinians Kodi-

226 Ich verdanke den Hinweis auf die gehaltvolle Stelle einem Gedankenaustausch mit Laurent Mayali, Berkeley und Paris, anläßlich des von Byoung Jo Choe organisierten Internationalen Symposium Seoul im Oktober 2005 über »Law and Peace in Ancient Rome and in the Middle Ages in the Western World«.

227 E. W. BÖCKENFÖRDE, Die Entstehung des Staates als Vorgang der Säkularisation in: E. W. BÖCKENFÖRDE, Staat, Gesellschaft, Freiheit. Studien zur Staatstheorie und zum Verfassungsrecht (1976), S. 42-64.

fikation verkörperte, keinen Säkularisierungsschock, als in der Neuzeit die religiöse Legitimation ihre Kraft verlor. Denn ihr Grundgedanke, daß alle Staaten, auch die größten, Gliederungen der Menschheit sind, welche die fundamentale, ihnen vorgegebene Aufgabe haben, nicht nur ihren Bürgern, sondern allen auf ihrem Territorium weilenden Menschen ein Recht zu gewähren, das individuelle Freiheit und verläßlichen Verkehr ermöglicht und das zugleich wegen des steten Wandels der Verhältnisse einer ständigen Erneuerung bedarf, enthält eine geistige Substanz, die ihre Überzeugungskraft nicht dadurch einbüßte, daß die spezi-
[325] fische, ihr im Corpus Iuris durch das christliche Kaisertum gegebene religiöse Herleitung nicht mehr trug.

Wenn im übrigen Justinian die Rechtsfortbildung durch produktive Interpretation ausschließlich bei sich selbst monopolisierte und der im augusteischen Prinzipat noch so hochgeschätzten selbständigen Jurisprudenz durch ein ausdrückliches Kommentierungsverbot keinerlei Platz mehr einräumen wollte, so war das ebenfalls etwas, was der um ein in der menschlichen Vernunft gegründetes *ius gentium* zentrierten Rechtslehre von ihrer Herkunft her innerlich fremd war. Justinians Haltung folgte aus einer – das augusteische Prinzip überbietenden – Überhöhung der monarchischen Idee, die in der vom Kaiser für das Recht beanspruchten *imitatio Dei* ihren klarsten Ausdruck gefunden hat. Es ist daher kaum zufällig – obwohl die Epoche der selbständigen Jurisprudenz schon im vorchristlichen Dominat des ausgehenden 3. Jh. endgültig zu ihrem Ende gekommen war –, daß es Konstantin war, der zum ersten Mal in aller Klarheit die Rechtsfortbildung ausschließlich zur Sache des Kaisers erklärt hat.[228] Daß Justinian diese Tendenz in seiner Kodifikation weiter radikalisiert, beruht auf der durchdachten Verbindung von trinitarischer Theologie und Jurisprudenz, die Justinians Denken nicht nur produktiv gemacht, sondern ihm durch den als Ermächtigung und Inspiration empfundenen Gedanken der *imitatio Trinitatis* auch das Selbstvertrauen zu seinem gewaltigen Gesetzgebungswerk gegeben hat. Daher dürfte auch die Schließung der ehrwürdigen Philosophenschule von Athen – Justinian verfügte sie gleich zu Anfang seiner Regierung, als er die Kodifikation in Angriff nahm[229] – durchaus darauf deuten, daß in seinen Augen neben Theologie und Jurisprudenz für weitere intellektuelle Quellen des Rechts kein Raum mehr war. Aber gerade auch hier zeigt sich, daß die Gehalte der Kodifikation Justinians

228 Wenn Justinian sagt (Nov. 150 pr [a. 536]) *Legis interpretationem culmini tantum principali competere nemini venit in dubium*, so wiederholt das nur Konstantins Klarstellung (CJ 1, 14, 1, a. 316): *Inter aequitatem iusque interpositam interpretationem nobis solis et oportet et licet inspicere.*

229 Mischa Meier, Justinian (oben Anm. 5), S. 39; John W. H. Walden, The Universities of Ancient Greece (1909, Nachdr. 1970), S. 126. Vielleicht sah der »Lateiner« Justinian in der Universität von Athen die Brutstätte des »Heidentums«, da der Name »Heide« von den Distrikten Athens abgeleitet wurde (Isidor, Etym. VIII 10, 1 *Pagani ex pagis Atheniensium dicti, ubi exorti sunt*) und die Anhänger der alten Religion »Hellenen« hießen (vgl. die ohne Jahr überlieferte griechische Konstitution Justinians CJ 1, 10, 2; siehe auch die Fragmente CJ 1, 11, 9 und 10). Zum Kommentierungsverbot oben Anm. 154.

stärker waren als der Gedanke, der sie ermöglichte. Ihr geistiges Zentrum, die Digesten oder Pandekten, die das Ergebnis des Wirkens einer mehrere hundert Jahre umfassenden Jurisprudenz unter Namensnennung als Ergebnis je individueller Leistungen sichtbar macht, hat nicht ohne Grund seit seiner Wiederentdekkung Ende des 11. Jh. die Voraussetzungen für die [326] Entstehung des europäischen, weltlichen und professionell legitimierten Juristenstandes geschaffen, dessen interpretierende Meinungen, wenn sie fachlich Anerkennung finden, Recht schaffen. Und wenn auch in diesem großen Rezeptionsvorgang die geistigen Gehalte mit ihrer eigentlichen Mischung von Empirimus und Idealismus, die den in den Dimensionen des Erinnerns, Begreifens und vorsorgenden Wollens existierenden Menschen bewegen, nicht aus ihren komplexen skeptischen, stoischen, antichoeisch-neuplatonischen und christlichen Voraussetzungen verstanden wurden, so hat das ihre Wirkung nicht beeinträchtigt. Das Wesentliche wurde begriffen. Das um das *ius gentium* zentrierte Recht ist nicht vom Gesetz eines Staates geschaffen, sondern – daran ist stets festgehalten worden – das immer schon vorhandene, gestaltungsfähige, aber als Recht der selbstverantwortlichen Person inhaltlich definierte Medium, in dem Gesetzgebung in den einzelnen Staaten geschieht und seine rechtlichen Maßstäbe und Grenzen findet.

VI. Ausblick auf die Neuzeit

Der Gegensatz zwischen dem staatlichen Gesetz, das die Rechtsordnung und die sie tragende Menschengruppe voraussetzungslos und sinnstiftend aus einer Befehls- und Gehorsamsbeziehung konstituiert, und dem staatlichen Gesetz, das sich im Medium eines immer schon vorhandenen Rechts bewegt, dem Recht eine es beschränkende, die Menschheit in all ihren Individuen und Völkern ordnende geistige Existenz eigener Art zuerkennt und sich ihm grundsätzlich unterordnet, erscheint in der Neuzeit modellhaft in der Konfrontation zwischen dem philosophisch oder ideologisch gerechtfertigten revolutionären Tugendstaat, dessen die Bürgerschaft konstituierender Vernunftglaube eine Säkularisierung des biblischen Gesetzesbegriffs darstellt, einerseits und der die Geltung des Römischen Rechts erneuernden Historischen Rechtsschule F.C. von Savignys, deren Anfänge auf Montesquieu zurückgehen, andererseits.

Im Tugendstaat der französischen Revolution überträgt sich in gewisser Weise die eschatologische Ungeduld der Urgemeinde in die Welt, nämlich auf eine politische Gemeinde und ihre Verfassung. Eine solche Übertragung ist psychologisch nachvollziehbar. In beiden Fällen ist die Quelle der Ungeduld die Erwartung sterblicher Menschen, eine erhoffte Vollendung noch zu eigenen Lebzeiten zu erleben. In der radikalisierten Perspektive des vernunftrechtlichen Etatismus entscheiden die Kriterien der herrschenden Vernunft, nicht die bloße Existenz der Menschen und Völker über ihr Lebensrecht. Menschenrechte nach Art des *ius gentium*, die in der Zugehörigkeit zur [327] Menschheitsgesellschaft wurzeln, die durch ihre Gliederung in Staaten nicht aufgelöst ist, sind diesem Ansatz grundsätzlich fremd. Vielmehr sind staatlicher Terror und Vernichtungspolitik gegenüber denjenigen, die nach dem Prinzip des Vernunftstaates zu nichtassimilierbaren Feinden erklärt werden, von diesem Ansatz her, sobald die »Vernunft« eine Wahl getroffen hat, grundsätzlich möglich. Diese Linie setzt sich in der europäischen Geschichte in einem Crescendo fort, bis hin zu dem eingangs berührten Gipfel, in dem die zur Herrschaft gebrachte »Vernunft« eine Rassenideologie war.

Ihre reinste, radikalste, abstrakteste und, wenn man will, unschuldigste (weil in letzter Linie auf die Utopie eines Weltstaats des ewigen Friedens bezogene) Ausprägung hat die hier wirkende Säkularisierung, welche die Gemeinschaft konstituierende Vernunftprinzipien mit der moralischen Unbedingtheit des biblischen Gesetzesbegriffs ausstattet, in der Rechtslehre Kants gefunden. Ihr Prinzip ist das apriorische (der Erfahrung voraufliegende) und kategorische (von der Gehorsamssituation her nicht bedingbare) Gebot der reinen praktischen (d. h. handlungsleitenden) Vernunft. Nach ihrem Reich, das nach den »*Rechtsbegriffen der Freiheit und Gleichheit*« (nicht auch nach dem Rechtsbegriff der in die soziale Welt gehörenden Solidarität oder »Brüderlichkeit«) eingerichtet ist, soll, wie Kant in engster Anlehnung an eine biblischen Verheißung formuliert, der Mensch zuallererst trachten; dann werde ihm sein Zweck, der ewige Frieden, von selbst zufallen.[230] Es liegt im Wesen des kategorischen Apriorismus der reinen Vernunftgebote, daß sie eine die von ihr begründeten Pflichten modifizierende Berücksichtigung der konkreten mitmenschlichen Situation mit Strenge ausschließen. Die Gebote von Recht und Unrecht müssen nach Kant vor der Erfahrung abgeschlossen vorliegen und regelhaft erkennbar sein. Denn sie konstituieren abschließend und definitiv, was die Vernunft als gerechte Regel fordert. Kant bescheinigt ihnen daher im Hinblick auf ihre der Erfahrung voraufliegende Herkunft den gleichen Status wie den von ihm formulierten, der Erfahrung voraufliegenden und sie ermöglichenden Erkenntnisbedingungen der reinen Vernunft.[231] Die den konkreten Fall nach dem Solidaritätsprinzip bewertende [328]

230 Zum ewigen Frieden. Ein philosophischer Entwurf (1795), Werke, ed. Weischedel IX, S. 240 »*Trachtet zuallererst nach dem Reiche der reinen praktischen Vernunft und nach seiner Gerechtigkeit, so wird euch euer Zweck (die Wohltaten des ewigen Friedens) von selbst zufallen*«. Vgl. Matth. 6, 33 (siehe auch Röm. 14, 17). Es ist (S. 241) »*ein Grundsatz der moralischen Politik: daß sich ein Volk zu einem Staat nach den alleinigen Rechtsbegriffen der Freiheit und Gleichheit vereinigen solle, und dieses Prinzip ist nicht auf Klugheit, sondern auf Pflicht gegründet.*«

231 Die transzendentalen Erkenntnisbedingungen ließen sich vollständig bewußt machen und pünktlich formulieren (Kritik der reinen Vernunft, Werke (ed. Weischedel) IV, S. 451), »*indem der Gegenstand außer dem Begriffe gar nicht angetroffen wird (wie bei Recht und Unrecht)*.« S. 450 »*Was in allen möglichen Fällen Recht oder Unrecht sei, muß man der Regel nach wissen können, weil es unsere Verbindlichkeit betrifft, und wir zu dem, was wir nicht wissen können, auch keine Verbindlichkeit haben.*« Die Aussage ist einseitig und insoweit falsch. Handlungsleitende Wertbegriffe (Verkehrssorgfalt, Verhältnismäßigkeit, Zumutbarkeit) sind notwendige Bestandteile des Rechts und empfangen ihren Gebotssinn immer erst aus der konkreten Situation.

Billigkeit, römisch die *aequitas naturalis* oder das *aequum et bonum* (vgl. oben Anm. 215), ohne deren – das formale Recht im Namen mitmenschlicher Rücksicht modifizierende – Hilfe in zahllosen Fällen ein gerechtes Ergebnis nicht gefunden werden kann, wird folgerichtig in der Perspektive der Herrschaft der reinen praktischen Vernunft Kants zu einer Göttin, die »*nicht erhöret werden kann*«.[232] Die »*physischen Folgen*« einer solchen vernunftgeleiteten Ethik mögen in Kants Worten »*sein, welche sie wollen*«; daß der »*bösen Menschen weniger*« werden, ist von der reinen praktischen Vernunft, deren Herrschaft über die Welt unbeschränkt ist, gedeckt.[233] Mildernde Umstände, deren Berücksichtigung ein Eingehen auf die empirischen Umstände verlangt, kennt diese reine Vernunft nicht.[234] Aus dem gleichen Grund darf die Pflicht zur Wahrheit als ein »*heiliges, unbedingt gebietendes Vernunftgebot*« nicht durch das in der menschlichen Situation auftretende Gebot, einen Mitmenschen nicht vorsätzlich einer Gefahr auszuliefern, eingeschränkt werden, selbst wenn dieser Dritte ein Gast und Freund ist.[235] – Anders für das [329] gleiche Beispiel Quintilian, der in der Nachfolge der

232 Metaphysik der Sitten, Werke VII, S. 342 »*die Billigkeit ... (eine stumme Gottheit, die nicht gehöret werden kann); weil ... ein Richter nach unbestimmten Bedingungen nicht sprechen kann*«. Ein »*Gerichtshof der Billigkeit*« schließe »*einen Widerspruch in sich*«. Eine solche Äußerung verrät den Nichtjuristen und Unvertrautheit mit einer der elementarsten praktischen Wahrheiten des Rechts. Das prätorische Edikt, die equity-Rechtsprechung im common law und die moderne Bedeutung der unbestimmten Rechtsbegriffe beweisen, daß Aristoteles eine Einsicht in eine Grundtatsache vorträgt, wenn er (Nikom. Ethik V 14 [1137b]) die Notwendigkeit eines Zusammenspiels von generellen Regeln und ihre Anwendung überprüfenden konkreten Werten der Angemessenheit für im Wesen des Rechts begründet erklärt.

233 Zum ewigen Frieden, a.a.O., S. 241: »*Der ... wahre Satz: fiat iustitia, pereat mundus, das heißt zu deutsch: »es herrsche Gerechtigkeit, die Schelme in der Welt mögen auch insgesamt darüber zu Grunde gehen« ist ein wackerer, alle durch Arglist oder Gewalt vorgezeichnete krumme Wege abschneidender Rechtsgrundsatz. Dieser Satz will nichts anders sagen, als: die politische Maximen müssen nicht von der, aus ihrer Befolgung zu erwartenden, Wohlfart und Glückseligkeit eines jeden Staats, also nicht vom Zweck, den sich ein jeder derselben zum Gegenstande macht (vom Willen), als dem obersten (aber empirischen) Prinzip der Staatsweisheit, sondern von dem reinen Begriff der Rechtspflicht (vom Sollen, dessen Prinzip a priori durch reine Vernunft gegeben ist) ausgehen, die physischen Folgen daraus mögen auch sein, welche sie wollen. Die Welt wird keinesweges dadurch untergehen, daß der bösen Menschen weniger wird.*«

234 Savigny, der als Strafrechtler begann und weiß, daß die Berücksichtigung der mildernden Umstände der Tat durch die Ermessenspielräume, die der Richter dadurch bei der Strafzumessung hat, »*eine Willkür im kleinen*« enthält, konstatiert als Folge des kantischen Apriorismus zutreffend »*eine Willkür im großen*«. Vgl. die Nachweise bei Okko Behrends, Geschichte, Politik und Jurisprudenz (oben Anm. 8) S. 261 Anm. 6, S. 300 Anm. 115.

235 Vgl. Kant, Über ein vermeintes Recht aus Menschliebe zu lügen, Werke VII, S. 637 ff. (639). Es ist daher nicht gestattet, wie Kant bereits in Abwehr einer an seiner Ansicht geübten Kritik ausführt, einem mordbereiten Menschen, der mich fragt, ob mein von ihm verfolgter Freund sich in mein Haus geflüchtet hat, die Unwahrheit zu sagen. Der Auffassung der Juristen, daß eine Lüge, um verwerflich zu sein, einem anderen schaden müsse,

Stoa und des Humanismus des späten Cicero ein Heraustreten des moralisch Handelnden aus der mitmenschlichen Solidarität nicht kennt.[236] – Da bei Kant die »*oberste Gewalt*«, deren Gesetzgebung dieses Recht verwirklicht, nicht nur im Namen der Vernunft handelt, sondern – durch eine rationalistische Säkularisierung von Röm. 13 – selbst aus der apriorischen Vernunft begründet ist und darüber hinaus in ihrer menschliches Handeln gebieterisch determinierenden Kraft jeder Kritik und jeder Mäßigung durch konstitutionelle Formen oder Verantwortung für die situationelle, mitmenschliche Solidarität einfordernde Gerechtigkeit entzogen ist, muß dem Gesetzgeber gehorcht werden, ohne daß der Gesetzesadressat befugt wäre, die konkretisierte Bestimmung der Anwendung der Vernunft, wie immer sie ausfallen mag, zu erörtern.[237] Hinter dem Versuch Kants steht letztlich der ganz unkritische, jeden humanen [330] Skeptizismus und jede praktische Erfahrung mit dem Recht hinter sich lassende Glaube, daß unbedingter Gehorsam gegenüber der gesetzgebenden Vernunft den – in Kants Augen empirisch unfreien, nur im Vernunftgehorsam freien – Menschen zu ewigem Frieden erlösen könne, indem er ihn aus der Einbettung in die notwendig empirisch bedingte, mitmenschliche Dimension befreit und ihn ihr gegenüber, da er

wird von Kant erörtert und verworfen. Er versteigt sich sogar zu der Behauptung, daß ich, falls ich zum Schutz des Gastfreundes die Unwahrheit sage, weltlicher Strafe unterfalle, wenn jener Mordlustige den Gastfreund, der daraufhin ohne mein Wissen das Haus verlassen hat, deswegen doch noch trifft und tötet. Der Gedanke behandelt die Lüge, die ein Menschenleben schützt, als wäre es ein versari in re illicita im alten naturrechtlichen Sinn, deren sämtliche Folgen als Delikt und hier sogar als Verbrechen zugerechnet werden können.

236 Quintilian XII 1, 38 *ac primum concedant mihi omnes oportet, quod Stoicorum quoque asperrimi confitentur, facturum aliquando bonum virum ut mendacium dicat, … si ab homine occidendo grassator avertendus sit.* Kennzeichnend die abschließende Maxime, die deutlich macht, daß das Mitmenschliche des guten Willens sich dem Situtationellen nicht entziehen kann (XII 1, 45): *quapropter, ut res feret, flectetur oratio manente honesta voluntate.*

237 Metaphysik der Sitten, Rechtslehre Werke VII, S. 437: »*Der Ursprung der obersten Gewalt ist für das Volk, das unter derselben steht, in praktischer Absicht unerforschlich*«; S. 438: Der Satz »*alle Obrigkeit ist von Gott*« ist ein »*praktisches Vernunftsprinzip*«. Es sagt aus: »*der jetzt bestehenden gesetzgebenden Gewalt gehorchen zu sollen; ihr Ursprung mag sein, welcher er wolle.*« Daher ist (S. 439) »*die sogenannte gemäßigte Staatsverfassung, als Konstitution des innern Rechts des Staats, ein Unding*«. Es besteht die (S. 440) »*Pflicht des Volks, einen, selbst den für unerträglich ausgegebenen Mißbrauch der obersten Gewalt dennoch zu ertragen*«. In dem freien Menschen wirken die Vernunftgesetze nach dem Prinzip des widerspruchsfreien Gehorsams. Die »*förmliche Hinrichtung*« eines Monarchen, die ihn zur Verantwortung zieht, erscheint daher, wie in der langen Fußnote zu S. 440-442 auseinandergesetzt wird, als etwas, wozu der unter Vernunftgesetzen stehende Mensch, der in der Gerichtsbarkeit handelt, außerstande ist, da die Vernunft eine solche Maxime, daß eine oberste Gewalt hingerichtet werden könne, nicht kenne. Wie es dem »*Subjekt möglich ist, eine solche Maxime wider das klare Verbot der gesetzgebenden Vernunft zu fassen*«, kann Kant unter den Prämissen seines transzendentalen Gebotsrealismus »*sich schlechterdings nicht erklären.*« Es sei »*ein alles ohne Wiederkehr verschlingender Abgrund, als ein vom Staate an ihm verübter Selbstmord*«.

allein der Vernunft gehorcht, von aller Verantwortung entlastet. Eine solche Theorie, die dem Vernunftstaat in der Gesetzgebung die vollständigste Souveränität und Freiheit gewährt, vermag in der Praxis alle Entscheidungen eines sich absolut setzenden Etatismus zu legitimieren. Der empirische Mensch hat hier gegenüber dem sich als Vernunft ausgebenden Befehl keine Stimme. Als situationell eigenverantwortlich entscheidende Person hat er, da insofern empirischen Bestimmungsgründen folgend, keine Würde. Würde verschafft ihm nur der Gehorsam gegenüber einer angeblich vorhandenen apriorischen Vernunft.

Ist so Kants Rechtstheorie das vielleicht eindrucksvollste Paradigma der unzulässigen, nämlich religiöse Hoffnungen und Erlösungserwartungen in die Welt projizierenden Säkularisierung des biblischen Gesetzesbegriffes, so knüpft die Historische Rechtsschule an die römische Anwort an, welche die Religion in dem prägnanten Sinne säkularisiert hat, daß sie sie mit der Fortdauer der Welt versöhnt und das Recht unter Wahrung seiner originären Weltlichkeit als Teil der Schöpfung interpretierte, als gedankliche Ordnung des menschlichen Lebens, die der göttliche Geist von Anfang gewollt und gutgeheißen hat und die er in seiner Entwicklung fortdauernd begleitet. Das weltliche Recht erscheint in dieser Perspektive als etwas Spirituelles, das als ordnende Macht in den Verhältnissen immer schon gegenwärtig ist. Der Leitbegriff des Rechts ist daher für Montesquieu, den großen Anreger der Historischen Rechtsschule, wie Hannah Arendt bereits herausgearbeitet hat, nicht anders als bei den Römern das geistig begreifbare, das Leben ordnende Rechtsverhältnis. Es handelt sich um eine Perspektive, welche die Frage nach einer souveränen Gebotmacht gar nicht erst aufkommen läßt.[238] Recht erscheint unter diesem Blickwinkel nicht in der Gestalt von Befehlen, sondern in der Form gedachter, das Gott-Mensch-Verhältnis einschließender Relationen.[239] Die aus Rechtsverhältnissen bestehende Rechtsordnung ergibt sich [331] aus der »*nature des choses*« und wird von Montesquieu in ihren überpositiven Grundelementen, ganz wie bei Justinian, mit göttlicher Providenz und Weisheit in Beziehung gesetzt und zugleich – mit vergrößerter Offenheit des Blicks – als

238 Hannah Arendt, Über die Revolution, S. 244: »*Da für Montesquieu wie für die Römer ein Gesetz* [gemeint ist hier und im folgenden der Sache nach ein Rechtsverhältnis, gleich ob durch Gesetz geregelt oder nicht] *nichts anderes ist als die Relation zwischen den Dingen, also etwas durchaus Relatives, konnte er mit einer absoluten Autoritätsquelle gar nichts anfangen und den »Geist der Gesetze« nach allen Hinsichten beschreiben und analysieren, ohne sich die Frage ihrer absoluten Geltung je auch nur zu stellen.*«

239 Hannah Arendt, Über die Revolution, S. 381: »*Für Montesquieu sind Gesetze keine Gebote oder Verhaltensregeln; er definiert ganz im Sinne römischer Tradition Gesetze als »les rapports qui se trouvent entre [une raison primitive] et les différents êtres, et les rapports de ces divers êtres entre eux« (I 1). Das Gesetz ist mit anderen Worten dasjenige, was zwei Dinge miteinander verbindet, das religöse Gesetz verbindet den Menschen mit Gott, und die übrigen Gesetze verbinden die Menschen untereinander. – Ohne ein göttliches Gesetz gäbe es keine Beziehung zwischen Mensch und Gott, und ohne die von Menschen erlassenen Gesetze wäre der Raum, der zwischen Menschen sich bildet, eine Wüste, bzw. es würde einen solchen Zwischen-Raum gar nicht geben.*«

Teil der sich entwickelnde Wirklichkeit gesehen.[240] Auch die Gewaltenteilungslehre Montesquieus ist von diesem Ansatz beherrscht. Denn sie bietet eine Analyse der Grundverhältnisse einer gemäßigten Staatsform, in welcher die Rechtsverhältnisse besonders zuverlässig gesichert sind und so ermöglichen, daß die Bürger den Antrieben ihrer Fähigkeiten in Freiheit folgen und in ihren Lebensverhältnissen Rechtssicherheit empfinden können. In dem Maße, in dem diese Unterscheidungen verwirklicht sind, tritt die Republik als die alte Form der gemäßigten Verfassung aus der verfassungsrechtlich unbegrenzten Herrschaft hervor, unter den sie im Laufe der römischen Kaiserzeit durch den Gedanken der *res publica restituta* geraten war.[241]

Zwar ist für Montesquieu nicht die historisch zufällige äußere Staatsform entscheidend, sondern die Sicherheit der Rechtsverhältnisse und der in ihnen gesicherten Freiheit: Dennoch ist für ihn die rechtsstaatliche, der Monarchie [332] entgegengesetzte Republik die beste Staatsform.[242] Die Idee einer obersten souve-

240 Um sich davon zu überzeugen, genügt es, das erste Kapitel des ersten Buches zu lesen, das mit dem Satz beginnt: »*Les lois, dans la signification la plus étendue, sont les rapports nécessaires qui dérivent de la nature des choses.*« Daher gilt: »*Les êtres particuliers intelligents peuvent avoir des lois qu'ils ont faites; mais ils en ont aussi qui'ils n'ont pas faites.*« Für die zweiten gilt: »*il (Dieu) les a faites, parce qu'elles ont du rapport avec sa sagesse et sa puissance.*« Der Positivismus ist daher für Montesquieu unhaltbar; er verkennt die innere Vernünftigkeit der grundlegenden Rechtsverhältnisse: »*Dire qu'il n'y a rien de juste ni d'injuste que ce qu'ordonnent ou défendent les lois positives, c'est dire qu'avant qu'on eût tracé de cercle, tous les rayons n'étaient pas égaux.*«. – »*L'homme comme être physique, est, ainsi que les autres corps, gouverné par des lois invariables. Comme être intelligent, il viole sans cesse les lois que Dieu a établies, et change celles qu'il établit lui-même. Fait pour vivre dans la société, il y pouvoit oublier les autres; les législateurs l'ont rendu à ses devoirs par les lois politiques et civiles.*« In der Sache sagen die Anfänge von Institutionen und Digesten nichts anders. Die *mundi totius elementa* und ihre die Verhältnisse begründende *dispositio* sind göttlicher Herkunft (Deo auctore pr). Als physisches Wesen lebt der Menschen nach biologischem ius naturale, als geistiges Wesen teils nach unveränderlichem, teils nach positivem Recht (Inst. 1, 2, 11), das wieder in öffentliches und Privatrecht zerfällt. Die Tendenz, das Privatrecht mit dem Zivilrecht zu identifizieren, ist ebenfalls in den Digesten bereits vorhanden.

241 Edward Gibbon (oben Anm. 40) Kapitel LXXI S. 642 spricht am Ende seines Werkes treffend von »*the artful policy of the Caesars, who long maintained the name and image of a free republic*«.

242 Vgl. De l'Esprit des lois Buch 2, Kapitel 1, wo die republikanische, von der Tugend, die monarchische, von der Ehre und die despotische, von der Angst bewegte Verfassungsform unterschieden werden, ferner das Buch 11 mit dem 6. Kapitel (De la constitution d'Angleterre), in dem die Gewaltenteilungslehre entwickelt wird, und dem 16.-18. Kapitel, in dem die drei Gewalten für die Römische Republik untersucht werden, und schließlich das Buch 12, Kapitel 2, wo die Freiheit des Bürgers in der Tradition des skeptischen Humanismus definiert wird: »*La liberté philosophique consiste dans l'exercice de sa volonté, ou du moins (s'il faut parler dans tous les systèmes) dans l'opinion où l'on est que l'on exerce sa volonté. La liberté politique consiste dans la sûreté, ou du moins dans l'opinion que l'on a de sa sûreté.*« Träger dieser Freiheit ist der empirische Mensch, nicht eine intellegible Abstraktion.

ränen Gewalt gibt es, wie Hannah Arendt hervorgehoben hat, in diesem Modell nicht. Es gibt nur menschliche Macht, deren Ausübung wie die Rechtsordnung selbst notwendig und nützlich ist, aber durch Gegengewichte ausbalanciert werden muß. Überall wo diese Auffassung sich durchgesetzt hat, nicht zuletzt in den Vereinigten Staaten von Amerika, hat sie die Rechtskultur positiv beeinflußt und dazu beigetragen, die gefährliche, weil unbeherrschbare Idee absoluter Herrschaft fernzuhalten.[243] Gesetzgebung ist in dieser Analyse niemals Gründungstat, sondern notwendige Arbeit in immer schon bestehenden Rechtsverhältnissen. Es ist im übrigen kennzeichnend für den Spiritualismus Montesquieus, daß er die in der englischen Verfassung nachgewiesene Gewaltenteilung auf eine frühe »Entdeckung« eines noch vorstaatlich »in den Wäldern« lebenden Naturvolkes zurückführt.[244]

[333] Savigny setzt mit seiner Lehre vom »Volksgeist«, in dem sich der »Menschengeist« in jedem Volk offenbart und in den von ihm erzeugten »Rechtsverhältnissen« (den »rapports« Montesquieus) lebendig ist, den Ansatz des von ihm früh zum Vorbild genommenen Werkes Montesquieus fort, nicht ohne den Versuch verfassungsrechtlicher Grundlegung, jedoch vor allem mit einer seinem Vorbild fremden, systematischen und professionellen Ausarbeitung der Grund-

243 Wie Hannah Arendt (oben Anm. 2, S. 381) hervorhebt, steht die Gewaltenteilung unter dem Prinzip (Esprit des lois XI, 4): »*la vertu même a besoin de limites*«, das die Macht nicht als etwas Notwendiges und Wertvolles, aber auch keineswegs als etwas grundsätzlich Verdorbenes ansieht. Daraus folgte für die Gründer der amerikanischen Verfassung, daß die Gewaltenteilung (S. 198) »*keineswegs den Zweck (hatte), den Staat ohnmächtig zu machen*«. Das zu lösende Problem bestand vielmehr darin »*aus dreizehn »souveränen« und rechtmäßig konstituierten Republiken eine Einheit zu machen – e pluribus unum –,* ohne sie zu entmachten (Hervorhebung H.A.)«. Es ging um »*die Schaffung eines Machtsystems, in dem die Mächte sich gegenseitig das Gleichgewicht halten sollten, so daß weder das Ganze – die Union – noch seine Teile einen Machtverlust erleiden würden*«. Dazu das lehrreiche Fazit (S. 199 f.): »*Es gehörte zweifellos zu den größten und zukunftsträchtigsten Errungenschaften der Amerikanischen Revolution, daß es ihr gelang, den Anspruch der Macht auf Souveränität im politischen Körper der Republik konsequent zu eliminieren, denn im Bereich menschlicher Angelegenheiten kann Souveränität schließlich und endlich immer nur auf Gewaltherrschaft durch einen Tyrannen hinauslaufen.*« Die Folgen für die Einschätzung der im Privatrecht vorhanden Macht sind evident. Wo im politischen Bereich das grundsätzliche Mißtrauen fehlt (vgl. a.a.O. S. 201), wird auch die Kontrolle der privatrechtlichen Macht zu einer Aufgabe, die diese nicht ohnmächtig machen, sondern durch adäquate Gegenmacht begrenzen will.

244 Buch 11, Kapitel 6 »*Si l'on veut lire l'admirable ouvrage de Tacite* Sur les mœurs des Germains, *on verra que c'est d'eux que les Anglais ont tiré l'idée de leur gouvernement politique. Ce beau système a été trouvé dans les bois.*« Wieacker, Privatrechtsgeschichte der Neuzeit (1967)², S. 358 Anm. 38 (aus S. 357) nennt Montesquieus »Esprit« – im Gegensatz zu Savignys »Volksgeist« – empirisch. Diese Entgegensetzung unterbricht einen bis zu Justinian zurückgehenden Zusammenhang in der spirituellen Herleitung des Rechtsphänomens. Vgl. dagegen Savigny, Beruf, S. 118, der ganz im Sinne Montesequieus »*von altgermanischen Einrichtungen*« spricht, die »*wie in Verfassung so im bürgerlichen Recht*« »*dem Geist nach*« wieder erweckt werden könnten.

verhältnisse des gesamten Privatrechts.[245] Auch für Savigny ist die von der Monarchie befreite Republik das Ideal. Seine irenische Grundstimmung ließ ihn aber weniger auf Verfassungsformen als auf moralische Appelle an die Regenten setzen. Seine Überzeugung, daß die von der römischen »Republik« geschaffene Rechtsordnung staatsformunabhängig verwirklicht werden und auch ohne Absicherung in gewaltenteilenden Verfassungsformen Rechtsstaatlichkeit verwirklichen kann, steht Justinian ganz nahe. Entscheidend ist ihm, daß *»der Regent ... Natur und Geschichte in den lebendigen Kräften des Volkes ehrt«* und die Rechtsordnung als einen *»Organismus höherer Art«* anerkennt, *»zu dessen Haupt ihn Gott gesetzt hat«*.[246] Savigny sieht Justinians Werk von diesem Geist erfüllt. Es sei das *»Werk innerer Nothwendigkeit«*, daß in dieser Kodifikation das freiheitliche *ius gentium*[247] auch dem Buchstaben nach zum beherrschenden Prinzip des *»Geistes des Römischen Rechts«* geworden sei. Damit ist im Ergebnis Justinians Berufung auf die ihn inspirierende Trinität beim Wort genommen, die histo- [334] rische Individualität Justinians folgerichtig übergangen und als solche nur mit den negativen Tendenzen der Spätzeit verbunden.[248]

245 Vgl. zu Montesquieu einerseits Savigny, Methodenlehre, S. 35 (Savigny findet in ihm ein *»historisches Studium aller Gesetzgebung* [gemeint ist jegliche Art der Normsetzung] *zu allgemeinen politischen Ansichten und Zwecken«*), andererseits System I, S. 21: *Was in dem einzelnen Volk wirkt, ist nur der allgemeine Menschengeist, der sich in ihm auf individuelle Weise offenbart;* S. 23 *»Jedes Volk (wird), sobald es als solches erscheint, zugleich als ein Staat erscheinen, wie auch dieser gestaltet seyn möge.«* Siehe dazu auch die vorhergehende Anmerkung.

246 Vgl. Behrends, Geschichte, Politik und Jurisprudenz (oben Anm. 8), S. 263.

247 Man muß an dieser Stelle aufpassen. Wenn Savigny sagt, das *ius gentium* sei (System I S. 113) *»ein ganz positives, geschichtlich entstandenes und fortgebildetes Recht«*, dann nimmt er mit Betonung der Geschichtlichkeit keineswegs seine Überzeugung von der spirituellen Herkunft des Rechts zurück. Abgewehrt ist lediglich eine Herleitung aus philosophischem Denken. Die hier tatsächlich bestehenden tiefen Abhängigkeiten des römischen Rechtsdenkens von stoischer und später skeptischer Philosophie interessierten Savigny nicht. Sie lagen außerhalb seines Blickfelds. Die beiden großen kaiserzeitlichen Rechtsschulen, in denen um einen Kompromiß zwischen naturrechtlicher und zivilisationsrechtlicher Begründung des *ius gentium* gerungen wurde, bildeten in seiner Sicht nur (Beruf, S. 125): *»Eine große Schule«*.

248 Auf Justinian als individuellen Gesetzgeber ist es gemünzt, wenn Savigny, System I, S. 113 sagt, das *»Werk innerer Nothwendigkeit«* sei weder *»als Willkühr zu tadeln, noch als Weisheit zu loben«*. Wem dann die im folgenden ausgesprochene Anerkennung gebührt, bleibt unausgesprochen: *»außer insofern es das höchste Lob verdient, daß das allmälige und stille Wirken jener Nothwendigkeit damals, wie in keinem früheren Zeitpunct, richtig erkannt, und so der Buchstab des Rechts mit dem sehr veränderten Geist und Wesen desselben befriedigender ausgeglichen worden ist, als es von diesem Zeitalter erwartet werden durfte.«* Den gleichen Unterschied macht Savigny bereits im Beruf, S. 35, wenn er dort von den spätantiken *»Gesetzbüchern«* sagt, es seien *»die von Justinian gewesen, in welchen unter jenen allein der Geist des Römischen Rechts erkennbar ist«* und dann hinzufügt: *»Der Gedanke zu diesen Gesetzbüchern aber ist augenscheinlich nur durch den äußersten Verfall des Rechts herbeygeführt worden.«*

In der Art und Weise, in der Savigny die spirituelle Gegenwart des Rechts in der Wirklichkeit zu fassen sucht, in den vielfach variierten Formeln von den »*stillwirkenden Kräften des Volksgeistes*«, die das vom Geist der Republik geprägte Recht schaffen,[249] und in der Mahnung, daß dessen Wahrheiten nur dem behutsamen, andachtsvollen, auf Streit und Polemik verzichtenden, die Quellen und seine Zeit verstehenden und den friedlichen Gedankenaus- [335] tausch pflegenden Gelehrten zugänglich seien,[250] spricht sich eine Überzeugung von der supranaturalistischen, spirituellen Qualität des Geistes des Rechts aus, die ohne die Gegenwart dieses Denkens in der justinianschen Kodifikation nicht erklärlich ist. Man lese nur:

> Deus praecepit, Spiritum sanctum, utpote pro naturae suo bono tenerum et delicatum, tranquillitate et lenitate et quiete et pace tractare (*Gott gebietet, den Heiligen Geist, da nach dem seiner Natur eigenen Guten von zarter und feiner Beschaffenheit, mit ruhigem, sanften, ausgeglichenen und friedlichen Gemüt zu erfassen*).
>
> (Tertullian, De spectaculis 15, 1)

Justinians Haltung hat auf diese Weise tatsächlich in einer nicht bewußt gemachten, aber tiefgreifenden Weise die Anschauung der Historischen Rechtsschule

249 Einige Zitate genügen. Es ist »*der in allen Einzelnen gemeinschaftlich lebende und wirkende Volksgeist, der das postive Recht erzeugt* (System I, S. 14)«; »*dem unsichtbar arbeitenden Volksgeist*« wird »*das lebendig waltende und fortschreitende Recht*« verdankt (S. 56 f.). Wieacker, a. a. O. S. 357 Anm. 7, legt großes Gewicht darauf, daß Savigny den Terminus »*Volksgeist*« erst seinem Schüler Puchta verdankt, offenbar um der von ihm geteilten Vorstellung, daß Savigny den Rechtsbegriff Kants übernommen habe, für die Anfänge Raum zu verschaffen und eine kantische, später nur überlagerte Prägung Savignys postulieren zu können (a. a. O. S. 386). Aber nicht der Terminus, sondern der Gedanke entscheidet. Was Savigny im »Beruf« beschreibt, ist der Sache nach bereits die (alles andere als apriorische) Volksgeistlehre, und zwar in vollständig durchdachter Weise. Das Recht wird »*durch innere stillwirkende Kräfte*«, nämlich »*durch Sitte und Volksglaube, dann durch Jurisprudenz*« erzeugt, nicht »*durch die Willkühr eines Gesetzgebers*«. Es ist eine der »*eigenthümlichen Functionen der Völker, wodurch sie selbst erst zu Individuen werden*«, deren Entstehung »*auf geschichtlichem Wege*« nicht erklärt werden könne. Ihr Ort ist »*die gemeinsame Ueberzeugung des Volkes, das gleiche Gefühl innerer Nothwendigkeit, welches allen Gedanken an zufällige und willkührliche Entstehung ausschließe*« (S. 76) oder auch der »*der allgemeine Volksglaube* (S. 77)«. Der »*eigentliche Sitz des Rechts*« ist »*das gemeinsame Bewußtsein des Volkes*«, und zwar im Zusammenwirken eines »*doppelten Lebensprincips*«, das im »*allgemeinen Volksleben*« das »*politische Element*«, im »*wissenschaftlichen Leben*« das »*technische Element*« heißt (S. 78). Es ist Aufgabe der Wissenschaft, geduldig »*die wahren Gesetzestafeln*« zu studieren (S. 134). Und nicht nur ihr »*Stoff*« stammt aus der Zeit der »*freyen Republik*«, sondern »*in der Zeit des Freystaates*« hat auch »*jene bewundernswürdige Methode*« ihre Wurzel, »*der rege, lebendige, politische Sinn, womit dieses Volk die Formen seiner Verfassung stets auf solche Weise zu verjüngen bereit war, daß das neue blos zur Entwicklung des alten diente, dieses richtige Ebenmaaß der beharrlichen und der fortbewegenden Kräfte*« (S. 31 f.).

250 Vgl. Geschichte, Politik und Jurisprudenz (oben Anm. 8), S. 265, 271, 275, Anm. 38, S. 300, Anm. 115.

geprägt. Es ist eine kultur- und fortschrittsgläubige Verbindung von Spiritualismus und Annahme der Welt, die dem Recht einen eigenen Anfang gegeben hat und es, auf der Ebene des Gesetzgebers wie der des einzelnen Menschen, unter den drei existentiellen Dimensionen von *memoria, intellectus* und *providentia* als erinnerte, bewußt gemachte und in steter Entwicklung stehende Ordnung freien und verantwortlichen Lebens auffaßt. Savigny wird denn auch nicht müde, die Verbindung und Zusammengehörigkeit dieser drei Perspektiven zu betonen. Die wissenschaftliche Vergewisserung über die »geschichtliche« Genese des Rechts dient in seiner Schule dem Zweck, das geltende Recht der eigenen Zeit richtig zu erfassen und so »wahren Fortschritt« zu ermöglichen.[251] Diese Auffassung des Rechts als Lebensform der personalen Freiheit ist historisch bei Justinian wie Savigny christlich begründet, transzendiert aber, wie wir gesehen haben, gleichzeitig das Christentum, da der Gedanke des *ius gentium* alle Völker der Erde gleichstellt und der christlich-jüdischen Religion der beiden aufeinander folgenden Völker Gottes auf die Definition des Rechts einen grundlegenden Einfluß nicht gewährt. Die [336] *humanitas*, welche in der Sicht Justinians von der Trinität auf das *ius gentium* ausstrahlt, ist vielmehr eine göttliche Menschenzugewandtheit universaler Art, die aus der römischen Geschichte stammt. Der »*Menschengeist*«, der sich nach Savigny in den jeweiligen Volksrechten ausdrückt, ist Reflex dieses personalen Prinzips. Savigny drückt das so aus, daß »*die sittliche Bestimmung der menschlichen Natur*«, wie sie sich »*in der christlichen Lebensansicht darstellt*«, das Christentum so sehr zu allgemeiner Anerkennung gebracht habe, daß »*alle unsre Gedanken, so fremd, ja feindlich sie demselben scheinen mögen, dennoch von ihm beherrscht und durchdrungen sind*«.[252] Gemeint ist damit die personale Freiheit, die im Sinne der rechtlichen *imago Trinitatis* in jedem Menschen die selbstverantwortliche Person achtet, mit einer je eigenen Geschichte, Gegenwart

251 Wäre »*Rechtswissenschaft*« in Savignys Sinn Gemeingut der Juristen, so hätten wir (Beruf, S. 133) »*in dem Stand der Juristen wiederum ein Subject für lebendiges Gewohnheitsrecht, also für wahren Fortschritt, gewonnen*«, weil damit (Beruf, S. 49) »*die Methode der alten Juristen, der Geist, der in den Pandekten lebt*« aber daneben durchaus, was (Beruf, S. 118) »*von altgermanischen Einrichtungen, wie in Verfassung so bürgerlichen Recht*« »*dem Geist nach*« »*wiedererweckt*« werden kann, über das (Beruf, S. 12) »*im Bewußtseyn der Juristen*« lebende »*technische Element*« auch das »*politische Element*« des Rechts, wo es »*Theil des ganzen Volkslebens*« ist, ordne und fortentwickle. Die Lehre des »*doppelten Lebensprincips*« des in zwei Elemente gegliederten – nicht etwa: geteilten – Rechts ist für Savignys Spiritualismus von grundlegender Bedeutung, weil es ihm begreiflich macht, wie auch das »*ungeheure Detail* [sc. des professionell ausgearbeiteten Privatrechts]« sich seinen Erwartungen fügen und »*ganz auf organische Weise, ohne eigentliche Willkühr und Absicht, entstehen konnte.*«

252 System I, S. 53 f. In der in diesem Zusammenhang getroffenen Unterscheidung: »*das Christenthum ist nicht nur von uns als Regel des Lebens anzuerkennen, sondern es hat auch in der That die Welt umgewandelt*«, kann man den Versuch erkennen, die religiöse Wirkung des Christentums von der über das Corpus Iuris Civilis vermittelteten zivilisatorischen zu unterscheiden.

und Zukunft, und im Recht eine geistige, der Menschheit mitgegebene Kraft erblickt, die jedes entstandene und entstehende Gemeinwesen grundsätzlich in gleicher Weise in Stand setzt, diese Aufgabe für seine Bürger und die sich auf seinem Territorium befindenden Menschen zu lösen. In diesem Geist hat Savigny im 8. Band des Systems das Internationale Privatrecht nach dem Prinzip der Gleichwertigkeit aller Rechtsordnungen gelöst.[253] Die Tatsache, daß der *mos maiorum* in vieler dieser Rechtsordnungen den dort aufwachsenden Menschen in Fragen der Religion ganz andere Antworten als die christliche gab, begründete auch bei Savigny in festgehaltener Trennung von *ius humanum* und *ius divinum* keinerlei Einschränkung. Im übrigen war Savigny auch insofern vom aufklärerischen Geist erfaßt, als er bei all seiner – überkonfessionell gestimmten – Frömmigkeit die Lehre von der Erbsünde nicht gelten lassen wollte,[254] also auch in der Religion nicht mehr anerkannte, was in dem im römischen *ius gentium* [337] wurzelnden und in diesem Sinn von Justinian für schöpfungsunmittelbar erklärten Personalismus ohnehin keinen Platz hatte. Jherings Evolutionstheorie des Rechts ist eine konsequente Fortentwicklung dieser Sicht. Sie ist wie bei Savigny durch einen personalen, den Menschen grundsätzlich mit Rechtskompetenz ausstattenden Theismus gegründet und bezieht von daher ihren Glauben an die menschliche Zukunft.[255]

Die Eignung des Rechts, die menschlichen Verhältnisse in einer auf Dauer angelegten Weise zu ordnen, hat im übrigen nicht nur dort, wo das römische Rechtsdenken unmittelbar fortgewirkt hat, die christliche Glaubenshaltung von eschatologischer Gesinnung befreit, sondern in der Tradition des common law in gleicher Weise religiöse Überzeugungen mit der »Weltlichkeit der Neuzeit« ver-

253 Pointiert dazu im Reflex neuester, gegenteiliger, insbesondere vom Europarecht ausgehender Entwicklungen soeben der Beitrag von Gunther Kühne, Die Entsavignysierung des Internationalen Privatrechts insbesondere durch sog. Eingriffsnormen, Festschrift für Andreas Heldrich (2005), S. 815-830, insbesondere S. 826: »*In der Tat bestreitet der Gesetzgeber – vom Glanz des eigenen »aufgeklärten« Standpunktes geblendet – zunehmend die grundsätzliche Gleichwertigkeit der Rechtsordnungen*«.

254 Er habe, so schreibt Savigny einmal in höheren Jahren (an Pastor Bang am 7. März 1840, veröffentlich in L. Enneccerus, F. C. v. Savigny und die Richtung der neueren Rechtswissenschaft [1897], S. 70) an »*der durch diesen Ausdruck* [sc. Erbsünde] *bezeichneten besonderen Auffassung nie rechten Geschmack gefunden*«. Vgl. dazu bereits Behrends, Geschichte, Politik etc. (oben Anm. 8), S. 268. Die Lessings »Erziehung des Menschengeschlechts« verpflichtete religiöse Haltung findet sich auch bei Rudolf von Jhering. Vgl. dazu die in der folgenden Anmerkung zitierten Abhandlungen und zu der damit verbundenen Frage nach der Religion der Romanisten eine erste Überlegung in meinem Nachruf auf Henryk Kupiszweski in: Witold Wołodkiewicz / Maria Zabłocka (Hrsg.), Le droit romain et le monde contemporain, Varsovie 1996, S. 35 ff. (43).

255 Vgl. meine kommentierten Editionen Rudolf von Jhering, Zur Entstehung des Rechtsgefühls (Neapel 1986) und derselbe, Ist die Jurisprudenz eine Wissenschaft? (Göttingen 1998).

söhnt. Hannah Arendt hat dies für die USA am Rechtsglauben der Puritaner[256] und der Gründungsväter der Verfassung[257] eindringlich deutlich gemacht. Dieser Zusammenhang wird durch den jüngst geführten Nachweis ergänzt, daß die universale, allen Völkern geltende Grundidee der Gettysburgh Address, »*the government of the people, by the people, and for the people*«, auf den damals in den USA mächtigen Einfluß der Historischen Rechtsschule Savignys zurückgeht.[258]

Der moderne ideologische Staat, der für seine Ziele souveräne Gesetzgebungs- und Sinnstiftungskompetenz beanspruchte und in seinem Handeln von der Ungeduld einer politischen Naherwartung getrieben wurde, konnte [338] dagegen ein *ius gentium*, das als universale Rechtsordnung die menschliche Gesellschaft nach dem Prinzip der Selbständigkeit gleichberechtigter Staaten und Personen gliedert und dieses Recht über das Gesetz stellt, nicht anerkennen. Schon das römische Imperium hatte, indem es ehedem freie Staaten unter seine Herrschaft nahm, sich mit diesem Prinzip in Widerspruch gesetzt und sich rechtfertigen müssen, um die Lehre des *ius gentium* als Mittelpunkt seines Rechtssystems aufrechterhalten zu können. Augustinus bewahrt in seiner Schrift De civitate dei von dieser Diskussion ein repräsentatives, aus vorklassischer Tradition schöpfendes Beispiel.[259]

256 Hannah Arendt, Über die Revolution, S. 296 »*Nichts legt für die Weltlichkeit der Neuzeit ein sprechenderes Zeugnis ab, als daß selbst die Frommen in ihr mehr von dem weltlichen Regiment erwarteten, als daß es ihnen die Freiheit sichere, ihr individuelles Seelenheil zu besorgen; auch sie wünschten vielmehr*« »*eine Regierung zu errichten …, die in besserem Einklang mit menschlicher Würde steht …, um solch eine Regierung ihrer Nachkommenschaft zu hinterlassen mitsamt den Hilfsmitteln, sie für immer zu sichern und zu erhalten*«. H. Arendt fügt hinzu, daß [S. 297] »*selbst die Puritaner hier keineswegs mehr damit zufrieden waren, Pilger auf Erden zu sein, sondern sich in jene* Pilgrim Fathers *verwandelten, welche Kolonien gründeten mit Interessen und Ansprüchen, die nicht im Jenseits lagen, sondern höchst weltlicher, diesseitiger Natur waren.*«

257 Hannah Arendt, a. a.O. S. 297 spricht von dem »*Antrieb, dem Vergänglichen eine irdische, unvergängliche Stätte zu bereiten, bei den Männern der Revolutionen und insbesondere bei den amerikanischen Gründern*«. So habe Adams die neue »*politische Wissenschaft*« darum »*göttlich*« genannt, weil in ihr Harringtons »*Sorge um den immerwährenden Staat*« dazu geführt hatte, »*Institutionen, die viele Generationen fortdauern*« zu entwerfen. Jefferson habe von ›*dem soliden Fundament einer freien, dauerhaften und wohlgeordneten Republik*‹ gesprochen, aber daran festgehalten, daß »*nichts unveränderlich sei außer den unveräußerlichen Menschenrechten, die der menschlichen Natur inhärent sind*«, weil nur sie nicht Menschenwerk sind, sondern das Werk des Schöpfers.

258 Vgl. O. Behrends, Mommsens Glaube (oben Anm. 8), S. 338 ff., 354 ff.

259 Vgl. De civitate Dei 4, 14. Die dort erörterte Frage ist, ob es »guten Menschen« ansteht (*pertineat ad viros bonos*), sich über die Größe des Herrschaftsgebietes ihres Gemeinwesens (*de regni latitudine*) zu freuen, obwohl die Menschheit glücklicher wäre, wenn alle Reiche klein wären, so daß die Welt, so wie eine Stadt viele Bürger, für ihre Völker viele Reiche enthielte (*ita essent in mundo regna plurima gentium ut sunt in urbe domus plurimae civium*). Die Antwort der »*boni*« ist, daß unter der Voraussetzung, daß alle Eroberungen

Mit dem Heraufziehen des modernen Machtstaates auch in Deutschland mußte dieses um das *ius gentium* zentrierte Denken der Historischen Rechtsschule in die Krise geraten. Es ist kein Zufall, daß in der gleichen Zeit, in der die Historische Rechtsschule sich in führenden Vertretern unter den Einflüssen des neuzeitlichen Etatismus von der Volksgeistlehre abwandte und den Willen des souveränen Staats zur obersten Rechtsquelle erhob,[260] in der Ro- [339] manistik die moderne Interpolationistik begann, eine mächtige textkritische Bewegung, die in den Quellen des Römischen Rechts der Tendenz nach alles für eingefälschte Byzantinismen erklärte, was mit dem Anspruch rechtstheoretischer Gültigkeit auftrat. Der neue zum Echtheitsmaßstab erhobene Glaube war, daß der römische Jurist als Organ seines Volkes befähigt war, ohne Begriff und System in fallrechtlicher Freiheit lebensrichtige, im Einklang mit den Bedürfnissen der Menschen und des Gemeinwesens stehende Entscheidungen zu treffen. Diese Ansicht diskredierte alles, was sich in den antiken Quellen aus vorklassischer und klassischer Rechtslehre um den Zentralbegriff des *ius gentium* gruppierte, und bestritt unter dem Kampfbegriff »Pandektismus« zugleich die Legitimität der personalen Systembildung, mit der Savigny, wie gesehen, auf den Spuren Justinians, die Quintessenz dieser Tradition für die Neuzeit erneuert hatte. Von dem gleichen Zeitgeist getragen entdeckt zur gleichen Zeit die Lebensphilosophie das Römische Recht für sich als das große Paradigma der »Geistesgeschichte«, in dem sie die von

aufgrund von »*bella iusta*« erfolgt seien, die als solche Rechtsverletzungen entgegentreten mußten, die Gebietserweiterung eine Notwendigkeit (*necessitas*) sei und nur deswegen dann auch ein Glück, weil auf diese Weise die Herrschaft von Rechtsfeinden (*iniuriosi*) verhindert worden sei. Daß die Quelle des Augustinus hier vorklassisch ist – sie könnte etwar durch Varro vermittelt auf Q. Mucius zurückgehen (vgl. a.a.O. 4, 27) –, zeigt sich an dem für dessen Jurisprudenz maßgebenden Leitbild der »*boni viri*«, ferner an der von Kritik des Carneades ganz unbeeindruckten Prämisse, daß Rom nur gerechte Kriege geführt habe und der vorausgesetzten Lehre, daß die Rechtsvernunft die Gliederung der Weltgesellschaft in zahlreiche *regna* oder *civitates* wolle. Vgl. die dem zugrundeliegende stoische Lehre, daß der menschheitliche Wunsch nach dem Besonderen in der staatlichen und privaten Existenz auch durch Sprache und Kultur verbundene Völker wie die Griechen in verschiedene Staaten gliedert habe (v. Arnim, Stoicorum Veterum Fragmenta III Nr. 323, S. 79 f.) und die daraus hervorgegangene Theorie, daß das *ius civile,* das die *civitates* hervorbringt, soweit es keine Besonderheiten erzeugte, (im Gegensatz zum *ius gentium* des naturrechtlichen Verkehrsrechts) universales *ius gentium* der Freiheit der Bürger ist. Vgl. Cicero, de officiis III 17, 69 sowie Hermogenian 1 iuris epitomarum D 1, 1, 5 *Ex hoc iure gentium ....discretae gentes, regna condita*, eine Stelle, welche die Übernahme des Ideals einer gegliederten Menschheitsgesellschaft in das klassische zivilisationsrechtliche *ius gentium* bezeugt, in dem die *gens* nicht mehr das Naturvolk, sondern das Staatsvolk bezeichnet.

260 Repräsentativ ist hier Bernhard Windscheid. Vgl. insofern die Nachweise in O. Behrends, Das Privatrecht des deutschen Bürgerlichen Gesetzbuchs, seine Kodifikationsgeschichte, sein Verhältnis zu den Grundrechten und seine Grundlagen im klassisch-republikanischen Verfassungsdenken, in: O. Behrends/W. Sellert (Hrsg.), Der Kodifikationsgedanke und das Modell des Bürgerlichen Gesetzbuches (BGB) (2000), S. 42 ff.

ihr postulierte Möglichkeit objektivierten Geistes bewiesen fand, den die »Geschichte« selbst erzeugt. Alles das mündete ein in die Glaubenshaltungen der nationalsozialistischen, den Lebenswert eines Volkes absolut setzenden »Rechtserneuerung«,[261] mit allem, was sich im Menschheitsgedächtnis damit verbindet. Daß in dieser Entwicklung Justinian, der sich als Kodifikator der Rechtstradition Roms als Werkzeug eines Geistes sah, der für die Menschen eine personale, von freiheitlichen Institutionen getragene Rechtsordnung wollte und der, wie die auf seinem Werk fußende Historische Rechtsschule zeigte, im inneren System des Corpus Iuris Civilis auch etwas Entsprechendes verwirklicht finden konnte, als *interpolator*, als dämonischer Verfälscher der Wahrheit, wahrgenommen werden konnte,[262] wird als Beispiel einer besonders radikalen Umkehrung der Werte dauerhaft nachdenkenswert bleiben. Auf den gleichen, von der Freirechtsbewegung ausgelösten Kontinuitätsbruch geht es zurück, wenn heute die eine große wirkungsmächtige Tradition ausstreichende Überzeugung vertreten werden kann, daß der lateinische Begriff *»persona«* in seiner Grundbedeutung den modernen Terminus nicht vorgeprägt habe, vielmehr insoweit von philosophischen Gedanken unberührt geblieben sei.[263]

[340] Für das heutige Bewußtsein ist bedeutsam, daß das im Corpus Iuris Civilis tradierte, der staatlichen Gesetzgebung vorgeordnete, personale Rechtsbild letztlich in einem skeptischen Humanismus wurzelt, der sich in unablässiger Überprüfung darum bemühte, das Recht in seinen Einrichtungen als dauernde Lebensbedingungen der Menschheit zu klären, zu verbessern und zu sichern. Auf diesen Ansatz geht ebenso die für die Entwicklung grundlegende, kategoriale Unterscheidung zwischen *ius humanum* und *ius divinum* zurück, nach der wissenschaftlich geklärte Verhältnisse wohl im Recht, nicht aber in der Religion möglich sind, wie die Auffassung, daß die in Recht und Religion von natürlichen, aber stärkungsbedürftigen Wertgefühlen geleitete menschliche Person sich im göttlichen Bereich ein personales Gegenüber schafft, von dem es sich abhängig fühlt

261 Vgl. zu dem im Text Ausgeführten mit näheren Nachweisen O. Behrends, Von der Freirechtsbewegung zum konkreten Ordnungs- und Gestaltungsdenken, in: Dreier/Sellert (Hrsg.), Recht und Justiz im »Dritten Reich«, (S. 34-79) und ders., Die Oikumene der antiken Civitates und die Privatrechtsordnungen Europas und der Welt, in: Jörn Eckert, Der praktische Nutzen der Rechtsgeschichte, Hans Hattenhauer zum 8. September 2001 (2003), S. 39 ff., S. 48.

262 Vgl. bereits oben Anm. 47.

263 So heißt es in der verdienstvollen Sammlung von Martin Brasser, Persona, Philosophische Texte von der Antike bis zur Gegenwart (1999), S. 26: »Von der Funktion, ein Individuum so zu bezeichnen, daß dadurch seine einmalige Besonderheit und Herausgehobenheit – sei es seine besondere Substantialität, das autonome Selbstbewußtsein oder einfach seine grundlose Würde – ausgesagt wäre, weiß die lateinische Grundbedeutung von »persona« als Maske nichts. Im Lateinischen ist »persona« gewissermaßen metaphysisch unberührt.« Vgl. zu der für diesen Meinungsstand verantwortliche Destruktion des spätrepublikanischen und kaiserzeitlichen persona-Begriffs durch den Freirechtler Schlossmann oben Anm. 173.

und Glück erbittet (oben Anm. 123). Der Rechtsverhältnisse wollende und fortbildende Voluntarismus der römischen Kaiserzeit hat diese Auffassungen dynamisiert, aber das institutionelle Denken überall bewahrt.

Aus der republikanischen Rechtswissenschaft stammt schließlich auch das scheinbare Paradox, daß die universalen, dem Gesetz vorgegebenen Rechtsbegriffe des *ius gentium* wie Person (*persona*) und Gemeinwesen (*civitas*) trotz ihrer Allgemeinheit die Wirkung und Aufgabe haben, das Besondere in der jeweiligen menschlichen Existenz und der jeweiligen Kultur zu sichern, und zwar im Namen des *ius humanum*, das zwar Gleichheit und Verkehr unter allen Menschen will, aber zugleich Rechtsverhältnisse, die sichernde Formen des geschichtlich Individuellen bilden, so daß es Staatenbildungen selbst dort als in der Natur des Menschen angelegt anerkennt und fördert, wo ein Volk gleicher Sprache und Kultur wie im Fall der Stadtstaaten der Griechen sich in selbständige Gemeinwesen gliedert (vgl. oben Anm. 259). Die Rezeption des Römischen Rechts hat daher, wie Savigny mit Recht betont, durch die Gleichheit der Rechtsverhältnisse und Rechtswerte ein starkes gemeinsames Band zwischen den davon berührten Gemeinwesen Europas erzeugt und den Verkehr zwischen ihnen gefördert,[264] aber damit die individuelle Entwick- [341] lung der verschiedenen Kulturen Europas und ihrer Menschen nicht gehindert, sondern gefördert. Die tiefen Gemeinsamkeiten begünstigten den Austausch und den Verkehr, aber zugleich das Besondere, das den Reiz des Austauschs und Verkehrs begründet.

Demgegenüber muß dort, wo das gebietende Gesetz als gemeinschaftsgründend angesehen und über das Recht gestellt wird, alles darauf ankommen, durch Anordnungen gleichförmige Verhaltensweisen, Gewohnheiten und Gesinnungen zu erzeugen. Denn im Gehorsamsvollzug, nicht im gemeinsamen Besitz freiheitlicher Institutionen und Prinzipien, wird hier die Gemeinschaft gesucht.

Die Grundidee des antiken *ius gentium*, daß die Verkehrsgemeinschaft der Völker und Menschen sich gerade deswegen in gleichen rechtlichen Grundverhältnissen und Werten ausdrückt, weil sie ein allen Menschen eingewurzeltes Bedürfnis nach Identität und Besonderheit verwirklicht, fördert dagegen die Bedingungen des Zusammenlebens gerade auch zwischen Kulturen, die in dem, was sie erinnern, und dem, was sie von ihrer Gegenwart und Zukunft erwarten, weit

264 Savigny, System I, S. 80 »*Diese Staaten* [sc. der Rezeption] *nahmen im Ganzen ein Recht auf, das nicht in ihnen, sondern in einem fremden Volke entstanden war, in einem Volke, mit welchem einige unter ihnen nicht einmal Stammverwandtschaft hatten. Es zeigt sich hier, daß die neueren Nationen nicht in dem Maße wie die alten, zu einer abgeschlossenen Nationalität berufen waren, daß vielmehr der gemeinsame christliche Glaube um sie alle ein unsichtbares Band geschlungen hatte, ohne doch die nationale Eigenthümlichkeit aufzuheben. Hierin liegt der große Entwicklungsgang der neueren Zeit, deren letztes Ziel vor unsren Augen noch verborgen ist.*« Auch in diesen Worten Savignys steht »christlicher Glaube« für etwas, was ihn, so sehr er diese Werte seit der Antike aufgenommen hat, transzendiert, nämlich für »*ius gentium*«.

auseinandergehen. Denn weil sie bewußt machen und anerkennen kann, daß die Gemeinwesen gerade darin einem zutiefst im Menschen angelegten Bestreben folgen, ist sie legitimiert, gleichzeitig die Forderung zu erheben, die Grundformen und Grundwerte des rechtlichen Zusammenlebens der Menschen zu achten, und zwischen dem Bestreben, die eigene Identität zu erhalten, und dem Wunsch, mit allen Menschen in Verkehr zu treten, die richtige Mitte zu halten.[265]

265 Vgl. dazu nachdenkenswert Malachi Haim Hacohen, Karl Popper, The Formative Years. 1902-1945 (2000), S. 545: »*We are forever condemned to negotiate between the closed community and the open Society. Liberal universalism may threaten difference, but is has deviced several ways of negotiating the threat. One of them is: reason about it.*« Die Menschheitsgesellschaft des *ius gentium* (oben Anm. 122) ist ein alter Versuch einer solchen Vermittlung, über den nachzudenken sich lohnt. Sie ist offen als Verkehrsgemeinschaft, die universale Formen und Werte anerkennt; zugleich verteidigt sie in diesen – für alle Menschen gleichen – Formen die Bedingungen der individuellen und kulturellen Selbstbehauptung. Zu dem großen, die biblische, römische und moderne Geschichte umgreifenden Paradigma kultureller Selbstbehauptung, die der zitierten Äußerung Aktualität und Tiefe verleiht, siehe auch den Artikel von Gunther Kühne, Wandlungen jüdischer Identität im 20. Jahrhundert. Diaspora und Israel, in: Eveline Goodman-Thau und Fania Oz-Salzberger (Hrsg.), Das jüdische Erbe Europas, Krise der Kultur im Spannungsfeld von Tradition, Geschichte und Identität (2005), S. 203-215.

VIII. Princeps legibus solutus

I. Freiheit von den Gesetzen für den Wiederhersteller und Garanten ihrer Geltung

[3] Der Grundsatz »*princeps legibus solutus*« – »*der Prinzeps ist von den Gesetzen befreit*« formuliert wie sein naher Verwandter »*quod principi placuit, legis habet vigorem*« – »*was dem Prinzeps gefällt, hat die Kraft eines Gesetzes*« das Ergebnis der gesetzlichen Konsolidierung des Prinzipats, die seiner im Jahr 27 v. Chr. erfolgten Gründung wenige Jahre später nachfolgte.

Die gesetzliche Konsolidierung der neuen Verfassung geschah hinsichtlich des zweiten Grundsatzes bereits im Jahre 23 v. Chr., und zwar durch ein Volksgesetz, das in der Überlieferung *lex regia*, *lex de imperio* oder auch *lex Augusti* genannt wird. Der Satz, daß das, was dem Prinzeps beliebt, Gesetzeskraft hat, formuliert dabei die Quintessenz dessen, was die Generalklausel der *lex regia* über die Rechtssetzungskompetenz enthielt.[1] Durch sie hatte Augustus, wie es heißt, nach nie bezweifelter Auslegung, vom Volk ermächtigungsweise das diesem zustehende *imperium* übertragen erhalten und damit die Befugnis zu außerordentlicher gesetzesvertretender Normsetzung empfangen.[2] Die Voraussetzungen dieser Inter-

* Erstabdruck in: Die Ordnung der Freiheit, Festschrift für Christian Starck zum siebzigsten Geburtstag, hrsg. von Rainer Grote, Ines Härtel, Karl-E. Hain, Thorsten Ingo Schmidt, Thomas Schmitz, Gunnar Folke Schuppert und Christian Winterhoff, Tübingen 2007, S. 3-20.

1 Sie lautet in der tralatizischen Fassung der *lex de imperio Vespasiani* (Fontes Iuris Romani Antejustiniani [FIRA] I, ed. Ricccobono et alii [1941]² Z. 17; vgl. *Mommsen*, Röm. Staatsrecht II³ S. 909) uti quaecunque ex usu rei publicae maiestate⟨que⟩ divinarum huma⟨na⟩rum publicarum privatarum rerum esse censebit, ei agere facere ius potestasque sit ita uti divo Aug(usto) … fuit (*daß er, was immer nach seinem Urteil dem Namen der Republik und dem Heil der göttlichen, menschlichen, öffentlichen und privaten Verhältnisse dient, Recht und Macht haben soll, zu bewirken und zu tun, so wie es der vergöttlichte Augustus … hatte.*). Einen Ansatz für die vorklassisch geprägte Sinnauslegung, die in diesen Worten sofort eine Ermächtigung zur gesetzesvertretenden Normsetzung fand (vgl. die folgende Anm.), bot das durchaus anspruchsvoll und technisch formulierte Gesetz durch die ausformulierte Vorstellung einer Rechtsmacht (»*ius potestasque*«) zum »*agere*«. Denn »*agere*« bezeichnet in technischer Sprache Handeln durch Rechtssetzung. Vgl. Cicero, Philippica I 7, 17 *existimo nihil tam esse in actis Caesaris quam leges Caesaris* und die wortlautstrenge Auslegungsmaxime der klassischen Jurisprudenz Cicero, pro Caecina 27, 79 *QUIBUS QUIDQUE VERBIS ACTUM PRONUNTIATUM SIT.* Das Verb *facere* bezeichnet im Vergleich dazu das schlichte Herrschaftshandeln.

2 Ulpian 1 institutionum D 1, 4, 1 pr *Quod principi placuit, legis habet vigorem: utpote cum lege regia, quae de imperio eius lata est, populus ei et in eum omne suum imperium et potestatem conferat* mit Gaius I 5 *nec umquam* (!) *dubitatum*. Schon hier sei bemerkt, daß es irreführend ist, wenn *Mommsen*, Röm. Staatsrecht II³ S. 911 lehrt, den »*Satz, dass der gehörig kund gegebene Wille des Monarchen Gesetz ist*«, habe »*erst die diocletianische Monarchie definitv zum*

pretation stammen da- [4] bei, wie wir sehen werden, wie die des Prinzipats selbst aus der vorklassischen Denktradition.

Der Grundsatz, daß der Prinzeps von den Gesetzen befreit ist, bezieht sich dagegen in der Erwähnung, die von allen am weitesten zurückweist, auf die Befreiung von den beiden augusteischen Ehegesetzen aus den Jahren 18 v. und 9. n. Chr., das erste ein Plebiszit, das zweite ein Volksgesetz.[3] Die Befreiung war nicht, wie *Mommsen* postuliert, an diese Gesetze erst später durch eine nachträgliche Interpretation herangetragen worden, sondern in den beiden Gesetzen tatsächlich, wie man heute auch allgemein glaubt, ausdrücklich ausgesprochen.[4] Das bezeugt nicht nur der Umstand, daß die Rechtslage des »*princeps legibus solutus*« ohne jede Andeutung einer Kommentierungsleistung in einem Kommentar zur *lex Papia Poppaea* als unbezweifelte Tatsache mitgeteilt wird,[5] sondern wird darüber hinaus durch die Überlieferung dadurch formell bestätigt, daß die *lex de imperio*, die für Vespasian ergangen war, für Augustus auf solche persönlichen, in den Texten von Volksgesetzen und Plebisziten enthaltenen Befreiungen ausdrücklich Bezug nimmt. Ziel der Inbezugnahme war, sämtliche den Prinzipes seit Augustus erteilten derartigen Befreiungen auf Vespasian zu erstrecken.

> FIRA I (oben Anm. 1) Z. 22 f.
> utique quibus legibus plebeive scitis scriptum fuit, ne divus Aug(ustus), Tiberius Julius Caesar Augustus, Tiberiusque Claudius Caesar Augustus tenerentur, iis legibus plebisque scitis imp. Caesar Vespasianus solutus sit (*Und daß von den Volksgesetzen und Plebisziten, in denen bestimmt ist, daß der vergöttlichte Augustus, Tiberius* [14-37], *Claudius* [41-54] *ihnen nicht unterliegen sollen, daß von diesen Gesetzen auch der Kaiser Vespasian* [69-79] *befreit sein soll.*).[6]

Princip erhoben«. Denn der Unterschied zwischen *lex* und der mit Gesetzeskraft ausgestatteten kaiserlichen *constitutio* berührt nicht die Frage der Geltung oder Gesetzeskraft, sondern drückt lediglich einen Unterschied der Rechtsquelle aus, nämlich den zwischen der regulären Ordnung der Republik und der außerordentlichen des Prinzipats. Der terminologische Unterschied zwischen republikanischer *lex* und kaiserlicher *constitutio* schränkt die Rechtskraft des *legis habet vigorem* in keiner Weise ein.

3 Es handelt sich um die *lex Julia de maritandis ordinibus* und die *lex Papia Poppaea*, die, obwohl erstere ein Plebiszit ist, das Augustus selbst als Volkstribun eingebracht hat, das andere ein konsularisches Gesetz, so eng zusammengehören, daß die spätere Jurisprudenz in einem entsprechenden Kontext auf sie einfach metonymisch als die »*leges*« rekurrierte. Vgl. dazu und zu näheren Einzelheiten *Giovanni Rotondi*, Leges publicae populi Romani (1912, Nachdruck Hildesheim 1966) S. 443 und 457 f.

4 Vgl. nur *Wolfgang Waldstein/Michael Rainer*, Römische Rechtgeschichte (2005)[10] Rz. 14 S. 214 f.

5 Ulpian 13 ad legem Juliam et Papiam D 1, 3, 31 Princeps legibus solutus est: Augusta autem licet legibus soluta non est, principes tamen eadem illi privilegia tribuunt, quae ipsi habent. (*Der Kaiser ist von den Gesetzen befreit. Obgleich die Kaiserin nicht von den Gesetzen befreit ist, gewähren ihr die Kaiser doch dieselben Privilegien, die sie selbst haben.*) Augustus ließ seine Ehefrau dagegen noch vom Senat befreien. Vgl. Anm. 9.

6 Daß einige Vorgänger, Caligula [37-41], Nero [54-68] sowie Galba, Otho und Vitellius [68/69] nicht genannt werden, kann natürlich nicht bedeuten, daß Vespasian Gesetzen, von

[5] Die Verwirklichung des Grundsatzes »*princeps legibus … solutus*« wird durch das »*legibus non teneri*« zugunsten des Augustus in dem wiedergegebenen Text der *lex de imperio Vespasiani* ausdrücklich betont. Zugleich legt die in ihm erkennbare Unterscheidbarkeit von anordnendem Wortlaut und gemeintem Grundsatz nahe, daß der Unterschied zwischen einem bis zur Übergenauigkeit um prägnante und konkrete Regelung bemühten Gesetzestext, der aus republikanischer Tradition stammt, und dem von der Interpretation freigelegten Sinn, der am Ermächtigungsgesetz von 23 v. Chr. auffiel (vgl. insofern die Anm. 1 und 2), in dem Fall der Befreiungen wiederkehrte: Die Gesetze ordneten konkret ein »*non teneri*« an, die Auslegung formulierte das prinzipielle »*princeps legibus solutus*«.

Mommsen vertritt gegenüber der *lex de imperio Vespasiani* allerdings, wie schon bemerkt, überraschenderweise die Ansicht, daß sie sich, soweit sie von Befreiungen zugunsten des Augustus handelt, gar nicht auf die beiden augusteischen Gesetze bezogen habe, sondern auf davon seiner Ansicht nach unterscheidbare, von ihm für Augustus postulierte, allerdings nicht näher charakterisierte, persönliche, durch Gesetz bestimmte Exemptionen anderer Art.[7] Die für diese recht unbestimmt gelassene These genannten oder angedeuteten Gründe halten jedoch nicht Stich. Wenn wir hören, daß Caligula sich von den gleichen Ehegesetzen durch den Senat hat befreien lassen, dann folgt daraus keineswegs, daß Augustus nicht durch eine ausdrücklich in diesen Gesetzen enthaltene Klausel befreit worden wäre. Es bezeugt vielmehr nur, daß man bei Regierungsantritt Caligulas auf den eleganten Gedanken, in die den neuen Prinzeps ermächtigende *lex de imperio* eine Klausel aufzunehmen, die auf den neuen Prinzeps alle bisher den Vorgängern gewährten persönlichen Befreiungen erstreckt, noch nicht gekommen war. Weil die *lex de imperio* für Caligula, die wir für ihn – wie grundsätzlich für jeden Prinzeps – anzunehmen haben und die in der Überlieferung auch angedeutet ist,[8] die

denen sie befreit waren, nun unterliegen soll, sondern nur, daß es in bezug auf sie solche Gesetze nicht gab, entweder weil nicht ergangen oder aufgehoben. Was *Rotondi* a.a.O. (oben Anm. 3) S. 466-469 für diesen Zeitraum an Gesetzgebung verzeichnet, ist mit dieser Annahme durchaus vereinbar.

7 Als Beispiel für eine solche persönliche Privilegierung oder Exemption führt *Mommsen* an, daß der Kaiser seine Sklaven ohne Beachtung von Formvorschriften freilassen konnte (Paulus 16 ad Plautium D 40, 1, 14, 1). Die dort erwähnte *lex Augusti* meint aber in Wahrheit die *lex regia* selbst, nämlich die von *Mommsen* in ihrer Bedeutung unterschätzte Generalklausel, derzufolge das, was der Princeps rechtlich verfügt, ob im Allgemeinen oder im Besonderen, ohne weiteres kraft seiner naturrechtlichen Ermächtigung zur verfassungsmäßigen Herrschaft Rechtskraft hat. Vgl. oben Anm. 1 sowie unten Anm. 15.

8 Nämlich in der an die Generalklausel der *lex de imperio* anklingenden Notiz, daß ihm bei Regierungsantritt (Sueton, Caligula 14) Recht und Entscheidungsgewalt über alle Dinge übertragen wurde (*ius arbitriumque omnium rerum illi permissum est*), und zwar unter so großer öffentlicher Begeisterung, daß drei Monate ununterbrochen gefeiert wurde und nicht weniger als 160.000 Opfertiere geschlachtet worden sein sollen.

Befreiung nicht enthielt, mußte sich Caligula an den Senat wenden, so wie es Augustus selbst noch um seiner Ehefrau willen getan hatte.[9]

[6] *Mommsen* ist weiter der Ansicht, daß die Formel »*princeps legibus solutus*«, die seiner Ansicht nach ja ihren Ausgangspunkt in postulierten, in Gesetzen verfügten persönlichen Exemptionen gehabt hätte, ihren eigentlichen Sinn erst durch eine spätere, von ihm postulierte Praxis der Selbstbefreiung empfangen habe. Nachdem die Kaiser erst anderen Personen Befreiung von den Gesetzen der republikanischen Ordnung gewährt hätten (in der Tat waren spätere Kaiser nicht mehr so zurückhaltend wie Augustus und haben kraft eigener, aus der Generalklausel geschöpften Machtvollkommenheit ihren Ehefrauen die Befreiung von den Ehegesetzen gewährt; vgl. Anm. 6), habe der Prinzeps in der Folgezeit auch zu seinen eigenen Gunsten Befreiungen in Anspruch genommen, allerdings nur in der Form, daß »*ein vom Kaiser vollzogener Rechtsact*«, der »*einer privatrechtlichen oder nur polizeilichen Prohibitivvorschrift zuwiderlief*« gleichwohl gültig gewesen sei, »*als die Dispensation von derselben in sich tragend*«. »*Nur in diesem Sinne*«, daß der »*Princeps jedem Gesetz, von welchem Dispensation statthaft ist, auch ohne solche zuwider handeln darf*«, sei der Satz »*princeps legibus solutus*«, daß den Herrscher kein Gesetz binde, zu verstehen.[10] *Mommsen* führt kein Beispiel aus, hat aber nach den angeführten Quellen auch die erbrechtlichen Prohibitivvorschriften der augusteischen Ehegesetze im Sinn, die ja seiner Ansicht nach die Klausel »*princeps legibus solutus*« nicht enthielten, so daß die Kaiser sich ihren Sanktionen im Wege der Selbstbefreiung entziehen mußten. Ein Kinderloser wie Augustus konnte nach ihren Bestimmungen aufgrund eines Testaments, das ihn außerhalb der Familienerbfolge zum Erben berief, nur die Hälfte erben. Trat ein solcher Kaiser gleichwohl die gesamte Erbschaft an, hätte er sich mit diesem Akt, soweit er dem Gesetz widersprach, von dessen Geltung befreit.

Im Ergebnis ist durch *Mommsens* Interpretation eine Formel, kraft derer die republikanischen Gesetze der Kaiserzeit den Prinzeps von ihrer Geltung befreiten, zu einem Prinzip der Selbstbefreiung geworden. Statt eines von der Volksversammlung in den Rechtsformen der Republik jeweils durch konkrete Anordnungen in Kraft gesetzten »*princeps legibus solutus*« hätten wir ein »*princeps se ipsum a*

9 *Mommsen*, Röm. Staatsrecht II³ S. 750 f. mit Anm. 1 verallgemeinert die Notiz Cassius Dio 59, 15 über Caligula zu der Behauptung »*die Kaiser des julischen Hauses* [d. h. auch Augustus, O. B.] *haben sich von den Vorschriften des Ehegesetzes, die die Unverheiratheten oder in kinderloser Ehe lebenden Gatten in Betreff der letztwilligen Verfügung beschränkten, durch den Senat dispensieren lassen.*« Ebenso a. a.O. Anm. 3 »*von denen [sc. den augusteischen Ehegesetzen] die früheren Kaiser durch den Senat sich hatten entbinden lassen*«. *Mommsen* hätte aber die von ihm angeführte Überlieferung Cassius Dio 56, 32 zu denken geben sollen, daß Augustus sich lediglich für seine Ehefrau Livia an den Senat wandte, um sie von jenen Gesetzen befreien zu lassen. Er selbst war eben, wie es der oben Anm. 5 wiedergegebene Kardinaltext Ulpian 13 ad legem Juliam et Papiam D 1, 3, 31 voraussetzt, bereits kraft dieser Gesetze selbst von ihnen befreit.

10 Vgl. a. a.O S. 751.

legibus solvere potest« vor uns. Eine solche gekünstelte Umdeutung wird den Quellen in keiner Weise gerecht.

Sie verfehlt vor allem die verfassungsrechtliche Bedeutung der beiden miteinander verbundenen Sätze »*princeps legibus solutus*« und »*quod principi placuit, legis habet vigorem*«. In beiden Formulierungen bezeichnet *lex* das in einer der Formen des republikanischen Staatsrechts ergangene, von den außerordentlichen Normsetzungen des Prinzeps unterschiedene Gesetz der republikanischen Verfassungsordnung. Beide sagen daher etwas aus über das Verhältnis der Republik zum Prinzeps: Das Volk, das den Prinzeps als individuelle, amtlose Person zur gesetzesvertretenden Normsetzung ermächtigt, ist das gleiche, das ihn in höchstpersönlicher Weise von der Beach- [7] tung seiner Gesetze freistellt. Beide Normsetzungen stabilisieren die neue Verfassungswirklichkeit. Kraft des Grundsatzes »*quod principi placuit, legis habet vigorem*« ist der Prinzeps zu außerordentlicher, formfreier Rechtssetzung befugt. Die Formel des »*princeps legibus solutus*« macht klar, daß die Gesetze der Republik den Prinzeps von ihrer Herrschaft ausnehmen.

Beide Aussprüche klären die außerordentliche, der traditionellen Republik fremde, amtslose und daher höchstpersönliche Machtstellung des Prinzeps, und zwar in deklaratorisch-interpretativer, die Verfassungswirklichkeit nicht positivistisch gestaltender, sondern lediglich widerspiegelnder und klarstellender Weise. Denn in beiden Fällen ist in Übereinstimmung mit der Gründungsgeschichte des Prinzipats, auf die noch kurz einzugehen sein wird, der vorklassische Gesetzestypus vorausgesetzt, der mit seinen Regelungen immer der Theorie nach bereits existierendes Recht in Geltung setzt und diese Bindung an das Recht – was dem Ermächtigungsgesetz jedenfalls theoretisch alles Anstößige nimmt – auch für die gesetzesvertretenden Anordnungen des Prinzeps voraussetzt.[11]

In diesem Licht interpretiert gelten beide Aussagen der Ausnahmegewalt des Prinzeps. Die erste sagt: Der Prinzeps, der in der Person des Augustus die Republik kraft eines außerordentlichen Rechtsaktes wiederhergestellt und unter die rechtliche Obhut seiner *auctoritas* genommen hat, muß folgeweise erst recht die Befugnis haben, in die Rechtsverhältnisse der Republik, seines Geschöpfs, mit den Mitteln des Rechts gestaltend, sowohl normsetzend wie Einzelfälle regelnd, einzugreifen. Die zweite unterfängt das, indem sie sagt: In dieser Rolle kann der Prinzeps nicht, ohne in seiner Machtstellung grundsätzlich in Frage gestellt zu werden, durch eine positive Rechtssetzung der Republik gebunden werden. Die zuständigen Organe der Republik müssen sich vielmehr jederzeit bereithalten, ihm gegenüber klarzustellen, daß er den Rechtssetzungen der Republik nicht unterliegt. Indem sie es tun, Volksversammlung oder Senat, zeigen sie, daß sie den Prinzeps als die außerhalb und oberhalb der Republik stehende Gewalt anerkennen.

Dieser einfache Zusammenhang wird nicht dadurch in Frage gestellt, daß der Prinzeps zugleich als Bürger nach dem Recht der wiederhergestellten Republik

11 Zu dem grundlegenden Gegensatz siehe meinen Beitrag »Gesetz und Sprache«, jetzt in: *Okko Behrends*, Institut und Prinzip I (2004) S. 91-224.

lebt und leben will. Dieses doppelte Rollenspiel gehört vielmehr zu dem aus seiner Gründungstat, der Wiederherstellung der Republik, folgenden rechtsstaatlichen Wesen des Prinzipats. Es veranschaulicht in der Person des Prinzeps den Kompromiß zwischen Republik und Prinzipat. So wie der Prinzeps beides ist, sowohl Inhaber der höchsten Gewalt im Staat als auch ein Bürger unter anderen Bürgern, so stehen sich Republik und Prinzipat nicht feindlich, sondern in bewußter, auf wechselseitigen Respekt gegründeter und von einem gemeinsamen Rechtsbewußtsein getragener Weise gegenüber.

Der Prinzeps ist von den Gesetzen nicht befreit, weil er das Recht nicht achtet, sondern umgekehrt, weil er die von ihm beanspruchte und in der Restitution der Re- [8] publik betätigte Aufgabe, die Rechtsordnung kraft außerordentlicher Vollmacht zu erhalten und zu sichern, nur kraft einer Stellung über den Gesetzen erfüllen kann. Deswegen ist der berühmte Satz, daß die Kaiser, obschon von den Gesetzen befreit, doch nach ihnen leben, die Grundmaxime des Prinzipats überhaupt, und zwar von Anfang an.

> ›Licet enim‹ inquiunt ›legibus soluti sumus, attamen legibus vivimus‹. (›*Obgleich wir [die Kaiser] von den Gesetzen befreit sind*‹, *sagen sie*, ›*leben wir doch nach ihnen*‹.)
> Institutiones Justiniani II 17, 8 (7).

Die allgemeine und grundsätzliche Bedeutung der Maxime wird durch den erbrechtlichen Kontext, in dem sie überliefert wird, nachdrücklich unterstrichen. Denn die dort in Bezug genommenen Gesetze, von denen der Kaiser befreit ist, nach denen er aber gleichwohl lebt, sind die *leges* der Zwölftafeln, also »vorkonstitutionelle« Gesetze. Wenn der Prinzeps von ihnen befreit ist, dann ist das nicht Folge einer in ihnen enthaltenen Anordnung, sondern Folge einer verfassungsrechtlichen Interpretation, die aus den allgemeinen, dem Prinzipat zugrunde liegenden Grundsätzen schöpft: Er ist von ihnen befreit, weil derjenige, der die Republik wiederhergestellt hat und kraft Ausnahmegewalt erhält, ihre Gesetze wohl achten muß, ihnen aber nicht unterliegen kann.

Durch diese Aussage gewinnen diese Texte eine so grundsätzliche Bedeutung, daß es angemessen ist, sie kurz etwas näher zu betrachten. Anlaß der in ihnen enthaltenen Äußerungen, die Freiheit von und die Achtung vor den Gesetzen zugleich betonen, waren zivilrechtlich, d. h. nach dem Zwölftafelgesetz ungültige Testamente, die den Kaiser als Miterben beriefen, und zwar zur Abwehr von Prozessen. Denn der Testator erwartete, daß niemand es wagen würde, sich auf ihre Rechtsungültigkeit zu berufen, würde er doch damit den Kaiser um einen erbrechtlichen Erwerb bringen. Justinian zitiert in seinen Institutionen aus einer Senatsrede des Kaisers Pertinax aus dem Fünf-Kaiser-Jahr 193 n. Chr.:

> expressit, non admissurum se hereditatem eius, quis litis causa principem heredem reliquerit, neque tabulas non legitime factas, in quibus ipse ob eam causam heres institutus erat, probaturum neque ex nuda voce heredis nomen admissurum neque ex ulla scriptura, cuius iuris auctoritas desit, aliquid adep-

> turum (*Er erklärte, er werde nicht die Erbschaft jemandes annehmen, der den Prinzeps aus Prozeßgründen zum Erben gemacht habe, und er werde keine nicht gesetzmäßig errichteten Testamentstafeln, auf denen er eben deswegen zum Erben eingesetzt sei, anerkennen und nicht aus einem bloßen [= formnichtigen] Wort den Erbentitel annehmen noch aufgrund irgend eines anderen Textes, dem die Rechtsgeltung fehle, etwas erwerben.*)
> Institutiones Justiniani II 17 8 (7).

Sein glücklicherer Nachfolger, der bedeutende Soldaten- und Juristenkaiser Septimius Severus (193-211), hat die gleiche Haltung immer wieder bekräftigt und ihr die schon zitierte Form gegeben:

> Secundum hoc divi quoque Severus et Antoninus saepissime rescripserunt: ›licet enim‹ inquiunt ›legibus soluti sumus, attamen legibus vivimus‹. (*In Übereinstimmung damit haben die vergöttlichten Kaiser Septimius Severus und Caracalla sehr häufig auf Anfrage entschieden:* [9] »*Obgleich wir von den Gesetzen befreit sind, leben wir doch nach ihnen*«.)
> Institutiones Justiniani II 17, 8 (7)

Die Beziehung auf das Zwölftafelgesetz ist überall eindeutig. Denn wenn im Testamentsritual der formelle Nachlaßkäufer zum Testator sagt (Gaius II 103): QUO TU IURE TESTAMENTUM FACERE POSSIS SECUNDUM LEGEM PUBLICAM (*auf daß du rechtmäßig nach dem Volksgesetz ein Testament errichten kannst*), dann sind damit die Zwölftafelnormen V 3 und VI 1 gemeint, aus denen die Zwölftafelauslegung das Testamentsrecht entwickelt hat. Zugleich war auch die Erwartung jener Erblasser, der Kaiser werde einem ungültigen Testament zur Geltung verhelfen, nicht gänzlich unverständlich, hatte doch Augustus kraft seiner außerordentlichen Rechtssetzungsgewalt die Fideikommisse eingeführt, deren Prinzip es war, formlosen letztwilligen Treubindungen letztwillig Bedachter zur Anerkennung zu verhelfen.[12] Gleichwohl war die Erwartung unbegründet. Denn in dem Verhältnis von außerordentlichen, vor den Konsuln eingeklagten Fideikommissen und dem in seiner Selbständigkeit nicht angetasteten, vor die ordentliche Gerichtsbarkeit gehörenden republikanischen Erbrecht wiederholt sich die Grundentscheidung des Prinzipats, daß die außerordentliche Machtstellung des Prinzeps und die darauf zurückgehenden Schöpfungen die Ordnung der wiederhergestellten Republik zwar ergänzen und sichern, nicht aber in Frage stellen sollten.

Die beiden folgenden Stellen, welche die Pflicht zur Achtung der gesetzlichen Ordnung der Republik unmittelbar aus der außerordentlichen Hoheitsgewalt des

12 Vgl. Inst. II 25, 1. Das neue außerordentliche Institut entsteht unter Augustus gleichzeitig mit den Kodizillen, den Nachtragstestamenten. Als Schöpfung der von Augustus befragten Juristen werden die Kodizille Teil des *ius ordinarium*, während die Fideikommisse als kaiserliche Schöpfungen streng *extra ordinem* bleiben. Testamentsersatz konnten die Fideikommisse im übrigen schon deswegen nicht werden, weil sie stets eine bereits erfolgte Zuwendung voraussetzen.

Kaisers ableiten, aus der *maiestas* und dem *imperium*, sprechen daher den Zentralgedanken der Prinzipatstheorie aus. Die Hoheitsgewalt, die ihre Quelle beim Volk hat, ist verfassungsrechtliche, d. h. auf Rechtsordnung bezogene und durch sie definierte Staatsgewalt. Daher hat derjenige, dem sie übertragen wird, die konkrete Rechtsordnung, in der die Menschen leben, nicht nur zu gewährleisten, sondern auch selbst zu achten.

> Paulus 5 sententiarum D 33, 23
> Ex imperfecto testamento legata [vel fideicommissa] imperatorem vindicare inverecundum est: decet enim tantae maiestati eas servare leges, quibus ipse solutus esse videtur. (*Es wäre schamlos, würde der Kaiser aus einem nicht wirksam errichteten Testament ein ⟨dingliches⟩ Vermächtnis vindizieren [oder ein Fideikommiß].*[13] *Vielmehr ziemt es sich, daß die kaiserliche Hoheitsgewalt in ihrer Größe die Gesetze, von denen sie ersichtlich*[14] *befreit ist, achtet.*)

> [10] Ex imperfecto testamento nec imperatorem hereditatem vindicare saepe constitutum est. licet enim lex imperii sollemnibus iuris imperatorem solverit, nihil tamen tam proprium imperii est, ut legibus vivere. (*Daß aus einem unbeendeten Testament auch der Kaiser keine Erbschaft beansprucht, ist oft festgesetzt worden. Denn obgleich das Gesetz über die Kaiserherrschaft den Kaiser von aller formalen Bindung an das Recht befreit,*[15] *so ist doch der Kaiserherrschaft nichts so wesensgemäß als nach den Gesetzen zu leben.*)
> CJ 6, 23,3 Imp. Alexander A. Antigono (a. 232)

Die Aussagen »*decet maiestati servare leges*«, »*nihil tam proprium imperii est, ut legibus vivere*« sind von Anfang an Korrelate des »*princeps legibus solutus*«. Daß derjenige, der eine Norm in Geltung setzt, diese gegen sich selbst gelten lassen muß, ist ein rechtsethisch elementarer, im Römischen Recht vom Prätor in einem

13 Es handelt sich ersichtlich um einen Einschub. Erstens beruhen Fideikommisse nicht auf den Gesetzen, zweitens wirkt ein Fideikommiß niemals dinglich, kann also eine Vindikation niemals rechtfertigen.

14 Hervorhebenswert ist das »*videtur*« = »*wie man annimmt*«, da es nicht auf einen Text, sondern auf allgemein anerkannte und daher »evidente« Auslegung verweist. In der Tat gibt es keine Gesetzesvorschrift, die den Prinzeps von Zwölftafeln befreit hätte. Die Norm ist vielmehr Produkt der verfassungsrechtlichen Auslegung, daß der Prinzeps durch seine Gründungstat über der von ihm wiederhergestellten Rechtsordnung steht.

15 *Mommsen*, Röm. Staatsr. II^3 S. 876 mit Anm. 1 sowie S. 751 versteht den Ausdruck »*solemnia iuris*« zu eng, wenn er meint, es ginge nur darum, daß der Kaiser nicht an privatrechtliche Formvorschriften gebunden sei und daher grundsätzlich aufgrund formnichtiger Testamente Erbe werden könne. Eine solche Vorschrift ist für die *lex de imperio* nicht belegt und auch nicht wahrscheinlich. Das Wort bezeichnet vielmehr das gesamte formale Recht, an das der Kaiser nicht gebunden ist, weil er es von einer höheren Warte materialer Gerechtigkeit aus gewährleistet, darum aber auch grundsätzlich achtet und respektiert. Lehrreich zur rechtlichen Bedeutung des Ausdrucks das Latin Oxford Dictionary, das insofern zu »*sollemnis*« notiert »in accordance with the proceedings of laws, formal«, zu »*sollemnitas*« »necessary formality« und zu »*sollemniter*« »with the proper formality«.

eigenen Edikt proklamierter Grundsatz.[16] Er gilt erst recht für den Prinzeps, der das gesamte Normgefüge der Republik wiederhergestellt hat. Und so wie in der Republik das Volk nach den von ihm gegebenen Gesetzen lebt, so muß dies auch der Prinzeps, kraft Ermächtigung Inhaber der *maiestas* und des *imperium populi Romani,*[17] so sehr ihm als Alleinherrscher mit Rechtssetzungsgewalt die Änderung des Rechts erleichtert ist. Denn das *imperium* war in dem Vorgang der Gründung des Prinzipats seinem Wesen nach keine tyrannische Befehlsgewalt, die erst einmal alles kann, weil nichts sie bindet, sondern, wie schon bemerkt, eine immer schon Verfassung und Rechtsordnung in sich enthaltende rechtliche Herrschaft. Der Prinzeps ist von den positiven Gesetzen befreit, weil er kraft seines *imperium* und seiner *maiestas* das Recht von einem überpositiven Standpunkt aus gewährleistet.

Die heute wohl herrschende Meinung hat *Mommsens* These, daß das *princeps legibus solutus* nicht in den augusteischen Ehegesetzen gestanden hat, stillschweigend hinter sich gelassen, glaubt aber ebensowenig an eine für die Prinzipatstheorie von Anfang an grundlegende Bedeutung des Grundsatzes. Sie meint, es sei in dem ersten Anwendungsfall nur darum gegangen, Augustus von einer lästigen Vorschrift zu befreien, der er sonst unterfallen wäre, so daß, wenn er mit seiner Livia drei eigene Kinder gehabt hätte, die Befreiungsregel unnötig gewesen wäre.[18] In der Tat ist auffällig, daß die erste Anwendung der Befreiung ein Fall war, in dem das für die grundsätzli- [11] che Rechtsstaatlichkeit des Prinzipats so grundlegende Prinzip »*licet legibus soluti sumus, tamen legibus vivimus*« – »*obwohl von den Gesetzen befreit, leben wir doch nach ihnen*« nicht durchführbar war: Denn den von den Gesetzen vorgesehenen Zurücksetzungen im öffentlichen Leben, etwa der Nötigung, im Theater mit schlechteren Plätzen vorlieb zu nehmen, konnte sich weder Augustus noch Livia aussetzen. Man mag hier ein zusätzliches Motiv der in die Gesetze aufgenommenen Klarstellung erkennen. Aber schon die Tatsache, daß Augustus die Dispensierung vom Gesetz für Livia vom Senat erbat und dies natürlich auch für seine Person hätte tun können, lehrt, daß das »*princeps legibus solutus*« von Anfang an den Sinn hatte, die Stellung des Prinzeps gegenüber der Republik zu klären und für die »nachkonstitutionellen« Gesetze ausdrücklich zu deklarieren, was für die »vorkonstitutionellen« Gesetze aus der verfassungsrechtlichen Interpretation folgte: Der Prinzeps unterliegt nicht den Gesetzen seines eigenen Geschöpfes. Er kann seine Ausnahmegewalt zurück-

16 Vgl. *Otto Lenel*, Edictum perpetuum (1927)³ S. 58.

17 Zur Übertragung des *imperium populi Romani* oben Anm. 2. Zur Übertragbarkeit der oft erwähnten *maiestas populi Romani* auf die Magistrate, den Senat und schließlich den Prinzeps *Mommsen*, Röm. Staatsr. III³ S. 664 mit Anm. 1 sowie S. 1033 mit Anm. 1; ferner Röm. Strafr. S. 583.

18 *Wolfgang Waldstein/Michael Rainer*, Römische Rechtgeschichte (2005)¹⁰ Rz. 14 S. 214 f. betonen daher nur, daß die Ehegesetze des Augustus mit der Stellung und den Aufgaben des Kaisers schwer vereinbar gewesen seien.

geben,[19] sie kann ihm aber nicht kraft eines Gesetzes republikanischen Stils entzogen werden.

Ein Blick auf die Gründungsgeschichte des Prinzipats (II.) wird hier noch zusätzlich Klarheit schaffen. Danach sei dann noch kurz das Verhältnis des »*princeps legibus solutus*« zu dem auf Bodins Souveränitätslehre zurückgehenden, modernen Absolutismusbegriff erörtert (III.).

II. Die Wiederherstellung der gesetzlich geordneten Republik als Tat einer außerordentlichen, das Prinzip rechtlicher Herrschaft darstellenden Staatsgewalt

Was das die Rechtsstellung des Prinzeps konsolidierende Ermächtigungsgesetz des Jahres 23 v. Chr. betrifft, so ist es das große Verdienst *Theodor Mommsens*, die unmittelbare Verknüpfung dieses Gesetzes mit der eigentümlichen, amtslosen (!), in der republikanischen Staatsverfassung unerhörten, im Prinzipat fortan die Regierungsjahre eines Prinzeps zählenden *tribunicia potestas* herausgestellt zu haben.[20] Weil *Mommsen* aber, statt die beiden großen rechtswissenschaftlichen Traditionen der Republik aufzuarbeiten und bei seiner Rekonstruktion des römischen Staatsrechts gebührend zu berücksichtigen, den gedanklichen Bau seines Römischen Staatsrechts [12] auf einen überhistorischen Gedanken von Herrschaft gegründet hatte,[21] konnte er den sich daraus ergebenden wesentlichen verfassungsgeschichtlichen Zusammenhang nicht erkennen, nämlich die tiefe Verwurzelung der Herrschaftsidee des Prinzipats in der naturrechtlichen, auf die Staatsgewalt angewandten Mandatstheorie, die im Rückblick ihren ersten großen historischen Auftritt in der *ratio tribunatus* des Tib. Gracchus gehabt hat. Kraft dieser Theorie, die Cicero in seiner Schrift De re publica erörtert, hatte Tiberius Gracchus, beraten von P. Mucius Scaevola pontifex maximus, Konsul des Tribunatsjahres 133 und zugleich führender Jurist der Zeit, den Anspruch erhoben, mit dem ihm vom Volk übertragenen Amt materiale, Verfassung und Rechtsordnung voraussetzende, aber auch zur Verfassungsinterpretation berechtigende Staatsgewalt in Händen zu haben.[22] Es beruht auf einem Fortdenken und einer nachdrücklichen

19 Sueton, Aug. 28 berichtet, Augustus habe zweimal ernsthaft mit dem Gedanken gespielt, das zweite Mal nach der formellen »Wiederherstellung der Republik« (vgl. unten Anm. 27 a. E.) des Jahres 27 v. Chr.. Hinter der Überlieferung steht das zutreffende Urteil, daß die vom Imperator Caesar divi filius beanspruchte Ausnahmegewalt vor und nach 27 v. Chr. letztlich die gleiche war, so sehr die Vorgänge von 27 und 23 v. Chr. sie verfassungsrechtlich konsolidierten.

20 *Mommsen* Röm. Staatsrecht II³ S. 874 ff., 876 ff. *Mommsen* sah ein Vorbild erst im Tribunat des Gaius Gracchus (S. 874), des jüngeren Bruders des Tiberius.

21 Vgl. dazu *Okko Behrends*, Mommsens Glaube. Zur Genealogie von Recht und Staat in der Historischen Rechtsschule (2005).

22 Vgl. dazu *Okko Behrends*, Tiberius Gracchus und die Juristen seiner Zeit, in: Das Profil des Juristen in der europäischen Tradition, Symposion aus Anlaß des 70. Geburtstages von

prinzipiellen Verallgemeinerung der dort sichtbar gewordenen vorklassischen Idee, daß das Volk materiale, auf die Erhaltung und Verbesserung seiner Rechtsordnung gerichtete Staatsgewalt übertragen kann, wenn im Jahr 23 v. Chr. Augustus durch Gesetz nicht das republikanische Amt des Tribunen, sondern eine neuartige, vom Amt getrennte tribunizische Kompetenz empfängt, kraft derer er nun, statt kraft Amtes wirkliche Plebiszite herbeizuführen, in Ausübung der Gesetzgebungshoheit des Volkes ermächtigt ist, in unmittelbar gesetzesvertretender Weise Rechtsnormen zu schaffen.[23] Der von Anfang an für die kaiserliche Rechtssetzung auftretende Name »*constitutio*«[24] geht denn auch auf die vorklassische Rechtswissenschaft zurück, abgeleitet von ›*constituere*‹ – ›*kraft rechtlicher Interpretation festsetzen*‹ und ›*constitutiones*‹ – ›*Festsetzungen kraft solcher Interpretation*‹.[25] Augustus konnte kraft dieser außerordentlichen, außerhalb des Staatsrechts der Republik stehenden Befugnis in jeder Form rechtlich gestaltend tätig werden, durch Maßnahmen der Staatsorganisation, durch Schaffung neuer allgemeiner Normen wie z. B. im Fideikommißrecht, durch Privilegien, die vom Recht befreiten, oder auch im eigenen Vermögenskreis durch unmittelbare, mehr als eine Willensäußerung nicht verlangende Verfügung wie im Fall der formlosen Freilassung eines eigenen Sklaven. Rechtlich war das eine generelle, praktisch unwiderrufliche Ermächtigung, die gesamte das Recht gewährleistende Staatsgewalt in eigenem Namen auszuüben. Das Ergebnis war ein außerordentlicher monarchischer Schwerpunkt außerhalb der Republik, der dem Volk zwar das Recht beließ, im Rahmen der Republik in magistratisch einberu- [13] fenen Versammlungen Staatsgewalt auszuüben, z. B. in Gesetzgebung und Wahlen, die Republik aber zugleich unter eine außerordentliche Herrschaft stellte.

Mommsen hat sich das Verständnis dieser Zusammenhänge durch den apodiktischen, für das vorklassische und das Augustus übertragene *imperium* von Grund auf verfehlten Satz verstellt: »*Ein imperium schlechthin kennt das römische Gemeinwesen nicht*«.[26] In Wahrheit konnte die vorklassisch inspirierte, nicht auf den

Franz Wieacker (1980) S. 25-121, insbesondere S. 81 ff. zu *ratio tribunatus*, der Mandatstheorie und den darauf gegründeten Maßnahmen gegen den Volkstribunen Octavius: Weil dieser von seinem Interzessionsrecht gegen die Interessen des Volkes Gebrauch gemacht und daher sein Amt materiell verwirkt habe, sah Tiberius sich berechtigt, eine Volksabstimmung herbeizuführen, die ihn absetzte.

23 *Mommsen*, Röm. Staatsrecht II³ S. 875 mit Anm. 1 und 2.

24 Vgl. Gaius I 5.

25 Siehe nur die *constitutio Rutiliana* des zum Kreis des P. Mucius gehörenden Rutilius Rufus (Fragm. Vaticana 1) und die vorklassische Regelbildung D 45, 1, 91, 3: *veteres constituerunt.*

26 Röm. Staatsr. II³ S. 845. *Mommsens* überhistorischer Begriff der Staatsgewalt hat ihn weder das im Prinzipat zurückkehrende *imperium* der vorklassischen Rechtswissenschaft erkennen lassen, für welches die Befugnis zur Rechtssetzung wesentlich war, noch das klassische *imperium*, das uns im Edikt der spätrepublikanischen Rechtswissenschaft gegenübertritt und das, wie die *formulae in factum conceptae* und der bekannte Grundsatz: *praetor ius facere non potest* zeigen, das Recht nicht ändern konnte und sich mit unter dem Recht stehenden, befehlssanktionierten Regelungen begnügen mußte.

Wortlaut, sondern auf das nach juristischer Auslegung Gemeinte sehende Gesetzesauslegung (vgl. oben Anm. 11) nur deswegen in der *lex de imperio* den Gedanken einer mandatsweise ermächtigenden Übertragung von Staatsgewalt finden, weil im vorklassischen Rechtsdenken der Gedanke eines *imperium*, einer materialen Staatsgewalt, die sich je nach Verfassungslage in einer Hand befinden, zwischen Volk, Magistraten und Senat verteilt oder auch mehrfach zugeordnet sein konnte, tief verwurzelt war und vor allem im Geschichtsbild Roms allen so gegenwärtig gegenübertrat, daß er für den Gründungsakt des Prinzipats unmittelbar eingesetzt werden konnte.

Blickt man mit den Augen der vorklassischen Rechtswissenschaft auf die Gründung des Prinzipats, erkennt man, daß schon die Wiederherstellung der Republik im Jahre 27 v. Chr. Ausdruck eines vorklassisch inspirierten interpretativen, mit dem Konzept des umfassenden materialen *imperium* arbeitenden *constituere* war. Es hat daher übrigens auch einen guten Sinn, daß die Worte »*constituere*« und »*constitutio*« in der Moderne – man denke an den »*pouvoir constituant*« und die von ihm ausgehende »*constitution*« – für die Akte der verfassungsgebenden Gewalt und die Verfassung technisch wurden.

Am 13. Januar des Jahres 27 v. Chr. stellte der Imperator Caesar divi filius, der sich als Sieger im Bürgerkriege im Konsens aller Verhältnisse bemächtigt hatte, in einem Rechtsakt im Senat die Republik für das Privatrecht und für die in Italien und die senatorischen Provinzen geltende Staats- und Selbstverwaltung wieder her, indem er sie – aber auch nur sie – aus seiner Vollgewalt auf Volk und Senat zurückübertrug.[27] [14] In seiner Herrschaft blieben das gesamte Militärkommando über alle Streitkräfte des Reiches, die – patrimonialstaatlich, d. h. vorklassisch-eigentumsrechtlich begründete – Herrschaft über die Senatsprovinzen[28]

27 So Augustus selbst in seinem Tatenbericht, den im Monumentum Ancyranum bewahrten Res gestae 34: In consulatu sexto et septimo postquam bella civilia exstinxeram per consensum universorum potitus rerum omnium, rem publicam ex mea potestate in senatus populique Romani arbitrium transtuli. Quo pro merito meo senatus consulto Augustus appellatus sum. (*In meinem 6. und 7. Konsulat [in den Jahren 28 und 27 v. Chr.], nachdem ich die Bürgerkriege beendet hatte und mich im allgemeinen Konsens aller Dinge bemächtigt hatte, habe ich das Gemeinwesen aus meiner Macht in die freie Entscheidungsgewalt von Senat und Volk übertragen. Um dieses Verdienstes willen bin ich durch Senatsbeschluß der [von der auguralen Juppiterreligion] »Gesegnete« genannt worden.*) Vgl. *Sueton*, div. Aug. 7, 2. Diese Tat, die der Republik ausdrücklich rechtliche Form und Substanz zurückgab, war das gewiß genau erwogene Gegenstück zur Haltung vollständiger und endgültiger Nichtachtung, mit der sein Adoptivvater Caesar sie behandelte. Er pflegte zu sagen (*Sueton*, Caesar 77): nihil esse rem publicam, appellationem modo sine corpore ac specie (*ein Nichts sei die Republik, nur ein Name ohne Körper und Gestalt*). Der Caesarerbe und Sieger im Bürgerkrieg stellte sie ausdrücklich wieder her. In den offiziellen Kalendern, aus denen sich auch die Daten des zweigliedrigen Aktes ergeben, heißt es einmal »*restituta re publica*«, ein anderes Mal: »*rem publicam populi Romani restituit*«. Vgl. *Mommsen*, Röm. Staatsrecht II[3] S. 745 f. mit Anm. 2.

28 Der Kaiser hatte am Boden seiner Provinzen Eigentum, der *populus Romanus* an den Senatsprovinzen eine Zuständigkeit klassischer Art, nämlich die institutionelle, von Besitz

und eine amtlose Oberhoheit über die Repulik. Drei Tage später, am 16. Januar, nahm er daher vom Senat den Namen Augustus entgegen und herrschte seitdem unter dem erweiterten Titel Imperator Caesar divi filius Augustus, eine Benennung, die ihn als Herrscher endgültig aus allen Ordnungen der Bürger der Republik herauslöste und heraushob.[29]

Schon der gedankliche Ausgangspunkt, daß Augustus im Konsens aller die gesamte Staatsgewalt ergriffen hatte und daher über sie verfügen konnte (vgl. Anm. 27), ist vorklassisch gedacht. Denn die vorklassische Mandatstheorie, die im Jahre 23 die *lex regia* rechtfertigte, nimmt ein Mandat nicht nur an, wenn es übertragen wird, sondern auch, wenn es in Gegenwart und daher mit Duldung des Mandanten ergriffen wird. Da in der Ausübung der Staatsgewalt das Volk als Mandant immer als »anwesend« und »gegenwärtig« angesehen werden kann, kommt es dabei auf den feinen Unterschied, den das privatrechtliche Auftragsrecht vorklassischer Prägung macht, nicht an, daß nämlich die Geschäftsführung für den in der Stadt Rom oder dem Stadtgebiet »anwesenden Geschäftsherrn« Mandat ist, für den »abwesenden« dagegen nur dann (und zwar mit rückwirkender Kraft), wenn er die Geschäftsführung nach seiner Rückkehr genehmigt.[30] Entscheidend ist die Gemeinsamkeit: Für die materiale Sichtweise, die das Mandat als ein In-die-Hand-Nehmen des objektiven Interesses des Mandanten auffaßt, kann die legitimierende Zustimmung ebenso ausdrücklich erklärt wie durch Duldung bekundet werden. Für die Prinzipatstheorie folgt daraus, daß das im Konsens ergriffene Imperium, kraft dessen im Jahre 27 v. Chr. die Republik wiederhergestellt wurde, in der Substanz kein anderes war als dasjenige, was im Jahre 23 v. Chr. ausdrücklich übertragen wurde.

Vorklassisch ist darüber hinaus auch der für die »Wiederherstellung der Republik« zentrale Gedanke, daß Alleinherrschaft und Rechtsordnung sich nicht ausschließen, vielmehr eine gute Alleinherrschaft bereits alle Formen hervorbringen und gewähr- [15] leisten kann, die für eine Republik notwendig sind. Den Römern ist diese Überzeugung durch die aus der vorklassischen Zeit stammende Überlieferung vertraut, daß die Königszeit durch die Abfolge der sechs guten Könige alle wesentlichen Institutionen der Republik bereits geschaffen hatte, so

und Eigentum scharf getrennte Zuständigkeit einer *universitas personarum*. Zu diesem für das Verhältnis von Prinzipat und Republik aufschlußreichen, durch Gaius II 7 dokumentierten Verhältnis näher zuletzt meine Untersuchung »Il ›*fines regere*‹ tra possessori e usufruttuari in Italia e nelle provincie, Index 32 (2004) S. 14-47.

29 Ausführlich und klärend zur Namensfrage *Mommsen*, Röm. Staatsrecht II³ (1887) S. 765-774. Das Abwerfen des Gentilnamens der Julier und der Nichtgebrauch der Tribus, des Bodenbezirks, in den jeder Bürger vom Zensus eingeschrieben wurde und der für den gewöhnlichen Bürger Namensbestandteil war, wird überzeugend aus dem Bestreben des Herrschers gedeutet, zwischen sich und den Bürgern eine »Scheidelinie« zu ziehen. In der Tat: Wer Imperator Caesar divi filius Augustus heißt, ist nicht mehr Mitglied des Bürgerverbandes, sondern ihm übergeordnet.

30 Vgl. die Nachweise in meinem Beitrag »Die *bona fides* im *mandatum*«, jetzt in *Okko Behrends*, Institut und Prinzip II (2004) S. 806-838 (814 ff.).

daß sie mit der Vertreibung des letzten, zum Tyrannen entarteten Königs bereits als Geschöpf einer zur Republik erziehenden Monarchie nach allen wesentlichen Institutionen fertig hervortreten konnte.[31] Diese Anschauungsweise lässt auch das Paradox verschwinden, daß der Imperator Caesar divi filius im Jahre 27 die Republik in einem Akt wiederherstellt, zu dem er den Senat der republikanischen Staatsform bereits einberufen konnte. Die Königszeit war in dem Akt von 27 v. Chr. gedanklich im übrigen nicht nur dadurch unmittelbar gegenwärtig, daß der Augustus-Name nur ein subtilerer Ersatz für den zuvor erwogenen Namen Romulus war, sondern noch mehr dadurch, daß auch Romulus Rom in auguraler, Frieden verbürgender Form gegründet hatte, nachdem er sich zuvor durch Blutvergießen, in seinem Fall durch den Brudermord an Remus, dem Sinnbild der Rom heimsuchenden Bürgerkriege, der Alleinherrschaft bemächtigt hatte.[32]

Im Gegensatz zu seinem Adoptivvater Gaius Julius Caesar, dem die Republik ein »Nichts ohne Gestalt und Körper« geworden war und der dafür einen Tyrannentod starb, behandelte Augustus die Republik, die er als Sieger im Bürgerkrieg nach Art eines guten Monarchen schon in seinen Händen geformt hatte und daher uno actu restituieren konnte, in vorklassischer Tradition als etwas ontologisch Wirkliches, dem deswegen, weil es etwas sozial Wirksames war, auch »Körperlichkeit« zukam. Daher konnte die Republik als rechtliche Ordnung Gegenstand jener sie aus unbeschränkter Gewalt entlassenden Gründungstat sein.[33]

31 Livius II 1, 7 drückt das in der Weise aus, daß die Freiheit nicht durch eine inhaltliche Einschränkung der Königsgewalt, sondern dadurch begründet worden sei, daß sie als konsularische Staatsgewalt auf ein Jahr, also nur zeitlich, beschränkt worden sei (*magis quia annuum imperium consulare factum est quam quasi deminutum quicquam sit ex regia potestate*). Das Verdienst der Königszeit war nach dieser rechtlichen Tradition die (II 1, 6) *moderatio imperii*, die Mäßigung der Staatsgewalt, z. B. durch Einrichtung des Senats (durch Romulus; Liv. I 8, 7) und die Einführung der Königswahl durch die Volksversammlung (Liv. I 17, 9: für Numa, den Nachfolger des Romulus).

32 Livius' Worte I 7, 3 *Ita* (d. h. nachdem er Remus erschlagen hatte) *solus potitus imperio Romulus; condita urbs conditoris nomine appellata* erinnern an die Worte des siegreichen Augustus im Monumentum Ancyranum »*potitus omnium rerum*« (vgl. oben Anm. 27). Vgl. Livius I 18, 6 *Romulus augurato urbe condenda regnum adeptus est* und V 52, 2 *Urbem auspicato inauguratoque conditam habemus*. Daß Augustus die Annahme des Ehrennamens »Romulus« gleichwohl ablehnte (vgl. Sueton, Augustus 7), ist gut begründet, da die Art, in der er als Augustus die Herrschaft über die Republik behielt, durch das Prinzip der Außerordentlichkeit tatsächlich erheblich subtiler gestaltet war als die Herrschaft, wie sie die Tradition Romulus zuschrieb.

33 Die bereits zitierte Äußerung Caesars (oben Anm. 27), daß die Republik nur ein Name ohne Körper und Gestalt (*sine corpore atque specie*) sei, ist terminologisch und gedanklich präzise gegen die vorklassische, als solche stoisch geprägte Denkweise gerichtet, für die alles, was wirkt, im Sinne gestaltender Materialität körperlich ist, gerade auch alle Wertbegriffe von Moral und Recht. Vgl. einerseits Seneca, epist. morales 107, 10 *quidquid facimus aut malitiae aut virtutis gerimus imperio; quod imperat corpori corpus est* – daher ist auch eine Republik, die als Rechtsordnung über menschliches Verhalten herrscht, etwas »Körper-

[16] Die proklamierte Wiederherstellung der Republik bedeutet natürlich keine wirkliche Wiederherstellung des Freistaats, auch wenn man vom ohnehin vorbehaltenen Militärkommando und der Herrschaft über die durch die dort stationierten Legionen machtpolitisch entscheidenden kaiserlichen Provinzen absieht. Vielmehr nahm Augustus auch für die wiederhergestellte Republik seit dem Akt von 27 v. Chr., wie er es selbst formuliert hat, in Gestalt einer alle verfassungsmäßigen Kompetenzen der Republik überragenden *auctoritas* eine ihren Bestand schützende Höchstverantwortung wahr, so sehr er sich im übrigen in der Republik als Bürger unter Bürgern definierte.[34] Daher gibt es im Verhältnis von Prinzeps und Republik seit 27 v. Chr. ein Innen und Außen und zwei Rollen, je nachdem, wo der Prinzeps handelt. Wenn er sich innerhalb der wiederhergestellten Republik und ihrer Rechtsformen bewegt, ist er ein Bürger wie alle anderen und bestätigt in seinem Verhalten die Wirksamkeit seiner Restitutionstat. Dagegen steht er als derjenige, der die Republik wiederhergestellt und dauernd zu schützen hatte, über ihr und außerhalb ihrer Formen. Die *lex regia* von 23 v. Chr. bestätigt das, obschon der Rechtsform nach ein Gesetz der Republik, da sie als Konkretisierung des außerordentlichen *imperium* eine Ermächtigung deklariert, welche die Republik transzendiert. Das gleiche tun die Bestimmungen, welche den Grundsatz *princeps legibus solutus* verwirklichen, da mit ihnen die republikanischen Gesetze demjenigen, der sie wieder ermöglicht hatte, bekunden, daß sie seine Ausnahmestellung respektieren.

Die eminente juristische Bedeutung der über der Republik stehenden *auctoritas*[35] zeigt sich in besonderer Klarheit in dem von Augustus erteilten »*ius respondendi ex auctoritate principis*«, dem »*Recht, aufgrund der Hoheit des Prinzeps Rechtsgutachten zu erteilen*«. Dieses seit Augustus verliehene Recht gab den hauptstädtischen Juristen die Befugnis, das Recht in der wiederhergestellten Republik fortzubilden, und zwar in freier, professioneller, allein ihrer Wissenschaft verpflichteter, aber eben doch auch jetzt durch den Kaiser legitimierter Weise. Die Aussagekraft dieser Institution für die Verfassungsidee des Prinzipats kann kaum

liches« –, andererseits von Arnim, Stoicorum Veterum Fragmenta II S. 28 Nr. 81, wo exemplarisch verdeutlich wird, daß das Denken beginnt, wenn der »Eindruck«, den etwas »Körperliches« als *eîdos* (*species*) auf den menschlichen Verstand ausübt, als *génos* (*genus*) zum Begriff erhoben wird.

34 Res gestae 34: Post id tempus auctoritate omnibus praestiti, potestatis autem nihil amplius habui quam ceteri, qui mihi quoque in magistratu conlegae fuerunt. (*Nach dieser Zeit [der Verleihung des Augustus-Titels] habe ich alle an Hoheit überragt, an Amtsgewalt aber nicht mehr gehabt, als die übrigen, die gleichzeitig mit mir als Kollegen in einer Magistratur waren.*) Man beachte die beiden Perspektiven: Als Träger der amtslosen Hoheit steht Augustus über der Republik, nicht dagegen, wenn er ein Amt bekleidet, das ihm das *ius publicum quod in magistratibus consistit* (Ulpian 1 institutionum D 1, 1, 1, 2) bereitstellt. Das Mitspielen in den Formen der Republik bekundet die Ernsthaftigkeit ihrer Wiederherstellung, ist aber in keiner Weise geeignet, die außerhalb der Republik stehende Ausnahmegewalt zu schwächen.

35 Vgl. insbesondere *André Magdelain*, Auctoritas principis (1947).

überschätzt werden. Der Akt der Wiederherstellung der Republik wird dadurch gewissermaßen nach innen gewendet, indem der kaiserliche Rechtsgeltungswille von der Wiederherstellung auf die Rechtsfortbildung erstreckt, diese aber für den Regelfall konsequent wieder den Juristen übertragen wird, die diese Verantwortung schon getragen hatten, dies aber fortan bei [17] aller Freiheit unter dem Leitgedanken einer kaiserlichen Oberhoheit taten. Lehrreich für das hinter der Gründung des Prinzipats stehende Rechtsdenken ist dabei, daß dieses Recht den Vertretern beider aus der Republik stammenden Rechtstraditionen verliehen wurde. Das trat mit Schärfe hervor, als sich unter Tiberius die beiden Rechtsschulen ausgebildet hatten und nun Sabinus und Cassius mit vorklassisch und Nerva und Proculus mit klassisch geprägten Gutachten das Recht fortbildeten, alle gestützt auf die gleiche *auctoritas principis*. Es hat aber seinen guten Grund, daß die Überlieferung betont, der Gegensatz der beiden »*sectae*« gehe auf den Gegensatz der beiden augusteischen Juristen, den in Rechtsfragen erzkonservativen Ateius Capito und den großen Neuerer Antistius Labeo zurück.[36] Denn die Grundentscheidung, daß es den Juristen überlassen bleiben sollte, ob sie das Recht der wiederhergestellten Republik mehr in Richtung einer Anpassung an die Leitideen der Ausnahmegewalt des Prinzeps oder mehr in Verteidigung der klassischen Tradition entwickeln sollten, war bereits von Augustus getroffen. Es war eine kluge Entscheidung. Die Idee der wiederhergestellten Republik wurde durch die Freiheit der Jurisprudenz gestärkt. Die Juristen wurden mit der Aufgabe, die methodischen Gegensätze zu mildern, vor eine bedeutende rechtswissenschaftliche Herausforderung gestellt. Der für das Prinzipat grundlegende Gedanke, daß eine Rechtsordnung nicht notwendig aus einem Guß sein muß, sondern ein rechtlicher Zustand auch dann entstehen kann, wenn man sich in einem Staatswesen von verschiedenen Ausgangspunkten aus um ihn bemüht, wurde durch das Nebeneinander der beiden Rechtsschulen für alle sichtbar bekräftigt.

Mit dem Gedanken der *auctoritas principis* wurde die Quelle der Rechtsgeltung im übrigen noch einmal deutlich an einem Punkt über der Republik verortet. Denn es gehört in römischer Tradition zum Wesen der über einen Menschen oder eine Ordnung ausgeübten *auctoritas*, daß sie ihre Geltung nicht aus der Sphäre dessen oder derer zieht, den oder die sie behütet; daher kann sie aus dieser Sphäre auch nicht eingeschränkt werden. Das gilt für den Vormund, der kraft eigener Rechtsstellung und in eigener Verantwortung mit seiner *auctoritas tutoris* ein

36 Vgl. *Pomponius* lb sg enchiridii D 1, 2, 2, 47. In der Konfrontation der beiden augusteischen Juristen sind die jeweiligen rechtswissenschaftlichen Optionen nicht etwa von monarchischer oder republikanischer Gesinnung geleitet. Capito, der der neuen Herrschaft bis zur Servilität ergeben war, wollte von Änderungen im republikanischen Rechtssystem nichts wissen, während Labeo, der die bedeutenden Neuerungen, die er in das tradierte System eingeführt hatte, vorklassischen Gedanken verdankte, als republikanischer Frondeur auftrat und Augustus gegenüber sehr deutlich machte, was er von dem höfischem Zeremoniell und der Entmachtung des Konsulats hielt.

Rechtsgeschäft des Mündels in Geltung setzt. Das gilt aber auch für die uralte, aus dem protorömischen Quirinalbund stammende *auctoritas patrum* der patrizischen Mitglieder des Senats, welche die bündnisbildenden Siedlungen vertraten und als *interreges* die Quelle darstellten, aus der sich rechtliche Hoheitsgewalt des Gemeinwesens immer wieder erneuern konnte: In der älteren republikanischen Verfassung bescheinigte ihre *auctoritas* allen Akten der Volksversammlung die Übereinstimmung mit der auguralen Rechsordnung und verlieh ihnen damit letzte Geltung.

[18] Beide Institute beleuchten den Sinn der *auctoritas*, die Augustus in Verbindung von ältester auguraler Tradition mit vorklassischem, an die ontologische Wirklichkeit der Rechtsordnung glaubenden Rechtsdenken für sich beanspruchte. Sie steht als oberste Quelle der Rechtsgeltung über der Republik, besteht aber wie das außerordentliche *imperium* selbst, von dem sie ein Ausschnitt ist, um ihrer Sicherung und Erhaltung willen und ist ohne Bezug auf diesen Inhalt gar nicht zu denken. Wenn die unter dem Prinzipat ergangenen Gesetze dieser Ausnahmestellung durch die Umsetzung des Grundsatzes »*princeps legibus solutus*« ihre Reverenz erweisen, so geschieht das in der Logik dieser kunstvollen Verfassung zur Sicherung dieser Ordnung und in der selbstverständlichen Erwartung eines grundsätzlichen kaiserlichen »*attamen legibus vivimus*«.

III. Die Befehlsgewalt des »prince souverain« Bodins und die Rechtsmacht des princeps Augustus

In der Neuzeit ist das »princeps legibus solutus« zum Schlagwort »absolutistischer« Staatsgewalt geworden, die kraft schrankenloser Befehlsgewalt grundsätzlich jeden denkbaren Regelungswillen in Gesetzesrecht verwandeln kann. *Ulrich von Lübtow*, der den Satz als die »klassisch gewordene Formulierung des Absolutismus« bezeichnet,[37] vertritt die Geltung des im neuzeitlichen Sinn verstandenen Satzes auch für Rom, nämlich für den sogenannten, nach konventioneller Datierung mit Diokletian einsetzenden »Dominat«, in dem die kaiserliche Gesetzgebung unter dem Druck immer krisenhafter gewordener Verhältnisse so tiefgreifend in einst freie Verhältnisse von Wirtschaft und Gesellschaft eingegriffen hat, daß auch andere Autoren von einem »assolutismo« oder einem »imperium Romanum assolutistico« sprechen.[38] Dagegen ist aber mit Recht angeführt worden, daß an der Rechtsgesinnung des »*attamen legibus vivimus*«, welche Herrschaft, die nicht in Tyrannis entartet ist, begriffsnotwendig auf eine vom Herrscher zwar fortgebildete, aber stets im Herrschaftsbegriff bereits enthaltene

37 *Ulrich von Lübtow*, Das römische Volk. Sein Staat und sein Recht (1955) S. 460.

38 So *Mario Bretone*, Storia del diritto romano (1987) S. 353 f.; *Antonio Guarino*, Storia del diritto romano (1998)[12] S. 510 ff.

Rechtsordnung bezieht, grundsätzlich stets festgehalten worden ist, bis hin zu Justinian.[39]

[19] Die Ansicht, für die stellvertretend soeben *v. Lübtow* zitiert wurde, geht in ihrer grundsätzlichen Differenzierung von zwei Phasen des römischen Kaisertums bereits auf *Jean Bodin*, den Schöpfer der modernen Souveränitätstheorie, zurück. In seinen »Six Livres de la République« (1583², Nachdruck 1977) definierte er die Souveränität, die er als Begriff neu und, wie er betont, ohne Vorbild einführt,[40] aber an den ihm bekannten geschichtlichen Herrschaftsformen veranschaulicht, in einer Weise, die ihn dazu nötigte, dem Imperator Caesar divi filius Augustus die Stellung eines souveränen Monarchen abzuerkennen. Souveränität ist für *Bodin* die höchste, nichts über sich duldende, unteilbare, durch nichts bedingte Befehlsgewalt.[41] Da aber der Prinzeps durch Gesetz von der Geltung der Gesetze befreit worden sei, sei er kein souveräner Fürst gewesen. Die Befreiung setze voraus, daß jemand über ihm stehe, der ihn befreie und partiell aus seiner Befehlsgewalt entlasse. Augustus sei daher als Princeps kein »*prince souverain*« gewesen, vielmehr nur ein »*chef de la Republique*«.[42] Bodin hat

39 *Waldstein/Rainer* (oben Anm. 4) S. 215 weisen auf ein eindrucksvolles Bekenntnis in einem in den Codex Justinianus aufgenommenen Gesetz Valentians III. oder genauer von dessen für den damals im Jahre 429 noch unmündigen Kaiser auftretenden Mutter Galla Placidia hin. CJ 1, 14, 4 (Ravenna 429): Digna vox maiestate regnantis legibus alligatum se principem profiteri: adeo de auctoritate iuris nostra pendet auctoritas. et re vera maius imperio est submittere legibus principatum. (*Ein der Majestät des Herrschenden würdiges Wort ist es, sich als Prinzeps durch die Gesetze gebunden zu bekennen. So sehr hängt unsere Autorität von der Autorität des Rechts ab. Und tatsächlich ist es etwas Wichtigeres als die Herrschaft selbst, den Prinzipat den Gesetzen unterzuordnen.*) Gemeint ist letztlich das *iustitia fundamentum regnorum* (Sprüche Salomo 25, 5; *Detlef Liebs*, Lateinische Rechtsregeln und Rechtssprichwörter [1991]⁵ S. 106), das der Sache nach auch der gesamten augusteischen Gründung zugrunde liegt.

40 A. a.O. S. 122: *Il est icy besoin de former la definition de souveraineté, par ce qu'il n'y a ny iurisconsulte, ny philosophe politique, qui l'ayt definie.*

41 A. a.O. S. 270:*Le souverain est celuy qui ne peut estre commandé de personne, & qui peut commander à tous.*

42 S. 142: »*Auguste apres la guerre Actiaque fut absous par le Senat de la puissance des loix, iaçoit qu'il ne fust que chef de sa Republique, & non pas Prince souverain.* Auf den Irrtum, daß die Befreiung von den Gesetzen vom Senat ausgesprochen wurde, kommt hier nichts an. Vorbereitet ist das Argument bereits S. 131: *le subject, qui est exempté de la puissance des loix, demeure tousiours en la subjection & obeissance de ceux qui ont la souveraineteé. … la loy dit, que le Prince est absous de la puissance des loix: & ce mot de loy emporte aussi en Latin le commandement de celuy qui a la souveraineté.* Vgl. auch S. 144: *les premiers Empereurs Romains n'estoyent pas souverains, mais seulement chefs, & premiers des citoyens, qu'ils appelloyent Principes: et cette forme de Republique estoit en apparence Aristocratique, en effect Monarchique, & s'appeloit PRINCIPATUS: en laquelle l'empereur avait ceste prorogative d'estre le premier en dignité, en honneur, en séance: combien qu'à la verité la pluspart des Empereurs estoyent tyrans.*«

jedoch diese Deduktion, die bei *Mommsen* im Prinzip wiederkehrt,[43] nicht durchgehalten und insofern tatsächlich ebenfalls schon zwei Phasen des römischen Kaisertums angesetzt, da er bereits für das 2., von den Adoptivkaisern geprägte Jahrhundert, also für eine Periode, in der die Verfassung der augusteischen Gründung sowohl institutionell als auch in der maßvollen Herrschergesinnung noch ganz nahe war, den Prinzeps als Herrn über die Gesetzgebung und damit als »*prince souverain*« anerkannte,[44] ungeachtet der Tatsache, daß die Kaiser sich bis zu Justinian darauf beriefen, durch die Gesetze von den Gesetzen befreit worden zu sein.

Augustus hätte sich vermutlich die milde Kennzeichnung »chef de la République« gerne gefallen lassen, aber gewiß gelächelt, wenn ihm Bodin erklärt hätte, er stünde als »*prince*« unter den in seiner Herrschaftszeit erlassenen republikanischen Gesetzen, weil diese ihn nach dem Grundsatz »*princeps legibus solutus*« jeweils von ihrer [20] Geltung befreit hätten. Er selbst oder seine Berater hätten Bodin auseinandergesetzt, daß die entsprechenden Bestimmungen die Befreiung nicht so sehr erzeugten als deklarierten und der hohe Wert dieser Deklaration nicht nur darin liege, falsche Schlußfolgerungen abzuwehren, sondern noch grundsätzlicher in der in ihnen enthaltenen Kundgabe, daß die Verfassungsinterpretation, die das Prinzipat trägt, von beiden Seiten anerkannt werde, von den Gesetzen republikanischen Stils durch ihre Selbstbeschränkung, vom Prinzeps dadurch, daß er, obwohl als Inhaber der höchsten Staatsgewalt über allen stehend, als Bürger in der Rechtsordnung lebe und sie achte. Im übrigen sei Augustus dadurch, daß sein *imperium* die Rechtsordnung als ihren Gegenstand immer schon voraussetzt und von ihm aus gesehen Rechtssetzung grundsätzlich klärende Interpretation der schon von Natur aus rechtliche Strukturen aufweisenden Verhältnisse darstellt, in keiner Weise daran gehindert worden, in Rom, Italien und den Provinzen die vielen, grundlegenden Neuerungen einzuführen, denen seine Verfassungsschöpfung ihre lange Dauer verdankte. Vielleicht hätten in einer solchen Diskussion die Vertreter der Prinzipatstheorie dann ihrerseits Bodin gefragt, ob nicht sein Gedanke, das Gesetz als souveränen Befehl zu definieren,[45] einen grundsätzlichen Fehler enthalte. Der Befehl herrsche im Militärwesen, da sich dort alle einem Zweck des Handelns unterordnen müßten. Die in Verfassung

43 *Mommsen*, Röm. Staatsr. II³ S. 750 sagt zu den Befreiungsklauseln, auf welche die *lex de imperio Vespasiani* verweist: »*eben diese Ausnahmen bestätigen nur die Regel, dass im Allgemeinen jedes Gesetz auch den Princeps verbindet*«.

44 Vgl. nur S. 142: »*il faut que le Prince souverain ait les loix en sa puissance pour les changer, & les corriger selon l'occurrence des cas, comme disait le Iurisconsulte Sextus Caecilius*«. Der ohne Quelle zitierte Sextus Caecilius ist Africanus, der Schüler Julians. Bekannt ist eine solche Äußerung nur von Julian selbst, dem führenden Juristen der Zeit Hadrians.

45 A. a. O. S. 216: »*le mot de loy sans dire autre chose, signifie le droit commandement de celuy ou ceux qui ont toute puissance par dessus les autres sans exception de personne.*« S. 222: »*Voila donc quant à la première marque de souveraineté, qui est le pouvoir de donner loy ou commander à tous en general, & à chacun en particulier: qui est incommunicable aux subjects*«.

und Rechtsverhältnissen formulierten Bedingungen des freiheitlichen und friedlichen Zusammenlebens seien dagegen doch gerade nicht befehlsgeneriert, sondern durch autoritative, rechtliche Interpretationen geschaffen und damit stets durch einen Vorgang gewonnen, den die Kaisergesetze mit ihrem Namen *constitutio* zum Ausdruck bringen. Das gelte auch für die »*Haushalte und das, was ihnen gemeinsam ist*«, also die – gewiß nicht befehlserzeugten – Dinge, die er, Bodin, in einer ihrem Denken durchaus nahen Weise als Gegenstand der Republik definiere.[46] Werde nicht auch der Souverän, dem eine souveräne, gottgleiche Befehlsgewalt zugeschrieben werde,[47] allzu sehr in eine übermenschliche Sphäre entrückt, so daß er Gefahr laufe zu vergessen, daß er im Sinne des »*attamen legibus vivimus*« immer auch in der Rechtsordnung lebe, über die er herrscht? Und lasse nicht schließlich der auf Gehorsam im Handeln gerichtete Befehl, wenn zum obersten Verfassungsprinzip erhoben, die Herrscher grundsätzlich verkennen, daß es im Recht primär um in angemessenen Rechtsverhältnissen geordnetes und sich ordnendes freies Leben geht, so daß der Unterschied zwischen dem Herrscher, dessen Autorität das Recht als Lebensform achtet, interpretiert und sanktioniert, und dem Tyrannen, der durch auferlegte Gehorsamsproben seine Willkür betätigt, an der Quelle unklar werde?

46 A. a. O. S. 1: »*Republique est un droit gouvernement de plusieurs mesnage, & de ce qui leur est commun, avec puissance souveraine.*«

47 S. 161: »*Car si la iustice est la fin de la loy, la loy oeuvre du Prince, le Prince est image de Dieu, il faut par mesme suite de raison, que la loy du Prince soit faicte au modelle de la Loy de Dieu*«; S. 211: »*il n'y a rien plus grand en terre apres Dieu, que les Princes souverains.*«

IX. Die Republik und die Gesetze in den Doppelwerken Platons und Ciceros*; **; ***

I. Die Republik als Verfassungsideal der Neuzeit

[133] Am Ende der verfassungsgebenden Versammlung, der *Constitutional Convention* von Philadelphia 1787, wurde Benjamin Franklin gefragt: »Was habt ihr erarbeitet? (*What have you wrought?*)«. Er antwortete: »Eine Republik, wenn ihr sie bewahren könnt (*A Republic, if you can keep it*)«. Gegen Ende des Sezessionskrieges, der die Sklavenbefreiung brachte, fasste Abraham Lincoln die gleiche Tat im Rückgang auf die vorausgegangene Unabhängigkeitserklärung von 1776 in einer Weise zusammen, die bis in die Wortwahl hinein der Sicht entspricht, mit der Friedrich Carl von Savigny in seinem »System des heutigen römischen Rechts« den Staat aus dem Volksgeist hervorgehen ließ. Lincoln erinnert am Anfang der Gettysburg Address von 1863 an die Gründungstat: »Four score and seven years ago our fathers brought forth on this continent, a new nation conceived in Liberty, and dedicated to the proposition that all men are created equal« und schließt mit dem sich am Ende auf alle Völker ausweitenden Wunsch: »that this nation, [134] under God, shall have a new birth of freedom – and that government of the people, by the people, for the people, shall not perish from the earth«.

Savigny formulierte 23 Jahre früher mit gleicher universaler Geltung (System I [1840] S. 29; Hervorhebungen im Original): »der Staat ⟨sc. entsteht⟩ ursprünglich und naturgemäß *in* einem Volk, *durch* das Volk, und *für* das Volk.« Beschworen

* Erstabdruck in: Die Herrschaft der Gesetze und die Herrschaft des Menschen – Platons »Nomoi«, hrsg. von Barbara Zehnpfennig = Politisches Denken. Jahrbuch 2008, Berlin 2008, S. 133-182.

** Einleitend gilt mein besonderer Dank *Barbara Zehnpfennig* für die Einladung des Rechtshistorikers zu einer Tagung, die sie unter ein besonders fruchtbares, Recht und politische Philosophie verbindendes Leitthema gestellt hatte. Herkunft, Tragweite und Aktualität der Fragestellung werden durch ihre am Ende (S. 248) ihres von ciceronischer Liberalität getragenen Buches »Platon zur Einführung« (2005) genannten Publikationen ins Licht gestellt: »Reflexion und Metareflexion. Ein Strukturvergleich des Platonischen ›Charmides‹ und Fichtes ›Bestimmung des Menschen‹« (1987), »Hitlers ›Mein Kampf‹. Eine Interpretation« (2000) und die Übersetzung und Präsentation von *Hamilton/Madison/Jay*, Die Federalist Papers (1993).Vgl. jetzt auch ihren Artikel »Der platonische Staatsmann und seine Wiederbelebung im amerikanischen Neokonservatismus«, in: Politikos – Vom Element des Persönlichen in der Politik, Festschrift für Thilo Schabert (2008) S. 95-112.

*** Folgende Übersetzungen wurden herangezogen: *Diogenes Laërtius*, Leben und Meinungen berühmter Philosophen. Aus dem Griechischen übersetzt von Otto Apelt. 2. Auflage 1967. Philosophische Bibliothek. Felix Meiner Verlag; *Platon*, Werke in acht Bänden. Griechisch und deutsch (1977; Nachdruck 1990): V. Politeia (Übersetzung: *Friedrich Schleiermacher*) VI. Theaitetos (*Friedrich Schleiermacher*) VIII. Nomoi 1-6 (*Klaus Schöpsdau*); 7-12 (*Klaus Schöpsdau* und *Hieronymus Müller*). Die übrigen Übersetzungen sind solche des Autors.

ist von beiden eine spirituelle, höhere, sich selbst gleiche, aber in der Wirklichkeit immer neu erscheinende Kraft, welche die Menschen in den Völkern ergreift und zur Gründung von Republiken befähigt,[1] wobei allerdings Savigny das »politische Prinzip«, das in der republikanischen Verfassung Roms das von ihm neu systematisierte Recht erzeugt hatte, für die eigene Zeit durch eine entschiedene Romantisierung des Volksbegriffs machtpolitisch entschärfte,[2] es aber gleichwohl rechtswissenschaftlich im Zentrum hielt, indem er aus ihm eine nachdrückliche Fundamentalkritik des rationalistischen Gesetzgebungsstaates der französischen Revolution ableitete und das Primat einer dem freien Zusammenleben dienenden, eine normative, geistige Tradition aktualisierenden Rechtswissenschaft einforderte.[3] Diese Sicht sieht im Zentrum die im Kern [135] auf dem eigenverant-

1 Näher zu den Zusammenhängen *Okko Behrends*, Mommsens Glaube. Zur Genealogie von Recht und Staat in der Historischen Rechtsschule (2004) S. 16 ff.

2 *Savigny*, System I S. 30 definiert seinen Volksgeist als »das ideale Recht des Volks als Naturganzen« und unterscheidet von ihm das »historische Recht des Römischen populus«. In der Verwendung des Vorbildes unterscheidet *Savigny* zwei weitere Volksbegriffe, von denen der eine nur die in einem Staat lebenden untertänigen Individuen, d. h. ohne die Regierenden, der andere alle ohne Ausnahme erfasst. In der ersten der beiden weiteren damit gegebenen Möglichkeiten kritisieren seine Worte die französische Revolution: Wer auf diese Weise die »Gesammtheit der Unterthanen« durch das römische Vorbild ermächtigen wolle, versuche, »mit Umkehrung aller Wahrheit, die Herrschaft den von Rechts wegen Gehorchenden beyzulegen«. Die anschließende Ablehnung einer Republik, in der in antiker Weise das Herrschen und Beherrschtwerden grundsätzlich auf alle im Staat erstreckt wird, stützt *Savigny* auf drei Argumente, in denen sich in steigendem Maße ein romantischer Volksbegriff bekundet, nämlich dass »die einzelnen nicht als solche, und nach ihrer Kopfzahl, sondern nur in ihrer verfassungsmäßigen Gliederung den Staat ausmachen«, dass ferner, da angesichts der Minderjährigen (und damals auch der Frauen) nicht alle in der Verfassung handeln könnten, man insofern zu der »leeren Fiktion einer Vertretung« Zuflucht nehmen müsse und dass schließlich das »ideale Volk«, im Unterschied zur Totalität der Einzelnen des gegenwärtigen Augenblicks, »die ganze Zukunft in sich schließt, also ein unvergängliches Daseyn hat«. In der Herleitung des Volkes aus der »Natur« liegt die Möglichkeit für die spätere naturalistische, biologistisch-rassistische Deutung des Volkes, die *Savigny* fremd ist. Vgl. unten Anm. 4.

3 Sie ist Thema seiner erfolgreichen Programmschrift »Vom Beruf unserer Zeit für Gesetzgebung und Rechtswissenschaft« (1814). Savignys rechtswissenschaftlicher, die Republik als Staatsform in der Vergangenheit haltender Republikanismus spricht sich dort (S. 12) in der Unterscheidung zwischen zwei »Lebensprinzipien« (»Elementen«, Daseinsweisen) des Rechts aus, einerseits dem »politischen«, in dem es das Volksleben ordnet und jedem bewusst ist, und dem »technischen«, in dem es sich zugleich »als besondere Wissenschaft in den Händen der Juristen« befindet. Es heißt dann weiter (S. 13): »In verschiedenen Zeiten also wird bey demselben Volke das Recht natürliches Recht (in einem anderen Sinn als unser Naturrecht) oder gelehrtes Recht seyn, je nachdem das eine oder das andere Princip überwiegt, wobey eine scharfe Gränzbestimmung von selbst als unmöglich erscheint. Bey republikanischer Verfassung wird das politische Princip länger als in monarchischen Staaten unmittelbaren Einfluß behalten können, und besonders in der Römischen Republik wirkten viele Gründe zusammen, diesen Einfluß noch bey steigender Cultur lebendig zu halten.« Zwar stammten die meisten Quellen aus der Kaiserzeit, aber (S. 89): »der Stoff ihrer Wissenschaft (war) den Juristen dieser Zeit schon gegeben, größtentheils noch aus der Zeit

wortlichen Freiheitsbegriff des Privatrechts aufbauende, selbstbewusste, den Bürger und Menschen ins Zentrum stellende, menschliche Gesellung (nation, people, Volk): »We are the people …« – »Wir sind das Volk!«. Es ist eine Gesellung, die, rechtlich verfasst, für Fremde grundsätzlich unbeschränkt aufnahme- und assimilationsfähig ist, mag sie auch, wie Savigny bemerkt, bei diesen Prozessen größere oder geringere Schwierigkeiten kennen, die von ihrem eigenen und dem Entwicklungsgrad der Hinzukommenden abhängig sind.[4] Diese Assimilationsfähigkeit ist die moderne Version der in den republikanischen Staatstheorien des Hellenismus herrschenden Ansicht, dass ein Gemeinwesen stets zwei Zwecke erfüllt, nämlich die besonderen Rechte seiner Bürgerschaft zu gewährleisten und eine Gliederung der zivilisierten Menschheit zu sein, die in der Gewährung von Rechtssicherheit zwischen Bürgern und Fremden nicht unterscheidet.[5]

[136] Die Frontstellung Savignys, der im Interesse einer freien Zivilgesellschaft das Ideal einer politisch neutralisierten Republik formulierte, und die der *founding fathers*, die aus den gleichen Gründen eine politische Republik ins Leben riefen, war die gleiche. Abgelehnt wurde der neuzeitliche Absolutismus. Jenen war er in der Gestalt des englischen Königs persönlich gegenübergetreten, Savigny gedanklich in der Gestalt des dem Willen der Nation unbeschränkte, durch nichts begrenzte Souveränität zusprechenden Gesetzgebungsstaats der französischen Revolution, den er programmatisch bekämpfte.[6] Im Hintergrund stand

der freyen Republik«. Das Gültige der römischen Überlieferung ist danach nicht durch die geschichtliche Faktizität gegeben, sondern in historisch-kritischer Arbeit freizulegen (S. 8): »Wir befragen zuerst die Geschichte, wie sich bey Völkern edler Stämme das Recht wirklich entwickelt hat: dem Urtheil, was hieran gut, vielleicht nothwendig, oder aber tadelnswerth seyn möge, ist damit keineswegs vorgegriffen.«

4 *Savigny* betont, System I S. 31, oft könne ein »fremdartiges Element dem Staat völlig assimiliert werden; nur hat die Möglichkeit einer solchen Assimilation ihre Bedingungen und ihre Stufen, wie sie denn besonders durch einige Verwandtschaft des neuen Elements, so wie durch die innere Vollkommenheit des aufnehmenden Staates gefördert wird«. Seine Worte, System I S. 28, die Abraham Lincoln vielleicht durch Vermittlung bekannt geworden sind, weil sie der Formulierung, dass »der Staat ursprünglich und naturgemäß *in* einem Volk, *durch* das Volk, und *für* das Volk entsteht« unmittelbar voraufgehen und zugleich sowohl das Thema des amerikanischen Bürgerkrieges berühren als auch in gewisser Weise die Niederlage der Konföderierten vorhersagen, sind im Lichte dieser Feststellung zu lesen: »Wo immer auch der Versuch im Großen gemacht worden ist, Massen von Menschen ohne Rücksicht auf gänzliche Stammesverschiedenheit willkührlich zusammen zu bringen, wie in den Amerikanischen Sklavenstaaten, da ist der Erfolg sehr unglücklich gewesen, und es haben sich der Staatenbildung unübersteigliche Hindernisse in den Weg gestellt.«

5 Vgl. *Okko Behrends*, Che cos'era il »ius gentium« antico?, in: *Luigi Labruna* (Hrsg.), Tradizione romanistica e costituzione (2006) S. 481-514, und *derselbe*, Das Geheimnis des klassischen römischen Rechts. Menschliche Freiheit und Würde in schützenden, friedlichen Wettbewerb erlaubenden Formen, in: *Byoung Jo Choe* (Hrsg.), Law, Peace, and Justice. A Historical Survey (2007) S. 3-72.

6 Vgl. nur *Siéyès*, Qu'est-ce que le Tiers État, 2. Aufl. 1789: »La nation existe avant tout, elle est l'origine de tout. Sa volonté est toujors legale, elle est la Loi elle-même.«

in beiden Fällen mit mehr oder minder starker Bewusstheit, aber der Sache nach unverkennbar, die Verfassungsidee der *res publica*. Sie hatte sich nach römischer, in der Annalistik zur Herrschaft gekommener Geschichtsdeutung schon unter den guten sechs Königen des Anfangs ausgebildet, bevor das Erlebnis der Tyrannis des siebten Königs die Bürger dazu zwang, sie als eine moderierte, demokratische und aristokratische Elemente aufnehmende Verfassung auch staatsrechtlich als wahre Republik hervortreten zu lassen. Nach fast 500 Jahren Bestand und tiefgreifender Hellenisierung ihrer tragenden Theorie wurde sie als Res publica restituta die eigentliche rechtliche Legitimation des augusteischen Prinzipats und zugleich, da sie den Menschen im Zentrum hielt, zur gewährleistenden Kraft der aus dem Freistaat kommenden Rechtslehren.[7] Und in der Folge dieser nie in Frage gestellten Neugründung hat noch Justinian seine Kodifikation des römischen Rechts in Gestalt des Corpus iuris als eine Regulierung der ihm anvertrauten *res publica* gesehen, die in den von ihm verarbeiteten Quellen immer noch weithin von der spannungsvollen Überlieferung des römischen Freistaats geformt war.[8] Es ist diese Kontinuität, die den staatsrechtlich gewissermaßen geheimen, aber für die freiheitliche Zivilgesellschaft des 19. Jh.'s bedeutenden Republikanismus der jene Quellen in ein System bringenden Historischen Schule erklärt und ebenso die von ihr ausgehende entschiedene Abwehr des neuzeitlichen Etatismus' bestimmt, der den Staat als Willensträger zum alleinigen, voraussetzungslosen Schöpfer des Rechts erhebt. Abgewehrt war damit der neuzeitliche [137] Gesetzesbegriff, der in seiner ahistorischen Radikalität eine Säkularisierung des biblischen Gesetzesbegriffs ist, der seinem inneren Wesen nach darauf gerichtet ist, eine homogene, von einem Geist erfüllte Gesinnungs- und Gehorsamsgemeinschaft zu konstituieren, und zwar im Neuen Testament in eschatologischer, nicht mehr auf diese Welt blickender Erwartung.[9] Wo dieser Gesetzesbegriff als Säkularisat in der Welt herrscht, ist das staatliche Gesetz als potentiell radikal revolutionäre Kraft dem Recht übergeordnet und aus allen rechtlichen Bindungen befreit. In der Republik ist dagegen das Gesetz selbst ein Geschöpf der Rechtsordnung und hat als solches die Aufgabe, im Rahmen der Verfassung, die es in seinen Grundprinzipien nicht antasten kann, das Recht zu klären und in zahllosen Einzelfragen dem steten Wandel der Verhältnisse anzupassen.

7 Vgl. *Okko Behrends*, Princeps legibus solutus, in: Die Ordnung der Freiheit, Festschrift für *Christian Starck* (2007) S. 3-33.

8 Vgl. *Okko Behrends*, Der Schlüssel zur Hermeneutik des Corpus Iuris Civilis. Justinian als Vermittler zwischen skeptischem Humanismus und pantheistischem Naturrecht, in: *Martin Avenarius* (Hrsg.), Hermeneutik der Quellentexte des Römischen Rechts (2008) S. 193-297.

9 Vgl. *Okko Behrends*, Das staatliche Gesetz in biblischer und römischer Tradition. Sinn- und Gemeinschaftsstiftung durch Gehorsam fordernden Befehl oder positive Satzung im Rahmen einer immer schon bevorstehenden Rechtsordnung, in: *Okko Behrends* (Hrsg.), Der biblische Gesetzesbegriff. Auf den Spuren seiner Säkularisierung (2006) S. 225-341. Siehe dazu die Besprechung von *Otto Eckart*, Zeitschrift für altorientalische und biblische Rechtsgeschichte 12 (2006) S. 409-412.

Wie im folgenden gezeigt werden soll, weisen sowohl die beiden Werke Ciceros, *De re publica* und *De legibus*, als auch ihre Vorbilder, Platons *Politeia* und *Nomoi*, jeweils durch ihre Titel und ihren Inhalt auf diesen in der Moderne mit ungeheurer Radikalität hervorgetretenen Gegensatz hin. Zugleich sind beide Doppelwerke ihrerseits Dokumente des Versuchs, die damit bezeichneten Unterschiede in einer bestimmten Richtung zu lösen. Um dies deutlich zu machen, ist es zweckmäßig, mit Cicero zu beginnen.

II. Ciceros Doppelwerk De re publica und De legibus: eine Vermittlung zwischen römischer Republik und höherer Herrschaftslegitimation

Die Haltung, die Cicero – bekanntlich sein Leben lang ein Anhänger der skeptischen Akademie – in seinen Staatsschriften gegenüber dem idealistischen Gründer der Akademie Platon bekundet, ist höchst auffällig und frappiert durch ihre Gegensätzlichkeit. Sie verbindet eine unzweifelhaft echte, tief empfundene Platonverehrung mit einer ebenso klaren Zurückweisung von Kernbestandteilen seiner Lehre.

Seine »imitatio Platonis« im Geist höchster Verehrung und Zuneigung bekunden Textzeugnisse aus beiden Schriften. In De re publica erhebt Cicero Platon geradezu zum »Gott der Philosophen«, so dass, wenn später Plutarch oder Schopenhauer von »Platon dem göttlichen« sprechen (der Letztere in [138] wohl abgemessener Hierarchisierung gegenüber Kant),[10] Cicero den Ton angegeben hat:

> Cicero, de re publica IV 5, 5 (nach Lactanz, epit. 33 [38], 1)
> Platon, der Hörer des Sokrates, den Cicero den Gott der Philosophen nennt, der als einziger von allen so philosophiert hat, dass er der Wahrheit näher gekommen ist.

Entsprechend stolz und verehrungsvoll bekennt sich Cicero zu der in seinen beiden Schriften verwirklichten Platonnachfolge:

> Cicero, de legibus I 5, 15 (Atticus spricht zu Cicero)
> Da du über den besten Rechtszustand des Gemeinwesens bereits geschrieben hast, ist es, wie es scheint, folgerichtig, dass du auch über die Gesetze schreibst. Denn das hat, wie ich sehe, auch dein Platon getan, den du so bewunderst, den du über alle stellst, den du am meisten liebst.

10 Vgl. *Plutarch*, De capienda ex inimicis utilitate 8, 90c und den Auftakt des ersten Satzes von *Arthur Schopenhauers* Dissertation, Über die vierfache Wurzel des Satzes vom zureichenden Grund, 1813, 2. Aufl. 1847: »Plato der göttliche und der erstaunliche Kant vereinigen ihre nachdrucksvollen Stimmen etc.« Eine Bewunderung, die zugleich eine pointierte Einordnung in das Menschliche und daher Kritisierbare einschließt, dagegen bei *Karl R. Popper*, Die offene Gesellschaft und ihre Feinde I (UTB Francke, 6. Aufl. 1980) S. 141: »der größte Philosoph aller Zeiten (denn das war Platon)«. Vgl. ebenda S. 212 f.

Cicero, de legibus II 6, 14 (es spricht Cicero)
Platon, ein Mann höchster Bildung und zugleich der gewichtigste aller Philosophen, der als »erster« über den Staat geschrieben hat[11] und getrennt davon über die Gesetze.

Nur im letzten Fragment wird die Verehrung durch den Hinweis relativiert, dass es sachlich gar nicht so viele Übereinstimmungen gibt wie die zahlreichen Zitate glauben machen könnten.

Cicero, de legibus III 1, 1 (Cicero und Atticus im Wechselgespräch)
Ich will also, wie ich es geplant habe, jenem göttlichen Mann folgen, den ich vielleicht aus einer gewissen Bewunderung häufiger zitiere als nötig. – Du meinst offenbar Platon. – Ja, Atticus.

Das entspricht der voraufgegangenen Äußerung, die er in der gleichen Schrift seinem Bruder in den Mund legt, wonach sich in Wahrheit die Nachahmung Platons auf die äußere Dialogform beschränkt, während Cicero in der Sache ganz eigene Wege geht.

Cicero, de legibus II 7, 17 (Quintus Tullius Cicero spricht und Marcus antwortet)
… darüber freue ich mich sehr, dass du dich in anderen Sachverhalten und Ansichten bewegst als jener [sc. Plato]. Denn nichts könnte so verschieden sein wie [139] das, was du vorhin gesagt hast, sogar selbst das Proömium über die Götter. Nach meinem Eindruck ahmst du nur eines nach, den Stil der Rede. – Ich habe es vielleicht versucht. Denn wer kann oder könnte es ihm jemals gleichtun? Seine Ansichten zu übersetzen wäre dagegen sehr leicht; ich würde es tun, wenn ich nicht doch ich selbst bleiben möchte.

Das trifft zu. Cicero übernimmt in De legibus zwar Einzelregelungen aus den Nomoi, z. B. das in wörtlicher Übersetzung referierte Verbot, fruchttragenden Acker zu konsekrieren,[12] aber sein Verfassungsentwurf, der eine archaisierende, den Zwölftafelstil nachahmende Normierung des eigenrömischen, zutiefst republikanischen Rechtszustands ist, hat, wie er seinen Bruder Quintus ganz richtig feststellen lässt, vom Grundansatz her mit Platons Absicht, Verfassung und Ge-

11 D. h. als der Schriftsteller, dem von Cicero der erste Rang zuerkannt wird. Denn geschrieben über den Staat haben andere vor ihm wie Hippodamos von Milet und Platons großer Antipode Protagoras. Vgl. unten Anm. 53, 62 und 83.

12 *Cicero*, de legibus II 18, 45 (II 9, 22). Der von Platon geäußerte Gedanke, dass zu bearbeitendes Land bereits auf seine Weise den Göttern geweiht und daher eine erneute Weihung unzulässig sei, war eine Klärung, die der römischen Religion nicht widersprach, da in ihr der älteste Kult in den bei der Rodung stehen gebliebenen und als solchen den Mächten geweihten Hainen stattfand, während der gerodete Boden der menschlichen Nutzung durch eine augurale Vermessung zubereitet wurde, die diesen mit der segnenden Wirkung »des Friedens und der Gnade der Götter« (*pax et venia deum*) unter Jupiters Friedenshoheit stellte.

setz in den Dienst der seelischen Erziehung des Menschen zu stellen, nichts zu tun. Diese Absicht Platons tritt, wie kürzlich treffend festgestellt worden ist, in den beiden Schriften mit steigender Entschiedenheit und Klarheit hervor.[13] Cicero lag dagegen ein solcher Erziehungsauftrag des Gesetzgebers fern. Für ihn, der die hellenistische Philosophie seiner Zeit als Römer und vor allem auch als Schüler römischer Juristen kennengelernt hatte, war die durch Philosophie mögliche *cultura animi* nicht Sache eines Gebieters, sondern Sache jedes einzelnen der in der Rechtsordnung gesellig, aber frei lebenden und eigenverantwortlich um ihre Ausbildung und Bildung bemühten Menschen.[14]

[140] Die Gründe, die ihn bestimmen, sich inhaltlich gegen Platon zu entscheiden, werden von ihm deutlich artikuliert. Zunächst ist es die Überzeugung, in einer Verfassung zu leben, die von ihrem in ihrer Gründungs- und Entwicklungsgeschichte wirkenden inneren Prinzip sich als freiheitliche Lebensordnung so sehr vor allen anderen bewährt habe, dass es ganz verfehlt wäre, statt ihrer, so wie es Sokrates bei Platon getan habe, eine ganz neue zu entwerfen. Dieses innere Prinzip ist, wie er, den führenden Iurisconsultus der ersten Hälfte des 2. Jh. v. Chr. und Verfasser der Origines Cato Censor zitierend,[15] ausführt, dass die Verfassung Roms nicht wie bei den maßgebenden Staaten Griechenlands das Werk eines

13 Vgl. *R. F. Stalley*, An Introduction to Plato's Law (1983) S. 85 »The key virtue in the Republic is justice both in the state and in the individual. One major difficulty in the Republic is that the relationship between the just individual and the just state is purely analogical. The state is just when the three classes which comprise it are properly related to one another. The soul of the individual is likewise just when its three parts exhibit the correct kind of order. On this account there is no obvious reason why the just state, rather than states of other kinds, should be inhabited by just individuals. In the Laws there is also a parallel between the state and the soul, but the connection between the good state and the good soul is much more obvious. One can see why the sovereignty of law should flourish only where the citizens possess sophrosune and also how recognition of the sovereignty of law might itself promote that virtue.«

14 *Cicero,* Tusculanae Disputationes II 5, 13 »So wie ein Acker, obschon fruchtbar, ohne Ackerbau (cultura) nicht fruchbar sein kann, so auch ein Geist nicht ohne Lehre (doctrina): und daher sind beide ohne das andere schwach; der Ackerbau der Seele (cultura animi) ist aber die Philosophie.« Da jeder seinen »Acker« selbst bestellt und selber urteilen muss, ist eine Verständigung unter Menschen nicht leicht. *Cicero*, de natura deorum III 1, 1 »Da aber ein jeder sein Urteil gebrauchen muss, ist es schwierig zu bewirken, dass ich das meine, was du willst.« Es ist daher Aufgabe der Recht und Ethik umfassenden, das Wahrscheinliche herausarbeitenden Fachwissenschaften, Kenntnisse zu etablieren, an denen sich der Mensch orientieren kann.

15 Der Entwurf der römischen Rechtsgeschichte, der uns (wahrscheinlich in Form einer Kollegnachschrift) erhalten ist, weist ihm (mitsamt seinem spätgezeugten Sohn Licinianus) die nicht unbedeutende Rolle eines Vermittlers zu, die eines Juristen zwischen dem ersten Zwölftafelkommentar des von Ennius zitierten Sext. Aelius, dessen Werk im Rückblick als »Wiege des Rechts (cunabula iuris)« gesehen wurde, und den drei Juristen, die das »Bürgerliche *Recht (neu) gegründet hätten*« und deren Erträge Q. Mucius Scaevola p. m., Ciceros zweiter Lehrer in der vorklassischen Jurisprudenz, zusammenfasste. Vgl. *Pomponius* lb sg enchiridii D 1, 2, 2 §§ 38-41 (§ 38 a. E.).

Gesetzgebers, sondern das Ergebnis des Zusammenwirkens vieler Menschen und vieler Generationen gewesen sei.

> Cicero, De re publica II 1, 2
> Dieser (d. h. der Censor Cato) pflegte zu sagen, dass die Verfassung unserer Bürgerschaft deswegen die der anderen Bürgerschaften übertreffe, weil es in jenen fast immer Einzelne waren, von denen einer jeweils sein Gemeinwesen durch Gesetze und Einrichtungen verfassungsrechtlich gegründet habe wie Minos bei den Kretern, Lykurg bei den Spartanern [...], während unser Gemeinwesen nicht von dem Talent eines einzigen, sondern vieler, und nicht während des Lebens eines einzigen Menschen, sondem in mehreren Zeitaltern und Generationen gegründet worden ist. [...]. 3 [...] Das, was ich mir vorgenommen habe, werde ich leichter erreichen, wenn ich unser Gemeinwesen vorführe, als wenn ich mir, wie Sokrates bei Platon, irgendeines ausdenke.

Deutlicher formuliert Cicero den gleichen Gedanken in der zweiten Schrift, die mit ihrem die dezemvirale Sprache nachahmenden Gesetzgebungsstil mit gleicher Entschiedenheit die Verfassung der Vorfahren zum Vorbild hat: Es gehe ihm um eine Gesetzgebung für freie Völker, d. h. um solche, welche die Formen des richtigen Zusammenlebens unter Menschen aus eigener, fachwissenschaftlich betreuter Einsicht erkannt und Magistrate gewählt haben, um sie zu gewährleisten.

> [141] Cicero, de legibus III 2, 4 (Cicero spricht und antwortet seinem Bruder)
> Wir aber, die wir Gesetze für freie Völker geben und das, was wir im Hinblick auf das beste Gemeinwesen meinen, zuvor in sechs Büchern ausgeführt haben, formulieren bei dieser Gelegenheit passende Gesetze für den Rechtszustand der Bürgerschaft, den wir richtig finden. Es bedarf daher der Magistrate, ohne deren Klugheit und Sorgfalt eine Bürgerschaft nicht bestehen kann, und in deren Ordnung die gesamte auf ein rechtes Maß gebrachte Verfassung des Gemeinwesens enthalten ist. [...] 2, 5 Mein Platon [Nomoi 701c] versetzte in das Geschlecht der Titanen diejenigen, die sich den Magistraten widersetzen so wie einst jene sich den Himmelsgöttern. [...] 5, 12 [...] – Du hast die Ordnung aller Magistrate vor Augen geführt; aber es ist doch fast ganz die unserer Bürgerschaft, auch wenn du ein wenig Neues hinzugefügt hast. – Das hast du sehr richtig beobachtet, Quintus. Es ist nämlich die von Scipio in jenen Büchern gelobte und mit höchster Entschiedenheit gebilligte, gemäßigte Herrschaftsform des Gemeinwesens, die anders als durch eine solche Ordnung der Magistrate nicht erreicht werden kann.

Die Lehre von der Magistratur mit ihren Regeln über Wahlen, Kompetenzen, Amtsdauer und Bindung an das Recht ist, wie noch Ulpian in seinem Lehrbuch lehrt, das Zentrum des *ius publicum*, d. h. des republikanischen, eine gemischte Verfassung etablierenden Staatsrechts. Der Magistrat gewährleistet die Rechtsordnung und darin schulden ihm die Menschen Respekt, den er sich nötigenfalls auch mit den ihm rechtlich zur Verfügung gestellten Mitteln zu verschaffen weiß.[16] Daher scheint es mir auch nicht frei von nachsichtiger Ironie, wenn Cicero im oben angeführten Text Platon mit einer Ansicht zitiert, die den Ungehorsamen, statt ihn mit rechtlichen Mitteln zur Ordnung zu rufen, mit der ganzen Wucht eines archaischen Mythos überzieht und in die Rolle der Urfeinde der Zivilisation stellt.

Der zweite Grund, der als offene Platonkritik auftritt, gibt dem ersten theoretischen, kulturanthropologischen Rang. Platon und der insofern Schüler gebliebene Aristoteles hätten gemeint, dass Gerechtigkeit eine lediglich fremdnützige Tugend sei, die es als solche nur bei den Herrschern gebe.

Cicero, de re publica III 7, 10 (lat. Text nach Laktanz, epit. 50 [55] 5-8)
Die meisten der Philosophen, vor allem aber Platon und Aristoteles, haben über die Gerechtigkeit gesprochen, und diese Tugend mit höchstem Lob anerkannt und gerühmt, weil sie jedem das Seine gewähre, weil sie die Gleichheit gegenüber allen wahre, und weil allein die Gerechtigkeit, während die anderen Tugenden gewissermaßen schweigend wirken und im Inneren verschlossen sind, so beschaffen [142] ist, dass sie weder nur mit sich selbst beschäftigt ist noch sich verborgen hält, sondern ganz nach außen hervortritt, und bestrebt ist, Gutes zu tun, auf dass sie möglichst vielen nütze.
Als ob Gerechtigkeit allein im Richter oder in einem in irgendeiner Machtstellung Stehenden wirksam sein müsse und nicht in allen! In Wahrheit gibt es niemanden unter den Menschen, auch nicht unter den einfachsten und ärmsten, den die Gerechtigkeit nicht erfassen kann.
Aber weil sie [Platon und Aristoteles] verkannten, was jene höchste Tugend, d. h. was dieses »Gut, das allen gemeinsam ist« in Wirklichkeit ist, von woher es seinen Einfluss ausübt, was es für eine Aufgabe hat, haben sie es wenigen zugeteilt und behauptet, dass es nach keinerlei Eigennutz trachte, sondern allein dem Vorteil anderer diene. Und nicht ohne Grund trat Karneades auf, ein Mann höchsten Talents und Scharfsinns, der die Rede jener Philosophen widerlegte, nicht weil er fand, dass man die Gerechtigkeit schmähen müsse, sondern um zu zeigen, dass jene Verteidiger der Gerechtigkeit über diese nichts Gewisses und Festes vorbrachten.

Lactanz, der in Cicero nicht nur den Redner verehrte, sondern ihn am liebsten, Ciceros skeptisch abgetönte Liebe zu Platon nachempfindend, noch nachträglich bekehrt hätte,[17] folgt hier, wie Cicero selbst, den er ausgeschrieben hat, der be-

16 *Ulpian* 1 institutionum D 1, 1, 12 »*Das öffentliche Recht besteht [...] aus den Magistraten.*« Vgl. *Livius* IV 4, 1-5, 7. Zur Veranschaulichung Ulpian 1 ad edictum D 2, 3, 1 pr »Allen Magistraten [...] ist es gemäß dem Recht ihrer Amtsgewalt erlaubt, ihre Jurisdiktion zu verteidigen«; Paulus 1 ad edictum D 2, 1, 20 »Außerhalb des Territoriums des Recht sprechenden Magistrats ist Ungehorsam straflos. Dasselbe gilt, wenn er über die ⟨sachlich bestimmten⟩ Grenzen seiner Jurisdiktion hinaus Recht sprechen will.«

17 Vgl. *Lactanz*, Inst. III 13, 215 »Ich wünschte [...], dass Cicero ein wenig aus der Unterwelt emporsteige, auf dass der wortgewaltige Mann von einem nicht beredten Menschlein be-

rühmten Gerechtigkeitskritik des Karneades, die dieser im Jahre 156/5 in Rom vorzutragen Gelegenheit hatte, und zwar, wie wir heute genau wissen, wahrlich nicht vergebens, da sie über die skeptisch geprägte philosophische Rhetorik und die »Römischen Vorlesungen« seines Enkelschülers Philon von Larissa in Rom am Ende einer Rechtslehre zum Erfolg verhalf, welche die skeptisch-humanistisch geprägte »Geistige Mitte« des römischen Rechts zu werden bestimmt war.[18]

Die von Cicero und Lactanz erhobene Kritik wurde von den beiden großen, in Rom in hellenistischer Zeit nacheinander zur Geltung gelangten Rechtstheorien geteilt. Beide waren überzeugt, dass die Gerechtigkeit, die das Fundament jeder Rechtsordnung ist, anders als Platon es in zunehmen- [143] der Entschiedenheit glaubte,[19] und anders als es nach ihm, insofern sein Schüler bleibend, Aristoteles annahm,[20] weder rein uneigennützig noch bloße Herrschertugend sei, sondern

lehrt würde«. Das »Menschlein (homunculus)« konnte er bei Cicero finden, der von sich sagte, er verkünde nicht wie der pythische Apoll Gewisses (Tusc. disp. I 9, 17), »sondern wie ein Menschlein unter vielen, das dem, was plausibel ist, vermutungsweise folgt (probabilia coniectura sequens). Denn um weiter voranzukommen, als dass ich Wahrscheinliches (veri similia) wahrnehme, fehlen mir die Mittel.«

18 Siehe dazu jetzt *Okko Behrends*, Die geistige Mitte des römischen Rechts. Die Kulturanthropologie der skeptischen Akademie. Savigny-Zeitschrift, Rom. Abt. 125 (2008) S. 26-107, insbesondere S. 93 ff.; siehe auch *derselbe*, Das Geheimnis des klassischen römischen Rechts. Menschliche Freiheit und Würde in schützenden, friedlichen Wettbewerb erlaubenden Formen, in: *Byoung Jo Choe* (Hrsg.), Law, Peace, and Justice: A Historical Survey (2007) S. 3-72.

19 Vgl. oben Anm. 13. Weil Platon den gewöhnlichen Menschen zur Herrschaft über sich selbst nicht für fähig hielt, lehrte er in den Nomoi 713c, dass der Mensch im Goldenen Zeitalter, der traditionellen Utopie der anfänglichen Unschuld, unter der Herrschaft höherer Wesen stand. »Weil nämlich Kronos erkannte, dass [...] keine einzige menschliche Natur fähig ist, in eigener Machtvollkommenheit alle menschlichen Angelegenheiten zu verwalten und dabei nicht von Übermut und Ungerechtigkeit erfüllt zu werden, [...] setzte er damals als Könige und Herrscher über unsere Staaten keine Menschen, sondern Wesen göttlicheren und besseren Ursprungs, nämlich Dämonen, so wie wir es jetzt bei den Schafen und allen zahmen Tierherden tun: nicht Rinder über Rinder, nicht Ziegen über Ziegen setzen wir ihnen als Führer ein, sondern wir selbst herrschen über sie, ein besseres Geschlecht als sie. In der gleichen Weise nun und aus Liebe zu den Menschen setzte also auch der Gott das bessere Geschlecht über uns, die Dämonen, welches mit großer Leichtigkeit seinerseits, zur großen Erleichterung unsererseits für uns sorgte und uns Frieden und Ehrfurcht und gute Gesetze und des Rechts Fülle schenkte und dadurch die Geschlechter der Menschen frei von Zwietracht und glücklich machte.« Vgl. Politikos 270d-272d.

20 Auch Aristoteles entwirft den Staat aus der Perspektive des einsichtsvollen, erziehenden Gesetzgebers. Vgl. nur Politik VII, 13-16 (1331b-1336a). Daher sieht Aristoteles auch in dem zu Recht bewunderten fünften Buch der Nikomachischen Ethik im 10. Abschnitt (1137a, 31-1138a, 2) das Verhältnis zwischen formalem Recht und offen wertender Billigkeit im wesentlichen nur aus der Perspektive des Gesetzgebers und des Richters und nicht wie das rechtswissenschaftliche, von späteren hellenistischen Rechtstheorien geleitete römische Recht primär als Vermittlung zwischen der formalen Garantie subjektiver Freiheits- und Vermögensrechte und der bei ihrer Ausübung im Verkehr geschuldeten mitmenschlichen Rücksicht.

ihre Kraft daraus beziehe, dass sie die grundsätzlich einen jeden Menschen ergreifende Vernunfteinsicht darstellt, dass zwischen dem Eintreten für die universale Gerechtigkeit und dem Geltendmachen des eigenen, individuellen, rechtlich geschützten Interesses, das den eigenen Lebenskreis bestimmt, kein Widerspruch, sondern vielmehr eine innere Übereinstimmung besteht. Daher vertreten auch beide Rechtstheorien eine republikanische Staatsentstehungslehre, freilich auf verschiedene Weise.

Die für die vorklassische Jurisprudenz bestimmend gewordene, stoische Rechtslehre unterschied zwischen einer uranfänglichen, paradiesischen Kindheit des Menschengeschlechts, in der das Zusammenleben vom reinen, in naiver Unschuld beachteten Naturprinzip wechselseitiger Solidarität geordnet war, und der historischen Zeit, in der die alles determinierende göttliche Vernunft die Menschen selbständig und eigenverantwortlich wollte und daher in einem notwendigen Geschichtsprozess in Form von ordnenden Hinzufügungen (*prosthḗkai*) zur Natur die Rechtsordnungen der Poleis hervorbrachte, in deren Formen der Eigennutz und das Besondere und damit [144] auch Freiheit und Selbstverantwortung der Staaten und Bürger geschützt wurde. Das Naturrecht galt als fremdnütziges, die Menschen der neuen Lebensform weiterhin zu Zusammenarbeit und Austausch verbindendes Verkehrsrecht weiter. Römisch formuliert bildete sich damals die für jede *civitas* geltende Komplementarität von besonderem, eigennützigen, als universales Prinzip auch den fremden Bürger schützenden *ius civile* und dem fremdnützigen *ius gentium*. Die in konkreten Normen ausformulierten Verhaltensgebote folgten aus diesem dualistischen, die Menschen berechtigenden und verpflichtenden System des geordneten Zusammenlebens. Wenn Chrysipp am Anfang seiner Schrift »Über das Gesetz (*Perì nómou*)« in einem berühmten, in die Digesten mit Herkunftsangabe aufgenommenen Satz vom verbietenden und gebietenden Gesetz als dem König aller göttlichen und menschlichen Dinge spricht, dann meint er diese konkreten Normen, kraft derer die göttlich-providentielle Natur dieser Philosophie das menschliche Leben leitet.[21] Es wäre ein großes Missverständnis, wollte man daraus ableiten, Chrysipp habe in dieser Definition die Welt der Menschen als von einem homogenen Gesetz beherrscht gedacht und für einen Augenblick die Lehre seiner Philosophie vergessen, dass in historischer Zeit die in der Welt wirkende Vernunft die Menschen dazu bestimmt hat, die alten Naturstämme (*gentes*) zugunsten individueller Poleis oder Civitates zu verlassen, indem sie in der »volljährig« gewordenen Menschheit das Streben nach dem Besonderen erregte. Die historische Vernunft befriedigte dieses von ihr selbst geweckte Bedürfnis in dem dualistischen, die Menschheitsgesellschaft gliedernden, aber nicht auflösenden System, das fortan von jedem

21 Vgl. *Marcian* 1 institutionum D 1, 3, 2, wo sie in kennzeichnender Weise der auf Demosthenes zurückgeführten Gesetzesdefinition der rhetorisch humanistischen Tradition nachgeordnet erscheint.

Menschen die Vermittlung zwischen bürgerlichem Eigennutz und mitmenschlicher Fremdnützigkeit verlangte.[22]

Die akademische Skepsis, welche die klassische Jurisprudenz hervorgebracht hat, glaubte nicht weniger, dass die Rechtsordnungen der mediterranen Welt von Kräften hervorgebracht worden sind, die in jedem einzelnen wirkend zu dem Zusammentritt von Bürgerschaften geführt hatten. Nur fasste [145] sie diese Kräfte von einem anderen Natur- und Erkenntnisbegriff ausgehend grundsätzlich anders auf. Was die Menschen zur Gründung von Civitates gebracht habe, waren hiernach vier distinkte Fähigkeiten, die vorstaatliche, in einem soziobiologischen (instinktgegründeten) *ius naturale* enthaltene Fähigkeit zum friedlichen, naturalistischen Leben in Familienverhältnissen und Tauschbeziehungen, die rationale Fähigkeit zur Wahrnehmung und Stabilisierung ordnender Strukturen (Institute) eines zivilisatorischen *ius gentium*, das Bedürfnis, diese nach den Umständen und positiven Richtigkeitsvorstellungen in zweckmäßig scheinender Weise gesetzlich und gewohnheitsrechtlich durch Regeln abzuändern (*ius proprium civile*) und schließlich ausbildungsfähige Ansätze zu einer emotiv begründeten Rechtsethik, die eine die Rechtsordnung verfeinernde Verhaltensleitung durch den Magistrat rechtfertigte.[23]

Cicero besaß eine genaue Kenntnis beider Jurisprudenzen. Mit der vorklassischen Jurisprudenz hat er sich in seiner Jugend als Schüler der beiden Q. Mucii Scaevolae, erst des Augur, dann des Pontifex, vertraut machen können, und er hat sie, wie viele Zitate beweisen, bis an sein Lebensende in lebendigster Erinnerung bewahrt.[24] Die klassische Jurisprudenz hatte er als langjähriger Studiengenosse des Servius Sulpicius wie dieser an ihrer Quelle, der von der akademischen Skepsis geprägten philosophischen Rhetorik, kennen gelernt und ihren wesentlich dem Freund verdankten Erfolg nicht nur gepriesen, sondern auch durch eine eigene Programmschrift begleitet.[25]

22 Die wichtigsten Quellen sind *v. Arnim*, Stoicorum Veterum Fragmenta III S. 79 Nr. 323 (die Stadtrepubliken brechen als unter dem Prinzip des Besonderen und Eigennützigen stehende Zusätze zur Natur die natürlichen Stämme auf); S. 81 Nr. 328 (sie dienen als solche durch Rechtsschutzgewährung den Bürgern und allen auf ihrem Territorium lebenden Menschen) und S. 88 f. Nr. 360 (sie waren nötig, weil ein freies Leben in einer ausschließlich naturrechtlichen Ordnung nicht möglich ist) und für die vorklassische Jurisprudenz Roms *Cicero*, de officiis III 17, 69-70 und de oratore I 43, 193-45, 200. Für eine zusammenhängende Interpretation dieser und weiterer Quellen *Okko Behrends*, Che cos'era il »ius gentium« antico?, in: Luigi Labruna (Hrsg.), Tradizione romanistica e costituzione (2006) S. 481-514.

23 Vgl. die näheren Nachweise in den oben Anm. 18 zitierten Abhandlungen »Die geistige Mitte« und »Das Geheimnis des römischen Rechts«.

24 Vgl. nur *Cicero*, Laelius 1, 1; de officiis III 17, 70. Im Brief ad familiares 7, 22 schlägt Cicero, »nach weidlichem Trunk und spät (bene potus seroque)« von einem geselligen Abend zurückgekehrt, das Ius civile des Q. Mucius pontifex auf, um seinen jungen Freund, den Juristen Trebatius, über eine in vorklassischer Zeit entschiedene Streitfrage zu informieren.

25 Vgl. den ausführlichen Lobpreis des Freundes *Cicero*, Brutus 41, 152, Ciceros von *Gellius*, Noct. Att. I 22, 7 erwähnte Schrift *De iure civili in artem redigendo* und im übrigen erneut die oben Anm. 18 angeführten Arbeiten.

Cicero folgt nun aber in seinen Staatsschriften, wie er in der folgenden Stelle aus De legibus ausdrücklich sagt, keiner der beiden Jurisprudenzen, die er nacheinander als geltend kennen gelernt hatte, weder der vorklassischen, die ihr differenziertes System als vernunft– und naturrechtliche Interpretation der Zwölftafeln durchgesetzt hat, noch der klassischen, die ihr menschlich geschaffenes Recht vom Edikt, vom Jahresprogramm der Gerichtsmagistrate her konzipierte. Vielmehr will er der von beiden Traditionen getragenen, römischen Rechtsordnung durch eine erneute philosophische Herleitung eine höhere, umfassende, überpositive Geltungsquelle verleihen. Daher formuliert er:

[146] Cicero, de legibus I 5, 17 (Atticus spricht zu Cicero)
Nicht also aus dem Edikt des Prätors, wie die meisten jetzt [d. h. nach der Rechtsreform des Servius Sulpicius Rufus],[26] und auch nicht aus den Zwölftafeln [d. h. wie vorher nach dem vorklassischen Recht, wie es Cicero bei den Mucii noch als geltend kennen gelernt hatte],[27] sondern zutiefst aus dem Innersten der Philosophie meinst du [Cicero] das Recht schöpfen zu sollen.

Es geht um die Stabilisierung der Verfassungsverhältnisse von einem höheren Standpunkt aus, und zwar nicht nur für das seit dem Scheitern der gracchischen Reformen immer wieder von blutigen Parteikämpfen heimgesuchte und, wie Cicero erfahren musste, auch durch die Niederschlagung der catilinarischen Verschwörung keineswegs innerlich zur Ruhe gekommene Rom, sondern gleichzeitig mit universalem, für alle Gemeinwesen geltendem, verfassungstheoretischem Anspruch.

Cicero, de legibus I 13, 37 (Cicero spricht)
Auf die Sicherung der Republiken, die Festigung der Rechtsverhältnisse und die Gesundung der [sc. im Innern zerstrittenen] Völker ist unsere gesamte Rede gerichtet.

26 Die programmatische Schrift des Servius Sulpicius – Cicero erwähnt ihn gleich im Anschluss rühmend als einen Mann von höchstem Ansehen und Wissen (*summa auctoritate et scientia*), der darin alle Juristen vor ihm überbiete – war in der Tat ein Decimus Brutus, dem späteren Caesarmörder, gewidmeter Ediktkommentar (*Pomponius* lb sg enchiridii D 1, 1, 2 § 44 a. E.), der erste in einer ruhmvollen, das klassische Recht prägenden Reihe.

27 In seiner Schrift De oratore I 43, 193-45, 200 führt er die enorme Fruchtbarkeit der alten, philosophisch inspirierten Zwölftafelinterpretation in einem Dialog zwischen Licinius Crassus und seinem ersten juristischen Lehrer Q. Mucius augur vor, nicht ohne am Ende auch des Sext. Aelius zu gedenken, der den ersten Zwölftafelkommentar vorgelegt hatte. Der Rhetor Licinius führt das Wort, ist aber voller Verständnis und Bewunderung für die ältere Jurisprudenz, obwohl er kurz vorher (I 42, 188-190) das sich in der philosophischen Rhetorik vorbereitende (dann von Servius verwirklichte) Projekt angekündigt hatte. Darin spiegelt sich Ciceros schon damals (die Schrift De legibus ist jünger) erreichte Haltung, die beide Richtungen gelten lässt, weil er sie beide von einer höheren Warte zu sehen gelernt hat.

Cicero lässt sich dann selbst für die eigenen Verhältnisse als der von der Philosophie ermächtigte Staatsmann in Vorschlag bringen. Die Rolle, in der er dies tun soll, ist die des – von ihm auch sonst oft als allgemein gültige Form beschworenen und als Ziel seines Ehrgeizes definierten[28] – *princeps civitatis*, in dessen Person sich Philosophie und Regierungserfahrung vereinen.

> Cicero, de legibus III 6, 14 (es spricht Cicero und Atticus antwortet)
> Einen, der in beiden Bereichen hervorragt, so dass er im Studium allen Wissens und in der Leitung der Bürgerschaft der erste ist, wen könnte man da außer ihm [d. h. dem vorher erwähnten attischen Philosophen und Staatsmann Demetrius Pha- [147] lereus][29] so leicht nennen. – Ich glaube, es ist möglich, und zwar einen von uns dreien. [Atticus meint damit natürlich weder sich selbst noch Ciceros ebenfalls anwesenden Bruder Quintus, sondern seinen Freund.]

Cicero traut sich hier die Rolle zu, die im Somnium Scipionis im Traum (durch dessen gewaltsamen Tod allerdings vergeblich) Scipio Aemilianus angeboten und dort zugleich als gültiges Modell formuliert worden war.[30] Damit hat Cicero in seiner Schrift De legibus nichts Geringeres getan, als das dann tatsächlich in Kraft getretene Modell des augusteischen Prinzipats zu konzipieren. Denn dessen verfassungsrechtliche Besonderheit bestand gerade darin, die beiden von Cicero erwähnten Jurisprudenzen, in denen Philosophie in positives Recht umgesetzt worden war, nebeneinander als Geltungsquellen des (von ihnen je in verschiedener Weise interpretierten) *ius civile* der nach weiteren schweren Bürgerkriegen im Jahre 27 v. Chr. wiederhergestellten Res publica anzuerkennen. Es verwirklicht diesen Gedanken, wenn Augustus die Vertreter beider Lehr- und Schultraditionen durch die Verleihung des *ius respondendi ex auctoritate principis* in Erwartung einer konvergierenden, die Rechtsordnung stabilisierenden Rechtsfortbildung für ihre professionelle Arbeit an der höheren Legitimation der neuen Herrschaft

28 Vgl. nur die Artikel in Pauly-Wissowas Realenzyklopädie (1939) *Gelzer*, M. Tullius Cicero (als Politiker) Sp. 828 f., *Philippson*, M. Tullius Cicero (Philosophische Schriften) Sp. 1116 f.

29 Die zehn Jahre, in denen dieser Schüler des Theophrast Athen verwaltet hat, galten als eine besonders glückliche Periode der späteren Geschichte dieser Stadt. Von den zahlreichen Schriften des peripatetischen Philosophen ist nichts erhalten.

30 Vgl. *Cicero*, de re publica 12,12-13,13. Während sich für Scipio die Bedingung, die das Traumgesicht stellte, dass er seinen Mördern entkomme, nicht erfüllte, so dass er nicht zu dem »*einen*« werden konnte, »*auf den sich das Heil des Gemeinwesens stützt*«, bleibt in der Darstellung das, was ihm sein Vorfahr zur Ermutigung sagte, gültig, nämlich die Behauptung einer göttlichen Herkunft, Bestimmung und Belohnung der wahren Staatenlenker. »Allen, die ihr Gemeinwesen erhalten, gefördert und vergrößert haben, ist im Himmel ein sicherer Platz bestimmt, wo sie selig das ewige Leben genießen; nichts ist nämlich jenem höchsten Gott, der die gesamte Welt regiert, von dem, was auf Erden geschieht, willkommener als die vom Recht vergesellschafteten Versammlungen und Zusammentritte der Menschen, die wir Staaten nennen; deren Leiter und Erhalter sind von dorther [sc. dem Himmel] gekommen und kehren dorthin zurück.«

teilhaben lässt und diese damit gleichzeitig rückwirkend stärkt. Es war die in dieser Verleihung wirkende *auctoritas principis*, kraft derer Augustus aus der wiederhergestellten Republik herausragte und alle in ihr vorhandenen Ämter an Rechtssetzungsmacht übertraf, sie aber auch zugleich sicherte und legitimierte und mit dem, was er schützte, seiner Ausnahmestellung eine feste Grundlage schuf. Auf diese Weise wurde der Kompromiss zwischen der Republik, die als Lebensform der Zivilgesellschaft fortdauerte, und der monarchischen Ausnahmegewalt gefunden, der noch Justinians Kodifikation belebte.[31]

[148] Der Anstoß dafür, dass Cicero diesen mittleren Weg finden und insofern tatsächlich, wie nicht zuletzt seine auf den jungen Caesar, den göttlichen Jüngling und »Befreier der Republik« bezogenen und von Augustus aufgenommenen Formulierungen in den Philippiken bestätigen, der Lehrer des Prinzipats werden konnte,[32] liegt an der Art, in der er verarbeitet hatte, was er während eines halb-

31 Zur Struktur des Prinzipats näher »Princeps legibus solutus« (oben Anm. 7), zu Justinians Haltung, die von dem platonischen Ideal des »*gesetzgebenden Tyranns*«, der unbeschränkten, aber von der *vera philosophia* geführten Herrschaft des Philosophenkönigs geleitet wurde, in »Der Schlüssel zur Hermeneutik des Corpus Iuris Civilis« (oben Anm. 8) S. 221 ff.

32 *Cicero*, Philippica III 2,3 »C. Caesar, ein Jüngling, fast eher ein Knabe, hat mit der Tatkraft eines unglaublichen und gewissermaßen göttlichen Verstandes [... (2, 4)] aufgrund privaten Entschlusses die Republik [...] befreit;" IV 1, 2 »C. Caesar, der die Republik und eure Freiheit aus eigenem Bemühen und Planen und schließlich auch mit eigenem Vermögen geschützt hat und schützt;" V 16, 43 »Welcher Gott hat dem römischen Volk diesen göttlichen Jüngling geschenkt?« Cicero irrte sich nur darin, dass jemand, der sein Militärkommando als Imperator Caesar ergriffen und die Streitkräfte »privato consilio« als Caesarerbe (III 6, 14; IV 3, 6) zusammengerufen hatte, sich nicht mehr durch Bewilligung des imperium (V 16, 45 »Wir wollen also Caesar das Militärkommando geben, ohne das die Verwaltung des Militärwesens, das Halten eines Heeres und die Führung eines Krieges nicht möglich ist«) zum Senatsfeldherrn herunterstufen lassen und sich in den Regierungsgeschäften des Friedens, so wie Cicero es in seinem Consulat getan hat, der *auctoritas* des Senats unterordnen werde (II 5, 11 »Mein Konsulat war, ihr Senatoren (patres conscripti), dem Buchstaben nach das meine, der Sache nach das eure. Denn was habe ich bestimmt, getan oder bewirkt ohne Beschlussfassung, hoheitliche Ermächtigung (auctoritate) oder Entscheidung dieses Kollegiums?«). Der junge Caesar hat den politischen Konsens, den er zu mobilisieren verstanden hat, nicht wie Cicero wollte, auf den Senat gelenkt (III 5, 13 »Der so überwältigende Konsens der Munizipien und Kolonien Galliens ist ersichtlich darauf gerichtet, die Hoheitsgewalt dieses Kollegiums und die Majestät des römischen Volkes zu verteidigen«), sondern, wie er sich in der Senatssitzung vom 16. Januar 27 bestätigen ließ, auf die eigene, alle überstrahlende *auctoritas* geleitet. Man muss ihm bescheinigen, dass er damit Ciceros Lehren von dem von der Vorsehung berufenen Staatsmann, dessen eindrucksvollste Fassung sich im Somnium Scipionis findet, konsequenter verwirklicht hat, als der Meister, nicht weil er klüger war, sondern weil er die militärische Macht in den Händen hielt. Die immer wieder festgestellte Tatsache, dass Augustus in den im Monumentum Ancyranum bewahrten *Res gestae* seine Herrschaft mit den Worten Ciceros rechtfertigte, wird durch die hier und im Text geklärten Zusammenhänge vertieft. Vgl. *Gelzer*, Pauly Wissowa Realencyklopädie (1939) M. Tullius Cicero (als Politiker) Sp. 1057, 1069, 1077, 1090.

jährigen Studiums 79/78 in Athen von Antiochos von Askalon gehört hatte.[33] Er hat es sich nicht nach Art eines Schülers angeeignet, was ihn gezwungen hätte, seinen grundsätzlichen Skeptizismus abzulegen, sondern nach Art eines Staatsmannes, Redners und selbständig denkenden Individuums. Er hielt an seinem skeptischen Standpunkt fest[34] [149] und akzeptierte das, was die von Antiochos bewirkte Zusammenführung von Stoa und Alter Akademie gebracht hatte, nämlich die Möglichkeit von Menschen, die im platonischen Sinne der Anamnesis einen Zugang zum Quell der Wahrheit haben, als etwas, an das zu glauben nicht nur staatspolitisch nützlich ist, da es nicht nur der Legitimation der Herrschaft dient, sondern auch den Menschen adelt und kreativ macht. In dem Sinne nennt Quintus Tullius Cicero seinen Bruder in der Schrift für dessen Konsulatsbewerbung im Jahre 64 einen »*homo Platonicus*«.[35] Ciceros Liebe und Verehrung zu Platon hat hier ihre eigentliche Wurzel. Sie gilt nicht dem Staatstheoretiker, sondern dem Idealisten, und folgt ihm daher auch nicht für das Alltägliche und Regelmäßige, sondern zieht ihn für das Außerordentliche heran. Daher weist Cicero zu Beginn des Dialogs seine eigene skeptische Akademie, deren Kritik alles zerstören würde, nicht fort, sondern bittet sie, wie der Römer es gegenüber seinen als anwesend empfundenen Göttern tut, um friedliche Duldung. Denn sie ist und bleibt die Grundlage seiner Weltauffassung.[36] In späteren Jahren weist er in ganz verwandtem Sinn, um Übernahmen aus der stoischen Ethik zu rechtfertigen, dar-

33 Vgl. Brutus 93, 315.

34 Bezeugt unter anderem von Plutarch in seiner Cicerobiographie. Ich gebe den Passus in der schönen, von *Bernadotte Perrin* besorgten Übersetzung wieder (Loeb Classical Library, Plutarch's Lives VII S. 89): ›On coming to Athens he attended the lectures of Antiochus of Ascalon, and was charmed by his fluency and grace of diction, although he disapproved of his innovations in doctrine. For Antiochus had already fallen away from what was called the New Academy and abandoned the sect of Carneades, either moved thereto by the clear evidence of the sense-perceptions, or, as some say, led by a feeling of ambitious opposition to the disciples of Cleitomachus and Philon to change his views and cultivate in most cases the doctrine of the Stoics. But Cicero loved the systems which Antiochus discarded.‹ Vgl. im übrigen die Eigenzeugnisse Ciceros unten Anm. 36 und 37.

35 Quintus Tullius Cicero, Comment. petitionis 46.

36 *Cicero*, de legibus I 13,39 »Die Verwirrerin all dieser Dinge, die Akademie, d.h. diese neue des Arkesialaos und Karneades, bitten wir, dass sie schweigen möge. Denn wenn sie in das, was von uns ersichtlich recht kundig eingerichtet und zusammengestellt worden ist, eindringt, würde sie allzu viel in Trümmer legen. Ich möchte sie jedoch nur »besänftigen« (placare), sie fortzuweisen wage ich nicht.« Der Skeptizismus ist damit als unabdingbares Existentiale Ciceros gekennzeichnet. Zuvor hatte er bemerkt, dass die »Alte Akademie«, der Peripatos und die Stoa (Zeno), d.h. die dogmatischen Schulen, deren Vereinigung Cicero von dem (I 21, 54 auch genannten) Eklektiker Antiochos übernimmt, seinen Ausführungen zustimmen, während er die Epikuräer, die als strenge Materialisten nicht zustimmen können, gar nicht erst ernst nimmt und auffordert, friedlich in ihrem »Garten« zu bleiben. – Dazu, dass die »Besänftigung der Götter (placatio deorum)« das zentrale Mittel der römischen Religiosität war, »Frieden und Segen der Götter (pax et venia deorum)« zugleich zu sichern, siehe nur Cicero, de natura deorum III 2, 5.

auf hin, dass ihm seine Akademie die Freiheit gebe, das, was er für plausibel halte, aus eigenem Recht zu vertreten.[37] Man hat daher seinen Hinweis in De legibus, dass er Antiochos keineswegs in allen Stücken folge, durchaus ernst zu [150] nehmen und mit Plutarchs Hinweis zu verknüpfen, dass sich Cicero durch die bei ihm gehörten Vorlesungen nicht von der Skepsis hat abtrünnig machen lassen.[38] Cicero ist dem platonischen Idealismus nur in einem bestimmten, für ihn persönlich und als Staatsmann wichtigen Maße gefolgt, nämlich in Form einer skeptisch bleibenden Anthropologie, die gleichwohl der Suche nach einer höheren Sinnhaftigkeit des menschlichen Lebens grundsätzlich Raum verschafft und sie, wenn sie gegenüber den bewährten Ordnungen respektvoll und ohne dogmatische Intoleranz auftritt, als lebensnützlich anerkennt. Insoweit hat ihn der Vorwurf des Antiochos, das Lebensziel des Karneades ermangele der »*Ehre (honestas)*«, weil es tatsächlich den Menschen auf den Kreis einer skeptisch vermessenen Natur und Zivilisation verweist, beeindruckt.[39] Diese Haltung kann er auch seinem Freund, dem Epikuräer Atticus, abfordern.[40]

37 *Cicero*, de officiis III 4, 20 »Unsere Akademie gewährt uns aber die große Freiheit, das, was uns grundsätzlich glaubwürdig vorkommt, aus eigenem Recht vertreten zu dürfen.«.

38 Cicero strebt in der von Antiochos geschlichteten Kontroverse, ob mit dem strikten Standpunkt der Stoa nur das moralisch Ehrenhafte (*honestum*) gut genannt werden kann oder ob nach der vom Peripatos geteilten Lehre der alten Akademie diese Bewertung auch verdient, was dem Menschen lebensnützlich ist, eine eigene Vermittlung an. De legibus I 21, 54 (Atticus) »Also stimmst du dem Antiochos zu […]«. – (Cicero) Ob ich ihm […] in allem zustimme oder nicht, werde ich bald sehen. Das meine ich ⟨allerdings⟩, dass dieser ganze Streit zur Ruhe gebracht werden kann.« Die Art seiner Lösung ergibt sich aus dem im Text Ausgeführten.

39 Vgl. *Cicero*, de finibus bonorum et malorum II 11, 34: »Es gibt drei Lebensziele ohne Ehre […], das dritte ist das des Karneades« und die Ausführungen, die ihre Quelle (V 8.33: unser Antiochos) nennen (V 6, 18): »Und man braucht auch keine anderen Argumente gegen die Ansicht des Kameades zu suchen; denn auf welche Weise auch immer das höchste Gut mit dem Ergebnis formuliert wird, dass es der Ehre entbehrt, so können in diesem System weder Pflichten noch Tugenden noch Freundschaft bestehen.« V, 8, 21: »Zu größeren Dingen [. . .] sind wir geboren.«

40 Vgl. de legibus I 7, 21 »Du, Atticus, räumst uns also ein […], dass die gesamte Natur von der unsterblichen Götter Kraft, Natur, Gewalt, Geist, Walten (oder was es noch für Worte gibt, mit denen ich noch klarer ausdrücken könnte, was ich meine) beherrscht wird? Denn wenn du das nicht billigst, müssen wir unsere Sache vor allem erst einmal damit beginnen. – Ich räume es gewiß ein, wenn du es forderst; denn wegen des Gesangs der Vögel und dem Rauschen des Flusses [des Liris] fürchte ich auch nicht, dass jemand von den Mitschülern es hört. – Vorsicht ist in der Tat nötig; denn sie pflegen, wie es sich für ›gute Leute (boni viri)‹ gehört, sehr zornig zu werden und würden es nicht hinnehmen, wenn sie hörten, dass du den ersten Grundsatz des ›besten Mannes (optimus vir) [d. h. Epikur]‹ preisgegeben hast, in dem er schreibt, dass Gott sich um nichts kümmert, weder um Eigenes noch um Fremdes. – Fahre bitte fort. Denn ich bin gespannt, worauf sich das, was ich dir eingeräumt habe, bezieht.« Es bezieht sich auf das Aufsuchen eines höheren Deutungsprinzips, das die vorgefundenen Ordnungen nicht aufzulösen, sondern durch die einer höchsten Macht verliehene Interpretationsgewalt zugleich zu stärken und fortzubilden vermag.

Es ist diese Haltung, die seine Staatsschriften ermöglicht haben. Kraft ihrer konnte er in ihnen den Republikanismus der vorklassischen und klassi- [151] schen Jurisprudenz verteidigen und gleichzeitig dem außerordentlichen Staatsmann Raum schaffen, und zwar mit steigender Entschiedenheit. Wenn Cicero in De re publica die republikanische Staatsverfassung der römischen Tradition, die über eine ausgewogene Mischung der Gewalten die Bürger an der Herrschaft beteiligte, als verpflichtendes Vorbild darstellt und im Somnium Scipionis den zur Rettung gestörter Verhältnisse bestimmten, göttliche Werke verrichtenden und göttlich belohnten Staatsmann vor Augen treten lässt (vgl. oben Anm. 30), finden wir in De legibus die gleiche Verbindung in Gestalt einer theoretischen Herleitung, welche die nach wie vor verteidigte römische Verfassung der Republik aus einer höchsten der menschlichen Vernunft fassbaren, geistigen, auch das Recht hervorbringenden Natur herleitet.

> Cicero, de legibus I 6, 20
> Da also die Verfassung der Republik, die Scipio in jenen sechs Büchern als die beste dargetan hat, erhalten werden muss, alle Gesetze auf diese Art Gemeinwesen abzustimmen sind, es auch Rechtsgewohnheiten einzupflanzen gilt und nicht alles in Schriftform geordnet werden soll, will ich den Stammbaum des Rechts aus der Natur herleiten.

Dieses aus der Natur legitimierte positive Recht (*ius*), das als solches die jeweilige Norm, das handlungsleitende Gesetz (*lex*) erzeugt, richtet sich (wie Cicero in diesmal unausgesprochen gelassener Kritik an Platon und Aristoteles lehrt) an alle Menschen, da die Rechtsordnung der Republik das Werk aller an ihr Beteiligten ist.

> Cicero, de legibus I 12, 23
> Den Wesen, denen die Natur die Vernunft (ratio) gab, denen hat sie auch die alles richtig ordnende Vernunft (recta ratio) eingegeben. Folglich auch das Gesetz, das die richtig ordnende Vernunft in Form des Befehlens und Verbietens ist; und wenn das Gesetz, dann auch das Recht. Und so wie allen die Vernunft, so ist auch allen das Recht gegeben.

Höchste Quelle dieses in allen menschlichen Verhältnissen gebietend oder verbietend gedachten Gesetzes ist Gott, in römischer Fassung Jupiter.[41] In der Hand des zur Herrschaft Berufenen verwandelt sich das so begründete Recht folgerichtig in die generalklauselartige, von keinen formalen Regeln begrenzte Ermächtigung, das Wohl des Ganzen zu wahren.[42] Cicero erkannte durchaus, dass die aus dieser Herleitung folgende Machtfülle ange- [152] sichts der Missbrauchsgefahr not-

41 *Cicero,* de legibus II 4, 10 »Das Gesetz ist mit dem göttlichen Geist gleichzeitig entstanden. Daher ist das wahre und führende, zum Befehlen und Verbieten geeignete Gesetz, die alles richtig ordnende Vernunft Jupiters, des höchsten Gottes.«

42 *Cicero,* de legibus III 3, 8 »Königliche Gewalt sollen zwei haben [d. h. die alljährlich zu wählenden Konsuln]. Für sie soll das Wohl des Volkes das höchste Gesetz sein.«

wendig etwas Schlechtes enthält, meinte aber, dass ohne diese Beimischung ihre Vorteile nicht zu haben seien.[43]

In überaus pointierter Weise bereitet sein vermittelndes Denken den Prinzipat vor, wenn er in einer geschwächten Republik, wie es die *res publica restituta* seit Augustus war, noch eine bedeutende Zukunft sah, und daher nicht bereit war, um der Verteidigung der Republik willen ihre vollständige Vernichtung in Kauf zu nehmen.

> Cicero, ad familiares XV, 15 (an Cassius, Brundisium Mitte August 47)
> Und nur diejenigen tadeln unsere Ansicht [d. h., dass wir meinen, es sei richtig, unser Urteil von dem Ausgang der Schlacht von Pharsalus bestimmen zu lassen], die der Auffassung sind, es sei besser, die Republik ganz und gar zu zerstören, als dass sie beschnitten und geschwächt fortbesteht. Ich jedenfalls erblicke in der Möglichkeit ihres Untergangs keinerlei Hoffnung, in dem, was bewahrt werden könnte, dagegen große.

Aus heutiger Sicht hat er Recht behalten, nicht zuletzt gegenüber dem Verächter der Republik Caesar,[44] den diese Nichtachtung der von Cicero verteidigten Tradition das Leben gekostet hat. Denn die Staatsordnung, die von Augustus ins Leben gerufen wurde, war die von Cicero akzeptierte *res publica imminuta* und *debilitata*, die, unter Führung einer monarchischen Ausnahmegewalt, durch Privatrecht, die Munizipalverfassung und die Reste der alten Staatsverfassung bei allen tiefgreifenden, sozialen Mängeln doch eine Art Zivilgesellschaft ermöglicht hat. Die beiden Jurisprudenzen, die in den beiden Rechtsschulen zu einer bedeutenden Nachblüte gelangten, entwickelten in dieser Epoche einen zwischen Natur- und Zivilisationsrecht vermittelnden Stoff fort. Von Justinian zusammengefasst, vermochte er in der Neuzeit über die europäischen Universitäten den Gedanken einer geistig selbständigen, alle Menschen berechtigenden und insofern republikanisch gebliebenen Rechtskultur am Leben zu erhalten.

Die geistige Selbständigkeit Ciceros, die ihm die Vorbereitung des verfassungsrechtlich entscheidend geschwächten, aber gleichwohl wirksamen Republikanismus des Prinzipats erlaubte, ist nicht gering zu veranschlagen. Zwar verdankte er Antiochos, dem ungetreuen Schüler des Skeptikers Philon, den Gedanken, den Gegensatz, der im Übergang von der vorklassischen zur klassischen Jurisprudenz in seiner Lebenszeit mit Schärfe hervorgetreten war, nämlich zwischen der Stoa und der von Karneades und Philon geprägten Akademie, durch den Rückgriff auf die idealistische Anthropologie der [153] Alten Akademie zu mildern. Aber nicht nur die eindringliche, rechtlich und historisch kenntnisreiche Anwendung der römischen Rechtsgeschichte in den Schriften De re publica und De legibus, son-

43 *Cicero*, de legibus III 10, 23 »Ich gebe zu, dass in der Staatsgewalt selbst etwas Böses enthalten ist; aber wir können das Gute, das wir durch sie gewinnen, ohne jenes Böse nicht haben.«

44 Eine stehende Rede von ihm war (*Sueton*, Caesar 77): »Ein Nichts ist die Republik, bloß ein Name ohne Körper und Gestalt.«

dern bedeutsamer noch die skeptisch-tolerante Grundierung dieser Durchführung war Ciceros Eigentum. Denn Cicero trat nicht der fünften Akademie des Antiochos bei (vgl. oben Anm. 33), was ihn zum Dogmatiker gemacht hätte. Vielmehr fügte er die Möglichkeit eines *princeps civitatis*, wie er es hatte sein wollen (vgl. Anm. 32), d.h. des kraft höherer Einsicht über den respektierten positiven Ordnungen der Republik stehenden und daher notfalls zu außerordentlichen Maßnahmen legitimierten Staatsmannes als eine plausible, den Menschen ehrende und seinen eigenen Erfahrungen entsprechende Annahme in sein skeptisches Weltbild ein. Da von diesem Standpunkt aus jeder, der diese seelische Möglichkeit für sich in Anspruch nimmt, seine Berechtigung dazu nicht wissen, sondern nur durch den Erfolg der entsprechenden Taten und Selbstinszenierungen unter Beweis stellen kann, zeigt sich am Ende Augustus auch darin als Ciceros Schüler, dass er sich auf dem Sterbebett von seinen Freunden ohne Zynismus, aber mit deutlicher menschlich-skeptischer Distanz zu seinem (ebenso unvollkommenen wie in der damaligen Epoche leistungsfähigen und in seinem historischen Wert nicht leicht zu überschätzenden) Werk der Res publica restituta dem Sinne nach mit der Wendung verabschiedete: »*Spendet Beifall, Freunde, die Komödie ist beendet*«.[45]

Ein weiterer Grund für die verfassungsrechtliche Kraft der in Ciceros Staatsschriften gelehrten Herleitung des Rechts der Republik aus einer höheren, einen Princeps der Republik autorisierenden und zugleich potentiell alle Verhältnisse durchdringenden Quelle sei hier nur kurz berührt, da seine ausführliche Klärung zu weit führen würde. Er liegt darin, dass der Rechtsentwurf, den Cicero in der Schrift De legibus in der geschilderten Weise *ex intima philosophia* herleitete, zugleich einen Rückgriff auf die ältere vorklassische Jurisprudenz der römischen Republik darstellte, deren System von dem (von Antipater von Tarsos ausgelösten) in großem Stil soziale Fremdnützigkeit fordernden Naturrechtsschub noch frei war; er hatte den Juristen P. Mucius Scaevola, Konsul des Jahres 133 v. Chr., zum geistigen Verbündeten der Reformpolitik des Tiberius Gracchus gemacht und war im umfangreichen Werk De iure civili seines Sohnes Q. Mucius Scaevola pontifex maximus in einer für die Folgezeit maßgebenden Weise ausgearbeitet worden.[46] Cicero hat den Rückgriff deutlich herausgestellt, einerseits durch [154] die in der Stilisierung der Schrift De legibus unverkennbar enthaltene Anspielung auf den Zwölftafelkommentar des Sext. Aelius, andererseits durch die Rolle, die er in der Schrift De oratore seinem ersten Lehrer Q. Mucius augur zuweist, in dem er (bevor er nach dessen Tod zu Mucius pontifex ging) noch einen Vertreter des älteren Systems der vorklassischen Jurisprudenz kennen gelernt hatte. Er tritt

45 Nach *Sueton*, Augustus 99 zitierte er einen griechischen Vers, der das gleiche in feinerer Weise aussagte.

46 Vgl. dazu *Okko Behrends*, Tiberius Gracchus und die Juristen seiner Zeit – die römische Jurisprudenz gegenüber der Staatskrise des Jahres 133 v. Chr., in: *Klaus Luig/Detlef Liebs*, Das Profil des Juristen in der europäischen Tradition, Symposion aus Anlass des 70. Geburtstages von Franz Wieacker (1980) S. 25-121.

in dem Dialog als Vertreter der auf Sext. Aelius zurückgeführten Jurisprudenz auf, deren Interpretation die Zwölftafeln zu einem Gesetz gemacht hat, in welcher, wie Cicero formuliert, sich kraft des älteren Systems nicht nur alle Nützlichkeiten und Rollen der Bürgerschaft der Republik fänden, sondern auch alles, was die Philosophie dazu zu sagen habe, und zwar in einer solchen Verdichtung, dass sie als schmales Werk als Rechtsquelle sämtliche Bibliotheken der Philosophie an Wert übertreffe.[47] Da die Leitidee, die das kaiserliche Prinzipat über die wiederhergestellte Republik stellte, aus dieser älteren vorklassischen, vom Naturrechtsschub noch freien Jurisprudenz stammte, erklärt es sich, dass die Kaiser in ihrer eigenen Rechtssetzung ein eigenes, außerordentliches, drittes Recht schufen, das *extra ordinem* blieb und sich in keines der in den beiden Schulen gelehrten republikanischen Rechtssysteme integrierte. Die aus den geschilderten Zusammenhängen erklärliche Grundtendenz dieses außerordentlichen Kaiserrechts, jeden Wertungswiderspruch zwischen dem Naturrecht und dem »Bürgerlichen Recht« zu vermeiden, sondern vielmehr auch mit den Mitteln des Naturrechts menschliche Freiheits- und Vermögensrechte zu fördern,[48] hatte die Wirkung, dass im Wettbewerb der in den beiden jeweils zur Rechtsfortbildung zugelassenen Traditionen der Republik das sozialreformerische Naturrecht, das in der vom jüngeren vorklassischen Recht geprägten sabinianischen Schule vertreten wurde, zugunsten der Wertungen der klassisch-prokulianischen Schule zurück- [155] geschnitten und am Ende in allen wesentlichen Zügen auf das liberale Maß der älteren vorklassischen Jurisprudenz zurückgeführt wurde.

47 Siehe den gehaltvollen Text *Cicero*, de oratore I 43, 193-45, 198. Die »übermächtige und glorreiche Philosophie«, die, in den Zwölftafeln wirksam geworden, eine Quelle für alle Erörterungen ist, »die es im Bürgerlichen Recht und den Gesetzen gibt«, ist die stoische. Cicero lässt sie von Crassus, der als Anhänger der skeptischen Akademie kurz vorher deren Reformprogramm verkündet hatte, als eine »andere Gattung von Klugheit (aliud genus prudentiae)« charakterisieren (vgl. unten Anm. 62), und dann den Augur gegen Crassus selbst I 10, 43 »seine Stoiker (stoici nostri)« ins Feld führen. Beschrieben ist die Genese der Jurisprudenz der »Vorfahren (maiores)«, die *Cicero*, de officiis III 70, 69 durch die Nennung ihrer beiden, aus der stoischen Rechtsentstehungslehre stammenden, komplementären Grundbegriffe: »Bürgerliches Recht – Naturrecht (ius civile – ius gentium)« kennzeichnet. Vgl. oben Anm. 22.

48 Aufschlussreich insbesondere das kaiserliche Sklavenschutzrecht, das mit dem Freilassungsfideikommiß, dem Schutz des »Freikaufs mit eigenem Geld« und auch schon mit dem Recht auf einen neuen Eigentümer nach Misshandlungen stets Individualrechte schützt. Vgl. dazu meine Untersuchung »Prinzipat und Sklavenrecht«, Institut und Prinzip I S. 417ff.

III. Platons Doppelwerk Politeia und Nomoi: Von der klassischen Bürgerrepublik zum theonomisch verfassten Erziehungsstaat

Bei Cicero ging die Entwicklung von *De re publica* zu *De legibus* bei explizit platonkritischer Verteidigung einer republikanischen Rechtslehre dahin, dass im zweiten Werk die Möglichkeit, die Republik unter eine sie sichernde Ausnahmeherrschaft zu stellen, die im ersten Werk nur mythisch vorbereitet worden war, normtheoretisch durch eine Prinzipienableitung durchgeführt wurde. Platons Thema war ein anderes. Ihm ging es von vornherein um die Republik als eine Einrichtung der Seelenleitung, in der Politeia unter dem Leitgedanken einer erziehenden Analogie, in den Nomoi durch die gewährleistete Herrschaft erziehender Gesetze (vgl. oben Anm. 14). Auch diese Entwicklung hatte, wie Cicero gewiss nicht verkannt hat, als er sich zu einer analogen Werksequenz entschloss, zur Stärkung der Herrschaft dessen geführt, der die »Gesetze« deutete und durchsetzte. Genau so wenig wird Cicero verborgen geblieben sein, dass sich das, was die Kritik seit Karneades mit durchschlagendem Erfolg an Platons Sichtweise getadelt hat, nämlich die ausschließliche Konzentrierung der Gerechtigkeit bei den Herrschenden, sich im zweiten Werk Platons radikalisiert hatte. In der Politeia ist die Bürgerschaft, deren Zusammentritt den Staat gründet, in ihrer Selbständigkeit noch deutlich sichtbar, z. B. in der Aufmerksamkeit, die dem Markt, dem Geld und dem Außenhandel gewidmet ist.[49] In den Nomoi wird dagegen, um im Interesse der Bürgereintracht die Entstehung großer Vermögensunterschiede zu verhindern, der Besitz von Gold, Silber und Devisen, also von allem, was im Außenhandel eingesetzt werden kann, verboten und nur Binnengeld erlaubt.[50]

Diese Entwicklung ordnet sich in einen größeren Zusammenhang ein, wenn man sieht (und es ist von mir in einer Studie zur Entwicklungsgeschichte des Kaufs bereits hervorgehoben worden),[51] dass die in Platons Politeia (und später bei Aristoteles) gegenwärtige Erkenntnis, dass die staat- [156] lichen Gold- und Silberwährungen (im Gegensatz zur Binnenwährung der Nomoi) im Wirtschaftsverkehr zum »Maß aller Dinge« werden, an eine zentrale Aussage des von Platon vielzitierten Protagoras erinnert. Denn es ist der Mensch, der mit der Bereitstellung eines rechenhaften Wertmessers die Voraussetzung dafür schafft, dass sich mit Angebot und Nachfrage ein Preis für die Waren bildet; wo kein Geld ist, da ist auch kein Preis.[52] Die sich im steten Wandel befindenden Bedürfnisse des

49 Politeia 371a.

50 Nomoi 741e-747c. Die im Text genannten internationalen Tauschmittel unterliegen einer strafbewehrten Ablieferungspflicht. Zugelassen ist nur Geld, das im Ausland wertlos ist.

51 *Okko Behrends*, Der ungleiche Tausch zwischen Glaukos und Diomedes und die Kauf-Tausch-Kontroverse der römischen Rechtsschulen, in: *ders.*, Institut und Prinzip II (2004) S. 629-653, S. 641 Anm. 42.

52 *Diogenes Laertios* IX 51: »Der Mensch ist das Maß aller Dinge, der seienden, dass sie sind, der nicht seienden, dass sie nicht sind.« Vgl. *Platon*, Kratylos 385e-386d; Theaitetos 152a-154b.

Gattungswesens Mensch bringen vermittels des Geldes die Preise hervor, und zwar mit der typischen, die Dynamik gerade auch des zwischenstaatlichen Handelsverkehrs auslösenden Differenz zwischen dem jeweiligen konkreten Vertragspreis und dem »auf dem Markt«, d.h. prognostizierbar woanders erzielbaren Preis.

Dieser Befund wird durch eine Nachricht, die Diogenes Laertios zweimal anführt, einmal nach dem Aristoteliker Aristoxenos aus der Zeit des Theophrast, zum anderen nach Favorinus, dem Skeptiker und Zeitgenossen des Aulus Gellius (ca. 80-150 n. Chr.), zu einer aufschlussreichen Information, da die Verbindung von Befund und Nachricht darauf deutet, dass die von der Politeia zu den Nomoi zu beobachtende Entwicklung zusammenfällt mit einer Radikalisierung der Platon von Anfang an bestimmenden Kritik an der von Protagoras vertretenen Auffassung der Polis. Beide Autoren bekunden nämlich, dass Platons Politeia in wesentlichen Stücken auf den Antilogiken – den »Wider- oder Gegenreden« – des Protagoras beruhe. Das klingt übertrieben, muss aber einen wahren Kern haben.[53] Tatsächlich zeigen sich in Platons Werk zahlreiche auf Protogaros zurückführende »Gegenreden«, beginnend mit der zentralen, ob Gott oder der Mensch das Maß aller Dinge sei.

> Platon, Nomoi 716c
> Die Gottheit dürfte nun für uns am ehesten das Maß aller Dinge sein, und dies weit mehr als etwa, wie manche sagen, irgend so ein Mensch.[54]

[157] Platon entscheidet sich für Gott. Das göttliche Maß lässt nach Platon als eine die Seelen erfassende Kraft die Menschen ihren Platz in einer gottgewollten Ordnung ergreifen.[55] Kenntnis, Handhabung und Durchsetzung dieses Maßes

53 *Diogenes Laertios* III 37 »Aristoxenos sagt, fast die ganze Republik sei aus des Protagoras Antilogika entlehnt«; ders. ebda III 57, wo es in einem hier nicht näher interessierenden Zusammenhang von Platons Staat heißt: »Von dem übrigens Favorin im zweiten Buch seiner vermischten Schriften sagt, dass er sich schon fast ganz in den Antilogika des Protagoras findet.« Vgl. zu der Aussage *Heinrich Gomperz*, Sophistik und Rhetorik (1912, Nachdruck 2005) S. 180: »einen Kern muss sie doch haben«. Angesichts des Interesses, das die Frage gerade für einen Skeptiker hatte, darf man annehmen, dass Favorin nicht versäumt, sich ein selbständiges Urteil zu bilden. Wie sich die Antilogiken zu der von Diog. Laert. IX 55 erwähnten Schrift des Protagoras über den Staat verhalten, ist ungewiss. Vgl. *Kurt von Fritz*, RE (1957) s.v. Protagoras Sp. 920.

54 Gemeint sind Protagoras und seine Anhänger. Vgl. oben Anm. 52.

55 In der Sache führt der Athener näher aus (716c-718a), dass dem Ähnlichen (dem Menschen) das Ähnliche (Gott) deswegen lieb sei, weil es ihm Maß gebe. Daher sei Ziel der höchstmögliche Grad einer Annäherung oder Angleichung an Gott. Sie werde in der rechten Gesinnung erreicht. 716d: »Der Besonnene unter uns ⟨ist⟩ dem Gott lieb, denn er ist ihm gleich«. Der rechte Sinn erweise sich vor allem in der Verehrung der Götter, Dämonen, Heroen und Eltern und gegenüber den letzteren in der betätigten Überzeugung, ihnen alles zu verdanken und der Erfüllung der dadurch begründeten Pflicht, ihnen das Gewährte in ihrem Alter mit allen Kräften des Vermögens, des Leibes und der Seele zurückzuzahlen.

gehört in die Hand eines dem Göttlichen nahen Herrschers. Gerechte Verhältnisse können nur dann erwartet werden, wenn ein solcher Herrscher auftritt. Platon hat diese Überzeugung in den Nomoi mit besonderem Nachdruck vorgetragen.[56] Sie findet sich aber schon in der Politeia.[57]

Bezeichnenderweise lässt sich auch Platons, von Karneades kritisierte Lehre, dass die Gerechtigkeit ausschließlich eine Herrschertugend sei, in eine solche »Gegen- oder Widerrede« einordnen. Das zeigt der das genaue Gegenteil vertretende Rechtsentstehungsmythos, den Protagoras in Platons nach ihm benannten Dialog erzählt. Danach wurde die menschliche Spezies wie alle anderen zu ihrer Zeit von den Göttern geschaffen, aber bei ihrer dem Prometheus in Auftrag gegebenen Ausstattung zunächst vernachlässigt. Denn der die Zukunft bedenkende Prometheus hatte die Arbeit selbst dem – nur aus Erfahrung lernenden – Epimetheus überlassen und musste bei der Kontrolle, die er sich vorbehalten hatte, erkennen, dass jener zwar alle Arten so ausgestattet hatte, dass sie als solche überleben konnten, den Menschen aber vergessen und nackt und wehrlos gelassen hatte. Er sah keine andere Möglichkeit für ihr Leben auf der Welt, als ihnen durch Diebstähle bei den Göttern, bei Athene und Hephaistos, göttliche Gaben zu verschaffen, die *»technische Vernunft (éntechnon sophía)«* und das *»Feuer«*. So mit göttlichen Vorzügen ausgestattet, kraft derer sie sich ausreichende Lebensbedingungen (Behausungen, Kleider, Nahrung) schufen, bauten die Menschen als einzige Lebewesen Altäre und verehrten [158] die Götter, litten aber darunter, dass ihnen die *»bürgerliche Kunst (politikè technē)«*, die Kunst der Organisation einer stadtbürgerlichen Gemeinschaft, einer Republik, fehlte. Sie konnten sich, erst noch vereinzelt lebend, gegen die wilden Tiere nicht verteidigen, brachten sich aber in den Städten, die sie daraufhin bauten, wechselseitig um. Da fürchtete Zeus, das Menschengeschlecht möchte untergehen, und sandte ihnen durch seinen Boten Hermes das *»Recht (díkē, ius)«* und das im Gewissen Pflichten anerkennende *»Schamgefühl (aidōs, verecundia)«*, das erste als *»schmückende Ordnungen der Städte (póleōn kósmoi)«*, das andere als *»Band solidarischer Freundschaft (desmoì philías)«*. Und auf die Frage des Hermes, ob er diese Kunstfertigkeit wie die übrigen nur wenigen zuteilen solle oder allen, entschied Zeus, jeder einzelne müsse daran teilhaben; es könnten Staaten nicht bestehen, wenn sich nur einige wenige auf diese Kunst verstünden. Daher solle Hermes auch in seinem, des Zeus' Namen ein Gesetz geben, dass jeder, der die beiden Teile der *»scientia civilis«* – so

56 Es bewirke (Nomoi 711d-712b): »tausendfältiges, ja jegliches Gute in dem Staat«, wenn »eine göttliche Liebe zu einer besonnenen und gerechten Lebensweise« die Mächtigen ergreife. Denn »wenn in einem Menschen die größte Macht mit Einsicht und Besonnenheit in eins zusammenfällt«, nehme »die Entstehung der besten Staatsform und ebensolcher Gesetze ihren naturgemäßen Anfang«. Ein solcher Staatsmann erfüllt, wenn er Gesetze gibt, einen unmittelbaren göttlichen Auftrag. Daher die Aufforderung des Atheners: »Lasst uns also die Gottheit bei der Einrichtung des Staates um Hilfe anrufen; möge sie uns erhören, und wenn sie uns erhört, gnädig und huldvoll nahen, um mit uns den Staat und die Gesetze recht zu ordnen.«

57 Politeia 473c, 11 ff.; 499b, 1 ff.; siehe auch den 7. Brief 326a, 7-b, 4.

könnte Cicero einst in seiner lateinischen Version des Dialogs übersetzt haben[58] – nicht zu erfassen vermöge, getötet werden solle wie eine »Krankheit der Stadt«.[59] Es ist ein kluger, wohldurchdachter Mythos. Technik und Recht bilden noch heute die entscheidenden Lebensbedingungen der Menschheit. Und es gibt zu denken, dass über Technik und Feuer, dem Urbild aller Energie, da sie als göttliche Kräfte auf unrechte Weise in die Hände der Menschen gekommen sind, ein Schatten liegt, nicht aber über Recht und Scham, beides wohlbedachte Gaben des Zeus', mögen sie auch, wie die Vermittlung durch Hermes, den Gott der Hermeneuten andeutet, stets der Interpretation bedürfen.

[159] Im Übrigen könnte der Gegensatz klarer nicht sein. Bei Protagoras ist grundsätzlich jeder Mensch im Besitz der ihnen von Zeus zugedachten, durch Hermes vermittelten Rechtskompetenz, so dass die Last, in seinem freien Handeln das, was Recht und Scham verlangen, richtig auszulegen, jeder trägt und andernfalls die im Gemeinwesen vorgesehenen Sanktionen erleidet. Bei Platon übernimmt dagegen ein weit über die Menschen der Alltagsgeschäfte herausgehobener »*dämonischer Mann*« diese Last, indem er den Bürgern das, »*was von den Göttern kommt*« ausdeutet und so über sie herrscht, wie einst in der Kindheit des Menschengeschlechts wirkliche Dämonen als eine den Menschen überlegene Gattung von Wesen über sie geherrscht hatten.[60]

Der an dieser Stelle schon deutlich hervortretende Befund, dass sich Platons Denken in Frontstellung gegen Protagoras entwickelt hat und in den von den Antilogiken gestellten Alternativen jeweils die andere Wahl trifft, lässt sich weiter

58 Vgl. zu dieser Übersetzung, die (anders als die des Timaios) verloren ist, *Philippson*, RE (1939) Marcus Tullius Cicero (Philosophische Schriften) Sp. 1150. Für Cicero ist *ars civilis* nicht belegt, wohl aber *scientia civilis*, und zwar in einem Kontext, wo sie sich auf beide republikanische Jurisprudenzen bezieht. Vgl. *Cicero*, de oratore I 43, 193 (es spricht Licinius Crassus, Ciceros Vorbild): »Wenn jemand die ›bürgerliche Wissenschaft (*civilis scientia*)‹ erfreut, die Scaevola ⟨augur⟩ nicht für etwas dem Redner Eigenes hält, sondern von einer anderen Art [sc. der stoischen] Klugheit herleitet, so findet er sie unter Entfaltung aller Nützlichkeiten und Rollen von den Zwölftafeln erfaßt.« Vgl. auch ibidem III 31, 122f., wo Crassus diese *civilis scientia* für die Rhetorik beansprucht und von den Philosophen zurückfordert, auch von Sokrates, der im Gorgias die Redner verlacht habe. Für die Bürger und Menschen genügte, wie sicher auch der sich als Lehrer verstehende Protagoras gemeint haben wird, das (in casu ratbedürftige) Parallelwissen in der Laiensphäre. Man beachte die Analogie zwischen dem Dualismus der »*Nützlichkeiten*« und »*Rollen*« und dem protagoräischen Dualismus, der zwischen dem von der »*Scham*« gestifteten »*Band der Freundschaft*« und dem »*Recht*«, das in einer an den römischen Census erinnernden Weise »*die schmükkende Ordnung der Städte*« erzeugt, unterscheidet.

59 Vgl. die ausführliche, Protagoras selbst in den Mund gelegte Darstellung *Platons*, Protagoras 320c-322d.

60 *Platon*, Symposion 202e-203a. Vgl. zu dem Text *Martin Avenarius*, Tradition, Vorverständnis und Wirkungsgeschichte der Quellen. Vom Einfluss der geisteswissenschaftlichen Hermeneutik auf das romanistische Verstehen, in: *ders.*, Hermeneutik der Quellentexte des Römischen Rechts (2007) S. 1 Anm. 1. Vgl. auch Politikos 308c. Zur Dämonenherrschaft im Goldenen Zeitalter Platons oben Anm. 19.

bestätigen, und zwar mit der bereits angedeuteten Pointe, dass sich diese Entwicklung im Fortschreiten von dem einen zum anderen Werk radikalisierte und gelegentlich zu Schritten führte, über deren grundsätzliche Entschiedenheit sich Platon, wie es scheint, ausdrücklich Rechenschaft gegeben hat.[61] Dies gilt etwa für die Alternative, ob Staaten von ihrem Ursprung und von ihrem maßgebenden Modell her als erweiterte Familien oder als Zusammentritt Nicht-Verwandter zu verstehen sind, die Protagoras unter dem Gesichtspunkt »Über die anfängliche Herstellung von Staaten« erörtert haben könnte.[62] Tatsächlich erscheint in Platons Politeia am Anfang die Staatsentstehung wie später bei Cicero noch als *coetus*, als Zusammentritt Einzelner verschiedener Herkunft zu einer sich an einem Ort zusammenfindenden Menge,[63] wie es die im Auftrag des Perikles unter Be-
[160] teiligung des Protagoras durchgeführte panhellenische Gründung Thurioi programmatisch vorgeführt hatte (vgl. unten Anm. 82 und 84). Entsprechend pragmatisch ist als Ziel der Stadtgründung in der Politeia noch der wechselseitige Nutzen bestimmt, den die Menschen aus dem Verkehr untereinander ziehen. Zu dem Zweck wird nicht nur das Geld als den Wirtschaftsverkehr (über die Polisgrenzen hinaus) förderndes Tauschmittel anerkannt, sondern der Leser muss, da das wechselseitige Bedürfnis bestimmend ist, in diesem Abschnitt noch den Eindruck gewinnen, dass das, was die Handwerker fertigen, nach menschlichen Bedürfnissen und nach menschlichem Maß gemacht ist. Platon streift auch noch die Ansicht, dass in diesem zwischenmenschlichen Verkehr eine Gerechtigkeit liege, die als solche von den Verträge schließenden Menschen gewahrt werden soll, also primär in ihrer Verantwortung liegt und von ihnen erwartet wird, tut dies aber in einer Weise, in der die in den Nomoi endgültig vollzogene Abwendung bereits enthalten ist.[64] Und schon in der Politeia erfährt man etwas später, dass die Arte-

61 *Platon*, Nomoi 888a »Mein Kind, du bist noch jung; in ihrem Fortschreiten wird dich aber die Zeit dazu bringen, dass du vieles von dem, was du jetzt glaubst, verwirfst und das Gegenteil annimmst.«

62 Ob der überlieferte Titel auf ein selbständiges Werk des Protagoras deutet oder Teil seiner Schrift »Über den Staat« ist, steht dahin. *Heinrich Gomperz*, Sophistik und Rhetorik (oben Anm. 53) S. 178 Anm. 363 (aus S. 177), weist im übrigen darauf hin, dass das Wort *katástasis* (Staatsgründung) bei Isokrates im Sinne von Verfassungsform belegt ist. Aber auch Platon verwendet es in diesem Sinn (Politeia 497b).

63 Vgl. *Cicero*, de re publica I 25, 39 »Die Republik ist eine Sache des Volkes, das Volk aber [...] ist ein Zusammentritt einer durch Übereinstimmung im Recht und durch Gemeinschaft des Nutzens vergesellschafteten Menge«; ferner VI 13, 13 zu den »durch das Recht vergesellschafteten Versammlungen und Zusammentritten der Menschen, die Bürgerschaften genannt werden.« Siehe auch Cicero, de inventione I 1, 2-2,3 und pro Sestio 42, 91.

64 Politeia 368b-372c. Für die in Gedanken gegründete Stadt, in der die Einzelnen der zusammengekommenen Menschenmenge sinnvoll und arbeitsteilig miteinander in Verkehr stehen und Geld und Kaufleute (ortsansässige und Fernhändler) für die Leistungen der Landwirte und Handwerker bereits einen effektiven Markt geschaffen haben, stellt Adeimantos die Frage, ob es denn hier nicht eine Gerechtigkeit gebe, die zusammen mit all dem, was sie insofern betrachtet hätten, entstanden sein könnte und stellt dazu fest, selbst etwas derartiges nicht zu sehen. Sokrates stimmt ihm darin zu und fordert zu weiterer

fakte, welche die Handwerker herstellen, auch die beispielhaft genannten Betten und Tische, nicht menschliche, sondern göttliche Ideen realisieren[65] und die Gerechtigkeit in der Stadt sich nicht im mensch- [161] lichen Zusammenleben als Leistung der jeweils verantwortlich Handelnden verwirklichen soll, sondern in der Harmonie, in der alle Teile des Gemeinwesens an dem ihnen bestimmten Platz wirken und darin der Herrschergestalt entsprechen, die diese Harmonie zwischen den herrschenden und dienenden Teilen, den göttlichen Staatsgedanken, in seiner eigenen inspirierten Seele gefunden hat und daher zur Leitung der Verhältnisse berufen ist.[66] Die Abkehr von einer menschlichen, kulturanthropologischen Herleitung des gestaltgebenden, für das private und staatliche Leben grundlegenden Denkens könnte deutlicher nicht sein: Menschliche Artefakte, von Menschen benannte, werden zur Verwirklichung göttlicher Ideen. Wenn Platon das Geld als Paradigma für die hinter den menschlichen Artefakten stehenden göttlichen, »wahrhaft seienden« Ideen übergeht, so besagt das nicht, dass es nicht notwendig mitgemeint ist. Er vermeidet es, weil an seinem Beispiel das homo-mensura-Prinzip mit nahezu unwiderleglicher Evidenz auftritt, weil Geld nun einmal in keiner Weise einem natürlich-naturhaften Bedürfnis dient, sondern den spezifisch zivilisatorischen Zwecken der Rationalisierung des Tauschverkehrs und der Ermöglichung unbegrenzter Kapitalbildung.

Prüfung auf, ohne die von seinem Gegenüber gemachte (ersichtlich bewusst schwach gehaltene) Konzession aufzugreifen (372a): »wenn nicht etwa die Gerechtigkeit in einem gewissen Nutzen enthalten ist, den die Menschen für einander haben«. Das für das vorklassische römische Recht maßgebende stoische Naturrecht ist auf eben diesem wechselseitigen Nutzen (*usus*) aufgebaut und *Cicero*, de officiis I 7, 22 verbindet die Mitteilung dieser Lehre mit der eigenen, individualethisch geprägten, skeptischen Grundhaltung, indem er das Halten von gegebenen Leistungszusagen im Verkehr für die Grundlage der Gerechtigkeit (*fundamentum iustitiae*) erklärt. Man wird nicht fehlgehen, wenn man in der im Dialog gemachten Konzession eine Bezugnahme auf Protagoras sieht, den die Rechtswerte »Recht« und »Scham« zu ganz entsprechenden Aussagen zum Verkehrsrecht geführt haben müssen, wie wir sie in der Skepsis finden.

65 Politeia 596b-597d. Gott ist der Hervorbringer der »Ideen«, auf die blickend der Handwerker die *»Geräte«* hervorbringt, und die das *»wahrhaft Seiende«* an ihnen sind (596c; 597d). Platon nennt Gott dieser in allen Dingen wirkenden Schöpfertätigkeit wegen ironisch und in unverkennbarer Anspielung auf Protagoras einen (596d) *»ganz wunderbaren Sophisten«*. Denn der menschliche Sophist Protagoras hat gewiss nach menschlichem Maß geurteilt und unterschieden zwischen den Gegenständen, die der Mensch in der Natur vorfindet und die ihm Stoffe liefern (Bäume, Metalle) und den Artefakten, die er als Erfinder spezifizierend aus ihnen macht (Betten, Geld). Vgl. den Text Anm. 113.

66 Politeia 497a-502d. Möglich ist das in einer Staatsverfassung philosophischer Natur (497b), die entsteht, wenn die Herrschaft, die bei einem oder mehreren liegt, ihr durch Tugendnähe in Wort und Tat entspricht (498d). Der Philosoph, der mit *»Göttlichem (theíon)«* und *»Wohlgeordnetem (kosmíon)«* umgeht, empfängt davon dieselbe Beschaffenheit (500d) und kann daher für den Staat ein *»göttliches Muster (theíon paradeígma)«* entwerfen (500e) und die Verfassung retten (502d). An die Stelle von »Recht« und »Scham« in den Seelen aller tritt die Wahrnehmung des göttlich Schönen in der Seele eines einzigen oder ganz weniger Menschen.

In den Nomoi ist dann der noch den Anfang der Politeia beherrschende Gedanke, dass der Staat von einem Zusammentritt einzelner Menschen erzeugt wird, ganz aufgegeben. Urbild und Vorbild ist jetzt die natürliche, patriarchalische Familie, deren innere Ordnung als Herrschaft über zunächst Unmündige nur naturwüchsige Gesetze kennt. Ihre Verfassung gilt als das allergerechteste Königtum. Der Zusammenschluss solcher Familienherrschaften macht dann zwar, da alle einige Besonderheiten mitbringen, einen Gesetzgeber nötig, aber nur in der Weise, dass er zwischen den Varianten das Vorzugswürdigere auswählt.[67] Primäres Erhaltungsprinzip des Gemein- [162] wesens bleibt die Zeugung, nicht gleichberechtigt der Zuzug oder die Eingemeindung. Die Zeugung von Kindern, welche die Polis vermehrt, bedeutet Anteilhaben an der Art Unsterblichkeit, die Gott mit der Natur des Menschen vereinbaren konnte, und ist Pflicht.[68] Der Staat der Nomoi kann auf diese Weise eine Staatsgesinnung von der Intensität des Familiensinns anstreben. Für die Lösung sozialer Spannungen infolge ungleichen Bodenbesitzes und Überschuldung setzt Platon daher auf die gute Gesinnung einzelner und rechnet mit der Möglichkeit, dass reiche Grundbesitzer, ohne durch explizite Rechtsregeln dazu genötigt zu werden, ihren Eigennutz mäßigen und von ihrem Land abgeben oder Schulden erlassen.[69] Während über Fortdauer und Ungestörtheit der rechten Gesinnung mit dem Recht über Tod und Leben ausge-

67 Nomoi 680e »Werden in solchen Staatsordnungen nicht die Ältesten herrschen, weil die Herrschaft von Vater und Mutter auf sie gekommen ist, während die anderen ihnen folgen und sie so wie Vögel einen einzigen Schwarm bilden werden [vgl. dazu unten Anm. 106], indem sie unter väterlichem Regiment und somit unter dem allergerechtesten Königtum leben?«; 681b »sie [...] bringen [...] ihre eigenen Gesetze mit ⟨sc. in den Synoikismos der Polis⟩ [...] und gewiss ist es unvermeidlich, dass die eigenen Gesetze ihnen jeweils am besten gefallen, die der anderen aber erst an zweiter Stelle. [...] Damit wären wir unversehens am Ursprung der Gesetzgebung angelangt.« Gesetzgebung ist danach zunächst Auswahl zwischen naturwüchsigen Normen.

68 Nomoi 721b »Nun ist das Geschlecht der Menschen etwas [...], das [...] in der Weise unsterblich ist, dass es Kindeskinder hinterläßt, dabei aber stets dasselbe und eines bleibt, und so durch Zeugung an der Unsterblichkeit teilhat. Sich dessen freiwillig zu berauben, ist niemals fromm, und mit Vorsatz beraubt sich dessen, wer von Kindern und Ehegattin nichts wissen will; siehe auch Symposion 207d; *Aristoteles*, Polit. 1252, 28. Danach später *Justinian*, Nov. 22 praef. (a. 535) »Denn wenn die Ehe so ehrwürdig ist, dass sie für das menschliche Geschlecht ersichtlich eine künstliche Unsterblichkeit einführt und die aus der Erzeugung der Kinder erneuerten Geschlechter dauernd bestehen bleiben, wobei Gottes Güte, soweit es möglich ist, unserer Natur Unsterblichkeit verleiht, ist unsere Sorge für die Ehe richtig.« Vgl. dazu Bibl. Gesetzesbegriff (oben Anm. 9) S. 263.

69 Nomoi 736d »Es muss stets eine Anzahl von Neuerern geben, die selbst reichlich Land besitzen, die aber auch viele ihnen verpflichtete Schuldner besitzen und bereit sind, mit den Notleidenden unter diesen aus Großmut zu teilen, indem sie ihnen teils die Schulden erlassen, teils Land unter sie verteilen, weil sie irgendwie an der Mäßigung festhalten und der Meinung sind, dass Verarmung nicht in der Verringerung des Vermögens, sondern in der Steigerung der Unersättlichkeit besteht. Denn diese Gesinnung ist der entscheidende Anfang für die Erhaltung eines Staates.«

stattete, im Geheimen wirkende Staatsorgane wachen, erscheint das Volk als ganzes als ein sozialer Organismus und wird mit einer Herde verglichen, die der Reinigung durch Ausmerzung schlechter Stücke bedarf. Um der dafür erforderlichen Gründlichkeit willen bedürfe es eines Mannes, der Tyrann und Gesetzgeber in einer Person ist. Mit der Aussendung von Kolonisten, die ein milderes Mittel einer solchen Purifizierung ist, befreie sich die Polis, wie Platon mit Blick auf die dafür ausgewählten, auf Umsturz gesonnenen »Armen« sagt, von einer »Krankheit der Stadt«, d. h. von einer Störung, die Protagoras im Extremfall des Einzelnen kennt, dem die von Hermes übermittelten Zeus-Gaben Recht und Scham fehlen.[70] [163] An dieser Stelle schlägt Platons Idealismus in Naturalismus um, da das, was durch die Nomoi vervollkommnet und in einem vollkommenen Zustand gehalten werden soll, letztlich die zu einem Volk verbundenen Geschlechterverbände sind.

Platon hat seinerseits Protagoras reduktionistischen Naturalismus vorgeworfen, wenn er Sokrates im Theaetet ausführen lässt, genauso gut wie den Menschen hätte Protagoras auch das Schwein oder den Affen zum Maß aller Dinge erklären können.[71] Das aber ist nichts als effektvolle Polemik. Als sachlich zutreffend kann dieser Vorwurf nicht anerkannt werden. Denn Protagoras hat in seinem Staatsmythos an der Sonderstellung, die dem Menschen unter allen Lebewesen zukommt, keinen Zweifel gelassen: Sie allein verehren Götter, weil sie Technik und Feuer als göttliche Vorrechte empfinden; sie allein waren Gegenstand der besonderen Sorge des höchsten Gottes, der ihnen Recht und das dem Gewissen entsprechende Schamgefühl übermittelte, damit sie trotz der ihnen unter bedenklichen Umständen verschafften Fähigkeit zur technischen Veränderung der Welt ohne Selbstzerstörung in ihr leben können. Der Mythos fordert dazu auf, die menschliche Art, die kraft dieser Gaben die Welt nach ihrem Maß vermisst und ordnet und sich nach politischen Gemeinwesen gegliedert in ihr

70 Nomoi 735d: »Von den vielen Formen gründlicher Reinigungen [...] kann ⟨die eine Art⟩ wohl nur jemand anwenden, der Tyrann und Gesetzgeber in einer Person ist, nämlich diejenigen, die schwierig und zugleich die besten sind, [...] ⟨darunter die,⟩ die auf dem Weg des Rechts mit Hilfe der Vergeltung zur Strafe führt und Tod oder Verbannung als äußerste Grenze der Vergeltung festsetzt. [...] Die mildere von den beiden Reinigungen aber ist für uns die folgende: Alle diejenigen, die aus Mangel an Nahrung sich bereit und gerüstet zeigen, als Besitzlose den Anführern zu einem Angriff auf die Güter der Besitzenden zu folgen, diese schickt sie wie eine eingewachsene Krankheit des Staates, indem sie ihnen den Namen »Kolonie« beilegt, eine Beseitigung unter schönklingendem Namen, auf möglichst freundliche Weise fort.« Vgl. auch Politikos 293d-e.

71 Theaetet 161c: »Nur über den Anfang seiner Rede wundere ich mich, dass er nicht gleich seine ⟨Schrift⟩: »Wahrheit« so beginnt, das Maß aller Dinge sei das Schwein oder der Affe, oder was man noch unter allem, was Wahrnehmung hat, Unvernünftigeres nennen könnte, damit er recht hochsinnig und herabwürdigend begönne, zu uns zu reden, indem er zeigt, dass wir zwar ihn bewunderten als einen Gott seiner Wahrheit wegen, er aber doch nicht besser wäre an Einsicht als ein halberwachsener Frosch, geschweige denn als irgendein anderer unter den Menschen.«

heimisch macht, mit anderen geselligen Lebewesen zu vergleichen, lässt aber an dem Ergebnis solcher Vergleiche, dass die Menschen jenen Arten kraft ihrer besonderen Ausstattung in unvergleichlicher Weise überlegen sind, nicht den geringsten Zweifel.

Eine eigentümliche Überlieferung lässt denn auch erschließen, dass Platon und seine Schule sich mit dem Bestreben des Protagoras, diese Sonderstellung der menschlichen Spezies in seinem Unterricht nachdrücklich herauszustellen, beschäftigt hat. Sie findet sich in der Platon zugeschriebenen [164] Begriffsbestimmung des Menschen. Danach wäre der Mensch ein »flügelloses, zweifüßiges, plattnageliges, für die stadtbürgerliche Wissenschaft – oder in der allgemeineren Fassung: »für die Wissenschaft gemäß der Vernunft empfängliches Wesen«.[72] Man darf sie aus mehreren Gründen als durch Protagoras angeregt ansehen. Die Definition des von den auffälligen deskriptiven Merkmalen herausgeforderten Gegenbegriffs lautet: »Ein beflügeltes, zweifüßiges, spitznageliges (bekralltes), für die stadtbürgerliche Wissenschaft« – oder: »für die Wissenschaft gemäß der Vernunft – unempfängliches Wesen« und stellt damit eine Spezies vor Augen, mit der sich Protagoras tatsächlich beschäftigt und um die er sich geradezu verdient gemacht hat, weil er, um auch bei ihr den Geschlechterunterschied terminologisch fassbar zu machen, das im Griechischen von Hause nur geschlechtsneutrale Wort *»alektryóon (Huhn)«* um eine weibliche Form *alektrýaina* (»Hühnin«) ergänzt hat, so dass fortan auch in seiner Sprache »Hahn« und »Henne« sprachlich unterschieden werden konnten.[73] Und dieser Artenvergleich, den man in der die

72 Vgl. *Karl Heinz Hülser* (Hrsg.), Platons Werke, Band X »Definitionen« S. 432-455 (448): »Der Mensch: Ein flügelloses, zweifüßiges, plattnageliges Lebewesen, das allein von allen Wesen der Wissenschaft gemäß der Vernunft fähig ist.« Sextus Empiricus, adv. math. VII 281: Platon definiert den Menschen schlechter als die anderen, indem er sagt »Der Mensch ist ein flügelloses, zweifüßiges, plattnageliges, für die vernunftgemäße politische Wissenschaft empfängliches Lebewesen«. Die zweite Definition dürfte, da spezifischer, dem Original näher sein. In der Sache unterscheiden sie sich nicht oder nur dadurch, dass die zweite Begriffsbestimmung das, was die erste sagt, durch ein Beispiel ausdrückt. Die Begriffsbestimmung ist im übrigen provokant und nicht gerade hochgestimmt, aber gewissermaßen technisch in Ordnung, da sie sowohl die differentia specifica nennt (die Vernunft) als auch das genus proximum sichtbar macht, auch wenn dieses den Menschen mit einer nicht besonders hoch angesehenen Spezies der Tiere, den Hühnern, in Verbindung bringt. Schon der im Text näher erläuterte Kontext macht wahrscheinlich, dass es sich um eine der nicht ganz wenigen Definitionen handelt, die auf Platon zurückgehen (vgl. *Paul Shorey*, What Plato said [1933, Nachdruck 1978] S. 443), und zwar hier auf seine Auseinandersetzung mit Protagoras. Eine Bestätigung liefert der Politikos. Dort wird im Zuge einer fortschreitenden Einteilung (266e) die vorher entsprechend gebildete politische »Herde der Zweibeiner« in die nackten Menschen und das Federvieh zerlegt und später (276a) als Gegenstand der menschlichen »Herdenzucht« das »zu Fuß gehende und unbefiederte« Lebewesen genannt.

73 *Theodor Gomperz*, Griechisches Denken I, 4. Aufl. (1925) S. 356 ff.; *Heinrich Gomperz*, Sophistik und Rhetorik (oben Anm. 53) S. 198. Die von beiden Autoren herausgehobene Einordnung dieser Bemühungen in eine *»Lehre von der Wortrichtigkeit (orthoépeia)«* kehrt wieder in dem Gewicht, den die von der skeptischen Akademie inspirierte klassische Juris-

verschiedenen Stufen der Verständigkeit herausstellenden Weise schon bei dem auch von Platon herangezogenen Komö- [165] diendichter Epicharm findet,[74] unterrichtet, wie das für einen Lehrer, der für Geld tätig war, passt, in unterhaltsamer und einprägsamer Weise: Denn dass die Begabung, eine Polisrepublik ins Leben zu rufen, dem Haushuhn in einer den Menschen positiv herausstreichenden Weise tatsächlich fehlt, ist nicht ohne Witz und lässt sich gut merken: Diese Art kommt über eine die »Frauen« unterdrückende, in einer Art Harem haltende Hühnerhof-Monarchie eines bevölkerungspolitisch allein tätigen Hahnes nicht hinaus. Umso deutlicher wird, dass der Mensch die Begabung zur stadtbürgerlich-republikanischen Zivilisation hat, einschließlich der Fähigkeit, die Gleichheit der Geschlechter zu verwirklichen, eine Ansicht, die vermutlich Protagoras auch schon vertrat. Auch Platon ist für sie mit Nachdruck eingetreten, aber in einer Weise, die, da er die selbständige Kleinfamilie seinem Erziehungsstaat zu opfern bereit war, wie eine idealistische Radikalisierung seines Vorgängers erscheint.[75] Übrigens ist – diese Bemerkung sei hier in Parenthese erlaubt – erst das heutige Eheleitbild spezifisch »republikanisch« geworden, da es beide Ehegatten wie zwei Konsuln solidarisch auf das Ganze berechtigt und damit wie einst die römische Republik die Monarchie grundsätzlich abschafft und für Herrschaft an die menschliche Fähigkeit zur Verständigung appelliert und jeden erhobenen Widerspruch grundsätzlich ernst zu nehmen gebietet.

prudenz auf die Wortrichtigkeit legte. Vgl. nur *Quintilian*, V 14, 34 anerkennendes Wort von den »*Rechtsgelehrten (iuris consulti), die sich um die Richtigkeit der Worte allerhöchste Mühe geben*«.

74 Diogenes Laertios zitiert eine Beweisführung, dass Platon dem Epicharm viel entlehnt habe (III, 9-17), und in ihrem Rahmen dessen Verse: »Eumaios, Weisheit ist auf eine Gattung nicht / beschränkt, denn alles, was lebt, hat auch Verstand. / So laß dich nur erinnern an das Hennenvolk: / Denkst du genau, nicht lebend'ge Junge bringt's / hervor; es brütet aus sie und beseelt sie so. / Doch wie's mit dieser Weisheit ist bestellt, das weiß / Natur allein: sie hat es ganz von selbst gelernt.« Vgl. *Diels*, Die Fragmente der Vorsokratiker, 9. Aufl. hrsg. von *Kranz* (1959) II S. 198 (Epicharm Nr. 4).

75 Zu der Forderung einer Frauen- und Kindergemeinschaft (Platon, Politeia 449a-466d) heißt es bei *Cicero*, de re publica IV 5, 5 oder genauer im Echo des ihn ausschreibenden Lactanz (epit. 33 [38], 1-5): »Kann es in irgendeiner Weise ertragen werden, dass auch die Ehegatten und Kinder gemeinschaftlich sind? Soll es keinen Unterschied der natürlichen Abstammung, kein bestimmtes Geschlecht, keine Familie, keine Blutsverwandtschaft und Schwägerschaft geben, sondern alles wie in Viehherden vermischt und ungeschieden sein?«, zu Platons Forderung nach ihrer Gleichberechtigung im öffentlichen Leben: »Er gewährt den Frauen sogar das Rathaus, gestattet ihnen Militärdienst und Ämter. Was für ein Unglück wird in der Stadt herrschen, in der sich die Frauen die Aufgabe der Männer aneignen.« Ich würde vermuten, dass Protagoras hier als Gesetzgeber ähnlich wie die skeptische Philosophie im klassischen Recht das Herkommen entscheiden ließ, d. h. die traditionelle Ausschließung der Frauen von den Ämtern als Entscheidung der Vorfahren akzeptierte, vor der Vernunft aber nicht bestritt, dass Frauen in gleicher Weise wie Männer zu solchen Aufgaben befähigt sind.

IV. Die Verteidigung des Ideals einer von ihren Bürgern getragenen Republik

[166] Was bei Platon die den Erziehungsstaat radikalisierende Bewegung von der Politeia zu den Nomoi ausgelöst und bei Cicero in einer analogen Bewegung von De re publica zu De legibus die Legitimität eines kraft außerordentlicher Vollmacht über der freiheitlichen Republik stehenden *princeps civitatis* bekräftigt hatte, waren jeweils erlebte Krisen, bei Platon bekanntlich der überaus negative Eindruck einer zur Herrschaft gelangten Radikaldemokratie, in deren Bewertung ihm Cicero voll und ganz zustimmte,[76] bei Cicero die Erfahrung, dass der römische Staat unter dem Einfluss der schweren sozialen Konflikte in zwei unversöhnliche Teile auseinanderzubrechen drohte. Sie ließ ihn nach einer Herrschaftsidee suchen, die der überkommenen Verfassung unter tunlichster Wahrung der republikanischen Kontinuität kraft einer höheren Legitimation eine neue Stabilität zu geben vermöchte.[77]

Diese Analogie lässt die Unterschiede nur um so deutlicher hervortreten. Platon misstraute der zur Republik gehörenden Leitidee der Herrschaft von Menschen über Menschen grundsätzlich,[78] Cicero vertrat dagegen einen im Kern selbstsicheren Republikanismus, der auch in der geschwächten Republik einen Wert sah, der zu verteidigen war.

Dahinter stand die gesamte hellenistische Entwicklung, die sich von Platons Angriffen gegen die Republik nicht hat überzeugen lassen. Schon Aristoteles hatte gegen Platons Gedanken, den Staat als menschliche Organisationsform durch theonomische Prinzipien zur Vollkommenheit zu führen, eingewendet, dass ein zusammengesetztes Etwas wie ein Gemeinwesen der von Platon angestrebten Vollkommenheit gar nicht fähig sei.[79] Dieser Gedanke setzte sich allgemein durch und lag auch dem für Rom so folgenreichen, die geistige Selbständigkeit der Bürger betonenden Republikanismus [167] der Stoa zugrunde.[80] Nicht minder wich-

76 *Cicero* (de re publica I 43, 66-67) übersetzt die vernichtende Analyse Platons (Politeia VIII 562c-d) mit großer Zustimmung.

77 Man vergleiche nur die Diagnose (*Cicero*, de re publica I 19, 31): »in einer einzigen Republik zwei Senate und fast schon zwei Völker« mit dem im Somnium Scipionis propagierten Heilmittel (VI 12, 12): »Du (Scipio) bist der einzige, auf dem das Heil der Bürgerschaft beruht; um nicht viele Worte zu machen: du musst als Diktator die Republik festigen«. Der verwendete Terminus »rem publicam constituere« erinnert nicht ohne Grund an die späteren »constitutiones principis« und das ihnen voraufgehende »rem publicam restituere«.

78 Nom. 713c: »Keine menschliche Natur reicht hin, das Menschliche zu verwalten.« Vgl. oben Anm. 19.

79 *Ada Babette Hentschke,* Politik und Philosophie bei Platon und Aristoteles. Die Stellung der NOMOI im Platonischen Gesamtwerk und die politische Theorie des Aristoteles (1971) S. 414f.

80 Vgl. *Seneca*, epist. mor. 102, 6: »Aus selbständigen Bestandteilen (ex distantibus) […] bestehen Heer, Volk, Senat. Denn jene ⟨Menschen⟩, durch welche diese Körper gebildet wer-

tig war der schon bei Aristoteles beginnende und dann bei seinem bedeutenden Schüler Theophrast weitergeführte empirisch-beobachtende Wissenschaftsstil, der im Recht zur Sammlung, Beschreibung und analytischen Bewertung der in der damaligen Welt vorherrschenden republikanischen Verfassung führte und am Ende auch in der Akademie die skeptisch-beobachtende Empirie zur Quelle allen Wissens erhob.[81] Denn wer die mediterrane Kultur auf diese Weise in Augenschein nahm, konnte nicht an der Tatsache vorbeigehen, dass die Organisationsform der sich selbst verwaltenden Stadtrepublik trotz aller Mängel und Probleme ein großer Erfolg war und als der vielleicht doch entscheidende Träger der erreichten Blüte in Kultur und Wirtschaft anerkannt werden musste.

Um naheliegende Einzelbeispiele zu geben. Die von Perikles initiierte panhellenische Gründung der unteritalischen Stadt Thurioi, bei der Protagoras die Rolle des Gesetzgebers spielte,[82] hatte nicht alle machtpolitischen Ziele Athens erfüllt, war aber für sich genommen auch alles andere als ein Misserfolg. Viel später, im Jahr 131 v. Chr., gab es, wie Diodor berichtet, unter den Bürgern, deren Vorfahren aus den verschiedensten Städten Griechenlands zusammengekommen waren, einen Streit über die Person des [168] Gründers. Und da, wie er sagt, viele bedeutende Männer an ihr beteiligt waren (neben Protagoras, wie überliefert ist, auch Hippodamus von Milet),[83] gab das konsultierte Delphi die Antwort, man möge

den, hängen durch Recht und Ethik (iure aut officio) zusammen, sind aber von Natur aus getrennt und einzelne (singuli). […] Wir halten nichts für gut, was aus Bestandteilen besteht; denn von einem Geist muss das eine Gute erfasst sein.« Diese Voraussetzung trifft nach der Stoa für den lebendigen, mit Gott identifizierten Kosmos zu, nicht auf ein Volk; dessen jeweilige Glieder, als Menschen im Besitz eines eigenen Bruchstücks des göttlichen Geistes, können Vervollkommnung nur dadurch erreichen, dass sie sich mit dem Sinn des gesamten, die Menschheit umfassenden Kosmos in Harmonie setzen. Vgl. die Skizze der stoischen Staatslehre oben Anm. 22 und 47 sowie unten Anm. 96 und 108 und zu einer näheren Erläuterung dieser Weltsicht meine unten Anm. 115 zitierte Untersuchung »Das Kunstwerk in der Eigentumsordnung.«

81 *Alfons Wesche*, Cicero und die Neue Akademie, Untersuchungen zur Entstehung und Geschichte des antiken Skeptizismus, 2., unveränderte Auflage (1975) S. 18 ff.

82 *Diogenes Laertios* IX 50: »Protagoras […] stammt aus Abdera, wie Herakleides Pontikos [in seiner Heimat lehrender Philosoph der 2. Hälfte des 4. Jh.] in seinem Buch über Gesetze sagt; auch soll er diesem letzteren zufolge für die Thurier Gesetze abgefasst haben.« Vgl. *Kurt von Fritz* RE (1957) s.v. Protagoras Sp. 908. Mit der 444/443 erfolgten Gründung versuchte Perikles, die Lage nach der schon länger zurückliegenden Zerstörung von Sybaris dazu zu nutzen, Athen in Groß-Griechenland am gleichen Ort einen starken Stützpunkt zu schaffen. Vgl. *Philipp*, RE (1939) s.v. Thurioi Sp. 646; *Franz Miltner*, RE (1939) s.v. Perikles Sp. 769: »dass Hippodamos, Protagoras und Herodot, alle aus der nächsten Umgebung des P., dabei waren, ist sicher.«

83 Die Beteiligung des Hippodamos von Milet dürfte sich auf seine berühmte geometrische Stadtplanung beschränkt haben. Vgl. *Philipp*, RE (1931) s.v. Sybaris Sp. 1009. Aristoteles Politik II 8 (1267b), der ihn als ersten reinen Theoretiker des Staatsrechts vorstellt und darum recht kritisch schildert, lässt von einer Beteiligung an einer praktischen Gesetzgebung nichts verlauten.

Apollo als Gründer betrachten.[84] Diese Einordnung hätte auch Protagoras akzeptiert, da er »Recht« und »Scham«, die in seinen Augen eine Polis-Verfassung ermöglichen, als Gaben des Zeus deutete, wenn auch durch Hermes vermittelt und daher stets der (in Rom den Juristen auf den Plan rufenden) Interpretation bedürftig.

Das zweite zentrale Beispiel ist in diesem Zusammenhang natürlich Rom, das sich 451/50, wenige Jahre vor der Gründung von Thurioi, mit den Zwölftafeln als gerade zwei Generationen alt gewordene Republik sein Grundgesetz gegeben hatte, das so lange trug, dass sogar Livius es noch für seine Zeit als *»Quelle allen öffentlichen und privaten Rechts«* bezeichnete.[85] Das Gesetz konnte diese Rolle deswegen so dauerhaft erfüllen, weil es frühzeitig, nach einer Quelle schon etwa nach einhundert Jahren nach Inkrafttreten, von hellenistischen Interpretationen erfasst wurde, und zwar am Ende mit einer solchen Intensität, dass Cicero das kurze Gesetz wegen der durch Interpretation an seinen Text herangetragenen rechtlichen Gehalte, was Geltungskraft und Ergiebigkeit angeht, über die Bibliotheken aller Philosophen stellte.[86] Die stoische Philosophie, welche diese systematischen [169] Gehalte geliefert hatte, sah bei der Gründung der Staaten so sehr die einzelnen Menschen handeln, dass es sogar die Gründungslegende Roms akzeptieren konnte, nach der Romulus die künftigen Bürger durch Ausschreiben eines Asyls gewonnen hatte. Denn für sie ist das Staatsvolk keine Bildung der mit biologischen Mitteln wirkenden, primären Natur, sondern mit allen Konsequenzen Geschöpf eines von Menschen gestaltbaren, das Besondere wollenden und daher die Freiheit begünstigenden, in jedem einzelnen wirksamen (wenn auch entschieden patriarchalisch überdeterminierten)[87] Willens. Auf diese Weise lehrte sie einen die

84 *Diodor* XII 35 »When Crates was Archon in Athens, the Romans elected as consuls Quintus Furius Fusus and Manius Papirius Crassus (a. 131 B. C.). This year in Italy the inhabitants of Thurii, who had been gathered together from many cities, divided into factions over the question from what city the Thurians should say they came as colonists and what man should justly be called the founder of the city. The situation was that the Atheneans were laying claim to this colony on the grounds, as they alleged, that the majority of its colonists had come from Athens; and, besides, the cities of the Peloponnesus, which had provided from their people not a few to the founding of Thurii, maintained that the colonization of the city should be ascribed to them. Likewise, since many able men had shared in the founding of the colony and had rendered many services, there was much discussion on the matter, since each one of them was eager to have this honour fall to him. In the end the Thurians sent a delegation to Delphi to inquire what man they should call the founder of their city, and the god replied, that he himself should be considered to be its founder. After the dispute had been settled in this manner, they declared Apollo to have been the founder of Thurii, and the pople, being now freed from the civil discord, returned to the state of harmony which they had previously enjoyed.«

85 *Livius* 3, 34, 6: *»noch jetzt«*.

86 Vgl. Pomponius liber singularis enchiridii D 1, 2, 2 §§ 5/6, §§ 36/37 und oben Anm. 47.

87 So war die erst in der Staatlichkeit mögliche und für ihre innere Struktur maßgebende privatrechtliche Familie durch den Mannesstamm definiert, da nach der Überzeugung der Stoa nur der männliche Same imstande war, Blutsverwandtschaft weiterzugeben. Die

Menschheit erfassenden, pantheistisch begründeten Republikanismus. Es war für sie ein im Kosmos wirkender göttlicher Geist, der überall auf der Welt die Menschen dazu geführt hat, das Zeitalter des reinen Naturrechts ihrer Kindheit zugunsten einer Welt gleichgeordneter Staaten zu verlassen, die, als Gliederungen der Menschheit gedeutet, ihre und ihrer Bürger Besonderheiten schützen, aber zugleich gastliche und kooperierende Einrichtungen waren. Er erfasste die Menschheit, als ihre Glieder zu eigenverantwortlichem, geschichtlichen Handeln herangereift waren, brach die Homogenität und Solidarität der naturwüchsigen Stämme zugunsten des jeweils Besonderen und Eigennützigen in Staaten und Haushalten auf, bewahrte aber gleichzeitig den Zusammenhang der auf eine neue Stufe getretenen *societas humana* in Form eines naturrechtlichen Verkehrsrechts. Die Götter leben in diesem Rechtsbild als Werte vermittelnde Kräfte mit den Menschen in den Städten zusammen wie Eltern mit ihren Kindern in den Häusern, und zwar indem sie sowohl Werte der strikten Selbstbehauptung als auch Werte der fremdnützigen Zusammenarbeit repräsentieren.[88] Ganz anders der aus einer idealen Transzendenz wirkende platonische Gott, der die Welt über göttlich inspiriert gedachte, naturhaft entstandene Einzelstaaten regierende Herrscher leitet.[89] Da hinter Platons Herrschern auch ein Drohen mit göttlichen Strafen steht,[90] erlaubte [170] sich der Hauptschriftsteller der Stoa Chrysipp aus der Sicht der von ihm vertretenen, in den Göttern auf alle einwirkende Werte des menschlichen Zusammenlebens verehrenden Rechtslehre sogar den Spott, Platons Gott ähnele einem Kinderschreck.[91]

Theorie war aber geistig genug, um z. B. die Annahme als Kind als vollgültige, »konsanguine« Verwandtschaft anzuerkennen. Vgl. dazu zuletzt »Der Schlüssel zur Hermeneutik« (oben Anm. 9) S. 201 ff.

88 Vgl. *v. Arnim*, StVFr III S. 82 Ziff. 334 und 338.

89 Vgl. *v. Arnim*, StVFr II S. 308 Nr. 1043 (Salvianus de gubern. Dei I 3) »Platon und alle Schulen der Platoniker bekennen, dass Gott der Herrscher aller Dinge ist; die Stoiker bekunden, dass er sich als Steuernder immer innerhalb dessen aufhalte, was er führe.«

90 Mit dem Mythos des Totengerichts über die Seelen erklärt Platon, dass die Götter sich um die Welt kümmern, und zwar in einer Weise, die ihnen (Nomoi 904a) *»wunderbar leicht«* fällt, nämlich durch einen sich gewissermaßen von selbst vollziehenden Spruch, dem keiner entgeht. Die Seelen, die im Leben von häufigeren und größeren Ungerechtigkeiten geprägt worden sind, wandern (904d) »in die Tiefe und in die sogenannten unteren Bezirke, die die Menschen als Hades und mit ähnlichen Namen bezeichnen und vor denen sie sich gewaltig fürchten und davon träumen, sowohl im Leben als auch nach der Trennung vom Leibe.« Vgl. auch Politeia 330d-e.

91 Vgl. *v. Arnim*, StVF III S. 77 Nr. 313 »In den Schriften zu Platon über die Gerechtigkeit (ad Platonem ipsum de iustitia) korrigiert er ⟨sc. Chrysipp; vgl. v. Arnim III S. 195 Nr. 39⟩ sofort die Rede über die Götter und sagt: ›Es ist nicht recht, den Képhalos [einen attischen Heros] durch Furcht vor den Göttern von Unrecht abzuhalten, was leicht zu verleumden ist, viele auf das Gegenteil ⟨des Richtigen⟩ führende Tendenzen enthält sowie Offenkundigkeiten, die dem Prinzip, dass die Strafen von Gott ausgehen, widersprechen, ganz so als ob es keinen Unterschied gebe zu Akko und Alphito, mit denen die Frauen die Kinder, die nicht aufpassen, erschrecken.‹ Indem er so die Ausführungen Platons verspottet, lobt er ihn

Bedenkt man all dies, dann war an der von Cicero und Laktanz wegen ihrer zutreffenden Kritik an Platons nur den Herrscher berechtigenden Gerechtigkeitsidee gelobten Rede, die Karneades im Jahre 156/5 auf der berühmten Philosophengesandtschaft in Rom gehalten hatte, das eigentlich Neue nicht das republikanische Prinzip, das alle Menschen an der Gerechtigkeit teilhaben und von ihr berechtigt und verpflichtet werden lässt – das vertrat auch die Stoa –, sondern die erst jetzt vollständig vollzogene Rückkehr zu Protagoras und die im akademischen Skeptizismus liegende Erneuerung des *homo-mensura*-Satzes. Es war eine radikale, im Rahmen der Akademie vollzogene Abkehr von dem, was Platon wollte und wurde von dem Titel der Mitte des 2. Jh. erschienenen Schrift des Noumenios »Über die Treulosigkeit der Akademie gegenüber Platon«[92] treffend kommentiert. Die sie tragende skeptische Philosophie wurde über die philosophische Rhetorik und die Römischen Vorlesungen des Karneades-Enkelschülers Philon von Larissa, wie schon bemerkt, zur Schöpferin der klassischen römischen Jurisprudenz.

Auf diese Weise kehrte zunächst die von Protagoras bewirkte, von Platon bekämpfte kategoriale Trennung des menschlichen, die Welt wahrnehmenden Erkenntnisvermögens von einer höheren, göttlich inspirierten Quelle in systematisch ausgearbeiteter Form wieder. Wenn Protogaros am Anfang seiner Schrift *»Wahrheit«* (Alétheia) oder *»Niederwerfende Gründe* (Katabálontes Lógoi)« sagt: »Der Mensch ist das Maß aller Dinge, der Seienden, dass sie sind, der Nichtseienden, dass sie nicht sind«, und zu Beginn seiner [171] Schrift »Über die Götter« den Satz formuliert, der in Athen zur Einziehung und Verbrennung seiner Bücher führte: »Von den Göttern weiß ich nicht, weder dass sie sind noch dass sie nicht sind; denn vieles hemmt uns in dieser Erkenntnis, sowohl die Dunkelheit der Sache wie die Kürze des menschlichen Lebens«,[93] dann besagt das, dass der Mensch von dem, was er nicht weiß und wissen kann, keine sein Leben bestimmenden Seinsaussagen ableiten darf, vielmehr sich insoweit notwendig darauf beschränken muss, das ihn umgebende Sein nach menschlichem Maß zu bestimmen und bewohnbar zu machen. Es ist die gleiche Sicht, aufgrund derer die akademische Skepsis zwischen *»menschlichem Recht (ius humanum) = Gleichheit (aequitas)«* und *»göttlichem Recht (ius divinum) = Religion (religio)«* unterschied und die *»Bürgerliche Religion (civilis religio)«* ausschließlich dem *mos maiorum* überwies, weil es zwar ein religiöses Empfinden, eine *naturalis religio*, im Menschen gebe, aber universale Wahrheiten im Sinne ihrer Wahrscheinlichkeitslehre, die in dem auf Gleichheit (*aequitas*) aufbauenden menschlichen Recht ein universales *ius gentium* möglich macht, in dem Verhältnis der Menschen zu den Göttern nicht wahrnehmbar aufträten. Diese klare, systematisch begründete

wiederum in anderen Dingen und zitiert ebenda öfter die Verse des Euripides: ›Und es ist doch so, auch wenn dem Wort Gelächter gilt, dass Zeus und die Götter das Leiden der Sterblichen wahrnehmen‹.«

92 Vgl. *Numénius*, Fragments, Texte établi et traduit par Édouard des Places. S. J., Edition »Les Belles Lettres« (1973) S. 62 ff.

93 Vgl. *Diels*, Die Fragmente der Vorsokratiker (oben Anm. 74) II S. 265 (Protagoras Fr. 4).

Trennungsthese verbot religiöses Argumentieren im Recht, schloss aber eine Respektierung, Wertschätzung und geistige Pflege der traditionalen Kulte in einem Gemeinwesen im Namen des *mos maiorum* ausdrücklich ein.[94] Ohne eine solche Haltung hätte Protagoras angesichts der bedeutenden Stellung der Religion im Leben einer antiken Polis niemals Gesetzgeber von Thurioi werden können. Die Verfassung dieser Stadt folgte vielmehr so sehr dem Herkommen, dass die Bürger von Thurioi selbst die Gründung auf Charondas oder Zaleukos zurückführten, auf großgriechische Gesetzgeber, deren Taten wie bei Romulus und den Dezemvirn als mythische, der Wahrheit nahe und daher im Sinne des Richtigen auslegungs- und fortbildungsfähige Gründungstaten eingestuft wurden;[95] daher zögerte das Orakel von Delphi nicht, sogar Apollo selbst zum wahren Gründer von Thurioi zu erklären (vgl. oben Anm. 84). Protagoras und die klassische Jurisprudenz stimmten daher ersichtlich darin überein, dass Recht und Religion zu trennen seien, weil die Religion nicht in den Bereich des Wissens gehört, dass der Religion aber gleichwohl ein Platz in der Weltwahrnehmung gebührt.

[172] Ein noch grundsätzlicheres Merkmal, das Karneades erneuerte, war die Grundlegung des Rechts in Natur und Konvention, d. h. in der Überzeugung, dass das Naturwesen Mensch sich lebensweltliche Sicherheit nicht nur durch Definition und Bearbeitung der Gegenstände der körperlich gegebenen Umwelt schafft, sondern auch und gerade durch Erzeugung ordnender Strukturen, deren Prototyp sich in der im Zusammentreten zur Staatlichkeit enthaltenen Übereinkunft, eine Bürgerschaft zu sein, zeigt und das in der Folge die ganze Fülle der in der Staatlichkeit möglichen rechtlichen Beziehung unter das Prinzip der rationalen Verständigung stellt. Die auf diese Weise von der skeptischen Akademie erzeugte Dichotomie zwischen körperlicher Natur und den die spezifisch menschliche Lebenswelt erzeugenden, gedanklichen (unkörperlichen), auf vernünftiger Übereinkunft beruhenden Rechtsinstituten ist nun in der Tat nichts anderes als eine vielleicht zur höheren Prägnanz gebrachte Fassung des Gegensatzes von vorgefundener Natur und Konvention, die Karl R. Popper als Kennzeichen der »Großen Generation« und ihrer Protagonisten Protagoras und Demokrit aufgewiesen hat.[96]

94 Siehe dazu *Okko Behrends*, Das Gewohnheitsrecht und die Gewohnheit des Rechts, in: *Dietmar Willoweit* (Hrsg.), Die Begründung des Rechts als historisches Problem (2000) S. 102 ff.

95 Vgl. einerseits *Diodor* 12, 11, 4 und *V. Ehrenberg*, The Foundation of Thurioi, American Journal of Philology 69 (1948) S. 155; andererseits *Cicero*, de legibus I 22, 57; II 6, 14 f., III 2, 5 mit De oratore I 44, 197.

96 Die offene Gesellschaft und ihre Feinde I S. 95 und Anm. 3 (S. 314). Wenn Popper betont, dass das, was er *»kritischen Dualismus«* oder *»kritischen Konventionalismus«* nennt, nicht bedeutet, dass konventionelle Normen *»bloß willkürlich«* sind, dann entspricht das präzis der skeptischen, auf höchste Grade der Wahrscheinlichkeit gerichteten (von willkürlichen Dezisionismen freien) Methode. Die Sicht begründet vielmehr, dass der Mensch (und weder Natur noch Gott) für das, was er, von seinem Verstand geleitet, als Recht wahrnimmt und anerkennt, verantwortlich ist. In der akademischen Skepsis ist dies dadurch normativ klargestellt, dass die Verhältnisse des *ius gentium* aufgrund der *»Zusammenkünfte der Menschen (conventa homi-*

Es war nun auch tatsächlich der große, aus der gleichen Stadt Abdera stammende Zeitgenosse des Protagoras, der Naturphilosoph und Ethiker Demokrit, welcher der akademischen Skepsis und damit auch der klassischen Jurisprudenz Roms (vgl. oben Anm. 18) das Leitwort geliefert hat: »Die Wahrheit ist in der Tiefe verborgen, alles wird durch menschliche Einrichtungen und Meinungen (institutis et opinionibus) zusammengehalten.«[97] Pla- [173] ton hat bekanntlich jegliche offene Auseinandersetzung mit Demokrit vermieden und damit, wie schon in der Antike festgestellt wurde, dem Rang seines Denkens Respekt gezollt.[98] In der Tradition der skeptischen Akademie und der von ihr geformten klassischen Jurisprudenz ist demgegenüber seine Wirkung vielfach zu spüren. Aus seiner Überzeugung, dass die allem zugrundeliegende »Wahrheit«, da dem Bereich der »Atome« und dem »Leeren« zugewiesen, dem menschlichen Wissen dauerhaft entzogen sei, hatte er nicht den Schluss gezogen, dass darum nun die ethische Aufgabe, die Bedingungen des richtigen Zusammenlebens der Menschen zu klären, die er wie die akademische Skepsis dem Bereich menschlichen Setzens und Meinens zugewiesen hatte,[99] gering zu achten sei. Seine Äußerungen zeigen

num)« zum Staatsverband entstehen und möglich werden. Mit ihr unterstellt sich der Mensch vernünftigen Ordnungsformen erzeugenden Regeln und stimmt ihnen mit Hilfe fachwissenschaftlicher Betreuung (daher kraft Quasi-Konsens *[quasi consensu]*) zu. Durch positive Gesetze und Gewohnheitsrecht kann er diese universalen Regeln in Richtung eines *»Sonderrecht (ius proprium)«* modifizieren und lebt im übrigen in der durch gedankliche Strukturen ergänzten Körperwelt nach den Geboten seiner geselligen Natur, die in soziobiologisches *»Naturrecht (ius naturale)«* und rechtsethische *»natürliche Gleichheit (naturalis aequitas)«* zerfallen. Vgl. dazu das *»Rechtssystem (ratio iuris)« Cicero*, Partitiones oratoriae 37, 129 f. (40, 139: *»mitten aus jener, nämlich ›unserer‹ Akademie«*) und die oben Anm. 18 zitierten Abhandlungen.

97 *Cicero*, Academici I 12, 44: *»wie Demokrit«* (es folgt das im Text gegebene Zitat; siehe auch Cicero, Lucullus II 10, 32 und Isidor VIII 6, 12). Cicero stellt es dann im Folgenden so dar, dass der unter dem Demokritwort stehende Skeptizismus des Arkesilaos ganz dem entspricht, den er bei Philon gelernt hatte und dem er treu geblieben war (vgl. oben Anm. 34): *dieser (d. h. Karneades) war der vierte nach Arkesilaos; er verharrte in der Lehre des Arkesilaos.* Eine kürzere Fassung des Demokritwortes überliefert *Diogenes Laertios* IX 72; vgl. *Diels*, Fragmente der Vorsokratiker (oben Anm. 74) II [im Folgenden *»Diels* II«] S. 166: Demokrit Fr. 117; dort auch S. 139 f. Fr. 6-10 weitere erkenntniskritische Äußerungen Demokrits.

98 Diogenes Laertios bemerkt in der Demokrit-Biographie (IX, 40) nach der eher anekdotischen Überlieferung, dass Platon die Absicht gehabt habe, alle Schriften Demokrits, die er zusammenbringen könne, zu verbrennen: »Und soviel ist klar: während Platon fast aller älteren Philosophen gedenkt, tut er des Demokrit nirgends Erwähnung, selbst da nicht, wo er irgendwelche Einwendung gegen ihn anbringen müsste, offenbar weil er sich bewusst war, dass er es mit dem besten aller Philosophen zu tun haben würde.«

99 Vgl. die Entgegensetzung in den von Diogenes Laertios mitgeteilten Lehrsätzen (9, 44, 1): »Die ⟨naturgegebenen⟩ Prinzipien aller Dinge sind die »Atome« und das Leere; alles andere wird gesetzt (nenomístai) – oder, die Überlieferung stellt zur Wahl – geglaubt (doxázesthai)« und (9, 45, 4): »Eigenschaften beruhen auf Setzung; von Natur aus gibt es die »Atome« und das »Leere«. In der Alternative, die von der Überlieferung des ersten Satzes geboten wird, deutet das erste Verb kaum zufällig auf die von der *consuetudo* anerkannten, menschlich gesetzten Einrichtungen (*instituta*), das zweite auf Meinungen (*opiniones*).

das Gegenteil. Ohne die bewertende »Kenntnis der Dinge (*notio rerum*)« ist es dem Menschen nicht möglich, »glücklich« (*beate*) zu leben. Er kann zwar auf manche rein sinnliche Wahrnehmung, wie die der Farben, verzichten, nicht aber auf die Wahrnehmung der ethischen, rechtlichen und physischen, ihre sinnhafte Ordnung einbeziehenden Qualitäten oder Werte der Dinge.[100] Was [174] Demokrit insofern von den Gesetzen,[101] den Magistraten,[102] der Gerechtigkeit innerhalb der Rechtsordnung[103] und dem Wert einer auf diese Weise republikanisch verfassten Demokratie[104] sagt, ist ebenso klassisches Gedankengut geblieben wie die Art und Weise, in der er die Bedeutung der ethischen Gesinnung des Einzelnen für die Geltung des Rechts hervorhebt.[105] Auffällig sind auch speziellere Kontinuitäten, so die analoge Übertragung der »Wahrheitslehre«, dass alles aus kleinsten unteilbaren, sinnlich nicht wahrnehmbaren, sich im Leeren bewegenden Elementen besteht, auf die Ebene der sinnlichen Wahrnehmung einschließlich ihrer Anwendung auf soziale Gesamtheiten.[106] Denn es steht in der Tradition Demokrits, wenn die klassische Jurisprudenz das Staatsvolk, das die rechtsfähige Bürgerschaft bildet, als *universitas singulorum*, als eine strukturierte Gesamtheitsstruktur von sich im Generationswechsel ablösenden, freien »Individuen« deutet.[107] Auch [175] die für das klassische Denken charakteristische Zentralstellung

100 *Cicero*, Tusc. Disp. V 9, 113: »Demokrit konnte, als er das Augenlicht verloren hatte, weiß und schwarz nicht unterscheiden, wohl aber gut und böse, gerecht und ungerecht, anständig und unanständig, brauchbar und unbrauchbar, groß und klein. Ohne Farbunterschiede wahrzunehmen, kann man glücklich leben, nicht aber ohne Kenntnis der Sachen.« Da für Demokrit die Farbwahrnehmung wie alle sinnliche Wahrnehmung (vgl. *Diels* II S. 140 Fr. 11) in den Bereich des Meinungsmäßigen gehört, ist mit der hier getroffenen Unterscheidung den Werturteilen ein eigener Rang angewiesen.

101 Die Gesetze würden jeden uneingeschränkt nach seinem Belieben leben lassen, wenn nicht der eine den anderen schädigte (*Diels* II S. 194 Fr. 245).

102 Gute Amtsführung wird erwartet und nicht besonders gelobt, schlechte getadelt (*Diels* II S. 199 Fr. 264). Den Magistraten gebührt Schutz vor unberechtigter Verfolgung für das, was sie in ihrer Amtszeit unter Beachtung der Gesetze getan haben (*Diels* II S. 200 Fr. 266).

103 Nicht aus Furcht, sondern aus Verpflichtung soll man sich der Verfehlungen enthalten (*Diels* II S. 155 Fr. 41) und das Pflichtmäßige tun (*Diels* II S. 197 Fr. 256).

104 Eine wohlverwaltete Stadt ist die größte (rechten Lebenswandel ermöglichende) Lebenshilfe (órthoosis, *Diels* II S. 195 Fr. 252); Armut in einer Demokratie steht über dem Glück unter Fürsten wie Freiheit über Knechtschaft (*Diels* II S. 195 Fr. 250).

105 Der Mensch sollte sich insbesondere vor sich selbst schämen (*aideîsthai*) und sich als inneres Gesetz geben, nichts Schädliches zu tun (*Diels* II S. 199 Fr. 265).

106 In der Stelle *Diels* II S. 176 f. Fr. 164 wendet Demokrit den Satz, gleich zu gleich gesellt sich gern, nicht nur auf alle Lebewesen an (das dafür verwendete griechische Wort entspricht lat. *congregantur*) – ausdrücklich genannt werden Vogelschwärme [vgl. dazu oben Anm. 67] –, sondern auch auf Steine in der Brandung und gesiebte Linsen, Gersten- und Weizenkörner. Die Nutzanwendung auf einen von der Gleichheit abgeleiteten Gesellungstrieb der Menschen ist evident.

107 Die Darlegungen eines unmittelbaren Schülers des Servius Sulpicius, Alfenus Varus, 6 digestorum D 5, 1, 76, leiten unter Berufung auf »die Philosophen« die Existenz eines

des Menschen als Person, die jeden einzelnen von seinem sprechenden und unverwechselbaren Gesicht, seiner sozialen »Maske« her definiert und damit sowohl das Gleichheitsprinzip als auch das Recht auf eine individuelle, nach menschlichem Maß frei gestaltbare Biographie verbrieft (vgl. oben Anm. 18), verwirklicht das Demokritwort: »*Jeder Mensch ist eine kleine Welt für sich*«.[108] Mit der Anweisung eines Platzes in einer von einem einzigen großen hierarchischen Gerechtigkeitsprinzip geführten Verfassung ist dies unvereinbar. Leitwerte dieses spezifisch kulturanthropologischen Rechtsbildes sind Gleichheit, Freiheit und die Vielfalt des Individuellen, nicht Schönheit und Harmonie eines Ganzen.

Demokrits Aussage, dass die Ordnung der Lebenswelt von geprüften und bewährten »Einrichtungen und Meinungen« geformt ist, gilt denn auch für Protagoras wie für Karneades und dessen Schüler. Alle streben nach einem belastbaren Wissen nach menschlichem Maß. Genauso wenig, wie aus dem Skeptizismus der Akademie folgt, dass ihre Wahrscheinlichkeitslehre nicht mit Nachdruck auf die

Kollegialgerichts, einer Legion, eines Volks, eines Schiffes und auch die des menschlichen Körpers aus dem Zusammenhang der jeweils kleinsten, ohne Identitätsverlust der Gesamtsache, ersetzbaren Bestandteile ab und betonen abschließend: »Wenn aber jemand glauben würde, dass eine Sache durch Austausch ihrer Teile eine andere würde, dann würde aus diesem Gedanken folgen, dass wir selbst nicht mehr dieselben wären, die wir vor einem Jahr waren, und zwar deswegen, weil, wie die Philosophen gesagt haben, die kleinsten Teile, aus denen wir bestehen, täglich unseren Körper verlassen und andere von außen an ihre Stelle treten; daher nimmt man an, dass eine Sache dieselbe bleibt, die sich in der gleichen Gestalt erhält.« Diese Bestandteil- und Stoffwechsellehre erweitert die Lehre von Cicero (Lucullus 17, 55): »jenen unteilbaren Elementen (individua), aus denen, wie Demokrit behauptet, alles bestehe«, in einer vermutlich auch schon der Staatslehre des Demokrit zugrundeliegenden Analogie auf alle Bestandteile, die durch Teilung zerstört oder getötet würden. Zur »Einheit der Einzelnen (universitas singulorum)« als Rechtsträger *Gaius* II 11 und *Ulpian* 10 ad edictum D 3, 4, 7, 2 »In [...] einer Einheit kommt nichts darauf, ob alle bleiben, ein Teil bleibt oder alle ausgewechselt werden.« Infolge der Schulenkonvergenz wird in hochklassischer Zeit für das Staatsvolk sowohl klassisch von *gens* (d. h. das mit dem zivilisatorischen *ius gentium* entstehende Volk) als auch vorklassisch von *populus* (das sich aus den jeweils vom naturrechtlichen *ius gentium* beherrschten *gentes* herauslösende Volk) gesprochen. Daher umfasst die Rede (Gaius I 1) »vom Völkergemeinrecht, nach dem alle Völker leben (ius gentium, quasi quo iure omnes gentes utuntur)« beide Bedeutungen, primär die klassisch-institutionelle, aber als ergänzende Interpretationsmöglichkeit auch die vorklassische. – Nicht übersehen sollte man, dass unter der Herrschaft des *ius gentium* sich die *universitas personarum* auf alle sich auf dem Territorium aufhaltenden Personen erweitert.

108 *Diels* II S. 153 Fr. 34. Platon wertete dagegen den Menschen nach der Art, wie er als Teil der Menschheit und des Gemeinwesens seinen Platz ausfüllte, ein Rechtfertigungsgedanke, der sich auch in der Stoa findet, deren höchste denkbare Existenzform, die des Weisen, darin besteht, die determinierte, über die Handlungsvernunft entscheidende Sinnhaftigkeit der Weltsituation, in die er gestellt ist, zu erfassen. Daher die Kritik des Ciceronianers *Lactantius*, Divinae instit. VII c. 4: »Darin fehlen die Stoiker in nicht geringem Maß, dass sie sagen, nicht um des Menschen, sondern um der Menschen willen sei die Welt geschaffen worden.«

Ausarbeitung orientierenden Wissens gerichtet war – sie erlaubte vielmehr die systematische Begründung einer ausdifferenzierten, fachwissenschaftlich betreuten Rechtsordnung –,[109] darf man aus den [176] scharfsinnigen Aussagen des Protagoras, dass wahr ist, was jedem erscheint,[110] dass es keinen Widerspruch gibt[111] und dass man über alles streiten kann einschließlich der Frage, ob man wirklich über alles streiten kann,[112] den Schluss ziehen, dass sein Denken nicht

109 Die Ansicht des in den folgenden Sätzen zitierten Karneades gründet sich für das praktische Leben, das es anleiten will, in einem maßgebenden Sinne auch auf die systematisch (u. a. rechtswissenschaftlich) geklärten Gegenstände (*Cicero*, Lucullus 31, 99): »Wenn etwas dem Anschein nach Wahrscheinliches (specie probabile) geschieht und sich nicht zeigt, was dieser Wahrscheinlichkeit widerspricht, wird der verständige Mensch davon Gebrauch machen; und so läßt sich das gesamte Leben vernünftig führen (sic omnis ratio vitae gubernabitur).« Die Möglichkeit der Wahrscheinlichkeit ist dabei in der phänomenologisch und strukturell definierbaren Natur der Dinge gegründet. Daher heißt es ebenda: »Es wäre wider die Natur, wenn es nichts Wahrscheinliches (probabile) gäbe«. Vgl. näheres in den oben Anm. 18 zitierten Abhandlungen.

110 *Diog. Laert.* IX 51 »Er [Protagoras] behauptete, die Seele bestehe lediglich aus den sinnlichen Wahrnehmungen, wie ihn auch Platon kennzeichnet im Theaetet, und alles sei wahr.« Platon, Theaetet 159 »Wahr also ist mir meine Wahrnehmung, denn sie ist die meines jedesmaligen Seins. Ich also bin der Richter, nach dem Protagoras, dessen sowohl, was mir ist, dass es ist, als dessen, was mir nicht, dass es nicht ist.«. Das ist richtig und wird nur dann absurd, wenn behauptet wird, dass diese wahren seelischen Zustände über sich selbst hinaus etwas daran ändern, was in der nach menschlichem Maß vermessenen Realität im übrigen der Fall ist.

111 *Platon*, Euthydem 286c; Theaetet 152a-172b (160c f., 171c); Diog. Laert. IX 53. Wenn A dieses und B jenes über etwas objektiv Gleiches denken oder sagen, sind das nur zwei koexistierende Seelenzustände oder zwei gleichzeitige Sprechakte, keine Widersprüche. Solche Unterschiede werden zu Widersprüchen nur unter der Annahme, dass in den Menschen ein universales oder göttliches Denken denkt. Cicero, Academicorum reliquiae cum Lucullo 46, 142, arbeitet den Gegensatz deutlich heraus: »Ich komme nun zum dritten Teil der Philosophie (der Ethik). Einen Standpunkt vertritt hier Protagoras, der meint, dass dasjenige für einen jeden wahr ist, was einem jeden scheint. [...] Platon aber wollte jedes Wahrheitsurteil und die Wahrheit selbst von den Meinungen und Sinnen entfernen und dem Denken selbst und dem Verstand zuordnen.« Die Kategorien der Wahrheit oder Wahrscheinlichkeit, die nach der Übereinstimmung einer Aussage mit der nach menschlichem Maß vermessenen und geordneten Welt fragen, bleiben im übrigen von den Klärungen des Protagoras, die auf eine entschiedene Delegitimierung des subjektiven Meinens hinauslaufen, unberührt. Platon muss dagegen die dem Frieden gefährliche »Laienwahrheit« durch die (anthropologisch nicht begründbare) Konzentration der Wahrheitserkenntnis bei den Herrschenden bannen.

112 *Seneca*, epistulae morales 88, 43 »Protagoras sagt, dass man über eine jede Sache gleichmäßig nach beiden Seiten argumentieren kann und auch über die Frage selbst, ob eine jede Sache nach beiden Seiten erörtert werden kann.« Eine solche Betrachtungsweise ist natürlich geeignet, dem sokratischen Dialog, der auf eine Enthüllung der in den Seelen erinnerungsfähig vorhandenen Wahrheit aus ist, den Boden zu entziehen. Darauf mag sich die erstaunlich anachronistische Nachricht beziehen, dass Protagoras (*Diog. Laertios* IX 53): »auch die sokratische Art der Gesprächsführung zuerst ins Wanken ⟨brachte⟩.«

zugleich auf die Begründung einer dem menschlichen Zusammenleben dienenden Rechtsordnung gerichtet war. In den genannten Klärungen wird ja nicht bestritten, dass es belastbar in Geltung gesetzte Meinungen gibt, sondern erst einmal herausgearbeitet, dass das Denken des Menschen frei und beliebig ist, dafür [177] aber auch insoweit erst einmal in die Sphäre des objektiv Belanglosen gehört. Diesen Klärungen setzt Protagoras dann eine eigene, objektivierende Erkenntnislehre entgegen, die in der Phänomenalität der allen (!) Menschen so erscheinenden Stofflichkeit begründet ist, und zwar in der Relation der sich natürlich (nach ihren natürlichen Möglichkeiten) verhaltenden Gegenstände zu den sich ebenfalls natürlich (nach ihren natürlichen Möglichkeiten) verhaltenden Menschen; Dingen, die sich den Menschen nicht in solcher Relation zeigen (wie bei den Göttern der Fall), wird das Sein nach menschlichem Maß abgesprochen. Sext. Empiricus ordnet diese Lehre seiner eigenen pyrrhoneischen Sicht folgend als dogmatisch ein,[113] eine Einordnung, die bezeichnenderweise bei ihm auch die Wahrscheinlichkeitslehre der skeptischen Akademie erfährt.[114] Es springt ins Auge, dass eine solche Erkenntnislehre für Protagoras schon von dem Mythos gefordert war. Denn sowohl die der Athene geraubte »technische Klugheit« als auch die Hermesgaben »Recht« und »Scham«, die dem Menschen als Gattungswesen verliehen wurden, sind auf die Etablierung von objektiviertem Wissen gerichtet, das für alle Menschen verbindlich ist. Technik und Recht sind ohne als objektiv richtig anerkannte Regeln nicht denkbar. Auch das Geld, das wirtschaftliche Maß aller Dinge, stellt eine objektivierte, dem individuellen Meinen entzogene, den Gesetzen des Marktes unterliegende Regelung dar. Die Tendenz, Protagoras auf die These zu reduzieren, es gäbe nur eine subjektivistische und relative Wahrheit des je individuellen Standpunkts, ist daher bei ihm genauso falsch wie die entsprechende Tendenz gegenüber der akademischen Skepsis.

Protagoras und seine Erneuerung durch die skeptische Akademie stimmen auch in der spezifisch anthropologischen Grundlegung des menschlichen, mit der Gründung der Poleis oder Civitates beginnenden Zivilisation und Kultur überein. Der Mensch ist eine Spezies unter anderen, aber herausgehoben, bei Protagoras durch die geraubte Technik, die Götterverehrung und die Hermesgaben »Recht« und »Scham«, in der skeptischen Akademie in ganz paralleler Weise durch die Fähigkeit zur Neu- und Um- [178] gestaltung der Welt, die in der

113 *Sext. Empiricus*, Hypotyp. I 54ff.: »Es sagt aber Protagoras auch, dass Begriffe aller Phänomene ihren Grund in der Stoftlichkeit haben, da die Stofflichkeit das Vermögen hat, in Bezug auf sich selbst alles insoweit zu sein, als es allen erscheint. […] Denn das, was sich nach der Natur verhält, das kann von den Dingen aus der Stofflichkeit als das, was es den sich nach der Natur Verhaltenden erscheint, erfasst werden. Alles nämlich, was den Menschen erscheint, ist auch der Fall, das aber, was den Menschen in keiner Weise erscheint, das ist nicht der Fall. Wir sehen also, dass er […] hinsichtlich des Umstands, dass die Begriffe aller Phänomene ihren Grund in der Stofilichkeit haben, einen dogmatischen Standpunkt vertritt.«

114 Vgl. *Sextus Empiricus*, Pyrrh. Hypotyp. I 230; Die geistige Mitte (oben Anm. 18) S. 61 Anm. 76.

Spezifikationslehre einen besonders hervorstechenden Ausdruck gefunden hat,[115] durch das der jeweils tradierten Gewohnheit überwiesene *»göttliche Recht (ius divinum)«*, das in den verschiedenen Formen der jeweiligen positiven *»Religion der Bürgerschaft (civilis religio)«* der gemeinmenschlichen *»natürlichen Religiosität (naturalis religio)«* dient, und schließlich durch das *»menschliche Recht (ius humanum)«*, das entsprechend dem protagoräischen Gegensatz von ordnendem Recht und ethisch verpflichtender Scham zwei Teile unterscheidet, einerseits die *»Einrichtung des für alle gleichen Rechts (institutio aequitatis)«* oder *»Bürgerliche Gleichheit (civilis aequitas)«*, andererseits das sozialethische *»natürliche Gleichheitsgefühl (naturalis aeqitas)«* und damit dem zur Rechtspflege berufenen Magistrat eine doppelte Aufgabe stellt, nämlich sowohl die formalen Rechtsstellungen zuweisende Ordnungen zu gewährleisten als auch ergänzend, unterstützend und korrigierend auf einem mitmenschlichen Handeln zu bestehen, das in der Erfüllung von Pflichten und dem Unterlassen von Schädigungen mit den Grundwerten des sozialen Gewissens des Menschen übereinstimmt.[116] Sowohl Protagoras als auch das auf Karneades zurückgehende Denken vergleichen das menschliche Recht mit den bei sozialen Tieren geltenden Ordnungen, Protagoras, wie wir angenommen haben, mit der die menschliche Republik herausstreichenden Hühnerhofmonarchie, die skeptische Akademie mit der (möglicherweise auch bei dem Abderiten vorgeprägten) Lehre von den Instinkten des soziobiologischen *ius naturale*, z. B. Paarung, Zeugung, Nachkommenaufzucht, die der Mensch mit anderen höheren, gesellig lebenden Tieren gemeinsam hat.

[179] Entscheidend ist erneut, dass auch in dieser protagoräisch-skeptischen Tradition Polis oder Civitas und das in ihr geltende Recht Geschöpfe von Kräften sind, die in die Verantwortung jedes einzelnen Menschen gelegt sind und sich im freien Zusammenleben in der Zivilisation weiter bewähren. Platons Idee einer

115 Wer eine neue bewegliche Sache herstellte, erwarb an ihr Eigentum, auch wenn das Material fremd oder gar von ihm gestohlen war, weil der Gegenstand, etwa das aus Holz gefertigte Schiff, allein durch ihn auf der Welt war und daher von ihm als dem ersten Besitzer angeeignet wurde. Vgl. *Okko Behrends*, Die Spezifikationslehre, Savigny-Zeitschrift, Rom. Abt. 112 (1995) S. 195-238 und zuletzt aus der Sicht der vorklassischen Jurisprudenz, die der stoischen Naturrechtslehre folgend eine Spezifikation oder Verarbeitung ablehnte, *ders.*, Das Kunstwerk in der Eigentumsordnung, Gedächtnisschrift für Jörn Eckert (2008) S. 65-100.

116 Vgl. die ausführliche Darstellung in den oben Anm. 18 genannten Abhandlungen. Da die skeptische Rechtstheorie die technisch *»Institute (instituta)«* genannten, Rechte zuweisenden Strukturen als gedanklich formierte *»unkörperliche Gegenstände (res incorporales)«* den körperlichen, der technischen Bearbeitung unterliegenden Gegenständen an die Seite stellt, könnte man in der Hervorbringung der Institute eine Fähigkeit wirken sehen, die der protagoräischen *»technischen Vernunft«* verwandt ist. Da aber die Institute nicht in kreativer Erfindung geschaffen werden, sondern Rechtsverhältnisse erfassen, die sich in den Beziehungen zwischen den Menschen sowie unter allen körperlichen und unkörperlichen Gegenständen als beobachtbar vorhandene Strukturen tatsächlich sinnvoll feststellen lassen, dürfte eine solche Annäherung der Hermesgabe »Recht« mit der belasteten, ja aufgrund eines Diebstahls erworbenen »technischen Vernunft« in die Irre führen.

von einer dämonisch-göttlichen Inspiration der Herrschenden abgeleiteten Legitimation ist fern. Es ist eine Konfrontation, die einen Gegensatz von polarer Grundsätzlichkeit erkennen lässt und durch ihre Genese Whiteheads Satz widerlegt, dass die Philosophiegeschichte sich am Ende als »eine Reihe von Fußnoten zu Platon«[117] darstellt. In der Frage, ob das den Staat ausmachende Recht nach menschlichem Maß oder nach einem göttlichen Gerechtigkeitsprinzip zu bilden ist, war Platon Partei, nicht gültiger Grundtext. Man durfte ihm widersprechen. Denn wenn Platon feststellt: »*Keine menschliche Natur reicht hin, das Menschliche zu verwalten*« und daher fordert, dass die Macht in die Hand von dem Göttlichen nahen Philosophenkönigen gehört,[118] so entrinnt er nicht der Tatsache, dass es stets Menschen bleiben, die das Menschliche verwalten, und für Menschen nun einmal nach aller Erfahrung nicht unbegrenzte, gottgleiche Vollmachten, sondern die verantwortlichen Zuständigkeiten auf Zeit, wie sie in einer Republik vergeben werden, das Richtige sind.

Cicero hat, als er in seinen Staatsschriften den Prinzipat vorbereitete, in einem Maß, das wir heute nicht mehr teilen können, den Platonischen Glauben an die höhere Legitimation des Ausnahmemenschen für seine Krisenzeit rezipiert, aber doch mit einem entschiedenen Vorbehalt zugunsten der Republik. Sein Platonismus blieb skeptisch gegründet. Diese Haltung erlaubte ihm, an der aus der römischen Geschichte kommenden, mehrfach neu interpretierten und dadurch immer wieder konsolidierten Überzeugung festzuhalten, dass für freie Menschen die Republik die richtige Lebensform ist und seine Verehrung für Platon in einem humanistischen oder kulturanthropologischen Idealismus zum Ausdruck zu bringen, der ihm überpositive, über das bereits Gesicherte hinausführende Quellen des Denkens erschließt, die eigenes Urteilen und Handeln in offenen Räumen legitimiert, sich aber gleichwohl von Dogmatismus frei hält. Als die Akademie nach Philon von Larissa mit dessen Nachfolger Antiochos von Askalon unter eklektischen und konziliatorischen Vorzeichen eine Rückkehr zur dogmatischen alten Akademie erlebte, hat Cicero diese Wende in vollem Umfang zur Kenntnis genommen, nicht aber geteilt, sondern nur genutzt. Von seinem grundsätzlich skeptisch bleibenden, auf Selbstständigkeit des Urteils [180] insistierenden Standpunkt[119] aus vermochte er die orientierenden und ordnenden Leistungen der

117 *Alfred North Whitehead*, Process and Reality (1926) II 1, 1 »The safest general characterization of the European philosophical tradition is that it consists of a series of footnotes to Plato«.

118 Vgl. oben Anm. 19 und 78.

119 Daher beanspruchte Cicero, insofern ganz Anhänger Philons (vgl. oben Anm. 39), Platon als Gründer der skeptischen Akademie. Vgl. Academici I2, 46: »Diese Akademie nennen sie die Neue, die mir die Alte scheint, wenn wir doch Platon zu dieser Alten zählen, in dessen Schriften nicht behauptet und vieles nach beiden Seiten erörtert und über alle Gegenstände nichts Sicheres gesagt wird – gleichwohl wird jene, die du (sc. Varro) vorgestellt hast, die Alte, diese Neue genannt. Sie wird bis zu Karneades geführt.« Varro sah dagegen wie Antiochos, auf den er sich beruft, in der neuen Akademie, die in dieser Entgegensetzung von Kritolaos bis zu Philon reichte, ganz im Sinn des Treulosigkeitsvorwurfs (oben Anm. 92), eine »*Abspaltung (discidium)*« und einen »*Abfall (defectio)*« (I 12, 43).

Rechtssysteme, die er als geltend erlebt hatte, des stoischen und des skeptischen, anzuerkennen, erhob aber zugleich den Anspruch, von einem höheren Standpunkt aus über sie urteilen zu können, als Staatsmann, als in Gerichtssachen tätiger Anwalt[120] und als philosophisch interessiertes Individuum. Es ging ihm letztlich um den Rang des urteilenden und wertenden Bewusstseins, des *animus*, der sich durch die skeptischen, festen Grund gebenden Weltdeutungen gefördert fühlt, sich aber doch nicht in sie einschließen lassen will. Ciceros Antwort ist daher ein skeptisch grundiertes, von einem klaren Ignorabimus getragenes, aber den Anspruch als Möglichkeit nicht preisgebendes Offenhalten der Frage, ob das menschliche Bewusstsein kreative Quellen besitzt,[121] im eigenen Interesse, aber auch in dem seiner Mitbürger und Mitmenschen. Seine Berufung auf die platonische Seelenlehre tritt damit als eine überschwengliche Möglichkeit auf, die weder seine im Skeptizismus begründete Urteilsfreiheit beeinträchtigen[122] noch in Zweifel stellen soll, dass die damit verbundene No- [181] bilitierung der menschlichen Person jedem Bürger zugute kommen kann.[123] Wo diese Haltung verstanden wurde, bei Augustus, den besseren Kaisern und bei den von ihnen autorisier-

120 Dies wird vor allem durch Ciceros Topica bezeugt, die dem vor Gericht argumentierenden Redner die rechtlichen Argumentationsweisen beider Traditionen zur Verfügung stellt, mag die Schrift auch, da aus der Sicht der skeptischen Akademie geschrieben, der von *»Unser Servius«* zum Erfolg geführten klassischen Tradition methodisch näher stehen als der vorklassischen seines alten Lehrers Q. Mucius pontifex, der genauso präsent ist, dem aber das *»Unser«* vorenthalten bleibt (Topica 8, 36 f.; 9,38 f.).

121 Kennzeichnend ist, was in dem fiktiven Dialog, *Cicero*, Tusc. disp. I 11, 24 f., einer Art Gespräch der Seele mit sich selbst, Ciceros Ich auf die Aufforderung des Tu antwortet, doch die Schrift Platons über die Seele zu lesen. Er hatte gestanden, gerne daran glauben zu wollen, dass die Seele nach ihrem Tod zu ihrem wahren Wohnort zurückkehre: »Aber ich weiß nicht, wie es kommt. Wenn ich lese, stimme ich zu. Wenn ich aber das Buch hinlege, und mit mir selbst über die Unsterblichkeit der Seele nachzudenken beginne, dann entgleitet mir die ganze Zustimmung«. Später verdeutlicht sich der Dialog zu einem Lehrer-Schüler-Gespräch. Vgl. *Philippson* (1939) RE. s. v. M. Tullius Cicero (Philosophische Schriften) Sp. 1142.

122 Ciceros Ankündigung (Tusc. disp. V 12, 36): »Aus Platon, dieser gewissermaßen heiligen und erhabenen Quelle wird unsere gesamte Rede fließen« folgt mit geringem Abstand die Feststellung (ebenda V 11, 33): »Was immer unsere Seele mit Wahrscheinlichkeit trifft, sprechen wir aus; allein so sind wir frei«. Das, wofür Cicero eintritt, ist eine nicht naturalistische Anthropologie (Tusc. disp. V 13, 38): »Die menschliche Seele (animus) ist aus göttlichem Geist (ex mente divina) genommen und kann mit niemandem als mit Gott verglichen werden, wenn das ohne Frevel zu sagen erlaubt ist.«

123 Cicero will in der ihm aufgezwungenen politischen Untätigkeit auch und gerade für seine Mitbürger schreiben (Tusc. Disp. I, 3, 5): »So wie wir unseren Mitbürgern ein wenig genützt haben, als wir beansprucht waren, so wollen wir ihnen nach Kräften in der Muße dienen.« Und die Rechtsgleichheit war ihm der Kern jeder Republik, gerade weil man die Verschiedenheit der Vermögen nicht ändern wolle und die der Begabungen nicht ändern könne. *Cicero*, de re publica III 32, 49: »Wie kann die Gesellschaft der Bürger durch das Recht erhalten werden, wenn die Rechtslage der Bürger nicht gleich ist? Wenn anerkanntermaßen die Vermögen nicht angeglichen werden sollen, die Begabungen nicht gleich sein können, müssen gewiß die Rechte gleich sein.«

ten Juristen, sehen wir die gleiche Verbindung: einerseits Respekt vor den durch die tradierten Rechtsquellenlehren gegründeten, in verlässlichen Formen festgestellten, republikanischen Rechtssystemen, andererseits eine behutsam in Anspruch genommene Befugnis, für ihre Fortbildung einzutreten, wenn ein als überlegen empfundenes Gerechtigkeitsurteil dies fordert. Die fortdauernde Gründung dieser Haltung im Skeptizismus zeigte sich in dem Bewusstsein, dass eine jede solche freie Gerechtigkeitsargumentation hoch gefährlich, weil in besonderem Maße irrtumsanfällig, ist. Daher hat der gleiche Jurist, der, diese Entwicklung pointiert resümierend, das Recht als Kunst der Gerechtigkeit definierte, mit Leidenschaft auf die verderblichen Folgen hingewiesen, die eine unbedachte Nutzung dieser Interpretationshoheit bedeutet. Das hieß zugleich: Dem gesicherten, in den Verhältnissen etablierten Rechtswissen gebührt der Vorrang.[124] Und obwohl der spätantike Dominat, der durch Grundhörigkeit des Kolonats, Erblichkeit zahlreicher Berufe und andere Zwangsregeln die [182] Gesellschaft immer stärker den Zwecken des um seine Erhaltung bemühten Staates unterwarf und sich mit seiner sich im Neuplatonismus äußernden, vorbehaltlosen Platonverehrung von Ciceros differenzierter, im Recht die Freiheit der Menschen verteidigender Haltung denkbar weit entfernte, war das Prestige der auf dieser Grundlage erarbeiteten Juristenschriften des Prinzipats so groß, dass sie als dessen Kernbestand in Justinians Kodifikation aufgenommen wurden und dadurch instand gesetzt wurden, mit Folgen, die bis auf den heutigen Tag die moderne Rechtskultur und den eingangs zitierten verborgenen, aber wirkungsmächtigen Republikanismus der Historischen Rechtsschule prägen.

124 »Denn, wie Celsus treffend definiert, ist das Recht die Kunst des Guten und Gerechten (ius est ars boni et aequi)« zitiert der severische Jurist *Ulpian* (1 institutionum D 1, 1, 1 pr), um zu begründen, dass »der Begriff des Rechts (nomen iuris)« von der »Gerechtigkeit (iustitia)« benannt sei. Ulpians Zeitgenosse *Paulus* (17 ad Plautium D 45, 1, 91, 3) zitiert Celsus demgegenüber zu einer der in einem solchen Recht stets stellbaren »Frage des Guten und Rechten« mit der generellen Stellungnahme: »in dieser Kategorie wird oft unter der Autorität des Rechts […] auf das Schädlichste geirrt«. Der Grund dieses Widerspruchs zwischen Bekenntnis und Bedenken verweist auf einen unauflösbaren Konflikt. Denn das, was sein Zeitgenosse und Kollege in der Leitung der prokulianischen Rechtsschule sagt, galt auch für ihn: »das Recht kann und soll fest bestimmt sein« (Neratius 5 membranarum D 22, 6, 2). Wird aber das Recht unter eine naturrechtliche Zielsetzung gestellt (vgl. *Paulus* 14 ad Sabinum D 1, 1, 11: »das, was immer gerecht und gut ist […], ist Naturrecht«), wird ihm angesichts der prinzipiellen Offenheit des Gerechtigkeitsbegriffs die Berechenbarkeit grundsätzlich genommen.

Bibliographie

A. Aufsätze und Monographien

I. Antikes römisches Recht

1. Siedlungsgeschichte und Vermessungswesen

1. Grabraub und Grabfrevel im römischen Recht. In: Zum Grabfrevel in vor- und frühgeschichtlicher Zeit. Untersuchungen zu Grabraub und »haugbrot« in Mittel- u. Nordeuropa. Bericht über ein Kolloquium der Kommission für die Altertumskunde Mittel- und Nordeuropas vom 14. bis 16. Februar 1977. Hrsg. von Herbert Jankuhn [u. a.], Göttingen 1978 (Abhandlungen der Akademie der Wissenschaften in Göttingen. Phil.-Hist. Kl., 3. F., Bd. 113), S. 85-106.
2. Buccelarius. In: Reallexikon der Germanischen Altertumskunde. Begr. von Johannes Hoops. Hrsg. von Heinrich Beck [u. a.], Bd. 4, 2. Aufl., Berlin, New York 1981, S. 28-31.
3. Dediticii. In: Reallexikon der Germanischen Altertumskunde. Begr. von Johannes Hoops. Hrsg. von Heinrich Beck [u. a.], Bd. 5, 2. Aufl., Berlin, New York 1984, S. 299-307.
4. Einquartierungssystem. In: Reallexikon der Germanischen Altertumskunde. Begr. von Johannes Hoops. Hrsg. von Heinrich Beck [u. a.], Bd. 7, 2. Aufl., Berlin, New York 1989, S. 24-33.
5. Das Vindikationsmodell als »grundrechtliches« System der ältesten römischen Siedlungsorganisation. Zugleich ein Beitrag zu den ältesten Grundlagen des römischen Personen-, Sachen- u. Obligationenrechts. In: Libertas. Grundrechtliche und rechtsstaatliche Gewährungen in Antike und Gegenwart. Symposion aus Anlaß des 80. Geburtstags von Franz Wieacker. Hrsg. von Okko Behrends u. Malte Dießelhorst, Ebelsbach 1991, S. 1-59 [= Institut und Prinzip S. 313-365].[1]
6. Bodenhoheit und privates Bodeneigentum im Grenzwesen Roms. In: Die römische Feldmeßkunst. Interdisziplinäre Beiträge zu ihrer Bedeutung für die Zivilisationsgeschichte Roms. Hrsg. von Okko Behrends u. Luigi Capogrossi Colognesi, Göttingen 1992 (Abhandlungen der Akademie der Wissenschaften in Göttingen. Phil.-Hist. Kl., 3. F., Bd. 193), S. 192-284 [= Institut und Prinzip S. 465-562].

1 Der Hinweis auf den Abdruck in »Institut und Prinzip« bezieht sich jeweils auf die Aufsatzsammlung Okko Behrends, Institut und Prinzip. Siedlungsgeschichtliche Grundlagen, philosophische Einflüsse und das Fortwirken der beiden republikanischen Konzeptionen in den kaiserzeitlichen Rechtsschulen. Ausgewählte Aufsätze. 2 Bände, hrsg. von Martin Avenarius, Rudolf Meyer-Pritzl u. Cosima Möller, Göttingen 2004.

7. Mitarbeit an der kommentierten Übersetzung des Corpus Agrimensorum Romanorum, Napoli 1993 ff.
   (1) Siculus Flaccus: Les conditions des terres. Texte traduit par Monique Clavel-Lévêque [u. a.], 1993 (Diáphora 1).
   (2) Balbus: Présentation systématique de toutes les figures, 1996 (Diáphora 5).
   (3) Podismus et textes connexes. Extraits d'Epaphrodite et de Vitruvius Rufus; la mesure des jugères. Introduction, traduction et notes par Jean-Yves Guillaumin, 1996 (Diáphora 5).
   (4) Hygin l'Arpenteur: L'établissement des limites. Texte traduit par Monique Clavel-Lévêque [u. a.], 1996 (Diáphora 8).
   (5) Hygin. L'œuvre gromatique. Texte traduit par Okko Behrends [u. a.], 2000.
8. La lex Licinia Mucia de civibus redigundis de 95 A. C. Une loi néfaste d'auteurs savants et bienveillants. In: Antiquité et Citoyenneté (Actes du Colloque International Besançon 03.-05. 11. 1999). Hrsg. von Stéphane Ratti, Paris 2002, S. 15-33 [= Scritti »italiani« S. 525-543].[2]
9. Les conditions des terres dans l'empire Romain. In: De la terre au ciel. II. Paysages et Cadastres antiques. Ed. Monique Clavel-Lévêque [u. a.] Besançon 2004, S. 5-8.
10. Il »fines regere« tra possessori e usufruttuari in Italia e nelle province. In: Index 32 (2004), S. 13-47.
11. Nexum facere et nectere. Un essai méthodique. In: Hommes, cultures et paysages de l'Antiquité à la période moderne. Mélanges offerts à Jean Peyras. Textes réunis par Monique Clavel-Lévêque [u. a.], Rennes 2012 (enquêtes & documents 44), S. 123-149.
12. Die Gärten in der römischen Feldordnung. Zu den siedlungsgeschichtlichen Grundlagen des römischen Bodeneigentums. In: In den Gefilden der römischen Feldmesser. Hrsg. von Eberhard Knobloch u. Cosima Möller, Berlin 2013, S. 5-48.

2. *Verfassungsgeschichte*

1. Prinzipat und Sklavenrecht. Zu den geistigen Grundlagen der augusteischen Verfassungsschöpfung. In: Rechtswissenschaft und Rechtsentwicklung. Ringvorlesung von Professoren der Juristischen Fakultät der Georg-August-Universität Göttingen. In deren Auftrag hrsg. von Ulrich Immenga, Göttingen 1980 (Göttinger rechtswissenschaftliche Studien 111), S. 53-88 [= Institut und Prinzip S. 417-455].
2. Tiberius Gracchus und die Juristen seiner Zeit – die römische Jurisprudenz gegenüber der Staatskrise des Jahres 133 v. Chr. In: Das Profil des Juristen in der europäischen Tradition. Symposion aus Anlaß des 70. Geburtstags von

2 Dieser Hinweis bezieht sich auf die Aufsatzsammlung Okko Behrends, Scritti »italiani« con un'appendice »francese«, una nota di lettura di Cosimo Cascione ed una postfazione dell'autore, Napoli 2009.

Franz Wieacker. Hrsg. von Klaus Luig u. Detlef Liebs, Ebelsbach 1980, S. 25-121.

3. Die Rechtsregelungen der Militärdiplome und das die Soldaten des Prinzipats treffende Eheverbot. In: Heer und Integrationspolitik. Hrsg. von Werner Eck u. Hartmut Wolff, Köln, Wien 1986 (Passauer historische Forschungen 2), S. 116-166.
4. Der römische Gesetzesbegriff und das Prinzip der Gewaltenteilung. In: Zum römischen und neuzeitlichen Gesetzesbegriff. 1. Symposion der Kommission »Die Funktion des Gesetzes in Geschichte und Gegenwart« vom 26. u. 27. April 1985. Hrsg. von Okko Behrends u. Christoph Link, Göttingen 1987 (Abhandlungen der Akademie der Wissenschaften in Göttingen. Phil.-Hist. Kl., 3. F., Bd. 157), S. 34-122.
5. Staatsrecht und Philosophie in der ausgehenden Republik – oder zur Bedeutung des Mottos »philosophari se velle, sed paucis«. In: Zeitschrift der Savigny-Stiftung für Rechtsgeschichte, Rom. Abt. 100 (1988) S. 458-484.
6. Römisches Bürgerrecht. In: Reallexikon der Germanischen Altertumskunde. Begr. von Johannes Hoops. Hrsg. von Heinrich Beck [u. a.], Bd. 25, Berlin, New York 2003, S. 158-160.
7. Mommsens Glaube. Zur Genealogie von Recht und Staat in der Historischen Rechtsschule Göttingen 2005 (Nachrichten der Akademie der Wissenschaften zu Göttingen, Phil.-Hist. Kl., 4), S. 326-389.
8. Princeps legibus solutus. In: Die Ordnung der Freiheit. Festschrift für Christian Starck zum siebzigsten Geburtstag. Hrsg. von Rainer Grote [u. a.], Tübingen 2007, S. 3-20.
9. Die Republik und die Gesetze in den Doppelwerken Platons und Ciceros. In: Politisches Denken. Jahrbuch 2008, Berlin 2008, S. 133-182.

3. Religion und Recht

1. Ius und ius civile. Untersuchungen zur Herkunft des ius-Begriffs im römischen Zivilrecht. In: Sympotica Franz Wieacker. Sexagenario Sasbachwaldeni a suis libata. Hrsg. von Detlef Liebs, Göttingen 1970, S. 11-58.
2. Ius und ius civile. Untersuchungen zur Herkunft des ius-Begriffs im römischen Zivilrecht. In: Archiv für Begriffsgeschichte 16 (1972), S. 95-96.
3. Der Ort des Ius divinum. Vom klassisch-republikanischen Rechtssystem des skeptischen Rationalismus zur Rechtsquellenlehre des religiös legitimierten Kaisertums. In: Bürgerliche Freiheit und Christliche Verantwortung. Festschrift für Christoph Link zum 70. Geburtstag. Hrsg. von Heinrich de Wall u. Michael Germann, Tübingen 2003, S. 557-585.
4. Libanios' Rede Pro Templis in rechtshistorischer Sicht. In: Für Religionsfreiheit, Recht und Toleranz. Libanios' Rede für den Erhalt der heidnischen Tempel, eingeleitet, übersetzt und mit interpretierenden Essays versehen von Heinz-Günther Nesselrath, Okko Behrends, Klaus Stephan Freyberger, Johannes Hahn, Martin Wallraff und Hans-Ulrich Wiemer (Sapere 18), Tübingen 2011, S. 95-126.

4. Rechtswissenschaft und Philosophie in der Geschichte der römischen Jurisprudenz

1. Die Wissenschaftslehre im Zivilrecht des Q. Mucius Scaevola pontifex, Göttingen 1976 (Nachrichten der Akademie der Wissenschaften in Göttingen. Phil.-Hist. Kl., Jg. 1976, Nr. 7).
2. Les »veteres« et la nouvelle jurisprudence à la fin de la République. In: Revue historique de droit français et étranger 55 (1977), S. 7-33 [= Scritti »italiani« S. 471-497].
3. Institutionelles und prinzipielles Denken im römischen Privatrecht. In: Zeitschrift der Savigny-Stiftung für Rechtsgeschichte, Rom. Abt. 95 (1978), S. 187-231 [= Institut und Prinzip S. 15-50].
4. Le due giurisprudenze romane e le forme delle loro argomentazioni. In: Index 12 (1983-1984), S. 189-225 [= Scritti »italiani« S. 59-95].
5. Anthropologie juridique de la jurisprudence classique. In: Revue historique de droit français et étranger 68 (1990), S. 337-362 [= Scritti »italiani« S. 499-524].
6. Formality and substance in classical roman law. In: Prescriptive formality and normative rationality in modern legal systems. Festschrift for Robert S. Summers. Ed. by Werner Krawietz, Neil MacCormick, Georg Henrik von Wright, Berlin 1994, S. 207-223.
7. Cicero, Marcus Tullius. In: Juristen. Ein biographisches Lexikon. Von der Antike bis zum 20. Jahrhundert. Hrsg. von Michael Stolleis, München 1995, S. 125-127 [= Institut und Prinzip S. 977-978].
8. Gaius. In: Juristen. Ein biographisches Lexikon. Von der Antike bis zum 20. Jahrhundert. Hrsg. von Michael Stolleis, München 1995, S, 221-223 [= Institut und Prinzip S. 981-982].
9. Gesetz und Sprache. Das römische Gesetz unter dem Einfluß der hellenistischen Philosophie. In: Nomos und Gesetz. Ursprünge und Wirkungen des griechischen Gesetzesdenkens. 6. Symposion der Kommission »Die Funktion des Gesetzes in Geschichte und Gegenwart«. Hrsg. von Okko Behrends u. Wolfgang Sellert, Göttingen 1995 (Abhandlungen der Akademie der Wissenschaften in Göttingen. Phil.-Hist. Kl., 3. F., Bd. 209), S. 135-249 [= Institut und Prinzip S. 91-224].
10. Der Kommentar in der römischen Rechtsliteratur. In: Text und Kommentar. Hrsg. von Jan Assmann u. Burkhard Gladigow, München 1995, S. 423-462 [= Institut und Prinzip S. 225-266].
11. Mucius Scaevola, Quintus. In: Juristen. Ein biographisches Lexikon. Von der Antike bis zum 20. Jahrhundert. Hrsg. von Michael Stolleis, München 1995, S. 444-445 [= Institut und Prinzip S. 979].
12. Servius Sulpicius Rufus. In: Juristen. Ein biographisches Lexikon. Von der Antike bis zum 20. Jahrhundert. Hrsg. von Michael Stolleis, München 1995, S. 562-563 [= Institut und Prinzip S. 980].
13. Die Spezifikationslehre, ihre Gegner und die media sententia in der Geschichte der römischen Jurisprudenz. In: Zeitschrift der Savigny-Stiftung für Rechtsgeschichte, Rom. Abt. 112 (1995), S. 195-238.

14. Papinians Verweigerung oder die Moral eines Juristen. In: Literatur und Recht. Literarische Rechtsfälle von der Antike bis in die Gegenwart. Im Auftrag der Akademie der Wissenschaften hrsg. von Ulrich Mölk, Göttingen 1996, S. 243-291.
15. Die lebendige Natur eines Baumes und die menschliche Struktur eines Bauwerks. Eine dualistische Entscheidungsbegründung aus dem vorklassischen Servitutenrecht und ihre theoretische Begründung nebst dem klassischen Gegenbild. In: Quaestiones Iuris. Festschrift für Joseph Georg Wolf zum 70. Geburtstag, Berlin 2000 (Freiburger Rechtsgeschichtliche Abhandlungen. N.F. 36), S. 1-51.
16. Die Unklarheitenregel des römischen Rechts. Rechtsphilosophischer Ursprung und juristische Ausarbeitung eines erfolgreichen Auslegungsprinzips. In: Gesetz, Recht, Rechtsgeschichte. Festschrift für Gerhard Otte zum 70. Geburtstag. Hrsg. von Wolfgang Baumann [u. a.], München 2005, S. 457-480.
17. Sessualità riproduttiva e cultura cittadina. Il matrimonio romano fra spiritualità preclassica e consensualismo classico. In: Marriage. Ideal – Law – Practice. Proceedings of a conference held in memory of Henryk Kupiszewski. Ed. Zusanna Służewska [u. a.], Warszawa 2005, S. 7-62 [= Scritti »italiani« S. 379-434].
18. Che cos'era il »ius gentium« antico? In: Collana »Cinquanta anni della Corte costituzionale della Repubblica italiana«. Tradizione romanistica e Costituzione. Dir. da Luigi Labruna. T. 1. Napoli 2006, S. 481-514 [Scritti »italiani« S. 435-468].
19. Das Geheimnis des klassischen römischen Rechts. Menschliche Freiheit und Würde in schützenden, friedlichen Wettbewerb erlaubenden Formen. In: Law, Peace and Justice. A historical survey. Ed. by Byoung Jo Choe, Seoul 2007, S. 3-72.
20. Die geistige Mitte des römischen Rechts. Die Kulturanthropologie der skeptischen Akademie. In: Zeitschrift der Savigny-Stiftung für Rechtsgeschichte, Rom. Abt. 125 (2008), S. 25-107.
21. Das Kunstwerk in der Eigentumsordnung oder: Der Kunstbegriff der vorklassischen Jurisprudenz im Rahmen ihrer Weltdeutung. In: Gedächtnisschrift für Jörn Eckert. Hrsg. von Andreas Hoyer [u. a.], Baden-Baden 2008, S. 66-100.
22. Der Satz des Servius Sulpicius Rufus »casus et natura in nobis dominantur« und das Recht. In: Estudios Jurídicos en Homenaje al Profesor Alejandro Guzmán Brito, Bd. 1. Hrsg. von Patricio-Ignacio Carvajal y Massimo Miglietta, Alessandria 2011, S. 323-351.
23. Custom and Reason: Gender Equality and Difference in Classical Roman Law. In: Family Law in Early Women's Rights Debates. Western Europe and the United States in the nineteenth and early twentieth centuries. Hrsg. von Stephan Meder u. Christoph-Eric Mecke, Köln [u. a.] 2013 (Rechtsgeschichte und Geschlechterforschung Bd. 14), S. 321-372.

24. Verwebte Fäden. Die zwei Arten des prozessualen Rechtsschutzes: Sicherung naturrechtlicher Werte oder Gewährleistung erworbener Klagrechte. In: Index 41 (2013), S. 381-436.

5. Das Privatrecht und seine Bedeutung in Verfassung, Wirtschaft und Gesellschaft

1. Die Prokuratur des klassischen römischen Zivilrechts. In: Zeitschrift der Savigny-Stiftung für Rechtsgeschichte, Rom. Abt. 88 (1971), S. 215-299.
2. Das Nexum im Manzipationsrecht oder die Ungeschichtlichkeit des Libraldarlehens. In: Revue internationale des droits de l'antiquité. Sér. 3, T. 21 (1974), S. 137-184 [= Institut und Prinzip S. 563-598].
3. Römische Privatrechtsordnung und Grundrechtstheorie. In: Sozialwissenschaften im Studium des Rechts. Bd. 4: Rechtsgeschichte. Hrsg. von Gerhard Dilcher u. Norbert Horn, München 1978, S. 13-42.
4. Die Rechtsformen des römischen Handwerks. In: Das Handwerk in vor- und frühgeschichtlicher Zeit. T. 1. Historische und rechtshistorische Beiträge und Untersuchungen zur Frühgeschichte der Gilde. Bericht über die Kolloquien der Kommission für die Altertumskunde Mittel- u. Nordeuropas in den Jahren 1977-1980. Hrsg. von Herbert Jankuhn [u. a.], Göttingen 1981, S. 141-203 [= Institut und Prinzip S. 654-722].
5. Die fraus legis. Zum Gegensatz von Wortlaut- und Sinngeltung in der römischen Gesetzesinterpretation, Göttingen 1982 (Göttinger rechtswissenschaftliche Studien. 121).
6. La mancipatio nelle XII Tavole. I fondamenti della libertà di disporre nella mancipatio delle XII Tavole. In: Iura 33 (1982), S. 46-103 [= Scritti »italiani« S. 1-58].
7. Überlegungen zum Vertrag zugunsten Dritter im römischen Privatrecht. In: Studi in onore di Cesare Sanfilippo. Bd. 5, Milano 1984, S. 1-58 [= Institut und Prinzip S. 839-878].
8. Frode alla legge, lotta politica e scienza giuridica. In: Labeo 31 (1985), S. 62-82.
9. Römischrechtliche Exegese: Das deliktische Haftungssystem der lex Aquilia. In: Juristische Schulung 1985, S. 878-885.
10. Die allen Lebewesen gemeinsamen Sachen (res communes omnium) nach den Glossatoren und dem klassischen römischen Recht. In: Festschrift für Hermann Lange zum 70. Geburtstag am 24. Januar 1992. Hrsg. von Dieter Medicus [u. a.], Stuttgart 1992, S. 3-33 [= Institut und Prinzip S. 599-625].
11. Die bona fides im mandatum. Die vorklassischen Grundlagen des klassischen Konsensualvertrags Auftrag. In: Ars boni et aequi. Festschrift für Wolfgang Waldstein zum 65. Geburtstag. Hrsg. von Martin Josef Schermaier u. Zoltán Végh, Stuttgart 1993, S. 33-62 [= Institut und Prinzip S. 806-838].
12. Feste Regelungsstruktur oder auslegungsfähiges Pflichtenverhältnis. Exegesen zu den beiden Vertragsbildern des römischen Verkehrsrechts am Beispiel der bezifferten Gefahrübernahme für überlassene Sachen. In: Pacte, convention,

contrat. Mélanges en l'honneur du Professeur Bruno Schmidlin. Ed. Par Alfred Dufour [u. a.], Bâle, Francfort-sur-le-Main 1998 (Collection genevoise), S. 31-79 [= Institut und Prinzip S. 929-973].

13. »Iusta causa traditionis«. La trasmissione della proprietà secondo il »ius gentium« del diritto romano classico. In: Labruna, Luigi: Tradere et altri studii, Napoli 1998, S. 27-78 [= Scritti »italiani« S. 179-230].
14. Die Arbeit im römischen Recht. Zur Frage ihrer rechtlichen Einordnung und moralischen Bewertung. In: Le travail. Recherches historiques. Table ronde de Besançon, 14 et 15 novembre 1997. Ed. Jacques Annequin [u. a.], Besançon 1999, S. 115-162 [= Institut und Prinzip S. 723-770].
15. Der Litteralvertrag. Geldtruhe (arca) und Hausbuch (codex accepti et expensi) im römischen Privatrecht und Zensus. In: Au-delà des frontières. Mélanges de droit romain offerts à Witold Wołodkiewicz. Édités par Maria Zabłocka [u. a.], Varsovie 2000, S. 57-112.
16. Die condictio causa data causa non secuta. Ihr familienrechtlicher Tatbestand im klassischen Bereicherungssystem und ihre Erweiterung zur Kondiktion wegen Zweckverfehlung unter vorklassischem Einfluß. In: Status Familiae. Festschrift für Andreas Wacke zum 65. Geburtstag. Hrsg. von Hans-Georg Knothe und Jürgen Kohler, München 2001, S. 15-64 [= Institut und Prinzip S. 879-928].
17. Fremdbestimmte und eigenverantwortliche Arbeit. Die rechtstheoretischen und rechtsethischen Grundlagen des Arbeitsvertrags und des Auftrags im römischen Recht. In: Iurisprudentia universalis, Festschrift für Theo Mayer-Maly zum 70. Geburtstag. Hrsg. von Martin J. Schermaier, J. Michael Rainer, Laurens C. Winkel, Köln [u. a.] 2002, S. 21-50 [= Institut und Prinzip S. 771-805].
18. Das Gewaltmonopol der Magistratur der klassischen Republik in einer Fallentscheidung des Servius Sulpicius Rufus. In: Viva vox iuris Romani. Essays in honour of Johannes Emil Spruit. Hrsg. von L. de Ligt [u. a.], Amsterdam 2002, S. 283-295.
19. Der ungleiche Tausch zwischen Glaukos und Diomedes und die Kauf-Tausch-Kontroverse der römischen Rechtsschulen. In: Historische Anthropologie 10 (2002), S. 245-266 [= Institut und Prinzip S. 629-653].
20. Selbstbehauptung und Vergeltung und das Gewaltmonopol im geordneten bürgerlichen Zustand nach klassischem römischen Recht. In: Zeitschrift der Savigny-Stiftung für Rechtsgeschichte, Rom. Abt. 119 (2002), S. 44-142.
21. Der Vertragsgedanke im römischen Gesetzesbegriff auf den verschiedenen Stufen seiner Entwicklung. Der erfragte Wille der Wehrgemeinde, die Fortbildung der Rechtsordnung durch die Bürgervertretung und die Ideologie des Gesetzgebungsauftrags. In: Gesetz und Vertrag I. 11. Symposion der Kommission »Die Funktion des Gesetzes in Geschichte und Gegenwart«, hrsg. von Okko Behrends und Christian Starck, Göttingen 2004 (Abhandlungen der Akademie der Wissenschaften in Göttingen. Phil.-Hist. Kl., 3. F., Bd. 262), S. 9-90.

22. Eine Bibliothek wird verkauft! Zum Ursprung der Bedingbarkeit des Kaufes und der Erfüllungsfiktion bei treuwidriger Bedingungsvereitelung. In: Fides Humanitas Ius. Studii in onore di Luigi Labruna. A cura di Cosimo Cascione e Carla Masi Doria. Napoli 2007, S. 361-385.
23. Zum Beispiel der gute Glaube! Wie wirkt der »gute Glaube« oder das »Vertrauensprinzip« auf das Vertragsverhältnis und das Besitzrecht des Käufers? Ein Kontroversenbericht als Spiegel der Geschichte der römischen Rechtswissenschaft. In: Spuren des römischen Rechts. Festschrift für Bruno Huwiler zum 65. Geburtstag. Hrsg. von Pascal Pichonnaz [u. a.], Bern 2007, S. 13-38.
24. Die Stipulation des klassischen Ius gentium und die Frage der zulässigen Sprachen. Alle oder nur Lateinisch und Griechisch? In: Römische Jurisprudenz – Dogmatik, Überlieferung, Rezeption. Festschrift für Detlef Liebs zum 75. Geburtstag, Berlin 2011 (Freiburger Rechtsgeschichtliche Abhandlungen. N. F. 63), S. 57-96.
25. Arbeit III. Arbeit im Römischen Recht. In: Handwörterbuch der antiken Sklaverei. Hrsg. von Heinz Heinen, Stuttgart 2013 (CD-Rom 2013, als Druckversion vorauss. 2014).
26. Schuldknechtschaft. In: Handwörterbuch der antiken Sklaverei. Hrsg. von Heinz Heinen, Stuttgart 2013 (CD-Rom 2013, als Druckversion vorauss. 2014).
27. »Corpus« und »universitas« und der Streit um die Aufklärungspflicht des Verkäufers. Nachrichten über zwei Hauptarten, das Recht zu denken. In: Index 41 (2013), S. 145-187.

6. Prozess- und Gerichtsverfassungsrecht

1. Der assessor zur Zeit der klassischen Rechtswissenschaft. In: Zeitschrift der Savigny-Stiftung für Rechtsgeschichte, Rom. Abt. 86 (1969), S. 192-226.
2. Die römische Geschworenenverfassung. Ein Rekonstruktionsversuch. Göttingen 1970 (Göttinger rechtswissenschaftliche Studien. 80). Zugl. Univ. Göttingen, Jur. Diss., 1967.
3. Der Zwölftafelprozeß. Zur Geschichte des römischen Obligationenrechts. Göttingen 1974 (Göttinger rechtswissenschaftliche Studien. 92). Zugl. Univ. Göttingen, Jur. Habil.-Schrift, 1974.
4. Die Causae coniectio der Zwölftafeln und die Tatbestandsdisposition der Gerichtsrhetorik. In: Zeitschrift der Savigny-Stiftung für Rechtsgeschichte, Rom. Abt. 92 (1975), S. 162-185.
5. Die Trichotomie ›actio, petitio, persecutio‹. Ihre Bedeutung für das Verhältnis zwischen philosophischer Rhetorik und klassischer Jurisprudenz und deren Theorie des prozeßabwendenden Vergleichs. In: »Zur Erhaltung guter Ordnung«. Beiträge zur Geschichte von Recht und Justiz. Festschrift für Wolfgang Sellert. Hrsg. von Jost Hausmann und Thomas Krause, Köln [u. a.] 2000, S. 11-66.

6. Dalla mediazione arbitrale alla protezione guidiziaria. Genesi e vicende delle formule di buona fede e delle cd. formulae in factum conceptae. In: Diritto e giustizia nel processo. Prospettive storiche costituzionali e comparatistiche. A cura di Cosimo Cascione e Carla Masi Doria, Napoli 2002, S. 197-323 [= Scritti »italiani« S. 231-357].

7. Methoden der Romanistik

1. Das Werk Otto Lenels und die Kontinuität der romanistischen Fragestellungen. Zugleich ein Beitrag zur grundsätzlichen Überwindung der interpolationistischen Methode. In: Index 19 (1991), S. 169-213 [= Institut und Prinzip S. 267-309].
2. Die Grundbegriffe der Romanistik. Zugleich eine Warnung vor dem l'art pour l'art. In: Index 24 (1996), S. 1-69.
3. La nuova traduzione tedesca dei »Digesta« e la critica interpolazionistica. In: Index 25 (1997), S. 13-69 [= Scritti »italiani« S. 121-177].
4. Der Schlüssel zur Hermeneutik des Corpus Iuris Civilis. Justinian als Vermittler zwischen skeptischem Humanismus und pantheistischem Naturrecht. In: Hermeneutik der Quellentexte des Römischen Rechts. Hrsg. von Martin Avenarius, Baden-Baden 2008, S. 193-299.
5. Das Schiff des Theseus und die skeptische Sprachtheorie. Die Rationalität der antiken römischen Rechtssysteme und das romantische Rechtsbild Dieter Nörrs. In: Index 37 (2009), S. 397-452.
6. Wie haben wir uns die römischen Juristen vorzustellen? In: Zeitschrift der Savigny-Stiftung für Rechtsgeschichte, Rom. Abt. 128 (2011), S. 83-129.
7. Kontoverse Konjunktionen oder: War die Jurisprudenz eine Wissenschaft? In: Zeitschrift der Savigny-Stiftung für Rechtsgeschichte, Rom. Abt. 130 (2013), S. 432-456.

8. Die geistigen Fortwirkungen des römischen Rechts

1. Die Institutionen Justinians als Lehrbuch, Gesetz und Ausdruck klassischen Rechtsdenkens. In: Corpus Iuris Civilis. [Lat. u. dt.] Text und Übersetzung. Auf der Grundlage der von Theodor Mommsen und Paul Krüger besorgten Textausgaben. Hrsg. von Okko Behrends [u. a.]. Institutionen. Übers. von Okko Behrends [u. a.], 2. verb. u. erw. Aufl. Heidelberg 1997, S. 279-288.
2. Die Person oder die Sache – was stand im Mittelpunkt des klassischen römischen Privatrechts? Die Kontinuitätsfrage im Streit zwischen junger »Neopandektistik« und nicht mehr ganz junger »Neoromantik«. In: Labeo 44 (1998), S. 26-60.
3. Der römische Weg zur Subjektivität. Vom Siedlungsgenossen zu Person und Persönlichkeit. In: Geschichte und Vorgeschichte der modernen Subjektivität. Hrsg. von Reto Luzius Fetz, Roland Hagenbüchle u. Peter Schulz, Berlin, New York 1998, S. 204-254 [= Institut und Prinzip S. 366-416].

4. Die Gewohnheit des Rechts und das Gewohnheitsrecht. Die geistigen Grundlagen des klassischen römischen Rechts mit einem vergleichenden Blick auf die Gewohnheitsrechtslehre der Historischen Rechtsschule und der Gegenwart. In: Die Begründung des Rechts als historisches Problem. Hrsg. von Dietmar Willoweit unter Mitarbeit von Elisabeth Müller-Luckner, München 2000 (Schriften des Historischen Kollegs. Kolloquien. 45), S. 19-135.
5. Die Oikumene der antiken Civitates und die Privatrechtsordnungen Europas und der Welt. Zum »praktischen« Nutzen der antiken römischen Rechtsgeschichte für die Juristenausbildung und die heutige europäische Rechtskultur. In: Der praktische Nutzen der Rechtsgeschichte. Hans Hattenhauer zum 8. September 2001. Hrsg. von Jörn Eckert, Heidelberg 2003, S. 39-61.
6. Die Funktion des Gesetzes in Geschichte und Gegenwart. (Vortrag der öffentlichen Sitzung am 12. Dezember 2003). In: Jahrbuch der Akademie der Wissenschaften zu Göttingen 2003. Göttingen 2004, S. 146-158.
7. Das staatliche Gesetz in biblischer und römischer Tradition. Sinn- und Gemeinschaftsstiftung durch Gehorsam fordernden Befehl oder positive Satzung im Rahmen einer immer schon bestehenden Rechtsordnung. In: Der biblische Gesetzesbegriff: auf den Spuren seiner Säkularisierung. 13. Symposion der Kommission »Die Funktion des Gesetzes in Geschichte und Gegenwart« am 8. u. 9. April 2005. Hrsg. von Okko Behrends, Göttingen 2006, S. 225-341.
8. Heine und die Rechtswissenschaft. In: Heinrich Heine. Dichter und Jurist in Göttingen. (Kolloquium der Juristischen Fakultät der Universität Göttingen im Heinejahr 2006). Hrsg. von Volker Lipp [u. a.], Göttingen 2007, S. 49-68.
9. Das Sozialrecht. Sein Wert und seine Funktion in rechtshistorischer Perspektive. In: Gesetzgebung, Menschenbild und Sozialmodell im Familien- und Sozialrecht. 14. Symposion der Kommission »Die Funktion des Gesetzes in Geschichte und Gegenwart« am 16. und 17. März 2007. Hrsg. von Okko Behrends u. Eva Schumann, Berlin, New York 2008 (Abhandlungen der Akademie der Wissenschaften zu Göttingen, N. F. Bd. 3), S. 1-29.
10. The Natural Freedom of the Human Person and the Rule of Law in the Perspective of the Classical Roman Legal Theory. In: The Tulane European and Civil Law Forum 26 (2011), S. 1-31.
11. Vom Sinn der institutionellen Verbindung der drei Grundlagenfächer Rechtsgeschichte, Rechtsphilosophie und Rechtsvergleichung. In: Elementa iuris. Vorträge zur feierlichen Eröffnung des Instituts (für Rechtsgeschichte, Rechtsphilosophie und Rechtsvergleichung). Hrsg. von Okko Behrends [u. a.], Baden-Baden 2009, S. 11-15.

II. Neuere Privatrechtsgeschichte

1. Vorbedingungen der Rezeption des römischen Rechts

1. Treu und Glauben. Zu den christlichen Grundlagen der Willenstheorie im heutigen Vertragsrecht. In: Christentum, Säkularisation und modernes Recht (Cristianesimo, Secolarizzazione e diritto moderno). Hrsg. von Luigi Lombardi Vallauri u. Gerhard Dilcher. Baden-Baden und Milano 1981, S. 957-1006; erneut erschienen in: Christentum und modernes Recht. Beiträge zum Problem der Säkularisierung. Hrsg. von Gerhard Dilcher u. Ilse Staff, Frankfurt a. M. 1984 (Suhrkamp Taschenbuch Wissenschaft. 421), S. 255-303.
2. Die Eindeutschung der römisch-rechtlichen Fachsprache. Erfolge, Fehlschläge und Methoden. Eine Bestandsaufnahme aus Anlaß einer neuen Übersetzung der Institutionen Justinians. In: Sprache – Recht – Geschichte. Kolloquium 5.-9. Juni 1990. Christian-Albrechts-Universität Kiel. Hrsg. von Jörn Eckert u. Hans Hattenhauer, Heidelberg 1991, S. 3-24.
3. Codex Iustinianus. In: Lexikon für Kirchen- und Staatskirchenrecht. Hrsg. von Axel von Campenhausen [u. a.], Paderborn [u. a.] 2000, Bd. 1 (A-F), S. 349-351.
4. Corpus Iuris Civilis (C. I. C.). In: Lexikon für Kirchen- und Staatskirchenrecht. Hrsg. von Axel von Campenhausen [u. a.] unter Mitarbeit von Heribert Hallermann, Paderborn [u. a.] 2000, Bd. 1 (A-F), 2., korr. Aufl. 2000, S. 370-371.

2. Die historische Rechtsschule

1. Geschichte, Politik und Jurisprudenz in F. C. v. Savignys System des heutigen römischen Rechts. In: Römisches Recht in der europäischen Tradition. Symposion aus Anlaß des 75. Geburtstages von Franz Wieacker. Hrsg. von Okko Behrends, Malte Dießelhorst, Wulf Eckart Voß, Ebelsbach 1985, S. 257-321.
2. Das »Rechtsgefühl« in der historisch-kritischen Rechtstheorie des späten Jhering. In: Rudolf von Jhering: Über die Entstehung des Rechtsgefühles. Mit einer Vorbemerkung und einem anschließenden Interpretations- und Einordnungsversuch von Okko Behrends, Napoli 1986 (Antiqua 29), S. 57-184.
3. Rudolph von Jhering (1818-1892). Der Durchbruch zum Zweck des Rechts. In: Rechtswissenschaft in Göttingen. Göttinger Juristen aus 250 Jahren. Hrsg. von Fritz Loos, Göttingen 1987, S. 229-269.
4. Rudolf von Jhering – ein Rechtsdenker der offenen Gesellschaft. Ein Wort zur Bedeutung seiner Rechtstheorie und zu den geschichtlichen Gründen ihrer Mißdeutung. In: Rudolf von Jhering. Beiträge und Zeugnisse. Hrsg. von Okko Behrends, Göttingen 1992, S. 8-10.
5. Rudolf von Jhering und die Evolutionstheorie des Rechts. In: Der Evolutionsgedanke in den Wissenschaften. Kolloquium der Akademie der Wissenschaften zu Göttingen am 9. Februar 1990, hrsg. von Günther Patzig. (Nachrichten der Akademie der Wissenschaften in Göttingen, Phil.-Hist. Klasse,

Jahrgang 1991, Nr. 7), S. 290-310; erneut veröffentlicht in: Privatrecht heute und Jherings evolutionäres Rechtsdenken. Mit Beiträgen von Okko Behrends [u. a.]. Hrsg. von Okko Behrends, Köln 1993, S. 7-36.
6. Rudolf von Jhering. In: Biographisches Lexikon für Ostfriesland. 1. Band. Hrsg. im Auftrag der Ostfriesischen Landschaft von Martin Tielke, Aurich 1993, S. 211-215.
7. Anche la giurisprudenza è una scienza? La riscoperta della prolusione viennese tenuta da R. von Jhering venerdí 16 ottobre 1868. In: Index 23 (1995), S. 183-191 [= Scritti »italiani« S. 111-119].
8. War Jhering ein Rechtspositivist? Eine Antwort auf Ralf Dreiers Frage. In: Jherings Rechtsdenken. Theorie und Pragmatik im Dienste evolutionärer Rechtsethik. Hrsg. von Okko Behrends, Göttingen 1996 (Abhandlungen der Akademie der Wissenschaften in Göttingen, Phil.-Hist. Kl., 3. F., Bd. 216), S. 235-254.
9. Gustav Hugo. Der Skeptiker als Wegbereiter der vom Geist der Romantik geprägten Historischen Rechtsschule. In: Gibbon, Edward, Historische Übersicht des Römischen Rechts, übers., eingel. u. komm. von Gustav Hugo. Mit einem Vorwort und einer Würdigung Gustav Hugos neu hrsg. von Okko Behrends, Göttingen 1996, S. 159-226.
10. Jherings Evolutionstheorie des Rechts zwischen Historischer Rechtsschule und Moderne. In: Rudolf von Jhering. Ist die Jurisprudenz eine Wissenschaft? Jherings Wiener Antrittsvorlesung vom 16. Oktober 1868. Aus dem Nachlaß hrsg. und mit einer Einführung, Erläuterungen sowie einer wissenschaftsgeschichtlichen Einordnung versehen von Okko Behrends, Göttingen 1998, S. 93-202, 2. Auflage 2010; chinesische Übersetzung von Chun-Tao Lee 2010.
11. Thibaut, Anton Friedrich Justus. In: Handwörterbuch zur Deutschen Rechtsgeschichte. Hrsg. von Adalbert Erler, Ekkehard Kaufmann u. Dieter Werkmüller unter philol. Mitarb. von Ruth Schmidt-Wiegand. Mitbegr. von Wolfgang Stammler, Bd. 5. Straftheorie-Zyche. Register, Berlin 1998, Sp. 175-178.
12. Rudolph von Jhering mediatore fra diritto romano e diritto moderno in un momento di grande rottura culturale. In: Rivista di Diritto Romano 3 (2009), S. 367-385 [= Scritti »italiani« S. 359-377].
13. Corpus Iuris Civilis. In: Kindlers Literatur Lexikon, Bd. 4, 3., völlig neubearbeitete Auflage, hrsg. von Heinz Ludwig Arnold, Stuttgart, Weimar 2009, S. 208.
14. Rudolf von Jhering. Geist des römischen Rechts auf den verschiedenene Stufen seiner Entwickung. In: Kindlers Literatur Lexikon, Bd. 8, 3., völlig neubearbeitete Auflage hrsg. von Heinz Ludwig Arnold, Stuttgart, Weimar 2009, S. 362.
15. Friedrich Carl von Savigny. Das System des heutigen Römischen Rechts. In: Kindlers Literatur Lexikon, Bd. 14, 3., völlig neubearbeitete Auflage hrsg. von Heinz Ludwig Arnold, Stuttgart, Weimar 2009, S. 440-441.

16. Jhering, Rudolf von (1818-1892). In: Handwörterbuch zur deutschen Rechtsgeschichte, Bd. 2. Hrsg. von Albrecht Cordes [u. a.], 2., völlig überarb. Aufl. Berlin 2012, Sp. 1366-1371.

3. Die Freirechtsbewegung und der moderne Etatismus

1. Zur Lage des römischen Rechts im heutigen China. In: Index 14 (1986), S. 317-333.
2. Von der Freirechtsbewegung zum konkreten Ordnungs- und Gestaltungsdenken. In: Recht und Justiz im »Dritten Reich«. Hrsg. von Ralf Dreier u. Wolfgang Sellert, Frankfurt a. M. 1989 (Suhrkamp-Taschenbuch Wissenschaft, 761), S. 34-79.
3. Otto Lenel 13. 12. 1849-7. 2. 1935. Positivismus im nationalen Rechtsstaat als Haltung und Methode. Zur Herausgabe seiner gesammelten Schriften. In: Otto Lenel. Gesammelte Schriften. Bd. 1. (1876-1889). Hrsg. u. eingel. von Okko Behrends u. Federico d'Ippolito, Napoli 1990, S. xiii-xxxiii.
4. Le codificazioni romanistiche e le costituzioni moderne – sull' importanza costituzionale del diritto romano. In: Dalmacio Vélez Sarsfield e il diritto latinoamericano (Atti del congresso internazionale. Roma, 17/19 marzo 1986). A cura di Sandro Schipani. Padova 1991, S. 195-208 [= Scritti »italiani« S. 97-110].
5. Die »Stiftung« als Trägerin und Leitungselement einer Körperschaft – Miß- und Fehlgebrauch rechtlicher Institutionen. In: Göttingen Stiftungsuniversität? Eine rechtswissenschaftliche Überprüfung der gesetzlichen Grundlagen der niedersächsischen Stiftungsuniversitäten. Hrsg. von Okko Behrends. Sondertagung der Kommission »Die Funktion des Gesetzes in Geschichte und Gegenwart«. Göttingen 2003 (Abhandlungen der Akademie der Wissenschaften in Göttingen), S. 11-64.
6. Kants Taube und der luftleere Raum der reinen praktischen Vernunft. In: Gedächtnisschrift für Theo Mayer-Maly zum 80. Geburtstag. Hrsg. von Friedrich Harrer, Heinrich Honsell u. Peter Mader, Wien [u. a.] 2011, S. 53-82.

III. Die Kodifikation des BGB und seine Anwendung

1. Das Bündnis zwischen Gesetz und Dogmatik und die Frage der dogmatischen Rangstufen. In: Gesetzgebung und Dogmatik. 3. Symposion der Kommission »Die Funktion des Gesetzes in Geschichte und Gegenwart« am 29. u. 30. April 1988. Hrsg. von Okko Behrends u. Wolfram Henckel, Göttingen 1989 (Abhandlungen der Akademie der Wissenschaften in Göttingen, Phil.-Hist. Kl., 3. F., Bd. 178), S. 9-36.
2. Struktur und Wert. Zum institutionellen und prinzipiellen Denken im geltenden Recht. In: Rechtsdogmatik und praktische Vernunft. Symposion zum 80. Geburtstag von Franz Wieacker. Hrsg. von Okko Behrends, Malte Die-

ßelhorst u. Ralf Dreier, Göttingen 1990 (Abhandlungen der Akademie der Wissenschaften in Göttingen. Phil.-Hist. Kl., 3. F., Bd. 181), S. 138-174 [= Institut und Prinzip S. 51-89].
3. Einsetzung eines Nacherben. Kommentierung zu §§ 2100-2146 BGB. In: J. von Staudingers Kommentar zum Bürgerlichen Gesetzbuch mit Einführungsgesetz und Nebengesetzen, 12. Aufl. Berlin 1981, S. 31-248; 13. Bearb. (gemeinsam mit Martin Avenarius), Berlin 1996, S. 38-316.
4. Die rechtsethischen Grundlagen des Privatrechts. In: Die ethischen Grundlagen des Privatrechts. Hrsg. von Franz Bydlinski u. Theo Mayer-Maly, Wien, New York 1994 (Rechtsethik 1), S. 1-33.
5. Das Privatrecht des deutschen Bürgerlichen Gesetzbuchs, seine Kodifikationsgeschichte, sein Verhältnis zu den Grundrechten und seine Grundlagen im klassisch-republikanischen Verfassungsdenken. In: Der Kodifikationsgedanke und das Modell des Bürgerlichen Gesetzbuches (BGB). 9. Symposion der Kommission »Die Funktion des Gesetzes in Geschichte und Gegenwart«. Hrsg. von Okko Behrends u. Wolfgang Sellert, Göttingen 2000 (Abhandlungen der Akademie der Wissenschaften in Göttingen. Phil.-Hist. Kl., 3. F., Bd. 236), S. 9-82; chinesische Übersetzung 2011.
6. Die europäische Kodifikation und die Kontinuität der Rechtswissenschaft unter besonderer Berücksichtigung des BGB. In: Zeitschrift für Neuere Rechtsgeschichte 23 (2001), S. 295-300.
7. Die europäische Privatrechtskodifikation und die Gefährdung ihrer Systemmitte. In: Die Kodifikation und die Juristen. Ein rechtshistorisches Seminar in Stockholm 2. bis 4. Mai 2003. Hrsg. von Claes Peterson, Stockholm 2008 (Rättshistorisk studier 23), S. 15-61.

B. Rezensionen

1. Brink, Herman van den: Ius fasque. Opmerkingen over de dualiteit van het archaisch-romeins recht. In: Index 1 (1970), S. 235-239.
2. Brink, Herman van den: Ius fasque. Opmerkingen over de dualiteit van het archaisch-romeins recht. In: Historische Zeitschrift 1970, S. 668-669.
3. Fuenteseca, Pablo: Investigaciones de derecho procesal romano. In: Zeitschrift der Savigny-Stiftung für Rechtsgeschichte, Rom. Abt. 88 (1971), S. 460-468.
4. Bretone, Mario: Tecniche e ideologie dei giuristi romani. In: Gnomon 45 (1973), S. 793-797.
5. Jones, A. H. M.: The criminal courts of the roman republic and principate. In: Zeitschrift der Savigny-Stiftung für Rechtsgeschichte, Rom. Abt. 90 (1973), S. 462-475.
6. Mette, Hans Joachim: Das römische Zivilrecht zu Beginn des Jahres 46 vor Christus. In: Zeitschrift der Savigny-Stiftung für Rechtsgeschichte, Rom. Abt. 92 (1975), S. 468-470.

7. Nocera, Guglielmo: Iurisprudentia. In: Zeitschrift der Savigny-Stiftung für Rechtsgeschichte, Rom. Abt. 92 (1975), S. 308-314.
8. Peters, Frank: Die Rücktrittsvorbehalte des römischen Kaufrechts. In: Schwartzsche Vakanzenzeitung 101 (1975), S. 76-77.
9. Watson, Alan: Law making in the later roman republic. In: Zeitschrift der Savigny-Stiftung für Rechtsgeschichte, Rom. Abt. 92 (1975), S. 297-308.
10. Ziegler, Karl-Heinz: Das private Schiedsgericht im antiken römischen Recht. In: Gnomon 48 (1976), S. 678-689.
11. Bleicken, Jochen, Lex publica, 1975. In: Historische Zeitschrift 225 (1977) S. 404-407.
12. Guarino, Antonio: La rivoluzione della plebe. In: Zeitschrift der Savigny-Stiftung für Rechtsgeschichte, Rom. Abt. 94 (1977), S. 392-397.
13. Kelly, J. M: Studies in the civil judicature of the roman republic. In: Zeitschrift der Savigny-Stiftung für Rechtsgeschichte, Rom. Abt. 94 (1977), S. 446-462.
14. Brini, Giuseppe: Della condanna nelle Legis actiones. In: Zeitschrift der Savigny-Stiftung für Rechtsgeschichte, Rom. Abt. 96 (1979), S. 469.
15. Capuano, Luigi: I primi del diritto romano. In: Zeitschrift der Savigny-Stiftung für Rechtsgeschichte, Rom. Abt. 96 (1979), S. 470.
16. Kahn, Otto: Die Personalexekution der 12 Tafeln in den Volkserzählungen. Kahn, Otto: Der Nothilfevertrag im römischen Recht. Der Vertrag zur Lebensrettung in den Volkserzählungen. In: Zeitschrift der Savigny-Stiftung für Rechtsgeschichte, Rom. Abt. 96 (1979), S. 352-359.
17. Nocera, Guglielmo: Reddere ius. In: Zeitschrift der Savigny-Stiftung für Rechtsgeschichte, Rom. Abt. 96 (1979), S. 348-359.
18. Vacca, Letizia: Contributo allo studio del metodo casistico nel diritto romano. In: Zeitschrift der Savigny-Stiftung für Rechtsgeschichte, Rom. Abt. 96 (1979), S. 379-386.
19. Festschrift für Werner Flume zum 70. Geburtstag, 12. September 1978. In: Zeitschrift der Savigny-Stiftung für Rechtsgeschichte, Rom. Abt. 97 (1980), S. 451-486.
20. Manfredini, A. D.: La diffamazione verbale nel diritto romano. I: Età repubblicana. In: Iura 31 (1980), S. 214-217.
21. Peppe, L.: Studi sull'esecuzione personale. I. Debiti e debitori nei primi due secoli della repubblica romana. In: Iura 32 (1981), S. 259-277.
22. Liebs, Detlef: Lateinische Rechtsregeln und Rechtssprichwörter. In: Juristen-Zeitung 1982, S. 615.
23. Rollin, Jean Pierre: Untersuchungen zu Rechtsfragen römischer Bildnisse. In: Bonner Jahrbücher des Rheinischen Landesmuseums in Bonn 183 (1983), S. 811-814.
24. Scarano Ussani, Vincenzo: Valori e storia nella cultura giuridica fra Nerva e Adriano. In: Gnomon 55 (1983), S. 229-241.
25. Buck, Robert J.: Agriculture and Agricultural Practice in Roman Law. In: Historische Zeitschrift 239 (1984), S. 648-649.

26. Korruption im Altertum. Konstanzer Symposium Oktober 1979. Hrsg. von Wolfgang Schuller. In: Historische Zeitschrift 238 (1984), S. 662-663.
27. Rüthers, Bernd: Entartetes Recht. Rechtslehren und Kronjuristen im Dritten Reich. In: Neue Juristische Wochenschrift 1988, S. 2862-2865.
28. Nörr, Dieter: Causa mortis. Auf den Spuren einer Redewendung. In: Gnomon 61 (1989), S. 685-702.
29. Baumann, Richard A.: Lawyers and politics in the early roman empire. In: Zeitschrift der Savigny-Stiftung für Rechtsgeschichte, Rom. Abt. 108 (1991), S. 432-447.
30. Nörr, Knut Wolfgang: Eher Hegel als Kant. Zum Privatrechtsverständnis im 19. Jahrhundert. In: Juristen-Zeitung 1991, S. 1073-1074.
31. Der Kampf ums Recht. Forschungsband aus Anlaß des 100. Todestages von Rudolf von Jhering. Hrsg. von Gerhard Luf u. Werner Ogris. In: Zeitschrift der Savigny-Stiftung für Rechtsgeschichte, Rom. Abt. 114 (1997), S. 561-572.
32. Lange, Hermann: Römisches Recht im Mittelalter. Bd. 1. Die Glossatoren. In: Juristen-Zeitung 1997, S. 1000-1001.
33. Nardi, Enzo: Le istituzioni giuridiche romane. Gaio e Giustiniano. In: KLIO. Beiträge zur Alten Geschichte 79 (1997), S. 560.
34. Kaser, Max: Das römische Zivilprozeßrecht. 2. Aufl., neu bearb. v. Karl Hackl. In: Historische Zeitschrift 271 (2000), S. 155-158.

C. Wissenschaftliche Nachrufe und Würdigungen

1. Franz Wieacker. In: Neue Juristische Wochenschrift 1994, S. 1713-1714.
2. Franz Wieacker (1908-1994). Nachruf und Schriftenverzeichnis. In: Zeitschrift der Savigny-Stiftung für Rechtsgeschichte, Rom. Abt. 112 (1995), S. XIII-LXII u. 744-769.
3. Der Romanist Henryk Kupiszewski. In: Le droit romain et le monde contemporain. Mélanges à la mémoire de Henryk Kupiszewski. Sous la redaction de Witold Wołodkiewicz et Maria Zabłocka, Varsovie 1996, S. 35-43.
4. Franz Wieacker. In: Jahrbuch der Akademie der Wissenschaften in Göttingen 1995, S. 254-266.
5. Max Kaser. In: Jahrbuch der Akademie der Wissenschaften in Göttingen 1997, S. 288-295.
6. Franz Wieacker. In: Deutsche Biographische Enzyklopädie 10 (1999), S. 476.
7. Christian Wollschläger. In: Zeitschrift der Savigny-Stiftung für Rechtsgeschichte, Rom. Abt. 117 (2000), S. 824-830.
8. Franz Wieacker und das Michaelishaus. In: Index 36 (2008), S. 13-19.
9. Franz Wieacker. Historiker und Jurist des Privatrechts (5. 8. 1908 – 17. 2. 1994). In: A l'Europe du troisième millenaire. Mélanges offerts à Giuseppe Gandolfi, Bd. 4, Milano 2009, S. 2339-2351.

10. Gino Labruna. Würdigung aus Anlass der Übergabe der Festschrift zum 70. Geburtstag. In: Fides Humanitas Ius. 9 maggio 2007. A cura di Cosimo Cascione e Carla Masi Doria. Napoli 2009, S. 37-44.
11. Detlef Liebs. Würdigung aus Anlass der Übergabe der Festschrift zum 75. Geburtstag. In: Index 40 (2012), S. 780-793.

D. Herausgegebene Schriften

1. Festschrift für Franz Wieacker zum 70. Geburtstag. Hrsg. von Okko Behrends, Malte Dießelhorst, Hermann Lange, Detlef Liebs, Joseph Georg Wolf, Christian Wollschläger, Göttingen 1978.
2. Römisches Recht in der europäischen Tradition. Symposion aus Anlaß des 75. Geburtstags von Franz Wieacker. Hrsg. von Okko Behrends, Malte Dießelhorst, Wulf Eckart Voß, Ebelsbach 1985.
3. Rudolf von Jhering. Über die Entstehung des Rechtsgefühles. Mit einer Vorbemerkung und einem anschließenden Interpretations- und Einordnungsversuch von Okko Behrends, Napoli 1986 (Antiqua 29).
4. Zum römischen und neuzeitlichen Gesetzesbegriff. 1. Symposion der Kommission »Die Funktion des Gesetzes in Geschichte und Gegenwart« vom 26. u. 27. April 1985. Hrsg. von Okko Behrends u. Christoph Link, Göttingen 1987 (Abhandlungen der Akademie der Wissenschaften in Göttingen. Phil.-Hist. Kl., 3. F., Bd. 157).
5. Gesetzgebung und Dogmatik. 3. Symposion der Kommission »Die Funktion des Gesetzes in Geschichte und Gegenwart« am 29. u. 30. April 1988. Hrsg. von Okko Behrends u. Wolfram Henckel. Göttingen 1989 (Abhandlungen der Akademie der Wissenschaften in Göttingen. Phil.-Hist. Kl., 3. F., Bd. 178).
6. Rechtsdogmatik und praktische Vernunft. Symposion zum 80. Geburtstag von Franz Wieacker. Hrsg. von Okko Behrends, Malte Dießelhorst u. Ralf Dreier, Göttingen 1990 (Abhandlungen der Akademie der Wissenschaften in Göttingen. Phil.-Hist. Kl., 3. F., Bd. 181).
7. Corpus Iuris Civilis. [Lat. u. dt.] Text und Übersetzung. Auf der Grundlage der von Theodor Mommsen und Paul Krüger besorgten Textausgaben. Hrsg. von Okko Behrends, Rolf Knütel, Berthold Kupisch und Hans Hermann Seiler, Heidelberg
   - Institutionen. Gemeinschaftlich übersetzt von Okko Behrends, Rolf Knütel [u. a.], 1990.
   - Die Institutionen. Gemeinschaftlich übersetzt von Okko Behrends, Rolf Knütel [u. a.], 1993. (Uni-Taschenbücher. 1764).
   - Institutionen. Gemeinschaftlich übersetzt von Okko Behrends, Rolf Knütel [u. a.], 2. verb. u. erw. Aufl., 1997.
   - Digesten 1-10. Gemeinschaftlich übersetzt u. hrsg. von Okko Behrends, Rolf Knütel [u. a.], 1995.

– Die Institutionen. Gemeinschaftlich übersetzt von Okko Behrends, Rolf Knütel [u. a.], 2. verb. u. erw. Aufl., 1999 (Uni-Taschenbücher. 1764).
– Digesten 11-20. Gemeinschaftlich übersetzt u. hrsg. von Okko Behrends, Rolf Knütel [u. a.], 1999.
– Die Institutionen. Gemeinschaftlich übersetzt von Okko Behrends, Rolf Knütel [u. a.], 3. überarb. Aufl., 2007.

8. Otto Lenel. Gesammelte Schriften. Bd. 1-5. Hrsg. u. eingel. von Okko Behrends u. Federico d'Ippolito, Neapel 1990-1994 (Antiqua 52, 53, 54, 55, 56).
9. Libertas. Grundrechtliche und rechtsstaatliche Gewährungen in Antike und Gegenwart. Symposion aus Anlaß des 80. Geburtstags von Franz Wieacker. Hrsg. von Okko Behrends u. Malte Dießelhorst, Ebelsbach 1991.
10. Die römische Feldmeßkunst. Interdisziplinäre Beiträge zu ihrer Bedeutung für die Zivilisationsgeschichte Roms. Hrsg. von Okko Behrends u. Luigi Capogrossi Colognesi, Göttingen 1992 (Abhandlungen der Akademie der Wissenschaften in Göttingen. Phil.-Hist. Kl., 3.F., Bd. 193).
11. Rudolf von Jhering. Beiträge und Zeugnisse aus Anlaß der einhundertsten Wiederkehr seines Todestages am 17. 9. 1992. Hrsg. von Okko Behrends, Göttingen 1992.
12. Privatrecht heute und Jherings evolutionäres Rechtsdenken. Mit Beitr. von Okko Behrends [u. a.]. Hrsg. von Okko Behrends, Köln 1993.
13. Rudolf von Jhering. Beiträge und Zeugnisse aus Anlaß der einhundertsten Wiederkehr seines Todestages am 17. 9. 1992. Hrsg. von Okko Behrends. 2., erw. Aufl. mit Zeugnissen aus Italien, Göttingen 1993.
14. Nomos und Gesetz. Ursprünge und Wirkungen des griechischen Gesetzesdenkens. 6. Symposion der Kommission »Die Funktion des Gesetzes in Geschichte und Gegenwart«. Hrsg. von Okko Behrends u. Wolfgang Sellert, Göttingen 1995 (Abhandlungen der Akademie der Wissenschaften in Göttingen. Phil.-Hist. Kl., 3. F., Bd. 209).
15. Edward Gibbon. Historische Übersicht des Römischen Rechts. Übers., eingel. u. komm. von Gustav Hugo. Mit einem Vorwort und einer Würdigung Gustav Hugos neu hrsg. von Okko Behrends, Göttingen 1996.
16. Gerechtigkeit und Geschichte. Beiträge eines Symposions zum 65. Geburtstag von Malte Dießelhorst. Hrsg. von Okko Behrends u. Ralf Dreier, Göttingen 1996 (Quellen und Forschungen zum Recht und seiner Geschichte. 6).
17. Jherings Rechtsdenken. Theorie und Pragmatik im Dienste evolutionärer Rechtsethik. Hrsg. von Okko Behrends. Göttingen 1996 (Abhandlungen der Akademie der Wissenschaften in Göttingen. Phil.-Hist. Kl., 3. F., Bd. 216).
18. Rudolf von Jhering. Ist die Jurisprudenz eine Wissenschaft? Jherings Wiener Antrittsvorlesung vom 16. Oktober 1868. Aus dem Nachlaß hrsg. und mit einer Einführung, Erläuterungen sowie einer wissenschaftsgeschichtlichen Einordnung versehen von Okko Behrends, Göttingen 1998.
19. Der Kodifikationsgedanke und das Modell des Bürgerlichen Gesetzbuches (BGB). 9. Symposion d. Kommission »Die Funktion des Gesetzes in Ge-

schichte und Gegenwart«. Hrsg. von Okko Behrends u. Wolfgang Sellert, Göttingen 2000 (Abhandlungen der Akademie der Wissenschaften in Göttingen. Phil.-Hist. Kl., 3. F., Bd. 236).

20. Göttingen Stiftungsuniversität? Eine rechtswissenschaftliche Überprüfung der gesetzlichen Grundlagen der niedersächsischen Stiftungsuniversitäten. Hrsg. von Okko Behrends. Sondertagung der Kommission »Die Funktion des Gesetzes in Geschichte und Gegenwart«, Göttingen 2003 (Abhandlungen der Akademie der Wissenschaften zu Göttingen).
21. Gesetz und Vertrag I, 11. Symposion der Kommission »Die Funktion des Gesetzes in Geschichte und Gegenwart« am 10. u. 11. Mai 2002. Hrsg. von Okko Behrends u. Christian Starck, Göttingen 2004 (Abhandlungen der Akademie der Wissenschaften in Göttingen. Phil.-Hist. Kl., 3. F., Bd. 262).
22. Gesetzgebung und Dogmatik. 3. Symposion der Kommission »Die Funktion des Gesetzes in Geschichte und Gegenwart« am 29. u. 30. April 1988. 2., um ein Geleitwort [von Okko Behrends] erw. Aufl. Hrsg. von Okko Behrends u. Wolfram Henckel, Göttingen 2004. (Abhandlungen der Akademie der Wissenschaften in Göttingen. Phil.-Hist. Kl., 3. F., Bd. 178).
23. Gesetz und Vertrag II. 12. Symposion der Kommission »Die Funktion des Gesetzes in Geschichte und Gegenwart« am 17. u. 18. Oktober 2003. Hrsg. von Okko Behrends u. Christian Starck, Göttingen 2005. (Abhandlungen der Akademie der Wissenschaften zu Göttingen. Phil.-Hist. Kl., 3. F., Bd. 266).
24. Der biblische Gesetzesbegriff: auf den Spuren seiner Säkularisierung. 13. Symposion der Kommission »Die Funktion des Gesetzes in Geschichte und Gegenwart« am 8. u. 9. April 2005. Hrsg. von Okko Behrends, Göttingen 2006. (Abhandlungen der Akademie der Wissenschaften zu Göttingen. Phil.-Hist. Kl., 3. F., Bd. 278).

Register

Stichwortregister

Quellenregister

Herausgeber und Verlag danken dem Stifterverband
für die Deutsche Wissenschaft für die finanzielle Unterstützung

Bibliografische Information der Deutschen Nationalbibliothek

Die Deutsche Nationalbibliothek verzeichnet
diese Publikation in der Deutschen Nationalbibliografie;
detaillierte bibliografische Daten sind im Internet
über http://dnb.d-nb.de abrufbar.

www.wallstein-verlag.de
Vom Verlag gesetzt aus der Garamond
Umschlaggestaltung: Marion Wiebel, Göttingen
Druck: Hubert & Co, Göttingen
ISBN 978-3-8353-1416-0